RECHERCHES

SUR

LE CULTE PUBLIC ET LES MYSTÈRES

DE

MITHRA

EN ORIENT ET EN OCCIDENT.

RECHERCHES

SUR

LE CULTE PUBLIC ET LES MYSTÈRES

DE

MITHRA

EN ORIENT ET EN OCCIDENT.

PAR FÉLIX LAJARD,

MEMBRE DE L'ACADÉMIE DES INSCRIPTIONS ET BELLES-LETTRES.

(OUVRAGE POSTHUME.)

PARIS.

IMPRIMÉ PAR AUTORISATION DE L'EMPEREUR

A L'IMPRIMERIE IMPÉRIALE.

M DCCC LXVII.

AVERTISSEMENT.

En 1823, l'Académie des inscriptions et belles-lettres proposa comme
sujet de prix la question suivante :

« Rechercher l'origine et la nature du culte de Mithra; déterminer
« leurs rapports avec la doctrine de Zoroastre et les autres systèmes reli-
« gieux répandus en Perse; décrire les cérémonies et les emblèmes du
« culte; faire connaître l'époque et les causes de son introduction et de
« son extension dans l'empire romain; désigner les changements qu'il a
« éprouvés en se combinant avec les opinions religieuses et philosophiques
« des barbares; enfin en tracer l'histoire aussi complétement qu'il sera
« possible d'après les auteurs, les inscriptions et les monuments de
« l'art. »

Le prix fut décerné, en 1825, à M. Félix Lajard. Le mémoire couronné ne fut pas imprimé, car l'auteur désirait approfondir et compléter
son travail, et il consacra à cette tâche tout le reste de sa vie. Les nombreux travaux qu'il a publiés se rapportent tous à ce sujet et sont des
préliminaires au grand ouvrage qu'il préparait, et dont le commencement a paru en 1847 sous forme d'un Atlas contenant la représentation
des monuments mithriaques de toutes les époques et de toute espèce,
accompagné d'une table sommaire et d'une introduction. La rédaction du
texte qui devait suivre cet Atlas était depuis ce moment l'unique objet
des soins de M. Lajard, car les *Recherches sur le culte de Vénus*, qu'il préparait en même temps, formaient pour lui une partie intégrante du sujet principal de ses études, et il les regardait comme une introduction
indispensable à l'ouvrage sur Mithra.

On a trouvé dans les papiers de M. Lajard le plan définitif et détaillé de la première et principale partie de l'ouvrage, celle qui devait traiter du culte de Mithra en Orient. Il est nécessaire de le publier pour donner une idée complète du travail entrepris par l'auteur et pour placer dans leur véritable cadre les parties qui forment le présent volume.

PREMIÈRE PARTIE.

ORIENT.

LIVRE PREMIER.

SECTION PREMIERE.

ORIGINE DU CULTE PUBLIC ET DU CULTE SECRET OU DES MYSTÈRES DE MITHRA.

SECTION DEUXIÈME.

RELIGION DES PERSES.

LIVRE DEUXIÈME.

CULTE PUBLIC DE MITHRA CHEZ LES PERSES SOUS LE RÈGNE DES ACHÉMÉNIDES.

SECTION PREMIÈRE.

MITHRA, SIGNIFICATION DE SON NOM, SES FONCTIONS, SES SYMBOLES, SES ATTRIBUTS, SES ARMES, SES REPRÉSENTATIONS FIGURÉES.

SECTION DEUXIÈME.

MORALE ET LITURGIE. — MITHRIAQUES.

LIVRE TROISIÈME.

CULTE SECRET OU MYSTÈRES DE MITHRA EN PERSE SOUS LE RÈGNE DES ACHÉMÉNIDES.

SECTION PREMIÈRE.

INSTITUTION ET DOCTRINE FONDAMENTALE DES MYSTÈRES DE MITHRA; IDENTITÉ DE CES MYSTÈRES AVEC CEUX DE MYLITTA, LA VÉNUS ASSYRIENNE.

SECTION DEUXIÈME.

ÉPREUVES.

SECTION TROISIÈME.

GRADES.

SECTION QUATRIÈME.

LITURGIE DU CULTE SECRET DE MITHRA; CÉRÉMONIES PROPRES AUX MYSTÈRES.

SECTION CINQUIÈME.

LITURGIE. — PRÊTRES.

LIVRE CINQUIÈME.

DEUXIÈME PARTIE.

(La liste s'arrête ici.)

La mort interrompit malheureusement les travaux de M. Lajard en 1858, avant qu'il ait pu mettre la dernière main à son œuvre. Il avait, en prévision de ce cas, demandé dans son testament à trois de ses amis d'achever et de publier, s'il y avait possibilité, ceux de ses ouvrages qui, au moment de sa mort, ne seraient pas encore terminés, mais se trouveraient en voie d'impression et de publication. Les trois amis désignés par M. Lajard examinèrent ses papiers et trouvèrent les plus amples matériaux classés par chapitres et à peu près la moitié du texte définitivement rédigée. Les nombreuses notes qui se trouvaient jointes aux matériaux préparés pour chaque chapitre prouvaient surabondamment que M. Lajard avait élaboré l'ouvrage dans toutes ses parties et que sa pensée était parfaitement arrêtée sur tous les détails de son sujet. Mais les éditeurs durent reconnaître qu'ils ne pouvaient pas se substituer à l'auteur pour terminer ce qu'il n'avait pas eu le temps d'exposer lui-même, et ils se décidèrent à n'offrir au public que les chapitres entièrement rédigés. La série des chapitres qui traitent des grades d'initiation s'est heureusement trouvée complète, et elle forme, malgré des lacunes regrettables, un exposé presque complet des idées de M. Lajard sur la religion des Perses, et des résultats auxquels ses recherches l'avaient amené; l'auteur ayant été forcé, par la nature même du sujet, de revenir, à l'occasion des initiations, sur la plupart des matières dont il devait s'occuper dans les parties de l'ouvrage qui n'ont pas été achevées.

La seconde partie, qui traite du culte de Mithra en Occident, contient l'interprétation de quelques-uns des monuments mithriaques les plus remarquables du temps des Romains, et complétera ce que M. Lajard a publié dans une série de travaux insérés dans les *Mémoires de l'Académie des inscriptions*, dans les *Annales de l'Institut archéologique* et dans le *Journal asiatique*. Les éditeurs y renvoient les lecteurs du présent volume; ils y trouveront le complément des idées et des recherches de l'auteur sur un grand nombre de questions qui se rattachent aux monuments mithriaques.

LISTE DES PRINCIPAUX OUVRAGES DE M. F. LAJARD.

Recherches sur le culte, les symboles, les attributs et les monuments figurés de Vénus en Orient et en Occident, Paris, 1837 à 1848, in-4°, avec un atlas in-folio.

MÉMOIRES DE L'ACADÉMIE DES INSCRIPTIONS ET BELLES-LETTRES.

Mémoire sur deux bas-reliefs mithriaques qui ont été découverts en Transylvanie (5 planches), 1830, t. XIV, p. 54-178.

Additions au Mémoire sur deux bas-reliefs mithriaques qui ont été trouvés en Transylvanie (1 planche), t. XIV, p. 178-185.

Note sur l'emploi et la signification du cercle ou de la couronne et du globe dans les représentations des divinités chaldéennes ou assyriennes et des divinités persanes, 1835, t. XII (hist.). p. 331. — Analyse.

Mémoire sur un bas-relief mithriaque qui a été découvert à Vienne (Isère) (2 planches). 1841, t. XV, p. 201-306.

Mémoire sur le culte du cyprès pyramidal chez les peuples civilisés de l'antiquité, 1843, t. XIV (hist.), p. 100-101. — Analyse.

Recherches sur le culte, les symboles, les attributs et les monuments figurés de Vénus, t. XII (hist.), p. 329-331. — Analyse.

Observations sur l'origine et la signification du symbole appelé la croix ansée (4 planches), 1844, t. XVII, p. 348-378.

Mémoire sur une urne cinéraire du musée de la ville de Rouen (3 planches), 1841, t. XV, p. 63-127.

Recherches sur le culte du cyprès pyramidal chez les peuples civilisés de l'antiquité. — 1er Mémoire. — 2e Mémoire. — Additions. 1843 (21 planches), t. XX, p. 1-357.

NOUVELLES ANNALES PUBLIÉES PAR LA SECTION FRANÇAISE DE L'INSTITUT ARCHÉOLOGIQUE.

Mémoire sur une représentation figurée de la Vénus orientale androgyne (1 planche), 1836, t. I, p. 161-215.

Mémoire sur deux bas-reliefs mithriaques qui ont été découverts en Transylvanie (1 pl.), 1837, t. I, p. 448-487.

Suite (2 planches), t. II, 1838, p. 7-85.

Mémoire sur une urne cinéraire du musée de la ville de Rouen (2 planches), 1839, t. II, p. 394-445.

ANNALI DELL' INSTITUTO ARCHEOLOGICO DI ROMA.

Observations sur l'origine et la signification du symbole appelé la croix ansée (2 planches), 1845, t. XVII, p. 13-37.

Recherches sur le culte du cyprès pyramidal chez les peuples civilisés de l'antiquité (5 planches), 1847, t. XIX, p. 34-104.

Lettre à M. Th. Panofka sur les peintures des grottes Marzi et Querciola, et sur deux vases peints de la collection de M. Durand (3 planches), 1833, t. V, p. 90-113.

Mémoire sur un bas-relief mithriaque (1 planche), 1841, t. XIII, p. 170-261.

JOURNAL ASIATIQUE.

Extrait d'une lettre à M. Panofka sur les peintures de Marzi et Querciola, août 1833, p. 124-141.

Fragments d'un mémoire sur le système théogonique des Assyriens, août 1834, p. 114-143.

RECHERCHES

SUR

LE CULTE PUBLIC ET LES MYSTÈRES

DE

MITHRA

EN ORIENT ET EN OCCIDENT.

PREMIÈRE SECTION.
ZOROASTRISME.

CHAPITRE PREMIER.

ORIGINE DU CULTE PUBLIC ET DU CULTE SECRET OU DES MYSTÈRES DE MITHRA.

L'origine du culte public et du culte secret ou des mystères de Mithra est une de ces questions ardues dont les savants d'Europe ont peu cherché la solution aussi longtemps que leur attention s'est, en quelque sorte, trouvée absorbée par l'étude exclusive des antiquités de la Judée ou de la Palestine, de l'Égypte, de la Grèce et de l'Italie. Personne n'ignorait que les Perses avaient honoré Mithra d'un culte particulier, et que, comme eux, les Romains pratiquaient des initiations aux mystères institués sous les auspices de cette divinité. Personne n'ignorait non plus qu'Hérodote, dans un passage (I, 131) devenu de plus en plus célèbre de nos jours, assigne au Mithra des Perses une origine assyrienne, mais l'identifie avec une divinité féminine, la Vénus-Mylitta des Assyriens. Dès l'année 1723, un voyageur anglais, Richard Cobbe, avait apporté de l'Inde et déposé à la bibliothèque Bodléienne d'Oxford une

copie d'un certain nombre de fragments que conservent de leurs livres sacrés
les Parses établis depuis dix siècles dans le Guzarate, c'est-à-dire les descendants de ceux des sectateurs de Zoroastre qui, après la chute d'Yezdedjerd, dernier roi de Perse de la dynastie des Sassanides, se réfugièrent dans
l'Inde [1]. Ces fragments, écrits en zend et en pehlevi, les deux anciens idiomes
des Perses, restaient pour ainsi dire lettre close. Nul en Europe ne possédait la connaissance de ces langues, et jusqu'à l'époque où, en 1762, Anquetil Duperron, au prix des plus nobles sacrifices, au risque même de sa
vie, rapporte en France, après un long séjour dans le Guzarate, une copie
complète des livres religieux des Parses, et, cinq ans plus tard, en public
une traduction française, jusqu'à cette époque, dis-je, on n'avait sur le culte
public et les mystères de Mithra que les renseignements très-incomplets et
souvent fautifs qui nous ont été transmis par les écrivains grecs ou latins,
et par quelques auteurs musulmans. Non content du service signalé que sa
traduction rendait à la science, Anquetil se livre, dans une série de beaux
mémoires [2], à un examen approfondi des questions qui se rapportent, soit à
l'authenticité des livres zends et pehlevis attribués à Zoroastre par les Parses
de la Perse et de l'Inde, soit à la biographie de ce célèbre théosophe et législateur, soit à la source où il avait puisé les idées fondamentales de son système théogonique et cosmogonique, et en particulier l'institution du culte
public et des mystères de Mithra. Tout en négligeant plusieurs témoignages
écrits, que je juge utile de mettre sous les yeux du lecteur lorsque le moment opportun sera venu, Anquetil, sans opinion arrêtée d'avance, arrive à
reconnaître que ce culte public et ces mystères, comme tout le système religieux de Zoroastre, ont une origine chaldéenne, et que Zoroastre, qui les

---

[1] Ils passèrent d'abord cent ans dans le Kou-
hestan, puis quinze à Ormuz sur le golfe Persique, et dix-neuf à Diu. Les descendants des
sectateurs de Zoroastre restés en Perse, après la
mort de Yezdedjerd, sont aussi désignés sous le
nom de Parses, mais plus généralement sous
celui de *Guèbres*. Les écrivains arabes, à partir
des ixe et xe siècles de notre ère, les qualifient de
madjoussiens, sectateurs des mages; et lorsqu'ils
parlent d'un Guèbre lettré, ils lui donnent même
le titre de *moughâ* (*mog*), c'est-à-dire mage.
Mon savant confrère M. Reinaud, à qui je dois
ce renseignement, me fait remarquer que ces deux
qualifications sont employées dans une espèce
d'encyclopédie arabe intitulée *Rassayl-Ikhouan
alsafa* «Traités des frères de la pureté.» Voy.
mss. arabe du supplément de la Bibliothèque impériale, n° 1845, fol. 101 et suiv. (*Histoire du
Guèbre et du Juif*).

[2] Voyez les Mémoires de l'ancienne Académie
des inscriptions et belles-lettres, vol. XXXI, XXXIV,
XXXV et XXXVII, et plusieurs articles publiés
dans le *Journal des Savants*, par Anquetil, notamment celui qui est intitulé *Suite du voyage
de M. Anquetil Duperron*, numéro du mois de
juillet 1762.

importa en Perse vers le milieu du vi[e] siècle avant notre ère, les avait reçus des mains de leurs inventeurs, les Chaldéens d'Assyrie. De plus, bien qu'il n'eût cherché aucune preuve dans les documents écrits ni dans les monuments figurés qui appartiennent aux initiations mithriaques, il n'hésite pas à proclamer l'identité du Mithra des Romains avec le Mithra des Perses.

Toutefois ces conclusions n'obtinrent pas, comme elles auraient dû l'obtenir, l'assentiment unanime des archéologues. De graves divergences se manifestèrent, et même jusqu'à ces derniers temps, je le dis à regret, on remarque, dans de savants ouvrages, que les auteurs, en exposant leurs idées sur le culte public et les mystères de Mithra, tant chez les Perses que chez les Grecs asiatiques et les Romains, perdent trop de vue, si même ils ne la méconnaissent, l'origine chaldéenne d'une institution qui occupe une si grande place dans l'histoire de l'esprit humain et de la civilisation.

Pour ma part, j'adopte sans restriction l'opinion d'Anquetil, quant à cette origine et à l'identité du Mithra des Romains avec le Mithra des Perses. Je l'étends à l'identité des mystères persiques [1] et des mystères romains de Mithra, et j'ai à invoquer, sur ces divers points, un témoignage irrécusable qui a manqué à Anquetil, j'entends parler du témoignage que m'ont fourni, d'une part, le rapprochement de deux séries précieuses d'antiquités figurées asiatiques, les monuments de la Perse, complétement laissés de côté par le savant académicien français, et les monuments découverts depuis seulement une quinzaine d'années sur le sol de l'antique Assyrie; d'autre part, le rapprochement de ces deux catégories d'antiquités avec les documents écrits et les inscriptions lapidaires que nous ont légués l'Orient et l'Occident.

Dans cette double investigation, conforme à la méthode rigoureuse dont tout archéologue consciencieux ne saurait désormais se départir, j'ai eu à regretter le manque absolu de textes chaldéens ou assyriens. Une aussi fâcheuse lacune m'impose l'obligation de m'abstenir de justifier ici l'opinion d'Anquetil et la mienne par les citations ou les observations nécessaires, et notamment par des détails empruntés aux antiquités figurées d'Assyrie. Cette justification ressortira, j'ose l'espérer, des chapitres suivants, où, après m'être occupé de l'origine des Perses eux-mêmes et de leur religion avant le zoroastrisme, je m'efforce de déterminer, par le rapprochement des livres sacrés des Parses

---

[1] Pour éviter toute confusion, toute équivoque, j'emploierai l'ethnique *Perses* et l'adjectif *persique* pour les temps antérieurs à l'invasion de la Perse par les Arabes musulmans, réservant l'ethnique *Persans* et l'adjectif *persan, persane,* pour les temps postérieurs à l'islamisme.

et des monuments religieux restés debout sur le sol de la Perse, la place, les fonctions, les symboles et les attributs assignés à Mithra, soit dans le système théogonique et cosmogonique de Zoroastre, soit dans l'institution des mystères qui portent le nom de cette divinité. A mesure que j'avancerai dans ce travail particulier, on verra les monuments de l'art exhumés du sol assyrien et aussi du sol phénicien prendre place à côté des monuments persiques pour attester, par leur analogie, souvent même par leur conformité avec ceux-ci, qu'il faut réellement rapporter aux Chaldéens d'Assyrie l'invention du culte public et des mystères de Mithra. On verra même le langage symbolique des monuments de l'art et le langage symbolique des livres de Zoroastre et des initiations aux mystères concourir à établir entre les Chaldéens et les Perses une communauté incontestable de race et de langue.

CHAPITRE II.

ORIGINE DES PERSES; LEUR RELIGION AVANT LE ZOROASTRISME.

L'origine du peuple ancien qu'à l'exemple des Grecs et des Romains nous nommons les *Perses* se perd dans l'obscurité des temps qui précédèrent son établissement dans les contrées situées entre l'Indus et le Tigre. Les Perses se donnaient le nom d'*Iraniens*. Au livre X de la Genèse [1], dans le dénombrement des chefs de nation issus de Japheth, ils ne sont pas nominativement désignés, ou du moins, s'ils le sont, c'est sous une dénomination qui ne nous permet pas de les reconnaître. Au livre XIV [2], il est fait mention des *Élamites*, que généralement on identifie avec les Perses. Ils habitaient le pays d'*Élam*, dont la capitale, Suse, est bien souvent nommée dans l'histoire sacrée et dans l'histoire profane. Mais si ces Élamites descendent d'Élam, fils de Sem, selon la Genèse [3], il devient difficile de les identifier avec les Perses, qui, par leurs caractères physiologiques et par leur langue, appartiennent certainement à la race de Japheth. C'est pour la première fois que, dans les Paralipomènes [4], la Bible emploie le nom de פָּרָס, *Párás*, qui est traduit par *Persæ* dans la Vulgate. Daniel enfin [5], parlant de Cyrus, fait suivre de l'ethnique *le Perse* [6] le nom de ce prince.

Les traditions nationales qui se rapportent à la fondation de la première monarchie iranienne nous sont parvenues enveloppées de circonstances merveilleuses, qui les relèguent parmi les récits de ces périodes héroïques où il est bien difficile de démêler l'histoire de la fable, le vrai du faux, et de réduire à la réalité l'hyperbole, forme habituelle de cette sorte de récits sous la plume des écrivains orientaux. Les noms de Djemschid, de Féridoun et de plusieurs autres héros iraniens remplissent une de ces périodes; ils se rattachent à des dynasties dont la chronologie est impossible à établir, et l'histoire impossible

[1] V. 2-4.
[2] V. 1 et suiv.
[3] X, 22.
[4] II, xxxvi, 20-23.
[5] XIII, 65.
[6] *Perses*, Vulgate.

à retracer. Toutefois les investigations d'un grand nombre d'érudits ont acquis à la science quelques faits que voici : les Iraniens ou les Perses, par leur langue et par leur religion, appartiennent en particulier à cette grande famille issue des enfants de Japheth que l'on appelle *arienne* ou *aryenne*, et qui, après avoir habité la région située au nord de l'Hindoukousch, paraît s'être divisée en trois branches principales qui, à des époques inconnues, passèrent cette chaîne de hautes montagnes, et se répandirent, l'une dans les pays compris entre le Gange et l'Indus, l'autre dans les provinces qui s'étendent de l'Indus au Tigre, la troisième dans les contrées que baignent le Tigre et l'Euphrate. Ces trois branches sont représentées par trois castes sacerdotales, qui ont su rendre impérissables leur nom et leur célébrité : les Brahmanes ou Brahmes, les Mages et les Chaldéens. Je les nomme ici dans cet ordre sans prétendre attribuer à l'une la priorité sur l'autre; je n'ai égard qu'à l'emplacement où, en procédant de l'est à l'ouest, nous les trouvons établies en Asie dès une haute antiquité. Originairement ces trois castes ont pu parler un même idiome qui nous est resté inconnu. Mais, du moins, savons-nous qu'après leur établissement au sud de l'Himalaya elles parlaient trois idiomes principaux, le sanscrit, le zend et le chaldéen [1], qui ont entre eux une si proche parenté, qu'on pourrait les dire issus d'une même mère. Aussi les réunit-on, sous le nom de *langues aryennes*, dans ce groupe culminant où les philologues modernes rangent les langues qu'ils ont appelées tantôt *japhéthiques*, tantôt *indo-germaniques*, tantôt enfin *indo-européennes*, dénominations qui, à l'exception de la première, ont le grave inconvénient de rapporter exclusivement à l'Inde, c'est-à-dire au sanscrit, l'origine des langues d'Europe.

Primitivement une même religion ou plutôt un même culte religieux, fondé sur l'adoration du ciel, des astres, des éléments et des principaux phénomènes de la nature, paraît avoir aussi marqué la communauté d'origine qui existait entre les Brahmanes, les Mages et les Chaldéens. Le fait est même certain, quant aux deux premières de ces trois castes; il suffit, pour s'en convaincre, de rapprocher les *Védas* du passage classique d'Hérodote [2], dont j'ai déjà dit quelque chose [3], et que je rapporterai tout à l'heure. D'autre part, cette certitude ne s'étend-elle pas aux Chaldéens, lorsque l'on considère que le système théogonique et cosmogonique de cette savante caste, et le système théogo-

---

[1] J'expliquerai plus loin ce que j'entends par *idiome chaldéen* et ce qu'il convient d'entendre par *dialecte chaldaïque*.

[2] 1, 131.

[3] Ci-dessus, p. 1.

nique et cosmogonique de Zoroastre, offrent chacun des traces évidentes d'un seul et même culte primitif, le culte que représentent si bien la première partie du passage allégué d'Hérodote, et les hymnes dont se composent les *Védas?* Aux trois sources religieuses que j'indique ici, on découvre sans peine, non-seulement des idées ou des croyances identiques, mais des qualifications ou des noms identiques aussi, tels, par exemple, que *Mitra* et *Mithra, Soma* et *Hom,* etc.

Les documents abondent pour suivre pas à pas les preuves de la double communauté de langue et de culte que je viens d'indiquer. Ils manquent, chez les Indiens, chez les Mèdes et les Perses, et chez les Chaldéens, pour tracer l'histoire des modifications et des transformations que dut subir, chez chacun de ces peuples, le culte primitif qui leur était commun. Que s'est-il passé pendant les siècles qui s'écoulèrent jusqu'au jour où nous voyons les Chaldéens et les Indiens rendre un culte à des dieux, proclamer le dogme de l'immortalité de l'âme, et les Assyriens recevoir des mains des Chaldéens un système religieux et une institution de mystères fondés l'un et l'autre sur le spiritualisme? Nous l'ignorons. Par quelles circonstances et à quelle époque ce système et cette institution qui n'admettaient que des dieux androgynes, attribuant toute prééminence à l'énergie mâle de ces dieux, subissent-ils, chez les Assyriens, une altération profonde, qui transporte cette prééminence à une divinité féminine, désormais chargée de présider aux destinées humaines et aux initiations[1]? Et comment, de leur côté, les Indiens sont-ils amenés à diviser en deux divinités, l'une mâle, l'autre femelle, leurs propres dieux, qui antérieurement étaient de même androgynes, et réunissaient ainsi l'énergie mâle et l'énergie femelle? Nous l'ignorons également. En quel temps les Mèdes et les Perses reconnurent-ils publiquement un dieu éternel et l'immortalité de l'âme? Quelles modifications avait éprouvées leur culte primitif au moment où Zoroastre, arrivant à la cour de Gustasp pour présenter à ce roi de l'Iran un nouveau code religieux, trouve à combattre l'influence rivale des Brahmanes et les doctrines du civaïsme qui avait pénétré dans la Bactriane?

---

[1] La même question peut s'appliquer aux Phéniciens, qui, après avoir eu des dieux mâles ou androgynes, reçurent des mains des Assyriens le culte de Mylitta sous le nom d'Astarté. Primitivement leur religion dut être analogue à celle que pratiquaient les Perses avant le zoroastrisme, et semblable, selon toute probabilité, à celle qui, chez les Assyriens, précéda le système religieux fondé par les Chaldéens. (Voyez, sur la religion primitive des Phéniciens, l'opinion que s'en était formée Eusèbe (*Præparatio evang.* I, i), d'après le début de l'ouvrage traduit en grec par Philon de Byblos sous le titre de *Théologie phénicienne de Sanchoniathon.*)

Nous ne le savons pas davantage. Le civaïsme enfin s'était-il répandu à l'ouest de la Bactriane? et quelle influence avaient exercée sur les provinces occidentales et sur les provinces méridionales des Iraniens, les Assyriens ou plutôt les Chaldéens d'Assyrie, pendant les siècles qui précédèrent l'arrivée de Zoroastre à Balkh? Hérodote nous le laisse ignorer, lui qui, le premier, et le seul parmi les écrivains grecs, nous donne, sur la religion des Perses, deux notions essentielles que voici : «Chez les Perses, il n'est point permis, dit-il [1], «d'ériger des temples, des autels, ni même des statues aux dieux; et on re-«garde comme atteints de folie ceux qui en érigent. C'est, je pense, pour em-«pêcher qu'on n'attribue aux dieux une origine et une forme humaine comme «chez les Grecs. Ils ont pour règle de ne sacrifier à Zeus que sur les som-«mets les plus élevés des montagnes, et donnent au cercle entier des cieux le «nom de Zeus [2]. Ils sacrifient au soleil, à la lune, à la terre, au feu, à l'eau, «aux vents. C'étaient les seuls êtres auxquels ils rendaient anciennement un «culte; mais ils ont appris depuis, des Arabes et des Assyriens, à offrir aussi «des sacrifices à Uranie. Au surplus, les Assyriens appellent Aphrodite, dans «leur langue, *Mylitta;* les Arabes la nomment *Alitta,* et les Perses lui don-«nent le nom de *Mitra.* »

Bien que ce récit laconique soit le seul document digne de foi [3] qui nous reste sur le culte primitif des Perses, il nous indique suffisamment que le premier livre religieux des Iraniens [4] se composait, comme les *Védas* des Indiens, d'une série d'hymnes adressés au dieu-ciel, aux astres, aux éléments, à tous les autres phénomènes principaux du monde créé. Selon toute probabilité, l'acte le plus important de ceux que prescrivait alors la liturgie était le sacrifice du cheval, ce sacrifice appelé *açwa-medha* chez les Indiens, ce sacrifice qui, pour le dire en passant, se perpétua en Perse sous le règne des

---

[1] I, 131.

[2] Nous ignorons quel était le nom national du dieu-ciel des Perses qu'Hérodote assimile ici au Zeus des Grecs, le Jupiter des Romains. Descendu au rang d'amschaspand dans le *Zend-Avesta,* il y prend le nom de *Bahman,* c'est-à-dire *Vohou-man,* ciel pur, et, selon le LIV° chapitre du *Zerduscht-nameh* (*Zend-Avesta,* t. I, 2° part. p. 39), il était à la tête des quatre cavaliers qu'Ormuzd envoya au roi Gustasp pour lui ordonner d'obéir à Zoroastre. Chez les Indiens, le dieu-ciel s'appelait *Indra;* sous aucune forme nous ne retrouvons cette dénomination dans le *Zend-Avesta.*

[3] Je dis le seul document digne de foi, parce que, depuis longtemps, une saine critique a fait justice d'un passage où Agathias, d'après Bérose, Athénoclès et Symmachus, qui avaient écrit l'histoire des Assyriens et des Mèdes, rapporte que les Perses, avant Zoroastre, adoraient *Zeus, Chronos* et les autres dieux des Grecs, mais leur donnaient des noms différents, tels que *Bélus* au lieu de Zeus, *Sandès* au lieu d'Héraclès, *Anaïtis* au lieu d'Aphrodite, et quelques autres.

[4] Et très-probablement aussi celui des Mèdes.

Achéménides, longtemps après la promulgation du code religieux de Zoroastre, et quoique les fragments qui nous restent de ce code ne renferment point l'obligation d'une pareille offrande. Cependant ils font souvent mention d'une *première loi*, que pratiquaient les *Poériodekeschans*, c'est-à-dire *les hommes de la nouvelle loi*[1]; qualification qui, du zend, est passée en parsi sous la forme *Peschdadiens*. Par ces mots, *première loi*, il faut sans doute entendre le culte primitif dont parle Hérodote, qui nous prouve ici, comme ailleurs, qu'il savait puiser ses renseignements aux sources les plus respectables. Ce culte primitif nous fait donc remonter à l'époque reculée de Djemschid, de Féridoun et des autres personnages célèbres de la période héroïque des Poériodekeschans ou Peschdadiens, tous nommés et glorifiés dans la *nouvelle loi*, c'est-à-dire dans les livres de Zoroastre[2]. Il ne serait peut-être pas impossible de montrer, par une étude approfondie de la légende de Persée, que ce héros, tel que nous le représentent les écrivains grecs, s'identifie avec le Féridoun des auteurs orientaux. Et, si ces deux illustres personnages se confondent en un seul, il ne serait pas impossible non plus de parvenir à constater que Féridoun ou Persée, maître de la plus grande partie de l'Asie occidentale[3], se fit initier aux mystères des Assyriens, c'est-à-dire aux connaissances scientifiques des Chaldéens d'Assyrie, en même temps que la civilisation assyrienne pénétrait dans les rangs des Iraniens et probablement aussi dans les provinces iraniennes limitrophes de l'empire d'Assyrie. Par là nous serions amenés à comprendre pourquoi, dans le *Schah-nameh* ou *Livre des Rois* de Firdousi[4], la légende de Féridoun trahit des croyances, des idées, des usages empruntés au culte assyrien de Mylitta, tandis qu'en Perse, avant le règne d'Artaxercès Mnémon, nous ne trouvons aucune trace d'un culte rendu à une divinité féminine. Par là aussi on serait conduit peut-être à faire remonter jusqu'au temps de Féridoun la formation du pehlevi, formation dont l'époque est encore, parmi les philologues, un sujet de controverse. Mais le sujet que je me suis proposé de traiter dans cet ouvrage ne comporte nullement l'examen de ces traditions, de ces conjectures, de ces faits. Bornons-nous à constater qu'Hé-

---

[1] Voy. *Mém. de l'Acad. des inscr.* t. XXXVII, p. 662, 663; *Zend-Avesta*, t. I, 2ᵉ part. p. 89, note 3; p. 148.

[2] Voyez surtout le ix' ha du *Yaçna* et les ieschts d'Aban, de Taschter, de Gosch, de Behram et des Férouers (*Farvardin*).

[3] J'entends par *Asie occidentale* toute la partie de l'Asie qui est comprise entre l'Indus et la Méditerranée.

[4] Voy. pages 78 et suivantes du tome I de la belle édition de cet ouvrage publiée par mon savant ami M. Jules Mohl, et accompagnée d'une traduction fidèle. Paris, Imprim. royale, 1838, in-fol.

rodote et ses successeurs se taisent sur les points qui pourraient faciliter un pareil examen, et ne fournissent aucun détail sur l'état religieux et politique de la Perse à l'époque de l'avénement de la dynastie achéménide. D'autre part, les livres de Zoroastre et son biographe moderne, dans la compilation connue sous le titre de *Zerduscht-nameh*, ne nous font pas non plus connaître cet état. Seulement nous apprenons de Zoroastre et de son panégyriste, en termes assez vagues, qu'au temps où Gustasp, l'un des descendants d'Achéménès, régnait à Balkh, le civaïsme faisait des prosélytes dans l'Iran oriental ou la Bactriane; les Brahmanes exerçaient même une certaine influence à la cour de ce prince.

CHAPITRE III.

ZOROASTRISME; NAISSANCE DE ZOROASTRE; SA VIE; SIGNIFICATION DE SON NOM; SOURCE OÙ IL PUISA LES BASES DE SON SYSTÈME THÉOGONIQUE ET COSMOGONIQUE; DATE DE SON ARRIVÉE À LA COUR DU ROI D'IRAN; ÉPOQUE APPROXIMATIVE DE SA MORT.

De nos jours, la seconde partie du récit d'Hérodote, malheureusement plus laconique même que la première, mais très-affirmative quant à l'origine du culte persique de Mithra, a reçu un éclatant témoignage de véracité par la découverte successive de petits monuments qui se rapportent aux initiations pratiquées chez les Assyriens, chez les Phéniciens, chez les Perses, et, plus tard, par la découverte inespérée des ruines de plusieurs palais assyriens situés sur le territoire de Ninive et ornés de bas-reliefs religieux. Ces petits monuments, ces imposants bas-reliefs sont venus s'ajouter aux cylindres, aux cônes asiatiques et aux grands bas-reliefs de Persépolis qui, dès l'année 1825, ne m'avaient laissé aucun doute sur l'origine assyrienne ou plutôt chaldæo-assyrienne du culte persique de Mithra et des symboles sculptés ou gravés sur les monuments religieux de la Perse. Désormais on ne peut méconnaître que, sous les rois achéménides[1] et antérieurement au règne de Darius, fils d'Hys-

---

[1] Ceci était écrit lorsque me parvinrent les deux volumes publiés en 1856, à Saint-Pétersbourg, par M. le docteur Chwolsohn, sur les Sabéens et le sabéisme (*Die Ssabier und der Ssabismus*). Je regrette beaucoup que, dans un ouvrage aussi savant, aussi profond, la question de l'origine du zoroastrisme soit traitée un peu superficiellement (Voy. surtout t. I, p. 346 et 814, et note pour la page 346). L'auteur, après s'être demandé si l'on doit considérer Zoroastre comme l'inventeur de son système religieux, arrive à une conclusion qui ne semble pas destinée à obtenir l'assentiment des juges compétents : il déclare que les anciens Perses (c'est-à-dire les Perses au temps des Achéménides) n'étaient pas des sectateurs de Zoroastre, et que, pour la première fois, à l'avénement de la dynastie des Sassanides au trône de Perse, le zoroastrisme devint la religion de l'État. Sur ce point, M. Spiegel (*Zeitschrift der d. morg. Gesellsch.* t. IX, p. 182-184. Cf. *Indische Stud.* III, p. 451) avait déjà énoncé une opinion à peu près semblable; mais, je l'avoue, elle ne me paraît pas reposer sur des documents ou des considérations qui puissent prêter un appui solide à l'assertion de M. Chwolsohn. Les bas-reliefs et les inscriptions en caractères cunéiformes des palais de Persépolis, les tombeaux des rois achéménides à Nakhsch-i-Roustem, et la grande inscription de

taspe, Zoroastre, l'élève des Chaldéens d'Assyrie, institua chez les Iraniens ou les Perses le culte public et aussi le culte secret ou les mystères de Mithra. Sur le premier de ces deux derniers points, on le verra bientôt, les livres de ce célèbre réformateur sont très-explicites. Sur le second point, si ces livres ne fournissent que des témoignages indirects, nous avons le témoignage formel d'un écrivain grec, Eubule, qui avait composé sur les mystères de Mithra un traité particulier. L'ouvrage ne nous est point parvenu, et c'est une perte à jamais regrettable; mais Porphyre, philosophe néoplatonicien, originaire de Syrie, nous a rendu l'éminent service de nous en conserver plusieurs fragments, en tête desquels se place celui-ci : « ..... Les Perses, dit-il, quand ils initient un « néophyte, célèbrent dans un lieu qu'ils nomment expressément *la grotte* le « mystère de la descente et de l'ascension des âmes. Selon Eubule, continue- « t-il [1], Zoroastre fut le premier, parmi les Perses, qui consacra en l'honneur « de Mithra, créateur et père de toutes choses, une grotte naturelle, ornée de « fleurs et de sources d'eau vive. Située dans les montagnes voisines de la Per- « side, elle avait été disposée de manière à être l'image du monde créé par Mi- « thra..... » Rapprochons de ce témoignage celui que nous fournit un auteur non moins digne de foi, Ammien Marcellin [2]. Après avoir dit, d'après Platon, que la magie, ou plutôt le magisme, « est le culte le plus pur des dieux, » il ajoute ces paroles bien dignes de notre attention : « Dans les siècles précédents « le Bactrien Zoroastre ajouta à cette science beaucoup de choses qu'il avait « empruntées aux mystères des Chaldéens. Elle fut ensuite perfectionnée par « le très-savant roi Hystaspe, père de Darius [3]. »

Bi-Sutoun avec son bas-relief royal sont là pour témoigner contre les hypothèses de M. Spiegel et de M. Chwolsohn, et confirmer le passage cité d'Hérodote.

[1] *De antro nymphar.* VI. Je rapporte plus loin le texte grec du passage entier. — On n'est pas d'accord sur l'époque où vivait l'auteur que cite ici Porphyre, et que cite aussi saint Jérôme (*Adv. Jovin.* I; *Opp.* IV, 2, p. 206; ed. Rig.). Les uns le confondent avec un Eubule cité par Athénée (*Deipnosophistes*, I, 8); les autres veulent l'identifier avec Pallas, qui, dans la première moitié du IIe siècle de notre ère, avait composé sur les mystères de Mithra un traité particulier. Ce traité, non plus que l'ouvrage d'Eubule, ne nous est point parvenu. Porphyre me semble les citer l'un et l'autre, de manière à ne pas nous permettre de les confondre l'un avec l'autre. Loin de les confondre, M. Ch. Müller, dans sa belle édition des *Fragments des historiens grecs* (II, 26), cherche à identifier Eubule avec Bolus-Mendesius, qui, du temps de Ptolémée Ier, composa des écrits sous le faux nom de Démocrite. Cette opinion, je l'avoue, ne me semble pas reposer sur une base bien solide; et je serais plutôt disposé à considérer l'Eubule de Porphyre comme un écrivain du IIe siècle de l'ère chrétienne et, par conséquent, à peu près contemporain de Pallas et de l'époque où le culte de Mithra était en grande faveur à Rome.

[2] Lib. XXIII, p. 294, ed. Ernesti.

[3] « ..... Magiam opinionum insignium auctor

Anquetil, dans les divers mémoires dont j'ai parlé [1], a su, je le répète, tenir compte de ces passages et des traditions qui attribuent aux Chaldéens d'Assyrie l'invention des mystères de Mithra importés en Perse par Zoroastre. Considérant, d'autre part, que le réformateur perse, dès son arrivée à Balkh, eut à y soutenir une lutte très-vive avec les Brahmanes, qui avaient introduit dans la Bactriane le civaïsme et jouissaient d'un certain crédit auprès du roi Gustasp, Anquetil a judicieusement conclu que Zoroastre fut l'élève des Chaldéens d'Assyrie, et qu'il puisa chez eux, et non à une source indienne, ni à une source sémitique ou araméenne, son système théogonique et cosmogonique, ainsi que l'institution des mystères de Mithra. Mais, faute d'avoir étudié les monuments figurés de la Perse, ceux de Persépolis en particulier; faute aussi d'avoir connu les grands et les petits monuments figurés qui, depuis lui, ont été exhumés des ruines de Babylone, de Ninive et de quelques villes de Phénicie, le célèbre traducteur du *Zend-Avesta*, il faut bien le dire, a méconnu les traits les plus caractéristiques du système religieux de Zoroastre et le rang véritable qu'y occupe Mithra. Il n'a pas su remarquer qu'à l'exclusion de toutes les religions païennes, mais à l'exemple de la Bible, ce système ne reconnaît point de divinité féminine. A ses yeux, Mithra n'est que le premier des *izeds*, le simple chef d'un ordre secondaire de génies appelés *izeds* [2]. Il lui dénie la qualification et le rang d'un dieu. Par là, il se trouve éloigné de toute considération qui aurait pu l'amener à soupçonner que Zoroastre, comme les Chaldéens, admettait une triade divine, et que Mithra est un des trois dieux mâles ou androgynes dont se compose cette triade. D'autre part, les destours ou prêtres des Parses de l'Inde, soit par un scrupule religieux, soit plutôt par ignorance [3], ne révélèrent pas à Anquetil le sens symbolique du mot zend qui sert de clef à l'exposition du système cosmogonique de Zoroastre. Dès lors le traducteur français, n'ayant pas été mis par eux sur la voie, n'a pu comprendre cette cosmogonie : ses études ni le cours de ses idées ne l'avaient pas conduit à rechercher si ce qui, dans le langage cosmologique de Zoroastre,

---

«amplissimus Plato, machagistiam esse verbo «mystico docet, divinorum incorruptissimum cul-«tum, cujus scientiæ sæculis priscis multa ex «Chaldæorum arcanis Bactrianus addidit Zoro-«astres : deinde Hystaspes rex prudentissimus «Darii pater.....»

[1] Ci-dessus, p. 2.

[2] En zend, *yazata's*.

[3] Sur l'ignorance des Parses de l'Inde, le témoignage formel d'Anquetil se reproduit dans plusieurs passages qui ont été réunis par Eugène Burnouf. (Voyez son *Commentaire sur le Yaçna*, t. I, 1re partie, avant-propos, p. x, xi, et xii, note.)

lui semblait inintelligible ou absurde, ne cachait pas, sous le sens propre de telle ou telle expression, un sens symbolique élevé.

Quant au culte secret ou aux mystères de Mithra, il n'a rien ajouté à ce que les érudits d'Europe en savaient avant son retour de l'Inde, rien retranché des erreurs où ils étaient tombés, ni rien publié enfin qui ait pu empêcher ces erreurs de se reproduire jusqu'à nous. La raison en est simple : Anquetil n'avait trouvé, dans le *Zend-Avesta*, que des allusions à ces mystères, et, chez les Parses de l'Inde, que de faibles traces de cette institution. Absorbé tout entier dans des études philologiques très-ardues, il n'avait demandé des lumières sur le zoroastrisme qu'aux textes des livres sacrés de ces Parses, à l'interprétation que lui en faisaient les destours, par l'intermédiaire de la langue persane, et aux conférences journalières qu'il avait avec eux. Si la pensée ne lui était pas venue de chercher dans l'exploration des monuments figurés de la Perse les renseignements, les éclaircissements qui lui manquaient sur plusieurs points du culte public, pouvait-il croire ou même soupçonner que les ruines de Persépolis, sans parler des petits monuments, offrent la représentation de scènes qui se rapportent directement à la célébration des mystères de Mithra? Ces observations, j'ai hâte de le dire, ne diminuent rien de l'admiration et de la reconnaissance que m'inspirent et qu'inspireront toujours au monde savant les immortels travaux d'Anquetil Duperron [1]. Les philologues, les archéologues, les voyageurs qui lui ont succédé se sont-ils montrés mieux inspirés que lui? Je suis contraint de répondre négativement [2]. J'ajoute, en toute sincérité, que,

---

[1] Personne ne souscrit plus sincèrement que moi à ces paroles d'Eugène Burnouf (*Commentaire sur le Yaçna*, avant-propos, p. xxxvi), qui honorent et celui que j'ai vu les écrire et celui à qui elles s'adressent : «..... Anquetil a fait plus «pour l'intelligence des livres de Zoroastre que «d'en donner le texte et l'explication : il a été, au «péril de sa vie, les chercher dans l'Inde, les a «traduits le premier, et n'a pas craint d'en dé-«poser le texte dans la plus célèbre bibliothèque «de l'Europe, pour appeler sur son travail l'exa-«men de la critique.»

[2] J'éprouve le vif regret de ne pouvoir excepter l'illustre auteur de la *Symbolique*, qui, je me plais à le répéter, a, plus qu'aucun autre savant depuis Anquetil, pénétré dans l'esprit de la religion des Perses. Je ne puis non plus faire une exception en faveur de deux écrivains dont les ouvrages sont depuis peu entre nos mains, M. le docteur Röth et M. le docteur Chwolsohn, auteurs, l'un, d'une histoire de la philosophie occidentale (*Geschichte unserer abendländischen Philosophie*, t. I, Mannheim, 1846; in-8°), l'autre, d'une histoire des Sabéens et du sabéisme, que j'ai déjà citée. A ces deux ouvrages, remplis d'ailleurs d'érudition, il manque essentiellement la connaissance des monuments figurés et du langage symbolique de l'Asie occidentale, sans laquelle on ne peut parvenir à se former une idée juste du système théogonique et cosmogonique de Zoroastre, ni de la psychologie des mystères de Mithra.

pour les progrès de la science, il est fort à regretter que mes devanciers et mes
contemporains m'aient laissé le soin d'interpréter les monuments figurés religieux de l'Asie occidentale, livré aux seules ressources de mes observations,
de mes faibles moyens, et, par conséquent, exposé à commettre les erreurs
qu'il est bien difficile d'éviter lorsqu'on s'engage sans guide dans une voie
nouvelle de recherches. C'est là mon titre principal à l'indulgence que je réclame de la part de mes lecteurs.

Ainsi les documents qui ont servi de base à mes investigations sont de deux
sortes : les textes et les monuments figurés.

Les textes comprennent, avec les écrits, les inscriptions lapidaires; ils
se divisent en deux grandes classes : textes orientaux, textes occidentaux.
En tête de la première se placent tout naturellement les livres sacrés des
Perses ou des Parses, les inscriptions zendes, les inscriptions pehlevies;
puis les traditions conservées par les écrivains musulmans. Dans la seconde
classe se rangent les auteurs grecs ou latins et les inscriptions grecques ou
latines.

A leur tour, les monuments figurés se divisent en deux grandes classes :
monuments orientaux ou asiatiques, et monuments occidentaux. La première
classe comprend les monuments figurés des Perses, les bas-reliefs de Persépolis surtout, et les monuments des Assyriens, des Phéniciens, des Arméniens
et de tous les autres peuples de l'Asie occidentale. La seconde classe renferme,
avec les monuments romains occidentaux, les monuments consacrés à Mithra,
dans l'Afrique septentrionale, pendant la domination romaine.

C'est après avoir longtemps étudié les textes et les monuments de l'art, c'est
en les rapprochant soigneusement que je suis parvenu à trouver la clef du langage symbolique dont se sert Zoroastre dans le *Zend-Avesta*, à restituer le
système théogonique et cosmogonique de ce réformateur, à déterminer la place
qu'y occupe Mithra, les fonctions qui lui sont dévolues, et la signification des
symboles sous lesquels on le représentait. C'est par la même voie que j'ai pu
restituer les doctrines fondamentales des mystères de Mithra, le nombre, la
hiérarchie et les symboles des grades, les bases de l'enseignement scientifique
et les cérémonies propres à chaque grade. Mais, avant d'exposer tous les résultats que j'ai obtenus, il convient que j'entre ici dans quelques détails sur la
naissance et la vie de Zoroastre, sur le livre réputé sacré dont il fut l'auteur,
et sur les autres ouvrages religieux que les Parses de l'Inde considèrent comme
orthodoxes.

En 1769, dans un savant mémoire [1], Anquetil a traité la plupart des questions qui se rattachent à la biographie de Zoroastre. De plus, il a placé en tête de la seconde partie du tome I[er][2] de sa traduction française du *Zend-Avesta* [3] une vie de Zoroastre puisée à diverses sources, et notamment dans le *Zerduscht-nameh* de Zerduscht-behram, et dans le *Tchengrégatch-nameh*, poëmes persans, dont la date, selon les destours de l'Inde, ne remonte qu'au xvie siècle, bien que l'auteur du premier de ces deux poëmes l'ait daté de l'an 647 d'Yezdedjerd, c'est-à-dire de l'an 1276 à 1277 de notre ère [4].

Anquetil examine, en critique habile, les diverses opinions énoncées au sujet de Zoroastre par Brisson, Stanley, Hyde, Buddeus, Prideaux, Moyle, Brucker et par les auteurs de l'*Histoire universelle*, publiée en Angleterre. Il admet deux Zoroastre, dont l'un, très-ancien, est mentionné dans les auteurs grecs ou latins [5]. Il identifie celui-ci avec *Héomo*, premier législateur des Perses, contemporain de Vivengham, père de Djemschid, et il a soin de faire remarquer que, dans l'*Izeschné* (*Yaçna*) [6], Zoroastre se qualifie lui-même « disciple de Héomô. » Que, dans la haute antiquité, divers personnages aient porté le nom de Zoroastre bien avant l'auteur du *Zend-Avesta*, le fait me paraît assez probable; mais il ne m'offre pas, je le dis à regret, une raison suffisante d'adopter l'opinion d'Anquetil, ni celle d'un illustre écrivain allemand dont l'avis est habituellement d'un grand poids à mes yeux. M. le docteur Frédéric Creuzer [7], assimilant Zoroastre à Hermès, pense qu'il n'a existé qu'un seul Zoroastre, fort ancien, dont la doctrine traversa bien des siècles, toujours reproduite sous le nom de Zoroastre jusqu'au temps où fut écrit le *Zend-Avesta*. Anquetil n'a pas de peine à démontrer que le Zoroastre qui présenta le *Zend-Avesta* au roi Gustasp ne saurait être identifié avec aucun des autres personnages du même nom que quelques écrivains de l'antiquité font vivre en divers lieux et à des époques plus ou moins reculées, et même

[1] Voy. *Mémoires de l'Académie des inscriptions*, t. XXXVII, p. 710-754. Ce volume porte la date de 1774.

[2] P. 1-70.

[3] Publiée en 1771.

[4] On sait, mais on en ignore la raison, que les Parses de l'Inde font commencer l'ère de Yezdedjerd non, comme les Arabes, en l'année 632 de notre ère, mais en l'année 630. Anquetil, dans ses ouvrages, suit les calculs chronologiques de ces Parses.

[5] Voy. Mémoire cité, p. 746 et suiv.

[6] *Zend-Avesta*, t. I, 2e part. p. 107-118, 227, 228; t. II, p. 200, 220, 221, 260.

[7] *Symbolik*, t. I, p. 667 et suiv. 2e édit. Trad. franç. de M. Guigniaut, t. I, ch. sur la relig. médo-persique, § 1, p. 317, 318.

plus ou moins fabuleuses. Les témoignages fournis par Ammien Marcellin[1], Lactance[2], Clément d'Alexandrie[3], Iamblique[4], Apulée[5], etc. quant au temps où vécut Zoroastre, auteur du *Zend-Avesta*, lui servent à établir que le roi Gustasp des livres zends et de l'histoire orientale est le même que l'Hystaspe, père de Darius, dont Ammien Marcellin[6] fait le successeur ou le continuateur de Zoroastre dans l'étude et la proclamation des connaissances scientifiques propres aux mystères[7]. Le traducteur français du *Zend-Avesta* n'oublie pas de rappeler les traditions qui veulent que Zoroastre, l'élève des Chaldéens, devenu maître à son tour, ait eu pour disciple, à Babylone, Pythagore. Il rapporte aussi la tradition qui, dans le Xe livre de la *République* de Platon, identifie Zoroastre avec Her, fils du pamphylien Arménius; mais il me laisse le soin de faire remarquer, sans en tirer aucune conséquence en faveur de cette tradition, que, selon toute probabilité, l'auteur du *Zend-Avesta*, avant de s'appeler *Zoroastre*, portait un autre nom. Nous verrons, au chapitre du baptême mithriaque, que les initiés de tout rang, les rois y compris, changeaient de nom en recevant le grade qui, dans l'initiation aux mystères de Mithra, marquait leur entrée dans une nouvelle vie et faisait de chacun d'eux un nouvel homme. Anquetil rapporte enfin diverses traditions recueillies par quelques écrivains musulmans, qui font mention du législateur des Perses. On peut ajouter à ces écrivains ceux dont Malcolm nous donne des extraits dans son Histoire de Perse[8], et Albyrouny, cité par mon savant confrère M. Reinaud[9]. Je ne m'arrêterai aux récits d'aucun de ces auteurs orientaux, tous, on le pense bien, échos plus ou moins fidèles d'anciennes légendes où les sectateurs de Zoroastre s'étaient plu non-seulement à raconter, sur sa nais-

---

[1] *Loc. cit.*

[2] *Divin. institut.* VII, 15.

[3] *Stromat.* 1, p. 302-304.

[4] *Vit. Pythagor.* IV.

[5] *Opera omnia*, t. II (*Florid. apolog.*), p. 56, 451, 465. — Anquetil aurait pu ajouter aux auteurs dont il invoque le témoignage plus ou moins indirect Plutarque (*De anim. generat. in Tim.* p. 1012), Diogène (dans son livre *De incredibil.* cité dans la Vie de Pythagore par Porphyre), l'auteur anonyme d'une Vie de Platon qui a été publiée par Heeren (*Biblioth. der alten Litteratur und Kunst.* V^{tes} Stück; Götting. 1788, in-8°), et saint Cyrille (*Contra Julian.* III, p. 87 E, 88 A).

[6] *Loc. cit.*

[7] Toutefois je ne dois pas omettre de dire que Anquetil, après avoir établi ce point d'une manière qui lui paraît péremptoire (voy. *Mém. de l'Acad. des inscr.* t. XXXVII, p. 718-724), a exprimé plus tard (*Zend-Avesta*, t. I, 2e part. Vie de Zoroastre, p. 61), mais sans raison suffisante, ce me semble, quelque doute sur l'identité de l'Hystaspe des historiens occidentaux avec le Gustasp des auteurs orientaux.

[8] *History of Persia*, vol. I, p. 58, 192 et suiv.

[9] *Mém. de l'Acad. des inscr.* nouvelle série, t. XVIII, 2e part. p. 91 et suiv.

sance, sa vie et sa mort, des fables, des merveilles, des prodiges, mais aussi à lui attribuer des prophéties et des miracles. Plusieurs de ces contes ont même été complaisamment répétés par quelques écrivains grecs, tels que Dion Chrysostome, Suidas, George Cédrène et l'auteur quelconque des *Récognitions*. Il n'est pas jusqu'à Grégoire de Tours qui ne se laisse entraîner à dire [1] que Chus, fils aîné de Cham, fils de Noé, s'étant rendu chez les Perses, y fut appelé *Zoroastre*, ce qui signifiait *étoile vivante;* qu'il y établit le culte du feu, et qu'après avoir été consumé par le feu du ciel, il fut adoré en Perse comme un dieu [2]. Disons toutefois, pour la justification de cette dernière tradition, que des passages, probablement interpolés à une époque ancienne, dans les livres sacrés des Parses de l'Inde, décernent à Zoroastre la qualification d'*ized* [3], divin, qui appartient à Mithra et aux génies du deuxième ordre, dont ce dieu est le chef. On lit même, dans un de ces passages, qu'Ormuzd (le second dieu de la triade suprême) aime Zoroastre plus que les izeds. Ailleurs on lit aussi que son corps est céleste [4]; qu'il est le premier qui ait prononcé l'*honover* [5], c'est-à-dire la parole créatrice, prérogative du dieu Ormuzd et du dieu Mithra; que si le monde subsiste, c'est par lui [6]; qu'il est le maître des dews, le roi des provinces, le chef de tout [7]; qu'il est sans cesse agissant et toujours victorieux avec le secours du peuple céleste [8]; qu'Ormuzd l'a établi (destour) des hommes, pour qu'Ahriman ne donne pas la mort, pour que ni les magiciennes, ni les magiciens [9], ni les dews, (quand ils seraient) tous rassemblés, ne (puissent) produire la mort sur (la terre). Enfin, au temps où Tavernier voyageait en Perse, les Guèbres ou Parses conservaient une tradition qui donnait pour

[1] *Hist. Francor.* I.

[2] «Primogenitus Cham filii Noë fuit Chus : «hic ad Persas transiit, quem Persæ vocitavere «*Zoroastrem,* id est *viventem stellam.* Ab hoc etiam «ignem adorare consueti, ipsum divinitus igne «consumptum, ut deum colunt.»

[3] *Zend-Avesta,* t. I, 2ᵉ part. (*Yaçna*), p. 98; t. II, p. 150. Le premier des deux passages que j'indique ici est conçu en ces termes : «Je fais «khoschnoumen au saint féroüer de Sapetman «Zoroastre, appelé *ized.*» Peut-être Anquetil aurait-il dû, au lieu d'employer ici la qualification d'*ized,* employer l'adjectif *divin,* qui en offre le sens littéral.

[4] *Zend-Avesta,* t. II, p. 150.

[5] *Zend-Avesta,* t. I, 2ᵉ part. p. 109.

[6] *Ibid.* p. 194.

[7] *Ibid.* p. 109, 141; t. II, p. 167, 397.

[8] *Ibid.* t. I, 2ᵉ part. p. 109.

[9] Zoroastre distingue formellement deux espèces de magies : l'une bonne, qui comprend l'ancienne loi des mages, ses prédécesseurs, et sa propre doctrine professée par les mages, ses disciples; l'autre, mauvaise, qui est une des productions d'Ahriman, enseignée par les dews et les daroudjs aux magiciens et aux magiciennes. (Voy. *Zend-Avesta,* t. I, 2ᵉ part. p. 268, 316, 424; t. II, p. 33, 45, 46, 154, 155, 157. Cf. *ibid.* t. I, 2ᵉ part. p. 65.)

père à Zoroastre *Azer*, c'est-à-dire le feu[1]. On voit par ces citations que, d'âge
en âge, s'est conservée, parmi les sectateurs de Zoroastre, l'habitude de le
considérer comme un être divin, et même de l'assimiler à Mithra, l'un des
trois dieux de la triade suprême, celui qui est « sans cesse agissant et toujours
« victorieux avec le secours du peuple céleste, » comme il est dit dans le *Zend-
Avesta*[2]. De telles exagérations nous choqueront un peu moins lorsque j'aurai
montré que, dans les mystères de Mithra, dont Zoroastre était le fondateur
chez les Perses, les trois grades les plus élevés conféraient à l'initié les honneurs et les prérogatives de l'apothéose.

Le *Boun-dehesch*, compilation théologique et cosmologique que les Parses du
Guzarate vénèrent presque à l'égal du *Zend-Avesta*, ne dément pas, au sujet
de Zoroastre, les passages que je viens d'extraire de ce code religieux. Il fait
naître Zoroastre de Poroschasp, et lui donne pour ancêtres une suite de
princes iraniens de la dynastie pischdadienne, qui remontent jusqu'à Mino-
tchehr, contemporain de Salem et de Tour, deux des trois fils du célèbre Féridoun[3]. De même que la légende de ce héros lui donne trois fils, le *Boun-
dehesch* en attribue trois à Zoroastre, mais en marquant par des circonstances
merveilleuses[4] leur naissance et leur destinée : ils naîtront, après sa mort,
à de longs intervalles et de sa semence placée sous la garde de deux izeds,
Nériosengh, génie du feu qui anime les rois, et *Anahid*, génie de la planète
que nous nommons Vénus. Ces trois fils posthumes seront *Hoscheder Bâmi*,
Hoscheder Mah et *Sosiosch*. Ils compléteront successivement les vingt et un
nosks ou *naçkas* dont se composait le *Zend-Avesta* lorsque leur père le présenta
au roi Gustasp; l'aîné apportera au monde le vingt-deuxième nosk; le second,
le vingt-troisième; le troisième, le vingt-quatrième et dernier nosk[5]. Ce troisième fils, Sosiosch, revêt, comme son père, le caractère de sauveur des
hommes. Il doit paraître à la fin du monde; il rendra pur tout ce qu'à cette
époque le monde renfermera, et, à sa voix, les morts ressusciteront[6].

Laissant de côté les fables, les contradictions qui fourmillent dans les traditions relatives à Zoroastre, Anquetil se livre à des considérations et à des

---

[1] Tavernier, *Voyag. de Perse*, t. I, p. 431,
éd. de Paris, 1677, in-4°.

[2] Voy. l'*Iescht de Mithra, Zend-Avesta*, t. II,
p. 204-232.

[3] *Zend-Avesta*, t. II (*Boun-dehesch*), p. 418-
420.

[4] Je passe sous silence les détails d'une crudité par trop primitive que nous donne le *Boun-
dehesch* (p. 420) sur la procréation et la naissance posthume de ces trois fils de Zoroastre.

[5] *Zend-Avesta*, t. I, 2ᵉ partie, p. 46.

[6] *Ibid.* t. II, p. 278, 411.

3.

calculs qui lui permettent de conjecturer, avec assez de probabilité, que, vers l'année 589 avant Jésus-Christ, ce législateur naquit à Ourmi, dans l'Ader-baïdjan; qu'il présenta son livre à Gustasp en 559 ou 558, et mourut à l'âge de soixante et dix-sept ans. Un passage de Masoudi, que n'a pas connu Anquetil, semble confirmer la date approximative qui résulte des supputations de l'académicien français, quant à l'époque où vivait le législateur des Perses. Masoudi, écrivain arabe du xe siècle de notre ère, s'exprime en ces termes dans son *Moroudj-eddheheb*, resté inédit jusqu'à ces derniers temps[1] : « Il y a des mages « qui comptent, depuis Zoroastre, fils d'Espentaman (Sapetman), jusqu'à « Alexandre, deux cent quatre-vingts ou deux cent cinquante ans[2]..... » Or, si l'on ajoute ces deux cent quatre-vingts ou ces deux cent cinquante années à 330, date du règne d'Alexandre sur les Perses selon Ideler[3], on obtient, pour la date de la mort de Zoroastre, l'année 610 ou l'année 580.

Le lieu de la naissance de Zoroastre nous donne à comprendre pourquoi les auteurs anciens nous le présentent tantôt comme Mède, tantôt comme Perse ou Médo-perse, tantôt comme Arménien. Son séjour auprès des Chaldéens d'Assyrie, son arrivée à Balkh et l'influence qu'il acquit à la cour du roi Gustasp nous expliquent comment d'autres auteurs ont pu être amenés à le dire, les uns Chaldéen, les autres Bactrien[4].

Une même divergence d'opinions se manifeste au sujet du lieu et des circonstances de sa mort. Les uns prétendent qu'il périt dans la guerre même que Gustasp, d'après ses conseils et ses instances véhémentes, avait entreprise contre Ardjasp, roi du Touran. D'autres croient qu'il périt à Balkh, dans le sac de cette ville par les Touraniens. Anquetil pense aussi qu'il mourut à Balkh, mais dans l'intervalle qui s'écoula entre l'expédition de Gustasp contre Ardjasp et l'irruption des Touraniens dans la Bactriane. Son opinion ne repose, au reste, que sur des conjectures.

En général, dans sa biographie de Zoroastre, il adopte, le plus souvent, les traditions ou les opinions des destours du Kirman : « Les Ravaëts, dit-il[5], « nous apprennent que le législateur des Perses a vécu soixante et dix-sept ans;

---

[1] M. Derenbourg prépare une édition de cet ouvrage, qui, accompagnée d'une traduction française, fera partie de la *Collection d'auteurs orientaux* que publie la Société asiatique de Paris.

[2] *Notices et extr. des mss.* t. X, p. 38 (ms. de Masoudi, n° 599 A, de la Biblioth. imp.).

[3] *Handbuch der Chronolog.* t. I, p. 114.

[4] On sait que Justin (I, 1, p. 13, ed. varior.), parlant d'une guerre que Ninus aurait soutenue contre un roi de Bactriane qu'il nomme Zoroastre, attribue à ce Zoroastre l'invention de la science des mages et toutes les connaissances scientifiques qu'il faut rapporter à l'auteur du *Zend-Avesta*.

[5] *Mémoire cité*, p. 742.

« qu'il avait trente ans lorsqu'il alla dans l'Iran; qu'il passa dix ans à consulter
« Ormuzd ; qu'il alla ensuite se présenter à Gustasp, et vécut encore trente-
« sept ans. Je place sa mort quelque temps après l'expédition de Darius contre
« les Scythes, laquelle arriva à peu près cinq cent treize ans avant Jésus-
« Christ. » Toutefois, à la fin du mémoire cité, Anquetil, résumant sa discussion, déclare qu'un seul point lui semble certain, c'est que Zoroastre a paru
dans le vıᵉ siècle. « Pour ce qui est de l'année même de sa naissance et du
« prince sous le règne duquel il a vécu, je n'ai, continue-t-il, proposé à ce
« sujet, comme sur le premier Zoroastre, que des conjectures..... » A cet aveu,
le lecteur ne sera pas fâché que j'ajoute ici le portrait moral de Zoroastre,
qui termine la notice biographique placée par Anquetil en tête du *Zend-Avesta*[1] :
« Voilà, dit-il, Zoroastre tel que je le conçois. Esprit sublime, grand dans les
« idées qu'il s'était formées de la divinité et des rapports qui unissent tous les
« êtres. Pur dans sa morale, et ne respirant d'abord que le bien de l'huma-
« nité, un zèle outré lui fait employer l'imposture; le succès l'aveugle; la faveur
« des princes et des peuples lui rend la contradiction insupportable, et en fait
« un persécuteur qui voit de sang-froid des fleuves de sang arroser ce qu'il
« appelle l'arbre de sa Loi. » Ce n'est point l'exposition seule du système théogonique et cosmogonique de Zoroastre qui pourra tout à l'heure nous dire
jusqu'à quel point sont mérités les éloges tracés par Anquetil au début de
ces lignes. Les documents écrits lui ont manqué et nous manquent aussi pour
restituer aux Chaldéens d'Assyrie la part qui leur revient dans de tels éloges;
mais, en comparant les monuments figurés, religieux, de la Perse avec ceux
de l'Assyrie, nous aurons plus d'une fois lieu de constater que cette part est
bien grande.

La signification de son nom devait d'autant plus exercer la sagacité des
érudits que, dans les auteurs occidentaux, comme dans les auteurs orientaux
modernes, ce nom se présente sous plusieurs formes, en apparence fort différentes les unes des autres. En zend, il se lit *Zarathustra*; en pehlevi, *Zéra-
tescht* ou *Zertoscht*; en parsi, *Zerdust*. Les Grecs ont écrit *Zoroastrès*, *Zabratès*
ou *Zabratos*, *Zaratos*, *Zaratès*, *Zaradès*[2], *Zaratas*, *Zaradas*, *Zarasdès*, et même
Zoromasdrès[3]; les écrivains musulmans, *Zerdust*, *Zerdhuscht*, *Zérátuscht*, *Zora-*

---

[1] T. I, 2ᵉ part. p. 70.

[2] Gesenius (*De inscript. phœnic.-græc.* Halae,
1825, in-4°, p. 19-21) considère les trois formes
Ζάρατος, Ζαράτης et Ζαράδης comme la transcription grecque du nom chaldéen de Zoroastre.

[3] Suidas (*sub voce*) qualifie, en effet, de sage
Chaldéen un personnage qu'il nomme Ζωρομάσ-
δρης.

duscht, Zerriduscht, Zéradascht, etc. Je ne me crois pas obligé de rapporter ici ni de combattre les diverses interprétations qu'on a données de ces noms antérieurement à la publication du mémoire cité d'Anquetil sur Zoroastre. Il en a été fait bonne justice par ce dernier, et, après lui, par d'habiles philologues. Anquetil, sur ce point, comme sur tant d'autres, n'avait pu tirer aucun secours des destours parses de l'Inde, trop indolents, trop ignorants pour s'être donné la peine de rechercher la signification d'un nom qu'ils vénèrent cependant. Et bien qu'il n'eût pas su transcrire régulièrement ce nom tel qu'il est écrit dans les textes zends, il avait néanmoins reconnu qu'il est composé d'un mot qui signifie *d'or,* et d'un second qui, selon lui, s'identifierait avec le nom de l'astre appelé *Teschter* ou *Taschter* dans le *Zend-Avesta*[1], où il préside à la distribution de la pluie. Le sens du nom de Zoroastre, dit Anquetil, est donc *Taschter* (astre) *d'or* (c'est-à-dire brillant et libéral). Eugène Burnouf[2], adoptant non la transcription et l'analyse d'Anquetil, mais l'étymologie savante proposée par MM. Lassen et Windischmann, montre que le nom de Zoroastre, écrit en zend *Zarathustra,* est formé de *zara,* or, et de *thustra,* qui dérive du radical *tvich* ou *tvach,* briller, et qui, au moyen du suffixe *tra,* doit signifier astre; en sorte que *Zarathustra* signifie *astre d'or*[3], et non *Taschter d'or.*

[1] Livre des *Ieschts,* n° 87.

[2] *Commentaire sur le Yaçna,* 2ᵉ part. addit. et correct. p. clxvi et clxvii.

[3] Il est évident que Dinon et Hermodore (apud Diogen. Laërt. *Prœm. ad Vit. Phil.*) manifestent leur ignorance de la langue des Perses lorsqu'ils traduisent le nom de Zoroastre par ἀσ7ροθύτης, quel que soit le sens qu'on puisse attribuer à ce mot composé. Bochart, privé des secours philologiques nécessaires pour remonter à une étymologie vraie, comprend néanmoins que cette interprétation du nom de Zoroastre n'est pas admissible; il y substitue celle d'ἀσ7ροθέατης, *astrorum contemplator* (*Phaleg.* IV, 1).

CHAPITRE IV.

LIVRES SACRÉS DES PERSES ET OUVRAGES RELIGIEUX QUI APPARTIENNENT AU ZOROASTRISME.

Zoroastre avait écrit en langue zende, ancien idiome des Iraniens, son système théogonique et cosmogonique.

Le livre qui le renfermait s'appelait le *Zend-Avesta* ou l'*Avesta*, c'est-à-dire *la Parole zende*, ou simplement *la Parole*.

Dans le langage dogmatique, il s'appelait aussi *la Loi*. Les écrivains musulmans le désignent sous plusieurs titres arbitraires, qu'il est inutile que je transcrive. Hyde [1] a pris soin de nous les faire connaître pour la plupart. De son temps, on ne possédait pas en Europe une seule copie du *Zend-Avesta*.

Le texte original du *Zend-Avesta* n'existe plus, et il ne nous reste que des copies de quelques fragments, d'une rédaction postérieure à la mort de Zoroastre. Jusqu'à quel point peut-on identifier avec le zend, comme le fait Anquetil, la langue dans laquelle est écrite cette rédaction? Je l'ignore, et je regrette beaucoup que l'habile commentateur français de la partie du Zend-Avesta appelée *Yaçna* ou *Yzeschné* ne se soit pas expliqué nettement sur une question aussi intéressante de philologie ancienne. « Je n'examine pas en ce « moment, dit-il [2], jusqu'à quel point Anquetil a pu être fondé à donner à la « langue un nom qui appartient certainement aux livres ou à une portion des « livres écrits dans cette langue. Je me contente de constater que c'est le zend « qui est l'idiome original des livres de Zoroastre. » Eugène Burnouf ne s'explique pas non plus sur l'époque de la formation de cet idiome et de celui qu'on nomme le pehlevi. Il fait remarquer [3] que si on traduisit en pehlevi le *Zend-Avesta*, nous devons croire que le zend avait alors cessé d'être entendu dans la totalité des pays soumis à la loi de Zoroastre. Il ajoute que le pehlevi s'est conservé comme langue savante jusque dans des temps très-rapprochés

---

[1] *Histor. relig. veter. Pers.* c. xxv, p. 335 et suiv.

[2] *Yaçna*, avant-propos, t. I, 1re partie, p. vii.

[3] *Ibid.* p. vii et viii.

de nous; et s'il répète, d'après Anquetil, que, chez les Parses, la traduction pehlevie de l'*Avesta* jouit de la même autorité que le texte zend, il a soin de dire qu'on peut supposer, mais non affirmer que cette traduction pehlevie a été faite dans un temps où le zend était encore parfaitement compris, au moins par les prêtres. Il pense enfin que, selon toute probabilité, la traduction pehlevie n'a succédé au texte original que parce que le langage de l'une avait succédé à l'usage du zend.

A ces diverses remarques, je suis en mesure d'ajouter que, dans ses conversations, Eugène Burnouf se refusait à partager le sentiment de quelques érudits qui, en Allemagne et en Angleterre, ne datent que du règne des Sassanides la rédaction de la partie même la plus ancienne du texte du *Zend-Avesta*. Je ne puis non plus partager ce sentiment lorsque je considère que, sans exception, toutes les inscriptions, toutes les légendes gravées sur les monuments de cette dynastie sont écrites en langue et en caractères pehlevis. On peut même conclure de ce fait avéré que l'usage du zend s'était perdu pendant la domination des Parthes ou Arsacides; car s'il en avait été autrement, Babek, fils de Sassan, et restaurateur zélé du zoroastrisme, n'aurait pas manqué, en rétablissant le culte d'Ormuzd et de Mithra, de rétablir aussi, tout au moins pour ce qui appartenait à la religion, l'usage de la langue zende. Le pehlevi avait lui-même déjà bien vieilli lorsque les Sassanides succédèrent aux Arsacides, puisque, sous le règne des derniers descendants de Babek, il fut, à son tour, remplacé par un idiome de date récente, le *parsi*. Ces diverses remarques me conduisent incidemment à en placer une ici, qui, bien que négligée par les philologues et par les archéologues, me paraît jeter quelque jour sur la question en montrant que non-seulement la différence de langage, mais la substitution d'une notion astronomique à une autre, établissent une ligne certaine de séparation entre la loi de Zoroastre écrite dans la langue que, avec Anquetil, nous appellerons le *zend*, faute de pouvoir dire mieux, et la version pehlevie de cette loi. Dans les livres zends, le point de départ de la cosmogonie de Zoroastre est la création du monde à l'équinoxe du printemps, lorsque le soleil était entré dans le signe zodiacal du Taureau, ou, en d'autres termes, lorsque le soleil fit sa conjonction avec la constellation zodiacale du Taureau. Dans tous les autres livres religieux des Parses, nommément dans le *Boun-dehesch*, traité composé en pehlevi, la création du monde, de même que dans tous les écrits musulmans qui traitent de la religion des Perses ou des Parses, est placée à l'époque où le soleil entra dans le

signe zodiacal du Bélier ou de l'Agneau, premier signe de l'équinoxe vernal.
Or je montrerai plus loin comment tout à la fois le langage symbolique des
parties les plus anciennes des livres zends, l'institution des grades dans les
mystères de Mithra et la composition des sujets que nous offrent soit les bas-
reliefs de Persépolis, soit les cylindres, les cônes et autres pierres gravées en
creux, reposent sur la même observation astronomique que la cosmogonie
des livres zends, où le Taureau équinoxial joue un si grand rôle. Je montrerai,
en même temps, la conformité constante qui, sur ce point comme sur tant
d'autres, existe entre les antiquités assyriennes, ou plutôt chaldæo-assyriennes,
et les antiquités persiques de l'époque achéménide. Cette conformité sera
pour nous une éclatante confirmation du passage classique où nous venons
de voir Hérodote assigner au culte de Mithra, chez les Perses, une origine
assyrienne, c'est-à-dire une origine chaldéenne. Nous aurons de plus la preuve
que Zoroastre avait simultanément reçu des mains des Chaldéens sa théogonie, sa cosmogonie et l'institution des mystères de Mithra. Nous verrons enfin
que si, chez les Perses, cette dernière institution n'avait pas été fondée sur la
même observation solaire que l'invention des mystères établis, dès une haute
antiquité, par les Chaldéens, à Babylone et à Ninive, il existerait une différence radicale entre les doctrines et les monuments figurés de chacun des
deux peuples, quant aux symboles religieux, aux initiations, aux dénominations surtout des grades des mystères, et à la hiérarchie de ces grades considérés dans leur rapport avec les deux principaux signes du zodiaque primitif des Chaldéens d'Assyrie, le Taureau équinoxial et le Lion solsticial. Sous
le règne des Sassanides, malgré le zèle qu'avait mis à rétablir le zoroastrisme
Ardeschir Babekan, fondateur de cette dynastie, les initiations aux mystères
de Mithra, déjà tombées en désuétude pendant la domination des Parthes,
cessèrent d'être en usage chez les Perses. Elles n'ont laissé, chez les Parses,
que de bien faibles traces de leur institution. Dès lors, il importait peu aux
mages des Perses, comme il a peu importé aux destours ou prêtres des Parses,
que la cosmogonie de Zoroastre restât en harmonie ou non avec l'antique
observation de l'entrée du soleil dans le signe du Taureau équinoxial. Cette
double circonstance nous explique comment il est avenu que les auteurs des
livres religieux des Parses, postérieurs au règne des Achéménides et à la mort
d'Alexandre le Grand, ne se sont pas fait scrupule de substituer à l'observation astronomique dont il s'agit, bien qu'ils annoncent avoir puisé leurs
dogmes et leurs préceptes dans le livre même de la Loi ou l'Avesta, une autre

observation solaire, d'une date beaucoup moins ancienne, l'entrée du soleil dans le signe du Bélier équinoxial.

Le déchiffrement des inscriptions gravées, en caractères cunéiformes, sur les monuments érigés en Perse par des princes de la dynastie achéménide, nous a révélé un fait qui n'infirme en rien les remarques que je viens de mettre sous les yeux du lecteur, et qui est intéressant pour l'histoire des modifications subies par la langue zende : on a constaté que l'idiome employé à composer ces inscriptions n'est pas identiquement le même que l'idiome employé à la rédaction des fragments qui nous restent du *Zend-Avesta*. Quel est le plus ancien des deux? Les philologues ne nous le disent pas.

A leur tour, les caractères cunéiformes soulèvent trois autres questions intéressantes. Quelle est l'origine de ce genre d'écriture? Zoroastre s'en était-il servi pour écrire son *Zend-Avesta*, maintenant représenté, chez les Parses du Kirman et du Guzarate, par des copies de fragments, écrites en caractères zends cursifs? ou bien Zoroastre avait-il employé des caractères cursifs semblables ou analogues à ces derniers? Sur le premier point, je me suis expliqué d'avance dans mon exposition du système théogonique et cosmogonique des Chaldéens d'Assyrie[1]. Je n'ai pas hésité à reconnaître ces Chaldéens pour les inventeurs de l'écriture improprement appelée *cunéiforme* ou écriture *à clous;* en même temps, je crois avoir expliqué à quelles considérations religieuses est due cette invention.

Quant aux deux autres questions, il me paraît bien difficile, sinon impossible, faute des documents nécessaires, d'y répondre d'une manière péremptoire. Peut-être, toutefois, serait-on disposé à conjecturer que primitivement le *Zend-Avesta* fut écrit avec des caractères cunéiformes, si l'on considère que, chez les Perses, comme chez les Assyriens, ces caractères servirent à tracer des inscriptions ou des légendes non-seulement sur les monuments religieux, grands ou petits, mais aussi sur les monuments historiques.

Originairement le *Zend-Avesta* paraît avoir été divisé en vingt et une sections, appelées *naçkas* dans le texte zend, *nosks* dans la traduction française d'Anquetil. Nous en trouvons les titres dans un des *Ravaëts* ou Recueils[2] rapportés du Guzarate par ce savant, et dans les ouvrages de plusieurs écrivains musulmans, persans ou arabes. Chacun de ces titres, en admettant que le texte zend ait été bien compris, semblerait indiquer le sujet principal du naçka

---

[1] *Recherches sur Vénus,* p. 7 et 23. — [2] J'explique plus loin ce qu'il faut entendre sous cette dénomination de *Ravaëts.*

auquel on nous dit qu'il appartenait. Mais les nombreuses transcriptions que nous en possédons présentent, comparées entre elles, de telles variantes, qu'il est impossible de les accepter avec quelque confiance. Feu M. Silvestre de Sacy en a fait avant moi la remarque; son opinion à cet égard me dispense de reproduire ici des intitulés qui pourraient induire en erreur le lecteur, soit qu'ils aient été altérés par une fausse interprétation du texte original, soit que leurs diverses traductions n'aient pas été exactement transcrites par les copistes. Il nous reste peu d'espoir de retrouver les véritables titres de chacun des vingt et un naçkas, et moins d'espoir encore de retrouver le texte entier de la dernière rédaction de chacune de ces sections. C'est une perte à jamais regrettable. Si nous possédions intégralement le *Zend-Avesta*, nous aurions sous les yeux un tableau complet des connaissances humaines au vi^e siècle qui précéda l'ère chrétienne; car, malgré les incertitudes qui résultent des variantes dont il vient d'être question, nous pouvons reconnaître que les vingt et un naçkas du Zend-Avesta embrassaient, dans l'ordre intellectuel, dans l'ordre physique et dans l'ordre moral, l'exposition des phénomènes de la nature étudiés par les Chaldéens d'Assyrie et révélés par eux à Zoroastre. Ainsi se trouverait justifié le caractère encyclopédique qu'en 1837[1] j'attribuais aux deux livres qui avaient contenu, l'un le système religieux ou la théologie des maîtres, l'autre le système religieux du disciple. Cette justification ressortira, si je ne m'abuse, des renseignements que nous fournira plus loin l'interprétation des textes et des monuments de l'art relatifs à l'institution des mystères.

Les Parses du Guzarate ne possèdent du *Zend-Avesta* que quelques fragments : une portion du vingtième naçka, de courts passages tirés de divers autres naçkas, et un recueil d'offices, de prières ou d'invocations dont le fond et souvent même la forme appartiennent certainement à la liturgie instituée par Zoroastre. Peut-être, en Perse, dans le Kirman, les destours des Parses ou Guèbres, dont les ancêtres n'avaient pas fui ou pas pu fuir la domination arabe après la mort d'Yezdedjerd, conservent-ils secrètement, dans leur sanctuaire, près d'Yezd, une copie de quelques autres parties de l'*Avesta* zend ou de l'*Avesta* pehlevi. On serait tenté de le supposer lorsque l'on considère qu'en Perse, non-seulement sous le règne des Sassanides, mais à des époques très-rapprochées de nous, selon le témoignage de Chardin et de quelques écrivains mahométans, il existait des copies plus ou moins complètes de l'*Avesta*.

---

[1] Voy. *Recherches sur Vénus*, p. 3 et 5.

Ce qui est hors de doute, c'est que les destours du Kirman sont au moins restés dépositaires d'une tradition orale, qui, transmise d'âge en âge depuis le viie siècle de notre ère jusqu'à eux, ne s'est pas conservée parmi les destours du Guzarate. Ceux-ci sont obligés de recourir aux premiers lorsqu'ils rencontrent des difficultés dans l'exercice de leurs fonctions sacerdotales. Ces difficultés surgissent soit parce que les portions du *Zend-Avesta* qui renfermaient certains dogmes, certaines prescriptions, leur manquent, soit parce qu'ils hésitent, avec raison, sur l'interprétation ou l'application de quelques autres prescriptions et même de quelques autres dogmes. Les décisions ou les réponses qu'ils obtiennent des destours du Kirman remplissent les recueils dont je parlais tout à l'heure, et qui portent le titre de *Ravaëts*. On conçoit sans peine que, lorsque les ancêtres des Parses du Guzarate se réfugièrent dans l'Inde, les destours qui firent partie de cette émigration forcée ne purent emporter avec eux la totalité d'un ouvrage encyclopédique composé de beaucoup de volumes ou de rouleaux, comme devait l'être le *Zend-Avesta*. Réduits à en choisir quelques portions seulement, ils durent donner la préférence à celles qui, sous le rapport de l'enseignement dogmatique, du rituel et de la discipline religieuse, étaient d'un usage journalier et d'une nécessité indispensable.

Ce mince héritage ne se conserva même pas intact entre les mains de leurs descendants. Ceux-ci, vers la fin du xive siècle de notre ère, avaient déjà perdu la copie du *Vendidad* qui en était la partie la plus précieuse. Elle fut remplacée, dans les premières années seulement du xviiie siècle, par un destour du Sistân, nommé Ardeschir, qui apporta dans le Guzarate un exemplaire du *Vendidad* zend, avec la traduction pehlevie. Ce que nous connaissons du code religieux de Zoroastre se borne, en définitive, aux seuls fragments qui, au temps d'Anquetil, étaient en la possession des Parses du Guzarate, et qui, de nos jours, se conservent soigneusement dans leurs sanctuaires. Grâce au dévouement et à la persévérance du voyageur français, la Bibliothèque impériale possède le texte persique, vulgairement appelé zend, et une traduction pehlevie de quelques-uns de ces fragments. Nous n'avons de quelques autres qu'une traduction en pehlevi, en sanscrit ou en parsi. Tous ont été traduits en français par Anquetil, avec l'aide des destours du Guzarate; mais sa traduction n'a été faite directement ni sur le texte zend, ni sur la version pehlevie. Les mobeds et les destours des Parses de l'Inde, entièrement étrangers à la connaissance de la langue zende, n'ont même du pehlevi qu'une connaissance très-superficielle; s'ils lisent et interprètent leurs livres sacrés dans la version pehlevie, c'est à l'aide d'une tradition orale ou des commentaires renfermés dans les Ravaëts, qui leur en ont transmis le sens au moyen du parsi ou persan. C'est aussi par l'intermédiaire de ce dernier idiome qu'ils ont pu expliquer au voyageur français, comme ils les entendent, c'est-à-dire à peu près, les textes pehlevis. On conçoit dès lors l'intérêt qu'ils ont à reconnaître à la version pehlevie des livres de Zoroastre une valeur égale à celle du texte zend. De même, on conçoit qu'Anquetil n'ait pu que très-imparfaitement apprendre avec eux le pehlevi. Sa traduction du *Zend-Avesta* reproduit donc moins un texte pehlevi qu'un texte persan, et moins encore un texte zend. Ne nous étonnons pas si, dans ses annotations, il avoue tantôt qu'il ne comprend pas le sens de tel ou tel passage, tantôt qu'il a hésité entre deux et même trois manières de rendre la pensée de l'auteur. Mais étonnons-nous du succès qui a couronné une entreprise soumise à la nécessité de surmonter des obstacles et des difficultés de tout genre. Il faut lire, dans les écrits du traducteur, le récit, et, dans le commentaire d'Eugène Burnouf sur le *Yaçna*, la juste appréciation de ces obstacles, de ces difficultés. Ce dernier, résumant avec son exactitude habituelle les renseignements que fournit Anquetil sur les vicissitudes éprouvées par les Parses de l'Inde, et sur les modifications successives qu'eut à subir la version pehlevie du texte zend des livres de Zoroastre, y ajoute de savantes remarques et conclut en ces termes [1] : « Ainsi, non-seulement la tra- « dition ne se conserva pas dans toute sa pureté parmi les Parses du Guzarate, « mais encore elle y fut quelque temps interrompue; non-seulement la con- « naissance de la langue pehlevie ne s'y perpétua pas d'une manière régulière, « mais le souvenir s'en effaça complétement, et, sans les communications qui « s'établirent, dans des temps très-modernes, entre les Parses du Guzarate et « ceux du Kirman, il est vraisemblable qu'Anquetil, à son arrivée dans l'Inde, « n'aurait plus même trouvé de traces des livres qu'il poursuivait avec tant de « persévérance. »

Nul n'était plus compétent pour apprécier le travail d'Anquetil que l'habile philologue qui, à l'aide d'une version sanscrite faite sur le texte pehlevi, à la fin du xve siècle, par les mobeds Nériosengh et Ormuzdiar [2], dans une langue sœur de la langue zende, entreprenait lui-même de traduire en français la partie la plus importante du *Zend-Avesta*, le *Yaçna*. Nul n'eût jugé An-

[1] *Commentaire sur le Yaçna*, 1re partie, Avant-propos, p. xi.

[2] Voy. *Commentaire sur le Yaçna*, t. I, 1re partie, Avant-propos, p. xiii-xxv.

quetil avec plus d'impartialité et d'abnégation qu'il ne le fit en disant[1] : « Si,
« dans la discussion du texte (du *Yaçna*), on remarque que je suis souvent en
« désaccord avec Anquetil, j'espère qu'on ne m'accusera pas d'avoir dissimulé
« ce que je devais au fondateur de l'interprétation des livres zends en Europe.
« Nul ne sait mieux que moi ce qu'il a fallu de science à Anquetil pour compo-
« ser son *Zend-Avesta;* nul n'admire plus franchement cette alliance de l'éru-
« dition et de l'enthousiasme dont sa vie entière a offert un si parfait modèle;
« et si le soin que j'ai apporté à lui faire hommage de ce qui lui appartient ne
« répondait pas suffisamment de ma vénération profonde, je dirais qu'Anquetil
« a fait plus pour l'intelligence des livres de Zoroastre que d'en donner le texte
« et l'explication : il a été, au péril de sa vie, les chercher dans l'Inde, les a
« traduits le premier, et n'a pas craint d'en déposer le texte dans la plus cé-
« lèbre bibliothèque de l'Europe, pour appeler sur son travail l'examen de la
« critique. »

Un tel témoignage honore et le savant qui le rend et celui dont il consacre
la mémoire. Je n'ajouterai certes rien à la gloire d'Anquetil et ne diminuerai
en rien celle de son habile successeur, si, après les nobles paroles que je viens
de transcrire, je dis que les savantes et heureuses corrections d'Eugène Burnouf n'ont modifié, quant au fond, aucun des passages dogmatiques de la traduction d'Anquetil.

Sous le titre de *Zend-Avesta,* ce dernier, en 1771, a publié à Paris un recueil contenant sa traduction française de pièces diverses, dont la réunion
offre, à peu de chose près, tous les écrits religieux, dogmatiques, cosmologiques et liturgiques que possèdent, soit en zend, soit en pehlevi, les Parses
du Guzarate. Ce recueil commence par le *Vendidad-sadé.* C'est sous cette dénomination que les mobeds et destours réunissent trois écrits différents, l'*Izeschné* (en zend *Yaçna*), le *Vispered* et le *Vendidad* proprement dit. *Vendidad* est
le nom qu'ils donnent à la portion qui leur reste du vingtième naçka ou nosk
de l'Avesta. Elle renferme des notions importantes sur la théogonie et la cosmogonie, sur le code disciplinaire, sur quelques institutions civiles ou morales, sur la géographie et la topographie de l'Irân, etc. Au *Vendidad* se rattache
l'*Izeschné* ou *Yaçna,* livre de théologie et surtout de liturgie, où se trouvent
entremêlés plusieurs fragments de divers naçkas. Suit un petit recueil d'hymnes
ou d'invocations, intitulé *Vispered;* il n'est point une partie intégrante du *Yaçna.*

---

[1] Voy. *Commentaire sur le Yaçna,* t. I, 1ʳᵉ partie, Avant-propos, p. xxxvi.

Toutefois Eugène Burnouf, dans l'édition lithographiée qu'il a publiée du
texte zend du *Vendidad-sadé*[1], a cru devoir conserver cette dénomination générique. Au *Vendidad-sadé* s'ajoute un nombre considérable de pièces, d'invocations, d'offices et même de talismans, sous les titres de *Néaeschs*, d'*Ieschts*,
de grand et petit *Si-rouzé*[2], et de *Tavids* ou *Taouids*. Ils forment un ensemble
d'autant plus intéressant que nous y trouvons, sur les dieux, les génies et les
dogmes du système théologique de Zoroastre, des notions précieuses, qui suppléent à plusieurs portions des naçkas perdus du *Zend-Avesta*. On verra plus
loin quelles ressources m'a offertes surtout l'*Iescht* de *Mithra*. Enfin le recueil
de toutes ces pièces détachées se termine par le *Boun-dehesch*, titre que donnent
les Parses à un traité pehlevi, qui est placé ici selon le rang qu'ils lui assignent
eux-mêmes. C'est une compilation écrite au viie siècle de notre ère, selon Anquetil; au ixe ou au xe, selon d'autres. L'auteur anonyme, pour acquérir à son
travail la plus grande autorité possible, a soin d'annoncer, presque à chaque
section, que ce qu'il dit est tiré de la *Loi*, c'est-à-dire du *Zend-Avesta*, dont il
a eu soin aussi de conserver le caractère éminemment encyclopédique. On
peut regarder comme certain qu'en effet le *Boun-dehesch* renferme des passages
extraits des naçkas perdus du livre de Zoroastre. Mais on peut, avec non moins
de raison, affirmer qu'il s'y est introduit plus d'une interpolation, plus d'une
modification, plus d'une idée ou d'un dogme même qui ne sont pas en harmonie avec les doctrines du zoroastrisme. Je n'en voudrais citer d'autres
preuves que la nullité du rôle assigné par l'auteur à Mithra, et l'énumération
des douze signes du zodiaque dans l'ordre où il les range. Elle commence par
le signe de l'Agneau (Bélier), tandis que si nous possédions le naçka du *Zend-
Avesta* qui traitait de l'astronomie et de l'astrologie, nous y trouverions le Taureau placé en tête des douze signes. Le système cosmogonique de Zoroastre,
l'institution des grades dans les mystères, le langage symbolique des livres
zends et des monuments figurés de la Perse, tout, dans le zoroastrisme, repose, je le répète et on le verra plus loin, sur la donnée du Taureau équinoxial,
c'est-à-dire de la création du monde lorsque le soleil entra dans le signe du
Taureau, premier signe de l'équinoxe vernal.

Anquetil a fait suivre sa traduction du *Boun-dehesch* de deux vocabulaires,
l'un, zend, pehlevi et français; l'autre, pehlevi, persan et français[3]. Il nous
montre là de nouveau combien il était peu versé dans la connaissance du sys-

---

[1] Un volume in-folio, Paris, 1839. — [2] C'est le grand et le petit office des trente jours de chaque
mois. — [3] *Zend-Avesta*, t. II, p. 493-526.

tème grammatical du zend et du pehlevi : beaucoup de mots, au lieu d'y être indiqués avec la forme qu'ils ont au nominatif, y sont écrits avec une forme propre à l'accusatif ou à un des cas obliques.

Après ces deux vocabulaires, documents précieux malgré ce défaut et leur peu d'étendue, Anquetil a réuni, sous le titre d'*Exposition des usages civils et religieux des Parses*[1], tous les renseignements qu'il a pu se procurer sur ces usages, auprès des mobeds et des destours, pendant son séjour dans l'Inde.

Enfin, à la suite de cette *Exposition* il a placé un résumé intitulé : *Précis raisonné du système théologique, cérémoniel et moral de Zoroastre*[2]. C'est, en partie, un abrégé du mémoire qu'en 1767 il avait présenté à l'Académie des belles-lettres[3].

Ainsi le recueil publié par Anquetil sous le titre de *Zend-Avesta* comprend les deux catégories d'écrits religieux que conservent les prêtres des Parses du Guzarate : premièrement les fragments qui leur restent du texte zend et de la version pehlevie de la dernière rédaction des livres de Zoroastre; secondement les versions pehlevies des offices, prières, invocations originairement composés en zend, et un traité pehlevi, le *Boun-dehesch*, qui représente plus ou moins fidèlement certaines parties perdues des livres zends.

A ces deux catégories se rattachent des recueils qu'on désigne, je l'ai dit plus haut, sous la dénomination de grands ou vieux *Ravaëts*. Anquetil n'a pas négligé d'en rapporter des copies. On en trouve l'indication dans la liste qu'il a publiée[4] de tous les manuscrits déposés par lui à la Bibliothèque du roi. Ces recueils, écrits en persan, renferment, je le répète, les réponses des mobeds ou des destours du Kirman aux questions qu'à diverses époques leur ont adressées les mobeds ou les destours du Guzarate. Le plus ancien ne remonte pas au delà de l'an 1015 d'Yezdedjerd, qui correspond à l'an 1645 de Jésus-Christ. Anquetil est mort sans avoir pu exécuter le louable projet qu'il avait formé de traduire et publier les *Ravaëts* ou, du moins, ce qu'ils contiennent de plus important. Il serait fort à désirer qu'un de nos habiles orientalistes voulût entreprendre ce travail. Aujourd'hui plus que jamais, on peut le dire, un intérêt très-vif s'attache à tout ce qui peut remplir quelques-unes des nombreuses lacunes que présentent nos renseignements sur la religion des Perses, si intimement liée à celle des Assyriens, ou plutôt des Chaldéens d'Assyrie.

---

[1] *Zend-Avesta*, t. II, p. 527-591.

[2] *Ibid.* p. 592-619.

[3] Il est imprimé dans le recueil des *Mémoires* de cette académie, t. XXXVII, p. 571-709.

[4] *Zend-Avesta*, t. I, 2ᵉ partie, p. I-XI.

Une troisième et dernière catégorie, parmi les livres ou écrits qui, au temps
d'Anquetil, étaient entre les mains des Parses de l'Inde, comprend un certain
nombre d'ouvrages modernes, réputés religieux, mais non placés au rang du
Zend-Avesta et du *Boun-dehesch*. De ce nombre sont : l'*Oulémaï-Islam*[1], le *Viraf-
nameh*, le *Zerduscht-nameh, etc.* A ceux-ci se rattachent divers ouvrages orientaux plus ou moins modernes aussi, et dont les auteurs font une mention particulière des doctrines du zoroastrisme, telles qu'ils les comprennent. Ce sont
le *Dabistán*, les écrits de Scharistâni, de Massoudi ou Masoudi, d'Hamza d'Ispahan, le *Modjmel-el-Tewarikh* ou *Sommaire des Histoires*, le *Schah-nameh* ou
Livre des Rois, etc.

Aux livres religieux que les Parses du Guzarate rangent après le *Zend-
Avesta*, il convient d'ajouter plusieurs ouvrages assez récents, qu'Anquetil n'a
pas connus ou qui, de son temps, n'avaient pas encore été composés. On en
trouve les titres et des extraits ou une analyse dans un volume publié en
anglais, à Bombay, en 1849, par un zélé missionnaire, le révérend John Wil-
son, et intitulé *The Parsi Religion, etc.* J'abrége le titre, qui indique longuement que l'auteur, en exposant dans son livre les doctrines du zoroastrisme,
telles que les professent les Parsis de l'Inde, les a fait suivre des arguments
employés par lui pour en démontrer le côté faux ou absurde, et chercher à
convertir ces sectaires au christianisme. Les écrits modernes qu'il combat présentent peu d'intérêt, je me borne à en donner la liste dans ma *Bibliothèque
Mithriaque*, à la fin de mon second volume.

Les documents de nature et d'époques diverses que je viens d'indiquer
offrent sans doute de grandes et inappréciables ressources pour étudier le système théogonique et cosmogonique de Zoroastre, les institutions qui en dé-
coulèrent, et, en particulier, le culte public de Mithra. Anquetil l'a prouvé,
et, après lui, un nombre considérable d'érudits, en tête de qui se placent le
savant auteur de la Symbolique des peuples de l'antiquité[2] et son habile traducteur[3]. Toutefois, je suis obligé de le répéter, leurs recherches laissent

[1] Anquetil écrit *Euléma-Islam.*

[2] M. le professeur Frédéric Creuzer. Son ouvrage, intitulé en allemand *Symbolik und Mythologie der alten Völker, etc.* (4 vol. in-8° avec un
vol. in-4° de planches), a déjà eu trois éditions;
la dernière a paru, dans les années 1836 à 1843,
à Leipzig et Darmstadt.

[3] M. Guigniaut, de l'Académie des inscrip-

tions et belles-lettres. Sa traduction, enrichie
d'importantes additions ou remarques qui lui appartiennent en propre ou qui lui ont été fournies par deux habiles archéologues, MM. Alfred
Maury et Ernest Vinet, ne remplit pas moins
de quatre tomes in-8° en 8 volumes. Paris,
1825-1842, avec un volume in-8° de plus de
300 planches.

beaucoup à désirer, et l'on se tromperait fort si on croyait qu'avec les documents écrits dont j'ai donné la liste, et en y joignant les renseignements fournis par les auteurs grecs ou latins que je citerai tout à l'heure, il fût possible de pousser ces recherches plus loin qu'elles ne l'ont été par mes illustres devanciers. Le secours des monuments figurés de la Perse et de l'Assyrie est indispensable, je le répète aussi. Ils ont le précieux avantage de nous révéler des doctrines, des dogmes même et des cérémonies dont nous ne trouvons aucune mention précise, et souvent aucune trace, soit dans les fragments qui nous restent des livres de Zoroastre et des livres des Chaldéens d'Assyrie, soit dans les auteurs grecs ou latins, soit dans les écrivains musulmans. De plus, ils nous donnent la clef de beaucoup d'énigmes, c'est-à-dire le moyen de pénétrer le sens intime de certaines expressions symboliques qui, dans les livres, parallèlement avec les figures symboliques sur les monuments de l'art, ont servi à exposer, avec un sens vulgaire ou matériel, des dogmes et des vérités de l'ordre le plus élevé. «Si les monuments figurés de l'Orient, disais-je dès «l'année 1833 [1], furent autant de pages écrites dans lesquelles le petit nombre «de personnes qui devaient à l'initiation le privilége de savoir les lire et les «comprendre trouvaient, relativement au temps, une instruction profonde «et variée, ces pages peuvent aujourd'hui, mieux que les mots et les phrases «dans les livres, exciter, éveiller, faire naître nos idées, et nous révéler quel-«quefois le secret des doctrines de l'antique Orient. »

L'exposition que je vais essayer de faire du système théogonique et cosmogonique de Zoroastre et de tout ce qui concerne en particulier le culte public et le culte secret de Mithra, chez les Perses, ne repose donc pas uniquement sur les témoignages écrits que nous a légués l'antiquité. Elle repose aussi sur les témoignages précieux que m'ont fournis, pour les initiations surtout, l'étude comparée des monuments figurés des Perses, des Assyriens, des Phéniciens, des sectateurs romains de Mithra, et le rapprochement des textes avec ces diverses séries de monuments de l'art. Après avoir traité du culte public de Mithra chez les Perses, je rassemblerai, selon leur ordre chronologique, les renseignements qui, dans les écrivains grecs et les écrivains latins, ont trait au système religieux des Perses et au culte public de Mithra, réservant pour le moment où je m'occuperai de l'institution des mystères la citation des passages de ces écrivains qui se rapportent à cette célèbre institution.

____

[1] *Recherches sur Vénus,* p. 8.

On pourra ainsi apprécier les différences et les ressemblances qui existent entre les doctrines religieuses des Perses, telles que chaque auteur les avait conçues, et ces mêmes doctrines telles qu'elles résultent du rapprochement des textes asiatiques et de tous les monuments figurés dont successivement j'invoquerai le témoignage. Par là aussi on pourra apprécier la valeur des renseignements recueillis et des opinions personnelles énoncées par chacun des auteurs orientaux ou occidentaux que j'aurai cités. Mais sans doute le lecteur comprend, dès à présent, que mes savants prédécesseurs, n'ayant pas employé le double moyen d'informations ou d'investigations auquel j'ai eu recours, auront à m'excuser si, dans le cours de mon travail, je ne m'arrête pas à discuter les opinions qui sont en divergence avec les résultats de mes recherches. Je crois, dans ce cas, satisfaire aux justes exigences de la critique en me bornant à mettre sous les yeux des juges compétents la double série de documents qui sert de base à mes propres opinions. Chacun pourra dès lors discuter la valeur réelle de ces documents et apprécier les conséquences que j'aurai tirées de leur interprétation par la méthode comparée, appliquée à l'étude des textes et à l'étude des monuments de l'art.

CHAPITRE V.

EXPOSITION DU SYSTÈME THÉOGONIQUE ET COSMOGONIQUE DE ZOROASTRE, SELON LES
LIVRES ZENDS OU PEHLEVIS DES PARSES ET SELON LE TÉMOIGNAGE DES MONUMENTS
DE L'ART ÉRIGÉS EN PERSE SOUS LE RÈGNE DES ACHÉMÉNIDES.

Le *Zend-Avesta* reconnaît un Dieu suprême, unique[1], incréé, existant de toute éternité dans l'espace, et, par conséquent, sempiternel, sans commencement ni fin; il est absorbé en lui-même et invisible, bien qu'il soit splendide de lumière; il est incompréhensible, il est le Destin ou la Fortune. Ceux de ses noms qualificatifs qui nous ont été conservés expriment quelques-unes de ces idées. Dans les fragments que nous possédons du code religieux de Zoroastre, il est appelé tantôt le *Temps sans bornes*[2], *Zrvâna* ou *Zarvâna akarana*, c'est-à-dire l'*Éternel*; tantôt l'*être absorbé dans l'excellence*[3]. L'altération du premier de ces deux noms a produit *Zarouán* et *Zervân*. Théodore de Mopsueste[4] nous apprend que, dans les livres de Zoroastre, *Zarouán*, le Dieu suprême des Perses, recevait deux titres qu'il traduit, l'un par Τύχη, *fortune*, l'autre par Αὐγή, *splendeur*.

La *Loi*, selon le langage théologique des Chaldéens d'Assyrie et de Zoroastre, leur disciple, est ce que nous nommerions Dieu et l'Univers. Elle embrasse, en y comprenant le *Temps sans bornes* ou l'*Éternel*, les trois ordres de choses dont se compose l'univers. La loi, dans son acception abstraite, c'est-à-dire considérée avant la création du monde, est le temps sans bornes, représentant l'unité et renfermant de toute éternité en lui-même, dans sa pensée, les idées typiques, ou, comme les appelle Zoroastre, les *férouërs*[5] de la

---

[1] Le premier des quatre actes de foi que fait un Parse, en ceignant la ceinture de chasteté appelée *le kosti* (le ceste), est de confesser intérieurement à lui-même qu'il reconnaît l'unité de Dieu. (Voy. *Zend-Avesta*, t. II, p. 4.)

[2] *Zend-Avesta*, t. Ier, 1re part. p. 493; 2e part. p. 414; t. II, p. 6. — Cf. l'*Oulémaï-Islam*, cité par Anquetil, *Zend-Avesta*, t. II, p. 344, note 1.

[3] *Zend-Avesta*, t. Ier, 1re part. p. 180; t. II, p. 6.

[4] Apud Phot. *Bibl.* § 81, t. I, p. 63, éd. Bekker.

[5] Selon le *Zend-Avesta*, les férouërs sont femelles; mais pour me conformer à l'usage établi par Anquetil, j'emploierai ce mot avec le genre masculin.

parole créatrice, des ténèbres, de la lumière et des quatre éléments, le feu, l'air, l'eau et la terre. Les férouërs sont donc les archétypes invisibles de tous les êtres, de tous les objets qui remplissent l'univers [1]. Seul, Zarvâna ou le Temps sans bornes n'a point de type, n'a point de *férouër*. Il existe de lui-même et par lui-même. Il est monade.

Considérés au point de vue de la manifestation ou de la création du monde, les trois ordres de choses dont se compose l'univers nous offrent un premier ordre qui comprend les deux autres. Ceux-ci lui sont subordonnés, et leur manifestation n'aura qu'une durée limitée. Ce premier ordre, abstraction faite des deux autres ordres, est la région de l'intelligence suprême, de la lumière éternelle et des férouërs ou idées typiques. C'est plus particulièrement, pour ainsi dire, Zarvâna lui-même, bien qu'il soit partout et bien qu'il soit le tout. De lui et de cette région invisible sont émanés et émanent [2] sans cesse et sans limite de nombre les férouërs de tout ce qui existe dans le monde créé.

Dans sa manifestation, le second ordre de choses émane donc nécessairement du premier, c'est-à-dire du Temps sans bornes. Ici commencent la dualité, l'hermaphroditisme, le dualisme ou l'antagonisme, et la triade. De Zarvâna sont émanées les ténèbres et la lumière, qui, de toute éternité, ainsi que l'*honover* ou la parole, existaient confondues dans sa pensée, je le répète. Avec elles sont émanés Ahriman [3] et Ormuzd [4], dieux jumeaux et androgynes [5], bons, bienfaisants, doués du don de prononcer la parole créatrice, doués,

---

[1] Il est bien probable que les *idées* de Pythagore et les *idées* de Platon proviennent, comme les férouërs, d'une source chaldéenne. Au premier abord, on serait tenté d'identifier, ou, du moins, de rapprocher les férouërs du *Zend-Avesta* et les mânes des Grecs. Mais les mânes sont visibles et n'appartiennent qu'à des êtres humains. Les férouërs sont invisibles et universels.

[2] Voyez plus loin mes remarques au sujet des difficultés que présente, dans le zoroastrisme, la question de l'émanation.

[3] Le lecteur verra plus loin quelles raisons me portent à penser qu'on peut suppléer au silence des fragments qui nous restent du *Zend-Avesta* en faisant naître Ahriman avant Ormuzd.

[4] Le nom zend d'Ormuzd est *Ahura-Mazdâo*. L'interprétation de ce nom composé a beaucoup embarrassé les philologues. On trouve, dans le *Commentaire sur le Yaçna* (t. Ier, 1re part. p. 70-82), un examen critique des étymologies successivement proposées depuis Anquetil, qui n'a pas hésité à traduire par *Grand Roi* le nom dont il s'agit, et depuis Saint-Martin, qui croyait pouvoir lui attribuer la signification de *Grande Lumière*. Eugène Burnouf, tout en n'adoptant l'opinion d'aucun de ses prédécesseurs, se rapproche de celle d'Anquetil, et propose de traduire *Ahura-Mazdâo* par «l'être royal très-savant» ou «le roi très-savant;» mais il reconnaît qu'on pourrait aussi traduire par «l'être vivant» ou «l'être doué de vie.»

[5] L'attribution des deux sexes à Ormuzd et à Ahriman n'est pas explicitement indiquée dans les fragments de livres religieux que possèdent les Parses de l'Inde. Mais elle ressort implicitement de deux faits que ces fragments et les bas-reliefs

par conséquent, de la puissance génératrice. Chacun représente à la fois les ténèbres et la lumière. On peut supposer qu'ils composaient avec Zarvâna une triade suprême. Elle se dissout immédiatement : Ahriman, à peine né, refuse à Zarvâna l'obéissance et le culte qui lui étaient dus; il se sépare ainsi de la Loi; et les ténèbres se séparent de la lumière. Désormais il ne représentera que les ténèbres, la mort et le principe du mal; il sera le *dieu mauvais*. Désormais aussi Ormuzd, resté soumis à la Loi, représentera la lumière, la vie et le principe du bien; il sera le *dieu bon*.

Ahriman et Ormuzd, manifestations de Zarvâna, prononcent simultanément l'*honover* ou la parole créatrice, et revêtent d'une forme plastique ou matérielle tous les féroüers émanés du dieu suprême, et créent ce que les Grecs appelaient *cosmos* (κόσμος), les Latins *mundus*, deux mots qui, sous une forme différente, ont chacun un double sens dont l'un exprime une idée philosophique que primitivement on devait retrouver dans le mot français *monde*. Le verbe *émonder* et l'adjectif *immonde* nous prouvent qu'autrefois, en effet, le mot *monde* avait une double signification. Le monde, selon la pensée de Zoroastre, devait originairement en comprendre deux, l'un et l'autre *lumineux et bons* dans leur essence. Mais Ahriman, agissant en opposition avec la Loi, crée un monde qui, semblable par ses formes à l'ensemble, à toutes les parties, à tous les êtres, à toutes les productions dont se compose le monde créé à la voix d'Ormuzd, diffère radicalement de celui-ci quant à son essence, qui est *ténébreuse et mauvaise*. L'antagonisme qu'établissent ainsi la nature opposée des deux principes représentés, l'un par Ormuzd, l'autre par Ahriman, et la nature opposée des deux mondes que ces dieux ont créés, cet antagonisme est constaté non-seulement par les récits des livres zends ou pehlevis, mais aussi par un des noms qualificatifs donnés à Ormuzd et à Ahriman, dans le *Zend-Avesta*. Le premier y est qualifié *Çpĕñtô mainyus*, c'est-à-dire, selon Eugène Burnouf [1], «l'être bon doué d'intelligence,» qualification qui emporte avec elle l'idée de ce qui est «céleste.» Le nom d'Ahriman, *Aghrô mainyus*, signifie, au contraire, selon la même autorité [2], «l'être méchant doué d'intelligence,» ou «le méchant céleste;» car il n'a pas échappé à l'attention du savant commentateur du *Yaçna* que, dans le langage de Zoroastre, ciel et intelligence

---

de Persépolis concourent à nous certifier : Mithra, fils et manifestation d'Ormuzd, réunit en lui les deux sexes; Ormuzd a créé, à son image, un premier homme mâle et femelle.

[1] *Comment. sur le Yaçna*, t. I, 1re part. p. 90, note 67.

[2] *Ibid.* p. 88-92.

sont synonymes, et que souvent *mainyus*, avec le sens déterminé de « céleste, » est opposé à l'adjectif qui se traduit par « terrestre. »

Si le premier des trois ordres de choses dont se compose l'univers comprend les deux autres, le second, à son tour, comprend le troisième. Ici se continuent la dualité, l'hermaphroditisme, le dualisme ou l'antagonisme, et la triade. Les deux mondes créés, l'un par Ormuzd, en prononçant la parole *bonne*, l'autre par Ahriman, en prononçant la parole *mauvaise*, comptent chacun trois régions superposées l'une à l'autre : le ciel fixe ou le firmament; le ciel mobile ou le ciel des astres qui ne sont pas fixes, et la terre. La première renferme principalement les étoiles fixes et le mont central. Dans le monde bon, cette montagne, qui répond à l'Olympe des Grecs, se nomme le *Bordj* ou l'*Albordj*, le *Gorotman*, le *Behescht Tireh*, dénominations qui concourent à exprimer les idées de montagne très-élevée et de montagne de lumière. C'est, en effet, sur la haute cime de l'Albordj et au milieu d'une éclatante lumière que réside le dieu Ormuzd, assis sur un trône d'or, emblème de la fixité et de la puissance. Il est entouré de son fils Mithra et d'une cour céleste nombreuse. Là réside surtout une seconde triade, qui, formée de Zarvâna, d'Ormuzd et de Mithra, représente la pensée, la parole et l'action, et régit les cieux et la terre. De là Ormuzd a prononcé et prononce incessamment l'honover, cette parole créatrice qui, dès le commencement, existait dans Zarvâna, le Temps sans bornes ou l'Éternel. Le mont sacré est aussi appelé la *Voie aux deux destins*, c'est-à-dire d'où partent les deux voies qui, en vertu de la loi du libre arbitre, conduisent les féroüers, selon leur volonté, leur entraînement ou leur destinée, l'une au bien, l'autre au mal.

Au ciel fixe lumineux est opposé le ciel fixe ténébreux, créé par Ahriman, la couleuvre ou le serpent à deux pieds. C'est là qu'il règne au milieu des ténèbres, sur une haute montagne, privée de lumière, dont les noms nous sont restés inconnus, mais se trouvaient certainement dans les portions perdues du *Zend-Avesta*. Ce que nous savons, c'est que, là, Ahriman était entouré de son fils *Mithra-daroudj* et d'un nombre considérable d'agents infernaux, sans cesse en lutte avec Mithra et les agents célestes d'Ormuzd. Il sera fait plus loin une mention particulière de ces deux catégories de génies subordonnés.

Au-dessous de la région du ciel fixe d'Ormuzd se trouve la région du ciel mobile, ainsi appelé parce que là se meuvent le soleil, la lune, les cinq autres planètes, *Tir* (Mercure), *Behram* (Mars), *Anhouma* (Ormuzd, Jupiter),

Anahid (Vénus) et *Kévan* (Saturne) [1], les constellations et les étoiles errantes.
C'est dans ce ciel mobile que réside plus habituellement, placé entre le soleil
et la lune [2] et entouré de sa cour céleste, Mithra, dieu androgyne, fils et manifestation d'Ormuzd. Il a été créé par ce dieu, ainsi que tout ce que renferme
cette région. Il n'est pas, comme Ormuzd, assis sur un trône, il est sans cesse
en mouvement; dans la triade, il représente particulièrement l'action. Mais,
préposé à la reproduction et à la conservation des êtres, des espèces, il est
aussi chargé par Ormuzd de prononcer et d'exécuter incessamment la parole
créatrice [3]. Son nom signifie même *logos* ou parole, comme je l'expliquerai
plus loin. Troisième dieu de la seconde triade, il devient, sans cesser d'être
subordonné à Ormuzd, le chef d'une troisième triade, que forment avec lui
ses deux assesseurs (*hamkars*), les izeds (génies) *Sérosch* et *Raschné-râst*. Chargé
d'entretenir l'harmonie dans le monde créé, et modèle de perfectibilité proposé au genre humain, il a été établi médiateur entre Ormuzd et l'homme;
il préside aux initiations ou aux mystères institués pour le salut des âmes; il
pèse les actions des âmes, assisté de Sérosch et de Raschné-râst, l'ized de la
médiation; il leur ouvre la porte du ciel et les conduit au pied du trône
d'Ormuzd, juge suprême, ou bien il les précipite dans les enfers, selon que
leurs bonnes actions l'emportent ou non sur les mauvaises. Comme Ormuzd,
il est qualifié *père*, en même temps que *Zarvâna* reçoit le titre de *père des pères*,
c'est-à-dire de père des deux *dieux pères* qui sont ses assesseurs et ses manifestations.

A ce ciel mobile, lumineux et bon où Mithra règne en roi, est opposé un
ciel mobile, ténébreux et mauvais qu'habite, entouré de sa cour infernale,
Mithra-daroudj, fils androgyne et manifestation d'Ahriman [4], qui l'a créé pour

---

[1] Je nomme ici ces cinq planètes selon l'ordre
et les noms pehlevis que leur assigne le *Boun-
dehesch* (*Zend-Avesta*, t. II, p. 356); elles ne
sont pas désignées dans les fragments que nous
possédons des livres zends. Sept satellites sont
préposés à la garde des sept planètes. Le *Boun-
dehesch* (*loc. cit.*) nous donne les noms de cinq
seulement; ils veillent sur les cinq planètes que
je viens de désigner après le soleil et la lune. Ce
sont les étoiles fixes appelées *Taschter*, *Hafto-
rang*, *Venant*, *Satévis* et *Mesch*. Peut-être faut-il
y ajouter les comètes *Gourzscher* et *Dodjdom
Mouschever*, qui seraient chargées de la garde du

soleil et de la lune, si, comme je suis porté à le
soupçonner, le texte du passage est corrompu ou
n'a pas été bien compris par les destours et par
Anquetil.

[2] *Zend-Avesta*, t. II, p. 13. Cf. t. I, 2° part.
p. 28, 418.

[3] *Ibid.* t. II, p. 216, 228.

[4] Dans les fragments qui nous restent des livres zends ou pehlevis, *Mithra-daroudj*, souvent
nommé, n'est pas qualifié *fils d'Ahriman*, mais
il y est placé dans de tels rapports avec Ahriman
que, si nous possédions en entier le *Zend-Avesta*,
nous y trouverions certainement son nom suivi

être l'antagoniste de Mithra, fils d'Ormuzd, ou l'*Ormuzdien*, comme l'appelle le *Zend-Avesta*.

Au-dessous du ciel mobile est placée la terre. Comme lui, elle fait partie du troisième ordre de choses dont se compose le monde; mais elle est, de sa propre nature, obscure, ténébreuse, quoique bonne dans son essence; elle ne reçoit de lumière que par le soleil et la lune. Comme le monde, elle est, à son tour, divisée en trois régions (climats) superposées l'une à l'autre : la région de l'eau et de l'élément aride ou de la terre proprement dite, c'est la plus basse des trois; au-dessus, la région de la chaleur ou du feu terrestre; au-dessus de celle-ci, la région de l'air, limitrophe du ciel, où se meuvent le soleil et la lune. Parmi les izeds, il en est un, du sexe féminin, appelé *Sapandomad*, qui représente la terre et qui est qualifié « fille pure d'Ormuzd. » Mithra règne sur la terre comme dans le ciel des planètes : il est qualifié *roi du ciel mobile*[1], *roi des vivants* ou *de la terre*[2], *roi des morts* ou *des enfers*[3]. Dans un chapitre particulier, j'exposerai, avec tous les détails convenables, les fonctions, les symboles et les attributions de ce dieu, en même temps que je ferai connaître les diverses formes sous lesquelles on le représentait.

A cette terre, création pure d'Ormuzd, à cette terre où règne Mithra, est opposée une autre terre qui, créée impure par Ahriman, est placée sous la domination particulière de Mithra-daroudj et de tous les génies malfaisants qui le secondent. Elle est peuplée d'êtres mauvais et remplie de productions mauvaises ou impures comme sa propre essence. Plongée dans l'obscurité la plus profonde, elle ne peut et ne doit recevoir aucune lumière du ciel mobile d'Ahriman, royaume des ténèbres.

Selon Zoroastre, et selon une opinion généralement répandue dans les sanctuaires de l'antiquité, le dernier des trois ordres que comprend l'univers est l'image ou la manifestation du second, comme le second est l'image ou la manifestation du premier. C'est là une des idées fondamentales du système théogonique et cosmogonique du zoroastrisme, et je dois la compléter en ajoutant

---

de cette qualification, comme nous y trouvons le nom de Mithra suivi de l'adjectif qui signifie l'*Ormuzdien* ou fils d'Ormuzd. Nous y lirions même, selon toute probabilité, quelque passage où, à l'exemple d'Ormuzd disant à Zoroastre (*Zend-Avesta*, t. II. Cf. p. 10, 204) : « C'est moi qui « ai fait Mithra, » Ahriman s'écrierait : « C'est moi « qui ai fait *Mithra-daroudj*. »

[1] *Zend-Avesta*, t. I, 2ᵉ partie, p. 28, 80, note 10; t. II, p. 13, 99, 206, 207, 209, 212, 213, 216, 218-221, 225, 228-230, 418.

[2] *Ibid.* t. II, p. 205, 206, 210, 214, 215, 222, 223.

[3] *Ibid.* p. 15, 211, 212, 223, 230.

.que, dans ce système, le monde créé est une image grossière du dieu créateur, et chacune des régions de ce monde, une image de la région immédiatement placée au-dessus d'elle, mais une image de plus en plus grossière à
mesure qu'on s'éloigne de la région divine.

Ormuzd et Mithra, Ahriman et Mithra-daroudj, comme tout ce qui compose les deux mondes créés, doivent leur existence à un féroüer émané de la
pensée de Zarvâna, et revêtu, je l'ai dit, d'une forme sensible ou matérielle.
Cette existence, comme celle de la matière, est nécessairement limitée : elle
durera ce que durera le monde créé, le monde matériel. L'époque marquée
dans la pensée du Dieu suprême pour la durée de ce monde créé n'a été
révélée ni à Ormuzd, ni à Mithra, ni à Zoroastre, ni à aucun mortel. C'est,
comme la création elle-même des dieux créateurs et de la matière, un de ces
mystères impénétrables, un de ces décrets absolus qui composent les prérogatives exclusives du Dieu seul, appelé le Temps sans bornes ou l'Éternel et
le Destin. Dans l'impuissance de résoudre un problème à jamais insoluble
avec le seul secours de l'intelligence humaine, les Chaldéens, et Zoroastre à
leur exemple, s'abstinrent de chercher à déterminer, même d'une manière
approximative, la durée et la fin du monde créé; ils imaginèrent une période
symbolique ou philosophique, un grand cycle de douze temps ou périodes,
appelés les douze mille, les douze millénaires. Ce cycle, par la position des
chiffres dans le nombre 12,000, qui en est l'expression graphique, fut, nous
pouvons le supposer, l'artifice dont se servirent les Chaldéens pour indiquer
que la manifestation des dieux créateurs du monde et la création de ce
monde sont le résultat, si je puis ainsi dire, du passage de l'unité à la dualité, et qu'à l'époque fixée dans sa sagesse infinie par le Dieu suprême pour
le retour de la dualité à l'unité, cette création disparaîtra dans l'anéantissement. En d'autres termes, la fin du monde sera le moment où les dieux créés
et créateurs et tout ce que renferme le monde, qui est leur ouvrage, rentreront dans le sein du Temps sans bornes ou de l'Éternel, et s'y absorberont de
nouveau, comme ils y étaient restés absorbés jusqu'au jour de l'émanation des
féroüers. Seul, le Temps sans bornes, ainsi que l'indique son nom, a une
existence illimitée : il n'a point eu de commencement, il n'aura pas de fin.

A la pensée qui fit inventer le cycle des douze millénaires se rattache,
n'en doutons pas, l'invention du cycle appelé le zodiaque et destiné à marquer,
par douze temps, signes ou stations, la durée de la vie du soleil, si étroitement liée à la durée de la vie du monde créé, dont cet astre fait partie. A

cette invention, parfaitement en harmonie avec le cycle des douze millénaires, ajoutons, avec non moins d'assurance, l'institution des mystères, où nous verrons douze grades ou douze initiations diviser en douze phases la vie de l'homme soumis aux volontés de Dieu. Nous y verrons même le séjour de son âme sur la terre marqué par trois grades, dont deux empruntent leur dénomination, leur symbole et leur hiérarchie à deux animaux placés parmi les douze signes du zodiaque primitif des Chaldéens d'Assyrie, avec les mêmes acceptions symboliques ou idéographiques que nous leur reconnaîtrons dans l'ordonnance des initiations. Dès à présent nous pouvons comprendre à quelle source les Grecs avaient emprunté la pensée de considérer l'homme comme un petit monde, un *microcosme*.

De même que Zarvâna akarana, Ormuzd et Mithra représentent l'idée du temps et reçoivent chacun un nom qualificatif qui exprime cette idée, mais sans y ajouter, comme le fait l'adjectif *akarana*, la notion de l'éternité, encore moins celle de la sempiternité. Le premier de ces dieux secondaires est surnommé *le Temps Long*[1]; c'est le grand cycle des douze millénaires; c'est la durée limitée, mais inconnue, du monde qu'Ormuzd a créé. Mithra reçoit la qualification de *Révolution du ciel*. On entend par là le temps périodique, le temps qui divise le Temps Long non point en millénaires d'une durée indéterminée, mais en périodes, heures de nuit, heures de jour, mois et année, marqués par le cours du soleil et de la lune, les deux astres entre lesquels est placé Mithra, le roi du ciel mobile. Ainsi, dans la pensée de Zoroastre, l'Éternité ou la Sempiternité représentée par le Dieu suprême, *Zarvâna akarana*, ou le Temps sans bornes, comprend en elle-même deux autres modes de temps, le temps long et limité et le temps périodique, représentés aussi chacun par une divinité.

Aussi voyons-nous, je le répète, Ormuzd et Mithra former avec Zarvâna une triade suprême. Sur les monuments figurés du culte public, comme sur ceux du culte secret ou des mystères, l'emblème de cette triade chez les Perses, de même que chez les Assyriens et les Phéniciens, est une couronne ou un cercle, qui, symbole d'éternité et image abstraite d'un Dieu suprême uniformément appelé le Temps sans bornes ou l'Éternel, renferme dans sa circonférence intérieure l'image matérielle de deux divinités subordonnées, représentées par la moitié supérieure d'un corps humain étroitement uni au

---

[1] *Zend-Avesta*, t. I, 2ᵉ part. p. 236, et t. II, p. 6.

corps d'une colombe. J'expliquerai plus loin comment, chez les Perses, il faut reconnaître dans ces deux divinités Ormuzd et Mithra.

Cette triade, avons-nous dit, régit l'univers. Ormuzd et Mithra exécutent dans le monde créé la Loi ou les décrets du Dieu suprême. A leur tour ils sont assistés par des agents, les uns mâles, les autres femelles, qui exécutent leurs ordres dans le ciel et sur la terre. Les agents d'Ormuzd s'appellent les *amschaspands*, en zend, *amĕcha çpĕnta*, c'est-à-dire les *immortels excellents*. Ceux de Mithra se nomment les *izeds*, en zend, *izata*, c'est-à-dire les *divins*. De même qu'Ormuzd est considéré comme la manifestation du Temps sans bornes dans le monde créé, et Mithra comme la manifestation d'Ormuzd dans la région qui comprend le ciel mobile, la terre et les enfers, de même il faut considérer les amschaspands comme la manifestation d'Ormuzd, et les izeds comme la manifestation de Mithra.

Les amschaspands sont au nombre de sept : Ormuzd en est le premier et le chef[1]; les six autres sont[2] : *Bahman, Ardibehescht, Schahriver, Sapandomad, Khordad* et *Amerdad*[3]. De ces six amschaspands, Sapandomad est le seul qui soit du sexe féminin, les cinq autres sont mâles; elle est qualifiée *fille d'Ormuzd*[4]; aussi donne-t-elle son nom à celui des *izeds* qui représente la terre[5]. Chaque amschaspand est assisté de trois hamkars ou assesseurs. Quelquefois, dans le *Zend-Avesta*[6], le soleil, qui est mâle, et la lune, qui est femelle, sont qualifiés amschaspands, et le nombre des amschaspands se trouve ainsi porté à neuf.

Aux amschaspands sont opposés les agents immédiats d'Ahriman, appelés *dews*[7]; il est leur chef, et même on le considère comme le premier de ces mauvais génies. A l'exemple des amschaspands, et pour ne laisser aucune lacune dans la manifestation de l'antagonisme ou du dualisme établi par

[1] *Zend-Avesta*, t. II (*iescht des sept amschaspands*), p. 152.

[2] *Ibid.* t. I, 2ᵉ part. p. 81, 82, 155; t. II, p. 150, 152, 161 (*Yaçna*).

[3] Voyez sur la signification de chacun de ces six noms qualificatifs les traditions que conservent les destours ou mages des Parsis de l'Inde, et qui ont été recueillies par Anquetil Du Perron, *Zend-Avesta*, t. I, 2ᵉ part. p. 81, notes 6-10, p. 82, note 1.

[4] *Ibid.* p. 120, 415.

[5] *Ibid.* p. 93, note 2.

[6] T. II, p. 221.

[7] Dans la langue sanscrite, le mot *dew* ou *déva* signifie dieu, et s'applique, sans distinction, à toutes les divinités de la mythologie indienne. Si Zoroastre, dans sa théogonie, l'emploie exclusivement à désigner Ahriman et ses agents immédiats, et, par là, lui attribue le sens contraire de diable, c'est, on peut le croire, pour achever de ruiner dans l'esprit des Perses le brahmanisme, qui, je l'ai dit plus haut, avait fait quelques progrès parmi les populations du royaume d'Irân, avant l'arrivée de Zoroastre à la cour de Gustasp.

Zoroastre entre ses deux olympes et ses deux mondes créés, les dews sont comptés, y compris Ahriman, tantôt au nombre de sept, tantôt au nombre de neuf. Aussi le nombre neuf est-il un nombre ahrimanique ou funeste. Parmi les dews, les uns sont mâles, les autres femelles; mais dans le *Zend-Avesta* nous ne les voyons pas distingués par leur sexe, et les traditions orales conservées parmi les destours des Parsis de l'Inde n'ont pas fourni au traducteur français le moyen de remplir cette lacune; il y a même quelque confusion dans l'énumération des dews, telle que nous la représente sa traduction. Les notes dont il l'a accompagnée nous font connaître cependant que les sept premiers dews opposés aux sept premiers amschaspands sont : *Ahriman, Akouman, Ander, Savel, Naonghes, Tarik* et *Tosious*[1]; mais *Tarmad*, aussi appelé *Sched, Nésosch, Aschmog, Vérin, Vâto, Eschem, Egcthesch, Boschasp, Medokht, Sor, Oghran*[2] et quelques autres sont de même qualifiés *dews*[3] dans la version française d'Anquetil. Il est évident, à mes yeux, que ces divers noms s'appliquent, les uns à Ahriman lui-même[4] ou à quelques-uns des six dews rivaux des six amschaspands, les autres aux deux dews ennemis du soleil et de la lune[5], considérés comme des amschaspands.

A côté ou au-dessous des dews, nous trouvons, dans le *Zend-Avesta*, trois autres classes de mauvais génies, de génies infernaux, désignés sous la dénomination générique de *daroudjs*, de *darvands*, de *péris*, et probablement issus des six dews. Nous ignorons leurs noms particuliers, leur nombre et leur hié-

[1] *Zend-Avesta*, t. I, 2ᵉ part. p. 191, 366, 412, 420; t. II, p. 78, 158, 351.

[2] *Oghran* signifie *le fort*. Ce dew me paraît avoir servi de type au géant cruel que nous trouvons avec un nom identique, *Ogre,* dans des contes de fées dont l'origine doit être demandée à l'Asie occidentale.

[3] *Zend-Avesta*, t. I, 2ᵉ part. p. 172, 333, 336, 363, 365-367, 369, 421, 423; t. II, p. 295, 408.

[4] *Ibid.* t. II, p. 408.

[5] Par là nous pouvons remonter à l'origine de l'antique croyance populaire qui, en Asie, attribuait les éclipses de soleil et les éclipses de lune à l'affaiblissement momentané qu'éprouvaient parfois ces deux astres dans leur lutte incessante avec deux méchants serpents ou dragons (voyez mes *Recherches sur Vénus*, p. 46, 47).

C'est, en effet, sous cette forme que devaient être représentés certains dews issus d'Ahriman, appelé, dans le *Zend-Avesta*, «couleuvre ennemie du ciel, serpent infernal à deux pieds.» Or, selon le témoignage exprès d'une pierre gravée asiatique, publiée dans mes *Recherches sur Vénus* (p. 32 et suiv. pl. I, nᵒˢ 1 et 1ᵃ), l'usage, dans l'Orient, était de placer dans les mains de la divinité androgyne, créatrice du monde, un serpent couronné des rayons du soleil, et un serpent dont la tête est surmontée du croissant de la lune. Sur cette pierre, le graveur n'a pas oublié de placer deux dragons ailés, qui, la gueule béante, attaquent ces deux serpents. Nous avons donc ici l'opposition du bon et du mauvais serpent, et nous la retrouverons sur les monuments de Mithra, comme sur ceux d'Apollon.

rarchie. Il en est de même des génies célestes ou terrestres auxquels ils étaient opposés, et qui, subordonnés aux izeds, dont, selon toute probabilité, ils tenaient leur existence, ne nous sont même pas connus sous le nom générique des trois classes que sans doute ils composaient à leur tour.

La preuve que les dieux et les génies de tout ordre sont la manifestation les uns des autres ressort des considérations tirées de plusieurs passages du *Zend-Avesta*. En premier lieu, nous y voyons les attributions de Zarvâna transférées à Ormuzd, son fils jumeau; celles d'Ormuzd transférées à Mithra, son fils, et, en même temps, réparties entre les six amschaspands; celles de Mithra et des amschaspands réparties entre les vingt-huit izeds. Secondement, Ormuzd est qualifié amschaspand et compté au nombre des sept génies de ce nom. De même Mithra, qualifié ized, est compté au nombre des vingt-huit izeds principaux. De plus, les six amschaspands nommés après Ormuzd sont aussi qualifiés izeds, et président, avec Mithra, à certains mois de l'année, à certains jours du mois, qui retiennent leur nom. C'est ainsi que Bahman, deuxième amschaspand, et manifestation d'Ormuzd et de Mithra comme roi des cieux, donne son nom au onzième mois de l'année et au second jour du mois; Ardibehescht, troisième amschaspand, au deuxième mois[1] et au troisième jour; Schahriver, quatrième amschaspand, au sixième mois et au quatrième jour; Sapandomad (*séfendarmad*), cinquième amschaspand et ized de la terre, au douzième mois et au cinquième jour; Khordad, sixième amschaspand et ized du temps solaire, au troisième mois et au sixième jour; Amerdad, septième amschaspand, au cinquième mois et au septième jour. De leur côté, plusieurs izeds, y compris Mithra, donnent simultanément leur nom à un mois de l'année et à un jour du mois. *Tir* (*Taschter*), l'ized de la pluie, donne son nom au quatrième mois de l'année et au treizième jour du mois; Mithra, au septième mois et au seizième jour; *Aban*, l'ized de l'eau, au huitième mois et au dixième jour; *Ader*, l'ized du feu, au neuvième mois et au neuvième jour; *Dée* ou *Din*, l'ized de la loi ou de la science, au dixième mois et au vingt-quatrième jour; *Khorschid*, l'ized du soleil, au onzième jour; *Mah*, l'ized de la lune, au douzième; *Gosch*, l'ized du taureau ou de la vie, au quatorzième; l'ized *Sérosch* et l'ized *Raschné-rást*, assesseurs de Mithra, l'un au dix-septième jour, l'autre au dix-huitième; l'ized des férouërs, au dix-neu-

---

[1] Comme le récit de la création du monde, l'année ou le petit cycle commence par une mention expresse des férouërs, c'est-à-dire des idées typiques : le premier mois de l'année, dans le calendrier religieux des Parses, s'appelle *Favardin*, «les férouërs.»

vième; l'ized *Behram*, au vingtième; *Ram*, l'ized de la colombe, au vingt et unième; *Bâd*, l'ized du vent, au vingt-deuxième; l'ized *Din*, au vingt-quatrième; l'ized *Arsching* ou *Ascheschingh*, au vingt-cinquième; *Aschtâd*, l'ized de l'abondance et de l'intelligence[1], au vingt-sixième; *Asman* (ou *Schemia*), l'ized du ciel, au vingt-septième; *Zamiad* (ou *Damikad*), l'ized de la terre, au vingt-huitième; *Meheresfand* (*Mansrespand* ou *Matounaspand*), l'ized de la parole[1], au vingt-neuvième; et enfin *Aniran*, l'ized dé la lumière, au trentième[2].

Parmi les izeds qui ne figurent ni dans le calendrier religieux des Parses, ni dans l'office des trente jours du mois, il faut distinguer surtout l'ized appelé *Hôm* ou *Héomô*. Sous ce nom, le *Zend-Avesta* nous présente tantôt un ized[3], tantôt un arbre sacré[4], tantôt un personnage célèbre[5], qui joue un rôle divin, lié à la légende des Pischdadiens, et, en particulier, à celles de Djemschid et de Féridoun[6]. Il semble appartenir au naturalisme, qui, primitivement, servait de religion aux Iraniens; il semble aussi avoir été rattaché par Zoroastre à sa propre légende[7] et à son système théogonique et cosmogonique, pour conserver un lien de plus entre l'ancienne et la nouvelle loi. Se reportant à la fondation du royaume d'Irân par Djemschid, l'auteur du *Zend-Avesta* déclare[8] que Hôm est le premier à qui Ormuzd ait donné l'*évanguin* et le *sadéré*, vêtements venus du ciel avec la Loi : il déclare que Hôm a ceint le kosti sur les montagnes de l'Irân, et que là il a annoncé la parole. Or ces mêmes faits, le *Zend-Avesta*[9] les attribue également à Mithra, ce nouveau dieu inconnu aux Pischdadiens, et dont le nom ne se montre chez les Perses que depuis l'arrivée de Zoroastre à la cour des Achéménides. Par là se trouve encore une fois confirmé le passage cité d'Hérodote[10], puisque le culte de Mithra marque ainsi une seconde époque dans l'histoire de la religion des Perses.

Comme ized, Hôm, dans le *Zend-Avesta*, reçoit diverses attributions qui, d'un côté, l'identifient avec les divinités solaires et l'assimilent de plus en plus à Mithra, et, de l'autre, semblent l'identifier avec *Indra*, le dieu-ciel des *Vé-*

---

[1] Je m'expliquerai plus loin sur cette interprétation.

[2] Voy. le Calendrier des Parses, *Zend-Avesta*, t. II, p. 523-525.

[3] *Zend-Avesta*, t. II, p. 221, 301, 302 et ailleurs.

[4] *Ibid.* t. Ier, 2e part. p. 97, 423; t. II, p. 150, 221, 398, 404.

[5] *Zend-Avesta*, t. Ier, 2e part. p. 4 et ailleurs.

[5] *Ibid.* p. 107, 108.

[7] *Ibid.* p. 10, 107, 109.

[8] T. Ier, 2e part. p. 112, note 8.

[9] *Zend-Avesta*, t. II (*iescht de Mithra*), p. 204-232.

[10] I, 181.

das. Il est l'objet d'un culte particulier prescrit par Zoroastre[1], et le sujet d'une prière composée en son honneur, sous le titre d'*iescht de Hôm*[2]. Cette prière doit se réciter chaque jour à chaque *gah* ou division de la journée, et simultanément avec l'*iescht de Venant*[3], l'un des quatre astres préposés à la garde des quatre points cardinaux du ciel. Remarquons surtout qu'il donne son nom à un arbre symbolique, qui, créé par Ormuzd, est non-seulement le chef de tous les arbres dont la terre est ornée, mais « l'arbre de vie, l'arbre « qui éloigne la mort, » qualifications appliquées ici avec un sens évidemment spirituel ou psychologique[4]. C'est à ce dernier titre que l'arbre Hôm est figuré sur les monuments religieux des Perses. Il l'est bien plus souvent sur ceux des Assyriens, et principalement sur les bas-reliefs, les cylindres et les cônes qui représentent des scènes d'initiations. Par là, nous sommes amenés à croire que, chez les Assyriens, le culte de cet arbre appartenait aux Chaldéens d'Assyrie, inventeurs des mystères. Et s'il en est ainsi, nous avons dans ce fait une nouvelle preuve de la communauté de race et de langue qui existait entre les Chaldéens, les Indiens et les Iraniens. J'ajoute que toujours, sur les monuments figurés, l'arbre *hôm* affecte des formes conventionnelles et variées. C'est faute d'avoir connu ce dernier fait qu'Anquetil s'est efforcé, sans succès, de déterminer à quelle espèce végétale se rapporte le *hôm* du *Zend-Avesta*. Il a été conduit à cette vaine recherche par l'usage où sont les Parses du Guzarate de tirer de divers arbustes, qu'ils nomment le hôm blanc et le hôm jaune, un suc qui, consacré sous le nom de *pérahom*, est une boisson spirituelle. J'aurai, en m'occupant de leur liturgie, l'occasion de revenir sur le *pérahom* et d'examiner quels rapports existent entre le *hôm* du *Zend-Avesta* et le *sôma* des *Védas*. Lorsque je produirai les monuments figurés des mystères, j'aurai l'occasion aussi de montrer combien je suis fondé à dire que, chez les Perses et chez les Assyriens, le hôm était représenté sous une forme variée et toujours conventionnelle.

A la théogonie dont je viens d'esquisser l'ordonnance et les principaux traits, se lie intimement une cosmogonie exposée dans un langage symbolique qu'Anquetil et mes plus illustres devanciers, il faut bien le dire, n'ont pas su comprendre. La clef de ce langage leur a manqué, et, par cette raison, le système cosmogonique de Zoroastre leur a paru absurde. C'est en rapprochant

---

[1] *Zend-Avesta,* t. II, p. 110, 128, 227, 301.

[2] *Ibid.* p. 301, 302.

[3] *Zend-Avesta,* t. II, p. 303-305.

[4] Voy. *ibid.* t. Ier, 2e part. Notic. p. xxxix, et p. 97, 423; t. II, p. 150, 221, 398, 404, 535.

entre eux plusieurs passages épars dans les fragments du *Zend-Avesta*, et plu-sieurs autres passages qui complètent ceux-ci et se sont conservés dans le *Boun-dehesch;* c'est en appliquant à l'interprétation de ces divers documents l'acception philosophique de certains mots à double et triple sens, employés dans les textes, qu'il m'a été possible de soulever le voile dont Zoroastre, à l'exemple de ses maîtres les Chaldéens, se servit pour dérober à ses sectateurs non initiés la haute signification de ses paroles. J'ai pu, au moment même où je venais de découvrir une acception philosophique cachée sous l'acception vul-gaire de tel ou tel mot, constater que le système cosmogonique du *Zend-Avesta* et du *Boun-dehesch* découle d'une pensée très-élevée, tout à la fois religieuse et rationnelle.

Le lecteur jugera, par l'exposition que je vais faire de ce système cosmogo-nique, si des illusions ne m'ont pas abusé sur ce point. Après avoir créé Mi-thra, les sept amschaspands, les vingt-huit izeds, la lumière, l'eau, l'air et le feu célestes, le ciel fixe, les étoiles fixes, le ciel mobile, le soleil, la lune, les sept planètes, les étoiles errantes et les constellations, Ormuzd crée la terre, puis un premier être[1], que Zoroastre nomme le «premier taureau[2],» et qui, donné unique, céleste, saint, pur et lumineux[3], n'a pas été engendré[4], mais a un féroüer[5]. Ahriman, auteur de la mort et jaloux de cette création pure et lumineuse, déchaîne ses dews contre le taureau[6], Vérin et Boschasp l'empoi-sonnent et le font mourir[7]. Au moment où il expire, son âme, personnifiée sous le nom de l'ized *Goschoroun*[8], sort de son épaule gauche. Cet ized[9] re-cueille sur la terre la semence tombée des parties génitales du taureau, et la porte dans le ciel de la lune, où elle sera incessamment purifiée et fécondée par la chaleur et la lumière du soleil, pour devenir le germe de toutes les créa-tures[10]. En même temps sortent du corps du taureau mourant les prototypes

[1] *Zend-Avesta*, t. I, 2ᵉ part. (*Yaçna*), p. 164; t. II, p. 352, 356.

[2] *Ibid.* t. I, 2ᵉ part. N. p. xxvii et xxx et ailleurs. Hamzah d'Ispahan, cité par l'auteur du *Modjmel-el-Téwarikh* (ch. viii, section ii), le nomme *Aboudad*, et ajoute «qu'il était fait pour mourir «et ne parlait pas.»

[3] *Zend-Avesta*, t. I, 2ᵉ part. p. 87, 95, 164, 171, 424; t. II, p. 17, 18, 319, 356, 363, 403.

[4] *Ibid.* t. I, 2ᵉ part. p. 424, 425.

[5] *Ibid.* t. II, p. 165.

[6] *Ibid.* t. I, 2ᵉ part. p. 171. Cf. t. II, p. 355.

[7] *Zend-Avesta*, t. II, p. 354, 356.

[8] Mot composé qui signifie littéralement *l'âme du taureau.*

[9] Zoroastre admet que tous les animaux ont une âme; mais leur âme n'est pas douée de cinq facultés comme l'âme humaine; elle n'en a que trois, il leur manque la raison et la conscience. (Voy. *Zend-Avesta*, t. I, 2ᵉ part. N. p. xxxvii; vieux *ravaët*, fol. 159 v°, fol. 160. Cf. Anquetil, *Mém. de l'Acad. des inscr.* t. XXXVII, p. 647, 648.)

[10] Nous trouvons ici la consécration de l'origine

matériels de tous les êtres qui vivent dans l'eau, sur la terre et dans les airs : le prototype de l'homme créé mâle et femelle, à l'image d'Ormuzd, son créateur, sort d'une des jambes du quadrupède symbolique; il en sort « pur, brillant, blanc, ayant des yeux avec lesquels il regarde droit en haut. » Son nom est, en zend, *Gaya-mĕrĕta*, et en pehlevi, *Gaïomard*, dont on a fait *Kaïomard* et *Kaïomorts*[1]. De la queue et de la moelle du taureau sortent cinquante-cinq espèces de *plantes à grains*, et douze espèces d'arbres bons pour la santé[2], qui se multiplièrent sur la terre au nombre de cent mille[3]. De ses cornes sortent les fruits, les grains et les graines. Ici, pour le dire en passant, nous remontons à l'origine de la corne d'abondance qui, dans la mythologie grecque, doit ainsi être considérée comme un lambeau de la cosmogonie orientale importée en Grèce par les Phéniciens à une époque fort reculée. Je reprends l'exposition de cette cosmogonie. Du sang du taureau sort le raisin; tous les arbres sortis de son corps n'avaient ni écorces, ni épines, ni aucune qualité nuisible. Ormuzd met dans un grand fleuve les germes de tous les végétaux[4]. Il charge deux oiseaux de distribuer ces germes sur la terre[5].

De la semence du taureau portée dans le ciel de la lune, Ormuzd fit naître deux taureaux, l'un mâle, l'autre femelle, et de ce couple sont venues deux cent quatre-vingt-deux espèces d'animaux; les poissons, qui vivent dans

de l'antique opinion qui attribuait à la lune une influence directe et continue sur tous les phénomènes de la génération, de la reproduction, de la végétation.

Cette attribution ressort aussi, mais d'une manière indirecte, de la tradition conservée par les poëtes modernes de la Perse, qui chantent les exploits de Féridoun en guerre avec Zohâk, le roi des Assyriens. Dans leurs récits, Féridoun, image du dieu créateur bon, marche au combat, précédé de l'étendard du taureau, et armé d'une massue à tête de taureau. Zohâk, assimilé à Ahriman ou à Schaïtan et appelé d'un nom qui signifie le dragon ou le serpent, est représenté ayant deux têtes de serpent attachées aux épaules, et l'étendard du dragon. Mais, ici, c'est le taureau qui est le vainqueur du serpent, de même que, dans la lutte cosmologique dont je parlerai plus loin, Ormuzd, dieu-taureau, finit par triompher d'Ahriman, dieu-serpent.

[1] J'expliquerai tout à l'heure la double signification de ce nom composé.

[2] Au lieu de douze espèces d'arbres, il est question de quinze à la page 371 du tome II du *Zend-Avesta* (*Boun-dehesch*).

[3] *Zend-Avesta*, t. II, p. 363, 371, 403.

[4] Lorsque, plus loin, j'aurai expliqué que le taureau est le symbole du principe humide, précisément parce qu'il est le symbole de la vie, on comprendra que Zoroastre place dans l'eau les germes de tous les arbres, de toutes les plantes.

[5] *Zend-Avesta*, t. II, p. 242, 387. J'ignore si, par ces deux oiseaux, il faut entendre Ormuzd lui-même et Mithra représentés dans les mystères, l'un sous la forme d'un épervier, l'autre sous celle d'une colombe et d'un aigle. Le *Zend-Avesta* et le *Boun-dehesch* ne fournissent aucun éclaircissement à cet égard, et Anquetil garde le silence.

l'eau ; les animaux qui vivent sur la terre, et les oiseaux qui habitent les airs [1].

Kaïomorts, né du premier taureau, prototype du premier homme, et père du genre humain, comme le qualifie Anquetil [2], vécut trente ans après la mort du premier taureau et fut, à son tour, tué par les dews. Il prédit en mourant le triomphe des hommes sur Ahriman [3].

Nous ne possédons pas les passages du *Zend-Avesta* où il était question de la naissance du premier couple humain, appelé *Meschia* et *Meschiané*. Mais ces passages semblent nous avoir été conservés, non peut-être sans quelque altération, dans un récit du *Boun-dehesch* [4], où nous apprenons comment *Meschia* naquit, mâle et femelle, d'un arbre produit par la portion de la semence de Kaïomorts qui avait été confiée à la terre, et comment le corps androgyne de Meschia se divisa en deux corps, l'un mâle qui retint le nom de *Meschia* [5], l'autre femelle qui s'appela *Meschiané*. Je transcris en entier ce récit d'après la traduction française d'Anquetil : « Il est dit dans la Loi [6], au sujet des hommes, « que Kaïomorts ayant rendu de la semence en mourant, cette semence fut pu- « rifiée par la lumière du soleil; que Nemio-sengh [7] en garda deux portions, et « que *Sapandomad* [8] eut soin de la troisième. Au bout de quarante ans, le corps « d'un *Reivas* formant une colonne (un arbre) de quinze ans, avec quinze feuilles, « sortit de terre, le jour Mithra du mois Mithra. Cet arbre représentait deux « corps disposés de manière que l'un avait la main dans l'oreille de l'autre, lui « était uni, lié, faisant un même tout avec lui [9]. Ils étaient si bien unis tous les « deux l'un à l'autre, qu'on ne voyait pas qui était le mâle, quelle était la fe- « melle, et si Ormuzd avait d'abord (produit) la main, comme il est dit, ce « qu'il avait donné le premier, de la main ou du corps..... mais il a donné « l'âme d'abord et ensuite le corps. Lorsque chacun de ces deux (êtres) eut été « formé de corps d'arbre en corps d'homme, la main donnée du ciel y fut placée, « et l'âme s'y mêla sur-le-champ. » L'arbre avait crû en haut, portant pour fruit dix espèces d'hommes.

A l'homme pur, créé par Ormuzd, Ahriman oppose l'homme impur ou mau-

---

[1] *Zend-Avesta*, t. II (*Boun-dehesch*), p. 363.

[2] *Ibid.* p. 167, note 1.

[3] *Ibid.* p. 352, 355.

[4] *Ibid.* p. 366, 367.

[5] Cf. le mot allemand *mensch*, qui signifie homme.

[6] C'est-à-dire dans le *Zend-Avesta*.

[7] C'est le nom de l'ized du feu créateur.

[8] Ized femelle qui représente la terre.

[9] Le texte de ce passage a présenté quelques difficultés au traducteur français; on en peut juger par les variantes que propose Anquetil dans les notes 2 et 3 placées au bas de la page 376 du tome II du *Zend-Avesta*.

vais, qu'il crée simultanément. Celui-ci s'appelle *homme-Daroudj* ou *Darvand*. Avec l'aide de Mithra-Daroudj, fils d'Ahriman et antagoniste de Mithra, fils d'Ormuzd, il agit incessamment comme implacable ennemi de l'homme pieux et vertueux, placé sous la protection particulière de Mithra. L'homme créé par Ormuzd est l'incarnation de la vertu. L'homme-Daroudj est l'incarnation du vice ou du péché. Mais, séduits par Ahriman métamorphosé en couleuvre ou en serpent, Meschia et Meschiané, le premier couple humain né de l'homme pur, rendent à ce dieu des ténèbres, à ce dieu infernal, un culte qui n'était dû qu'à Ormuzd : ils perdent leur pureté primitive, et ne pourront désormais, ainsi que leurs descendants, la recouvrer qu'avec l'assistance de Mithra, du dieu qui préside aux mystères ou aux initiations, c'est-à-dire à la voie de réhabilitation qui s'ouvre devant les hommes que préoccupe fortement le salut de leur âme. Trois sortes de puretés sont la condition expresse de cette réhabilitation : la pureté de pensée, la pureté de parole, la pureté d'action. Les pensées, les paroles, les actions de chaque homme, pendant sa vie, sont, à sa mort, jugées par un tribunal céleste, composé de Mithra et de ses deux assesseurs. Les féroüers des purs remontent au ciel, leur demeure primitive, et y resteront jusqu'au jour de la résurrection. Les féroüers des impurs sont précipités dans les ténèbres ou les enfers, pour y subir des tourments, des supplices, qui, proportionnés aux péchés ou aux crimes de chaque coupable, dureront jusqu'à la même époque. Or, par féroüer il faut entendre ici une idée typique qui comprend l'âme comme la partie intégrante et immortelle de tout être humain.

Le jour de la résurrection arrivera à la fin du monde créé, et, pendant les douze millénaires dont la durée exprime la durée de ce monde, l'antagonisme d'Ormuzd et d'Ahriman se manifestera par une lutte non interrompue, mais poursuivie, de part et d'autre, avec des chances inégales, jusqu'au moment marqué pour le triomphe définitif d'Ormuzd. Sur cette guerre perpétuelle et sur l'époque de la création du premier homme ou de son apparition sur la terre, il existe de notables divergences entre la tradition plus ou moins fidèlement empruntée au *Zend-Avesta* par le *Boun-dehesch*, et la tradition que rapporte l'auteur anonyme du *Modjmel-el-Téwarikh*. On remarque même, dans ces deux compilations, une confusion et des contradictions qui ne contribuent pas peu à nous faire vivement regretter la perte des naçkas du *Zend-Avesta* où Zoroastre avait exposé sa cosmogonie et son anthropologie.

Selon le *Boun-dehesch*[1], pendant les trois premiers millénaires, Ormuzd et le peuple céleste règnent sans partage. Durant les trois millénaires qui suivent, « les opérations d'Ormuzd » sont mêlées avec celle d'Ahriman, et le peuple ennemi, mauvais ou infernal, se répand dans le monde. C'est dans cette période, au sixième millénaire, qu'Ormuzd crée le premier taureau, le prototype de l'homme et tout ce qui a vie dans l'eau, sur la terre et dans les airs[2]. C'est à la même époque que commencent les créations de son rival Ahriman. Au septième millénaire se manifestent tous les maux enfantés par ce dieu des ténèbres, et ces maux, pendant les septième, huitième et neuvième millénaires, restent mêlés avec tous les biens « donnés d'Ormuzd. » Ahriman l'emporte ; le mal domine sur le bien. Mais au dixième millénaire, Ormuzd se relève, il prononce vingt et une fois la parole céleste, l'*honover*, et ressaisit la victoire pour ne plus la perdre. Les trois derniers millénaires, témoins de son triomphe, voient approcher la fin du monde sans être troublés par Ahriman, vaincu et devenu impuissant à faire le mal. Au moment où finit le douzième millénaire, et à la voix d'Ormuzd, les morts ressuscitent en corps et en âme. Les vivants et les morts, reconnus impurs, sont purifiés par le feu des métaux. Ahriman, Mithra-Daroudj, les dews, les darvands, les péris et tout le peuple mauvais subissent la même purification. Dès lors ils rentrent dans la Loi, ils s'unissent à Ormuzd et à tout le peuple céleste pour chanter de concert les louanges et la gloire du Dieu suprême, du Temps sans bornes et de l'Éternel. A tout jamais le mal est anéanti, et « le monde existera sans mal pendant toute la durée des « siècles[3]. »

Hamzah d'Ispahan, cité dans un extrait du *Modjmel-el-Téwarikh*, traduit par Anquetil[4], rapporte deux traditions relatives à la naissance de l'homme : selon la première, qui aurait été empruntée à « un livre fait sur l'*Abesta* de « Zoroastre[5], le Dieu suprême a fixé à douze mille ans la vie (la durée) du « monde, du commencement à la fin. » Le monde resta sans mal pendant trois mille ans dans sa partie supérieure. Lorsque (Dieu) envoya (des êtres) en bas, le monde fut encore sans aucun mal pendant trois mille ans. Ensuite parut Ahriman, qui fit naître les maux et les combats. Dans le septième mille (millénaire) fut produit le mélange (des biens et des maux). Les premières choses (de l'espèce) des animaux qui parurent furent l'homme et le taureau, qui ne

---

[1] *Zend-Avesta*, t. II, p. 344-356.
[2] *Ibid.* p. 420.
[3] *Ibid.* p. 347, 348.
[4] *Zend-Avesta*, p. 352, 353, note 1.
[5] *Ibid.* p. 352, note 2.

vinrent pas de l'union du mâle avec la femelle. L'homme se nommait *Kaïomorts*, et le taureau *Aboudad* [1]. Selon une seconde tradition tirée « d'un livre « écrit dans une langue étrangère, » l'homme est de même, et à tort, placé avant le premier taureau. « Le Dieu suprême, dit Hamzah, créa d'abord « l'homme et le taureau dans un lieu élevé; ils y restèrent pendant trois mille « ans sans mal; et ces trois mille ans comprennent l'Agneau (le Bélier), le « Taureau et le Gémeau [2]. Ensuite ils restèrent encore trois mille ans sur la « terre sans éprouver ni peine ni contradiction, et ces trois mille répondent au « Cancer, au Lion et à l'Épi. Après cela, au septième mille (répondant) à la « Balance, le mal parut. Cet homme se nommait *Kaïomorts*. Il cultiva pendant « trente ans la terre, les plantes, l'herbe [3]. »

La fin du monde, telle qu'elle est annoncée et décrite dans le *Boun-dehesch*, ne se trouve qu'implicitement en harmonie avec la doctrine de l'émanation qui ressort du système théogonique et cosmogonique de Zoroastre. Il faut même, pour croire à cette harmonie, admettre que la phrase rapportée plus haut, « le monde existera sans mal pendant toute la durée des siècles, » s'entend de l'existence de ce monde après son anéantissement, c'est-à-dire après la fin de la durée de sa manifestation et son absorption dans le sein ou la pensée de l'Éternel. Il y a tout lieu de supposer que, dans les naçkas qui nous manquent du *Zend-Avesta*, la fin du monde créé était l'anéantissement de la matière ou des formes plastiques, le retour des férouers ou des idées typiques dans la pensée suprême de laquelle ils étaient émanés, et, par conséquent, l'absorption de l'univers en un Dieu sans commencement ni fin; croyance analogue à celle des Indiens, et très-probablement identique avec celle des Chaldéens d'Assyrie, autre branche de la race aryenne, comme la branche des Iraniens ou des Perses.

Voilà, en abrégé, ce système cosmogonique qu'Anquetil qualifie d'*étonnante cosmogonie* [4], ajoutant ces paroles où, dans sa prédilection pour Zoroastre et pour le *Zend-Avesta*, se peint si bien le regret de trouver ce livre entaché d'un point de doctrine qui lui paraît absurde : « On ne peut s'empêcher d'admirer « qu'un homme qui a si bien représenté la nature du premier Être [5] et l'ordre

---

[1] *Zend-Avesta*, t. II, p. 352, note 2.

[2] On verra plus loin que cette indication astronomique ou astrologique est une altération manifeste de la date assignée par Zoroastre à la création du monde et de l'homme.

[3] *Zend-Avesta*, p. 353, note 2.

[4] *Mémoires de l'Acad. des inscr.* t. XXXVII, p. 642.

[5] Anquetil entend surtout parler ici de l'hymne (*iescht*) à Ormuzd, qui est véritablement un très-

« qu'il a établi dans l'univers débite après cela des faits aussi éloignés de nos
« idées que le sont ceux qui regardent ce qu'il appelle le *premier taureau*. Mais
« je suspens ici mes réflexions pour reprendre le fil des événements merveilleux
« qui suivirent la mort de cet animal singulier. » Plus loin, revenant sur le
même sujet, il s'exprime ainsi[1] : « J'ai déjà remarqué qu'il était assez difficile
« de concilier le détail de la création du taureau et de celle de l'homme avec
« les idées nobles et élevées que l'auteur des livres *zends* nous donne du pre-
« mier Être et du plan de gouvernement qu'il a établi dans la nature. Il est
« vrai que toutes les mythologies orientales, l'indienne, par exemple, sont rem-
« plies de faits aussi bizarres..... Mais les vrais auteurs de ces mythologies
« sont inconnus. D'ailleurs on peut les regarder (ces mythologies) comme des
« amas de dogmes très-anciens, altérés pendant une longue suite de siècles.
« Au lieu que, cinq cent quarante ou cinq cent cinquante ans peut-être avant
« l'ère chrétienne, il semble que Zoroastre devait avoir assez de lumière pour
« ne rien avancer qui parût choquer trop visiblement les notions les plus com-
« munes. On serait donc tenté de ne pas prendre à la lettre les faits que j'ai
« rapportés, d'après les livres des Parses. On sait que les philosophes grecs et
« latins, en général, se moquaient du sens propre des fables du paganisme.
« Les épicuriens rejetaient entièrement tout ce qu'on en disait, et les acadé-
« miciens s'efforçaient de le rendre douteux. En suivant le plan des philo-
« sophes allégoristes, on pourrait dire que le taureau qui féconde la terre
« par le labour est, par là, le principe des grains, des animaux et même du
« genre humain. De manière que tout ce qui regarde le premier taureau n'aura
« été inventé, ou du moins proposé par Zoroastre, que pour encourager l'agri-
« culture, qui, en effet, a toujours été singulièrement en vigueur chez les Perses
« et que l'on trouve recommandée à chaque page dans les livres *zends*. On
« peut voir ce que j'ai dit ailleurs[2] sur le monument de Mithra porté par un
« taureau. Mais cette façon d'expliquer les anciennes mythologies me paraît
« donner atteinte à la certitude de l'histoire. J'aime mieux croire que Zoroastre
« a rapporté des traits qu'il voulait qu'on prît à la lettre. Et pour répondre à
« la difficulté que je me suis proposée, je distingue dans le même homme le
« philosophe du législateur..... »

Ces citations sont plus que suffisantes pour montrer comment le savant et

beau morceau. Les attributions et les fonctions
de ce premier être y sont exposées dans un langage digne du sujet.

[1] *Mém. de l'Acad. des inscr.* t. XXXVII, p. 652.
653. — [2] *Mém. de l'Acad. des belles-lettres*,
t. XXXI, p. 420 et suiv.

immortel traducteur du *Zend-Avesta* et du *Boun-dehesch* n'a pu être amené à trouver la clef d'un système de cosmogonie exposé dans un langage essentiellement symbolique. Je ne l'aurais pas trouvée non plus si, familiarisé de bonne heure avec une étude qu'Anquetil avait complétement négligée et que mes autres devanciers n'ont pas cultivée davantage, celle des monuments figurés religieux de la Perse ancienne, je n'avais été maintes fois dans le cas de remarquer que, sur ces monuments comme sur ceux de toute l'Asie occidentale, le taureau est un symbole de génération et, par conséquent, de vie. Conduit en même temps à soupçonner que les animaux, les arbres et les plantes employés avec une acception symbolique dans la composition des antiquités figurées devaient avoir pour dénomination, dans les textes, un mot susceptible lui-même d'une ou de plusieurs acceptions symboliques, j'eus l'idée de vérifier si le vocabulaire zend et pehlevi rapporté de l'Inde et publié par Anquetil ne m'offrirait pas, tout incomplet qu'il est, un mot qui tantôt signifiât simplement taureau, et tantôt exprimât l'idée de vie. Je fus assez heureux pour constater, à la page 452 [1], qu'en zend le mot *guéïé* [2], dont la transcription est *gaya* ou *gava* selon l'orthographe d'Eugène Burnouf, présente nonseulement cette double signification, mais aussi celle d'âme. Ce fut un trait de lumière qui me révéla soudainement le sens symbolique du début de la cosmogonie de Zoroastre. Bientôt je pus successivement découvrir aussi le double sens du mot arbre dans le récit de la naissance de Meschia et de Meschiané, et, comme on le verra plus loin, la signification symbolique de plusieurs des animaux dont certains grades des mystères de Mithra empruntent leur dénomination.

A ce moment, je ne pus me défendre de quelque étonnement en relisant

---

[1] *Zend-Avesta*, t. II.

[2] On trouve aussi, à la même page de ce vocabulaire, avec la forme *guéïé*, les formes *guéïéhé, guéoué, guéé, guéem*, selon l'orthographe d'Anquetil. Du mot zend *guéïé*, ou plutôt des mots *gaya* et *gava*, se sont formés les mots pehlevis et persans *gaïo* et *gâo*, taureau, le verbe pehlevi *zivad* ou *ziven*, il vit (*Zend-Avesta*, t. II [vocabulaire], p. 440), et le verbe persan *zaden*, naître. Les mots sanscrits *gâo* et *gava*, taureau ou bœuf, le verbe sanscrit *giv*..... et les mots grecs γαῖα, γέα, γῆ, ζοία, ζωή, ζάω, Ζήν et Ζεύς appartiennent très-probablement au même radical que *gaya, gava, gaïo, gâo, zivad* et *zaden*. N'oublions pas que le nom grec de Jupiter Ζήν ou Ζεύς a certainement dû signifier à la fois *le taureau* et *le vivant*. D'une part, ce dieu, dans la mythologie grecque, se métamorphose en taureau pour enlever la nymphe Europe; il est un *dieu-taureau*, et Junon est une *déesse-vache;* aussi Homère la qualifie-t-il βοῶπις, à œil de vache. D'autre part, j'en ai fait la remarque ailleurs (*Recherch. sur Vénus*, p. 159), Platon (*Cratyl.* p. 396 A) et Aristote (*De mundo*, c. VII; cf. Lactant. I, II) nous disent, sans toutefois en donner la raison, que le nom de Ζεύς signifie *le vivant*.

les passages cités d'Anquetil, qui constatent que plusieurs fois il avait écrit
de sa main, en zend, trois mots qu'il traduit par *taureau, vie* et *âme*, sans
s'apercevoir que ces trois mots sont un seul et même mot. Je dus en conclure
que la tradition orale qui aurait appelé son attention sur la triple signification
du mot *gaya, gava* ou *guëïë,* ne s'est pas conservée parmi les destours du Kirman, ni parmi ceux de l'Inde, ou du moins que ces derniers en firent un secret
au voyageur français. Ma conclusion s'étendit naturellement aux autres expressions symboliques, c'est-à-dire aux autres mots qui, dans les livres zends ou
pehlevis, ont à la fois un sens propre et vulgaire et diverses acceptions méta-
physiques ou philosophiques. Est-il nécessaire d'ajouter que l'ignorance dont
les destours et les mobeds du Guzarate avaient donné tant de preuves à Anquetil m'autorise à considérer comme la plus vraisemblable la première de
mes deux suppositions? Mais s'il y a lieu de croire que ces prêtres, comme les
destours et les mobeds du Kirman, et comme les simples Parses, se contentent
du sens vulgaire; si, dans la cosmogonie de Zoroastre, ils prennent à la lettre
le mot *gaya,* taureau, nous ne sommes pas obligés de les imiter, nous qui,
désormais, connaissons la triple acception de ce mot. Et loin de trouver absurde Zoroastre lorsque, dans le récit de la création, il nous dit que le premier être créé par Ormuzd fut un taureau, nous devons reconnaître que, sous
cette expression matérielle ou concrète, est cachée une vérité abstraite et dé-
duite d'une considération très-rationnelle : il entend dire qu'avant de créer
tout ce qui a vie sur la terre, Ormuzd, auteur du bien, a créé le principe de
la vie. Il poursuit son récit, et pour apprendre aux initiés comment, dès la
création de ce principe, «donné pur et lumineux,» le mal se mêla au bien, et
comment, si j'ose m'exprimer ainsi, la mort se mêla à la vie, il continue à se
servir du mot *gaya* avec le triple sens de taureau, vie et âme. C'est Ahriman,
auteur du mal et de la mort[1], qui, assisté de ses dews, empoisonne et tue
gaya ou le premier taureau, symbole du principe animique de la vie. En
d'autres termes, consacrés par la philosophie religieuse de tous les peuples de
l'antiquité, l'âme qui s'unit à la matière, source de toutes les passions, donne
la vie au corps mais reçoit la mort, et ne recouvrera la vie ou la liberté que
par la mort du corps[2]. Du premier taureau ou du sein de la vie sortirent
donc, sujets à la mort, les prototypes de tout ce qui a vie dans l'eau, sur la

---

[1] *Zend-Avesta,* t. II, p. 149, 260, 294. — [2] Voy. *Mém. de l'Acad. des inscr.* t. XV, 2ᵉ part.
p. 63, 64.

terre et dans les airs. L'homme naquit enclin au bien, mais enclin au mal, ayant en lui le germe des bonnes passions, mais aussi le germe des mauvaises passions. Son prototype, créé mâle et femelle, sort du corps du taureau comme tous les autres prototypes. Zoroastre lui donne, en zend, le nom de *Gaya-mĕrĕta*, composé de deux mots dont le sens concret ou vulgaire est *taureau-homme*, et le sens abstrait, *vie mortelle*. En effet, le mot zend *mĕrĕta* signifie à la fois *homme* et *mortel*. Nous le retrouvons, dans la langue persane ou le parsi, sous la forme *mard* et avec ce même double sens. Le compilateur anonyme du *Boun-dehesch* n'a connu ni la double signification du mot zend composé *gaya-mĕrĕta*, d'où s'est formé en pehlevi et en parsi, je le répète, Gaïomard ou Kaïomorts, ni le double sens du mot *gaya*, qui est passé dans le pehlevi et dans le parsi sous les formes *gaïo* ou *kaïo* et *gao*[1]. On trouve aussi dans le pehlevi *touna*, taureau ou bœuf, qui appartient aux langues sémitiques. Nous avons la preuve de son ignorance sur ce point, lorsqu'il dit[2] que «lorsque Kaïomorts reçut la vie, il fut «formé (établi) roi pour trente ans.» L'ouvrage anonyme déjà cité, le *Modjmel el-Téwarikh*, traite au long de la naissance et de la vie de Kaïomorts[3], il contient des passages du mobed Schapour[4] et de Hamzah d'Ispahan[5], qui nous montrent que ces deux écrivains, plusieurs autres et l'auteur lui-même du *Modjmel el-Téwarikh*, étaient tout aussi ignorants que le compilateur qui a composé le *Boun-dehesch*. Dans la IVe section du premier de ces deux traités, on lit ce qui suit : «Les uns prennent Kaïomorts pour Seth, d'autres pour un «quatrième fils de Noé. Selon l'histoire de Djerir el-Tabari, entre Idris (Hé- «nokh) et Noé, il y a eu des rois pendant dix-sept cents ans, et le premier a «été un homme appelé *Kaïomorts*, qui a régné sept cents ans..... Il n'y a «aucun doute chez les Parses sur les points (suivants, savoir) que ce person- «nage a existé; qu'il a régné trente ans[6] et qu'il a été la tige des rois.» Ajou- tons que quelques auteurs musulmans, recueillant une tradition conforme aux orgueilleuses prétentions des rois de Perse qui se disaient *rois du monde* ou tout au moins *rois de la terre*, décernent à Kaïomorts le premier de ces deux

---

[1] *Zend-Avesta*, t. II, p. 452.

[2] *Ibid.* p. 355.

[3] Ch. viii, sections 1-4. (Voy. *Zend-Avesta*, t. II, p. 352-354, note 1.)

[4] Section 1, fol. 15 r°, du ms. cité par Anquetil.

[5] Sections 2 et 3, fol. 15 v° et fol. 16 r°.

[6] Anquetil (*Zend-Avesta*, t. II, p. 355, n. 1), de son côté, s'exprime ainsi : «Ce qui paraît «constant, par les livres des Parses, c'est que «Kaïomorts vécut trente ans depuis la mort du «taureau.» Il cite à l'appui de son opinion un passage du *Sad-der Boun-dehesch*, tiré du vieux *Ravaët* (fol. 129 v°), et un distique du *Minokhe-red* en vers.

titres pompeux. Les mobeds du Kirman et du Guzarate ne se montrent pas
plus instruits. Anquetil, qui, sur le point dont il s'agit, n'a pas été plus loin
qu'eux, cite [1] un *Ravaët* du mobed Behram Schapour, où Kaïomorts, dans un
tableau chronologique, ouvre la série des rois de Perse de la première dynastie,
et meurt après avoir régné trente ans.

Le savant académicien français et mes autres devanciers n'ont pas compris
davantage, je regrette d'avoir à le dire, le langage symbolique que continue
d'employer le *Boun-dehesch* [2] lorsqu'il rapporte, d'après la loi, la tradition qui
fait suite au récit de la naissance de Kaïomorts. Ils n'ont pas remarqué que le
mot zend *orouéré* signifie à la fois *arbre* et *vie* ou *âme* [3]. Dès lors ils n'ont pu
reconnaître que cette tradition se lie intimement au récit anthropologique du
Zend-Avesta, et rappelle en même temps les versets 26 et 27 du premier chapitre de la *Genèse* : d'une part le premier homme, Meschia, naît mâle et femelle d'un arbre appelé *reivas*, qui vient de naître de la semence du premier
taureau répandue sur la terre, c'est-à-dire Meschia, nommé aussi *Guil-Schah*,
« roi de la poussière [4], » naît de l'union de l'âme ou de la vie avec un peu de
terre ou de poussière. D'autre part, l'arbre *reivas* semble être une réminiscence
de l'arbre de vie et de mort, de l'arbre du bien et du mal que la *Genèse* [5] place
au milieu du paradis. La suite du récit, dans le *Boun-dehesch* [6], paraît confirmer
la supposition de cet emprunt. Meschia et Méschiané, premier couple humain
issu du premier homme, perdent bientôt leur pureté de pensées, de paroles
et d'actions. Séduits par Ahriman, le serpent infernal, ils commettent pour la
première fois, en pensée, en parole et en action [7], le péché charnel, et enta-

[1] *Zend-Avesta*, t. II, p. 420.

[2] *Ibid.* p. 376, 377.

[3] Le mot latin *arbor* ou *arvor* semble être identique avec *orouéré*.

[4] Selon le mobed Schapour, cité par l'auteur
du *Modjmel el-Téwarikh*, ch. viii, sect. 1, fol. 15 r°.
(Voy. *Zend-Avesta*, t. II, p. 352, note 1.)

[5] II, v. 9; III, v. 3.

[6] *Zend-Avesta*, t. II, p. 377-380.

[7] Le triple caractère que présente ici le péché
originel est très-nettement indiqué dans le passage cité du *Boun-dehesch*. Il y est accompagné
de détails qui font de ce passage un des morceaux les plus curieux de ce traité. Quelques-uns
de ces détails, d'une crudité trop native pour

que je veuille les rapporter, nous offrent l'emploi
du mot serpent (*Zend-Avesta*, t. II, p. 379) avec
une acception qui non-seulement confirme la remarque que j'ai placée ailleurs (*Recherch. sur
Vénus*, p. 35, 36) sur la double signification de
vie et *serpent* attribuée à un même mot dans le
pehlevi comme dans les langues sémitiques proprement dites et dans les idiomes araméens,
mais rattache à ce même mot ou à sa racine la
dénomination des parties sexuelles de l'homme
et de la femme. Par là nous sommes conduits à
conjecturer que parallèlement le mot qui, en français, est la traduction vulgaire et grossière du
latin *mentula*, peut de même devoir son origine
au double sens qu'ont, dans les langues aryennes,

8.

chent ainsi d'une faute originelle toute leur descendance. Nous ne trouvons, dans les fragments qui nous restent du *Zend-Avesta*, ni ce dernier récit, ni aucune mention de l'arbre *reivas*. Par là nous sommes privés du moyen d'apprécier la véracité de l'auteur anonyme du *Boun-dehesch*, quant à la source et aux circonstances de sa narration. Mais du moins nous possédons deux offices, celui de Taschter[1] et celui de Mithra[2], où nous avons la preuve que le *Zend-Avesta* renfermait non-seulement une mention expresse de la chute de Meschia et Meschiané, mais aussi une mention expresse de l'intervention d'un dieu médiateur qui offre à Ormuzd un sacrifice sanglant pour le rachat du péché commis par les auteurs du genre humain; et cette offrande, nous le verrons plus loin, est le sacrifice du taureau, c'est-à-dire le sacrifice de la vie charnelle ou matérielle, source de toutes nos passions. C'est dans le second des deux offices cités que Mithra est qualifié *médiateur*[3]. C'est là[4] que Mithra, « élevant ses « mains pures vers Ormuzd, » lui adresse cette prière : « C'est moi qui suis le « chef de toutes les créatures, et qui les protége bien. Mais Meschia ne m'a « pas fait izeschné[5] en me nommant, comme on fait izeschné aux izeds en les « nommant. Si Meschia m'avait fait izeschné en me nommant, comme on fait « izeschné aux izeds en les nommant; (oui) si Meschia m'avait fait izeschné en « me nommant, comme on fait izeschné aux izeds en les nommant[6]; lorsque « le temps de l'homme créé pur serait arrivé, son âme créée pure et immor-« telle serait parvenue (sur-le-champ) au (séjour) du bonheur. » Ces mêmes paroles[7] sont prononcées par Tir (Taschter en parsi), qui est à la fois l'ized

---

certains mots qui signifient à la fois *vie* et *taureau*. Il suffit, pour rendre plausible cette conjecture, de rapprocher d'un côté les mots βοῦς et βίος, de l'autre les mots *vaccus* (*Ibid.* p. 160), *vacca*, *vitulus* et *vita*.

[1] *Zend-Avesta*, t. II, p. 186-199.

[2] *Ibid.* p. 204-232.

[3] *Ibid.* xx⁰ cardé, p. 218, et xxxii⁰ cardé, p. 230.

[4] *Ibid.* xiii⁰ cardé, p. 214.

[5] C'est-à-dire ne m'a pas adressé ses prières.

[6] Le soin que prend Zoroastre de mettre *par trois fois* la même plainte dans la bouche de Mithra doit être remarqué. C'est un des traits caractéristiques de la liturgie du *Zend-Avesta* que l'obligation de répéter trois fois la formule de chaque prière importante.

[7] Nous apprenons d'Anquetil (*Zend-Avesta*, t. II, p. 189, note 2, et p. 214, note 1) que l'interprétation du début de la plainte portée contre Meschia présente, dans le texte, quelque difficulté et a fait naître, parmi les destours des Parses, une divergence d'opinion. Les uns, avec raison ce me semble, admettent le sens qu'a suivi le traducteur français; les autres veulent que la plainte s'entende du culte que Meschia aurait refusé de rendre directement à Ormuzd lui-même. En définitive, les deux interprétations ne changent ni l'une ni l'autre la nature du péché commis par Meschia. Il suffit, pour s'en convaincre, de remarquer qu'Ormuzd avait prescrit lui-même le culte que Meschia cessa de rendre à Mithra et à Taschter. Le texte des deux offices cités est formel à cet égard. (Voyez la suite de la vi⁰ cardé

de la pluie et l'astre que nous appelons *Sirius*. Mais, en les prononçant, cet ized ne remplit ni les fonctions de médiateur, ni celles de grand sacrificateur.

Si nous nous arrêtons quelques instants aux traits les plus saillants de la théogonie et de la cosmogonie de Zoroastre, un double fait attire vivement notre attention, bien qu'il n'ait encore été remarqué par aucun de mes devanciers. Je veux parler de l'accord qui règne, d'une part, entre les monuments érigés en Perse sous les Achéménides et le texte des livres zends ou pehlevis; d'autre part, entre ces mêmes monuments figurés et ceux des Assyriens. Par là, tout à la fois, se trouvent confirmés l'authenticité des livres religieux que conservent les Parses, et le précieux témoignage d'Hérodote, qui assigne au culte de Mithra, et par conséquent au zoroastrisme, une origine assyrienne, disons mieux, une origine chaldéenne. Et d'abord transportons-nous en Perse aux ruines des palais et des tombeaux qui appartiennent à l'époque achéménide. Étudions surtout les sculptures que le temps et le fanatisme des sectateurs de Mahomet ont épargnées dans cet emplacement célèbre que l'on est convenu de nommer *Persépolis*, et qui a reçu des Arabes musulmans le nom de *Tchel-minar*, « les quarante colonnes, » bien qu'aujourd'hui même on y puisse compter soixante et douze colonnes, treize encore debout et cinquante-neuf brisées et renversées [1]. Nulle part, à mon avis, il n'existe pour parvenir à connaître le système et les usages religieux d'un peuple de l'antiquité des monuments aussi instructifs, aussi classiques, si j'ose ainsi dire, que ces sculptures et celles de Nackschi-Roustem. Là, comme dans le *Zend-Avesta*, nous trouvons des témoignages nombreux et incontestables d'une réforme qui, je le répète, eut pour but et pour résultat de donner aux Perses une religion publique et une institution de mystères où les dogmes et le langage symbolique des Chaldéens d'Assyrie sont ramenés aux principes qui leur servaient de base avant d'avoir été altérés par les Assyriens et, à l'exemple de ce dernier peuple, par les Phéniciens et les Arabes. Les deux traits les plus saillants de cette réforme donnent aux sculptures de Persépolis et de Nackschi-Roustem un caractère qui les distingue nettement des monuments assyriens et des monuments phéniciens : l'absence de toute divinité féminine, et la substitution de Mithra, dieu androgyne, à la déesse appelée *Mylitta* et *Astarté*.

Les premières figures symboliques qui, à Persépolis, attirent nos regards,

de l'iescht de Taschter, *Zend-Avesta*, t. II, p 189, et la xxxiie cardé de l'iescht de Mithra, *ibid.* p. 230.)

[1] Il est probable qu'au temps où l'édifice reçut des Arabes le nom de *Tchel-minar*, quarante colonnes s'y trouvaient debout.

sont les deux colosses de ronde bosse [1], formant saillie sur la face et sur un
des côtés des piliers d'un pylône ou portique [2] placé en avant d'un vaste vestibule décoré de trente-six colonnes. Ces deux colosses représentent, le premier [3], à la droite du spectateur, un taureau ailé, dont les poils sont frisés et
disposés d'une manière conventionnelle; le second [4], à la gauche du spectateur, un être symbolique, formé par la partie supérieure d'un corps humain
unie ou, pour mieux dire, soudée au train de derrière d'un taureau agencé
comme le premier. Cette figure, ainsi composée, a des ailes, une haute tiare
ornée de deux paires de cornes de taureau, et une longue barbe étagée et
frisée. Évidemment nous avons là, d'un côté, le taureau cosmogonique du
Zend-Avesta et du *Boun-dehesch*, c'est-à-dire le symbole de la vie ou du principe animique, représenté dans le texte zend par un mot qui signifie à la fois
taureau, âme et vie, et, sous le ciseau du sculpteur, par un taureau dont les
ailes annoncent l'origine surnaturelle et divine. De l'autre côté, nous reconnaissons sans peine le prototype symbolique du premier homme né de ce
taureau, et, pour cette raison, représenté ici sous la forme d'un être moitié
taureau et moitié homme, de même que, dans les livres zends, il est dépeint
à nos yeux par la dénomination *gaya-měrěta*, qui nous offre le double sens de
taureau-homme et *vie mortelle.*

Franchissant ce portique, nous nous trouvons au pied d'un magnifique
escalier [5], à double rampe et à deux paliers; il est orné de bas-reliefs bien
dignes de toute notre attention. Aux quatre coins formés par les deux rampes
qu'ils décorent, s'élève un arbre, de forme conventionnelle, et dont les feuilles
naissantes commencent à se montrer. Auprès de cet arbre est placé un groupe [6]
qui, sous le symbole d'un lion dévorant un taureau unicorne [7], représente l'é-
quinoxe du printemps, c'est-à-dire l'entrée du signe zodiacal du Lion dans le

---

[1] Voyez le *Voyage en Perse* de MM. Flandin et
Coste, Perse ancienne, t. II, pl. LXVIII, LXXIV,
LXXX, LXXXII.

[2] Ces deux colosses ont été sculptés chacun
dans un grand bloc de pierre, taillé de telle
façon, qu'à l'un de leurs flancs adhèrent des
masses carrées qui forment plusieurs assises des
piliers du portique ou pylône.

[3] Voyez mon Atlas, pl. V.

[4] *Ibid.* pl. VI, VII et VIII. Cf. les colosses
analogues découverts dans les ruines de Khorsabad et déposés au Musée assyrien du Louvre

(MM. Botta et Flandin, *Monument de Ninive,*
pl. XLV); cf. aussi les colosses trouvés par
M. Layard dans les ruines de Nimroud, 1re série,
pl. III, IV; et *Monum. of Nineveh,* 2e série, p. III.

[5] *Voyage en Perse,* cité plus haut, t. II, pl. XC,
XCI, CII.

[6] Voyez mon Atlas, pl. IX.

[7] Je me réserve de m'expliquer ailleurs sur
l'usage où furent souvent les sculpteurs assyriens,
phéniciens ou perses, de représenter avec une
seule corne les animaux que la création a pourvus
de deux cornes, et d'implanter une corne au mi-

signe du Taureau, lorsque le Taureau était équinoxial. L'arbre aux feuilles naissantes est donc placé là pour rappeler le phénomène que, chaque année, nous
voyons se produire au printemps, la feuillaison et la végétation, qui rendent à
la terre l'admirable parure que lui enlève la saison des frimas. Dans les grands
bas-reliefs qui, avec ces quatre groupes, couvrent les parois des deux rampes,
on voit, à l'imitation d'un usage et d'un art assyriens[1], la représentation d'une
cérémonie royale qui, d'âge en âge, depuis les successeurs d'Achéménès et de
Gustasp jusqu'aux rois de la dynastie régnante des Kadjars, n'a cessé, en Perse,
de se célébrer et se célèbre maintenant encore, chaque année, à la même
époque que dans les temps anciens, c'est-à-dire le premier jour d'une année
solaire commençant à l'équinoxe vernal. Les Persans nomment ce premier
jour le *neu-rouz*, littéralement «le nouveau jour.» Jadis le souverain de la
Perse, assis sur son trône, recevait les hommages et les présents de toutes les
provinces de son empire. Les délégués de chaque localité, dans leur costume
national, défilaient devant le *roi des rois* ou le *grand roi*, conduits par les
aides des cérémonies et apportant de riches dons composés des plus belles
productions de l'art et de la nature. C'est le moment choisi par l'auteur de nos
bas-reliefs. Le même jour un cortége religieux se rendait, en grande pompe,
aux autels consacrés à Mithra et y déposait, comme offrande, les prémices
que donne la terre à l'époque du printemps, dans les régions chaudes de la
Perse. De nos jours, et j'en puis parler en témoin oculaire[2], la cérémonie
civile du *neu-rouz* se célèbre, à la cour de Téhérân, tout comme elle est représentée à Persépolis et sur les monuments assyriens. La cérémonie religieuse
a nécessairement été supprimée depuis que l'islamisme s'est substitué à la
religion des Achéménides et des Sassanides. Toutefois il est impossible de ne
pas rapporter à quelque ancienne tradition deux usages dont j'ai également
été témoin pendant mon séjour en Perse : au *neu-rouz*, on égorge sur le passage du roi un taureau, une vache, ou, à défaut, un chameau. Cette espèce
de sacrifice sanglant se nomme l'*istikbal*. Peu de jours après, le roi se rend au
camp de Sultanieh, où il passe une grande partie de la saison des chaleurs,
et appelle successivement pour en faire la revue les divers corps réguliers de
son armée, et l'on amène alors devant lui un lion enchaîné et un taureau. A
un signal donné, sur l'ordre de Sa Hautesse, on lâche l'animal carnivore; le

lieu du front de quadrupèdes carnivores, tels
que le lion et la panthère, qui n'ont été créés ni
unicornes ni bicornes.

[1] Cf. *Monum. de Ninive, passim*, et *Monum.
of Nineveh*, 1ʳᵉ série, pl. LIII et suiv.

[2] C'était au printemps de l'année 1808.

taureau prend la fuite; mais, en quelques bonds, le lion, l'ayant bientôt re-
joint, s'élance sur le dos de sa victime, la terrasse et la dévore dans la même
attitude où nous venons de voir sculpté, à chacun des coins des deux rampes
du grand escalier de Tchel-minar, un lion terrassant et dévorant un taureau,
emblème, je le répète, de l'équinoxe du printemps. Dans mon chapitre sur
l'initiation des anciens rois de Perse aux mystères de Mithra, je reviendrai
sur les deux usages modernes dont les sculptures du palais principal de Persépolis m'ont donné l'occasion de parler ici.

Poursuivant l'exploration des ruines de ce palais, je remarque que les
soixante et douze colonnes du vestibule étaient disposées sur quatre rangées,
chacune de neuf, à droite et à gauche du passage qu'elles laissaient libre dans
le milieu de ce vestibule [1]. Or le *Zend-Avesta*, nous l'avons vu, consacre le
nombre neuf à Ormuzd et à Mithra. Je remarque, de plus, que les trente-six
colonnes placées à droite portaient chacune un chapiteau orné de la moitié
antérieure d'un taureau unicorne géminée avec la moitié antérieure d'un autre
taureau unicorne. Deux moitiés antérieures de lion unicorne, géminées, déco-
raient le chapiteau de chacune des trente-six colonnes érigées à gauche [2]. Ainsi
orné de soixante et douze colonnes, dont la disposition et les chapiteaux font
une allusion directe à la nature opposée du taureau, quadrupède herbivore,
et du lion, animal carnivore, ce vestibule précède plusieurs appartements dont
la disposition systématique est en rapport avec les sujets des bas-reliefs dont
ils sont décorés, mais ne pourra être expliquée et comprise qu'au moment où
j'aurai à m'occuper des cérémonies religieuses que le prince devait accomplir
en montant sur le trône. C'est alors aussi que j'interpréterai ceux de ces bas-
reliefs qui appartiennent aux mystères ou aux initiations. Mais, dès à présent,
je dois appeler l'attention du lecteur sur les emblèmes et les symboles sculptés
dans la partie supérieure des grands bas-reliefs qui représentent le roi assis
sur son trône et décorent l'entrée ou les parois extérieures des appartements
dont je parle.

Dans ces bas-reliefs [3], un emblème principal domine toute la scène; il re-

---

[1] *Voyage en Perse*, cité, Perse ancienne, t. II,
pl. LXXVII, LXXVIII; Porter's *Travels in Georgia, Persia, etc.* t. I, pl. XXX.

[2] *Voyage en Perse*, cité, Perse ancienne, t. II,
pl. LXXV, LXXXVII, XCII, XCIII; Porter's
Travels in Georgia, Persia, etc. t. I, pl. XLV.

[3] Voyez mon Atlas, pl. IV; MM. Flandin et
Coste, Voyage cité, Perse ancienne, tom. III,
pl. CXLV, CXLVI, CXLVII, CLV, CLVI; Sir Robert Ker Porter, Voyage cité, pl. XVII, XLVIII,
L, LX.

présente la triade suprême et non le féroüer du roi, comme tous les archéologues l'ont dit et répété, sur l'autorité de feu M. Silvestre de Sacy. L'illustre
orientaliste, peu familiarisé avec l'étude des monuments figurés, n'avait su ni
reconnaître les trois parties distinctes dont se compose cet emblème, ni comprendre qu'un féroüer doit nécessairement, comme les mânes des Grecs, reproduire sous la forme la moins matérielle, la plus fugitive possible, l'image
exacte du personnage ou de l'objet quelconque dont il est l'idée typique. Or,
je le demande, quelle similitude, quel rapport peut-on trouver entre l'image
d'un roi assis sur son trône et un emblème formé de trois éléments distincts,
dont la réunion représente un être qui n'existe pas dans la nature? Ces trois
éléments sont une couronne ou un cercle, la moitié supérieure d'une figure
humaine, à longue barbe, et le corps d'un oiseau à ailes et queue éployées,
mais sans cou ni tête, et, le plus souvent, sans pattes. La couronne, symbole
d'éternité comme le cercle, représente ici d'une manière abstraite le Dieu suprême du *Zend-Avesta*, le Temps sans bornes ou l'Éternel. L'origine chaldéenne
de ce symbole ne saurait être mise en doute : on le voit employé avec la même
signification dans la composition d'un emblème qui, placé dans la partie supérieure de plusieurs bas-reliefs des palais assyriens, à Nemrod, et de plusieurs
cylindres, cônes et autres pierres gravées, de style assyrien ou phénicien, que je
rapporte aux mystères institués par les Chaldéens d'Assyrie, offre une grande
analogie, si ce n'est fréquemment une similitude complète, avec l'emblème de
la triade divine également sculpté dans la partie supérieure des bas-reliefs de
Persépolis que nous avons sous les yeux, et du bas-relief qui domine la grande
inscription trilingue gravée, en caractères cunéiformes, sur le roc, au lieu appelé par les modernes *Bi-sutoun* ou *Béhistoun*, comme écrivent les derniers
voyageurs anglais. Or, le temps sans bornes du *Zend-Avesta* répond au *cronos*
ou *chronos* de la théologie chaldéenne[1]; et nous avons, dans les *oracula chaldaica*, la preuve indubitable que, par cette dénomination abrégée *cronos* ou
chronos, il faut entendre le *Temps sans bornes*, puisque le traducteur grec de
ces *oracula* emploie la dénomination de χρόνος ἀπέραντος, qui a précisément
cette signification. Dès lors, il est évident que, dans l'idiome aryen des
Chaldéens d'Assyrie, un même mot devait signifier à la fois *temps* et *couronne*.
Et si les langues modernes de l'Asie occidentale n'ont conservé aucun mot qui
présente cette double signification, il n'en est pas de même en Europe, où

[1] Voy. Bérose, cité par Eusèbe, *Chronic.*

nous pouvons invoquer le double témoignage des langues anciennes et des langues modernes. En effet, nous avons la preuve que le mot χρόνος ou χρόνος passa dans le grec avec le double sens de *temps* et *couronne;* car χράνιον, qui signifie le *crâne* ou la *couronne de la tête,* appartient au même radical que χρόνος ou χρόνος. De plus, le mot grec κύκλος, *cycle,* présente à la fois le sens de temps ou période, et le sens de cercle, couronne, anneau, roue, circuit, etc. [1] Le latin n'a pas reçu ou n'a pas conservé avec le sens direct de *temps* le mot *corona,* couronne, bien que ce mot soit identique avec le grec χρόνος. De même, *couronne* et *crâne,* en français; *krantz,* en allemand; *crown,* en anglais, n'ont littéralement aussi qu'une seule signification. Mais tout mot qui signifie couronne emporte naturellement avec lui l'idée de temps ou même d'éternité. Car la couronne, placée sur la tête des pontifes ou des rois, est le signe d'un caractère indélébile ou éternel. Placée sur la tête des héros, sur la tête de personnages qui se sont illustrés par des services rendus à la patrie, elle exprime également l'idée du temps, puisqu'elle devient un emblème d'immortalité. Ajoutons que si, dans la langue latine, couronne et temps sont représentés par deux mots distincts, *corona* et *tempus,* en revanche cette langue offre un mot qui nous apporte un troisième exemple de l'usage où fut l'antiquité d'attribuer à un même mot la double acception dont il s'agit. Ce mot est *annus, année,* qui représente le temps qu'emploient le soleil ou la lune à faire leur révolution, à accomplir leur cycle. Or d'*annus* est certainement dérivé *annellus, anneau* ou *bague.* En italien, *anno* et *annello;* en français, *année* et *anneau,* reproduisent, attestent cette étymologie commune, et concourent à montrer que l'idée de temps s'attache au mot *annellus* comme au mot *annus,* puisqu'un anneau est tout à la fois le signe et le gage de la foi éternelle qu'au pied des autels se jurent deux époux.

De même que l'éternité comprend ou renferme en elle-même les deux autres modes de temps nommés dans le *Zend-Avesta* [2], le *temps long* ou *limité* et la *révolution du ciel mobile,* c'est-à-dire le temps périodique; de même, dans l'emblème de la triade divine des Perses, comme de la triade divine des Chaldéens, des Assyriens et des Phéniciens, la couronne, emblème du Temps sans bornes ou du dieu éternel, renferme, dans l'intérieur du cercle qu'elle décrit, l'image ou le symbole de deux divinités qui, je le répète, répondent, l'une à l'idée du temps long ou limité, l'autre à l'idée du temps périodique. En effet,

---

[1] Le latin n'a pas reçu ou n'a pas conservé le mot cycle, mais il emploie l'adjectif *cyclicus,* et y attache l'idée de temps ou période. — [2] Ci-dessus, p. 43.

chez les Perses, les Chaldéens d'Assyrie, les Assyriens, les Phéniciens [1], nous reconnaissons sans peine, à la vue de l'emblème de leur triade, qu'en représentant sous une forme humaine une des deux divinités placées dans l'intérieur de la couronne, c'est-à-dire dans le sein de l'Éternel, on avait voulu représenter le dieu générateur qui créa l'homme et qui le créa à son image. Or ce dieu, chez les Perses, se nommait *Ahura-meçda* ou Ormuzd; chez les Chaldéens d'Assyrie, les Assyriens et les Phéniciens, *Bel* ou Baal. D'autre part, nous constaterons que, sur les monuments persiques, Mithra fut représenté sous la forme d'une colombe, symbole de la Vénus des Assyriens, des Phéniciens, des Égyptiens, des Grecs, des Étrusques. Déjà nous savons que, chez les Perses, Mithra était réputé fils d'Ormuzd, de même que Vénus était réputée fille du dieu créateur qu'adoraient les autres peuples. Dans l'emblème de la triade, l'oiseau uni au corps de ce dieu créateur, l'oiseau qui semble naître des flancs de ce dieu, est donc nécessairement le symbole de Mithra sur les monuments persiques, et le symbole de la Vénus assyrienne sur les monuments des Assyriens et des Phéniciens. Or cet oiseau ne peut être qu'une colombe, et j'espère le prouver dans un des chapitres suivants, en même temps que j'indiquerai les différentes altérations subies par ce symbole dans les représentations figurées, et les diverses modifications apportées à l'emblème de la triade.

Sur les bas-reliefs royaux de Persépolis [2], cet emblème est évidemment placé dans la région céleste appelée le *ciel fixe* ou le *firmament*. Au-dessous on a représenté le ciel mobile ou le ciel des planètes et des étoiles errantes, région facile à reconnaître si on n'oublie pas qu'elle est le séjour habituel de Mithra, que la colombe ou le mihr, altération des formes de la colombe, est l'emblème de ce dieu, et que le *Zend-Avesta* [3] assigne à Mithra, dans le ciel mobile, une place entre le soleil et la lune. Conformément à ce dogme, nous voyons ici Mithra, dieu androgyne, représenté deux fois sous l'emblème du *mihr*, une première fois au milieu d'une rangée de taureaux unicornes, hiéroglyphe idéographique de la lune et du principe passif ou du sexe féminin, ainsi que je l'ai expliqué ailleurs [4]; une seconde fois au milieu d'une rangée de lions, hiéroglyphe idéographique du soleil et du principe actif ou du sexe

---

[1] On ne peut ajouter ici les Arabes, dont les monuments figurés n'ont pu échapper au fanatisme des sectateurs de Mahomet.

[2] *Atlas*, pl. IV; *Recherches sur Vénus*, pl. VI; et *Voyage en Perse*, cité, t. III, pl. CXLV, CXLVI, CXLVII, CLV, CLVI.

[3] T. I, 2ᵉ part. p. 28; t. II, p. 13.

[4] *Recherch. sur Vénus*, p. 157, 158, 220-223.

masculin[1]. Au-dessous de ce thème hiéroglyphique ou symbolique, nous voyons le roi de Perse assis sur son trône et régnant sur la terre, comme Mithra, dont il est l'incarnation, règne dans le ciel mobile. Cette déification, dont je parlerai plus amplement au chapitre des initiations royales, est nettement exprimée ici par l'attribution au monarque des deux symboles caractéristiques de Mithra, le taureau et le lion. Nous remarquons, en effet, que ce prince a les pieds posés sur un escabeau à pieds de taureau, en même temps que son trône est supporté par des jambes et des griffes de lion[2]. Je ne pousserai pas plus loin cette description; j'omets des détails dont j'aurai à parler ailleurs. Ceux que je viens de donner suffisent pour montrer, comme je me l'étais proposé, l'accord parfait qui existe entre les principales sculptures du grand palais de Persépolis et les principaux traits du zoroastrisme.

Les rapprochements que je viens d'établir me permettent donc de présenter ici avec quelque confiance un résumé des caractères distinctifs de la théologie ou du système théogonique et cosmogonique de Zoroastre, tel que je l'ai compris, tel que j'ai essayé de le restituer et d'en faire l'exposition, malgré les lacunes que la pénurie des documents m'a empêché de remplir. Ces caractères sont les suivants :

Théogonie. Unité ou monade, espace, sempiternité. Un Dieu suprême, unique, incréé, sans commencement ni fin, existant partout, mais invisible et incompréhensible. Son nom est *Zarvâna-akarana*, le Temps sans bornes ou l'Éternel. De lui sont émanés ou émaneront les féroüers, c'est-à-dire les idées typiques de tous les êtres, de tous les objets qui existent ou existeront dans l'univers.

L'univers comprend trois régions :

1° *Région de l'intelligence divine.* Dualité ou dyade; hermaphroditisme; dualisme ou antagonisme. Première triade formée de Zarvâna et d'Ahriman et d'Ormuzd, fils jumeaux de Zarvâna et dieux créateurs ou générateurs, c'est-à-dire dotés chacun de la faculté de revêtir de matière les féroüers émanés de leur père. A peine né, Ahriman se révolte contre Zarvâna et déclare à Ormuzd une guerre ouverte et incessante. Deux mondes sont simultanément créés par ces deux jumeaux devenus ennemis. Semblables l'un à l'autre par leur forme et par la forme de tout ce qu'ils renferment, ces deux mondes dif-

---

[1] *Recherches sur Vénus,* p. 157, 158, 220-223.

[2] Sur les bas-reliefs assyriens, on voit. de plus, des têtes de taureau orner les accotoirs du trône.

fèrent radicalement par leur essence : le monde d'Ormuzd est bon; le monde
d'Ahriman est mauvais.

2° *Région du ciel fixe* ou *du firmament.* Dualité; hermaphroditisme; dualisme
ou antagonisme. Deuxième triade, Ormuzd et Ahriman créent chacun un fils
androgyne chargé de veiller à la reproduction des êtres, l'un, Mithra, dans le
monde bon; l'autre, Mithra-daroudj, dans le monde mauvais. Ils créent de
plus chacun deux ordres de génies : Ormuzd crée les amschaspands et les
izeds; ils sont bons et représentent, dans l'ordre intellectuel, dans l'ordre physique et dans l'ordre moral, tout ce qui est bien. Ils ont pour antagonistes les
dews et les daroudjs, créés par Ahriman. Ceux-ci, par conséquent, sont mauvais et représentent tout ce qui, dans les trois ordres que je viens d'indiquer,
constitue le mal.

Les amschaspands et les izeds sont subordonnés à la triade qui régit le
monde bon et qui, je le répète, se compose de Zarvâna, d'Ormuzd et de
Mithra.

Ormuzd réside dans le ciel fixe, au sommet du Gorotman, montagne de
lumière appelée aussi l'*Albordj* et le *Béhescht.* C'est de là qu'il prononce incessamment la parole créatrice.

3° *Région du ciel mobile et de la terre.* Dualité; hermaphroditisme; dualisme
ou antagonisme. Troisième triade, formée de Mithra et de ses deux assesseurs.

Mithra, roi du ciel mobile, roi des vivants ou de la terre, roi des morts ou
des enfers, a tout à la fois une place marquée sur le Gorotman, dans le ciel
fixe; une place entre le soleil et la lune, dans le ciel mobile, bien qu'il soit
obligé de parcourir incessamment les deux cieux, la terre et le dessous de la
terre, pour combattre sans relâche Mithra-daroudj, son antagoniste, Ahriman,
les dews et les daroudjs. Médiateur et rédempteur, il veille en particulier sur
les actions et la destinée des hommes, sur la purification des âmes, dont il est
le juge et le conducteur. En conséquence, il préside aux mystères et aux
initiations.

Ainsi, au monothéisme cette théogonie réunit le polythéisme, quant aux
dieux créés, et le panthéisme, quant aux férouërs et à la déification des phénomènes intellectuels, des phénomènes physiques et des phénomènes moraux
du monde créé.

Cosmogonie. Ormuzd crée le monde, par la parole, au moment où le soleil
fait sa conjonction avec le Taureau équinoxial. Après avoir créé le principe de
la vie, il crée le premier homme à sa propre image, il le crée androgyne, lu-

mineux et pur, en revêtant d'une forme matérielle le féroüer ou l'âme, archétype immortel émané de Zarvâna. De ce premier homme provient un premier couple humain, Meschia et Meschiané, l'un mâle, l'autre femelle, et tous
deux lumineux et purs au moment de leur création mystérieuse. Bientôt séduits
par Ahriman, le serpent infernal, ils perdent leur innocence et leur immortalité en commettant l'acte de la génération. Leurs descendants seront mortels
et impurs comme eux. Les âmes ne pourront retourner dans les demeures
célestes qu'après avoir recouvré la pureté de pensée, la pureté de parole et
la pureté d'action. Celles qui, à la mort du corps, n'auront pas atteint ce
triple degré de pureté, subiront dans le douzak ou l'enfer, jusqu'à la fin du
monde créé, des peines, des supplices, proportionnés à leurs péchés ou à leurs
crimes.

Les dieux créateurs, les deux mondes créés par eux, ainsi que Mithra, Mithra-daroudj et les génies de divers ordres, ont une existence limitée, dont
la durée est exprimée par un cycle de douze millénaires ou périodes indéterminées.

Au moment où finira ce grand cycle, les morts ressusciteront en corps et
en âme. Les bons retourneront dans les demeures célestes; les mauvais y seront admis après avoir été purifiés par le feu des métaux. Ahriman, Mithradaroudj, les dews, les daroudjs et tous les autres génies infernaux, chanteront
comme Ormuzd, Mithra, les amschaspands, les izeds et tous les autres génies
célestes, les louanges de l'Éternel, ils rentreront dans la Loi. En même temps
la dyade rentrera dans le monde; l'univers, c'est-à-dire les féroüers émanés
de Zarvâna et tout ce qui a été créé, s'absorbera dans le sein de ce dieu suprême et sempiternel.

Les nombres, on le voit, jouent un bien grand rôle dans le système théogonique et cosmogonique de Zoroastre. Ce rôle s'étend à une multitude de
détails dont l'exposition n'entrait pas dans le plan de mon ouvrage, et qui se
reproduisent à chaque page, pour ainsi dire, du *Zend-Avesta*. Toutefois, réduit à étudier la théologie de Zoroastre dans un très-petit fragment du
naçka où l'auteur avait déposé toutes ses idées, toutes ses connaissances
théologiques, nous ne tardons pas à reconnaître qu'il est impossible de restituer dans son ensemble, et dans toutes ses ramifications, la théorie des
nombres appliquée par Zoroastre et à sa théogonie et à sa cosmogonie. Bornons-nous à retracer les traits les plus saillants de la portion qui nous en
reste.

Le nombre un exprime l'unité du Dieu suprême, appelé le *Temps sans bornes* ou l'*Éternel*, l'unité de l'univers, l'unité de la Loi; le nombre deux, la création, qui est le résultat du passage de l'unité à la dualité, et le dualisme ou l'antagonisme, qui est inséparable de la nature des choses et des êtres créés; le nombre trois, chacune des trois triades qui régissent l'univers, et les trois modes d'action de chacune de ces triades et de chacun des dieux ou des génies dont elles se composent; le nombre quatre, les quatre éléments, le feu, l'air, l'eau et la terre, dont les dieux créateurs se sont servis pour créer le monde et se servent pour la reproduction des êtres et des choses qu'il renferme; le nombre cinq, les cinq izeds femelles qui président aux cinq jours épagomènes, forment les corps, donnent la vie animale et le féroüer à chaque corps, ainsi que l'intelligence, la conscience et le jugement pratique; le nombre six, l'œuvre des six jours, les six agents ou génies dont Ormuzd est le chef, les six dispositions intellectuelles, physiques ou morales, exigées des adorateurs de ce dieu. Sept est un des nombres sacramentels les plus employés et les plus importants à étudier. Composé du nombre trois et du nombre quatre, il exprime l'harmonie de l'univers, le lien qui existe entre la triade et les quatre éléments générateurs, le rapport supposé entre les sept amschaspands, les sept planètes, les sept notes musicales, les sept jours de la semaine, etc. Comme le nombre trois, il joue un grand rôle dans la liturgie du zoroastrisme; et nous ne pouvons oublier que le mage Ostanès ou Ostane, cité par Porphyre[1], recommandait d'appeler ou d'invoquer toujours *sept fois* chacun des dieux. Huit, comme son doublement seize, est un des nombres consacrés à Ormuzd et à Mithra, de même qu'à Mylitta; je n'en connais pas la raison. Le nombre neuf nous offre le produit de la multiplication du nombre trois par lui-même et nous rappelle les trois triades, leurs trois modes d'action. Par là il nous donne à comprendre pourquoi il fut consacré à Ormuzd et à Ahriman, dieux créateurs; mais il se décompose de plusieurs autres manières, qui nous autorisent à supposer qu'il servait aussi à exprimer les rapports que Zoroastre établissait entre chaque dieu créateur, ses agents, les êtres et les objets créés. Je n'essayerai pas d'indiquer ces rapports. Il y a eu, il y a encore et il y aura toujours tant de manières de considérer le mystère de la création et les grandes lois qui entretiennent l'harmonie dans le monde créé !

Le nombre dix multiplié par mille revient assez fréquemment sous la plume

---

[1] Apud Euseb. *Præpar. evang.* V, xiv.

de Zoroastre pour représenter le maximum de la quotité de tel ou tel bien de
la terre accordé à l'homme pieux, qui sait borner ses désirs. Mais pourquoi ce
nombre dix mille plutôt qu'un autre? Voilà ce que j'ignore.

Du nombre onze je ne trouve aucune trace dans le *Zend-Avesta,* ni dans le
Boun-dehesch.

Il n'en est pas de même du nombre douze. Nous le trouvons intimement lié à la cosmogonie, à la composition du zodiaque et de l'année et à
l'institution des mystères. Appliqué à la cosmogonie, il sert à marquer
d'une manière conventionnelle l'époque de la création du monde, la vie et
la durée de ce monde créé; il sert à exprimer le passage de l'unité à la
dualité, le retour de la dualité à l'unité, et l'idée d'un grand cycle révolu
ou d'une révolution accomplie. Appliqué, en particulier, à la division du zodiaque, à celle de l'année et aux grades institués dans les mystères ou les
initiations, il assimile, pour ainsi dire, à la vie du monde créé la vie du
soleil et la vie humaine, l'une et l'autre circonscrites dans un cycle composé
de douze phases qui, par leur nombre, rappellent aussi l'idée de l'unité et
de la dualité.

Faute des documents nécessaires, je ne pousserai pas plus loin mes remarques ni mes conjectures sur l'emploi des nombres dans le système théogonique et cosmogonique de Zoroastre. Ce que je viens d'en dire suffit, il
me semble, pour attester une nouvelle fois que l'auteur du *Zend-Avesta* avait
appris la théologie à l'école des Chaldéens d'Assyrie, qui enseignèrent à toute
l'antiquité et nommément à Pythagore la science des nombres, en même
temps qu'ils étaient d'illustres maîtres dans l'astronomie et, on peut le dire,
dans toutes les sciences mathématiques, physiques, naturelles et philosophiques. Ces Chaldéens qui, pendant dix-neuf cent trois années consécutives,
avaient, au témoignage des Grecs contemporains d'Alexandre le Grand, étudié
le mouvement des astres et tenu registre de leurs observations journalières;
ces Chaldéens que, bien des siècles plus tard, les Grecs proclamaient auteurs
de la plus savante théologie qu'ils connussent; ces Chaldéens n'avaient pu
porter leur attention spéculative sur les phénomènes de l'univers, sur les
êtres et les productions de notre globe, sur l'action qu'exercent les choses du
ciel à l'égard des choses de la terre, sur l'harmonie enfin que présente l'ordonnance merveilleuse de l'univers, sans arriver à reconnaître que tout, dans
la création, est soumis à des lois qui régissent les conditions d'existence ou
de manifestation de tous les phénomènes, de tous les êtres, de toutes les

productions, et les rapports suivant lesquels ils se manifestent, naissent, se
reproduisent, existent les uns pour les autres, disparaissent pour un temps,
et s'évanouissent ou meurent. Ces rapports étant constants et réguliers [1],
malgré l'apparition de quelques phénomènes météorologiques dont la pério-
dicité et le rôle nous restent inconnus, et les lois qui régissent les rapports
étant nécessairement abstraites, eu égard aux rapports eux-mêmes, ces lois
ne purent être exprimées que par des nombres, en même temps que l'essence
des dieux et les propriétés des corps étaient exprimées par des figures géométriques. De là l'emploi constant des nombres soit dans les fragments qui
nous restent des livres des Chaldéens et des livres de Zoroastre, soit dans la
composition des monuments figurés que nous ont légués les Assyriens et les
Perses; de là l'emploi fréquent des formes géométriques pour représenter
les dieux et les quatre éléments dans les récits écrits comme dans les antiquités figurées. De là une confirmation incontestable de la règle de paral-
lélisme que j'ai établie entre les mots symboliques fournis par les langues ou
par les textes, et les symboles ou figures symboliques tirés des monuments
de l'art. De là, enfin, cette expression pythagoricienne, aussi célèbre que significative et profonde, qui résume tout le système numérique appliqué par
les Chaldéens et par Zoroastre, leur disciple, à la théogonie et à la cosmogonie : « L'univers est nombre. »

Au système religieux de Zoroastre se lie intimement, je l'ai déjà dit, une
institution de mystères ou d'initiations, dont il n'est fait aucune mention
directe dans ce qui nous reste des livres sacrés des Perses, zends ou pehlevis.
Elle sera le sujet de plusieurs chapitres qui trouveront leur place à la suite
de ceux où j'aurai exposé tout ce qui, dans le culte public de Mithra, se
rapporte aux fonctions, aux symboles, aux attributs de ce dieu et à la liturgie
mithriaque. Mais, préalablement, j'ai à parler ici de la morale et de la liturgie, parties intégrantes du système religieux de Zoroastre. Je dois aussi
faire connaître l'opinion que se formèrent sur la religion des Perses les auteurs grecs postérieurs à Hérodote, les auteurs latins et les écrivains orientaux

---

[1] C'est ce qu'expriment parfaitement le mot
grec κόσμος et le mot latin *mundus* employés
comme noms qualificatifs de ce tout qu'à l'exemple
des Latins nous appelons le monde, bien que,
dans notre langue, nous ayons l'adjectif *cosmé-
tique* qui, dérivé de κόσμος, nous montre quelle
idée représentait ce dernier mot dans la langue
grecque. Le double sens du mot *mundus*, ou,
pour mieux dire, le sens qualificatif de ce mot,
s'est, à son tour, conservé en français dans les
expressions *immondices, immondicité, immonde,
émonder.*

modernes. Enfin j'aurai à présenter les renseignements qui nous sont parvenus, et, à défaut, les conjectures qu'il est possible de proposer sur les modifications successives qu'a éprouvées le zoroastrisme depuis la conquête de la Perse par Alexandre le Grand jusqu'à nos jours.

CHAPITRE VI.

MORALE DU ZOROASTRISME.

Un code de morale avait sans doute trouvé place dans un des nosks qui nous manquent du *Zend-Avesta*, et ce code avait nécessairement pour base fondamentale les trois degrés de pureté exigés par Zoroastre de chacun de ses sectateurs : la pureté de pensée, la pureté de parole et la pureté d'action. Il ne nous en est parvenu aucun fragment; car on ne peut y rapporter les prescriptions que renferme le *Vendidad*. Elles appartiennent plutôt à un code de pénalité; mais elles peuvent, par les détails minutieux que nous y trouvons, nous donner une idée de la multiplicité des préceptes dont se composait le code de morale. La perte de celui-ci est d'autant plus regrettable, que les observations et les traditions recueillies par Anquetil pendant son étude du *Zend-Avesta* et son séjour au milieu des Parses de l'Inde n'y suppléent que très-imparfaitement[1]. S'il a pu faire remarquer que Zoroastre, en parlant du soin confié à Mithra d'entretenir l'harmonie dans le monde, est amené à ordonner la soumission aux dieux, aux amschaspands, aux izeds, au sacerdoce, au roi, à tous les chefs de province, de ville, de village, et la soumission aussi des enfants envers le père et la mère; s'il a pu mettre en relief les peines encourues pour le crime d'adultère, Anquetil s'est trouvé réduit à des conjectures sur les préceptes relatifs à l'amour du prochain, à l'oubli des injures, à la charité ou aux aumônes, préceptes dont l'accomplissement ne semble dater que de l'époque à jamais mémorable où, pour le bonheur de l'humanité, les doctrines chrétiennes triomphèrent du paganisme.

Si, pour juger de l'influence exercée sur la moralité des mazdéiesnans par les institutions de Zoroastre, il suffisait de considérer le témoignage que rendent Chardin et Anquetil à la probité et aux bonnes mœurs des Guèbres ou Parses de la Perse et de l'Inde, témoignage dont la conduite des Guèbres qui,

---

[1] Voy. *Zend-Avesta*, t. II, p. 592-619.

pendant mon séjour à Téhérân, ont été à mon service ou à celui de mes compagnons de voyage, m'autorise à certifier la véracité, on devrait croire qu'au temps des Achéménides la grande majorité des adorateurs d'Ormuzd et de Mithra se faisait remarquer par ses vertus privées. L'histoire ne nous dit pas cependant que les Perses aient longtemps résisté à la contagion des mœurs dissolues qu'ils trouvèrent chez les Assyriens. Elle nous montre, au contraire, la puissance des Achéménides s'affaiblissant par les excès de la civilisation bien avant la conquête de la Perse par Alexandre le Grand. Les Persans ont hérité des vices qui marquèrent la décadence des Perses, et non des vertus que les institutions étaient destinées à développer parmi les Iraniens. L'islamisme n'a pu parvenir à en faire une nation morale. Il est, en Perse, un frein sans force pour contenir le débordement des mauvaises passions, des vices les plus honteux. Les Arabes et les Turcs d'Asie ont du fanatisme et des vertus; les Persans, des superstitions et des vices. Le contraste que présentent la foi et les mœurs des Guèbres est d'autant plus frappant. Cette secte qui vit, peu nombreuse et persécutée, au milieu d'un peuple corrompu, nous offre un nouvel exemple du soin qu'apportent souvent les minorités religieuses à ne laisser aucun doute s'élever sur la sincérité de leurs croyances et la pureté de leurs mœurs. Cet exemple se reproduit au sein des Guèbres qui, sous le nom de Parses, sont établis dans l'Inde; et tout en faisant aux uns et aux autres la part qu'a dans leur conduite la position sociale où les ont placés les événements politiques, on ne peut s'empêcher de reconnaître au zoroastrisme le pouvoir de faire naître et de développer dans l'âme de ses sectateurs le sentiment moral.

Dans l'initiation aux mystères, nous le verrons plus loin, Zoroastre avait appris des Chaldéens à lier intimement un cours de morale, de l'ordre le plus élevé, à un enseignement théologique et scientifique que pouvaient seuls obtenir les mystes qui, mus par la noble ambition de recevoir une instruction supérieure à celle que recevait le vulgaire dans les écoles publiques, n'avaient pas reculé devant la sévérité des épreuves, des exercices et des examens. En dehors des sanctuaires réservés au culte secret de Mithra, l'enseignement religieux restait nécessairement limité à ce qui concerne le culte public des dieux et, par conséquent, à l'exposition du sens littéral des dogmes que renferme le *Zend-Avesta* sous les formes d'un langage essentiellement symbolique.

CHAPITRE VII.

LITURGIE GÉNÉRALE DU ZOROASTRISME.

La liturgie, dans le *Zend-Avesta*, occupe une bien plus grande place que l'enseignement dogmatique. J'en ai fait plus haut la remarque et indiqué la raison. Toutefois le sujet de mon ouvrage n'exige pas que j'entre ici dans tous les détails qui appartiennent à la liturgie générale. Je me bornerai à indiquer les rapports principaux qui existent entre le cérémonial et le dogme, les bases de la constitution du sacerdoce et les usages liturgiques les plus remarquables. Le lecteur trouvera de plus amples renseignements dans les livres zends et les livres pehlevis, et dans deux traités particuliers qu'Anquetil a placés à la suite de sa traduction française du *Zend-Avesta*. Ils sont intitulés, je le répète, le premier [1] : *Exposition des usages civils et religieux des Parses;* le second [2] : *Système cérémoniel* (sic) *et moral des livres zends et pehlevis.* Mais je donnerai les développements nécessaires au chapitre où je traiterai, en particulier, de la liturgie propre au culte de Mithra.

§ 1. Bases fondamentales de la liturgie générale du zoroastrisme.

La liturgie générale instituée par Zoroastre ne se présente pas à nous, dans le *Zend-Avesta*, sous la forme d'un code complet, dont les diverses parties se suivraient selon un ordre méthodique ou régulier. Elle se trouve disséminée dans les fragments qui nous restent du *Vendidad-sadé* et dans la série de prières ou d'offices intitulée *Ieschts-sadés.* Toutefois nous pouvons comprendre qu'originairement la liturgie générale devait être divisée en trois parties, liées chacune à l'exposition du dogme : la première se rapportait au culte de Zar-vâna et de la triade suprême; la seconde au culte d'Ormuzd; la troisième au culte public de Mithra. De la première, les Parses de l'Inde n'ont conservé

[1] *Zend-Avesta,* t. II, p. 527-591. — [2] *Ibid.* p. 592-619.

que les fragments intitulés l'*Izeschné* (*Yaçna*, en zend), le *Vispered* et le *Vendidad*, et compris sous la dénomination générale de *Vendidad-sadé*, ainsi que je l'ai déjà dit. A ces fragments se rattachait, selon toute probabilité, l'*Iescht Farvardin*[1], c'est-à-dire l'office des féroüers. La seconde partie nous offre, sous le titre d'*Iescht d'Ormuzd*[2], un hymne où les qualités, les fonctions, les attributions et l'omnipotence de ce dieu sont célébrées dans un langage d'une grande beauté, soit qu'il exprime des idées cosmogoniques, soit qu'il nous transporte dans les hautes régions de la théologie, de la psychologie et de l'intelligence. A cet hymne se rattachent des offices composés en l'honneur des sept amschaspands, de Mithra, des izeds, du soleil, de la lune, du feu, de l'air, de l'eau, de la terre; en l'honneur de l'âme du premier taureau, c'est-à-dire du principe de la vie; en l'honneur des *gahanbars* ou cinq jours épagomènes, et des trente jours du mois[3]. Ces divers offices, joints à l'office des féroüers qui appartient à la seconde comme à la première partie de la liturgie, présentent le tableau de l'univers, et constituent un culte qui embrasse non-seulement tous les attributs des dieux et des génies, et tout ce qui a été créé dans l'ordre intellectuel, dans l'ordre physique et dans l'ordre moral, mais tout ce que l'art a inventé pour les besoins de l'homme. Aussi voyons-nous chaque office, chaque prière commencer par une invocation à Ormuzd, le dieu créateur, et par cette formule : «Que ma prière plaise à Ormuzd, etc.» ou par celle-ci : «C'est le désir d'Ormuzd que le chef (de la loi) fasse des « œuvres pures et saintes, etc.»

L'iescht de Mithra, le néaesch du soleil et celui de la lune, l'iescht de chacun des deux assesseurs de Mithra et plusieurs autres ieschts composent la troisième et dernière partie de la liturgie générale, celle qui appartient au culte public du troisième dieu de la triade suprême.

Ces trois divisions, on le voit, sont ainsi en parfaite harmonie avec le dogme qui place cette triade au sommet du système théologique de Zoroastre, et avec les principaux traits de sa cosmogonie. Anquetil, ayant ignoré que l'auteur du *Zend-Avesta* avait emprunté à la théologie des Chaldéens d'Assyrie l'idée fondamentale d'une triade suprême, Anquetil, ayant méconnu non-seulement le rang et le rôle assignés à Mithra par Zoroastre, mais la qualification de dieu qui avait été attribuée à Mithra, n'a pu indiquer que d'une manière très-imparfaite les rapports de la liturgie des Parses avec les dogmes théolo-

---

[1] *Zend-Avesta*, t. II, p. 247-314. — [2] *Ibid.* p. 143-152. — [3] *Ibid.* p. 152-336.

giques du zoroastrisme. Aucun des destours ou prêtres dont il s'était fait le
disciple n'était assez instruit pour l'éclairer sur ce point. Aucun, par cette
raison même, ne pouvait non plus lui expliquer la théorie des nombres employés dans la liturgie, ni la corrélation de ces nombres avec ceux dont Zoroastre fait un si fréquent usage dans son système théologique. Aussi Anquetil ne nous apprend-il rien à cet égard. Nous devons d'autant plus le
regretter que, s'il nous est facile de comprendre les rapports qu'établissent
les nombres trois, quatre, sept, neuf, entre les principaux dogmes théologiques, tels qu'ils ont été exposés plus haut, et certaines prescriptions liturgiques, il nous est impossible, avec le peu qui nous reste des vingt et un
naçkas du *Zend-Avesta*, de saisir la signification de la plupart des autres
nombres employés dans la liturgie des Parses.

§ 2. Du sacerdoce.

La constitution du corps sacerdotal repose sur un principe que nous pouvons aisément découvrir : il découle de la corrélation établie par Zoroastre
entre le dogme et la liturgie. Personne n'ignore que cette corrélation nécessaire existait dans toutes les religions anciennes, et qu'elle existe pareillement
dans toutes les religions modernes. Personne n'ignore non plus que l'antiquité
considérait les prêtres, non-seulement comme les ministres directs des dieux,
mais comme les représentants des dieux, comme leur manifestation sur la
terre, comme leur incarnation même. C'est pourquoi, chez les Perses, probablement à l'imitation des institutions chaldéennes, de même que la théologie
admettait une triade composée de trois dieux, chacun d'un ordre différent et
chacun revêtu d'un triple caractère, le corps sacerdotal était composé de trois
ordres de prêtres, répondant aux trois ordres de dieux; et le prêtre qualifié
athorné se trouvait revêtu d'un triple caractère, parce qu'il réunissait en lui
la triple fonction d'*herbed*, de *mobed* et de *mobed-destour* ou simplement *destour*.
C'est sous ces trois dénominations que, parmi les Parses de la Perse et de
l'Inde, se sont perpétuées les trois catégories de prêtres comprises sous la
dénomination d'*athorné*, catégories qui répondent aux trois ordres de mages
que, de leur côté, les Grecs, nous le verrons plus loin, n'ont pas ignoré être
chez les Perses un caractère particulier de l'institution du sacerdoce.

Le caractère triple de l'*athorné* est formellement indiqué dans plusieurs
passages du *Zend-Avesta;* voici les plus saillants : « Soyez triple comme

« l'athorné [1]; faites afrin à ce grand, à ce victorieux (Behram)... aux trois « ordres (compris sous le nom) d'*athorné* [2]... »

On n'est pas d'accord sur la signification du mot *athorné*. S'il m'était permis d'ajouter une conjecture aux diverses opinions qui ont été énoncées, je dirais que ce mot me semble être un adjectif ou un qualificatif formé avec le substantif zend *athré*, feu. S'il en est ainsi, *athorné* signifierait littéralement l'*igné*, et cette interprétation serait en parfaite harmonie avec un passage du *Zend-Avesta* où l'on paraît avoir négligé de remarquer que le chef céleste des athornés est le feu appelé *fra*, et que fra est qualifié *roi des feux sacrés* : « Soyez toujours fort (par) Ader Fra [3], chef des athornés, vainqueur, roi des « adérans [4], qui donne la vivacité. Soyez toujours fort (par) Ader Goschasp, « chef des militaires, qui donne l'impétuosité et (remplit) les désirs ! Soyez « toujours fort et victorieux (par) Ader Bourzin-Meher [5], vainqueur, chef des « laboureurs, roi qui fait du bien ! » Telles sont les paroles qui se lisent dans l'office (afrin) des sept amschaspands [6]. Rapprochées des deux autres passages du *Zend-Avesta* que j'ai rapportés ci-dessus, ne nous prouvent-elles pas tout à la fois que, chez les Perses, l'idée de la triplicité s'attachait au feu créateur, et la double idée d'une origine ignée et d'un triple caractère à la qualification ou au titre d'athorné ? Cette triplicité, attribuée par Zoroastre au feu créateur, ne nous révèle-t-elle pas un nouvel emprunt fait aux Chaldéens d'Assyrie ? Ne nous reporte-t-elle pas aux divers témoignages qui, dans mes *Recherches sur Vénus* [7], m'ont servi à montrer qu'en Orient et en Occident, non-seulement on considérait le feu comme le symbole de la puissance créatrice ou génératrice de Vénus, divinité triple et d'origine assyrienne, mais qu'à ce feu lui-même s'attachait, comme à la déesse, l'idée d'une triplicité attestée et par les traditions écrites et par les monuments de l'art ? Après ces remarques, ne nous étonnons pas d'apprendre que les Guèbres ou Parses de Perse conservent une tradition qui donne pour père à Zoroastre *Azer*, c'est-à-dire le feu. Observons, à ce sujet, que Zoroastre, qualifié dans le *Zend-Avesta* [8] athorné ou destour, se présente à nos yeux comme un personnage doté d'une triplicité

---

[1] Afrin de Zoroastre, *Zend-Avesta*, t. II, p. 93.

[2] Iescht de Behram, *Zend-Avesta*, t. II, p. 295.

[3] Le feu *frâ*, qui, selon la tradition des Parses, fut honoré par Djemschid sur le mont *Kharésem* ou *Kharésom*, sous le nom de *Farpa* ou *Frô-bâ*.

[4] C'est le nom générique des feux sacrés en- tretenus dans les pyrées (*dâd-gahs*) des villes ou des aldées considérables.

[5] *Meher* est la contraction du nom de Mithra.

[6] *Zend-Avesta*, t. II, p. 79.

[7] P. 200-204.

[8] T. I, 2ᵉ part. p. 134; t. II, p. 196. 285.

mystique. Il est triple, non pas uniquement parce qu'il est athorné, mais aussi parce que, fondateur des mystères de Mithra, il a nécessairement obtenu, chez les Chaldéens d'Assyrie, les trois grades supérieurs qui, dans cette institution, confèrent les honneurs d'une triple apothéose en donnant à l'initié le caractère propre à chacun des trois dieux triples dont se compose la triade suprême. Je m'expliquerai plus amplement sur ce point dans la suite de cet ouvrage, et je montrerai qu'une épithète zende, non interprétée jusqu'à ce jour, exprime le triple caractère dont se trouvait revêtu le roi de Perse initié aux mystères de Mithra. Dès à présent on peut comprendre la corrélation qui existe entre les traditions où nous venons de voir Zoroastre également revêtu d'un triple caractère et père de trois fils.

Le premier des trois ordres de prêtres est celui des *herbeds*, avons-nous dit. Ce titre est la transcription parsie de deux mots zends, *ethré pété*, qui signifient *celui qui est chef*. *Bed*[1], *bad*, *vad*, *pad*, *pât*, dans les idiomes modernes de la Perse, dérivent, en effet, des mots *pété*, *pétesch*, *pétoesch* qui, en zend, de même que *padi*, en sanscrit, se traduisent par *chef*.

Le titre de *mobed*, supérieur à celui d'*herbed*, est la contraction du mot composé, *magovad* ou *magobad*, qui signifie *grand chef*, *mag* étant l'altération de *mogh* ou *megh*, *grand*[2]. C'est de cet adjectif que les Grecs ont fait μάγος, *mage*, identique, on le voit, avec μέγας, *grand*. Aux yeux d'Anquetil[3], les mobeds des Parses représentent les mages des Perses, ces prêtres sans le concours de qui, selon Hérodote[4], aucun Perse ne pouvait offrir un sacrifice aux dieux.

Sous le titre de mobeds, Anquetil comprend ici les simples mobeds et les

[1] Masoudi (*Notices et extr. des mss.* t. VIII, p. 148) n'a pas ignoré la signification du mot *bed*. De *bed* ou *bad*, de *pad* ou *pât*, les Grecs ont fait *bétès*, *bédès*, *batès*, *patès*, et les Latins *vades* ou *vates*. On trouve dans Procope (*De bello Persico*, I, ix) le titre d'*aspébédès* (ἀσπεβέδης), qui signifie littéralement *chef de cheval*, c'est-à-dire *commandant de la cavalerie*.

[2] Ce mot appartient évidemment aux langues aryennes; on l'a cherché longtemps dans les idiomes sémitiques ou araméens. Un oratorien fort instruit, le P. Thomassin (*Méthode d'étudier et d'enseigner chrétiennement et solidement la philosophie*, p. 103), s'est engagé dans cette fausse voie, et arrive à dire : «Le nom de *mages* est «purement hébraïque, *méagim* (*mem he gimel iod mem*), *meditabundi*, c'est le participe de «*haga* (*he gimel he*), *meditari*.» Un écrivain musulman, qui jouit en Orient d'une assez grande réputation, Mohammed-el-Firouz-Abadi, cité par Pococke (*Specimen histor. arabic.* p. 151, ed. White), reconnaît au mot mage une origine persane, mais se fourvoie singulièrement en le déclarant composé de deux mots میج کوش, *mija gousch* «(homme) à courtes oreilles.»

[3] *Zend-Avesta*, t. II. p. 555.

[4] I, 132.

mobeds-destours; ceux-ci sont choisis parmi les mobeds qui ont approfondi la connaissance de la loi et étudié le zend et le pehlevi. Ils composent le troisième ordre du sacerdoce. La qualification de *destour* répond à peu près à celle de docteur ou maître. Le chef suprême de tous les prêtres des Parses prend le titre de *destour des destours (destouran destour),* de même que le chef suprême de la triade divine reçoit le titre de *père des pères,* et le chef suprême du royaume de Perse le titre de *roi des rois.* Ce *destouran destour* représente le grand prêtre ou archimage que le *Zend-Avesta* désigne sous les dénominations de *chef des chefs, de chef des athornés* et de *chef des mehestans* [1]. Voici les qualités que doit réunir le prêtre appelé à remplir cette haute fonction. C'est Zoroastre qui parle au nom d'Ormuzd [2] : « Je dis que le mehestan qui sait le « mieux la loi des mehestans doit être chef des athornés. Je dis que le chef « des chefs (que je viens de nommer) doit être celui qui est le plus abondant « en bonnes œuvres. Celui-là est un (digne) chef qui est plus savant que les « amschaspands eux-mêmes, qui font le bien par excellence; plus vrai dans ses « paroles, plus élevé, agissant avec plus d'intelligence [3]. »

C'est aussi parmi les mobeds-destours les plus instruits qu'est choisi, chez les Parses de la Perse et chez les Parses de l'Inde, le *destouran destour.* Il exerce une autorité spirituelle absolue; il éclaircit les points obscurs de la loi et décide en dernier ressort les cas de conscience. La dîme des revenus lui appartient. Les herbeds, les mobeds, les destours, comme les simples Parses, lui doivent et lui montrent une entière soumission. Tout réfractaire serait puni de mort, de même qu'encourait autrefois la peine de mort tout Perse qui désobéissait à son souverain [4]. Anquetil [5] affirme même que, de son temps, le cas de désobéissance à un simple herbed emportait une semblable punition. Chaque prêtre, chez les Parses, est considéré comme un médiateur entre Ormuzd et les mazdéïesnans; lui résister, c'est résister à Ormuzd lui-même. De plus, les mobeds et les mobeds-destours jouissent du privilége de commander parfois dans les villes et même de porter les armes. Mais il leur est interdit d'exercer l'état de laboureur, et celui d'artisan ou d'ouvrier. Quelquefois cependant la misère les réduit à enfreindre cette défense. Dans ce

---

[1] Littéralement le mot *mehestans* signifie *les grands, les excellents;* c'est la qualification que donne Zoroastre à ses sectateurs.

[2] *Zend-Avesta,* t. I, 2ᵉ part. *Yaçna,* xivᵉ hâ, p. 128.

[3] *Zend-Avesta,* t. I, 2ᵉ partie, *Vispered,* xivᵉ cardé, p. 120.

[4] Strabon, *Geogr.* lib. XV, p. 733.

[5] *Zend-Avesta,* t. II, p. 606.

cas, ils s'abstiennent strictement, comme le dernier des Parses, d'embrasser une profession qui puisse entraîner l'obligation de souiller le feu ou de l'éteindre.

Anciennement des fonctions particulières, dévolues à un certain nombre de prêtres ou mages, avaient donné lieu à l'institution de quelques dignités, de quelques charges sur lesquelles nous avons bien peu de renseignements. Nous savons, par exemple, d'après le témoignage de Faustus de Byzance [1], que parmi les chefs de l'armée qui, sous le règne d'Arsace, vers les années 366 ou 367 de l'ère chrétienne, ravagea l'Arménie par l'ordre de Sapor (Schahpour), roi de Perse, un d'eux porte le titre de *grand maître* de la garderobe des mages (*mogats anterdsabied*, dans le texte arménien); mais nous ne savons rien de plus sur cette charge. D'autre part, les monuments figurés de la Perse qui se rapportent soit au culte public, soit aux mystères, nous montrent des mages accomplissant certaines fonctions dont la nature diverse indique que les trois ordres de prêtres se subdivisaient en plusieurs catégories, mais ne nous révèle pas la dénomination de chaque emploi. Mais si nous voyons, sur les monuments religieux assyriens ou phéniciens, des prêtres de Mylitta ou d'Astarté porter, d'une manière quelconque, des emblèmes, des idoles, des modèles des édifices consacrés à ces déesses, et si nous retrouvons un usage analogue dans les pompes religieuses des Persans musulmans [2], nous pouvons croire que, parmi les mages de Perse comme parmi les prêtres de la Vénus assyrienne, il y avait une catégorie particulière de ministres du culte désignés sous un titre comparable à celui de *pastophores* et de *hiérophores* chez les Grecs.

De nos jours, les mobeds ou mages des Parses se subdivisent, dans l'exercice de leurs fonctions liturgiques, en plusieurs catégories dont l'institution paraît remonter au temps de Zoroastre. Ainsi, par exemple, le *Vendidad*, le *Yaçna* et le *Vispered*, qui doivent se réciter chaque jour, sont célébrés par deux mobeds, dont l'un prend le titre de *djouti* et l'autre le titre de *raspi* ou *ratvi*. Celui-ci sert d'assistant au premier. Le raspi qui assiste le djouti dans certaines cérémonies pratiquées en présence du feu sacré doit veiller à l'en-

[1] *Hist. armén.* IV, xxvi-l; voy. J. Saint-Martin, dans son édition de l'*Hist. du Bas-Empire*, de Lebeau, t. III, p. 285, et dans le *Nouveau Journal asiatique*, mars 1830, p. 184, 185, note 2.

[2] Dans les processions qui ont lieu en Perse à l'époque du *neurouz*, des modèles des édifices religieux les plus vénérés, tels que la mosquée de la Mecque, le tombeau d'Ali, etc. sont placés sur des brancards que portent de zélés sectateurs de l'islamisme.

tretien du pyrée. C'est pour cette raison qu'il s'intitule alors *athreôuekhschô*, ainsi que Anquetil[1] transcrit une qualification zende qui signifie *celui qui prépare le feu.*

Les Parses conservent une antique tradition qui ne reconnaît qu'aux seuls fils du roi le privilége de naître avec des droits à l'état de leur père. En conséquence, les fonctions sacerdotales ne sont pas plus héréditaires que la profession de militaire, de laboureur ou agriculteur et d'ouvrier ou artisan, les trois états qui, après le sacerdoce, servent à diviser la nation en quatre classes comme jadis.

Nul ne peut être admis dans le corps sacerdotal, ni même être compté au nombre des membres de la nation parse, s'il n'a préalablement accompli les purifications et reçu l'instruction religieuse qui confère le titre de *no-zoud* et celui de *behdin*. Ce sont deux espèces d'initiation que nous devons considérer comme les seules traces qui restent, chez les Parses, de l'ancienne institution des mystères de Mithra. *No-zoud* signifie littéralement *nouveau-né*, c'est-à-dire né à une nouvelle vie, à la vie spirituelle. *Behdin* se traduit par (*sectateur*) *de la loi excellente;* ce titre équivaut à la qualification de *mazdéïesnan*, adorateur d'Ormuzd[2].

Les purifications que rend obligatoires la première de ces deux initiations, le *no-zoudi*, commencent dès le jour où l'enfant du Parse vient au monde. La mère, aussitôt après avoir été délivrée, envoie chercher chez un mobed du *pérahom*, c'est-à-dire du suc ou du jus de l'arbrisseau sacré appelé *hôm*[3]. Elle y trempe un peu de coton, le presse dans la bouche de l'enfant, puis commence à l'allaiter. Mais comme il est né impur, on le lave trois fois avec de l'urine de bœuf (anciennement on ne devait employer que l'urine d'un jeune taureau) et une fois avec de l'eau. La première de ces deux ablutions s'appelle le *gho sel;* la seconde, le *padiav*, deux dénominations modernes qui indiquent chacune la nature même de l'ablution. Celui qui, avant la purification de l'enfant, le toucherait, serait lui-même obligé de se purifier.

Après le *gho sel* et le *padiav*, un mobed astrologue est appelé pour prendre dans l'état du ciel le thème généthliaque de l'enfant et prédire sa destinée future. C'est alors seulement que le nouveau-né reçoit un nom.

Lorsqu'il a atteint l'âge de trois ans, son père doit faire pour lui une offrande à Mithra, le jour Mithra du mois Mithra.

---

[1] *Zend-Avesta*, t. II, S 9, p. 572. — [2] Anquetil, *Zend-Avesta*, t. II, p. 553, 554. — [3] Voy. ci-dessus, p. 47, 48.

A sept ans, dans le Guzarate, à dix dans le Kirman, l'enfant, qu'il soit du sexe masculin ou du sexe féminin, doit ceindre le *kosti*, ceinture de chasteté, dont il sera question plus loin. Mais cette cérémonie se diffère souvent jusqu'à l'âge de quinze ans. Dans aucun cas, elle ne peut s'accomplir sans avoir été précédée d'une troisième purification, le *baraschnom noschabé*[1], si l'instruction religieuse est jugée suffisante; le simple *si-schoé*[2], dans le cas contraire. Les Parses considèrent le baraschnom comme la plus efficace des quatre purifications exigées. Le chien y joue un rôle important, qui ne contribue pas peu à augmenter le nombre considérable de pratiques dont se compose le rituel propre à ce troisième degré de purification. Anquetil[3] entre à ce sujet dans une multitude de détails auxquels je demande la permission de me référer. Je me bornerai à faire remarquer que le baraschnom de neuf nuits ne peut être employé qu'avec la permission expresse du *davar* ou chef civil, et par un mobed d'une famille de destour. Il faut de plus que ce mobed ait au moins trente ans, qu'il soit d'une sainteté exemplaire, et qu'il possède à fond la connaissance de la loi. L'impuissance physique est un cas d'interdiction.

A huit ans, le jeune Parse doit commencer à réciter en zend ou en pehlevi les prières désignées sous le nom de *néaeschs*. De huit à quinze ans, il doit étudier à fond la liturgie du *Zend-Avesta*, apprendre par cœur le *Yaçna* zend, lire et comprendre le *Vendidad*, enfin s'instruire dans tout ce qui touche à la religion des mazdéïesnans.

Parvenu à l'âge de quinze ans, ou, pour parler plus exactement, à l'âge de quatorze ans et trois mois[4], il doit absolument, et cela sous peine de péché, ceindre le *kosti* et revêtir une espèce de tunique appelée le *sadéré*. Le modèle de ces deux parties essentielles de l'habillement des Parses est censé avoir été envoyé du ciel par Ormuzd à Mithra. On en peut voir la forme sous les numéros 1 et 2 de la planche IX que Anquetil a jointe au deuxième volume du *Zend-Avesta*. L'âge fixé pour la prise du kosti et du sadéré nous reporte au passage déjà cité du *Boun-dehesch*[5], qui nous apprend qu'après la mort du premier taureau sorti de terre, le jour Mithra du mois de Mithra, un arbre

---

[1] Anquetil n'indique pas la signification du mot *baraschnom;* il se borne à dire que *baraschnom no schabé* signifie : le *baraschnom de neuf nuits.* (Voy. *Zend-Avesta,* t. II, p. 545.)

[2] *Si-schoé* se traduit littéralement par les *trente oblations ou offrandes.* (Voy. *Zend-Avesta,* p. 548-550, la description de cette espèce de purification.)

[3] *Zend-Avesta,* t. II, p. 545 et suiv.

[4] A cet âge on est censé avoir quinze ans, parce qu'il est tenu compte des neuf mois que l'enfant a passés dans le sein de sa mère.

[5] *Zend-Avesta,* t. II, p. 376.

de quinze ans, le *reivas*, qui représentait le premier homme créé mâle et femelle. A son tour, cette tradition me donne lieu de faire remarquer que dans l'*iescht de Taschter*[1] et dans l'*iescht de Behram*[2], ces deux izeds, qui font vivre les hommes et qui sont toujours victorieux, revêtent successivement un grand nombre de formes, parmi lesquelles on distingue la forme d'un taureau, d'un cheval, celle d'un *jeune homme de quinze ans*, éclatant, blanc et pur. Or ces métamorphoses et les divers combats que livrent Taschter et Behram à des dews, revêtus des mêmes formes, ont une grande analogie, nous le verrons plus loin, avec les métamorphoses et les combats mystiques institués dans la célébration des mystères de Mithra. Le costume mithriaque que revêtent les jeunes Parses qui aspirent à devenir *no-zouds*, l'âge de quinze ans qu'ils doivent atteindre avant d'être déclarés tels, comme les autres cérémonies du *no-zoudi* dont je vais parler, peuvent donc être considérés comme autant d'usages dérivés de l'ancien rituel des initiations.

Pour devenir *no-zoud*, le néophyte, dès qu'il est parvenu à l'âge de quinze ans et qu'il s'est montré suffisamment instruit dans sa religion, doit faire choix d'un herbed pour compléter cette instruction et d'un mobed pour diriger sa conscience. Bientôt on le purifie deux fois par le baraschnom de neuf nuits; après quoi, trois destours[3], pendant quatre jours consécutifs, le conduisent, revêtu d'un habillement neuf, à l'*arviz-gâh*, dans l'*izesch-khaneh*, c'est-à-dire au lieu où, dans la maison consacrée à la célébration de l'*izeschné* (*Yaçna*), est placée la pierre *arviz*. C'est sur cette pierre que sont déposés les ustensiles et les offrandes. Là, le jeune Parse lit le *Yaçna;* un des trois destours lui sert de *raspi;* un autre lui enseigne les cérémonies, un troisième lui dit de loin ce qu'il doit faire et réciter. Chaque jour il se purifie par un mélange d'urine de bœuf et d'eau, qu'on nomme *ghosel de nereng* (gomez). Au bout des quatre jours il est déclaré *no-zoud* et *behdin*[4]. Dès ce moment, sous le titre d'herbed[5], il

---

[1] *Zend-Avesta*, t. II, p. 186-199.

[2] *Ibid.* p. 286-299.

[3] Nous verrons plus loin, sur les monuments consacrés aux mystères, des scènes d'initiation où le myste est assisté de trois prêtres.

[4] Lorsqu'un jeune Parse n'a pas la facilité de s'acquitter des devoirs que je viens d'indiquer, ou lorsqu'il n'est pas en état de payer un coreligionnaire qui puisse les remplir à sa place, il lui est ordonné de faire célébrer le *Yaçna*, en son nom, par un mobed, moyennant une redevance pécuniaire et pendant un nombre de jours consécutifs, fixé à cinq dans le Guzarate, à huit dans le Kirman. Cette purification par procuration s'appelle faire le *guéti-khérid*, c'est-à-dire « acheter « le monde (céleste). » Elle suffit pour mériter au néophyte le titre de *behdin*, et lui donner droit au ciel, bien qu'en réalité il ne soit pas *no-zoud*.

[5] Henry Lord (*Histoire de la religion des Banians*, p. 29 et suiv.), parlant d'après des renseignements fautifs, dit que, chez les Parses. le premier ordre des prêtres se compose des

fait partie, civilement et religieusement parlant, du corps de nation des Parses, ou, en d'autres termes, de cette réunion d'adorateurs d'Ormuzd et de Mithra que le *Zend-Avesta* appelle l'*assemblée*.

Ce que je viens d'exposer s'applique aux Parses des deux sexes : les jeunes filles comme les jeunes garçons accomplissent les cérémonies du *no-zoudi;* et, par la raison qu'en devenant *no-zoudes* elles deviennent membres du corps religieux, elles sont aptes à remplir des fonctions liturgiques; deux femmes *no-zoudes* peuvent, selon le destour Darab, cité par Anquetil [1], faire l'office de *raspi* et même de *djouti* auprès du néophyte qui accomplit les cérémonies du *no-zoudi*.

Mais, chez les Parses, lès femmes ne sont pas admises à prendre les grades supérieurs à celui d'herbed. En était-il ainsi anciennement? Nous manquons des renseignements nécessaires pour résoudre la question d'une manière absolue, quant à l'organisation du corps sacerdotal chargé du culte public; car si, dans le *Zend-Avesta* [2], Zoroastre, parlant au nom d'Ormuzd, ordonne que les femmes comme les hommes, comme les villes, comme les provinces, aient un chef civil [3], et si, dans un grand nombre d'autres passages [4], il place les femmes et les hommes sur le pied d'une parfaite égalité, nous ne voyons nulle part qu'il fasse mention d'un athorné du sexe féminin, c'est-à-dire d'un chef religieux choisi parmi les femmes. D'autre part, sur les grands monuments figurés que nous a légués l'antiquité persique, on ne distingue aucune prêtresse dans les scènes qui se rapportent soit à l'exercice du culte public, soit aux cérémonies du culte secret ou des mystères. Nous savons cependant, d'après des témoignages historiques, que chez les Perses les femmes pouvaient remplir des fonctions sacerdotales d'un ordre élevé. C'est ainsi, par exemple, que, dans le temple d'Ecbatane, Milto, fille de Cyrus et d'Hermotime, et plus connue sous le nom d'Aspasie, qui lui avait été donné par son père, devint la grande prêtresse d'Artémis, Anaïs [5], selon Plutarque et Ælien [6], du soleil, selon Justin [7]. Peut-être, sous la dénomination de soleil, l'historien latin entend-il ici le dieu

behdins (laïques), le second des *herbeds*, et le troisième des *destours;* il omet complétement les *mobeds*.

[1] *Zend-Avesta*, t. II, p. 553; voir note 4 ci-dessous.

[2] T. I, 2ᵉ part. p. 127.

[3] «Ce chef civil des femmes, dit Zoroastre «(*loc. cit.*), doit être de la loi des mazdéïesnans, «(pur) comme Aschesching et Parvand; il doit «être (un être) à deux mamelles, pur, en âge «d'être vu de l'homme, doux (de caractère) et «fécond de corps.»

[4] Voy. *Zend-Avesta*, t. I, 2ᵉ part. p. 101 (ivᵉ et vᵉ bâ de l'Izechné), 105, 120, 133, 149, 152, 182, 248, 369; t. II, p. 263.

[5] *In vit. Artaxer.* 43.

[6] *Var. hist.* I, xii.

[7] X, 2.

Mithra, dont le culte, suivant les prescriptions du *Zend-Avesta,* nous le verrons tout à l'heure, était intimement lié au culte du soleil et à celui de la lune. Cette supposition acquiert un certain degré de vraisemblance si, d'un côté, nous voyons Justin avoir soin d'ajouter que le sacerdoce dont Aspasie fut revêtue obligeait à une chasteté perpétuelle[1]; et si, d'un autre côté, nous lisons dans Tertullien[2] que Mithra a pour prêtresses des vierges[3] et pour prêtres des hommes chastes[4]. Que, chez les Romains, le dieu des Perses ait eu des prêtresses, le fait ne ressort pas seulement de ce passage de Tertullien : il nous est attesté aussi par le témoignage irrécusable d'un bas-relief à deux faces et d'époque romaine, dont je parlerai avec tous les détails convenables dans la deuxième partie de mes recherches. Je dois me borner à dire ici que, sur la face postérieure, on voit un prêtre et une prêtresse offrir à Mithra le sacrifice d'un taureau[5]. Ce monument, découvert en 1832 à Heddernheim, dans un mithræum souterrain, porte tous les signes de l'origine asiatique de son modèle, et appartient à l'institution des mystères de Mithra chez les Romains. D'autre part, le passage cité de Tertullien s'applique nécessairement au corps sacerdotal qui présidait à ces mystères. Dès lors le silence du *Zend-Avesta* sur la participation des femmes aux fonctions d'athorné n'a rien qui doive nous étonner, puisque Zoroastre, je l'ai déjà dit, ne fait, dans les fragments qui nous restent de son code religieux, aucune mention directe de l'institution des mystères de Mithra. Ce qui aurait lieu de nous surprendre serait de ne trouver aucune prêtresse parmi les personnages représentés sur les petits monuments que je rapporte à cette institution. Il n'en est pas ainsi : les cylindres, les cônes que l'art des Perses me permettra de placer sous les yeux du lecteur lorsque je traiterai du culte secret de Mithra, nous montreront des femmes remplissant auprès des mystes de l'un comme de l'autre sexe diverses fonctions sacerdotales, et notamment celles de grande prêtresse. Le double fait que je signale chez les Perses se reproduit chez les Assyriens : les grands bas-reliefs religieux des palais de Khorsabad et de Nemrod ne nous

[1] «Solis eam (Aspasiam) sacerdotio præfecit «(Darius), quo perpetua illi ab omnibus viris «pudicitia imperabatur.»

[2] *De præscript. hæret.* p. 217, éd. Paris, 1675.

[3] Chez les Grecs, nous trouvons des prêtresses et même des sibylles ou des pythonisses dans l'institution d'un culte d'origine orientale, celui d'Apollon. Parmi les Druides, dont les usages ont tant d'analogie avec les coutumes des mages, le sacerdoce était exercé concurremment par des hommes et par des femmes; les prêtresses jouissaient même d'une grande influence auprès du peuple.

[4] «Mithra habet et virgines, habet et conti-«nentes.»

[5] Atlas, pl. CI.

offrent l'image d'aucune prêtresse; là, ce sont des personnages barbus ou des eunuques qui remplissent exclusivement les fonctions sacerdotales, tandis que, sur les cylindres et les cônes d'origine assyrienne, nous voyons fréquemment des scènes d'initiation présidées soit par un archiprêtre assisté d'une archiprêtresse et de prêtres et prêtresses d'un ordre inférieur, soit par une archiprêtresse qu'assistent des prêtresses et des prêtres subalternes. L'institution d'un collége de prêtres et d'un collége de prêtresses pour la célébration des mystères de Mylitta et des mystères de Mithra trouve une explication naturelle dans l'attribution des deux sexes à chacune de ces divinités et dans la faculté accordée aux femmes, comme aux hommes, de se faire initier aux mystères. Mais la non-présence des prêtresses sur les grands monuments asiatiques plus ou moins exposés aux regards du public ne s'explique pas aussi facilement, et je m'abstiens de présenter sur ce point une opinion qui ne reposerait que sur de simples conjectures.

Quant à l'admission des eunuques dans le corps sacerdotal, si le fait nous est attesté, chez les Assyriens et chez les Phrygiens, par le témoignage des grands monuments de l'art ou par le témoignage des mythologues, il n'en est pas de même chez les Perses, bien que chez eux, comme chez les Mèdes, les rois, à l'exemple de la plupart des souverains de l'Asie occidentale, eussent des eunuques dans leurs palais. Les bas-reliefs de Persépolis et les autres grands monuments trouvés jusqu'à ce jour sur le sol de la Perse ancienne ne nous offrent aucune image d'un eunuque exerçant une fonction sacerdotale. Nous n'en découvrons aucune non plus sur les petits monuments persiques, tels que cylindres, cônes, etc. et je dois ajouter que nous n'en rencontrons pas davantage sur les cylindres et les cônes assyriens, bien que les grands bas-reliefs de Khorsabad et de Nemrod représentent des scènes où nous voyons un nombre considérable d'eunuques employés à des services religieux. Quelle est la raison de ces diverses particularités? Je l'ignore. A la différence du système religieux des Assyriens, des Syriens, des Phéniciens et des Phrygiens, qui avait fini par attribuer la prépotence à une divinité féminine, le système théogonique de Zoroastre, je ne saurais trop le répéter, n'admettait aucune déesse et ne comptait que des dieux mâles ou androgynes. La conséquence de ce fait était-elle que le service divin ne pouvait être confié à des prêtres eunuques? Je suis porté à le supposer, mais je ne puis l'affirmer[1].

[1] La Bible nous apprend que l'infâme usage d'avoir des eunuques dans les palais des rois remonte à une haute antiquité chez les Israélites comme chez les Égyptiens. Toutefois, elle nous

Il y a moins d'incertitude sur la question du célibat des mages; car, s'il est permis de tirer de deux passages de Tertullien une conclusion applicable à l'usage suivi chez les Perses, nous devons admettre que le célibat était obligatoire tout au moins pour les mages de l'ordre le plus élevé. Ces deux passages se rapportent au rite romain des mystères de Mithra. Déjà le premier nous a fait connaître [1] que le célibat et la virginité étaient exigés des prêtres et des prêtresses préposés à ces mystères. Le second nous apprend [2] que les prêtres de Mithra imposaient le célibat aux initiés qui aspiraient à la perfection suprême, c'est-à-dire aux initiés qui ambitionnaient le grade le plus élevé, le grade dont la prérogative était d'assimiler le myste au dieu des dieux et au père des pères (*destouran destour*).

La Bible et les écrivains grecs ou latins ne nous parlent des prêtres de la Perse que sous la dénomination générale de mages. Elle s'étend non-seulement aux prêtres des Mèdes, mais à des prêtres qui, concurremment avec les ministres de divers cultes, habitaient, les uns la Babylonie, les autres l'Égypte. L'établissement des mages dans ces deux derniers pays était-il antérieur aux expéditions de Cyrus et de Cambyse, et, en ce cas, à quelles époques, à quelles circonstances faut-il rattacher ces émigrations? Je l'ignore. Deux faits sont certains dans l'histoire des mages : leur origine aryenne [3] et l'immense influence dont ils jouissaient chez les Mèdes et chez les Perses [4]. Cette influence ils la devaient à l'austérité primitive de leurs mœurs [5] et à l'étendue de leurs connaissances théologiques et cosmologiques. Ils avaient puisé leur science chez les Chaldéens d'Assyrie. L'importance du rôle qu'ils jouent dans l'histoire de Perse ne paraît même dater que de l'époque mémorable où Zoroastre, l'élève de ces Chaldéens, arrive à la cour du roi Gustasp, suivi du cortége de toutes les sciences que lui avaient enseignées ses illustres maîtres, et préparé par

apprend aussi qu'il était défendu aux eunuques de toute espèce d'entrer dans l'assemblée ou l'église du Seigneur : « Non intrabit eunuchus, at- « tritis vel amputatis testiculis et abscisso veretro, « ecclesiam Domini. » (*Deuteronom.* XXIII, 1.)

[1] Ci-dessus, p. 88.

[2] *De præscript. hæretic.* p. 140.

[3] Il est sans doute inutile que je rapporte ici les textes nombreux qui établissent cette origine; mais je ne puis me dispenser de dire que Damascius, qui avait fait une étude particulière des religions de l'Orient, commence par ces paroles très-explicites sa dissertation sur les doctrines religieuses des Perses (Περὶ τῶν ἀρχ. apud Wolf. p. 259) : « Les mages et toute la race aryenne... » Μάγοι δὲ καὶ πᾶν τὸ Ἄρειον γένος...

[4] Voy. les écrivains grecs ou latins, et principalement Hérodote, Ammien Marcellin, etc.

[5] Aux témoignages qui résultent du *Zend-Avesta* sur ce point, ajoutez le célèbre passage d'Eubule rapporté par Porphyre (*De abstin.* IV, 16).

eux à soutenir une lutte victorieuse avec les Brahmanes établis à Balkh[1]. Ces sciences, nous le verrons bientôt, formaient la base de l'enseignement progressif qui marquait les divers degrés de l'initiation aux mystères de Mithra, puissante institution dont Zoroastre, je l'ai déjà dit, fut le fondateur chez les Perses, et se servit habilement pour civiliser cette nation guerrière. Le souverain lui-même, nous le verrons aussi, était obligé de se faire initier à ces mystères, et l'éducation de l'héritier présomptif de la couronne ne pouvait être confiée qu'aux soins des mages initiateurs[2]. Si je répète ici que toutes les institutions civiles de la Perse étaient, pour ainsi dire, calquées sur les institutions religieuses; si j'ajoute enfin que l'initiation à tel ou tel grade des mystères était la condition préalable de l'admission aux charges de cour et à tous les emplois civils et militaires, on comprendra sans peine l'étendue de l'influence que dut acquérir le corps sacerdotal à partir de la promulgation du zoroastrisme.

De même qu'on n'a pas toujours su établir une équitable distinction entre les Chaldéens préposés au culte public et aux mystères chez les Assyriens et les Chaldéens qui, sous le règne des empereurs romains, inondèrent l'Occident de leurs détestables doctrines et de leurs pratiques superstitieuses, de même on a souvent confondu les mages avec les magiciens[3] et la magie blanche avec la magie noire. Cette confusion date de loin. Zoroastre la signale lui-même en s'élevant avec force contre la magie noire, qu'il considère comme un art dangereux, inventé par Ahriman, et contre les magiciens, qu'il range parmi les dews, les daroudjs et les darvands[4]. Plusieurs passages du *Zend-Avesta* sont très-explicites à cet égard. Je me contenterai de rapporter ici les paroles que l'auteur place dans la bouche d'Ormuzd, au moment où, dans le *Vendidad*[5], ce dieu lui fait le récit de la création des deux mondes, l'un bon, l'autre mauvais : « Le onzième lieu, la (onzième) ville (semblable) au behescht, « que je produisis, moi qui suis Ormuzd, fut Héetoméânté[6] (dont les) ha- « bitants étaient intelligents et heureux. Ensuite ce péetiâré Ahriman[7], plein

---

[1] Voy. ci-dessus, p. 13.

[2] Platon, *Alcibiad.* t. II, p. 121, 122, ed. Serran. apud Stob. *Eclog. phys.* p. 496, éd. Gesner.

[3] Voy. à ce sujet l'intéressante dissertation de P. Érasme Müller, intitulée : *De hierarch. et stud. vit. ascetic.* p. 51, note *l.*

[4] *Zend-Avesta*, t. 1, 2ᵉ part. p. 247 et ailleurs.

[5] *Zend-Avesta*, t. 1, 2ᵉ part. p. 268.

[6] On n'est pas d'accord sur le pays que Zoroastre entend désigner par le nom d'*Héetoméânté.*

[7] Anquetil attribue à cette épithète la signification de « source de maux. »

     RECHERCHES SUR LE CULTE DE MITHRA.

« de mort, y produisit la magie, (art) très-mauvais. La (magie) fait paraître
« tout ce qu'on désire; elle donne tout. Lorsque le magicien arrive, lorsqu'on
« le voit, la magie paraît quelque chose du grand; mais lorsqu'elle se présente
« avec le plus d'empire, elle ne vient que de mauvais principe, du chef des
« maux. Elle est éloignée du grand, de celui qui fait le bien. »

DEUXIÈME SECTION.

DU CULTE SECRET

OU DES MYSTÈRES DE MITHRA EN ORIENT.

CHAPITRE PREMIER.

ORIGINE, DOCTRINE FONDAMENTALE ET BUT DE L'INSTITUTION
DES MYSTÈRES DE MITHRA.

L'institution des mystères, c'est-à-dire l'institution des initiations, est, à mon avis, le plus beau titre de gloire de l'antiquité païenne. En dehors de la contrée habitée par les Israélites, héritiers directs des deux premières révélations de Dieu, elle civilisa le monde connu des anciens, et le prépara, selon les vues secrètes de la divine Providence, à recevoir les dogmes et la morale sublimes que devait lui apporter Jésus-Christ. Elle était née d'une grande pensée : civiliser les peuples par un enseignement religieux et moral, étroitement uni à un enseignement scientifique. Une telle pensée dut être suggérée par une étude attentive et persévérante de l'homme, de sa triple constitution, physique, intellectuelle, morale, et par de profondes méditations sur sa destinée ici-bas et sur sa destinée future. Les traditions s'accordent, nous le verrons plus loin, à faire honneur de l'invention des mystères aux Chaldéens d'Assyrie. Elles placent ainsi le berceau de l'institution dans les mêmes contrées où j'ai déjà dit que ces Chaldéens avaient conçu le système théogonique et cosmogonique qui, chez les Grecs, passait pour la plus belle des théologies connues, et qui, chez les Perses, fut la base fondamentale de la nouvelle religion dont Zoroastre dota l'empire des Achéménides.

A quelle époque, dans la Chaldée ou dans la Babylonie, remonte l'institu-

tion des mystères? Nous l'ignorons. Je n'ai certainement pas la prétention de
la déclarer contemporaine de l'observation solaire faite par les Chaldéens vers
l'année julienne — 3285, ou proleptique — 3291, ni contemporaine du système cosmogonique qu'ils avaient établi sur la base de cette observation [1].
Mais rapprochons de ces deux dates le passage de Simplicius, où nous apprenons qu'après l'entrée d'Alexandre le Grand à Babylone, les Chaldéens montrèrent, dans cette ville, à Callisthène envoyé auprès d'eux par Aristote, des
registres contenant une série d'observations astronomiques faites pendant
mille neuf cent trois années consécutives. Remarquons, d'autre part, que le
langage symbolique des mystères et la hiérarchie des grades, comme le langage symbolique du livre où est exposé le système théogonique et cosmogonique des Chaldéens, reposent sur la même observation solaire que ce système.
Nous allons bientôt le constater, et, par là, nous acquerrons une seconde fois
la preuve que cette observation solaire se rapporte à la conjonction du soleil
avec le Taureau équinoxial, et non à la conjonction de cet astre avec le Bélier
équinoxial. Or, si nous nous rappelons que le soleil emploie deux mille cent
soixante-trois ans à rétrograder d'un signe zodiacal dans un autre [2], il faudra
en conclure que le langage symbolique des mystères et la hiérarchie des
grades étaient fondés avant l'année 2266, époque très-approximative de
l'entrée du soleil équinoxial dans la constellation zodiacale du Bélier.

Il sera donc vrai de dire que, dès une haute antiquité, les Chaldéens d'Assyrie avaient dû faire une étude assez approfondie du cœur humain, des penchants, des passions et de la destinée de l'homme, pour connaître les besoins
de la société. Dans leurs méditations sur les institutions les plus propres à
faire entrer une nation dans les voies de la perfectibilité et à lui assurer sta-
bilité, durée et bonheur, il n'avait sans doute pu leur échapper que le premier lien de la société, c'est une religion; que l'ignorance est la source des
vices et des maux qui affligent l'humanité, tandis qu'un enseignement scientifique et progressif, étroitement lié à un haut enseignement religieux, développe infailliblement les facultés physiques, intellectuelles et morales que Dieu
a départies à l'homme. Mais à tout enseignement il faut des maîtres; et ces
maîtres, s'ils ne possèdent à fond la science, n'exerceront sur leurs élèves
qu'une influence passagère et très-limitée. Les Chaldéens l'avaient ainsi compris. La réputation scientifique qu'ils s'acquirent le dit hautement. Ils surent

---

[1] Ci-dessus, p. 25. — [2] Voy. *Mémoires de l'Acad. des inscr.* t. XIV, 2ᵉ part. p. 114-121.

la conserver pendant des milliers d'années; elle survécut à la ruine de l'empire assyrien; et, de nos jours même, quelques-uns de leurs travaux astronomiques trouvent des admirateurs[1] parmi des juges non moins savants et perspicaces que ne l'avaient été Copernic[2] et ses disciples, et plus compétents, plus équitables que ne le furent Delambre et la plupart de ses contemporains.

Réunis en congrégation, soumis à une règle religieuse, et dépositaires, comme tous les descendants des enfants de Noé, d'une portion plus ou moins considérable du trésor des vérités et des connaissances scientifiques révélées à l'homme par notre divin Créateur, les Chaldéens se livrèrent avec ardeur et persévérance à l'étude de l'essence des trois dieux dont se compose la triade suprême, à l'étude de la manifestation de ces dieux au sein de la création du monde, c'est-à-dire à l'étude de leurs œuvres. Tous les êtres, tous les objets, tous les faits, tous les phénomènes qui, dans l'univers, appartiennent à l'ordre physique, à l'ordre intellectuel, à l'ordre moral, furent simultanément l'objet de leurs observations, de leurs investigations, de leurs expériences. Ces êtres, ces objets, ces faits, ces phénomènes, ils les étudièrent, je ne saurais trop le répéter, sous le point de vue le plus élevé, c'est-à-dire dans les rapports mêmes qu'ils ont avec l'essence des dieux créateurs. La formation du langage symbolique qu'inventèrent les Chaldéens, la nature des épreuves et la théorie des grades qu'ils instituèrent dans les initiations, vont tout à l'heure fournir en faveur de tout ce que j'avance ici des preuves irrécusables. Profitant de l'immense avantage que présentent les statuts constitutifs de toute association régie par une loi religieuse, le chef de la congrégation distribuait les travaux scientifiques à chacun des membres, selon ses facultés particulières. Plus tard, comme je l'ai dit ailleurs[3], un homme d'un génie supérieur, surgissant au milieu du sanctuaire, s'empare des résultats obtenus, de siècle en siècle, à l'aide de ces travaux individuels; il les compare entre eux, les coordonne et en fait les bases d'un système théogonique et cosmogonique, ramené à l'unité religieuse par l'unité de conception et de rédaction. A son tour, ce système devient la base définitive d'un enseignement religieux et scientifique que désormais les initiés trouveront dans le sanctuaire et qui s'appellera la théologie. Car on ne saurait trop le répéter pour l'intelligence des traditions, des écrits

---

[1] Récemment quelques savants se sont même montrés disposés à croire que les Chaldéens avaient mesuré la terre.

[2] Voyez la belle préface qu'il a placée en tête de son ouvrage sur les révolutions célestes. (*De orb. cœl. revol.*)

[3] *Recherches sur Vénus*, p. 3 et 4.

et des monuments figurés que nous a légués l'antiquité, et, en particulier, pour l'intelligence de tout ce qui se rapporte à l'institution des mystères, il n'y avait, dans les temps anciens, qu'une seule science, la théologie; mais cette science, universelle, encyclopédique, comme on dirait aujourd'hui, comprenait, sans en excepter la politique et l'administration, toutes les branches des connaissances humaines dont les modernes ont fait autant de sciences séparées. Elle comprenait expressément la philosophie, cette science à double entente qui, soumise à une croyance religieuse, fortifie la foi en développant, en éclairant la raison, mais qui, placée au-dessus ou seulement même à côté de la religion, conduit au scepticisme et à l'orgueil, si ce n'est à l'athéisme, en proclamant la raison humaine supérieure à tout et, par conséquent, autorisée à rejeter, à nier tout ce qu'elle ne peut expliquer ou comprendre [1].

La descente et l'ascension des âmes était le dogme fondamental de la doctrine des mystères institués par les Chaldéens d'Assyrie. Nous verrons ce double mouvement représenté, par un artifice iconographique, sur des monuments figurés où sont gravées des scènes d'initiation à certains grades de ces mêmes mystères [2]. Les initiations furent donc un véritable cours de psychologie, où l'on enseignait aux mystes comment les âmes, après être descendues sur la terre, séduites par l'attrait des formes, des couleurs et des propriétés de la matière, par l'attrait surtout des deux principes humides, l'eau et le sang, s'unissent successivement aux divers principes constituants du corps, en subissent la funeste influence, et par là contractent des vices, éprouvent des désirs immodérés, des passions que condamnent et leur origine divine et leur future destinée. Les mystes apprenaient, en même temps, par quelle voie, par

---

[1] Au moyen âge, dans les universités d'Europe, par un sage retour aux lois fondamentales de la société humaine, si imprudemment oubliées par les Grecs et les Latins, la philosophie fut enseignée, unie et subordonnée à la théologie. Chaque théologien put, selon ses idées personnelles, être aristotélicien ou platonicien, à la seule condition de respecter le dogme. Plus tard, l'enseignement de la philosophie se sépara de l'enseignement théologique. On sait ce qui en est advenu; et il est curieux, en même temps que consolant, d'entendre, en 1853, M. de Schelling, un des philosophes les plus célèbres d'Allemagne, patrie de tant de systèmes philosophiques modernes, dire à M. Eugène Rendu (Préface de l'excellent ouvrage intitulé : *De l'éducation populaire dans l'Allemagne du nord*. Paris, 1855, 1 vol. in-8°) : «Une philosophie est à l'humanité «ce qu'un nuage est à la terre. Le nuage plane «dans les sphères supérieures; on ne sait ce qu'il «porte que lorsqu'il a éclaté, salutaire ou funeste, «selon que, de ses flancs, il laisse échapper sur «les moissons une pluie fécondante ou qu'il en «fait jaillir les tempêtes.»

[2] Voyez le chapitre du grade de lion et les cylindres asiatiques que reproduisent les n°[s] 1, 2 et 3, pl. XXVI; 5, pl. XXVII; 5, pl. XXXV; 7, pl. XL.

quels efforts, l'âme peut parvenir à se dégager successivement des divers principes de la matière, à s'affranchir du honteux esclavage où ils la retiennent, à recouvrer enfin la liberté et la vie. Je dis la vie, parce que le corps était considéré comme le tombeau de l'âme. Dompter les passions charnelles, les maîtriser, triompher de la matière, c'était donc pour l'âme, immortelle de sa nature, triompher d'une mort passagère et renaître à la vie spirituelle, à l'immortalité. De là ces expressions mystiques ou philosophiques, que les Grecs nous ont conservées et qui s'appliquaient aux âmes « tombées, comme-ils « disent, dans les voies de la génération [1]. » *Notre vie est leur mort, et leur vie est notre mort,* ou bien : *La vie du corps est la mort de l'âme, et la vie de l'âme est la mort du corps* [2]. Nous verrons au chapitre des grades comment, dans les initiations, certains quadrupèdes, certains oiseaux servaient à représenter symboliquement les divers principes de la matière. Nous verrons aussi comment une portion quelconque du corps de ces quadrupèdes, de ces oiseaux, unie, ou pour ainsi dire soudée à une portion quelconque du corps humain, exprimait symboliquement, non le passage de l'homme dans le corps de tel ou tel animal plus ou moins immonde, mais l'union étroite de l'âme avec tel ou tel principe de la matière. Nous saurons alors quel sens élevé les initiés apprenaient à substituer à la supposition absurde qui, pour le vulgaire, constituait le dogme de la métempsychose. Hâtons-nous d'ajouter que les fondateurs des mystères ne s'étaient nullement proposé, à l'exemple des prêtres indiens, d'inspirer aux néophytes le dégoût de la vie terrestre, ni par conséquent le désir de la mort, encore moins la coupable résolution de se livrer à des pratiques superstitieuses pour anéantir leur corps avant le terme fixé par les lois naturelles de la vie humaine. Ils enseignaient que l'homme doit se résigner à passer sur la terre le temps d'exil voulu par les décrets du souverain maître de l'univers; mais ils exigeaient que le myste employât ce temps à purifier son âme et son corps, pour mériter l'entrée des célestes demeures le jour où il plairait à la divine Providence de mettre fin à son exil. Le salut de l'âme était donc, dans les temps anciens, comme il n'a cessé de l'être dans les temps modernes, la première de toutes les préoccupations, de toutes les sollicitations inspirées par la religion. Se faire initier aux mystères était considéré comme l'unique voie qui permît d'atteindre un but si louable. Nous ignorons par quel nom les peuples de l'Asie occidentale exprimaient l'idée qu'ils atta-

[1] Ψυχαὶ εἰς γένεσιν κατιοῦσαι.   X, p. 12, ed. Van Goens; Euripide, *Fragm. Po-*
[2] Héraclite, apud Porphyr. *De antr. nymph.*   *lydus,* v. 15, 16; *Phrixus,* v. 34, 35.

chaient ainsi aux initiations. Les Grecs, en se servant du mot τελετὴ et des autres dérivés du verbe τελέω, nous montrent qu'à leurs yeux l'initiation aux mystères devait conduire à la fin de la vie matérielle, à la perfectibilité qui naît de la vie spirituelle. Les Latins substituaient à l'expression grecque les mots *initia, initiamenta, initiare, initiari*, d'où nous avons fait *initiations, initier, être initié*. Par là ils nous indiquent clairement que, pour eux, l'admission aux mystères était aussi le commencement d'une nouvelle vie, de la vie spirituelle. Chez les Grecs et chez les Latins, les termes sont différents, l'idée est la même.

Il n'avait point échappé à l'œil scrutateur des Chaldéens que de la constitution même de l'être humain ressort la nécessité de trois sortes de purifications, de trois degrés de pureté, la pureté de pensée, la pureté de parole, la pureté d'action. Chez les Perses, nous les avons trouvées prescrites, dans le culte public, par les livres de Zoroastre, l'élève des Chaldéens. A plus forte raison étaient-elles impérieusement exigées de chaque myste par les prêtres initiateurs.

La voie très-difficile qui conduit à ces trois degrés de pureté était rendue plus accessible par l'institution des mystères. Dans les sanctuaires réservés aux initiations, le myste recevait les enseignements les plus propres à diriger vers la perfectibilité ses pensées, ses paroles, ses actions; et ces enseignements, il ne pouvait les recevoir que là. On se tromperait fort si, partageant une opinion trop généralement répandue, on supposait que les initiations consistaient seulement en révélations sur les dogmes secrets de la religion, en exercices pieux, en cérémonies expiatoires. Sans doute les lustrations, le baptême, la confession, les sacrifices sanglants, la communion, tels qu'on les comprenait dans les sanctuaires, occupaient une grande place dans la vie de chaque myste. Les documents écrits et les monuments figurés en font foi. Mais on aura, dans le chapitre des grades, la preuve que chaque sanctuaire était aussi une haute école, une sorte de collége, d'université, où les mystes étaient soumis à des épreuves et obligés de subir des examens, de soutenir des discussions, de prendre des grades qui, à la différence près des lieux, des idées ou des temps, correspondent aux examens, aux thèses et aux grades institués dans nos universités.

Chez les peuples dotés de l'institution des mystères, l'enseignement ne fut donc pas public; il ne pouvait l'être. La pensée qui avait présidé à cette institution était, je l'ai déjà dit ailleurs [1], que les connaissances scientifiques, loin

---

[1] *Recherches sur Vénus,* p. 5.

de concourir au grand but de la civilisation, peuvent fournir de nouveaux moyens, de nouvelles armes, pour nuire à la société alors qu'elles tombent en partage à des hommes pervers, ou seulement assez faibles de cœur pour se laisser entraîner au mal. De là plusieurs nécessités pour la congrégation sacerdotale fondatrice des mystères :

1° S'attribuer le monopole de l'enseignement et circonscrire exclusivement cet enseignement dans les sanctuaires de la religion.

2° Inventer un langage symbolique qui pût n'être pas compris du vulgaire dans l'acception métaphysique ou philosophique des mots, et servir cependant à communiquer aux mystes des idées théologiques ou scientifiques nouvelles.

3° Étendre la formation de ce langage symbolique à la composition des monuments figurés qu'on employait, soit dans les cérémonies propres aux initiations, soit dans l'enseignement promis aux mystes; c'est-à-dire attribuer aux objets ou aux accessoires qui entrent dans la composition de ces monuments, et notamment à certains animaux, à certaines plantes, à certaines figures bimorphes ou polymorphes, diverses significations symboliques identiques avec les diverses acceptions symboliques attribuées aux mots qui, dans les langues parlées ou écrites, représentent ces animaux, ces plantes, ces figures bimorphes ou polymorphes. Par là, les monuments figurés devenaient autant de pages écrites, où les mystes puisaient, relativement au temps, une instruction progressive, variée et même profonde. Ces pages, mieux que les mots et les phrases dans les livres, excitaient, éveillaient, faisaient naître des idées dans l'esprit des néophytes, et appelaient leur attention particulière sur les rapports qui existent entre les dieux créateurs et les divers ordres de phénomènes, d'êtres et d'éléments ou de corps que nous offre le monde créé.

4° N'admettre aux initiations que des personnes connues par leur piété et leur amour du prochain.

5° Les soumettre à un certain nombre d'épreuves physiques, intellectuelles, morales.

6° Proportionner l'enseignement aux facultés de chaque initié, et, en conséquence, instituer des grades dont l'ordre ou la hiérarchie correspondissent à une instruction progressive.

7° Faire de l'initiation aux mystères la condition absolue de la prêtrise, et une condition expresse de l'intronisation du souverain et de l'admission de ses sujets soit aux charges de cour, soit aux emplois civils, judiciaires et militaires.

Mais si la haute mission de dispenser l'instruction sous de certaines conditions ou garanties devint le privilége exclusif des ministres du culte, gardons-
nous de croire que le droit de se présenter à l'entrée des sanctuaires, pour
être admis à jouir du bienfait d'un enseignement religieux et scientifique, fût
exclusivement attribué aux classes les plus élevées de la société. Loin de là,
l'institution des mystères était incompatible avec un état social fondé sur la
division par castes. Nous ne la voyons pas naître et se développer dans
un empire soumis à une telle organisation. Nous ne la voyons pas non plus
pénétrer dans des pays soit limitrophes, soit lointains, où le régime des castes
s'était établi. Nous devons même croire que là où elle se trouva en présence
avec ce régime, elle le combattit et l'abolit comme attentatoire au droit im-
prescriptible qu'a chaque membre de la société de chercher, selon ses facultés
intellectuelles, à parvenir au bien-être moral et physique par l'éducation et
l'instruction.

La porte des sanctuaires réservés aux initiations s'ouvrit donc, sans distinction de rang et de fortune, pour tout individu qui, mû par des sentiments religieux, par amour de l'humanité, par la noble ambition de concourir au grand
but de la civilisation, et confiant en son courage moral, en ses forces physiques, en ses facultés intellectuelles, se présentait aux prêtres initiateurs en
prenant d'avance l'engagement sacré de se soumettre aux conditions voulues
par les statuts sévères de la congrégation.

Cette libre admission s'étendait aux femmes. Les textes font une mention
expresse des prêtresses de Mylitta, d'Astarté, de Mithra. Les monuments figurés asiatiques nous montrent des femmes non-seulement admises, comme
néophytes, à la célébration des mystères, mais y remplissant tantôt le rôle de
marraine, tantôt celui de prêtresse et d'archiprêtresse. En ces deux qualités
elles assistent le prêtre initiateur, ou président elles-mêmes à l'initiation, assis-
tées d'un prêtre ou d'un archiprêtre. Les femmes, chez les peuples dotés de
l'institution des mystères, se trouvaient donc ainsi placées dans une condition
égale à celle des hommes. Leur émancipation, comme conséquence du principe de la libre admission aux mystères, est un fait important, qui ne me
semble pas avoir été remarqué, peut-être parce que le principe même d'où découle cette émancipation a jusqu'ici échappé à l'attention des historiens et des
archéologues. L'émancipation des femmes, personne ne l'ignore ni ne le conteste, fut, dans tous les temps, dans tous les lieux, un grand pas vers la civilisation, un moyen puissant d'en hâter même le progrès et le développement.

Bien que, dans l'Asie occidentale, elle ait inévitablement été plus ou moins limitée par la polygamie et par les conditions mêmes à remplir pour obtenir l'admission aux mystères, elle nous montre mieux peut-être qu'aucun autre fait combien je suis fondé à considérer les initiations comme une institution destinée à civiliser les peuples asiatiques. De plus, pour le dire en passant, l'émancipation des femmes par l'admission aux mystères sert à nous faire comprendre comment, sous des gouvernements despotiques, protecteurs de l'esclavage et de la polygamie, des femmes purent non-seulement monter sur le trône en réduisant leur époux à la seule condition de mari de la reine, mais acquérir une telle influence qu'une grande réforme religieuse fut la conséquence de cet événement politique. Il altérait profondément les rapports intimes que le sacerdoce avait établis entre les institutions religieuses et les institutions civiles. Le roi ne pouvait plus être assimilé au soleil déifié et la reine à la lune également déifiée. Il fallait que la reine, pour consacrer sa prépotence, pût se montrer publiquement revêtue des insignes du Soleil. Le sacerdoce fut contraint de changer, théologiquement parlant, le sexe des deux astres : la reine devint l'incarnation ou l'image vivante du Soleil solennellement déclaré féminin par les prêtres; le roi descendit à l'humble rang de représentant de la Lune solennellement aussi déclarée mâle. Bien plus, mais par une conséquence naturelle de ces événements politiques et religieux, la prépotence accordée jusqu'alors au sexe masculin dans la religion publique et dans le culte secret fut transférée au sexe féminin. Chez les Assyriens, les Phéniciens et les Arabes, une déesse sous le nom de Mylitta, d'Astarté, de Dercéto, d'el Ozza, etc. présida désormais aux mystères. Je m'arrête : de tels faits suffisent, sans doute, pour apprécier l'étendue de l'influence qu'exercèrent dans l'Asie occidentale l'institution des mystères et l'émancipation des femmes, qui en fut une conséquence.

Les statuts des congrégations religieuses chargées des initiations ne nous sont point parvenus. Il est même douteux qu'ils aient jamais été écrits : tout, dans les sanctuaires, s'ordonnait, se transmettait, s'exécutait par la voie orale. Je le regrette plus que personne, moi qui, bien témérairement sans doute, me suis imposé la tâche difficile de tracer l'histoire des mystères. Mais, à défaut d'un traité particulier, si nous consultons, comme je l'ai fait avec tout le soin dont je suis capable, le langage qu'on employait dans les initiations, les traditions relatives aux épreuves et aux grades, enfin les monuments figurés qu'il est possible de rapporter à ces épreuves et à ces grades, nous reconnaissons, avec quelque certitude, que les principales conditions exigées des mystes furent ou durent être à peu près les suivantes :

Fournir sous une forme quelconque la preuve que l'on mène une vie régulière et que l'on remplit exactement les devoirs imposés par le culte public. C'est ce que nous appellerions aujourd'hui être muni d'un certificat de bonnes mœurs et d'un billet de confession.

Jurer entre les mains du prêtre initiateur, ou de la prêtresse initiatrice, et en présence d'un répondant de l'un ou l'autre sexe, c'est-à-dire en présence d'un parrain ou d'une marraine, jurer obéissance et soumission absolue à la congrégation.

Jurer, sous peine de la vie, de garder inviolablement le secret des révélations théologiques, cosmogoniques ou scientifiques qui s'obtiennent dans le cours des initiations.

Jurer de ne faire usage de ces révélations qu'au profit du prochain ou de la société.

Se soumettre sans hésitation, sans faiblesse, sans murmures, aux épreuves physiques, intellectuelles et morales dont je parlerai un peu plus loin.

Prendre l'engagement formel de se livrer avec zèle, assiduité et persévérance aux études, aux exercices que comporte l'initiation à chaque grade.

A quel âge pouvait-on être admis à la célébration des mystères ? A quel âge perdait-on le droit de réclamer cette admission ? La porte des sanctuaires affectés aux initiations s'ouvrait-elle non-seulement aux adolescents et aux adultes de l'un et l'autre sexe, mais aussi aux adultes et aux gens âgés, qui, après avoir bu jusqu'à satiété à la coupe de toutes les jouissances d'une vie sensuelle, comprenaient enfin le néant d'une pareille existence, et couraient chercher dans les sanctuaires un refuge et des armes spirituelles contre les tentations, plus ou moins fermement résolus à commencer une nouvelle vie ? En Orient, comme dans quelque partie de l'ancien Occident, les meurtriers eux-mêmes étaient-ils admis à se faire purifier par les prêtres initiateurs ? Les lieux où se pratiquaient les initiations jouissaient-ils du droit d'asile ? Ce sont autant de questions que le défaut de renseignements ou de traditions ne permet pas de résoudre dans un sens ou dans un autre; mais la voie des conjectures et des analogies semble conduire vers l'affirmative.

D'autres questions, non moins ardues, se présentent en foule à l'esprit : l'admission aux initiations, ou, en d'autres termes, l'instruction qu'on recevait dans les sanctuaires était-elle gratuite ? et, si elle l'était, quelles donations

avaient pourvu aux frais immenses de l'établissement primitif de ces universités religieuses, et à l'entretien annuel du personnel et du matériel qui leur
étaient nécessaires? L'État était-il intervenu dans les fondations? Supportait-il
la totalité ou une portion quelconque des dépenses quotidiennes? Les congrégations qui desservaient les sanctuaires possédaient-elles des biens-fonds? Les
cultivaient-elles elles-mêmes? Étaient-elles aptes à en posséder de nouveaux par
donation ou par legs? Payaient-elles des redevances à l'État? Étaient-elles, soit
collectivement, soit individuellement, soumises aux impôts publics? Les dignitaires jouissaient-ils du privilége de remplir certaines fonctions civiles, certaines
fonctions judiciaires? Chaque membre était-il exempt ou non du service militaire?
Les prêtres, hors du sanctuaire, vivaient-ils en commun ou séparément? Quels
prêtres initiateurs pouvaient se marier, et quels autres devaient se vouer au
célibat, ou même se soumettre à la castration? Quels étaient les costumes ou
les insignes propres aux dignitaires et aux simples membres dans l'intérieur
des sanctuaires et lorsqu'ils paraissaient en public? Quelle discipline était commune aux prêtres et aux prêtresses? Quelle discipline était particulière à
celles-ci? Quelles étaient les conditions du noviciat? Voyait-on dans les sanctuaires, comme dans certains temples, un nombre quelconque de hiérodules
et d'esclaves? Y comptait-on, de même que pour le culte public, trois ordres
de prêtres et de prêtresses? A quelle série d'épreuves et à quelles initiations
aux grades présidait en particulier chacun des ordres établis par le sacerdoce?
Quelles autres épreuves, quels autres grades exigeaient la présence simultanée
de tous ces ordres? En quelles saisons de l'année, en quel mois, à quels jours
procédait-on à telle ou telle épreuve, à l'initiation à tel ou tel grade? Entre-
tenait-on dans les sanctuaires, comme on le faisait à Hiérapolis dans les cours
du temple de la Déesse de Syrie [1], un certain nombre d'animaux destinés à
figurer symboliquement dans la célébration des mystères? Et s'il en était ainsi,
quelle catégorie de prêtres ou de prêtresses était chargée du soin de ces animaux? La plupart de ces questions de détail sont insolubles, faute de documents écrits, faute aussi de monuments de l'art applicables à leur solution.
Celles qu'on peut essayer de résoudre par cette double voie, ou par l'une de
ces deux voies, à défaut de l'autre, trouveront une réponse sinon affirmative,
du moins plausible ou conjecturale, à mesure que nous passerons en revue les
textes et les antiquités figurées qui se rapportent soit aux grades, soit à diverses

[1] Lucien, *De Dea Syria.*

pratiques des mystères, telles que le baptême, la confession, les sacrifices sanglants, la communion, les offrandes, etc.

Mais avant d'entreprendre cette revue, et préalablement même avant de nous occuper des épreuves qui devaient précéder l'initiation aux grades, examinons quels témoignages établissent que la Perse jouissait d'une institution de mystères, quelle origine y avait cette institution éminemment civilisatrice, et quelle date il convient de lui assigner.

Je pourrais sans peine trouver dans la légende de Féridoun et dans celle de Persée plus d'un fait qui, m'autorisant à ne reconnaître sous ces deux noms qu'un seul et même personnage, m'autoriserait aussi à considérer que ce prince accomplit des actes propres à l'initiation aux mystères de la Vénus Assyrienne. Mais je me garderai bien de conclure qu'à l'époque fort reculée du règne de Féridoun ou Persée, ces mystères avaient déjà été importés chez les *Iraniens*. Au delà du règne des rois achéménides, je l'ai dit précédemment, un nuage épais couvre les premiers temps de la monarchie iranienne ou persique. Les traditions fabuleuses ou les légendes héroïques ont seules survécu. Aucune histoire authentique et détaillée des temps dont je parle ne nous est parvenue. On ne peut dire si, à l'époque de Djemschid et de Féridoun, les Iraniens ou les Perses, dont l'origine scythique est certaine, faisaient partie ou non de cette mémorable invasion qui, selon Trogue Pompée, ou son abréviateur Justin, rendit les Scythes maîtres de la Babylonie, de l'Assyrie, de toute l'Asie occidentale, et les y maintint jusqu'au règne de Ninus. On ne peut dire non plus si les Iraniens, avant d'envahir l'Assyrie, avaient emprunté ou non une institution de mystères aux Mèdes, qui l'auraient eux-mêmes reçue des mains des Assyriens, c'est-à-dire des mains des Chaldéens d'Assyrie. Et, si l'on admet un instant avec moi que Féridoun ou Persée ait été initié aux mystères de la Vénus Assyrienne, on est obligé de reconnaître que les monuments figurés, les documents historiques ou les traditions ne nous donnent ni le moyen de constater que ces mystères aient été importés chez les Iraniens avant l'avénement de la dynastie achéménide, ni le moyen même de découvrir quelles modifications avaient subies les croyances et les pratiques religieuses de ce peuple, pendant les longs siècles qui durent s'écouler entre l'époque de Djemschid ou de Féridoun, et l'époque où Zoroastre présenta au roi achéménide Gustasp un nouveau système religieux, celui que renferme le livre appelé *Zend-Avesta*. Ainsi que je l'ai déjà dit, ce système, d'après les traditions conservées dans la biographie peu ancienne de Zoroastre, dut avoir à combattre, pour s'établir dans l'Iran, le brahmanisme ou le civaïsme qui semble avoir envahi ce pays dans les derniers temps qui précédèrent le règne de Gustasp. Mais Hérodote se tait sur cet événement. Pour lui, je le répète, les Perses n'ont eu que deux religions; une première que j'ai comparée au naturalisme des Védas de l'Inde; une seconde, importée de chez les Assyriens : c'est le culte de Mithra.

J'imiterai l'exemple du grand historien, et, laissant de côté tout ce qui tient à l'existence problématique des mystères importés d'Assyrie chez les Iraniens antérieurement à Zoroastre, je ne m'occuperai que des mystères dont l'institution chez les Perses, depuis l'avénement des Achéménides, nous est attestée par les monuments figurés et les documents religieux ou historiques qui appartiennent à cette époque mémorable.

Après avoir montré, dans un de mes premiers chapitres [1], que le système théogonique et cosmogonique de Zoroastre fut emprunté par lui aux Chaldéens d'Assyrie, je pourrais peut-être me croire autorisé à tirer de ce seul fait la conséquence que l'auteur du *Zend-Avesta* avait également dû importer en Perse les mystères dont les Chaldéens étaient réputés les inventeurs. Car ces mystères devaient être aussi inséparables du culte public institué chez les Assyriens que nous allons les trouver étroitement liés, chez les Perses, au culte public établi par le *Zend-Avesta*. Sur ce point les suppositions ne suffisent pas; le lecteur est en droit d'exiger des témoignages authentiques, des preuves directes et irrécusables.

Citons d'abord en entier un passage d'Eubule, dont je n'ai rapporté ci-dessus [2] que le commencement. Porphyre nous l'a conservé dans son commentaire sur les vers où l'immortel auteur de l'Iliade décrit la grotte des nymphes dans l'île d'Ithaque. Le philosophe néoplatonicien est amené à transcrire les paroles d'Eubule lorsque, dissertant sur les propriétés de la matière, il rappelle que les anciens théologiens sont fondés à comparer le monde à une grotte, « par la raison, dit-il, que le monde, comme la grotte, offre à sa « surface ou à l'extérieur des objets agréables et variés, tandis qu'à l'intérieur « il est obscur, froid, humide. Aussi les Perses, quand ils initient un néophyte, « célèbrent-ils dans un lieu qu'ils nomment expressément la grotte le mystère « de la descente et de l'ascension des âmes. Selon Eubule, continue-t-il, Zo-« roastre fut le premier, parmi les Perses, qui consacra en l'honneur de Mi-

---

« thra, créateur et père de toutes choses, une grotte naturelle, ornée de fleurs
« et de sources (d'eau vive). Située dans les montagnes voisines de la Perside,
« elle avait été disposée de manière à être l'image du monde créé par Mithra.
« A cet effet on y avait placé, séparés par des intervalles symétriques, les
« symboles des éléments et des régions du monde. Après Zoroastre, l'usage
« se conserva partout de célébrer les mystères dans des grottes et des antres
« naturels ou faits de main d'homme [1] ..... »

Arrêtons-nous quelques instants à ce passage : il est décisif, et sert de corollaire à ceux d'Hérodote que j'ai cités plus haut [2] en faisant remarquer qu'ils
nous permettent de distinguer nettement deux époques dans l'histoire de la
religion des Perses : une époque primitive, mais postdiluvienne, où toute la
religion consistait en un culte public rendu aux astres, aux éléments; une seconde époque, marquée par l'importation d'une religion spiritualiste, toute
nouvelle pour les Perses : ils reçoivent des mains des Assyriens, c'est-à-dire
des Chaldéens d'Assyrie, le culte d'une divinité mâle ou androgyne, appelée
Mithra. Nous avons vu quel rang élevé, quel rôle important assigne à ce dieu
le système théogonique et cosmogonique de Zoroastre. Les livres zends et les
sculptures religieuses des palais achéménides nous ont permis de reconnaître
en lui un des trois dieux dont se compose la triade suprême des Perses. Nous

---

[1] Διὰ μὲν οὖν τὴν ὕλην ἠεροειδὴς καὶ σκο-
τεινὸς ὁ κόσμος· διὰ δὲ τὴν τοῦ εἴδους συμπλο-
κὴν καὶ διακόσμησιν, ἀφ' οὗ καὶ κόσμος ἐκλήθη,
καλός τέ ἐσʲι καὶ ἐπέρασʲος. Ὅθεν οἰκείως,
ἐπ' αὐτοῦ ἂν ῥηθείη ἄντρον, ἐπήρατον μὲν τῷ
εὐθὺς ἐντυγχάνοντι, διὰ τὴν τῶν εἰδῶν μέθεξιν,
ἠεροειδὲς δέ, σκοποῦντι τὴν ὑποβάθραν αὐτοῦ,
καὶ εἰς αὐτὴν εἰσίοντι τῷ νῷ· ὥς τε τὰ μὲν ἔξω
καὶ ἐπιπολαίως ἐπήρατα, τὰ δ' ἔσω καὶ ἐν βάθει
ἠεροειδῆ· ʽύτω καὶ Πέρσαι τὴν εἰς κάτω κάθοδον
τῶν ψυχῶν, καὶ ϖάλιν ἔξοδον μυσʲαγωγοῦντες,
τελοῦσι τὸν μύσʲην,[a] ἐπονομάσαντες[b] σπήλαιον
τόπον[c]. Πρῶτα μὲν, ὡς ἔφη Εὔβουλος, Ζωροά-
σʲρου αὐτοφυὲς σπήλαιον ἐν τοῖς ϖλησίον ὄρεσι
τῆς Περσίδος ἀνθηρὸν καὶ ϖηγὰς ἔχον ἀνιερώ-
σαντος, εἰς τιμὴν τοῦ ϖάντων ϖοιητοῦ καὶ ϖα-
τρὸς Μίθρου, εἰκόνα φέροντος[d] αὐτῷ τοῦ σπηλαίου τοῦ κόσμου, ὃν ὁ Μίθρας ἐδημιούργησε.
Τῶν δὲ ἐντὸς, κατὰ συμμέτρους ἀποσʲάσεις,
σύμβολα φερόντων τῶν κοσμικῶν σʲοιχείων καὶ
κλιμάτων. Μετὰ δὲ τοῦτον τὸν Ζωροάσʲρην κρατήσαντος καὶ ϖαρὰ τοῖς[e] ἄλλοις, δι' ἄντρων καὶ
σπηλαίων, εἴτ' οὖν αὐτοφυῶν, εἴτε χειροποιήτων
τὰς τελετὰς ἀποδιδόναι..... (Porphyr. *De antro
nymphar.* VI, ed. Van Goens.)

[2] Ci-dessus, p. 8.

[a] Ἐπονομάσαντες] ita Cant. 2.

[b] Σπήλαιον τόπον] σπήλαιον, τόπον· Cant. 2. *locum vocantes spelæum :* forte melius legeres, ἐπονομάσαντες σπήλαιον τὸν τόπον.

[c] Πρῶτα μὲν, ὡς ἔφη, etc.] Hæc non nihil immutata excitat Stanlejus, *Hist. Philos. Orient.* p. 110, t. II. Opp. philosoph.
clerici.

[d] Αὐτῷ τοῦ σπηλαίου] αὐτῷ σπηλαίου Basil. 3.

[e] Ἄλλοις δι'] arbitror scriptum..... ἄλλοις, τοῦ δι', etc. est enim genitivus, qui dicitur absolutus : unde illud quoque
κρατήσαντος pendet.

avons vu enfin Hérodote assimiler Mithra à la Vénus-Mylitta des Assyriens, qui s'était substituée au dieu Mithra des Chaldéens. Or nous savons, par un grand nombre de témoignages bien connus de tous les archéologues, qu'au culte de Mylitta se rattachait l'institution des mystères inventés par les Chaldéens d'Assyrie dès une haute antiquité.

Le naturalisme grossier de la première époque ne pouvait comporter, pas plus chez les Perses que chez les Scythes, les Indiens, les Grecs, tous peuples congénères, une institution fondée à la fois sur le dogme de l'existence d'un dieu suprême et d'une triade divine régissant l'univers, sur le dogme de la descente, de l'ascension et de l'immortalité de l'âme. Aussi ne trouvons-nous, chez les Perses, avant la réforme religieuse de Zoroastre, avant l'époque marquée par les témoignages d'Hérodote et d'Eubule, aucune trace, je le répète, du dogme de l'existence d'un dieu immatériel, sans commencement ni fin; aucune trace non plus d'une institution de mystères nationaux. Si la légende de Féridoun ou Persée nous montre ce prince accomplissant certains actes propres aux initiations, on reconnaît tout d'abord que ces initiations appartiennent au culte d'une divinité féminine, qui ne peut être que la Vénus assyrienne, appelée tantôt *Mylitta*, *Astarté*, *Dercéto* ou *Ossa*, tantôt *Uranie*, *Aphrodite*, *Athéné*, *Minerve* ou *Pallas*. Nous ne trouvons non plus aucune trace d'une institution de mystères chez les Scythes proprement dits, ni chez les Indiens; et si nous en découvrons chez d'autres nations de race aryenne, nous savons pertinemment que ces nations avaient reçu des mains des Assyriens ou des mains des Phéniciens une institution de mystères avec le culte de cette même divinité féminine identique, au nom près, avec Mylitta, la Vénus assyrienne. C'est pourquoi nous allons constater que si les livres de Zoroastre et les édifices religieux érigés en Perse, sous le règne des Achéménides, concourent à confirmer tout à la fois les passages cités d'Hérodote et le passage ci-dessus emprunté par Porphyre à Eubule, les monuments de l'art qui, chez les Perses, se rapportent au culte public et aux mystères de Mithra furent, pour ainsi dire, calqués sur les monuments que les Assyriens consacrèrent au culte public et aux mystères de Mylitta.

Ne négligeons pas de considérer qu'en introduisant dans la Perse un culte public, régulier, spiritualiste, Zoroastre n'aurait pas atteint le but qu'il s'était proposé s'il n'avait placé, à côté ou au-dessus même de ce culte public, un culte secret, c'est-à-dire une institution de mystères analogue ou semblable à celle qu'il avait trouvé fondée, chez les Assyriens, par ses maîtres les Chaldéens. Il voulait élever la civilisation des Perses au niveau de la civilisation où étaient parvenus les Babyloniens, les Ninivites[1], les Phéniciens. Or, à l'école des Chaldéens, il avait promptement appris de quel instrument puissant se servit cette congrégation sacerdotale pour civiliser, dès une époque très-reculée, les trois peuples que je viens de nommer. A cette même école, il avait aussi appris que si l'admission au bienfait du haut enseignement fondé dans les sanctuaires de la religion n'est pas soumise aux garanties, aux conditions que j'ai rapidement indiquées, la société se trouve exposée, comme malheureusement elle l'est de nos jours, aux préjudices, aux dangers même qui résultent de la trop grande diffusion des connaissances scientifiques. La science, loin de contribuer au bonheur et à la prospérité de la nation, fournit alors des armes contre la société; elle la démoralise, et concourt ainsi à la précipiter dans les voies de la décadence. Zoroastre avait parfaitement compris que bien limitée est la durée d'un empire où ne fleurissent pas tout à la fois la religion, la morale, la justice et les institutions les plus favorables au développement des facultés intellectuelles. De plus, son séjour au milieu des Assyriens lui avait appris que, lorsque les nations deviennent riches et puissantes, elles ont toujours assez de gloire, assez de jouissances, assez de fêtes publiques; ce qu'il importe de leur donner, ce sont des vertus. Nous aurons à examiner plus loin si les dogmes, les doctrines, la morale, les préceptes enseignés dans l'initiation aux mystères de Mithra, si les institutions civiles et politiques fondées en Perse sur les mêmes bases que le culte public et le culte secret répondaient réellement aux pensées, aux vues de l'élève des Chaldéens et pouvaient conduire au but qu'il s'était proposé.

Pour le moment, poursuivons l'exposition des témoignages qui établissent que, depuis Zoroastre ou le règne des Achéménides, la Perse possédait une institution de mystères. Ajoutons d'abord au passage cité d'Eubule un autre passage du même auteur, que Porphyre[2] nous a également conservé. Dans celui-ci, Eubule nous apprend que parmi eux la transmigration des âmes était le dogme fondamental des mystères de Mithra. Il entre, sur l'institution de certains grades de ces mystères, dans quelques détails que je rapporterai plus loin. Ces détails sont précieux et paraissent s'être trouvés d'accord avec ceux que Porphyre[3] avait lus dans un autre traité sur les mystères de

---

[1] Ou les Assyriens proprement dits. — [2] *De Abstinentia*, IV, xvi, p. 348-351. — [3] *De Abstinentia*, IV, xvi, p. 351.

Mithra, dont nous avons aussi à déplorer la perte. L'auteur de ce dernier ouvrage se nommait Pallas, il avait de plus recueilli un renseignement qu'Eubule semble avoir négligé, mais que Porphyre a eu soin de nous transmettre, et qui, plus loin, nous sera très-utile pour déterminer avec toute certitude le nombre des grades institués par les inventeurs des mystères.

Après Eubule et Pallas nous trouvons à citer Celse. Ce philosophe épicurien, célèbre par le traité qu'Origène composa contre lui, paraît s'être occupé particulièrement des mystères de Mithra dans un ouvrage qui a eu le même sort que ceux d'Eubule et de Pallas. C'est une perte regrettable; car le seul fragment qui nous reste de cet ouvrage contient, sur certaines doctrines, sur certains usages propres à ces mystères, des révélations que nous chercherions vainement ailleurs. Il soulève même une grave difficulté dans la question du nombre de grades qu'avaient institués les inventeurs des mystères. Voilà pourquoi je m'abstiens pour le moment d'en rapporter le texte, obligé que je serai de le placer en entier et de le discuter, lorsqu'un peu plus loin j'exposerai mes idées sur le nombre et sur la hiérarchie des grades. Il me suffit d'en avoir fait mention ici pour être en droit de le compter au nombre des preuves qui attestent, chez les Perses, l'institution des mystères de Mithra.

Le fragment de Celse ne nous fournit aucune notion sur l'origine de cette institution éminemment civilisatrice. Il n'en est pas de même d'un passage souvent cité d'Ammien Marcellin. Cet historien, né à Antioche, avait fait la guerre en Orient sous les ordres des généraux de Constance. Il accompagna Julien pendant son expédition en Perse, et là il recueillit des renseignements précieux pour la connaissance des mœurs et des coutumes de ce pays. Ils révèlent en lui un observateur attentif, un narrateur fidèle. Aussi ne devonsnous pas hésiter à lui accorder toute confiance lorsqu'à l'occasion de la science appelée magie chez les anciens, il nous dit que le Bactrien Zoroastre et ensuite le roi Hystaspe, père de Darius et prince très-savant, avaient beaucoup ajouté aux connaissances scientifiques des mages en empruntant aux Chaldéens leurs doctrines secrètes[1]. Philon, moins explicite, dit sans désigner nominativement Zoroastre, que les mages sont initiateurs. Dans des passages que je citerai en entier au chapitre des épreuves mithriaques, Nonnus et Nicétas, deux commentateurs de saint Grégoire de Nazianze, attestent de la manière la plus formelle, mais sans mentionner non plus Zoroastre, l'usage où l'on était en

---

[1] Voir plus haut le passage cité à la note 3 de la page 12.

Perse de se faire initier aux mystères de Mithra. De leurs expressions ressort même la preuve qu'ils rapportaient aux Chaldéens l'origine de cet usage. Un autre écrivain chrétien, Julius Firmicus Maternus, au sujet des opinions répandues chez les Grecs et les Latins sur les croyances religieuses des Perses, s'exprime à peu près ainsi : « Les Perses et tous les mages qui habitent la « Perse donnent la préférence au feu et pensent que cet élément est supérieur « à tous les autres..... Ils adorent un homme tueur de bœufs, et le culte « qu'ils lui rendent, ils le rapportent à la puissance du feu..... Cet homme, « ils l'appellent Mithra. Ils célèbrent son culte dans des grottes cachées[1]..... » Ces dernières paroles s'appliquent évidemment à la célébration des mystères ou des initiations. Claudien enfin, poëte du v⁰ siècle de l'ère chrétienne, avait recueilli et nous a transmis la tradition qui, de son temps, s'était conservée, et qui attribue formellement à ces mystères une origine chaldéenne. Témoin ces deux vers bien connus de son poëme en l'honneur de Stilicon, général d'Honorius :

> . . . . .penetralibus ignem
> Sacratum rapuere adytis rituque juvencos
> Chaldæo stravere magi. . . . .

Plutarque, celui de tous les écrivains grecs qui, sans en excepter le docte Hérodote, se montre le mieux informé sur le culte public de Mithra, Plutarque se tait à l'égard du culte secret ou des mystères qui recevaient leur nom de ce dieu. Mais si l'on était tenté d'opposer son silence aux témoignages imposants que je viens de produire, il me serait facile de réduire cette objection à sa juste valeur. En effet, dans le chapitre où j'examine quelles religions eurent cours chez les Perses en même temps que le zoroastrisme, je rapporte le texte d'un autre passage, qui nous montre que Plutarque n'ignorait point l'existence d'une institution de mystères. Seulement, ayant à parler de l'initiation du roi achéménide Artaxercès Mnémon, il place les cérémonies de cette initiation dans le temple d'une déesse armée. La raison en est que le culte de la Vénus assyrienne, sous le nom d'*Anaïs*, déesse armée comme Mylitta, comme Astarté, comme Aphrodite de Lacédémone, comme l'Athéné

---

[1] « Persæ et magi omnes qui Persiæ regionis « incolunt fines ignem præferunt, et omnibus « elementis putant debere præponi..... Virum « vero abactorem boum colentes, sacra ejus ad « ignis transferunt potestatem.....Hunc Mithram « dicunt. Sacra vero ejus in speluncis abditis tra- « dunt..... » (*De errore profanarum religionum*, V, p. 16-19.)

du Parthénon, avait été importé chez les Perses par ce prince, ainsi que nous l'apprend Clément d'Alexandrie.

D'après le témoignage des écrivains étrangers à la Perse que j'ai cités, deux faits restent donc avérés, malgré le silence de Plutarque sur le culte secret de Mithra : des mystères avaient été institués, chez les Perses, en l'honneur de ce dieu, et ces mystères étaient d'origine chaldéenne. Examinons maintenant si, dans le petit nombre de fragments qui nous sont parvenus des livres de Zoroastre et dont pas un ne se rapporte directement au culte secret de Mithra, il serait possible néanmoins de découvrir quelque trace de l'institution qui nous occupe.

Et d'abord remarquons que le *Zend-Avesta* distingue deux intelligences : l'intelligence naturelle et l'intelligence qui s'acquiert par l'oreille, c'est-à-dire la science qui s'acquiert par l'enseignement oral, en d'autres termes par l'initiation aux mystères. Ormuzd a reçu du Temps-sans-bornes ces deux intelligences; Mithra les a reçues d'Ormuzd. La seconde est qualifiée « la grande « intelligence donnée d'Ormuzd; l'intelligence acquise par l'oreille, donnée « d'Ormuzd. » C'est sous ces deux qualifications qu'elle est particulièrement invoquée dans le grand et dans le petit *Si-rouzé* ou office des trente jours, le jour consacré à l'ized Mansrespand qui, nous l'avons vu plus haut, est l'ized de la parole : « Je fais Khoschoumen...... à la grande intelligence donnée « d'Ormuzd, à l'intelligence acquise par l'oreille, donnée d'Ormuzd, à la pa-« role appelée ized, » est-il dit dans le petit *Si-rouzé* [1]; « Je fais izeschné à la « parole excellente, pure et brillante; je fais izeschné à la grande intelligence, « donnée d'Ormuzd, à l'intelligence acquise par l'oreille, donnée d'Ormuzd; » telle est l'invocation placée dans le grand *Si-rouzé* [2]. Or il faut se rappeler que Mithra est le médiateur des hommes auprès d'Ormuzd, juge suprême; qu'il accomplit pour eux un sacrifice de rédemption; que, sans son secours, aucun sectateur de Zoroastre ne peut acquérir les trois degrés de pureté qui ouvrent les portes du ciel, la pureté de pensée, la pureté de parole et la pureté d'action. Répétons ici ces paroles bien remarquables de la prière à Mithra [3] : « L'homme dans le monde, s'élevant dans ses pensées, ne médite pas « le mal lorsqu'au ciel Mithra, s'élevant dans ses pensées, veut que le bien se « fasse. L'homme dans le monde, s'élevant dans ses paroles, ne dit pas le mal « lorsqu'au ciel Mithra, s'élevant dans ses paroles, dit : que le bien se fasse.

---

[1] *Zend-Avesta*, t. II, p. 323-324. — [2] *Ibid.* p. 334. — [3] *Ibid. Iescht de Mithra*, xxvii° cardé.

« L'homme dans le monde, s'élevant dans ses actions, ne fait pas le mal lors-
« qu'au ciel Mithra, s'élevant dans ses actions, agit pour que le bien se fasse. »
C'est Mithra qui, dans le ciel, pratique la loi pure, type de l'*Avesta;* c'est lui
qui exécute la parole céleste dans le ciel et sur la terre [1]; c'est lui qui possède
toutes les connaissances qu'il est possible d'acquérir par la révélation et par
l'inspiration. « Il est grand, Mithra, dit Zoroastre [2], lui qui agit avec droiture,
« *qui porte le zour pur, qui est revêtu d'un habit pur et excellent, le sadéré et le*
« *kosti,* qui exécute en haut l'excellente loi des Mazdéiesnans. Il n'y a pas
« d'homme dans le monde, grand par l'intelligence naturelle, comme le cé-
« leste Mithra est grand par l'intelligence naturelle. Il n'y pas d'homme dans
« le monde, grand par les connaissances acquises, comme dans le ciel Mithra
« est grand par les connaissances acquises [3]. » Or les mots zends *sreonéoeté*
guéosch que Anquetil traduit ici par *connaissances acquises* signifient littéralement *ce qui se dit à l'oreille* [4], et il est impossible de caractériser plus nettement les révélations qu'on faisait aux mystes, par la voie orale, dans le sanctuaire des mystères. D'autre part, Ormuzd dit à Zoroastre [5] : « La pensée
« pure est celle qui a pour objet le commencement des choses. » Or ce commencement des choses, nous n'en pouvons douter, était le thème obligé de
leçons où, dans les sanctuaires consacrés aux mystères de Mithra, les prêtres
initiateurs commentaient, pour l'instruction des néophytes, le dogme fondamental de la descente et de l'ascension des âmes. Répétons enfin que Ormuzd,
dans les termes les plus formels, prescrit à ses adorateurs de prendre Mithra
pour modèle et pour guide. On conçoit dès lors quels rapports directs, jour-
naliers, instantanés même, une telle prescription établissait entre l'homme et
Mithra. On comprend dès lors aussi que la conséquence des commandements
et des promesses de Zoroastre parlant au nom d'Ormuzd fut d'inspirer à ses
sectateurs un désir ardent d'être admis dans les sanctuaires de Mithra pour
y recevoir l'enseignement religieux et scientifique qui pouvait seul leur assurer
un bonheur éternel dans le ciel, en les rendant purs de pensées, de paroles
et d'actions.

Mais dans toutes les institutions de mystères, je le répète, avant d'accorder
aux néophytes le bienfait d'un pareil enseignement, on les soumettait à une
série d'épreuves. Interrogeons les écrivains de l'antiquité et même les mo-

---

[1] *Zend-Avesta, Iescht de Mithra,* xviiᵉ cardé.
[2] *Ibid. Iescht de Mithra,* xxxiᵉ cardé.
[3] *Ibid.* xxviiᵉ cardé, p. 224.
[4] *Zend-Avesta,* note 2.
[5] xixᵉ ha de l'*Izeschné.*

numents de l'art pour parvenir à connaître la nature et le nombre de ces
épreuves, telles que les avaient prescrites, en particulier, les statuts des mystères de Mithra. Nous examinerons ensuite quels furent le principe fondamental, le nombre, les dénominations et la hiérarchie des grades, en d'autres
termes, quelles furent la nature et la progression de l'enseignement donné
aux mystes qui avaient dignement supporté les épreuves.

CHAPITRE II.

DES ÉPREUVES.

Avant d'être admis aux initiations, avant d'être revêtu d'un des grades établis par les inventeurs des mystères, tout sectateur de Mithra qui se présentait sur le seuil du sanctuaire pour réclamer le bienfait d'un haut enseignement religieux et scientifique, devait donner au sacerdoce les garanties préalables exigées par les statuts de l'institution. Ces garanties, je l'ai déjà dit, donnaient aux prêtres initiateurs le moyen d'apprécier la piété, les facultés intellectuelles, la force d'âme, la force physique, le caractère, les sentiments, l'éducation première de chaque myste et, par là, le moyen de faire constater quels néophytes seraient capables de tenir le double serment de ne communiquer à personne les révélations scientifiques qui s'obtenaient dans les initiations, et de ne faire servir ces révélations qu'aux progrès de la civilisation et au bonheur de la société. Les épreuves devaient donc être de trois sortes, physiques, intellectuelles et morales. Nous allons, en effet, leur reconnaître ce triple caractère dans un petit nombre de passages où des auteurs chrétiens du moyen âge nous ont conservé, sur les épreuves mithriaques, les renseignements qu'ils avaient recueillis, soit dans les traditions qui avaient encore cours de leur temps, soit dans des ouvrages anciens qui ne nous sont point parvenus. Elles s'y présentent divisées en deux catégories évidemment destinées à mettre la théorie des épreuves en harmonie avec le dogme fondamental de la doctrine des mystères, la descente et l'ascension des âmes; car nous les trouvons divisées en deux grandes séries qui, chez les Grecs asiatiques, s'appelaient l'une *hypobase*, l'autre *anabase*, expressions dont il est facile de comprendre la corrélation avec les expressions sacramentelles de la psychologie des mystères, *catabase* et *anabase* (κατάϐασις et ἀνάϐασις, κάθοδος et ἄνοδος ou ἔξοδος). Les unes et les autres étaient, sans doute, la traduction ou l'équivalent des termes employés dans la liturgie zende ou persique.

Parmi les auteurs anciens dont nous possédons les écrits, Plutarque est le seul qui fasse mention des épreuves instituées dans les mystères qu'on célébrait chez les Perses. Il en place le sanctuaire à Pasargarde. Toutefois les mystères dont il entend parler ne sont pas précisément ceux de Mithra; il les rapporte à une déesse armée ou guerrière qu'il compare à Athéné, et le myste qu'il met en scène est le roi de Perse lui-même. Cette double circonstance m'engage à renvoyer plus loin la discussion de ce passage. Il me suffira, pour le moment, de dire que Plutarque, très-laconique ici contre sa coutume, se borne à rapporter [1] que le myste doit manger une pâte de figues, puis du térébinthe [2], et boire une coupe de lait aigri. « Quant aux autres cérémonies, « ajoute-t-il, on les tient secrètes. » Cette dernière phrase doit vraisemblablement s'entendre des cérémonies propres à l'initiation aux grades.

Saint Grégoire de Nazianze, bien qu'en plusieurs endroits de ses œuvres [3] il parle des épreuves qu'avaient à subir les sectateurs de Mithra, se tait sur la classification de ces épreuves. Mais Nonnus, celui de ses scoliastes qui nous donne le plus de détails sur les épreuves mithriaques, se sert des termes *hypobase* et *anabase* [4]. Ce commentateur, qu'il ne faut confondre ni avec Nonnus de Panopolis, auteur des Dionysiaques, ni avec Nonnus, le métaphraste de l'Évangile de saint Jean, si ces deux poëtes ne sont pas un seul et même personnage, nous apprend de plus que, sous la dénomination d'*hypobase* et d'*anabase*, ces deux catégories d'épreuves comprenaient quatre-vingts degrés. Je rapporterai en entier, tout à l'heure, les deux passages où il traite ce sujet. Dans une inscription latine du IIe siècle de notre ère, et gravée sur un bas-

---

[1] *In vita Artaxer.* § 3.

[2] Une tradition recueillie par Alexandre (ab Alexandro) me porte à croire qu'au térébinthe on substituait quelquefois une autre substance amère, le fiel. Cet auteur, sans toutefois nous faire connaître ses autorités, rapporte que les mages se servaient du fiel d'un chien noir pour détourner certains maléfices qui peuvent, ce me semble, être les mauvais penchants ou les séductions que les épreuves mithriaques étaient destinées à combattre et à vaincre. « Quod magorum, « dit-il, commentum fuisse dicunt, ut felle nigri « canis suffitas domos, et genitale sub limine de« fossum habeant, contra mala medicamenta et « amatoria maleficia maxime proficere arbitrati. » (*Geniales Dies*, II, v, t. I, p. 284.) Remarquons que, selon Plutarque (*De Isid. et Osir.* Opp.

t. VII, p. 487), les Égyptiens célébraient la fête d'Hermès le vingt et unième jour du premier mois de l'année, et qu'ils mangeaient ce jour-là du *fiel* et des *figues*, disant que la vérité est douce.

[3] *Oratio III advers. Julian.* Opp. omnia, t. I. p. 77; ed. Paris. 1630; *Oratio XXXIX*, p. 626.

[4] L'abbé de Billi, dans sa traduction, ou plutôt dans son extrait des commentaires de Nonnus, a supprimé les mots *hypobase* et *anabase*. Par là il nous montre qu'il n'en avait compris ni l'importance ni même le sens. Ne soyons donc pas surpris s'il n'a nullement songé à rapprocher de ces deux expressions, comme je vais le faire, les mots *hypobase* et *parembole*, que nous trouvons gravés sur un bas-relief mithriaque d'époque romaine.

relief mithriaque dont j'examinerai les symboles et les accessoires dans la seconde partie de mon ouvrage; nous retrouvons l'expression *hypobase* et, au lieu d'*anabase*, nous lisons *parembole*[1]. Une inscription grecque des bas temps de Rome[2], et commençant par ces mots : ΗΛΙω·ΑΝΙΚΗΤω, qui équivalent à ΜΙΘΡΑ·ΑΝΙΚΗΤω, nous offre la mention d'une seule de ces deux séries d'épreuves, et substitue aux expressions *anabase*, *hypobase* et *parembole*, l'unique mot *épibase*[3], qui, évidemment, appartient à une même catégorie d'idées et de cérémonies, mais dont je ne connais pas d'autre exemple dans les inscriptions mithriaques. Ce mot n'est même employé par aucun des auteurs grecs ou latins qui ont écrit sur les épreuves en usage dans la célébration des mystères de Mithra.

Ces écrivains ne sont pas d'accord entre eux, quant au nombre, à la nature et à la progression des épreuves. C'est du moins ce qu'il nous est permis de conjecturer, lorsque, à défaut de documents anciens, nous consultons les auteurs chrétiens qui ont écrit depuis le viiie siècle jusqu'au xie. Vers la fin du ive ou au commencement du ve siècle, saint Grégoire de Nazianze, dans ses vers à Némésius[4], caractérise simplement par des épithètes de réprobation le culte qu'on rendait à Mithra[5]. Dans ses Discours[6], il se borne à dire que les sectateurs de Mithra qui veulent être admis aux initiations sont obligés de se soumettre à des supplices et à l'épreuve du feu. Mais Nonnus, commentant les paroles laconiques de saint Grégoire, s'exprime en ces termes dans sa Συναγωγὴ ἱσϊοριῶν, imprimée à Éton en 1610[7] : « Mithra, chez les Perses,

---

[1] Voy. mon Atlas, pl. LXXXII, n° 1.

[2] Cette inscription lapidaire, qui paraît avoir échappé aux recherches de Boeckh et de Franz, sera publiée dans mon second volume. Elle était autrefois déposée à Rome dans la maison de Baptiste Matheo; et la collection manuscrite de Pierre Sabin, qui se conserve à Venise, en contient une copie dont je dois la communication à l'obligeance d'un savant épigraphiste de Rome, M. le chevalier Jean-Baptiste de Rossi.

[3] ΕΠΙΒΑCCΟΥ dans la copie de Pierre Sabin.

[4] *Carmina*, t. II, p. 145 A, ed. Paris, 1630; t. II, p. 1085, éd. de l'abbé Caillau, Paris, 1840, in-fol. — Cf. Schol. ad Gregor. Naz. *Carmina*, p. 49, ed. Gaisford.

[5] . . . . ὡς δὲ ναόιο
Μιθραίου κακὰ ἔργα, καὶ ὄργια οὐκέτ' ἄπυσϊα.

[6] *Orationes*, loc. cit.

[7] Les copies manuscrites des Commentaires de Nonnus sur les deux discours de saint Grégoire contre Julien et sur le discours εἰς τὰ φῶτα sont nombreuses. Montfaucon (*Diar. italic.* p. 201) en cite une du xe siècle, qui avait été offerte en présent par un Grec à Louis XIV. M. E. Miller, dans son beau Catalogue des mss. grecs de la bibliothèque de l'Escurial, en indique jusqu'à neuf; et j'ai lieu de croire qu'il en existe plusieurs autres ailleurs. Mais ces divers manuscrits ne paraissent pas avoir été collationnés avec l'imprimé pour corriger l'édition d'Éton ni celle de Billi; et on ne nous a pas fait connaître les variantes qu'ils ne peuvent manquer de renfermer.

« passe pour être le soleil; ils lui immolent des victimes, et ils célèbrent cer-
« tains mystères en son honneur. Mais personne ne peut être initié à ces mys-
« tères sans avoir passé auparavant par *quatre-vingts* degrés de supplices divisés
« en *hypobase* et en *anabase*. On est soumis d'abord aux épreuves les plus lé-
« gères et ensuite aux épreuves les plus pénibles. Quand on les a toutes sup-
« portées, on est alors initié aux mystères. Elles consistent à traverser le feu
« et l'eau, à endurer le froid, la faim, la soif, la fatigue de la marche et
« d'autres épreuves de ce genre [1]. »

Plus loin, Nonnus revient sur le même sujet, en disant : « Les Perses pensent
« que Mithra est le soleil; ils lui offrent beaucoup de sacrifices et célèbrent
« certains mystères en son honneur. Personne n'est admis à ces mystères s'il
« n'a auparavant passé par des supplices de toute espèce, et s'il n'y a fait
« preuve de piété et de force d'âme. On dit qu'il y a *quatre-vingts* degrés de
« supplices que le myste doit éprouver successivement. Il faut d'abord, par
« exemple, que pendant plusieurs jours il traverse de grandes masses d'eau ;
« qu'ensuite il se jette dans le feu [2]. Il doit après vivre dans la solitude, pra-
« tiquer le jeûne, et continuer ainsi jusqu'à ce qu'il ait achevé de passer, comme
« je l'ai déjà dit, par les quatre-vingts genres de supplices. S'il sort victorieux
« de ces épreuves, on l'initie enfin aux mystères [3]. »

Deux autres scoliastes de saint Grégoire de Nazianze, Élias de Crète et Nicétas, tous deux évêques, ont aussi commenté le passage de cet auteur qui

[1] Ὁ τοίνυν Μίθρας νομίζεται παρὰ Πέρσαις εἶναι ὁ ἥλιος, καὶ θυσιάζουσιν αὐτῷ, καὶ τελοῦσι τινὰς τελετὰς εἰς αὐτόν· οὐ δύναται οὖν τις εἰς αὐτὸν τελεσθῆναι, εἰ μὴ πρότερον διὰ τῶν βαθμῶν τῶν κολάσεων παρέλθοι. Βαθμοὶ δέ εἰσι κολάσεων, τὸν μὲν ἀριθμὸν ὀγδοήκοντα, ἔχοντες δὲ ὑπόβασιν καὶ ἀνάβασιν. Κολάζονται γὰρ πρῶτον τὰς ἐλαφροτέρας, εἶτα τὰς δρασ7ι-κωτέρας· καὶ εἶθ' οὕτω μετὰ τὸ παρελθεῖν διὰ πασῶν τῶν κολάσεων, τότε τελεῖται ὁ τελού-μενος. Αἱ δὲ κολάσεις εἰσί, τὸ διὰ πυρὸς πα-ρελθεῖν, τὸ διὰ κρύους, διὰ πείνης καὶ δίψης, διὰ ὁδοιπορίας πολλῆς, καὶ ἁπλῶς διὰ πασῶν τοιούτων. (Συναγωγὴ ἱσ7οριῶν, § 6, p. 132, edit. Éton.)

[2] Le savant Selden (*De Diis syr.* syntagm. I, cap. v) prend occasion des ustions mithriaques pour rapprocher le culte de Mithra et celui de Moloch chez les Ammonites, qui étaient dans l'u-sage de faire passer leurs enfants par le feu ou même de les sacrifier dans le feu en l'honneur de leur divinité.

[3] Τὸν Μίθραν νομίζουσι Πέρσαι τὸν ἥλιον εἶναι· καὶ τούτῳ θύουσι πολλὰς θυσίας, καὶ τελοῦνται τινὰς εἰς αὐτὸν τελετάς· οὐδεὶς δὲ δύ-ναται τελεῖσθαι τὰς τοῦ Μίθρου τελετὰς, εἰ μὴ διὰ πασῶν τῶν κολάσεων παρέλθοι, καὶ δεῖξαι ἑαυτὸν ἀπαθῆ τινα καὶ ὅσιον. Λέγονται δὲ ὀγ-δοήκοντα εἶναι κολάσεις, ἃς κατὰ βαθμὸν δεῖ τὸν τελεσθησόμενον παρελθεῖν· οἷον, πρῶτον διανήξασθαι ἐπὶ πολλὰς ἡμέρας ὕδωρ πολύ· εἶτα εἰς πῦρ ἐμβάλλειν ἑαυτόν· εἶτα ἐν ἐρήμῳ διαιτηθῆναι καὶ ἀσιτῆσαι, καὶ ἄλλα τινὰ ἄχρις οὗ (ὡς εἴπομεν) τὰς ὀγδοήκοντα κολάσεις πα-ρέλθοι· καὶ τότε λοιπὸν ἐμύουν αὐτὸν τὰ τε-λεώτερα, ἐὰν ζήσῃ. (*Ibid.* § 47, p. 143.)

nous a valu les deux récits de Nonnus. Ils nous donnent quelques détails qui ont échappé à ce dernier; mais ces détails sont loin de compenser les lacunes que l'on remarque dans leur commentaire. Le premier écrivait au viiie siècle. Le texte grec de son travail est resté inédit [1]. On ne le connaît que par la traduction latine de l'abbé de Billi, traduction qui, si j'en juge d'après celle que cet ecclésiastique a donnée du commentaire de Nonnus et du commentaire de Nicétas, ne représente peut-être pas exactement l'original, et ne doit être considérée que comme un extrait [2] des remarques du commentateur. Selon cet extrait, c'est à l'occasion de Marc, évêque d'Aréthuse, qu'Élias fait une mention succincte des épreuves instituées dans les mystères de Mithra. « Quelques-uns « croient, aurait-il dit [3], que Mithra est le soleil. On célèbre des fêtes en son « honneur, principalement chez les Chaldéens. Ceux qui veulent être initiés à « ses mystères doivent subir douze sortes d'épreuves (*tormenta*), telles, par « exemple, que la faim, les flagellations et autres de ce genre..... »

Nicétas, qui successivement fut évêque de Serres, en Macédoine, et métropolitain d'Héraclée de Thrace, commenta saint Grégoire de Nazianze trois siècles environ après Élias de Crète. Il est plus explicite que ce dernier, dans le passage où il parle des épreuves imposées aux sectateurs de Mithra. J'en juge non d'après la traduction latine de Billi, mais d'après le texte grec. Le lecteur en jugera lui-même en lisant au bas de cette page la transcription de deux copies de ce texte, l'une inédite, dont je suis redevable à mon savant confrère et ami M. Jules Mohl, qui l'a fait prendre sur un manuscrit de la bibliothèque de l'Escurial [4], l'autre insérée dans le second volume du catalogue

---

[1] On n'en cite même qu'une seule copie; elle se trouve dans un très-beau volume manuscrit, qui appartient à la bibliothèque publique de Bâle. (Voy. les Lettres de Charles Patin sur son voyage [Amsterdam, 1696, 1 vol. in-12], p. 132.)

[2] Voy. Fabricius, *Biblioth. græc.* vol. VIII, p. 430; ed. Harles.

[3] Voici le passage entier d'Élias, tel qu'il est rapporté dans la traduction de Billi : « .... eaque «perpetiebatur, dum varie simul et torqueretur, «et contumelia afficeretur ab idolorum cultoribus, «atque in Mithræ templo hujusmodi cruciatus «de more subeuntibus. Mithram autem quidam «solem esse aiunt. In cujus honorem festa celebrabantur, ac præsertim apud Chaldæos. Et

«qui ipsius sacris initiandi erant, per duodecim «tormentorum genera ducebantur, hoc est per «famem, per ustionem, per flagra, et hujusmodi «alia. Digne autem hos in Mithræ templo his «tormentis affici dixit, propterea quod talibus «suppliciis digni sint qui talia numina vene-«rantur. » (Gregor. Nazianz. *Opp. omnia.* Lutet. Parisior. 1609-1611, 2 vol. in-fol. Paris, 1630, in-fol. t. II, p. 350, A et B.)

[4] Οὐδὲ Μίθρου κόλασις ἔνδικος. — Τὸν Μίθραν ἄλλοι ἄλλως ἐνόμισαν· οἱ μὲν γὰρ τὸν ἥλιον· οἱ δὲ τὸν ἔφορον τοῦ πυρός· ἄλλοι δὲ εἰδικήν τινα δύναμιν. Γίνονται δὲ τούτῳ τῷ Μίθρᾳ τινὲς τελεταὶ καὶ μάλισ7α παρὰ Χαλδαίοις· οἱ δὲ τελούμενοι τῷ Μίθρᾳ κατὰ βαθμόν τινα κολάσεων

des manuscrits de Clarke acquis par la bibliothèque Bodléienne [1]. Il en existe une troisième copie; celle-ci se conserve à Florence dans la bibliothèque de Laurent de Médicis. C'est là que le P. Montfaucon, retournant de Rome dans sa patrie, en fit une traduction latine pour la communiquer à l'évêque d'Hadria, Philippe de la Tour, qui, en 1700, la publia à la suite de ses *Monumenta veteris Antii* [2]. Les différences que présentent entre elles la copie de l'Escurial et la copie d'Oxford m'engagent non-seulement à placer la traduction latine du savant bénédictin à la suite de ces deux copies du texte grec [3], mais à en donner ici une version française, comme je l'ai fait pour les deux passages cités du commentaire de Nonnus : « Les opinions, dit Nicétas, sont partagées « à l'égard de Mithra : les uns le prennent pour le soleil; les autres pour le « surveillant ou le modérateur du feu; d'autres enfin pour une certaine puis-« sance particulière. C'est principalement chez les Chaldéens qu'on pratiquait « les initiations aux mystères de ce Mithra. Ceux qui voulaient se faire initier « devaient (préalablement) être éprouvés par divers genres de supplices que « l'on graduait de manière à ce que les mystes fussent soumis d'abord à des « souffrances légères, et successivement à des souffrances cruelles. Par exemple, « on les obligeait à souffrir de la faim pendant cinquante jours. S'ils suppor-« taient avec constance cette épreuve, on les flagellait pendant deux jours; et

---

ἐτελοῦντο. Πρότερον μὲν τὰς ἐλαφροτέρας κο-λάσεις παρελάμβανον· καὶ εἶθ' οὕτως.τὰς δρα-σ7ικωτέρας· οἷον πρῶτον ἐλίμωτ7ον αὐτοὺς τοὺς τελουμένους ἐπὶ πεντήκοντα ἡμέρας εἰ τύχοι. Εἶτα εἰ ἔφερε καρτερικῶς, ἐποίουν πάλιν αὐτὸν ξεσθῆναι ἐπὶ δύο ἡμέρας · εἶτα πάλιν εἰς χιόνα ποιῆσαι ἡμέρας Κ .. καὶ οὕτως ἁπλῶς κατὰ μικρὸν τὰς κολάσεις ἐπὶ τὸ μεῖζον αὔξοντες. Εἰ ὁ τελούμενος καρτερῶν ἐφαίνετο, τότε λοιπὸν ἐτέλουν αὐτὸν τὰ τελεώτ .... (sic). (Litt. Ψ. Plut. III, num. 3.)

[1] Τὸν Μίθραν οἱ μὲν ἥλιόν φασιν, οἱ δὲ τὸν ἔφορον τοῦ πυρός. Γίνονται δὲ τούτῳ τελεταὶ μάλισ7α παρὰ Χαλδαίοις· οἱ δὲ τελούμενοι τῷ Μίθρᾳ κατὰ βαθμὸν δι' ὀγδοήκοντα κολάσεων ἐτελοῦντο ἀπὸ τῶν ἐλαφροτέρων ἐπὶ τὰς αὐσ7η-ροτέρας ἰόντες. Ἤρχοντο δὲ ἀπὸ λιμοῦ · εἶτα ἐξέοντο· εἶτα ἐπὶ χιόνας ἐπεβάλλοντο· κἀκεῖθεν εἰς τὰ διὰ πυρός, μέχρι τὰς π̅ κολάσεις ὑπο-μεῖναι. Κἀκεῖθεν ὅσιόν τινα ἐλογίζοντο, ἀδύνατον δὲ τῷ Μίθρᾳ τελεσθῆναι τὸν μὴ διὰ τῶν π̅ πα-

ριόντα κολάσεων. (*Catalogus sive notitia manuscriptorum qui a celeb. Clarke comparati in bibliotheca Bodleiana asservantur*, pars posterior, p. 49. Oxon. 1815.)

[2] P. 212, 213.

[3] « Mithram alii alium esse arbitrati sunt : qui-« dam scilicet solem, alii inspectorem seu mo-« deratorem ignis, alii propriam quandam vir-« tutem. Hujus autem Mithræ mysteriis quædam « initiationes sunt maxime apud Chaldæos. Qui « Mithræ mysteriis initiabantur, quibusdam ceu « gradibus cruciatus probari solebant : ita ut « primum leviore pœnarum genere adficerentur, « ac deinceps vehementiore. Exempli caussa, « primo initiandos fame adfligebant quinquaginta « diebus, ac si hæc constanter tolerarent, illos « biduo cædi curabant, ac deinceps eodem pœnæ « genere singulos exercebant viginti octo diebus : « eoque pacto auctis cruciatibus, si qui initia-« bantur hæc patienter ferrent, tunc demum per-« fectiora mysteria edocebantur. »

« on les soumettait à des peines analogues qui duraient vingt-huit jours; après
« quoi, toutes les épreuves étant achevées, ceux qui les avaient patiemment
« supportées étaient enfin initiés aux secrets des mystères. »

On peut désormais se convaincre qu'entre le manuscrit de l'Escurial et celui de Florence il existe une grande analogie. L'un et l'autre, au lieu de nous dire, comme le manuscrit d'Oxford, comme aussi les deux passages cités de la Συναγωγή de Nonnus, que le nombre des épreuves s'élevait à quatre-vingts; nous apprennent qu'elles duraient quatre-vingts jours, dont cinquante auraient été employés à jeûner, deux à subir des épreuves qui ne sont pas indiquées, et vingt-huit à se jeter dans la neige et à supporter des épreuves plus difficiles, qui ne sont pas non plus nominativement désignées. Aucune mention de la division des épreuves en *hypobase* et en *anabase* ou *parembole* n'accompagne cette répartition bien incomplète des épreuves à subir pendant quatre-vingts jours. On ne peut donc se défendre de supposer que le manuscrit d'Oxford mérite moins de confiance que celui de l'Escurial et celui de Florence.

De ces diverses remarques il résulte que Barthius, dans ses commentaires sur la Thébaïde de Stace [1], s'est mépris en attribuant à Élias de Crète un passage qui n'est qu'un extrait du commentaire de Nonnus. D'autre part, il devient évident que Philippe de la Tour [2] a mal traduit le verbe διανήξασθαι, et n'est pas fondé à imputer à Barthius toutes les erreurs qu'il lui reproche [3]. Enfin Montfaucon [4] lui-même se trompe lorsqu'il met sur le compte de Barthius une erreur qui est le fait du savant évêque d'Hadria.

D'un autre côté, Nonnus ou plutôt ses copistes ont induit en erreur les traducteurs; car, dans le texte grec du premier des deux passages cités [5], il oppose à l'épreuve du feu, πῦρ, l'épreuve du froid, κρύος, et, dans le second passage [6], il substitue à ce dernier mot celui d'ὑδὼρ, « eau. » Là est probablement la raison qui a porté Billi à traduire, dans le premier passage, κρύος par *aqua*, prenant sans doute κρύος pour κρουνὸς, « source, fontaine. » L'opposition ou l'antagonisme subsiste dans les deux passages de Nonnus, tels qu'ils nous ont été transmis par les copistes; et cette opposition me conduit à ajouter que ce même commentateur, parlant des deux fleuves où, selon Platon, se purifiaient

---

[1] *Ad libr.* 1, v. 720 (*ultim.*) Statii *Opp.* t. II, p. 248. (Cygnæ [Zwickau], 1664, 5 vol. in-4°.)

[2] *Monum. veter. Antii*, cap. v, *de Mithra*, p. 211, 212.

[3] *Monum. veter. Antii*, p. 212.

[4] *Itinerar. Italic.* p. 201.

[5] Ci-dessus, p. 117.

[6] Ci-dessus, p. 117.

les âmes des méchants, dit que l'un, le Cocyte, était très-froid; et l'autre, le Phlégéthon, très-chaud [1]. L'immortel auteur du Phédon se borne à dire que le Phlégéthon est un *fleuve de flammes*. C'est en effet ce que signifie le nom grec de ce fleuve, Πυριφλεγέθων. Mais Nonnus, en ajoutant que le Cocyte est très-froid, semble avoir réellement complété la pensée de Platon; car dans le Phédon [2], la progression du supplice du froid au supplice du feu ou des flammes est formellement indiquée par ces mots : « ..... Les homicides sont «précipités dans le Cocyte, les parricides et les matricides, dans le Phlégé-«thon [3] ..... » Et, pour le dire en passant, ce passage n'est pas le seul, dans Platon, qui, rapproché des autres traditions recueillies par divers écrivains grecs et rapproché aussi des récits de Nonnus, d'Élias et de Nicétas, et de la théorie qui sert de base à l'institution des grades mithriaques, comme nous le verrons plus loin, établit une analogie frappante entre la doctrine psychologique des mystères de Mithra et les croyances des Grecs relatives aux purifications et aux tourments que les âmes des morts ont à subir dans les enfers. Région terrestre et enfers étaient donc synonymes dans le langage psychologique des divers peuples de l'antiquité.

Je n'aurais pas achevé de mettre sous les yeux du lecteur les renseignements qui nous restent sur les épreuves en usage dans la célébration des mystères de Mithra, si je ne rapportais ici un passage tiré d'un livre où peut-être on se serait d'autant moins attendu à le trouver, qu'il est l'ouvrage d'une femme, d'une princesse qui fut revêtue de la pourpre impériale. Je veux parler du *Violarium* composé, vers l'an 1070, par l'impératrice Eudocie Macrembolitesse, pour son second époux Romain Diogène. Elle paraît avoir pris soin de réunir les traditions qui s'étaient conservées jusqu'à elle sur les épreuves mithriaques. Un habile helléniste, Anse de Villoison, a publié sans traduction le texte grec du *Violarium* [4]. J'en extrais, pour le transcrire au bas de cette page [5], le morceau qui nous intéresse, et voici comment j'ai essayé de le traduire en français :

« Mithra, chez les Perses, passe pour être le soleil. On lui offre divers sa-

---

[1] Ὁ μὲν Κωκυτὸς ψυχρότατος· ὁ δὲ Πυριφλεγέθων θερμότατος. (Συναγωγὴ ἱσ7ορ. § 31, p. 171.)

[2] P. 257, edit. Bipont.

[3] ..... Τοὺς ἀνδροφόνους κατὰ τὸν Κωκυτὸν, τοὺς δὲ πατραλοίας καὶ μητραλοίας κατὰ τὸν Πυριφλεγέθοντα.

[4] *Anecdot. græc.* (Venet. 1781, 2 vol. in-4°), t. I, p. 291.

[5] Περὶ τῆς τοῦ Μίθρου κολάσεως. — Ὁ Μίθρας νομίζεται παρὰ Πέρσαις εἶναι ὁ Ἥλιος· καὶ θυσιάζουσιν αὐτῷ πολλὰς θυσίας, καὶ τελοῦσί τινας τελετὰς εἰς αὐτόν· οὐδεὶς δὲ δύναται εἰς

16

« crifices, et certains mystères ont été institués en son honneur. Personne ne
« peut être admis aux initiations s'il ne passe préalablement par tous les de-
« grés des épreuves (supplices) et s'il ne se montre, en même temps, juste
« ou saint et insensible à la douleur. Les degrés des épreuves sont au nombre
« de quatre-vingts. Tantôt ils s'abaissent, tantôt ils s'élèvent progressivement.
« D'abord les tourments sont plus légers, puis ils deviennent plus violents; et
« c'est après avoir subi toutes les épreuves que le myste est admis (aux ini-
« tiations). Voici quelles sont ces épreuves : Premièrement on oblige le myste
« à supporter la faim (à jeûner) pendant cinquante jours, plus ou moins,
« selon l'occurrence. Ensuite, s'il subit patiemment cette épreuve, on lui fait tra-
« verser de l'eau à la nage pendant plusieurs jours; puis il doit se jeter dans
« le feu; puis s'enfoncer dans la neige pendant vingt jours; après quoi, on le
« frotte (rudement) deux jours, et il reste dans une solitude sans nourriture.
« Enfin on lui fait subir d'autres tourments du même genre, jusqu'à ce qu'il
« ait passé par les quatre-vingts épreuves, comme nous l'avons dit. Si l'on
« constate que le patient les a supportées avec fermeté, on l'admet dès lors à
« l'initiation la plus complète (parfaite[1]). »

Ce récit, on le voit, est conforme en plusieurs points aux passages cités de
Nonnus, d'Élias et de Nicétas. Il offre, de plus, quelques détails que nous
n'avons pas trouvés dans les commentateurs de saint Grégoire de Nazianze.
Mais les renseignements puisés à ces diverses sources ne suffisent pas, il faut
bien le reconnaître, à donner une notion complète des usages suivis dans les
sanctuaires où les sectateurs de Mithra subissaient les épreuves qui devaient
précéder l'admission aux initiations et, par conséquent, l'admission aux grades.
Ces renseignements, tout incomplets qu'ils sont, méritent néanmoins que nous
en examinions les traits les plus saillants. Et d'abord remarquons que les

---

αὐτὸν τελεσθῆναι, εἰ μὴ πρότερον διὰ τῶν βαθμῶν πασῶν τῶν κολάσεων παρέλθοι, καὶ δεῖξαι τινὰ ἀπαθῆ καὶ ὅσιον. Βαθμοὶ δέ εἰσι κολάσεων τὸν μὲν ἀριθμὸν ὀγδοήκοντα, ἔχοντες δὲ ὑπόβασιν καὶ ἀνάβασιν · κολάζονται γὰρ πρῶτον τὰς ἐλαφροτέρας, εἶτα τὰς δρασ]ικωτέρας · καὶ εἶθ' οὕτως μετὰ τὸ παρελθεῖν διὰ πασῶν κολάσεων, τότε τελεῖται ὁ τελούμενος · αἱ δὲ κολάσεις εἰσὶν τοιαῦται · πρότερον ἐλίμωττον αὐτοὺς τοὺς τελουμένους ἐπὶ πεντήκοντα ἡμέρας εἰ τύχοι · εἶτα εἰ ἦγε καρτερικῶς, ἐποίουν

αὐτὸν διανήξασθαι ἐπὶ πολλὰς ἡμέρας ὕδωρ · εἶτα εἰς τὸ πῦρ ἐμβαλεῖν ἑαυτόν · ἔπειτα πάλιν εἰς χιόνα ποιῆσαι εἴκοσιν ἡμέρας · εἶτα ἐποίουν αὐτὸν πάλιν ξεσθῆναι ἐπὶ δύο ἡμέρας, εἶτα ἐν ἐρήμῳ διαιτηθῆναι καὶ ἀσιτῆσαι · καὶ ἄλλα τινὰ ἄχρις οὗ, ὡς εἴπομεν, τὰς ὀγδοήκοντα κολάσεις παρέλθοι · καὶ εἰ ὁ τελούμενος καρτερῶν ἐφαίνετο, τότε λοιπὸν ὁ τελούμενος ἐτελεῖτο τὰ τελεώτατα.

[1] C'est-à-dire à tous les degrés de l'initiation ou à tous les grades.

épreuves reproduisaient dans un ordre d'idées inférieures cet antagonisme, ce contraste perpétuel du bien et du mal, du bon et du mauvais, qui est mis en relief dans toutes les parties du système théogonique et cosmogonique de Zoroastre. Remarquons aussi que le nombre douze, appliqué à l'institution des épreuves, est en parfaite harmonie avec la théorie des douze millénaires ou périodes conventionnelles qui, dans le *Zend-Avesta*, servent à exprimer la durée du monde créé; avec la théorie des douze signes du zodiaque qui marquent les douze phases de la vie ou de la marche du soleil; avec la théorie des douze grades qui, dans les initiations, nous le verrons tout à l'heure, marquent à leur tour les douze phases de la vie de l'homme, qualifié à juste titre de *microcosme*, le monde en petit. Répétons que les deux grandes divisions des douze catégories d'épreuves en *hypobase* et *anabase* ou *parembole* achèvent d'assimiler l'ordonnance des épreuves à celle des grades dont nous allons aussi trouver le cycle divisé en deux séries de six grades chacune qui, fondées sur le dogme de l'*hypobase* ou descente des âmes et de leur *anabase* ou ascension, répondent ainsi à la division de la sphère en hémisphère inférieur et hémisphère supérieur. N'oublions pas de noter que, si les épreuves par l'eau, par le feu et, on peut ajouter, par l'air, appartiennent évidemment à l'*hypobase*, nous verrons tout à l'heure l'âme de l'initié obligée, pendant la *catabase*, de combattre successivement ces trois éléments, qui concourent au phénomène de la génération et, par conséquent, à la manifestation des passions charnelles. Observons, de plus, que la subdivision des épreuves en quatre-vingts degrés ou en quatre-vingts jours est d'accord, d'une part, avec diverses traditions ou divers usages asiatiques que je vais rapporter, et, d'autre part, avec l'emploi du nombre quarante dans certains récits cosmologiques ou anthropologiques que vont aussi nous fournir les écrivains orientaux.

Ainsi, par exemple, dans un office particulier que Anquetil du Perron appelle l'*afrin du Gahanbar* et qui se célèbre pendant les six fêtes nommées les *Gahanbars*, il est dit que Ormuzd, aidé des amschaspands, créa les animaux en quatre-vingts jours [1]. Or ce passage se trouve précisément dans la partie de l'office qui se récite durant les cinq jours de la fête du cinquième *Gahanbar* appelé *médiarem*, grand et lumineux, qui tombe au quatre-vingtième jour après le quatrième Gahanbar, dans le mois *din* ou *dée*, c'est-à-dire le *mois de la science*, et ces cinq jours du cinquième Gahanbar, par une coïncidence qui

[1] *Zend-Avesta*, t. II, p. 86.

n'est certainement pas fortuite, commencent le jour Mithra du mois de la science et finissent le jour Behram [1], c'est-à-dire le jour consacré à l'ized dont les diverses métamorphoses en jeune homme de quinze ans ou néophyte et en animaux de plusieurs espèces représentent si bien les métamorphoses que subissait le sectateur de Mithra admis aux grades de taureau, de lion, etc. Remarquons à ce sujet que non-seulement il est question dans l'*afrin Gahanbar* de la création des animaux en quatre-vingts jours, mais que chaque Gahanbar répond à une des six divisions ou des six temps de l'année marqués par une des six créations d'Ormuzd [2]. Remarquons, de plus, que toute cette liturgie est réglée d'après une cosmogonie dont le trait principal, les six jours ou les six temps (*gahs*) de la création, est évidemment emprunté à la Genèse, et se présente dans le même *afrin du Gahanbar* avec le caractère d'une antique révélation faite à Djemschid par Ormuzd. Car il est dit que ce dieu célébra lui-même, dans le ciel, les six *Gahanbars* après la création des êtres [3], création qui était son œuvre; et il est dit aussi que Djemschid, en commémoration de cet événement, a institué sur la terre les six fêtes des Gahanbars. Selon l'Eulémaï Islam [4], ouvrage zoroastrien que j'ai déjà cité et qui contient de très-anciennes traditions persiques, ce fut après quatre-vingts jours que Ormuzd créa le taureau (premier) et Kayomorts. Or nous avons vu que du corps de ce taureau sortirent tous les êtres qui peuplent la terre, et nommément le premier homme [5], appelé *taureau-homme, guéhéié-mérété*, et, par corruption,

---

[1] *Zend-Avesta*, t. II, p. 85, 86.

[2] Sur la création du monde en quatre-vingts jours, on peut consulter l'ouvrage de MM. Benfey et Stern, intitulé : *Ueber die Monatsnamen*, p. 3o et suiv.

[3] *Zend-Avesta*, p. 83, 89.

[4] *Zend-Avesta*, t. I, 2ᵉ part. notice, p. 27, 3o.

[5] On serait tenté de croire que, dans les croyances religieuses des bouddhistes de l'Inde et du Thibet, le nombre quatre-vingts était de même considéré comme un nombre sacramentel. Les auteurs chinois (*Asiat. Research.* vol. XX, p. 91) rapportent que Cakya-Mouni (un des bouddhas), né au mois d'avril ou de mai de l'an 1029 avant l'ère chrétienne, vécut *quatre-vingts* ans, et qu'après sa mort une violente querelle éclata entre *quatre-vingts* tribus ou villes, au sujet de la possession de ses restes mortels, de-

venus autant de reliques. Le témoignage que fournissent les livres bouddhistes des Thibétains se rapporte à la doctrine de la métempsycose, et par là acquiert à nos yeux un degré particulier d'intérêt. Écoutons le P. François Horace della Penna di Billi; dans une notice composée, en 1730, sous le titre de *Breve notizia del regno del Thibet*, et insérée dans le *Nouveau Journal asiatique* (t. XIV, cahiers d'octobre et de novembre 1834), il s'exprime en ces termes (p. 413) au sujet des *ciànq c'iub*, c'est-à-dire au sujet des bouddhistes parvenus au sixième degré de spiritualité : «..... E per conoscere quelli che «sono divenuti santi (c'est-à-dire *bouddhas*) «dopodetto ristabilimento è necessario sia di-«chiarato con verun atto di chi che sià, ma viene «riconosciuto per tale quando nell' ultima tras-«migrazione averà nel proprio corpo trenta-due

Kayomorts. Le *Boun-dehesch*, plus explicite que l'Eulémaï Islam et plus vénéré, nous dit[1] qu'après la mort du taureau premier, l'ized mâle Nériosengh et l'ized femelle Sapandomad (la terre) ayant gardé, l'un deux parties, l'autre une seule partie de la semence de ce taureau, il sortit de terre, au bout de *quarante jours*, le jour Mithra du mois Mithra, un arbre appelé *Reivas*, âgé de quinze ans, portant quinze feuilles. De cet arbre[2] naquit le premier homme, qui avait deux corps, l'un mâle, l'autre femelle, lesquels se séparèrent ensuite et devinrent *Meschia* et *Meschiané*, le premier couple, père du genre humain. Enfin dans les portions de l'ancienne liturgie persique qui nous ont été conservées par l'auteur du traité appelé le *Sad-der* ou les *Cent-portes*, nous retrouvons des traces évidentes de l'emploi du nombre quatre-vingts appliqué à des épreuves ou à des purifications divisées en deux catégories. Le *Sad-der*[3] ordonne, en effet, que lorsqu'un homme aura eu commerce avec une fille publique il soit privé d'intelligence et de science pendant *quarante jours*. Le même traité[4] prescrit à la femme en couches de s'abstenir de diverses choses pendant *quarante jours*, et de ne se laver et se purifier qu'après ces quarante jours.

Au début de ce chapitre j'avais annoncé que la théorie des épreuves mithriaques reposait sur la triple constitution de l'homme, et avait pour but de donner aux mages initiateurs le moyen d'apprécier les facultés physiques, intellectuelles et morales de chaque myste. Les renseignements que j'ai empruntés aux commentateurs de saint Grégoire de Nazianze et même à l'impératrice Eudocie ont pleinement confirmé mon assertion. Mais parmi les

---

«segui ed *ottanta* qualità, per le quali allora è «riconosciuto per santo (c'est-à-dire *bouddha*), «e adorato.....» Il est difficile, après ce récit, de se refuser à reconnaître un rapport plus ou moins direct entre les quatre-vingts qualités que devaient réunir les bouddhistes parvenus au sixième degré de spiritualité, et les *quatre-vingts qualités* acquises par les mithriaques qui avaient subi les *quatre-vingts épreuves*. Quant au nombre trente-deux, nous le retrouvons aussi dans la liturgie persique, si nous admettons qu'il faut observer que, si nous ajoutons aux trente-deux signes corporels exigés des bouddhistes le corps lui-même considéré dans son ensemble, nous arrivons au nombre trente-trois, qui, je l'ai dit plus haut, était sacramentel dans la liturgie persique. D'autres rapports plus importants seraient faciles à établir entre les doctrines bouddhiques et les doctrines mithriaques. Je me bornerai ici à faire remarquer que le bouddhisme, comme le mithriacisme, admet une triade divine, composée de trois personnes distinctes.

[1] *Zend-Avesta*, t. II, *Boun-dehesch*, S 15, p. 376, 377.

[2] Nous verrons cet arbre figuré sur un bas-relief romain (Atlas, pl. XC), au moment où il donne naissance au premier homme.

[3] Porte LXIXe; apud Hyd. *De relig. veter. Persar.* p. 491.

[4] Porte LXXXVIe, *ibid.* p. 500.

détails qu'ils nous laissent ignorer, on regrettera avec moi de n'en avoir aucun sur deux points intéressants. Pendant le cours des épreuves, les mystes recevaient-ils ou non un enseignement scientifique préparatoire? Les épreuves avaient-elles lieu dans les grottes mêmes où se pratiquaient les initiations, et quelle catégorie de mages présidait à ces épreuves?

Sur le premier point, il y a lieu de pencher vers la négative, si nous en jugeons par analogie avec ce qui se pratique, de nos jours, dans quelques ordres religieux. L'étude est interdite aux novices pendant les deux années que dure leur noviciat. Les hommes qui, à de longs intervalles de siècles, ont le plus réfléchi sur la nature, les penchants et les besoins du cœur humain, semblent tous avoir été conduits à reconnaître qu'avant de se livrer à l'étude le néophyte a besoin de retremper, de fortifier son âme dans la solitude, dans le silence, dans la prière mentale et la méditation, dans des épreuves imposées à son corps si intimement uni à l'âme. Par là il acquiert la fermeté d'âme et de corps, l'abnégation de soi, toutes les autres vertus solides et l'humilité surtout, qui sont les fondements nécessaires d'une étude dont le grand but est la connaissance de Dieu et de ses œuvres, et la connaissance aussi de l'homme et des rapports que le Créateur a établis entre lui et sa créature. Le chapitre où je vais m'occuper de l'enseignement progressif que recevait le myste après avoir subi dignement les épreuves, montrera, ce me semble, que telle dut être en particulier la pensée qui, chez les Chaldéens et chez les Perses, avait présidé à l'institution des épreuves. L'enseignement, dans les sanctuaires de Mithra, commence avec l'initiation au premier grade.

Sur le second point, qui embrasse deux questions, l'une de lieu, l'autre de personnes, nous restons dans l'ignorance la plus absolue. Nous ne savons ni où se pratiquaient les épreuves, ni lequel des trois ordres de mages dont se composait la hiérarchie sacerdotale des Perses présidait aux épreuves. Les écrivains grecs et les écrivains latins, comme tous les auteurs orientaux, se taisent sur ces deux questions, ainsi que sur d'autres qui nous intéresseraient bien davantage. Et si nous trouvons, dans quelques bas-reliefs romains consacrés à Mithra [1], la représentation de diverses scènes qui évidemment se rapportent aux épreuves; si même ces scènes se montrent parfois au nombre de douze et divisées en deux séries de six chacune [2], qui semblent répondre à l'*hypobase* et à l'*anabase* ou *parembole*, la place qu'elles occupent sur ces mo-

---

[1] Voyez mon Atlas, pl. XC, XCII-XCIV et XCV, n° 2. — [2] *Ibid.* pl. XCIV.

numents où, pour ainsi dire, elles encadrent la grotte de Mithra, ne nous apprend rien quant au lieu qui leur avait été réservé dans l'ordonnance des sanctuaires du dieu. Tout ce qu'il est permis de conjecturer, c'est que, si les épreuves avaient lieu dans les grottes mêmes où se pratiquaient les initiations aux grades, des salles distinctes devaient être affectées à chacune de ces deux institutions. L'épreuve par l'eau et l'épreuve par le feu exigeaient même des emplacements séparés et d'une certaine étendue. C'est ce que nous donnent facilement à comprendre les deux compartiments où, dans l'encadrement du bas-relief cité [1], on voit à gauche le myste traverser à la nage une certaine masse d'eau, et un peu au-dessus se jeter dans les flammes. Lorsque je serai amené à mettre sous les yeux du lecteur la description complète de cet intéressant bas-relief, je montrerai, de plus, que la progression des épreuves y arrive à ce point qu'un compartiment particulier représente le myste au moment où le prêtre initiateur, la main armée d'un poignard, le menace de la mort. Aucun des témoignages écrits que j'ai cités ne fait mention d'une pareille épreuve.

[1] Voyez mon Atlas. pl. XCIV.

CHAPITRE III.

DES GRADES.

Dans le chapitre précédent, nous venons de voir le myste soumis à une série d'épreuves sévères, propres à donner la mesure de ses facultés physiques, intellectuelles et morales. Sorti victorieux de ces épreuves, il est reconnu digne d'être admis aux initiations ou aux grades. Il est, par conséquent, jugé capable de garder inviolablement le serment de ne faire servir qu'à la moralisation et au bonheur de la société les révélations scientifiques qu'il va progressivement obtenir dans le sanctuaire réservé à l'enseignement des sectateurs de Mithra éprouvés comme lui.

Nous savons déjà que les bases immuables de cet enseignement étaient le dogme de la descente et de l'ascension des âmes. Nous savons déjà aussi que ce dogme était en rapport intime avec le dogme du péché primitif du premier couple humain, tel que Mithra, le prince des mystères, l'expose lui-même dans le passage cité du *Zend-Avesta*[1], lorsque, se posant comme médiateur entre l'homme coupable et déchu et Ormuzd, son juge suprême, il offre à ce dieu le sacrifice de rédemption, qui, nous le verrons dans la deuxième partie de cet ouvrage, est le sujet principal et souvent unique des nombreux monuments figurés que les mithriaques occidentaux ont laissés sur le sol de l'empire romain. Mais pour que ce sacrifice soit profitable au myste qui déjà, dans les épreuves, a montré cette force d'âme, ce degré d'intelligence, cette force ou résistance physique sans lesquels nous ne sommes capables ni d'affronter avec courage les périls, ni de supporter avec patience et résignation les souffrances et les maux, il faut que le myste, selon l'éternel précepte, « aide-toi, « Dieu t'aidera, » seconde l'intervention de Mithra en parvenant à dompter ses passions et à soumettre à la volonté de son âme, devenue libre et maîtresse absolue, son corps, ses pensées, ses paroles, ses actions. Cette victoire de l'âme

[1] Ci-dessus, p. 59.

sur le corps ne s'obtient pas sans de violents et fréquents combats entre les deux principes qui sont en nous, l'un spirituel, l'autre matériel. L'orgueil, l'ignorance, les passions charnelles, tels sont les principaux ennemis que le myste doit combattre, et ces ennemis, il les aura, si j'ose m'exprimer ainsi, face à face jusque presque aux derniers jours de sa vie. Combattre et vaincre, fut donc la devise du myste. Devenir pur, savant et saint comme Mithra, mériter d'être qualifié d'invincible comme lui toujours vainqueur d'Ahriman et des dews, comme le soleil toujours vainqueur des ténèbres, telle fut, n'en doutons pas, la noble et louable ambition de l'initié. Chaque grade dut marquer une victoire; aussi chaque grade ne s'obtient-il que par un combat ou tout au moins par une préparation au combat. Et si nous allons trouver, sur les monuments de l'art consacrés aux mystères, chaque combat représenté par la lutte de l'initié avec un animal, ne perdons pas de vue que, dans le langage symbolique des initiations, chaque animal est l'hiéroglyphe idéographique, soit d'un des éléments ou des principes constituants de la matière, soit d'une région du monde créé, soit d'un Dieu créateur.

Combien les mystères de Mithra comptaient-ils de grades, ou, en d'autres termes, combien la science que devait acquérir l'initié mithriaque comprenait-elle de degrés? Combien de degrés représentaient la *catabase* de l'âme de l'initié, c'est-à-dire le temps que, dans son double mouvement, la descente et l'ascension, elle emploie à parcourir les diverses régions dont se compose le monde sublunaire ou l'hémisphère inférieur? Et combien de degrés exprimaient la durée de son *anabase*, c'est-à-dire de son ascension ou de son retour vers le ciel, à travers les diverses régions du monde solaire ou de l'hémisphère supérieur? Quels étaient les symboles, les cérémonies, les armes, les costumes, l'enseignement scientifique, propres à chaque grade? A quel signe distinctif l'initié, parvenu à tel ou tel grade, pouvait-il se faire reconnaître? Toutes ces questions vont être le sujet d'un examen approfondi. Mais le lecteur est déjà prévenu que, pour les résoudre complétement, nous n'avons le secours d'aucun de ces traités techniques qui, semblables aux traités ou aux manuels des modernes, embrassent toutes les parties, tous les détails d'une institution, d'un art, d'une branche enfin des connaissances humaines.

Les écrivains orientaux, je le répète, ne nous ont légué aucun traité sur les mystères de Mithra; bien plus, ils ne nous fournissent pour cette question aucun renseignement qui ait quelque valeur; ils ne nous font même pas connaître une seule des dénominations qu'en Orient on employait pour désigner les grades de ces mystères, ni les grades des mystères de Mylitta ou d'Astarté. L'antiquité occidentale, héritière de traditions recueillies en Asie, a possédé jusqu'au temps de Porphyre deux traités dont j'ai déjà parlé, écrits en grec, le premier par Eubule, le second par Pallas, et jusqu'au temps de Macrobe, deux autres traités grecs, connus aussi de Porphyre et composés, l'un par Numénius, l'autre par Cronius. De ces quatre ouvrages, il ne nous reste que de très-courts fragments. Toutefois nous trouvons, dans les passages d'Eubule ou de Pallas que nous a conservés Porphyre, plusieurs notions précieuses quant au nombre total des grades, à la hiérarchie et à la dénomination de quelques-uns d'entre eux. Mais c'est, en particulier, aux Pères latins de l'Église chrétienne et surtout à saint Jérôme, que je suis redevable de renseignements sans lesquels il m'eût été impossible de reconnaître les monuments figurés asiatiques qui se rapportent aux grades des mystères, et, par suite, de restituer la totalité de ces grades et d'en établir la hiérarchie.

Dans ce travail ardu et de longue haleine, je n'ai pas été aidé, il faut bien le dire, par les recherches, les opinions ou les conjectures des savants illustres qui, en France, en Italie, en Allemagne, en Angleterre, en Danemark, se sont occupés soit des mystères en général, soit particulièrement des mystères de Mithra. Faute d'avoir invoqué le secours des grands et des petits monuments figurés de la Perse ancienne, de l'Assyrie et de la Phénicie; faute de les avoir comparés entre eux et surtout de les avoir rapprochés des textes, mes devanciers n'ont présenté que des opinions plus ou moins erronées, des hypothèses plus ou moins gratuites sur la théorie et le nombre des épreuves et des grades, sur l'interprétation de quelques monuments figurés asiatiques, étudiés isolément. J'ai, au contraire, pris à la fois pour bases de mes investigations tous les documents écrits que l'antiquité nous a conservés et tous les monuments de l'art, tant les sculptures des grands édifices ou des façades de rocher que le temps, les guerres et le fanatisme musulman ont respectées en Perse, en Assyrie, en Phénicie, que les petits monuments, tels que cylindres, cônes, médailles, etc. qui ont été exhumés du sol de toute l'Asie occidentale. Je ne me dissimule point que les résultats de cette double étude présentent encore de nombreuses lacunes ou laissent subsister bien des incertitudes. Je sais d'avance que mon entreprise sera jugée téméraire quand on verra dans quelle voie nouvelle et difficile je me suis engagé. Lorsque, dans mes commentaires, dans mes conclusions, je doute ou j'hésite, lorsque je me trouve réduit à présenter des conjectures, des hypothèses, j'ai peut-être quelques titres à l'indulgence de mes juges, précisément parce que j'ai osé prendre une voie où personne avant moi n'avait essayé d'entrer. Lorsque j'affirme, mes assertions, mes interprétations méritent peut-être aussi quelque confiance, si je dis qu'elles sont le résultat de cinquante années, au moins, d'étude, de recherches, de méditations. Il y a trente et un ans, aujourd'hui, que je présentais fort timidement à l'Académie des belles-lettres mes premières idées sur les initiations aux mystères de Mithra; et, bien que cette compagnie, aussi indulgente que savante, eût couronné mon Mémoire, j'ai différé jusqu'à ce moment de le publier, voulant n'épargner ni soins, ni peines, ni temps pour le rendre moins indigne d'un tel honneur. C'est surtout, je dois le dire, le langage symbolique des mystères, la hiérarchie des grades et l'enseignement scientifique propre à chaque grade, qui m'ont le plus préoccupé dans mon travail de révision et de rédaction définitive.

Dans la question particulière des grades, le premier point à déterminer est leur nombre et leur dénomination; le second, leur hiérarchie.

Le nombre des grades a été l'occasion de bien des avis divergents que je ne m'arrêterai pas à discuter, ce nombre pouvant avec toute certitude être fixé à douze. En effet, de la division en douze millénaires de la durée ou de la vie du monde créé; de la division dodécatémoriale du zodiaque, c'est-à-dire du cours, des stations ou de la vie du soleil, deux traits saillants de la cosmogonie importée en Perse par Zoroastre, devait nécessairement résulter la division de la durée de la vie humaine en douze phases, et, par suite, je l'ai déjà dit, la division de la nouvelle vie promise au myste en une série de douze épreuves, six petites et six grandes, et en une série de douze grades, qui constituaient les petits et les grands mystères. Or, sans avoir besoin de faire valoir, en faveur de la déduction qui nous amène au nombre de douze grades, l'usage sacramentel du nombre douze dans la plupart des religions anciennes; sans nous prévaloir, en particulier, de la légende et des monuments figurés qui nous montrent Hercule accomplissant douze travaux dont l'analogie, l'identité même avec les douze travaux ou les douze grades des initiés aux mystères de Mithra seront mises en évidence dans les chapitres suivants; sans nous prévaloir non plus du récit d'Apulée [1], où nous apprenons que les initiés aux mystères d'Isis étaient successivement revêtus de douze

____

[1] *Metamorph.* XI, p. 8o5, 8o6; éd. Oudendorp.

stoles ou robes, c'est-à-dire de douze costumes[1]; nous trouvons dans un passage emprunté tout à la fois à Eubule et à Pallas, par Porphyre[2], la preuve irrécusable que, chez les Perses, l'initiation aux mystères de Mithra comportait douze degrés ou grades. Porphyre, après avoir rapporté d'après Eubule que, dans ces mystères, on représentait la métempsycose; qu'en conséquence les initiés prenaient les noms de divers animaux, et les uns, lions ou lionnes, les autres corbeaux, d'autres enfin, père-aigle et père-épervier; et que celui qui célébrait les léontiques revêtait les formes de diverses espèces d'animaux; Porphyre, dis-je, ajoute ces paroles bien dignes d'attention : « Pallas, dans son traité sur Mithra, recherchant la cause de ces usages, « remarque que, selon l'opinion générale du vulgaire, ces choses doivent être « considérées comme se rapportant à la nature du cercle du zodiaque, et à « certains secrets relatifs aux âmes humaines que l'on affirme être renfer- « mées dans le corps de diverses espèces d'animaux..... »

Cette croyance populaire, qui rattache aux douze signes du zodiaque la métempsycose prise dans son sens le plus grossier, fait aux douze degrés de cette métempsycose, c'est-à-dire aux douze degrés ou grades des initiations, une allusion bien plus directe qu'on ne serait peut-être disposé à le croire au premier abord. Car non-seulement deux des douze signes du zodiaque, le taureau et le lion, donnent leur nom à deux des douze grades des mystères, mais le grade de taureau, appelé grade de *bromius* selon le langage hiératique, et le grade de lion occupent chacun dans l'ordre hiérarchique des douze grades, ainsi que je l'expliquerai plus loin, une place qui correspond précisément à celle qu'avaient fait assigner au taureau et au lion, dans l'ordonnance des douze signes de l'antique zodiaque des Chaldéens, les significations symboliques attribuées à chacun de ces deux animaux. De plus, si le zodiaque partage notre globe en deux hémisphères, l'un inférieur, l'autre supérieur; si les douze signes zodiacaux sont divisés en deux séries égales, appelées *signes descendants* et *signes ascendants*, si nous avons vu les épreuves réparties au nombre de douze en deux séries égales, l'une inférieure nommée, chez les Grecs asiatiques, *hypobase*, et comprenant les petites épreuves; l'autre supérieure, nommée *anabase*, *épibase* ou *parembole*, et comprenant les

---

[1] La description que fait Apulée (*loc. cit.*) du douzième et dernier de ces costumes, établit à la fois l'origine asiatique des mystères d'Isis, tels qu'on les célébrait à Rome, et les rapports intimes qui existaient entre ces mystères, ceux de Mylitta et ceux de Mithra. Je reviendrai sur ce point dans mon chapitre du grade de griffon.

[2] *De abstinentia*, IV, 16.

grandes épreuves; nous allons trouver de même les douze grades divisés, à leur tour, en deux grandes séries appelées *catabase* et *anabase*, et comprenant, la première, les petits mystères; la seconde, les grands mystères. Bien plus encore, nous trouverons le cycle des douze grades subdivisé, comme le zodiaque, en quatre petites séries, de trois grades chacune, et répondant non aux quatre saisons de l'année, mais aux quatre régions du monde.

Ce n'est pas tout : au dogme de la descente et de l'ascension des âmes se liait intimement un autre dogme qui nous montre combien étaient multipliés les rapports établis par les Chaldéens entre ce double mouvement des âmes et les douze signes du zodiaque. Je veux parler des deux portes du ciel, par lesquelles la théologie orientale supposait que les âmes effectuent leur descente et leur ascension. Elle enseignait que le ciel mobile a deux portes, l'une par laquelle descendent du ciel fixe sur la terre les âmes qui se sont laissé séduire par la variété et l'attrait des formes de la matière, ou qui, selon les termes d'un ancien langage philosophique, probablement emprunté par les Grecs à l'Asie occidentale, *sont tombées dans* (les voies de) *la génération* [1]. L'autre porte du ciel mobile est, au contraire, celle par laquelle les âmes remontent au ciel, leur séjour primitif, après avoir subi sur la terre les épreuves, les métamorphoses, les châtiments, qui devaient les punir de leur faute première et les ramener à ce triple état de pureté que j'ai déjà indiqué.

Selon les anciennes doctrines qui avaient cours dans l'Asie occidentale, la première de ces deux portes est celle de la lune, la seconde celle du soleil. Mithra, roi et juge des vivants et des morts, médiateur entre Ormuzd et les âmes, Mithra, dieu rédempteur et sauveur, est placé au ciel entre ces deux portes. Aussi le *Zend-Avesta*, je le répète, dit-il textuellement[2] : *Mithra existe toujours au ciel entre le soleil et la lune.* Ce même livre nous apprend encore qu'il y réside sur le Gorotman ou le *Béhescht*, cette montagne de lumière qui est le séjour primitif et la demeure éternelle des âmes pures. Zoroastre l'appelle *la voie aux deux destins* ou *la voie aux deux mondes;* et, par ces expressions, il entend bien certainement le lieu d'où les âmes descendent sur la terre, et le lieu où elles reviennent après le temps des épreuves.

Si les vingt et un *nosks* ou livres dont se composait originairement le *Zend-Avesta* nous étaient parvenus, il est probable que nous y lirions des détails plus circonstanciés, plus précis, sur ces deux portes du ciel et sur le double

---

[1] Αἱ (ψυχαὶ) εἰς γένεσιν κατιοῦσαι. (Porphyre, *De antr. nymphar.* XXII.) — [2] T. II, p. 13.

mouvement des âmes, bien que l'on doive présumer aussi que Zoroastre s'était imposé l'obligation d'y parler avec beaucoup de réserve d'un dogme qui appartenait à la doctrine ésotérique, laquelle, selon toute probabilité, ne se transmettait que par l'enseignement oral. Malheureusement nous ne possédons en entier, je le répète, qu'un seul des vingt et un nosks.

CHAPITRE IV.

PREMIER GRADE. —— GRADE DE SOLDAT.

(Premier grade terrestre.)

Les sectateurs de Mithra composent une assemblée militante, dont les chefs, avons-nous dit, sont Ormuzd, Mithra, les amschaspands et les izeds, et les antagonistes, Ahriman, Mithra-daroudj, les dews et les darvands. Le caractère essentiel de cette assemblée est une conséquence naturelle du dualisme et de l'antagonisme que le système religieux de Zoroastre établit dans le ciel et sur la terre. Préposé par Ormuzd pour combattre dans ces deux régions l'armée ennemie, pour empêcher le mal qu'elle voudrait faire, pour réparer celui qu'elle fait, Mithra, dans le *Zend-Avesta*, est appelé guerrier très-fort et très-vaillant, toujours victorieux, toujours procurant la victoire. Il est représenté monté sur un coursier vigoureux, le bras étendu, frappant et détruisant les auteurs et les propagateurs du mal. Ses armes et son arsenal, nous l'avons vu, y sont décrits avec un soin tout particulier : il a, je le répète, une massue d'or, une oreille d'acier à deux tranchants ou une harpé, un long poignard, un arc, un carquois et des flèches; il a mille armes de chacune de ces espèces, et il en frappe sans cesse Ahriman, Mithra-daroudj, les dews, les darvands, les Mithra-daroudj-hommes. Aussi est-il dit de ces armes qu'elles font le bien du ciel, qu'elles frappent en victorieuses. On leur fait izeschné, c'est-à-dire on les invoque : «Je fais izeschné au poignard et à la massue,» est-il dit dans le *Vendidad-Sadé*[1]; et ici le traducteur ajoute, entre deux parenthèses, que cette phrase doit s'entendre des armes de Mithra et de Behram. Nous les trouverons placées aux mains des mystes sur les monuments qui représentent des scènes d'initiation ou des combats symboliques.

La phrase de l'*iescht* de Mithra, que Burnouf traduit ainsi[2], «Nous adorons «Mithra vigilant, qu'adorent les guerriers,» est rendue, dans Anquetil[3], par

---

[1] *Zend-Avesta*, t. 1, 2ᵉ partie, *Vispered*, v111ᵉ cardé, p. 134.

[2] *Journal des Savants*, octobre 1833, p. 592.

[3] *Zend-Avesta*, t. II, 111ᵉ cardé, p. 206.

ces mots : «Je prie cet ized, soldat élevé.» Dans le même *iescht*[1], l'officiant
fait izeschné à Mithra, «germe de soldat, qui frappe en vainqueur, qui veille
«continuellement.» Les épithètes d'invincible, de victorieux lui sont prodi-
guées; des fonctions militantes lui sont assignées dans le ciel, sur la terre et
dans les enfers. Il est partout le premier soldat et le premier général d'Ormuzd. «Mithra, dit l'officiant[2], poursuit bien les Mithra-daroudjs avec la
«flèche, avec la pique qui sert de près; il anéantit Eschem[3], par son corps
«grand et vivant, ce fort Mithra..... qui veille en médiateur sur le mal, sur
«les villes. Il leur est favorable (à ces villes) avec son épée, frappant en bas
«avec sa longue et grande lance; il anéantit Eschem avec ses grands bras.....
«il (frappe) les (dews) de son épée, de son grand arc de pierre..... de sa
«massue excellente et éternelle, ce chef des hommes qui ne dort pas, frappe
«les (dews); il frappe Eschem, ce fort Mithra..... » Plus loin[4], Mithra est
comparé au sanglier «qui rôde de tout côté en vainqueur donné d'Or-
«muzd..... » Dans la xxive cardé, il est dit : «Je fais izeschné à Mithra.....
«qui (fixe) sa vue sur (toute) l'étendue de la terre comme l'houfraschmodad
«(le coq); qui parcourt exactement cette terre dans sa largeur, en fait le tour,
«va jusqu'au pont (Tchinevad, parcourt) tout l'espace donné entre la terre et
«le ciel, la main (armée) d'une massue, contre le Daroudj qui désire tout ce
«qui est dans le monde et veut le gâter; massue intelligente, d'or, qui secourt
«abondamment, grande, d'or, vivante, qui frappe d'une manière victorieuse,
«de façon que Ahriman, plein de mort, est saisi de frayeur, que Eschem, au-
«teur de la mauvaise loi, est épouvanté dans son corps, que Boschasp, le men-
«teur, en est épouvanté, que tous les dews cachés (dans le crime) et le darvand
«Verin en sont épouvantés.» Dans la même cardé, il est appelé «le plus fort
«des izeds, le plus agissant, le plus vif, le plus victorieux, dont l'action s'étend
«au loin sur cette terre.» La xxvie cardé trace ainsi son portrait : «Je fais
«izeschné à Mithra, qui rend fertiles les terres incultes, qui dit la vérité dans
«l'assemblée des izeds, qui a mille oreilles actives, dix mille yeux élevés, très-
«vigilant, fort, qui ne dort pas, toujours attentif et éveillé; (à Mithra, sem-
«blable) à l'éoroschasp (le corbeau), vif dans le désert, qui a un long poi-
«gnard, six yeux, guerrier, très-fort et très-vaillant, que Ormuzd a établi chef
«pour veiller sur tous les féroüers du monde..... » Dans la xxxie cardé, il est

---

[1] *Zend-Avesta*, t. II, xxxiiie cardé, p. 231.
[2] *Ibid.* p. 211.
[3] Eschem est le nom d'un dew qui représente la colère, la violence et l'envie, et qui est opposé à l'ized Sérosch, l'un des hamkars de Mithra.
[4] xviiie cardé, p. 217.

dit de Mithra : « Cet ized agit (continuellement) comme le feu brillant, fort,
« qui a été, qui est la lumière des kéans, cette foudre éclatante. » Aussi lit-on,
dans la xvi⁰ cardé, cette invocation : « Que je marche, par le secours de Mi-
« thra, avec beaucoup de pureté, de sainteté et de force, comme un guerrier !
« (Que je marche) comme le brillant kéan, fort comme le ciel donné de Dieu,
« fort comme le peuple d'en haut, fort comme les féroüers des saints qui sont
« en grand nombre, ceux des chefs des saints Mazdéiesnans ! »

Dans ce même office de Mithra [1], le ciel est lui-même représenté comme
un guerrier vaillant, modèle propre aux adorateurs d'Ormuzd. Aussi le *Boun-
dehesch* [2] nous apprend-il que, dans un des nosks du *Zend-Avesta*, qui ne nous
est point parvenu, il était dit que « le ciel, comme un *soldat* qui a endossé la
« cuirasse [3], » se présenta pour faire la guerre à Ahriman. « Ormuzd, du ciel
« ferme (qu'il habite [4]), continue le compilateur, secourut le ciel qui tourne.
« Les féroüers des guerriers et des purs (tenant) en main la massue et la
« lance, se préparèrent, dans cet état, à secourir le ciel qui tourne, et le se-
« coururent en effet. Il ne resta à Ahriman d'autre ressource que de prendre
« la fuite..... »

Or, dans ce passage, le ciel qui tourne, c'est Mithra placé entre le soleil et
la lune, et entouré des planètes, des étoiles et des féroüers des anciens héros
iraniens, féroüers que le *Zend-Avesta* qualifie sans cesse de féroüers forts et
bien armés. Les étoiles, à leur tour, sont appelées dans le *Boun-dehesch* [5] les
soldats des astres [6], c'est-à-dire du soleil. Les prières elles-mêmes sont considérées comme un moyen certain de triompher du mal. Aussi le *Zend-Avesta* [7]
les qualifie-t-il de *parole victorieuse*. Dans ces prières, Mithra est invoqué en
ces termes : « Qu'il vienne avec la victoire !..... qu'il anéantisse le Daroudj
« dans tout le monde existant [8] !..... qu'on l'invoque plusieurs fois (lorsque

---

[1] *Zend-Avesta*, xvii⁰ cardé, p. 216.

[2] *Ibid.* II, *Bound.* sect. VI, p. 358.

[3] Cette cuirasse doit nous rappeler que, sur
quelques *abraxas,* la figure à tête de coq ou de
lion, qui représente le soleil ou *Iao,* est cuirassée
et armée d'une lance et d'un bouclier. Aussi les
gnostiques, en Égypte, prenaient-ils la qualification de στρατιωτικοί, militaires ou soldats.

[4] C'est ce que nous appelons le firmament.

[5] *Loco citato,* p. 349.

[6] On voit ici comment cette expression et la

qualification donnée ci-dessus au ciel sont en
harmonie avec un langage figuré qui paraît
avoir été répandu dans toute l'Asie occidentale;
car nos saintes Écritures qualifient le Seigneur
dieu des armées, et nous lisons dans la Genèse
(ch. ii, v. 1), que les cieux et la terre furent
achevés *avec toute leur armée.*

[7] *Zend-Avesta, iescht de Mithra,* t. II, xix⁰ cardé,
p. 218 et ailleurs.

[8] *Zend-Avesta, iescht de Mithra,* t. II, i⁰ cardé,
p. 205.

« l'armée ennemie arrive), et qu'avec pureté de cœur on célèbre (*l'iescht* en
« son honneur), étant près du feu; alors Mithra prononcera la victoire, secondé
« du peuple d'en haut [1]..... Coupez par la ceinture, frappez par la ceinture
« le Mithra-daroudj-homme [2]..... que leur chef, leur athorné soit frappé [3]!
« Donnez-moi un bras robuste, qui anéantisse ceux qui font beaucoup de
« mal [4]!..... Anéantissez les ennemis qui attaquent votre peuple, qui lui font
« beaucoup de mal!...,. »

Tout, dans le *Zend-Avesta*, respire une ardeur guerrière pour combattre
l'armée ténébreuse qui menace incessamment le ciel et la terre. En dehors
même des sanctuaires où se pratiquaient les initiations, le sadéré et le kosti,
c'est-à-dire la tunique et la ceinture que revêt chaque sectateur de Zoroastre,
au moment où il fait sa profession de foi, sont appelés les *armes du combat*.
Le sadéré est le vêtement de Mithra; il vient du ciel et a été donné à Mithra
par Ormuzd lui-même [5]. L'eau qui est pure, qui purifie, est qualifiée d'*ar-*
mure [6] dans le *Zend-Avesta*, y reçoit l'épithète de victorieuse [7] et donne la
victoire [8]. Aussi Anquetil nous dit-il [9] : « Le Parse se regarde comme un soldat
« que Ormuzd envoie sous la conduite des bons génies [10] combattre l'auteur du
« mal..... La ceinture et l'espèce de chemise qui forment le sceau du vrai
« disciple de Zoroastre sont ses habits de combat. Il a pour armes la
« prière..... » Et dans la xxxie cardé, p. 229, 230, l'officiant invoque Mithra
en lui disant : « Parlez-moi, ô Mithra, des mille arcs, des mille flèches, des
« mille lances, des mille oreilles de cuivre rouge, des mille poignards, des
« mille (masses d'armes à) têtes de chien, des mille massues éternelles, qui
« font le bien du ciel, qui frappent les dews par la ceinture. »

Après ces diverses remarques, n'est-il pas naturel de trouver, dans l'institution des mystères de Mithra, le premier degré de l'initiation marqué par un
grade qui confère au myste la qualification de *soldat* de Mithra? C'est Tertullien qui nous l'apprend, et son témoignage est confirmé par celui des
monuments figurés. Cet éloquent défenseur de la foi, voulant stimuler le zèle

---

[1] *Zend-Avesta, iescht de Mithra,* t. II, iie cardé,
p. 206.

[2] *Ibid.* II, ixe cardé, p. 211.

[3] *Ibid.* II, ixe cardé, p. 211.

[4] *Ibid.* II, xixe cardé, p. 218.

[5] *Ibid.* II, xxxive cardé, p. 232.

[6] *Ibid.* I, 2e part. p. 247.

[7] *Ibid.* I, 2e part. p. 250.

[8] *Zend-Avesta,* I, 2e part. p. 251.

[9] *Ibid. Précis raisonné du système théologique,*
t. II, sect. IV, p. 616.

[10] Il ne faut pas oublier que Anquetil, n'ayant
pas su reconnaître la véritable place qu'occupe
Mithra dans le système religieux de Zoroastre,
le comprend ici implicitement au nombre des
simples génies.

et le dévouement des soldats du Christ, dans un passage que je rapporte textuellement au bas de la page [1], leur dit qu'ils doivent rougir lorsqu'ils se comparent aux soldats de Mithra. Quand un de ceux-ci, continue-t-il, est introduit pour être initié dans une grotte, véritable camp des ténèbres, « in castris « vere tenebrarum, » on lui offre une couronne placée sur un glaive, comme s'il s'agissait de représenter un martyre, et on veut lui poser cette couronne sur la tête; mais à l'instant il la refuse, et, la repoussant avec la main ou la rejetant sur ses épaules, il dit que *Mithra est sa couronne*, « Mithram esse co- « ronam suam..... » C'est à ce refus et à ces paroles [2] qu'on le reconnaît pour *un soldat de Mithra*, « statimque creditur Mithræ miles. » Tertullien, dans un autre traité, ajoute quelques particularités que nous ne trouvons pas ici. « Dans la grotte, dit-il, Mithra marque d'un signe particulier le front de « chacun des soldats; on y célèbre l'offrande du pain; on y représente la ré- « surrection, et on rachète la couronne par le glaive [3]. » Je reviendrai plus loin sur ce passage; je ne m'y arrête ici que pour faire remarquer qu'il confirme pleinement l'institution du grade de soldat dans les mystères, et nous apprend de plus que chaque soldat de Mithra était marqué au front d'un signe particulier. Cet usage, dans l'Asie occidentale, paraît avoir été consacré dès une haute antiquité par les rites de plusieurs autres religions. Dans les statuts des mystères de Mithra, un pareil usage est en parfaite harmonie avec une des significations attribuées au nom même que porte ce dieu; car j'ai dit

[1] « Erubescite, commilitones ejus, jam non ab « ipso judicandi, sed ab aliquo Mithræ milite, « qui cum initiatur in spelæo, in castris vere te- « nebrarum, coronam interposito gladio sibi obla- « tam, quasi mimum martyrii dehinc capiti suo « accommodatam, monetur obvia manu a capite « pellere, et in humerum, si forte, transferre, « dicens, Mithram esse coronam suam. Atque « exinde nunquam coronatur, idque in signum « habet ad probationem sui. sicubi tentatus fuerit « de sacramento : statimque creditur Mithræ « miles, si dejecerit coronam, si eam in deo suo « esse dixerit. » (Tertullien, *De Corona*, cap. xv, p. 111, B, C; ed. Rigalt.)

[2] L'assertion qui suit, dans le texte latin : « atque exinde nunquam coronatur, » est dé- mentie par les scènes d'initiations représentées sur plusieurs cylindres, que je ferai passer suc-

cessivement sous les yeux du lecteur. Elles nous apprennent qu'après les combats dont l'initié était sorti vainqueur, il acceptait une couronne pour prix de sa victoire, et se montrait la tête ornée de cette couronne. On comprend facilement qu'un tel usage faisait ressortir, par un contraste frappant, le motif qui, au grade de soldat, avait porté le myste à refuser la couronne qu'on lui présentait. Il n'avait pas encore combattu, il ne pouvait donc prétendre à recevoir le prix d'une victoire qu'il n'avait pas remportée.

[3] « .....Et si adhuc memini, Mithra signat « illic (in spelæo) in frontibus milites suos; cele- « brat et panis oblationem et imaginem resur- « rectionis inducit, et sub gladio redimit coro- « nam. » (Tertullien, *De Præscriptione hæreticorum*, cap. xl, p. 216, D, et 217, A; ed. Rigalt.)

précédemment, et c'est ici le lieu de répéter, que *muhr*, « sceau ou cachet, » étant identique avec *mihr*, nous devons en conclure que Mithra était qualifié le *sceau du monde*, ou plutôt le *sceau d'Ormuzd*, comme Apollon était qualifié le *sceau de Jupiter*. Cette qualification emporte avec elle l'idée que la divinité subordonnée se consacre à l'exécution de la volonté et des ordres de la divinité supérieure. De même le sceau imprimé sur le front du myste marque l'engagement solennel qu'il prend de consacrer ses facultés, ses forces et sa vie au service du Dieu qui préside aux mystères.

Le myste qui, dans les épreuves, avait par son intelligence, par sa force morale, par sa force et son courage physiques, donné au sacerdoce les garanties sans lesquelles on ne pouvait être admis à l'initiation, ce myste devait donc être introduit dans le sanctuaire pour se préparer à y prendre le premier grade, celui de soldat. On l'avait jugé digne d'entrer dans cette milice religieuse dont chaque membre contractait l'engagement solennel de combattre partout le mal sous les étendards de Mithra. Mais pour remplir un engagement pareil, combien de pénibles efforts! Passer en prières une grande partie du jour et de la nuit, s'humilier devant les dieux, employer toutes les forces, toute l'activité que nous a départies le Créateur à résister aux tentations, à dompter nos mauvaises passions, nos mauvais penchants, à veiller sans cesse sur nous, à faire le bien, à combattre le mal sous toutes les formes qu'il sait revêtir, et à le combattre nuit et jour, sans relâche ni repos; telles sont les principales obligations imposées à tout homme que préoccupent sincèrement le salut de son âme et le salut du prochain. De là naissait la nécessité d'un enseignement religieux, psychologique ou philosophique et moral, pour rendre le myste capable de franchir le premier degré de l'initiation. On avait à lui faire connaître la nature des divers devoirs que désormais il avait à remplir envers les dieux, envers le sacerdoce, envers lui-même, envers la société. Assiduité à pratiquer les devoirs religieux, fermeté d'âme, courage dans les périls à affronter, vigilance, chasteté, habileté à manier les armes de guerre, obéissance passive et absolue, serment de souffrir plutôt la mort que de rien révéler de ce qui s'enseignait et se pratiquait dans le sanctuaire, charité envers le prochain, disposition constante à pratiquer la justice, à protéger le faible contre le fort, le bon contre le méchant, tels étaient donc, nous pouvons le présumer, les principaux thèmes des leçons données au myste qui aspirait à s'enrôler sous la bannière de Mithra. Mais ne devait-on pas lui enseigner aussi que l'accomplissement des obligations que lui imposait le titre de soldat de Mithra exigeait une abnégation complète de soi-même poussée jusqu'à la résolution de mourir, s'il le fallait, plutôt que de renier sa foi et de manquer à ses engagements? Et pour amener le myste à une aussi sublime résolution, n'avait-on pas dû lui inspirer cet amour divin, cet amour de Dieu et du prochain, sans lequel rien de grand, rien de véritablement utile n'est possible à l'homme? Car ceux-là seuls qui aiment Dieu sont capables de mourir pour leurs semblables.

Convenablement préparé par ces enseignements et par les rudes épreuves qui avaient précédé son entrée dans le sanctuaire, le myste est conduit à l'entrée du sanctuaire par un parrain ou par une marraine, qui sont ses répondants et qui appartiennent à l'ordre sacerdotal; le plus souvent il est accompagné d'une marraine, dont le costume et l'attitude seront plus loin l'objet de quelques remarques. Ici le parrain est un père spirituel, qui représente Mithra, qualifié de *père*, comme nous l'avons vu plus haut[1]. C'est une adoption qui précède l'adoption divine, que plus tard le myste devra obtenir. La marraine, par ses fonctions, lui rappelle que si une femme l'a initié à la vie matérielle en le mettant au monde, une femme consacrée à Dieu doit lui servir de guide dans son initiation à la vie spirituelle. A la voix et aux supplications du parrain ou de la marraine, les deux portes du sanctuaire s'ouvrent. Elles ont des ailes pour marquer tout à la fois qu'elles sont l'image des deux portes du ciel qui s'ouvrent pour la descente et l'ascension des âmes, et qu'elles donnent entrée dans le lieu consacré aux choses divines. Introduit dans ce lieu redoutable, le néophyte, la tête nue et même rasée, les bras, les jambes et les pieds nus, le corps revêtu du simple costume des mystes non gradués, arrive devant un archimage et une archimagesse qui lui présentent, l'un les armes de Mithra, l'autre une couronne. Les armes, il les accepte; la couronne, il la refuse. Ces armes sont défensives et offensives; elles comprennent le sadéré, le kosti, la massue, l'arc et les flèches, le poignard, la lance, etc. Elles rappellent au myste que la vie est un combat perpétuel entre l'âme et le corps, c'est-à-dire entre l'âme et les principes constituants de la matière, source de toutes nos passions. Ce combat, déjà commencé, mais sans armes, dans les leçons qui ont précédé son arrivée au seuil du sanctuaire, va devenir de plus en plus sérieux à mesure que l'aspirant voudra avancer dans les voies de la vie spirituelle. Un taureau enchaîné à la porte

---

[1] P. 40.

ou dans l'intérieur du sanctuaire lui annonce quel adversaire il aura à combattre pour parvenir au grade qui suit immédiatement le grade de soldat.
C'est après avoir vaincu qu'il pourra accepter la couronne qui lui est offerte:
il la refuse parce que, n'ayant pas encore combattu les armes à la main, il
n'a pas encore mérité le prix de la victoire.

Ici je n'invente rien, je ne suppose rien. La scène d'initiation que je décris
se compose de traits empruntés à des cylindres assyriens ou persépolitains,
dont l'authenticité ne saurait être mise en doute.

Ainsi, par exemple, sur les cylindres ici figurés, pl. XVIII, n°s 3 et 4,
pl. XL, n° 8, et pl. LIV, n° 1, nous voyons les deux battants de la porte de la
grotte ou du sanctuaire tourner sur leurs gonds, s'ouvrir et laisser apercevoir
l'archimage ou l'archimagesse, tantôt debout, tantôt assis; ou l'archimage assis
en face de l'archimagesse également assise [1]. Quelquefois on ne voit qu'un des
deux battants de la porte ou bien la porte n'est réellement qu'à un seul battant [2]. Plusieurs de ces portes ont des ailes [3]. Ailleurs [4], le myste est présenté
à l'archimage par son parrain. Sur les deux cylindres, pl. XVIII, n°s 1 et 2,
on voit un taureau enchaîné ou prêt à être enchaîné à la porte du sanctuaire.

Sur les cylindres que je rapporte au grade de soldat, nous ne voyons plus
les portes du sanctuaire. Nous sommes dans l'intérieur même du lieu où se
pratiquaient les initiations. Au n° 7 de la planche XXX, nous rappelant le
récit de Tertullien, nous n'avons pas de peine à comprendre la scène qui est
devant nos yeux. Un myste du sexe féminin, la tête, les bras, les jambes
et les pieds nus, est debout devant un archimage armé et monté debout
sur un taureau unicorne, accroupi sur un socle ou une estrade. Ce prêtre
lui fait une allocution accompagnée d'un geste expressif, et lui présente de
la main gauche l'arme de Mithra, appelée l'oreille de cuivre rouge ou d'acier
poli. Le myste avance les deux mains pour recevoir cette arme; il tourne
le dos à une archimagesse armée, qui, debout sur une estrade, tient à la
main une couronne qu'il va refuser. Au n° 9 de la planche XXXV, nous
retrouvons une scène analogue. C'est encore une femme qui est reçue au
grade de soldat par un archimage barbu, armé, monté debout sur un taureau
accroupi, et par une archimagesse armée qui est debout derrière lui, tenant
une couronne à la main. L'archimage en tient une aussi; une lance et un

[1] Atlas, pl. LIV, n° 1.

[2] *Ibid.* cyl. pl. XVIII, n°s 1 et 2; pl. XXVIII,
n°s 10 et 15; pl. XLII, n° 13.

[3] Atlas, cyl. pl. XVIII, n°s 1 et 2, et pl. LIV, n° 1.

[4] *Ibid.* cyl. n° 10, pl. XXVIII, et n° 13,
pl. XLII.

poignard sont placés entre lui et le myste. La tête de la récipiendaire est coiffée d'une tiare cannelée. Sur le cylindre n° 2 de la planche XVI, les rôles changent. C'est l'archiprêtresse ou l'hiérophantide qui, assise sur son trône sacerdotal, et tenant d'une main une couronne, de l'autre un œuf ou une pomme, symboles de génération, reçoit au grade de soldat un myste barbu. Celui-ci est debout, derrière l'archimage barbu et monté debout sur un taureau unicorne. Cet archimage tient de la main droite une masse d'armes, et fait de la main gauche un geste qui semble indiquer qu'il prononce une allocution, dont les deux symboles que l'archiprêtresse tient dans les mains sont le sujet.

Sur les cylindres n° 16, pl. XII, et n° 8, pl. XXVII, un myste femelle est accompagné de sa marraine et présenté à un archimage assis sur un trône. L'oreille de cuivre de Mithra est gravée dans le champ du cylindre.

On reconnaît sans peine des variantes de ces diverses scènes sur plusieurs cylindres dont je donne les dessins. Mais on y remarque, en même temps, une grande variété de costumes, d'armes, de symboles et d'accessoires, qui me porte à penser que nous avons ici sous les yeux tout à la fois les monuments des mystères que célébraient plusieurs peuples de l'Asie occidentale, nommément les Assyriens, les Arabes, les Phéniciens et les Perses. Les grands bas-reliefs que l'antiquité asiatique nous a légués, comme aussi la différence qui existe entre les caractères cunéiformes employés à écrire les légendes assyriennes et ceux dont se servaient les Perses, peuvent souvent nous servir à distinguer parmi les petits monuments, tels que cylindres, cônes, métroïdes, etc. ceux qui appartiennent en propre, soit aux Assyriens, soit aux Perses; mais de semblables termes de comparaison nous manquent pour reconnaître avec certitude, lorsqu'ils ne portent aucune légende, ceux des petits monuments des mystères que peuvent revendiquer les Phéniciens et les Arabes. Cette remarque s'applique également aux cylindres, aux cônes, aux métroïdes et aux hémisphéroïdes, qui offrent des scènes ou des symboles que je rapporte aux grades que précède le grade de soldat.

Une autre remarque importante doit trouver sa place ici. En traçant plus haut l'histoire du culte de Mithra, j'ai déjà eu l'occasion de faire remarquer que la rareté, en Perse, des grands et des petits monuments antiques qui ont appartenu à ce culte, doit nous porter à supposer que, en dehors de la cour des Achéménides, en dehors de la cour des Sassanides et en dehors aussi des fonctionnaires publics employés sous le règne de ces deux dynasties, le système religieux de Zoroastre avait dû compter un petit nombre de sectateurs. Au contraire, le culte et les mystères de Mylitta furent extrêmement répandus, non-seulement chez les Babyloniens et les Ninivites, mais dans toute l'Asie occidentale. Aussi voyons-nous que le nombre des grands et des petits monuments qui appartiennent à cette religion est fort considérable, et augmente, pour ainsi dire, chaque jour. Il faut donc s'attendre à trouver dans les collections publiques, comme dans les collections privées, parmi les cylindres, les cônes, les métroïdes et les hémisphéroïdes qui peuvent servir à tracer l'histoire des mystères, un nombre de monuments assyriens bien supérieur au nombre des cylindres persiques. Ces derniers sont même fort rares : on en jugera par les dessins que je publie. A chaque grade, je suivrai la marche descriptive et analytique que je vais suivre ici pour les monuments du grade de soldat. En premier lieu, j'indiquerai la disposition du sujet, les figures d'hommes, de femmes et d'animaux qui en font partie, les symboles ou accessoires qu'on y remarque; puis je m'occuperai des dignités et des fonctions sacerdotales, en décrivant le costume du grand prêtre et de la grande prêtresse, le costume de l'hiérophante ou de l'hiérophantide, le costume des assesseurs, celui du myste et celui de son parrain et de sa marraine. Enfin je passerai en revue tous les symboles, les emblèmes, les armes, les vases et autres accessoires qui accompagnent le sujet principal sur un grand nombre de ces cylindres. Quant à la provenance, à la forme, aux dimensions et à la matière de chaque monument, elles sont suffisamment indiquées dans l'explication des planches placée en tête de mon Atlas. Une échelle gravée au-dessous ou à côté de quelques monuments en fait connaître les véritables dimensions, soit qu'elles aient été augmentées par mon dessinateur pour rendre plus distincts le sujet et les accessoires de l'original, soit qu'il ait fallu les réduire proportionnellement au format de mes planches.

A, cylindre n° 7, pl. XXX.

Réception au grade de soldat d'un myste du sexe féminin; il se tient debout sans parrain ni marraine, devant un hiérophante placé en regard d'une hiérophantide; point d'assesseurs et d'assistants. Ces trois personnages sont vus de profil. Il en est de même, à très-peu d'exceptions près, de tous ceux qui sont représentés sur les monuments asiatiques. L'hiérophante, tourné de gauche à droite, est monté debout sur le dos d'un taureau unicorne accroupi sur une estrade. Sa tiare et l'extrémité supérieure de son arc et de son carquois sont ornées du disque de la lune. Il tient dans la main gauche l'arme appelée oreille de cuivre rouge ou d'acier; il la présente au myste qui avance les deux mains pour la recevoir. L'hiérophantide, debout sur une estrade plus basse, n'est pas montée sur un taureau comme l'hiérophante, et sa tiare, au lieu d'être ornée du disque de la lune, est surmontée de l'astérisque du soleil; mais, probablement en souvenir de l'hermaphroditisme primitif de la divinité qu'elle représente, Mylitta, le disque de la lune orne l'extrémité supérieure de son arc et de son carquois. Elle est séparée du myste par un arbre de forme conventionnelle, qui représente l'arbre sacré, l'arbre de vie, appelé *le hôm* dans le *Zend-Avesta;* arbre d'or que nous ne pouvons voir ici sans nous rappeler le rameau d'or que, d'après l'ordre de la sibylle de Cumes, le pieux Énée doit enlever de l'arbre consacré à la reine des enfers. Sans ce rameau il n'aurait pu obtenir de descendre dans les sombres demeures de Pluton et de Proserpine[1]. Au-dessus du hôm, dans la partie supérieure du monument, l'emblème de la triade est gravé entre l'astérisque du soleil, les sept planètes représentées sous la forme de sept petits globes, et le croissant de la lune. Derrière l'hiérophante, sont gravées deux colonnes de caractères cunéiformes du système assyrien; une troisième colonne s'interpose entre lui et le myste. Cette légende n'est pas encore expliquée.

Si l'origine assyrienne du beau cylindre que je viens de décrire n'était pas suffisamment prouvée par ces caractères cunéiformes, il me suffirait, pour l'établir, d'engager le lecteur à comparer les costumes des figures représentées ici avec les costumes de plusieurs personnages sculptés sur les grands bas-reliefs assyriens qu'ont fournis les ruines de Khorsabad et de Nimroud. J'ajoute que ce cylindre provient des ruines de Babylone, et a été publié, pour la première fois, par Sir Robert Ker Porter. L'original, après avoir appartenu au capitaine Lokett, est passé entre les mains de M. Shepphard, qui a bien voulu m'en faire présent. Ce cylindre, malgré toutes ses imperfections de dessin, dont plusieurs tiennent au système conventionnel adopté dans les sanctuaires, peut être cité comme un exemple de grand style chez les Babyloniens. De plus, on n'en pourrait, à ma connaissance, citer aucun autre où l'initiation au grade de soldat fût représentée d'une manière aussi claire et en même temps aussi conforme aux renseignements authentiques que nous possédons sur l'institution de ce grade. Un si précieux monument n'a cepen-

---

[1] *Énéide,* liv. VI, v. 135 et suiv.

dant été ni interprété par Sir Robert Ker Porter, ni même figuré avec tout le soin désirable dans la relation de ses voyages [1].

B, cylindre n° 9, pl. XXXV.

Autre myste femelle; sur un autre beau cylindre, même scène, seulement les trois figures sont disposées dans un sens inverse; l'hiérophante et l'hiérophantide ne sont pas placés sur une estrade, et les symboles ou accessoires offrent quelques variantes. Ainsi la forme du hôm est très-différente; il s'élève entre une petite figure, dont je ne connais pas la signification, et un bouc, symbole de la génération ou de la vie charnelle. Le hôm est surmonté de l'emblème de la triade; mais entre cet emblème et le sommet du hôm, est gravée une grande étoile à huit branches, nombre consacré à Mylitta. Est-ce la planète Vénus ou le soleil? Je pencherais pour la première de ces deux suppositions; car il est certain, à mes yeux, que le cylindre où nous trouvons cette scène appartient aux antiquités assyriennes par son style, par le costume des trois grandes figures humaines, par sa légende en caractères cunéiformes et par la manière dont la lune y est représentée. Ici à la droite de l'emblème de la triade, ce n'est point un simple croissant, c'est un croissant dans l'intérieur duquel est posé le buste du dieu Lunus, comme sur le cylindre n° 1, pl. XXV, où on le reconnaît plus facilement. L'attribution du sexe masculin à la lune est un fait absolument étranger au système religieux des Perses, de même que l'attribution du sexe féminin au soleil; mais ici le fait dont j'ai donné l'explication dans mes recherches sur Vénus [2] et dans mes recherches sur le culte du Cyprès [3], est en harmonie avec les insignes placés sur la tête de l'hiérophante et de l'hiérophantide qui, je le répète, représentent les dieux par leurs fonctions et par leur costume. La tiare du premier est surmontée du disque de la lune; la tiare de la prêtresse est surmontée de l'astérisque du soleil. Il en est de même sur le cylindre assyrien précédemment décrit [4]; et, dans les deux cas, l'attribution des insignes de la lune à l'hiérophante et des insignes du soleil à l'hiérophantide est la conséquence nécessaire du changement de sexe qu'avait subi chacun de ces astres dans la modification apportée au système religieux des Assyriens, le jour où une femme s'était assise sur le trône de Babylone ou de Ninive, prenant en main les rênes du gouvernement et subordonnant à son autorité suprême le mari de la reine. Et puisque l'origine

---

[1] *Travels in Persia, Georgia, etc.* t. II, p. 423-425, et pl. LXXX.

[2] Page 20.

[3] *Mémoires de l'Acad. des inscr.* nouv. série, t. XX, 2ᵉ part. p. 48, 49, note.

[4] Atlas, pl. XXX, n° 7.

assyrienne du cylindre que je décris ne saurait être mise en doute, d'après
ces diverses remarques, il y a tout lieu de reconnaître Vénus-Mylitta sous
l'emblème du grand astérisque mis en rapport direct ici avec le hôm, comme
Mithra l'est, dans le *Zend-Avesta,* avec l'ized appelé *Hom.* A la gauche de l'emblème de la triade, nous retrouvons, comme représentant du soleil, l'astérisque qui surmonte la tiare de l'hiérophantide, et, comme représentants des
sept planètes, sept globules disposés sur deux rangs, de la même manière
que dans le haut du cylindre précédent. Deux colonnes perpendiculaires de
caractères cunéiformes assyriens sont gravées derrière l'hiérophantide, et
composent une légende non expliquée. Le myste se trouve placé entre deux
emblèmes très-expressifs de la génération, le bouc dont j'ai déjà parlé, et un
ctéis gravé dans le champ du cylindre, tout auprès du taureau qui sert de
piédestal à l'hiérophante. Au-dessus du *ctéis,* sont posées les armes dont j'ai
parlé aussi. On voit comment les divers accessoires dont est entouré ici le
myste pouvaient servir de thème aux leçons de continence, de chasteté, de
morale et de purification qui lui étaient données dans le sanctuaire.

   C, fragment de cylindre n° 3, pl. XVI.

   Ce petit monument provient des fouilles que feu M. Rousseau et moi fîmes
exécuter dans les ruines d'Antioche de Syrie, en 1817 ou 1818. Il fut scié
en travers, dans sa partie supérieure, par quelque ouvrier curieux sans doute
de vérifier s'il ne contenait pas quelque objet précieux. La scène qu'il représente est très-analogue à celle que nous venons de voir sur le cylindre précédent, mais on y remarque quelques différences que je dois indiquer. Le
myste, tourné à droite, est probablement une femme, à en juger par la longue
tresse ou mèche de cheveux qui tombe jusqu'au milieu de ses reins; il se
présente devant un grand prêtre tourné à gauche, assis sur un trône, tenant
à la main une couronne dentelée, et posant les pieds, en guise d'escabeau,
sur un animal symbolique composé de la moitié antérieure d'un quadrupède
herbivore, bicorne, et de la queue d'un poisson. Derrière le trône du grand
prêtre, on voit montée, sur le dos d'un taureau unicorne, une figure armée
et tournée à gauche, que sa longue mèche ou tresse de cheveux doit nous
faire prendre pour la grande prêtresse. Le myste avance les deux mains, très-
probablement pour recevoir des mains du grand prêtre l'arme dont nous
verrions armé le bras gauche de ce dernier personnage, si ce bras n'avait
disparu avec la portion supérieure du cylindre, ainsi que le bras droit de la
grande prêtresse et la tête de chacune des trois figures dont se compose cette

scène d'initiation. Entre le quadrupède à queue de poisson et le taureau accroupi, on voit un *ctéis*, et auprès de la grande prêtresse, quelques traces de
caractères cunéiformes.

D, cylindre n° 2, pl. XVI.

Ici les rôles sont intervertis : c'est l'hiérophantide qui reçoit le myste.
Conformément à l'ancien système religieux des Assyriens, elle porte sur la
tête une tiare surmontée du disque de la lune. Elle est assise sur un trône,
tenant d'une main une couronne, et de l'autre un œuf ou une pomme, symbole de la génération, symbole du mal qu'il faut savoir combattre pour mériter la couronne. A ses pieds est placée une espèce d'autel, de forme particulière, où se trouve déposée l'offrande du myste, un animal qui sera sacrifié
pour l'expiation de ses péchés. Bien que l'espèce de ce quadrupède soit ici
peu reconnaissable, à cause de la négligence du dessin et du travail, on doit
croire que la victime est un jeune porc. Sur d'autres cylindres, c'est un bouc
ou plutôt un chevreau[1]. Au-dessus de l'autel est gravé un grand croissant, et
plus haut un *mihr*, ayant à sa gauche les sept planètes sous la forme de sept
petits globes. Devant l'autel, et en regard de l'hiérophantide assise sur son
trône, l'hiérophante se tient debout sur un taureau unicorne, accroupi. Il
porte dans la main droite une petite masse d'armes ; une autre masse d'armes,
beaucoup plus grande, et d'une forme très-compliquée, est placée devant lui,
dans le champ du cylindre. Le plus grand des sept globes, celui qui indubitablement représente ici le soleil, est placé de manière à servir d'insigne à la
tiare de cet hiérophante. Nous avons déjà vu, sur les cylindres n° 7, pl. XXX,
et n° 9, pl. XXXV, deux exemples d'un double rôle analogue attribué au soleil. Immédiatement derrière l'hiérophante, sur le cylindre que je décris, on
voit debout un myste du sexe mâle.

E, cylindre n° 5, pl. XVI.

De nouveau c'est la grande prêtresse qui reçoit un myste au grade de soldat,
assistée, comme sur le cylindre précédent, du grand prêtre monté debout sur
un taureau. Elle est debout et vue de face ; de la main droite elle tient une
arme qui a la forme d'un trident et dont nous rencontrerons, sur d'autres
cylindres, plusieurs modifications. Au-dessus de cette arme, on a gravé un
objet difficile à reconnaître, peut-être une tête d'oiseau ; et au-dessous une
grande rosace ou une étoile formée de sept petits globes ou disques, dont un

---

[1] Atlas, cyl. n° 5, pl. XXVIII ; n° 7, pl. XXXVII ; n°ˢ 1, 2, pl. XL, et n° 2, pl. L.

est inscrit au milieu des six autres. Deux autres petits globes ou disques sont placés, l'un à droite, l'autre à gauche de la tête de la grande prêtresse. Entre le myste et sa marraine, on voit dans le haut un globe ou disque beaucoup plus grand, et dans le bas, l'oreille de cuivre ou d'acier, que désormais nous désignerons sous la dénomination moins équivoque de *harpé asiatique*. Ce myste est du sexe féminin ; il est suivi d'une prêtresse marraine, qui intercède en sa faveur. A la gauche de la grande prêtresse, on remarque un méandre posé perpendiculairement entre deux poissons tournés à gauche. Devant le taureau du grand prêtre, on retrouve un globe ou un disque. Près du coude droit du grand prêtre est gravé un objet que je ne connais pas, et derrière ce personnage, on distingue une longue lance posée perpendiculairement. Le style et les symboles de ce cylindre nous indiquent suffisamment, à défaut d'une légende en caractères cunéiformes, qu'il appartient à l'art assyrien ou à l'art phénicien ; mais il porte toutes les marques d'une époque de décadence, et de plus il est fort usé ou fruste en plusieurs endroits.

F, cylindre n° 10, pl. LIV, *A*.

Un hiérophante tourné de gauche à droite et debout sur un taureau uni-corne, accroupi, reçoit au grade de soldat, sous un portique ou une arcade, un myste du sexe féminin. Entre ces deux personnages, une courte légende perpendiculaire en caractères cunéiformes du système assyrien. Le myste, la tête coiffée d'une tiare cannelée, se tient debout devant l'hiérophante, et avance les mains pour prendre la masse d'armes que ce dernier lui présente. Deux prêtres barbus, à jambes et pattes de coq ou d'oiseau de proie et à queue de scorpion [1], se tiennent debout en dehors du portique, l'un à droite, l'autre à gauche, et semblent par leur geste intervenir, comme parrains, dans cette scène d'initiation. Dans le haut du cylindre sont gravés, à droite de la voûte du portique, un mihr et le soleil sous la forme d'un astérisque à huit branches ; à gauche, un grand croissant.

G, cylindre n° 2, pl. XXXVII.

Un initié barbu dans l'attitude d'un suppliant qui, debout, tient ses deux mains élevées et jointes, se présente seul devant un hiérophante monté debout sur un quadrupède accroupi [2], dont la queue est liée à un dossier de siége ou à un montant de trône. Cet hiérophante, coiffé d'une tiare surmontée du disque de la lune, est séparé du myste par un autel en forme de X ; au-dessus de cet

---

[1] Je reviendrai plus loin sur cette queue de scorpion.

[2] Ce quadrupède est probablement un jeune taureau mal dessiné.

autel, dans le haut du cylindre, est gravé un grand croissant, et plus loin sur le même alignement, un grand soleil au-dessous duquel on voit deux poignards qui nous rappellent le poignard de Mithra; plus bas, deux sauterelles sont occupées à dévorer une plante, et représentent cette classe d'animaux malfaisants nommés *kharfesters* dans le *Zend-Avesta*, et dont la destruction est un des actes recommandés aux sectateurs d'Ormuzd et de Mithra.

H, cylindre n° 9, pl. LI.

Un prêtre à longue barbe et debout présente un myste femelle à un hiérophante barbu tourné à gauche, et monté debout sur un taureau bicorne qu'il maîtrise au moyen d'un licol, dont l'anneau est passé dans les naseaux de l'animal. Le myste, la tête nue et rasée, se tient debout derrière l'hiérophante, et porte de la main gauche un objet difficile à déterminer, peut-être une fleur de lotus. De la main droite, il tient suspendu par son anse un vase à eau imitant la forme d'un panier. Une figure semblable à celle que je viens de décrire se voit aussi sur deux cylindres du cabinet de M. de Luynes, l'un d'agate blanche, l'autre d'hématite, qui représentent chacun, avec diverses variantes insignifiantes, une scène d'initiation au grade de soldat. Sur le cylindre d'agate, on reconnaît parfaitement que l'objet suspendu à la main gauche de la récipiendaire est un vase ayant la forme d'un panier; mais l'objet placé dans la main droite est indécis, comme sur le cylindre d'hématite et comme sur le cylindre n° 9 de ma planche LI, comme les vases que portent certaines figures à Khorsabad et à Nimroud[1]. Ici point d'emblème de la triade, ni même de *mihr*. On voit seulement, dans la partie supérieure du cylindre, le soleil placé sous la forme d'une roue à quatre rayons doubles (ce qui équivaut aux huit rayons des astérisques) dans le croissant de la lune.

I, cylindre n° 9, pl. XXVIII.

Une hiérophantide tournée à gauche et coiffée d'une tiare conique est debout sur une génisse qu'elle conduit par un licol passé dans les naseaux. De la main droite elle tient à la fois un bout de ce licol et une arme qui a la forme d'un trident. Devant elle se tient debout une prêtresse, remplissant probablement les fonctions de marraine. Elle lui présente un myste de très-petite taille, qui porte à la main gauche un *pédum*, et qu'on pourrait prendre pour un adolescent ou pour une jeune fille. Derrière ce dernier personnage, descend perpendiculairement une colonne de caractères cunéiformes du sys-

---

[1] Voyez MM. Botta et Flandin, *Monument de Ninive*, et Layard's *Monuments of Niniveh*, Londres, 1853.

tème assyrien; au-dessus de sa tête, une roue à six rayons placée dans un croissant représente le soleil. Dans le champ du cylindre, entre la prêtresse marraine et la génisse, est gravé un objet qu'il m'est impossible de déterminer. Derrière l'hiérophantide, on remarque une petite figure nue et vue de face; ses deux bras sont repliés sur le devant du corps; au-dessus de la tête, on voit deux signes dont je ne connais pas la valeur hiératique. Quant à la petite figure, nous la trouverons répétée sur d'autres cylindres d'origine assyrienne comme celui-ci; elle me semble être une image de Mylitta.

J, cylindre n° 1, pl. XVI.

Ici nous n'avons que trois figures humaines, toutes du sexe mâle et barbues. La première à notre droite est l'hiérophante; sa tiare est surmontée du mihr, ce qui, pour le dire en passant, confirme l'opinion où je suis que, dans les initiations, l'hiérophante ou l'hiérophantide représentaient la divinité qui préside aux mystères et en portaient les insignes. Ici l'hiérophante placé debout, comme les dieux, sur le dos d'un taureau unicorne, accroupi, tient à la main, comme les dieux aussi, une couronne. Il adresse un discours au myste qui se tient debout devant lui et qui est suivi de son parrain. C'est un prêtre monté debout sur un lion accroupi, qu'il maîtrise à l'aide d'un double licol passé dans les naseaux. Derrière ce prêtre, dont la tiare est surmontée d'un petit globe ou disque lunaire, est gravé un bouc ou une antilope. Au-dessus de la tête de ce quadrupède, un grand astérisque à six branches représente le soleil ou la planète Vénus; il est ici placé au-dessous des sept planètes disposées sur deux rangs et figurées sous la forme ordinaire de petits globes. A la droite de ce groupe est gravé le croissant de la lune. Entre le myste et l'hiérophante, on voit un *ctéis* qui affecte la forme d'un losange. Ainsi, sur ce cylindre, nous retrouvons les deux emblèmes générateurs, le bouc et le *ctéis*, dont nous avons aussi constaté la présence sur le cylindre n° 9 de la planche XXXV, et nous avons ici, outre le taureau, symbole humide et caractéristique du second grade, le lion, symbole du troisième grade. Tous deux ils sont unicornes.

K, cylindre n° 7, pl. LIV, *A*.

Ici nous retrouvons ces deux quadrupèdes, l'un servant de monture ou plutôt de piédestal à un hiérophante tourné à gauche, l'autre supportant un emblème qui se rencontre rarement sur les monuments asiatiques : une tige surmontée d'un grand croissant et à laquelle sont suspendus ou attachés sept petits globes qui représentent indubitablement les sept planètes, en même temps que le lion, sur le dos duquel est implantée cette tige, représente le soleil. L'emblème que je décris indiquait donc aux initiés le chemin que doivent parcourir les âmes pendant leur mouvement de descente et d'ascension. Un tel emblème devait servir à expliquer aux initiés que les âmes, pendant leur mouvement de descente et d'ascension, sortent du ciel par la porte de la lune, et y rentrent par la porte du soleil après avoir habité successivement chacune des cinq autres planètes. Aussi voyons-nous ici le croissant de la lune placé au point culminant d'où est descendue l'âme du myste placé devant l'emblème que je décris. Le geste expressif de ce myste indique qu'il demande à l'hiérophante l'explication de cet emblème, et le lion marque à la fois la porte du soleil et un des grades que le myste devra obtenir avant de voir cette porte s'ouvrir pour lui.

L, cylindre n° 17, pl. XII.

La scène se compose de quatre personnages : un parrain et une marraine debout, suivis d'un myste du sexe féminin, également debout, présentent ce myste à une hiérophantide qui, assise sur son trône, tient à la main un long poignard. Quelquefois, avec ce long poignard, l'hiérophante ou l'hiérophantide tient dans la même main la couronne qui va être présentée au myste, et que celui-ci devra refuser. On voit cette couronne, ainsi réunie au poignard, sur plusieurs cylindres du cabinet de M. de Luynes, que je rapporte au grade de soldat. Un autre cylindre du même grade et de la même collection nous montre la couronne attachée à la partie supérieure du poignard. Au-dessus de ce poignard est gravé un taureau accroupi. Entre le parrain et la marraine, est placé dans le haut un vase pour les lustrations, et dans le bas, l'arme appelée oreille de cuivre ou oreille d'acier, et avec laquelle le myste devra combattre le taureau.

M, cylindre n° 1, pl. XXVII.

Nous trouvons ici, comme sur le cylindre précédent, quatre personnages; mais ils sont disposés un peu différemment. L'hiérophante debout, tourné à gauche, et tenant dans la main une pomme, a en face de lui un myste imberbe ou un myste du sexe féminin, debout, et chaque pied posé sur un cône parsemé de globules ou de petits trous, comme le grand cône que nous allons trouver placé au-dessous du *mihr*. Sur un beau cylindre qui appartient au grade de *bromius* ou *taureau*, ce myste tient d'une main un *pédum*, et de l'autre un objet de forme indécise. La lance et l'épée que porte derrière lui son parrain, et qui vont lui être remises après l'allocution de l'hiérophante, me donnent lieu de supposer que ce *pédum* indique ici que le myste va passer d'une vie passive et pastorale à une vie active et belliqueuse. Dans ce cas, ma conjecture s'appliquerait aussi au *pédum* que porte le myste sur le cylindre décrit plus haut, n° 9, pl. XXVIII. Derrière le parrain, on a gravé dans le champ du cylindre une tête de bouc. Un taureau bicorne, accroupi sur les jambes de derrière, est placé entre le myste et l'hiérophante. La marraine se tient debout derrière ce dernier personnage, tenant à la main une arme ou tout autre objet difficile à préciser. Elle porte un costume qui laisse nu le haut du corps; mais une écharpe posée en biais et en travers du buste cache un des seins, l'autre reste seul à découvert. Je reviendrai tout à l'heure sur cette circonstance, qui a plus d'importance qu'on ne serait tenté de le supposer au premier abord. Entre la marraine ainsi costumée et l'hiérophante, on voit dans le bas un bouc accroupi sur ses pieds de derrière, et dans le haut, le disque du soleil ou de la lune placé dans un croissant. Je dis le disque du soleil ou de la lune, parce que d'autres cylindres nous montreront deux croissants de la lune superposés l'un à l'autre, pour indiquer, sans doute, que les initiations se pratiquaient pendant les deux premières phases de la lune.

N, cylindre n° 3, pl. XL.

Une troisième fois nous avons sous les yeux une scène d'initiation composée de quatre personnages; et malgré la négligence et l'inhabileté de celui qui a gravé ce cylindre, très-fruste dans plusieurs de ses parties, nous pouvons distinguer une hiérophantide tournée à droite, assise sur son trône sacerdotal, et adressant la parole à un myste qui se tient debout devant elle, et qui lui est présenté par son parrain et sa marraine, le premier debout derrière le trône, la seconde debout derrière le myste. Entre l'hiérophantide et le myste, on remarque, dans le haut, un grand croissant, et, dans le bas, une tête de taureau bicorne, vue de face, et tenant entre ses dents un objet qui a la forme d'une faucille, mais dont je ne saurais indiquer le nom ni l'usage.

Le croissant n'étant accompagné ici ni du soleil ni des sept planètes, il est évident qu'on a voulu indiquer que la scène se passe dans le monde sublunaire, c'est-à-dire sur la terre, premier séjour des âmes qui se sont alliées à la matière.

O, cylindre n° 6, pl. XVI.

Ici, par modestie sans doute, le myste ne s'est point fait représenter : on ne voit que deux prêtres placés en regard l'un de l'autre auprès du hôm, et occupés à consacrer sur cet arbre mystique le *kosti* (le ceste de Vénus), dont

le myste devra être ceint en même temps qu'il recevra des armes offensives
pour combattre, au gradé suivant, le taureau, symbole du principe humide.
On voit ici, en effet, un taureau unicorne se lever, dans une attitude menaçante, sur ses pieds de derrière et se disposer au combat. Les deux objets circulaires placés, l'un au-dessus de sa tête, l'autre entre ses quatre jambes, sont
très-probablement des roses ou rosaces telles qu'on en voit à Nimroud auprès
d'un taureau. Là, comme dans le myste d'Adonis, la rose est un symbole de
génération. Nous verrons sur d'autres cylindres des exemples de la prise ou
de la remise du kosti.

P, cylindre n° 8, pl. XXVII.

Scène composée de trois personnages. Un hiérophante, tourné à gauche et
assis sur un trône, les pieds posés sur un escabeau ou *hypopodium*, porte dans
la main droite un objet que nous aurions bien de la peine à désigner, si, comparant ce cylindre avec celui qui est figuré sous le n° 6 de la planche LIV,
nous ne reconnaissions que cet objet est une couronne à plusieurs angles. On
en comprend facilement la destination : l'hiérophante reçoit au grade de
soldat une femme, qui se tient debout devant son trône et lui est présentée
par une prêtresse remplissant la fonction de marraine. Le costume du myste
femelle sera décrit en détail dans le paragraphe où je m'occuperai du costume
de chaque personnage figuré sur les monuments des mystères. Mais je ne
puis me dispenser de m'arrêter un moment, pour faire remarquer au lecteur
que la récipiendaire, nue jusqu'au-dessus des hanches, porte en travers du
buste une large écharpe plissée et posée en biais, qui cache l'un des seins et
laisse l'autre à découvert. Un tel costume et le grade même de soldat que va
recevoir cette femme nous rappellent involontairement ces personnages femelles, très-énigmatiques, que les Grecs désignent sous le nom d'*amazones*, qui
ont pour patrie l'Asie occidentale, et dont les habitudes guerrières, la valeur
et la chasteté, sont célébrées par Homère et par un grand nombre d'autres
poëtes et de mythographes anciens. Nous retrouverons sur plus d'un cylindre
des exemples de l'écharpe caractéristique que je signale ici. Mais la répétition
fréquente de cette particularité n'est pas la seule raison que j'aie de considérer les amazones comme des personnages initiés aux mystères de la Vénus
asiatique. J'expose plusieurs autres motifs dans l'appendice où j'examine divers
monuments importés de l'Asie occidentale en Étrurie. Dès à présent, toutefois,
je dois faire observer que, sur les cylindres d'origine asiatique, les mystes
femelles ne nous offrent pas exclusivement des exemples d'une large écharpe

qui laisse un seul sein à découvert. Parfois les hiérophantes et les hiérophantides portent une écharpe semblable. Nous en avons la preuve sur le cylindre
même dont nous nous occupons en ce moment, et sur celui que j'ai décrit dans
un des paragraphes qui précèdent [1]. Déjà nous avons eu la preuve aussi qu'il
faut joindre quelquefois aux hiérophantes et aux hiérophantides la prêtresse
qui sert de marraine à un myste du sexe féminin [2]. L'usage dont il s'agit était
donc consacré par les rites propres aux mystères, et il nous reste assez de
monuments pour établir, de plus, qu'il était fort souvent pratiqué; mais il
nous en reste assez aussi pour constater que d'autres costumes étaient également propres à ces mystères. Dès lors, il est bien difficile de ne pas se demander si chaque grand peuple de l'Asie occidentale n'avait pas des rites particuliers; et, dans ce cas, il faudrait rechercher à quelle nation appartient le
costume qui a tant d'analogie avec celui des amazones.

Revenant à notre cylindre, nous avons devant l'hiérophante un singe,
symbole de l'air de la terre; il est assis ou perché sur une barre que supporte
un pieu planté sur l'*hypopodium* de l'hiérophante. Je reparlerai de ce symbole
dans le chapitre du grade de lion. En attendant, je dois citer ici un cylindre
du cabinet du duc de Luynes, qui nous montre, debout devant une hiérophantide assise, la récipiendaire placée entre un singe et un lion gravés dans
le champ du cylindre. Entre le myste et sa marraine, dans le bas, est posée
perpendiculairement, sur l'estrade, une des armes de Mithra, appelée *oreille de*
cuivre rouge ou *oreille d'acier*. Dans le haut, on a gravé un grand astérisque
à huit branches, qui est, sans aucun doute, la planète de Vénus; plus à droite,
sur le même alignement, nous voyons le soleil et la lune représentés sous la
forme d'une roue à huit rayons, superposée à un croissant. J'ignore ce que
l'hiérophante tient dans la main droite. On ne voit sur notre cylindre ni un
taureau servant de piédestal à l'hiérophante, ni un taureau placé isolément
dans le champ du petit monument. Mais cet animal symbolique est en quelque
sorte remplacé ici par deux masques, vus de face, qui sont gravés dans le
haut du cylindre, derrière la tête de la marraine. Ils reproduisent le visage
de deux initiés qui, après avoir vaincu un taureau, ont revêtu une forme que
j'appelle *taurine*. Au-dessous de ces deux masques de bromius ou taureau, on
en remarque deux autres dont le caractère est différent. Ceux-ci, surmontés
d'un bonnet ou chapeau de forme triangulaire et conique, appartiennent au

---

[1] Atlas, cyl. n° 3, pl. XL. — [2] *Ibid.* Voyez le cylindre n° 1 de la planche XXVII, qui nous en a
fourni un exemple.

grade de lion, c'est-à-dire à deux personnages qui, après avoir triomphé du lion, ont revêtu une forme *léonine*. Dans les deux chapitres suivants, je m'expliquerai plus amplement sur les deux formes auxquelles se rapportent nos quatre masques. Je me bornerai à ajouter qu'ils rappellent ainsi les grades dont est suivi le grade de soldat.

Q, cylindre n° 8, pl. LIV, *A*.

Ici commence une série de cylindres qui, de même que les précédents, appartiennent au grade de soldat, mais qui ne vont plus nous offrir le symbole du taureau servant de piédestal ou de monture à l'hiérophante, ou placé dans une partie quelconque de la scène d'initiation. Sur le premier cylindre de cette série que j'ai à décrire, le taureau est remplacé par un lion ailé, unicorne et tourné à gauche, sur lequel est monté debout un grand prêtre également tourné à gauche et tenant de la main gauche une espèce de hache. Il est assisté de deux assesseurs nus, l'un mâle, l'autre femelle, ayant chacun sur la tête un voile surmonté d'un petit disque et tombant par derrière jusqu'aux mollets. Ils tiennent chacun, suspendu à la main, un vase ansé pour l'eau lustrale. L'assesseur femelle a de plus dans la main gauche une pomme qu'elle montre avec une intention marquée. L'assesseur mâle sert de parrain à une récipiendaire qu'il présente au grand prêtre, et qui avance les deux mains pour recevoir l'arme que va lui remettre ce dignitaire. Dans le champ du cylindre sont gravés plusieurs caractères cunéiformes, et dans la partie supérieure, le croissant de la lune et l'astérisque à huit branches, qui représente le soleil.

R, cylindre n° 11, pl. LIV, *A*.

Sur le petit monument que j'indique ici, nous n'allons trouver ni taureau ni lion. Le taureau, comme sur le cylindre n° 10, pl. XVII, dont je parlerai tout à l'heure, y est remplacé par un poisson accompagné d'un *ctéis*, deux symboles qui expriment clairement les idées de principe humide, de génération, et par conséquent de vie matérielle. Nous verrons plus loin comment, sur quelques monuments asiatiques, le poisson se substitue au taureau dans les formes ou le costume que reçoivent les initiés reçus au second grade. Ici le *ctéis* et le poisson servaient nécessairement de thème au discours que devait adresser au récipiendaire chacun des deux hiérophantes armés et barbus, au milieu de qui nous le voyons se tenir debout, sans armes et la tête nue. Les deux hiérophantes sont debout aussi et placés en regard l'un de l'autre; leur tiare, leur arc et leur carquois, sont surmontés du disque de la lune; ils

tiennent chacun à la main une couronne. Une masse d'armes plantée en terre
devant le myste, qui paraît être une femme, achève de donner à cette initiation son véritable caractère. La scène est dominée par le croissant de la
lune, et derrière l'hiérophante, placé à notre droite, nous voyons les sept
planètes rangées sur deux lignes horizontales parallèles.

S, cylindre n° 10, pl. XVII.

Un grand prêtre tourné à gauche, assis sur son trône et assisté d'une grande
prêtresse, reçoit au grade de soldat une femme qui, debout devant lui et
tournée à droite, avance les deux mains pour recevoir les trois dards ou poignards qu'il tient dans la main gauche. Sa tiare et celle de la grande prêtresse
sont surmontées chacune d'une étoile. Les deux extrémités de l'arc et du carquois que porte en sautoir ce dernier personnage sont aussi ornées d'une
étoile, comme nous l'avons vu déjà sur le cylindre n° 9 de la planche XXXV.
Devant l'archiprêtre est placé un autel d'offrandes, qui a la forme d'un X, et
où l'on a déposé trois objets que je ne saurais pas dénommer. Au-dessus de
cet autel est gravé un poisson, sur le même alignement qu'un *ctéis*, qui se voit
entre le trône sacerdotal et l'archiprêtresse. Aux pieds de celle-ci est couché
un quadrupède à grandes oreilles et sans cornes, difficile à reconnaître, soit
à cause de la négligence du graveur, soit parce qu'une fracture dans le bas
du cylindre a fait disparaître une grande partie du corps et des jambes de
l'animal. La scène d'initiation est dominée par le croissant de la lune et par
sept globes ou disques, qui représentent, selon l'usage, les sept planètes.

T, cylindre n° 6, pl. XXIX.

Un hiérophante, suivi d'une hiérophantide, va recevoir au grade de soldat
un myste du sexe mâle. Ils sont tous trois debout, mais l'hiérophante et
l'hiérophantide sont placés chacun sur une estrade ou un piédestal. Un astérisque surmonte leur tiare, leur arc et leur carquois. L'hiérophante tient de
la main gauche une hache et la présente au myste. Celui-ci avance les deux
mains pour saisir cette arme. Entre lui et l'hiérophante, est plantée en terre
une espèce de javelot qui ressemble à deux caractères cunéiformes emboîtés
l'un dans l'autre. Une masse d'armes ou une courte lance est plantée sur le
sol entre le grand prêtre et l'hiérophantide. Derrière, ici, on voit un *ctéis* et un
jeune bouc ou capricorne dont les quatre pieds sont réunis sur une boule [1].

---

[1] Les jongleurs sur les places publiques, dans l'Orient, montrent encore, de nos jours, des animaux de cette espèce, auxquels on a appris à réunir leurs quatre pieds sur une boule et à s'y
tenir en équilibre.

Enfin, dans le haut du cylindre, on voit à droite le croissant de la lune, et à gauche les sept planètes, rangées sur deux lignes horizontales parallèles.

U, cylindre n° 1, pl. XXXIII.

La scène ici se compose de trois femmes, et, chose digne d'attention, leurs costumes, bien que différents entre eux, sont caractérisés chacun par une écharpe placée de manière à laisser voir un seul sein. Ces trois femmes, d'après mes remarques précédentes, peuvent donc être assimilées à des amazones. La première, à gauche, est assise sur un trône sans dossier, qui a la forme de ce que nous appelons aujourd'hui un tabouret; c'est l'hiérophantide. Elle est tournée à droite, et tient d'une main une pomme, de l'autre une arme qu'elle va remettre à la récipiendaire pour combattre le mal, dont la pomme est le symbole. Aussi, dans le langage des mystères, le même mot qui signifiait *pomme* signifiait aussi le *mal*. Si ce n'est la langue latine, aucune langue ne paraît l'avoir conservé avec sa double signification; mais en rapprochant du mot μῆλον des Grecs le mot *malum* des Latins, on acquiert la preuve qu'anciennement μῆλον avait, comme *malum*, qui est le même mot, le double sens de *pomme* et de *mal*. Devant l'hiérophantide, sont debout la récipiendaire et sa marraine. Les fonctions de la prêtresse à qui j'applique ici, comme ailleurs, cette dernière dénomination, sont parfaitement indiquées sur notre cylindre. Elle tient par la main la récipiendaire et la présente à l'hiérophantide; toutes deux elles font un geste qui nous indique qu'elles prennent un engagement quelconque. De ces trois femmes, la récipiendaire est la seule dont la tête soit nue. Derrière elle sont gravés, dans le champ du cylindre, trois objets : une harpé asiatique, à laquelle convient parfaitement la dénomination d'*oreille de cuivre* ou d'*acier à deux tranchants;* un vase à lustration, dont la forme rappelle celle de l'*aryballos* des Grecs, et un oiseau aquatique, qui fait allusion au principe humide qu'aura à combattre l'initiée pour obtenir le deuxième grade. Enfin, à gauche, dans la partie supérieure du cylindre, on voit un double croissant, qui peut-être n'a pas été placé ici sans intention, au-dessus de la pomme que tient à la main l'hiérophantide, car on sait combien les anciens aimaient à rappeler dans leurs compositions mystiques ou symboliques l'influence qu'ils attribuaient à la lune sur les phénomènes de la génération, source du mal.

V, cylindre n° 13, pl. LIV, *B*.

Ici, comme sur le cylindre décrit dans le paragraphe précédent, nous voyons trois femmes; mais chacune d'elles est debout. La première, à notre gauche,

est l'hiérophantide; seule elle a sur la tête une espèce de chapeau ou de
bonnet conique. De la main gauche elle porte un long sceptre ou une lance.
Devant elle est placée la récipiendaire, le corps vu de face et entièrement nu,
mais la tête de profil et tournée à gauche. Derrière la récipiendaire, on reconnaît sa marraine dans une prêtresse qui lui tourne le dos pour se trouver
en face d'un méandre disposé perpendiculairement, contre l'usage ordinaire.
Il remplace ici, comme symbole du principe humide, le taureau, le poisson,
le ctéis, l'oiseau aquatique que nous avons trouvé dans la composition de
plusieurs scènes analogues. Un méandre pouvait non moins facilement que
ces divers hiéroglyphes fournir à l'hiérophantide et à la marraine un thème
pour enseigner à l'initiée quel élément ou quel ennemi, moralement parlant,
elle aurait à combattre pour parvenir au deuxième grade.

X, cylindre n° 6, pl. XXXV.

Ce cylindre représente aussi une réception de femme au grade de soldat;
mais l'hiérophante et le parrain ou prêtre assistant portent de longues
barbes qui ne laissent aucun doute sur leur sexe. L'hiérophante est en tout
presque semblable à celui que nous avons vu recevoir un myste mâle sur le
cylindre n° 6, pl. XXIX, seulement il est tourné à gauche. Ils présentent
chacun au récipiendaire une hache de même forme; et ici la femme qui aspire
au grade de soldat fait le même geste pour recevoir cette arme que le myste
mâle sur le cylindre cité.

Nous retrouvons ici, plantée en terre devant l'hiérophante, la même masse
d'armes ou la même lance courte que nous avons vue plantée derrière
l'hiérophante sur le cylindre cité. Mais l'hiérophantide qui, sur ce dernier
cylindre, assiste et suit l'hiérophante, est remplacée ici par un personnage
à queue de scorpion et à jambes et serres d'oiseau de proie, parfaitement
semblable aux deux assistants que nous avons remarqués sur le cylindre n° 10
de la planche LIV, *A*, si ce n'est que ce personnage porte de la main droite
un vase à eau lustrale, et tient de la main gauche une pomme qu'il montre
à la récipiendaire. Un personnage très-analogue se voit sur un cylindre de
calcédoine stratoïde qui appartient à M. le duc de Luynes. Ici les fonctions
sacerdotales sont exercées par une hiérophantide également tournée à gauche;
mais elle est debout sur un lion qui marche de droite à gauche, et la récipiendaire, placée debout devant elle, est suivie de sa marraine. Dans le haut
du cylindre, on a gravé, entre l'astérisque du soleil et le croissant de la lune,
un casque rond surmonté d'une triple aigrette, orné sur le devant d'une corne

de taureau, et tout à fait semblable au casque du prêtre assistant. A gauche
du croissant de la lune, on remarque, sur deux lignes parallèles, six petits
globes ou disques, qui représentent six planètes, et qui sont placés dans la
partie supérieure d'une longue légende non déchiffrée, écrite en caractères
cunéiformes du système assyrien, et disposés perpendiculairement dans quatre
colonnes. Il est probable que la septième planète, c'est-à-dire le septième petit
globe, était gravée à la suite des six autres, à l'endroit où un accident quelconque a endommagé notre petit cylindre[1].

Y, cylindre n° 16, pl. XII[2].

Un hiérophante à longue barbe, tourné à gauche et assis sur un trône sans
dossier posé sur une estrade, reçoit une femme au grade de soldat. Elle porte
sous le bras gauche un petit quadrupède, probablement un chevreau, pour
l'offrande qui doit précéder l'aveu de ses péchés. Son costume est celui des
initiées que j'ai assimilées aux amazones. Elle est suivie d'une prêtresse vêtue de
la tête aux pieds. Entre ces deux femmes est placée une arme, l'oreille d'acier
ou de cuivre rouge, qui caractérise la scène d'initiation à laquelle nous assistons. Devant l'hiérophante, on voit une très-petite figure nue, mais ceinte
du kosti. Je ne connais ni les fonctions qu'elle remplit, ni la dénomination ou
le titre qu'il convient de lui appliquer. Derrière l'hiérophante sont gravées
deux lignes perpendiculaires et non déchiffrées de caractères cunéiformes du
système assyrien. Dans la partie supérieure du cylindre, on voit à gauche un
vase de la forme appelée par les Grecs *aryballos*, et vers le milieu, le soleil
et la lune représentés par une roue à huit rayons placée dans un croissant.
Ce cylindre est d'une très-belle conservation; le style me paraît cependant
en être fort ancien[3].

Z, cylindre n° 18, pl. XII.

Réception d'une femme par une hiérophantide, en présence d'une prêtresse
qui probablement est ici la marraine. Malgré le style barbare et l'extrême négligence du travail de ce petit monument, on distingue que l'hiérophantide,
assise sur un trône et tournée à gauche, remet à la récipiendaire la ceinture
obligatoire appelée *kosti* ou *ceste;* qu'entre ce dernier personnage et la marraine, est placée la harpé asiatique, et que derrière l'hiérophantide sont

---

[1] Les parties frustes de ce cylindre et de quelques autres monuments que je publie sont indiquées par un pointillé.

[2] J'ai acquis moi-même ce cylindre à Tauriz,
en 1808. C'est le seul que j'ai pu me procurer
pendant mon séjour à la cour de Perse.

[3] Cf. le cylindre n° 8, pl. XXVII.

gravés, dans le bas, un autel d'offrandes [1], et dans le haut, le soleil et la lune
représentés comme sur le cylindre précédent. Seulement il m'est impossible
de dire ce qu'est l'objet gravé au-dessus de la harpé.

A A, cylindre n° 5, pl. LIV.

De nouveau, on voit ici trois femmes. Leur rôle est facile à deviner. La
première, à notre droite, est l'hiérophantide, tournée à gauche et assise sur
un trône à dossier; elle est coiffée d'une tiare surmontée d'une grande étoile
à huit branches qui, sans doute, est la planète de Vénus. De la main gauche
elle tient une couronne, accessoire important dans la réception au grade de
soldat. Ici cette couronne est formée par huit petites boules, dont la huitième
est cachée dans l'intérieur de la main de notre hiérophantide. Je fais remarquer ce nombre huit, parce que j'ai expliqué plus haut qu'il est sacramentel
dans la liturgie assyrienne, comme dans celle des Perses. La seconde femme,
debout, comme la troisième, devant l'hiérophantide, est la récipiendaire. Son
costume et celui de la prêtresse qui l'accompagne en qualité de marraine
n'offrent aucune différence entre eux. Derrière cette prêtresse s'élève un hôm,
dont la forme est analogue à celle du hôm gravé sur le cylindre décrit plus
haut [2]. Un *mihr*, d'une forme particulière, se fait remarquer au-dessus de
l'arbre sacré. A droite de ce *mihr*, sont disposés dans l'ordre suivant : le croissant de la lune, un grand astérisque à huit rayons représentant le soleil, et
les sept planètes, figurées sous la forme ordinaire de sept petits globes ou
disques placés sur deux rangs. J'ignore la signification du bâton où paraissent
être attachés deux de ces petits globes, et la signification aussi de l'objet gravé
entre le profil de l'hiérophantide et le groupe des sept planètes.

B B, cylindre n° 6, pl. LIV.

La composition du sujet de ce cylindre est des plus simples et nous offre
de nouveau trois femmes mises en scène dans la même disposition que sur le
cylindre précédent, mais dont le costume uniforme est lui-même plus simple
que sur aucun autre monument asiatique consacré aux mystères. La prêtresse
marraine se confond ici avec la récipiendaire. L'hiérophantide se distingue
de ces deux femmes en ce que, assise sur un trône à dossier très-élevé, elle
est coiffée d'une tiare droite et carrée; de plus, elle tient à la main une couronne hexagonale, qui nous donne lieu de présumer que l'objet placé à la

---

[1] Peut-être faut-il reconnaître sur cet autel les pains appelés *darouns* dans la liturgie persique.
— [2] Atlas, pl. XXX. n° 7.

main de l'hiérophante, sur le cylindre n° 8, pl. XXVII, décrit ci-dessus, est
une couronne tétragonale. Dans le champ de notre cylindre, pl. LIV, n° 6,
nous ne trouvons aucun symbole, aucun accessoire. Il convient seulement de
noter que le dossier du trône ou du siége sacerdotal est orné ici de six objets qui ressemblent à six têtes de pavots supportées chacune par une tige, et
que nous retrouvons disposés en roue, au nombre de six, de huit ou de neuf,
et placés à la main d'un prêtre sur quelques autres cylindres [1]. Il est probable
que, lorsqu'ils n'excèdent pas le nombre de sept, ils représentent les planètes
ou du moins font allusion à elles. La tiare de l'hiérophantide n'est pas surmontée d'un astérisque ni d'un disque; elle n'est pas non plus ornée d'une
corne de taureau.

C C, cylindre n° 10, pl. XXXIV.

La composition se simplifie encore davantage; nous n'avons plus ici que
deux personnages : un hiérophante, tourné à droite, assis sur un trône et tenant à la main une couronne, et devant lui un récipiendaire barbu. Entre ces
deux personnages sont dressées, dans des supports, une courte lance à fer
triangulaire et une espèce de masse d'armes. Au-dessus de celle-ci est placé le
croissant de la lune, et, au-dessus de la lance, un astérisque à huit branches
ou rayons représentant le soleil. Derrière le trône de l'hiérophante sont gravées deux lignes perpendiculaires et non expliquées de caractères cunéiformes
du système assyrien.

D D, cylindre n° 5, pl. XL.

Ce cylindre ressemble beaucoup au précédent, quant à la composition du
sujet, à la pose des deux figures et même quant à la forme des quatre principaux accessoires. Le style en est fort différent; mais bien que nous n'ayons
ici aucune légende, les costumes des deux figures et la forme des armes permettent cependant de croire que ce petit monument appartient à l'art assyrien
tombé en décadence. Au lieu d'un hiérophante et d'un myste mâle, c'est une
hiérophantide qui reçoit une femme. Entre ces deux personnages est placé
un autel d'offrandes en forme de X. La lance, la masse d'armes, le soleil et
la lune, sont gravés derrière la récipiendaire. Au premier aperçu, ce cylindre
n'offre qu'un médiocre intérêt. Rapproché du cylindre décrit dans le paragraphe précédent [2], il nous offre un exemple irrécusable de deux réceptions
au grade de soldat, l'une d'homme, l'autre de femme, célébrées chacune avec

---

[1] Atlas, pl. XXXII, n° 2; pl. LIV, *A*, n° 5; pl. LIV, *B*, n° 5. — [2] Atlas, pl. XXXIV, n° 10.

le même rituel. C'est la raison qui m'a déterminé à en publier un dessin exact.

E E, cylindre n° 1, pl. LIII.

Nous commençons ici l'examen et la description d'une série de cylindres qui, par leur sujet et par les costumes et la pose des hiérophantes, s'éloignent plus ou moins de la composition des cylindres que je viens de décrire. Bien qu'il soit moins facile d'y reconnaître l'intention formelle d'avoir voulu représenter des scènes d'initiation au grade de soldat, je n'hésite pas à les considérer comme ayant appartenu à des initiés qui, après avoir été admis à ce grade, avaient voulu conserver à leur manière, si je puis m'exprimer ainsi, le souvenir de leur admission. Le premier de ces cylindres[1] représente une prêtresse debout, vêtue d'un costume que nous n'avons pas encore rencontré, quoiqu'une écharpe qui laisse voir un seul sein en fasse partie. Le bas du visage est caché par la pièce d'étoffe que les Parses de l'Inde appellent le *pénom*, et qui est destinée à empêcher que l'haleine ne souille le feu sacré au moment de la prière ou de l'adoration de la divinité. Cette hiérophantide a pris une attitude menaçante, qu'achève de caractériser le geste qu'elle fait avec le bras qui est armé d'une masse d'armes. Devant elle se présentent deux petites figures de femme, superposées l'une à l'autre dans le champ du cylindre. Elles portent chacune une petite urne, dont la forme est plus nettement accusée sur le cylindre n° 7 de la planche XLIX. De l'autre main, elles tiennent par son anse un vase qui a la forme d'un seau. Ces deux récipiendaires sont suivies de la prêtresse qui leur sert de marraine, et dont l'attitude et les gestes sont bien ceux d'une personne qui supplie ou qui intercède. Derrière cette figure on voit, entre deux lignes perpendiculaires, non déchiffrées, de caractères cunéiformes assyriens, quatre masques superposés aussi l'un à l'autre. Trois de ces masques appartiennent au costume que doit revêtir l'initié parvenu au second grade, celui de bromius ou taureau; le quatrième sert à indiquer le troisième grade, celui de lion. Nous n'apercevons sur notre cylindre aucun emblème divin ni aucun astre, non plus que sur les cylindres n° 7, pl. XLIX; n° 9, pl. XL; n°s 5 et 6, pl. XVIII; n° 5, pl. XXXIX; n° 3, pl. XXXVII; et n° 5, pl. XLII, dont il va être question plus bas.

F F, cylindre n° 7, pl. XLIX.

On retrouve ici, dans la même position et les mêmes attitudes, les quatre

---

[1] Atlas, pl. LIII, n° 1.

personnages femelles que nous venons de reconnaître sur le cylindre précédent[1]. Seulement ils sont tournés ici dans un sens inverse et accompagnés
de trois autres petites figures placées derrière la marraine : deux femmes debout, dont l'une tient ses deux mains derrière le dos, et dont l'autre pose la
main gauche sur l'épaule droite de celle-ci et tient sa main droite derrière le
dos; et au-dessus de ces petites figures, une lionne ailée, à tête de femme et
à queue de poisson. Nous verrons ailleurs d'autres exemples d'êtres analogues[2],
et nous resterons persuadés qu'à cette catégorie appartiennent ces animaux
composites dont Bérose et Ctésias font une mention expresse. Nous reconnaîtrons, en même temps, que ces sortes de compositions sont soumises à
des règles fixes, expriment ordinairement la double idée du principe humide
et du principe igné, et, par conséquent, font allusion aux grades de bromius
et de lion. Dans la partie supérieure de notre cylindre, sont gravées transversalement trois lignes de caractères cunéiformes du système assyrien, non déchiffrés et disposés de manière à être lus perpendiculairement. La légende,
comme sur les briques de Babylone et sur quelques autres cylindres[3], commence par ce tétragramme sur lequel j'ai, dans une autre occasion[4], appelé
l'attention des philologues et des archéologues.

G.G, cylindres n°s 5 et 6, pl. XVIII; n°s 4 et 8, pl. XXVIII; n° 1, pl. LIV, *A*;
et n° 9, pl. XL.

Les deux personnages principaux des scènes d'initiation représentées sur
les deux cylindres que je viens de décrire se retrouvent sur les six cylindres
que j'indique ici; mais nous ne retrouvons pas les deux petites figures qui
portent une urne et un seau, et l'hiérophante est tantôt un homme, tantôt
une femme. Sur le n° 6 de la planche XVIII, entre l'hiérophante et la marraine, une femme de très-petite taille, nue, mais ceinte du kosti, fléchit un
genou devant cette marraine, et semble intercéder en faveur de la récipiendaire, qui se tient debout derrière l'hiérophante. Au-dessus de la petite
figure agenouillée, on voit, dans la partie supérieure du cylindre, le soleil et
la lune représentés par une roue à huit larges rayons placée dans un croissant.
Derrière la récipiendaire sont inscrits perpendiculairement, dans quatre co-

---

[1] Atlas, n° 1, pl. LIII.

[2] Atlas, notamment les cylindres n° 6, pl. LIII; n° 1, pl. LIV, *A;* n° 4, pl. XXVIII.

[3] Atlas, pl. XVIII, n° 6; pl. XXXVII, n° 3; pl. LIV, *A,* n° 1.

[4] Voyez mes *Observations sur la croix ansée,* dans les *Mémoires de l'Académie des inscriptions et belles-lettres,* nouvelle série, t. XVII, 1re partie, p. 361.

lonnes, des caractères cunéiformes du système assyrien. Cette légende, très-
nettement gravée, attend un interprète. J'en dis autant des trois lignes perpendiculaires de caractères cunéiformes assyriens qui se voient sur le cylindre
n° 5 de la même planche XVIII. Ici, point de récipiendaire. L'initié à qui
appartenait ce cylindre s'est borné à y faire graver, outre la légende dont je
viens de parler, un emblème placé entre l'hiérophantide et la marraine, et
composé d'un taureau et d'un signe linéaire. J'ai plus haut expliqué comment
cet emblème ou ce groupe hiéroglyphique exprime l'idée de la vie humaine
et les deux voies qui s'ouvrent devant les âmes descendues sur la terre. Le
récipiendaire ne s'est pas non plus fait représenter sur le cylindre n° 8,
pl. XXVIII; et nous n'y voyons pas l'emblème dont il vient d'être question.
Ici, entre l'hiérophante et la marraine, on remarque dans le bas un *pédum*,
et, dans le haut, le disque du soleil placé entre deux cornes de vache ou de
taureau implantées sur une tige qui leur sert de support. Derrière l'hiérophante sont gravées avec finesse et netteté trois lignes perpendiculaires de
caractères cunéiformes assyriens, non déchiffrées. Telles sont aussi les trois
lignes gravées derrière l'hiérophantide sur le cylindre n° 1, pl. LIV, A. Ici
la composition du sujet est un peu plus compliquée : le *pédum* est placé derrière l'hiérophantide [1], ainsi que le disque du soleil, qui est superposé au
croissant de la lune. Entre l'hiérophantide et la marraine, est assise sur un
trône une femme qui semble tenir une coupe à la main et que je prends pour
l'archiprêtresse. Elle représente, comme sur d'autres monuments, la divinité
qui préside aux initiations; et ce doit être pour nous une raison de penser
que l'hiérophante ou l'hiérophantide devant qui se présente ici, de même
que sur les cylindres analogues, la prêtresse marraine n'occupe qu'un rang
subalterne dans la hiérarchie sacerdotale. Au-dessus de l'archiprêtresse, nous
voyons un animal symbolique, moitié lion, moitié poisson, qui nous rappelle
l'animal analogue figuré sur le cylindre n° 7 de la planche XLIX, et qui,
comme lui, fait allusion aux deux grades dont est suivi le grade de soldat,
celui de bromius et celui de lion, fondés sur la nature ou les propriétés, l'un
du principe humide, l'autre du principe igné. C'est avec une même intention,
n'en doutons pas, qu'un animal semblable, mais se dressant sur la queue de
poisson, est placé entre l'hiérophantide et la marraine, dans le champ du

---

[1] Sur un cylindre du grade de soldat, appartenant à M. de Luynes, le pédum est placé derrière la prêtresse marraine qu'il égale en hauteur.

cylindre n° 4 de la planche XXVIII [1]. Ici nous ne voyons pas une archiprêtresse, mais nous y remarquons deux figures que ne nous a pas présentées le cylindre n° 1 de la planche LIV, *A*. L'une est certainement la récipiendaire; son costume mérite d'attirer notre attention, parce qu'il nous montre de nouveau une large écharpe posée en biais sur le buste, de manière à cacher un des deux seins et à laisser voir le second. L'autre figure, nue, mais ceinte d'un kosti, porte à la main une coupe ou un calice, et se tient debout derrière la marraine; sa face taurine la classe dans la catégorie des ministres du culte, ainsi que je l'expliquerai dans le chapitre suivant. Entre la récipiendaire et l'hiérophantide, nous retrouvons ici, mais planté en terre au lieu d'être placé sur le dos d'un taureau, l'emblème linéaire que, sur le cylindre n° 5 de la planche XVIII, nous avons rapporté à *la voie aux deux destins* [2]. Le symbole du taureau est gravé ici au-dessus de cet emblème, dans la partie supérieure du cylindre. A droite, sur le même alignement, on voit placée au-dessus du croissant de la lune la roue à huit rayons qui représente le soleil. Enfin, au n° 9 de la planche XL, nous trouvons de nouveau, mais sans le symbole du taureau, l'emblème linéaire *de la voie aux deux destins*. Placé entre deux néophytes de très-petite taille, l'un mâle, l'autre femelle, entièrement nus et vus de face, il a une signification non douteuse. Au-dessous de cet emblème et des deux néophytes, on remarque deux autres petites figures, vues de face, entièrement nues, ayant chacune sur les épaules, au lieu d'une tête humaine, un objet qui m'est inconnu, et à leur gauche un grand serpent ou dragon de forme particulière, dressé sur sa queue et portant une crête ou une oreille au sommet de la tête [3]. Entre l'hiérophante et la marraine, on voit, dans le bas, un *pédum* à trois nœuds ou divisions, et, dans le haut, une

---

[1] Ce même animal symbolique se retrouve sur un cylindre plus compliqué qui appartient à M. de Luynes, et que je rapporte aussi au grade de soldat. Ici cet animal est gravé, dans le champ du cylindre, entre deux prêtresses, auprès de chacune desquelles on voit un poisson du genre *cyprinus*, dressé sur sa queue.

[2] Quelquefois l'emblème de *la voie aux deux destins* est placé dans la main même de l'hiérophante ou de l'hiérophantide. J'en puis citer un exemple, sur un petit cylindre d'hématite du cabinet de M. le duc de Luynes, où une hiérophantide, debout sur un taureau accroupi, tient

de la main droite l'emblème dont il s'agit. Ce cylindre se rapporte à une réception de femme au grade de soldat. Un cylindre qui appartient au même grade et à la même collection nous montre l'emblème de *la voie aux deux destins* gravé derrière la tête de la grande prêtresse, dans la partie supérieure du tableau et sur le même alignement que le soleil et la lune.

[3] Un dragon fort analogue et qui, comme ceux-ci, nous rappelle les dragons du caillou de Michaux (Millin, *Monuments antiques inédits*, tome I, planche VIII et planche IX), se voit sur un autre cylindre du grade de soldat, qui

main au bout d'un bras posé perpendiculairement ou une arme que je ne connais pas.

H H, cylindre n° 4, pl. XXVII.

Ici nous voyons un hiérophante à longue barbe, et semblable, quant à la pose et à son arme, aux hiérophantes et aux hiérophantides que nous venons de trouver sur les six cylindres précédents; mais il n'est pas en scène avec une prêtresse marraine, comme il l'est sur ces petits monuments. Il a debout devant lui une femme qui lui est présentée par un prêtre barbu qui, de la main droite, porte un *pédum.* Entre l'hiérophante et la récipiendaire est gravé un objet de forme indécise, qui me paraît être un amphibie du genre saurien. Au-dessus on remarque le croissant de la lune, et derrière l'hiérophante est dressé un emblème ou un symbole dont je ne connais ni le nom ni la destination. Il se compose d'une longue tige à laquelle est attachée, de chaque côté, vers le haut et vers le bas, la moitié supérieure d'un serpent ou dragon analogue à ceux que nous venons de voir sur le cylindre n° 9 de la planche XL. Ici les quatre moitiés de serpent sont disposées par paires, de manière à figurer une espèce de lyre.

I I, cylindres n° 5, pl. XXXIX, et n° 3, pl. XXXVII.

L'hiérophante ou l'hiérophantide debout, qui saisit son arme d'un air menaçant, se montre sur ces deux cylindres comme sur ceux que j'ai décrits ci-dessus à partir du n° 1 de la planche LIII. Mais ici nous ne trouvons ni parrain, ni marraine, ni même récipiendaire sur le n° 3 de la planche XXXVII. L'hiérophante ou l'hiérophantide est placé en regard d'une archiprêtresse, vue de face, armée et posant un pied sur un petit lion accroupi, qui lui sert d'*hypopodium,* et qui nous rappelle ce verset de la Bible : « Donec ponam ini-« micos tuos scabellum pedum tuorum [1]. » Le costume et la pose des deux archiprêtresses sont parfaitement semblables sur nos deux cylindres. Elles tiennent chacune, de la main droite, une harpé asiatique d'une forme particulière et élégante, qui est destinée à armer le bras du récipiendaire. Sur le cylindre n° 5 de la planche XXXIX, c'est un couple mâle et femelle qui va être reçu au grade de soldat. Nos deux néophytes, de très-petite taille et presque nus, sont posés de face entre l'hiérophantide et l'archiprêtresse, la tête tournée à droite. Le néophyte mâle semble avancer les bras et les mains

---

est en la possession de M. de Luynes. Là il est placé auprès d'un aryballos et d'une harpé asiatique, au milieu d'une scène d'initiation composée seulement d'un hiérophante et d'un myste.

[1] Ps. CIX, v. 2.

pour recevoir la harpé que lui présente l'archiprêtresse. Celle-ci, de la main gauche, et le bras pendant le long du corps, tient, sur le cylindre n° 5 de la planche XXXIX, une courte lance ou un long javelot, et sur le cylindre n° 3 de la planche XXXVII, une arme tranchante, recourbée, semblable à celle que tiennent de la main droite les deux figures colossales qui ont été apportées de Khorsabad au Louvre, et qui portent chacune un petit lion sous le bras gauche [1]. Je compléterai plus loin ce rapprochement, en indiquant les autres points de ressemblance ou d'analogie que peut faire découvrir la comparaison de ces deux colosses avec nos deux archiprêtresses. Contentons-nous ici de remarquer les proportions colossales des deux archiprêtresses et des deux hiérophantes ou prêtres initiateurs eu égard à la petitesse de taille des deux néophytes, contraste qui déjà a dû frapper le lecteur à la vue des pygmées qui représentent les néophytes sur les cylindres n° 1, pl. XXVII; n° 1, pl. LIII; n° 7, pl. XLIX; n° 9, pl. XL; n° 6, pl. XVIII.

JJ, cylindre n° 5, pl. XLII.

Bien que ce cylindre soit d'un style et d'un travail barbares, j'en publie le dessin, parce qu'il représente une double scène que nous n'avons pas trouvée sur les cylindres précédents. Elle ne laisse subsister aucun doute sur l'interprétation de ceux de ces petits monuments où nous avons eu à constater l'absence du myste [2]. Ici la première scène nous offre un groupe d'une hiérophantide et d'une prêtresse. L'hiérophantide, debout, le pied gauche posé sur le dos d'un taureau bicorne, accroupi, brandit d'un air menaçant, au-dessus de sa tête, l'arme placée dans sa main droite. Elle est coiffée d'un bonnet ou tiare conique; de la main gauche elle porte un emblème qui m'est inconnu et qui se compose d'une tige noueuse, surmontée d'une bifurcation sur laquelle reposent deux étoiles à quatre branches superposées l'une à l'autre. La prêtresse qui se tient debout devant cette hiérophantide, dans l'attitude d'une suppliante, remplit évidemment les fonctions de marraine. En effet, nous la retrouvons dans le groupe dont se compose la seconde scène. Un genou en terre, à ses pieds, un myste femelle tient de la main droite une courte lance que la marraine vient de lui remettre, et que sans doute elle avait reçue elle-même des mains de l'hiérophantide pour armer cette servante de Mithra ou de Mylitta, admise dans la milice sacrée.

---

[1] Voy. Atlas, pl. XXIV. MM. Botta et Flandin, *Monum. de Ninive*, vol. I, pl. XLI et XLVII.   pl. XVIII; cyl. n° 3, pl. XXXVII; cyl. n° 1, pl. LIV, *A*.

[2] Atlas, cyl. n° 8, pl. XXVIII; cyl. n° 5.

Les cylindres du grade de soldat qui me restent à décrire ou seulement à citer appartiennent à M. le duc de Luynes. Bien qu'il se propose de les publier lui-même avec tous ceux dont se compose sa belle collection, il a bien voulu me permettre d'en donner la description.

Le premier représente la réception d'un myste barbu et debout, par une hiérophantide assise sur un trône qui a pour support un méandre, emblème de l'eau. Cette prêtresse tient dans la main droite un poignard et une couronne; au pied du trône sont placées, un genou en terre, deux petites figures, l'une à droite, l'autre à gauche. De deux vases posés sur les épaules de chacune d'elles des filets d'eau s'échappent et tombent à terre. Enfin, pour achever d'indiquer au récipiendaire que les armes qu'il va recevoir des mains de l'hiérophantide devront lui servir à combattre le principe humide, un taureau est gravé dans la partie supérieure du cylindre. Derrière l'hiérophantide se tient debout, dans l'attitude d'une suppliante, la prêtresse qui sert de marraine au myste.

Sur un autre cylindre du cabinet de M. de Luynes, non-seulement le trône de l'hiérophantide est placé sur un méandre, mais un second méandre est gravé au-dessus de la tête de cette prêtresse et au-dessus même de l'image du soleil [1]. Ce second méandre représente donc les eaux supérieures ou célestes. Nous verrons qu'au grade de taureau l'initié devra, en effet, recevoir le baptême de l'eau céleste.

Un troisième cylindre, qui est d'hématite, nous offre quatre personnages : un hiérophante assis sur un trône et tenant à la main une arme ou un calice. Devant lui est placé debout le récipiendaire suivi de sa marraine; et derrière le trône, on voit un prêtre assistant ou un ministre du culte qui, debout, tient de la main droite une grande étoile ou tout autre emblème à sept branches, brandit une arme, de la main gauche, au-dessus de sa tête, et pose le pied droit sur le corps d'une petite figure humaine étendue par terre; exemple terrible des châtiments qui attendent le récipiendaire, s'il manque à ses serments ou s'il succombe dans les combats mystiques qu'avec les armes de Mithra il sera bientôt obligé de livrer s'il veut obtenir d'autres grades.

Sur un quatrième cylindre, également d'hématite, nous voyons un myste femelle debout, devant une hiérophantide debout aussi et tenant à la main

---

[1] Cette image est un cercle composé de huit globules. Un neuvième globule est placé au milieu de ce cercle. Sur un autre cylindre de M. le duc de Luynes, le soleil est représenté par un cercle semblable, placé dans le croissant de la lune.

une arme du genre de celle que portent les deux colosses à face taurine,
dont j'ai déjà parlé ci-dessus, page 168. Entre nos deux personnages sont
gravés, dans le haut, l'astérisque du soleil superposé au croissant de la
lune, et dans le bas, un grand scorpion [1]. Derrière l'hiérophantide, on remarque, superposées l'une à l'autre, trois bandes ou divisions; dans la première on distingue deux lièvres, dans la seconde un méandre, et dans la
troisième deux oiseaux volant, probablement des pigeons ou des colombes.
La réunion de ces trois objets fait ici allusion tout à la fois au principe humide et à l'acte de la génération, car personne n'ignore combien sont ardents
dans leurs amours et prolifiques les lièvres et les pigeons ou colombes.

    La collection de M. de Luynes compte huit cylindres d'hématite qu'il faut
ranger dans la catégorie de ceux que j'ai fait dessiner ici et que je viens de
décrire à partir du n° 1 de la planche LIII jusqu'au n° 9 de la planche XL
inclusivement. Parmi les nouvelles variantes que présentent cinq d'entre
eux, je dois citer un singe accroupi entre un hiérophante et une prêtresse
marraine, qui tient un *pédum* de la main droite; un autre singe gravé au-
dessus d'une petite figure mâle, vue de face et placée auprès d'un taureau,
sur le dos duquel est implanté l'emblème *de la voie aux deux destins*. Ce
sixième cylindre nous offre le personnage que j'appelle ici hiérophante, placé
devant une grande prêtresse qui, debout, vue de profil et le pied droit posé
sur un escabeau, tient de la main droite un couteau dentelé. Derrière l'hiérophante, la prêtresse marraine se tient debout dans l'attitude d'une suppliante. Sur le septième cylindre, nous retrouvons l'hiérophante debout, devant la même grande prêtresse, sans l'escabeau; mais ici, entre ces deux
grands personnages, est gravé un grand croissant; et derrière l'hiérophante
nous voyons, dans le haut, le soleil représenté par un astérisque à six branches,
fixé au bout d'une tige, et dans le bas, un lion accroupi sur ses pattes de derrière, la tête surmontée d'une longue corne recourbée. Ce lion est tourné,
avec une intention très-marquée, vers une grande figure de femme nue et vue
de face, qu'il semble caractériser et qui, en effet, doit être une image de la
Vénus assyrienne, dont nous savons que le lion était un des symboles les
plus habituels. Enfin, sur le huitième cylindre de M. de Luynes, qui, sans
contredit, est le plus intéressant par la disposition nouvelle du sujet et par
ses accessoires, nous retrouvons, dans un style moins hiératique ou conven-

---

[1] Nous en rencontrerons d'autres exemples sur les cylindres.

tionnel, l'image de Mylitta nue, vue de face, et les deux bras reployés sur l'épigastre, comme nous les montre la statue de cette déesse sur le cylindre précédent. Elle est également caractérisée ici par le symbole du lion, et ce symbole y est même répété trois fois. A droite de Mylitta nous voyons, en effet, dans le bas, deux lions ailés dressés sur leurs jambes et serres d'aigle, les cuisses emplumées[1]. Auprès de ces deux lions est gravée une chèvre allaitant son chevreau ou une vache allaitant son veau, groupes symboliques qui longtemps furent l'image de Mylitta et l'amour, avant que l'usage des représentations anthropomorphiques se fût introduit dans les sanctuaires de la religion. Au-dessus de ces divers animaux règne un méandre qui les sépare d'un petit tableau supérieur, destiné à retracer le souvenir de l'initiation de deux mystes que d'autres exemples, et notamment les cylindres n° 5 de ma planche XXXIX, et n° 9 de ma planche XL, nous autorisent à prendre pour un couple mâle et femelle. Chacun de ces récipiendaires, le genou droit en terre et le bras droit armé d'une espèce de lance, est tourné, ainsi qu'un lion accroupi, vers la statue de Mylitta, et semble accomplir un acte d'adoration et de consécration. Ils viennent d'être reçus soldats de la déesse par l'hiérophante, qui se tient debout armé à la droite de sa statue. A la gauche de Mylitta et en avant des deux mystes, nous retrouvons un lion, symbole de la déesse. Celui-ci n'est pas ailé et n'a aucune des formes conventionnelles que nous ont offertes les deux lions gravés dans le bas du cylindre. Il est accroupi sur ses jambes postérieures et tourné vers la statue de Mylitta. Sur ce curieux cylindre, l'hiérophante, les deux mystes et tous les animaux sont représentés de profil. La déesse seule est vue de face, selon un usage qui paraît constant.

M. de Luynes possède aussi deux cylindres d'hématite, où l'on retrouve la figure principale qui est gravée sur les six cylindres dont je viens de parler, c'est-à-dire un prêtre armé et prenant une attitude menaçante. Ici ce personnage est placé entre une prêtresse marraine qui se tient derrière lui, et une grande prêtresse debout, vue de face, armée et en tout semblable aux deux grandes prêtresses que nous avons remarquées sur les cylindres n° 3, pl. XXXVII, et n° 5, pl. XXXIX[2]. Toutefois les deux cylindres du cabinet de

----

[1] C'est une particularité qui se reproduit plus d'une fois sur les monuments asiatiques que je publie.

[2] Comme ces deux cylindres, les deux cylindres de M. de Luynes dont je parle ici appartiennent, par leurs légendes cunéiformes, aux antiquités assyriennes.

M. de Luynes étant endommagés chacun précisément à la place où est gravée la grande prêtresse, il est impossible de constater si là, comme sur les deux cylindres que j'ai décrits, chacune de ces grandes prêtresses pose ou non le pied droit sur le dos d'un lion accroupi. Ce qui ressort clairement des deux cylindres de M. de Luynes, c'est que le prêtre armé remplit, comme je l'ai dit, un rôle intermédiaire entre le myste qu'on ne voit pas et la grande prêtresse dont je parle, et ne peut être confondu ni avec le myste ni avec le parrain ou la marraine de ce dernier. .

La description de plusieurs autres cylindres qui se rapportent au grade de soldat et qui appartiennent à diverses autres collections, aurait pu trouver place ici. Mais, sur ces petits monuments, on a représenté soit l'initiation à un ou deux grades qui suivent celui de soldat, soit les portes du sanctuaire, soit la cérémonie du baptême, du sacrifice ou de l'offrande, soit celle de la communion, soit le symbole de la croix ansée. Dès lors il m'a paru plus convenable de ne décrire ces cylindres que dans les chapitres où j'aurai à m'occuper des grades de taureau et de lion, des portes du sanctuaire, des cérémonies particulières que je viens de signaler et du symbole de la croix ansée, dont la présence constitue une série de cylindres que j'appelle *mixtes*.

Toutefois j'aurais pu, tout en laissant de côté les monuments dont je diffère la description, ajouter ici beaucoup de cylindres qui appartiennent exclusivement au grade de soldat, et qui font suite à ceux que je viens de décrire. Mon ancienne collection, les collections publiques ou particulières d'antiquités dont l'accès m'a été permis, en renferment un nombre considérable; et bien que, parmi ces petits monuments, de même que parmi ceux qui appartiennent aux autres grades, je n'en aie jamais rencontré deux qui fussent parfaitement semblables l'un à l'autre, j'ai dû me borner à publier les cylindres qui se font remarquer par une particularité quelconque. J'ai agi de même quant aux monuments de l'art qui se rapportent aux autres grades.

Sur les quarante-six cylindres que je viens de décrire et de rattacher au grade de soldat, il s'en trouve vingt-neuf qui représentent des initiations de femmes. J'ai choisi ces quarante-six cylindres et quatre qui peuvent tout aussi bien être attribués à des femmes qu'à des hommes, puisque le récipiendaire n'y est pas figuré, non pour montrer combien est inférieur le nombre de ceux qui ont appartenu à des initiés du sexe mâle, mais pour faire connaître, comme je l'ai dit, les diverses dispositions de scène, les diverses cérémonies, les divers symboles, armes et autres accessoires que présente la totalité des cylindres du grade de soldat dont les originaux ou les empreintes ont passé sous mes yeux. Toutefois ce n'est pas non plus le hasard seul qui a amené la proportion que je signale. Un examen attentif des monuments figurés m'a permis de constater que, sur la totalité dont je parle, il y a beaucoup plus de cylindres ayant appartenu à des femmes que de cylindres gravés pour des hommes. Ce fait s'explique tout naturellement par deux considérations principales : premièrement, les femmes sont toujours, en général, moins biendouées que les hommes sous le rapport de la force physique et des facultés intellectuelles; les soins maternels et les soins domestiques dont elles ne peuvent s'affranchir ne leur ont laissé, à aucune époque et dans aucun pays, le temps de se livrer aux exercices corporels ni aux études qu'exigeait l'admission à des grades supérieurs à celui de soldat. Dès lors la plupart des femmes qui, par un esprit de piété, se faisaient initier à ce premier grade, se contentaient de compter dans les rangs des plus humbles servantes de Mithra ou de Mylitta, s'arrêtaient à ce premier grade et conservaient soigneusement le petit monument destiné à leur servir de diplôme et, par conséquent, à perpétuer le souvenir de leur initiation. Secondement, on a dû remarquer, par les légendes et par le style des quarante-deux cylindres que j'ai rapportés au grade de soldat, combien est considérable, parmi ces quarante-six cylindres, la proportion de ceux qu'on peut, avec certitude, regarder comme appartenant à l'art assyrien. Or il est infiniment probable que Mylitta, la déesse qui, à Babylone et à Ninive, présidait aux mariages, aux naissances, aux mystères, comptait infiniment plus de sectatrices parmi les Assyriennes de tous les rangs que n'en comptait Mithra parmi les femmes chez les Perses.

CHAPITRE V.

DEUXIÈME GRADE. —— GRADE DE BROMIUS OU TAUREAU.

(Deuxième grade terrestre.)

C'est au deuxième grade que commencent ces combats incessants que l'âme doit livrer au corps, ou, en d'autres termes, ces combats à outrance que l'initié devenu soldat de Mithra doit livrer à ses passions. N'oublions pas que, selon les doctrines des sanctuaires, les passions humaines ont leur source dans les divers principes dont se compose la matière. Dans le langage symbolique des mystères, je le répète, et dans le *rituel* des initiations, ces principes sont re-présentés par des animaux *simples*, et la combinaison de ces principes entre eux, par des animaux *composés*.

Les anciens et les modernes s'accordent à reconnaître que les premiers êtres doués de la vie sont nés et ont vécu dans l'eau. Les observations scientifiques confirment, à cet égard, le témoignage de la Genèse. Ce fait ainsi établi donna naissance, dans l'antiquité, à la croyance générale que les premières âmes qui commirent le péché de descendre des cieux sur la terre pour s'y allier avec la matière, furent séduites par l'attrait qu'elles trouvèrent dans le principe humide. De là cette autre croyance fondée sur l'observation du rôle que joue le sang dans le phénomène de la vie, que l'âme réside dans le sang. De là, chez les Grecs, cette épithète de *sanguinaires* décernée aux âmes. De là, chez les Grecs aussi, ces diverses allégories dans lesquelles les âmes sont comparées à des nymphes, à des naïades, et, comme elles, font leurs délices de l'eau et des fluides. De là encore cet adage d'Héraclite, que *l'âme la plus sèche est la plus sage*. Porphyre, qui nous a conservé cet adage, le complète ou le développe[1] en nous disant que l'âme, par son alliance avec le principe humide, se trouve absorbée dans des idées charnelles et voluptueuses. Qu'il me soit permis d'ajouter, en passant, que pour avoir une idée juste de l'opinion de l'antiquité

---

[1] *De antr. nymph.* c. XII, p. 13.

sur le rôle que joue le principe humide dans la génération des êtres et des plantes, dans les phénomènes psychologiques et dans les phénomènes physiologiques, il faut lire tout le commentaire de Porphyre sur le passage de l'*Odyssée* où Homère décrit la grotte des nymphes dans l'île d'Ithaque. Qu'il me soit permis aussi de rappeler que si Porphyre nous a conservé des renseignements précieux sur les doctrines des mystères de Mithra, c'est précisément dans ce commentaire et à l'occasion du principe humide et du principe igné. Ce qu'il en dit, il l'avait tiré des ouvrages composés sur ces mystères par Eubule et par Pallas. Les rapprochements fréquents qu'il fait entre les doctrines mithriaques et les doctrines professées par des philosophes grecs antérieurs aux Néoplatoniciens, ne peuvent laisser dans les esprits les plus prévenus aucun doute sur la conformité de ces doctrines entre elles, ni sur l'origine asiatique des diverses branches de la philosophie grecque.

C'est de la bouche d'Eubule [1] que nous apprenons l'usage où l'on était, en Perse, de célébrer les mystères de Mithra dans des grottes naturelles ou artificielles, auprès desquelles il devait y avoir une source ou une fontaine d'eau vive. De plus, les cratères étant les symboles des sources, dans le langage des mystères, on plaçait auprès de Mithra un cratère comme emblème de la source [2]. Aussi voyons-nous en opposition l'une avec l'autre, dans des planisphères célestes certainement empruntés aux Chaldéens d'Assyrie, deux constellations appelées, l'une *Cratère*, l'autre le *Lion*, animal symbole du principe igné. Lorsque la première de ces deux constellations se lève, l'autre se couche, et *vice versa*. C'est ce qu'exprime Manilius dans les deux vers suivants [3] :

> Ultima pars magni quum tollitur orbe Leonis,
> Crater auratis surgit cœlatus ab astris.

Plus loin le même poëte, reproduisant des doctrines astrologiques qui tout aussi certainement avaient une origine chaldéenne, nous dit que celui qui naît sous l'influence de la constellation du Cratère doit aimer les plaines arrosées par des ruisseaux, les rivières, les lacs, le vin, la culture de la vigne,

---

[1] Apud Porphyr. *De antr. nymph.* VI, p. 7, éd. Van Goens.

[2] Apud Porphyr. *De antr. nymph.* XVII, p. 17, éd. Van Goens. — Τῶν μὲν κρατήρων σύμβολον τῶν πηγῶν φερόντων· καθὼς τῷ Μίθρᾳ ὁ κρατὴρ ἀντὶ τῆς πηγῆς τέτακται.....

[3] *Astronom.* V, vs. 234, 235.

le commerce des productions qui naissent et croissent dans l'eau. Il finit par ce trait :

> . . . . nec deserit unda.
> Tales effinget crater humoris amator [1].

Les fragments bien peu nombreux, bien peu étendus, qui nous restent des livres de Zoroastre ne contiennent aucun des renseignements que viennent de nous fournir et les écrivains cités par Porphyre et le poëme de Manilius. Mais les passages que je vais emprunter au *Zend-Avesta* nous permettront de juger du rôle que joue l'eau dans le système cosmogonique de Zoroastre et dans ses prescriptions liturgiques. Toutefois, pour comprendre quelques-uns de ces passages, il est nécessaire de ne pas perdre de vue que ce système admet trois espèces d'eaux [2] : 1° L'eau première, c'est-à-dire l'eau du firmament, l'eau des sources appelées *Ardoûisour*, l'eau pure et céleste de laquelle proviennent les deux autres; 2° l'eau *hom*, appelée aussi *pérahom* et *zour*, c'est l'eau lustrale, l'eau consacrée, l'eau employée dans les rites, dans les purifications, dans le baptême; 3° l'eau qui coule sur la terre, qui concourt à la génération et à la reproduction, qui donne la fertilité et qui lave et enlève les impuretés.

« Je fais izeschné à l'eau des sources Ardoûisour qui remplissent abondam-
« ment les désirs; qui donnent la santé et l'intelligence des réponses d'Or-
« muzd; qui, priées dans le monde existant, célébrées dans le monde existant,
« donnent aussitôt l'abondance aux purs, distribuent les biens avec profusion
« à l'assemblée pure, donnent l'abondance au monde pur, donnent l'abon-
« dance au royaume pur, donnent l'abondance à la province pure; qui donnent
« la semence pure à toutes les femelles; qui purifient toutes les femelles qui

---

[1] *Astronom.* V, vs. 249, 250.

[2] Cette espèce de triplicité attribuée à l'eau rappelle celle du feu, et se montre en parfaite harmonie avec la triplicité plastique qui résulte des passages du *Zend-Avesta*, où l'eau est représentée sous trois formes, sous celle d'un cheval vigoureux, qui s'élance des flancs ou du nombril de l'Albordj; sous celle d'une fille et sous sa forme liquide naturelle. Peut-être est-il permis de supposer que, dans les diverses parties qui nous manquent du *Zend-Avesta*, l'eau était représentée ayant trois corps, un de fille, un de cheval et un de vache. Cette conjecture m'est suggérée par un passage du *Boun-dehesch* (*Zend-Avesta*, t. II, p. 359), où nous lisons que Taschter, l'ized et la planète qui sont chargés de donner à la terre l'eau et la pluie, a trois corps, un d'*homme*, un de *cheval* et un de *taureau*.

La triplicité attribuée à l'eau ressort aussi de la liturgie persique; car, dans l'iescht Aban (*Zend-Avesta*, t. II, p. 179, xxive cardé), Zoroastre demande à l'eau, pour lui et pour *Gustasp, germe de Kéan*, la triple faveur de penser, de parler et d'agir selon la loi.

« conçoivent pour engendrer; qui donnent à toute femelle d'engendrer heu-
« reusement; qui portent le lait à toutes les femelles qui ont un chef; qui
« nourrissent au loin les grands; (je fais izeschné à l'eau) qui est toujours
« grande [1]. » Ainsi commence, dans le *Vendidad*, le néaesch de l'eau.

Anquetil [2] explique qu'*Ardoûisour* signifie *étendu, fort,* et que cette source
est supposée venir du trône d'Ormuzd (dans le firmament), d'où ses eaux
coulent sur l'Albordj et se répandent sur la surface de la terre.

Un autre néaesch d'Ardoûisour [3] et les trente cardés dont se compose une
troisième prière intitulée *Iescht aban, Iescht de l'eau,* sont le développement
du néaesch Ardoûisour du *Vendidad,* qui commence par le paragraphe que je
viens de transcrire. Leur étendue et les détails [4] que renferment ces deux
autres prières prouvent surabondamment l'importance du rôle attribué à
l'eau. Je me borne à en extraire les passages suivants :

« Que les eaux pures, données d'Ormuzd, me soient favorables; l'eau de la
« pure source Ardoûisour, toutes les eaux données d'Ormuzd, tous les arbres
« donnés d'Ormuzd! Je leur fais izeschné et néaesch, je veux leur plaire, je
« leur adresse des vœux..... »

Écoutons maintenant Ormuzd parlant à Zoroastre [5] :

« (C'est par) elle (l'eau) que moi, qui suis Ormuzd, je donne la force, l'a-
« bondance, la grandeur au lieu, à la rue, à la ville, à la province. Celui qui
« l'invoque, qui la prie, qui prononce l'izeschné en son honneur, qui dit l'hò-
« nover (c'est le désir d'Ormuzd, etc.), qui récite bien l'abondance et le be-
« hescht (et) qui prononce sur-le-champ la parole pure sur les eaux saintes,
« (celui-là) ira au Gorotman qu'Ormuzd a créé dans le commencement. En
« invoquant (l'eau) on obtiendra l'objet de ses désirs.

« C'est une source de lumière et de gloire que de faire izeschné, que de
« prononcer l'izeschné en l'honneur de (l'eau), que de faire izeschné, que de
« célébrer l'izeschné en son honneur. Il n'y aura ni vie ni nourriture si on ne
« l'invoque pas bien. (Je fais izeschné) aux pures sources Ardoûisour, saintes,
« pures et grandes [6]. »

« Faites izeschné..... à l'eau qui, augmentant des quatre côtés du monde,

---

[1] *Vendidad, Néaesch Ardoûisour* (*Zend-Avesta,*
t. I, 2ᵉ partie, p. 246).

[2] *Vendidad* (*Zend-Avesta,* t. I, 2ᵉ part. p. 85
et 86, note 9).

[3] *Zend-Avesta,* t. II, p. 20, 21.

[4] Elles occupent vingt pages, p. 164-184,
t. II.

[5] *Zend-Avesta,* t. II, p. 20.

[6] *Néaesch d'Ardoûisour, fille* (*Zend-Avesta,*
t. II, p. 20, 21).

« donne tout en abondance. (Alors) les biens de toute espèce sortent tous du
« nombril[1] du Bordj[2]; l'eau détruit tous les dews-hommes qui font du mal,
« les magiciens, les paris, ceux qui affaiblissent, ceux qui rendent sourds, ceux
« qui rendent muets[3]..... »

« Je fais izeschné..... à Hosching[4], élevé, couvert de gloire, cent bons che-
« vaux, mille bœufs, dix mille lièvres. Que j'obtienne maintenant de bien
« vivre!..... (que je frappe) deux fois, trois fois les dews du Mazendran, les
« *darvands* qui désirent (le mal[5]).... Que j'anéantisse ce qui est pourri, mau-
« vais, ténébreux, selon qu'il est dit : à la résurrection ils seront renouvelés
« ces morts que les maux oppriment. Je vous le demande..... accordez-moi
« cette (grâce), que je l'obtienne maintenant, ô source Ardoûisour[6]!..... »

Zoroastre dit à la source Ardoûisour :

« Comment faut-il vous faire izeschné, vous (fille) d'Ormuzd, pour que
« vous couliez en abondance dans (les lieux) sur lesquels luit le soleil? Si
« vous (paraissez), les méchants ne feront pas de mal, vous remplirez les dé-
« sirs purs, vous seconderez les entreprises justes et droites[7]..... »

« La source Ardoûisour répond[8] et indique une série de cérémonies dans
« lesquelles il est surtout recommandé de prononcer la parole et de poser pu-
« bliquement le *zour* sur la pierre. »

C'est en vertu de cette dernière recommandation que l'officiant dit, en
adressant un néaesch au soleil[9] :

« (Eau) reine, (fille) d'Ormuzd, (je vous invoque) avec les zours célestes,
« avec les zours purs, avec les zours qui commandent autour du monde. »

L'eau céleste ou la source Ardoûisour, selon le système suivi par Zoroastre

---

[1] On voit ici ce que devait être, chez les Grecs, la doctrine de l'*Omphalos* d'Apollon.

[2] Le Bordj est la montagne ou l'Olympe d'où le soleil s'élance, comme un cheval vigoureux, et d'où l'eau coule sur la terre, ayant un corps de fille et de cheval, ce qui nous ramène au *Pégase* ($\varpi\eta\gamma\dot\eta$, source), et à la fontaine de l'Hélicon appelée l'Hippocrène.

[3] *Iescht de l'eau*, IIIe cardé, p. 165.

[4] Selon le *Boun-dehesch*, il était petit-fils de Siamek, fils de *Meschia*, le premier homme.

[5] VIe cardé, p. 166-167. — Dans les cardés suivantes (VIIe à XIXe, p. 167 à 175), les noms de Djemschid, de Féridoun et de plusieurs autres rois

ou héros iraniens, et même le nom de Zohâk, sont substitués à celui de Hosching au commencement d'une prière analogue. Dans les XXVe, XXVIe, XXVIIe et XXXe cardés, Zoroastre invoque la source Ardoûisour en faveur du roi Gustap et de Zérir, ou d'Espindiar, fils aîné de Gustap (p. 180-183), et en faveur de ses propres enfants. De plus, il la supplie de lui donner à lui un ami parmi les hommes et un bon cheval; c'est ce qu'il appelle *les deux amis*.

[6] XXe cardé, p. 175.

[7] XXIe cardé, p. 176, 177.

[8] *Ibid.* p. 177, 178.

[9] *Zend-Avesta*, t. II, p. 13.

dans sa cosmogonie, à l'exemple des Chaldéens, ses maîtres, est à la fois personnifiée et représentée sous une forme symbolique, comme je l'ai déjà indiqué.

Voici les traits les plus saillants de son portrait :

« Ô source Ardoûisour, venez promptement à mon secours; donnez-moi
« la vie; élevez-moi maintenant au-dessus de mille (hommes), moi qui vous
« offre le zour, le hom pur et posé (sur la pierre, faites couler) l'eau dans mes
« villes, faites-la couler en ma faveur sur la terre de Djemschid, donnée d'Or-
« muzd; qu'elle coule sur les lieux où l'on dort, ô source Ardoûisour, qui avez
« un corps de fille, (source) pure, sainte, créée pure, qui vous élevez aimable
« et pure, qui avez le visage brillant, (source) grande, (dont la tête est) cou-
« verte de cheveux d'or [1], qui produisent tout ce qui croît sur la terre; qui,
« étendant votre bras, prompte et vive, chassez au loin la crainte de la terre
« donnée d'Ormuzd et du lieu où l'on dort; de loin vous venez au secours des
« morts. Accordez-moi ces divers avantages; que je les obtienne maintenant,
« ô source Ardoûisour [2]! »

Ailleurs il est dit [3] que la source Ardoûisour a un corps de cheval, qu'elle
est un cheval vif et vigoureux; que les eaux se précipitent du nombril du Bordj
comme un coursier vigoureux, que la source Ardoûisour, grande, est pure,
forte, vive, sainte, aimable, douce, secourable, élevée, limpide, de couleur d'or.
Elle est qualifiée d'Ormuzd, fille éclatante et reine; elle est la vie de l'homme
et produit le plaisir dans les lieux où elle se répand. Des sources Ardoûisour
viennent toutes espèces de germe et de semence; elles portent jour et nuit
dans le monde créé l'eau qui coule sur la terre et celle qui coule au-dessus,
c'est-à-dire les nuées.

« La source Ardoûisour, dit Ormuzd à Zoroastre, a mille canaux, mille
« bras pleins; chacun de ces canaux, chacun de ces bras pleins est porté à la
« distance qu'un cavalier bien monté (peut parcourir) en quarante jours,
« et donne l'abondance aux provinces; à l'eau qui habite un lieu pur, une
« terre (éclairée) de cent lumières. Cent colonnes bien faites, dix mille tapis
« attachés solidement, lui forment (dans) ce lieu un trône éclatant de bien,
« qui répand les meilleures odeurs, élevé, excellent; d'où la source Ardoûisour
« donne en abondance des milliers de productions, multiplie les êtres vivants

---

[1] Il est dit dans la xxx° cardé, p. 182 et 183,
que l'eau Ardoûisour est de *couleur d'or*.

[2] *Zend-Avesta*, t. II. p. 173. *Ieschts sadés*.

[3] *Zend-Avesta*, t. II, p. 108, 112, 155,
165, 166, 174, 177, 179, 182, 183, 187
et 335.

« et les commodités de la vie, lorsque l'eau coule avec profusion sur la
« terre..... »

Enfin dans le *Vendidad*[1], Ormuzd dit à Zoroastre que le monde est sur l'eau
ou qu'il a été engendré de l'eau.

On le voit donc, c'est de l'eau céleste ou de la source Ardoûisour que
vient l'eau qui a servi à la création, et qui sert journellement à la génération
des êtres, à la reproduction et à l'entretien des biens de la terre. Mais par la
raison même qu'elle concourt puissamment à toute génération ou reproduction, l'eau ou le principe humide qui existe dans le corps humain est entachée
du péché originel; elle est *impure*, dans le sens spirituel, et ne peut être purifiée que par l'eau céleste ou bénie. C'est sur cette double considération que
repose l'institution du grade de bromius ou taureau, qui est inséparable des
cérémonies propres à ce grade. L'âme, s'étant laissé séduire par l'attrait de la
matière, a fait une alliance successive et coupable avec les divers principes
dont se compose le corps. Le premier est le principe humide, puisque tous
les êtres vivants sont nés dans l'eau, on vient de le voir. Les grades dans les
initiations aux mystères ayant été institués pour représenter cette alliance
successive, et le premier grade ayant remis aux mains du myste les armes
nécessaires pour combattre les principes de la matière, source de toutes nos
passions, de tous nos mauvais penchants, le premier ennemi que l'initié du
grade de soldat avait à dompter pour obtenir le deuxième grade était nécessairement le premier principe de la matière qui avait séduit, souillé et dominé
son âme, c'est-à-dire le principe humide. Tout soldat de Mithra qui, voulant
avancer dans la voie du salut de son âme, aspirait à prendre un nouveau
grade, devait donc réunir ses efforts pour soustraire son âme à cette honteuse
domination. Je dis *honteuse*, parce que l'observation avait appris aux anciens
que les animaux qui vivent dans l'eau ou qui se nourrissent d'aliments humides, comme les herbivores et les frugivores, sont les plus adonnés à l'acte
de la génération, les plus prolifiques, les plus féconds, et en même temps et
pour la même raison, les moins intelligents de tous ceux dont se compose l'é-
chelle des êtres vivants et les moins susceptibles d'être apprivoisés. Aussi les
anciens estimaient-ils que les âmes les plus humides sont les plus molles, les
plus lâches, les plus efféminées, comme je l'ai déjà dit. Les Grecs les appelaient
nymphes, naïades, bacchantes, etc. et en avaient composé une troupe féminine

____
[1] Farg. XIII, p. 386.

et voluptueuse qui habitait les eaux ou les grottes humides, et qui servait de
cortége à la déesse des mers, à Vénus, ou à Bacchus. S'arracher aux délices
d'une vie voluptueuse, dompter les penchants qui nous entraînent vers les
jouissances charnelles dont l'abus ou l'excès nous abrutit, résister à l'attrait
que nous présente l'usage des boissons enivrantes, soustraire en un mot son
âme à cet état, humiliant et dégradant, que l'on représentait en disant que les
âmes alliées au sang étaient plongées dans l'ivresse, telle était la tâche imposée à l'initié soldat qui ambitionnait un nouveau grade. On comprend sans
peine quels enseignements il trouvait dans le sanctuaire sur le rôle que joue
l'eau ou le principe humide dans les phénomènes de la création et de la reproduction, sur les mœurs ou les penchants des animaux qui naissent et vivent
dans l'eau, de ceux qui, comme les herbivores et les frugivores, se nourrissent
de végétaux, c'est-à-dire d'aliments humides, et des hommes dans la constitution de qui prédomine le principe humide ou la lymphe. Peut-être même
comprenait-on, dans cette dernière catégorie, les hommes qui font habituellement abus de l'usage des boissons.

Selon les règles établies à la fois dans l'institution des mystères et dans la
formation du langage symbolique jugé indispensable à cette institution, il
fallait trouver un animal qui, par sa constitution, ses mœurs et toutes les conditions d'existence, pût exprimer l'idée qu'on attachait à l'état de l'âme alliée
au principe humide. Il semblait que les Chaldéens auraient dû choisir cet
animal parmi les poissons, et surtout parmi les espèces dont la fécondité était
la mieux constatée. Par quelle raison ces prêtres si savants donnèrent-ils la
préférence au taureau? C'est ce que j'ignore. Toutes mes recherches, à cet
égard, n'ont eu d'autre résultat que de constater l'absence ou le manque de
documents qui auraient pu m'aider à répondre à cette question. Mais si nous
examinons avec attention la constitution et les mœurs du taureau, nous reconnaîtrons sans peine qu'après les animaux aquatiques et les animaux am-
phibies, ce quadrupède offre toutes les conditions nécessaires pour exprimer
énergiquement les idées qu'attachaient les anciens au principe humide. J'ai
traité ce point dans le troisième mémoire dont se composent mes *Recherches
sur Vénus*. Déjà je me suis référé à ce mémoire, lorsque j'ai eu ci-dessus à interpréter les expressions symboliques dont s'est servi Zoroastre pour exposer
son système cosmogonique, et à expliquer pourquoi le taureau et le lion furent
les deux attributs caractéristiques de Vénus et de Mithra. Je crois devoir de
nouveau me référer à ce mémoire; mais je ne puis me dispenser de lui em-

prunter textuellement le passage[1] où je résume les principales considérations
qui durent porter les Chaldéens d'Assyrie à faire du taureau un hiéroglyphe
idéographique du principe humide, et par suite un hiéroglyphe idéographique
de la vie :

« Premier être sorti des mains d'un Dieu créateur du monde, le taureau,
« symbole de vie, est appelé d'un nom qui signifie à la fois vie et taureau.
« Par une conséquence immédiate d'une doctrine qui enseignait que les pre-
« miers êtres vivants étaient nés dans l'eau, il est, en même temps, le symbole
« du principe humide, du pouvoir passif de la génération ou du sexe féminin.
« Mais là ne se borne pas son rôle : il est le représentant symbolique de la
« lune et de cette grande matrice cosmique où l'on supposait que les féroüers,
« c'est-à-dire les idées typiques, émanées de l'intelligence d'un Dieu suprême,
« éternel et invisible, avaient été revêtus d'une forme matérielle ou sensible.
« A peine né, ce taureau protogone, de nature pure et lumineuse, devient un
« sujet d'envie et de jalousie pour le mauvais génie et ses démons; ils l'em-
« poisonnent et le mettent à mort. En d'autres termes, dès la création du
« monde, le mal se mêle au bien, mystère inaccessible à l'intelligence humaine.
« A ce moment, du corps du taureau mourant sortent les prototypes de l'homme,
« de la femme, de tous les animaux, de toutes les plantes, de tous les arbres
« qui peuplent la terre. La semence du taureau est portée dans la lune, et
« là, par l'action fécondante du soleil, elle devient la source inépuisable de la
« reproduction des êtres[2]. Telle est l'origine de l'attribution du taureau à la
« lune ou à la déesse qui, sous les noms de Sélène, d'Artémis, de Lucine, de
« Diane, se confond avec Vénus. Symbole employé à marquer les grandes di-
« visions du temps et la marche du soleil, le taureau donne son nom au pre-
« mier des douze millénaires ou périodes dont se compose le cycle symbolique
« qui représente la durée du monde créé; et la création de ce monde est datée
« du premier jour du millénaire du taureau. De plus, cet animal impose son
« nom et sa forme au premier des douze signes ou stations du zodiaque, au
« premier signe de l'équinoxe du printemps, époque où la vie se renouvelle
« sur la terre; ce signe, domicile habituel de Vénus, est le domicile de la lune
« dans sa plus grande exaltation, pour me servir de l'expression antique. Le

---

[1] *Recherches sur Vénus*, p. 220-223.

[2] C'est là le commentaire d'un passage où
Porphyre (*De antr. nymph.* XXIV), d'après Eubule ou Pallas, s'exprime en ces termes : Ἐποχεῖται δὲ (ὁ Μίθρας) ταύρῳ Ἀφροδίτης· ὡς καὶ
ὁ ταῦρος, δημιουργὸς ὢν ὁ Μίθρας καὶ γενέσεως
δεσπότης....

« taureau impose enfin son nom[1] à un des douze grades institués dans les
« mystères pour marquer que le myste commence une nouvelle vie, divisée
« en douze phases ou stations, comme la durée du monde, comme la vie pré-
« sumée du soleil; division parfaitement en harmonie, on le voit, avec la qua-
« lification de *microcosme* que l'antiquité appliquait à l'homme considéré sous
« un point de vue philosophique. Animal carnassier, symbole du principe igné,
« c'est-à-dire d'un des trois éléments, l'eau, l'air et le feu, dont le concours
« était reconnu indispensable dans les phénomènes de la génération et de la
« reproduction, le lion représente la puissance active de la nature, le sexe
« masculin. Chef de tous les animaux, il reçoit le nom de *schir*, qui me paraît
« signifier roi[2]. Comme le taureau, il impose son nom et sa forme, tout à la
« fois, à un des douze millénaires, à un des douze signes du zodiaque, à un
« des douze grades des mystères. Dans le grand cycle des millénaires, il marque
« un des âges du monde. Dans le zodiaque, animal toujours victorieux, tou-
« jours dévorant, comme le soleil, il est le premier signe du solstice d'été,
« époque du triomphe de l'astre invincible (*sol invictus*); et ce signe, domicile
« habituel d'un dieu mâle[3], créateur, est nécessairement aussi le domicile du
« soleil au moment de sa plus grande exaltation.

« Le rôle du taureau et celui du lion ainsi résumés, on comprend plus fa-
« cilement pourquoi ces deux animaux, symboles de l'eau et du feu, furent
« attribués aux dieux créateurs, aux dieux dont ces deux éléments sont, l'un
« l'agent passif, l'autre l'agent actif de la création et de la reproduction. On
« comprend plus facilement aussi pourquoi ces dieux créateurs qu'ils appellent
« Baalim, Baal, Beltis, Aschtaroth, Astarté, Mylitta, Gâd, Ormuzd, Mithra,
« Osiris, Isis, Horus, Zeus, Héra, Apollon, Sabasius, Dionysus, Bacchus ou
« Fortune, revêtent alternativement quelqu'une des formes caractéristiques
« du taureau, de la vache, du lion, de la lionne, lorsqu'ils ne se montrent pas
« métamorphosés même en l'un de ces animaux symboliques. On comprend
« sans peine enfin pourquoi les dieux créateurs, androgynes, paraissent ac-
« compagnés tout à la fois du taureau et du lion.

---

[1] Voyez ci-dessus, p. 180, 181.

[2] Il est à regretter que, dans les fragments qui nous restent du *Zend-Avesta*, on ne trouve pas une seule fois le mot lion; mais on doit supposer que, sous la plume de Zoroastre, ce mot avait une forme qui lui attribuait la double signification de roi et de lion. Car le mot *schir*, dont les Persans se servent pour désigner le lion, et qui n'a pas sa racine dans les idiomes sémitiques, semble être, comme le mot pa-zend *schir*, « roi; » une des altérations du mot zend *khchathra*, « roi. »

[3] Voyez Manilius, *Astronom.* II, 431.

« Que si l'on se demande pourquoi l'antiquité avait choisi ces deux animaux
«pour être les hiéroglyphes idéographiques, l'un du principe humide, l'autre
« du principe igné, la réponse à cette question ne peut embarrasser quiconque
«voudra considérer attentivement la constitution physiologique et les mœurs
«du taureau et du lion. Le premier, animal herbivore et ruminant, animal aux
«formes lourdes et massives, habite les pacages, c'est-à-dire les lieux bas et
« humides, de même que les grandes masses d'eau et les fleuves occupent les
«portions basses de la terre. Ses deux estomacs et ses déjections sont essen-
«tiellement humides; son urine est proverbialement abondante; sa femelle est
«la première des nourrices parmi toutes les espèces animales. Très-adonné,
«comme la vache, à la copulation, ardent, impétueux, féroce même dans ses
«amours, dépourvu d'intelligence, peu susceptible d'être apprivoisé sans la
«castration, le taureau, quadrupède polygame, résume pour ainsi dire en lui-
«même les idées que l'antiquité se formait sur la vie et la génération, sur le
«rôle de l'eau dans les phénomènes de la génération et de la reproduction,
«sur l'obstacle qu'opposent au développement des facultés intellectuelles,
«comme des qualités morales, une constitution humide [1] et un penchant ha-
«bituel à l'acte de la copulation.

« Au contraire le lion, animal carnassier, élancé sur sa taille, agile et
«souple non moins que vigoureux, doué d'une constitution sèche, ardente,
«ignée même [2], dédaignant l'eau, ne voulant se repaître que de la chair et
«du sang des quadrupèdes herbivores ou frugivores, mais ennemi aussi ma-
«gnanime que courageux, et cessant de répandre la mort au moment où sa
«faim est assouvie; le lion, chaste dans ses amours, fidèle à une seule com-
«pagne, résume en lui les idées de l'antiquité sur la nature du feu, sur le
«rôle de cet agent dans les phénomènes de la génération et de la reproduc-
«tion, sur le développement de l'intelligence dans les animaux carnassiers,
«sur la supériorité des facultés intellectuelles et des qualités morales de
«l'homme doué d'une constitution sèche ou ignée [3].

A ce résumé ajoutons un trait qui lui manque et qui m'est fourni par un

[1] Voy. Porphyre, *De antr. nymph.* XI.

[2] Διάπυρον δέ ἐστι τὸ ζῶον ἰσχυρῶς, καὶ ἐντεῦθεν καὶ Ἡφαίστῳ ἀνῆψαν αὐτὸ Αἰγύπ-τιοι..... Ἐπειδὴ δὲ ἄγαν πυρῶδές ἐστι, καὶ αὐτὸν οἶκον Ἡλίου φασὶν εἶναι..... (Ælien, *De nat. animal.* XII, vii.) — «Sicut aridæ et ardentis na-«turæ sacramenta leones Mithræ philosophantur,» dit à son tour Tertullien (*Advers. Marcion.* I, xiii, p. 372, *A;* éd. Rigalt).

[3] Ξηρὰ ψυχὴ σοφωτάτη, dit Héraclite (Apud Porphyr. *De antr. nymph.* XI, p. 13); selon la remarque de Van Goens (*ad h. loc.*), les propres paroles d'Héraclite sont : Αὔη ψυχὴ σοφωτάτη καὶ ἀρίστη.

passage d'Horapollon resté inaperçu, parce que jusqu'ici personne ne s'était occupé du soin de rechercher les diverses idées qu'aux yeux des anciens représentait le symbole du taureau. Ce passage très-curieux d'Horapollon [1] nous révèle clairement la différence qu'ils établissaient entre les facultés génératrices du taureau et celles des animaux que nous voyons placés sur l'échelle des quadrupèdes employés dans les initiations aux mystères de Mylitta et aux mystères de Mithra. Malgré l'ardeur du taureau pour l'acte de la copulation, cet animal passait pour être d'une nature très-froide [2] et pour accomplir l'acte de la génération d'une manière pour ainsi dire *passive*, c'est-à-dire analogue à la *passivité* du principe humide dont le taureau est le symbole.

On conçoit plus facilement maintenant comment les Chaldéens furent amenés à choisir le taureau pour être le symbole ou le signe du grade qui, dans les initiations aux mystères, devait suivre immédiatement le premier grade, celui de soldat, et précéder celui de lion. Toutefois, je ne suis pas en mesure de dire si le grade dont nous nous occupons reçut, comme ceux de lion, de corbeau, d'aigle, d'épervier, etc. le nom même du quadrupède herbivore qui en était le signe caractéristique et figuratif, ou s'il fut désigné seulement par une dénomination qui, rappelant une des habitudes propres au taureau, équivalait au nom même du taureau dans l'idiome le plus vulgaire, et ne pouvait s'appliquer qu'à cet animal. Je m'explique : longtemps avant d'avoir cherché à reconnaître dans les dénominations que nous ont conservées les écrivains grecs ou latins et les inscriptions lapidaires des Romains, le nom affecté à chaque grade, j'avais observé sur les monuments figurés asiatiques une série de scènes qu'un examen approfondi et une comparaison attentive m'avaient permis de rapporter à des initiations qui comprenaient douze grades. Parmi ces représentations figurées, les plus faciles à interpréter sont assurément celles où l'on voit, soit un myste combattre un quadrupède ou un oiseau, soit un myste revêtir un costume qui lui donne une forme moitié homme, moitié animal. Dans cette série particulière, j'avais nécessairement dû, dès le début de mes investigations, remarquer que plusieurs bas-reliefs, plusieurs cônes, plusieurs cylindres représentent, les uns un myste combattant et domptant un ou deux taureaux, les autres un myste revêtu d'un costume qui offre une combinaison analogue à l'image de l'être fabuleux ou mystique appelé

---

[1] Lib. I, cap. xlvi, p. 46, 47. — [2] Θερμαντικώτατον γὰρ ὑπάρχει τὸ ζῶον κατὰ μόριον...

24

Minotaure chez les Grecs et les Romains, une moitié du corps d'un taureau
unie à une moitié d'un corps humain. Dès lors je devais m'attendre à découvrir quelque part la mention d'un grade du nom de taureau. A mon grand
étonnement, je ne sus pas d'abord la trouver parmi les noms des grades, tels
que me les fournissaient Eubule, Pallas, saint Jérôme, Tertullien et saint Ambroise. Mais bientôt je fus mis sur la voie par les recherches particulières que
je dus faire pour parvenir à connaître la véritable signification du mot *bromius*,
qui, dans la lettre citée de saint Jérôme à Læta, accompagne les mots *miles*,
leo, *corax*, *etc.* Ce mot *bromius* n'avait encore réveillé dans mon esprit aucune
idée qui me permît de l'appliquer au grade caractérisé par le symbole du
taureau, lorsque, ouvrant le lexique grec d'Hesychius, recueil précieux de traditions anciennes qui ne se trouvent que là, je lus ces paroles à l'article *Bromius* : « c'est, dans les mystères, le nom du satyre et le nom de Dionysus [1]. »
Dans ce trop court commentaire, le mot satyre fut pour moi un trait de lumière. J'avais été frappé de l'analogie qui existe entre les personnages qui, sur
les monuments grecs ou romains, sont représentés avec des oreilles, une
queue, des cuisses, des jambes et des pieds de bouc ou même de taureau [2], et
les personnages qui, sur les monuments asiatiques, ont des oreilles, une queue,
des cuisses, des jambes et des pieds de taureau. Dès lors, ceux-ci devinrent
à mes yeux les satyres des mystères de Mylitta et des mystères de Mithra. Le
caractère lubrique que je leur prêtais confirmait pleinement un tel rapprochement; car personne n'ignore le rôle licencieux que jouent, dans la mythologie, les satyres compagnons obligés de Bacchus, du dieu surnommé *bromius*,
taureau, *tauriforme*, le dieu à corps, à cornes et à pieds de taureau, et représenté sur les monuments figurés des Grecs, des Étrusques et des Romains sous
des formes qui correspondent à ces épithètes ou désignations. Remontant à la
signification propre du mot *bromius*, j'acquis non-seulement une nouvelle
confirmation de la justesse de mes rapprochements, mais la preuve que primitivement les satyres des peuples de l'Occident avaient dû être représentés
sous une forme moitié homme, moitié *taureau*, puisque le nom de *bromius*, qui
leur était donné dans les mystères, exprime une habitude propre à ce quadrupède. En effet, il ne me fut pas difficile de reconnaître que βρόμιος, *bro-*

---

[1] Βρόμιος παρὰ τηλεκλείδη, ὁ σάτυρος, ἤ ὁ
Διόνυσος.

[2] On sait que, sur les monuments grecs d'ancien style, les satyres se présentent tantôt avec une queue et des pieds de cheval, tantôt avec
des oreilles, des cuisses, des jambes et des pieds
de bouc.

mius, était un adjectif dérivé du verbe grec βρέμω, qui signifie *crier*, *mugir*. De βρέμω s'est formé le verbe *bramare* qui, dans la langue italienne et dans les patois du midi de la France, a la même signification. J'en trouve dans le patois du Languedoc un exemple précieux à recueillir et décisif dans la question qui nous occupe : une vallée des Cévennes s'appelle la vallée de *Bramabiaou*, c'est-à-dire du *bœuf qui mugit*. La signification primitive de βρό-μιος ou *bromius* est donc *mugissant*. Cette interprétation me semble préférable à toutes celles qu'on a proposées jusqu'à présent. La qualification de *mugissant* ou *mugissante* convient parfaitement bien, au propre, à Dionysus, dieu taureau ou tauriforme; à Bacchus, dont le nom même a dû autrefois signifier *taureau*[1]; à Artémis ou Diane, déesse représentée autrefois, comme Vénus, avec une tête de taureau, et enfin à des initiés revêtus d'un costume qui leur attribuait une forme moitié homme moitié taureau. Au figuré, la qualification de *bromius* ou *mugissant* ne convenait pas moins à un initié qui, parvenu au second grade des mystères, celui de *bromius*, devait gémir ou mugir aussi longtemps que l'alliance honteuse de son âme avec le principe humide le maintenait au rang des bêtes brutes ou au rang de satyre. Il mugissait, parce qu'il aspirait à sortir d'une situation aussi abjecte.

Dès lors, je pouvais donc me croire autorisé par le sens propre, comme par le sens figuré de la dénomination mystique de *bromius*, à considérer cette dénomination comme l'équivalent de celle de *taureau*, dans les sanctuaires où les Grecs célébraient les mystères d'origine asiatique. Mais faute de documents, je le répète, je ne suis pas en mesure de dire si *bromius* est la traduction grecque littérale du nom que les Chaldéens d'Assyrie avaient primitivement donné au second grade dans les mystères dont ils étaient les inventeurs, ou si, dans les sanctuaires de l'Asie occidentale, ce deuxième grade s'appelait simplement *le grade de taureau*.

Ce qui, je l'espère, ne restera douteux aux yeux de personne, pas plus qu'aux miens, c'est que le *taureau* était bien réellement le premier animal symbolique dont l'initié avait à triompher après avoir été reçu au grade de soldat, et l'animal choisi pour caractériser le grade qui précédait immédiatement celui de lion.

L'ordre respectif dans lequel les Chaldéens plaçaient les quatre éléments assignait naturellement au grade humide, si je puis m'exprimer ainsi, une

---

[1] *Vaccus*, le mâle de *vacca*. (Voyez mes *Recherches sur Vénus*, p. 160.)

place inférieure au grade igné. Les monuments figurés asiatiques que je vais décrire confirmeront pleinement ces diverses assertions.

Bas-relief de Persépolis, atlas, pl. XIV.

Un personnage debout, à longue barbe, et qui, nous le verrons dans un des chapitres suivants, est le roi de Perse lui-même, tient de la main droite par sa corne un taureau unicorne qui s'est dressé contre lui sur ses pieds de derrière. De la main gauche il lui plonge dans le flanc un poignard, qui est une des armes de Mithra qu'il avait reçues en prenant le grade de soldat, et qui est celle dont ce dieu se sert sur les bas-reliefs romains pour immoler le taureau qu'il offre en sacrifice à Ormuzd. Ici l'initié ou le roi vainqueur se montre la tête ceinte du diadème ou de la couronne qu'il avait dû refuser au moment où il avait été reçu au grade de soldat. Il vient de mériter cette récompense par la victoire remportée dans le premier combat mystique qu'il a eu à livrer.

Ce beau bas-relief, habilement dessiné à Persépolis par M. Eugène Flandin, avait été publié plusieurs fois[1], avant de l'être dans l'Atlas du voyage en Perse de MM. Eugène Flandin et Pascal Coste[2]. Mais chaque fois il avait été gravé d'après un dessin fort inexact; et pour donner une idée de la négligence avec laquelle les voyageurs l'avaient décrit, il me suffira de dire que, d'après l'assertion de Corneille le Bruyn, l'animal dont le roi de Perse triomphe serait un cheval. Or cette erreur n'avait été relevée dans aucune relation moderne, sans en excepter celle de Sir Robert Ker Porter, lorsque MM. Flandin et Coste ont publié le dessin que je mets sous les yeux du lecteur et qui montre, comme je l'avais reconnu déjà depuis bien des années, que le quadrupède dompté par le roi de Perse est un taureau.

Ce monument est d'autant plus précieux à mes yeux que, d'une part, le sujet qu'il représente ne se retrouve ni sur aucun autre bas-relief de Persépolis, ni sur aucun des bas-reliefs découverts jusqu'à ce jour. D'autre part, on verra par les petits monuments dont la description va suivre, que ce sujet, comme la plupart de ceux que nous offrent les sculptures de Persépolis, avait été emprunté au rituel et à l'art assyrien.

Cône n° 2, pl. XV.

Un initié barbu et armé du poignard de Mithra tient par une corne un taureau qui s'était dressé contre lui, sur ses pieds de derrière, et qu'il a

----

[1] Chardin, *Voyages en Perse,* t. VIII, p. 301; Atlas, pl. LXV. — [2] Pl. CXXIV.

dompté. Comme sur le bas-relief royal de Persépolis que je viens de décrire, la tête du vainqueur est ceinte de la couronne qu'il avait refusée en recevant avec le grade de soldat les armes de Mithra; il vient de la mériter par sa victoire.

Cylindre n° 5, pl. XXX.

Même sujet. Observons seulement que le taureau est ailé, que l'initié le tient par son fanon, et qu'un grand croissant domine la scène pour indiquer que le combat s'est livré dans le monde sublunaire.

Cylindre n° 1, pl. XIII.

Même sujet. L'initié est revêtu d'un riche costume assyrien; deux ailes sont attachées à ses épaules, et, au lieu d'un poignard, il porté dans la main droite une harpé qui ressemble à une faucille. Il tient, par la jambe droite antérieure, le taureau dompté. L'animal est unicorne et ailé. Deux lignes de caractères cunéiformes assyriens sont gravées à notre gauche.

Cylindre n° 3, pl. XIII.

Sujet et costume très-analogues; mais l'initié n'est pas ailé. Entre lui et le taureau dompté on voit un coq, animal solaire qui semble avoir pris part au combat, et célébrer la victoire par son chant. Un prêtre placé derrière l'initié et au-dessous d'un astérisque isolé qui représente très-probablement la planète Vénus, paraît être en prières, bien qu'il soit debout. Entre les deux personnages sont gravées perpendiculairement deux lignes de caractères cunéiformes assyriens.

Cylindre n° 1, pl. XV.

Même sujet; costume analogue. L'initié n'est pas ailé, il porte, outre la harpé, un carquois derrière ses épaules. De la main gauche il tient par une de ses deux cornes le taureau non ailé qu'il a dompté; son pied gauche est posé sur la croupe de l'animal. En avant de celui-ci, on voit un chien qui sans doute se repose après avoir pris part au combat. La scène se passe en présence du hôm, dont la forme ici est très-analogue à un des hôms sculptés à Khorsabad [1] et à Nimroud [2]. Au-dessus de l'arbre sacré est gravé un mihr, qu'une fracture a fort endommagé et qu'ici, comme sur tous les cônes et cylindres où nous trouvons le système assyrien, nous devons prendre pour l'emblème de Mylitta. A droite de ce mihr et sur le même alignement, sont gravés le croissant de la lune et l'astérisque du soleil.

---

[1] *Monum. de Ninive,* par Botta. — [2] Layard's *Monum. of Nineveh.*

Cône n°s 7, 7[a], 7[b], 7[c] et 7[d], pl. XVI.

Ce petit monument, que je connais seulement par les empreintes trouvées dans le cabinet du célèbre E. Q. Visconti, après sa mort, est gravé sur toutes ses faces. En dessous de la base (n° 7), un grand croissant domine une scène où nous voyons une grande prêtresse assise sur son trône, la tête ceinte d'une tiare surmontée d'un petit disque lunaire ou solaire. Devant elle se tient debout un initié barbu, qui tend les deux mains comme s'il avait à recevoir des armes; on n'en distingue aucune cependant. Mais sur la face n° 7[c], nous retrouvons cet initié, et non-seulement il est armé d'une harpé et porte un carquois attaché derrière ses épaules, mais il tient par une de ses cornes un taureau qui cherche à s'échapper. Ce groupe, presque calqué sur celui que nous a offert le cylindre n° 1 de la planche XV, nous donne lieu de penser que la scène gravée sous la base (n° 7) du cône représente la réception du myste au grade de soldat. Il a lutté avec le taureau en présence de deux prêtres, figurés sur les n°s 7[a] et 7[d]. Le premier, revêtu d'un costume qui en fait un personnage barbu, homme et poisson tout à la fois, peut ainsi être considéré comme le représentant de l'Oan (Oannès) des Babyloniens ou du Dagon des Phéniciens. Il est debout et porte de la main gauche le vase à eau lustrale. Le second, également debout et barbu, représenté sous une forme humaine, et vêtu de la tête aux pieds, est placé sur un grand croissant. Par là se révèle l'intention formelle qu'on avait eue de faire de ce prêtre le représentant du dieu Lunus. Ainsi nous avons sur ce cône deux exemples irrécusables de l'usage où l'on était, dans les sanctuaires, de faire célébrer les cérémonies propres aux initiations en présence de prêtres ou de prêtresses revêtus d'un costume ou caractérisés par un symbole qui, si je puis m'exprimer de la sorte, transformait chacun d'eux en une image vivante de la divinité sous les auspices de qui le myste était initié aux mystères. Nous trouverons, sur d'autres monuments asiatiques, de nouveaux exemples de ces simulacres de théophanies mystiques. Ici la célébration de la *bromique*, que je viens de décrire, est complétée par un hôm, de forme particulière, qui s'élève entre deux boucs, symboles de génération. C'est l'opposition de la vie spirituelle et de la vie matérielle ou charnelle. Le style et les costumes me portent à attribuer une origine assyrienne au cône qui a été le sujet de ces diverses remarques.

Cylindre n° 3, pl. XV.

Sur ce cylindre et sur le suivant [1], un initié du grade de soldat, au lieu de

---

[1] Atlas, pl. XIII, n° 2.

n'avoir eu à dompter qu'un seul taureau, en a dompté deux, qui s'étaient
dressés contre lui sur leurs deux pieds de derrière et qui sont ailés et unicornes. Il les tient chacun par une de leurs deux jambes de devant. Le costume est assyrien.

Cylindre n° 2, pl. XIII.

Le groupe qui occupe sans accessoire aucun toute la périphérie du cylindre
précédent[1] se reproduit ici avec de légères différences, mais accompagné
d'accessoires intéressants à observer. Le costume de l'initié est à peu près le
même, sauf les quatre ailes attachées par derrière à ses épaules. Deux sont
tombantes et indiquent que son âme est tombée sur la terre, et par conséquent
est entrée dans les voies de la génération, selon l'expression consacrée par la
psychologie des anciens. Les deux autres sont ascendantes et marquent que
cette âme a su faire un premier effort pour se purifier et remonter au ciel.
Les *voies de la génération* sont crûment représentées ici par un *ctéis* gravé dans
le champ du cylindre, entre l'initié et le taureau de droite. A l'opposite de la
scène du combat et de la victoire qui caractérisent les *broniiques*, nous trouvons sur notre cylindre un grand cône posé sur le sol et surmonté de l'emblème de la triade. Ce cône, parsemé d'une multitude de petits disques ou
globules[2] qui représentent les étoiles de la voûte céleste, est indubitablement
l'image symbolique de Mylitta, la Vénus-Uranie ou Céleste des Assyriens. Il
ne concourt pas peu, avec le costume de l'initié, à nous montrer que notre
cylindre, dont le style est large et hardi, doit être rangé parmi les antiquités
assyriennes d'une bonne époque.

Cylindre n° 7, pl. XIII.

Ici nous retrouvons deux beaux taureaux dressés sur leurs pieds de derrière, mais ceux-ci, qui semblent appartenir à l'espèce appelée *buffle*, ne sont
pas ailés; ils laissent voir leurs deux cornes, et sont domptés chacun par un
initié, dont la forme et la pose doivent nous arrêter un moment. Ces deux
personnages se montrent entièrement nus, à l'exception des reins qui sont
ceints du *kosti;* les parties génitales n'ont pas été indiquées, selon l'usage des
sculpteurs assyriens; la tête et le buste sont vus de face; les cuisses, les jambes
et les pieds de profil. Les deux initiés tiennent chacun leur taureau, d'une
main, par une jambe de devant, et de l'autre, par les cornes ou par le fanon.

---

[1] Atlas, pl. XV, n° 3.

[2] Comme sur les parois de l'autel du temple
de Vénus, dans l'île de Malte (*Recherches sur*

Vénus, Atlas, pl. XIX, *B,* n° 1), et comme sur
les corps des griffons. (Voyez ici pl. LVIII, n° 1.)

Mais ce qu'ils offrent de plus remarquable, c'est le caractère de leur tête. Je ne mets pas en doute que l'intention du dessinateur ou du graveur n'ait été de composer ce caractère de manière à donner à chacun de nos deux personnages ce que j'appellerai une *face taurine*. La forme des yeux, du nez et de la bouche, le peu d'élévation du front et du crâne, la disposition des cheveux, conçue de façon à simuler dans le haut de la tête deux cornes recourbées, et enfin de la barbe, qui, se liant sur les côtés avec de grosses boucles de cheveux, rappelle les touffes de poil du cou et du fanon du taureau, plutôt qu'une barbe humaine, tout concourt ici à justifier mon assertion. Elle sera confirmée plus d'une fois par les figures analogues que nous trouverons sur d'autres monuments, parmi lesquels les plus dignes, à tous égards, d'attirer notre attention, sont les deux beaux colosses rapportés de Khorsabad par M. Botta. Ici, derrière l'initié placé à notre gauche, on remarque une génisse ou un veau, d'une autre espèce que les deux buffles; ce jeune animal est attaché à un poteau par une corde passée autour de son cou. Le poteau semble supporter une tablette sur laquelle sont gravées perpendiculairement deux lignes de caractères cunéiformes, dont il est regrettable de ne pas connaître le sens, mais qui, selon toute probabilité, ne contiennent qu'un ou deux noms propres. Le style très-incorrect de ce cylindre est large et hardi.

Cylindre n° 10, pl. XVII.

Ici la scène du combat est double comme sur le cylindre précédent; mais les accessoires sont beaucoup plus nombreux, et les deux initiés sont représentés non-seulement avec une face taurine, mais avec des cornes, une queue, des cuisses, des jambes et des pieds évidemment empruntés au taureau. De plus, ils sont ithyphalliques. Les deux quadrupèdes qu'ils ont domptés et qu'ils tiennent par les jambes de devant ont un mufle pointu et une barbe qui, au premier abord, pourraient les faire prendre pour des boucs, si le reste du corps et leur longue queue ne nous indiquaient qu'ils appartiennent à la race bovine. Entre ces deux taureaux est gravé un scorpion, symbole de génération et emblème du mal, comme je l'ai déjà dit. Aux pieds de l'initié placé à notre gauche, nous voyons un crapaud ou une grenouille, animal amphibie, rangé comme le scorpion parmi les kharfesters. Aux pieds du second initié, un singe est debout sur ses jambes de derrière; plus haut on remarque le croissant de la lune. Enfin à l'opposite du tableau que je viens de décrire, deux lions, la gueule béante et dressés sur leurs jambes de derrière, sont disposés en sens contraire, de manière à former une espèce de croix de Saint-André. Nous

voyons donc ici les principes constitutifs du monde sublunaire ou de la matière représentés par cinq hiéroglyphes idéographiques : le scorpion, animal
terrestre; le taureau, symbole du principe humide; la grenouille, animal amphibie; le singe, symbole de l'air; et le lion, symbole du principe igné et en
même temps signe caractéristique du grade de lion, que l'initié devra chercher
à obtenir après avoir été reçu au grade de bromius ou taureau.

Cylindre n° 5, pl. XXIX.

Ici commence une nouvelle série de petits monuments destinés à perpétuer
le souvenir d'une initiation au grade de bromius. L'initié, au lieu de combattre à pied un ou deux taureaux, poursuit à cheval un groupe d'animaux
qui fuient devant lui et en tête desquels on voit une vache allaitant son veau,
emblème très-expressif de la génération, de la vie physique ou matérielle et,
par conséquent, du principe humide. Suivent une chèvre et son chevreau,
seconde expression des mêmes idées. La substitution de deux femelles mères
à un ou deux taureaux mérite d'autant plus d'être remarquée, qu'il s'agit
ici de l'initiation d'une femme, on pourrait dire d'une amazone. Le personnage monté à cheval est en effet une femme armée, le casque en tête et la
poitrine couverte par une écharpe qui ne pouvait laisser voir qu'un seul sein.
Outre le glaive qu'elle tient de la main gauche, on distingue tout auprès
d'elle, dans le champ du cylindre, un poignard, une masse d'armes, une
longue lance et une arme qui a la forme d'un trident et qui rappelle la
trisulca des Indiens. Un peu plus loin une prêtresse, la tête couverte d'un
casque conique, comme celui de notre amazone, se tient derrière celle-ci
et préside au combat. Dans le haut du cylindre, sont gravés sur une même
ligne, un mihr qui peut-être n'a pas été placé sans intention, précisément au-
dessus du groupe de la vache allaitant son veau, l'astérisque du soleil, le
croissant de la lune et sept petits disques ou globules représentant les sept
planètes.

Cylindre n° 4, même planche (XXIX).

Malgré le dessin très-incorrect et le travail grossier du cylindre que nous
avons sous les yeux, on y distingue une femme placée sur un char; elle décoche une flèche à une vache qui fuit devant elle, accompagnée de son veau.
Le char semble n'être attelé que d'un seul cheval, et, ce qui ne doit pas être
passé sous silence, ce cheval lancé à fond de train porte sur la tête un ornement cruciforme qui nous rappelle le sceptre également cruciforme placé
dans la main de Vénus-Astarté sur plusieurs médailles impériales ou colo-

niales, frappées les unes en Phénicie, les autres en Arabie [1]. Aussi n'hésité-je pas à considérer comme la planète Vénus l'astérisque à six branches placé isolément dans le haut du cylindre, derrière la tête de l'initiée, pour rappeler, sans doute, que Vénus préside à la célébration des mystères.

Cylindre n° 9, pl. XXXIV.

C'est encore une scène de femme que nous avons sous les yeux, et d'une femme montée sur un char attelé d'un seul cheval, dont elle tient les rênes entre les dents; elle décoche de son arc une flèche à une vache qui fuit devant elle, mais qui n'est pas accompagnée de son veau, comme sur les deux cylindres précédents.

Les petits monuments que je viens de décrire nous révèlent l'usage où l'on était, dans les sanctuaires, de faire revêtir aux initiés sortis victorieux des exercices propres au grade de bromius un costume qui rappelât plus ou moins complétement les formes du taureau. Mais nous avons vu que l'initié se montrait tantôt revêtu déjà de ce costume, tantôt conservant encore celui qu'il portait comme soldat de Mithra ou de Mylitta. Dans les deux cas, nous l'avons vu paraître dans une attitude qui annonce qu'il a vaincu et dompté le taureau.

Le cylindre n° 10 de la planche XXVII nous a offert deux exemples de la métamorphose qui résulte du costume le plus complet des initiés parvenus au grade de bromius. Ces deux exemples me donnent lieu de faire remarquer qu'ici les deux initiés sont ithyphalliques, mais que les deux taureaux qu'ils ont domptés semblent pour ainsi dire être dépourvus de l'organe génital. Au contraire, sur le cylindre n° 7 de la planche XIII, les deux taureaux sont ithyphalliques, et alors les deux initiés, à face taurine et nus, ne laissent apercevoir aucune trace des parties génitales. Dans ce dernier cas, l'initié est donc représenté au moment où il n'a encore du taureau que la face. Dans le premier cas, au contraire, il se montre avec des formes qui, comme celles du Minotaure, font de lui un être moitié homme moitié taureau; et, pour achever de faire voir qu'en domptant le taureau il a dompté le penchant habituel de cet animal pour l'acte de la génération, les reins du taureau vaincu sont ceints du kosti, ceinture de chasteté [2]. Il m'a paru utile de faire ressortir cette nuance, cette gradation dans l'expression des idées qu'on rattachait au grade de bro-

---

[1] Voyez mes *Recherches sur Vénus*, Atlas, pl. I, n° 9; pl. III°, n° 6; pl. XIV, *H*, n° 15, et pl. XXV, n°° 2, 11 et 12.

[2] On voit aussi, à Nimroud, des taureaux ceints du kosti.

mius. Par là se complète l'exposition de ces idées; par là aussi se manifestent
de plus en plus les ressources dont pouvait disposer l'art assyrien.

Ces ressources deviennent encore plus évidentes, lorsque nous voyons
que, pour représenter l'alliance de l'âme avec le principe humide de la
matière, on substituait au taureau, tantôt un poisson, tantôt un oiseau
aquatique. Les cylindres et les cônes qui me restent à décrire justifient mon
assertion.

Cylindre nº 4, pl. LI.

Un initié debout et à longue barbe bouclée tient de chaque main, par un
des bras, un personnage homme jusqu'à la ceinture, poisson depuis la ceinture. Il les a domptés, c'est-à-dire que dans les discussions religieuses, scientifiques et morales, ou, comme nous dirions, dans les concours, où il les eut
pour rivaux et pour émules, il a fait preuve d'une supériorité incontestable.
Plusieurs autres monuments, que je décrirai dans la suite de mon travail, montreront que des représentations du genre de celle qui est ici sous nos yeux ne
peuvent se rapporter qu'à une série de travaux et d'épreuves par lesquels on
se préparait à passer d'un grade à un autre. On s'y préparait sous les auspices
de la divinité qui préside aux mystères. Le mihr gravé dans le haut de notre
cylindre ne laisse aucun doute à cet égard. Plus bas, au-dessous du mihr,
est placé un oiseau qui semble regarder attentivement le groupe des trois
combattants. C'est peut-être un corbeau.

Cônes nᵒˢ 1, 2 et 2ª, pl. ~~LXXII~~. LXII

Sous la base de chacun de ces deux cônes, sont gravés en creux deux initiés barbus, semblables de forme ou de costume aux deux initiés moitié homme
moitié poisson dont je viens de parler; mais ici ils ne sont pas vaincus et
domptés. Superposés l'un à l'autre, sur le cône nº 1, et placés en regard l'un
de l'autre sur le cône nº 2, ils sont environnés du signe des eaux, sur les deux
monuments, et semblent être en prières ou réciter un acte de componction.
Un grand croissant est gravé dans le haut de chaque cône. Sur un des côtés
du cône nº 2, on remarque une petite figure à tête de chien ou de chacal, et
tournée à droite. Elle paraît avoir été ajoutée par une main égyptienne, qui
voulait représenter le dieu Anubis, c'est-à-dire Mercure psychopompe, et qui
indiquait par là que le possesseur de ce cône n'ignorait pas la signification
psychologique du sujet qu'il représente. Ce qui est certain, c'est que ce cône
a été acheté au Caire d'une femme égyptienne, qui le portait suspendu sur
le front en guise d'amulette ou de phylactère.

Cylindre n° 8, pl. XXXII.

Deux prêtres, la tête surmontée de deux cornes de taureau, amènent devant l'hiérophante un initié barbu, qui a revêtu un costume où l'on voit un buste humain lié au corps d'un oiseau aquatique, caractérisé par ses longues jambes et ses pattes palmées. L'hiérophante est assis sur son trône, la tête surmontée de deux cornes de taureau et le corps enveloppé à droite et à gauche par le signe de l'eau. Un grand croissant domine la scène. Derrière le trône sacerdotal est planté un cyprès pyramidal, image vivante de Vénus-Mylitta [1]. A côté de cet arbre est gravée perpendiculairement une ligne de caractères que leur forme insolite ne semble pas permettre de rapporter à un des trois systèmes connus de caractères cunéiformes. Je vois dans ce sujet une préparation au grade de lion.

Cylindre n° 2, pl. XXIX.

Une scène très-analogue est gravée sur le cylindre que j'indique ici; mais elle nous permet de constater deux faits qui ne s'étaient pas encore présentés sur aucun des cylindres et des cônes que j'ai décrits précédemment. Deux initiés, l'un mâle, l'autre femelle, et très-probablement unis par les liens du mariage, sont amenés simultanément devant l'hiérophante. L'initié du sexe mâle porte une corne de taureau implantée sur le front et une longue barbe. Son buste nu laisse voir un sein arrondi et proéminent comme celui d'une femme. Le bas des reins est ceint du kosti, et, à partir de la ceinture, son corps, ses cuisses et ses jambes sont empruntés à une espèce d'oiseau aquatique, de l'ordre des échassiers. Ce personnage est précédé par un prêtre qui porte un masque à deux visages, deux longues barbes, et sur la tête deux cornes de taureau. Le buste est ceint d'une large écharpe qui laisse à découvert un sein de femme très-prononcé. Les reins sont ceints du kosti. Ce prêtre, on le verra plus loin, n'est pas le seul exemple qu'on puisse citer d'un prêtre à deux visages sur les cylindres asiatiques. *Bifrons* comme Janus, il remplit probablement les fonctions de *Januarius*. Ses deux visages, dont constamment l'un est tourné à droite, l'autre à gauche, font allusion sans nul doute aux deux portes du ciel par lesquelles, nous l'avons déjà dit plus d'une fois, les âmes sont censées descendre du ciel sur la terre et remonter dans la région céleste.

Le second prêtre n'a qu'un seul visage; sa tête est ornée de deux cornes

---

[1] Voyez mes *Recherches sur le culte du cyprès* (*Mémoires de l'Acad. des inscr.* nouv. série, t. XX, 1ʳᵉ partie).

de taureau; sa barbe est très-longue; sur l'épaule gauche il porte une masse d'armes, et de la main droite il semble tenir par les cheveux de derrière l'initié mâle à corps de poisson. La femme ferme la marche, sa tête est nue; mais sur l'épaule droite elle porte, suspendue à un bâton, une outre, symbole du principe humide.

Nous retrouverons, en parlant du baptême mithriaque, un initié du grade de bromius, représenté avec des cuisses, des jambes et des pattes d'oiseau aquatique. Mais la forme sous laquelle les personnages reçus à ce grade se montrent le plus souvent sur les monuments asiatiques est celle d'un être moitié homme et moitié taureau. Deux cylindres [1], qui seront décrits dans le chapitre suivant, démontrent jusqu'à l'évidence que le myste subissait cette métamorphose avant d'être admis à prendre le troisième grade terrestre, celui de lion. Reçu à ce troisième grade, il revêtira un costume où, en vertu des lois propres à la métempsycose des mystères, nous verrons certaines formes du lion se combiner avec les formes humaines. L'application de la même règle se manifestera sur les monuments où nous trouverons l'initié représenté avec le costume affecté aux grades qui suivent celui de lion.

Nous pouvons donc, dès à présent, constater ce fait curieux et resté inaperçu jusqu'à ce jour : les mystes, après avoir combattu, vaincu et dompté l'animal symbolique qui donne son nom au grade, revêtent un costume où les formes caractéristiques de cet animal s'unissent à des formes humaines. Nous constaterons de même que, parvenus au grade d'hélios ou soleil, qui est le neuvième, les initiés prennent un costume qui, leur laissant une forme purement humaine, caractérise ce grade par le disque et les rayons du soleil attachés à leur longue stole. Ainsi, à chaque grade, après celui de soldat, c'està-dire à chaque victoire de l'âme sur les divers principes constituants de la matière, siége de nos passions, au lieu de délivrer à l'initié un diplôme écrit, comme nous en délivrons dans nos écoles aux étudiants qui prennent leurs grades, on lui remettait un petit monument portatif, soit un cône, soit un cylindre, où le grade qu'il avait mérité de recevoir est représenté de diverses manières. Tantôt on y voit la lutte victorieuse du myste avec le principe physique dont le symbole donne son nom au grade obtenu. Tantôt nous n'assistons pas à cette lutte; mais alors l'initié se montre revêtu d'un costume propre à nous révéler sa victoire et à marquer le grade qui en est le prix.

---

[1] Atlas, n° 10, pl. XXVII, et n° 11, pl. XXXV.

Dans le premier cas, l'initié combattant et vainqueur est souvent représenté sans costume caractéristique, c'est-à-dire sans le costume du grade qui lui avait été précédemment conféré et sans le costume du grade qu'il vient d'obtenir. Mais quelquefois il a déjà revêtu le costume affecté au nouveau grade conquis; et toujours, dans ce costume, entre pour une part quelconque le symbole dont le grade tire sa dénomination. Chaque costume ou chaque métamorphose du myste indique donc quelle victoire l'âme a remportée sur le corps, et à quel degré de pureté elle est parvenue ou plutôt revenue. Toutefois la rareté des monuments qu'on peut rapporter à tel ou tel grade élevé est telle, qu'il me sera impossible, quant au costume des initiés, de produire pour quelques grades la preuve de la règle qui vient d'être posée. On doit s'attendre aussi à voir les monuments qui se rapportent au grade de *père des pères* faire une exception à la règle dont il s'agit. L'existence immatérielle du dieu suprême à qui ce grade assimile l'âme de l'initié explique et justifie suffisamment une telle exception.

CHAPITRE VI.

TROISIÈME GRADE. — GRADE DE LION.

(Troisième grade terrestre.)

La chaleur est répandue partout dans notre globe. Des observations modernes nous apprennent qu'elle diminue sensiblement à mesure qu'on s'élève au-dessus de la surface de la terre, et qu'elle augmente sensiblement aussi à mesure qu'on s'enfonce de la surface au centre. Mais les anciens ne paraissent pas avoir connu cette double règle, ou du moins ils n'en ont pas tenu compte dans la théorie cosmogonique ou physique qui sert de base, en Orient, à l'institution des mystères. Pour eux, l'eau, beaucoup plus pesante que la chaleur et l'air, occupe la région inférieure de la terre. La région de la chaleur ou du principe igné lui est immédiatement superposée. L'âme, dans son mouvement de *catabase* ou de descente, a donc traversé cette région ignée terrestre, avant de tomber dans la région humide. L'âme, exécutant son mouvement d'anabase ou d'ascension, doit, en conséquence, s'élever de la région humide à la région de la chaleur terrestre. Et si, comme nous l'avons vu dans le chapitre qui précède, le taureau représente symboliquement dans les mystères le principe humide, le grade qui correspond à l'idée de l'alliance de l'âme avec le principe igné doit être supérieur au grade de bromius ou taureau et le suivre immédiatement. Aussi, après nous avoir dit que le principe humide ou l'eau est la mort de l'âme, et que les êtres dont la constitution est humide sont mous, lâches, efféminés, les philosophes de l'antiquité ont-ils soin de faire remarquer, je l'ai dit ci-dessus, que l'âme sèche est la plus sage : ξηρὰ ψυχὴ σοφωτάτη [1].

Ce principe igné, je l'ai déjà dit, a pour hiéroglyphe idéographique, dans le langage des mystères, le *lion*, animal carnassier, le *lion*, qualifié roi des

---

[1] Héraclite, apud Porphyr. *De antr. nymph.* cap. xi, p. 13. — Ce qui signifie que l'âme unie au principe igné élève l'être au-dessus de celui en qui prédomine le principe humide, et qu'elle lui inspire de nobles sentiments, tels que le courage, la sagesse, la chasteté.

animaux, et appelé en Orient et en Occident d'un nom qui exprime cette qualification. Car, si dans la langue persane *schir* signifie *lion*, il ne faut pas oublier que ce mot dérive du radical zend et sanscrit, *khschétro, khschatria*, qui signifie *roi*. De même, dans les langues occidentales, le mot *leo* a dû avoir la même signification, puisqu'il appartient au même radical que les mots *lex*, loi, et *rex*, roi.

J'ai indiqué plus haut les passages qui, dans les écrivains anciens et dans les inscriptions lapidaires latines, nous apprennent qu'un grade de *lion* pour les hommes et de *lionne* pour les femmes avait été institué dans les mystères de Mithra. J'ai transcrit aussi le résumé que j'avais fait ailleurs[1] des raisons qui portèrent les inventeurs de ces mystères à faire du lion, tout à la fois et par un enchaînement ou une corrélation d'idées que l'on comprendra sans peine, un des deux attributs caractéristiques[2] des dieux créateurs ou dispensateurs de la vie, le premier signe zodiacal du solstice d'été, le domicile, par conséquent, du soleil pendant sa plus grande exaltation, le symbole de la chaleur de la terre ou du principe igné terrestre, et enfin le signe caractéristique d'un grade dans les initiations aux mystères.

Les antiquités figurées que je vais décrire confirment pleinement les témoignages des auteurs et des inscriptions, quant à l'institution d'un grade de lion dans les mystères. Elles prouvent que ce grade, supérieur au grade de bromius ou taureau, se conférait immédiatement après celui-ci. Il était donc le troisième grade, selon l'ordre hiérarchique établi par les Chaldéens.

De plus, les monuments de l'art sont d'accord avec les textes pour nous montrer que, dans la célébration des léontiques, l'initié était obligé de combattre plusieurs espèces de quadrupèdes herbivores ou frugivores avant d'être admis à combattre un lion. En conséquence, il revêtait successivement plusieurs costumes avant de revêtir une forme moitié homme moitié lion; et ces costumes, on le verra, étaient empruntés en partie aux formes humaines, en partie aux divers animaux qu'il avait eu à vaincre et à dompter avant de se mesurer avec un lion. C'est là l'explication ou le commentaire de ce passage précieux que nous lisons dans Porphyre :

« Celui qui célèbre les léontiques est obligé de revêtir les formes de divers « animaux. Pallas, dans son ouvrage sur Mithra, recherchant les causes de ces « travestissements, dit que, selon l'opinion commune, ils se rapportent à la

---

[1] *Recherches sur Vénus*, p. 223. — [2] *Le taureau est le premier de ces deux attributs.*

« composition du cercle du zodiaque; mais que la vérité est qu'ils ont une
« signification secrète qui s'applique aux âmes humaines alliées avec les divers
« principes de la matière. Car les Latins, dans leur langue, expriment quel-
« quefois ces principes sous les noms de sangliers, de scorpions (?), d'ours et
« autres, et même donnent des noms d'animaux à leurs dieux créateurs du
« monde. C'est ainsi qu'ils appellent Diane louve; le soleil lézard, lion, dragon,
« épervier; Hécate cheval, taureau, lionne et chienne [1]..... »

Ce passage nous autorise à supposer que, pour régler les diverses métamorphoses dont parle Pallas, mais qu'il n'énumère point, on avait composé
soit une échelle, soit un tableau synoptique, où étaient placés un certain
nombre d'animaux intermédiaires entre le taureau et le lion, qui se nourrissent d'aliments humides, tels que les graminées, les feuilles, les graines,
les fruits. Prenant pour point de départ la constitution essentiellement humide et froide du premier de ces deux quadrupèdes, et la constitution sèche
et ignée du second, on avait dû ranger les animaux intermédiaires selon leur
constitution mixte, c'est-à-dire selon les diverses proportions de principe humide et de principe igné qu'on croyait avoir reconnues dans leur constitution
physiologique. En regard de chacun de ces animaux, devait être indiquée, par
des chiffres ou par des signes quelconques, leur constitution ainsi déterminée.
Ce n'est pas tout : à chaque animal devenu un hiéroglyphe idéographique,
par son rang sur l'échelle que je me représente, doit correspondre l'indication des facultés intellectuelles, physiques et morales attribuées à l'âme de
l'initié qui, après avoir obtenu le grade de bromius, était admis à la célébration des *léontiques*, et avait triomphé de tel ou tel animal intermédiaire entre
le taureau et le lion. Cette échelle n'est malheureusement indiquée d'une
manière précise et complète, ni dans les documents écrits, ni sur les monuments figurés qui nous sont parvenus. On ne peut même citer aucun texte,
si ce n'est le passage succinct de Pallas que je viens de rapporter d'après Porphyre, et où les métamorphoses que subissait le myste pendant la célébration

---

[1] Ὅ τε τὰ λεοντικὰ παραλαμβάνων, περιτί-
θεται παντοδαπὰς ζώων μορφάς. Ὧν τὴν αἰτίαν
ἀποδιδοὺς Πάλλας ἐν τοῖς περὶ τοῦ Μίθρα, τὴν
κοινήν φησι φορὰν οἴεσθαι, ὡς πρὸς τὴν ζω-
διακοῦ κύκλου ἀποτείνειν· τὴν δὲ ἀληθινὴν ὑπό-
ληψιν καὶ ἀκριβῆ περὶ τῶν ἀνθρωπίνων ψυχῶν
αἰνίτ7εσθαι, ἃς παντοδαποῖς περιέχεσθαι σώ-
μασι λέγουσι. Καὶ γὰρ Λατίνων τινὰς τῇ σφῶν
διαλέκτῳ ἄπρους, καὶ σκώπρους, λασούρους τε
καὶ μερούλους καλεῖν. Καὶ Θεοὺς δὲ τούτους
δημιουργοὺς οὕτω προσηγόρευσαν· τὴν μὲν Ἄρ-
τεμιν λύκαιναν, τὸν δὲ Ἥλιον σαῦρον, λέοντα,
δράκοντα, ἱέρακα, τὴν δ'Ἑκάτην ἵππον, ταῦρον,
λέαιναν, κύνα..... (Porphyre, *De Abstinentia*,
IV, xvi, p. 351, 352.)

des léontiques sont désignées très-laconiquement par les mots : $\pi\alpha\nu\tau\sigma\delta\alpha\pi\dot{\alpha}s$ $\zeta\dot{\omega}\omega\nu$ $\mu\sigma\rho\varphi\dot{\alpha}s$.

Les cylindres, les cônes et les bas-reliefs que nous ont légués les Assyriens, les Phéniciens et les Perses, ne nous ont conservé qu'un très-petit nombre d'exemples de ces métamorphoses particulières. Je me garderai bien d'essayer de suppléer au silence des auteurs et des antiquités figurées. Ce serait en pure perte m'engager dans une série de conjectures toutes plus ou moins hasardées. Par la même raison, je m'abstiendrai de rechercher quels enseignements particuliers recevait l'initié avant et après sa métamorphose en telle espèce de quadrupède herbivore ou frugivore qu'il est possible de reconnaître sur les monuments qui nous restent de la célébration des léontiques. Je dirai seulement qu'on peut supposer, d'une part, que, sur l'échelle qui nous manque, l'animal placé au premier échelon doit représenter la constitution la plus humide et la plus froide après celle du taureau, en même temps que le lion était placé au sommet de cette échelle comme expression de la constitution animale la plus sèche, la plus ignée, si je puis ainsi dire. Les échelons intermédiaires devaient être occupés par deux séries d'animaux, l'une inférieure, comprenant les quadrupèdes qui participent de la nature du taureau ; l'autre supérieure, où étaient rangés les animaux qui se rapprochent par degrés de la nature du lion. C'est à ce dernier titre que le cheval, et, par conséquent, le centaure, l'une des métamorphoses simulées dans la célébration des léontiques, avaient nécessairement une place marquée très-près du lion. Le cheval, on le sait, remplace souvent même le lion, comme symbole solaire et comme symbole lunaire.

Aussi venons-nous de voir, dans le passage de Pallas, cité par Porphyre, que Hécate ou la lune avait pour symboles et le cheval et le lion. Je pourrais confirmer cette assertion par plusieurs autres témoignages. Je me bornerai à rappeler, quant au lion, que le monstrueux quadrupède de cette espèce qui ravagea une partie du Péloponèse, et qui fut tué par Hercule dans l'antre de Némée, passait pour être tombé de la lune[1].

D'autre part, je dirai qu'en thèse générale on peut conjecturer que la constitution physique des animaux à sang froid, des animaux à sang chaud, des animaux herbivores, des animaux frugivores, des animaux à la fois frugivores et carnassiers, et enfin des animaux uniquement carnassiers, devenait

---

[1] Ælien, *De Animal. natura*, xii, 7. — Servius *ad Virgilii Æneidem*, viii, 295.

le sujet de leçons successives où le maître enseignait à l'élève quelle influence prépondérante exerce le principe igné ou la chaleur sur le principe humide ou l'eau; quels phénomènes résultent de la combinaison de la chaleur avec l'eau; quelles sont les propriétés de l'eau à l'état de vapeur; quelle conséquence on peut tirer des instincts et des mœurs des animaux pour apprécier les facultés intellectuelles, les vices et les vertus, les bons et les mauvais penchants de l'âme, selon que, dans la constitution physique de notre corps, le principe igné et le principe humide se trouvent combinés en telle ou telle proportion. Nous devons croire qu'en particulier la chasteté du lion dans ses amours, sa tempérance dans l'alimentation, et même la magnanimité des sentiments qu'on lui prête, devenaient le sujet de leçons où cet animal était non-seulement présenté en opposition aux mœurs, aux habitudes du taureau et de la vache, mais proposé comme modèle aux initiés des deux sexes.

On comprend, d'après ce qui précède, que les grades de soldat, de taureau et de lion, marquaient les diverses phases du séjour de l'âme sur la terre et les divers degrés de purification, de sagesse et d'instruction qu'avait parcourus chaque initié pour être admis au troisième grade, celui de lion. On comprend aussi que l'enseignement, dans les sanctuaires, n'embrassait, pour ces trois grades, que les phénomènes propres à la région terrestre, abstraction faite de la région aérienne, bien qu'en réalité il ne soit pas plus possible de séparer l'étude de ces deux régions qu'il n'est possible de se former une idée juste de la terre en la considérant indépendamment de l'atmosphère ou de la couche d'air atmosphérique qui l'enveloppe. Toutefois, l'initié parvenu au grade de lion avait appris tout ce que les prêtres jugeaient nécessaire de lui enseigner pour qu'il pût vivre sur la terre dans les conditions résultant de sa ferme volonté de purifier son âme et de la rendre capable de continuer le mouvement d'ascension qui devait l'élever au-dessus de l'enveloppe solide de notre globe. Le grade de lion devenait ainsi l'indice certain que l'initié avait reçu la meilleure éducation et la plus solide instruction qu'il fût possible de recevoir dans ce temps. Hommes et femmes ambitionnaient l'honneur d'être admis à ce grade et se pressaient en foule aux portes du sanctuaire pour l'obtenir, et ne reculaient pas devant les conditions sévères auxquelles le sacerdoce le conférait. Ce grade les élevait au-dessus de la grande généralité des membres de la société, en même temps qu'il leur donnait l'espoir de voir leurs efforts récompensés dans la vie future par les jouissances

26.

ineffables promises aux justes et aux purs. Pour les hommes, en particulier, il devait avoir l'avantage précieux d'ouvrir l'accès à toutes les carrières; car, n'en doutons pas, les rapports intimes établis par le sacerdoce entre les institutions civiles et les institutions religieuses exigeaient qu'avant d'être admis à tel ou tel grade militaire, à telle ou telle fonction judiciaire ou administrative, le postulant eût été reçu à tel ou tel grade dans les mystères. Malgré le silence des auteurs anciens à cet égard, j'espère pouvoir justifier mon assertion à l'aide de quelques monuments figurés, qui n'ont pas été étudiés sous ce point de vue, et dont nous aurons à nous occuper dans le chapitre du grade de griffon.

Chacun donc, chez les Perses, de même que chez les Assyriens et les Phéniciens, voulait être reçu *lion* dans les sanctuaires des temples, comme chacun aujourd'hui veut être reçu bachelier dans nos universités, ou comme, dans un autre ordre d'idées, chacun veut être reçu maître dans les loges de francs-maçons.

Le nombre considérable de cônes, de cylindres, de bas-reliefs, de bagues, de scarabées et de vases qui appartiennent au grade de lion, témoigne en faveur de mon opinion. Aucun autre grade n'en fournit autant; et il n'est pas difficile de comprendre qu'il en devait être ainsi. En effet, peu d'initiés des deux sexes se contentaient d'avoir été reçus aux grades de soldat et de bromius ou taureau. Parvenus à celui de lion ou de lionne, il est fort douteux qu'ils aient beaucoup tenu à conserver chacun le cylindre ou le cône qui attestait leur admission aux deux grades inférieurs. Quelquefois même, comme nous allons le voir, on le remplaçait par un cylindre ou par un cône qui représentait à la fois l'initiation au grade de taureau et l'initiation au grade de lion. Enfin la grande majorité des initiés ne réunissant pas en eux les facultés nécessaires pour être admis aux grades supérieurs se contentait d'avoir obtenu le grade de lion. Par là, le nombre des petits monuments portatifs destinés à perpétuer le souvenir des admissions aux grades supérieurs avait dû diminuer en proportion de l'élévation de chacun de ces grades; c'est ce que confirme pleinement l'examen attentif des collections de cônes et de cylindres qui ont été formées dans l'Asie occidentale, par nos voyageurs modernes, pour être ensuite transportées en Europe.

Aux remarques qui précèdent et qui s'appliquent, en particulier, au grade de lion, il faut ajouter qu'aucun autre grade des mystères ne présente autant de variations que celui-ci dans le mode de réception. Le lecteur en jugera à la vue des petits et des grands monuments que je vais faire passer sous ses yeux, et de ceux dont nous aurons à nous occuper plus tard.

Tantôt l'initié, debout et à pied, combat corps à corps un lion dressé sur ses pattes de derrière, et lui plonge ou s'apprête à lui plonger un poignard dans les flancs [1]. C'est le mode de réception ou de combat le plus simple et le plus ordinaire. Tantôt le myste perce le lion avec une lance, soit à pied [2], soit à cheval [3]; tantôt il l'attaque à coups de flèches, soit à pied [4], soit un genou en terre [5], soit debout sur un taureau [6], soit monté sur un cheval [7], soit placé sur un char [8]; tantôt il l'étreint dans ses bras pour l'étrangler ou l'étouffer [9]; tantôt il le dompte sans armes et par la seule force de ses bras [10]; tantôt il en triomphe armé d'une massue ou d'une masse d'armes [11]. Quelquefois le vainqueur est représenté portant sur ses épaules le lion vaincu [12] ou le tenant des deux mains, au-dessus de sa tête, comme un trophée [13]; ou bien, de chaque main, il tient par une corne ou par la gorge un ou deux lions domptés [14]; ou bien il porte, de chaque main, suspendu par la queue [15] ou par une jambe [16], la tête en bas, un lion vaincu; ou bien aussi il tient, suspendus par la corne, d'une main un taureau, de l'autre un lion [17]; ou bien encore, tantôt il chevauche le lion vaincu [18], tantôt il conduit un char attelé de deux lions qu'il

---

[1] Atlas, pl. XV, cylindre n° 4; pl. XIX, cônes n°ˢ 2 et 4; pl. XX-XXIII, bas-relief de Persépolis; pl. XXXVI, scarabée n° 5; pl. XLIV, sceau d'argile n° 8; pl. XLVI, cônes n°ˢ 7 et 8; pl. XLVII, cônes n°ˢ 2 et 3; pl. LXVIII, scarabée n° 18.

[2] *Ibid.* pl. XIX, cylindre n° 1; pl. XLII, cylindre n° 3; pl. XLVI, scarabée n° 5.

[3] *Ibid.* pl. XXV, cylindre n° 7; pl. XIX, hémisphéroïde n° 5.

[4] *Ibid.* pl. XIX, cylindre n° 3; pl. XXV, cylindre n° 1; pl. XXIX, cylindre n° 3; pl. XXXIV, cylindre n° 8.

[5] *Ibid.* pl. XXV, cylindre n° 5.

[6] *Ibid.* pl. XXXIII, cylindre n° 4.

[7] *Ibid.* pl. XXV, cylindre n° 7.

[8] *Ibid.* pl. XXV, cylindre n° 6; pl. XLIX, amulette à deux faces, n°ˢ 8 et 8ᵃ.

[9] *Ibid.* pl. XIX, cylindre n° 6; pl. XXIV, colosse de Khorsabad; pl. XLII, intaille n° 6; pl. LXVIII, scarabée n° 16.

[10] Atlas, pl. XIII, cylindres n°ˢ 4 et 5; pl. XV. cylindres n°ˢ 5 et 6; pl. XXV, cylindre n° 7; pl. XXVIII, cylindre n° 13; pl. XXXIV, cylindre n° 12; pl. XXXV, cylindres n°ˢ 8 et 11; pl. XLVI, bague d'or n° 20; pl. LXVIII; scarabées n°ˢ 14, 20 et 22; pl. LXIX, scarabée n° 2, bague d'or n° 17.

[11] *Ibid.* pl. XXX, cylindre n° 2.

[12] *Ibid.* pl. LXIX, scarabée n° 4.

[13] *Ibid.* pl. XXV, cylindre n° 3.

[14] *Ibid.* pl. XIX, cylindre n° 7, métroïde n° 8; pl. XXXIII, cylindre n° 10; pl. XLIV, cône n° 10.

[15] *Ibid.* pl. LXVIII, scarabée n° 23.

[16] *Ibid.* pl. XXXIV, cône n° 14; pl. XLVI, scarabée n° 10; pl. XLIX, cône n° 6; pl. LI, cylindre n° 7; pl. LXVIII, scarabée n° 21; pl. LXIX, scarabées n°ˢ 1 et 5.

[17] *Ibid.* pl. LIII, cône n° 5.

[18] *Ibid.* pl. XXV, cylindre n° 2.

a domptés[1]. Nous le voyons enfin debout sur le lion vaincu, qui lui sert d'escabeau ou de piédestal[2].

Mais arrêtons-nous un moment devant celles de ces représentations figurées que leurs accessoires ou quelque circonstance particulière nous font un devoir d'examiner et de décrire en détail. Commençons par divers cylindres qui établissent d'une manière incontestable que le grade de lion se prenait immédiatement après celui de bromius ou taureau.

Cylindre n° 4, pl. XV.

Un initié barbu, debout, la tête nue, comme les mystes reçus au grade de soldat, tient d'une main un fouet et de l'autre, par une corne, un taureau qu'il a dompté. Un peu plus loin, le même initié, la tête ceinte d'une couronne à pointes et le corps revêtu du costume que j'appelle l'*ancien costume*, tient de la main droite un large poignard[3]; de la main gauche, il tient suspendu par une jambe de derrière, la tête en bas, le lion qu'il vient de dompter. Cette victoire lui a valu le droit de poser sur sa tête la couronne qu'il avait refusée au moment où, en lui conférant le grade de soldat, on la lui avait offerte. Ainsi se confirme, par le témoignage irrécusable de ce cylindre à double scène, le passage de Tertullien que j'ai rapporté plus haut et déjà commenté en présence de plusieurs cylindres où nous avons vu offrir la couronne à des personnages mâles ou femelles qui se présentaient pour être admis au grade de soldat.

Cylindre n° 4, pl. XIII.

Une double scène est aussi représentée sur le cylindre que j'indique ici. Ce petit monument et le cylindre précédemment décrit ont entre eux la plus grande analogie; mais le style de l'un est aussi incorrect et lâché que le travail de l'autre est fin et soigné. Quelques autres différences méritent d'être signalées : ainsi, sur le cylindre qui est sous nos yeux, l'initié soldat tient de la main gauche, par la gorge, un taureau ou un buffle qui montre ses deux cornes. De la main droite, il lui plonge un poignard dans la poitrine. Derrière ce groupe sont gravées perpendiculairement deux lignes de caractères

---

[1] Atlas, pl. XLVI, scarabée n° 1; pl. LIV, *B*, cylindre n° 10.—Cf. *ibid.* pl. LXIX, bague d'or n° 26.

[2] *Ibid.* pl. XXXVI, scarabée n° 7; pl. LXVIII, scarabée n° 21; cf. pl. XXXIV, cylindre n° 12. — On pourrait faire ici une nouvelle application du passage de la Bible cité plus haut : «Donec «ponam inimicos tuos scabellum pedum tuorum.» (Ps. cix, v. 2.)

[3] Une côte est relevée dans le milieu de la lame, comme on le voit sur les poignards qui se fabriquent en Perse de nos jours.

cunéiformes du système assyrien. Dans l'autre groupe, le lion dompté est debout sur ses pattes de derrière.

Cylindre n° 12, pl. XXXIV.

Même sujet. L'initié soldat, sans armes, a dompté un taureau qui s'est dressé sur ses pattes de derrière. Plus loin, la tête non encore couronnée, il tient par la queue et par une jambe de derrière un lion la tête en bas; il pose son pied gauche sur la nuque de l'animal. Entre ses jambes est gravé un objet qu'on pourrait prendre pour une arme. Les deux groupes sont séparés par un cyprès, image symbolique et vivante de la divinité qui préside aux mystères. Derrière l'initié soldat est gravée perpendiculairement une ligne de caractères cunéiformes, dont la forme est très-altérée, mais semble se rapporter à l'alphabet du système assyrien.

Cylindre n° 6, pl. XV.

Ici le rang qu'occupaient respectivement, dans l'institution des mystères, le grade de bromius ou taureau et celui de lion, est indiqué par une métamorphose qui lèverait toute espèce de doute à cet égard, si les trois cylindres précédemment décrits avaient pu nous en laisser. On voit, en effet, d'un côté du cylindre qui est sous nos yeux, un initié barbu, debout, la tête non couronnée et le corps ceint du kosti. Il est placé entre deux taureaux qui se dressent sur leurs pieds de derrière et qu'il a fortement liés après les avoir domptés. De l'autre côté du cylindre, le même initié se montre revêtu d'un costume qui caractérise la métamorphose qu'on était censé subir en prenant le grade de bromius. A sa tête sont attachées deux grandes cornes de taureau, et, à partir du kosti qui ceint le bas de ses reins, son corps se termine par la moitié postérieure d'un taureau. C'est sous ce costume qu'il combat et dompte un énorme lion dressé sur ses jambes de derrière. J'avais donc raison de dire qu'une quatrième fois nous apprendrions, par ce cylindre, à ne pouvoir en douter, que le grade de lion succédait immédiatement à celui de taureau.

Cylindre n° 5, pl. XV.

Trois groupes sont gravés sur la périphérie de ce cylindre. Le premier se compose d'un initié soldat qui, la tête couverte d'une toque et le corps ceint du kosti, tient par une de ses deux cornes et par une jambe de devant le taureau qu'il a dompté. Dans les deux autres groupes nous retrouvons notre initié; mais il a sur la figure un masque du genre de ceux dont j'ai déjà parlé. Ce masque lui donne la face que j'ai appelée *taurine*, et qui lui imprime le caractère propre aux initiés du grade de bromius. C'est une variante du procédé que l'art a employé pour représenter, sur le cylindre précédent, la métamorphose subie par l'initié reçu à ce grade. Ici l'initié bromius, le corps ceint du kosti, tient par la gorge et par une patte de devant, dans le second groupe, une lionne; dans le troisième, un lion.

Cylindre n° 8, pl. XXXV.

Ce petit monument et celui que je décrirai immédiatement après présentent chacun une variante curieuse à étudier. Nous y retrouvons, comme sur les cylindres n° 4, pl. XIII; n° 4, pl. XV; et n° 12, pl. XXXIV, deux groupes : la lutte avec le taureau et la lutte avec le lion; mais l'initié soldat, à mesure, pour ainsi dire, qu'il parvient à dompter le taureau, commence à revêtir les formes de cet animal : il est représenté avec la face taurine, et à sa tête sont attachées deux cornes de taureau. Bien qu'il soit entièrement nu, sauf le double kosti dont il est ceint, on n'aperçoit aucune trace des parties génitales. Mais dans le second groupe, où il combat et dompte un lion, il se montre complétement revêtu du costume propre au grade de bromius; il a non-seulement une face taurine et des cornes de taureau implantées sur la tête, mais, à partir de la ceinture qu'entoure un *triple* kosti, il est taureau, et de plus ithyphalle. Dans le bas du premier groupe, entre les jambes de l'initié et les jambes du taureau, on remarque un astérisque qui, n'en doutons pas, est Vesper, c'est-à-dire la planète Vénus dans son aspect du soir, marquant ainsi la nuit, temps favorable à la génération. A côté de ce groupe est gravée perpendiculairement, dans un cartouche, une ligne de caractères cunéiformes du système assyrien, dont le sens ne m'est pas connu.

Cylindre n° 13, pl. XXVIII.

Même sujet, même progression des formes taurines dont se montre revêtu l'initié qui, après avoir dompté un taureau, dompte un lion. Toutefois, dans le premier groupe, cette progression est rendue ici plus sensible encore par le soin qu'a eu le graveur de n'attacher à la tête de l'initié que des cornes naissantes de taureau. Il a placé dans le champ du cylindre, outre l'étoile nocturne de Vénus, l'arme appelée l'*oreille d'acier*, et un petit vase de la forme de l'*aryballos* des Grecs. De plus, entre les bras de l'initié et la partie postérieure du taureau, que ce personnage tient renversé ou suspendu la tête en bas, on distingue un petit singe ou cynocéphale qui là, comme dans d'autres monuments consacrés à la célébration des léontiques, représente l'air ou le vent, élément dont l'intervention est nécessaire dans les phénomènes de la génération et de la reproduction. Un double cartouche, gravé à côté du tau-

reau et au-dessus du petit vase, renferme des caractères cunéiformes du système assyrien, qui ne sont pas encore déchiffrés.

Cylindre n° 4, pl. LIV, *B*.

Après avoir étudié très-attentivement ce petit monument, je n'hésite pas
à le classer parmi ceux qui furent destinés à conserver simultanément le souvenir d'une initiation au grade de bromius, et le souvenir d'une initiation au
grade de lion. Mais la représentation de cette double scène s'écarte entièrement des procédés que l'art hiératique avait employés sur les sept autres cylindres que je viens de décrire. Ici, à notre droite, une grande figure de
femme, le genou gauche en terre, tient sous son pied droit une vache accroupie et placée à la suite d'un taureau également accroupi.

La négligence avec laquelle a été gravé l'original de ce petit monument
nous explique pourquoi l'on ne distingue pas les cornes de ces deux animaux.
Au premier abord, on serait peut-être tenté de prendre pour deux lièvres ce
taureau et cette vache; mais les dimensions de leur corps, les plis de leur
fanon et la hauteur des jambes ne permettent pas de faire une telle confusion.
La femme qui a vaincu ces deux quadrupèdes est, sans nul doute, une initiée
reçue au grade de bromia. Contrairement à l'usage suivi sur la plupart des
monuments consacrés aux mystères, son corps est nu, à l'exception des reins
qu'entoure un triple kosti. La tête est ceinte d'une couronne basse et à pointes.
De la main droite, l'initiée tient par la patte gauche de derrière une lionne
précédée d'un lion. Ce couple est gravé immédiatement au-dessus d'un ornement horizontal, qui le sépare du taureau et de la vache. En face de ces deux
derniers animaux, la tête en avant vers eux, une petite figure de femme, vêtue
d'une tunique courte et plissée en biais, est placée, dans une position horizontale, au-dessus de sept petits globes ou disques. Une autre petite figure,
vêtue d'une semblable tunique, mais barbue et portant une lance ou un long
sceptre, fait face, dans la même position, au lion et à la lionne de la division
supérieure. Je crois reconnaître dans ces deux petites figures la représentation de l'âme de l'initiée descendue sur la terre ou *tombée dans les voies de la
génération*, en passant par les cieux des sept planètes[1] que représentent ici
les sept petits globes ou disques dont je viens de parler. Si ces deux petites
figures sont chacune dans une position horizontale, c'est probablement pour

____

[1] Dans le chapitre du grade de persès, je traiterai, avec tous les développements néces-saires, la question de la transmigration des âmes par les sept cieux des planètes.

27

indiquer que l'âme de l'initiée n'a pas encore commencé son mouvement ascendant au-dessus de la région terrestre [1]. Placée auprès du taureau et du lion, hiéroglyphes idéographiques des deux principes de la matière qui donnent naissance au phénomène de la génération et de la reproduction, cette âme se montre sous une forme féminine lorsqu'elle est en rapport avec le taureau, symbole du principe humide et passif, symbole du sexe féminin. Elle revêt une forme masculine lorsqu'elle est en contact avec le lion, symbole du principe igné et actif, symbole du sexe masculin. Dans cette double alliance et dans le changement de sexe qui en est la conséquence, nous avons peut-être la raison du statut qui, à un certain jour de la célébration des mystères de Vénus [2], rendait obligatoire pour les initiés des deux sexes un échange réciproque de vêtements. Cette conjecture achève de nous montrer que, sous plus d'un point de vue, notre petit cylindre méritait d'être l'objet d'un examen approfondi. Rapproché des autres cylindres asiatiques où nous avons trouvé représentée la transmigration des âmes, il a l'avantage de nous montrer aussi combien les ordonnateurs de ces monuments savaient varier la reproduction d'un tel sujet.

Cylindre n° 7, pl. XV.

Trois initiés, revêtus du costume propre au grade de bromius ou taureau, sont réunis sur ce cylindre pour prendre le grade de lion en présence de la divinité qui préside aux mystères, et qui est représentée ici sous l'emblème vivant d'un cyprès pyramidal. Le premier est engagé dans une lutte sérieuse avec un énorme lion dont il paraît triompher. Les deux autres, disposés de manière que leurs corps se croisent comme les deux branches d'un X ou d'une croix de Saint-André, semblent attendre leur tour pour combattre aussi le lion. Nous retrouverons sur d'autres monuments asiatiques des scènes d'initiation où les mystes sont, comme ici, au nombre de trois. Quelquefois nous verrons un seul myste combattre trois animaux ou trois initiés d'un grade inférieur à celui qu'il aspire à mériter. Il est donc évident que, dans la célébration des mystères, ce nombre trois avait une signification mystique, bien

---

[1] Peut-être aussi cette position horizontale répondait-elle à l'idée où l'on était que l'âme trouve la mort dans son alliance avec la matière, et que le corps humain, dont elle est la vie, est pour elle un tombeau. (Voyez ci-dessus, p. 97, et *Mém. de l'Acad. des inscriptions*, t. XV, 2ᵉ partie,

p. 63, 64 ; t. XX, 2ᵉ partie, p. 300, 301.)

[2] Voyez Philocorus, cité par Macrobe, *Saturnal*. III. VIII. (Cf. Plutarque, *De virtutib. mulier*. p. 245, 39 ; *Quæst. roman*. p. 277, 28 ; Censorin, *De die natali*, cap. XII ; Varron, *De ling. latin*. V, p. 56, éd. Bipontin.)

qu'il ne se reproduise pas très-souvent sur les monuments de l'art consacrés aux mystères.

Cylindre n° 11, pl. XXXV.

Deux initiés, revêtus du costume complet de bromius ou taureau, combattent chacun, corps à corps, un lion dressé sur ses pattes de derrière. Entre les deux groupes est gravée perpendiculairement une ligne de caractères cunéiformes du système assyrien. Deux autres lignes sont gravées perpendiculairement aussi derrière le groupe qui est à notre gauche. Ces légendes attendent encore un interprète, ainsi que le plus grand nombre de celles que portent les cylindres et les cônes d'origine assyrienne.

Cylindre n° 6, pl. XIX.

Ici deux initiés, qui n'ont du costume de bromius qu'un masque à face *taurine*, combattent, chacun un genou en terre, un énorme lion que déjà ils ont rejeté sur une de leurs épaules et qu'ils cherchent à étouffer ou à étrangler, en l'étreignant fortement entre leurs bras. On ne remarquera pas sans intérêt que leur pose et leur action rappellent l'Hercule qui, sur les médailles frappées dans quelques villes de l'Asie Mineure [1], étouffe également un lion un genou en terre. Sur notre cylindre, le combat se livre auprès de trois rameaux qui représentent très-probablement Mylitta, divinité triple, chargée comme le dieu triple Mithra de présider aux initiations. Les cinq lignes de caractères cunéiformes gravées derrière les deux groupes de combattants ne peuvent nous laisser aucun doute sur l'origine assyrienne de ce beau cylindre.

Parmi les bas-reliefs, les cylindres et les cônes que j'ai cités plus haut sans les décrire, il en est quelques autres qui méritent aussi une description détaillée. Les voici avec l'indication des circonstances ou des détails qui les recommandent à notre attention particulière.

Bas-relief de Persépolis, Atlas, pl. XX.

Ce monument a été publié bien des fois. Je le donne ici d'après le dessin qui est gravé dans la relation de Sir Robert Ker Porter. A l'époque où cet habile voyageur visitait les ruines de Persépolis, la partie inférieure du bas-relief était cachée par les débris qui, d'année en année, s'amoncelant sur le sol où fut construit l'édifice, l'ont exhaussé de plusieurs centimètres. Il était

---

[1] Médaille autonome de Tarse [Cilicie] (Mionnet, *Descr. de méd.* III, 619, n° 388); médailles impériales d'Héraclée de Bithynie (Sestini, *Descr. dell. med. ant. del mus. Hederv.* II, 50. n° 6. C. M. H. n° 4495, t. XIX, n° 433); Vaillant (*Num. gr.*); Mionnet (*Descr. de méd.* II, 441, n° 164; *Suppl.* V, 69, n° 355).

réservé à MM. Flandin et Coste de faire des déblais qui ont mis à découvert ce que Sir Robert n'avait pas pu voir. La planche XXI de mon Atlas reproduit le bas-relief tel que M. Flandin l'a dessiné sur les lieux après les déblais. Le lion qui s'y montre, luttant avec le roi de Perse et recevant un coup de poignard dans le flanc, est remarquable sous plusieurs rapports, qui tous concourent à établir combien souvent, dans les sanctuaires de la religion, l'art asiatique avait adopté des formes conventionnelles et symboliques. Une corne unique, plantée au milieu de son front, indique la force de l'animal. C'est par cette corne que le roi tient le lion, rappelant ainsi ce verset de la Bible [1] : « (Deus, Deus meus) salva me ex ore leonis, et a cornibus unicornium humi- « litatem meam [2]. » L'animal, dressé sur ses pattes de derrière et la gueule béante, s'élance contre un ennemi et cherche à le renverser. Sa crinière est hérissée; les ailes qui retombent le long de son corps marquent à la fois l'origine divine et la rapidité de l'élément dont le lion est le hiéroglyphe idéographique. Sa queue est celle d'un scorpion; elle indique que le poison est mêlé à la chaleur terrestre. Ce n'est pas un feu pur qui est allié à l'âme dans le corps humain. Ce feu aura besoin d'être purifié par le baptême du feu sacré, du feu céleste. Mais son origine divine primitive est marquée une seconde fois. Aux deux jambes et aux deux griffes postérieures du lion, on a substitué ici les deux jambes et les deux serres d'un aigle, de cet oiseau qui, dépositaire de la foudre ou du feu céleste, entre d'une manière plus signifi-cative dans la composition de l'animal symbolique appelé *griffon*, que nous trouverons préposé à la garde de la région solaire ou ignée. Dès à présent ces jambes et ces serres d'aigle, données ici au lion, nous révèlent les rapports intimes que les Chaldéens établissaient entre la chaleur terrestre et la chaleur solaire; dans les mystères elles servent, en même temps, de transition pour

---

[1] Ps. xxi, v. 22.

[2] Les psaumes offrent beaucoup d'images ana-logues, qui peignent le danger où se trouve l'homme attaqué dans les forêts, dans les champs, par un lion, par un taureau. C'est ainsi que je puis ajouter au verset cité, ceux-ci : «Deus con-«teret dentes eorum in ore ipsorum : molas leo-«num confringet Dominus.» (Ps. lvii, v. 7.) — «Circumdederunt me vituli multi : tauri pingues «obsederunt me. Aperuerunt super me os suum, «sicut leo rapiens et rugiens.» (Ps. xxi, v. 13 et 14.) Mais, en même temps, certaines expres-sions, telles, par exemple, que *salva me a corni-bus unicornium,* semblent avoir été inspirées au psalmiste à la vue de monuments qui, sans nul doute, représentaient un personnage combattant un lion unicorne ou un taureau unicorne, comme le myste les combat sur les grands bas-reliefs. les cylindres et les cônes assyriens, phéniciens ou persépolitains que je rapporte aux grades de lion et de taureau.

arriver du lion au griffon, s'il est permis de s'exprimer de la sorte. Aussi les
retrouvons-nous fréquemment substituées aux jambes et aux griffes du lion
sur une multitude de cônes et de cylindres qui appartiennent à la célébration
des léontiques. Ce n'est pas la seule preuve d'identité que nous offrent les
petits monuments des mystères lorsqu'on les rapproche des grands bas-reliefs
qui décorent les édifices somptueux que nous ont légués les rois de Perse et les
rois d'Assyrie, et les façades des rochers qu'ils avaient fait sculpter. Cette remarque s'applique surtout aux sculptures de Persépolis, qui représentent l'initiation des Achéménides à divers grades des mystères de Mithra. Les cérémonies et les symboles y ont un caractère éminemment classique, par la même
raison que les livres de Zoroastre nous font connaître, comme je l'ai déjà dit,
un système théogonique bien plus pur, bien plus élevé, bien plus près de nos
traditions bibliques que les livres de Sanchoniaton, de Bérose et les monuments figurés des Assyriens et des Phéniciens.

Autre bas-relief de Persépolis, Atlas, pl. XXII.

Il est intéressant pour l'histoire de l'art de trouver dans la même enceinte
deux bas-reliefs qui représentent exactement le même sujet, et qui, bien que
sculptés à deux époques fort rapprochées l'une de l'autre, offrent cependant
un style, une manière de procéder presque entièrement différents. Ici nous
n'avons plus sous les yeux un lion aux formes conventionnelles et symboliques.
C'est un lion dessiné d'après nature; ses formes, à l'exception de sa crinière,
sont reproduites avec simplicité et avec autant de talent qu'on est en droit
d'en attendre d'une génération de sculpteurs formés à une école qui avait eu
pour maîtres des artistes assyriens dans un siècle où la décadence avait envahi
depuis longues années et Babylone et Ninive. Comme le précédent, ce bas-
relief était en partie caché par les débris des murs de Persépolis lorsque Sir
Robert Ker Porter l'a dessiné sur les lieux. Je le reproduis d'après ce voyageur; et l'on trouvera dans le grand ouvrage de MM. Flandin et Coste une
planche[1] qui représente le même monument dessiné après avoir été déblayé.
En comparant ensemble les dessins de M. Flandin et ceux de Sir Robert, on
ne peut s'empêcher de remarquer avec quelle différence de style chaque bas-
relief de Persépolis y est reproduit. S'il est facile de reconnaître que les dessins du dessinateur français l'emportent de beaucoup en exactitude sur ceux
du voyageur anglais, il ne l'est pas autant de décider jusqu'à quel point Sir

______

[1] Pl. CXXIII.

Robert peut avoir exagéré l'ampleur des figures d'animaux, et prêté à ces figures un caractère qu'elles n'ont pas. Mais peut-être aussi M. Flandin a-t-il encouru le reproche d'avoir donné à ces mêmes figures plus de roideur, plus de sécheresse et moins d'ampleur qu'elles n'en ont réellement sur les bas-reliefs originaux.

Il est intéressant, pour l'histoire de l'art, de rapprocher des deux grands bas-reliefs de Persépolis, que je viens de décrire, plusieurs petits monuments qui représentent le même sujet que ces deux bas-reliefs. Ils nous montrent que chez les peuples de l'Asie occidentale, l'usage était de copier en miniature sur les pierres gravées les scènes ou les figures sculptées de grandeur naturelle ou de grandeur colossale. On sait que les pierres gravées et les médailles des Grecs et des Romains attestent un usage semblable. Parmi les petits monuments qui m'ont donné lieu de faire cette remarque, j'ai choisi les cinq cônes que je vais décrire.

Cône n° 4, pl. XIX.

Un initié debout tient par la gorge un lion ailé et unicorne qui se dresse sur ses pattes de derrière; il lui enfonce un poignard dans le flanc, avec le même calme qu'affecte le roi de Perse sur les deux bas-reliefs décrits ci-dessus [1].

Cône n° 2, même planche XIX.

L'initié a saisi le lion à la gorge et s'apprête à lui enfoncer dans le flanc le poignard qu'il tient de la main droite et dont la lame a la forme d'un fer de flèche.

Cône n° 9, pl. XLVII.

Même sujet. L'initié porte l'ancien costume militaire; sa tête est ceinte d'une couronne; une étoile semble être brodée au-dessus de sa ceinture. Son bras droit est aussi armé d'un poignard à trois pointes. Dans le champ, entre le personnage et le lion, est gravé un symbole dont je ne connais pas la signification, et que nous retrouverons, plus ou moins modifié, sur d'autres petits monuments consacrés aux léontiques. Mais ici il est surmonté d'un signe qui a la forme d'un parallélogramme et qui ne se voit pas ailleurs.

Cône n° 8, pl. XLVI.

Même sujet. Costume assyrien; couronne sur la tête; la main droite armée d'un long poignard à manche surmonté d'une boule. Le lion est unicorne. Un

____

[1] Atlas, pl. XXI et pl. XXII.

ctéis, symbole expressif de génération, est gravé dans le champ, entre le myste et le lion.

Cône à huit pans coupés n° 3, pl. XLVII.

Cabinet de lord Strangford. L'initié, comme le roi à Persépolis, enfonce son poignard dans le flanc du lion. A la place du *ctéis*, on voit ici, entre cet initié et le lion, un symbole qui a la forme d'un S et dont j'ignore la signi-fication.

A droite du groupe est gravé, en caractères grecs archaïques, le nom de BEALΠOLIS, qui, si je ne me trompe, n'est connu que par ce cône, et qui assigne à notre petit monument une origine gréco-asiatique, en même temps qu'il sert à nous montrer que l'usage de placer sur les petits monuments le nom du possesseur, c'est-à-dire de l'initié, était passé de chez les Assyriens, les Phéniciens et les Perses, chez les Grecs asiatiques. Cette circonstance, la forme du monument, l'identité du sujet avec celui que nous venons de trouver sur des cônes de travail assyrien ou phénicien, tout concourt à faire du cône de lord Strangford un monument du plus grand intérêt et qui doit être rap-proché d'un autre cône à huit pans coupés, dont je parlerai plus loin et qui porte aussi un nom grec en caractères archaïques [1].

Bas-relief de Persépolis, Atlas, pl. XXIII.

De même que sur les cônes et les cylindres, la représentation de la prise du grade de lion varie dans la composition des grands bas-reliefs de Persé-polis, de Khorsabad et de Nemrôd ou Nimroud. Nous en avons ici la preuve quant à Persépolis. Dans la même enceinte où se trouvent les deux bas-reliefs que reproduisent mes planches XX, XXI et XXII, on voit le bas-relief que j'ai fait graver sur ma planche XXIII d'après un dessin de M. Flandin exécuté sur les lieux. Le roi de Perse y est représenté tenant suspendu à son bras droit un lion agencé comme le lion du bas-relief précédent; il ne lui plonge pas un poignard dans le flanc; il s'apprête à le tuer avec un long poignard ou une courte épée qu'il porte dans la main gauche. Ce grand bas-relief n'a pas été publié par Sir Robert Ker Porter, mais on en trouve un dessin fort mé-diocre dans un Voyage de Corneille le Bruyn [2].

Bas-relief de Khorsabad, Atlas, pl. XXIV.

A la vue de ce beau monument, il est aisé de reconnaître à quelle source s'était inspiré l'auteur du bas-relief de Persépolis décrit dans le paragraphe

---

[1] Atlas, pl. XIV, *A*, n° 3 de mes *Recherches sur Vénus*. — [2] Tome II, pl. CXLVI.

précédent. Tout ici est plus grandiose, plus original, plus primitif. Le roi d'Assyrie est représenté avec cette face taurine que nous avons reconnue à plusieurs personnages sur quelques cylindres, et qui indique constamment que l'initié, avant d'être admis à la célébration des léontiques, avait été reçu au grade de bromius ou taureau. C'est pourquoi les plus belles statues grecques d'Hercule le représentent avec une tête et surtout avec un cou dont les proportions avaient attiré l'attention particulière de Winckelmann. Habile observateur et doué d'un sentiment exquis de l'art, il n'avait pas hésité, en présence surtout de l'Hercule Farnèse, à reconnaître dans les représentations figurées de ce personnage l'imitation d'une nature propre au taureau[1]. Mais ce célèbre antiquaire, ne sachant pas que les douze travaux de l'Hercule des Grecs, malgré de nombreuses et profondes altérations, représentent les douze travaux imposés aux mystes dans les mystères institués chez les Assyriens, les Phéniciens et les Perses, n'avait pu être amené à découvrir la véritable raison de l'emprunt fait aux formes du taureau dans le type d'Hercule, tel que l'avait conçu l'antiquité grecque. Il s'était arrêté à la supposition que, par cet emprunt, les artistes anciens avaient simplement cherché à indiquer qu'en force et en puissance physique Hercule surpassait toute créature humaine[2]. Les successeurs de Winckelmann ont tous adopté cette interprétation. Ils ne l'auraient probablement jugée susceptible d'aucune modification, même s'ils avaient connu la belle cornaline gravée en creux que possède M. le duc de Luynes et qu'il a bien voulu me permettre de publier[3]. Elle représente Hercule, coiffé non avec le mufle et la peau d'un lion, comme nous sommes habitués à le voir sur les monuments grecs ou romains, mais avec le mufle d'un buffle ou d'un taureau, dont les deux cornes se détachent en saillie. Pour nous c'est, avec l'Hercule coiffé et vêtu même de la peau d'un lion, un second exemple du procédé que suivirent les artistes grecs pour modifier les figures asiatiques sous les traits et le costume ou les formes desquelles nous devons reconnaître des initiés parvenus au grade de bromius ou taureau et à celui de lion. Mais là, par une raison qui ne m'est pas connue, s'arrêtèrent les modifications dont le type asiatique de l'Hercule primitif était susceptible. Nous ne retrouverons, dans les représentations figurées de ce personnage qui nous ont été léguées par les Grecs et par les Romains, aucune trace des autres trans-

---

[1] Voyez *Storia delle arti del disegno*, t. I, p. 286, 287, §§ 36, 37; p. 302, 303, § 25; éd. Carlo Fea. Roma, 1793, in-4°, fig.

[2] Voyez *Storia delle arti del disegno*, t. I, p. 287, § 37.

[3] *Recherches sur Vénus*, Atlas, pl. XIV, *B*, n° 4.

formations que subissaient, en Asie, les initiés au moment où ils revêtaient le costume de certains grades supérieurs aux grades de taureau et de lion. Cette observation, qui semble avoir échappé à l'attention d'un des plus habiles archéologues de notre temps, aurait pu lui éviter l'erreur qu'il a commise en rapportant à l'Hercule assyrien, non-seulement la figure colossale que reproduit la planche XXIV de mon Atlas, mais aussi un nombre considérable de petites figures qui se voient sur des cylindres ou des cônes asiatiques. Il n'a pas su reconnaître que ces figures représentent de simples personnages initiés aux mystères de Mylitta ou aux mystères de Mithra. Et, puisqu'à mon grand regret je me trouve amené à relever une grave méprise dans les travaux d'un savant qui a rendu et qui rend journellement tant de services aux sciences archéologiques [1], j'ajouterai que son opinion se serait certainement modifiée s'il avait aussi remarqué que les monuments asiatiques attribués par lui à l'Hercule assyrien représentent les mêmes actes qui, sur les bas-reliefs de Persépolis, sont accomplis par un personnage qu'il est impossible de confondre avec l'Hercule assyrien, et que tous les voyageurs et tous les archéologues s'accordent à prendre pour le roi de Perse, bien qu'aucun d'eux n'ait encore pénétré le sens intime ou symbolique de ces actes.

La figure colossale [2] qui vient de donner lieu à ces diverses remarques nous offre donc une des formes sous lesquelles on représentait, chez les Assyriens, l'initié parvenu au grade de bromius ou taureau. Ces formes sont les mêmes sur un autre bas-relief colossal et très-analogue [3], que possède le musée assyrien du Louvre, et qui provient, comme le premier, des fouilles faites à Khorsabad par M. Botta, aidé de M. Flandin. Ces deux figures portent chacune, sous le bras gauche, un lion de petite taille qu'elles ont dompté et qu'elles tiennent par une patte de devant. Leur main droite est armée d'un glaive recourbé, dont la poignée se termine par une tête de génisse ou de veau, et dont la forme se retrouve sur des cylindres de style assyrien [4]. La *nature taurine* est fortement exprimée, par l'agencement des cheveux, par la forme des yeux, du nez et de la bouche, dans le masque qui couvre la tête de

---

[1] Ceci était écrit depuis longtemps lorsqu'une mort prématurée, enlevant M. Raoul Rochette à la science et à de nombreux amis, a été l'occasion de regrets unanimes, exprimés dans des notices où, à l'étranger comme en France, les travaux de cet habile et laborieux archéologue sont dignement appréciés, et montrent quelle perte vient de faire l'Europe savante.

[2] Atlas, pl. XXIV.

[3] Voyez *Monum. de Ninive*, pl. XLI.

[4] Voyez mon Atlas, pl. XIII, LIV, *B*, LVII, LXI.

chacun de nos deux colosses. Il faut remarquer surtout le soin qu'on a eu de relever sur chaque tempe une grosse boucle de cheveux qui figure une corne, et de laisser tomber sur les joues, le cou et les épaules, d'autres boucles qui n'appartiennent pas à une chevelure humaine. Les oreilles se trouvent cachées; mais à la tête de figures analogues [1] sont attachées des oreilles saillantes de taureau.

Cylindre n° 3, pl. XXV.

Je place ce cylindre immédiatement après les deux colosses de Khorsabad, pour faire remarquer l'analogie que présentent entre eux les masques de ces deux colosses et le masque de l'initié que nous voyons ici, un genou en terre, élever des deux mains, au-dessus de sa tête, le lion qu'il a dompté. Comme chacun des deux colosses, cet initié est vêtu d'une courte tunique assujettie autour des reins par un large *kosti*, dont un des bouts est flottant. L'origine assyrienne de ce cylindre ne pourrait donc être douteuse à nos yeux, lors même que le sujet ne serait pas accompagné d'une légende que nous y trouvons écrite avec des caractères cunéiformes du système assyrien.

Cylindre n° 5, pl. XXVI.

Le cylindre précédent [2] va nous servir à interpréter celui-ci. Nous y retrouvons, en effet, mais gravé par une main bien peu habile, un initié à face taurine, ayant un genou en terre et tenant de ses deux mains, au-dessus de sa tête et renversé sur le dos, un lion qu'il a vaincu et dompté. Cet initié, non content de faire représenter sur le cylindre qu'il se proposait de porter sur lui une scène qui attestât sa victoire sur le lion et sa promotion au grade qui doit son nom à cet animal, a voulu que ce petit monument servît aussi à perpétuer le souvenir des cérémonies qu'il avait accomplies et de la métamorphose qu'il avait subie avant d'être admis à ce grade. En conséquence, on voit sur ce cylindre, auprès du vainqueur, la harpé dont il a été armé en recevant le premier grade, celui de soldat. Un peu plus loin est gravé le taureau qu'il a eu à combattre. Au-dessous, il est représenté avec le costume qu'il a revêtu après avoir dompté cet animal symbolique et obtenu le grade de bromius ou taureau. Pour passer de ce second grade au troisième, celui de lion, il a dû recevoir le baptême de l'eau spirituelle, du feu et peut-être de l'air, faire la confession de ses péchés et boire à la coupe de la communion. Cette dernière cérémonie est la seule qui soit indiquée ici; mais elle

---

[1] Voyez mon Atlas, pl. XXV. — [2] Atlas, pl. XXV, n° 3.

donne nécessairement à sous-entendre que les deux autres ont aussi été accomplies. La coupe de la communion est placée non-seulement à la main de l'hiérophante qui est assis sur son trône sacerdotal à l'extrémité droite de la scène, mais aussi à la main de la prêtresse qui remplit ici les fonctions de marraine du myste, et même à la main du singe que nous voyons accroupi devant l'hiérophante, et qui est le symbole de l'air. Derrière le singe, un prêtre se tient debout, en face de l'hiérophante et dans l'attitude d'un suppliant. C'est le parrain du myste. Il porte dans la main droite un objet de forme indécise, qui peut être, ou une double tige fleurie de lotus, ou un kosti à deux cordons et à deux glands. Dans le haut du cylindre, près de la tête de l'archiprêtre assis, sont gravés le disque[1] du soleil et le croissant de la lune superposés l'un à l'autre, et au-dessous du croissant, un astérisque, qui est sans doute la planète Vénus. Sur le même alignement, à notre gauche, et en regard de cet astérisque, voltige un oiseau que je soupçonne être une colombe, symbole de la déesse. Enfin, sur le dos du taureau, est plantée une branche de myrte; et tout auprès nous voyons, comme sur des médailles asiatiques que je rapporte au culte de la Vénus phénicienne[2], une feuille de lierre, autre arbrisseau consacré à Vénus, comme le myrte.

Ce n'est plus maintenant avec un seul lion que la lutte s'engage. L'initié bromius trouve à combattre deux animaux de cette espèce.

Cylindre n° 6, pl. XXX.

Une prêtresse, remplissant les fonctions de marraine, se tient debout devant une archiprêtresse assise, et la supplie d'intercéder, par ses prières, auprès de la divinité, en faveur d'un initié qui, après avoir été reçu au grade de bromius, s'efforce de mériter le grade suivant. Déjà on le voit ici aux prises avec un lion furieux, qui s'est dressé contre lui sur ses jambes de derrière, mais qu'il a su dompter à l'aide d'une arme que je ne connais pas et qui est placée dans sa main gauche. Une seconde lutte doit succéder à cette première épreuve, car un autre lion accroupi derrière le myste attend l'issue du combat pour l'attaquer à son tour. Un vautour qui plane entre ce myste et le lion dompté attend aussi l'issue du combat, mais c'est pour faire sa proie de celui des combattants qui aura succombé. Peut-être est-il là, aussi, pour indiquer le grade que devra prendre l'initié après avoir triomphé des deux lions.

---

[1] Ce disque est couvert de signes ou d'ornements d'une forme particulière.

[2] *Observ. sur la croix Ansée* (*Mém. de l'Acad.* des inscript. t. XVII, p. 373). — *Recherches sur Vénus*, Atlas, pl. III, n°⁵ 9 et 10, et pl. XXI, *A*, n° 17.

28.

Cône n° 6, pl. XLII.

Ce petit monument est reproduit ici d'après le dessin qu'en a donné le comte de Caylus. L'original lui appartenait, mais s'est égaré. Apporté d'Orient en France par quelque croisé, par quelque voyageur ou par quelque marchand, il avait été perdu une première fois, puis on l'avait trouvé enfoui dans une pièce de terre aux environs de Reims. Il représente un initié vêtu d'un riche costume assyrien et la tête ceinte d'une couronne à pointes. De chaque bras il étreint un lion ailé, qu'il a dompté et qu'il tient suspendu par le cou. C'est à peu près de la même manière que les deux beaux colosses de Khorsabad tiennent chacun sous leur bras gauche un lion non ailé. Mais une analogie bien plus marquée se manifeste lorsqu'on rapproche de notre cône le bas-relief de Persépolis que j'ai décrit plus haut et que reproduit la planche XXIII de mon Atlas. Ce rapprochement est d'autant plus instructif que, sur le cône comme sur le bas-relief, l'initié ne porte pas le masque à face taurine qui caractérise les deux colosses de Khorsabad.

Cylindre n° 7, pl. XIX.

Ce cylindre offre, outre deux lions ailés et unicornes, dont les formes nous rappellent celles des lions de Persépolis, un exemple de l'ancien costume militaire et de la couronne posée sur la tête de l'initié vainqueur dans la célébration des léontiques.

Cylindre n° 9, même planche.

Ici les deux lions sont représentés avec des formes qui n'ont rien de conventionnel. Le costume de l'initié diffère entièrement de celui dont nous venons de voir revêtu un autre initié sur le cylindre n° 7 de la même planche.

Cylindre n° 10, pl. XXXIII.

Quatre ailes, deux ascendantes et deux descendantes, sont attachées aux épaules de l'initié. L'astérisque du soleil et le croissant de la lune, superposés l'un à l'autre, sont gravés au-dessus d'un hôm d'une forme particulière.

Cône à huit pans coupés n° 10, pl. XLIV.

L'initié, debout sur le dos d'un taureau, tient de chaque main, par la gorge, un lion dressé sur ses pieds de derrière. Au-dessus de ce groupe est gravé un mihr, dont la forme diffère très-peu de celle du globe ailé des monuments égyptiens.

Cône n° 14, pl. XXXIV.

L'initié tient ici de chaque main, par une patte de derrière, un lion ren-

versé la tête en bas. Il est revêtu d'un des costumes affectés aux initiés qui
ont pris le grade de bromius ou taureau; et, ici, ce costume a cela de remarquable qu'il nous rappelle singulièrement les formes sous lesquelles les Égyptiens représentent souvent leur Typhon, personnage dont la constitution devait
être essentiellement humide comme celle du taureau et du bromius des mystères. Nous retrouvons ici, de plus, une queue de taureau pendante entre les
jambes de l'initié bromius; elle achève de nous montrer que les autres formes
caractéristiques du costume de cet initié, à part les plumes dont sa tête est
surmontée comme celle du Typhon égyptien, font bien réellement allusion à
la nature et à la constitution du taureau. Il m'est donc impossible, d'un côté,
de ne pas considérer ce cône comme un monument phénicien, gravé sous
l'influence des idées égyptiennes, et de l'autre, de ne pas conclure de la forme
typhonique attribuée ici à l'initié bromius, que les Phéniciens avaient adopté
cette forme parce qu'elle répondait à l'idée qu'ils attachaient au grade de
bromius ou taureau. Je produirai dans la suite de cet ouvrage plusieurs scarabées qui, par leur forme même, sembleraient appartenir aux antiquités
égyptiennes, et que cependant j'attribuerai, comme notre cône, à l'art phénicien, parce qu'ils portent aussi, gravés sous leur base, des sujets empruntés
à la célébration des mystères de la Vénus assyrienne ou phénicienne. Ces
mêmes sujets, nous les retrouverons gravés sur les scutelles d'un grand nombre
d'anneaux d'or et de vases d'argent doré, découverts dans les hypogées de
l'antique Étrurie.

Cylindre n° 7, pl. LI.

L'initié, revêtu de l'ancien costume militaire, tient de chaque main, suspendu par une patte de derrière, la tête en bas, un lion de petite taille. Sur
l'autre face du cylindre, le même initié est représenté avec le costume du grade
que sa victoire vient de lui conférer. Sous ce costume, il se montre avec un
corps de lion, comme les sphinx des Égyptiens, des Grecs et des Romains. Sa
tête est surmontée d'une tiare conique, dont la forme fait probablement allusion à la nature ignée de l'initié parvenu au grade de lion.

Cône n° 5, pl. LIII.

L'initié tient, de la main droite, un taureau suspendu par une corne, et, de
la main gauche, un lion suspendu de la même manière. Il est debout sur une
espèce de socle que forment une main et un pied humains isolés et placés
horizontalement. Je ne connais pas la signification précise de ces deux symboles. Font-ils allusion à deux phases de l'initiation, ou bien marquent-ils que,

dans les combats, le myste doit se servir des pieds et des mains? Je ne puis prononcer.

Cylindre n° 7, pl. XXV.

C'est ici une initiation de femme au grade de lion et une nouvelle confirmation éclatante du passage où Porphyre, d'après Eubule ou d'après Pallas, nous apprend que dans les mystères de Mithra les initiés du sexe masculin étaient appelés *lions* et les femmes *lionnes*[1]. En effet, sur le cylindre que j'indique, on voit une femme, une véritable amazone, lancer son cheval vers un lion qui, se dressant sur ses pattes de derrière, se précipite à la rencontre de son ennemi, les deux pattes de devant ouvertes, pour chercher à le saisir et à l'étreindre. L'initiée prévient les étreintes de l'animal carnassier en l'attaquant avec une longue lance dont son bras droit est armé. Elle est coiffée d'une tiare conique, dont le sommet, un peu courbé, nous rappelle les bonnets phrygiens qui servent de coiffure aux amazones des monuments grecs. Derrière cette femme intrépide sont gravées horizontalement six lignes de caractères cunéiformes du système assyrien.

Hémisphéroïde n° 5, pl. XIX.

Une femme à cheval perce d'un coup de lance un lion qui s'est dressé sur ses pattes de derrière. Travail des bas temps.

Hémisphéroïde n° 6, pl. XLVI.

Même sujet; mais on ne voit pas l'arme qui a servi à tuer le lion. Travail des bas temps.

Cylindre n° 2, pl. XXX.

Ce cylindre s'est égaré ou perdu. Je le reproduis ici d'après un dessin fort médiocre qu'en a publié le comte de Caylus[2], à qui l'original avait appartenu. Je ne puis donc garantir l'exactitude du dessinateur. Sur ce petit monument, tel qu'il l'a représenté, on voit une femme combattant un lion qui se dresse sur ses pattes de derrière et que de la main droite elle a saisi par la gorge. Elle est vêtue du costume asiatique que j'appelle l'ancien costume militaire, et sa main gauche est armée d'une petite massue. A côté de ce groupe, pendant le combat, une autre femme, entièrement nue et agenouillée sur une espèce de tabouret, est en prière devant un cartouche qui renferme des caractères hiéroglyphiques égyptiens. A gauche de ce cartouche sont gravés quatre autres caractères hiéroglyphiques, disposés perpendiculairement. Les

___

[1] *De Abstinentia*, IV, 16. Il est sans doute superflu de répéter ici que dans ce passage la bonne leçon est γυναῖκας, λεαίνας, et non γυναῖκας, ὕαινας. — [2] *Recueil d'antiquit.* t. IV, pl. XXII, n° 2.

deux légendes nous apprennent que la divinité implorée est Phtha, le dieu
du feu chez les Égyptiens. Cette circonstance est d'autant plus digne d'attention, que par là sont confirmées les traditions qui nous ont présenté le lion
comme un symbole du feu, et que par là aussi Phtha se trouve assimilé à
Mithra, puisque ce dieu est qualifié *feu rouge, fils d'Ormuzd*, et puisque le
dieu égyptien préside ici à une scène d'initiation qui, incontestablement, appartient au rituel des Assyriens, des Phéniciens et des Perses, et où l'initié
est revêtu d'un costume que revendique l'Asie occidentale. Je ne connais aucun
autre cylindre, aucun cône qui offre un second exemple d'une scène de ce
genre accompagnée de caractères hiéroglyphiques égyptiens. C'est une raison
de plus, pour nous, de déplorer la disparition ou la perte du monument original, car nous ne pouvons en apprécier le style d'après le dessin publié par
Caylus, et dès lors il nous est impossible de hasarder aucune conjecture sur
l'époque où fut gravé ce cylindre, ni sur les circonstances auxquelles on doit
la composition du sujet si curieux qu'il représente.

Cylindre n° 1 o, pl. XLIV, *B*.

Nous venons de voir, sur deux cylindres et sur deux hémisphéroïdes, une
initiée du grade de *bromia* représentée, sous une forme humaine, au moment
où elle attaque un lion. Ici nous avons un cinquième exemple d'une initiation
de femme au même grade; mais cette femme a déjà subi victorieusement l'é-
preuve du combat mystique qui caractérise les léontiques. Placée debout sur
un char triomphal attelé de deux lions qu'elle a domptés et soumis au joug[1],
elle tient les rênes dans ses deux mains. Les armes avec lesquelles elle a vaincu
ses terribles adversaires, un arc et un carquois, sont portées par deux autres
femmes qui suivent à pied le char, et qui, la tête ornée d'un voile et de deux
cornes de vache ou de taureau, n'ont pour tout vêtement qu'une ceinture
placée de manière à cacher les parties génitales. Il est évident que ces deux
femmes appartiennent à cette catégorie d'initiés qui, après avoir été reçus au
grade de *bromius*, remplissaient dans la célébration des mystères, selon le témoignage formel d'Hésychius, cité plus haut, le rôle d'assistants ou de ministres
du culte. Notre petit monument, très-rare ou peut-être unique dans son espèce, a donc le précieux avantage de représenter une léontique où nous trouvons une femme célébrant sa réception au grade de lionne, et deux femmes
reçues au grade de *bromia*. Parmi les scarabées égypto-phéniciens que je

---

[1] Entre les jambes du premier de ces deux lions, on voit la tête d'un petit animal dont je ne puis
reconnaître l'espèce.

rapporte aux mystères de la Vénus assyrienne, il en est où nous verrons un initié, revêtu des insignes du grade de bromius, conduire un char attelé de deux lions, comme celui que conduit ici une initiée, qui nécessairement avait aussi été admise à ce même grade, bien qu'elle n'en porte pas les insignes.

Le lecteur ne pourra sans doute s'empêcher de sourire en voyant la qualification de *lion* et celle de *lionne* employée dans les mystères pour désigner les initiés et les initiées qui se sont fait distinguer par leurs bonnes mœurs, par leur piété, par leurs progrès dans des études de tout genre. De nos jours, dans un monde élégant, ces qualifications sont en usage; mais, loin d'avoir la même signification, elles indiquent que les personnes à qui l'on applique le sobriquet de *lion* ou de *lionne* n'ont pas, ce semble, autant de peine à mener une vie de dissipation et de luxe qu'en avaient les initiés à vivre selon la règle austère des sanctuaires de la religion.

Sceau d'argile crue, n° 8, pl. XLIV.

Ce sceau se recommande à notre attention, non par la disposition du sujet, qui se reproduit sur une multitude de cônes assyriens ou phéniciens, mais par deux circonstances particulières : il a été trouvé dans les ruines de Khorsabad, et le groupe de l'initié combattant un lion est placé au milieu d'un méandre circulaire, pour rappeler, sans doute, que l'âme du myste, avant de lutter avec le principe igné, avait dû combattre le principe humide, ou, en d'autres termes, pour rappeler que l'initié, avant d'être admis au grade de lion, avait dû recevoir celui de bromius. Ici et sur le cylindre décrit plus haut, n° 7, pl. XXV, la pose du lion est parfaitement semblable.

Fragment de cylindre, n° 3, pl. XLII.

Un initié à barbe pointue, et la tête coiffée d'une manière particulière, perce d'un coup de lance un lion qu'il tient par la crinière et qui s'est dressé sur ses pattes de derrière. Un chien sert d'auxiliaire au combattant et cherche à saisir le lion à la nuque. Le combat se livre en présence non-seulement du mihr, mais aussi d'une colombe, autre emblème de Vénus. Cet oiseau vole ici de droite à gauche et se dirige vers un objet, probablement un hôm, qui était placé au-dessous du mihr et qui a disparu par suite de la fracture du cylindre. Ce petit monument, trouvé dans la plaine de Marathon, a été rapporté d'Athènes, il y a peu d'années, par M. le professeur Louis Rossi.

Cylindre n° 1, pl. XXV.

Sur ce cylindre et sur les cinq autres dont je vais parler, l'initié attaque le lion, non avec un poignard, mais à coups de flèches. Ici l'animal carnassier se montre sous une forme qui nous rappelle à la fois le lion du bas-relief de Persépolis figuré sur la planche XXI de mon Atlas, les lions que nous voyons sur plusieurs autres cylindres[1], et deux lions gravés, l'un sous la base d'un cône à huit pans de mon ancienne collection[2], l'autre sous la base d'un scarabée de cornaline de vieille roche, qui m'a aussi appartenu[3]. L'initié debout, vêtu de l'ancien costume militaire, un carquois attaché au dos et la tête couverte d'une tiare conique, tend son arc et va décocher une flèche au lion, qui s'avance contre lui, en se dressant sur ses pattes de derrière, attitude qu'affectent presque constamment, sur les monuments asiatiques, non-seulement les lions qui luttent avec les initiés, mais aussi les taureaux, comme nous l'avons déjà vu, les hommes taureaux, les hommes lions et les griffons, comme nous le verrons plus loin. Ici le mihr domine la scène du combat; et, pour indiquer que la déesse qui préside aux initiations est une divinité solaire, on a gravé, au-dessous du mihr, le buste du dieu Men ou Lunus placé au milieu du disque de la lune. L'intervention de ce dieu, dans les scènes d'initiation représentées sur les cylindres, est un incident rare. Peut-être les cylindres qui nous en offrent des exemples se rapportent-ils à un rite particulier qui aurait été institué dans les villes asiatiques où le culte du dieu Lunus était dominant. Parmi ces villes on peut citer surtout Carrhes en Mésopotamie. Je dois ajouter que l'image du même dieu se retrouve assez fréquemment sur des cônes, c'est-à-dire sur de petits monuments que leur forme, qui est une des quatre formes consacrées aux mystères, nous autorise à considérer comme autant d'amulettes portés par des initiés. Le rôle important de la lune, dans les doctrines propres aux mystères et la place qu'elle occupe dans les prières qui ont été citées plus haut, nous permettent de trouver bien naturel que les initiés eussent adopté l'usage de consacrer à Lunus des monuments portatifs, comme le témoignage des espérances qu'ils plaçaient dans la protection de ce dieu.

Fragment de cylindre, n° 5, même planche.

Sur ce cylindre nous voyons aussi un initié debout, décochant une flèche à un lion ailé, qui se dresse sur ses pattes de derrière et dont le corps est déjà percé de plusieurs traits. Les flèches de l'initié sont à trois pointes comme les tridents; sa tête est couverte d'une tiare carrée. Derrière le lion blessé se tient debout un prêtre à longue barbe, qui semble désigner de l'index de la main droite la place même où l'initié doit viser pour donner à l'animal symbolique

---

[1] *Atlas*, pl. XIX, n° 7; pl. XXXIII, n°ˢ 4 et 10; pl. L, n° 6.

[2] *Recherches sur Vénus*, Atlas, pl. XIV, A, n° 3.

[3] *Recherches sur Mithra*, Atlas, pl. LXVIII, n° 4.

le coup de la mort. Ici nous ne voyons ni l'emblème de Mylitta ni l'image du dieu Lunus. Nous ne les retrouvons pas davantage sur les trois cylindres suivants.

Cylindre n° 8, pl. XXXIV.

L'initié debout, la tête ceinte d'une couronne à pointes et vêtu de l'ancien costume militaire, tient d'une main son arc, de l'autre une flèche qu'il va lancer à un lion et à une lionne qui se précipitent sur lui. Dans le champ du cylindre on voit un hôm, d'une forme particulière, et, dans le haut, le croissant de la lune.

Cylindre n° 3, pl. XIX.

Un initié, debout et vêtu du même costume que l'initié du cylindre précédent, reçoit à coups de flèches un lionceau et un lion qui s'avancent contre lui pour venger la mort d'une lionne qu'il a étendue à ses pieds. Aucun accessoire n'accompagne cette scène.

Cylindre n° 6, pl. XXV.

L'importance de ce cylindre sera facilement comprise lorsque j'aurai dit que l'initié, qui célèbre ici une léontique, est Darius, roi de Perse. La triple légende, gravée sur une des faces de ce petit monument, contient son nom dans la première colonne, celle qui est écrite avec des caractères cunéiformes du système persique. Les deux autres colonnes de caractères cunéiformes n'ont pu encore être déchiffrées : elles appartiennent, l'une, au système médique, l'autre, au système assyrien. Le roi, assis sur un char que conduit un *auriga* barbu, attaque à coups de flèches une lionne et son lionceau. Déjà le char passe sur le corps du lionceau qui, mortellement blessé, est étendu par terre. Déjà aussi la lionne a été blessée à la tête et à la patte droite de devant; les traits restent plantés dans les plaies. L'emblème de la triade domine cette scène, qui est, pour ainsi dire, encadrée par deux grands palmiers femelles de l'espèce appelée *doum*. Un palmier doum, chargé de ses fruits, sert souvent à représenter symboliquement Mylitta ou Astarté sur les monuments asiatiques, tandis que le palmier mâle est consacré à Mithra. Cette règle constante appelle toute notre attention sur la présence ici de deux palmiers femelles; mais les observations intéressantes qu'ils me suggèrent seront plus à leur place dans le chapitre où je traiterai de l'initiation des rois de Perse aux mystères de Mithra.

Cylindre n° 4, pl. XXXIII.

Le tout petit cylindre que j'indique ici a le double mérite de représenter une femme attaquant à coups de flèches un lion formidable, et de la représenter dans une attitude hardie dont nous n'avons pas encore eu d'exemple sur les monuments qui ont passé sous nos yeux. Cette initiée, pour nous montrer qu'elle a déjà obtenu le grade de *bromia,* pose le pied gauche sur la queue d'un taureau ailé, accroupi et percé d'une flèche à trois pointes, et le pied droit sur la corne de l'animal. De là, elle s'élance à la poursuite d'un lion ailé qui la menace la gueule béante; elle lui décoche une flèche de l'arc qu'elle tient de la main droite; et, derrière elle, on voit une prêtresse invoquant la divinité en sa faveur et portant dans la main droite des flèches à trois pointes, qu'elle lui présente pour soutenir le combat. Dans le champ du cylindre sont gravés épars plusieurs caractères cunéiformes dont je ne sache pas que personne ait expliqué le sens.

Cylindre n° 3, pl. XXVII.

Voici un cylindre qui, sans être très-compliqué, n'est cependant pas facile à interpréter, bien qu'on ne puisse hésiter à le rapporter aux léontiques. Un lion ailé, de grande taille, se dressant sur ses pattes de derrière et tenant avec ses deux griffes de devant une arme qui semble être du genre de celle qu'on appelait l'oreille d'acier de Mithra, s'avance vers une prêtresse qui tient à la main un couteau ou une arme. Auprès de la prêtresse est gravé un objet qui ressemble à un *mahrou.* Derrière le lion on voit, dans le haut, un singe accroupi, et, dans le bas, une petite figure humaine mâle, entièrement nue, dont le corps est vu de face, et dont la tête, gravée de profil, est tournée comme le singe vers le lion. Cette petite figure représente-t-elle un initié qui se serait laissé désarmer et vaincre par le lion, et, pour le punir de cette chute honteuse, le sacerdoce lui aurait-il imposé l'obligation de porter sur une partie quelconque de son corps un cylindre qui lui rappelât chaque jour sa défaite? Je n'ose répondre affirmativement; mais je puis produire[1] une hématite, de forme un peu cubique, qui fut, sans nul doute, destinée à perpétuer le souvenir d'une mésaventure du même genre; car on y voit gravé, par une main asiatique, un lion qui foule aux pieds le corps d'un initié étendu par terre.

Cylindre n° 5, pl. XLIX.

La composition gravée sur ce petit monument est très-compliquée et très-difficile à interpréter dans tous ses détails. Je n'en connais pas d'autre exemple. La figure principale me paraît être une femme dont le cou est orné d'une

---

[1] Atlas, pl. XLIV, n° 4; cf. le cylindre n° 1, pl. XXXV.

collerette plissée, qu'au premier abord on serait tenté de prendre pour une
barbe. De la main gauche, cette initiée porte une arme dont une fracture
empêche de reconnaître la forme et l'espèce. De la main droite, elle tient à
la fois une autre arme, qui peut être une masse d'armes ou une courte lance,
et une gazelle ou antilope suspendue par les pieds, la tête en bas. Un lion
formidable se dresse sur ses pattes de derrière et s'avance pour attaquer cette
femme et lui enlever l'animal herbivore qui est en sa possession. Entre ce lion
et la gazelle est gravé un masque ou une tête humaine dont je ne connais pas
la signification. Le lion est suivi d'une lionne ailée, de petite taille. Derrière
cette lionne, une prêtresse assise sur un siége de forme conique tient de la
main droite la coupe destinée à la communion, et paraît présider à la célébration de cette léontique. Un peu plus loin, une figure, un genou en terre,
porte sur ses épaules un petit quadrupède, sans doute la victime destinée à
l'offrande ou au sacrifice qui faisait souvent partie du rituel des léontiques.
Au-dessus de ces deux figures et de la lionne ailée, règne horizontalement un
méandre auquel on peut attribuer ici la même signification que sur le sceau
d'argile décrit ci-dessus [1]. Ce méandre sert, pour ainsi dire, de soubassement
à deux bandes ou divisions superposées l'une à l'autre et chargées de divers
objets dont l'interprétation offre plus d'une difficulté et beaucoup d'incertitude. Sur la première, au-dessus du méandre, on distingue à gauche un
taureau et un lion accroupis, placés en sens contraire et séparés peut-être
par une espèce d'autel. Ces deux animaux marquent sans doute ici le grade
de bromius et celui de lion. Le lion semble vouloir dévorer le corps d'une
femme étendue toute nue sur le sol, et en disputer la possession à un oiseau
qui considère attentivement cette proie. Si l'oiseau est un vautour, il faudrait
voir ici l'intention qu'on avait eue d'indiquer qu'après le troisième grade,
celui de lionne, l'initiée aurait à prendre le grade de vautour qui est, en effet,
le quatrième. Mais alors pourquoi l'initiée est-elle ici dans une situation qui
semblerait indiquer qu'elle a été vaincue, et que signifie l'objet gravé entre
elle et l'oiseau? Au-dessus de ce sujet, c'est-à-dire dans la seconde bande,
nous voyons trois quadrupèdes, qui sont probablement des lièvres ou des
lapins, et trois têtes humaines ou masques analogues à la petite tête dont il
a été question plus haut. J'avoue que je ne comprends ni la corrélation qui
peut exister entre ces quatre têtes, ni la raison pour laquelle on a placé ici

[1] Page 224, pl. XLIV, n° 8.

trois de ces têtes parmi trois lièvres ou trois lapins, animaux qui, au reste, figurent, à cause de leur fécondité, parmi ceux qu'on devait immoler pendant la célébration des léontiques.

Cylindre n° 1, pl. XIX.

Sur le cylindre que je viens de décrire, nous avons vu un lion disputer à l'initié la possession d'un animal herbivore, ici deux initiés attaquent un lion monstrueux qui veut dévorer un taureau. L'un cherche à lui percer le poitrail avec sa longue lance; l'autre a saisi la queue de l'animal carnassier et s'apprête à le frapper avec une hache qui, du côté opposé au tranchant, est garnie de trois pointes d'acier disposées comme celles d'une scie. Cette scène de léontique est fort instructive. Elle nous montre clairement qu'au grade de lion le myste doit non-seulement vaincre et maîtriser le principe igné sous le symbole du lion, mais arrêter, si je puis m'exprimer ainsi, l'action de ce principe sur le principe humide, action que l'on considérait comme la cause de toute génération physique, de toute reproduction. Aussi trouvons-nous ici, comme aux quatre coins du grand escalier de Persépolis, une allusion directe à la vie que l'équinoxe du printemps renouvelle, chaque année, à la surface de notre globe. Un arbre entièrement dépouillé de son feuillage est placé tout auprès du taureau attaqué par le lion. Il attend du triomphe de l'animal carnassier et solaire sur le quadrupède herbivore et lunaire, c'est-à-dire il attend de l'influence fécondante du principe igné sur le principe humide, le réveil de la force vitale qui doit déterminer l'ascension de la séve et le couvrir de bourgeons et de feuilles. C'est à ce moment même qu'ici les deux mystes, après avoir certainement triomphé du principe humide en prenant le grade de bromius ou taureau, attaquent le lion, le domptent et l'empêchent de dévorer sa proie. Trois lignes de caractères cunéiformes sont gravées perpendiculairement sur notre cylindre et n'ont pu être déchiffrées. Il est plus que douteux que leur lecture nous eût fourni quelque éclaircissement propre à confirmer ou à infirmer mon opinion sur le sens symbolique de la scène d'initiation qu'elles accompagnent. Ordinairement les légendes des cylindres ne contiennent que les noms et les qualités de l'initié ou quelque formule générale de prière et d'invocation.

Cylindre n° 5, pl. XIII.

Le cylindre que je vais décrire et les quatre autres dont la description suivra nous offrent des variantes plus ou moins intéressantes de la scène représentée sur le cylindre précédent. Mais aucun ne nous montre un second exemple du taureau attaqué par le lion au pied d'un arbre dépouillé de ses feuilles. Deux groupes occupent toute la périphérie du cylindre qui est sous nos yeux. Dans le premier nous voyons un myste, un genou en terre, invoquer les dieux pour être délivré de la fureur d'un lion monstrueux qui, la gueule béante, se jette sur lui et menace de le dévorer. Devant le myste sont gravés deux caractères cunéiformes assyriens, formant un tétragramme qui contient peut-être le nom de Dieu [1]. Ne croirait-on pas entendre le psalmiste s'écrier : « Mon Dieu, délivrez-moi de la gueule des lions [2] » Ainsi averti du danger qui met sa vie en péril, s'il ne dompte pas le lion, le myste, dans le second groupe, est représenté au moment où il triomphe d'un second animal de cette espèce qui s'apprêtait à dévorer un taureau. Le premier lion est ailé; le second n'a ni ailes ni queue. L'un et l'autre ont les cuisses emplumées, comme celles d'un oiseau de proie, et des serres d'aigle au lieu de griffes.

Cylindre n° 7, pl. L.

Trois initiés du grade de bromius disputent chacun à un lion la possession d'un taureau. Ils forment trois groupes où le graveur semble avoir voulu observer une gradation que nous ne retrouverons pas ailleurs. Elle est sensible dans le costume de chacun des trois mystes et dans la taille de chacun des trois lions. Le premier des trois combattants est représenté avec toutes les formes qui peuvent caractériser un taureau-homme : la dépression du crâne, une corne attachée à la tête, un œil qui excède les proportions humaines, des cheveux et une barbe empruntés à une nature animale, une queue de taureau attachée au bas des reins, la verge d'un taureau en érection substituée au membre viril, une touffe de poils à chaque genou, et enfin, au lieu de pieds humains, des sabots de taureau : tels sont les traits principaux de cette figure à nature double. Ceux qui appartiennent au taureau s'effacent graduellement dans les deux autres figures, en même temps que la taille du lion qu'elles ont à combattre s'élève graduellement aussi; le troisième myste, c'est-à-dire celui qui est à la droite du spectateur, se montre déjà même revêtu d'un costume où une crinière de lion est substituée aux poils de l'encolure du taureau. Cette substitution est l'indice d'une force incomparablement supérieure à celle des

---

[1] Voyez mes *Observations sur la croix Ansée,* dans les *Mémoires de l'Acad. des inscr.* t. XVII, 1re partie, p. 360 et suiv. et remarquez que les deux mêmes tétragrammes qui sont gravés sur notre cylindre (pl. XIII. n° 5) se retrouvent également isolés dans le champ du cylindre n° 3 de ma planche XXXIV.

[2] « (Deus, Deus meus) salva me ex ore « leonis..... » (Ps. xxi, v. 22.)

deux autres mystes : aussi le lion qui lui est opposé est-il d'une grande taille,
tandis que les deux autres sont plutôt des lionceaux que des lions. C'est ainsi
que l'art né dans les sanctuaires cherchait, par des ressources plus ou moins
heureuses, à exprimer les pas progressifs qu'à chaque grade l'initié parvenait
à faire dans la voie ascendante où son âme peut recouvrer sa domination et
sa liberté. Et si nous voyons ici, comme sur d'autres cylindres, l'initié représenté trois fois, nous pouvons croire que ce nombre fait allusion aux trois degrés ou aux trois sortes de pureté que l'on exigeait de lui, la pureté de pensée,
la pureté de parole et la pureté d'action.

Cylindre n° 6, pl. XIII.

La scène double que représente ce petit monument serait plus facile à
comprendre si, par inadvertance, dans le dessin qui la reproduit ici, le groupe
rejeté à l'extrémité droite du tableau avait été placé à l'extrémité gauche ; car
il est évident que ce groupe nous offre la lutte d'un initié du grade de soldat
avec le taureau qu'il doit vaincre pour obtenir le grade de bromius. Dans le
second groupe, nous le retrouvons revêtu d'un masque de taureau, qui annonce qu'il est sorti victorieux de cette lutte. Aussi le voyons-nous admis à
soutenir un nouveau combat qui lui conférera le grade de lion, si la victoire
continue à le favoriser, c'est-à-dire s'il fait de nouveaux progrès dans ses
études et dans la pratique des vertus. Ce combat, dans son expression mystique ou symbolique, doit avoir pour résultat le triomphe de l'initié sur un
lion qui cherche à dévorer un cerf ou une antilope, quadrupèdes herbivores,
placés sur l'échelle des animaux à un rang plus élevé que le taureau. Ils appartiennent donc à cette catégorie de quadrupèdes d'une nature ou d'une
constitution mixte destinés à exprimer, dans la série des métamorphoses
propres à la célébration des léontiques, divers degrés intermédiaires entre
une constitution physique humide et une constitution sèche ou ignée. L'animal
amphibie gravé ici à côté du groupe composé d'un lion et d'un quadrupède
herbivore rend l'allusion à une nature ou à une constitution mixte facile à
saisir, que cet amphibie soit un caïman, un crocodile ou toute autre espèce
de grand saurien. On comprend sans plus de peine qu'en plaçant dans le
même groupe un troisième initié, qui cherche à saisir le lion par la crinière
et par la queue, l'ordonnateur du sujet gravé sur notre cylindre avait voulu,
comme le cylindre précédent nous en avait déjà fourni un exemple, faire allusion aux trois degrés de pureté qui devaient être en rapport direct avec le
mouvement ascendant des âmes.

Cylindre n° 3, pl. XXXIV.

Nous assistons ici à une léontique célébrée par deux femmes et représentée dans un petit tableau dont la composition concourt à nous montrer qu'une grande liberté était laissée aux graveurs, sous la condition toutefois de ne pas s'écarter des doctrines consacrées dans les sanctuaires de la religion. En effet, ici le sujet, bien que d'accord, quant à l'idée, avec les scènes gravées sur les quatre derniers cylindres qui viennent d'être décrits, est disposé tout autrement. Les deux initiées n'occupent qu'un petit coin, à gauche, dans le fond du tableau. L'une, vêtue d'une courte tunique et d'un kosti, montée sur une estrade, est armée d'un glaive avec lequel elle menace ou se dispose à attaquer un groupe composé de deux lions qui s'apprêtent à dévorer chacun une gazelle ou une antilope. L'autre initiée, entièrement nue, sans armes et reléguée sur un troisième plan, semble n'assister au combat que comme spectatrice. A l'extrémité droite du tableau, sont gravés les deux mêmes caractères cunéiformes assyriens que nous avons remarqués sur le cylindre n° 5 de la planche XIII. Dans le haut nous voyons trois disques qui tiennent lieu sans doute ici du soleil, de la lune et de l'étoile de Vénus. Plus bas, sept autres disques représentent, sans plus de doute, les sept planètes.

Cylindre n° 3, pl. XXIX.

La composition de ce petit monument est beaucoup plus simple que celle des six autres cylindres que je viens de décrire. Un initié debout, vêtu à l'assyrienne, la tête ceinte d'une couronne à pointes, tend son arc et s'apprête à décocher une flèche à un lion qui poursuit, pour la dévorer, une de ces chèvres sauvages que l'on rencontre si souvent dans les montagnes de l'Asie occidentale et qui sont remarquables surtout par leur forte taille et par leurs belles cornes annelées. Dans le champ du cylindre est placé un poignard pour montrer que les armes ne manquent pas à tout adepte qui veut combattre résolûment.

Amulette à deux faces, pl. XLIX, n°s 8 et 8a.

Cet amulette, d'un dessin fort négligé, mais d'un style ancien, doit être ajouté aux cylindres qui nous ont montré l'initié disputant au lion un quadrupède herbivore. Sur une face, on voit le myste, monté sur un bige et armé d'un arc ou d'une lance, se disposer à attaquer un lion qui, gravé sur l'autre face de la pierre, emporte une gazelle ou une antilope dont il dévore la tête, en même temps qu'il se retourne, dans une attitude menaçante, vers l'ennemi qui le poursuit.

Cylindre n° 1, pl. XXIX.

Ici commence une série de monuments grands ou petits, que je rapporte
à cette phase de la célébration des léontiques où l'initié du grade de bromius
devait combattre, comme je l'ai dit, plusieurs espèces d'animaux herbivores et
d'animaux frugivores, intermédiaires entre le taureau et le lion, et revêtir successivement plusieurs costumes ou prendre plusieurs masques qui rappelassent
les formes les plus caractéristiques de chaque quadrupède vaincu. Ces diverses
métamorphoses, on le comprend aisément, ne contribuaient pas peu à entretenir l'opinion que le vulgaire s'était formée sur la métempsycose. Le beau
cylindre qui est sous nos yeux va nous transporter dans un sanctuaire où
nous trouverons un exemple bien remarquable des métamorphoses dont il
s'agit, et, par conséquent, la confirmation du témoignage de Pallas[1] sur un
aussi curieux rituel. Deux scènes superposées l'une à l'autre et séparées par
un élégant méandre placé horizontalement sont représentées sur notre
cylindre. La première nous montre un grand prêtre assis sur un trône ou
un siége sans dossier. Devant lui se tient debout une prêtresse dont les deux
visages éveillent en nous l'idée d'un Janus femelle. Tout à la fois, je le répète, ils font certainement allusion aux deux portes du ciel par lesquelles les
âmes descendent sur la terre et remontent dans la région céleste, et aux deux
ouvertures ou portes par lesquelles entrent et sortent les néophytes admis
dans la grotte où ils sont initiés aux mystères. Une large écharpe cache le
sein droit de cette figure et ne laisse à découvert que le sein gauche, particularité qui, déjà observée sur quelques-uns des cylindres précédemment décrits, nous a fait souvenir du costume des Amazones. La prêtresse qui porte
cette écharpe et un masque à deux visages présente au grand prêtre quatre
initiés du grade de bromius. Une autre prêtresse, différemment vêtue, les
précède. Une troisième les suit. Celle-ci porte le costume des femmes que
nous avons déjà vues remplir le rôle de marraine dans les initiations. Comme
la prêtresse qui marche en tête des quatre mystes, elle est dans une attitude
qui indique qu'elle intercède ou sollicite en leur faveur auprès du grand prêtre
assis. Cet hiérophante tient, de la main gauche, le rameau sacré qui doit
donner aux mystes le droit de pénétrer dans les enfers, c'est-à-dire dans la
région inférieure du monde créé. Derrière ce rameau est gravé le signe des
eaux pour marquer, comme le méandre, que les mystes n'ont encore obtenu

[1] Ci-dessus, p. 200.

que le grade qui représente la victoire de l'âme sur le principe humide. Ils
descendent dans la région inférieure, et c'est là que se passe la seconde scène.
Elle rend un témoignage éclatant à l'exactitude du passage cité de Pallas[1],
où il est dit que, dans la célébration des léontiques, les initiés sont obligés
de revêtir les formes de divers animaux. En effet, nous retrouvons ici nos
quatre initiés, mais ils ont subi chacun une des métamorphoses dont Pallas
entend parler. L'un a revêtu les formes d'une antilope à grandes cornes et
ailée; un autre est transformé en cheval ou en âne; tous deux portent de la
main gauche un lièvre suspendu, par les pattes de derrière, la tête en bas.
C'est une offrande significative : quand on se rappelle les mœurs et la fécondité du lièvre, il est facile de comprendre que le sacrifice d'un quadrupède
de cette espèce devait sanctionner un vœu de chasteté, et le grade qui recevait son nom du lion, animal réputé très-chaste dans ses amours, impliquait
nécessairement la condition d'un tel vœu. Un troisième initié se montre ici
revêtu d'un costume où dominent les formes du lion; il porte aussi un lièvre,
mais il le tient, de la main gauche, suspendu par les quatre pattes; et dans
sa main droite est placé le vase destiné à la communion, cet acte solennel qui,
au grade de lion, comme le baptême au grade de bromius, marquait la ré-
génération progressive. Le progrès est rendu sensible par la forme sous laquelle le quatrième initié se présente à la prêtresse qui, après avoir introduit
dans le sanctuaire les quatre mystes, marchant à leur tête, se retrouve au
milieu de la scène des métamorphoses et y remplit des fonctions qui annoncent
que des pouvoirs supérieurs lui avaient été délégués par le grand prêtre. Elle
reçoit l'hommage d'un palmier que lui présente, un genou en terre, ce quatrième initié. Celui-ci n'a du lion que la tête, à la différence de l'initié qui
n'a du corps humain que les épaules, les bras et peut-être la poitrine. Le palmier, symbole solaire, caractérise ici la nature ignée du principe qui domine
dans la constitution de l'initié léontocéphale à la main de qui cet arbre est
placé. Nous verrons, sur un cylindre que je rapporte au grade de corbeau,
un autre exemple de l'hommage d'un arbre fait à un hiérophante par un
initié qui l'a conquis sur le lion.

Cylindre n° 6, pl. LIII.

Ce cylindre, comme le précédent, représente une léontique qui occupe
deux petits tableaux superposés l'un à l'autre. Mais ici nous ne retrouvons

[1] Ci-dessus, p. 200.

pas la scène curieuse des métamorphoses; on s'est borné à placer dans le
tableau inférieur plusieurs animaux qui annoncent ces métamorphoses. Ce
sont un bouc, un lionceau ailé et une lionne qui dévore une gazelle ou une
antilope. La lionne est substituée ici au lion, parce qu'il s'agit d'une initiation
de femme. Nous voyons en effet, au milieu de ces divers quadrupèdes, une
initiée revêtue d'un costume de bromia dans lequel un corps et une queue
de poisson remplacent les cuisses et les jambes de taureau ou de vache qui
caractérisent plus habituellement le costume de ce grade. Ici nous avons la
preuve que je ne m'étais pas trompé en rapportant au rituel des Phéniciens
la cause de cette substitution. Des lettres qui appartiennent à l'alphabet phénicien sont gravées dans le champ des deux tableaux et y tiennent lieu de
caractères cunéiformes dont se composent les légendes des cylindres et des
cônes d'origine assyrienne et d'origine persique. La femme poisson que nous
avons ici sous les yeux peut donc être considérée comme une Phénicienne admise au grade de bromia dans les mystères de la Vénus-Dercéto ou Atergatis
des Phéniciens, déesse représentée sous la forme d'une femme à corps et
queue de poisson, comme on la voit sur le grand bas-relief de Yazili-Kaïa[1],
comme on la voyait, sous le nom d'Eurynome, dans un temple érigé sur le sol
de l'Arcadie antique[2], comme aussi Dagon, son époux, était représenté sous
les traits d'un homme barbu, à corps et queue de poisson[3]. Dans le tableau
supérieur de notre cylindre, nous assistons à la présentation de la Phénicienne
dans le sanctuaire où elle vient solliciter le grade de lionne. Armée d'un poignard recourbé[4], elle est conduite devant la grande prêtresse par une autre
prêtresse suivie d'un prêtre qui doit être le parrain ou le répondant. A côté
de celui-ci, une prêtresse entièrement nue et vue de face représente la déesse
qui préside aux initiations. Plus loin, une femme également nue tient par la
queue et par une jambe de derrière un taureau suspendu la tête en bas et
présentant le flanc. C'est la victime qui doit être immolée, et dont les entrailles seront consultées pour connaître le moment favorable à la célébration
de la léontique. Des exemples d'un pareil sacrifice se voient sur plusieurs
autres cylindres, parmi lesquels je citerai particulièrement celui qui est figuré

---

[1] *Recherches sur Vénus*, pl. XXII, n° 2; Texier,
Descr. de l'Asie Mineure, 1ʳᵉ part. t. I; pl. LXXIX.
— *Recherches sur le cyprès*, *Mémoires de l'Acad.
des inscr.* t. XX, 2ᵉ partie, p. 220-222.

[2] *Recherches sur le cyprès*, loco citato.

[3] *Recherches sur Vénus*, Atlas, pl. XIX, n° 7;
pl. XXII, n°ˢ 1 et 1ᵃ, 9 et 9ᵃ; pl. XXIV, n°ˢ 15,
16, 19 et 20.

[4] C'est la forme des poignards que portent
habituellement aujourd'hui les Persans.

sous le numéro 4 de la planche XXXVIII de mon Atlas. Entre les figures de
ce tableau sont placées deux armes de l'espèce appelée l'*oreille de cuivre de
Mithra*. Par là nous avons la preuve que cette arme n'appartenait pas originairement aux Perses et qu'elle avait été importée chez eux avec tout le rituel
des mystères de la Vénus assyrienne. Dans le haut du tableau est gravé le
croissant de la lune, que nous trouvons répété dans le haut du tableau inférieur, preuve certaine et surabondante que le grade de lion appartient à la
région sublunaire ou, en d'autres termes, que l'âme de l'initié reçu au grade
de lion est encore retenue dans des liens qui l'attachent au monde sublunaire.

Cylindre n° 13, pl. XXXVI[1].

L'interprétation de ce beau et rare cylindre présente quelques difficultés,
bien qu'il soit facile de voir, dès le premier abord, que ce petit monument,
comme les deux cylindres qui viennent d'être décrits, se rapporte aux diverses
métamorphoses que subissaient les mystes pendant leur initiation au grade de
lion. La face antérieure du cylindre représente un grand prêtre assis sur un
siége ou un trône sans dossier. Vêtu, comme un grand nombre de figures sur
les cylindres asiatiques, d'une stole à plusieurs volants plissés, qui laisse nus
l'épaule et le bras droits, il tient de la main droite une croix ansée, et au-dessus
de ce symbole est gravé, dans la partie supérieure de ce cylindre, un *mihr*, ou
plutôt un globe ailé d'où l'on dirait que pendent deux *uræus*, comme on en
voit tant d'exemples sur les monuments égyptiens. La forme de cet emblème
et la croix ansée placée à la main de l'hiérophante nous conduisent à nous
demander si notre cylindre est d'origine purement asiatique, ou s'il fut gravé
pour quelque Phénicien, soit dans la Phénicie même, soit dans l'île de Cypre,
soit dans l'Égypte. Je n'ose décider la question. Devant l'archiprêtre assis, se
tient debout un prêtre subalterne vêtu d'un costume qui, étranger à l'Égypte,
de même que celui de l'archiprêtre, est assyrien ou phénicien. Ce ministre du
culte semble implorer la bienveillance de son supérieur en faveur de deux
mystes qui désirent être admis à la célébration des léontiques. L'antilope à
grande corne que, de la main droite, il tient suspendue par une jambe de
derrière, la tête en bas, est très-probablement la victime qu'il offre au nom
des deux mystes, et qui devra être immolée pour le rachat de leurs péchés
ou pour le succès de leur initiation. Ces mystes sont les deux femmes que

---

[1] Ce cylindre peut être considéré comme
inédit, car l'empreinte d'après laquelle M. Raoul
Rochette l'a publié dans son mémoire sur la *Croix*
ansée (*Mémoires de l'Acad. des inscr.* t. XVI,
2ᵉ part. pl. III, n° 7) était défectueuse dans
plusieurs endroits et même incomplète.

nous voyons représentées sous une forme purement humaine au bas de l'autre face du cylindre, qui est divisé en deux petits tableaux superposés l'un à l'autre. Ces deux femmes, vêtues chacune d'une longue tunique collante, portent à elles deux, sur leurs épaules, une longue perche ou tringle, à laquelle sont suspendues, l'une par ses deux grandes cornes, l'autre par ses quatre pieds, deux antilopes précisément semblables à celle que le prêtre debout présente à l'hiérophante assis. Derrière la tête de la femme placée à notre droite, on remarque gravée dans le champ une tête de bouc, quadrupède qui, symbole de génération, joue un grand rôle dans le rituel des léontiques. En regard de ce symbole, on voit également gravé dans le champ un caractère cunéiforme isolé. Un second caractère, isolé aussi, est tracé à l'extrémité gauche du tableau supérieur. Dans ce tableau, nous trouvons deux personnages à tête de quadrupède connu, qui très-vraisemblablement sont les deux femmes du tableau inférieur, représentées avec le masque dont elles ont été affublées après avoir subi chacune une des métamorphoses que prescrivait le rituel des léontiques. La première, à notre gauche, entièrement nue comme la seconde, mais ceinte du kosti aussi bien que celle-ci, porte un masque qui représente une tête d'antilope à grandes cornes, de la même espèce que les trois antilopes dont je viens de parler. Cette initiée, ainsi métamorphosée, tient de la main droite, par les pattes de derrière, un lièvre suspendu, la tête en bas, comme nous en avons vu à la main des initiés dans une scène de léontique sur le cylindre n° 1 de la planche XXIX de mon Atlas. La seconde figure à tête de quadrupède est ailée. Son masque la métamorphose en un animal à deux cornes courtes et recourbées. Il me paraît impossible d'en déterminer l'espèce. Ces deux initiées, ainsi métamorphosées, portent sur leurs épaules, comme les deux femmes représentées dans le tableau inférieur, une longue perche ou tringle, à laquelle, vers le milieu, un cerf est attaché et suspendu par ses quatre pieds. Au-dessus de cet animal, autre symbole de génération [1], est gravé un astérisque à six branches, qui représente ou le soleil ou la planète Vénus. Ce cerf, porté en commun par les deux initiées et le lièvre suspendu à la main de celle qui ouvre la marche sont, selon toute apparence, deux nouvelles victimes qui vont être présentées à l'archiprêtre; et nous pouvons inférer de là qu'à chaque phase de la célébration des léontiques, les mystes étaient obligés d'offrir pour le sacrifice expiatoire un qua-

---

[1] Voyez *Recherches sur le culte du cyprès, Mém. de l'Acad.* t. XX, 2ᵉ part. p. 208-210.

drupède d'une espèce différente. Un vautour posé à l'extrémité de la perche que portent les deux initiées métamorphosées semble attendre le moment où il pourra prendre sa part du lièvre et du cerf destinés à être offerts sur l'autel des sacrifices. Dans le chapitre où je traiterai du grade de vautour, je reviendrai avec les détails convenables sur le rôle qu'assignent à cet oiseau de proie le *Zend-Avesta* et le rituel des mystères.

Cylindre n° 15, pl. LIV, *B*.

Ce cylindre et ceux qui vont suivre sont bien loin d'offrir l'intérêt que présentent les trois cylindres précédents. Chacun d'eux se borne à reproduire un seul épisode de la célébration des léontiques. Ici, nous voyons un initié se préparer à les célébrer dignement en invoquant la protection de la divinité qui préside aux mystères. La belle légende gravée devant lui en caractères cunéiformes du système assyrien contient probablement la prière qu'il adresse à Mylitta représentée ici par un grand astérisque cruciforme, dans lequel est inscrite une croix, qui nous rappelle que sur les médailles impériales frappées en Phénicie, Astarté porte un long sceptre terminé par le même emblème. La présence de la déesse sur notre cylindre me semble indiquée aussi par les trois étoiles et les deux *ctéis* gravés dans le haut et dans le bas du petit monument. Un chien accroupi aux pieds de l'initié interroge ses regards et semble attendre de lui un signal pour commencer le combat. Un des premiers animaux qu'il faudra vaincre, le bouc, symbole de génération et de lubricité, est placé au-dessus du chien et semble vouloir attaquer le myste. Celui-ci tient de la main droite une tête de pavot ou une grenade, emblèmes de fécondité. Derrière lui est gravé un objet dont je ne connais ni le nom ni la signification.

Cône n° 4, pl. XLVII.

Ici l'initié, vêtu de l'ancien costume, la tête ceinte de la couronne qu'il a méritée au grade de bromius, et la main droite armée d'un poignard, a saisi par une corne et dompté un bouc qui s'est dressé contre lui sur ses pattes de derrière. Cet animal tourne la tête vers un palmier *doum* femelle, comme pour implorer la protection de la déesse dont nous savons que cet arbre était l'image vivante et à laquelle nous savons aussi que le bouc était consacré. L'ordonnateur de ce petit monument, non content d'y avoir fait placer cet animal comme symbole de génération, a voulu qu'on y gravât un *ctéis* et un serpent, symbole de la vie physique ou charnelle [1].

---

[1] Dans un passage du *Boun-dehesch* (*Zend-Avesta*, t. II, p. 379), que je m'abstiens de rapporter, le mot serpent est même employé pour désigner les parties génitales mâles.

Sujet tiré des sculptures de Nemrod, *Monuments of Nineveh*, pl. XLVII, n° 4.

Sous ce numéro, M. Layard a publié le dessin d'un groupe gravé à la pointe sur la stole ou robe d'un initié que représente un des bas-reliefs découverts dans les ruines des palais de Nemrod. Ce groupe se compose d'un myste revêtu d'une tunique courte, assujettie autour des reins par un large kosti, et d'une chèvre sauvage. Le myste, la main droite élevée et armée d'un poignard, saisit une chèvre sauvage qui cherche à s'échapper de ses mains. On voit quelle analogie s'établit entre ce combat mystique et celui que représentent les deux cônes [1] qui sont décrits dans les deux paragraphes précédents.

Cylindre n° 1, pl. XLII.

Un initié à cheval poursuit un cerf ou un daim et lui décoche une flèche.

Cylindre n° 3, pl. LIV.

Ce cylindre représente un personnage que ses formes massives et son crâne aplati caractériseraient suffisamment comme un initié reçu au grade de bromius [2], lors même que nous ne verrions pas une queue de taureau pendre entre ses jambes. Quatre ailes sont attachées à ses épaules : deux descendantes et deux ascendantes. Celles-ci lui tiennent lieu de bras. On doit donc sous-entendre qu'il combat d'une manière quelconque les deux antilopes unicornes qui se dressent contre lui. A ses pieds est placé un *ctéis*, derrière sa tête est gravé un groupe de trois caractères cunéiformes, qui semble figurer une étoile. A côté de chacun des deux animaux est placé un objet que je suis disposé à prendre pour un hôm d'une forme particulière. Sur deux autres cylindres nous allons trouver deux quadrupèdes de même espèce ou deux chèvres de montagne auprès d'un arbrisseau de forme conventionnelle, que l'on ne peut se refuser à désigner sous le nom de hôm.

Cylindre n° 8, pl. XXX.

Un initié vêtu d'une courte tunique, et la tête ceinte d'une tiare basse, tient de chaque main, par une jambe de devant, une chèvre de montagne qui s'est dressée contre lui sur ses pieds de derrière et qu'il a domptée. A droite, dans le haut du cylindre, on voit le croissant de la lune, et plus bas, un astérisque à huit branches, qui doit être la planète Vénus.

---

[1] Atlas, n° 8 de la planche LIII, et le cône n° 4 de la planche XLVII.

[2] Il se pourrait qu'on eût voulu représenter ici une femme ou un eunuque.

Autre sujet tiré des sculptures de Nemrod, Layard's *Monuments of Nineveh*, pl. XLVII, n° 2.

Si nous rapprochons ce sujet des scènes représentées sur les deux cylindres que je viens de décrire, nous reconnaîtrons facilement que, comme ces deux scènes et comme le sujet, il se rapporte à la victoire que, dans la célébration des léontiques, l'initié était obligé de remporter sur le bouc ou sur un animal analogue, la chèvre de montagne. Seulement la disposition des deux chèvres domptées n'est pas la même ici : le vainqueur, comme nous l'avons vu précédemment sur d'autres cylindres, tient de chaque main, suspendu par une jambe de derrière, la tête en bas, un des deux animaux domptés. On acquiert ainsi de plus en plus la preuve que les cylindres, les cônes et les bas-reliefs religieux de Nemrod et de Persépolis offrent des sujets qui, composés dans un même esprit et souvent d'après un type commun, appartiennent toujours à la célébration de mystères ou d'initiations parfaitement identiques, que les monuments nous transportent chez les Assyriens ou chez les Perses.

Cylindre n° 12, pl. IV de l'Atlas de mes *Recherches sur Vénus*.

Une initiée s'avance vers une archiprêtresse pour recevoir de ses mains un arc et des flèches qui lui serviront à combattre deux boucs ithyphalliques qui se dressent sur leurs pieds de derrière et se croisent de manière à former, comme les deux lions sur le cylindre n° 3, pl. XXXIV, une espèce de croix de Saint-André. Ce groupe est placé auprès d'un grand palmier *doum*, chargé de ses fruits, et emblème vivant de Vénus-Mylitta. Dans le haut du cylindre on a représenté les quatre phases de la lune par un grand croissant, auquel sont attachés trois petits croissants portés sur un pédoncule. L'archiprêtresse est debout, les deux pieds posés comme la Vénus de Yazili Kaïa [1], sur le dos d'une lionne. Elle est vêtue d'une robe longue qui, ouverte par devant et attachée au bas de la ceinture par un large kosti, laisse voir, à partir de là, une courte tunique dont la frange n'arrive qu'au-dessus des genoux. La stole et la tunique sont ornées d'un dessin qui représente les alvéoles d'un gâteau de miel, et, chose remarquable, c'est le même dessin qui orne la tunique d'Isis sur quelques monuments égyptiens [2]. Les jambes sont nues, mais ornées d'un bracelet vers la cheville, et les pieds sont chaussés avec de simples sandales. La tête est couverte d'une haute tiare surmontée d'une couronne à pointes, à laquelle est attachée une étoile à huit branches, qui ne peut re-

---

[1] *Recherches sur Vénus*, pl. II. — [2] Champollion, *Panthéon égyptien*.

présenter que la planète Vénus ou le soleil. Cette tiare est ornée de perles et
d'une corne de taureau ou de vache. Derrière le dos, la prêtresse porte en
sautoir une harpé garnie de perles, un carquois et un étui à arc, ornés de
perles et surmontés, l'un d'une autre étoile à huit branches, l'autre d'un petit
disque. Leur extrémité inférieure est ornée d'une pareille étoile. Enfin une
cinquième étoile est fixée à l'extrémité d'une espèce d'épée attachée à la ceinture. De la main gauche, cette figure tient un arc et deux flèches qu'elle va
remettre à la récipiendaire. De la main droite, elle fait un geste expressif, qui
indique que cette remise est accompagnée d'une vive recommandation. J'ai
décrit en détail le costume de la prêtresse, parce qu'on peut croire qu'il est
en tout semblable à celui sous lequel Mylitta était représentée, soit à Babylone
soit à Ninive, et parce qu'il est important de montrer que les archiprêtresses,
comme les archiprêtres, sont souvent, par leur costume, des images fidèles et
vivantes des divinités, telles que les Assyriens et les Phéniciens les représentaient dans les sanctuaires de la religion. Aussi le costume de l'initiée, comparé ici à celui de l'archiprêtresse, présente-t-il des différences essentielles.
Il ne se compose que d'une longue tunique collante, qui descend jusqu'au-
dessus des chevilles, et qui est fixée autour des reins par un large kosti. Une
simple coiffe remplace la tiare que je viens de décrire. Pour toute arme, l'initiée porte attachée à la ceinture une épée, dont une tête d'animal forme la
poignée. Une seule particularité est commune aux deux femmes : la tunique
de l'initiée est couverte d'alvéoles contiguës comme celles de la stole et de la
tunique de l'archiprêtresse. Cet ornement me semble être en parfaite harmonie
avec le rôle important que, selon le témoignage de Porphyre, emprunté à
Pallas ou à Eubule[1], le miel jouait dans les léontiques. Les ablutions d'eau y
étaient interdites : le miel remplaçait l'eau. « On attribuait, dit Porphyre, à
« cette substance la faculté de purifier et de conserver. Les choses que l'on
« place dans le miel jouissent du privilége de ne pas se corrompre; il guérit
« les ulcères les plus anciens; sa saveur est très-douce, et il est recueilli sur
« les fleurs par les abeilles, qui naissent habituellement du taureau. C'est
« pourquoi, en même temps qu'il est prescrit aux initiés de se servir dans les
« léontiques de miel au lieu d'eau pour se laver les mains, il leur est prescrit
« aussi d'avoir les mains pures de tout maléfice et de tout crime; et par la
« raison que, selon les rites propres aux léontiques, le myste est soumis à une

---

[1] *Apud* Porphyr. *De antr. nymph.* cap. XV et XVI, p. 15 et 16.

« lustration par le feu, élément doué de la faculté de purifier, l'eau est inter-
« dite comme étant l'ennemie du feu[1]. C'est pourquoi on purifie la langue par
« le miel. Lorsqu'on offre du miel à Mithra, conservateur des biens de la terre,
« cette substance, ajoute Porphyre[2], est considérée comme le symbole de la
« faculté de conserver ou de préserver..... » Ce que cet auteur ne dit pas, et
ce qu'il aurait dû expliquer, c'est que le miel est substitué à l'eau, dans les
léontiques, parce qu'il renferme une substance d'une nature essentiellement
ignée, la cire, qui a non-seulement la faculté de préserver du contact des
agents destructeurs les corps qui en sont enduits, mais aussi la propriété de
s'enflammer et de brûler facilement. L'emploi du miel dans les léontiques
nous révèle donc un nouvel exemple du parfait accord qui règne entre les
idées qu'on attachait au symbole du grade et le symbole institué pour ce
grade.

Cylindre n° 3, pl. XLI.

Nous avons sous les yeux le dessin d'un cylindre qui appartient évidemment
aux derniers temps de la décadence de l'art dans l'Asie occidentale. Si l'on était
privé de la faculté de le comparer à des monuments d'une époque antérieure,
il serait bien difficile d'en comprendre le sujet et d'en reconnaître les détails.
Je crois y voir une initiée, assise dans un char d'une forme particulière, attelé
de quatre chevaux, qu'elle conduit elle-même et qu'elle dirige vers un groupe
d'animaux, composé de deux boucs placés en croix, comme ceux du cylindre
précédent[3], et d'un lion qui ressemblerait beaucoup à un taureau, s'il ne portait sa queue redressée. Entre les deux boucs et le char est gravée une petite
tête ou un masque dont je ne saurais indiquer la signification, non plus que
la signification des quatre petites figures de femmes rangées au-dessous des
trois animaux. Si j'ai reproduit ici ce cylindre, c'est parce qu'il nous offre un
exemple d'une léontique célébrée par une femme placée sur un quadrige.

Les monuments figurés dont la description va suivre nous permettront de
constater la gradation que l'on observait dans les combats, et les métamorphoses qui appartiennent au rituel des léontiques. Après les animaux herbivores, que nous avons reconnus sur les cylindres et les cônes décrits ci-dessus,
nous allons trouver des quadrupèdes, à la fois herbivores et frugivores, aux
prises avec l'initié, et ces quadrupèdes, tels que le cheval et le sanglier, se
rapprochent des animaux carnassiers, et par conséquent du lion, par leur ca-

---

[1] Mot à mot : comme faisant la guerre au feu.

[2] *De antr. nymph.* cap. xvi.

[3] *Recherches sur Vénus*, Atlas, pl. IV, n° 12.

ractère belliqueux et par l'ardeur qu'ils montrent dans l'attaque et dans la défense.

Cône à huit pans coupés, n° 8, pl. XXIX.

Un initié vêtu de l'ancien costume, la tête ceinte d'une couronne obtenue par une première victoire dans la célébration des bromiques, et la main droite armée d'un poignard, tient, de la main gauche, par la crinière, un cheval qui s'est cabré contre lui. Ce sujet est tellement rare sur les petits monuments portatifs, que depuis le jour où, en 1826, j'avais présenté à l'Académie des belles-lettres un dessin de celui-ci, d'après une empreinte prise sur l'original dans la collection de feu le chevalier Palin, il ne m'avait pas été possible d'en découvrir un seul autre exemple jusqu'au moment où j'ai connu un bas-relief d'un palais de Nimroud et une darique d'argent dont il va être question dans les deux paragraphes suivants.

Sujet tiré des sculptures de Nemrod, n° 5, pl. LIV, C[1].

Un initié, qui paraît être un eunuque, tient de chaque main, par la crinière, un cheval ailé. Les deux animaux se sont cabrés et détournent la tête comme pour éviter le regard du personnage qui les a vaincus et domptés. Celui-ci porte sur la tête une tiare arrondie et ornée d'une corne de taureau, qui marque qu'il a été reçu au grade de *bromius*. Quatre ailes sont attachées à ses épaules, deux abaissées vers la terre et deux ascendantes vers le ciel. Un collier de perles orne son cou; il est vêtu d'une stole assyrienne à plusieurs rangs de plis et ouverte par devant, de manière à laisser voir dessous une courte tunique, dont la frange arrive à peine au-dessus des genoux. Les jambes et les pieds sont nus, ainsi que les bras, mais dans le haut chaque bras est orné d'un bracelet. Un large kosti placé par-dessus la stole entoure la taille au bas des reins. Deux poignards sont placés en dedans de ce kosti et ne laissent voir que leur manche. C'est de la même manière que les Persans portent encore aujourd'hui un poignard dans une large ceinture qui sert à fixer autour des reins leur vêtement de dessous, appelé *alkalouk*. Il faut rapprocher du sujet que je viens de décrire un des groupes qui sont brodés sur la stole d'un roi d'Assyrie, dans un des bas-reliefs que M. Layard a rapportés des ruines de Nemrod, et qui sont déposés au musée britannique. Il ne l'a pas publié; mais il a eu non-seulement l'obligeance de me donner un calque du

---

[1] Depuis que ce sujet a été gravé dans mon Atlas, d'après un calque dont je suis redevable à l'obligeance de M. Layard, cet habile voyageur, qui dessine admirablement bien, a publié son dessin original sous le numéro 1 de la planche XLIV de ses *Monum. of Nineveh*.

dessin qu'il en avait fait sur les lieux, mais la libéralité de me permettre de publier ce calque. Je l'ai fait graver avec tout le soin possible dans l'Atlas de mes *Recherches sur Vénus*[1]. On y voit, à gauche, dans le haut, deux chevaux ailés qui se cabrent auprès du *hôm* sacré, dans la même attitude que les deux boucs et les deux antilopes également placés auprès du *hôm* sur deux des cylindres précédemment décrits[2]. Ce groupe des deux chevaux ailés fait ici partie d'une série d'autres groupes d'animaux, qui, de même que les symboles placés au centre du dessin pris par M. Layard sur la stole du roi d'Assyrie, se rapportent tous aux mystères de Mylitta.

Petite darique d'argent frappée sous la domination des Perses dans (?) la Phénicie.

Cette pièce, d'abord publiée par M. Raoul Rochette dans les Mémoires de l'Académie des inscriptions, puis reproduite par M. le duc de Luynes, à qui appartient l'original, est restée unique jusqu'à ce jour. Elle représente le roi de Perse luttant avec un cheval qui s'est cabré contre lui. Le monarque a dompté l'animal symbolique et lui plonge un poignard dans les flancs. Cette darique doit, par conséquent, se ranger auprès de celles où nous avons vu plus haut le roi de Perse lutter de la même manière, tantôt avec un lion, tantôt avec deux lions.

Cylindre n° 4, pl. XXV.

Un initié est descendu de cheval pour attaquer de plus près, avec sa lance, un énorme sanglier qui se précipite sur lui. Au-dessus du cheval sont gravés quatre caractères phéniciens, dont le sens est difficile à saisir. Le sanglier était certainement un des quadrupèdes que les initiés avaient à combattre dans la célébration des léontiques. Nous voyons sur des pierres gravées asiatiques un lion et une lionne attaquer un sanglier[3], ou un lion tenir sous sa griffe une tête de sanglier[4]. Sur un scarabée phénicien[5], un initié du grade de *bromius*, sorti vainqueur d'une léontique, porte suspendu à la main, la tête en bas, un sanglier, et sur ses épaules un lion. Un autre scarabée phénicien représente un initié qui, revêtu d'un costume particulier, porte un sanglier suspendu par une jambe de derrière la tête en bas[6]. Je parlerai plus en détail de ces deux scarabées et de quelques autres vers la fin de ce chapitre. Mais je ne puis me dispenser de faire remarquer ici que du dernier scarabée qui vient d'être cité

---

[1] Pl. XIX, *A*.
[2] Atlas, pl. LIV, *B*, n° 3, et pl. XXVI, n° 8.
[3] *Ibid.* pl. LIII, n° 7.
[4] Atlas, pl. LXII, n° 8.
[5] *Ibid.* pl. LXIX, n° 4.
[6] *Ibid.* pl. LXVIII, n° 19.

et de celui qui est reproduit sous le numéro 20 de la planche citée, ressort
la preuve que, selon le rite phénicien, le myste, avant d'être admis à combattre
le sanglier et le lion, devait avoir combattu le cheval et revêtu les formes de
cet animal. En effet, sur le scarabée n° 19, nous voyons que l'initié, vainqueur du sanglier, est affublé d'un costume qui réunit à un corps humain le
train postérieur d'un cheval ailé. Il en est de même sur le scarabée n° 20, où
l'initié tient par les deux pattes antérieures un lion qui s'est dressé contre lui
sur ses jambes de derrière, et qu'il a dompté. Ces deux petits monuments,
et deux autres scarabées dont les numéros 12 et 13 de la planche LXVIII de
mon Atlas reproduisent les sujets, nous attestent ainsi que les centaures des
Grecs étaient des initiés aux mystères importés de l'Asie en Occident. Il ne
restera aucun doute à cet égard, si l'on veut bien tenir compte du rôle que
jouent les centaures dans les récits des écrivains grecs. Comme les initiés au
grade de lion dans les mystères assyriens ou phéniciens, ils se font remarquer
par leurs connaissances scientifiques. Ils ont même étudié l'histoire naturelle,
les propriétés des plantes en particulier. Ils pratiquent la médecine, la chi-
rurgie; ils sont les instituteurs des jeunes héros, ils leur enseignent l'art de
chasser et de tuer les bêtes féroces; c'est-à-dire qu'à l'égard de ces personnages qui, à mes yeux, et je l'ai annoncé publiquement depuis 1833, sont des
initiés aux mystères, ils pratiquent cet enseignement mutuel qui, selon le témoignage formel des monuments figurés, à défaut des textes, était en usage
dans les sanctuaires de l'Asie occidentale comme dans ceux de la Grèce. Sous
des formes variées se reproduisent des luttes analogues à celle d'Œdipe avec
le sphinx, et celle-ci ne pouvait manquer de se montrer sur les bas-reliefs et
les cylindres consacrés à la représentation des initiations, puisque le sphinx,
nous le verrons tout à l'heure, est la forme même que revêtaient, en Asie, les
initiés parvenus au grade de lion. Seulement nous trouverons ces initiés dans
leur costume moitié homme et moitié lion, ou moitié femme et moitié lionne,
lutter avec des personnages qui ne s'appellent pas Œdipe.

Ajoutons enfin que, comme les centaures des Grecs, les initiés qui, dans
les léontiques assyriennes ou phéniciennes, ont combattu le cheval et revêtu
une forme moitié homme moitié cheval, ont nécessairement les penchants de
cet animal pour l'acte de la génération. L'histoire des amours des centaures,
dans les auteurs grecs, est un portrait fidèle de la situation morale des initiés
qui n'ont pas encore obtenu le grade de lion. Cette histoire nous apprend
tout ce qui leur reste à faire pour rompre l'esclavage honteux sous lequel les

retiennent leurs passions. C'est à ce dernier point de vue que le masque hideux de la Gorgone, ajouté au costume de l'initié cheval sur nos deux scarabées, mérite d'être l'objet d'une attention particulière. Mais je juge convenable de différer de présenter au lecteur mes observations personnelles jusqu'au moment où j'aurai à l'entretenir de Persée.

Amulette à deux faces, n°s 1 et 1ª, pl. XII.

Cet amulette, de forme métroïde, me semble se rattacher, comme le cylindre et les scarabées décrits dans le paragraphe précédent, à la célébration des léontiques et précisément au combat contre le sanglier. Sur une de ses faces on voit, en effet, un animal de cette espèce fuyant à toutes jambes. Au-dessus du sanglier est gravée une fleur de lotus, symbole du principe humide et emblème de génération. L'autre face représente un cavalier mettant son cheval au grand galop et tenant sa lance dans l'attitude d'une personne qui poursuit un adversaire. Cet adversaire est sans aucun doute le sanglier. Un petit scarabée, figuré sous le numéro 3 de la planche LXVIII de mon Atlas, me paraît avoir été destiné à perpétuer, d'une manière beaucoup plus succincte, le souvenir d'une lutte avec le sanglier des mystères, représenté ici par la partie antérieure d'un sanglier ailé. C'est ainsi que nous avons déjà vu, au grade de bromius, et que nous verrons plus loin des initiés se contenter de faire graver sur un cylindre ou sur un cône l'animal qui donne son nom au grade.

Les combats successifs avec des animaux de diverses espèces ne constituaient pas tout le rituel des léontiques. Le témoignage formel d'un grand nombre de cylindres asiatiques nous apprend que le myste qui aspirait au grade de lion était aussi obligé de combattre corps à corps un initié du grade de *bromius*. Pour ne laisser aucun doute sur ce point, les monuments dont j'entends parler ont soin de représenter, revêtu de son costume de bromius, l'initié qui doit être combattu et vaincu. Je vais en fournir des preuves tirées de plusieurs cylindres choisis dans diverses collections, parmi plus de cent petits monuments de cette catégorie.

Cylindre n° 2, pl. LI.

Un initié revêtu de l'ancien costume et la tête ceinte d'une couronne à pointes ornée d'une rangée de grosses perles, tient de la main droite un poignard. Il a saisi de la main gauche, par la nuque, et vaincu un taureau ailé à tête humaine ceinte d'une couronne semblable, c'est-à-dire d'un myste affublé du costume propre au grade de *bromius*. Il a la tête ceinte de la même couronne que son vainqueur. Dressé sur ses jambes postérieures, il détourne la tête et semble regarder un palmier *doum* femelle, emblème vivant de Mylitta. Un bouc, placé à droite du palmier, semble aussi considérer cet arbre et se dresse également sur ses jambes de derrière. Devant lui, dans le bas, on remarque une fleur de lotus; et entre les deux combattants est gravé un *ctéis*, emblème encore plus significatif de la génération que le bouc et la fleur de lotus.

Cylindre n° 10, pl. XXXII.

Un myste se précipite sur un initié revêtu du costume de *bromius* et debout sur ses quatre pieds. Il lui décoche une flèche. Dans le champ de ce cylindre, dont le travail est très-grossier, sont gravés quelques caractères cunéiformes.

Cylindre n° 1, pl. XXX.

C'est encore ici la lutte victorieuse d'un initié du grade de *bromius* sur un initié du même grade; la supériorité acquise par le premier sur le second de ces deux personnages ressort non-seulement de cette victoire, mais aussi de la différence qui existe entre les formes ou le costume des deux combattants : le vainqueur a repris sa forme humaine, si ce n'est qu'il conserve une face taurine. Le vaincu est resté taureau autant que possible. Entre ces deux initiés on voit un masque de profil surmonté d'une couronne à pointes, qui me semble destinée à constater qu'avant d'être admis à la célébration des léontiques le vainqueur avait obtenu la récompense due à l'initié qui, après avoir été reçu au grade de soldat, avait dompté un taureau. Un prêtre et une prêtresse assistent à sa nouvelle lutte : la prêtresse nue, vue de face et coiffée d'une tiare triangulaire, est placée sur une estrade et représente la déesse Mylitta. Plus loin, le prêtre est debout sur le dos d'un taureau, comme devait être représenté Bélus à Babylone ou à Ninive, et comme l'était, à l'exemple de ce dieu, le Jupiter surnommé *Dolichénus*. Ce prêtre tient, de la main gauche, une arme, et, de la main droite, une bride attachée par un anneau aux naseaux du taureau et un objet qui paraît être cet emblème de la voie aux deux mondes ou aux deux destins, dont j'ai parlé précédemment, et que déjà, sur d'autres cylindres, nous avons trouvé placé perpendiculairement au dos d'un animal de même espèce. Entre cet emblème et la tête de la prêtresse est gravé un objet que le travail grossier du cylindre ne permet pas de reconnaître avec certitude. C'est peut-être un groupe de caractères cunéiformes; c'est peut-être aussi une petite figure renversée, la tête en bas, comme celles que nous avons remarquées sur d'autres cylindres, et qui représentent l'âme ou le férouer dans son mouvement de catabase ou descente.

Cône n° 5, pl. LI.

Un initié à face taurine, vêtu d'un riche costume assyrien, tient de chaque main, par une corne, un myste qu'il a vaincu et qui porte le costume propre au grade de *bromius*[1].

Cylindre n° 4, pl. LI.

Sur ce cylindre, comme sur le cône que je viens de décrire, un myste tient de chaque main, après les avoir vaincus, deux initiés du grade de *bromius;* mais ils sont revêtus chacun d'un costume qui, selon un rite phénicien particulier, leur donne une forme moitié homme moitié poisson. A côté de ce groupe, dans le haut du cylindre, est gravé un mihr, qui doit être ici l'emblème de Dercéto. Au-dessous de cet emblème on voit un oiseau, probablement une colombe. On sait le rôle que joue la colombe dans la légende de Vénus, et, en particulier, dans celle de *Dercéto,* la Vénus marine des Phéniciens.

Cylindre n° 1, pl. LI.

Ici, au lieu d'un seul myste combattant un initié du grade de *bromius*, nous en avons trois. Chacun d'eux compose un groupe distinct avec l'adversaire dont il a triomphé. Chacun d'eux aussi affecte des formes particulières qui semblent avoir été imaginées pour indiquer une progression dans l'état moral et l'instruction du vainqueur. Ainsi, dans le groupe du milieu, nous remarquons que le myste qui a vaincu un initié bromius, dont les formes sont celles d'un taureau à tête humaine, se montre lui-même avec un masque à face taurine, et le corps entièrement nu, si ce n'est que le bas des reins est ceint d'un kosti à trois rangs. Dans le groupe qui est gravé à notre droite, le myste a recouvré complétement sa forme humaine. Il est vêtu d'une courte tunique collante, qui ne descend qu'au-dessus des genoux, et qui est fixée au bas des reins par un kosti qui ne fait qu'un seul tour. Dans le troisième groupe, celui qui est à notre gauche, ce myste se présente à nos yeux, non-seulement avec des formes purement humaines, mais avec une longue stole plissée et avec des ailes ascendantes attachées aux épaules. On découvre donc ici, comme sur le cylindre cité, n° 7, pl. L, l'intention d'exprimer trois degrés de progression

---

[1] Cf. le cylindre n° 9, pl. XXVII. Ce cône a plusieurs fois été publié, mais toujours inexactement et sans aucune interprétation admissible. M. Rochette, qui paraît avoir ignoré qu'avant lui Herder en avait donné un dessin dans ses *Lettres persépolitaines,* a confondu les deux hommes taureaux de ce cône avec *deux lions unicornes ailés à tête humaine.* (*Mémoires sur l'Hercule assyrien,* dans les *Mémoires de l'Académie des Inscriptions,* p. 355, et pl. V, n° 11.)

dans l'influence et dans la supériorité acquise par le myste sur l'initié bromius. Seulement ici le procédé employé par le graveur n'est pas le même.
Les trois initiés bromius vaincus sont ithyphalliques, et n'ont rien dans le costume qui ne soit emprunté aux formes du taureau, si ce n'est que leur masque
à face taurine conserve, malgré les deux grandes cornes dont ils sont ornés,
quelques traits d'un visage humain.

Cylindre n° 6, pl. L.

Ce cylindre est remarquable, tout d'abord, par une légende en caractères
phéniciens. Son origine phénicienne ne saurait donc être contestée, à moins
qu'on ne veuille l'attribuer à l'art assyrien, en supposant que ce petit monument aurait été gravé en Assyrie pour un Phénicien qui se serait fait initier
aux mystères dans un sanctuaire assyrien. Si l'on ne s'arrête pas plus qu'elle
ne le mérite à cette supposition, il devient très-intéressant de remarquer que,
sous le rapport du sujet, des costumes et des symboles, ce petit monument a
la plus grande analogie avec plusieurs cylindres que leurs légendes, en caractères cunéiformes, nous permettent d'attribuer avec toute certitude à l'art
assyrien. Sur notre cylindre nous trouvons, en effet, un myste vêtu de l'ancien
costume. De la main droite il tient par une jambe de devant, après l'avoir
vaincu, un taureau ailé à tête humaine, c'est-à-dire un initié du grade de
bromius. De la main gauche il saisit à la gorge un lion ailé qui, se dressant
sur une patte de derrière, veut se précipiter sur lui. Un tel groupe ne laisse
subsister aucun doute sur l'obligation imposée à chaque myste de vaincre un
initié bromius avant d'être reçu au grade de lion. L'intérêt s'accroît lorsqu'on
remarque que ce groupe est dominé par un emblème en tout semblable ou
analogue aux emblèmes qui, sur les grands bas-reliefs, les cônes et les cylindres des Assyriens et des Perses, représentent une triade divine. Les Phéniciens, au moins dans les sanctuaires où se célébraient les mystères qu'ils
avaient reçus des Assyriens, reconnaissaient donc une triade; et cette triade,
comme celle que représente, sous une autre forme, l'autel palmyrénien à
quatre faces qui se conserve au Vatican [1], se composait sans doute de l'Éternel [2], de Baal et de Baltis ou Vénus.

La légende phénicienne de notre cylindre contient le nom du possesseur
de ce petit monument et le nom de son père. Bien que facile à lire, elle a
cependant été lue avec quelques variantes par d'habiles philologues. Ces

---

[1] Voyez *Mémoires de l'Académie*, t. XX, 2ᵉ partie, et *Recherches sur le culte du cyprès*. — [2] Le
Temps-sans-bornes.

légères différences ne peuvent nous empêcher de trouver, dans cette légende, une preuve en faveur de l'opinion où je suis que la plupart des légendes gravées en caractères cunéiformes sur les cônes et sur les cylindres n'offriraient que des noms et peut-être quelque qualification si on parvenait à les déchiffrer.

Cylindre n° 8, pl. L.

Deux initiés du grade de bromius luttant ensemble sont la répétition du groupe qui occupe le milieu de la scène représentée sur le cylindre n° 1 de la planche LI, précédemment décrite. Mais ici un énorme lion dispute, pour ainsi dire, à l'un des deux initiés, la victoire que celui-ci remporte sur l'autre; il s'élance même pour dévorer ce dernier; et nous acquérons ainsi une nouvelle fois la conviction que triompher d'un initié du grade de bromius était une des obligations imposées au myste qui aspirait à obtenir le grade de lion, et qu'une telle lutte précédait le combat corps à corps de l'initié avec l'animal même qui donne son nom à ce grade. Ces faits, désormais acquis à l'histoire de la célébration des léontiques, malgré le silence que gardent sur ce point tous les écrivains anciens et les écrivains modernes, se reproduisent de nouveau sur les deux cylindres que je vais décrire successivement. Mais avant de nous occuper de ceux-ci, je ne dois pas omettre de dire que le cylindre qui est sous nos yeux[1] présente une particularité que je n'ai rencontrée sur aucun autre monument asiatique. Non-seulement l'archiprêtre qui préside à la célébration de la léontique porte un masque à tête de lion, circonstance très-rare sur les cylindres, mais il est assis dans une espèce de nacelle ou de barque formée par deux grandes cornes de buffle ou de taureau, qui se réunissent à leur base. De ses deux mains il met en mouvement une rame, comme s'il voulait naviguer, mais en réalité pour montrer la domination qu'il exerce sur l'élément humide. Par là, les rapports du taureau avec le principe humide sont exprimés d'une manière ingénieuse et nouvelle. Et si l'on veut prendre la peine de rapprocher de ce cylindre ceux où un archiprêtre assis, la tête ornée de deux cornes de taureau, est entouré du signe des eaux et de deux ou de quatre poissons, on comprendra facilement que l'idée est la même, bien qu'elle soit exprimée par un autre procédé de l'art. Sur notre cylindre unique, un second personnage est placé dans la nacelle. C'est une prêtresse qui remplit ici les fonctions de marraine, et dont l'attitude annonce qu'elle vient implorer la bienveillance et l'assistance de l'archiprêtre en faveur du myste qui

[1] Pl. L, n° 8.

aspire au grade de lion. Entre cette prêtresse et l'archiprêtre, dans le haut du cylindre, est gravé un disque, qui très-probablement représente la pleine lune, en même temps que les deux cornes de taureau qui servent de nacelle affectent, par leur disposition, la forme d'un croissant ou de la nouvelle lune [1].

Cylindre n° 5, pl. L.

Les deux groupes qui occupent toute la périphérie de ce petit monument représentent deux scènes de la célébration des léontiques, où nous retrouvons à la fois progression quant aux deux adversaires que combat successivement un initié du grade de bromius, et progression quant aux formes sous lesquelles se montre ce personnage dans chacune des deux luttes. Dans le premier groupe, on le voit, moitié homme et moitié taureau, vaincre et dompter un cerf ou un daim que lui dispute un lion furieux. Dans le second, il n'a plus rien du taureau, si ce n'est qu'il conserve une face taurine et des cheveux dont les deux boucles supérieures figurent des cornes. Aussi est-il aux prises, non avec un simple quadrupède herbivore ou frugivore, mais avec un initié reçu au grade de bromius et vêtu du costume le plus caractéristique de ce grade. Il a triomphé de cet initié et le soustrait à un lion furieux qui s'avance pour le dévorer. Entre cet animal et l'initié bromius vaincu, on voit un poignard, l'arme destinée au vainqueur pour combattre plus tard le lion corps à corps. Une légende en caractères cunéiformes, altérés et non interprétés, est gravée perpendiculairement entre les deux lions.

Cylindre n° 9, pl. XXVII.

La scène se complique. Au lieu de deux groupes nous en avons trois ici, et celui qui est au milieu des deux autres se compose de trois personnages, et non de deux seulement. Le premier groupe, à notre gauche, représente une bromique. L'initié soldat, armé d'un poignard et vainqueur d'un taureau qui s'est dressé contre lui sur ses pieds de derrière, a déjà revêtu les formes de cet animal symbolique. Son costume est le plus caractéristique, le plus complet que je puisse citer pour le grade de bromius. Le masque, surtout, se fait remarquer par une foule de détails empruntés au taureau, et combinés si habilement avec les principaux traits du visage humain, qu'il en résulte une face où l'on reconnaît à la fois l'homme et le taureau; les cornes, les oreilles,

---

[1] Cette remarque me conduit à dire que, sur deux bas-reliefs mithriaques romains trouvés en Transylvanie, la nouvelle lune est représentée par un taureau placé dans une nacelle qui a la forme d'un croissant. (Voyez mon Atlas, pl. XCVI, n°° 1 et 2, et *Mémoires de l'Académie*, nouvelle série, t. XIV, pl. I, n°° 1 et 2.)

32.

la forme des yeux et de la bouche méritent d'être signalées. Remarquons aussi,
entre les deux cornes, une rangée de perles qui tient lieu certainement de la
couronne à pointes que nous avons vue sur la tête de quelques autres initiés
vainqueurs du taureau. A côté de ce premier groupe sont disposées perpendiculairement trois lignes de caractères cunéiformes assyriens, qui contiennent
probablement le nom de l'initié pour qui fut gravé ce curieux cylindre. Dans
le second groupe nous avons un nouvel exemple de la progression que souvent le graveur a eu l'intention d'indiquer et par le costume dont il revêt
l'initié et par l'adversaire qu'il lui donne à combattre. Ici, comme sur le cylindre n° 5 de la planche L, le myste qui lutte avec un initié bromius se
montre sous une forme humaine, qui n'a conservé du taureau que quelques
traits assez fortement exprimés dans le masque; tandis que l'initié bromius,
dont il triomphe, n'a d'humain, comme celui du premier groupe, que quelques
traits reconnaissables dans la face taurine et dans la forme du torse. Par suite
d'une habitude propre aux artistes de l'Asie occidentale, cet initié bromius est
attaqué et vaincu par deux mystes. Le plus souvent c'est un seul myste qui
combat et dompte deux ou trois animaux de la même espèce, ou qui triomphe
de deux ou de trois initiés d'un grade inférieur à celui qu'il ambitionne d'obtenir. Il est évident que, dans ces divers cas, l'artiste obéit tantôt à une prescription hiératique, tantôt à une simple loi de symétrie. Dans le troisième groupe,
nous retrouvons un initié bromius revêtu du costume complet du grade, comme
l'initié bromius vainqueur du taureau dans le premier groupe, et comme l'initié
bromius vaincu par deux mystes dans le second. Ici, ce troisième initié bromius, à cornes, oreilles, queue, cuisses, jambes et pieds de taureau, se voit
menacé d'être dévoré par un lion, qui s'est dressé furieux contre lui et a saisi
le poignard ou l'épée dont son adversaire est armé. Celui-ci, dans le danger
imminent qu'il court, tourne vivement la tête vers le groupe du milieu pour
demander du secours. Sa détresse indique le péril de la nouvelle lutte qu'aura
à soutenir le myste qui, dans ce groupe du milieu, combat un initié bromius.
Et, en effet, sous la légende gravée entre le premier et le second groupe, nous
voyons, dans un quatrième groupe, le myste aux prises corps à corps avec
deux lions. Il est ailé, et déjà il a revêtu un costume où un masque de lion
tient lieu d'une tête humaine. Ses bras sont terminés par des griffes de lion;
et sans doute nous lui verrions aussi des griffes de lion au lieu de pieds humains, si, au bas de sa stole à deux rangs de plis, une fracture n'avait pas fait
disparaître toute trace des jambes et des pieds. Comme les deux lions qu'il

vient de dompter, il porte sur le front un triangle au milieu duquel est inscrit un autre triangle plus petit, double allusion à la triplicité que l'on attribuait au feu, dont nous savons que le lion était le symbole ou l'emblème. Je ne connais aucun autre exemple d'un pareil groupe. Celui-ci sert avec les trois autres groupes à nous montrer qu'une certaine latitude était laissée aux graveurs chargés de reproduire sur les cylindres des scènes d'initiation. Car ici une composition passablement compliquée, où nous comptons six figures d'initiés et quatre d'animaux, réparties en quatre groupes, est substituée à une composition très-simple qui, par exemple, sur le cylindre cité de la planche L, exprime les mêmes idées que celui-là, sans autre aide qu'un seul groupe formé de deux initiés et d'un lion. Toutefois il est juste de remarquer qu'ici on ne voit pas, comme sur ce dernier cylindre, le myste revêtir des formes léonines après avoir triomphé de l'initié bromius et du lion.

Cylindre n° 7, pl. XXXIII.

Nous voici parvenus à une série de cylindres et de cônes qui se rapportent plus ou moins directement aux léontiques, mais qui, au lieu de représenter des combats, semblent se rattacher simplement à des scènes où le myste prélude à ces combats par des cérémonies, par des préparations sur lesquelles les écrivains de l'antiquité gardent le silence le plus absolu. Cette circonstance ne contribue pas peu à rendre difficile l'interprétation des monuments dont il s'agit et la tâche aussi de suppléer souvent à leur laconisme. Le premier que j'indique ici n'est pas très-compliqué; on y voit un myste barbu s'avançant vers une archiprêtresse comme pour recevoir de ses mains un objet qu'elle tient élevé à la hauteur de sa tête, et qui n'est pas facile à caractériser. Derrière ce myste on remarque un lion accroupi, la gueule béante. C'est l'indication certaine du grade que le myste désire obtenir. Au-dessus du lion est placé un vautour, symbole du grade qui suit immédiatement celui de lion. Peut-être cet oiseau de proie est-il là aussi pour avertir l'initié que, s'il succombe dans sa lutte avec le lion, son corps sera une pâture disputée entre cet animal carnassier et le vautour. Déjà nous avons vu que, sur le cylindre n° 6 de la planche XXX de mon Atlas, la présence de cet oiseau vorace, au milieu d'une autre scène de léontique, est susceptible de cette double interprétation.

Cylindre n° 5, même planche.

Ce cylindre comprend deux scènes : dans la première, à notre droite, un myste du grade de bromius, mais non revêtu du costume propre à ce grade, reçoit, un genou en terre, les instructions ou la bénédiction d'une archiprêtresse assise sur un siége sans dossier. Derrière elle on a gravé une oie et, au-dessous de ce premier plan, un méandre, deux symboles du principe humide destinés à rappeler le grade de *bromius*. Au-dessous du méandre, un lion, la gueule béante, s'avance vers le taureau pour le dévorer; c'est l'adversaire que le myste va combattre. Nous n'assistons pas à la lutte; mais dans la seconde scène, c'est-à-dire sur une autre face du cylindre, nous voyons le myste se présenter triomphant, la tête couverte d'un masque à mufle de lion et à corne de taureau, qui caractérise ainsi ses deux victoires successives et les deux grades qu'elles lui ont fait obtenir. Derrière lui se tient debout la prêtresse qui lui a servi de marraine. Entre ces deux personnages sont gravés le disque du soleil superposé au croissant de la lune, et, plus bas, un astérisque à six branches, qui ne peut être que la planète Vénus.

Cylindre n° 6, même planche [1].

Une prêtresse, revêtue du costume affecté aux marraines, se présente devant un prêtre qui est debout, dans une attitude menaçante, dont nous avons déjà trouvé plusieurs exemples parmi les monuments des grades précédents. Elle intercède auprès de cet hiérophante en faveur d'un myste, qui se tient debout derrière ce dernier, et qui est suivi d'un lion ailé, la gueule béante et les griffes en avant. La pose de l'animal indique suffisamment quel adversaire aura à combattre l'initié. Celui-ci tient suspendu, à la main gauche, un rameau à trois branches ou trois caractères cunéiformes réunis en groupe. Dans le haut du cylindre on voit, à gauche, un objet qui m'est inconnu, et, à droite, un grand astérisque à huit branches, représentant ou le soleil ou la planète Vénus.

Cylindre n° 9, pl. XXXII.

Si ce petit monument n'avait pas été endommagé dans toute la partie que mon graveur a indiquée par un pointillé, nous verrions en scène ici, comme sur le cylindre précédent, trois personnages. Celui qui est effacé devait être un myste mâle ou femelle présenté à l'archiprêtresse par une prêtresse dont le costume est analogue au costume des femmes que, sur d'autres cylindres, j'ai précédemment assimilées aux Amazones. Derrière cette prêtresse, qui est dans l'attitude de celles que je désigne habituellement sous la dénomination de marraine, on voit un lion superposé à un taureau et séparé de cet animal herbivore par un méandre. Ce qui doit attirer notre attention particulière,

[1] Atlas, pl. XXXIII.

c'est que sur ce cylindre l'archiprêtresse, comme nous l'avons vu ailleurs, représente Mylitta. Elle est entièrement nue; le corps est vu de face et la tête de profil. Des deux mains, cette figure tient suspendue autour de son corps une guirlande de feuilles; à ses pieds, de chaque côté, voltige une colombe, ce qui ne peut laisser aucun doute sur l'intention qu'on avait eue de faire de l'archiprêtresse une image vivante de la déesse qui, chez les Assyriens et les Phéniciens, présidait aux mystères.

Cylindre n° 9, pl. LIV, *A*.

La partie supérieure de ce petit monument a été fracturée; mais cet accident ne nuit aucunement à l'interprétation du sujet, et, bien que nous ne trouvions pas ici le symbole du lion, nous ne pouvons hésiter à rapporter ce sujet à la célébration des léontiques. L'autel allumé que nous voyons placé entre l'hiérophante assis[1] sur un trône sacerdotal sans dossier et le myste qui se tient debout ne laisse subsister aucun doute à cet égard. D'autres accessoires confirment mon interprétation, et d'abord remarquons que derrière le myste se voient deux vases, qui très-probablement contiennent le miel dont un passage tiré de Porphyre nous a appris que, dans la célébration des léontiques, on faisait usage au lieu d'eau. Je ne connais pas sur les cylindres d'autre exemple de la représentation de deux vases de cette forme, et nous avons de plus un exemple également unique du support à l'aide duquel on les maintenait dans une position verticale. Remarquons aussi que le myste porte suspendu au bras gauche un symbole que nous avons trouvé gravé dans le champ de la base d'un cône asiatique[2] qui appartient indubitablement au grade de lion, puisqu'on y voit un myste combattant et domptant l'animal carnassier qui donne son nom à ce grade. Le symbole dont il s'agit avait donc une signification caractéristique dans le rituel des léontiques, bien que cette signification nous soit restée inconnue. Sa forme ici, comme sur la base du cône cité, ne peut être comparée qu'à celle d'un oméga grec. Mais les cônes n° 2, pl. XIX, et n°s 7 et 14 [3], pl. XLVI de mon Atlas, prouvent que cette forme variait quelquefois. Quant à l'autel, sa base conique n'est pas une particularité nouvelle pour nous. D'autres cylindres nous en offrent déjà plus d'un exemple; et lorsque nous passerons en revue les scarabées phéniciens que je rattache aux mystères d'Astarté, nous trouverons des autels d'une

---

[1] Cet hiérophante tient d'une main un glaive, et de l'autre un objet qui est peut-être le vase destiné à la communion mithriaque.

[2] Atlas, pl. XLVII, n° 2.

[3] Ce cône n° 14, pl. XLVI, représente seulement un initié revêtu du costume de lion.

forme très-analogue sur ceux de ces petits monuments qui se rapportent à la célébration des léontiques [1].

Cylindre n° 4, pl. L.

Un initié nu, à face taurine et à coiffure imitant les cornes recourbées d'un taureau, est debout entre deux prêtresses dont le geste annonce qu'elles lui font honte de la forme qu'il a revêtue. Elles l'exhortent sans doute à se servir vaillamment des deux armes [2] qui sont placées auprès de lui. Perpendiculairement à ces deux armes sont gravés, dans le haut du cylindre, deux symboles dont la composition est triple et dont la signification m'est inconnue. Derrière une des prêtresses ou marraines on voit, à droite, deux lièvres superposés à un méandre et formant avec ce symbole un emblème expressif de génération, parfaitement en rapport avec le naturel attribué à l'homme taureau, c'est-à-dire à l'initié bromius. Au-dessous du méandre, trois petites figures de femme, dont j'ignore le rôle ou l'emploi, se tiennent debout, les mains croisées sur la poitrine et la tête tournée vers le groupe dont cet initié bromius fait partie. On peut du moins comprendre que leur nombre n'a pas été sans dessein mis en harmonie ici avec un groupe et deux symboles dont la composition offre aussi le nombre trois.

Cylindre n° 3, pl. XXXIX.

Un initié du grade de *bromius* et dont la coiffure simule parfaitement les deux cornes d'un taureau, se prépare à la célébration des léontiques, mais n'est pas placé entre deux prêtresses comme l'initié bromius du cylindre précédent. Seul et portant de la main gauche un objet difficile à reconnaître, peut-être une arme, il s'avance vers un arbre de forme conventionnelle, mais élégante, image du *Hôm*, l'ized qui donne la vie, la force, le courage; et sans doute il va, en présence de cet arbre sacré, se livrer à des prières, à des méditations, et prendre des engagements qui puissent lui assurer ces divers dons. Sur d'autres monuments nous retrouverons de même en adoration, devant le hôm, un ou deux initiés de divers grades. Ici le champ du cylindre, autour du myste, est parsemé de caractères cunéiformes qu'il ne sera probablement pas facile de réunir en un ou plusieurs mots et encore moins d'interpréter.

Pour compléter les enseignements que nous fournissent les monuments figurés appartenant au grade de lion, il me reste à décrire plusieurs cylindres, cônes ou broderies qui, au lieu de représenter un initié du grade de bromius

---

[1] Voyez mon Atlas, pl. LXVIII, n° 24-27. — [2] Elles sont de l'espèce appelée *oreille de cuivre de Mithra*.

adorant le hôm ou combattant soit un lion, soit un des animaux des léontiques, représentent un ou deux initiés sortis victorieux de la célébration des
léontiques et revêtus d'un des costumes ou d'une des formes propres au grade
de lion. Par là nous acquerrons la preuve que la teneur des diplômes qui
attestaient l'obtention de ce grade variait dans de certaines limites. Mais il
me sera impossible de dire si le choix et la composition des sujets étaient exclusivement laissés aux prêtres initiateurs, ou déterminés par eux de concert
avec les initiés. Ce qui est bien certain, et ce que la multiplicité des monuments appartenant au grade de lion m'oblige à répéter, c'est que chacun de
ces monuments, de ce grade comme de tous les autres grades, a, si je puis m'exprimer ainsi, une individualité qui lui est propre. En d'autres termes, aucun
de ces monuments n'est la copie d'un autre.

Cylindre n° 2, pl. LVII.

Deux initiés du grade de lion, ayant un corps de lion, des ailes et la tête
couronnée, sont accroupis et placés en regard l'un de l'autre devant une tige
fleurie de lotus, emblème de génération et sujet de méditation instructive.
Au-dessus de ce groupe est gravé l'emblème de la triade divine.

Cône n° 1, pl. XLIX.

Deux initiés, revêtus du même costume que les deux initiés représentés sur
le cylindre qui vient d'être décrit, et accroupis comme eux, en face l'un de
l'autre, lèvent chacun et rapprochent, en signe de confraternité, une de leurs
pattes antérieures. Entre eux il n'y a ni hôm ni lotus; et, chose remarquable,
dans la partie supérieure du cône, l'emblème de la triade divine, que nous
voyons sur le cylindre précédent, est ici remplacé par l'emblème appelé
triskèle ou *triquetra*. Nous avons donc sous les yeux la preuve incontestable que
ce dernier emblème a une signification divine, et non une des origines qu'on
lui suppose habituellement. Aussi le trouvons-nous placé sur des médailles
asiatiques dont les revers offrent des sujets ou des symboles religieux. Ce rapprochement me porte à croire que le cône qui me fournit l'occasion de le faire
appartient à l'art phénicien.

Cylindre n° 4, pl. LVII.

De nouveau, nous trouvons ici l'emblème de la triade divine; mais au lieu de
deux initiés lions à tête couronnée, on en voit un seul, accroupi sur ses quatre
pattes, et la tête couverte d'une tiare arrondie et très-basse. Au-dessous de la
triade sont gravés, dans le champ, à droite, un grand astérisque à huit branches,
qui doit être le soleil; à gauche, un petit disque qui me semble être la lune.

Cône n° 3, pl. LVII.

Le sujet gravé en creux, sous la base de ce cône, a la plus grande analogie avec la représentation que nous avons trouvée sur le cylindre n° 2 de la même planche. Seulement la tête des deux initiés lions est ici ceinte d'un simple bandeau et non d'une couronne à pointes; l'emblème de Mithra ou de Vénus-Mylitta, appelé le *mihr*, remplace l'emblème de la triade divine du cylindre cité et la triskèle du cône décrit ci-dessus, n° 1, pl. XLIX.

Amulette pyramidal, à quatre faces, n° 4, pl. XLIX.

Un mihr, ayant la forme d'un globe ailé, remplace également ici l'emblème de la triade divine et la triskèle. Au-dessous, on remarque un petit astérisque à six branches, et, à droite de cet astérisque, un petit symbole formé de trois assises, et qui, parfaitement semblable à celui que nous avons vu sur le cylindre n° 4 de la planche L, semblerait, par sa position, nous permettre de croire qu'ici comme là il représente les trois phases de la lune jugées propices aux initiations. Les deux mystes du grade de lion, représentés sur notre amulette paraissent être des femmes. Ils sont placés en regard l'un de l'autre et accroupis sur leurs jambes de derrière. Ce groupe et les accessoires sont disposés dans un petit tableau carré qu'encadre de chaque côté un grand méandre, symbole du principe humide et, par conséquent, emblème de génération.

Métroïde n° 11, pl. XLIV.

Il est infiniment probable qu'ici nous devons, comme sur le petit monument ci-dessus, reconnaître deux femmes dans leur costume de lionnes. Mais ce costume, tant par la coiffure que par l'espèce de tablier attaché entre les jambes de devant, concourt, avec le soubassement semi-circulaire qui supporte les deux figures et le hôm placé entre elles deux, concourt, dis-je, à me faire supposer que nous avons ici sous les yeux un de ces petits monuments asiatiques que l'on peut appeler mixtes ou ægypto-phéniciens. Le cylindre[1] que je décrirai plus bas viendra à l'appui de ma supposition.

Cône n° 24, pl. XLIV.

Deux initiés barbus, revêtus du costume du grade de lion, accroupis sur leurs jambes de derrière et placés en regard l'un de l'autre, sont en méditation auprès d'un hôm qui a la forme d'un palmier.

Cylindre n° 3, pl. XXX.

Deux femmes du grade de lionne sont également placées ici, en regard

---

[1] Atlas, n° 3, pl. LIV, *A*.

l'une de l'autre, auprès d'un hôm qui affecte les formes du palmier. Mais leur costume offre quelques particularités que nous n'avons pas encore rencontrées sur les monuments consacrés au grade de lion. Le corps est non-seulement ailé, mais terminé par une queue d'aigle, et supporté antérieurement par deux jambes de lion, postérieurement par deux pattes et deux serres d'aigle. Ce costume est donc en rapport avec les formes conventionnelles attribuées au lion sur un des bas-reliefs de Persépolis[1], sur plusieurs cylindres[2], sur un cône[3] et sur un scarabée[4] déjà cités. A gauche du groupe formé par nos deux figures de lionne, on voit dans le haut un mihr d'une forme particulière, et, dans le bas, une plante à trois feuilles ensiformes.

Cylindre n° 3, pl. LIV, A.

Ici le sujet se complique : nous voyons, non-seulement à droite d'un hôm placé sous un mihr, un initié lion ayant entre les jambes de devant une pièce d'étoffe en guise de tablier, mais, à la gauche de ce hôm, un bouc plein d'ardeur, et qui, se dressant sur ses pattes de derrière, s'élancerait vers l'initié lion si un prêtre debout ne le retenait par une de ses cornes. Un autre prêtre se tient également debout à l'extrémité droite de ce petit tableau, et tous deux indiquent, par leurs gestes, qu'ils adressent des recommandations sérieuses à l'initié lion, en même temps que la présence et l'impétuosité du bouc leur servent de thème pour montrer à cet initié qu'il reste encore exposé au danger de retomber dans les voies de la génération. Un croissant surmonté du disque du soleil est gravé dans le champ du cylindre, tout auprès du mihr, dont la forme nous rappelle le mihr des médailles phéniciennes ou puniques, improprement désigné sous le nom de *globe ailé*, puisque, comme ici, les plumes qui le surmontent et la queue d'oiseau qui le termine attestent suffisamment que le type d'un pareil emblème fut un oiseau, une colombe, ainsi que je crois l'avoir démontré. Enfin, entre le bouc et le prêtre placé à gauche, on lit une inscription gravée en caractères qui achèvent d'assigner à notre petit monument une origine phénicienne, comme je l'avais annoncé. Cette inscription contient simplement le nom de l'initié pour qui ce cylindre avait été gravé; il s'appelait *Li Tsargad*.

Tablette n°s 6, 6ᵃ, 6ᵇ, 6ᶜ, 6ᵈ, 6ᵉ, pl. XLVII.

Ce petit monument, qu'on assure avoir été trouvé dans les ruines de Ba-

---

[1] Atlas, pl. XXI.

[2] *Ibid.* pl. XIX, n° 7; pl. XXV, n° 1; pl. XXXIII, n°s 4 et 10; pl. L, n° 6.

[3] *Recherches sur Vénus*, Atlas, pl. XIV, A, n° 3.

[4] *Recherches sur Mithra*, Atlas, pl. LXVIII, n° 4.

bylone, est représenté ici avec les dimensions de l'original sous ses six faces. La face antérieure et principale[1] nous offre deux femmes revêtues de leur costume de lionne, vues de profil, tournées à gauche et accroupies. Elles occupent deux compartiments placés l'un sur l'autre. Sur la face postérieure[2], deux compartiments également superposés l'un à l'autre renferment des emblèmes de génération, savoir : le premier, deux boucs, placés en regard et s'appuyant sur un tronc d'arbre; le second, un très-grand bouc, accroupi sur ses quatre pattes. Les deux faces latérales[3] nous montrent deux femmes debout et vues de profil. Ce sont probablement les deux initiées représentées avant leur métamorphose en lionnes. La face supérieure nous laisse voir trois trous pratiqués dans l'épaisseur de la tablette et destinés à recevoir les tenons d'une anse ou poignée, à l'aide de laquelle on devait suspendre quelque part, ou porter suspendu à la main, ce petit monument. Un petit trou pratiqué dans l'épaisseur de la face antérieure[4] de la tablette nous indique que le piton médial de cette anse était assujetti au moyen d'une cheville ou d'une vis. Enfin, sur la face inférieure[5], on a gravé en creux un treillis ou un échiquier, comme on en voit dans les hémicycles qui servent de soubassement à des sujets gravés sur des amulettes ou des scarabées phéniciens et dans les bordures qui encadrent les sujets brodés sur la stole du roi et de divers personnages que représentent plusieurs bas-reliefs des palais de Khorsabad et de Nemrod[6].

Sur les monuments dont la description va suivre, nous trouverons l'initié représenté tout à la fois avec le costume du grade de bromius et avec le costume du grade de lion.

Cylindre n° 6, pl. LII.

Ce cylindre, de fort petite dimension et d'un travail très-fin, appartient, si je ne me trompe, à la série des monuments des mystères que revendique l'art phénicien. On y reconnaît sans peine une influence égyptienne. Cette influence se révèle surtout dans la manière dont les ailes sont attachées aux épaules des deux figures de femme placées en regard l'une de l'autre auprès d'un autel posé au-dessous d'un grand croissant surmonté d'un astérisque cruciforme, inscrit dans un disque qui représente le soleil ou la planète Vénus. Nos deux figures n'ont point de bras; les ailes leur en tiennent lieu et ne sont pas

[1] N° 6.
[2] N° 6ᵃ.
[3] Nᵒˢ 6ᵇ et 6ᶜ.
[4] N° 6.
[5] N° 6ᵉ.
[6] Voyez mes *Recherches sur Vénus*, pl. XIX, *A*, et Layard's *Monum. of Nineveh*, 1ʳᵉ série, pl. VI, VIII, IX.

disposées selon le mode qui s'observe sur les monuments purement asiatiques.
L'une des deux femmes a une tête humaine plantée sur un corps de vache;
l'autre, une tête humaine semblable, mais placée sur le corps d'une lionne.
Évidemment nous avons là l'image d'une initiée qui avait voulu se faire représenter tout à la fois sous son costume de bromia et sous celui de lionne.
A gauche de la figure à corps de vache, on voit, dans le haut, un astérisque à
huit branches, qui est la planète Vénus ou le soleil; tout à côté, une antilope
à longues cornes est accroupie au-dessus d'un méandre sous lequel on voit un
lion également accroupi. Ce méandre et ces deux animaux achèvent de nous
montrer que le cylindre appartient à la fois au grade de bromius et à celui
de lion. En même temps les deux têtes d'antilope et les deux lièvres au milieu desquels s'élève l'autel paraissent avoir été placés là pour servir de sujet
de méditation à l'initiée qui, parvenue seulement au grade de lionne, appartient encore à la région terrestre et doit aspirer à rompre les derniers liens
qui attachent son âme à la matière.

Cône n° 1, pl. LVII.

Nous retrouvons ici deux mystes revêtus, l'un du costume de bromius,
l'autre du costume propre au grade de lion. Mais le premier est du sexe masculin et le second du sexe féminin; ce qui me donne à penser que le cône
avait été gravé pour une femme qui désirait perpétuer le souvenir de son
initiation et de celle de son mari à chacun de ces grades. Les deux figures
sont debout, en adoration devant un hôm de forme élégante, au-dessus duquel est gravé un croissant qui avertit les deux initiés qu'ils sont encore dans
la région sublunaire et, par conséquent, dans les voies de la génération.

Amulette nos 5, 5ᵃ, 5ᵇ, 5ᶜ et 5ᵈ, pl. XLVII.

Cet amulette, qui affecte la forme d'une petite pyramide à quatre faces,
étagée, tronquée et percée transversalement de part en part à son sommet,
comme nous le montre la figure n° 5, n'est point remarquable sous le rapport du travail, mais nous offre un vif intérêt, tant par les sujets gravés sur
ses quatre faces principales que par sa provenance. Il a été trouvé dans la
plaine de Marathon, et y fut sans doute enseveli avec le corps de quelque
initié qui faisait partie de l'armée de Xerxès, le jour de la bataille qui a rendu
si célèbre, dans l'histoire de la Grèce, le nom de cette plaine. Destiné à perpétuer le souvenir d'une réception au grade de bromius et à celui de lion, cet
amulette nous offre sur sa face n° 5ᵈ l'initié revêtu d'un costume que nous
n'avons pas encore rencontré sur les monuments consacrés au grade de bro-

mius, mais qui, sans aucun doute, appartient cependant à ce grade. En effet, sous ce costume, l'initié ne nous montre pas une tête humaine ou une face taurine placée sur un corps et des jambes de taureau : il est seulement affublé d'un masque qui lui donne la tête, les cornes et les fanons de cet animal; entre les deux cornes est placé un disque lunaire, emblème dont la présence s'explique et se justifie suffisamment par tout ce que j'ai dit des rapports du taureau avec la lune, et du grade de bromius avec cet astre et avec la région sublunaire. L'initié, ainsi costumé en bromius, est placé ici devant un hôm et lève les deux mains au ciel pour implorer, par l'intercession de l'ized hôm, la délivrance de son âme, qui gémit de l'esclavage honteux où la matière est censée la retenir au grade de *bromius*. Il ne veut pas se borner à de simples prières. Résolu à livrer de nouveaux combats à ses passions, il obtient d'être admis à célébrer les léontiques. Aussi le voyons-nous, sur la face n° 5ᵃ, se mesurer, le corps nu, avec un lion monstrueux. Il en triomphe, et, sur la face n° 5ᶜ, nous trouvons le vainqueur revêtu du costume propre au grade de lion. Mais pour ne pas perdre de vue le danger que court encore son âme unie à un des principes de la matière qui, bien que supérieur au principe humide, ne participe pas moins à l'acte de la génération et de la reproduction, l'initié a eu soin de faire graver deux boucs sur la face 5ᵇ de l'amulette qu'il se proposait de porter habituellement suspendu à une partie quelconque de son corps. Il m'est impossible de dire si cet amulette a une origine assyrienne ou phénicienne. Je ne crois pas qu'on puisse l'attribuer à un artiste perse; mais ce qu'on peut affirmer, sans crainte de se tromper, c'est que déjà, à l'époque de l'expédition de Xerxès contre la Grèce, l'art chez quelques peuples de l'Asie occidentale était tombé dans un état déplorable de décadence.

Cylindre n° 3, pl. LIV, *B*.

Nous retrouvons, sur une des faces de ce cylindre, deux boucs, mais sans aucun personnage, et placés dans une position toute différente de celle que deux animaux de la même espèce affectent sur les deux cylindres qui viennent d'être décrits. Ici ils se dressent sur leurs pieds de derrière, non pour former une croix ou un X avec leurs corps, mais pour s'emparer d'un arbrisseau de forme conventionnelle et à neuf branches, qui est appelé le *hôm*, qualifié *arbre de vie* dans le *Zend-Avesta*. Toutefois ils détournent leur tête et regardent en arrière comme s'ils craignaient d'être surpris dans leur entreprise. C'est, en effet, la lutte de la vie spirituelle avec la vie matérielle qu'on a voulu représenter ici à l'aide du symbole du hôm et du symbole du bouc. L'initié pour

qui ce petit monument portatif avait été gravé s'était sans doute proposé de
perpétuer, par un tel sujet, le souvenir des avertissements salutaires qu'on
lui avait donnés en lui recommandant de veiller sur lui pour rester chaste
comme le lion. Sur l'autre face du cylindre est gravé le croissant de la lune,
surmonté de l'astérisque du soleil [1] et superposé à un autel dont la forme
conique ou pyramidale nous annonce que le feu sacré devait y être allumé,
comme on le voit briller sur un autel de même forme dans des scènes d'adoration que représentent des scarabées ægypto-phéniciens dont je me réserve
de parler dans un autre chapitre. Il me suffira d'ajouter ici qu'un autel du
feu est très-convenablement placé sur un cylindre destiné à être le signe
commémoratif d'un grade qui recevait son nom du lion, symbole du principe igné.

Cylindre n° 8, pl. XXVI.

Deux gazelles ou deux antilopes remplacent ici les deux boucs que nous
venons de voir sur le cylindre précédent. Leur attitude est la même, et, comme
ces deux derniers animaux, elles sont placées auprès de l'arbre de vie. Mais
ici ce hôm est d'une forme différente et non moins conventionnelle. On y
compte treize branches terminées chacune par une fleur à trois pétales. Le
croissant de la lune est gravé dans le haut du cylindre. Au-dessous, on remarque les sept planètes sous la forme de sept petits disques, et un grand
astérisque à six branches, qui doit représenter la planète Vénus. Enfin les
mystes reçus au grade de lion se contentaient parfois de faire graver sur de
petits monuments portatifs, soit un initié revêtu du costume propre à ce grade,
soit un lion dévorant un taureau ou un autre animal non carnassier, soit même
simplement le symbole du grade, c'est-à-dire un ou deux lions. Dans la première de ces deux catégories se rangent une métroïde [2] et deux cônes à huit
pans coupés [3] que j'ai choisis comme exemples. Le premier des deux cônes
est remarquable par la grande corne implantée sur le front de l'initié lion.
Le second nous offre une tête humaine, couronnée et vue de face, implantée
sur deux corps de lion gravés de profil. Telle est la disposition qu'affectent
d'autres figures sur quelques antéfixes grecs de terre cuite. Dans la deuxième
catégorie, il faut placer un nombre considérable d'hémisphéroïdes, de métroïdes et de cônes, parmi lesquels j'ai choisi des exemples qui embrassent
l'intervalle de temps compris entre l'époque où l'art asiatique imitait encore

---

[1] Cet astérisque a six branches.

[2] Atlas, pl. XLVI, n° 13.

[3] Atlas, pl. XLVI, n° 14, et pl. XLIX, n° 3.

les formes propres à l'ancien style, et l'époque de décadence complète, qui est l'ère des Sassanides. Les numéros 16, pl. XLV, de mon Atlas; 18 et 19, pl. XLIII; 22, pl. XLV; et 19, pl. XXVI, représentent un lion dévorant un taureau. Il faut y ajouter le numéro 2 de la planche XVII de mes *Recherches sur Vénus*, qui reproduit le même groupe gravé sur la surface plane d'un hémisphéroïde de calcédoine que l'on conserve au musée impérial de Vienne, et que je classe parmi les antiquités assyriennes ou phéniciennes. Le numéro 14, pl. LIV, *C*, et le numéro 9, pl. XLV, expriment chacun, par un autre procédé de l'art, la supériorité du lion sur le taureau. La première de ces deux intailles nous montre, vu de face, un mufle de lion superposé à une tête de taureau également vue de face. La seconde intaille représente un quadrupède symbolique formé par la réunion, en sens inverse, de la partie antérieure du corps d'un lion et de celle du corps d'un taureau; le premier, la tête élevée vers le ciel; le second, la tête baissée vers la terre. Sur le numéro 8 de la planche LXII de l'Atlas ci-joint, nous voyons un lion tenant entre ses pattes de devant la hure d'un sanglier dont il a dévoré le corps. Un lion et une lionne, sur le numéro 7 de la planche LIII, s'apprêtent à dévorer un sanglier. Dans le champ de la pierre sont gravés, à droite, le disque de la lune surmonté d'un croissant renversé, et, à gauche, une croix ansée, qui me donne lieu de penser que nous avons sous les yeux une intaille de travail phénicien. Les numéros 17 et 20 de la planche XLIII représentent, l'un, un lion dévorant un chameau, sujet très-rare; l'autre, un lion dévorant une gazelle ou une antilope. Sous le numéro 2 de la planche XIV, *A*, de mes *Recherches sur Vénus*, on voit aussi une antilope dévorée par un lion. Un croissant est gravé au-dessus de ce groupe pour marquer que la scène se passe dans le monde sublunaire. J'hésite d'autant moins à rattacher aux léontiques ces divers monuments que, sur un beau fragment de cuirasse assyrienne ou phénicienne, dont je parlerai plus loin, nous trouverons le grade de lion et celui de griffon indiqués, le premier, par le combat d'un lion et de deux lionnes avec un taureau et une antilope; le second, par un griffon que l'on voit attaquer et déchirer un lion qui s'apprêtait à dévorer un animal herbivore d'une autre espèce [1].

A la troisième catégorie que j'ai établie, appartient une multitude d'amulettes de formes diverses, qui embrassent les mêmes époques de l'art que la

---

[1] Voyez le n° 1 de la planche XLVII de mon Atlas.

première et la deuxième catégorie. En tête de ceux que j'ai choisis pour en placer les dessins dans mon Atlas, je dois citer un cône à huit pans coupés, où deux lions ailés, de beau style, se dressant sur leurs pattes de derrière, forment avec leurs pattes antérieures un rhombe ou losange au-dessus d'un hôm terminé par une palmette, comme on le voit ailleurs. Trois caractères phéniciens, gravés au-dessus des deux lions, donnent à ce cône une origine certaine et présentent un nom. Il faut rapprocher de ce petit monument un joli scarabée phénicien dont je parlerai plus loin, et un beau cône de calcédoine saphirin à huit pans coupés, qui faisait partie de mon ancienne collection et qui m'avait été envoyé de l'Asie Mineure par l'infortuné docteur Frédéric Schultz, dont l'assassinat est un sujet universel de douleur, de regrets, et une perte à jamais déplorable pour le progrès des études asiatiques. Sur la base de ce cône, un lion ailé et unicorne, semblable à celui que nous voyons sur le scarabée, lève la patte antérieure droite, en signe de prépotence, sur une fleur de lotus, symbole du principe humide. Un nom dont les dernières lettres sont effacées est gravé en boustrophédon et en caractères grecs archaïques, à gauche, auprès de la fleur et du lion. On lit MANET, ce qui est évidemment le commencement d'un de ces noms que les Grecs asiatiques avaient formés avec le nom de la divinité orientale appelée MAN, ou MHN, ou MEN. Si, à leur tour, nous rapprochons du cône phénicien, du scarabée phénicien et du cône græco-asiatique que je viens d'indiquer, le lion gravé sur plusieurs cylindres de travail assyrien[1], le lion sculpté sur un des bas-reliefs de Persépolis[2], nous ne pourrons révoquer en doute les communications religieuses qui existèrent entre les Assyriens, les Phéniciens, les Perses et les Grecs asiatiques, ni méconnaître que certains types hiératiques se reproduisent avec leur acception symbolique et leurs formes conventionnelles sur les monuments figurés de chacun de ces quatre peuples. Le lion gravé sous la base du cône à huit pans coupés, n° 4, pl. XXVI, présente une grande analogie de formes avec le lion du cône que je viens de décrire[3].

Les numéros 12 et 13 de la planche XLIII nous offrent deux modifications de ce dernier type. Au lieu d'une seule corne annelée, les lions portent chacun ici deux cornes de bouc, comme on leur en voit sur plusieurs monuments grecs et aussi sur quelques bas-reliefs romains. Sur le numéro 13, le lion ailé tire la langue, comme les lions des médailles de Cnide, de Samos et de

---

[1] Atlas, pl. XXV, n° 1; pl. XIX, n°s 7 et 8, etc.   [3] Recherches sur Vénus, Atlas, pl. XIV, A,
[2] Ibid. pl. XX et XXI.   n° 3.

quelques autres localités grecques[1] que l'on peut rapporter à un art grec asiatique.

Le numéro 8 de la planche XLIII nous montre un lion ordinaire, marchant de droite à gauche et entouré d'une légende en caractères phéniciens, où on lit un nom. D'autre part, une modification du type gravé sur le cône n° 26, pl. XLIII, se fait remarquer sur le cône à huit pans coupés que reproduit le numéro 6 de la planche XXVI. Les deux lions que nous y voyons se dresser debout sur leurs pattes de derrière, auprès d'un hôm, sont ramenés, ainsi que ce hôm, à des formes qui n'ont rien de conventionnel. Ils ne sont pas ailés et tiennent élevées leurs pattes antérieures sans les faire servir à figurer un rhombe[2], comme le font les deux lions du cône cité.

A la suite de ces divers monuments, il faut placer un amulette[3] où deux lions sont gravés en regard l'un de l'autre auprès d'un hôm qui affecte la forme d'un palmier. Le sommet de cet arbre est entouré de sept petits astérisques représentant les sept planètes. Au pied de l'arbre, qui est triangulaire, on distingue à droite et à gauche un petit disque surmonté d'un croissant.

Nous parvenons enfin à l'époque sassanide, et nous trouvons, sur des pierres de diverses formes, tantôt un lion ailé ou sans ailes, entouré d'une légende en caractères pehlevis et accompagné ou non de l'astérisque du soleil, ou du croissant de la lune, ou à la fois de l'astérisque et du croissant[4]; tantôt la moitié antérieure d'un lion ailé également entouré d'une légende pehlevie; tantôt un lion accompagné d'un serpent, symbole de vie, de l'astérisque du soleil et du croissant de la lune[5]; tantôt deux lions en regard l'un de l'autre et gravés chacun au-dessous de deux astérisques, le soleil et la planète Vénus, en même temps qu'entre ces deux animaux, dans le bas de la pierre, est gravé le croissant de la lune; tantôt la moitié antérieure d'un lion ailé, unie à la moitié antérieure du corps non ailé d'une lionne ou d'un lion, et entourée d'une légende pehlevie, forme un seul animal qui a deux têtes tournées en sens contraire et quatre pattes antérieures. Enfin un hémisphéroïde d'agate blonde, cédé au Musée britannique par M. Claude Scott Steuart, et reproduit ici sous le numéro 20 de la planche XLV, nous offre trois moitiés antérieures de lion ailé vues de profil, réunies ensemble et disposées de manière que les trois

---

[1] Voyez *Recherches sur Vénus*, pl. III, *A*, et pl. III, *B*.

[2] Le rhombe jouait un grand rôle dans les mystères. (Voyez Lucien.)

[3] Atlas, pl. XLV, n° 24.

[4] Voyez pl. XLV, n° 23; pl. XXVI, n° 7; pl. XLIII, n°ˢ 7 et 11.

[5] Pl. XLV, n° 1.

têtes alternent avec les trois ailes et forment un triangle coupé par un autre triangle formé des trois ailes. Ces trois têtes me donnent lieu de faire remarquer que, sur plusieurs cylindres, nous trouvons un myste combattant trois animaux semblables l'un à l'autre ou trois figures moitié humaines, moitié animales, qui ne diffèrent également en rien l'une de l'autre.

Si l'on pouvait douter que je fusse fondé à rattacher aux monuments des mystères les diverses pierres gravées que je viens de décrire, et qui représentent simplement le combat d'un lion avec un animal herbivore, ou plus simplement encore un lion tout seul ou deux lions, j'aurais à prier le lecteur de jeter les yeux sur trois pierres gravées, dont à dessein j'ai différé de parler jusqu'à ce moment, et qui sont figurées sous les numéros 11, pl. XLII, et 22 et 23, pl. XLIII. Il y verra que le *mihr*, symbole de Mithra, comme de Vénus, est gravé au-dessus du lion, cet animal symbolique que Tertullien attribue nominativement à Mithra, en disant : *Leones Mithræ* [1].....

Pour compléter ce que j'avais à dire des monuments de l'art consacrés aux léontiques, il me reste à parler de ceux qui ont été trouvés en Égypte. Ils sont en petit nombre jusqu'à ce jour, et peuvent appartenir soit aux mystères qui durent s'introduire dans ce pays avec le culte de la Vénus assyrienne nommée *Hâthôr*, soit aux mystères qui, d'après des témoignages que je citerai plus loin, furent importés en Égypte avec le culte asiatique de Mithra.

En première ligne je dois indiquer un cylindre d'ivoire, qui a conservé sa monture antique et qui représente deux lions en regard, debout sur leurs pattes de derrière et formant avec leurs pattes antérieures le rhombe mystique, comme on le voit aussi sur quelques cylindres ou cônes provenant de l'Asie occidentale. Ce cylindre fut trouvé par feu M. Drovetti sur la poitrine d'une momie, qu'il découvrit pendant son séjour en Égypte. Il voulut bien me le céder, et ce précieux petit monument est passé, avec toute ma collection, au cabinet des médailles et antiques de la Bibliothèque impériale de Paris. Je dis précieux, non à cause du sujet, qui n'a rien de particulier, ni à cause du travail qui est presque grossier, mais parce qu'il a été trouvé en Égypte sur le corps d'une momie, et parce qu'il est du très-petit nombre de cylindres qui n'ont pas perdu leur monture antique. Celle-ci est de cuivre, comme on devait s'y attendre.

Deux autres cylindres égyptiens, dont je publie les dessins [2], se rattachent

---

[1] *Advers. Marcion.* I, xiii, p. 372, *A.* — [2] *Atlas*, pl. XLI, n° 2, et pl. XLII, n° 8.

également au grade de lion. Le premier, qui est de terre émaillée, représente deux lions se disposant à attaquer chacun une antilope. Le second, de terre cuite rouge brun et très-compliqué, offre une réunion de symboles qui, grossièrement dessinés, sont empruntés, les uns à l'Asie, les autres à l'Égypte, et que je n'entreprendrai pas d'expliquer. Je me bornerai à signaler le groupe caractéristique où l'on distingue deux lions superposés à deux taureaux, et à faire remarquer que, parmi les accessoires, on reconnaît le crocodile, symbole du principe humide, et le singe ou le cynocéphale, symbole de l'air. Ce cylindre, percé de part en part dans son axe, comme les cylindres asiatiques, nous offre autour du trou supérieur l'ornement que reproduit ici la figure 8ᵃ de la planche citée XLII, et autour du trou inférieur la rosace que représente la figure 8ᵇ de la même planche.

Un amulette et un scarabée de terre émaillée se rapportent plus directement au grade de lion que le cylindre précédent. L'amulette[1] nous offre, sur une de ses deux faces, un personnage ailé placé debout sur un lion, à la manière asiatique. Au lieu d'une tête humaine, il a la tête d'un animal herbivore et cornu. Ses bras sont remplacés par deux ailes étendues. Le corps est revêtu d'une courte tunique collante. Sur l'autre face, on voit cinq caractères hiéroglyphiques, que mon habile confrère M. le vicomte Emmanuel de Rougé a interprétés. Une figure semblable à celle que je viens de décrire, et debout, comme elle, sur un lion, se retrouve sur le scarabée[2]; mais elle est précédée d'une petite figure humaine placée debout sur une antilope à longues cornes.

Peut-être faut-il ajouter à ces divers monuments un cylindre figuré sous le numéro 1 de la planche XLI de mon Atlas, où l'on retrouve, avec des accessoires dont je ne connais ni le nom ni la signification, deux antilopes, animal qui paraît avoir joué un rôle important dans la célébration des léontiques.

---

[1] *Recherches sur Vénus,* pl. XVII, nᵒˢ 9 et 9ᵃ. — [2] *Ibid.* pl. XVII. nᵒ 10.

CHAPITRE VII.

QUATRIÈME GRADE. —— GRADE DE VAUTOUR.

(Premier grade aérien.)

L'âme de l'initié parvenu au grade de lion, le troisième des grades terrestres, aspire à continuer son mouvement ascendant vers le ciel. Mais pour franchir l'espace immense qui sépare la terre du ciel, il faut préalablement que l'âme s'épure dans la région de l'air et dans celle du soleil. Les anciens considéraient la première de ces deux régions comme intermédiaire entre la seconde et la région terrestre; de même que, selon leurs idées, l'air est un élément intermédiaire entre le feu et l'eau, susceptible de se charger alternativement et même simultanément d'eau et de chaleur, et destiné, par conséquent, à faciliter la combinaison de deux éléments de nature très-opposée, l'eau et le feu, combinaison essentielle, indispensable aux phénomènes de la génération et de la reproduction. Aussi l'air ou le vent joue-t-il un grand rôle dans la cosmogonie et dans la liturgie des livres sacrés des Parses. C'est Ormuzd lui-même qui ordonne à Zoroastre de rendre un culte particulier au vent ou à l'air, comme à l'eau ou à la pluie. Ces deux éléments, je l'ai dit plus haut, sont chacun représentés par un ized dans le système théogonique du *Zend-Avesta.* « Faites izeschné à l'astre Taschter (ized de la pluie), au vent « donné d'Ormuzd, à l'éclat de l'Iran; et je porterai l'abondance sur le haut « de toutes les montagnes, sur toutes les terres renouvelées et végétantes (qui « commencent à verdir); je porterai, je donnerai en abondance tous les arbres « qui croissent bien, purs, de couleur d'or; je donnerai, je porterai l'abon- « dance. — Je porterai la mort à Ekhé [1], qui affaiblit, au dew Epéôsché [2], si « l'on prie l'astre Taschter, éclatant de lumière et de gloire; si l'on prie le

---

[1] Ekhé est le nom d'un des dews; il signifie, selon Anquetil, *opposé au bien.* (*Zend-Avesta,* II, p. 3oo, note 2.)

[2] C'est le nom du dew qui, sous la forme d'un cheval terrible, combat Taschter-chebol, en triomphe momentanément et arrête l'eau dont il est l'ennemi.

« vent déployé, donné d'Ormuzd; si l'on prie l'éclat de l'Iran. » C'est ainsi qu'Ormuzd parle à Zoroastre[1]. Aussi est-il dit dans l'iescht de *Raschné-Râst*[2], l'un des hamkars ou coadjuteurs de Mithra : « (Où vous aurez prié ainsi,) là « le vent *victorieux*[3], là le peuple d'en haut (c'est-à-dire les féroüers des saints, « forts et armés), là la lumière des kéans, là l'éclat donné d'Ormuzd (viendra « à votre secours). Je fais koschnoumen[4] à Ormuzd, éclatant de lumière et « de gloire, aux amschaspands, *au vent donné pur*, qui paraît (qui vient) dessus, « dessous, devant, derrière (au secours de) l'homme qui combat (pour la loi); « (au vent) appelé *ized*. » Telles sont les paroles qu'il faut prononcer pendant les prières prescrites par l'office des trente jours, le jour consacré à l'ized Vâd, c'est-à-dire au génie du vent[5]. Dans une autre prière on dit : « Je fais « izeschné au vent excellent et créé pur[6], » et plus loin[7] : « Ensuite le vent dé-

---

[1] *Zend-Avesta, iescht d'Aschtadt*, t. II, p. 300 et 301.

[2] *Ibid.* p. 239.

[3] Il faut bien remarquer que cette épithète *victorieux* ne s'applique pas au vent du nord, mais seulement *au vent doux*, c'est-à-dire au zéphyr; car il est dit à plusieurs reprises dans l'*iescht d'Ardibehescht* (*Zend-Avesta*, II, p. 158, 159 et 160), que le vent du nord détruit, anéantit; qu'il est violent et qu'il faut le frapper comme on frappe les dews. Aussi lisons-nous dans le *Yaçna* (*Zend-Avesta*, 2ᵉ partie, p. 109; cf. *ibid.* p. 155, note 2) que les dews viennent du Nord et que Ormuzd les frappe. « C'est de la partie du « Nord, des différents lieux qui sont au Nord, « qu'accourt Ahriman, plein de mort, ce chef des « dews..... » (*Vendidad*, farg. xix, *Zend-Avesta*, I, 2ᵉ partie, p. 412.) — « Dès qu'un homme est mort, « ô Sapetman Zoroastre, dit Ormuzd, sur-le-champ « le daroudj Nesosch vient .... il vient du Nord « sous la forme d'une mouche; il se place sur (le « mort) et le frappe comme le djodjé, chien des « déserts, détruit les productions des dews et « leurs demeures. » (*Zend-Avesta*, I, 2ᵉ partie, p. 316.) — « Le chien, ô Sapetman Zoroastre, dit « Ormuzd, qui a les deux sourcils et les deux « yeux jaunes, et les oreilles blanches et jaunes, « frappe le daroudj Nesosch, qui accourt de la « partie du Nord. » (*Ibid.* p. 332.) Cette phrase est répétée dans le paragraphe suivant de la même page; mais le *Zend-Avesta* ajoute ici, comme à la page 316, après les mots, « qui accourt de la partie du Nord, » ceux-ci : « sous la forme d'une mouche qui se place sur les « morts..... » Cette dernière phrase, avec ce qui précède, est répétée dans le paragraphe suivant, pages 332 et 333. — Au dernier paragraphe de la page 333, on lit : « Ce daroudj qui court sur « (le mort). Ce daroudj qui anéantit (venant) de « la partie du Nord, qui détruit! » — Aussi, dans le *Vendidad*, est-il souvent question des dews du Mazendéran, pays situé au nord de la Perse. (Voyez surtout le farg. xvii, p. 401.) Ces diverses citations, les remarques qui les précèdent et plusieurs autres que nous trouverons l'occasion de faire, semblent indiquer que le système théogonique et cosmogonique de Zoroastre avait dû être emprunté à un peuple originaire, comme les Chaldéens, des régions froides ou septentrionales de l'Asie. Car pour des populations méridionales, le vent du nord est au contraire bienfaisant, parce qu'il abaisse les hautes températures.

[4] Anquetil ne donne pas le sens de ce mot. Je ne trouve même pas ce mot dans la table des matières.

[5] Voyez *Zend-Avesta, Petit Si-rouzé*, t. II, p. 321; cf. *ibid.* p. 300.

[6] *Zend-Avesta, ieschts Sadés*, t. II, p. 10.

[7] *Ibid.* p. 193.

« ployé, donné d'Ormuzd, chassa la pluie, les nuées, le lait, sur le lieu, sur
« la ville, sur les keschvars, qui sont (au nombre) de sept; le vent déployé,
« donné d'en haut, accorda libéralement au monde existant les eaux (tirées)
« du nombril du monde[1], la semence lumineuse : (il l'accorda avec) la lumière
« des saints féroüers. » Dans l'iescht de Taschter[2] l'officiant dit : « Taschter a
« fait couler sous le corps pur d'un cheval[3] l'eau, cette eau vivante par l'ac-
« tion du vent qui soufflait dessus[4]. » Dans une invocation au feu, qui commence par une strophe très-remarquable que j'ai rapportée plus haut, on
trouve celle-ci[5] : « Je me présente devant vous, feu d'Ormuzd, céleste, vous
« qui êtes excellent, qui, (sous la forme du) vent, êtes appelé *vadjeschté*[6] feu
« d'Ormuzd. »

Enfin, dans le *Boun-dehesch*[7], on lit ce qui suit : « Taschter, étant sauté (en-
« tré) dans le signe du Cancer, montra (fit) la pluie qui produit tout, et en
« porta l'eau en haut par la force du vent. » Après la pluie au moyen de laquelle Taschter couvrit la terre à la hauteur d'un homme, le *vent céleste* se
mêla à cette eau; et, de même que l'eau se balance dans le corps, il l'agita
(comme) les nuées; puis Ormuzd renferma toute cette eau, lui donna la terre
pour bornes, et de là fut formé le zaré *Férakh-kand*[8]. Peu après[9] il est dit :
« L'eau de la source Ardoûisour va donc dans le Férakh-kand. Elle se répand
« encore dans le Poutih[10]; et, lorsque le *vent* se joint à l'eau de ce zaré, elle
« coule au loin, portant l'abondance et la profusion. Elle se répand en bas. »
Plus loin[11], le compilateur du *Boun-dehesch* rapporte que, lorsque les hommes
passèrent du khoumnerets dans les six autres keschvars de la terre, « le vent
« avec le feu (porté) sur le dos du taureau[12] répandit la lumière. »

---

[1] L'*omphalos* des Grecs.

[2] *Zend-Avesta*, II, p. 189.

[3] Cf. l'*Hippocrène* des Grecs.

[4] « Si le vent souffle dans le monde étendu, et *porte avec lui la vie*, c'est pour leur gloire et leur éclat, la gloire et l'éclat des féroüers des saints. » (*Zend-Avesta, iescht Farvardin*, II, p. 249.) — Une réponse du Scythe Toxaris à Mnésippe (*Toxaris ou de l'Amitié*, de Lucien, § 38, p. 49, t. II, éd. Schm.) nous montre que les Scythes juraient à la fois par le *sabre* et par le *vent*. Ils entendaient probablement ainsi jurer par la *mort* et par la *vie*.

[5] *Zend-Avesta, Vendidad-sadé*, t. II, p. 180.

[6] *Ibid.* p. 170, note 1. Anquetil explique que ce mot signifie : *le feu de la foudre*.

[7] *Zend-Avesta*, t. II, p. 359, § 7.

[8] *Ibid.* p. 359, 360.

[9] *Ibid.* p. 370.

[10] Un des fleuves de l'Iran, peut-être le Tigre, selon Anquetil.

[11] *Zend-Avesta*, t. II, p. 383.

[12] Il s'agit ici du taureau Saréséok, sur le dos duquel il est dit, dans le *Boun-dehesch*, que les trois chefs des trois races humaines passèrent le grand fleuve avec les trois rayons de lumière qui les éclairaient.

Nous ne possédons pas le nosk du *Zend-Avesta* où Zoroastre avait traité de la psychologie, et la nature et le but de la compilation appelée le *Boun-dehesch* n'y ont réservé aucune place à des dissertations psychologiques; aussi ne trouvons-nous dans ces deux ouvrages aucun renseignement sur le rôle que jouait l'air ou le vent dans la doctrine des mystères de Mithra. Mais nous apprenons de Porphyre, qui avait eu entre les mains les traités de Pallas et d'Eubule sur ces mystères, que l'air ou le vent est favorable aux âmes qui remontent au ciel[1]. Or, comme le vent souffle annuellement avec plus de violence et de durée à l'équinoxe du printemps et à l'équinoxe d'automne, les deux équinoxes étaient aussi réputés des époques favorables à la descente et à l'ascension des âmes ou à leur génération et à leur *apogénèse* ou *dégénération*[2]. Ce peu de paroles nous montre que l'air atmosphérique ou terrestre était considéré tout à la fois comme un élément générateur, et, par conséquent, impur, et comme un élément purificateur, selon que, à l'exemple de ce qui se pratiquait dans les cérémonies des mystères à l'égard de l'eau et du feu, on entendait parler de l'air atmosphérique ou terrestre, ou parler de l'air céleste, auquel très-probablement répond l'éther des Grecs. Le vent souffle tantôt de la terre, tantôt de la région supérieure; de là les expressions de *vent du bas* et de *vent du haut*, et les équinoxes sont tout à la fois les deux époques de l'année où le vent se déchaîne avec le plus de violence et le plus de durée, et les deux époques réputées, selon la doctrine des mystères, les plus favorables à la descente et à l'ascension des âmes. Dès lors on comprend tout ce qu'il y a de sous-entendu dans les paroles laconiques de Porphyre.

Les représentants des trois grades terrestres ayant été choisis parmi les êtres qui habitent la surface de la terre, les symboles des trois grades aériens durent être choisis parmi les animaux qui habitent à la fois la terre et l'air, et qui ont le privilége de se mouvoir et de se soutenir dans l'atmosphère. Ce sont les oiseaux. Leur organisation et leur température élevée sont en parfaite harmonie avec les conditions d'une telle existence. Ainsi, par exemple, ils

---

[1] *De antr. nymph.* xxv, xxvi, p. 23 et 24.

[2] Ψυχαῖς δὲ γενέσεως καὶ ἀπογενέσεως οἰκεῖοι οἱ τόποι, dit Porphyre. (*De antr. nymph.* xxiv, p. 22.) — C'est pourquoi, dans les livres sacrés des Parses (*Boun-dehesch*, xxvii, p. 407), une des premières fleurs qui paraissent au printemps, celle que nous appelons *anémone*, est consacrée à l'ized Vâd ou Bâd, le génie du vent. Les Grecs, en donnant à l'anémone un nom qui rappelle cette consécration, nous montrent que ce nom, comme plusieurs autres qui, en grec, servent à désigner certaines plantes ou certains arbres, était la traduction d'une qualification ou d'un nom emprunté aux idées et aux langues de l'Asie occidentale.

sont munis de réservoirs aériens ou sacs pneumatiques annexés au poumon de chaque côté[1]; leurs os renferment une certaine quantité d'air, qui a pour effet d'en diminuer le poids, tout en augmentant leur diamètre et leur résistance. L'air pénètre de même directement dans les plumes[2], et remplit dans ces organes la même fonction que dans les leviers osseux de l'oiseau. De cette organisation particulière résulte, chez les oiseaux, la faculté qu'ont un grand nombre de chanter et de fendre les airs avec la rapidité de la flèche ou du vent. Plusieurs espèces ont même la faculté de franchir à travers les mers ou sur le continent, sans aucun temps d'arrêt ou de repos, des distances à peine croyables. De la présence de l'air dans presque toutes les parties de leur corps, et de la disposition des organes du chant résulte aussi, chez certains oiseaux, le privilége de soutenir leur chant avec la même étendue pendant plusieurs heures consécutives, et de le faire entendre dès que l'aube ou la première lueur de lumière annonce sur la terre le prochain lever du soleil. D'autre part les oiseaux de proie, les pigeons, les colombes, les oiseaux aquatiques jouissent d'une haute température, et sont les espèces les plus chaudes du règne animal. Enfin parmi les oiseaux, les uns sont aquatiques et quittent rarement la surface ou les bords de l'eau, les autres habitent le sommet des hautes montagnes, le séjour le plus rapproché du ciel.

Mais ce n'est point par leur seule organisation physique que les oiseaux se distinguent des autres classes d'animaux qui vivent sur notre globe. Comparés aux poissons, aux animaux vertébrés ruminants et polygames, et même, sous quelques rapports, aux quadrupèdes carnassiers, les oiseaux présentent un contraste, et, selon les idées des anciens, une supériorité bien remarquable, non-seulement par leur privilége d'habiter les régions les plus élevées de la terre, de fendre les airs et de s'y soutenir, mais aussi par les moindres détails de leur économie, de leurs mœurs, de leurs instincts. Ils sont monogames, et, dit un des plus illustres naturalistes des temps modernes[3] : «Ils jouissent «de toutes les douceurs de l'amour conjugal et paternel; ils en remplissent «tous les devoirs avec courage..... Les époux se défendent, défendent leur «progéniture : un art admirable préside à la construction de leur demeure;

---

[1] M. Sappey, dans ses *Recherches sur l'appareil respiratoire des oiseaux*, lues à l'Académie des sciences le 23 février 1841, compte cinq de ces réservoirs de chaque côté du poumon. (Voyez *Comptes rendus des séances de l'Aca-* démie des sciences, t. XXII, n° 8, p. 328-332.)

[2] C'est, selon M. Sappey (*loco citato*), par un orifice elliptique situé sur la face inférieure des plumes.

[3] G. Cuvier.

« quand le temps est venu, ils y travaillent ensemble et sans relâche. Pendant
« que la mère couve ses œufs avec une constance si admirable, le père, d'amant
« passionné devenu tendre époux, charme par ses chants l'ennui de sa com-
« pagne. Dans l'esclavage même, l'oiseau s'attache à son maître; il se soumet
« à lui et exécute sous ses ordres les actes les plus adroits, les plus délicats :
« il chasse pour lui, comme le chien, et il revient à sa voix du plus haut des
« airs; il imite jusqu'à son langage, et ce n'est qu'avec peine que l'on se décide
« à lui refuser une sorte de raison..... »

A ces considérations il faut en ajouter plusieurs autres, tirées des habitudes
propres à certaines espèces d'oiseaux, qui contribuent puissamment à entretenir sur la terre et dans l'air cette pureté que recommandent à la fois les
règlements de salubrité publique et les prescriptions constantes du *Zend-Avesta*.
C'est ainsi que quelques oiseaux, en dévorant les corps morts d'animaux, empêchent des exhalaisons putrides qui infecteraient l'air, et des suintements qui
altéreraient la qualité des terres et des eaux. D'autres espèces se nourrissent
habituellement de vers, de mollusques, d'insectes qui nuisent aux productions de la terre ou qui creusent des trous dans les terres cultivées. Plusieurs
parties du *Zend-Avesta*, et notamment le *Vendidad*, comme nous le verrons
plus loin, témoignent de l'importance que Zoroastre attachait aux services
que, sous ces divers rapports, rendent à l'homme le vautour, l'autruche et le
corbeau. Le *Vendidad* [1] ordonne même d'adresser une prière au vautour, oiseau
du dieu Mithra et de l'amschaspand Bahman, et d'invoquer son secours, si
l'on n'a pas satisfait à des prescriptions qui prouvent combien étaient minutieux les soins prescrits pour éviter de souiller la terre. De plus, nous apprenons du *Boun-dehesch* que les nosks aujourd'hui perdus de l'Avesta enseignaient « que tous les oiseaux et les bêtes fauves ont été donnés (d'Ormuzd)
« comme ennemis des kharfesters (c'est-à-dire des animaux et insectes mal-
« faisants) et des magiciens [2]; que de tous les oiseaux qui frappent les dews, le
« *véragh* est celui qui les frappe le plus [3]; que l'oiseau *kaschkinèh* (espèce de
« pic-vert) frappe la sauterelle (*melekh*), et qu'il a été donné (par Ormuzd) pour
« en être l'ennemi [4]. » Plus loin, on trouve même dans le *Boun-dehesch* [5] cette
phrase très-explicite : « ...Toutes les bêtes fauves, les oiseaux, les poissons,
« chacun (de ces animaux) a été donné (par Ormuzd) comme ennemi d'un

---

[1] Farg. xvii, p. 401, 402.
[2] S 19, p. 388.
[3] *Ibid.* p. 388.
[4] S 19, p. 388.
[5] *Ibid.* p. 389.

« kharfester particulier. » C'est ici le lieu de rappeler que le *Vendidad* [1] représente Ormuzd et Mithra sous la forme de deux oiseaux : « Invoquez, dit Or-
« muzd à Zoroastre, le ciel donné de Dieu [2], le Temps sans bornes, les oiseaux
« qui agissent en haut [3]..... » Zoroastre [4] répond à Ormuzd : « J'invoque Or-
« muzd, qui a donné le monde pur. J'invoque Mithra, qui rend fertiles les
« terres incultes, brillant de gloire, éclatant de lumière, très-grand, victorieux
« et excellent. J'invoque le ciel donné de Dieu, le Temps sans bornes, les oi-
« seaux qui agissent en haut [5]..... » Ailleurs Mithra est comparé au corbeau [6],
à l'*éoroschasp* [7], que j'identifie avec l'autruche [8], et à l'*aschtrenghâd* [9], qui me
paraît être le vautour [10]. Dans le *Yaçna* [11], l'ized Sérosch, manifestation d'Ormuzd et de Mithra dans leurs fonctions de rois de la terre, est représenté
volant au-dessus des provinces et des villes sous la forme d'un oiseau [12]. Le
vautour, dans le *Vendidad* [13], est qualifié d'oiseau de Bahman, le second des
amschaspands et la manifestation d'Ormuzd et de Mithra comme rois du ciel.
C'est sans doute pourquoi le vautour est à la fois consacré à Bahman et,
comme nous le verrons plus loin, à Mithra. De même le *corbeau* est simultanément attribué à Mithra et à Sérosch [14] qui, je l'ai déjà dit, est la manifestation d'Ormuzd et de Mithra comme rois de la terre. De même le *coq* est
tout à la fois le symbole de Mithra et le symbole de l'ized Behram [15], manifes-

---

[1] Farg. xix, p. 415, 416.

[2] Anquetil (*Zend-Avesta*, 1, 2ᵉ partie, p. 415,
note 1) fait observer que, par ces mots, « le ciel
« donné de Dieu, » il faut entendre *la révolution
fixée par le Temps sans bornes*. Il aurait dû ajouter
que Ormuzd représente à la fois le ciel fixe et la
révolution du ciel, c'est-à-dire le Temps limité ou
la durée du monde créé, comme je l'ai expliqué
plus haut.

[3] Selon Anquetil (*loc. cit.*), on pourrait aussi
traduire par ces mots : « Invoquez le ciel donné
« de Dieu et le Temps sans bornes, qui, (comme)
« des oiseaux, agissent en haut. » Mais le savant
traducteur du *Zend-Avesta* nous montre encore
une fois qu'il n'avait ni compris, ni même soupçonné que le Temps sans bornes forme une triade
suprême avec Ormuzd et Mithra. Il n'avait pas
compris davantage que les oiseaux dont il s'agit
ici, et *qui agissent en haut*, sont l'aigle et l'épervier, qui représentent Mithra et Ormuzd, et imposent leur nom à deux des trois grades divins,

celui de *père-aigle* et celui de *père-épervier*.

[4] Anquetil, *Zend-Avesta*, 1, 2ᵉ partie, p. 415,
note 1.

[5] Je suis ici la correction indiquée par Anquetil au mot *oiseaux*, dans la table des matières
de sa traduction du *Zend-Avesta*.

[6] *Zend-Avesta*, iescht de *Mithra*, xvIIᵉ cardé,
p. 216.

[7] *Ibid.* xxvIᵉ cardé, p. 223.

[8] Voyez mon explication, plus loin, p. 338.

[9] *Zend-Avesta*, II, xxvIIIᵉ cardé, p. 225.

[10] Voyez plus loin, p. 283.

[11] *Zend-Avesta*, I, 2ᵉ partie, p. 231, et *ibid.*
note 1 d'Anquetil.

[12] Très-probablement le *corbeau*, qui lui est
consacré comme à Mithra, dont Sérosch est la
manifestation (roi de la terre).

[13] Farg. xvII, p. 401, 402.

[14] *Zend-Avesta*, *Vendidad-sadé*, t. I, 2ᵉ partie,
p. 229.

[15] *Zend-Avesta*, II, p. 290, 293, 294.

tation de ce dieu comme roi de tous les êtres. A ces témoignages ajoutons celui qui résulte des grands et des petits monuments de l'art chez les Perses, que j'ai précédemment cités, pour établir d'une part que Mithra, comme Vénus, était représenté sous la forme d'une colombe ou sous celle du *mihr*, modification de l'emblème de la colombe; et, d'autre part, que le *mihr* entre, comme partie intégrante et essentielle, dans la composition de l'emblème d'une triade divine et suprême formée du Temps sans bornes, d'Ormuzd et de Mithra. Nous verrons un peu plus loin que le texte du *Zend-Avesta* attribue à ce dernier dieu, outre l'aigle, quelques autres espèces d'oiseaux qui jouent un grand rôle dans l'institution des mystères. Déjà j'ai rapporté un passage d'Eusèbe qui atteste que Zoroastre, dans un des nosks aujourd'hui perdus, représentait Ormuzd avec une tête d'épervier au lieu d'une tête humaine.

Dès lors on comprend facilement la corrélation qui existe entre l'attribution de certains oiseaux à des divinités ou à des génies, et l'usage de tirer des augures du vol, des cris et des actes de ces mêmes oiseaux. Leur vol, leurs cris, leurs actes étaient considérés comme autant de présages heureux ou funestes, comme l'expression de la volonté et des décrets d'êtres divins, doués de la prescience et chargés de présider aux destinées humaines. On croyait même, dans certains cas, que l'apparition de tel ou tel oiseau était le signe certain de la présence d'un dieu, d'un amschaspand ou d'un ized. L'histoire nous apprend combien était répandu, chez tous les peuples civilisés de l'antiquité, l'art d'exploiter la crédulité du vulgaire à l'aide des augures tirés des oiseaux. Les aruspices de Cilicie et de Cypre avaient acquis, chez les Grecs et les Romains, une grande célébrité dans ce genre de divination; et nous devons croire qu'ils tenaient des Chaldéens, des Assyriens ou des Phéniciens une science trompeuse qui, comme l'astrologie et toutes les autres branches de l'art divinatoire, était intimement liée aux doctrines théologiques, cosmologiques et psychologiques, qui s'enseignaient dans les sanctuaires de Babylone et de Ninive.

De ces sanctuaires, l'ornithomancie se répandit chez les Arabes et les Perses, de même que l'astrologie[1]. Nous avons toute certitude à cet égard. Eusèbe nous apprend[2] que les Arabes consultaient le cri de plusieurs espèces d'oi-

---

[1] Cette alliance se retrouve chez plusieurs autres peuples de l'antiquité; elle n'avait pas échappé à l'attention d'Alexander ab Alexandro, qui, sans citer aucune autorité, nous dit (*Genial. dier.* III, xii, p. 697, ed. Varior. 1673) : «Astris et stellis «volucres dicatæ fuerunt, Isidi, anser, gallus, «Nocti et Laribus.....»

[2] *Contr. Hierocl.* p. 518.

seaux, et Porphyre[1] désigne nominativement le *corbeau*. Cet oiseau ayant donné son nom à un des grades des mystères de la Vénus assyrienne, il nous est permis de croire que le culte de cette divinité s'était introduit en Arabie accompagné de l'usage signalé par les deux écrivains grecs, comme de tous les usages superstitieux attribués aux Chaldéens d'Assyrie, inventeurs de ces mystères. Ce même cortége avait pénétré en Perse avec les mystères apportés de Babylone par Zoroastre sous le règne des Achéménides. Car nous lisons, dans Hérodote[2], que sept grands personnages de la cour du feu roi Cyrus, au nombre desquels était Darius, fils d'Hystaspe, délibéraient encore entre eux sur l'opportunité du moment à choisir pour renverser du trône l'usurpateur Smerdis[3], lorsqu'ils aperçurent, dit l'historien, sept couples d'éperviers qui poursuivaient deux couples de vautours et les mettaient en pièces avec leur bec et leurs serres[4]. « A cette vue, continue Hérodote, les conjurés se ran-« gèrent tous de l'avis de Darius, qui voulait qu'on agît immédiatement; et, « pleins de confiance dans ce jeune prince, ils marchèrent sur le palais..... » C'est là que, ayant trouvé les deux mages Smerdis et Patizithès, son père, ils leur coupèrent la tête après les avoir tués. La supériorité de l'aigle sur le vautour n'était pas moins reconnue dans l'antiquité que celle de l'épervier; témoin un médaillon d'argent d'Évagoras, roi de Cypre, qui a pour revers, au milieu d'une couronne de laurier, un aigle, les ailes éployées, la serre droite sur un foudre et la gauche sur un vautour[5]. Témoin encore Quintus de Smyrne[6] qui, voulant nous peindre Ajax au moment où il disperse l'ennemi accouru auprès du corps d'Achille pour l'enlever, emploie cette belle image : « Comme l'aigle courageux met en fuite les lâches vautours qui se « repaissent de la chair des troupeaux égorgés par les loups, ainsi l'intrépide « Ajax..... dissipe les Troyens et leurs alliés. » D'autre part, Xénophon[7] rapporte que Cyrus, s'étant mis en marche avec ses troupes pour l'expédition qu'il projetait contre l'Arménie, tira un présage favorable de l'apparition d'un aigle.

---

[1] *De abstin.* III, IV, p. 221, ed. Rhoer.

[2] III, 76.

[3] La réalité de cette usurpation est pleinement confirmée par l'inscription de Bi-Sutoun; mais ce mage y est nommé *Gautama*, parce qu'il avait probablement reçu un nouveau nom en recevant le baptême mithriaque dans les cérémonies du couronnement.

[4] Beaucoup d'autres récits, empruntés par les écrivains grecs aux traditions historiques des Perses, nous offrent, comme celui-ci, l'emploi de nombres qui sont sacramentels dans le *Zend-Avesta.*

[5] Pembroke, p. 11, tab. XLII; Mionnet, *Descript. de méd.* III, 677, n° 46.

[6] III, v. 353-355.

[7] *Cyrop.* II, IV, 19.

« Ce prince, dit son historien, entrait à peine dans le premier champ qu'allait
« traverser l'armée, un lièvre se lève tout à coup, et un aigle qui volait sur
« la droite, l'ayant aperçu, vient fondre dessus pendant qu'il fuyait, le saisit
« avec ses serres, l'enlève et le porte sur un coteau voisin, où il le dévore. Ce
« présage, ajoute Xénophon, causa une joie extrême à Cyrus; il en rendit
« grâces à Zeus (c'est-à-dire à Ormuzd)[1]..... »

Or pour apprécier toute l'importance du récit d'Hérodote, de Quintus
de Smyrne et de Xénophon dans la question qui nous occupe, il convient de
répéter ici que, parmi les grades mithriaques, on en comptait un qui empruntait son nom au vautour, et deux autres qu'on appelait le grade de *père-aigle* et
le grade de *père-épervier*. Répétons aussi que ces deux derniers oiseaux représentent, le premier, Mithra; le second, Ormuzd, et remarquons que le présage tiré par Darius de la victoire des éperviers sur les vautours est en parfaite harmonie avec la supériorité que les nosks perdus des livres de Zoroastre
accordaient à l'épervier sur le vautour. Selon le témoignage cité d'Eusèbe[2],
Ormuzd, dans ce livre, était représenté avec une tête d'épervier au lieu d'une
tête humaine; tandis que, dans les fragments qui nous restent du *Zend-Avesta*,
le vautour, bien que consacré à Mithra, n'est pas le symbole sous lequel on
représente ce dernier dieu. Il est représenté, je l'ai déjà dit, par la colombe,
dans l'emblème de la triade suprême, par l'aigle dans les grades des mystères; et nous venons de voir combien l'aigle, de même que l'épervier, est
supérieur au vautour. Aussi ai-je annoncé que, selon l'ordre ascendant des
grades des mystères, qui nécessairement doit être d'accord avec le système
théogonique du *Zend-Avesta*, avec l'échelle mystique des Perses et avec l'échelle
naturelle des animaux[3], le grade de vautour n'est que le quatrième, pendant que le grade de père-aigle est le dixième, et celui de père-épervier, le
onzième.

Les oiseaux, chez les Perses, fournissaient des présages non-seulement pour
régler les actions des vivants et connaître leur destinée sur la terre, mais
aussi pour préjuger le sort réservé aux mourants et aux morts dans un autre
monde. C'est ainsi que, lorsqu'à défaut d'un chien pour accomplir la céré-

---

[1] Un aigle enlevant dans ses serres un lièvre
ou un lapin est un des emblèmes symboliques
qu'on remarque dans les églises du moyen âge,
et que les croisés durent rapporter de l'Asie occidentale en Europe.

[2] Ci-dessus, p. 276.
[3] Voyez plus loin, p. 285, mes observations
sur la place intermédiaire qu'occupe le vautour
entre les gallinacés et les oiseaux de proie.

monie du *sag-did*, un vautour était amené devant la couche d'un agonisant,
on croyait pouvoir augurer que l'âme, après la mort, obtiendrait l'entrée du
séjour des bienheureux, si l'œil de l'oiseau rencontrait le regard du mourant[1].
On se fiait à la même espérance si, après la mort du malade, son cadavre
était dévoré par les oiseaux de proie sur les dakhmés ou dadgâhs[2], où il avait
été déposé. L'idée d'une protection divine manifestée, et l'idée aussi d'une
purification s'attachaient donc à l'intervention des oiseaux de proie dans les
deux cas que je viens d'indiquer. La liturgie publique est ici d'accord avec les
doctrines secrètes des mystères; car de même qu'elle exige la purification des
corps par les oiseaux de proie, symboles de l'air aux yeux des initiés, de
même nous devons croire, malgré le silence des auteurs sur ce point, que,
dans les mystères de Mithra, comme dans ceux de Dionysus et dans d'autres
institutions analogues, on soumettait les initiés à une purification par l'air ou
le vent[3].

J'avais donc raison de dire, en présentant les considérations préliminaires
qui précèdent ce chapitre, que le séjour de l'âme dans la région de l'air est
le second temps ou la deuxième période ascendante de sa purification. Dès
lors cette période succède nécessairement aux trois degrés de purification que
l'âme a subis avant de quitter la terre, ou, en d'autres termes, aux trois grades
terrestres que le myste a successivement obtenus. Comme la première période,
la deuxième comprend trois grades; et l'on verra plus loin que j'ai raison aussi
de les qualifier de grades intermédiaires, de même que les anciens qualifiaient d'élément intermédiaire l'air atmosphérique, c'est-à-dire l'air qui enveloppe la terre. Au-dessous de la région de l'air est la région terrestre et
humide; au-dessus est la région solaire ou la région du principe igné. Les
trois grades aériens appartiennent donc, de même que les trois grades terrestres, au monde sublunaire[4]; mais au lieu d'être caractérisés ou représentés

---

[1] *Zend-Avesta*, II, p. 582.

[2] Espèces de tours qui servaient à exposer les morts.

[3] Dans les mystères, chez les Grecs, le van est le symbole des ventilations mystiques que subissait l'initié. Il rappelle l'opération par laquelle on parvient à séparer le bon grain du mauvais, et à purger le premier de toutes les impuretés qui l'accompagnent inévitablement à l'instant où il vient d'être recueilli sur la terre.

[4] Julien, dans ses *Césars*, après avoir dit que Romulus, à la fête des Saturnales, avait fait placer dans le ciel le plus élevé les lits des dieux, ajoute (Opp. p. 307, *B, C,* ed. Spanhemio) : «La table des Césars fut mise au-dessous de la lune, dans la suprême région de l'air, où la révolution de cet astre et la légèreté des corps dont ils étaient revêtus les avaient portés.» Cette citation me donne lieu de faire remarquer que la région de l'air est celle qu'habitent aussi, dans les légendes

comme ceux-ci par des êtres qui habitent les eaux ou la terre proprement dite, ils empruntent leur symbole et leur nom à des oiseaux[1], et ces oiseaux sont choisis parmi ceux qui, vivant autant sur la terre que dans l'air, ont, par conséquent, une constitution mixte, humide et aérienne à la fois, et font leur nourriture habituelle des corps morts et en putréfaction, de reptiles, de sauriens, de batraciens, de vers et d'insectes. Tels sont le vautour, l'autruche et le corbeau. Leurs habitudes ont donc pour résultat de purger l'eau, la terre et l'air des corps morts ou vivants qui souillent ces trois éléments ou leur communiquent des qualités nuisibles. C'est par l'observation des mœurs propres au vautour, à l'autruche et au corbeau que les Chaldéens avaient été amenés à établir une ligne de séparation très-marquée entre ces trois oiseaux, d'une part, et l'aigle et l'épervier d'autre part. Ceux-ci ayant pour habitude de ne se nourrir que d'animaux vivants, de planer dans les airs, d'établir leur demeure et leur nid sur les hauteurs, dans le voisinage du soleil, de ne descendre dans les plaines que pour y saisir une proie, et de remonter dans les airs aussitôt après l'avoir saisie, durent naturellement être censés avoir une constitution sèche, lumineuse, solaire ou ignée. En conséquence, ils furent préférés pour représenter les dieux du ciel et les grades divins qui conféraient deux des trois grandes apothéoses. En conséquence le vautour, l'autruche et le corbeau furent attribués à Mylitta et à Mithra, considérés non comme des divinités célestes, mais comme des divinités telluriques et infernales. C'est très-probablement par un motif semblable ou analogue que, chez les Égyp-

---

grecques, certains héros d'origine asiatique, tels que Persée et Bellérophon. Après avoir vaincu les animaux ou les monstres qu'il fallait dompter et vaincre dans la célébration des léontiques, comme je l'expliquerai plus loin, ils montent sur le cheval ailé qu'ils ont dompté, et fendent les airs pour *voler* à de nouveaux exploits. Et si les initiés reçus au grade de lion, et par conséquent assimilés aux personnages que les Grecs appelaient des *héros*, ont besoin de revêtir la forme de tel ou tel oiseau pour le temps où leur âme doit habiter la région de l'air et s'y purifier, les dieux secondaires, messagers des dieux suprêmes, ont besoin d'avoir des ailes pour traverser la région de l'air, descendre sur la terre et remonter dans l'Olympe après avoir accompli leur mission sur le globe

sublunaire. Tels sont Hermès ou Mercure, Iris, Aphrodite, etc.

[1] De là sans doute la croyance généralement répandue, non-seulement chez les Perses, mais aussi chez les peuples civilisés de l'antiquité, que les âmes, avant de rentrer dans les demeures célestes, habitaient le corps de certains oiseaux. (Voyez ce que j'ai dit plus haut au sujet de l'opinion ou de la croyance généralement répandue en Occident, que les âmes, pour remonter au ciel, ont besoin de devenir légères.) Cette croyance est attestée tout à la fois par les textes anciens (voyez le passage classique d'Hermès, apud Stob. *Eclog.* I, p. 120; voyez aussi les citations et les remarques de Creuzer, *Commentationes Herodot.* pars I, vol. I, p. 352).

tiens, le vautour et l'autruche servent à caractériser des déesses qui sont revêtues de ce double caractère.

Mais quelles furent les raisons qui portèrent les Chaldéens à instituer les
trois grades aériens dans l'ordre que j'ai indiqué, c'est-à-dire à placer le grade
de vautour avant le grade d'autruche, et celui-ci avant le grade de corbeau?
et par quels exercices intellectuels l'initié reçu au grade de lion se préparait-
il à obtenir celui de vautour? Je l'ignore. Non-seulement les écrivains de
l'antiquité se taisent sur ces deux points, mais j'ai à répéter qu'ils ne font
même aucune mention de l'institution de ce grade et de celui d'autruche. On
n'en trouve aucune non plus dans les inscriptions latines recueillies jusqu'à
ce jour. De plus le *Zend-Avesta,* lorsqu'il parle des quatre oiseaux consacrés
à Mithra, et de quelques autres oiseaux qui représentent des amschaspands,
des izeds, les désigne par des noms qualificatifs dont on ne connaît pas la
véritable signification, et qui, par conséquent, rendent douteuses ou même
inadmissibles les synonymies que les destours des Parses de l'Inde et leur infa-
tigable disciple, Anquetil, sans aucune connaissance des moyens de comparaison et de contrôle que fournissent les monuments figurés, ont cherché à
établir entre les oiseaux connus de toutes les nations modernes et les oiseaux
nommés dans les livres sacrés des Parses. Je ne sache pas que, depuis Anquetil, mon savant et si regrettable ami Eugène Burnouf ni aucun autre philologue aient fait de l'interprétation des noms zends ou pehlevis donnés à ces
oiseaux l'objet d'une étude particulière. Privé du secours d'un travail philo-
logique qui m'aurait été si utile pour éclaircir ce point de discussion, j'ai dû
chercher, par d'autres voies, à reconnaître les oiseaux dénommés dans les
livres zends ou pehlevis qu'a traduits Anquetil. J'ai pris pour guide dans cette
recherche difficile les renseignements que m'avaient fournis soit l'étude des
traditions conservées par les écrivains grecs et les écrivains latins, soit l'examen attentif des inscriptions lapidaires latines et des monuments figurés de
l'Orient et de l'Occident. Cette double étude m'a permis de constater, ainsi
que je l'ai déjà dit, l'usage où étaient les Perses de représenter Ormuzd sous
la forme d'un épervier, Mithra sous celle d'une colombe et sous la forme aussi
d'un aigle. J'ai pu constater en même temps que cinq des douze grades des
mystères de Mithra doivent leur nom à cinq oiseaux d'espèces différentes : *le
vautour, l'autruche, le corbeau, l'aigle* et *l'épervier.* Mais à quels oiseaux nommés
dans le *Zend-Avesta* correspondent ces cinq espèces? Là était, là est encore
la difficulté.

Dans l'iescht de Mithra, par exemple, on trouve ce passage : « Mithra m'a « parlé de quatre oiseaux de couleur blanche, nourris du ciel, qui parlent « avec pureté, dont les pieds sont d'or, et (qui sont) bien instruits; mais il est « au-dessus d'eux..... » Assurément, si l'on prenait à la lettre cette description, il serait impossible d'y reconnaître aucun des cinq oiseaux que je viens de nommer, et particulièrement le corbeau, dont tout le plumage est si noir. Cependant il est dit textuellement dans le *Yaçna*[1], que l'*éorosch* est un des quatre oiseaux célestes ou le quatrième des oiseaux célestes. Or, les destours de l'Inde et Anquetil, à leur exemple, n'hésitent pas à l'identifier avec le corbeau.

Selon Anquetil, qui avait peut-être recueilli quelque tradition orale auprès de ces destours, les trois autres oiseaux célestes seraient[2] : l'*houfraschmodad*, qu'il identifie avec le coq, et l'*éoroschasp* et l'*aschtrenghâd*, qu'il s'abstient de rapporter à des espèces connues. Mithra, dans deux paragraphes de la prière qui porte son nom[3], est successivement comparé à ces deux oiseaux. Anquetil les relègue parmi les oiseaux fabuleux[4], faute sans doute d'avoir pu interpréter les noms composés qu'ils portent et établir une synonymie d'après des renseignements certains. Il me semble toutefois qu'il n'est pas impossible de reconnaître dans le nom de l'*éoroschasp* le mot *éorosch* « corbeau, » et le mot *asp* « cheval. » Dès lors ce nom composé pourrait se traduire par *corbeau-cheval*, et si nous remarquons que l'*éoroschasp* est qualifié « d'oiseau dans le « désert[5], » dans un autre passage de l'iescht de Mithra[6]; si nous remarquons en même temps que l'autruche habite les déserts ou les plaines de sable en Asie comme en Afrique, que son dos, ses ailes sont couverts de plumes noires comme celles du corbeau, et que ses allures, la force surtout de ses coups de pied et la vitesse avec laquelle on la voit courir sur le sable, l'ont fait comparer à un cheval ou à un chameau[7], on sera peut-être tenté de reconnaître

---

[1] *Zend-Avesta*, I, 2ᵉ partie, p. 229.

[2] *Ibid.* II, p. 228, note 2.

[3] *Ibid.* II, p. 223, xxvıᵉ cardé; p. 225, xxvıııᵉ cardé.

[4] *Ibid.* II, p. 223, note 3, et p. 225, note 2.

[5] Assurément ces mots, « vif dans le désert, » ne s'appliquent pas à l'aigle, et ne peuvent justifier l'opinion d'Anquetil, qui croit (*Zend-Avesta*, II, p. 223) que l'*éoroschasp* est peut-être le *simorg*, oiseau fabuleux qui, dit-il, tient de l'aigle.

[6] « Je fais izeschné..... à Mithra, semblable à « l'éoroschasp, vif dans le désert. »

[7] Les Persans et les Turcs désignent l'autruche sous le nom de *schütür-mourg* ou *schütür-morgh*, qui littéralement signifie le *chameau-oiseau*. Cette dénomination, comme celle d'*éorosch-asp*, *corbeau-cheval*, est certainement tirée de la vitesse de l'autruche quand elle court sur les sables des déserts ou des plages.

avec moi l'autruche sous le nom d'*éoroschasp*, que je propose de traduire par *corbeau-cheval*.

Quant à l'oiseau *aschtrenghâd*, auquel Mithra est aussi comparé, je ne suivrai pas l'exemple que nous a donné l'illustre traducteur du *Zend-Avesta*, et je ne rangerai pas cet oiseau parmi les oiseaux fabuleux, comme il le fait dans une note [1], où il remarque que l'*aschtrenghâd* est nommé plus loin *aschtrévâtch*, c'est-à-dire dont *la parole* (perce comme) *un poignard*. Sans doute cette qualification et celle de « pur » qui est donnée à l'*aschtrenghâd* [2] peuvent convenir à plusieurs espèces d'oiseaux de proie, et seraient insuffisantes pour déterminer l'espèce à laquelle se rapporte l'oiseau nommé tantôt *aschtrenghâd*, tantôt *trévâtch*, que Anquetil traduit par *aschtervâsch* [3]. Mais si nous remarquons que cet oiseau est mis en rapport direct avec Mithra, dans une invocation traduite en ces termes par Anquetil [4], « Venez à mon secours, Mithra roi « élevé, amenez le grand aschtervâsch, excellent, pur, source de tout, vif, « qui renouvelle la vie des montagnes, et qui, dans les bas chéris des mon- « tagnes, fait marcher en abondance la force et la vie ; » si nous remarquons en même temps que le vautour habite sur les montagnes, y nourrit et y élève ses petits, fait continuellement entendre au loin des cris forts et retentissants, et descend dans les vallées, dans les plaines, pour y dévorer les corps en putréfaction qui nuiraient à la santé des êtres vivants, nous nous trouverons disposés à conjecturer que, sous les noms qualificatifs d'*aschtrenghâd* et d'*aschtrévâtch*, il faut entendre le *vautour*, nommé ailleurs *kehrkâs*. Cette conjecture se changera peut-être même en certitude, lorsque dans le paragraphe qui va suivre j'aurai montré, par le témoignage authentique des monuments figurés de l'Asie occidentale, qu'un grade de vautour avait été institué dans les mystères de Mylitta, source incontestable des mystères de Mithra, et lorsque aussi j'aurai mis sous les yeux du lecteur tous les passages du *Zend-Avesta* qui vont nous faire connaître le rôle important que remplit le vautour dans les livres de Zoroastre. Préalablement je me résume en disant que, selon toute probabilité, les quatre oiseaux consacrés à Mithra, dont il est question dans le paragraphe cité plus haut de l'iescht de ce dieu [5], sont le *coq*, le *vautour*, l'*autruche* et le *corbeau* [6]. Le coq, oiseau solaire, est très-convenablement

---

[1] *Zend-Avesta*, II, p. 225, note 2.

[2] *Ibid.* II, xxviii⁰ cardé, p. 225.

[3] *Ibid.* II, *iescht de Mithra*, xxviii⁰ cardé, p. 226.

[4] *Zend-Avesta*, II, p. 226.

[5] *Ibid.* II, xxxi⁰ cardé, p. 228.

[6] D'après tout ce qui précède, il est sans doute inutile de faire remarquer qu'en plaçant

attribué à un dieu solaire, qui préside à la vie, à la santé et qui a sa place dans le ciel, entre le soleil et la lune. Le *vautour*, l'*autruche* et le *corbeau*, dans les mystères, donnent leur nom à trois grades destinés à marquer le mouvement ascendant des âmes qui, après avoir quitté les eaux et la terre, arrivent dans la région aérienne, pour de là remonter dans la région solaire.

Je me résume et je dis que, selon toute probabilité, les quatre oiseaux célestes dont Mithra est censé avoir parlé à Zoroastre sont : le *coq*, le *vautour*, l'*autruche* et le *corbeau*. Si à ces quatre espèces nous ajoutons la *colombe*, qui, nous l'avons vu, est le symbole habituel de Mithra ; l'*aigle* et l'*épervier*, qui, nous le verrons plus loin, sont, le premier, le symbole du même dieu dans les grades des mystères ; le second, le symbole d'Ormuzd dans cette même institution, nous serons conduits à reconnaître que le système religieux des Perses, comme celui des Assyriens, admettait *sept oiseaux sacrés*, nombre égal à celui des amschaspands ou conseillers d'Ormuzd et à celui des planètes. Or les monuments figurés que j'ai déjà produits dans cet ouvrage, et que je produirai successivement, confirment cette assertion, et, de plus, établissent non-seulement que les sept oiseaux sacrés se rapportent aux sept espèces qui viennent d'être indiquées, mais que, jusqu'à ce jour, les sculptures reli-

---

ces quatre oiseaux célestes dans l'ordre où je viens de les nommer, je n'y suis autorisé par aucun passage formel du *Zend-Avesta*. Mais il n'est peut-être pas inutile d'ajouter, quant au dernier de ces oiseaux, que, dans le *Yaçna* (*Zend-Avesta*, t. I, 2ᵉ partie, p. 229), suivant la variante indiquée par Anquetil (*ibid.* note 3), il est dit que le corbeau (l'*éorosch*) est le quatrième des oiseaux célestes ; ce qui doit s'entendre d'un ordre ascendant. Aussi voit-on que, dans l'*iescht de Mithra*, le corbeau est le premier oiseau dont le nom soit prononcé (xviiᵉ cardé, p. 216). L'*éoroschasp* et l'*aschtrenghâd* ne sont nommés qu'après lui, l'un dans la xxviᵉ cardé (p. 223), l'autre dans la xxviiiᵉ cardé (p. 225). — Dans le *Vendidad-sadé* (*Zend-Avesta*, I, 2ᵉ partie, p. 114, 115) il est fait mention, sans les nommer, de deux oiseaux sacrés, dont l'un ramasse les grains dans l'eau, et dont l'autre les disperse sur la terre. Le premier est nommé *amrosch*, le second *tchamrosch*, dans l'*iescht Farvardin* (*Zend-Avesta*, II,

xxvᵉ cardé, p. 269), où leur féroüer est invoqué. — Le *Boun-dehesch* (§ 27, p. 403) fait aussi mention, sans le désigner nominativement, de l'oiseau qui ramasse dans l'eau les grains et les semences des arbres ; mais dans un paragraphe précédent (§ 17, p. 387), il avait nommé le *tchamrosch* en énumérant les diverses fonctions attribuées à cet oiseau privilégié. Je ne sais à quelles espèces connues on peut rapporter l'*amrosch* et le *tchamrosch*, ni quelle signification présentent ces deux noms composés. Anquetil ne nous donne aucun éclaircissement sur ces deux points. Ce qui est certain, c'est que l'*amrosch* et le *tchamrosch* ne peuvent, l'un pas plus que l'autre, être identifiés ni avec le vautour (kehrkâs), dont le féroüer, dans l'*iescht Farvardin* (*Zend-Avesta*, II, xxviᵉ cardé, p. 277), est invoqué après le féroüer de l'*amrosch* et le féroüer du *tchamrosch*, ni avec l'épervier (karefschat), qui est mentionné dans le *Boun-dehesch* (§ 18, p. 387) immédiatement après le *tchamrosch*.

gieuses, comme les textes, ne nous permettent pas d'y ajouter une seule autre espèce [1].

Le grade de vautour, je dois le répéter, n'est indiqué ni dans les auteurs anciens ou modernes qui se sont occupés des mystères de Mithra, ni dans les inscriptions lapidaires qui font une mention expresse de l'initiation de quelques personnages romains à plusieurs grades de ces mystères. C'est, on va le voir, sur l'autorité des monuments figurés asiatiques que j'ai restitué, dès l'année 1826, le grade de vautour. A cette époque cependant, deux cylindres, l'un de la collection de feu le chevalier de Palin, l'autre du cabinet des médailles et antiques de la Bibliothèque impériale, étaient encore les seuls monuments qui m'eussent révélé l'institution de ce grade [2]. Depuis cette époque, les découvertes importantes faites sur le sol de l'antique Assyrie, par M. Ch. Botta et par M. A. H. Layard, et les nombreux cylindres trouvés sur d'autres points de l'Asie occidentale, m'ont fourni des témoignages qui non-seulement ont justifié ma restitution, mais, de plus, me permettent maintenant d'assigner au grade de vautour, avec une certitude qui me manquait en 1826, la place précise qu'il occupait dans la hiérarchie des initiations.

Cette place, qu'au premier abord on pourrait être étonné de trouver assignée au vautour sur la limite qui sépare les trois grades terrestres des trois grades aériens, semble avoir été déterminée non-seulement par les mœurs de cet oiseau, mais aussi peut-être par la structure de plusieurs parties de son corps, structure qui a porté les naturalistes modernes à rattacher le vautour à l'ordre des *gallinacés*. Ainsi, tandis que sa taille, sa force, les hautes régions qu'il habite et sa nourriture animale paraîtraient devoir le ranger parmi les oiseaux de proie, il appartient en réalité à une classe intermédiaire entre ceux-ci et les gallinacés. Mais ce qu'il importe le plus de prendre en considération, c'est le rôle que remplit le vautour dans les livres sacrés des Parses. Ce rôle pourra nous suggérer plus d'une conjecture plausible sur la nature et l'esprit des enseignements que, dans les sanctuaires réservés aux initiations, le myste devait recevoir, soit pour se préparer à passer du grade de

---

[1] Cette remarque me donne lieu de signaler à l'attention du lecteur un vase grec, peint, de la collection du feu prince de Canino. Ce vase, acquis par feu M. Panckoucke, est décrit dans le *Muséum étrusque* sous le numéro 1017, et dans la *Notice de vases antiques du prince de Canino*, ré-digée par L. J. J. Dubois. (Voyez p. 21, n° 78.) Il représente Hercule assis sur un rocher, auprès de deux vaches, qui allaitent chacune leur veau, et d'un arbre sur lequel sont perchés *sept oiseaux*.

[2] Voyez Atlas, pl. LXI, n° 7, et pl. LVI, n° 1.

lion à celui de vautour, soit pour mériter d'être revêtu des insignes de ce
premier grade aérien. Sur ces deux points, les traditions égyptiennes recueillies par Horapollon, comme aussi certaines croyances qui avaient cours
chez les Grecs et chez les Romains, nous seront d'une grande utilité.

L'importance que les doctrines religieuses des Perses attachaient au symbole du vautour se révèle surtout dans l'iescht ou office de Mithra. Non-seulement cet oiseau, comme je l'ai dit ci-dessus, est un des quatre oiseaux célestes dont Mithra, dans cet iescht, est censé avoir parlé à Zoroastre, mais
ce dieu y est même comparé à l'*aschtrenghâd*, que nous avons eu de fortes raisons d'identifier avec le vautour. De plus, nous y trouvons [1] le passage que je
transcris ici en entier : «Parlez-moi, ô Mithra, qui rendez fertiles les terres
«incultes, des mille flèches, qui volent' comme [2] le kehrkâs, dont la bouche
«est d'or et dont la tête, comme une colonne, va jusqu'au ciel : (ces flèches)
«bien faites, qui font le bien du ciel, qui sont unies au bien du ciel, qui
«frappent les dews par la ceinture.» Anquetil [3] me semble parfaitement fondé
lorsqu'il se montre disposé à croire que, dans ce passage, il s'agit du vrai
kehrkâs, qu'il a quelquefois confondu avec le *coq*. Mais je m'étonne qu'il ait
pu hésiter comme il le fait à identifier ce kehrkâs au vautour plutôt qu'à
l'épervier. La conformation du cou du vautour ne permet pas de méconnaître
cet oiseau dans ces expressions caractéristiques, «dont la tête, comme une
«colonne, va jusqu'au ciel;» et de telles expressions ne sauraient s'appliquer
à l'épervier. J'aurais mieux compris qu'il eût hésité entre le *coq* et le *vautour*.
Car, à la rigueur, on pourrait croire que le premier de ces deux oiseaux est
parfois désigné sous le nom de *kehrkâs* dans le *Zend-Avesta*, notamment dans
la xiiie cardé de l'iescht de l'ized Behram, manifestation de Mithra, comme
roi de tous les êtres [4]. Là [5], cet ized est invoqué en ces termes : «Je fais izes-
«chné au victorieux (Behram), donné d'Ormuzd..... qu'il m'apporte les biens,
«ce kehrkâs d'or, céleste, qui veille avec promptitude, avec grandeur, avec
«force sur les provinces sans espérance, dans le temps même où (Ormuzd)
«fait lever la lumière, lorsqu'il donne la lumière (au monde).» On pourrait
croire qu'il s'agit aussi du coq dans la viie cardé de ce même iescht, où l'oiseau
de Behram, sans être nommé, est décrit plus amplement. Mais toute confusion

<hr>

[1] *Zend-Avesta*, t. II, *iescht de Mithra*, p. 229.

[2] Anquetil dit à ce sujet (p. 229, note 4) :
«Il est peut-être question ici du vrai kehrkâs, le
«vautour.»

[3] Voyez, ci-dessous, la note 3, p. 287.

[4] *Zend-Avesta*, 1re cardé, p. 290.

[5] *Ibid.* II, p. 293.

cesse lorsque, se rappelant qu'Anquetil n'admet aucune hésitation sur l'identité du coq avec l'oiseau *pérôdéresch* du *Zend-Avesta*, on lit, dans le *Vendidad*[1],
ces paroles si explicites : «Les hommes qui parlent improprement nomment
«*kehrkâs* l'oiseau *pérôdéresch*.» Deux observations importantes qu'Anquetil m'a
laissé le soin de soumettre au lecteur, lèveraient, s'il en était besoin, toute
espèce de doute sur la signification propre qu'il convient d'attribuer au mot
kehrkâs. D'une part, on trouve dans le texte pehlevi du *Boun-dehesch*[2] ces deux
paragraphes qu'Anquetil traduit ainsi : «Le *kehrkâs* est comme la vieillesse ;
«le (*kehrkâs* nommé) *kargues*[3] a été donné pour manger les corps morts.» —
«Il est dit (dans la loi) que le *kehrkâs*, de la hauteur à laquelle il vole, aper-
«cevant sur la terre une grosse poignée de chair, dirige promptement ses ailes
«en bas. Il vient, la tête baissée, pour manger le *nésa* (corps mort ou por-
«tion de corps mort), le *nésa* pourri, étend ensuite ses ailes, et s'en retourne
«satisfait, ou, selon la variante[4], *il revient se procurer le même plaisir*, ou, *il fait
«plaisir (au mort)*.» Or, cette comparaison : «le kehrkâs est comme la vieil-
«lesse,» nous indique clairement qu'il s'agit ici du *vautour à tête chauve*, qui
est appelé, par les Turcs, *ka-baba*, c'est-à-dire le *vieillard blanc;* par Scopoli,
vultur calvus[5], et qui est figuré sur les monuments asiatiques dont je parlerai
plus loin[6]. Le trait de mœurs rapporté dans le second paragraphe que je
viens de citer caractérise surabondamment le *kehrkâs*, de manière à ne pas
nous permettre de le classer ailleurs que dans le genre *vautour*. D'autre part,
et ceci est non moins décisif, le nom du vautour, dans le persan moderne, est
kerguès ou *guerguès*, qui, on le voit, n'est qu'une légère altération de *kehrkâs*
et identique avec le *kargues* d'Anquetil.

Les idées religieuses que les Perses, à l'exemple des Chaldéens ou des Assyriens, attachaient au vautour ne se révèlent pas seulement dans les passages
cités de l'iescht de Mithra. L'iescht *Farvardin*[7] est non moins explicite. On y

---

[1] Farg. xviii, p. 405.

[2] *Zend-Avesta*, II, § 19, p. 388, 389.

[3] Anquetil a donné si peu d'attention à la no-
menclature des oiseaux du *Zend-Avesta* et du
Boun-dehesch, qu'il identifie ailleurs (table des
matières) le *kargues*, tantôt avec le kehrkâs ou
vautour, tantôt avec la corneille. — Dans un paragraphe précédent (§ 13, p. 374), où sont énumérées les dix premières espèces d'oiseaux créées
par Ormuzd, il est dit, «le *kehrkâs* appelé kar-

«gues,» et c'est ici qu'Anquetil commet l'erreur
d'identifier la *corneille* avec le *kargues*.

[4] P. 389, note 3.

[5] L'espèce que nous avons en France est le
vultur monachus de Linné, dont la couleur est
noire ou cendrée.

[6] Voyez surtout le cylindre n° 7 de ma
planche LXI.

[7] *Zend-Avesta*, II, p. 277, xxvii° cardé.

invoque en ces termes le féroüer de cet oiseau : « Je fais izeschné au saint
« féroüer du-kehrkâs (*hofréoûâkhsch kehrkenanm*) qui parle bien et beaucoup. »
Ces derniers mots trouvent leur commentaire dans un passage du *Boun-dehesch*[1] que je rapporterai plus loin en entier, et où il est dit : « Cet oiseau ne
« voit que le bien et célèbre l'Avesta. Lorsqu'il le prononce, il effraye par là
« les dews.....» Dans un autre chapitre du *Boun-dehesch*[2], on lit que trente
jours après que Meschia et Meschiané eurent mangé les fruits et bu le lait
que leur avait présentés Ahriman, un mouton gras et blanc se présenta à
eux..... « Ils firent rôtir ce mouton, ajoute le compilateur, et le divisèrent
« ensuite en trois portions. Des deux (qu'ils ne mangèrent pas), une alla au
« ciel : il est dit (dans la loi) qu'elle devint la portion des izeds. L'oiseau
« *kehrkâs* s'approcha et l'emporta. »

L'invocation adressée « au saint féroüer du *kehrkâs* » est en parfaite harmonie avec les cérémonies et les purifications auxquelles la liturgie du *Vendidad* prescrit d'employer le vautour, et avec les purifications que, de lui-
même, cet utile oiseau opère sur la terre en la débarrassant de tous les corps
morts qui la souillent par leur putréfaction.

Dans une multitude de passages du *Vendidad*[3], Ormuzd ordonne que les
cadavres soient portés sur les *dadgâhs* ou *dakhmés* pour y être mangés par les
oiseaux de proie, c'est-à-dire par les vautours. Mais il faut auparavant que la
cérémonie appelée *sag-did*[4] ait été accomplie, soit lorsque l'agonisant vit encore, soit lorsque déjà il a rendu le dernier soupir. Or, il résulte de plusieurs
passages du *Vendidad*[5] qu'à défaut d'un chien on peut employer pour le *sag-
did* « l'oiseau qui mange les corps, » c'est-à-dire le vautour.

Lorsque, après sa mort, un adorateur d'Ormuzd a été assez heureux pour
que les vautours dévorent sa dépouille mortelle, son âme va sur le Gorotman,
dans la région de la lumière, appelée le *nour-pah*[6].

[1] S 19, p. 388.
[2] S 15, p. 378 et 379.
[3] Voyez *Zend-Avesta*, I, 2ᵉ partie, p. 299 et
300, et *passim*.
[4] Voyez ci-dessus.
[5] Voyez surtout farg. viii, p. 331, 336 et 351.
[6] Voyez *Vendidad*, farg. v, p. 299. — Dans
la partie non encore traduite des livres sacrés
des Indiens, le cinquième des sept mondes créés
est, m'assure-t-on, le *monde des oiseaux*, très-
voisin, par conséquent, du monde de Brahma,
qui est le septième, et très-analogue au ciel,
appelé, dans les livres sacrés des Perses, *nour-
pah*, ou région de la lumière, comme je l'ai dit
ci-dessus. — La coutume de faire dévorer les
cadavres par des vautours se retrouve chez plusieurs peuples de l'Asie orientale. Parmi les Sia-
mois et les Talapoins, les dévots mettent les
oiseaux de proie au rang des esprits célestes, et
recommandent, en mourant, que leur dépouille

Si un homme dépose ou laisse sur la terre un cadavre, et si le chien, le vautour, le loup, le vent ou la mouche emportent quelque chose de ce cadavre et en souillent l'eau ou les arbres, cet homme sera frappé, comme pour le crime appelé *tanafour* [1], deux cents fois avec des courroies de peau de cheval ou de chameau, et son âme ne passera pas le pont Tchinevad, c'est-à-dire ne sera pas admise dans les demeures célestes [2]. Mais, lorsque l'homme qui est chargé de porter les morts au *daghâd* s'est trouvé en contact immédiat avec un cadavre ou avec quelque chose qui en provienne, il reste pur, c'est-à-dire exempt de souillure, «si le mort a été regardé par le chien qui mange les « corps» (c'est-à-dire par le vautour) [3].

Le passage suivant du IIIe fargard [4] s'applique sans nul doute aux cas où le *sag-did* n'a pas été accompli : «Celui qui mange des mets ou revêt des habits «qui sont près du mort, dit le *Vendidad* [5], tombera dangereusement malade; «il vieillira et sera impuissant. Les chefs des Mazdéïesnans le conduiront «promptement sur une haute montagne, où (il sera exposé) aux oiseaux, «après qu'on lui aura arraché la peau dans la largeur, en commençant par la «ceinture. Il sera la nourriture des (animaux) qui, dans le monde de l'Être «absorbé par l'excellence [6], mangent les cadavres; son corps sera livré aux «oiseaux nommés *kehrkâs* [7]. Alors qu'il dise : Je me repens de cœur (sincère-

---

mortelle soit donnée en pâture aux vautours et aux corbeaux, au lieu d'être brûlée. Cette dérogation à un usage généralement suivi nous est attestée non-seulement par les voyageurs européens, mais aussi par les cosmographes chinois. Ceux-ci disent, de plus, que les Thibétains ont trois manières de rendre les derniers devoirs aux morts : ils donnent à manger aux chiens la chair des cadavres, coupée en petits morceaux; ils pilent les ossements du mort, les mêlent avec de la farine grillée et en font des boulettes dont ils nourrissent des chiens et des vautours; enfin, ils jettent à l'eau le corps des individus morts sans aucune ressource pécuniaire. Le premier de ces trois modes s'appelle : l'inhumation ou enterrement terrestre; le second, l'enterrement céleste; le troisième, l'enterrement aquatique. Les deux premiers sont réputés heureux; le dernier est considéré comme malheureux. (Voyez Braguères. — Turpin, *Histoire de Siam*, t. I, p. 334. —

Klaproth, *Notice d'une mappemonde et d'une cosmographie chinoises*, insérée dans le *Nouveau journal asiatique*, janvier 1833, n° 61, t. XI, p. 47-49. — *Description du Tibet, traduite du chinois en russe, par le P. Hyacinthe, et du russe en français, par M.***, revue sur l'original chinois et accompagnée de notes par Klaproth*. (*Nouveau Journal asiatique*, août et octobre 1829, t. VII, p. 254, 255.)

[1] C'est le nom que l'on donne au péché qui empêche de passer le pont *Tchinevad*.

[2] Voyez *Zend-Avesta*, t. I, 2e partie, farg. v, p. 298, 299; farg. vi, p. 315, 316.

[3] *Vendidad*, farg. viii, p. 336 et 351.

[4] P. 282, 283.

[5] Farg. iii, p. 282, 283.

[6] C'est-à-dire le monde créé par Ormuzd.

[7] Ici Anquetil dit en note (p. 283, note 1) : «Il est question ici du vrai kehrkâs, que je crois «être le vautour.»

« ment) de mes mauvaises actions. Si cet homme avoue ainsi le mal qu'il a
« fait, (cet aveu) ce repentir en sera l'expiation ; mais s'il n'avoue pas le mal
« qu'il a fait, il aura lieu de s'en repentir jusqu'à la résurrection [1]. » Dans un
autre fargard [2], la même punition, dans les mêmes termes, est infligée au
prêtre qui, chargé de purifier un homme, montre qu'il ignore ce que la loi
des Mazdéïesnans prescrit pour les purifications.

Lorsque le mort n'a été regardé ni par le chien qui mange les corps, ni par
l'oiseau qui mange les corps, dit aussi le *Vendidad* [3], le bois, les graines, les
herbes ou le foin sur lesquels ont été posés les corps sont souillés et doivent
être purifiés par l'eau ; mais ils restent purs ou exempts de souillure si le
mort a été regardé par le chien ou par le vautour [4].

Le *Vendidad*, enfin, étend jusqu'à des purifications qui paraîtront bien puériles la nécessité de faire intervenir le vautour pour obéir aux prescriptions recueillies de la bouche d'Ormuzd par Zoroastre. C'est ainsi, par exemple, que,
lorsqu'en coupant ses ongles on n'observe pas les prescriptions de la Loi, on
se rend coupable d'un péché d'impureté. Or voici la purification qu'ordonne
le fargard xvii [5], purification dans laquelle le vautour est invoqué sous le nom
d'*aschôzescht* et comme oiseau consacré à Bahman, ainsi que je l'ai dit précédemment. Il faut d'abord, dit le livre cité, tirer d'un terrain inculte une
pierre sèche, de la longueur du petit doigt, puis mettre sur cette petite pierre
les ongles coupés, et prononcer en même temps cette parole qualifiée de *victorieuse*, qu'Ormuzd lui-même enseigne à Zoroastre : « Ô saint Bahman, je vous
« invoque avec pureté. » Puis, continue Ormuzd, tracez autour de la pierre
trois, six ou neuf keischs [6] avec un (couteau) de métal, en récitant bien trois,
six ou neuf honovers [7] et disant : « Oiseau *aschôzescht* [8], je vous adresse ma prière,
« je vous invoque, je vous appelle et vous fais izeschné. Ceux qui parleront

---

[1] Toute la dernière moitié de ce paragraphe,
à partir de ces mots, « son corps sera livré aux
« oiseaux nommés *kehrkâs* (vautours), » ne nous
rappelle-t-elle pas la légende de Prométhée attaché au sommet d'une montagne et livré à un
vautour qui lui dévorait le foie sans cesse renaissant ?

[2] *Farg.* ix, p. 362, 363.

[3] *Farg.* viii, p. 321, 322.

[4] *Ibid.* p. 321, 322.

[5] P. 401, 402.

[6] On appelle ainsi un sillon fermé, rond ou
carré et peu profond.

[7] *Honover* sert à désigner plusieurs sortes de
prières, et même, en général, la parole d'Ormuzd.

[8] Anquetil (*loc. cit.* p. 401, note 3) explique
ce nom par ces mots : *qui cherche le bien*. « C'est,
« ajoute-t-il, l'oiseau de Bahman. Voyez ci-après
« le *Boun-dehesch*. » Or le passage du *Boun-dehesch*
auquel renvoie ici Anquetil est celui que je cite
un peu plus loin. Il ne laisse subsister aucun doute
sur l'identité de l'*aschôzescht* avec le vautour.

« (s'adresseront) à l'oiseau *aschôzescht*, il les secourra contre les dews du Mazen-
« dran (*sic*) avec la lance [1], le poignard, l'arc, la flèche, avec la pique qui
« sert de près et avec l'arc à pierres. — Si l'on n'invoque pas (cet oiseau), si
« on ne lui parle pas, (toutes ces armes) deviendront la proie des dews du
« Mazendran..... »

J'ai déjà indiqué ou rapporté plus haut divers passages du *Vendidad* et deux
du *Boun-dehesch* [2] qui ont trait à l'habitude qu'a le kehrkâs ou vautour de se
nourrir de corps morts. En voici un autre [3] du *Boun-dehesch*, qu'il convient
d'ajouter ici, et qui établit d'une manière incontestable l'identité de l'*aschôzescht* avec le *kehrkâs* ou vautour. « Il est dit (dans la Loi) de l'oiseau *aschôzescht*,
« qui est l'oiseau du fort Bahman, que cet oiseau, qui (ne) voit (que) le bien,
« célèbre l'Avesta avec sa langue; et lorsqu'il le prononce, il effraye par là les
« dews et (les empêche) d'emporter les ongles qui ne sont pas encore pourris.
« Il enlève les dews et les magiciens; cet oiseau est armé d'une espèce de trait,
« et les brise avec cette (arme) [4]. Cet oiseau enlève les ongles qui ne sont pas
« pourris, les mange et empêche de cette manière les dews d'agir. S'il ne man-
« geait pas ce qui n'est pas pourri, les dews auraient la force de produire le
« péché (dans le monde). »

Nous verrons tout à l'heure comment les monuments figurés asiatiques
sont d'accord, quant au vautour, avec les croyances ou les idées qui ressortent
des divers passages que je viens de citer.

Cet oiseau, dans le système théologique et cosmologique des Égyptiens, ne
remplit pas un rôle moins important que dans les livres sacrés des Perses. Le
traité d'Horapollon sur les hiéroglyphes, le grand rituel funéraire du Musée
royal de Turin et les antiquités figurées de l'Égypte sont les principales sources
où l'on peut puiser pour parvenir à connaître les diverses croyances qui, chez
les Égyptiens, avaient fait choisir le vautour pour être le symbole de quelques divinités et le hiéroglyphe de plusieurs idées. Rapprochées des passages
que j'ai empruntés au *Zend-Avesta*, ces croyances, surtout en ce qui concerne les mœurs du vautour et ses rapports avec l'air ou le vent, vont mettre
en évidence des analogies qu'on ne peut expliquer sans admettre que les Égyp-

---

[1] Ou « avec le sabre, » selon le texte pehlevi, dit Anquetil.

[2] § 19, p. 388, 389.

[3] § 19, p. 388, 2ᵉ alinéa.

[4] Le sens de la phrase ne semble pas avoir été bien compris par le traducteur. Il en fait pour ainsi dire l'aveu en proposant (*loc. cit.* note 2) une variante qui substitue à ces mots, « cet oiseau « est armé d'une espèce de trait, » ceux-ci : « cet « oiseau vient comme un trait. »

tiens et les Perses avaient puisé à un fonds qui leur était commun le système théogonique et cosmogonique des Assyriens ou des Chaldéens d'Assyrie et les doctrines propres aux mystères institués par ces derniers.

Écoutons d'abord Horapollon : «Lorsque, dit-il [1], les Égyptiens veulent «exprimer hiéroglyphiquement une mère, la vue, l'horizon, la prescience, «l'année [2], le ciel, la miséricorde, Athéné [3], Héra [4], deux drachmes, ils repré-

[1] *Hieroglyph.* cap. xi; Leemans.

[2] Horapollon (*ibid.* p. 16 et 17) explique très-clairement que le vautour représente, dans l'écriture hiéroglyphique, une année de trois cent soixante-cinq jours, parce que, après la gestation, qui dure cent vingt jours, cet oiseau nourrit ses petits cent vingt autres jours, puis se prépare à une autre gestation pendant cent vingt jours aussi, et enfin emploie à la fécondité les cinq jours épagomènes. Le vautour marquait donc par quatre temps ou divisions l'année égyptienne de trois cent soixante-cinq jours. Mais, chez les Romains, selon le témoignage de l'augure Vettius, cité dans le XXIIe (duodevicesimo) livre des *Antiquitates* de Varron (*apud* Censorin. XVII, p. 901), le vautour marquait la révolution d'un siècle. M. Leemans (*Adnotatio ad Horapoll. Hieroglyph. addenda*, p. 403), ne pouvant concilier les deux traditions, suppose que, dans la dernière, on a peut-être confondu le *vautour* avec l'*aigle*. A l'appui de cette opinion, il cite un passage d'Artémidore (*Oneirocr.* II, xx; cf. lib. V, Somn. 57) conçu en ces termes : σημαίνει δὲ ὁ ἀετὸς καὶ τὸν ἐνεσῶτα ἐνιαυτόν· ἐσῖι γὰρ τὸ ὄνομα αὐτοῦ γραφὲν οὐδὲν ἄλλα ἢ πρῶτον ἔτος...

Ce qui est certain, c'est que, chez les Arabes, à une époque fort ancienne, on découvre des traces de l'usage d'employer le vautour dans la supputation du temps. En effet, les écrivains arabes rapportent que, sous le règne de Kouldjân, et à l'expiration des cinquante années qu'avait duré la mission du prophète *Hoûd*, les premiers Adites envoyèrent trois délégués dans la vallée de la Mekka (la ville de la Mekke n'a été construite que l'an 445 de l'ère chrétienne), qui, dès ce temps, c'est-à-dire plus de dix-sept

siècles avant Jésus-Christ, était un lieu révéré. Ces délégués étaient chargés d'offrir des sacrifices à la divinité et de demander la pluie du ciel. L'un d'eux, appelé *Locmân*, devint le roi d'une faible portion des Adites, que ce pèlerinage ne put préserver du courroux divin. Il est surnommé *Dhou-nnouçour*, l'homme aux vautours, parce que Dieu, est-il dit, lui avait accordé une vie égale à la durée consécutive de la vie *de sept vautours* (Abulfedæ *Histor. anteislam.* p. 20. *Kitab-el-Djouman*). «Cette légende, ajoute M. Caussin de Perceval (*Essai sur l'histoire des Arabes*, t. 1, p. 15-18), est célèbre dans l'Orient, et les poëtes font «de fréquentes allusions à Locman et à ses vautours, dont ils nomment le dernier *Lobâd.*» Il est fort à regretter que l'habile orientaliste que je cite et ses devanciers n'aient trouvé dans les auteurs arabes aucun renseignement sur le rôle que remplissait le vautour dans la religion des Arabes antérieurs à l'islamisme. Mais, selon le témoignage formel d'Hérodote, le culte de Vénus-Mylitta, et par conséquent le système religieux des Assyriens, étaient passés chez les Arabes, aussi bien que chez les Perses. Ce culte de Mylitta avait aussi été importé en Égypte, et là nous allons tout à l'heure trouver le symbole du vautour attribué à Vénus-Hâthòr, identique avec la Vénus des Assyriens. Dès lors, nous pouvons croire que le vautour occupait, dans les livres sacrés et dans les mystères des Arabes, la même place que dans les institutions religieuses des Assyriens et des Perses.

[3] Par *Athéné*, nous devons entendre ici la déesse *Neith*, dont il sera question plus loin.

[4] *Héra* correspond ici à *Isis*, et nous rappelle que, dans l'Orient, Mylitta, identique avec Héra et avec Athéné, était assimilée à l'air, cosmolo-

« sentent un vautour [1]. Dans cette espèce, il y a des mères mais point de « mâles [2]..... » Après avoir raconté, avec des détails que je supprime, comment, chez le vautour, s'opère la conception par la seule action du vent du nord [3], prolongée pendant cinq jours consécutifs, il ajoute que le vautour qui veut concevoir s'abstient de manger pendant cinq jours [4]. Il ajoute aussi que, parmi les oiseaux, quelques autres espèces conçoivent de même par la seule action du vent [5], mais que leurs œufs sont stériles et seulement bons à manger, tandis que des œufs du vautour fécondé par le vent naissent des petits tout vivants [6]. Plus loin, il vante l'amour de cet oiseau pour ses petits [7]; il prétend même que le vautour, lorsqu'il manque de pâture à leur donner, s'ouvre les cuisses pour les nourrir avec son propre sang [8], plutôt que de les laisser mou-

giquement parlant. Elle se confondait également avec la lune; et c'est ici le lieu de faire remarquer que, selon Eusèbe (*Præparatio evangel.* III, p. 116 et 117), le vautour, attribut des déesses mères, chez les Égyptiens, était, en particulier à Éléphantinopolis, le symbole de la lune.

[1] Γὖπα au féminin. Horapollon emploie toujours au féminin le mot γὺψ, vautour, mais tous les autres écrivains grecs l'emploient au masculin, ce qui, à mes yeux, indique que les déesses mères égyptiennes, à qui on attribuait cet oiseau, avaient dû primitivement être androgynes comme Vénus-Mylitta et Mithra. Sur ce point, nous avons toute certitude à l'égard de la lune, qui, dans les temps anciens, réunissait les deux sexes. (Voyez mes *Recherches sur Vénus*, p. 49.)

[2] Voyez à ce sujet (les vautours seulement femelles) Plutarque, *Quæst. roman.* cap. xciii, p. 286, *C.* — Ælien, *De natur. animal.* II, xlvi. — Philé, *De animal. proprietat.* cap. iii, vers. 10. — Ammien Marcellin, XVII, p. 99, ed. Lindenbr. — C'est parce que le vautour passait pour être femelle que, dans le texte d'Horapollon, et sur les monuments figurés égyptiens, il sert de symbole, de coiffure, ou de caractère déterminatif aux déesses. (Voyez Champollion le jeune, *Lettres au duc de Blacas*, 1re lettre, p. 21 et suiv. *Panth. égypt.* explication des planches VI et suivantes; *Des hiérogl. des anc. Égypt.* p. 340-

348; *Descript. du musée Charles X*, p. 5, *A*, 81; p. 30, *A*, 589, 590; p. 41, *B*, 99-102.

[3] Du vent du midi ou de l'est, selon Ælien, *De natur. animal.* II, xlvi; du vent appelé *auster*, selon Philé, *De animal. proprietate*, cap. iii, vers. 11-13. — Cf. Plutarch. *Quæst. roman.* XCIII, p. 286.

[4] Par ces cinq jours, il faut entendre ici les cinq jours épagomènes. Or nous avons vu précédemment que ces cinq jours épagomènes sont consacrés à cinq izeds femelles, appelées *Gâhs*, qui président à la reproduction des êtres.

[5] C'est ce qu'affirment aussi Aristote (*Histor. animal.* VI, 2, p. 324 *E*, 325 *E*, 326 *A*; *De generatione animal.* III, 1, p. 641 *E*); Ælien (*De natura animal.* II, xlvi); Philé (*De animal. proprietate*, cap. iii, vers. 11-13).

[6] Sur les fécondations par l'air ou le vent, ou le zéphyr, voyez Plutarque, *loco citato*; Ælien, *De natur. animal.* II, xlvi; et le célèbre passage de Virgile sur les cavales.

[7] Les poëtes et les prosateurs grecs, dans leurs comparaisons, font souvent allusion à cet amour du vautour pour sa couvée. (Voyez Homère, *Odyss.* II, v. 216-219; Æschyle, *Agamemnon*, v. 49 et suiv. Plutarque, *Quæst. roman.* lib. 1, p. 285.)

[8] M. Leemans (Horap. *Hieroglyph.* p. 180) fait remarquer que les Pères de l'Église attribuent au pélican ce qu'Horapollon dit ici du vautour.

rir de faim. Cette croyance et les rapports qu'une antique théologie avait établis entre le vautour et l'air, d'une part, et entre l'air et les autres divinités génératrices femelles, d'autre part, furent sans doute les principales raisons qui portèrent les prêtres égyptiens à choisir le vautour pour être, conjointement avec le scarabée, le symbole de Phtha et de Neith, considérés comme le père et la mère de tous les êtres vivants[1]. Aussi Horapollon[2] nous apprend-il que les Égyptiens, lorsqu'ils voulaient écrire hiéroglyphiquement le nom d'Éphæstus et celui d'Athéné, c'est-à-dire de Phtha et de Neith, employaient, pour signes idéographiques de la première de ces deux divinités, *un scarabée et un vautour*, et pour signes idéographiques de la seconde, *un vautour et un scarabée*. Le vautour étant censé toujours femelle, comme symbole aérien et lunaire, et le scarabée toujours mâle, comme symbole igné et solaire, on voit, dans ces deux légendes hiéroglyphiques, une opposition de sexe analogue à celle que créait, dans le célèbre temple de la déesse de Syrie, à Hiérapolis de la Cyrrhestique, la composition de deux statues, dont l'une représentait la déesse assise sur des lions, emblème du soleil et du sexe masculin, et l'autre le dieu, son époux, assis sur des taureaux, emblème de la lune et du sexe féminin[3]. En même temps, le rapprochement de deux symboles tels que le scarabée et le vautour exprime clairement l'intention d'indiquer que la région de l'air est contiguë à la région ignée ou solaire, et, par conséquent, intermédiaire entre celle de la terre et celle du soleil; d'où il suit que, chez les Égyptiens comme chez les peuples de l'Asie occidentale, la constitution de l'air devrait être considérée comme double ou comme mixte, c'est-à-dire participant à la fois de la nature du principe humide et de la nature du principe igné. Dans le procédé hiéroglyphique employé pour écrire le nom sacré de Phtha et celui de Neith, un autre artifice est aussi à remarquer : la place respective qu'occupent dans ces deux noms le scarabée et le vautour détermine immédiatement le sexe de chacune des deux divinités qu'ils représentent. Et tandis que les images de la Vénus asiatique et de Rhéa ou la mère des dieux sont accompagnées tantôt du taureau, tantôt du lion, en souvenir de leur hermaphroditisme primitif, le vautour est le symbole constant et

---

[1] Ammon-Ra, autre dieu générateur et solaire, remplace souvent Phtha auprès de Neith. Dans quelques peintures ou sculptures, on voit cette déesse debout à côté d'Ammon-Ra, ou assise sur un trône à côté de ce dieu.

[2] Horapollinis *Hieroglyphica*, cap. xii. p. 19, ed. Leemans.

[3] Voyez mes *Recherches sur Vénus*, p. 129 et pl. III, *B*, n° 1.

caractéristique des images de Neith représentée sous une forme humaine. Dans les légendes sacrées de cette déesse, comme l'a fait observer Champollion le jeune [1], la déesse ne porte d'autre nom que les qualifications de *Déesse mère* et de *Grande mère*, qui se trouvent également inscrites, ajoute-t-il, à côté du vautour, son emblème particulier [2]. L'image d'un vautour, dit en finissant l'illustre égyptologue [3], est devenue, pour cela même, le signe de l'idée de *mère* dans l'écriture hiéroglyphique [4].

Le vautour, comme symbole de l'air et à la fois comme symbole idéographique de la maternité, et par conséquent du sexe féminin, se retrouve dans des représentations figurées que Champollion le jeune me semble désigner, sans raison suffisante, sous le nom de *Neith panthée*. Là le lion, symbole solaire, remplace le scarabée qui, dans le nom hiéroglyphique de Neith, vient de se montrer à nos yeux avec la même acception. Telle est une curieuse image de cette déesse tirée d'un très-beau papyrus égyptien rapporté par Belzoni. Neith y est représentée [5] avec une tête de femme, flanquée d'une tête de lion implantée sur l'épaule droite, et d'une tête de vautour implantée sur l'épaule gauche. Des ailes éployées de vautour se lient aux épaules et aux bras étendus de la déesse. Cette figure, qui est ithyphallique, a des jambes humaines terminées par des griffes de lion, ce qui la rapproche à la fois de Mylitta Androgyne, léontocéphale à jambes humaines et griffes de lion [6], et de Mithra, léontocéphale à jambes humaines et griffes de lion. Ce rapprochement, qui ne contribue pas peu à justifier ceux que je ferai un peu plus loin, est d'autant plus motivé que Champollion le jeune [7] prend le soin de nous avertir que, sur

---

[1] Explication de la planche VI *ter*, cotée aussi VI *quater* de son *Panthéon égyptien*.

[2] Champollion le jeune renvoie ici aux nᵒˢ 1 et 2 de la planche VI *ter* (cotée VI *quater* dans plusieurs exemplaires), aux légendes *A*, *B*, *C* de la planche VI *bis*, à la légende de la planche VI et aux explications qui accompagnent ces diverses planches.

[3] Explication de la planche VI *ter*.

[4] Aussi voyons-nous, sous le règne des Ptolémées. le vautour être l'attribut caractéristique des reines d'Égypte divinisées. On peut citer les statues érigées dans le temple de Dekkeh. Ici, la reine, représentée une fois debout et une fois assise, est coiffée d'un vautour surmonté d'un disque placé entre deux cornes de vache; son corps est enveloppé de deux grandes ailes de vautour; une croix ansée dans sa main gauche. On voit, dans le même temple, la statue d'Évergète II, et, à côté, celle d'une reine debout, vêtue d'une tunique collante, coiffée d'un vautour sans les cornes et le disque, mais croix ansée dans la main gauche et sceptre dans la main droite. (Dessins vus chez M. de Galembert, en février 1854.)

[5] Champollion le jeune, *Panth. égypt.* pl. VI *bis*.

[6] Voyez *Recherches sur Vénus*, atlas, pl. XVII, nᵒˢ 1, 1ᵃ et 1ᵇ.

[7] Explication de la planche VI *bis* de son *Panthéon égyptien*.

d'autres papyrus, Neith, toujours mâle et femelle [1], a sur les épaules une seule tête, une tête de lion. Elle devient alors une divinité *léontocéphale* [2], comme Milytta, comme Mithra.

Mais, dans la suite des temps, Neith, ainsi que la plupart des divinités génératrices de l'antiquité, ayant cessé d'être considérée comme une divinité androgyne, ne fut plus représentée qu'avec les formes et les attributs du sexe féminin [3]. Le vautour, symbole de l'air, symbole du sexe féminin, resta seul le signe caractéristique et idéographique de la déesse dans les représentations figurées et dans les légendes hiéroglyphiques. C'est à partir de cette époque que les images de Neith nous la représentent coiffée d'un vautour, et le corps, depuis la ceinture jusqu'aux genoux, enveloppé par deux grandes ailes qui ne peuvent être que celles d'un oiseau de la même espèce [4].

Enfin, selon le témoignage d'Eusèbe [5], l'Égypte rendait, chaque troisième jour du mois ou des phases de la lune, un culte particulier à une divinité qu'il identifie avec Ilithya et dont la statue, enrichie de pierres précieuses, ajoute-t-il, avait la forme d'un *vautour femelle* à ailes éployées. Ce mode de représentation et l'assimilation de cette déesse égyptienne à l'Ilithya des Grecs ne nous permettent pas de méconnaître ici, sous le symbole du vautour, Neith considérée comme divinité obstétrice. C'est ainsi que, sur un bas-relief dont il sera question un peu plus loin, on voit un vautour ombrager de ses ailes un jeune enfant royal, le Pharaon Thoutmosis que reçoivent dans leurs bras le dieu Ammon-Ra et la déesse Neith [6]. Ailleurs, la même déesse, « sous le « nom de *Swan*, et considérée alors comme mère des êtres vivants et protectrice « de l'enfantement, » est, selon Champollion le jeune [7], représentée sous la forme d'une femme *à tête de vautour*.

---

[1] C'est ce que me semblent indiquer le vautour et le scarabée, qui, selon Horapollon, servaient à écrire hiéroglyphiquement le nom de cette déesse.

[2] D'autres images (Champollion le jeune, *Panth. égypt.* pl. VI *septies*) représentent Neith *léontocéphale* entourée d'un serpent, symbole de vie. La tête de lion est surmontée d'un disque rouge, orné de l'uræus royal. Ici, le serpent nous reporte de nouveau à la Mylitta léontocéphale de la stèle du baron Roger (*Recherches sur Vénus*, loc. cit.) et à la Vénus androgyne du cône de mon ancienne collection (*ibid.* pl. 1, n°ˢ 1 et 1ᵃ), qui portent chacune un serpent dans chaque main, comme aussi aux figures de Mithra léontocéphale entourées d'un serpent.

[3] Il est infiniment probable que, depuis cette modification, Neith fut, cosmologiquement parlant, assimilée à l'air, comme la Vénus asiatique, comme Héra ou Junon.

[4] Champollion le jeune, *Panth. égypt.* pl. VI.

[5] *Præpar. evang.* III, xii.

[6] *Descr. de l'Égypte, A*, vol. III, pl. XXXVI, n°ˢ 1 et 3.

[7] *Panth. égypt.* explication de la planche VI *quinquies* (*A*).

Mais Neith, soit qu'Eusèbe nous la désigne sous le nom grec d'Ilithya, soit que les inscriptions hiéroglyphiques lui donnent celui de *Swan*, s'identifie, d'une part avec l'Athéné des Grecs, comme la Vénus-Mylitta des Assyriens et la Vénus-Astarté des Phéniciens, d'autre part avec la Vénus-Hâthôr des Égyptiens, qui elle-même s'assimile à Mylitta et à Astarté. Ces rapprochements ne se sont pas présentés à la pensée de Champollion le jeune, et cependant c'est lui qui, le premier, décrivant l'image d'une déesse qu'il nomme *Hâthôr-Ptérophore*, a observé un fait bien propre à le mettre sur la voie pour reconnaître l'identité de Neith, de Swan et d'Hâthôr, identité qui ressortira non moins de quelques remarques intéressantes que je me réserve de placer dans le chapitre où je traiterai de l'initiation des rois de Perse aux mystères de Mylitta et à ceux de Neith, comme aux mystères de Mithra. Voici en quels termes s'exprime l'illustre égyptologue[1] : « Les deux longues plumes surmon- « tant la tête de la déesse et placées au-dessus de la coiffure formée du vautour, « commune à toutes les déesses mères, distinguent spécialement Hâthôr de « toutes les autres grandes divinités mères dans les différentes triades égyp- « tiennes. »

D'autres traits, que je vais emprunter à la légende de Neith, achèveront de montrer comment, par l'attribution seule du vautour à cette déesse aussi bien qu'à Vénus-Hâthôr, ces deux divinités se confondent, et comment une telle attribution justifie la restitution que je fais d'un grade de vautour dans les mystères de Mylitta et dans ceux de Mithra.

Neith, de même que Mylitta, Astarté, Athéné, Aphrodite, Artémis et Mithra, était primitivement une divinité armée. Nous n'en pouvons douter lorsque nous voyons les deux sexes lui être attribués, et surtout lorsque nous sommes en présence des bas-reliefs qui, à Thèbes, représentent Neith au moment où elle reçoit l'hommage d'un roi vainqueur, amenant à ses pieds les prisonniers faits sur l'ennemi. D'autres sculptures, que l'on rencontre principalement sur les pylônes des grands édifices, nous montrent le roi triomphant placé devant l'image colossale d'une déesse; d'une main il tient par les cheveux un certain nombre de prisonniers, et, de l'autre, un glaive pour égorger ces malheureux, qu'il va offrir à Neith comme autant de victimes dignes seules de lui plaire. C'est ainsi que nous verrons sur une coupe d'argent doré trouvée dans l'île de Chypre, et sur un vase également d'argent doré provenant du grand tom-

---

[1] Explication de la planche XVII. C de son *Panthéon égyptien*.

beau de Cæré[1], une reine ou une grande prêtresse offrir un sacrifice de prisonniers à la Vénus asiatique. D'autre part Proclus[2] confirme, à son tour, ma
remarque sur le caractère primitif de Neith, en disant que cette déesse préside à la guerre. Ces divers témoignages rapprochés des monuments de l'art
qui, en Égypte, représentent le vautour tenant dans ses serres deux palmes,
emblème de la victoire[3], ont porté Champollion le jeune à considérer «le
« vautour de Neith » comme le symbole ou le signe de la victoire. «Cet oiseau,
« dit-il[4], plane au-dessus de la tête des héros égyptiens pendant le combat et
« après la victoire[5], comme dans la cérémonie de leur triomphe. » Bien plus,
« cet oiseau, dit-il un peu plus loin[6], la tête ornée de diverses coiffures, les
« ailes éployées et tenant dans ses mains les insignes de la victoire, est toujours
« figuré sur les bas-reliefs des temples, planant au-dessus de la tête des sou-
« verains de l'Égypte, faisant des offrandes aux dieux, ou conduisant à leurs
« pieds des ennemis vaincus[7]; ailleurs il ombrage de ses ailes le Pharaon Thouth-
« mosis que reçoivent dans leurs bras la déesse Neith, le dieu Amonra (*sic*)[8], et
« le Pharaon Ramsès-Méiamoun, grand-père de Sésostris, soit dans ses com-
« bats, soit dans la pompe de son triomphe représentés sur les bas-reliefs du
« palais de Medinetabou à Thèbes[9]; enfin le plafond de la porte triomphale du
« sud à Karnac est orné de dix-huit vautours portant l'emblème de la victoire[10],
« et semblables à celui qui est figuré sur notre planche VI *quater*[11], tiré des
« bas-reliefs du tombeau royal découvert par Belzoni[12]. »
    Toutefois il me semble que faire du vautour un oiseau guerrier et victo-

---

[1] Voyez M. le chevalier Grifi, *Monum. di Cere antica*, pl. V, n° 1.

[2] *In Timæum.*

[3] *Panth. égypt.* pl. VI *quater.*

[4] Explication de la planche VI.

[5] J'en puis citer un exemple dans la *Descrip-tion de l'Égypte*, où, sous le numéro 32 de la planche XXXVIII, on voit un vautour, tenant le signe de la victoire dans ses serres, voler vers un héros.

[6] Explication de la planche VI *quater.*

[7] Voyez *Descr. de l'Égypte, Antiquités*, vol. III, pl. XXXII, n° 4; pl. XXXVII, n° 9; pl. XLVII, n° 2; pl. XXXVIII, n° 32; *Antiquités*, vol. II, pl. XIII, n° 1, 3 et 4; pl. XVI, n° 2, et ailleurs.

[8] *Ibid. A*, vol. III, pl. XXVI, n° 1 et 3.

[9] Voyez *Description de l'Égypte, Antiquités*, vol. II, pl. X et XI.

[10] *Ibid. A*, vol. III, pl. L, n° 2.

[11] Lisez : VI *ter*.

[12] Je remarque que, dans le dessin colorié pu-blié par Champollion le jeune (*loc. cit.*), le cou, la tête et le centre de la *tiare conique* (cône de la Vénus asiatique) dont est coiffé le vautour, sont peints en blanc. Les autres parties du corps de l'oiseau le sont en rouge, en noir, en jaune et en bleu, avec des mélanges de blanc. Le vautour semble donc ici être de la même espèce que le vautour figuré sur les monuments asiatiques, et appelé en turc *ak-baba*, le *vieux blanc*, ou le *vieillard blanc*, ou le *père blanc*.

rieux, ce serait tirer une conséquence trop absolue des monuments cités par Champollion le jeune. Ne perdons pas de vue que, loin de remplir le rôle d'un oiseau courageux, dans les traditions rapportées plus haut, le vautour y est présenté comme un oiseau lâche et toujours disposé à prendre la fuite quand on l'attaque. Telles sont, en effet, les mœurs propres à cette espèce. Mais on lui accordait le don de connaître et de présager l'avenir, et Horapollon entre à cet égard dans des détails qui nous avertissent peut-être que, sur les monuments cités par Champollion le jeune, il ne faut considérer le vautour que comme le présage d'une victoire désirée, ou comme le témoin d'une victoire obtenue. En effet, selon l'auteur des *Hieroglyphica*[1], le vautour, en temps de guerre, sait deviner le lieu où se livrera la bataille, y arrive sept jours d'avance, et, par la faculté qu'il a de connaître l'avenir, se place du côté où il y aura le plus grand nombre de combattants vaincus et tués. « Anciennement, ajoute « Horapollon, les rois d'Égypte, à la veille de livrer bataille, chargeaient des « émissaires d'aller observer de quel côté les vautours dirigeaient leur vue, « afin de savoir d'avance de quel côté serait la victoire. »

Une croyance et un usage analogues avaient également dû exister chez les Assyriens. Du moins, sur les bas-reliefs des palais de Nemrod qui représentent des batailles gagnées ou des villes emportées d'assaut par un des rois d'Assyrie, voyons-nous des vautours précéder les vainqueurs au combat, les accompagner au retour, pendant leur marche triomphale, et même dévorer les vaincus morts au champ d'honneur[2]. Quelques cylindres asiatiques nous montreront chacun tout à l'heure un vautour planant au-dessus d'un combat mystique qui doit se terminer par la mort d'un des deux combattants. Un vautour assiste également à un sacrifice humain représenté au fond d'une coupe d'argent doré,

---

[1] I. xi, p. 16.

[2] Voyez Layard's *Monum. of Nineveh*, pl. XIV, XVIII, XX, XXII, XXVI et LXIV. La planche XIV représente un seul vautour planant au-dessus d'une scène de carnage; la planche XVIII, deux vautours, dont l'un plane en avant d'un groupe d'assiégeants, et dont l'autre a déjà attaqué, par derrière, le corps d'un ennemi tombé des murailles de la forteresse ou de la ville assiégée; la planche XX, un vautour planant au-dessus d'une autre scène d'assaut; la planche XXII, un vautour tenant entre ses serres la tête d'un ennemi et volant au-dessus de deux chars de guerriers qui re- viennent triomphants du combat; la planche XXVI, un vautour planant au-dessus d'une attaque de cavalerie, et la planche LXIV, une scène de bataille où l'on voit deux cavaliers assyriens poursuivant, la lance en arrêt, un ennemi qui fuit. Derrière eux gît, sur le sol, un autre ennemi, la tête coupée; au-dessus un vautour, et non un aigle, comme le dit M. Layard (p. 14), sans doute par inadvertance, tient dans ses serres une masse d'intestins qu'il commence à manger, et que probablement il a enlevés du corps de ce guerrier décapité.

déjà citée, qui provient de l'île de Chypre; un autre vautour plane au-dessus d'un groupe composé de deux lions qui attaquent un taureau, et gravé au centre d'un plat d'argent doré, de style phénicien, découvert dans un grand tombeau à Cæré[1]. Dans mon appendice je parlerai en détail de cette coupe et de ce plat.

On le voit donc, sur quelques monuments figurés comme dans certains textes, le vautour se montre avec une acception funéraire. Les mœurs de cet oiseau, si avide de la chair des corps morts, et les usages auxquels le faisaient servir les Perses pour accomplir leurs devoirs religieux envers les agonisants et les morts, ont sans doute préparé le lecteur à lui reconnaître ce caractère qui, à mes yeux, ne résulte pas moins de l'attribution du vautour à des divinités qui, tout à la fois célestes, telluriques et infernales, comme la Vénus assyrienne et comme Neith, Hâthôr, Athéné et Mithra, qui se confondent avec elle, présidaient aux mystères. Or le vautour, dans la psychologie des mystères d'origine chaldéenne ou assyrienne, avait, ainsi que les autres animaux qui imposent chacun leur nom à un grade, une acception funéraire comme conséquence du rôle qui lui était assigné. Et si, en Égypte[2], nous trouvons dans les serres du vautour à la fois deux palmes, emblèmes de la victoire, et une croix ansée, symbole de nouvelle vie[3], il faut sans doute reconnaître là une trace de l'importance des doctrines secrètes qui, dans les mystères asiatiques, enseignaient que le grade de vautour est une victoire de plus remportée par l'âme sur le corps, et un pas de plus fait dans la voie d'une nouvelle vie. Que si l'on demande pourquoi les prêtres égyptiens avaient attribué la croix ansée au vautour plutôt qu'aux autres oiseaux sacrés, on peut répondre qu'ils y furent probablement déterminés par la considération que le vautour, ayant l'habitude de se nourrir de la chair des morts[4], devient pour ainsi dire leur tombeau et marque leur passage de la vie terrestre à une vie nouvelle.

---

[1] Voyez le chevalier Grifi, *Monum. di Cere antica*, pl. V, n° 1.

[2] Voyez *Descr. de l'Égypte, Antiquités*, t. 1, pl. XXXVII, n°ˢ 1 et 2; pl. LI; t. II, pl. XI, n°ˢ 2 et 3; pl. XIII, n° 4; pl. XCI; t. III, pl. XXXII, n° 4; pl. XXXIII, n° 1; pl. XXXVI, n°ˢ 1 et 3; pl. XXXVII, n° 9; pl. L, n° 2; pl. XIV, n° 2. — Champollion le jeune, *Panth. égypt.* pl. VI *quater*.

[3] Voyez *Mém. de l'Acad. des inscr.* t. XVII, 1ʳᵉ partie, p. 356-360.

[4] Cette habitude du vautour a fait dire à Philé (*De animal. propriet.* cap. III, vers 1) :

Ὁ γὺψ μαχητὴς τοῖς νεκροῖς ὢν τυγχάνει.
Vultur pugnator est in hominum cadavera.

Cf. *ibid.* vers. 5-7. Mais bien des siècles avant Philé, Homère avait mis plus d'une fois en vers la voracité avec laquelle les vautours se jettent sur les cadavres (*Iliade* A, v. 237; Π, v. 836; Σ, v. 271); et, dans l'intervalle de temps qui sé-

Aussi ces. mêmes prêtres ont-ils eu soin de placer à la main de Vénus-
Hâthôr, comme dans les serres du vautour, une croix ansée[1]. En même temps
ils ont attribué le vautour à cette déesse, dont l'origine assyrienne ne saurait
être contestée[2]; et comme d'une part il ne nous est parvenu aucun monument
qui nous montre la Vénus assyrienne, ni la Vénus phénicienne, ni Mithra
accompagnés de cet oiseau, et que, d'autre part, l'identité reconnue de Mylitta
et de Mithra m'impose le devoir de ne négliger aucun fait qui puisse, en com-
plétant la légende de Vénus, enrichir celle du dieu des Perses, je crois devoir
indiquer ici quelques représentations figurées de la Vénus égyptienne qui,
sans parler des représentations figurées de Neith et de Swan, prouvent directement, comme l'image d'Hâthôr Ptérophore, déjà citée d'après le Panthéon
égyptien de Champollion le jeune[3], que le vautour fut attribué à cette
déesse.

Citons d'abord deux autres images également publiées par Champollion le
jeune[4]. Toutes deux, comme celle que j'ai citée plus haut[5], représentent
Hâthôr coiffée d'un vautour, et le corps et les cuisses enveloppés par les deux
ailes d'un oiseau de même espèce. Citons aussi, d'après le témoignage du
même savant, l'usage où furent les Égyptiens de représenter symboliquement
par un vautour la déesse Tpé[6], qui est la personnification féminine du ciel,
et qui répond à la Vénus céleste des Assyriens, des Phéniciens et des Romains,
et à la Vénus-Uranie des Grecs. A propos de cet usage, l'habile égyptologue
rappelle que, selon les doctrines égyptiennes, le vautour est l'emblème de la
maternité, et que toute. génération vient du ciel. Mais la déesse de la nuit,
représentée par Bouto, chez les Égyptiens, et par Latone ou Damia, chez les
Grecs, est mère aussi. C'est pourquoi on retrouve le vautour dans les légendes

---

parc les deux poëtes, Ovide (*Trist.* 1, vi, v. 11,
12), Plutarque (*Quæst. roman.* xciii, p. 355, ed.
Didot. — *Natur. quæstiones*, cap. xxvi, p. 918 *C*),
Lucrèce (*De natur. rer.* III, v. 680 et suiv.), Ælien
(*De natur. animal.* X, xxii), et quelques autres
font une mention expresse de cette voracité. Ælien
(*loc. cit.*) a, de plus, le soin de noter que chez
les Barcæi le vautour était un oiseau sacré, et
que l'on brûlait le corps des personnes mortes
.de maladie, mais qu'on faisait dévorer par les
vautours les cadavres des guerriers morts sur le
champ de bataille.

[1] Voyez *Panth. égypt.* pl. XVIII. — *Recherches
sur Vénus,* pl. XIV *D*, n° 5.

[2] Voyez *Mém. de l'Acad. des inscr.* t. XX,
2ᵉ partie, p. 164 et suiv. — Il ne sera pas inutile de rappeler ici que la Vénus assyrienne était
considérée tout à la fois comme reine du ciel,
reine de la terre et reine des enfers. (Voyez mes
Recherches sur Vénus, p. 74-75.)

[3] Pl. XVII *C*.

[4] *Panth. égypt.* pl. XVII *A* et pl. XVIII *A*.

[5] *Ibid.* pl. XVII *C*.

[6] *Ibid.* Explication de la planche XX.

hiéroglyphiques de Bouto [1]. Considérée comme reine des morts ou des enfers, Hâthôr se montre également avec l'attribution du symbole du vautour. C'est ainsi, par exemple, qu'au chapitre CIII du grand rituel funéraire du musée royal de Turin [2], on voit, dans le sacellum que représente la vignette, l'image d'Hâthôr debout, la tête surmontée de deux plumes de vautour, qui ne peuvent être que ces deux plumes de vautour que les images d'Hâthôr, publiées par Champollion le jeune [3], nous ont montrées implantées sur le vautour même dont est coiffée la tête de la déesse. Vêtue ici d'une tunique collante, Hâthôr porte dans la main droite une croix ansée, symbole de nouvelle vie; elle tient de la main gauche un long sceptre terminé par une tête de *cucupha*, ou, plus vraisemblablement, par une tête de lévrier, qui confirmerait ainsi l'origine assyrienne de l'attribution à Mithra de ce chien qui, nous l'avons vu plus haut, conduit les âmes comme un troupeau jusqu'à l'entrée du pont Tchinevad, où elles sont jugées par le dieu assisté de ses deux hamkars ou assesseurs. Ici le défunt, qualifié d'*osirien* [4], se présente devant le *sacellum* de la déesse en disant : « Je suis le serviteur d'Hâthôr. »

Plus loin, mais dans une partie du grand Rituel qui, selon M. de Rougé, est moins ancienne que la première, on remarque, dans la vignette du chapitre CLVII, un vautour à ailes éployées, tenant dans chacune de ses serres une croix ansée; le texte, m'apprend cet habile égyptologue, porte « qu'on « doit mettre dans la momie, sur la gorge du défunt, *un vautour d'or.* » Au chapitre CLXII il est dit : « qu'on doit placer sur la poitrine du défunt *une* « *vache d'or.* »

Le grand Rituel funéraire de Turin confirme donc pleinement l'acception funéraire que, plus haut, j'avais attribuée au vautour, et ne laisse pas subsister le moindre doute sur le sens que j'avais proposé d'attacher à la croix ansée placée dans les serres de cet oiseau. Ici le vautour devient, comme la vache d'or, l'image symbolique de la déesse Hâthôr. Et, par une coïncidence

---

[1] *Panth. égypt.* pl. XXIII, légendes 1 et 2; pl. XXIII *A*, légende n° 1.

[2] Édit. de Lepsius.

[3] Ci-dessus, p. 297.

[4] Mon savant confrère M. de Rougé, à qui je dois la connaissance de cette épithète et la traduction de la phrase que le grand Rituel met dans la bouche du défunt, pense que, par *osirien*, il faut entendre ici le défunt identifié avec Osiris ou assimilé à ce dieu. Il se pourrait cependant, à mon avis, que la qualification d'*osirien*, si l'on tient compte de l'hommage rendu par le défunt à une divinité d'un rang inférieur à celui d'Osiris, signifiât simplement créé par Osiris, ou fût analogue à la qualification de *mazdéïesnan* qu'emploie le *Zend-Avesta* pour désigner un Ormuzdien, c'est-à-dire un adorateur d'Ormuzd.

qui ne saurait être l'effet du hasard, le *vautour d'or* de ce Rituel nous ramène au *vautour d'or* et au *vautour à bouche d'or* dont il est fait mention dans les passages cités du *Zend-Avesta*, notamment dans l'iescht de Mithra. Il nous ramène aussi à la *Vénus d'or*, que les Grecs avaient reçue des Assyriens ou des Phéniciens, de même que les Mèdes et les Perses avaient reçu des Chaldéens d'Assyrie leur *Mithra d'or*.

On cite chez les Égyptiens, sous les noms d'*Anouké*[1] et *Saté* ou *Sati*[2], deux autres déesses qui étaient représentées, comme Hâthôr, la tête coiffée d'un vautour, et le corps et les cuisses enveloppés par les ailes d'un oiseau de même espèce. Le rôle et la place de ces deux déesses dans la théogonie égyptienne ne me semblent pas encore assez bien déterminés pour m'arrêter à commenter le fait.

Chez les Grecs et les Romains, nous ne découvrons d'autres traces de l'attribution du vautour à quelques-unes de leurs divinités que la mention très-succincte d'un Apollon surnommé *Vulturius*[3], mention précieuse néanmoins, puisqu'elle nous permet de constater un nouveau rapport entre l'Apollon des Grecs et le Mithra de l'Asie occidentale.

Mais plus d'un témoignage concourt à établir que la Grèce et l'Italie, dès une époque reculée, avaient reçu de l'Orient quelques-unes des idées et certains usages superstitieux qu'y avait fait naître l'observation des mœurs propres au vautour. C'est ainsi que nous trouvons cet oiseau lié à la légende du roi Titye, comme l'aigle à celle de Prométhée. Instrument de la vengeance divine, le vautour intervient pour dévorer le foie sans cesse renaissant du coupable. La pensée religieuse qu'on attachait à une telle punition me semble en harmonie avec la croyance qui faisait considérer le foie comme le siége de la concupiscence[4], et avec le rôle que le vautour, symbole de l'air et agent purificateur, remplit dans les mystères et dans les rites funèbres des peuples de l'Orient. Mon opinion se trouve même justifiée, jusqu'à un certain point, par un passage où Olympiodore[5], commentant ce que Platon, dans le *Gorgias*, raconte au sujet de l'infortuné Titye, nous dit que si ce prince est représenté étendu

[1] Champollion le jeune, *Panthéon égyptien*, pl. XIX.

[2] *Id. ibid.* Explication de la planche XIX.

[3] Conon, *apud* Phot. *Biblioth.* p. 444; ed. Bœckh.

[4] Personne n'ignore que les poëtes grecs emploient le mot ἧπαρ «foie,» pour exprimer le cœur, siége des passions.

[5] Voyez l'extrait du commentaire d'Olympiodore, traduit en français par M. Victor Cousin, et inséré dans le *Journal des Savants*, octobre 1832, p. 621.

sur la terre et le foie incessamment rongé par un vautour, c'est que le foie signifie que Titye avait vécu selon la concupiscence, et la terre, qu'il avait des sentiments terrestres.

D'autre part Plutarque, dans la Vie de Romulus, rapporte, d'après Hérodote de Pont, qu'Hercule, lorsqu'un vautour se montrait à lui au début d'une expédition militaire, se réjouissait de cette apparition comme d'un présage très-favorable. Le même auteur raconte[1] que deux vautours se seraient constamment montrés avant les victoires de Marius, et auraient accompagné ses armées dans leur marche. D'autres traditions veulent aussi que deux vautours, considérés comme un heureux augure, aient apparu à Romulus et à Rémus, et deux autres à Auguste. Quelques autres écrivains occidentaux[2] accordent également au vautour le privilége de connaître et de présager l'avenir. Plaute, Pline, Ælien, renchérissent sur leur témoignage, et attribuent à cet oiseau le don de savoir plusieurs jours d'avance où se trouvera un cadavre humain :

> .....Vide ut jam quasi volturii triduo
> Prius prædivinant, quo die esuri sient,

dit le comique latin dans *Truculentus.* Il paraît avoir emprunté cette croyance à l'aruspice Umbricius, ou avoir puisé à la même source que lui; car nous lisons dans Pline l'Ancien[3] que, selon Umbricius, qui passait pour un des plus habiles aruspices du temps, on voit les vautours voler trois ou deux jours d'avance vers le lieu où il y aura des cadavres, « Triduo ante aut biduo volare « vultures, ubi cadavera futura sunt, » ou « triduo autem antea volare eos « (vultures) ubi cadavera futura sint. » L'aruspice romain, dans son assertion, était encore loin d'atteindre les limites de la crédulité des Égyptiens. Ceux-ci, je l'ai dit plus haut, accordaient même au vautour le don de savoir *sept jours* d'avance où se livrerait une bataille.

Enfin chez les Romains, les jongleurs, profitant des idées superstitieuses qu'on attachait à cet oiseau sacré, avaient persuadé au vulgaire qu'on peut chasser les serpents d'un lieu quelconque en y soufflant une plume de vau-

---

[1] *Opp*. tom. II, in *Vita Caii Marii,* § 12; p. 883.

[2] Voyez les autorités citées par Hoeschel (*not. ad* Horap. *Hieroglyph.* lib. I, p. 201; ed. Pauw), par M. Leemans (*Adnotatio ad eumdem locum,* p. 176), et par le Père Hardouin, dans son édition de Pline (t. I, pag. 549, note 6). — Philé, *De animal. propr.* III, vers. 4.

[3] *Hist. nat.* X, vi.

tour [1]. Et si, en Égypte, nous avons vu un vautour représenter symboliquement la déesse Neith, assimilée à Ilithya ou à Lucine; si cette divinité s'est
montrée à nos yeux sous une forme humaine, la tête coiffée d'un vautour et le
corps enveloppé par les ailes d'un oiseau de cette espèce, ne nous étonnons pas
d'apprendre de Pline [2] qu'à Rome on croyait que la plume de vautour facilite les
accouchements. Le même naturaliste, dans un chapitre tiré des livres des mages,
nous dit [3] : « On range parmi les aphrodisiaques pour les hommes la partie droite
« d'un poumon de vautour, attachée avec un morceau de peau de grue...... »

Mais laissons là ces croyances puériles, et passons à l'énumération et à l'interprétation des monuments figurés asiatiques qui établissent, comme je l'ai
annoncé, qu'un grade de vautour avait été institué dans les mystères inventés
par les Chaldéens d'Assyrie.

Cylindre n° 7, pl. LXI.

Un initié du grade de lion, mais non revêtu du costume de ce grade, combat
et maîtrise trois vautours de l'espèce que les naturalistes européens appellent
vultur calvus, et les Turcs *ak-baba,* c'est-à-dire *le vieillard blanc.* De la main
droite, il en tient un par une patte; de la main gauche, il a saisi le second par
le cou, et, après avoir renversé le troisième sur le dos, il pose son pied gauche
sur le ventre de celui-ci. Ce n'est pas assurément sans raison que ces oiseaux
sont ici au nombre de trois. Leur taille, parfaitement égale, nous oblige à
exclure la pensée de trouver ici, comme sur le cylindre n° 3 de la planche XIX [4],
une allusion à la triade que représentent, dans une famille, le père, la mère et le
fils. Il faut donc chercher une autre raison de l'emploi du nombre trois sur le
cylindre du chevalier Palin, et cette raison, comme déjà nous l'avons fait pour
d'autres scènes d'initiation, où les adversaires du myste sont également au
nombre de trois, on peut la trouver dans la pensée qui avait dirigé Zoroastre,
lorsque, instituant la liturgie du culte public, il avait ordonné que telle ou telle
phrase d'invocation, de prière ou d'office fût répétée trois fois, et telle ou
telle cérémonie accomplie trois fois aussi. Zoroastre entendait probablement
rappeler par là que toute sanctification, toute purification doit comprendre
les trois degrés de pureté, c'est-à-dire la pureté d'action, la pureté de parole
et celle de pensée.

---

[1] Ce fait résulte de deux vers qu'un anonyme
paraît avoir intercalés dans une copie manuscrite
du traité de Philé, *De animal. propriet.* cap. III,
vers. 21 et 22.

[2] *Hist. nat.* t. II, p. 14, 541 ; éd. Hardouin.
[3] *Hist. nat.* XXX, XLIX, 1: éd. Littré.
[4] Voyez Atlas, *loc. cit.*

Le cylindre qui donne lieu à cette remarque a fait de bonne heure partie de la collection du chevalier Palin. J'ignore ce qu'il est devenu depuis la mort de ce savant. En 1819, une empreinte m'en fut communiquée, et, dès cette époque, le rapprochant d'un cylindre de la Bibliothèque impériale, que je décrirai immédiatement après celui-ci, je compris que le vautour avait dû être le symbole d'un des deux grades dont je cherchais la trace pour compléter le cycle des douze degrés de l'initiation. Le cylindre de M. de Palin offre même une scène si caractéristique que, dès l'année 1825, après avoir aussi rapproché des autres cylindres et des bas-reliefs où sont représentés les combats des initiés avec les animaux qui donnent leur nom à des grades désignés dans les auteurs anciens ou dans les inscriptions lapidaires, je ne pus hésiter à proposer à l'Académie des belles-lettres de reconnaître avec moi qu'un grade de vautour avait été institué dans les mystères de Mylitta et dans ceux de Mithra. Et cependant, à cette époque, ce cylindre et un cylindre beaucoup moins caractéristique de la Bibliothèque impériale, dont je parlerai plus loin, étaient encore les deux seuls témoignages que je fusse en mesure de produire en faveur d'une opinion qui n'avait pas pour elle l'appui des textes; car, je le répète, aucun écrivain de l'antiquité, aucune inscription lapidaire ne fait mention d'un grade de vautour. La représentation d'un combat entre un initié et un ou plusieurs oiseaux de cette espèce est même restée, depuis l'époque dont je parle, un fait si rare, qu'après le cylindre de M. de Palin je n'en puis citer un second exemple. Mais j'ai à décrire un certain nombre d'autres cylindres et même des bas-reliefs qui, sans reproduire ce combat, représentent des scènes d'initiations ou des métamorphoses d'initiés qu'on ne peut rapporter qu'au grade de vautour. Quelquefois même ces monuments ont le mérite de nous montrer que ce grade, ainsi que je l'ai affirmé, prenait rang immédiatement après ceux de bromius et de lion. Cet ordre hiérarchique nous est surtout attesté par la composition des sujets gravés sur les trois cylindres dont voici la description.

Cylindre n° 5, pl. LVII.

Ce beau et précieux monument appartient au cabinet des médailles et antiques de la bibliothèque publique de Marseille, où, en 1819, j'ai obtenu la permission de le mouler pour le faire dessiner. Le sujet qu'il présente comprend deux scènes qu'il faut rapporter au grade de bromius, de lion et de vautour. Il ne sera pas difficile, je l'espère, de faire, sur ce point, partager au lecteur ma conviction.

À notre gauche, un *mihr* domine la première scène. Là notre attention est attirée par un énorme lion ailé, qu'un myste, le genou droit en terre, attaque avec une lance qu'il tient à deux mains. Le lion serre entre ses griffes une fleur de lotus, signe de la victoire que lui, symbole du principe igné, a remportée sur le taureau, symbole du principe humide. Il est évident que le myste combat ici pour ravir au lion cette fleur de lotus. Un ministre du culte, revêtu du costume de bromius et armé de la massue de Mithra, préside à cette lutte. À la fois nous avons là un exemple du costume de bromius le mieux caractérisé qu'il soit possible de citer, et une preuve à ajouter à beaucoup d'autres pour établir que souvent les prêtres assistaient aux initiations, revêtus du costume propre au grade qui avait précédé le grade que, sous leurs yeux, l'initié cherchait à obtenir en s'exposant aux chances d'un combat où il pouvait être vaincu. Ici le myste remporte la victoire sur le lion. Il n'a pas oublié, pour rehausser sa gloire, de faire représenter avec des proportions colossales le lion dont il a triomphé malgré la petitesse affectée de sa propre taille et de sa lance. Il a triomphé aussi du taureau, symbole du principe humide; car nous le voyons debout sur un animal de cette espèce qui, pour ainsi dire, lui sert de piédestal. Ce taureau dompté est représenté paissant dans un lieu bas et humide, parfaitement représenté par un méandre placé tout à la fois auprès du quadrupède herbivore et sous les pieds du lion, qui établit ainsi à son tour sa domination sur le principe humide, déjà indiquée par la fleur de lotus qu'il tient entre ses griffes. Mais après sa victoire sur ces deux animaux, s'écartant de l'usage suivi par Hercule et par plusieurs héros grecs qui, constamment revêtus d'une peau de lion, semblent n'attacher de prix qu'au souvenir de leur initiation au grade que caractérise ce trophée, l'initié se montre ici sous un costume ou plutôt sous une forme propre au grade de corbeau; il a des ailes, et sur ses épaules sont implantés le cou et la tête d'un oiseau de cette espèce. Le sommet de la tête est orné d'une triple aigrette à laquelle se rattache un ornement qui, retombant sur le cou et sur les épaules, tient lieu d'une tresse de cheveux. Des deux mains l'initié ainsi métamorphosé porte la tige fleurie de lotus qu'il a conquise sur le lion; il vient en faire hommage à un grand prêtre qui, vêtu d'un costume bordé de perles et la main armée d'un couteau recourbé, se tient debout, le dos tourné à la scène du combat de l'initié contre le lion. Ce trophée symbolique atteste hautement que le vainqueur s'est montré digne de revêtir le costume qui le place au rang des initiés vautours. On admirera sans doute avec quelle habileté le graveur a su exprimer toutes les idées qu'il avait à réunir dans un bien petit tableau, pour perpétuer le souvenir d'une initiation successive aux trois grades de *bromius*, de *lion* et de *vautour*, qui, dans les mystères, suivaient le grade de soldat sous-entendu ici comme ailleurs, ou plutôt exprimé par l'acte du combat livré au lion et par la lance dont est armé le combattant. Dans le *Zend-Avesta*, je l'ai dit plus haut, la lance est nominativement désignée parmi les armes dont se sert Mithra lui-même pour combattre Ahriman et ses dews.

Cylindre n° 6, pl. LVIII.

Moins explicite que le cylindre précédent, mais non moins rare et précieux, celui-ci nous apprend également que l'initié qui s'y montre avec le costume du grade de vautour avait eu à combattre, avant d'obtenir ce grade, les deux espèces de quadrupèdes qui caractérisent les grades de bromius et de lion. Il s'agit ici d'une réception de trois femmes par trois prêtresses. Celles-ci, la tête ceinte d'une couronne à pointes, sont rangées dans le haut du cylindre, à la suite l'une de l'autre, de gauche à droite sur un même plan. Elles portent de la main gauche, la première, un sceptre ou un bâton augural; la deuxième, une lance; la troisième, un serpent. Des trois initiées, une seule a déjà revêtu le costume du grade de vautour; elle est nue, particularité fort rare sur les monuments de cette espèce; à ses épaules sont attachées deux ailes ascendantes, son cou et sa tête sont remplacés par le cou et la tête d'un vautour. Le sommet de la tête est couvert par un ornement surmonté d'une triple aigrette. Trois traits tracés sur le cou indiquent peut-être un collier, ou plus probablement les plis que forme naturellement la peau dénudée de plumes qui recouvre le cou du vautour. Cette *femme-vautour* s'avance vers la première des trois prêtresses, et, fléchissant le genou gauche, lui fait hommage d'une tête de taureau qu'elle doit avoir arrachée des griffes du lion, comme sur le cylindre précédent [1] l'*initié vautour* présente à l'archimage la tige fleurie de lotus qu'il a conquise sur le lion qui la tenait entre ses griffes [2]. La tête de taureau et la fleur de lotus sont l'une et l'autre, je l'ai déjà dit, un des hiéroglyphes idéographiques du principe humide. Les deux autres initiées n'ont pas encore revêtu le costume du grade de vautour; aussi ne se présentent-elles pas devant les prêtresses. Placées au bas du tableau, elles se tiennent

---

[1] Atlas, pl. LVIII, n° 6.

[2] Sur un des ornements dont se composait le costume d'une grande prêtresse inhumée dans le grand tombeau découvert à Cæré, nous verrons des lions portant chacun en travers de leur gueule une tige fleurie de lotus, et des initiées ailées tenant chacune à la main une de ces tiges conquise sur le lion.

par la main, en regard l'une de l'autre, nues jusqu'à la ceinture seulement, et debout auprès d'une lionne et de deux lions accroupis et rangés sur un même plan. Au-dessus du dos de la lionne est gravé un *ctéis;* un taureau, représenté dans le haut du cylindre au-dessus de la tête des deux initiées dont je parle, fléchit sur ses jambes de devant, et, par cette attitude, s'avoue vaincu et dompté. Six caractères, analogues aux lettres hébraïques et aux lettres phéniciennes, sont tracés entre les figures à la hauteur de leur tête. Le sixième est même tellement rapproché des cheveux de la femme placée à l'extrême gauche, au-dessous du taureau, qu'au premier abord il semble faire partie de la coiffure de cette initiée. J'ai réuni ces six caractères en dehors du dessin qui reproduit le cylindre. Les philologues auront par là plus de facilité pour en étudier et en découvrir le sens. Tout ce que je puis dire de ces caractères, c'est qu'ils assignent à notre cylindre une origine probablement phénicienne. Le style des figures, le costume des trois prêtresses et les objets qu'elles portent à la main concourent à justifier cette opinion; dans toute supposition ils nous montrent, comme l'inscription, qu'il ne faut attribuer ce cylindre ni aux Assyriens, ni aux Perses, qui paraissent avoir constamment suivi l'usage d'employer des caractères cunéiformes pour inscrire leurs légendes sur les cônes ou sur les cylindres. Le serpent placé à la main d'une prêtresse ou d'un prêtre est une particularité qui, à ma connaissance, ne s'est encore rencontrée sur aucun monument antique de l'Assyrie ou de la Perse. Elle semble nous reporter plus à l'Occident, vers cette Phrygie où j'ai déjà dit que, dans la célébration des Sabasies, le prêtre passait un serpent d'or par le haut de la tunique blanche du myste et le tirait par le bas, en faisant prononcer au récipiendaire la célèbre formule : « Le taureau est le père du « serpent, et le serpent le père du taureau. » Que ma conjecture soit fondée ou non, il restera certain que, sur notre cylindre, le serpent que porte la troisième prêtresse est un symbole de vie, mais un symbole de la vie future promise aux justes et aux purs, et, par conséquent, que, sur un des cy-. lindres appartenant au grade de corbeau [1], nous verrons occupé à séduire un initié.

Il y aurait bien aussi à faire quelques remarques sur le nombre trois que notre cylindre nous montre employé trois fois dans l'initiation au grade de vautour. Je crois devoir, à cet égard, me référer aux observations qui sont

---

[1] Voyez Atlas, pl. LIV, *A*, n° 4.

placées dans le paragraphe où j'ai décrit le cylindre du chevalier de Palin,
qui représente un initié combattant simultanément trois vautours [1].

Beau cylindre d'hématite, reçu tout récemment de Syrie [2], par M. le duc
de Luynes. Il représente, gravées en creux, trois figures qui, chose rare, ont
chacune sur leurs épaules, au lieu d'une tête et d'un cou humains, la tête et
le cou d'un animal. La première, qui n'est pas ailée, a une tête et un cou de
taureau unicorne, placés de profil sur un corps humain vu de face, les deux
pieds vus de profil. Cette disposition est la même pour les deux autres figures.
De la main gauche, celle-ci tient élevée une tige, terminée par une fleur à
trois pétales, peut-être une fleur de lotus. De la main droite, qui est fruste,
elle porte, selon la description qu'a bien voulu me communiquer M. le duc de
Luynes, « une faucille » (harpé). Derrière la tête de cette première figure
est gravée une étoile cruciforme, dont les quatre branches se coupent en dia-
gonale et affectent la forme d'une foliole. C'est très-probablement la planète
Vénus. Plus bas est gravé un signe qui est répété sur la même ligne, derrière la figure suivante, et dont la forme peut être comparée à celle d'un
S capital. L'enroulement qui termine la tête et la queue de cette espèce d'S
me porte à croire que les deux signes dont je parle représentent l'eau ou le
principe humide, et tiennent lieu du méandre complet que nous venons de
trouver sur le cylindre n° 5, pl. LVII. Ils rappellent parfaitement la forme des
ondulations de certains méandres gravés sur quelques autres cylindres asiatiques. La seconde figure, comme la troisième, a deux ailes ascendantes, attachées aux épaules; une tête et un cou de lion sont implantés sur son corps.
Elle tient, de la main gauche, un lion suspendu par l'une des deux jambes
de derrière, la tête en bas, et, de la main droite, une antilope, dans la même
position; au-dessous de la tête de chacun de ces deux quadrupèdes est gravée,
le mufle en haut, une petite tête de taureau, ce qui, avec les deux méandres
placés plus haut, achève de montrer que cette seconde figure représente un
myste parvenu au grade de lion, après avoir été vainqueur dans les épreuves
du grade de taureau. La troisième figure, au lieu d'une tête et d'un cou humains, a une tête et un cou de vautour; la tête de l'oiseau est ornée de deux
aigrettes, l'une rejetée en arrière, l'autre placée à la naissance du bec. Cette
figure gypsocéphale tient suspendue, de la main gauche, par la jambe droite
de derrière, l'antilope dont la seconde figure a saisi la jambe gauche posté-

____

[1] Voyez ci-dessus, p. 3o5. — [2] En 1854.

rieure. Or il est à remarquer qu'au masque près d'animal, qui sert à indiquer
leur grade, ces trois figures sont parfaitement semblables entre elles par leur
taille, par leur pose et par leur vêtement, qui consiste uniformément en une
stole à plis de corps, descendant jusqu'au-dessus de la cheville, et ornée de
trois bandes transversales, qui, formées chacune par l'application d'un triple
galon, laissent entre elles, à partir de la ceinture, trois espaces lisses. On ne
peut donc pas douter que ces trois figures ne représentent un même initié,
qui successivement avait obtenu les grades de bromius ou taureau, de lion et
de vautour. L'ordre où nous les voyons placées et la disposition des principaux
accessoires dont elles sont accompagnées confirment tout à la fois la hiérarchie que j'ai établie entre les trois grades si bien caractérisés ici et l'interprétation que j'ai donnée des deux cylindres décrits ci-dessus, pl. LVII, n° 5, et
pl. LVIII, n° 6, de mon atlas. Désormais il est certain que, sur ces deux derniers cylindres, comme sur celui de M. le duc de Luynes, on avait voulu perpétuer le souvenir de l'initiation d'un myste, non-seulement au grade de vautour, mais aux deux grades qui suivaient immédiatement le grade de soldat
et qui précédaient aussi immédiatement ce grade de vautour. Mais s'il y a
unité dans la pensée qui avait présidé à la composition du sujet de chacun de
ces trois petits monuments, une diversité incontestable se manifeste dans le
mode d'expression de cette pensée[1]. L'art, dans les sanctuaires de l'Asie occidentale, jouissait donc d'une certaine liberté d'invention ou d'imagination pour
la composition et la disposition du sujet, comme pour le choix et la disposition des accessoires. La pensée seule était immobile. Le rapprochement de nos
trois cylindres nous conduit, de plus, à constater qu'ils offrent entre eux des
différences très-notables quant à leur style, à leur travail et au costume des
figures. Par là, nous acquérons la preuve qu'ils n'appartenaient ni à une même

[1] On remarquera, outre une différence essentielle dans la manière de rappeler, sur chacun de
nos trois cylindres, les grades de bromius et de
lion, plusieurs variantes dans les détails. Ainsi,
par exemple, le *mihr* qui se voit à gauche dans
le haut du cylindre n° 5, pl. LVII, est remplacé
par une étoile cruciforme dans le haut du cylindre de M. de Luynes; et la présence de la divinité n'est indiquée par aucun emblème dans la
composition du cylindre n° 6, pl. LVIII. Sur ce
dernier, l'opposition du principe humide et du
principe igné, au lieu d'être exprimée comme
sur les deux autres cylindres par la place assignée au méandre, se manifeste par le *ctéis* gravé
auprès des trois lions. Ici nous ne trouvons pas
trace de méandre. Enfin une tête de gazelle,
placée ici devant la figure gypsocéphale, tient
lieu des antilopes à grandes cornes que nous
voyons suspendues aux mains de la figure gypsocéphale et de la figure léontocéphale sur le
cylindre de M. de Luynes. Nous ne voyons ni
gazelle ni antilope sur le cylindre n° 5 de la
planche LVII.

époque de l'art, ni à une même localité. Celui dont M. le duc de Luynes a bien voulu me permettre de mettre ici la description a, sur les deux autres, un avantage inappréciable : sous la forme de trois figures humaines, caractérisées chacune par un masque d'animal, il nous montre un initié successivement revêtu de trois costumes affectés aux grades de bromius ou taureau, de lion et de vautour. En même temps, je le répète, il nous atteste, par la position respective des trois figures, que l'ordre dans lequel je viens de nommer ces trois grades est bien celui qu'avaient établi les fondateurs des mystères. Remarquons, de plus, que le mouvement ascendant qui résulte de cet ordre est marqué ici par le double soin qu'on a eu d'incliner la tête de taureau vers la terre, tandis que la tête de lion et celle de vautour regardent le ciel, et de ne donner des ailes qu'aux deux figures qui nous montrent implantées sur leurs épaules, l'une, cette tête de lion, l'autre, cette tête de vautour.

Cylindre n° 2, pl. XXXI.

Sur ce petit monument, nous voyons de nouveau, comme sur les deux cylindres n° 5, pl. LVII, et n° 6, pl. LVIII, décrits ci-dessus, un sujet divisé en deux scènes, qui, l'une et l'autre, se rapportent au grade de vautour. Mais rien ne rappelle l'initiation du myste aux grades antérieurs de bromius et de lion. Debout et placé en regard d'un prêtre qui se tient également debout, et qui porte, suspendue à la main droite, une masse d'armes, il vient implorer l'assistance de ce ministre du culte et recevoir de lui l'enseignement nécessaire aux initiés qui aspiraient à s'élever au-dessus du grade de lion. Entre ces deux personnages, dont le costume diffère essentiellement, est placé un emblème que nous n'avons pas encore rencontré sur les monuments consacrés aux mystères et que je n'hésite pas à rapporter à la Vénus asiatique. Il se compose d'un cône, symbole de la déesse, surmonté d'un petit disque qui supporte une tige terminée par un croissant. Au-dessus de cet emblème est gravé un grand disque qui doit représenter ou la pleine lune ou le soleil. C'est dans la portion du cylindre opposée à celle qui nous montre cette première scène que nous trouvons, sans transition aucune, le myste représenté avec le signe caractéristique du grade de vautour. Au lieu d'une tête humaine, il a une tête d'oiseau que nous aurions cependant quelque peine à reconnaître pour celle d'un vautour si nous ne rapprochions cette figure de quelques personnages mieux caractérisés que nous voyons représentés sur d'autres cylindres qui appartiennent au grade de vautour. Ici, comme ailleurs, la tête de l'oiseau est surmontée d'une triple aigrette. Une mèche de cheveux flotte par derrière et nous rappelle les boucles de cheveux qui donnent un caractère *demi-humain* à la tête de vautour implantée sur les épaules d'un initié figuré à Nemrôd, dans une des broderies dont j'ai parlé ci-dessus[1].

Le corps de la figure *gypsocéphale* gravée sur notre cylindre est entièrement nu, à l'exception de l'épaule droite, qui est couverte d'un petit manteau attaché au moyen d'une double bride passée d'une épaule à l'autre, derrière et devant. Cette figure, le genou droit en terre, fait un acte d'adoration ou une invocation devant un groupe emblématique, qui, de nouveau, me semble représenter la divinité femelle qui, chez les Assyriens et les Phéniciens, présidait aux mystères. En effet, nous retrouvons ici le palmier femelle et les deux boucs[2] que nous avons vus sur un cylindre dont précédemment[3] j'ai rapporté le sujet aux léontiques qui se célébraient dans les sanctuaires de Mylitta. Le palmier ici a encore une forme plus conventionnelle que sur le cylindre auquel je me réfère. Les deux colombes perchées à son sommet achèvent de nous montrer combien je suis fondé à considérer les deux boucs et les deux palmiers chargés de fruits comme des emblèmes consacrés à la déesse. Les idées de génération et de maternité que réveillent de pareils emblèmes sont en harmonie avec celles qu'on attachait au symbole du vautour, et nous les voyons surabondamment exprimées par le poisson et le scorpion gravés l'un au-dessous, l'autre au-dessus de l'initié *gypsocéphale*. Emblème du principe humide et des facultés prolifiques, le poisson est placé ici dans la région la plus basse, celle des eaux. Premier signe de l'équinoxe d'automne, et placé ici tout auprès des deux colombes, oiseaux de Vénus, le scorpion nous rappelle que l'automne est la saison des fruits et des semailles, et que la théologie asiatique assignait à Vénus, comme à Mithra, une place particulière à l'équinoxe vernal et à l'équinoxe automnal, deux époques marquées, l'une par la germination et la feuillaison, l'autre par la maturation des fruits; deux époques, je l'ai dit plus haut, réputées favorables à la descente et à l'ascension des âmes; deux époques où le vent, dont le vautour est un symbole, souffle avec force et accélère ce double mouvement, en même temps qu'il joue un grand rôle dans les phénomènes de l'ordre physique.

Il est infiniment probable que la figure nue placée entre le scorpion et le poisson est une femme. J'en juge par l'ampleur et la longueur de la robe dont

---

[1] Voyez Atlas, pl. LIV, *C*, n° 17.

[2] Voyez les deux palmiers doums femelles sur le cylindre n° 6, pl. XXV.

[3] Voyez ci-dessus, p. 240. — *Recherches sur Vénus*, Atlas, pl. IV, n° 12.

elle est vêtue dans la première scène. Ma conjecture me donne lieu de faire remarquer que les monuments parvenus à ma connaissance offrent, en nombre à peu près égal, des exemples de l'initiation des hommes et des exemples de l'initiation des femmes au grade de vautour. Cette proportion est toute à l'avantage du sexe masculin sur les monuments qui appartiennent aux autres grades. Peut-être en faut-il chercher la raison dans l'attribution du vautour à Vénus-Mylitta, considérée particulièrement comme une divinité génératrice et obstétrice. Cette attribution nous expliquerait l'importance que les Assyriens et les Phéniciens semblent avoir attachée à l'accomplissement d'un acte de haute dévotion, qui, en leur faisant obtenir le grade de vautour, devait leur rendre propice une déesse dont les faveurs pouvaient, soit les préserver, soit les guérir de la stérilité, infirmité que les mœurs de l'Orient comptaient au nombre des châtiments infligés par la colère divine. On comprend que l'attribution du vautour à Vénus-Hâthôr et aux autres déesses mères qu'adorait l'Égypte n'a pas peu contribué à me suggérer la supposition que je viens d'établir. Je n'ai pu surtout me défendre de prendre en considération le passage cité plus haut où Eusèbe nous dit même que les Égyptiens rendaient, chaque mois, un culte particulier à une déesse obstétrice qui était représentée sous la forme d'un vautour, et qu'il identifie avec l'Ilithya des Grecs[1].

On se tromperait fort si l'on voulait considérer comme un ornement ou un signe exclusivement affecté au vautour la triple aigrette implantée sur la tête de vautour que figure le masque dont l'initié se montre affublé sur notre cylindre[2] et sur les deux cylindres qui précèdent[3]. Observons, en premier lieu, que les figures *gypsocéphales* des bas-reliefs religieux de Khorsabad et de Nemrôd[4] sont privées de cette triple aigrette. Il en est de même des vautours représentés sur tous les cylindres et autres petits monuments dont, jusqu'à ce jour, les originaux, les empreintes ou les dessins ont passé sous mes yeux, notamment sur les cylindres (Atlas) n° 1, pl. XXXV; n° 7, pl. LV; n°s 1 et 3, pl. LVI; n° 8, pl. LVIII; n° 7, pl. LXI, et sur le sceau ou cachet n° 2, pl. LVI. Remarquons, en second lieu, que nous retrouvons la triple aigrette sur la tête de deux corbeaux dans la partie supérieure d'un cylindre[5], sur la tête d'une colombe à ailes éployées, placée au milieu d'un autre cylindre[6], où la

---

[1] Voyez ci-dessus, p. 296.
[2] Atlas, pl. XXXI, n° 1.
[3] *Ibid.* pl. LVII, n° 5, et pl. LVIII, n° 6.
[4] Voyez Atlas, pl. LV; voyez MM. Botta et Flandin, *Monument de Ninive;* Layard's *Monuments of Nineveh.*
[5] Atlas, pl. L, n° 3.
[6] *Ibid.* pl. XXXVI, n° 11.

tête du corbeau n'est ornée que d'une simple aigrette, et enfin sur la tête du griffon [1] dans les scènes que représentent plusieurs monuments asiatiques dont je publie les dessins [2]. En même temps, nous voyons, sur deux cylindres [3], qu'à l'exemple du corbeau le griffon quelquefois se montre avec une seule aigrette. Le plus souvent, sa tête et son cou sont ornés de plumes disposées en crête et en crinière, ou d'une crête de dragon. Si nous rapprochons de la triple aigrette du vautour, du corbeau et du griffon, tous trois animaux symboliques appartenant à l'institution des mystères de la Vénus assyrienne, la triple aigrette qui, sur les médailles frappées en Phénicie [4], orne la tête ou le casque de la Vénus armée des Phéniciens, appelée *Onka* [5], nous serons amenés à considérer cet ornement, dans l'un et l'autre cas, comme un emblème religieux. Les textes anciens ne fournissent, il est vrai, aucun renseignement pour en déterminer la signification symbolique, quant au vautour, au corbeau et au griffon. Placée sur la tête d'une déesse à laquelle je reconnais, comme à la Vénus des Assyriens et des Grecs, un triple caractère, l'aigrette à trois branches fait probablement allusion à cette triplicité. Ce qu'il est désormais permis d'affirmer, c'est que, dans l'Asie occidentale, un art hiératique et par conséquent conventionnel attribuait à des oiseaux qui n'ont rien de commun avec le paon la triple aigrette dont est surmontée la tête de cet oiseau et que les Grecs nomment τριλόφια, *trilophie* [6], ou λόφος, *lophos* [7].

Cylindre n° 1, pl. LVI.

Ce petit monument, qui du cabinet de Caylus est passé à la Bibliothèque impériale, est, depuis longues années, connu de tous les archéologues, mais connu par un dessin fort peu exact qu'en avait publié le premier possesseur dans le second volume de son *Recueil d'antiquités* [8]. L'auteur de cet ouvrage avait même si superficiellement examiné l'original, qu'il prend [9] pour *deux*

---

[1] On verra, dans le chapitre du grade de griffon, que cet animal symbolique est invariablement composé d'une tête d'aigle et d'un corps de lion.

[2] Voyez dans mon Atlas les cylindres n° 12, pl. LIV, *A*, et n° 8, pl. LVI, et le fragment de cuirasse n° 1, pl. XLVII.

[3] Atlas, n°⁵ 4 et 8, pl. LVIII.

[4] Voyez mes *Recherches sur le culte de Vénus*, Atlas, pl. XXI, *A*, n°⁵ 16 et 17.

[5] Je montrerai ailleurs que Mylitta, Onka ou Onga et Athéné ou Minerve, sont trois divinités identiques.

[6] Ælien, *De natur. animal.* V, xxi.

[7] Aristote, *De hist. anim.* I, 1, p. 762, *A*, et II, xii, p. 787, *A*, éd. Duval. — Voyez, sur le *lophos* (λόφος) qui surmonte la tête d'Argus sur un célèbre vase de la collection Jatta, les judicieuses observations de M. Minervini dans sa savante description de cette collection (p. 9-13).

[8] Pl. IX, n° 2.

[9] *Loc. cit.* p. 35.

scarabées volant les deux vautours bien caractérisés qu'on y reconnaît sans peine. Feu M. Grotefend[1], malgré l'imperfection de la figure qu'a donnée Caylus de ce cylindre, n'a pas hésité à voir deux oiseaux là où l'antiquaire français prétendait voir deux scarabées à ailes éployées. Mais, trompé par la forme défectueuse qu'ont ces oiseaux dans l'ouvrage cité, il les désigne sous le nom d'*éperviers*. Cette erreur et le désir de trouver dans la Bible l'explication du cylindre ne lui ont pas permis d'interpréter convenablement la scène qu'il représente. Y eût-il reconnu deux vautours, il ne l'aurait pas comprise davantage, n'étant pas plus que ses devanciers et ses successeurs disposé à considérer les cylindres asiatiques et les bas-reliefs de Persépolis comme destinés à représenter des scènes d'initiation aux mystères de Mylitta ou aux mystères de Mithra. Pour nous, si nous rapprochons de ce cylindre, dont le style me paraît être à la fois égyptien et phénicien, les cylindres décrits ci-dessus, nous devons y reconnaître une femme qui se présente devant deux prêtresses pour obtenir le grade de vautour qu'indiquent ici les deux oiseaux de cette espèce, gravés derrière l'une des deux prêtresses, l'un au-dessus, l'autre au-dessous d'un méandre, symbole du principe humide, comme les deux vautours sont le symbole à la fois du principe igné terrestre et de l'air. Les deux prêtresses sont ailées, elles portent chacune le bâton sacerdotal, à tête de chacal ou de cucupha. Le myste porte, de la main gauche, une espèce de *pédum* à longue hampe. Dans le champ du cylindre, à gauche, vers le bas de la tunique d'une des prêtresses, est gravé un signe que nous avons déjà rencontré sur d'autres cylindres, et qui est composé de trois petits parallélogrammes superposés l'un à l'autre. Je n'en pénètre pas le sens ici plus qu'ailleurs.

Cylindre n° 7, pl. LV.

Le cylindre que je viens d'interpréter[2] nous permet de rapporter sans hésitation au grade de vautour celui dont le dessin est ici placé sous nos yeux, et le cylindre aussi dont je parlerai dans le paragraphe suivant. Nous assistons de nouveau à l'initiation préliminaire d'une femme à ce grade; mais cette femme, absolument nue, est présentée par une grande prêtresse à un grand prêtre barbu et coiffé, comme celle-ci, d'une haute tiare conique. La robe ouverte par devant dont ces deux personnages sont vêtus est parfaitement semblable. Derrière l'archimage se tient debout une prêtresse ou assistante, portant, de la main gauche, le rameau sacré qui va être remis à l'initiée, ainsi

---

[1] Voyez le tome Ier de l'*Almathea*, de Böttiger, p. 102 et 103, § 13. — [2] Pl. LVI, n° 1.

que la harpé gravée dans le champ du cylindre. L'initiée est représentée, à dessein sans doute, dans des proportions inférieures de plus de moitié à celles de chacun des trois personnages initiateurs. Au-dessous de ses pieds est gravé un oiseau à longues oreilles et à pattes courtes, que je prends pour un chat-huant ou grand-duc, et qui est très-probablement placé ici comme le symbole de la nuit ou des ténèbres; au-dessus de la tête du myste femelle est gravé le *mihr*, symbole de lumière et emblème de la divinité qui préside aux initia-tions. Enfin, derrière l'archiprêtresse, nous retrouvons un vautour à ailes éployées, placé au-dessus d'un méandre. Les formes et la pose de cet oiseau, comme aussi la forme du méandre, nous reportent au cylindre précédem-ment décrit [1], et nous montrent que j'ai toute raison de considérer ce cylindre, non comme un monument égyptien, ainsi qu'on pourrait le croire au premier abord, mais comme le produit d'un art mixte, égyptien et surtout phénicien; car le cylindre que je décris en ce moment appartient certainement à un art purement asiatique, phénicien ou assyrien. Aussi nous offre-t-il, au-dessous du méandre, un taureau à bosse, autre symbole du principe humide, et signe caractéristique du grade de *bromia* qu'a dû obtenir l'initiée du grade de *lionne* qui se présente ici pour être admise à celui de vautour. Sur le même plan que le *mihr*, nous retrouvons ici, mais auprès de la tête du vautour, le signe inconnu qui, sur le cylindre n° 1, pl. LVI, est gravé dans le champ, vers le bas de la stole d'une des deux prêtresses. Nous voyons, de plus, à la droite du vautour, un très-petit rameau, et, au-dessus du dos du taureau à bosse, un signe dont je ne connais nullement la signification.

Cylindre n° 8, pl. LVIII.

La composition du sujet gravé sur ce cylindre est beaucoup plus simple. On n'y voit qu'un seul personnage : c'est une femme, debout et vêtue d'une stole à plusieurs étages de plis; son attitude annonce qu'elle adresse à une divinité l'invocation ou la prière dont probablement la formule est gravée de-vant elle en beaux caractères cunéiformes, du système assyrien, disposés sur trois colonnes perpendiculaires et, jusqu'à ce jour, non interprétés. Derrière ce myste femelle, un vautour plane dans le champ du cylindre, et, au-dessous, sont implantés deux objets semblables l'un à l'autre, et que l'on peut prendre soit pour deux *ctéis*, soit pour deux feuilles d'un arbre ou d'une plante.

____

[1] Pl. LVI, n° 1.

Broderie n° 17, pl. LIV, *C*.

Cette belle et précieuse broderie a été relevée par M. Layard sur la stole d'un eunuque représenté avec d'autres figures dans les sculptures qui ornaient un des palais assyriens de Nemrod[1]. Ce zélé voyageur l'a publiée dans son ouvrage déjà cité : *Monuments of Nineveh*[2]. Elle représente un initié préludant par un premier combat à la lutte définitive qu'il aura à soutenir pour parvenir au grade de vautour. L'adversaire dont il a triomphé ici n'est pas un vautour, mais un initié barbu, revêtu du costume du grade de lion. Il porte, de la main droite, une arme d'une forme analogue à celle que nous avons vue dans la main droite des deux colosses de Khorsabad déposés au musée assyrien du Louvre. De la main gauche, il tient, par une des pattes de devant, l'homme lion qu'il a vaincu. Par une licence hiératique dont nous avons déjà trouvé et dont nous trouverons encore plus d'un exemple, il se montre ici revêtu du costume propre au grade de vautour, bien qu'il n'ait pas encore remporté une dernière victoire sur un oiseau de cette espèce, ou même sur trois, à l'exemple du myste que représente le cylindre n° 7 de ma planche LXI. Au lieu d'une tête humaine, il a sur les épaules une tête de vautour et non une tête d'aigle, comme le dit M. Layard, qui, imbu de cette idée, a peut-être, dans son dessin, courbé le bec de l'oiseau plus qu'il ne l'est dans l'original, ou qu'il ne devrait l'être, si nous en jugeons par les figures à tête de vautour que M. Botta a trouvées dans les ruines de Khorsabad et dont ma planche LV offre un exemple. Comme celle-ci, la figure que représente le n° 17 de ma planche LIV, *C*, réunit dans la tête placée sur ses épaules, mais d'une manière moins expressive, le double caractère d'une tête de vautour et d'une tête humaine : sur le plat du cou, qui est celui d'un homme ou d'une femme, et sur le plat des joues tombent des mèches de cheveux disposées symétriquement et terminées chacune par une boucle. Mais, en même temps, la tête de l'oiseau est toute conventionnelle, car le crâne, au lieu d'être chauve, et le cou, au lieu d'être dénudé, sont garnis de plumes disposées en crête. Aux épaules sont attachées quatre ailes, deux descendantes ou abaissées et deux ascendantes, qui, par leur position, expriment le double mouvement de l'âme du myste. La figure est vêtue d'une tunique lisse, sans manches et bordée dans le bas d'une frange. Les bras, les jambes et les pieds sont nus. Par-dessus la tunique,

---

[1] Le bas-relief où se trouve figuré cet eunuque a été découvert par M. Layard dans le plus ancien des quatre palais de Nemrôd, le palais W, chambre ou salle marquée G, sur le plan n° 3. Sa place est indiquée, sur ce plan, par le n° 16.

[2] Pl. XLV, n° 1. (Première série.)

le *kosti*, contrairement à l'usage, est passé en bandoulière, de l'épaule gauche
au côté droit. L'initié du grade de lion vaincu ici par un initié du même grade
qui, en signe de sa victoire, a déjà revêtu les insignes du grade de vautour,
est représenté sous la forme d'un lion ailé, à tête humaine. Il est coiffé d'une
haute tiare, à sommet arrondi, ornée sur les côtés de trois paires de cornes
de taureau. Sa barbe et ses cheveux tombants sont étagés et bouclés, ce qui
achève d'établir une grande analogie entre l'initié lion brodé à Nemrôd sur
la robe d'un eunuque et celui que représente le bas-relief de Persépolis dont
ma planche XLVIII reproduit le dessin.

Après l'interprétation que j'ai donnée du bas-relief qui précède, on comprendra sans peine que, sur les monuments dont la description va suivre, le
personnage qui, un genou en terre ou debout, combat un, deux et même trois
initiés lions, est un myste soutenant une de ces luttes préparatoires dont il
fallait sortir vainqueur avant d'être admis à lutter avec le vautour lui-même.
Bien qu'il ne soit revêtu ni d'un des costumes affectés au grade de lion, ni du
costume sous lequel nous venons de reconnaître un initié du grade de vautour, l'adversaire qu'il combat et qu'il dompte ne peut laisser aucun doute
sur mon interprétation; car cet adversaire, tantôt mâle, tantôt femelle, est
constamment revêtu, dans ces luttes, d'un costume qui appartient aux initiés
lions ou aux initiées lionnes, c'est-à-dire au grade qui suit immédiatement le
grade de vautour, ainsi que l'établit d'une manière incontestable le sujet brodé
sur la stole d'un eunuque et décrit ci-dessus[1]. C'est aussi des broderies relevées à Nemrôd, sur d'autres stoles, par M. Layard, que je vais tirer trois
exemples des scènes où, si je ne me trompe, on représentait une préparation
au grade de vautour. Plusieurs cylindres m'en fourniront plus loin d'autres
exemples analogues ou semblables. Ces trois exemples sont fournis par les
broderies dont est couverte la stole du roi d'Assyrie lui-même. Je reviendrai
sur cette circonstance dans le chapitre où j'aurai à traiter le sujet important
et neuf de l'initiation des rois aux mystères. Mais, en attendant, je dois faire
remarquer que si la place qu'occupent les trois broderies dont j'ai à parler ici
leur donne un caractère pour ainsi dire officiel ou sacré, d'autre part, elles
acquièrent à nos yeux un nouveau degré d'intérêt par leur haute antiquité,
car M. Layard les a relevées, comme la broderie décrite ci-dessus, dans les
ruines du plus ancien des quatre palais assyriens de Nemrôd.

[1] Page 318.

Broderie n° 5, pl. LIV, *C*.

Un initié barbu, un genou en terre, la tête couverte d'une tiare arrondie
et ornée d'une corne de taureau, le corps ceint d'un large *kosti*, et la main
gauche armée d'une dague ou d'un poignard, tient de la main droite, par une
patte de devant, une initiée lionne qu'il a vaincue et domptée. Il est vêtu
d'une stole ou tunique à manches courtes, qui, à partir de la ceinture, est
bordée d'une large frange ou d'une large bande d'étoffe plissée; ouverte par
devant, elle laisse voir entièrement nus la moitié inférieure de la cuisse droite,
le genou, la jambe et le pied droits. L'initiée lionne est représentée ici avec
un corps de lionne sur lequel est implanté un buste de femme. Elle est ailée;
sa tête est couverte, comme celle de son vainqueur, d'une tiare arrondie et
ornée d'une corne couchée sur le côté, et faisant saillie sur le devant de la
tiare. Son cou est orné d'un collier. Un *kosti* lui ceint le corps au-dessus de la
croupe. A très-peu de chose près, cette figure est donc semblable à un de
ces êtres, tantôt mâles tantôt femelles, que les Grecs nommaient *sphinx*, et que
nous voyons si souvent figurés en Égypte, en Grèce, en Italie. Le sujet de la
broderie assyrienne qui est sous nos yeux nous rappelle, même involontairement, le rôle que joue le sphinx dans la légende d'OEdipe. Nous ne pouvons
nous empêcher de reconnaître que, si cette légende nous montre le héros
grec combattant et mettant à mort un sphinx qui tuait les passants lorsqu'ils
ne devinaient pas les énigmes qu'il leur avait proposées, le sujet brodé sur la
stole du roi d'Assyrie nous fait voir un initié vainqueur d'un sphinx qui l'aurait foulé aux pieds si, dans les examens littéraires et les luttes scientifiques
institués par les statuts des mystères, il n'avait établi sa supériorité sur ce
sphinx, c'est-à-dire sur un condisciple, sur un initié lion. La broderie qui
donne lieu à ce rapprochement est reproduite ici d'après un calque pris par
M. Layard lui-même sur le dessin que j'avais vu dans son riche portefeuille,
en 1848, et qu'il a publié dans l'ouvrage déjà cité[1]. Cette broderie est du
nombre de celles qui ornent la stole du roi d'Assyrie, représenté sur un bas-
relief n° 6, placé dans la chambre ou salle G (plan III) du vieux palais nord-
ouest de Nemrôd. Le style en est beau et sévère.

Broderie n° 8, pl. XLIV de l'ouvrage cité de M. Layard.

Cette broderie, comme la précédente, orne la stole du roi d'Assyrie représenté sur le bas-relief que je viens d'indiquer[2]. A quelques variantes près,

____

[1] *Monuments of Nineveh*, pl. XLIV, n° 5. — [2] Layard's *Monum. of Nineveh*, bas-relief n° 6, placé
dans la salle G, palais nord-ouest, plan 3.

qui ne manquent pas d'intérêt, le sujet est le même. On remarque seulement
qu'ici l'initié barbu est debout, au lieu d'avoir un genou en terre, et que
quatre ailes sont attachées à ses épaules, ce qui le rapproche des figures pourvues aussi de quatre ailes que plus loin je désignerai sous le nom d'*initiés
vautours*, bien qu'elles ne se montrent pas avec une tête de vautour à la place
d'une tête humaine. Ajoutons qu'une touffe de feuilles est placée ici entre le
vainqueur et l'initiée lionne, dont la tiare est surmontée d'un ornement ou
d'une fleur trifide.

Broderie n° 3, pl. XLIV de l'ouvrage cité de M. Layard.

Ici ce n'est pas un initié barbu qui a vaincu une initiée lionne, c'est un prêtre
unique, ou peut-être une femme, qui tient de chaque main, suspendue par la
patte de derrière, la tête en bas, une initiée lionne parfaitement semblable à
un sphinx grec, à cela près que la tiare arrondie qui couvre sa tête est ornée
d'une corne de vache ou de taureau. Ces deux initiées lionnes, on le voit,
sont placées ici dans la même position que celle où plusieurs autres broderies
de stoles tirées des bas-reliefs de Nemrôd et plusieurs cylindres ont montré
un initié, tenant de chaque main, suspendus par une patte, une antilope, une
gazelle, un lion. Comme dans la broderie précédemment décrite, quatre ailes
sont attachées aux épaules du vainqueur. La coupe de son costume est la même
que celle du costume des deux mystes que nous venons de trouver luttant avec
une seule initiée lionne; mais le large *kosti* qui fixe sa stole autour des reins est
couvert d'ornements circulaires que je ne me rappelle pas avoir vus sur d'autres
kostis. Le sujet qui est sous nos yeux est tiré des broderies de la même stole
royale[1] que les deux broderies décrites dans les deux paragraphes qui précèdent.
Cette circonstance donne, sous le rapport des progrès de l'art hiératique, un
intérêt particulier aux variantes que présente la troisième broderie rapprochée
des deux premières. Nous avons ici la preuve que, dès une époque ancienne,
cet art, chez les Assyriens, s'était affranchi de l'obligation de reproduire servi-
lement les types des figures et des sujets consacrés par la religion. Toutefois,
les variantes que je viens d'indiquer ne nous obligent pas à interpréter le sujet de la troisième broderie autrement que je n'ai interprété le sujet des
deux premières. C'est toujours la représentation d'un initié engagé dans une
lutte préalable, dans un acte préparatoire qui doit, s'il en sort victorieux, le
faire admettre à une lutte définitive dont le diplôme de grade de vautour sera

____

[1] M. Layard, *loco citato*.

le prix de la victoire. Aussi allons-nous trouver des combats analogues ou semblables sur plusieurs cylindres et cônes asiatiques, et nous savons que ces cylindres, ces cônes tenaient lieu de diplômes dans les sanctuaires de la religion.

Cylindre n° 8, pl. LI.

Le premier cylindre que j'ai à décrire représente un initié barbu et debout, la tête couverte d'une tiare, le buste et les bras nus, le reste du corps, à partir de la ceinture, vêtu d'une espèce de jupe brochée ou brodée, qui, du côté gauche, laisse à découvert le genou et la jambe. De la main droite il tient une arme analogue à celle que porte l'initié *gypsocéphale* dans la broderie reproduite sous le n° 17 de ma planche LIV, *C,* et décrite ci-dessus. De la main gauche il a saisi, par une patte de devant, une initiée lionne qui s'est dressée contre lui sur ses deux pattes de derrière. Elle est ailée et représentée sous la même forme que les initiées lionnes figurées dans les trois scènes analogues qui nous ont été fournies ci-dessus par les broderies de la stole d'un roi d'Assyrie sculpté sur un des bas-reliefs du plus ancien palais de Nemrôd.

Cône n° 16, pl. XLIV.

Sous la base de ce cône est gravé un sujet pareil à celui que présente le cylindre décrit dans le paragraphe précédent. La forme du costume est la même, sauf que la broderie de l'étoffe est remplacée par des bandes étagées et plissées. L'arme est identique sur les deux monuments. Remarquons, comme une variante intéressante, que, dans la partie supérieure du petit tableau gravé sur notre cône, on voit le croissant de la lune et un poisson qui indiquent nettement que la scène se passe dans le monde sublunaire. Remarquons aussi que le myste barbu, au lieu de tenir par une patte l'initiée lionne, la tient par une corne implantée au milieu de sa tête. Ce cône emprunte un intérêt particulier de la localité célèbre où il a été trouvé ; il provient, assure M. Raoul Rochette [1], des fouilles faites sur le champ de bataille de Marathon,

---

[1] M. Raoul Rochette a reproduit ce petit monument (*Mémoires de l'Académie,* XVI, 2ᵉ partie, pl. VII, n° 3) d'après un dessin inexact, où l'on cherche en vain le petit poisson gravé au-dessus de la femme lionne sur l'original. Voici ce que dit de ce cône le savant académicien : « ...Sceau « de beau travail, qui fut trouvé dans la plaine « de *Marathon,* et où le *lion,* dompté par le *dieu,* « est *ailé* avec une *tête humaine.* » On voit combien l'interprétation proposée par M. Raoul Rochette s'éloigne de celle que je suis amené à proposer moi-même après avoir rapproché ce petit cône des autres monuments qui m'ont paru se rapporter au grade de vautour.

où j'ai dit précédemment qu'on a découvert plusieurs autres monuments asiatiques appartenant aux mystères.

Cône à huit pans coupés, n° 3, pl. LI.

Même sujet que sur le cylindre et le cône dont je viens de faire la description. Mais ici nous ne voyons aucun accessoire; le vainqueur porte une tiare à côtes, le costume que j'ai appelé *ancien costume militaire*, et un poignard dans la main droite. Le vaincu est un initié lion unicorne et barbu.

Cylindre n° 1, pl. LII.

Ici le vainqueur, debout et à longue barbe frisée, tient de chaque main, par une patte de devant, une initiée lionne qui s'est dressée contre lui sur ses pattes de derrière. Son torse et ses bras sont nus, ses reins ceints d'un *kosti*, et une très-courte robe brodée, qui s'ouvre par devant, ne couvre le reste de son corps que depuis les hanches jusqu'à mi-cuisses. Dans le haut du cylindre, contrairement à l'usage généralement suivi, est gravée une ligne horizontale de caractères cunéiformes. Ils appartiennent au système assyrien et n'ont pas encore été déchiffrés. Dans le champ du cylindre, vers le bas, on remarque deux objets parfaitement semblables, qui sont ou deux pieds d'une même plante à grandes feuilles ensiformes, ou deux vases d'où s'élancent des flammes.

Cylindres n°s 5, 5ª et 5ᵇ, pl. LII.

Même sujet, même disposition, si ce n'est que l'initié vainqueur est tourné à gauche au lieu d'être tourné à droite comme sur les trois monuments précédents. Il porte l'ancien costume militaire, ce qui me donne lieu de croire qu'il est du sexe masculin, bien qu'on ne lui voie pas de barbe. A gauche du spectateur on distingue, placé sous le croissant de la lune, un hôm d'une forme particulière, dont je ne connais guère d'autre exemple. La forme de ce cylindre[1], comme le style et le travail, indique une époque de décadence. Au lieu d'être percé perpendiculairement dans son axe, de même que la presque totalité des cylindres connus, celui-ci est percé transversalement dans l'épaisseur d'une espèce de bouton à côtes très-élevé et bombé, qui en forme le sommet. De sorte que ce petit monument, comme les deux autres cylindres dont il a été question plus haut, devait nécessairement se porter suspendu à un cordon, soit au cou et sur la poitrine, soit à un des bras[2]. De plus, par une innovation dont je ne pourrais citer qu'un ou deux autres exemples, sur

[1] N° 5ª.

[2] Dans l'Asie occidentale, je le répète, les musulmans portent attachés au bras gauche des talismans où sont gravés des passages du Koran.

le plat du bout opposé au sommet de notre cylindre, on a gravé un quadrupède lancé au galop entre deux croissants dont un lui est superposé.

Cylindre n° 6, pl. LI.

Nous retrouvons ici un myste barbu, debout et tourné à gauche, comme
sur le cylindre précédent, mais costumé comme l'est le myste sur le cône
n° 16 de ma planche XLIV. De chaque main il tient, par une fleur trifide qui
surmonte sa coiffure, une initiée lionne qu'il a vaincue et qui, debout sur ses
pattes de derrière, au lieu de se dresser contre lui, ainsi qu'on le voit sur les
monuments que je viens de décrire, lui tourne le dos, comme si elle voulait
prendre la fuite. Ces trois personnages sont placés sur un soubassement semi-
circulaire et à treillis qui, de même que la forme du *mihr* gravé au-dessus
de leur tête, me donne lieu de ranger ce joli cône parmi les monuments d'origine phénicienne. Je ne le connais que par une empreinte qu'après le concours académique de 1825 feu M. Gosselin eut l'obligeance de me donner.
J'ignore entre les mains de qui se trouve l'original.

Cylindre n° 9, pl. XLIX.

Ici la disposition du sujet change complétement. Le combat préparatoire est
terminé; le myste s'est fait un piédestal de l'initiée lionne qu'il a vaincue et
domptée. Monté debout sur le dos de cette initiée, il s'approche d'un hôm
surmonté de l'emblème de la triade, et vient rendre grâce aux dieux de sa
victoire en leur faisant l'offrande de l'eau et du feu, représentés par un seau
ou vase qu'il porte de la main gauche, et par une pomme de pin qu'il tient
dans la main droite. A la vue de ces deux symboles répondant ainsi à la double
idée du principe passif ou femelle et du principe actif ou mâle, on ne peut
s'empêcher de remarquer la corrélation qui s'établit entre les attributs caractéristiques placés dans les mains des initiés reçus au grade de vautour, et
l'usage où furent les Égyptiens de réunir dans la légende hiéroglyphique du
dieu Phtha et dans celle de la déesse Neith le scarabée, symbole igné et solaire, et le vautour, symbole humide et aérien.

Si sur notre cylindre le groupe du myste debout sur le dos de l'initiée lionne
est répété deux fois, on comprend facilement que le graveur a obéi à la loi
de symétrie, et évité par là une disposition irrégulière qui eût été choquante
à l'œil. Nous avons déjà vu et nous rencontrerons encore un grand nombre
de petits monuments du même genre où le dessinateur a obtenu une disposition symétrique en représentant soit deux mystes au lieu d'un, soit deux
animaux de même espèce, combattus et vaincus par un seul myste, soit deux

mystes vainqueurs chacun d'un animal symbolique, soit enfin, comme ici, deux mystes montés debout sur le dos d'un initié vaincu, ou, comme ailleurs[1], deux mystes chevauchant l'animal dompté. Sur notre cylindre, le vainqueur est coiffé d'une tiare conique, ornée de deux paires de cornes de taureau qui marquent que, préalablement, il a été reçu au grade de *bromius*. Deux ailes sont attachées à ses épaules; son costume est assyrien et richement brodé. Le style du petit monument est digne d'attention, ainsi que la forme de l'emblème de la triade[2], et la forme du hôm. Cet arbre sacré nous montre quinze branches terminées par une fleur ou par un fruit. Ce nombre quinze est-il en rapport avec la naissance du premier homme sorti du *reivas* et avec le statut qui aurait fait fixer à quinze ans l'initiation des jeunes gens? Je l'ignore.

Cône n° 9, pl. LIII.

Un initié debout et barbu, qui prélude au grade de vautour, tient de chaque main, par une patte de devant, une lionne ou un lion qui se dressait contre lui sur ses pattes de derrière et qu'il a dompté. Il pose en même temps chaque pied sur la croupe d'une initiée lionne qu'il a également vaincue et qui lui sert ainsi de piédestal. Son costume est différent de ceux que nous offrent les autres cônes dont mon Atlas réunit les dessins. Dans sa partie supérieure, ce costume ressemble à l'ancien costume militaire; mais au lieu d'une jupe plissée et relevée dans le milieu, on voit ici une tunique qui ne descend qu'à mi-cuisses. Les cuisses et les jambes ne sont pas nues. Un pantalon à dessin en quadrille ou en échiquier les recouvre entièrement; et, chose digne d'attention, ce pantalon est tout semblable à celui que porte Mithra sur un bas-relief romain trouvé dans la Transylvanie[3]. Le travail de ce cône est très-fin, et la symétrie qui résulte de la disposition du sujet, au moyen du doublement des symboles, produit un effet agréable. Ce petit monument a d'abord été publié par M. Dinant. Mais la figure très-grandie qu'on en trouve là n'est nullement satisfaisante. J'en produis un dessin plus exact, d'après une empreinte que j'ai prise moi-même sur l'original qui, après avoir appartenu à feu M. J. Robert Stuart, a été publiquement vendu à Londres. J'ignore quel en est le possesseur actuel.

Cylindre n° 3, pl. LII.

Ce n'est plus seulement un ou deux adversaires du grade de lion qu'ici l'as-

---

[1] Cylindre Jaubert, pl. XXV, n° 2. — [2] Voyez ce que j'en ai dit plus haut au chapitre de la triade (1re section, chap. v). — [3] Voyez mon Atlas, pl. LXXIX, n° 1.

pirant doit combattre et vaincre pour préluder à la dernière lutte qui lui conférera le grade qu'il ambitionne d'obtenir. De même que nous avons vu, sur le
n° 7 de ma planche LXI, un myste combattre et dompter à la fois trois vautours, par un dernier effort, de même nous voyons ici un personnage barbu et
tourné à droite combattre et dompter, dans la même attitude que ce myste,
trois initiées lionnes; c'est-à-dire qu'il en tient, par une patte de devant, deux
qui, debout sur leurs pieds de derrière, voulaient s'élancer sur lui pour le dévorer. La troisième est terrassée, et il la tient sous son pied gauche. A ce combat
mystique préside une prêtresse, la tête de profil, tournée à gauche et le corps
vu de face. Elle a quatre ailes attachées aux épaules et pas de bras. Ses cuisses
et ses jambes semblent être celles d'un oiseau. Le costume de l'initié vainqueur
est assyrien. Le style et le travail du cylindre accusent une époque de décadence.

Sur les cylindres dont la description va suivre et que je rapporte également
au combat préparatoire qui devait précéder le combat contre le vautour, nous
trouverons réunis le souvenir d'une réception au grade de bromius exprimé
autrement que par des cornes de taureau attachées à la tiare du myste, le
souvenir de la lutte du myste avec un initié lion ou avec une initiée lionne,
et la preuve irrécusable que le baptême des mystères se conférait après le grade
de bromius et avant celui de lion.

Cylindre n° 6, pl. XVII.

Un initié debout et tourné à droite tient de la main gauche, par un pied
de devant, un taureau unicorne, et de la main droite, également par une
patte de devant, une initiée lionne. Cette initiée et le taureau s'étaient dressés
sur leurs pattes et leurs pieds de derrière pour attaquer le myste. Vaincus et
domptés, ils détournent chacun la tête pour cacher leur confusion. Dans le
champ du cylindre, on voit, à la hauteur des genoux du vainqueur, à sa
droite un signe qui m'est inconnu, et à sa gauche un poisson convenablement
placé auprès du taureau, autre symbole du principe humide. Derrière ce
quadrupède, et superposées l'une à l'autre, on remarque une petite figure,
qui doit représenter le myste dans le costume du grade de lion, mais n'ayant
que deux pattes; une antilope ceinte d'un double kosti, et une grande étoile
formée de huit branches terminées chacune par une petite boule. Le costume
du personnage pour qui avait été gravé ce cylindre est d'une grande richesse et
d'une forme qui nous en rappelle l'origine assyrienne. L'étoffe dont sont faits
le bonnet et la robe ouverte nous offre un dessin en échiquier, comme le pan-

talon du myste que nous venons de voir représenté sur le cône n° 9, pl. LIII. Aux épaules du myste sont attachées quatre ailes, deux tombantes et deux ascendantes. Les bras et les jambes sont nus, courts, épais, leurs muscles accusés avec cette exagération qui se fait remarquer dans les figures de Khorsabad et de Nemrôd, et en particulier dans les deux colosses du musée assyrien de Paris qui portent chacun un lion sous le bras [1].

Cylindre n° 8, pl. XIII.

De nouveau s'offre à nos yeux la double victoire que nous venons de voir représentée sur le cylindre n° 6, pl. XVII. Mais ici elle est exprimée par un procédé et dans un style fort différents. Un personnage debout revêtu de l'ancien costume militaire et les deux pieds posés sur la croupe de deux initiés lions barbus, et non deux initiées lionnes, comme on le voit sur le cône n° 9, pl. LIII, tient, de chaque main, en guise de trophée, et par sa corne, un taureau ailé et unicorne, qui, se dressant debout sur ses pieds de derrière, en pose un sur la tête, l'autre sur une aile de l'initié lion accroupi. A cette disposition insolite s'ajoute une particularité non moins curieuse et rare : une petite figure, qui représente sans doute la femme du myste reçue aux grades de *bromia* et de *lionne*, est assise sur un siége placé entre les deux initiés lions accroupis et décoche de son arc une flèche à l'un de ces deux personnages. Au sommet de la tête de cette femme est implantée une grande corne de vache ou de taureau recourbée en arrière. Un carquois est attaché derrière les épaules de cette femme. Elle est vêtue d'une robe ou tunique collante, dans le haut de laquelle on remarque l'indication de la saillie des seins. On n'aperçoit aucune trace de *kosti*, tandis que le myste mâle en porte un à deux rangs. Les jambes et griffes de lion qui servent de pieds au siége sur lequel est assise la petite figure femelle concourent vraisemblablement, avec la corne dont est surmontée la tête de cette petite figure, à montrer que la femme du myste avait obtenu le grade de *bromia* et celui de *lionne*. Le combat où elle est engagée avec deux initiés lions annonce qu'elle se prépare à prendre le grade de vautour. Une même intention se révèle dans la pose du myste mâle, qui, déjà la tête ceinte de la couronne que lui a méritée sa victoire sur le taureau, tient sous ses pieds la croupe de ces deux initiés lions dont il vient de triompher. Entre les têtes des deux taureaux, est gravé un symbole que je n'ai pas rencontré ailleurs et qui, composé de trois branches et surmonté de trois pointes,

---

[1] Voyez mon Atlas, pl. XXIV.

semblerait se rapporter à la triade divine, s'il n'était placé ici au-dessous d'un autre symbole que, malgré sa forme insolite, on doit prendre pour le croissant de la lune.

Cylindre n° 13, pl. LIV, A.

Ce beau cylindre, par le sujet qu'il représente, offre une grande analogie avec le cylindre précédent; mais il ne se rapporte pas à l'initiation d'un couple mâle et femelle, et le myste mâle qui l'avait fait graver y est figuré sous deux formes différentes et accompagné de divers accessoires que nous n'avons trouvés sur aucun des cylindres qui appartiennent au grade de vautour. Et d'abord nous remarquons, à gauche, un initié bromius debout et vu de face, étreignant de chaque bras, en les rapprochant de son corps, une antilope, qui nous transporte à la célébration d'une léontique. Cet initié, dont la face taurine, les formes épaisses et la queue pendante entre les jambes, nous rappellent certaines représentations du Typhon égyptien, pose chacun de ses pieds sur la tête d'un initié lion accroupi, dont il a triomphé pour se préparer au dernier combat qui doit lui mériter le titre et le grade de vautour. Ce groupe est placé entre une lance, qui lui a servi à vaincre, et une tige fleurie de lotus, symbole du principe humide, symbole de génération, et, par conséquent, symbole éminemment propre à caractériser la situation physique et morale de l'initié qui n'a encore été admis qu'au grade de bromius ou taureau. Mais vainqueur du lion, vainqueur d'un initié parvenu au grade de lion, et par ces deux victoires déjà détaché de la vie terrestre, il se présente devant les dieux pour leur rendre des actions de grâce, renouveler les engagements qu'il a pris pendant la célébration des léontiques et des cérémonies préparatoires du grade de vautour, et enfin solliciter la faveur d'être admis à ce dernier grade sous les auspices de la divinité. C'est là ce qu'exprime le groupe gravé à notre droite sur le cylindre que je décris. Dans ce groupe nous distinguons, en effet, l'initié debout, revêtu de l'ancien costume militaire, la tête ceinte d'une haute couronne à pointes [1]. Il porte dans la main gauche une fleur; de l'autre, il implore. Devant lui sont placés en regard l'un de l'autre deux lions ailés unicornes, dont la forme nous rappelle à la fois celle des lions de Khorsabad, de Nemrôd, de Persépolis et des scarabées ægypto-phéniciens. Ces deux animaux, accroupis sur leurs pattes de derrière, posent une de leurs pattes sur une fleur de lotus plantée devant eux, comme on le voit sur

---

[1] C'est la couronne que nous avons vue posée sur la tête de l'initié vainqueur du taureau.

un des bas-reliefs de Persépolis[1], sur un cône asiatique déjà cité[2]. Ils témoignent par là de l'omnipotence du principe igné ou solaire sur le principe humide. Au-dessus de ces deux animaux symboliques est gravé l'emblème de la triade divine, composé d'un cercle auquel se rattachent la partie supérieure du corps de Bélus, deux ailes recoquillées, qui appartiennent sans doute à ce dieu, et les deux ailes éployées, les deux pattes et la queue de la colombe. C'est l'unique exemple que, jusqu'à ce jour, je puisse citer d'un emblème de la triade ayant quatre ailes au lieu de deux. Remarquons aussi que Bélus tient dans la main droite une fleur trifide, et que sa tête est ceinte d'une couronne à pointes.

Comme exemple d'une préparation au grade de vautour, je puis citer encore ici un cylindre publié par M. Raoul Rochette[3], qui l'a expliqué dans un tout autre système d'interprétation.

Cylindre n° 4, pl. XXXII.

Le sujet gravé sur ce petit monument comprend deux scènes fort distinctes, mais dont la corrélation est évidente. Dans la première, un initié barbu, revêtu du grade de bromius ou taureau, reçoit le baptême des mystères sous la forme du *mihr* qui descend sur sa tête à la prière du mage que l'on voit debout derrière l'initié bromius. La seconde scène nous montre ce même initié, débarrassé des insignes du grade de bromius, mais non revêtu du costume du grade de lion, bien qu'il ait été admis à ce dernier grade. Nous ne pouvons en douter, car nous le trouvons aux prises, sans arme, avec une initiée lionne dont il doit triompher pour passer du grade de lion à celui de vautour. Un astérisque à six branches, placé entre les deux groupes, représente ou le soleil ou la planète Vénus.

Cylindre n° 5, même planche.

Le sujet est le même, sauf quelques variantes et quelques accessoires nouveaux. Le costume de l'initié bromius qui reçoit le baptême est mieux caractérisé qu'il ne l'est sur le cylindre précédent. Le prêtre, au lieu d'être placé derrière l'initié, se tient debout devant lui. Entre ces deux personnages, sont gravés dans le champ du cylindre un *ctéis*, et, plus bas, un *poisson*, deux symboles dont j'ai déjà eu l'occasion d'expliquer la signification. A gauche du mihr et sur la même ligne, on voit ici un grand croissant et un grand astérisque

---

[1] Voyez ma planche XLVIII.

[2] *Recherches sur Vénus*, Atlas, pl. XIV, A, n° 3.

[3] *Mémoires de l'Académie*, t. XVII, 2ᵉ partie, p. 117, 118, pl. VI, n° 11.

qui doivent représenter la lune et le soleil. Au-dessous, nous retrouvons un groupe composé du myste et de l'initiée lionne. Mais ici le myste, revêtu d'un costume assyrien, est armé d'un instrument tranchant, modification de la harpé; et, de son bras gauche, il étreint l'initiée lionne, à peu près comme les deux colosses de Khorsabad[1] étreignent chacun un lion.

Bas-relief, pl. LV.

Ce beau monument provient des fouilles faites, en 1844, à Khorsabad, par MM. Botta et Flandin[2]. Leur découverte avait été précédée de celle d'un fragment de bas-relief qui représente la même figure privée de sa tête de vautour. Lorsque M. Botta, dans ses premières fouilles, trouva ce fragment, il s'empressa d'en envoyer à l'Académie des belles-lettres un dessin qui, dans une de ses séances hebdomadaires, fut communiqué aux membres présents. J'étais du nombre, et à peine eus-je jeté les yeux sur cette figure sans tête, que je ne pus m'empêcher de dire : «Si M. Botta trouve un bas-relief qui la re-«présente entière, elle aura sur les épaules une tête de vautour ou une tête «d'aigle.» Peu de semaines après, les fouilles mirent successivement à découvert plusieurs bas-reliefs qui confirmèrent mon assertion[3] et qui sont maintenant déposés au musée du Louvre[4]. Ces sculptures représentent certainement un initié revêtu du costume propre au grade de vautour, soit qu'il vienne d'être admis à ce grade, soit qu'il remplisse des fonctions sacerdotales dévolues aux initiés qui ont obtenu le grade dont il s'agit[5]. C'est ainsi que nous avons vu, sur quelques cylindres, l'initié bromius et aussi l'initié lion agir comme ministres du culte dans des scènes d'initiation[6]. Cette circonstance nous explique peut-être jusqu'à un certain point la modification que subit le costume du grade de vautour dans les deux situations où l'initié se présente à nos yeux. Toutefois cette modification n'altère nullement le caractère essentiel du costume, une tête de vautour substituée à une tête humaine. On en peut juger en com-

---

[1] Atlas, pl. XXIV.

[2] Le graveur a suppléé aux portions de cette figure qui ont souffert des injures du temps.

[3] Mon savant ami, M. Jules Mohl, frappé de cette assertion, crut devoir en faire mention dans le *Journal asiatique* (voyez 4ᵉ série, t. II, p. 204, note 2) sans attendre qu'elle fût confirmée ou démentie par les fouilles subséquentes de M. Botta.

[4] Un de ces bas-reliefs, représentant une figure humaine à tête et ailes de *vautour*, fut reproduit dans le *Journal asiatique*, 4ᵉ série, t. III, n° 15, juin 1844, pl. XXXVIII.

[5] Telles sont les deux figures à tête de vautour représentées sur deux bas-reliefs publiés par MM. Botta et Flandin (*Monum. de Ninive*, pl. LXXIV, bas-relief de la porte G, n° 1; pl. LXXV, bas-relief de la même porte, n° 2).

[6] Voyez mon Atlas, pl. XLIV, *B*, n° 10.

parant ensemble la figure à tête de vautour qui est sous nos yeux et celle que
nous avons remarquée sur le bas-relief n° 17 de ma planche LIV, *C*. La première, bien qu'elle soit debout, accomplit évidemment une offrande religieuse;
la seconde vient de combattre et de vaincre l'initié lion dont elle avait à triompher avant d'acquérir le droit de revêtir le costume du grade de vautour. J'ai
déjà parlé de celle-ci; il me reste à décrire la première. Comme la seconde,
elle a une tête de vautour dont le caractère à la fois conventionnel et mixte
est exprimé ici avec plus d'art et de sentiment. La nature humaine y est mieux
indiquée par la quantité de cheveux ondulés et bouclés qui tombent du sommet de la tête, le long des joues, jusque sur les épaules, en même temps
qu'une rangée symétrique d'autres boucles de cheveux borde le crâne et la
partie postérieure du cou. Autour du cou est suspendu par un ruban ou une
bande d'étoffe un objet de forme arrondie, et surmonté d'un fleuron trifide.
Cette espèce de collier nous rappelle un peu la bulle des anciens Romains. Le
vêtement consiste en une simple tunique collante, et à très-courtes manches,
qui monte jusqu'à la naissance du cou et descend jusqu'au-dessus des genoux
seulement. Elle est bordée d'une broderie dans le haut, dans le bas, autour
des manches, et perpendiculairement sur le côté, à partir de la ceinture, c'est-
à-dire à partir d'un large kosti brodé en échiquier et placé par-dessus la
tunique. A cette portion perpendiculaire de la bordure se rattache une frange
à glands et nœuds pendants. Un des bouts du kosti, terminé par un gros gland,
tombe entre les deux jambes, qui sont complétement nues comme les pieds.
Les bras sont nus aussi, mais ornés chacun de deux bracelets : un élastique
est placé à l'avant-bras, immédiatement au-dessous de la courte manche;
l'autre fixé au poignet et orné d'un fermoir en forme de rosette. L'attitude
de l'initié vautour est celle d'une personne qui fait une offrande à la divinité :
il élève le bras droit et présente une pomme de pin qu'il tient dans la main
droite; le bras gauche est pendant, et à la main de ce côté est suspendu un
petit seau, qu'au premier abord on pourrait être tenté de prendre aussi
pour un petit panier, l'anse et la surface extérieure du vase imitant l'osier
tressé. Toute espèce de doute à cet égard se dissipe, lorsque, sur d'autres
bas-reliefs de Khorsabad, nous voyons des figures, dont il sera question
tout à l'heure, faire de la main droite l'offrande d'une pomme de pin, et
tenir suspendu, de la main gauche, un seau dont la forme et le travail
imitent également un panier d'osier, mais dont la destination est parfaitement
caractérisée par deux oiseaux aquatiques placés aux deux points d'attache de

l'anse [1]. Ailleurs [2] nous trouvons, suspendu à la main gauche d'un initié vautour, semblable à celui dont l'image est sous nos yeux (pl. LV), un seau de même forme qui, sur la face antérieure, est orné d'un relief représentant deux prêtres ailés en adoration devant le hôm sacré, ce qui exclut complétement la supposition que ce seau puisse être un panier d'osier. La pomme de pin, symbole igné, achèverait, s'il en était besoin, de confirmer cette destination [3]; car il est bien évident qu'ici, comme sur notre bas-relief, comme sur le cylindre n° 9 de ma planche XLIX et sur plusieurs bas-reliefs de Khorsabad et de Nemrôd, il s'agit de l'offrande du feu et de l'eau. Aussi voyons-nous, sur un fragment de broderie tiré des bas-reliefs de Nemrôd [4], cette même double offrande accomplie par un initié vautour qui met un genou en terre. Dans la même localité nous la voyons aussi accomplie, comme à Khorsabad, par des initiés vautours qui sont représentés debout [5]. Cette alternation de position se reproduit sur des bas-reliefs de Khorsabad et de Nemrôd, où nous trouvons tantôt debout, tantôt à genoux, devant le hôm, deux figures à quatre ailes qui font la même double offrande et que, pour cette raison, il convient peut-être de considérer comme des initiés vautours ou des prêtres vautours, bien qu'ils aient une tête humaine au lieu de la tête caractéristique qui appartient au costume de ce grade. Ces personnages sont en général vêtus d'un riche costume et coiffés d'une tiare conique ornée, sur les côtés, de deux ou de trois paires de cornes de taureau et surmontée d'une fleur trifide. Ils portent précisément, comme les initiés à tête de vautour, d'une main un seau, de l'autre une pomme de pin [6]. Ce rapprochement ne contribue pas peu, ce me semble, à montrer que M. Layard [7], M. Guigniaut et quelques autres archéologues, se sont trompés lorsqu'ils ont voulu voir dans les figures à tête de vautour dont nous nous occupons l'image d'un de ces faux dieux que la Bible anathématise, celui qu'elle désigne sous le nom de *Nisroch*, et qui était représenté sous

---

[1] Voyez MM. Botta et Flandin, *Monum. de Ninive*, pl. XXVIII, façade N, n° 16.

[2] Layard's *Monum. of Nineveh*, pl. XXXVI, n° 2.

[3] C'est avec la même valeur ou signification symbolique que, sur les bas-reliefs de Khorsabad et de Nemrôd, nous voyons si souvent que la pomme de pin est devenue un emblème funéraire en Orient et en Occident. (Voyez les tombeaux de Talmissus (Lycie) publiés par le comte de Choiseul-Gouffier, *Voyage pittoresque de la Grèce*, t. I, pl. LXVIII. — Fellows, Robert Steuart, Ch. Texier, etc.)

[4] Layard's *Monum. of Nineveh*, pl. L, n° 4.

[5] *Ibid.* pl. XLVIII, n° 3; pl. XLIX, n° 4.

[6] Voyez MM. Botta et Flandin, *Monum. de Ninive*, pl. XXVII, façade N, n° 19; pl. XXVIII, façade N, n° 16.

[7] *Loc. supra cit.* explic. de la planche XXXVI, figure 2.

une forme humaine avec une tête d'aigle, selon les uns; avec une tête de
vautour, selon les autres.

La place qu'occupent à Khorsabad les figures gypsocéphales dont il s'agit
contribue tout à la fois à démontrer l'erreur que je viens de relever, et à
confirmer l'ordre hiérarchique que j'ai établi entre les grades de bromius, de
lion et de vautour. En effet, on voit ces figures constamment sculptées auprès
des portes du palais de Khorsabad, et chacune de ces portes est ornée de deux
colosses qui, sous la forme d'un taureau à tête humaine[1], représentent un
initié du grade de bromius. Auprès de chacun de ces personnages se tient
debout un autre colosse; mais celui-ci, sous les traits d'un homme à face
taurine, qui étouffe un lion[2], nous offre, comme je l'ai dit précédemment, la
représentation d'un initié parvenu au grade de lion, que précède celui de
bromius. L'ordonnateur des sculptures du palais avait donc groupé ici trois
figures différentes, destinées à représenter les trois métamorphoses différentes
que subissaient les initiés en passant du grade de soldat aux grades de bromius, de lion et de vautour. Or rappelons-nous les petits monuments où nous
avons vu se métamorphoser successivement en hommes taureaux, en hommes
lions et en hommes vautours, après avoir sous nos yeux vaincu et dompté,
successivement aussi, des animaux de ces trois espèces, et nous reconnaîtrons
sans peine combien il serait impossible de persister à prétendre que les colosses qui étouffent un lion sont l'image de l'Hercule assyrien, et que les
figures à tête de vautour représentent une des idoles dont parle la Bible.

Au chapitre où je m'occuperai des scarabées phéniciens, que je rapporte
aux mystères de la Vénus assyrienne, je montrerai comment cette intéressante
série de petits monuments fournit la preuve que le grade de vautour suivait
immédiatement celui de lion, et que l'initié parvenu à ces deux grades pouvait
être représenté avec le costume de lion ou celui de vautour, ou bien avec
celui de bromius, c'est-à-dire de taureau[3].

Mais pour compléter la liste des petits monuments asiatiques qui se font
distinguer par la présence du vautour, je vais rappeler ici ceux que j'ai décrits dans le chapitre du grade de lion, et j'en décrirai à la suite quelques
autres dont je n'ai pas encore parlé.

Cylindre n° 13, pl. XXXVI.

Dans la léontique représentée sur ce beau cylindre, la place qu'occupe le

<hr>

[1] Atlas, pl. VI. — [2] Ibid. pl. XXIV. — [3] Ibid. pl. LXIX, n° 5 et 8*.

vautour et l'attitude de cet oiseau nous annoncent tout à la fois que le grade
dont il est le symbole suit immédiatement le grade de lion, et qu'il prédit la
victoire au myste qui célèbre cette léontique, car ses regards sont tournés
vers les quadrupèdes qui, après avoir été vaincus et domptés, vont être sa-
crifiés sur l'autel de la divinité chargée de présider aux mystères. D'avance il
réclame sa part des victimes.

Cylindre n° 6, pl. XXX.

Un vautour à ailes éployées assiste au combat du myste avec un lion. Il
tourne la tête vers l'animal carnassier, et marque par là d'avance la victoire de l'initié, qui doit être suivie de l'admission de ce dernier au grade de
vautour.

Cylindre n° 7, pl. XXXIII.

Un vautour plane au-dessus d'un énorme lion qu'un myste va combattre.

Cylindre n° 5, pl. XLIX.

Un vautour menace de dévorer le corps d'une femme étendue sur le sol
auprès d'un lion et vaincue dans la célébration des léontiques, ou peut-être
le vautour est-il placé là pour suppléer le chien dans la cérémonie funèbre
du *sag-did*.

Cylindre n° 1, pl. XXXV.

Même sujet, mais plus nettement indiqué; car un énorme lion a déjà terrassé l'initiée et la tient sous ses griffes en même temps qu'une lionne accourt
pour la dévorer. Le vautour semble vouloir lui disputer cette proie. Tout auprès de la femme est gravé un poisson qui, symbole du principe humide et de la
génération, nous apprend de quelle constitution physique, de quels penchants
n'avait pas su triompher l'âme de l'initiée. On doit donc supposer que ce cylindre et celui qui précède[1] avaient été gravés pour perpétuer, aux yeux des
initiées condamnées à les porter sur elles, plus d'un avertissement salutaire.
La même observation s'applique au petit amulette à quatre faces sur lequel
nous avons vu un initié terrassé et foulé aux pieds par un lion[2].

Cylindre n° 3, pl. LVI.

Un vautour arrive à tire-d'aile vers un groupe composé de deux lions qui
ont terrassé un cerf et s'apprêtent à le dévorer. Si je ne me trompe, ce sujet,
sous une forme symbolique, exprime la même idée, le même avertissement
que les trois petits monuments qui viennent d'être cités.

[1] N° 5, pl. XLIX. — [2] Pl. XLIV, n° 4.

Sceau ou cachet n° 2*, pl. LVI.

Ici point de personnages non plus; plusieurs animaux, mais point de combat entre eux. Deux vautours sont placés au milieu de sept quadrupèdes, dont cinq disposés en cercle au bord du cachet, et deux gravés, l'un au-dessous, l'autre au-dessus des deux vautours, dans l'intérieur du cercle. Ces divers animaux ne sont pas tous faciles à reconnaître : on distingue parmi eux, cependant, un lion et deux boucs, une chèvre de montagne; des antilopes, un lapin ou un lièvre, tous animaux appartenant aux léontiques et convenablement placés auprès du vautour, symbole éponyme du grade qui suit celui de lion. Je n'hésite donc pas à croire que ce rare monument avait été destiné à servir de sceau ou de cachet à un initié, qui successivement avait obtenu le grade de lion et celui de vautour. J'y trouverais même au besoin la preuve que ces deux grades s'obtenaient dans l'ordre que je leur ai assigné.

Drachme d'argent.

Au droit, est gravé un type connu : une galère montée par trois hoplites grecs, dessous un hippocampe ailé; la proue de la galère est ornée d'une tête de griffon. Au revers, un vautour *en relief* déchire une chèvre de montagne, gravée en creux. Sur le corps de cette chèvre sont gravés les caractères que voici :

| o| Я Π ⴳ

Cette drachme, unique jusqu'à ce jour, appartient à M. le duc de Luynes. On ne possède pas une suite assez considérable de ces pièces pour qu'il me soit permis de présenter quelques conjectures sur le sens du revers symbolique ou allégorique que je viens de décrire.

Il me resterait enfin à parler du rôle que joue le vautour sur les coupes et les plats de travail phénicien ou assyrien trouvés, soit dans l'île de Chypre, soit dans le grand tombeau de Cæré. Mais il me semble plus convenable de ne traiter ce sujet que lorsque, dans mon appendice, je serai amené à décrire en détail ces intéressants monuments des mystères.

Les monuments que je viens de décrire et les observations ou les renseignements que j'ai réunis, avant d'entreprendre cette description, ne me semblent laisser aucun doute sur l'institution d'un grade de vautour dans les mystères de Mylitta, et, par suite, dans ceux de Mithra. Mais il est difficile pour ce grade, comme pour les autres, de préciser la nature des divers enseignements que recevait dans le sanctuaire l'initié qui, du grade de lion, aspirait à s'élever au grade de vautour. Toutefois les mœurs de cet oiseau, les opinions erronées et les croyances superstitieuses qu'elles avaient fait naître, soit en Asie, soit en Égypte, peuvent nous fournir quelques indications certaines. Ainsi, par exemple, nous ne pouvons douter que l'air, dont le vautour était un des symboles, ne fût le principal thème des leçons que le prêtre initiateur faisait à l'initié. Il exposait les idées du temps sur la composition de l'air, fluide que, de bonne heure, on considérait comme ayant une double nature, qui participait à la fois de celle de l'eau et de celle du feu. Le maître devait s'efforcer de démontrer au disciple comment, par sa nature gazeuse, invisible, impondérable, diaphane, par son élasticité, par la région qu'il occupe au-dessus de la terre, cet élément est supérieur aux trois autres : l'eau, la terre et le feu terrestre. Le maître, continuant, exposait le grand rôle que remplit ce fluide dans les phénomènes de notre globe, et faisait remarquer la double faculté qu'on lui avait reconnue de se charger alternativement, et même simultanément, d'humidité et de chaleur. Il expliquait comment de cette double faculté résulte la conséquence que l'air est un agent intermédiaire, seul propre à favoriser, à opérer l'union intime de deux éléments de nature opposée : l'eau et le feu ou la chaleur, principes sans la combinaison desquels ne peut se manifester le phénomène de la germination, de la feuillaison, de la reproduction des êtres. D'où il suit que l'influence de l'air ou du vent sur ce phénomène, et l'action qu'il exerce à l'époque surtout de l'équinoxe vernal, étaient nécessairement le sujet de plus d'une leçon. La place intermédiaire qu'occupe l'air entre la croûte de notre globe et la région de la lune et du soleil servait sans doute de commentaire ou de corollaire à ces diverses propositions. Sans doute aussi on expliquait au myste que l'air, étant un élément mixte, un élément à la fois mâle et femelle, pour parler le langage de l'antiquité, avait dû être représenté par trois espèces différentes d'oiseaux, dont la première, le vautour, ne comptait que des femelles, la seconde, l'autruche, que des mâles, et la troisième, le corbeau, que des individus à la fois mâles et femelles. Les passages cités d'Horapollon, de Plutarque, d'Ælien, d'Ammien Marcellin et de Philé sur la nature exclusivement féminine du vautour, me suggèrent cette conjecture qui, je l'avoue, ne repose, quant à l'autruche et au corbeau, sur aucun texte formel des écrivains de l'antiquité. Mais la haute taille de l'autruche, la force de cet oiseau, ses mœurs et l'armure naturelle placée à ses ailes ont peut-être donné lieu de croire ou de supposer que toutes les autruches sont mâles. D'autre part, le corbeau peut-il avoir été choisi comme un emblème ou un présage de bonheur dans les unions conjugales sans que l'antiquité ait attaché à cet oiseau des idées qui faisaient supposer en lui la réunion des deux sexes? Quoi qu'il en soit de ces deux conjectures, un fait reste certain : on enseignait à l'initié que, parmi les vautours, il n'y a que des femelles, et que, pour cette raison, le vautour est, de tous les oiseaux de proie, le moins disposé à combattre, le plus lâche, le plus prompt à prendre la fuite. De là, sans doute, des avertissements sur les dangers attachés à une constitution féminine, sur la nécessité de réformer ou de maîtriser les fâcheuses dispositions, les mauvaises habitudes, les funestes passions qui naissent de cette constitution, telles que la sensualité, la propension à l'acte de la génération, le manque de courage, etc.

Le rôle de l'air atmosphérique, comme agent purificateur, était nécessairement mis en parallèle avec l'immense service que rendent à la terre les vautours, qui se nourrissent habituellement des corps morts, dont la putréfaction corrompait et l'air et les eaux. Enfin les idées superstitieuses qu'on attachait au vol des vautours, à leur intervention auprès des agonisants et des morts, étaient exposées à l'initié et, pour ainsi dire, justifiées par les diverses considérations que je viens d'indiquer.

En résumé, l'enseignement que recevait le myste pendant les exercices propres à l'initiation au grade de vautour avait donc pour but, d'une part, d'établir la supériorité de l'air sur les trois éléments qu'aux grades de bromius et de lion son âme avait su dompter, l'eau, la terre et le feu terrestre ou le calorique; d'autre part de montrer que l'âme qui s'élève dans la région de l'air, en triomphant de cet élément, avance de plus en plus dans la voie où elle doit s'épurer, c'est-à-dire se dégager des liens qui l'unissent encore à la matière et répudier les affections terrestres.

CHAPITRE VIII.

CINQUIÈME GRADE. —— GRADE D'AUTRUCHE.

(Deuxième grade aérien.)

J'ai longtemps hésité à considérer l'autruche comme le symbole et le nom d'un grade dans l'institution des mystères de Mithra[1]. Un grade d'autruche n'est indiqué ni par les textes des auteurs orientaux ou occidentaux, ni par les inscriptions lapidaires qui se rapportent au culte romain du dieu tutélaire des Perses. Il en est de même, nous l'avons vu, quant au grade de vautour, que cependant, dès l'année 1825, j'avais restitué sans nulle hésitation. Mais ce dernier oiseau n'est pas seulement nommé dans le *Zend-Avesta*, il y joue encore un rôle très-important. Les passages que j'ai cités dans le chapitre qui précède ne laissent aucun doute à cet égard. Au contraire, les commentaires d'Anquetil sur les oiseaux désignés dans les livres sacrés des Perses ne font pas une seule fois mention de l'autruche; j'ai été fort tard amené à découvrir que, dans le *Zend-Avesta*, l'autruche est l'oiseau appelé l'*éoroschasp*, c'est-à-dire le *corbeau-cheval;* et le laconisme des passages où il en est question ne s'expliquerait pas si l'on n'admettait que le nosk qui aurait pu nous faire connaître le rôle assigné à cet oiseau s'est égaré avec les autres nosks dont nous avons à déplorer la perte. Mais, dès le moment où j'ai acquis la conviction que l'*éoroschasp* de Zoroastre est l'autruche, cette notion nouvelle, rapprochée de quelques monuments figurés, authentiques, dont je parlerai tout à l'heure, a mis fin à mes hésitations. Toujours imbu de l'idée que, dans les mystères de Mylitta et dans ceux de Mithra, les grades furent institués au nombre de douze, je n'ai pu, sans une vive satisfaction, me voir autorisé à restituer un grade d'autruche, qui complète les onze dont je suis, depuis longues années, en mesure de prouver l'institution. Je me hâte de déclarer que, jusqu'à ce jour, aucun texte, aucun monument de l'art ne m'a mis dans

---

[1] Dans mon mémoire présenté au concours de 1825, dont j'ai déjà parlé plusieurs fois, je n'ai pas osé proposer la restitution du grade d'autruche.

le cas de reconnaître l'existence d'un treizième grade, ni de substituer d'autres dénominations à celles que j'ai proposées pour désigner les douze grades destinés à caractériser les douze phases de l'initiation aux mystères de Mithra.

L'autruche, comme le vautour, habite l'Asie et l'Afrique; mais elle est restée beaucoup plus commune dans le second que dans le premier de ces deux continents, après y avoir été longtemps cependant fort répandue. Il faut toutefois excepter les déserts de l'Arabie, où l'on trouve encore maintenant une grande quantité d'autruches. A l'époque de la célèbre retraite des dix mille, l'armée de Cyrus le jeune, selon le témoignage de Xénophon [1], en trouva beaucoup aussi dans le désert situé entre le Tigre et l'Euphrate, au-dessus de Babylone. De nos jours, cet oiseau est devenu fort rare dans les vastes plaines de la Mésopotamie.

Les naturalistes modernes le rangent parmi les espèces qui, pourvues d'un *appareil alaire* très-réduit dans ses dimensions, se rapprochent des mammifères et forment le chaînon de transition qui unit à la division des oiseaux ou volatiles cette classe d'animaux [2]. A côté de l'autruche on place le casoar, le nandou, le strigops, qui n'étaient pas connus des anciens, et que nous devons à la découverte de la Nouvelle-Zélande et des îles environnantes.

La haute taille de l'autruche, sa conformation, sa vélocité, sa force [3], sa vigueur, ses mœurs, durent attirer de bonne heure l'attention des peuples araméens qui autrefois habitaient les confins des déserts de l'Asie occidentale et de l'Afrique. Les uns la comparèrent à un cheval et lui donnèrent, comme les nations ariennes, un nom qui, je le répète ici, semble pouvoir se traduire par *corbeau-cheval* [4]. D'autres la comparèrent au dromadaire ou au chameau, et l'appelèrent d'un nom que les Occidentaux ont rendu par σ⁷ρουθὸς ou par *struthio-camelus* [5]. Quelques philologues pensent que σ⁷ρουθὸς ou *struthio* est

---

[1] *Expédit. Cyr.* I, v, 2, 3.

[2] Le caractère mixte de l'autruche n'avait pas échappé à l'attention des anciens. Les dénominations *éoroschasp* ou *corbeau-cheval* et *struthio-camelus* en sont la preuve, de même qu'une sentence turque (ci-après, note 5), où il est dit que l'autruche n'est ni chameau ni oiseau.

[3] On compare au coup de pied d'un cheval le coup de pied d'une autruche. Les dimensions qu'atteint le pied de cet oiseau paraissent être devenues proverbiales dans l'antiquité. Pline l'an-

cien (*Hist. nat.* VII, II, t. I, p. 373; Hardouin), parlant d'un peuple chez qui les femmes avaient probablement les pieds très-larges, applique à ces femmes l'épithète de *struthopodes*, à pieds d'autruche.

[4] Ci-dessus, p. 338.

[5] M. de Hammer, dans son *Morgenländisches Kleeblatt*, a publié une églogue turque où l'on trouve une sentence que l'on peut traduire par ces mots : «Ne sois pas semblable à l'autruche, «qui n'est ni chameau ni oiseau.»

43.

un mot d'origine persique; mais ils n'en font pas connaître la signification qualificative, et j'ignore s'ils ont remarqué que, dans Xénophon [1], un Perse porte le nom de *Struthas*. Feu M. Jules Klaproth [2] suppose que ⲥⲣⲟⲩⲑⲟⲥ ou ⲥⲉⲣⲟⲩⲑⲟⲥ est un mot égyptien qui signifie *justice* et *autruche*. Il est conduit à cette conjecture par la considération que le mot copte ⲥⲟⲩⲧⲉⲛ signifie *équité, justice*, et commence de même que ⲥⲉⲣⲟⲩⲑⲟⲥ par la lettre ⲥ. De son côté, Champollion le jeune, s'appuyant sur le témoignage des monuments figurés égyptiens, établit que *Thmé* ou *Smé*, déesse de la vérité et de la justice, est caractérisée par une plume d'autruche implantée sur sa tête, et que souvent même une plume d'autruche tient lieu de l'image de la déesse, et se place comme signe déterminatif à la suite du nom hiéroglyphique de *Thmé* ou *Smé*. Il ajoute que les signes hiéroglyphiques dont se compose ce nom répondent aux lettres coptes du mot ⲧⲏⲏ ou ⲧⲏⲏⲓ, ⲑⲏⲏⲓ [3] qui, selon lui, signifie *juste, justice* [4].

M. le vicomte Emmanuel de Rougé ne semble avoir adopté ni l'étymologie proposée par Klaproth, ni la lecture hiéroglyphique de Champollion, si j'en juge par le nom qu'il donne à la déesse égyptienne de la justice. Il l'appelle *Ma* [5], et nous dit que son symbole était une plume d'autruche implantée sur la tête [6]. Les images de cette déesse sont fort rares. Le musée de Marseille en possède une statue, mais la plume manque [7].

L'opinion de Klaproth, et celles de Champollion le jeune et de M. de Rougé ont chacune pour point de départ un passage d'Horapollon [8], où nous apprenons que les Égyptiens, lorsqu'ils veulent exprimer l'idée d'une justice égale

---

[1] *Hist. græc.* IV, viii, 17.

[2] *Lettre sur la découverte des hiéroglyphes acrologiques*, p. 12, 13. Paris, 1827, in-8°.

[3] Ce serait donc le même mot que *Thémis*.

[4] Voyez *Précis du syst. hiérogl. des anc. Égypt.* 2ᵉ édition, explication de la planche n° LI; planche générale n° LXXIX, n°ˢ CCCLXXXV et suiv. et p. 206 du texte du *Précis*. — *Description du musée Charles X*, p. 23, *A*, 389 et suiv. — *Lettres écrites d'Égypte et de Nubie*, lettre xiii, p. 231.

[5] Rapport à M. le directeur général des Musées, p. 19 (2 novembre 1850).

[6] L'usage où étaient les Égyptiens et plusieurs autres peuples de l'antiquité de représenter leurs rois ou leurs reines avec les attributs de telle ou telle divinité me donne lieu de conjecturer qu'il a dû exister, en Égypte, des statues, des bas-reliefs ou des peintures qui représentaient une reine accompagnée du symbole de l'autruche, et par conséquent assimilée à la déesse de la justice. Cette supposition m'est suggérée par un passage de Pausanias (IX, xxxi, 1), où nous apprenons que ce voyageur archéologue avait vu sur l'Hélicon, en Béotie, une statue de bronze représentant Arsinoé, sœur et femme de Ptolémée, assise sur une autruche.

[7] Voyez M. de Rougé, *loc. cit.*

[8] *Hierogl.* II, cxviii.

pour tous les hommes, peignent ou dessinent une plume d'autruche. Il est difficile de croire avec Horapollon que la véritable raison de cet usage ait été la longueur égale de toutes les plumes des ailes de l'autruche. Mais je ne connais pas assez les mœurs de cet oiseau pour substituer à une telle raison une conjecture quelconque. La même considération m'empêche de chercher à expliquer pourquoi, de son côté, Jérémie[1] fait de l'autruche du désert l'emblème de la cruauté : *Filia populi mei* (Jérusalem) *crudelis, quasi struthio in deserto*. Les écrivains grecs ou latins ne fournissent aucun renseignement qui puisse nous indiquer à quels traits particuliers des mœurs vraies ou supposées de l'autruche il faut rapporter l'usage dont parle Horapollon et la comparaison qu'emploie Jérémie[2]. Mais si je considère les récits de quelques voyageurs modernes[3] qui ont observé, en Afrique, les mœurs de l'autruche, et si je rapproche de ces récits ce que nous disent la Bible et le *Zend-Avesta* des habitudes de cet oiseau, j'y entrevois plusieurs des raisons qui durent porter les Chaldéens d'Assyrie à choisir l'autruche pour être le symbole d'un des trois grades de la région intermédiaire entre la terre proprement dite et la région solaire. Le *Zend-Avesta* parlant de l'*éoroschasp* ou le *corbeau-cheval*, qui pour nous doit être l'autruche, qualifie cet oiseau de « vif dans le désert[4]. » Les écrivains orientaux vantent la vélocité de l'autruche comme surpassant celle du cheval le plus vigoureux. A leur tour, les voyageurs modernes, pour donner une idée de la vélocité de l'autruche, nous disent qu'elle court sur le sable avec la vitesse du vent. Ils ont observé qu'ainsi lancée elle tient son long cou dans une position horizontale, comme pour fendre l'air, et qu'en même temps elle bat l'air avec ses ailes pour activer sa course, sans pouvoir toutefois s'élever au-dessus du sol. Puis tout à coup elle s'arrête sur place et reste immobile, d'autres fois elle se pavane, fière comme un paon, laissant traîner ses ailes à terre, et choisissant toujours les endroits les plus chauds et les plus exposés au soleil brûlant. C'est aussi dans les sables journellement échauffés par cet astre qu'elle fait son nid et fait éclore ses œufs.

On le voit donc, l'autruche, par ses habitudes, par ses allures, appartient,

---

[1] *Lamentat.* IV, 3.

[2] Philé (*De natur. animal.* cap. IV, v. 15-18), par exemple, après nous avoir dit que l'autruche fait son nid dans le sable, se borne à ajouter que les nerfs et la graisse de cet oiseau sont employés à combattre certaines affections morbides, telles que les maux d'yeux et les obstructions.

[3] Voyez surtout dans la *Descript. de l'Égypte* et le Voyage de M. Carnes, de Boston à la côte occidentale d'Afrique.

[4] Ci-dessus, p. 272, note 6.

pour ainsi dire, plus à la terre proprement dite qu'à la région de l'air. Aussi me suis-je demandé plus d'une fois pourquoi, dans l'ordre hiérarchique des grades des mystères, le grade d'autruche ne précède pas celui de vautour. Je n'ai pas su jusqu'à présent répondre à cette question, et si j'ai assigné au grade d'autruche une place entre celui de vautour et celui de corbeau, c'est que toute hésitation de ma part a dû cesser, soit à la vue des monuments figurés que j'ai cités dans le chapitre précédent [1], soit après avoir pesé les considérations que m'ont suggérées mes recherches sur le symbole du corbeau et sur le grade auquel cet oiseau donne son nom.

Les monuments figurés qu'on peut rapporter au grade d'autruche sont restés rares jusqu'à ce jour. Longtemps je n'en ai connu que deux : un beau cylindre de jaspe qui, publié en 1820 par le professeur M. le docteur Dorow [2], appartient maintenant au musée royal de la Haye; et un cylindre de calcédoine que j'avais moulé sur l'original, à Aix en Provence, dans le cabinet de M. Magnan de La Roquette. Ce dernier monument a depuis été acquis par la Bibliothèque impériale [3]. Sur le premier de ces deux cylindres je fus frappé de voir, avec une longue légende en caractères cunéiformes du système assyrien ou babylonien, un initié vêtu d'un riche costume assyrien et tenant de chaque main une grande autruche qu'il a vaincue et domptée, de même que, sur les monuments de l'art qui se rapportent aux trois grades précédents, on voit souvent le myste tenir, de chaque main, deux taureaux, deux lions, deux vautours, qu'il a également vaincus et domptés. Un dessin fidèle de ce beau cylindre souvent reproduit depuis 1820, et toujours plus ou moins inexactement, est gravé ici sous le numéro 9 de la planche LXI. Le cylindre de M. Magnan représente aussi un initié vainqueur après un de ces combats mystiques que nous ont montrés un grand nombre de cylindres, de cônes et de bas-reliefs qui appartiennent aux grades de bromius, de lion et de vautour. Seulement ici, au lieu de deux autruches, l'initié n'a eu à en dompter qu'une seule [4].

---

[1] Voyez surtout le précieux bas-relief (pl. LIV, A, n° 17) recueilli par M. Layard dans les ruines de Nemrôd.

[2] Antérieurement ce cylindre avait fait partie de la collection de M. le comte Joseph de Schwachheim, internonce de la cour d'Autriche à Constantinople.

[3] C'est à l'époque où M. Magnan de La Roquette étant décédé, ses collections d'objets d'art ont été transportées d'Aix à Paris et vendues aux enchères publiques. Par inadvertance, sans doute, M. Raoul Rochette (*Mémoires de l'Académie des inscriptions*, t. XVII, 2° partie, p. 118, note 3 et p. 132, 133) dit que ce beau cylindre a été acquis par le Musée britannique.

[4] Voyez ma planche LXI, n° 8.

Si, après avoir eu sous les yeux les passages du *Zend-Avesta* relatifs à l'éoroschasp, le cylindre de M. Magnan et celui de M. Dorow, il m'était resté quelque doute sur l'institution d'un grade d'autruche, ce doute aurait été levé par un autre cylindre qu'après le concours de 1825 m'envoya de Smyrne feu le baron Auguste de Nerciat. Sur ce petit monument, qui avec toute ma collection est passé au cabinet des médailles et antiques de la Bibliothèque impériale, ce n'est plus la lutte du myste avec l'autruche qu'on a voulu représenter, c'est l'initié revêtu du costume propre au grade d'autruche qu'il a obtenu après avoir vaincu et dompté un oiseau de cette espèce[1]. Le croissant gravé dans le haut du cylindre nous avertit que, dans son mouvement ascendant, l'âme du vainqueur ne s'est pas encore élevée au-dessus des régions sublunaires, c'est-à-dire au-dessus de la région terrestre et de la région aérienne.

Depuis les trois cylindres dont je viens de parler, quelques monuments successivement découverts dans l'Asie occidentale m'ont apporté de nouvelles preuves en faveur d'un second grade aérien caractérisé par le symbole de l'autruche. Dans l'ignorance où j'étais et où je suis encore du nom que lui avaient donné les instituteurs des mystères, j'ai procédé comme je l'avais fait pour le grade de vautour : je l'ai appelé *grade d'autruche*, du nom de l'oiseau qui en est le symbole, imitant en cela l'exemple que me fournissaient les dénominations consacrées de grade de lion, grade de corbeau, grade de griffon, grade d'aigle, grade d'épervier.

Ainsi que je l'ai fait pour les quatre grades dont nous avons eu à nous occuper dans les chapitres précédents, je vais décrire en détail tous les monuments figurés que je me crois autorisé à rapporter au grade d'autruche, en y comprenant les trois cylindres dont j'ai invoqué succinctement le témoignage pour justifier la restitution de ce grade.

Cylindre n° 8, pl. LXI.

Un initié, debout et tourné à droite, vêtu d'un riche costume assyrien, tient de la main gauche une autruche de grande taille qu'il a combattue et domptée. Sa main droite est armée d'une espèce de faucille, qui est une altération de la forme primitive de l'oreille de cuivre de Mithra. Quatre ailes, deux abaissées ou tombantes et deux ascendantes, sont attachées à ses épaules. Les bras, les jambes et les pieds sont nus. Le combat a été livré en présence

[1] Voyez pl. LXII, n° 6.

d'une prêtresse, qui se tient debout devant le groupe de l'initié et de l'autruche, et semble, par son geste expressif, adresser au vainqueur quelque recommandation. Ce cylindre, dont le travail est fin, a été acquis par le cabinet des médailles et antiques de la Bibliothèque impériale de Paris, à la vente des collections d'objets d'art de feu M. Magnan de La Roquette. La matière est une calcédoine saphirine.

Cylindre n° 9, même planche.

Un initié debout, tourné à gauche, vêtu d'un riche costume assyrien presque semblable à celui que porte l'initié sur le cylindre précédent, tient de chaque main, par le cou, une autruche de taille très-élevée. A ses épaules sont attachées deux paires d'ailes, l'une descendante, l'autre ascendante. Le bas de ses reins est ceint d'un *kosti*, dont les longs bouts, terminés par des glands, tombent à droite et à gauche de sa jambe droite. Aucun prêtre, aucun serviteur, aucun personnage n'est présent à cette scène d'initiation. Elle est accompagnée d'une longue inscription en caractères cunéiformes du système assyrien, qui n'a pas été lue et qu'il serait intéressant de lire. Elle se compose de sept lignes tracées horizontalement et contenant sans doute autre chose que les noms, prénoms et qualifications de l'initié. Trois lignes sont inscrites dans un cartouche d'une forme particulière, trois autres dans un cartouche carré divisé en quatre lignes, dont une est restée en blanc. Une septième ligne, plus courte que les six autres, est gravée dans l'espace étroit que laissent entre eux les deux cartouches. Ce beau cylindre, si remarquable à la fois par le sujet, par le travail et par sa légende, a souvent été reproduit depuis la publication de M. le docteur Dorow, toujours plus ou moins inexactement, et sans jamais être accompagné d'une interprétation admissible. Le premier éditeur [1], M. le professeur G. C. Braun, de Mayence, consulté par lui [2], M. le professeur Frédéric Creuzer [3], M. Sandberger, de Wiesbaden [4], feu M. Grotefend [5] et mon savant confrère, M. Guigniaut [6], marchant sur leurs traces, je le dis à regret, ont commis l'erreur de prendre pour un être divin ou surhumain le personnage ailé qui dompte ici deux autruches, et pour Ahriman ou pour deux de ses dews ces deux oiseaux. M. Grotefend, trompé par une fausse

[1] *Morgenländ. Alterthümer,* I, p. 6 et suiv. pl. I et II.
[2] *Ibid.* 1, Beilage, p. 15-17.
[3] *Ibid.* p. 20.
[4] *Ibid.* p. 21, 22.
[5] *Morgenländ. Alterthümer,* p. 23.
[6] *Religion des peuples de l'antiquité,* dans les notes sur le livre II de la *Symbol.* de M. Fréd. Creuzer, p. 724, 725.

interprétation de la légende en caractères cunéiformes gravée sur le cylindre, désigne même la figure ailée sous le nom de l'*ized Sérosch*, et M. Guigniaut adopte cette désignation. MM. Dorow, Grotefend et Guigniaut, croient reconnaître ici l'ized Sérosch combattant un des dews d'Ahriman métamorphosé en autruche. M. Dorow[1] hésite entre Ormuzd, Mithra, Sérosch ou un roi déifié; à cette occasion[2], il commet une seconde erreur lorsque, à l'exemple de Heeren[3] et de Sir Robert Ker Porter[4], il affirme que, sur aucun des monuments asiatiques connus des archéologues, les féroüers, les rois ni les prêtres ne sont représentés avec quatre ailes attachées aux épaules. Le bas-relief de Morghab et plusieurs cylindres publiés, comme ce bas-relief, avant l'année 1820, se trouvent en contradiction manifeste avec une telle assertion. D'autres cylindres et un grand nombre de bas-reliefs découverts depuis, soit en Perse, soit à Khorsabad, soit à Nemrôd, ne la contredisent pas moins formellement. M. le chevalier Grifi[5] et feu M. Micali[6], partageant l'erreur de leurs devanciers, considèrent l'autruche, sur le cylindre de M. Dorow, comme l'emblème d'Ahriman lui-même ou d'un de ses dews, et, par conséquent, le vainqueur de cet oiseau symbolique comme l'image d'un bon génie. Enfin M. Raoul Rochette[7], bien que plus familiarisé qu'aucun de ces savants avec l'étude des monuments figurés asiatiques, s'égare, à son tour, en voulant retrouver sous les traits du personnage ailé de notre cylindre l'*Hercule assyrien* qu'il se croit autorisé à reconnaître sur tous les cylindres qui offrent des scènes de combats mystiques. Forcé cependant de convenir que la légende d'aucun des Hercule dont nous parlent les anciens ne fait intervenir dans les travaux imposés à ce personnage ou à ce dieu l'autruche, pas plus que le griffon, il suppose gratuitement, il faut bien le dire, que ces animaux, dans les combats mystiques dont il s'agit, remplacent le lion.

Je n'ajouterai pas aux deux cylindres que je viens de décrire un cône sur

---

[1] Dorow's *Morgenländ. Alterthümer*, 1, Beilage, p. 18. — Ici M. Heeren déclare que les quatre ailes attachées aux épaules de la figure qui, sur le cylindre de M. Dorow, combat victorieusement deux autruches, ne l'empêchent pas de voir dans cette figure l'image d'un roi de Perse déifié, mais l'autorisent à le considérer comme l'ouvrage d'un artiste babylonien ou égyptien, et non d'un artiste perse.

[2] Recueil cité, 1, p. 6.

[3] *De la politique et du commerce des peuples de l'antiquité*, t. 1, p. 294, trad. franç.

[4] Voyez *Travels in Georgia, Persia, etc.* t. 1. p. 492, pl. XIII.

[5] *Monum. di Cere antica*, p. 30.

[6] *Monum. inediti*, p. 14, note 2; Firenze, 1844.

[7] *Mémoires de l'Acad. des inscriptions*, t. XVII, 2ᵉ partie, p. 130-132.

lequel feu M. Micali [1] a cru reconnaître une autruche. Ce petit monument, publié par Sir Robert Ker Porter [2], me semble, comme un autre cône inédit dont je reproduis le dessin sous les numéros 23 et 23ᵃ de ma planche XLVI (Atlas), représenter le sacrifice d'un oiseau aquatique, probablement une oie. Nous avons, sur un cylindre publié par Caylus [3], un troisième exemple du sacrifice ou du moins de l'offrande d'un oiseau de cette espèce.

Cylindre nº 11, pl. LIV, *B*.

Un initié, le genou gauche en terre, le corps ceint d'un large *kosti*, et armé d'un arc et d'un glaive, décoche une flèche à une autruche qui fond sur lui à tire-d'aile. Au-dessus de l'oiseau est gravé le croissant de la lune, pour nous avertir que le grade d'autruche, comme les précédents, appartient au monde sublunaire. Nous allons retrouver ce même signe, avec la même signification, sur trois cylindres, qui représentent non le combat du myste avec l'autruche, mais l'initié, après la victoire, revêtu du costume propre au grade qu'il vient d'obtenir. Mais nous avons, de plus, sur le cylindre que je décris, un *ctéis*, gravé entre l'autruche et l'initié. Un tel emblème nous indique assez clairement qu'à ce grade l'âme est encore retenue dans les liens de la matière; le style et le travail de ce cylindre accusent une époque de complète décadence.

Cylindre nº 6, pl. LXII.

Deux personnages barbus et placés en regard l'un de l'autre se présentent sous une forme ou dans un costume qui ne nous permet pas de douter que nous n'ayons sous les yeux deux initiés qui, après leur victoire sur l'autruche, ont obtenu le grade auquel j'ai donné le nom de cet oiseau et viennent de revêtir la forme ou le costume propre à ce grade. Nous voyons ici, en effet, deux têtes humaines implantées chacune sur un corps et des jambes d'autruche. Un grand croissant est gravé au-dessus de ces deux figures. Le cylindre, dont la matière est une sardoine, appartient actuellement à la collection de la Bibliothèque impériale. C'est celui que j'ai dit avoir reçu de Smyrne à une époque où le costume affecté au grade d'autruche m'était inconnu. J'en ai depuis rencontré d'autres exemples sur les petits monuments asiatiques que je vais décrire. J'en ai trouvé un aussi sur un cône dont la base porte, gravée en creux, au-dessous du croissant de la lune, une figure que jusqu'alors je

---

[1] *Monum. inediti*, p. 14; Firenze, 1844. — [2] *Travels, etc.* t. I, pl. LXXX, nº 2. — [3] *Recueil d'antiquités.*

n'avais pas su reconnaître pour un initié du grade d'autruche. Ce cône, qui fait partie de la première collection de feu M. Rich, a été publié dans les *Mines de l'Orient*[1]. Le costume sous lequel s'y montre l'initié autruche offre la plus grande analogie avec le costume des deux initiés du même grade figurés sur le cylindre dont je viens de parler.

Cylindre n° 11, pl. XXVIII.

Deux initiés barbus et vêtus du costume d'autruche se tiennent debout et en regard l'un de l'autre auprès d'un pyrée de forme conique, posé entre eux sur le sol. Le croissant de la lune domine ce groupe.

Cylindre n° 2, pl. LIV, *B*.

Même sujet, même disposition, mais pas de croissant, et le corps d'autruche terminé par une queue de scorpion, emblème de génération[2], que nous avons précédemment remarqué au bout de la queue d'un lion, sur un bas-relief de Persépolis[3].

Cylindre n° 2, pl. XLIX.

Au-dessous d'un *mihr* très-bien caractérisé, deux initiés du grade d'autruche, remarquables par leur longue barbe, non frisée et non étagée, sont placés en regard l'un de l'autre et debout auprès d'un vase à parfums surmonté de son couvercle et porté sur un pied conique. Leur costume diffère peu de celui que nous montrent les initiés autruches sur les trois cylindres précédents, et particulièrement sur le cylindre n° 2 de la planche LIV, *B;* car leur corps d'autruche est terminé, comme là, par une queue de scorpion. Seulement la corne du taureau qui orne la tiare de toutes ces figures, au lieu d'être ajustée perpendiculairement par derrière et de faire saillie au sommet de la coiffure, est placée ici horizontalement et de côté sur la tiare, et, de plus, une bandelette flotte attachée par derrière à cette tiare. Mais ce qu'il importe surtout de remarquer sur notre cylindre, c'est la présence du *mihr*, symbole de deux divinités qui, l'une chez les Assyriens et les Phéniciens,

---

[1] T. IV, 2ᵉ partie, planche pour la page 156, n° 31.

[2] Cette queue de scorpion, qui remplace la queue naturelle de l'autruche, et le *ctéis* placé entre une autruche et son vainqueur, sur le cylindre n° 11 de ma planche LIV, *B*, nous indiquent suffisamment que cet oiseau était considéré comme un animal impur. Aussi pouvons-nous croire qu'à l'exemple des Hébreux les initiés s'abstenaient de manger de la chair d'autruche. Cette abstinence s'est perpétuée chez les mahométans et particulièrement chez les Arabes, bien que ceux-ci se livrent souvent au plaisir de chasser l'autruche dans leurs déserts. C'est ainsi que les Persans chassent avec ardeur plusieurs espèces d'animaux dont ils ne mangent jamais, nommément le sanglier et le marcassin.

[3] Atlas, pl. XX et XXI.

l'autre chez les Perses, présidaient aux mystères. Par là nous acquérons une preuve irrécusable de l'institution d'un grade d'autruche dans ces mystères; par là je me trouve complétement justifié d'avoir restitué ce grade, avant même que cette preuve fût venue à ma connaissance.

Je ne sais si, aux quatre derniers cylindres que je viens de placer sous les yeux du lecteur, il convient d'ajouter un cône du Musée britannique dont la base nous offre, gravée en creux, une figure que reproduit le numéro 15 de ma planche XLVI (Atlas). C'est une femme à corps et jambes d'oiseau, qui porte sur la tête une couronne à pointes et qui décoche une flèche. Le corps est trop allongé et les pattes sont trop courtes pour qu'on n'hésite pas à reconnaître sous ce costume ou cette forme une initiée parvenue au grade d'autruche. On se sentirait peut-être plus disposé à prendre ce personnage moitié femme, moitié oiseau, pour une initiée reçue au grade de corbeau; mais nous verrons plus loin que cette supposition n'est pas admissible; les initiés revêtus du costume du grade de corbeau sont invariablement représentés avec une tête d'oiseau implantée sur un corps humain, comme les initiés revêtus du costume propre au grade de vautour. Pourquoi ce double usage, et pourquoi les initiés du grade d'autruche portent-ils un costume où nous voyons constamment une tête humaine implantée sur un corps d'oiseau? Je confesse humblement l'impossibilité où je suis de résoudre ces deux questions.

L'usage dont je parle, quant au grade d'autruche, n'est pas seulement attesté par les petits monuments que j'ai décrits plus haut. Nous le trouvons attesté aussi par les sculptures des palais assyriens découverts à Nemrôd. Mais là, comme on en peut juger par le dessin que je donne ici, d'après M. Layard [1], sous le numéro 10 de ma planche LIV, C, il a subi quelques modifications; au lieu d'une simple tête humaine implantée sur un corps et des jambes d'autruche, nous voyons la moitié supérieure d'un corps humain terminée par des jambes et des cuisses d'autruche, marquées de raies transversales, comme le corps d'autruche des initiés figurés sur les deux cylindres et le cône cités plus haut [2]. Remarquons aussi qu'à Nemrôd la forme générale de l'initié autruche est bien loin de rappeler les caractères propres à cet oiseau, comme les rappellent, d'une manière si expressive, les petits monuments que j'ai décrits. Les jambes, comme celles des deux autruches du groupe n° 1 de la planche XLVII

---

[1] *Monum. of Nineveh*, pl. 44, n° 2. Broderie ou peinture tirée du costume d'un roi d'Assyrie représenté, à Nemrôd, sur un bas-relief qui occupait la place marquée n° 6, chambre *G*, plan 3, pl. C.

[2] *Atlas*, pl. LXII, n° 6; pl. XXVIII, n° 11. — *Mines de l'Orient*, loc. cit.

de M. Layard, sont même terminées par des serres d'oiseau de proie ou par
des griffes de lion. Mais ici, de même que sur les petits monuments, on a
donné à la queue une forme empruntée au scorpion. Deux ailes sont attachées aux épaules, l'une tombante, l'autre ascendante, ce qui me porterait à
croire que si la figure était représentée de face et non de profil, comme elle
l'est, nous lui verrions quatre ailes. La tiare arrondie qui forme sa coiffure
est ornée, sur le côté, d'une corne de taureau. Le torse est vêtu d'une tunique
collante à manches très-courtes. Dans la main droite est placée une pomme de
pin; à la main gauche est suspendu un petit seau, comme on le voit sur les
bas-reliefs de Khorsabad et de Nemrôd qui représentent des figures que j'ai
rapportées au grade de vautour. De même que sur ces bas-reliefs, l'initié autruche, à l'exemple de l'initié vautour, fait, sous ces deux symboles, l'offrande
du feu et de l'eau, placé auprès du hôm et en regard d'un autre initié au
truche, qui accomplit le même acte et qui lui est tout à fait semblable par
ses traits, par sa barbe touffue et par son costume ou ses formes. Le petit tableau qui nous offre cette scène méritait d'autant plus une mention particulière qu'il est brodé ou peint sur le costume d'un roi d'Assyrie[1].

Déjà, sur les bas-reliefs de Nemrôd et de Khorsabad, le costume des rois,
le costume des officiers de la couronne et celui des eunuques ou prêtres châ-
trés qui entourent le trône, nous ont offert divers symboles, divers sujets appartenant à l'institution des mystères. La stole d'un de ces prêtres va nous
fournir un sujet nouveau qui rentre dans cette catégorie et se rattache au
grade d'autruche, mais moins directement que le groupe dont je viens de
parler. Cet eunuque est un des trois personnages placés derrière le trône du roi
d'Assyrie, dans un des beaux bas-reliefs de Nemrôd publiés par M. Layard[2], au
retour de son premier voyage. Il est vêtu d'une stole à manches courtes, ornée
de broderies où l'on remarque un groupe répété plusieurs fois[3], que l'on ne
retrouve pas ailleurs. M. Layard l'a dessiné séparément et fait graver sous le

---

[1] Layard's *Monum. of Nineveh*, *Descript. of the Plates*, p. 10, pl. XLIV, nᵒˢ 2 et 3. L'auteur (*ibid.* p. 2, pl. V) penche à croire que les sujets et les ornements qui enrichissent le costume des princi-paux personnages représentés sur les bas-reliefs de Nemrôd sont brodés et non peints. Personne n'ignore combien l'art de broder à l'aiguille était répandu à Babylone et de quelle réputation jouis-saient les ouvrages de broderie que les Assyriens

ou les Phéniciens vendaient aux peuples étrangers.

[2] *Monum. of Nineveh*, pl. V. Le bas-relief que j'indique ici occupait, dans les ruines du palais nord-ouest, la place marquée nᵒˢ 2, 3 et 4, chambre *G*, sur le plan 3 de la planche C de cet ouvrage.

[3] Au bord des manches courtes de la stole, au-dessous de la ceinture, et enfin au-dessus de la frange qui orne le bas de la stole.

numéro 1 de sa planche XLVII. Ce groupe représente deux autruches battant
des ailes et placées, en regard l'une de l'autre, auprès du hôm, dont la forme
ici nous rappelle l'offrande de pomme de pin et d'eau faite devant cet arbre
sacré, dans d'autres scènes tirées de Khorsabad et de Nemrôd, tantôt par deux
initiés vautours, tantôt par deux initiés autruches. En effet, le hôm que nous
avons sous les yeux est composé de tiges terminées chacune par une pomme
de pin, et ces tiges sortent d'une touffe de feuilles, symboles du principe humide. De plus, derrière chaque autruche est placée une pomme de pin colossale. Ce sujet, qui se rapporte évidemment au grade d'autruche, se trouve
déjà représenté, mais avec quelques variantes, d'ailleurs peu importantes, sous
le numéro 5 de la planche XLIII de M. Layard. Le voyageur anglais nous dit[1]
que ce groupe et deux autres, composés, l'un, de deux taureaux ailés, l'autre,
de deux chèvres agenouillées, ornent la robe d'un même personnage dans le
bas-relief de sa planche V. Mais là, on ne découvre sur la robe d'aucune figure
ces trois groupes ainsi réunis. On ne trouve même, je le répète, des groupes
d'autruches que sur la tunique du second prêtre eunuque placé derrière le
trône du roi, dans le bas-relief cité ; ils n'y sont accompagnés d'aucun autre
groupe d'animaux, et je suis porté à croire que le groupe d'autruches coté n° 5,
pl. XLIII, dans l'ouvrage de M. Layard, est précisément celui que la planche V
nous montre brodé sur la tunique de ce deuxième eunuque. En tout cas, nous
pouvons être certains qu'il orne la robe d'un des autres personnages figurés
sur le même bas-relief, car M. Layard m'a fait l'honneur de m'écrire[2] qu'à
Nemrôd l'autruche n'est figurée que sur un seul bas-relief.

Si les ruines du palais assyrien de Khorsabad et de Persépolis ne fournissent aucune sculpture où l'on puisse reconnaître les cérémonies de l'initiation
au grade d'autruche, il ne faut pas s'en étonner. A Khorsabad, il ne reste que
quelques vestiges de l'édifice particulier, marqué sur le plan de MM. Botta et
Flandin, qui devait être décoré de sculptures analogues à celles qui, dans les
palais de Nemrôd et de Persépolis, surtout, représentent des sujets relatifs à
plusieurs grades des mystères. A Persépolis, comme à Nemrôd, la série de ces
sujets est bien loin même d'être complète. Dans ces deux localités, elle est fréquemment interrompue par les dégradations à jamais déplorables qu'ont subies les bas-reliefs qui ornaient, soit les murs extérieurs des palais des rois,
soit les salles intérieures.

---

[1] Voyez ouvrage cité, *Descript. of the Plates*, p. 10. — [2] Le 9 juin 1848.

Mais si nous ne pouvons demander aux ruines des édifices royaux ou religieux de la Perse et de l'Assyrie d'autre témoignage, en faveur du grade dont
nous nous occupons, que les groupes d'autruches brodés sur la stole d'un des
prêtres eunuques qui, à Nemrôd, entourent le trône du roi, une belle coupe
d'argent doré, de travail assyrien ou phénicien, inédite et trouvée dans l'île
de Chypre, nous apporte un témoignage direct, qui prend place à côté de
ceux que déjà nous ont fournis les cylindres asiatiques cités plus haut. Je
parlerai de cette coupe, avec tous les détails convenables, dans le chapitre
particulier de l'initiation des rois aux mystères. On y voit plusieurs figures,
plusieurs groupes, plusieurs combats mystiques, où l'on distingue tantôt des
hommes, tantôt des femmes, et qui se rapportent, les uns au grade de lion,
les autres au grade d'autruche et à celui de griffon. Le second de ces trois
grades est formellement indiqué deux fois, sur la bande la plus éloignée du
médaillon central, par une figure mâle, barbue et trapue, qui, vêtue d'une
peau de lion, à la manière de l'Hercule des monuments grecs ou romains,
comme lui aussi, porte sur une épaule le lion, trophée de sa victoire. Mais
ce qui ne se voit dans aucune représentation figurée de l'Hercule des Grecs ou
des Latins, chacune de ces deux figures tient de la main gauche, par le cou,
de même que les initiés représentés sur les cylindres assyriens n°s 8 et 9 de
ma planche LXI (Atlas), ci-dessus décrits, une autruche qu'elle a vaincue et
domptée. C'est là un nouvel exemple de l'usage asiatique de figurer les initiés
en supprimant l'indication d'un ou de deux grades intermédiaires, dans les
figures ou les scènes destinées à perpétuer le souvenir de l'initiation d'un personnage quelconque à plusieurs grades. Ici, on le voit, le dessinateur n'a nullement indiqué le grade de vautour, que le myste avait nécessairement dû
obtenir avant d'être reçu à celui d'autruche.

La différence si notable qui existe entre les mœurs du vautour et les mœurs
de l'autruche nous donne à comprendre que, bien que ces deux oiseaux fussent les représentants de la région aérienne, le myste recevait, pendant son
initiation au grade d'autruche, un enseignement qui, comparé à celui qu'il
avait reçu pendant son initiation au grade de vautour, et dont il était la suite,
devait présenter une différence notable aussi. Quels étaient les points de vue
nouveaux qu'offraient les leçons du prêtre initiateur? Il me serait impossible
de les préciser. Les renseignements et le don de divination me font défaut.
Seulement, je me permettrai de conjecturer que l'obligation d'être équitable
envers le prochain était le thème d'une des recommandations faites au myste

qui aspirait à passer du grade de vautour à celui d'autruche. Cette conjecture m'est suggérée par un passage de saint Justin [1], qui nous apprend que, dans les sanctuaires de Mithra, on adressait aux initiés un discours sur la justice. Si l'écrivain chrétien ne nous dit pas à quelle phase des initiations les sectateurs de Mithra entendaient ce discours, nous ne pouvons oublier le passage d'Horapollon et les observations des égyptologues modernes, qui témoignent que, chez les Égyptiens, l'autruche était un symbole de justice. Il est infiniment probable que, chez les Assyriens, les Phéniciens, les Arabes et les Perses, l'autruche avait la même signification symbolique. Or nous savons déjà que, dans les mystères asiatiques, le symbole affecté à chaque grade marque une des qualités intellectuelles et morales que doit acquérir le myste pendant le mouvement ascendant de son âme. Remarquons de plus combien la notion que nous fournit saint Justin est en harmonie avec les préceptes du *Zend-Avesta*. Dans ce code religieux, la justice envers le prochain est une des vertus dont la pratique constante est expressément recommandée aux mazdéïesnans. Mithra, qui toujours leur est proposé pour modèle, est qualifié *juste juge*, comme Ormuzd. Le lieu de la prière s'appelle *dâd-gah* [2], c'est-à-dire le *lieu de justice;* et Ormuzd, parlant à Zoroastre, lui dit : « Que celui qui est pur, « qui est juste, se rende digne du Behest (le séjour céleste) en augmentant « sa justice [3]. »

Ces diverses remarques me conduisent tout naturellement à parler ici d'une pierre gravée gnostique du musée de Florence, qui, sans appartenir à la série des monuments consacrés aux mystères, s'y rattache indirectement par le rôle remarquable qu'y joue l'autruche. Elle représente, debout et vue de face, une figure qui, passant de la vie à la mort, est placée sur le dos d'une autruche marchant de droite à gauche, c'est-à-dire de l'Orient à l'Occident. M. Matter, qui a publié cette intaille dans un intéressant opuscule intitulé, *Excursion gnostique en Italie* [4], la décrit en ces termes : « Le numéro 1 de la planche II « représente un personnage moitié homme, moitié momie [5], moitié vivant, « c'est-à-dire cheminant dans les régions célestes, entre le soleil et la lune, « allant d'abord au jugement, transporté sur l'autruche, dont le plumage est

<hr>

[1] *Adv. Triphon.* § 70, p. 168, *C*, édit. Paris, 1752.

[2] *Zend-Avesta,* t. II, p. 568.

[3] *Zend-Avesta (Vendidad),* t. I, 2ᵉ partie, p. 258.

[4] Strasbourg et Paris, 1852, 40 pages in-8° avec 12 planches lithographiées.

[5] Personne n'ignore que, sur les monuments gnostiques, une momie représente l'idée de la mort.

« le symbole de la justice et de la droiture qui présideront à l'appréciation de
« ses œuvres. » L'auteur cite, à l'appui du sens qu'il donne au plumage de
l'autruche, Son Éminence Monseigneur le cardinal Maï et feu Champollion le
jeune. Il aurait pu invoquer directement le témoignage d'Horapollon; et s'il
avait connu le cylindre aux deux autruches publié par feu le docteur Dorow,
et le sens mystique de la scène que représente ce petit monument, il ne m'aurait pas, en décrivant la pierre gravée gnostique du musée de Florence, laissé
le soin de la rapprocher des monuments figurés asiatiques, qui attestent non-
seulement l'institution d'un grade d'autruche dans les mystères, mais aussi la
métamorphose de l'initié en un être moitié homme, moitié autruche, métamorphose ou plutôt métempsycose qui marque le mouvement ascendant de
l'âme du myste vers la région de la lune et du soleil. Le rapprochement que je
fais nous montre que si, dans les mystères, l'autruche était considérée comme
un des symboles de la nouvelle vie où entre le myste, et, par conséquent,
comme un emblème susceptible d'une acception funéraire, de même que tous
les autres animaux symboliques qui donnent leur nom à un des grades, c'est
aussi avec ce double sens, que nous trouvons l'autruche employée sur un petit
monument qui appartient indubitablement à l'une de ces sectes gnostiques
dont les croyances avaient, en grande partie, été empruntées aux doctrines et
aux usages des Chaldéens d'Assyrie, plus ou moins altérés par les Assyriens,
les Phéniciens, les Arabes et les Égyptiens.

Ici se place tout naturellement une observation que j'emprunte à Sonnini :
« Les Orientaux, dit-il [1], parlent très-souvent du cri de l'autruche, dont les
« Grecs ne font aucune mention; les écrivains sacrés le comparent à un gé-
« missement, et le nom de *iœnath*, qu'ils donnent à l'oiseau, est formé d'*ianath*,
« qui, en hébreu, signifie le cri plaintif et entrecoupé que les Latins nommaient
« *ululatus*, et que les femmes d'Égypte ont conservé lorsqu'elles suivent un
« convoi funèbre. »

[1] *Dictionnaire des sciences naturelles*, t. I, au mot *Autruche*, p. 435.

CHAPITRE IX.

SIXIÈME GRADE. —— GRADE DE CORAX OU CORBEAU.

(Troisième grade aérien.)

Si, dans les deux chapitres qui précèdent, j'ai eu à restituer le grade de vautour et le grade d'autruche, ma tâche ici devient beaucoup moins difficile à remplir. L'institution d'un grade de corbeau dans les mystères de Mithra nous est attestée tout à la fois par le rôle qu'assignent à cet oiseau les livres sacrés des Perses, par le témoignage des monuments figurés asiatiques et par le témoignage aussi des écrivains grecs ou latins, et enfin par les inscriptions lapidaires et les bas-reliefs que les Romains consacrèrent à Mithra.

Déjà, en exposant les diverses considérations qui me paraissent avoir servi de base à l'institution des trois grades aériens, j'ai rapporté le passage de l'*iescht* de Mithra où il est fait mention des « quatre oiseaux célestes dont ce « dieu a parlé à Zoroastre, » et j'ai fait remarquer que, dans le *Yaçna*[1], Zoroastre dit formellement que l'*éorosch*, c'est-à-dire le *corbeau*, est un des quatre oiseaux célestes, ou le quatrième des oiseaux célestes. A cette occasion, j'ai ajouté que cette dernière variante, proposée par Anquetil, doit s'entendre du rang assigné au corbeau selon un ordre ascendant, et je n'ai pas omis de dire que cet oiseau est le premier de ceux qui sont nommés dans l'*iescht* de Mithra. Je dois maintenant transcrire ici tous les passages du *Zend-Avesta* qui ont trait au corbeau et que je n'ai pas encore cités textuellement.

Le premier est tiré du *Yaçna*[2]; il va nous prouver que le corbeau était non-seulement un des symboles de Mithra, comme roi de la terre, mais aussi, et pour cette raison même, le symbole de l'ized Sérosch, un des trois assesseurs (hamkars) de Mithra et sa manifestation comme roi de la terre : « Je fais « izeschné à Sérosch pur, saint, victorieux, qui donne l'abondance au monde, « (et qui est) saint, pur et grand; (à Sérosch), à qui appartient (l'un) des

---

[1] *Zend-Avesta*, t. I, 2ᵉ partie, p. 229. —— [2] *Ibid.* t. I, 2ᵉ partie, p. 229, 230.

« quatre oiseaux célestes, l'éorosch [1], éclatant de lumière, qui voit de loin,
« excellent, intelligent, pur, parlant la langue du ciel, vivant, dont les pieds
« ont été créés d'or, plus prompt que le cheval, plus prompt que le vent, plus
« prompt que la pluie, plus prompt que la nue, plus prompt que l'excellent
« chef (établi) sur les oiseaux, plus prompt que celui qui ne fait que le bien,
« ce céleste qui va partout, (Behram. L'éorosch) vole en avant, il ne recule
« pas ; ils s'avancent tous deux avec grandeur pour frapper (le dew), lui (Beh-
« ram) et le pur, le saint Sérosch : c'est lui qui enlève la grande force des In-
« diens ; il frappe le méchant. »

Voici le second passage : « Je fais izeschné à Mithra..... est-il dit dans
« l'iescht de ce dieu [2], (à Mithra) grand, éclatant de lumière, qui exécute la
« parole céleste depuis le keschvar Khounnerets-Bâmi jusqu'au ciel élevé ; qui
« du ciel éclatant, donné d'Ormuzd, (marche) en vainqueur donné d'Ormuzd ;
« qui anéantit la parole de l'être (caché) dans le crime [3], qui est pur et grand,
« qui, chef, (montre) lui-même le chemin de la loi des mazdéïesnans, comme
« cet oiseau céleste l'éorosch [4], éclatant de lumière, qui voit de loin, excellent,
« intelligent, pur, parlant la langue du ciel, vivant, qui, production céleste,
« parle purement. Après que cet (oiseau) a parlé, tous les dews cachés (dans
« le crime) sont dans la crainte avec le darvand Vérin [5], dans le lieu où Or-
« muzd fait arriver sa forte voix..... » Plus loin [6], la prière à Mithra commence par ces mots : « Je fais izeschné à Mithra..... qui (comme) l'oiseau
« nommé éorosch, parle avec force et vient du ciel, pur, d'or, pour protéger
« toute la terre, lorsque l'homme pur porte le Zour en l'honneur de Mi-
« thra..... »

Dans l'iescht des féroüers [7] nous lisons ces paroles remarquables : « Je fais
« izeschné à tous les féroüers qui sont dès le commencement..... à l'âme de

---

[1] C'est ici qu'Anquetil, dans une note 3, au bas de la page 229, dit : « *Tchethvârô ôroüéântô* *éorosché*, ou, *le quatrième oiseau, l'éorosch* (le corbeau céleste). Les autres oiseaux célestes sont nommés dans l'*iescht* de Mithra. »

[2] *Zend-Avesta*, xvii° cardé, t. II, p. 216.

[3] Ahriman.

[4] Ici Anquetil dit, dans une note 3, au bas de la page 216 : « Le corbeau céleste, ci-dessus, t. I, 2° partie, p. 229, note 3. »

[5] C'est l'incarnation du dew Vérin qui, le premier, blessa mortellement le taureau premier

(*Zend-Avesta*, t. II, p. 354) donné pur et lumineux par Ormuzd, le taureau premier symbole de vie. Aussi est-il dit, dans le *Zend-Avesta* (t. II, p. 149), que ce dew cherche à diminuer ce qui a vie ; et c'est probablement la raison pour laquelle son nom, *Vérin*, signifie en zend « celui « qui anéantit » ou « l'ennemi de la pluie (l'eau « ou le principe humide). » (Voyez *Zend-Avesta*, t. I, 2° partie, p. 366, note 6.)

[6] xxxii° cardé, t. II, p. 230.

[7] *Zend-Avesta*, t. II, xxii° cardé, p. 262.

«la parole excellente, qui a le corps de l'éorosch [1], éclatant de lumière, qui
«voit de loin.....»

Zoroastre, dans l'iescht de Behram [2], demande à Ormuzd «quel est celui
«qui, élevé, brise d'en haut entièrement les hommes qui font du mal, qui
«les blesse et s'applique à donner la santé?» Ormuzd répond : «C'est l'oiseau
«qui vole en avant, qui vole comme il faut autour de ceux qui l'aiment, ô
«sapetman Zoroastre. Le corps (de cet oiseau) est tout couvert de plumes;
«il veille bien avec ses ailes, et élève la voix. Si l'homme enlève à cet oiseau
«les os ou les ailes, il ne naîtra pas d'homme brillant, on ne verra pas courir
«l'abondance. — Qu'on le prie, cet oiseau, et il répandra beaucoup de lu-
«mière devant et derrière, lui qui est le chef des oiseaux instruits par Or-
«muzd; le sanglier ne frappera pas avec violence; il ne frappera pas souvent
«et avec empire, lui qui blesse la première fois.» Anquetil [3] pense qu'il est
ici question de l'*éorosch*, le corbeau céleste. Je suis porté à partager son opinion sur ce point, car je remarque que la qualification de «chef des oiseaux
«instruits par Ormuzd» convient parfaitement au corbeau, le premier des
quatre oiseaux célestes dont Mithra a parlé à Zoroastre [4]; et, d'autre part, la
faculté attribuée au corbeau de «répandre beaucoup de lumière devant et
«derrière» ne convient pas moins à un oiseau que l'antiquité donne pour
compagnon fidèle à deux divinités solaires, Mithra et Apollon, qui semblent
avoir une origine commune.

Remarquons, avant d'aller plus loin, que de siècle en siècle s'est transmise
jusqu'à nous la croyance populaire qui autorisait Zoroastre ou ses maîtres,
les Chaldéens, à caractériser le corbeau par le privilége de faire jaillir de
son corps des rayons de lumière. Buffon, le grand Buffon, bien loin de rejeter
cette croyance, la partage, et cherche à démontrer qu'elle repose sur un fait
causé par un phénomène météorologique. «Les corbeaux, dit-il, ont les ailes
«très-longues, et le vol très-élevé; il n'est pas surprenant qu'on les ait vus,
«dans les temps de nuées et d'orage, traverser les airs ayant le bec chargé
«de feu. Ce feu n'était autre chose, sans doute, que celui des éclairs mêmes,
«je veux dire d'une aigrette lumineuse, formée à la pointe de leur bec par

---

[1] Remarquons cependant que la variante proposée par Anquetil (*Zend-Avesta*, t. II, p. 262,
note 6) : «la parole dont le corps est fort (éoro-
«schô), lumineux, etc.» pourrait bien être la
vraie leçon ; car, en général, c'est l'épervier qui,
dans le *Zend-Avesta*, représente la parole d'Ormuzd.

[2] xiv° cardé, *Zend-Avesta*, t. II, p. 293, 294.

[3] *Zend-Avesta*, t. II, p. 293, note 2.

[4] Ci-dessus, p. 354.

« la matière électrique, qui, comme on sait, remplit la région supérieure de
« l'atmosphère dans ces temps d'orage..... »

Ainsi, chez les anciens, cette épithète, « éclatant de lumière, » et ces paroles, « qu'on le prie, cet oiseau (le corbeau), il répandra beaucoup de lu-
« mière devant et derrière, » n'étaient pas en contradiction, physiquement
parlant, avec la couleur parfaitement noire du plumage et des yeux du corbeau. Théologiquement et cosmogoniquement parlant, la contradiction n'existe
pas davantage, car un des dogmes fondamentaux du système religieux des
Chaldéens d'Assyrie, des Perses et de la plupart des nations païennes de
l'Asie occidentale, était qu'à la création du monde par la parole de Dieu la
lumière et le monde sortirent du sein des ténèbres [1]. De cette croyance, pour
le dire en passant, naquit, en Orient, la coutume de supputer le temps à
partir des heures de la nuit, c'est-à-dire à partir du coucher du soleil. Le
sublime début de la Genèse, si admirablement développé dans l'évangile de
saint Jean [2], nous apprend à quelle source il faut faire remonter la notion de
la séparation de la lumière et des ténèbres, telle que nous la trouvons chez
les Gentils après même la dispersion des peuples. Cette notion doit donc être
ajoutée à la liste de celles qui appartiennent aux premières révélations et qui,
d'âge en âge, se sont transmises et conservées chez toutes les nations.

— Si, poursuivant le rapprochement que je viens de faire entre la *Genèse* et le
Zend-Avesta, nous examinons le rôle du corbeau dans le récit biblique du déluge, ce grand baptême qui régénéra l'espèce humaine, plus d'un trait justifiera
ce rapprochement, en nous montrant l'analogie des idées que l'Écriture sainte,
les Chaldéens d'Assyrie et leur disciple, Zoroastre, attachaient au symbole du
corbeau. Et d'abord remarquons que, dans la Bible, cet oiseau représente les
ténèbres ; la racine ערב, *érèb*, a, en hébreu comme en arabe, le double sens
de *corbeau* et de *nuit* ou de *ténèbres* [3]. Remarquons aussi que le corbeau, le
premier être vivant qui sort de l'arche, lâché par Noé, n'y rentre pas. La

---

[1] On retrouve même des traces évidentes de
cette croyance dans les poëtes musulmans : « Le
« monde, plongé dans la nuit, dit Firdousi (*Livre
« des rois*, t. I, p. 75, trad. fr. de M. Jules Mohl),
« était noir comme l'aile d'un corbeau. »

[2] I, I-II.

[3] Le mot κόραξ, qui, en grec, signifie *corbeau*, se dérive de κορὸν, *noir*. Le corbeau, chez
les Grecs, était donc l'*oiseau noir* par excellence.

Chez les Latins, le mot *corvus* paraît être dérivé
de l'hébreu ערב, *éreb*, que l'on retrouve, dans
la langue grecque, sous la forme ἔρεβος, qui
signifie à la fois noirceur, obscurité, ténèbres, et,
par extension, l'enfer ou la région des ténèbres.
Érèbe est même devenu, sous la plume des poëtes,
un des noms propres de l'enfer. *Rabe,* qui est le
nom allemand du corbeau, paraît aussi venir de
l'hébreu *éreb*.

blanche colombe le suit de près, mais y rentre ; elle a trouvé la terre encore couverte d'eau, enveloppée de ténèbres et inhabitable. Lâchée une seconde fois, après un intervalle de sept jours, la colombe revient, apportant dans son bec un rameau vert d'olivier [1]. Preuve manifeste du retrait des eaux et du retour de la végétation ou d'une nouvelle vie sur notre globe, ce rameau est le gage certain de la réconciliation de Dieu avec la terre, et de la protection divine promise aux générations nouvelles qui naîtront de la famille de Noé. Évidemment, dans le récit de la Genèse, reproduit avec une scrupuleuse fidélité dans les livres sacrés des Chaldéens d'Assyrie [2], le corbeau est l'emblème des ténèbres qui remplissaient l'univers au moment de la création, et la colombe, l'emblème de la lumière qui, à la voix de Dieu, sortit du sein des ténèbres, *fiat lux*. Le corbeau précède et annonce la colombe, de même qu'à la création du monde la nuit ou les ténèbres avaient précédé, et, pour ainsi dire, annoncé la lumière. Sur des monuments chrétiens des premiers siècles [3], nous voyons le corbeau et la colombe : le corbeau n'est pas rentré dans l'arche ; réfugié dans le giron de la nuit ou des ténèbres, il est placé en regard de la colombe posée sur l'arche, un rameau vert dans le bec. Entre ces deux groupes s'élève l'image du Bon-Pasteur, couronné de sept étoiles, l'image de Jésus-Christ, qui vient éclairer le monde d'une lumière nouvelle et accomplir l'œuvre de la rédemption.

L'opposition qu'établissent ainsi entre la colombe et le corbeau le récit de la Bible et les antiquités figurées chrétiennes s'explique par la couleur noire du corbeau, par la double signification, corbeau et ténèbres, attribuée au mot qui, en hébreu et en arabe, sert à désigner cet oiseau, et par la couleur blanche de la colombe. Aussi ce dernier oiseau n'a-t-il pas cessé d'être, pour les chrétiens, un symbole de lumière ; dans le Nouveau Testament, l'Esprit-Saint se manifeste, tantôt sous la forme d'une colombe, tantôt sous la forme de flammes ou de langues de feu. Ajoutons que le corbeau dut, en même temps, être l'emblème du froid, parce qu'il se montre, dans les plaines, aux approches des rigueurs de l'automne et de l'hiver. La colombe, au contraire, par la température élevée de son corps, qui surpasse celle des autres oiseaux, je l'ai déjà dit, représenta tout à la fois l'idée de chaleur et l'idée de lumière.

----

[1] *Genèse*, viii, 6-11.

[2] Eusèbe, *Chronic.*

[3] Voyez les deux lampes chrétiennes que j'ai publiées dans mes *Recherches sur le culte du cyprès, Mémoires de l'Académie*, t. XX, 2ᵉ partie, pl. XX, n° 1; pl. XXI, n° 3.

Dans le système théogonique et cosmogonique des Perses, dérivé de celui des Chaldéens d'Assyrie, le corbeau est aussi le symbole des ténèbres et du froid; la colombe, le symbole de la lumière et de la chaleur. Placé au rang le plus élevé parmi les quatre oiseaux de Mithra, qui ont le plus de rapport avec la terre, le corbeau annonce la parole et la lumière; sa voix met en fuite les dews, les satellites du prince des ténèbres. Il impose son nom à un grade des initiations aux mystères, et ce grade, rangé au-dessus du grade de vautour et de celui d'autruche, marque aussi la partie supérieure de la région de l'air; il nous annonce que, dans son mouvement ascendant, l'âme de l'initié est parvenue à la limite qui sépare de la région solaire, lumineuse, chaude et sèche, la région terrestre, obscure ou ténébreuse, froide et humide[1]. Si l'âme, par de nouveaux efforts, remporte une nouvelle victoire sur la matière, elle franchit cette limite et entre triomphante dans la région de la lumière. L'initié est alors reçu au grade de griffon; je l'expliquerai dans le chapitre suivant; mais dès à présent, je dois dire que le griffon, animal symbolique, garde l'entrée de la région qu'inondent la lumière et la chaleur solaires. Si l'initié ne se montre pas digne d'obtenir le grade de griffon, s'il ne sait pas s'élever au-dessus du grade de corbeau, son âme reste enchaînée aux limites de la région terrestre ou ténébreuse; la porte du soleil ne s'ouvre pas pour lui.

La liturgie des Perses est ici d'accord avec la théorie psychologique qui dut présider à l'institution d'un grade de corbeau. Chez ce peuple, l'oiseau symbolique, au plumage noir, figure dans une fête instituée pour célébrer la fin de la saison des jours courts et du froid, l'hiver, et le retour de la saison des jours longs et de la chaleur, le printemps[2]. La fête tombait dans le mois *Ader*, consacré à l'ized ou au génie du feu, et correspondant, selon l'ancien calendrier des Perses, au mois de mars, c'est-à-dire à l'équinoxe vernal. Le personnage qui, dans cette solennité religieuse, était chargé de représenter le *soleil nouveau*, et, par conséquent, la chaleur et la lumière, paraissait nu et sans barbe, jeune comme le soleil qui ne vieillit jamais et qui est toujours victorieux. Il tenait sur la main un corbeau, l'oiseau précurseur de la chaleur et de la lumière, l'oiseau qui a donné tout à la fois son nom à la constellation dont le lever héliaque, dans la sphère céleste, annonce le solstice d'été, et au

---

[1] Voyez le passage cité de Porphyre (*De antr. nymph.* cap. vi).

[2] Voyez, au mot *Cûsa-ber-nischîn*, le *Ferhen-ghi-Djihanguiri*, cité par Th. Hyde dans son *Historia religionis veterum Persarum*, ch. xix, p. 249, 250; edit. 2ᵉ.

grade des mystères qui marque les limites de la région terrestre ou ténébreuse et de la région solaire ou lumineuse.

D'autre part les monuments romains, composés d'après des types asiatiques, nous montrent le corbeau posé, soit auprès de Mithra, soit auprès d'Apollon[1], sur les rochers qui forment le cintre d'une grotte, emblème ou symbole du monde ou de la terre, ainsi que nous l'apprend l'antiquité[2]. Au-dessus de la grotte, dans les bas-reliefs romains consacrés au dieu des Perses, nous trouvons constamment l'image du soleil et l'image de la lune. De plus le corbeau assiste, avec une attention marquée, au sacrifice que Mithra, placé dans l'intérieur de cette grotte, offre à Ormuzd, juge suprême, sacrifice de rédemption, qui rend aux âmes tombées dans les voies de la génération, c'est-à-dire dans la région de la terre ou des ténèbres, le privilége de remonter dans la région du ciel ou de la lumière. Le corbeau ici, et même sur les monuments qui représentent, sans l'image du soleil et de la lune et sans le sacrifice du taureau, la grotte d'Apollon, marque donc aussi la limite qui sépare de la région de la lumière et de la chaleur la région terrestre, qui, de sa nature, je le répète, est obscure ou ténébreuse et froide. Il se constitue, en même temps, le compagnon fidèle de deux divinités, dont la manifestation est le soleil ou la lumière. Aussi, dans l'antiquité, l'apparition et le cri d'un corbeau volant d'orient en occident étaient-ils considérés comme un augure favorable, comme le signe de la présence ou du secours du dieu sauveur, qui distribue à la terre la lumière, la chaleur et tous les autres bien dus à la nature du soleil et à son action bienfaisante et fécondante.

Un parfait accord règne donc entre le *Zend-Avesta*, les doctrines des mystères de Mithra, les monuments mithriaques romains et la Bible, quant au dogme de la séparation des ténèbres et de la lumière, et quant à l'acception symbolique du corbeau. Cet accord était d'autant plus intéressant à constater, que personne, jusqu'à ce jour, ne me semble l'avoir remarqué, et qu'à mon avis il est une des conséquences immédiates de la conformité qui existe entre le récit biblique du déluge et le récit du même événement, tel que Eusèbe l'avait trouvé dans le livre du Chaldéen Bérose. L'authenticité du fragment extrait de ce livre par le pieux et savant évêque de Pamphilie reçoit ici une confirmation qui ne contribuera pas peu, je l'espère, à lever les doutes que conservent encore, à l'égard de ce document, quelques esprits sceptiques.

---

[1] Voyez *Mémoires de l'Académie des inscriptions*, t. XX, 2ᵉ partie, p. 260-263; pl. XX, n° 5.

[2] Voyez les passages cités plus haut, de Porphyre (d'après Eubule), de Macrobe, etc.

D'autre part, si nous nous rappelons que, chez les Perses et chez les Indiens, le nom de *Mithra* ou *Mitra* avait, entre autres significations, celle d'*ami*, il ne sera pas sans intérêt de rapprocher aussi des passages du *Zend-Avesta* qui font du corbeau (*éorosch*) un des symboles de Mithra et de son assesseur l'ized Sérosch un récit des Védas dont personne, à ma connaissance, ne paraît avoir fait usage dans la question qui nous occupe. Ce récit, placé dans l'*Agni-pourana*[1], nous apprend qu'à une assemblée tenue par les dieux en présence d'Indra (roi du ciel) assistait un corbeau qui, *à cause de ses dispositions amicales*, était surnommé *Mitra-Çáca*[2]. Or nous savons que Mithra et Sérosch, chez les Perses, comme Mylitta chez les Assyriens, étaient particulièrement chargés d'entretenir la bonne harmonie, les dispositions les plus bienveillantes, les plus amicales entre toutes les classes et tous les membres de la société.

Par une coïncidence remarquable, qui ne peut être l'effet du hasard, Lucien, dans le *Dialogue entre Toxaris et Mnésippe*[3], rapporte, de son côté, que les Scythes donnèrent à Oreste et Pylade le surnom de *coraces* (Κοράχοι), parce que dans leur langue, dit-il, ce surnom signifie les *génies tutélaires de l'amitié*.

On le voit donc, chez des nations diverses par leurs langues, mais liées entre elles par l'unité de l'espèce humaine et par la première révélation; chez des nations, les unes araméennes ou sémitiques, les autres aryennes, indoscythiques ou japhétiques, nous trouvons dans le corbeau un symbole religieux : tantôt il représente les ténèbres ou la nuit; tantôt il est l'attribut et le compagnon fidèle d'un dieu solaire, ami et sauveur des hommes; tantôt il donne son nom à un des grades institués dans les mystères; tantôt enfin il reçoit une signification qui emporte avec elle l'idée de l'amitié. Et, chose remarquable, il paraît, d'après un renseignement fourni par Sonnerat[4], que, dans la théologie indienne, il y a un bon et un mauvais corbeau, comme nous voyons dans la Bible et ailleurs un bon et un mauvais serpent; comme nous avons vu, dans la cosmogonie des Perses et des Indiens, un bon et un mauvais taureau; comme nous avons trouvé dans la théologie persique un bon et un mauvais taureau, un bon et un mauvais cheval; comme enfin, sur les bas-reliefs mithriaques romains, nous voyons le serpent de Mithra combattre le serpent d'Ahriman[5], antagonisme perpétuel qui se manifeste dans toutes les religions, et qui, sous des formes diverses, nous peint la lutte incessante du bien et du

---

[1] Section 63°.

[2] Voyez *Asiat. Research.* vol. IX, p. 97, édit. in-4° et édit. in-8°.

[3] *Opp.* t. III, p. 120, edit. Bipontina.

[4] *Voyage aux Indes*, t. I, p. 160.

[5] *Atlas*, pl. XCVII, n° 1.

mal. Chez les Indiens, cet antagonisme se montre dans la légende d'une divinité que le voyageur français[1] déjà cité nomme *Moudévi*, et dont il publie une image[2]; mais il s'y montre d'une manière implicite, comme dans les monuments figurés où nous avons reconnu la déesse indienne Durga tuant le mauvais taureau et le daroudj-homme, c'est-à-dire le mauvais homme. Selon Sonnerat, Moudévi était la déesse de la discorde et de la misère; on la représentait de couleur verte, montée sur un âne, et portant à la main une bannière au milieu de laquelle est peint un corbeau. Voilà donc le mauvais corbeau, l'ennemi du bon corbeau de Mithra, d'Apollon et de Mylitta. C'est ce que n'a pas compris Sonnerat; mais je ne m'arrêterai point à discuter son opinion sur la raison qui pouvait avoir fait attribuer à Moudévi l'âne et le corbeau.

Dans les fragments qui nous restent du *Zend-Avesta*, nous ne trouvons, à côté des passages où le corbeau joue un rôle important, aucune mention directe d'un grade de corbeau, pas plus qu'il n'y est parlé des autres grades, ni de tout ce qui se rapporte aux doctrines secrètes et aux cérémonies des mystères. Les écrivains orientaux postérieurs à Zoroastre gardent le même silence; mais il n'en est pas tout à fait ainsi en Occident. Là, les témoignages écrits ne nous font pas défaut, quant à l'institution du grade dont nous nous occupons. Le plus ancien est un emprunt fait par Porphyre[3] à un ouvrage d'Eubule qui, je l'ai déjà dit, ne nous est point parvenu. Déjà aussi j'ai rapporté en entier le passage précieux dont j'entends parler. Je me bornerai donc à répéter ici que, selon Eubule, les initiés d'un certain ordre étaient appelés *corbeaux* et remplissaient les fonctions de ministres du culte ou de surveillants. . . . . . τοὺς δὲ (μύσ1ας) ὑπηρετοῦντας κόρακας (καλεῖν). Cette notion est surabondamment confirmée par les témoignages que nous fournissent l'auteur anonyme d'un commentaire sur la première épître de saint Paul aux Romains, longtemps attribué à saint Ambroise; la lettre citée de saint Jérôme à Læta et quelques inscriptions lapidaires latines rapportées ci-dessus. Dans le commentaire[4], nous lisons que, chez les païens, on avait institué des cérémonies religieuses appelées *coracines, et* (colebant) *volucres, quia coracina sacra habebant pagani. Corax* est le premier nom qui se présente à la mémoire de saint Jérôme lorsque, écrivant à Læta, il veut désigner les neuf grades dont on avait trouvé les insignes dans la grotte consacrée à Mithra dans les flancs

---

[1] *Voyage aux Indes,* t. I, p. 160.
[2] *Ibid.* pl. XXXVII.
[3] *De abstin.* IV, 16.

[4] *Appendix ad Opera S. Ambrosii; commentaria in Epistol. D. Pauli ad Romanos,* t. I, p. 33, édit. de Paris, 1690, in-fol.

du mont Capitolin. Enfin, les inscriptions lapidaires mithriaques nous montrent que, chez les Romains, au titre de *corax* on substituait parfois celui de *hiero-corax*, et à la dénomination de *coracina* celle de *hierocoracica*.

Ces trois dénominations, *corax*, *hierocorax*, *hierocoracica*, aussi bien que celles de *bromius* et d'*hélios*, ne contribuent pas peu, par leur forme grecque, à confirmer le passage où Plutarque nous apprend que les Romains avaient reçu les mystères de Mithra des mains des pirates de Cilicie, la plupart Grecs d'origine. Dans la seconde partie de ces *Recherches*, j'étendrai cette remarque à plusieurs autres mots sacramentels que des monuments mithriaques romains reproduisent également sous une forme grecque. En même temps nous lirons, sur d'autres monuments de cette série, des mots qui, évidemment empruntés à la langue zende, nous montrent qu'à leur tour les Grecs asiatiques avaient reçu ces mêmes mystères des mains des Perses, lorsque les conquêtes de Cyrus placèrent l'Asie Mineure sous la domination de ce dernier peuple.

Si déjà, dans le passage cité d'Eubule d'après Porphyre, nous n'avions trouvé la qualification de ministres ou surveillants (ὑπηρετοῦντας κόρακας) attribuée aux mystes du grade de corbeau, les dénominations *hierocorax* et *hierocoracica* nous révéleraient que l'on considérait comme revêtu d'un caractère sacré l'initié promu à ce grade. L'intérêt que présente cette observation n'augmente pas peu, ce me semble, lorsque, dans une des inscriptions lapidaires latines citées plus haut[1], nous voyons qu'un prêtre de Mithra, préposé aux initiations, prend, avec le titre de *pater*, celui de *hierocorax*. Le grade de *pater*, le même que le grade de *père-aigle*, je l'expliquerai plus loin, assimilait au dieu Mithra le personnage qui en était revêtu. Le titre de *hierocorax* ou *corbeau-sacré*, ajouté à celui de *pater*, caractérisait donc d'une manière heureuse cette assimilation ou cette apothéose, puisque le corbeau est tout à la fois, sur les monuments romains, le compagnon fidèle de Mithra; dans le *Zend-Avesta*, le premier des quatre oiseaux célestes consacrés à Mithra, et, par conséquent, une des manifestations de ce dieu lui-même.

Ce n'est pas tout. La haute idée que Zoroastre attachait au corbeau, comme un des symboles de la psychologie des mystères, se révèle à mes yeux dans un passage resté inaperçu, ou dont personne, il faut bien le dire, ne paraît avoir soupçonné l'importance quant à l'institution du grade de corbeau. Ce passage se trouve dans un fragment zend et pehlevi qui, sous

---

[1] Gruter, 3o3, n° 2, d'après Mazochi. — Reinesius, *Syntagma inscript. antiq.* IV, xxvii, p. 95.

le numéro 4, fait partie d'un recueil manuscrit très-rare, dont Anquetil a déposé une copie à la Bibliothèque impériale [1]. Dans ce fragment précieux sont réunies diverses questions adressées par Zoroastre à Ormuzd et les réponses de ce dieu. Plusieurs ont trait à la destinée des âmes. Zoroastre demande particulièrement où va l'âme du juste, la troisième nuit après la mort [2]. Ormuzd lui répond [3] : « La troisième nuit..... s'élève et souffle un vent de la « partie du Rapitan (du midi)..... Dans ce (vent) paraît avec éclat le *kerdar* « vivant, la propre loi (de cette âme); (elle paraît, cette loi) avec un corps de « fille, pure, toute éclatante de lumière, avec les ailes de l'*éorosch* (le corbeau), « grande, excellente, élevée, la gorge haute, très-pure, grande, germe bril- « lant, forte comme un corps de quinze ans [4], pure comme ce qu'il y a de plus « pur dans le monde..... » On comprendra facilement toute la portée de ce passage si curieux, lorsque j'aurai expliqué que le *kerdar* est le principe des bonnes œuvres du juste, la loi d'existence de son âme, la loi qui le fait penser, parler et agir [5].

En Occident, les monuments figurés abondent pour établir que, chez les Grecs asiatiques et chez les Romains, le corbeau était consacré à Mithra. C'est un fait si généralement connu de tous les archéologues, que je ne m'arrêterai pas à citer ici les groupes de ronde-bosse et les bas-reliefs qui le mettent en évidence. Ils sont décrits dans la troisième section de cet ouvrage, et les dessins des principaux d'entre eux ont été gravés dans mon Atlas, à partir de la planche LXX. Je ne me crois pas davantage obligé d'indiquer ici les monuments de l'art, bien plus nombreux encore et non moins connus, qui attestent la consécration du corbeau à Apollon; mais je juge utile d'appeler quelques instants l'attention du lecteur sur deux traits particuliers de la légende d'Apollon, que mes savants devanciers ont négligé d'examiner au point de vue de l'institution d'un grade de corbeau dans les mystères de Mithra. Le premier de ces faits, connu depuis la renaissance des lettres, est reproduit, avec quelques variantes, dans un chapitre du second des mythographes latins anonymes dont les écrits ont été découverts, de nos jours, dans la Bibliothèque

---

[1] Voyez *Zend-Avesta*, t. 1, 2ᵉ partie, *Notices, etc.* p. IX et suiv.

[2] *Ibid.* p. XIII.

[3] *Ibid.* p. XIV.

[4] Remarquez que, chez les Parses de l'Inde, quinze ans est précisément l'âge fixé pour l'es-

pèce d'initiation religieuse à laquelle sont soumis tous les jeunes gens.

[5] Voyez la suite du passage cité, *Zend-Avesta*, t. 1, 2ᵉ partie, *Notices, etc.* p. XIV et XV. — Voyez aussi *ibid. Vie de Zoroastre*, p. 40.

du Vatican, par Son Éminence Monseigneur le cardinal Maï, à qui les belles-lettres avaient déjà tant d'obligations. Je veux parler du mythe de Coronis, fille de Phlégias, confiée à la surveillance d'un corbeau par Apollon et métamorphosée en corneille par ce même dieu. S'il m'est permis de me référer aux considérations qui, dans une autre occasion[1], m'ont porté à soupçonner que, dans le mythe de Cyparisse changé en cyprès par Apollon, il faut voir le souvenir d'une apothéose décernée à un personnage initié aux mystères de ce dieu, je dirai ici que des considérations analogues me donnent lieu de conjecturer que Coronis, métamorphosée en corneille, est une initiée parvenue au grade qui donnait aux femmes le titre de corneille et aux hommes celui de corbeau, de même que, reçus au troisième grade, les hommes s'appelaient *lions* et les femmes *lionnes*. Dans le récit où les habitants de Proconnèse et ceux de Métaponte racontèrent à Hérodote[2] l'apparition d'Aristée, sa métamorphose en corbeau et sa disparition, il est bien difficile aussi de ne pas retrouver le souvenir de l'initiation d'un adorateur d'Apollon au grade qui devait son nom à cet oiseau[3]. Ma supposition, à cet égard, semble devenir plausible lorsqu'on lit dans Pline[4], que l'âme d'Aristée, après être sortie de son corps, avait, dit-on, paru à Proconnèse sous la forme d'un corbeau[5]. Or, il faut bien remarquer que cet Aristée avait composé un poëme épique, dont le titre était : *les Arimaspées*. Ce poëme s'est perdu, mais nous savons que l'auteur disait avoir entrepris ses voyages chez les Issédons par l'ordre exprès ou par l'inspiration de Phœbus. Dans son poëme, il traitait des Hyperboréens, des Arimaspes, des Griffons, gardiens de l'or; toutes choses qui, nous le verrons

---

[1] *Recherches sur le culte du cyprès*, insérées dans la 2ᵉ partie du XXᵉ volume des *Mémoires de l'Acad. des inscr.* p. 200.

[2] IV, 15.

[3] M. de Köppen (*Nachricht, etc.* p. 8 et 9, dans le *Wiener Jahrbücher* de 1823) pense que, dans le passage cité d'Hérodote, il faut comprendre que Aristée avait accompagné le dieu du soleil comme *corbeau*, c'est-à-dire, ajoute-t-il, comme *serviteur* ou *prêtre*. Si ce zélé voyageur avait su que, dans les mystères de Mithra, comme nous allons le voir, l'initié parvenu au grade de corbeau se montrait revêtu d'un costume caractérisé par une tête de corbeau implantée sur ses épaules, au lieu d'une tête humaine, il aurait

probablement modifié son interprétation. On doit, au reste, le féliciter d'avoir profité de cette occasion pour faire remarquer que le corbeau joue un rôle important dans la mythologie du Nord, où il paraît en qualité de serviteur ou compagnon d'Odin. Mais lorsque M. de Köppen (*ibid.* p. 9) croit trouver dans le mot grec κόραξ, *corbeau*, deux mots, *hor-ase*, qu'il interprète par *compagnon du soleil*, je crains que les philologues ne lui refusent leur approbation.

[4] *Hist. natur.* VII, 52; t. I, p. 407, éd. Hardouin.

[5] « ...Aristeæ etiam visam evolantem ex ore « in Proconneso, corvi effigie, magna, quæ se- « quitur, fabulositate. »

plus loin, nous ramènent aux mystères inventés par les Chaldéens. De mes deux conjectures et de quelques observations précédentes naîtrait donc la présomption que le culte d'Apollon avait anciennement été apporté de l'Asie occidentale en Grèce avec une légende qui conservait le souvenir d'une institution de mystères à laquelle ce dieu, comme Mylitta, comme Mithra et plusieurs autres divinités asiatiques, avait dû présider. N'oublions pas que, dans cette légende, Apollon lui-même revêt la forme d'un corbeau[1], ou se montre la tête coiffée d'un oiseau de cette espèce[2].

A l'appui de la conséquence que j'ose tirer de mes diverses remarques sur la légende d'Apollon, sur le mythe de Coronis et sur la légende d'Aristée, je ne puis me dispenser de citer ici, comme une nouvelle preuve de la communauté d'origine et de l'identité même d'Apollon et de Mithra, un disque ou médaillon d'argent dont j'ai publié la description et un dessin dans mes *Recherches sur le culte du cyprès pyramidal*[3]. J'ai déjà fait allusion ci-dessus à ce monument; mais je demande la permission d'en reproduire ici la description :

« L'imitation d'un type grec, imité lui-même ou plutôt transformé d'après un « type asiatique, ne se décèle pas moins dans un disque d'argent, de travail ro- « main, représentant Apollon avec l'attribut du cyprès, et dans le revers des « trois médailles citées plus haut[4], qui appartiennent à la numismatique « d'Alexandria-Troas, devenue colonie romaine. Ces trois pièces et le disque, « rapprochés entre eux, fournissent un témoignage important et irrécusable. « Ce disque est figuré ici, avec les dimensions mêmes de l'original, sous le « numéro 5 de la planche XX. Il n'est pas inédit, car il a été décrit et litho- « graphié sans beaucoup de soin dans le *Catalogue des collections de feu M. Tous-* « *saint Grille, d'Angers*[5]. Il provient d'un trésor qui, en 1836, et, par consé- « quent, peu d'années après l'heureuse découverte faite à Berthouville, près « de Bernay, fut trouvé enfoui dans la terre, à Notre-Dame-d'Alençon, près « de Brissac[6]. Celui-ci se composait de trente-quatre objets, dont le plus pré- « cieux, sous le rapport de la mythologie, du symbolisme et de l'art, est, sans « contredit, notre disque d'argent. Ces trente-quatre objets, après avoir ap- « partenu à M. Grille, ont récemment été acquis par le musée du Louvre,

---

[1] Voyez Hésiode et cf. Piérius, *Hieroglyph.* XXII, 33.

[2] Albricus, *Liber de imagin. deorum*, cap. IV.

[3] *Mémoires de l'Acad. des inscr.* nouv. série, t. XX, 2ᵉ partie, p. 260-263, pl. XX, n° 5.

[4] Voyez *Mém. de l'Acad. des inscr.* nouv. série, t. XX, 2ᵉ partie, p. 105-107; pl. XIII, nᵒˢ 1, 2 et 3.

[5] Angers, 1851, in-8°, figures. (Voyez p. 43, n° 585; pl. I, n° 25; pl. II, même numéro.)

[6] Département de Maine-et-Loire.

« grâce à la sollicitude éclairée qui préside à la direction de ce bel établisse-
« ment. Le disque a dû jadis orner le fond d'un plat ou de tout autre vase
« d'argent, soit votif, soit employé dans des cérémonies religieuses. Il repré-
« sente, en relief et vu de face, Apollon debout, presque nu, le bras gauche
« appuyé sur un trépied à griffes de lion; dans la main droite, le dieu solaire
« tient une branche de laurier. Une légère draperie, qui part de l'épaule gauche,
« couvre une portion des cuisses et toute la jambe gauche jusqu'au cou-de-
« pied; les deux pieds sont nus. A droite et à gauche d'Apollon s'élèvent des
« rochers, dont la disposition, pour le dire en passant, rappelle les rochers
« qui, sur un grand nombre de monuments romains, forment la grotte au mi-
« lieu de laquelle est placé Mithra, le dieu solaire des Perses. Pour compléter
« l'analogie, un corbeau, fidèle compagnon d'Apollon comme de Mithra, est
« posé sur les rochers placés à la droite du dieu. De là, à l'exemple du corbeau
« des bas-reliefs mithriaques, il semble contempler attentivement le sacrifice
« auquel il assiste..... Un grand cyprès pyramidal, planté entre le trépied et
« les rochers qui se trouvent à l'extrémité droite de ce petit tableau, achève de
« caractériser, comme symbole de vie, les fonctions dévolues à ce dieu; et cet
« arbre, nous allons le retrouver sur des monuments romains consacrés à Mi-
« thra. Ces divers rapprochements, la légende d'Apollon et le mythe de Cypa-
« risse, en particulier, nous reportent encore une fois dans l'Asie occidentale.
« C'est là, en effet, que nous avons trouvé, à Alexandria-Troas, trois monnaies
« coloniales, dont les types présentent la plus grande analogie avec le sujet
« figuré en relief sur le disque d'argent que je viens de décrire. Cette analogie
« est surtout frappante lorsque nous comparons ce précieux monument avec
« le revers de la pièce autonome coloniale d'Alexandria-Troas [1], qui représente
« Apollon debout et vu de face, comme ici et comme à Pompéi [2]. Sur d'autres
« médailles autonomes coloniales et sur quelques médailles impériales coloniales
« de cette ville [3], de même que sur notre disque et sur la fresque de Pompéi,
« nous voyons une branche de laurier placée dans la main droite de ce dieu.
« D'autres médailles impériales d'Alexandria-Troas [4] nous montrent un corbeau

[1] *Mémoires de l'Acad. des inscr.* nouv. série, t. XX, 2ᵉ partie, pl. XXIII, n° 1.

[2] *Ibid.* pl. XII.

[3] Vaillant, *Col.* II, 63. — Sestini, *Descriz. delle med. ant. del Hederv.* t. II, p. 131, n° 24; C. M. H. n° 4765. — Mionnet, *Descript. de méd.* II, 643, n° 103; 646, n° 120; 648, n° 132; *Suppl.* V, 512, n° 94; 522, n° 158; 522 et 523, n° 162; 523, n°ˢ 163 et 164; 529, n° 215; 539, n° 283.

[4] Mionnet, *Descript. de méd.* II, 646, n° 116; *Suppl.* V, 519, n°ˢ 137 et 142.

« posé aux pieds d'Apollon. Enfin, le style du disque d'argent du Louvre permet,
« ainsi que je l'ai annoncé plus haut[1], de faire remonter ce monument au Ier ou
« au IIe siècle de l'ère chrétienne, c'est-à-dire à une époque peu éloignée du
« temps où Auguste avait établi une colonie romaine dans la ville même dont
« la numismatique vient de nous fournir des rapprochements qui ne sont pas,
« ce me semble, sans intérêt pour l'histoire de l'art et les origines mytho-
« logiques. »

Tout concourt ainsi à nous montrer que primitivement le culte et les mystères d'Apollon durent, comme ceux de Mithra, se célébrer dans une grotte,
et que le corbeau remplissait le même rôle dans les légendes de ces deux
divinités.

Examinons maintenant si les traditions, les textes, les monuments figurés
sont également d'accord pour établir que, comme dans le culte public et les
mystères de Mithra, l'attribution du corbeau à ce dieu et l'institution d'un
grade qui recevait son nom de cet oiseau étaient, comme les cinq premiers
grades dont j'ai parlé dans les chapitres précédents, un emprunt fait au culte
et aux mystères de la Vénus assyrienne. Ne nous attendons pas à obtenir des
preuves directes d'aucun témoignage écrit. Le silence des auteurs anciens sur
tout ce qui concerne les mystères des diverses Vénus dont ils nous parlent ne
me laisse à citer que deux preuves indirectes. Je trouve l'une dans un passage
de Porphyre[2] qui, en nous apprenant que les Arabes consultaient le cri des
corbeaux, nous permet de croire qu'ils avaient reçu des Assyriens le symbole
du corbeau en même temps que le culte de Mylitta[3]. L'autre m'est fournie par
un passage où Lilio Giraldi[4], sans toutefois citer ses autorités, nous donne à
comprendre que l'antiquité considérait le corbeau comme un des symboles de
Vénus. Discourant sur l'origine du surnom de *Colias*, qui appartenait à cette
divinité, il rapporte que, selon quelques auteurs, Ion aurait attribué ce surnom à Vénus, parce que, au moment où il offrait à la déesse un sacrifice, un
corbeau vint enlever du corps de la victime l'intestin nommé *côlon* (*cole*, dit
Giraldi), et le déposa en un lieu qui depuis fut appelé *Colias*.

Mais les monuments figurés asiatiques, on le verra tout à l'heure, apportent
dans la question qui nous occupe des témoignages explicites et directs. Et si,
dans les bas-reliefs découverts jusqu'à ce jour sur le sol de l'ancien empire

---

[1] *Mémoires de l'Acad. des inscr.* nouv. série,
t. XX, 2e partie, p. 107.

[2] *De abstin.* III, § 4.

[3] Hérodote, I, c. cxcix.

[4] *Opp.* t. I, *Historiæ Deorum syntagm.* xiii,
p. 396, *B, C, D.*

d'Assyrie, comme dans les sculptures de Persépolis, la série des représentations relatives à la célébration des mystères est interrompue de manière à n'offrir aucune trace de l'initiation au grade de corbeau, cette regrettable lacune va se trouver comblée par les scènes gravées sur plusieurs cylindres de style et de travail assyriens, que je rapporte aux mystères de Mylitta.

Cylindre n° 2, pl. LVIII.

Un personnage barbu, debout, la tête couverte d'une tiare conique, les reins ceints du *kosti* et la main droite armée de la harpé, tient sous son pied gauche un corbeau qu'il a vaincu. Au-dessus de l'oiseau on voit un bouc, symbole de génération, et plus haut deux losanges ou deux ctéis auprès de l'étoile de Vénus-Mylitta, étoile dont j'ai déjà trouvé l'occasion de signaler la forme à l'attention des archéologues[1]. Je répéterai ici que cet astérisque affecte la forme de deux croix grecques inscrites l'une dans l'autre, et nous rappelle la croix qui surmonte le long sceptre placé à la main de Vénus-Astarté au revers de plusieurs belles médailles impériales frappées en Phénicie[2]. Derrière l'initié sont gravées perpendiculairement cinq lignes de beaux caractères cunéiformes, qui ne nous laissent aucun doute sur l'origine asiatique du cylindre. Le premier de ces caractères est précisément ce groupe initial que nous voyons empreint sur la plupart des briques antiques de Babylone. Il y a tout lieu de regretter que la longue légende où nous le trouvons ici deux fois n'ait pu jusqu'à ce jour être interprétée par les philologues. Elle n'ajoute pas peu au mérite du précieux cylindre où elle est gravée, car elle y accompagne un sujet dont les monuments asiatiques ne m'ont encore offert aucun autre exemple.

Cylindre n° 3, pl. L.

Sur ce petit monument et sur les quatre autres cylindres dont la description va suivre, nous ne voyons ni le combat livré, ni la victoire obtenue par l'initié qui, du grade d'autruche, aspire à passer à celui de corbeau. Nous assistons à des scènes que je rapporte aux cérémonies préparatoires qui précédaient la lutte du myste avec le corbeau symbolique. Ici nous remarquons, en effet, qu'auprès d'un groupe composé de trois femmes debout, dont la première, à notre gauche, est certainement l'aspirante, on a gravé deux oiseaux qu'à leur forme et à leur triple aigrette nous devons prendre pour des

---

[1] *Observations sur la croix ansée (Mémoires de l'Académie des inscriptions,* t. XVII, 1ʳᵉ partie, p. 370).

[2] Voyez *Recherches sur Vénus,* pl. 1, n° 1 pl. XIV, *H,* n° 15, et pl. XXV, n°ˢ 2 et 11.

47

corbeaux. Les cylindres que je décrirai tout à l'heure nous y autorisent pleinement. Au-dessous de nos deux corbeaux, placés en regard l'un de l'autre, auprès d'un petit vase de la forme d'un *alabastrum*, nous trouvons un méandre, emblème de l'eau, et plus bas, en regard aussi l'un de l'autre, deux lièvres, symboles de génération, séparés par un objet que nous avons déjà rencontré ailleurs, mais dont je ne connais ni la signification ni même le nom. D'autre part, la disposition du groupe des trois femmes nous indique clairement que l'aspirante se présente à une grande prêtresse pour recevoir un enseignement et des instructions qui se rapportent au grade de corbeau ou de corneille, et probablement aussi pour prêter, sur un autel que nous voyons ici surmonté d'un autre *alabastrum* et de la planète Vénus, le serment de ne rien révéler de ce qui va lui être dévoilé. Derrière l'archiprêtresse se tient une prêtresse ou assistante qui remplit les fonctions de marraine, et semble, par son geste expressif, adresser à sa protégée des recommandations importantes. Dans l'intervalle qui la sépare de l'archiprêtresse, est gravée l'arme sacramentelle appelée l'*oreille* de cuivre ou d'acier, qui va être remise aux mains de l'aspirante pour combattre et vaincre le corbeau.

Cylindre n° 11, pl. XXXVI.

Deux prêtresses armées se tiennent debout, en regard l'une de l'autre, auprès d'un autel. Une colombe à ailes éployées, vue de face et la tête surmontée d'une triple aigrette, domine ce groupe et nous offre un rare exemple de l'emblème primitif dont les altérations ou les modifications ont reçu des antiquaires la dénomination de *mihr*. Cet emblème prouve ici, par la place qu'il occupe, combien j'ai été fondé à désigner sous le nom d'*étoile* ou de *planète de Vénus* l'astérisque gravé sur chacun des deux cylindres décrits ci-dessus[1]. A gauche du groupe des deux prêtresses, nous voyons arriver une femme portant à la main, en guise de rameau sacré, un petit cyprès, symbole de la vie future. Dans le bas du cylindre, tout près de cette figure, est gravée une croix ansée, autre symbole de la nouvelle vie. Dans le haut, nous retrouvons un petit *alabastrum;* un second est placé auprès d'un bouc accroupi au-dessous d'un méandre auquel est superposé un corbeau dont la tête est ornée d'une seule aigrette. Ces quatre objets sont placés à droite du groupe des deux prêtresses et composent un petit tableau emblématique qui a la plus grande analogie avec celui que nous a offert le cylindre n° 3 de ma planche L

---

[1] Atlas, pl. L, n° 3, et pl. LVIII, n° 2.

(Atlas). Près du corbeau se retrouve même le petit objet inconnu qui, sur ce dernier cylindre, est gravé entre les deux lièvres. Dans ces deux tableaux le corbeau est, pour ainsi dire, le dénominatif du grade que le myste femelle aspire à obtenir et qu'il avait certainement obtenu au moment où le cylindre avait été gravé pour lui.

Cylindre n° 4, pl. LIV, A.

Un myste debout et barbu se présente devant un archimage à longue barbe, assis sur un trône ou un siége sacerdotal sans dossier, et tenant une arme dans la main droite. Un petit taureau se dresse sur ses pieds de derrière et appuie ses pieds de devant sur la stole étagée et plissée de l'archimage. Un serpent s'élève de terre, derrière le myste, et semble vouloir lui parler à l'oreille. C'est aussi ce que nous avons vu sur le cône n° 4 de ma planche XLVII (Atlas) que j'ai rapporté à la célébration des léontiques. Mais ici un corbeau fond à tire-d'aile sur le reptile, soit pour le tuer, soit pour l'empêcher de séduire le myste et de le détourner de l'accomplissement de ses devoirs au moment où l'archimage va lui donner, avec les instructions nécessaires, l'arme dont il devra se servir pour combattre. A gauche de ce groupe, un lion, la gueule béante, se tient sur ses quatre pattes devant un hôm de forme insolite. Tout, dans ce petit tableau, s'écarte des scènes représentées sur les autres cylindres qui appartiennent au grade de corbeau. La forme même des caractères cunéiformes gravés dans le haut du cylindre, entre le myste et l'archimage, n'est pas une de celles que nous sommes accoutumés à rencontrer sur les petits monuments de cette espèce. Quant au taureau et au lion, leur présence ici doit avoir eu pour but de rappeler qu'antérieurement le myste avait obtenu le grade de taureau et celui de lion. Deux autres grades, comme c'est aussi le cas sur plusieurs cylindres, sont passés sous silence. Le grade de vautour et celui d'autruche sont donc sous-entendus.

Cylindre n° 1, pl. XXVIII.

Deux personnages portant chacun une arme à la main se tiennent debout auprès d'un hôm et de deux boucs accroupis au pied de l'arbrisseau sacré. La grossièreté du travail ne permet pas de distinguer s'ils sont mâles ou femelles, et s'ils sont nus ou vêtus d'un habillement collant. Au-dessus du hôm est gravé un mihr. A droite, sur le même plan, on voit de profil un corbeau volant; au-dessous de l'oiseau est placé horizontalement un ctéis, et plus bas un objet de forme indécise, que je crois être une fleur de lotus.

Ces deux accessoires et ceux que nous avons trouvés sur les quatre cylindres

qui précèdent sont tous choisis parmi les objets, les plantes et les animaux
que l'antiquité asiatique employait habituellement pour exprimer l'idée de la
génération ou du principe humide. Nous acquérons ainsi la preuve que le
grade de corbeau, comme je l'ai avancé, appartient à une région où les âmes
sont encore unies à un des éléments ou principes de la matière qui concourt
à la reproduction des êtres.

Cylindre n° 7, pl. XXXIV.

Nous ne retrouvons ici aucun des emblèmes ou accessoires dont je viens de
parler. La composition du sujet est aussi simple que le style et le travail sont
barbares, mais elle nous offre une particularité que nous n'avons pas encore
rencontrée sur les cinq cylindres décrits ci-dessus, et cette particularité lui
donne un grand prix à mes yeux, parce qu'elle nous permet de constater que
le grade d'autruche précédait le grade de corbeau, ainsi que je l'avais pensé
longtemps avant d'avoir connu ce petit monument. En effet, le myste mâle
qui aspire au grade de corbeau est ici figuré avec le costume du grade d'autruche, c'est-à-dire sous la forme d'une autruche à tête humaine. Il est debout derrière un mage ou un prêtre qui fait une prière ou une invocation à
la divinité devant un oiseau à ailes éployées, placé horizontalement, et représenté de telle manière qu'au premier abord on croit avoir sous les yeux le
dessin d'un squelette d'oiseau de proie, et qu'on ne le reconnaît pas sans
peine pour un corbeau. Parallèlement aux ailes de cet oiseau, sont gravés
plusieurs signes ou caractères que je ne connais pas et qui semblent être
couchés, c'est-à-dire placés dans une position horizontale.

Parmi tous les cylindres et autres monuments asiatiques dont j'ai pu me
procurer soit les originaux, soit les empreintes, soit les dessins, je n'en trouve
aucun qui représente un initié revêtu d'un costume exclusivement affecté au
grade de corbeau. Je ne me hâterai point d'en conclure que ce grade ne
comportait pas un costume particulier. Loin de là, je suis porté à penser que
l'initié, après avoir triomphé du corbeau, paraissait sous une forme caractéristique qui empruntait quelque chose à cet oiseau, comme, après la victoire
qui lui avait fait obtenir les deux grades précédents, il s'est successivement
montré à nos yeux avec une tête de vautour implantée sur un corps humain
et avec un corps et des jambes d'autruche adaptés à une tête humaine. Les
découvertes que nous sommes en droit d'attendre du zèle des commissions
scientifiques et des voyageurs qui parcourent, en ce moment, l'Asie occidentale, nous permettent d'espérer qu'elles combleront tôt ou tard la lacune que

je signale dans l'iconographie propre au grade de corbeau, et les lacunes
aussi que présente l'iconographie des grades dont il me. reste à parler.

Mais avant d'exposer ce que j'ai pu apprendre ou conjecturer touchant le
grade qui suivait immédiatement celui de corbeau, je dois essayer de donner
une idée de l'enseignement que recevait, dans le sanctuaire, l'initié qui, du
grade d'autruche, voulait s'élever au sixième grade, celui de corbeau. Ma
tâche devient de plus en plus difficile, car si, dans les initiations, la région
de l'air était représentée par trois espèces d'oiseaux, ainsi que je crois l'avoir
établi, il n'est pas aisé, ou plutôt il est impossible, à la distance où nous sommes
des temps auxquels remonte l'invention des mystères, de connaître ni même
de deviner quelles idées particulières les inventeurs avaient attachées à chacun
de ces trois oiseaux symboliques. Toutefois, si nous considérons les services
importants que le corbeau rend à l'homme et à la terre, non-seulement en
contribuant, comme le vautour, à dévorer les corps morts qui souillent le sol
et les eaux, mais en contribuant aussi, comme l'autruche, à détruire les kharfesters, c'est-à-dire tous les animaux nuisibles, même ceux qui vivent dans la
terre, nous devrons croire que ces divers services et celui que rend le corbeau, lorsqu'il met en fuite, par ses cris habituellement forts et retentissants,
certains animaux malfaisants, étaient énumérés et loués dans les premières
leçons que recevait l'initié. Ces divers services devenaient ainsi la base du
commentaire de ce passage si remarquable de l'office de Mithra [1] où nous
avons lu que l'oiseau céleste appelé *éorosch*, c'est-à-dire corbeau, montre aux
adorateurs d'Ormuzd, comme Mithra lui-même, le chemin de la loi. Par là,
l'initié se trouvait préparé à entendre et à comprendre les leçons ultérieures
où le maître développait au disciple les raisons qui avaient fait choisir le
corbeau pour être le symbole, le compagnon fidèle, le ministre [2], l'aide et le
messager d'un dieu purificateur et sauveur tel que Mithra, qui a reçu d'Ormuzd
la mission particulière de veiller à la pureté, à la fertilité de la terre, au bien-
être des hommes, et par conséquent la mission de combattre sans relâche
Ahriman, ses dews et ses productions. Et lorsque nous lisons dans Ælien [3] que
le corbeau, parvenu à un âge où les forces lui manquent pour nourrir ses

---

[1] *Zend-Avesta*, t. II, p. 216, xviiᵉ cardé.

[2] C'est au corbeau surtout que s'applique le
passage où Porphyre dit judicieusement que,
dans les mystères, certains animaux étaient considérés comme les ministres sacrés des dieux :

.... τὰ ζῶα· Θεοῖς δὲ, καὶ Θείοις ἀνδράσιν ἐξ
ἴσου τοῖς ἱεροῖς ἱκέταις τετίμηται..... (*De Abstinentia*, III, xvi.)

[3] *De natura animal.* III. xliii.

petits, leur offre son propre corps en pâture, se laisse dévorer par eux [1], il est peut-être permis de supposer que le prêtre initiateur prenait texte de ce trait de mœurs [2] pour exhorter le myste à pousser jusqu'au dernier sacrifice le dévouement paternel et la charité envers le prochain. A cette occasion, sans doute, dans les sanctuaires de Babylone et de Ninive, on n'oubliait pas de rappeler au récipiendaire que Bélus, pour assurer le bonheur du genre humain, s'était coupé lui-même la tête, et de son sang répandu par terre et mêlé à celui des autres dieux avait fait naître les hommes, leur donnant par ce moyen une intelligence et un esprit qui participent de la nature divine [3].

D'autre part ce que, dans le chapitre précédent, j'ai dit des habitudes terrestres de l'autruche, peut nous aider à comprendre jusqu'à un certain point quel autre genre d'instruction marquait la transition du grade d'autruche au grade de corbeau : la nature de la couche d'air qui repose sur la surface de la terre, la nature de la couche qui confine à la région de la lune ou du soleil, les mœurs sauvages de l'autruche comparées à celles du corbeau, la faculté qu'a cet oiseau de s'apprivoiser et même d'apprendre à parler [4], le privilége qu'on lui attribuait d'annoncer par ses divers cris, par son vol, non-seulement la volonté des dieux, mais le beau temps ou l'approche d'un orage, mais la sécheresse ou la pluie, privilége impliqué dans la qualification d'*oiseau qui parle la langue du ciel et qui met en fuite les dews* [5]; les mauvaises passions qui asservissent l'âme dans le corps de l'homme trop attaché à la vie terrestre, et l'espoir qu'a l'âme de s'affranchir de plus en plus des liens de la matière en s'élevant jusqu'aux limites qui séparent de la région du soleil notre terre froide, humide et ténébreuse; tels doivent être les principaux sujets des leçons que le maître faisait au disciple pour le rendre digne d'obtenir le grade de corbeau.

Ici se place tout naturellement une question que me suggère le rôle im-

---

[1] Cette croyance avait donné lieu au proverbe grec que cite Ælien, κακοῦ κόρακος κακὸν ᾠόν, proverbe que les Latins ont traduit par *mali corvi male ovum*, «mauvais corbeau, mauvais œuf.»

[2] Plus tard, dans les croyances populaires, l'amour du pélican pour ses petits a remplacé la tradition que nous a conservée Ælien dans son chapitre sur le corbeau.

[3] Voyez Bérose, cité par Alexandre Polyhistor. (Apud Euseb. *Chronic.* I, ii, 5, 6.)

[4] Eusèbe (*Præpar. evang.* II, iii) rapporte même que, chez les Étrusques, les augures dressaient des corbeaux à rendre les réponses qu'on demandait aux oracles. Ælien (*Hist. animal.* 1, xlviii) avait déjà dit : «C'est au double titre «d'oiseau fatidique et de compagnon fidèle d'A-«pollon que Stace (*Thebaid.* III, vers 506) qua-«lifie le corbeau *comes obscurus tripodum.*»

[5] Ci-dessus, p. 355.

portant dévolu au corbeau dans la science des augures[1]. L'initié qui était reçu au grade de *corax* ou *hierocorax* acquérait-il le droit de se considérer comme doué du don de prophétie? Tout le monde sait que, dans l'antiquité païenne, ce don était attribué aux prêtres d'un ordre supérieur. Mais on ignore dans quelle catégorie étaient placés, quant à l'exercice des fonctions sacerdotales, les initiés parvenus jusqu'au grade dont je parle. Ce qui est certain, c'est que les dénominations de *hierocorax* et de *hierocoracica* employées dans les inscriptions lapidaires citées plus haut emportent avec elles, comme je l'ai déjà dit, l'idée d'un caractère sacré dont était revêtu l'initié promu au grade de corbeau. Ce caractère est parfaitement en harmonie avec celui de prophète tel que le comprenaient les peuples anciens. Ajoutons que les connaissances encyclopédiques acquises par l'initié durant le cours des études et des exercices successifs qui l'avaient élevé au grade sacré de corbeau lui donnaient, bien plus qu'aux autres membres de la société non admis dans les sanctuaires, la faculté de juger les événements présents, d'en déduire les conséquences ultérieures, et, partant, la faculté de prévoir et prédire avec quelque probabilité, avec quelque certitude même, les événements futurs. Cette faculté pouvait s'étendre

[1] J'en citerai ici deux exemples, dans l'espoir que les archéologues qui peuvent les avoir perdus de vue seront amenés à rechercher quelle est la divinité que représente le corbeau dans une tradition qui se rapporte à la fondation de *Lugdunum*, et dans un passage de Pausanias sur une coutume des Platéens. Selon la tradition, *Lugdunum* aurait été bâti au lieu où un corbeau avait conduit le prince fondateur de cette ville. Ainsi, dans les Gaules, cet oiseau était considéré comme la manifestation d'une divinité, de même que, dans la tradition relative à la fondation de Thèbes de Béotie, la vache qui servit de guide à Cadmus (Pausanias, IX, xii, 1; xix, 4) est la manifestation de la Vénus phénicienne. C'est dans cette même Béotie que, selon le témoignage de Pausanias (IX, iii, 3, 4), on accomplissait la cérémonie religieuse que voici : «Les Platéens, «dit-il, se rendent dans un bois de chênes situé «à peu de distance d'Alalcomènes; ils y placent «des morceaux de viande cuite; sans faire atten-«tion aux autres oiseaux qui s'approchent pour «en faire leur pâture, ils observent avec soin les «corbeaux; et si l'un de ces oiseaux a enlevé un «des morceaux de viande, ils examinent sur quel «arbre il va se poser; et, après avoir coupé cet «arbre, ils en font une statue (*xoanon*) qu'ils «nomment le *Dédale*. La fête qu'on célèbre en «l'honneur de ce dieu ou de ce héros s'appelle. «chez les Platéens, les *petits Dédales*, et, chez «les Béotiens, les *grands Dédales*.» Le rôle singulier que joue le corbeau sur les médailles autonomes de Mende en Macédoine (Mionnet, *Descr. de méd.* I, 477, 478, n° 203 et suiv. *Supplément*, III, p. 82), où il est mis en rapport avec un âne ou un mulet et avec le dieu Silène, ce rôle attend encore aussi une interprétation mythologique. Il n'en est pas de même de la présence du corbeau sur les monnaies de Crotone. K. O. Müller, dont la mort prématurée est une grande calamité pour les sciences archéologiques, a judicieusement compris que là cet oiseau doit être regardé comme le compagnon ordinaire des colonies envoyées, de même que celle de Crotone, sous les auspices d'Apollon. (Voyez *Annal. dell' Instituto di corrisp. arch.* vol. V, p. 169.)

aux phénomènes d'un ordre purement physique, mais lié au bien-être des populations, tels que la constitution des saisons, c'est-à-dire la sécheresse, les inondations, les excès de la chaleur, les rigueurs du froid, etc. L'histoire des connaissances scientifiques des Chaldéens et l'usage qu'ils en firent dans leurs prédictions astronomiques et agricoles semblent justifier ma remarque et nous autoriser à répondre affirmativement à la question que j'ai posée.

CHAPITRE X.

SEPTIÈME GRADE. —— GRADE DE GRIFFON.

(Premier grade igné ou solaire.)

Nous venons de laisser l'initié corbeau sur la limite qui sépare la région des ténèbres de la région de la lumière. Parvenu à ce degré de pureté qu'atteint le myste après avoir subi les purifications et acquis les connaissances qui marquent les trois grades aériens, l'âme aspire à continuer son mouvement ascendant. Impatiente de s'élever vers le ciel, elle va briser les derniers liens qui l'attachent à la terre; elle va répudier toute alliance avec l'air atmosphérique, cet élément qui, malgré sa supériorité sur les trois autres éléments, l'eau, la terre, et le feu ou la chaleur terrestre, est entaché d'impureté par cela seul que, comme eux, il concourt directement à la génération, à la reproduction. Elle va franchir le seuil de cette région appelée *le ciel mobile*, où brillent et se meuvent le soleil, la lune, les sept planètes, les étoiles errantes. Là, au milieu de ces astres qu'animent la lumière et le feu créés, réside Mithra, ayant à sa droite le soleil, à sa gauche la lune, et justifiant le titre de *compagnon* de ces deux astres. Là, tombent successivement les âmes qui, séduites par l'attrait de la matière, abandonnent leur patrie première, ce ciel fixe, ce firmament où résident Ormuzd et tout l'Olympe du *Zend-Avesta*. Là sont placées ces deux portes du ciel mobile, la lune et le soleil, par lesquelles s'effectue le mouvement ascendant des âmes. Un pont redoutable, un pont *qui inspire la frayeur*[1], unit à cette région la région aérienne et terrestre, c'est le pont Tschinevâd, où Mithra[2], assisté de ses deux hamkars, Baschné-rast, l'ized ou le génie de la médiation, et Sérosch, l'ized qui est la manifestation d'Ormuzd et de Mithra comme rois de la terre, va peser dans sa balance les bonnes et les mauvaises actions de l'âme de l'initié qui se présente sous la protection du chien de Mithra. Si les bonnes l'emportent, l'âme franchira le pont et le

[1] *Zend-Avesta*, t. I, 2ᵉ partie, *Vendidad*, farg. xix, p. 418.

[2] Voyez *Mém. de l'Acad. des inscr.* t. XIV, 2ᵉ partie, p. 92-94.

48

seuil de la région ignée ou lumineuse. Si les mauvaises effacent, par leur nombre et par leur gravité, le mérite des bonnes actions, l'âme sera précipitée dans le douzakh ou les enfers pour y endurer des supplices qui dureront jusqu'à la résurrection générale [1], où, en d'autres termes, elle sera rejetée sur cette terre, où recommencera pour elle une nouvelle série d'épreuves et de combats qui devront achever de la purifier et la rendre digne d'être admise dans la région du soleil et de la lune.

L'entrée de cette région est défendue par un animal symbolique, dont les formes, le courage et la force annoncent à l'initié le péril des combats qui l'attendent s'il persiste dans la sainte résolution de traverser le ciel mobile pour parvenir aux célestes et éternelles demeures. Cet animal symbolique, c'est le griffon, qui a donné lieu à tant de récits merveilleux, à tant de suppositions gratuites, par la seule raison que, parmi les écrivains anciens, ceux qui avaient appris dans les sanctuaires de la religion la signification d'un tel symbole s'étaient engagés, sous la foi du serment, à ne pas divulguer cette signification, et que, parmi les modernes, personne n'a eu l'idée de la chercher dans la composition même du griffon [2]. Personne ne s'est arrêté à examiner pourquoi cet animal *biforme* donne son nom à un des grades des mystères ; personne, par conséquent, n'a essayé de découvrir sa valeur symbolique en déterminant la place qu'assigne au grade de griffon l'ordre hiérarchique établi entre les divers degrés de l'initiation [3]. Il est même arrivé, de nos jours,

---

[1] *Zend-Avesta*, t. 1, 2ᵉ partie, p. 285, 288, 289, 378 ; t. II, p. 42, 413.

[2] Je regrette de ne pouvoir faire une exception en faveur de M. le professeur Welcker, qui, dans son Mémoire sur une terre cuite représentant Artémis ou Hécate placée sur un char attelé de deux espèces de griffons (voyez *Annal. de l'Instit. archéolog.* (*Hécate et Éros*), t. II, p. 65-81, et *Monum. ined.* t. I, pl. XVIII, n° 2), a cependant réuni la plupart des témoignages que fournissent, quant au griffon, les textes et les monuments figurés occidentaux. Il m'est impossible, eù particulier, de reconnaître avec lui (*loc. cit.* p. 76) que, sur la terre cuite dont nous lui devons la publication, on ait donné une tête de poisson aux deux animaux ailés qu'il désigne sous le nom de *griffons*.

[3] M. le chevalier Louis Grifi (*Monumenti di Cere antica*, p. 53-57, 70, 119, 120) tombe à ce sujet dans une singulière contradiction : après avoir dit et répété que le griffon est l'emblème du mauvais principe, l'emblème d'Ahriman, il fait remarquer qu'au nombre des divers grades institués dans les mystères de Mithra, on en comptait un qui s'appelait *le grade des griffons ;* et il ajoute que ce grade était comme la plus haute dignité conférée aux initiés : «Così ne' «varii gradi, che ordinati per coloro, che segui- «vano le pratiche del misterioso culto di Mithra, «noveravasi quello che appellavano de' grifoni, «e che era come la dignità maggiore degl' ini- «ziati.» — M. Raoul Rochette, dans le *Journal des savants* (année 1843), a judicieusement redressé l'opinion de M. Grifi sur une prétendue importation des mystères de Mithra en Italie, bien des siècles avant l'expédition de Pompée

qu'on a eu la malheureuse pensée de considérer le griffon comme un être réel, appartenant au règne animal et présentant des formes plus ou moins altérées par les dessinateurs, les peintres et les sculpteurs. En conséquence, on s'est mis à la recherche du quadrupède qui avait pu servir de type au griffon des mythologues, des artistes, des historiens et des naturalistes de l'antiquité; et ce quadrupède, on a cru le reconnaître dans le *tapir asiatique* ou *oriental*. Les figures que donnent les naturalistes chinois de l'animal désigné sous le nom de *Mé* et certains contes fabuleux qui ont cours en Chine et dans l'Amérique du Sud[1] ont été invoqués à l'appui de cette opinion erronée; elle a égaré non-seulement plusieurs naturalistes français d'un haut mérite[2], mais un académicien connu par la pénétration de son esprit et la sagacité de ses jugements[3].

Invariablement composé de parties empruntées tout à la fois au lion et à l'aigle[4], le griffon est un animal imaginaire et symbolique, qui n'existe ni

contre les pirates de Cilicie. Mais, dans son savant Mémoire sur l'Hercule assyrien, imbu de l'idée que, sur tous les monuments asiatiques où l'on voit un personnage aux prises avec un lion ou deux, ce groupe représente l'Hercule assyrien combattant et domptant le principe du mal sous la forme symbolique du lion, il assimile à cet animal les autruches et les griffons que, sur d'autres monuments, combat ce prétendu Hercule assyrien. (Voyez *Mémoires de l'Académie des inscriptions*, t. XVII, 2ᵉ partie, p. 130-132 et p. 403.) L'habile archéologue français n'est pas arrêté dans ses suppositions par la double considération que la légende d'Hercule ne fait aucune mention d'autruche, ni de griffon, et qu'il est impossible de prendre pour l'Hercule assyrien, dont on ne trouve aucune trace dans le système religieux des Perses, le personnage royal qui, sur les bas-reliefs de Persépolis, plonge son poignard dans les flancs d'un griffon, d'un lion et d'un taureau. Les bas-reliefs découverts dans les ruines des palais de Khorsabad et de Nemród ne permettent pas de douter, je l'ai dit précédemment, qu'à Persépolis, comme là, il ne faille reconnaître dans de pareils sujets la représentation d'un roi accomplissant un acte propre à l'initiation aux mystères.

[1] *Mémoire pour servir à l'histoire du tapir*, inséré dans les *Annales des sciences naturelles*, t. XVIII, cahier du mois de septembre 1829, p. 54 et suiv.

[2] Voyez le Rapport fait par Cuvier à l'Académie royale des sciences, le 13 avril 1829, sur le Mémoire indiqué dans la note précédente. Ce rapport a été publié dans les *Annales des sciences naturelles*, t. XVII, p. 107-112. — Voyez aussi un article de M. Marcel de Serres inséré dans la *Revue encyclopédique*, septembre 1833, p. 383. Ce dernier naturaliste ne se borne pas à adopter sans restriction l'opinion erronée qui veut retrouver dans le *tapir oriental* le type primitif du griffon; il ajoute qu'elle est confirmée par ses propres observations sur les représentations figurées du griffon. De plus, il confond sous cette dernière dénomination des *lions ailés*, des *lions ailés à tête de panthère* ou *à tête d'âne*, et enfin des *lions ailés à tête de tapir*.

[3] Voyez *Revue des Deux-Mondes* (2ᵉ article sur *la Chine et les travaux d'Abel Rémusat*), 1ᵉʳ novembre 1833.

[4] A ma connaissance, on ne peut citer en Orient qu'une seule exception : des griffons, sur une coupe d'argent doré, trouvée dans l'île de Chypre et décrite plus loin, ont une tête d'éper-

parmi les espèces vivantes ni parmi les espèces perdues dont les entrailles de la terre recèlent les ossements fossiles. Hiéroglyphe idéographique, créé dans un esprit de synthèse par les prêtres chargés de constituer la langue des symboles, il répond au besoin qu'on avait d'un signe qui pût simultanément exprimer l'idée de la chaleur terrestre, l'idée de la chaleur solaire ou du feu céleste, et les rapports intimes qui existent entre les phénomènes du ciel mobile et ceux du monde sublunaire.

Déjà nous avons vu comment le lion représente, sur la terre, le principe igné. Nous verrons plus loin comment l'aigle, à son tour, représente dans le ciel le principe igné, le feu céleste ou la foudre. Chez les Grecs et les Romains, héritiers des idées des peuples de l'Asie occidentale, nous trouvons, en effet, un foudre placé dans les serres d'un aigle, et nous le trouvons, en particulier, placé ainsi sur un bas-relief romain consacré à Mithra [1].

Les monuments figurés que je publie et ceux qui, dispersés dans diverses collections d'antiquités, n'ont pas été reproduits dans mon Atlas, attestent, d'un commun accord, que constamment le griffon, soit en Orient, soit en Occident, se montre avec une tête, un cou et des ailes d'aigle [2], implantés sur

---

vier au lieu d'une tête d'aigle. C'est une substitution qu'explique facilement l'influence exercée par l'Égypte sur les idées et les coutumes religieuses des Phéniciens : d'une part, on sait que, chez les Égyptiens, l'épervier était le symbole d'Amon-ra, dieu-soleil; d'autre part, nous allons constater que le griffon à tête d'aigle, comme l'aigle lui-même, était consacré aux divinités solaires des Phéniciens, des Assyriens, des Syriens et des Perses. — En Occident, je ne trouve également à indiquer qu'un seul monument où la forme primitive du griffon ait été altérée : c'est la terre cuite citée dans une note précédente (ci-dessus, note 2, p. 378). Ici les deux animaux que M. Welcker (*loc. cit.*) est fondé à désigner sous le nom de griffons sont des lions ailés dont, au premier abord, la tête semblerait être celle d'un dragon. En effet, ils ont une gueule au lieu d'un bec; mais lorsqu'on les considère attentivement, on reconnaît bientôt que, par la forme générale de la tête et surtout par la forme particulière des mâchoires, l'intention du modeleur a été de donner à cha-

cun de ces deux lions ailés une tête qui rappelât la tête et le bec d'aigle. Quant à la crête dont il a orné cette tête et le cou qui la supporte, elle appartient tout aussi bien au griffon qu'au dragon. On peut s'en convaincre en jetant les yeux sur le griffon que représente une pierre gravée phénicienne dont le numéro 21 de la planche XLIII de mon Atlas reproduit un dessin exact. Les griffons figurés sur les autres monuments asiatiques que je décrirai tout à l'heure se montrent avec des aigrettes et des crêtes de formes très-variées, et quelquefois avec la tête et le cou dépourvus de ces deux genres d'ornement. — Il a plu à Zoëga de qualifier de griffons les deux animaux ailés que combat Hercule, à genoux et vu de face, sur la cuirasse d'une statue de Trajan (*Bassiril. di Roma*); mais ce sont des lions ailés, à tête de dragon, qui ne rappellent point le griffon, comme les lions ailés de la terre cuite publiée par M. Welcker.

[1] Voyez Atlas, pl. LXXIV.

[2] Voyez ci-dessus, p. 379, note 4. — Trompé par un dessin infidèle, M. Welcker (*Annal. de*

un corps de lion [1], indiquant suffisamment par là toute la supériorité de l'aigle sur le lion, c'est-à-dire la supériorité de la chaleur ou du feu céleste sur la chaleur terrestre, mais en même temps l'harmonie que produit l'action simultanée de ces deux chaleurs. Quelques variantes ou quelques accessoires ne sauraient changer ou modifier la valeur idéographique qui résulte de l'emprunt fait à l'aigle et au lion dans la composition du griffon, ni de la superposition que je viens d'indiquer. Ainsi, par exemple, la tête d'aigle est tantôt nue [2]; tantôt surmontée d'une aigrette simple [3], ou double [4], ou triple [5], ou multiple et réunie en faisceau [6]; tantôt surmontée du *pschent* et de l'*uræus* des Égyptiens [7]; tantôt ornée, ainsi que le cou, d'une crête, dont la forme varie [8]. Quelquefois deux oreilles droites sont implantées sur la tête d'aigle [9]. Parfois les oreilles manquent [10]. Je ne connais qu'un seul exemple de griffons non ailés; il m'est fourni par le cylindre n° 8 de la planche LV de mon Atlas. Hérodote, en parlant du griffon [11], ne fait aucune mention des ailes de cet animal

l'Instit. archéolog. t. I, p. 76) a pris pour une tête de poisson la tête d'aigle qui surmonte le corps de lion de chacun des deux griffons attelés au char d'Artémis sur une belle terre cuite dont je parlerai plus loin.

[1] Si nous en croyons un des *on dit* recueillis par Pausanias (VIII, ii, 3), on aurait représenté des griffons avec un corps tacheté comme celui de la panthère. Bien que la fréquente substitution de la panthère au lion ou à la lionne, sur les monuments antiques, soit un fait incontestable, je suis porté à croire que ces prétendus griffons à corps tacheté de panthère doivent être rangés parmi ceux dont il va être question, et dont le corps est couvert tantôt de petits disques, tantôt d'une espèce d'échiquier, tantôt de bandes perpendiculaires comme celles de la peau du tigre royal. Remarquons d'ailleurs que Pausanias, dans un passage antérieur, qui sera cité plus loin, dit expressément que les griffons ont le corps d'un lion.

[2] Atlas, pl. LVI, n° 4; pl. LVII, n° 7; pl. LVIII, n° 3; pl. LXII, n° 5; Layard's *Monum. of Nineveh* (1re série), pl. XC, n°s 22 à 24; (2e série), pl. LX, LXVII.

[3] Atlas, pl. LV, n° 8; pl. LVIII, n°s 4 et 5.

[4] Layard's *Monum. of Nineveh* (1re série), pl. XC, n°s 21-24. — M. de Longpérier, *Notice sur les antiquités assyriennes, babyloniennes, etc. du musée du Louvre*, 3e édit. p. 78, n° 393. — Sur la coupe d'argent doré trouvée dans l'île de Chypre, on pourrait croire que les griffons portent, les uns une seule aigrette, les autres deux ou même trois.

[5] Atlas, pl. XLVII, n° 1; pl. LIV, *A*, n° 12; pl. LVI, n° 8. Ajoutons un griffon à triple aigrette, représenté sur une corbeille d'or dont il sera question plus loin.

[6] Atlas, pl. LIX et LX.

[7] Layard's *Monum. of Nineveh*, 2e série, pl. LXIII.

[8] Atlas, pl. XLIII, n° 21; pl. LIV, *B*, n° 6; pl. LVI, n°s 5, 6 et 7; pl. LVII, n°s 6 et 8; pl. LVIII, n°s 1 et 7; pl. LIX et LX.

[9] Atlas, pl. XLII, n° 7; pl. XLV, n° 18; pl. LIV, *B*, n° 6; pl. LVI, n°s 5, 7 et 9; pl. LVII, n°s 6 et 9; pl. LVIII, n°s 5 et 7; pl. LIX et LX.

[10] Atlas, pl. XLIII, n° 21; pl. XLVII, n° 1; pl. LIV, *A*, n° 12; pl. LV, n° 8; pl. LVI, n°s 4, 6 et 8; pl. LVII, n° 8; pl. LVIII, n°s 1, 3 et 4; pl. LXII, n° 5.

[11] III, cxvi; IV, xiii.

fabuleux. On a voulu en conclure que primitivement le griffon était représenté sans ailes. Les bas-reliefs de Nemrôd et de Persépolis, plusieurs cylindres assyriens d'ancien style, des ivoires et des coupes de bronze trouvés à Nemrôd, donnent un démenti formel à cette supposition. Quant aux jambes, elles sont terminées tantôt par des griffes de lion, tantôt par des serres d'aigle. Dans ce dernier cas, aux jambes d'un lion sont substituées des pattes d'aigle, armées parfois d'un éperon. Quelques cylindres assyriens[1] nous montrent des griffons dont tout le corps est parsemé de petits disques ou globules, comme le corps de la panthère qui sert de piédestal à la grande prêtresse de Mylitta, sur un cylindre dont j'ai parlé plus haut[2], et comme l'autel d'Astarté trouvé dans les ruines d'un édifice colossal, situé au sud-ouest de l'île de Malte, près de Casal-Crendi et appelé *Hadjar-Schem* (la pierre du soleil[3]). Ces petits disques ou globules se prolongent sur le cou et la tête d'aigle et y tiennent lieu de crête et de crinière. Cette disposition nous rappelle que, sur des médailles impériales frappées en Phénicie, le temple[4] et le char d'Astarté[5] sont également ornés de semblables disques ou globules. Et ces petits disques, mêlés avec des étoiles, nous les retrouvons sur le péplos d'une rare figure d'Aphrodite Pandémos Epitragia, que j'ai publiée d'après un vase grec peint, de style archaïque[6]. Ce péplos nous prouve suffisamment que tous ces petits disques ou globules font une allusion directe au ciel des planètes et des étoiles mobiles[7], et que, placés sur le corps du griffon, ils représentent la partie de la région céleste dont cet animal symbolique est le gardien, et qu'on appelait *le ciel mobile*.

Si les monuments figurés asiatiques nous montrent dans le griffon la réunion de deux formes empruntées l'une à l'aigle, l'autre au lion, nous allons trouver ces deux formes caractéristiques nominativement indiquées dans les

---

[1] Voyez le numéro 1 de la planche LVIII de mon Atlas.

[2] Voyez mes *Recherches sur Vénus*, pl. IV, n° 12.

[3] Voyez *Recherches sur Vénus*, pl. XIX, *B*, n° 1.

[4] *Recherches sur Vénus*, atlas, pl. XV, n° 5.

[5] *Ibid.* Atlas, pl, XXI, *A*, n° 21.

[6] Voyez ma lettre à M. le professeur Ed. Gerhard.

[7] Dans une peinture de vase grec (*Élite des monum. céramogr.* t. III, pl. LVII, *A*), cette même allusion se manifeste par les globules ou petits disques placés sur les ailes du char de Triptolème et sur le corps du héron posé aux pieds de la déesse (Cybèle ou Rhéa), qui se tient debout devant ce dieu. Une autre peinture de vase grec (*ibid.* pl. LXI) nous offre également des globules ou petits disques disséminés sur les ailes du char de Triptolème; et, de plus, la tunique de ce personnage divin est parsemée de ces petits disques au lieu d'étoiles.

descriptions que les écrivains grecs ou latins nous ont laissées de cet animal fabuleux, descriptions dans lesquelles, remarquons-le bien, il n'est fait aucune
mention des griffons à tête d'épervier, tels que nous les trouverons sur une
coupe d'argent doré [1] dont l'origine égypto-phénicienne ne saurait être contestée. L'accord que je signale serait tout aussi parfait, quant aux accessoires, s'il
nous était parvenu soit une représentation du griffon sur un monument assyrien ou persique rehaussé de couleurs [2], soit une description écrite par un
Chaldéen, par Bérose, par exemple, ou par un élève des Chaldéens, tel que
Zoroastre. Dans les fragments qui nous restent des livres zends, il n'est nullement question du griffon, à moins qu'il ne faille le reconnaître, ce dont je
doute fort, sous un des noms inexpliqués que les destours de l'Inde rapportent à des oiseaux sacrés. Les descriptions qui accompagnent ces noms ne
semblent aucunement convenir à un animal moitié aigle, moitié lion.

Hésiode paraît être, chez les Grecs, le plus ancien écrivain qui ait parlé
des griffons. Malheureusement le passage ne nous est pas parvenu, et nous
savons seulement, par le témoignage du scholiaste d'Eschyle [3], que les griffons
y étaient qualifiés de *monstrueux*. Mais Hérodote, Aristée de Proconnèse, Eubule, Ctésias, Philostrate, Pausanias, Hiéroclès, Héliodore, Ælien, un chapitre en vers attribué à Philé, Photius, Pline, Apulée et Servius font une
mention particulière du griffon.

Écoutons d'abord Hérodote : «Il paraît constant qu'il y a une très-grande
«quantité d'or vers le nord de l'Europe; mais je ne saurais dire avec certi-
«tude comment on parvient à se le procurer. On dit cependant que les Ari-
«maspes enlèvent cet or aux griffons et que ces Arimaspes n'ont qu'un œil.
«Mais, qu'il y ait des hommes qui naissent avec un œil seulement et qui, dans
«tout le reste, ressemblent parfaitement aux autres hommes, c'est une de ces
«choses que je ne puis me persuader. Quoi qu'il en soit, il paraît que les ex-
«trémités de la terre possèdent ce que nous estimons de plus beau et de plus
«rare [4]. — ..... Aristée de Proconnèse, fils de Caystrobius, écrit dans son
«poëme épique qu'inspiré par Phœbus il alla jusque chez les Issédons; qu'au-
«dessus de ces peuples on trouve les Arimaspes, qui n'ont qu'un œil; qu'au
«delà sont les griffons, qui gardent l'or; que plus loin encore demeurent les
«Hyperboréens, qui s'étendent vers la mer; que toutes ces nations, excepté les

---

[1] Ci-après, p. 411 et suiv.

[2] Nous verrons plus loin (p. 421) de quelle
manière les ailes du griffon sont coloriées sur des

vases grecs peints trouvés dans la Cyrénaïque.

[3] *Ad Prometh.* vers 829.

[4] III, cxvi, trad. de Larcher.

« Hyperboréens, font continuellement la guerre à leurs voisins, à commencer
« par les Arimaspes[1]..... »

Nous lisons dans Pline[2] que les Arimaspes, une des tribus scythiques an-
thropophages, se font remarquer par un seul œil placé au milieu du front et
sont perpétuellement occupés à combattre les griffons pour leur ravir la possession de l'or. « Les griffons, ajoute Pline, sont une espèce d'animaux ailés, tels
« qu'ordinairement nous les représente la tradition; ils extraient l'or des cavités
« souterraines et le défendent avec autant d'ardeur que les Arimaspes cherchent
« à le ravir; c'est du moins ce que racontent beaucoup d'auteurs, et, parmi les
« plus illustres, Hérodote et Aristée de Proconnèse[3]. » Plus loin[4], Pline s'exprime ainsi : « Je regarde comme fabuleux les pégases, oiseaux à tête de che-
« val, et les griffons au bec crochu, aux longues oreilles, attribués, les uns à la
« Scythie, les autres à l'Éthiopie. »

Dans le chapitre d'où j'ai extrait le passage qui précède, on trouve[5] l'indication de plusieurs peuplades asiatiques caractérisées par des formes moitié
humaines, moitié animales, qui me donnent lieu de penser que, dans les documents dont s'était servi le naturaliste latin, comme dans plusieurs de ceux
qui avaient été communiqués à Ctésias, certains détails, à son insu, se rapportaient non à des tribus ou des hordes, mais bien à des individus revêtus
de costumes tels que ceux dont nous voyons, sur les monuments asiatiques,
les initiés se revêtir après avoir obtenu les grades de taureau, de lion, de
vautour, d'autruche et de corbeau. Telles sont pareillement les formes que
Bérose prête aux premiers êtres de la création.

Philostrate, racontant la vie et les voyages d'Apollonius de Tyane[6], place
au delà du Gange les pygmées et les griffons. « L'or que découvrent ces ani-
« maux, dit-il, est renfermé dans des pierres parsemées de paillettes brillantes;
« les griffons parviennent à les casser par la force de leur bec. Ils habitent
« l'Inde et là sont consacrés au soleil; les Indiens adorateurs de cet astre le
« figurent sur un quadrige attelé de griffons. La taille et la force de ces animaux
« égalent celles des lions; les ailes dont ils sont pourvus leur permettent d'atta-
« quer ces animaux carnassiers; ils triomphent même des éléphants et des dra-
« gons. Dans leur vol, ils ne cherchent pas à s'élever au plus haut des airs et
« se contentent de voler comme les oiseaux qui sont le moins estimés pour

---

[1] IV, xiii.
[2] *Pl. N.* VII, ii, 2.
[3] Trad. de M. É. Littré.

[4] X, lxx, 1.
[5] VII, ii, 3, 7-25; iii, 1, 2.
[6] III, xlviii et xlix.

« leur vol. Ils ne sont pas couverts de plumes comme les oiseaux, mais les côtes
« de leurs ailes sont unies entre elles par des membranes de couleur rouge; ils
« volent en décrivant un cercle, et, parvenus à une certaine hauteur, ils livrent
« le combat. Le tigre seul peut leur résister, parce que son agilité égale la rapi-
« dité du vent. »

Le trait de ce récit qui a rapport au char du soleil attelé de griffons chez
les Indiens mérite d'autant plus d'être remarqué qu'une des quatre faces d'un
autel palmyrénien, qui se conserve au musée Capitolin[1], représente le soleil
sous les traits d'un jeune homme imberbe, qui monte dans un char qu'entraînent vers le ciel quatre griffons ailés, dont il a saisi les rênes. D'autre
part, la série des médailles impériales frappées à Auréliopolis, en Lydie,
nous offre, au revers de la tête de Commode, Apollon nu et s'apprêtant à
lancer une flèche, placé debout sur un char traîné par deux griffons ailés[2].
C'est sans doute à une représentation de ce genre que Claudien[3] fait allusion
lorsqu'il dit :

> At si Phœbus adest et frænis grypho jugalem
> Riphæo tripodas repetens detorsit ab axe.

Quelquefois, au lieu de l'image du dieu lui-même, le char attelé de deux
griffons ne porte que ses armes et ses attributs, comme on le voit dans une
fresque d'Herculanum[4] et sur un fragment de frise, au musée Capitolin, dans
la salle dite - *du faune de rouge antique*. D'autre part aussi, une terre cuite,
d'ancien style et déjà citée[5], et une médaille frappée à Érythres (Ionie), en
l'honneur de Valérien père[6], nous offrent Artémis placée comme Apollon sur
un char traîné par deux griffons. Ailleurs Apollon Citharède[7] est enlevé dans

---

[1] *Mém. de l'Acad. des inscr.* t. XX, 2ᵉ part. pl. II, n° 2.

[2] Eckhel, *D. N.* VII, p. 396. — Mionnet, *Descr. de méd.* t. IV, pl. XV, n° 75. — Montfaucon, *L'Antiquité expliquée*, t. I, pl. LII, n° 9. — Dumersan, *Médit. du cabinet Allier de Hauteroche*, p. 99.

[3] XXVIII, vers 30, 31.

[4] *Pitturé d'Ercol.* t. II, pl. LIX.

[5] Ci-dessus, p. 378, note 2, et p. 380, note 2.

[6] Vaillant, *Numism. græca.* — Je n'ai pas vu la médaille; le cabinet de la Bibliothèque impériale n'en possède aucun exemplaire.

[7] Sur un vase peint, publié par Laborde (Vases du comte de Lamberg, t. II, pl. XXVI), sur une médaille impériale coloniale d'Alexandria Troas, à l'effigie de Trébonien Galle, et publiée par Sestini, *Descriz. del mus. Fontana*, I, p. 91, pl. III, n° 8. (Mionnet, *Suppl.* t. V, p. 541, n° 300.) Cf. une médaille de Chalcis (Bithynie), où l'apothéose d'Antinoüs est représentée par son ascension au ciel sur les ailes d'un griffon. (Mionnet, *Descr. de méd.* t. II, p. 423, n° 78.) Ajoutez un médaillon de stuc trouvé dans les Thermes de Pompéi et représentant Apollon ou un génie apollonique assis sur un griffon ailé

les airs, porté sur le dos ou sur les ailes d'un griffon. Strabon[1], dans un passage sur un temple d'Artémis situé vers l'embouchure du fleuve Alphée, nous apprend que là cette déesse était représentée de la même manière dans une belle peinture d'Arégonte de Corinthe.

Dans un passage de la Vie d'Apollonius de Tyane[2], le biographe grec place les griffons en Éthiopie[3], mais sans doute il entendait désigner l'Éthiopie d'Asie.

Ctésias[4] confirme le récit de Philostrate quant à la supériorité du griffon sur le lion. Et cette supériorité nous est aussi attestée par quatre monuments figurés, d'époque et d'origine différentes, qui prouvent que nulle part, pour ainsi dire, elle n'était mise en doute. Le premier est un fragment d'armure assyrienne de cuivre rouge, travaillé au repoussé et doré. Ce fragment, trouvé en Égypte et acquis par le musée du Louvre, est figuré ici, sous le numéro 1 de la planche XLVII de mon Atlas[5]. On y voit un lion et deux lionnes attaquant et dévorant un taureau et une antilope qu'ils avaient terrassés et dont ils allaient faire leur proie, quand un griffon se jette sur la lionne et la dévore elle-même. Le second et le troisième monument font partie de cette série de scarabées mixtes qui appartiennent à l'Égypte par leur forme seulement, mais à la Phénicie ou aux colonies phéniciennes d'Égypte par leur style et par leurs sujets évidemment empruntés au langage symbolique des mystères de la Vénus assyrienne. L'un, qui est de cornaline, a été en la possession de feu M. Alix Desgranges; il est reproduit ici sous le numéro 12 de la planche LIV, C, de mon Atlas. Un groupe composé d'un griffon ailé qui se précipite en vainqueur sur un lion est gravé en creux sous

---

et crêté, qui vole de gauche à droite. (*Real. mus. Borbonic.* vol. II, pl. LIII, éd. de Naples, 1824, pet. in-fol.)

[1] *Geogr.* VIII, p. 343.

[2] VI, 1.

[3] Cf. Lucien, *Dialog. mort.* XV, 4.

[4] Apud Photii *Biblioth.* cod. 72, p. 147. — *Operum reliq. Indica*, 12, éd. Baehr.

[5] Ce fragment est décrit sous le n° 220, p. 52, par M. de Longpérier, dans la 3ᵉ éd. de sa *Notice des antiquités assyriennes, babyloniennes, etc. du musée du Louvre*. Le savant archéologue le désigne sous la dénomination de *plaque de bronze* et pense «qu'en raison de sa forme et de son peu

«d'épaisseur, cette plaque peut être considérée «comme ayant été employée dans la décoration de «vêtements d'apparat, ainsi que l'indiquent les «bas-reliefs de Nemrôd.... Le bord de la «plaque, observe-t-il, est percé de trous fins et «très-rapprochés, qui ont servi à la fixer à l'aide «de fil.» Ce sont précisément ces trous qui me portent à considérer cette plaque comme ayant fait partie du revêtement d'une armure. Ils sont beaucoup trop grands pour admettre qu'on y avait passé un fil. Il me paraît plus vraisemblable de supposer qu'ils avaient servi, au moyen de petits clous ou de petites chevilles de métal, à fixer la plaque sur une armure.

la base de ce scarabée. L'autre scarabée nous offre également, sous sa base, trois divisions horizontales qu'occupent un griffon ailé, un lion et un scarabée à ailes éployées, superposés l'un à l'autre, dans l'ordre où je viens de les nommer. Le quatrième monument que j'ai à citer est une amphore à volutes, du musée royal de Berlin[1], où l'on a peint, au-dessus des figures d'Athéné et de Nicé, un griffon attaquant avec supériorité un lion, après avoir mis en fuite la femelle de cet animal carnassier[2].

Ctésias[3], cité cette fois par Ælien[4], dit que les plumes du cou du griffon sont bleues et fleuries; que cet animal a un bec d'aigle et une tête telle que la lui donnent les peintres; ses yeux sont pleins de feu; il fait son nid dans les montagnes, pour qu'on ne puisse lui enlever ses petits. Les Bactriens, qui sont limitrophes des Indiens, continue Ctésias, racontent que chez eux les griffons sont les gardiens de l'or, savent déterrer ce métal et s'en servent pour construire leur nid. L'or qu'ils laissent tomber par terre est enlevé par les Indiens. Au contraire, ceux-ci (ce qui cependant paraît être la même chose) nient que les griffons soient les gardiens de l'or et que ce métal manque dans l'Inde; mais lorsque les griffons voient les hommes s'approcher pour recueillir de l'or, ils les attaquent, redoutant extrêmement qu'on ne veuille s'emparer de leurs petits. Ils combattent tous les animaux et en triomphent facilement. Toutefois ils ne se mesurent pas avec les lions et les éléphants..... A la suite de ces détails, probablement empruntés aussi, du moins en partie, à Ctésias, Ælien raconte de quelle manière s'y prennent les indigènes pour enlever l'or gardé par les griffons : ils observent la lune en silence et choisissent le moment où les animaux cessent de veiller. Leur expédition est de longue durée, «car, ajoute Ælien, j'entends dire qu'ils ne retournent chez eux qu'au «bout de trois ou quatre ans.»

Hiéroclès, dans son ouvrage perdu intitulé : $\Phi i\lambda i\sigma\gamma o\rho$... et cité par Étienne de Byzance[5], dit expressément que les griffons se trouvent dans le pays des

---

[1] M. Édouard Gerhard, *Berlin's antik. Bildw.* n° 731. — MM. Charles Lenormant et J. de Witte, *Élite des monum. céramogr.* t. I, p. 232-234, pl. LXX.

[2] Les savants auteurs de l'*Élite des monuments céramographiques* n'ont tenu aucun compte du rôle que jouaient le cheval ou le centaure, le lion et le griffon dans les mystères d'Athéné, comme dans ceux de la Vénus assyrienne ou

phénicienne, avec qui s'identifie la déesse d'Athènes. En conséquence, ils cherchent, dans la victoire du griffon sur le lion et dans la figure de centaure peinte au revers de l'amphore de Berlin, des allusions qu'il me semble bien difficile d'admettre.

[3] Frag. n° 8, p. 358, éd. Baehr.

[4] *De natura animal.* IV, xxvii.

[5] *Sub voce* Ταρκυνία.

Hyperboréens et qu'ils y gardent l'or : Καὶ Ταρκυναῖοι ἔθνος Ὑπερϐορέων, παρ' οἷς οἱ γρύπες τὸν χρυσὸν φυλάτloυσιν.

C'est à l'occasion de la statue d'Athéné placée par Phidias dans le Parthénon que Pausanias[1] parle des griffons et des Arimaspes. Voici en quels termes il s'exprime : « La statue de la déesse est d'or et d'ivoire; sur le milieu de son « casque est un sphinx[2], et des griffons sont sculptés sur les deux côtés. Aris- « tée de Proconnèse dit, dans ses vers, que les griffons, pour défendre l'or « que produit le pays, combattent avec les Arimaspes, dont le pays est au- « dessus de celui des Issédons. Ces Arimaspes, dont le pays est au-dessus de « celui des Issédons, sont des hommes qui naissent tous avec un seul œil; « quant aux griffons, ils ont le corps d'un lion, avec les ailes et le bec d'un « aigle. Mais en voilà assez sur les griffons..... »

Apulée[3] assigne de même aux griffons une origine hyperboréenne et de plus nous atteste que cet animal symbolique avait un rôle important dans la célébration des mystères, puisqu'il était représenté sur la stole appelée *olympique* ou céleste, dont se revêtaient les initiés parvenus aux plus hauts grades. Par là nous acquerrons, en même temps, une nouvelle preuve de l'origine asiatique des mystères d'Isis, tels qu'ils se célébraient à Rome au temps de cet écrivain. Je transcris ici les propres expressions dont se sert Apulée décrivant cette stole : « Hinc dracones indici, inde gryphes hyperborei, quos in speciem « pinnatæ alitis generat mundus alter : hanc olympicam sacrati nuncupant. » Nous verrons plus loin que le roi d'Assyrie, initié aux mystères, se montre revêtu d'une stole qui, sans nul doute, servit de modèle à la *stole olympique*, trop succinctement décrite par Apulée; et si, dans la partie du vêtement royal que laisse voir la disposition du bas-relief où figure le monarque, nous n'apercevons pas les dragons indiens dont parle l'écrivain latin, nous y trouverons non-seulement des griffons, mais aussi d'autres animaux symboliques qui, comme celui-ci, imposent leur nom à des grades dans les mystères.

C'est dans le pays des Troglodytes que Héliodore[4] place le sable d'or et les griffons.

Servius, commentant le passage où Virgile marque par ces quatre mots l'inimitié du griffon et du cheval, *jungentur jam gryphes equis*, nous dit[5] que les griffons naissent dans les monts hyperboréens. « Ils appartiennent, ajoute-t-il,

---

[1] I, xxiv, 5 et 6.

[2] Dans la description de la Béotie, je rapporterai ce qu'on dit du sphinx.

[3] *Métamorph.* XI, p. 805-806, éd. Ruhnken.

[4] X, xxvi.

[5] Ad Virgilii Eclog. VIII, vers. 27.

« au genre des bêtes féroces; ils ont presque entièrement les formes du lion,
« mais les ailes et la tête d'un aigle, attaquent avec ardeur les chevaux et sont
« consacrés à Apollon [1]. » Parmi les pierres gravées asiatiques que je citerai tout
à l'heure, nous en remarquerons une qui représente, en effet, un griffon attaquant et dévorant un cheval.

Beaucoup moins laconique que Hiéroclès, Pausanias, Apulée et Servius,
l'auteur inconnu d'une description du griffon, attribuée à Philé et insérée
dans le poëme de cet écrivain sur les propriétés des animaux [2], détaille avec
complaisance les formes, les couleurs et les mœurs de cet animal, moitié lion,
moitié aigle. Il emprunte à Aristée de Proconnèse et à Ctésias les principaux
traits de sa description et en ajoute un dont ces deux écrivains ni leurs successeurs ne font aucune mention. Il dit que, par devant, le griffon est de
couleur pourpre, de couleur blanche par derrière, et que sa peau est noire [3].

Dans un passage cité par Harpocrate et commenté par M. Welcker, Eubule, auteur comique dont les ouvrages sont perdus, semble avoir transporté dans l'Attique le repaire des griffons, de même que les mythographes
et les historiens grecs y font arriver les Amazones, sans nous avertir et peut-
être sans se douter que la légende de ces personnages énigmatiques se lie à
l'institution des mystères apportés de l'Asie occidentale chez les Grecs et se
rattache, en particulier, à l'initiation au grade de griffon. Les textes rapprochés du témoignage des monuments figurés que je vais avoir à citer ne laissent aucun doute à cet égard. Voici en quels termes, dans son savant mémoire sur Hécate et Éros [4], l'habile archéologue et philologue de Bonn
commente le récit d'Eubule : « Les griffons paraissent même avoir été trans-
« portés sur l'Hymette dans la comédie. C'est, en effet, ce que touche le co-
« mique Eubule dans Harpocrate, *voce* Χρυσοχοεῖν, en disant qu'autrefois les
« Athéniens sortirent en armes et avec des provisions pour trois jours, le
« bruit s'étant répandu que beaucoup de minerai d'or avait paru sur le mont
« Hymette et qu'il était gardé par des fourmis belliqueuses. Cela s'explique
« facilement et simplement par un ingénieux emploi de la fable des Arimaspes
« et des griffons, mêlée avec la tradition de ces animaux indiens [5], qui se tra-

---

[1] Le même Servius parle du griffon dans un
autre passage (Ad Virgilii Eclog. V, vers. 65),
mais seulement pour dire que Porphyre compte
cet animal au nombre des attributs d'Apollon.

[2] *De animalium proprietate*, cap. ii.

[3] *De animalium propr.* cap. ii, vers. 3 et 4.

[4] Page 67.

[5] M. Welcker entend parler ici des fourmis
indiennes, gardiennes de l'or, selon Hérodote
(III, cii).

« hit par l'expression de fourmis..... Cette expédition sur l'Hymette pour
« y enlever aux griffons l'or qu'ils y avaient amassé me semble être le sujet
« des *Griffons*, comédie de Platon, qui passait aussi sous le nom des *Four-*
« *mis*..... »

La plupart des anciens auteurs que je viens de citer s'accordent à placer en
Asie la patrie du griffon. Quelques-uns, et ce ne sont pas les moins importants, indiquent particulièrement la région septentrionale, qu'habitaient les
Scythes, les Hyperboréens[1] et les Arimaspes. D'autres désignent nominativement les monts Rhipées ou Riphées. Quelques-uns aussi s'expriment de manière à nous faire comprendre que les traditions recueillies par eux se rattachaient à une institution de mystères dans le langage symbolique de laquelle
la région de l'or représentait celle du soleil, et le griffon le gardien de cette
dernière région. C'est même à l'occasion de la stole olympique dont on revêtait les initiés parvenus à un haut grade qu'Apulée désigne par l'ethnique
hyperboréens : gryphes hyperborei, les griffons peints sur cette stole. Aussi mon
savant ami, M. le professeur F. G. Welcker, dans une belle dissertation déjà
citée, n'a-t-il pas hésité à dire[2] que toutes les traditions s'accordent à constater que le griffon a une origine hyperboréenne et que primitivement il appartenait à *Apollon Pythien et Délien*. Or j'ai eu plusieurs fois l'occasion d'annoncer que certains rites apportés par les Hyperboréens à Délos et à Delphes
étaient conformes aux rites suivis dans les mystères dont les Chaldéens d'As-

---

[1] Sur les Hyperboréens et les Arimaspes, et
en particulier sur leur emplacement et sur leurs
émigrations et leurs exploits, il faut consulter
Voss (*Mytholog. Briefe,* t. II, lettres XVI et
XVIII); K. O. Müller (*Die Dorier,* 1" partie,
p. 275); M. Welcker (*Mémoire sur Hécate et
Éros,* inséré dans les *Annales de l'Institut archéologique,* t. II, p. 65-84) et M. Éd. Gerhard
(dans son savant ouvrage intitulé : *Hyperbo-
reische Studien. —* K. O. Müller (*loc. cit.*), pour
réfuter une opinion singulière de Voss (*loc. cit.*),
cherche à démontrer que les récits relatifs aux
Arimaspes *monocles,* combattant à cheval, sur
les monts Rhipées, les griffons gardiens des
mines d'or, ont dû être transmis des peuples
scythiques ou septentrionaux aux Grecs, en suivant la route où étaient situées les colonies grecques des rives du Borysthène, du Pont, de la

Chersonèse Taurique et de la Propontide. Mais
il pense aussi que le bizarre assemblage de
l'aigle et du lion dans la composition du griffon
pourrait bien avoir une autre origine, les figures
représentées sur les tapis provenant de la Babylonie et de la Perse. Cette opinion, ainsi que
le fait remarquer M. Welcker (mémoire cité,
p. 66-67), n'est point en opposition avec une
conjecture déjà présentée par Voss dans son Mémoire sur l'origine des griffons inséré dans la
Jenaische Litterang Zeitung, 1804. Mais le savant professeur de Bonn (*ibid.*) n'admet pas que
pour parvenir aux Grecs les traditions relatives
aux griffons aient été obligées de faire le long
détour indiqué par K. O. Müller.

[2] *Annal. dell' Instit. archeolog.* vol. II, p. 66
à 72.

syrie passaient pour être les inventeurs. J'ai dit aussi, et je vais tout à l'heure le prouver par le double témoignage des documents écrits et des monuments figurés, j'ai dit que le griffon donne son nom à l'un des douze grades institués dans ces mystères. J'ai enfin avancé que ces Chaldéens se confondent avec les Hyperboréens et, comme ceux-ci, appartiennent à la grande famille des nations aryennes. J'ai maintenant à faire remarquer qu'aux langues de ces nations appartient le nom des Arimaspes, ce nom si intimement lié à la légende des griffons hyperboréens. Ici je m'appuie sur l'opinion d'un des plus habiles philologues de notre siècle, M. Eugène Burnouf, dont la mort prématurée sera, pour le monde savant, le sujet de regrets éternels. Il rapporte[1] à la langue zende le nom d'*Arimaspe* et le déclare composé d'*Arim*, dont on ne connaît pas bien la signification, mais qui doit être un ethnique[2], et d'*açpa*, qui, en zend, signifie *cheval*[3]. Cette opinion nous ramène ainsi, par une autre voie, à reconnaître une origine commune aux Hyperboréens et aux Chaldéens d'Assyrie, et, par conséquent, une origine commune aussi à deux institutions de mystères qui attribuaient chacune un rôle important au symbole du griffon[4] et que nous trouvons établies, l'une chez ces mêmes Hyperboréens, l'autre chez ces mêmes Chaldéens. Ces mystères furent-ils inventés dans les régions septentrionales de l'Asie et de là importés au Midi par les Chaldéens dans les contrées situées entre le Tigre et l'Euphrate? Ou bien furent-ils inventés par les Chaldéens dans ces dernières contrées et portés de là chez les Hyperboréens? C'est une question que le manque absolu de documents historiques et chronologiques ne me permet pas de résoudre.

Ce qu'il importait de constater, et ce qui me semble désormais hors de toute contestation, c'est que l'Asie est la patrie du griffon.

L'Égypte ne peut donc revendiquer l'invention de ce symbole, pas plus que l'invention des mystères où il donne son nom à un grade. Aussi ne le trouvons-nous ni parmi les hiéroglyphes égyptiens interprétés dans l'ouvrage attribué à Horapollon, ni sur les longues listes de hiéroglyphes dressées par

---

[1] *Yaçna*, notes et éclaircissements, t. I, 1re partie, p. cv-cvii.

[2] Eugène Burnouf (*ibid.*), considérant que le mot *Arym* a pu être la transcription du zend *Ayriaman*, ne se montre pas éloigné d'admettre que la dénomination d'*Arimaspes* représente un nom qui devait signifier *les chevaux d'Ayriaman*.

[3] En zend, on dit aussi, mais beaucoup plus rarement, *aurvat* (*arval*), cheval.

[4] Si, comme l'a pensé un savant d'Allemagne, le mot γρὺψ, griffon, et le verbe allemand *greifen*, saisir, appartiennent à un même radical, on aurait là un nouveau témoignage en faveur de l'origine aryenne ou indo-scythique du griffon.

nos plus savants égyptologues, ni sur les monuments de l'art propres à l'É-
gypte. On pourrait, il est vrai, opposer à ma dernière assertion le témoignage
de quatre monuments qui proviennent de cette célèbre contrée : une corbeille d'or, trouvée dans le tombeau dit *de Rhamsès III*, un fragment de cuirasse ou d'ornement, un scarabée de la collection de la Propagande à Rome,
et une peinture du grand temple d'Isis dans l'île de Philes. Examinons ce
qu'il est permis de conclure de la présence du griffon sur chacun de ces
quatre monuments.

La corbeille est ornée, en relief, d'un griffon ailé, dont la tête est surmontée d'une triple aigrette. Publiée en premier lieu par M. Wilkinson[1], cette
corbeille a été reproduite par mon savant ami M. le professeur Édouard Gerhard, dans une intéressante dissertation sur les ailes des divinités et des animaux[2]. Le voyageur anglais et l'académicien de Berlin, trompés l'un et l'autre
par le lieu de provenance, ont considéré cette corbeille d'or comme une œuvre
de l'art égyptien. Le second a même été plus loin en déclarant que le griffon
est un des animaux ailés propres à l'Égypte[3]. Les auteurs que j'ai cités et les
termes de comparaison que fournissent les monuments découverts sur le sol
assyrien et dans quelques autres contrées de l'Asie occidentale ne me permettent pas d'hésiter à reconnaître cette corbeille d'or comme un objet d'art
transporté d'Assyrie ou de Phénicie en Égypte et orné d'un animal symbolique
dont l'invention appartient aux Hyperboréens ou aux Chaldéens. Parmi les
termes de comparaison auxquels je fais, en ce moment, une allusion directe,
je me bornerai à signaler le cylindre assyrien dont le numéro 8 de la planche
LVI de mon Atlas reproduit un dessin exact. Les formes et, en particulier, la
triple aigrette de la corbeille d'or sont l'imitation d'un type commun.

C'est aussi à ce même type qu'il faut rapporter le griffon à triple aigrette
qui se trouve sur le fragment d'armure dont j'ai à parler. Déjà j'ai cité ce
monument[4] comme un de ceux où la supériorité du griffon sur le lion est évidemment attestée. Si j'ajoute ici que les divers groupes d'animaux qui s'y
trouvent représentés appartiennent à l'art assyrien ou phénicien, de même
que le méandre qui les encadre, si je rappelle que M. de Longpérier n'a pas
hésité à classer ce fragment parmi les antiquités assyriennes, dans le musée

[1] *Egyptian Customs*, III, p. 226.

[2] *Ueber die Flügel*, etc. p. 194, note 2, pl. I, n° 1.

[3] «Als seltene ægyptische Flügelthiere sind «Greif und Bockhirsch auf unserer Tafel, n°° 1 «und 2.»

[4] Ci-dessus, p. 386.

du Louvre, si enfin on en considère le style et la composition, personne ne se refusera à lui reconnaître une origine assyrienne ou phénicienne, bien qu'il ait été découvert en Égypte.

C'est aussi à un type assyrien qu'il faut rapporter le griffon à triple aigrette gravé sous la base d'un scarabée qui, regardé jusqu'à ce jour comme un produit de l'art égyptien, pourrait être allégué par les adversaires de l'opinion que je soutiens. Ce petit monument, avant de passer dans la collection du collège de la Propagande, avait fait partie du musée Borgia. Sa base est divisée en trois bandes, ainsi qu'on peut le voir par le dessin n° 4 qui la reproduit sur la planche XXXVI de mon Atlas. Le griffon, comme de droit, occupe la bande supérieure, placé entre deux croix ansées, symboles de la vie spirituelle, symboles de la vie éternelle ou de l'immortalité, et rappelle ainsi qu'il est le gardien de la porte du soleil, par laquelle les âmes, rendues à la liberté en se séparant de la matière, rentrent dans les demeures célestes. Au-dessous du griffon, un lion, autre symbole solaire consacré à Vénus, et symbole du principe igné terrestre, s'avance, la gueule béante, pour s'emparer d'un rameau [1], emblème du principe humide. Plus bas, dans la troisième division, est gravé un troisième symbole solaire, un scarabée, les ailes éployées, tenant entre ses pattes de devant la boule qu'il a l'habitude de faire rouler et qui est un emblème du monde créé. D'autres scarabées, de la même catégorie, mais plus explicites, confirment pleinement l'origine asiatique ou égypto-phénicienne que j'attribue à celui-ci : ils représentent chacun un initié combattant un ou deux griffons [2], comme nous allons aussi le voir sur des cylindres assyriens ou phéniciens, sur les deux belles coupes d'argent doré trouvées dans l'île de Chypre et déposées au musée du Louvre, et enfin sur deux grands bas-reliefs de Persépolis. De telles représentations n'appartiennent nullement à l'art égyptien, non plus que le sujet figuré sur une belle coupe phénicienne de bronze trouvée à Nemrôd [3], dont je parlerai tout à l'heure, et qui nous offre des griffons alternant avec un emblème surmonté d'un scarabée à ailes éployées.

L'Asie occidentale ne revendique pas avec moins de droits le type primitif d'une image dont on a cependant relevé le dessin dans une des peintures de l'intérieur du pronaos du grand temple d'Isis à Philes. Elle représente une

---

[1] Cf. le cylindre n° 5 de la planche LVII de mon Atlas, et le n° 2 de la planche XI *De Cerc antica* de Grifi.

[2] Voyez Atlas, pl. LXIX, n°ˢ 10, 11 et 14.

[3] Elle a été publiée par M. Layard, dans ses *Monuments of Nineveh,* 2ᵉ série, pl. LXIII.

déesse ailée, placée sur une base dont la plinthe est ornée, par devant, de huit griffons également ailés. Champollion le jeune, qui a publié cette image dans son *Panthéon égyptien*, n'hésite pas à la rapporter à la divinité qu'il nomme *Vénus-Hâthôr Ptérophore*. Personne aujourd'hui ne conteste à cette divinité une origine assyrienne ou phénicienne ; et je ne dois pas omettre de faire remarquer qu'ici les huit griffons dont elle est accompagnée alternent avec huit étoiles qui représentent indubitablement la planète que l'Asie occidentale avait consacrée à Vénus. Or, sans s'autoriser de l'institution d'un grade de griffon dans les mystères de Vénus-Mylitta et dans ceux de Mithra, on peut citer, en Orient et en Occident, des monuments authentiques qui représentent Vénus avec l'attribution du griffon. C'est ainsi qu'au revers de la tête de Trajan, sur une médaille frappée à Gabala (Syrie)[1], on remarque deux griffons ailés, placés aux pieds de la *Déesse de Syrie* assise sur son trône et coiffée du *modius*[2]. Cette Vénus tient, de la main gauche, un long sceptre et porte, sur la main droite, une chouette les ailes éployées[3]. Par ces trois attributs, le modius, la chouette et le griffon, elle se confond tout à la fois avec Athéné ou Minerve, divinité d'origine asiatique, dont le casque est orné de deux griffons[4] ; avec l'Artémis adorée à Perga, dans la Pamphylie, sous la forme d'un cône surmonté du modius et placé tantôt entre le Soleil et la Lune personnifiés[5], tantôt entre deux cyprès surmontés, l'un de l'astérisque du soleil, l'autre du croissant de la lune[6] ; avec l'Artémis ou l'Hécate placée dans un char attelé de deux griffons, sur une terre cuite dont je parlerai plus loin, et enfin avec Némésis, déesse du destin ou de la fortune, représentée, sur les médailles de Smyrne et de Laodicée de Phrygie[7], ayant à ses pieds un griffon. D'autre part, si le griffon et l'étoile de Vénus sont répétés chacun *huit fois* sur la base de l'image de Hâthôr à Philes, il ne faut pas oublier que les nombres huit et seize étaient consacrés à Mithra[8], et que cet usage religieux dérivait,

---

[1] *Recherches sur Vénus*, pl. XIV, *H*, n° 10.

[2] Sur la rare médaille impériale de Hiérapolis de la Cyrrhestique, publiée dans mes *Recherches sur Vénus*, pl. III, *B*, n° 1, et sur plusieurs médailles autonomes ou impériales d'Aphrodisias de Carie (*ibid*. pl. III, *A*, n°° 1-4 ; pl. XIX, n° 4), Vénus est également représentée la tête surmontée du *modius*.

[3] Cette image, on le voit, offre plus d'un rapport avec celle que décrit l'auteur du traité *De Dea Syria*, et qui, placée dans le célèbre temple de Hiérapolis, «avait tout à la fois, dit-il, quel-«que chose de Héra, d'Athéné, d'Artémis, de «Némésis, etc.»

[4] Ci-dessus, p. 388.

[5] *Recherches sur Vénus*, pl. I, n° 13.

[6] *Mém. de l'Acad. des inscr*. t. XX, 2° partie, pl. XIV, n°° 1 et 2.

[7] *Recherches sur Vénus*, pl. III, *A*, n° 8.

[8] Voyez ci-dessus, p. 71.

sans aucun doute, de la liturgie qui était en usage chez les Assyriens, dans le culte de Vénus-Mylitta, et qui fut importée en Égypte avec le culte de la Vénus-Hâthôr, en Perse avec celui de Mithra.

A son tour, l'Occident nous fournit deux monuments qui, dans la question actuelle, n'apportent pas un témoignage moins décisif. Le premier est un vase grec peint, trouvé dans la basse Italie, publié par Tischbein [1] et reproduit deux fois par M. le professeur Édouard Gerhard [2]. Il représente Aphrodite Androgyne [3], placée, comme reine du ciel, sur un char attelé d'une panthère [4] et d'un griffon, et roulant d'occident en orient, précédé par Éros ailé ; représentation qu'il est intéressant de rapprocher d'une belle terre cuite de style archaïque, provenant de la même contrée et publiée par M. le professeur G. F. Welcker, comme je l'ai dit plus haut. Cette terre cuite nous offre Artémis ou Hécate debout sur un char attelé de deux griffons [5] qu'elle conduit de l'occident vers l'orient, accompagnée d'Éros, qui précède le char ou qui marche à côté du char. Cet exemple si remarquable de l'attribution du griffon à Artémis et de l'alliance du culte d'Éros avec le culte de la déesse nous prouve qu'Aphrodite et Artémis se confondent, et que le griffon et la panthère attelés au char d'Aphrodite Androgyne, sur le vase cité, représentent la lune et le soleil, comme les deux griffons sur la terre cuite publiée par M. Welcker représentent ces deux mêmes astres. Cette dernière assertion me semble pleinement confirmée par le témoignage des deux médailles impé-

---

[1] III, 22.

[2] *Bildwerke*, pl. CCCXIII, n° 3 ; — *Ueber den Gott Eros*, pl. III, n° 2.

[3] Le savant professeur de Berlin (*loc. cit.* p. 37) désigne cette figure sous le nom d'*Hermaphrodite*, et qualifie d'*apollonien* (apollonischem Greif) le griffon attelé à son char. Mais peut-être aurait-il modifié ces dénominations s'il avait eu égard aux monuments qui attestent l'attribution directe du griffon à Vénus et le rôle important que remplit ce symbole dans les mystères de la déesse.

[4] La panthère n'est pas un animal exclusivement consacré à Bacchus, comme paraît le croire (*loc. cit.*) l'habile archéologue cité dans la note précédente. Le cylindre assyrien que j'ai publié dans mes *Recherches sur Vénus* (pl. IV, n° 12) nous offre l'image d'une grande prêtresse de Mylitta présidant à une scène d'initiation ; et cette prêtresse, qui, par son costume, ses armes et sa pose, représente la déesse elle-même, a pour piédestal, si je puis m'exprimer ainsi, une panthère, de même que Mylitta ou Astarté, à Yazili Kaïa (*Recherches sur Vénus*, pl. II), et Hâthôr, sur les deux stoles égyptiennes que j'ai publiées (*ibid.* pl. XIV, *F*, et *Mém. de l'Acad. des inscr.* t. XX, 2ᵉ partie, pl. XI), ont chacune pour piédestal une lionne ou un lion. Les monuments des mystères fournissent d'autres exemples de la substitution de la panthère à ces deux derniers animaux.

[5] L'incorrection de l'original, ou la négligence du dessinateur, laisse un peu d'incertitude sur la forme de la tête des deux animaux. A la première vue, on pourrait croire qu'ils ont chacun une tête de lion et non une tête d'aigle.

riales de Perga citées ci-dessus, qui, au revers de la tête d'Aurélien, nous montrent le cône emblème d'Artémis et de la Vénus asiatique, placé entre un cyprès surmonté du croissant de la lune et un cyprès surmonté de l'astérisque du soleil [1].

Le second monument qui atteste l'attribution directe du griffon à Vénus est un fragment de mosaïque dont j'ai fait mention dans ma lettre à M. le professeur Édouard Gerhard, sur l'Aphrodite Pandémos Epitragia. Je répéterai ici que ce fragment [2], encadré par un méandre très-analogue aux méandres des bas-reliefs et des cylindres assyriens, représente Vénus, reine de la mer, assise sur le dos d'un griffon marin, c'est-à-dire d'un griffon à queue de poisson [3]. La déesse, nue depuis le cou jusqu'à mi-cuisses, est entourée de poissons qui nagent au milieu des flots ; elle tient de la main droite, au-dessus de sa tête, un des deux bouts d'un péplos enflé par les vents.

Après avoir passé en revue les témoignages qui assignent pour patrie au griffon l'Asie septentrionale, l'Inde et l'Asie méridionale ou l'Éthiopie d'Asie, et les témoignages qui nous autorisent à refuser à l'Égypte l'invention de ce symbole ; après avoir mis sous les yeux du lecteur les antiquités figurées qui, en dehors des monuments de l'art consacrés aux mystères de Mylitta ou d'Astarté, établissent qu'en Orient et en Occident le griffon était attribué à Vénus, il me resterait à produire quelque monument qui, en dehors aussi de ceux que je rapporte aux mystères de Mithra, pût, de son côté, nous fournir un exemple de l'attribution directe du griffon à ce dieu des Perses. Il n'en est parvenu aucun jusqu'à nous. Mais l'antiquité nous a légué plusieurs témoignages authentiques qui établissent qu'un grade de griffon avait été institué dans les mystères de Mithra. Déjà j'ai rapporté une inscription lapidaire latine, qui fait une mention particulière d'une cérémonie propre à ces mystères, dans laquelle les prêtres initiateurs avaient montré aux initiés les griffons, le 24 avril 358 de notre ère, ou le 24 avril 376 : CONS. S. S. OSTENDERVNT·GRYFIOS·$\overline{\text{VIII}}$·K·MAI·FELIC· Or il est à remarquer que le mois d'avril était consacré à Mithra comme à Vénus, et que, chez les Ro-

---

[1] Voyez *Mém. de l'Acad. des inscript.* t. XX, 2ᵉ partie, pl. XIV, nᵒˢ 1 et 2.

[2] Il a été trouvé près de Philippeville, en Algérie, et publié par M. le commandant Delamarre dans l'*Exploration scientifique de l'Algérie* (Archéologie, pl. XIX).

[3] C'est ainsi que Vénus marine est représentée assise sur d'autres animaux à queue de poisson, tels qu'un taureau, un bouc, un cheval, etc. Le griffon marin se retrouve sur les médailles autonomes de Velia, et là il se rapporte sans doute à Vénus marine, à Neptune ou à Amphitrite.

mains du moins, le plus grand nombre des initiations se pratiquaient dans le même mois. Déjà aussi j'ai transcrit un passage de la précieuse lettre où saint Jérôme, écrivant à Læta, et faisant l'énumération de plusieurs grades dont on avait trouvé les insignes dans la grotte du mont Capitolin consacré à Mithra, n'omet pas celui de *gryphus* ou griffon. La mention nominale qu'il en fait nous permet de comprendre que les mots gravés sur la pierre, OSTENDERVNT GRYFIOS [1], se rapportent indubitablement à ce même grade. A son tour, l'inscription lapidaire nous montre que, dans la lettre de saint Jérôme, il faut lire *gryphus* et non *nymphius* ou *nymphus,* comme ont lu quelques éditeurs ou commentateurs et plusieurs savants estimables [2] qui, partant de cette leçon fautive, se sont égarés dans des conjectures inadmissibles. S'il pouvait rester encore quelque doute sur ce point, les monuments figurés que je vais produire achèveraient de le dissiper. Dans cette revue, par les raisons exposées plus haut, je serai obligé de comprendre, comme je l'ai fait pour les six grades précédents, non-seulement les monuments du grade de griffon qui appartiennent aux mystères de Mithra, mais ceux aussi que nous ont légués les sectateurs assyriens et les sectateurs phéniciens de la Vénus asiatique. Le rapprochement de ces diverses antiquités figurées aura l'avantage de montrer, une fois de plus, que les mystères du dieu des Perses sont bien réellement dérivés des mystères de Mylitta, et que les types inventés par les Chaldéens d'Assyrie pour représenter les symboles des grades et les cérémonies propres aux initiations servirent de modèles à l'art religieux des Perses. Une fois de plus, aussi, nous aurons un nouveau témoignage en faveur de l'origine septentrionale de ces Chaldéens et de leurs rapports intimes avec le peuple appelé les *Hyperboréens* par les Grecs, puisque le plus grand nombre de traditions antiques donne pour patrie au griffon l'Asie septentrionale et nommément le pays des Hyperboréens.

Les deux premiers monuments dont je place les dessins sous les yeux du lecteur n'ont pas moins de quatre mètres, ou douze pieds de haut, sur plus de trois mètres ou neuf pieds de large.

---

[1] Je ne suis pas parvenu à découvrir pourquoi les inscriptions lapidaires trouvées à Rome, dans l'église de Saint-Silvestre, emploient le verbe *ostendere* lorsqu'il s'agit des *gryphiques,* et le verbe *tradere* lorsqu'il s'agit des *léontiques,* des *coraciques,* des *persiques,* des *héliaques* et des *patriques.* On lit aussi dans l'inscription que renfermait autrefois l'église de Saint-Jean, à Rome : TRADIDERVNT LEONTICA, TRADIDERVNT HELIACA.

[2] Entre autres, dom Roussel.

Planche LIX. Bas-relief dessiné dans les ruines de Persépolis, par Sir Robert Ker Porter [1].

On voit ici, tourné à droite, le roi de Perse, debout et vêtu d'une longue stole, vainqueur d'un griffon qui s'est dressé sur ses pattes de derrière pour combattre corps à corps son royal adversaire. Celui-ci, de la main gauche, maîtrise l'animal moitié aigle, moitié lion, en le tenant par l'aigrette dont sa tête est surmontée ; de la main droite, il lui enfonce dans les flancs un large poignard. Le costume et la pose du roi, la forme du poignard sont parfaitement identiques sur ce monument et sur les trois bas-reliefs où nous avons vu le roi de Perse d'abord vainqueur d'un taureau [2] et puis vainqueur d'un lion [3]. Lorsque le voyageur anglais a dessiné le bas-relief que je viens de décrire, la partie inférieure était cachée par les débris qui avaient exhaussé le sol de la grande salle du palais de Persépolis où il est resté placé [4].

Planche LX. Autre bas-relief de Persépolis, dessiné sur les lieux par M. Eugène Flandin, après avoir été complétement déblayé.

Le sujet est le même que celui du bas-relief dessiné par Sir Robert et décrit dans le paragraphe qui précède. Mais ici le roi est tourné à gauche, et c'est de la main gauche qu'il enfonce son poignard dans les flancs du griffon. A cette différence près, les deux bas-reliefs sont semblables, quant au costume, à la pose et à la forme du poignard du roi, et quant à l'attitude de l'animal vaincu. Mais les formes de ce griffon varient dans les deux dessins, soit que Sir Robert n'ait pas mis dans le sien toute l'exactitude désirable, soit qu'il ait rendu les formes du griffon telles qu'elles sont réellement exprimées dans la sculpture. Dans cette dernière supposition, les deux bas-reliefs se trouveraient distincts, et l'on n'aurait pas à se demander s'il n'en existe qu'un seul. N'ayant pas sous les yeux le plan de Sir Robert et le plan de MM. Flandin et Coste, je suis encore indécis sur cette question au moment où j'écris ces lignes. L'exactitude que M. Flandin apporte dans tous ses dessins d'archéologie et le soin qu'il a eu de faire déblayer la partie inférieure du bas-relief qui était enfouie dans les décombres nous autorisent suffisamment à considérer comme très-fidèle le dessin que je reproduis ici d'après la planche CLII du *Voyage en Perse* [5]. Cette planche m'inspire d'autant plus de confiance que

---

[1] *Travels in Georgia, Persia, etc.* vol. I, p. 671 et 672, pl. LII.

[2] Pl. XIV.

[3] Pl. XX et XXII.

[4] Cette salle est marquée *K* sur le plan publié par Sir Robert Ker Porter, pl. XXX.

[5] *Perse ancienne.*

je trouve dans un beau bas-relief de Nemrôd, publié par mon honorable ami M. A. H. Layard[1] et cité plus haut, le roi d'Assyrie combattant un lion dont la queue formée par trois rangées de plumes et les jambes de derrière terminées par des pattes et des serres d'aigle affectent précisément les mêmes formes que nous présentent ici la queue et les pattes postérieures du griffon combattu par le roi de Perse. C'est là un de ces exemples frappants de la fidélité avec laquelle les sculpteurs employés à Persépolis avaient copié les types fournis par les monuments religieux des Assyriens exécutés sous l'inspiration et la direction des Chaldéens.

Planche LIV, *B*, n° 6. Cylindre de calcédoine blanchâtre.

Nous retrouvons ici deux griffons dont la queue, les pattes et les serres rappellent également le lion figuré sur le bas-relief de Nemrôd cité dans le paragraphe précédent. De plus le personnage barbu qui, vêtu d'un riche costume assyrien, et tourné à droite, combat ici ces deux griffons, est armé d'une harpé en forme de faucille, parfaitement semblable à celle que porte suspendue au bras le roi d'Assyrie, dont ce même bas-relief de Nemrôd représente la victoire remportée sur le lion. Nous en voyons une autre dans la main gauche d'une petite statue en calcaire, de ronde bosse et de beau style, qui a été trouvée intacte sur un piédestal en calcaire aussi, dans un petit temple situé sur le côté septentrional de la plate-forme de Nemrôd. M. Layard, qui a publié ce précieux monument[2], pense qu'il représente l'ancien roi d'Assyrie par l'ordre de qui avait été bâti le palais Nord-Ouest.

Planche LVII, n° 8*. Cylindre de calcédoine jaunâtre.

Même sujet que sur le cylindre précédent, et même analogie à remarquer quant à la forme de la queue et des pattes des deux griffons. Mais ici l'initié, barbu et vêtu d'un costume assyrien moins riche, est pourvu de quatre ailes attachées par derrière aux épaules; deux sont ascendantes et deux tombantes. Il n'est pas armé; mais on peut croire qu'il a déposé ses armes dans le sanctuaire des initiations après avoir vaincu et dompté les deux griffons qui s'étaient dressés contre lui sur leurs pattes de derrière. Il en tient un de chaque main par une de leurs pattes de devant, comme, après sa victoire sur le taureau et successivement sur le lion, nous l'avions vu tenir, de la même manière, d'abord deux taureaux ailés se dressant sur leurs pattes de derrière[3], puis deux lions ailés affectant une pose semblable. Notre

---

[1] *Monum. of Nineveh*, 2ᵉ série, pl. V.

[2] *Ibid.* 2ᵉ série, p. 6 et pl. LII.

[3] *Atlas*, pl. XV, n° 3.

cylindre a sur le précédent[1] l'avantage de nous montrer, à côté du groupe qui représente la célébration d'une *gryphique*, l'arbre de vie ou le *hôm* surmonté du *mihr*, sous l'emblème duquel, à raison du costume assyrien de l'initié et du style du sujet, il faut reconnaître ici Mylitta présidant à une scène d'initiation. Selon l'usage, la forme du hôm est purement conventionnelle. Ce cylindre provient du cabinet de feu le baron Denon. Je l'acquis à la vente de ce cabinet, et, au mois de janvier 1828, sur la demande de feu M. Amaury Duval, j'en fis le sujet d'une notice qui a été insérée dans l'ouvrage intitulé : *Description du cabinet de feu M. le baron Denon.* On peut voir, par cette notice, que, dès l'époque où elle fut rédigée, mes idées sur les grades dans les mystères de Mithra, sur la destination des cylindres et sur le sujet que représente celui-ci, étaient complétement fixées. Ce cylindre, fort remarquable par la fermeté et la grandeur du style, a été reproduit d'une manière peu satisfaisante dans l'ouvrage cité ; il est passé avec toute ma collection au cabinet des médailles et antiques de la Bibliothèque impériale de Paris. En 1828, on ne possédait, dans les collections d'Europe, que deux autres cylindres qui pussent être rapportés au grade de griffon.

Planche LVIII, n° 1. Cylindre de cornaline pâle.

Même sujet et même disposition que sur le cylindre précédent, à cela près que l'initié, vêtu d'un costume assyrien, est tourné à gauche, au lieu d'être tourné à droite, et qu'à la place du mihr et du hôm, on voit ici deux lignes perpendiculaires de caractères cunéiformes du système assyrien. Le corps des deux griffons est parsemé de ces petits disques ou globules dont il a été question plus haut.

Planche LVI, n° 6. Autre cylindre de cornaline pâle.

Le sujet, la disposition du groupe et le système assyrien de l'initié sont les mêmes que sur le cylindre précédent. Mais le style est différent ; les formes sont plutôt grêles que lourdes, et on ne trouve ici ni mihr, ni hôm, ni légende en caractères cunéiformes.

Planche LVII, n° 7. Cylindre de calcédoine.

Un initié barbu, tourné à droite, pourvu de quatre ailes et vêtu d'un costume assyrien fort simple, tient de chaque main, par le cou, un griffon ailé, qui détourne la tête. A gauche, sont gravées deux lignes de caractères cunéiformes assyriens. Le style de ce petit cylindre décèle une époque de décadence.

---

[1] Atlas, pl. LIV, *B*, n° 6.

Planche LVII, n° 6. Cylindre dont la matière ne m'a pas été désignée.

Il fait partie de la collection du prince Poniatowski, à Florence. Un initié à longue barbe, tourné à gauche, la tête ornée d'une couronne à pointes, et le corps vêtu du costume que j'appelle *l'ancien costume militaire*, tient, de chaque main, par une aigrette ou par une corne implantée au sommet de la tête, un griffon ailé, dont les pattes de devant sont celles d'un lion et les pattes de derrière celles d'un aigle. L'initié, de même que chaque personnage vêtu de son costume, sur les cônes et les cylindres, n'est pas ailé. Au-dessus de sa tête est gravé un *mihr* [1].

Planche LVI, n° 5. Hémisphéroïde de sardonyx, légèrement comprimé.

Même sujet, même disposition, même costume, et même forme de *mihr* que sur le cylindre décrit dans le paragraphe précédent. On ne peut pas dire cependant que l'un de ces petits monuments soit la copie de l'autre. Ici nous avons même à faire remarquer une particularité que ne présentent ni les cylindres ni aucun autre des petits monuments figurés dont je rapporte le sujet aux mystères de Mithra ou aux mystères de Mylitta : c'est une légende en caractères pehlevis, gravée à droite et à gauche du *mihr*. Je soupçonne qu'elle a été ajoutée postérieurement à l'époque de la gravure du sujet, et par une autre main. Les personnes qui auront l'occasion de voir l'original, que je connais par une empreinte seulement et par le dessin qu'en a publié feu Sir William Ouseley [2], pourront vérifier si ma conjecture est fondée ou non.

Planche LVIII, n° 7. Autre hémisphéroïde de sardonyx.

Nous retrouvons ici le même sujet, la même disposition, le même costume, le même *mihr* que sur le cylindre et l'hémisphéroïde décrits dans les deux paragraphes qui précèdent. Mais il n'y a aucune inscription, l'initié est tourné à droite, et, au-dessus de la tête d'un des griffons, on a gravé une étoile à

---

[1] M. Raoul Rochette (*Mém. de l'Acad. des inscr.* t. XVII, 2ᵉ partie, p. 403) commet, au sujet de ce cylindre, plusieurs inadvertances que je ne puis me dispenser de relever. Et d'abord ce monument n'était pas inédit lorsque le savant académicien l'a publié. Déjà il avait été figuré dans plusieurs ouvrages. L'emblème gravé au-dessus du combat mystique ne représente point la *triade divine*. C'est un simple *mihr*. La tiare de l'initié, au lieu d'être radiée, comme le dit M. Raoul Rochette, est une tiare à pointes, semblable à celle que portent les rois de Perse sur les dariques, et les initiés sur une multitude d'autres cylindres. Enfin il tombe dans une singulière contradiction lorsque, après avoir dit qu'on voit ici «Hercule vêtu du costume assyrien,» il ajoute : «Le travail est de la plus belle manière persépolitaine, qui conserve encore toutes les traditions du style assyrien.» L'habile archéologue oublie encore une fois que l'*Hercule assyrien* ne figure ni dans les livres sacrés des Parses ni sur aucun monument persique. (Voyez mes observations ci-dessus.)

[2] *Travels*, vol. III, pl. LIX, n° 7.

six branches terminées chacune par une petite boule. Au-dessus de la tête de l'autre griffon est placé un objet qui m'est inconnu : il affecte une forme où l'on retrouve les six petites boules de l'étoile. Le groupe qui représente cette gryphique est posé sur un soubassement semi-circulaire, orné d'un treillis que nous rencontrons fréquemment dans les bas-reliefs assyriens et sur les pierres gravées phéniciennes.

Planche LVI, n° 4. Cylindre d'agate blanche.

De nouveau l'initié se présente à nos yeux avec une grande barbe étagée, quatre ailes et un costume assyrien. Mais ici, non content de consacrer le souvenir de sa réception au grade de griffon en nous montrant le griffon qu'il a vaincu et qu'il tient de la main droite par une patte de devant, il veut nous attester qu'il a été préalablement admis aux grades de bromius et de lion, le second et le troisième des grades terrestres, et au grade de vautour, le premier des trois grades aériens. Dans ce dessein, il s'est fait représenter tenant de la main gauche un sphinx femelle, c'est-à-dire une initiée revêtue du costume de *lionne*. Dans ce costume, les deux pattes de devant et la patte gauche de derrière sont bien celles d'une lionne; mais la jambe droite de derrière se termine par la serre d'un aigle, comme les deux jambes de derrière du griffon que le myste vainqueur tient de la main droite. C'est une variante du mode habituellement employé pour exprimer les rapports qui existent entre la chaleur terrestre et la chaleur solaire. Une autre particularité, plus importante à remarquer, est la présence du croissant de la lune dans la partie supérieure de notre cylindre. Par là, nous acquérons la certitude que l'âme de l'initié parvenu au grade de griffon était censée retenue dans une région dont la zone inférieure passait pour être soumise à l'influence particulière de la lune, comme la région de la terre, comme la région de l'air. Nous verrons, en effet, dans les deux chapitres suivants, que l'initié griffon, avant d'être reçu au grade d'*hélios* ou *soleil*, devait obtenir le grade lunaire de Persès. Le grade de griffon ne l'a conduit qu'au seuil de la porte de la lune; il aura à franchir ce seuil et à pénétrer ensuite dans le ciel fixe ou le firmament par la porte du soleil.

Sur les trois cylindres dont la description va suivre, et dont la composition est beaucoup moins simple, nous trouverons, comme sur celui que je viens de décrire et d'interpréter, une réminiscence de quelqu'un des grades qui précédaient le grade de griffon. Mais ce dernier grade y sera seulement indiqué par la présence de deux griffons au repos, et non par la lutte du myste avec un ou deux griffons.

Planche LVI, n° 8. Cylindre de belle hématite.

Ici nous n'avons pas moins de cinq personnages et de sept animaux, avec deux accessoires. L'archimage ou le prêtre initiateur se tient debout, armé et tourné à droite, dans une attitude menaçante. Deux prêtresses, qui remplissent le rôle de marraines, et qui sont revêtues du costume voulu par le rituel, bonnet conique, très-historié, et longue stole étagée et plissée, s'approchent de l'archimage et implorent sa bienveillance et son assistance en faveur de deux personnages barbus, l'un grand, l'autre petit, dont les regards sont fixés sur les deux groupes d'animaux placés à notre droite, dans un encadrement carré. Le premier de ces deux groupes, celui qu'on voit dans le haut de ce petit tableau, se compose de deux griffons ailés, assis ou accroupis, en regard l'un de l'autre, sur leurs jambes de derrière. Leur tête est surmontée d'une triple aigrette. Ils sont superposés à un méandre au-dessous duquel est gravé le second groupe, un lion dévorant une antilope terrassée. Entre les personnages mis en scène sur ce remarquable cylindre, on distingue, dans le haut, un quadrupède herbivore et un lion la gueule béante; au-dessous, l'arme sacramentelle des initiés, l'oreille d'acier ou de cuivre; et plus bas, debout sur ses jambes de derrière, une antilope à cornes droites. Les deux mystes sont vêtus d'une longue stole, fermée par devant, et très-différente, par conséquent, du vêtement assyrien, ouvert par devant, que portent les initiés griffons sur les cylindres précédemment décrits[1]. Il est évident que ces deux personnages, dont l'initiation aux grades terrestres est formellement indiquée par les lions et les animaux herbivores représentés sur le cylindre, n'attendent ici que l'autorisation et les instructions de l'archimage pour entrer en lutte avec les deux griffons placés devant leurs yeux. Leur attitude et la disposition de ces deux animaux symboliques dans le tableau encadré où nous les trouvons ici semblent nous donner le sens de la formule sacramentelle des inscriptions lapidaires latines : OSTENDERVNT GRYPHIOS, car cette formule et les autres formules : *tradiderunt leontica; tradiderunt coracica; tradiderunt persica*, doivent, je l'ai déjà dit, s'entendre des prêtres initiateurs et non des initiés.

Planche LIV, n° 8. Cylindre d'hématite de la Bibliothèque impériale.

Un myste à longue barbe et tourné à droite se présente devant une archiprêtresse, portant de la main gauche une antilope qu'il tient suspendue

---

[1] Pl. LIV, *B*, n° 6 ; pl. LVI, n°' 4 et 6 ; pl. LVII, n°' 7 et 8 ; pl. LVIII, n° 3.

par le cou et qui semble destinée à une offrande ou à un sacrifice. L'archiprêtresse est debout; deux ailes ascendantes sont attachées à ses épaules; de
la main droite, elle tient une longue arme tranchante, d'une forme particulière, et de la main gauche, une *harpé*, qui ressemble à une faucille, comme
celles dont j'ai parlé plus haut dans ce même chapitre. Le tableau qui, à
notre droite, s'offre aux regards du myste, est plus compliqué que le tableau
du cylindre précédent. Au centre, deux griffons non ailés, et la tête ornée, par
derrière, d'une longue aigrette recourbée, sont accroupis, en regard l'un de
l'autre, auprès du hôm, qui affecte ici la forme d'un rameau de myrte. Au-
dessus de ce groupe, un quadrupède herbivore, peu reconnaissable, est debout, sur ses deux pattes de derrière, entre deux lions assis sur leurs jambes
de derrière et prêts à le dévorer. Au-dessous des deux griffons se voit un
troisième groupe : celui-ci représente un initié, placé, un genou en terre,
entre deux initiés lions barbus, dont il a triomphé pour parvenir au grade de
vautour; il en tient un par la gorge. L'idée exprimée sur le cylindre n° 4 de
la planche LVI, décrit plus haut, se reproduit donc ici, mais avec plus de
développement.

Pl. LVIII, n° 4. Cylindre d'hématite.

Ici la disposition change et le sujet se modifie. La partie droite du cylindre
est divisée en deux petits tableaux, superposés l'un à l'autre : dans le premier, deux mystes de sexe différent, probablement l'époux et l'épouse, se
tiennent debout devant un hiérophante assis sur son trône. Leur geste témoigne de la résolution prise de se conformer strictement aux instructions
qu'ils reçoivent. Ces instructions, nous ne pouvons en douter, se rapportent
au grade dont nous nous occupons, car, au-dessous de cette scène, on voit deux
griffons ailés, accroupis sur leurs pattes de derrière et placés en regard l'un
de l'autre. Leur tête, comme celle des deux griffons du cylindre précédent,
est ornée d'une aigrette rejetée en arrière et recourbée à son extrémité. A
gauche de ces deux petits tableaux, le cylindre n'offre qu'une seule scène.
Deux personnages y figurent et me paraissent appartenir au service du sanctuaire. Probablement même ils remplissent ici, l'un, qui est du sexe masculin, l'office de parrain du myste femelle; l'autre, qui est du sexe féminin, l'office de marraine du myste mâle. Il est à remarquer que le parrain tient, par
le cou et par une des jambes de devant, une génisse ou un jeune taureau,
destiné vraisemblablement à servir de victime dans un sacrifice de purification. L'allusion que fait ce quadrupède au principe humide est confirmée par

la présence d'un singe, placé, comme symbole de l'air, entre le parrain et la marraine. En même temps, le sacrifice ici d'une génisse ou d'un taureau, comme l'offrande d'une antilope ou d'un bouc sur le cylindre précédent, est en parfaite harmonie avec cette multitude de pierres gravées asiatiques, de scarabées mixtes ou de médailles, où l'on voit un ou deux griffons dévorant un animal herbivore. Le premier des deux cylindres qui me restent à décrire dans ce chapitre va même nous fournir un exemple d'un pareil groupe.

Pl. LIV, *A*, n° 12. Cylindre d'albâtre oriental.

Ce petit monument et le suivant[1] nous offrent les deux seuls exemples que j'aie encore rencontrés d'une archiprêtresse initiant une femme au grade de griffon. Ici l'archiprêtresse est assise sur un trône sans siége, mais orné de trois rangées de ces petites boules dont je parlais tout à l'heure. Elle est coiffée d'un bonnet conique et vêtue d'une longue robe collante, extrêmement simple. De la main gauche, elle tient une masse d'armes, et de la main droite un long tuyau ou chalumeau qu'elle porte à la bouche et qui plonge dans un de ces vases, de forme ronde, que nous trouvons assez souvent sur les cylindres[2], et qui semblent avoir servi de modèle au vase appelé chez les Grecs *aryballos*[3]. Le vase est placé aux pieds de l'archiprêtresse, sur un support qui a la forme d'un X. Devant cette prêtresse et superposés l'un à l'autre, on voit un disque placé dans un croissant, plus bas, un astérisque à neuf branches, et plus bas encore, une fleur de rose épanouie ou une rosace, comme on en voit tant parmi les ornements des bas-reliefs assyriens et des bas-reliefs persépolitains. Deux autres fleurs semblables et un astérisque à huit branches sont gravés, à gauche, dans le champ du cylindre. Une femme vue de face, nue par devant et vêtue, par derrière, d'une pièce d'étoffe qui n'arrive que jusqu'au bord des hanches, se tient debout devant l'archiprêtresse assise. De la main gauche elle porte un guidon ou petit drapeau, dont je ne connais pas d'autre exemple. A sa main droite est suspendu un objet qui m'est inconnu. Cette femme est, selon toute probabilité, une prêtresse faisant fonction de marraine. Tout près d'elle, à gauche du spectateur, deux scènes superposées l'une à l'autre couvrent le reste de la surface du cylindre. La première nous montre une autre prêtresse, entièrement nue et conduisant par les cornes une génisse ou un jeune taureau destiné à l'of-

---

[1] Planche LXII, n° 5.

[2] Voyez mon Atlas.

[3] Un vase de cette forme a été trouvé dans les ruines des palais assyriens découverts à Nemrôd. (Voyez Layard's *Monuments of Nineveh*; 2ᵉ série, p. 7, pl. LV, n° 4.)

frande ou au sacrifice de purification. Derrière ce groupe, on en voit un second. Celui-ci se compose d'une antilope et d'un myste femelle, qui, un genou en terre, décoche de son arc une flèche à cet animal. L'acte de cette
femme nous montre ainsi qu'avant d'aspirer à un des grades supérieurs elle
a su combattre victorieusement dans la célébration des léontiques. Au-dessous
de ce groupe, le grade qu'elle doit conquérir est indiqué, sans équivoque possible, par un griffon ailé qui s'apprête à dévorer une antilope qu'il a terrassée.
La tête du griffon est surmontée d'une triple aigrette.

Planche LXII, n° 5. Cylindre d'hématite.

La composition du sujet est fort simple; mais les accessoires offrent un
grand intérêt. Un myste femelle, armé d'une longue lance dont le fer affecte
une forme triangulaire, est présenté à l'archiprêtresse par une prêtresse qui
lui sert de marraine. Ces trois personnages sont debout. Leurs gestes indiquent assez clairement le rôle que remplit chacun d'eux : la récipiendaire se
montre humblement soumise d'avance à tout ce qu'on exigera d'elle. Sa marraine sollicite en sa faveur l'indulgence et l'assistance de l'archiprêtresse.
Celle-ci, après avoir sans doute montré combien est difficile et périlleuse la
tâche imposée aux mystes qui ambitionnent le grade de griffon, semble demander à la marraine si l'aspirante est capable d'accomplir une pareille tâche.
Le geste de la marraine témoigne qu'elle se rend garante de sa protégée. Les
engagements sont pris solennellement en présence d'un autel sur lequel
brille le feu sacré. Derrière l'archiprêtresse est tracé un tableau significatif,
où l'on voit deux griffons ailés au repos et placés en regard l'un de l'autre. Ils
sont superposés à un méandre, et au-dessous de ce symbole on remarque
deux oiseaux dont il est difficile de préciser l'espèce, mais qui ressemblent
assez cependant à des hirondelles. On peut croire qu'ils représentent ici l'air,
comme le méandre représente le principe humide, comme les deux griffons
représentent le principe igné.

Cylindre d'hématite, publié par M. Layard[1].

Un méandre divise horizontalement en deux tableaux le sujet gravé sur ce
petit cylindre. Le tableau inférieur se rapporte à une léontique et représente
de plus une scène de gymnastique où l'on distingue, gravés à la droite du
spectateur, deux personnages nus, qui luttent l'un avec l'autre. La petitesse
des figures[2] et des accessoires, comme aussi la négligence du lithographe,

---

[1] *Monuments of Nineveh*, 2ᵉ série, pl. LXIX, n° 38. — [2] Elles sont imberbes et au nombre de six.

me forcent de renoncer à décrire en détail ce premier tableau. Les mêmes raisons m'empêchent de donner la description du tableau supérieur. Je dirai seulement qu'on y remarque quatre figures humaines placées auprès d'un griffon ailé, accroupi sur ses jambes de derrière, en regard d'une figure qui, si le lithographe l'a bien rendue, serait un lion ou une lionne à tête humaine imberbe, et marquerait, par conséquent, qu'avant d'être admis à combattre le griffon il faut avoir été reçu au grade de lion ou de lionne[1]. Entre ces deux figures, à la hauteur de leur tête, est gravée l'étoile de Vénus.

Les deux coupes d'argent doré que je vais décrire nous offrent chacune un exemple indubitable de la représentation simultanée de la lutte propre au grade de lion et de la lutte propre au grade de griffon. Elles sont reproduites sur mes planches additionnelles *A* et *B*, avec les dimensions des originaux, et ont été aussi soigneusement dessinées qu'habilement gravées par M. Bigant. On en trouve la description, mais non le dessin ni l'interprétation, dans la troisième édition qu'a publiée M. de Longpérier de son intéressant catalogue intitulé : *Notice des antiquités assyriennes, babyloniennes, perses, hébraïques, exposées dans les galeries du musée du Louvre*[2]. Elles proviennent de fouilles faites, il y a peu d'années, en Chypre, dans les ruines de l'antique Cittium, près de Larnaca[3]. L'une, gravée en creux au burin, fortement endommagée et d'un style ancien, est un don libéralement fait en 1851, au musée du Louvre, par mon savant confrère M. de Saulcy. L'autre, intacte, travaillée au repoussé et d'une époque moins reculée, a été acquise, en 1853, par ce même musée. D'autres coupes et un grand nombre de bijoux et d'ustensiles d'or ou d'argent doré paraissent avoir été découverts à la même époque et dans la même localité. S'ils ont été fondus au creuset d'un orfévre, comme on l'assure, c'est pour l'archéologie asiatique une perte à jamais regrettable.

Coupe d'argent, dorée dans plusieurs parties[4].

Les sujets et les ornements ou emblèmes qui couvrent l'intérieur de cette coupe sont gravés en creux sur un fond doré. Le médaillon central, ici

---

[1] Je soupçonne qu'ici l'original représente ou deux griffons ou deux initiées lionnés.

[2] Paris, 1854, 146 pages, in-8°, p. 113-120.

[3] M. de Longpérier (notice citée, p. 116) suppose avec assez de vraisemblance que ces deux coupes ont pu, comme celles de Céri, être trouvées dans quelque riche tombeau. Il se montre (*ibid.* p. 118) disposé à croire qu'elles sont d'une époque antérieure à celle où vécurent Sargon et Sennachérib, c'est-à-dire, suivant la chronologie généralement admise, antérieure à l'an 710 avant la naissance de Jésus-Christ, si l'on ne remonte qu'au règne de Sargon, fils de Sennachérib.

[4] Diamètre, $0^m,195$.

comme sur deux des coupes trouvées à Nemrôd et publiées par M. Layard[1],
est orné d'étoiles à six branches, disposées symétriquement sur un fond
pointillé. Elles sont artistement enlacées de manière que les branches de
chaque étoile entrent dans la composition des étoiles qui l'entourent. Chaque
branche a la forme d'un pétale de fleur lancéolé, et cette forme ainsi que le
nombre six nous rappellent l'astérisque à six branches lancéolées, qui, sur plusieurs cylindres précédemment décrits, représente quelquefois le soleil et le
plus souvent l'étoile de Vénus. Ici c'est bien aussi l'étoile de Vénus que nous
devons reconnaître, car notre coupe représente quelques scènes qu'il est impossible de ne pas rapporter aux mystères qui, chez les Assyriens et les Phéniciens, se célébraient sous les auspices de Mylitta ou Astarté, et chez les
Perses, sous les auspices de Mithra. En effet, au-dessus de deux guirlandes,
l'une de fleurs de lotus, l'autre de boutons de lotus, qui entourent le médaillon étoilé gravé au fond de la coupe[2], on voit dans une bande ou frise circulaire onze groupes très-analogues, sinon semblables, à ceux qui, sur plusieurs bas-reliefs de Nemrôd et de Persépolis et sur un grand nombre de
cônes, d'hémisphéroïdes et de cylindres assyriens, phéniciens ou persiques,
représentent les uns la lutte d'un myste avec un lion, les autres sa lutte avec
un griffon. Ici cinq de ces onze groupes sont composés chacun d'un personnage barbu et debout, qui, d'une main, tient par la patte droite de devant
un lion dressé sur ses pattes de derrière, et, de l'autre, perce de son glaive
le corps de cet animal. Il est vêtu d'une tunique ouverte par devant, ceinte
d'un *kosti* et ornée, du haut en bas, d'une broderie disposée en échiquier.
Quatre ailes sont attachées à ses épaules, deux tombantes et deux ascendantes. La tête est coiffée d'une tiare basse, brodée ou enrichie de pierreries.
Les six autres groupes sont formés chacun d'un personnage imberbe et presque nu, qui combat un griffon et en triomphe d'une manière toute différente
de celles que nous ont offertes les bas-reliefs, les cylindres et les hémisphéroïdes dont je viens de faire la description. Ici le myste, après avoir renversé
à terre, les deux pattes de derrière en l'air, un griffon à ailes éployées, lui

[1] *Monuments of Nineveh*, 2ᵉ série, pl. LXII,
A, et pl. LXI, n° 2.

[2] Sur une des coupes citées de Nemrôd
(Layard's *Monuments of Nineveh*, 2ᵉ série, pl.
LXII, lettre *A*), le médaillon central étoilé est
entouré de quatre guirlandes de palmettes à
cinq feuilles, semblables ou très-analogues aux
guirlandes que nous avons trouvées sur des
vases et des bijoux provenant du grand tombeau
de Céri ou Agylla. On voit que ces guirlandes
sont remplacées sur la coupe de Cittium par une
guirlande où la fleur de lotus est substituée à
la palmette, dont elle est probablement le type
primitif.

pose un genou sur le poitrail et le cou, le tient de la main gauche par une de ses deux aigrettes, et de l'autre main lui plonge dans le bec une longue épée. Ce personnage imberbe, que je prends pour une femme et dont les seins sont fortement accusés dans deux ou trois groupes, n'est vêtu que d'une très-courte tunique qui, partant du bas des reins et liée autour de la ceinture par un étroit kosti, tombe à peine au-dessus des genoux. La tête est nue, mais chargée d'une épaisse chevelure, taillée et disposée comme la chevelure des femmes représentées sur les plats et les vases dorés du grand tombeau de Céri ou Agylla. Les onze groupes, à l'exception des deux qui occupent la partie de la frise opposée au côté fracturé de notre coupe, alternent entre eux; ils sont séparés l'un de l'autre par un hôm dont plusieurs pieds portent des fleurs et dont la forme conventionnelle varie, sans cesser toutefois d'être analogue à la forme de quelques-uns des hôms que nous avons trouvés sur des cylindres, sur des cônes et sur des grands bas-reliefs. Ici chaque pied de hôm est accompagné d'un petit cyprès ou d'une tige fleurie de lotus.

Au-dessus de la bande que je viens de décrire, il en règne une seconde, qui est placée entre celle-ci et les bords intérieurs de la coupe. Dès le premier abord, on y reconnaît, comme sur les plats et les vases de Céri, une pompe triomphale. Plusieurs détails manquent par suite de la fracture considérable qu'a éprouvée la coupe; mais cette fracture si regrettable a heureusement respecté le détail le plus essentiel, un roi placé debout sur un bige que conduit une femme qui tient d'une main les rênes, de l'autre un fouet. Le char, orné, par derrière, d'une tête de lion, et, sur le panneau droit, d'un aigle qui nous rappelle l'aigle de la tiare des rois de Perse [1], des rois de Syrie (Tigrane) [2] et des rois d'Arménie [3], ne nous laisse aucun doute sur le rang royal du triomphateur. Celui-ci porte, de la main gauche, un long sceptre surmonté d'une fleur de lotus [4], et, de la main droite, une massue appuyée

<hr>

[1] Voyez Atlas, pl. LXVI, n° 6. Cf. pl. LXV, n°ˢ 9 et 10; pl. LXVI, n°ˢ 5 et 6.

[2] *Ibid.* pl. LXVI. n° 9.

[3] Voyez J. Saint-Martin, *Fragm. d'une histoire des Arsacides.*

[4] M. de Longpérier (notice citée, p. 114) dit que le roi «porte, de la main droite, un «sceptre, et pose la gauche sur la hampe d'un «grand parasol qui le couvre.» Il me semble

qu'on ne pourrait pas citer un autre exemple d'un roi asiatique portant lui-même son parasol. Ordinairement, c'est un serviteur qui, placé derrière le roi, tient sur la tête du monarque un parasol ouvert. (Voyez MM. Botta et Flandin, *Monuments de Ninive,* pl. XCV et XCVII; — Layard's *Monum. of Nineveh,* 1ʳᵉ série, pl. XVII, XLIX et LXX; 2ᵉ série, pl. XLI; — MM. Flandin et Coste, *Voyage en Perse :* Perse ancienne,

sur l'épaule. Sa tiare est semblable à celle du personnage ailé qui, sur l'autre bande, triomphe d'un lion ; ils sont barbus l'un et l'autre, et tous deux revêtus d'une tunique dont la broderie est disposée en échiquier. Dès lors, je n'hésite pas à reconnaître que le vainqueur du lion et le roi placé sur le char triomphal sont un seul et même personnage, qui s'est fait initier aux mystères de la Vénus assyrienne ou phénicienne. Dès lors aussi, à mes yeux, bien que ce trait des mœurs asiatiques n'ait pas encore été remarqué ailleurs, la femme qui conduit ce char est la même que celle dont la victoire sur le griffon est représentée dans six des onze groupes gravés sur la bande inférieure. Dès lors, enfin, il devient naturel de considérer cette femme comme l'épouse du roi, et nous ne devons pas perdre de vue que plusieurs des cylindres précédemment décrits représentent soit l'initiation d'un couple mâle et femelle à un des grades des mystères, soit l'initiation d'une femme seule au grade de griffon. Dans un chapitre particulier, je montrerai qu'à leur avénement au trône les rois de Perse, à l'exemple des rois d'Assyrie, étaient obligés de se faire initier aux douze grades des mystères. Déjà quelques bas-reliefs de Persépolis, qui, jusqu'à ce jour, avaient exercé en vain la sagacité de tous les archéologues, nous ont montré le roi de Perse accomplissant des actes propres aux grades de bromius, de lion et de griffon. Avec la meilleure volonté possible, on ne pourrait découvrir ni dans les livres sacrés des Parses, ni dans les traditions relatives au système religieux des Perses, rien qui pût justifier ou expliquer la représentation des exploits de l'Hercule assyrien sur les murs de Persépolis.

Comme sur les plats et les vases de Céri précédemment décrits, la pompe qui, sur notre coupe, accompagne le char du vainqueur, a le double caractère religieux et guerrier que comporte la célébration des mystères d'une divinité armée : comme là, elle suit une route bordée des plantes, des arbustes, des arbres consacrés à Mylitta chez les Assyriens : ce sont des tiges fleuries de lotus, des myrtes, des cyprès, au-dessus desquels voltigent des colombes, l'oiseau qui

pl. CXLVII.) Quant à l'objet qui, selon le même académicien, serait un sceptre, je suis d'autant plus disposé à le prendre pour une massue, que, dans le grand bas-relief d'Yazili-Kaïa (M. Ch. Texier, *Descript. de l'Asie Mineure,* pl. LXXVIII), le roi phénicien ou assyrien qui se présente devant Astarté ou Mylitta porte précisément, comme le roi que représente notre

coupe, une massue sur son épaule droite. C'est aussi une espèce de massue que porte, de la main droite, la reine représentée sur le médaillon central de la seconde coupe de Cittium dont je vais tout à l'heure donner une description détaillée, et c'est avec cette arme que la princesse doit immoler les trois victimes humaines placées à ses pieds.

représente la déesse elle-même. Comme à Céri aussi, le cortége se compose de femmes, les unes à pied, les autres à cheval. Parmi les premières, quelques-unes portent un arc, des flèches, un carquois et une longue lance; quelques autres, dont le cou est orné d'un collier, sont armées seulement d'un arc et de flèches, ou d'un bouclier et d'une lance. Parmi les femmes à cheval, les unes tiennent, de la main droite, une longue lance, les autres un simple fouet; toutes montent des chevaux enharnachés, et chacun de ces chevaux, comme à Céri, porte une marque particulière au-dessous de sa croupe. Mais ce qu'on ne voit pas sur les vases de Céri et ce qu'on trouve sur la coupe de Cittium, c'est un dromadaire conduit à la longe par un jeune nègre, comme est conduit le dromadaire qui marche en tête des caravanes que l'on rencontre dans tout l'Orient; comme est conduit aussi le dromadaire que monte Dionysus sur un vase grec peint [1], où ce dieu s'avance de l'orient vers l'occident, accompagné d'un cortége religieux. Si, nous reportant à ce beau vase, nous nous rappelons une pierre gravée très-connue qui représente le soleil personnifié, également monté sur un chameau et tenant un fouet à la main, nous serons amené à supposer que, consacré au soleil et placé ici dans le cortége d'un roi dont l'aigle et l'initiation aux mystères marquent l'apothéose, le chameau, comme le fouet que portent à la main plusieurs personnages de ce cortége, est destiné à mettre la pompe royale en harmonie avec le caractère de dieu-soleil dont chaque souverain asiatique aimait à se croire revêtu. Si toutefois nous ne devons considérer ici le chameau que comme la victime destinée à être immolée dans un sacrifice offert en actions de grâces, nous arrivons à la même supposition, bien que par une voie moins directe.

Coupe d'argent doré [2].

L'intérieur de cette coupe, entièrement doré, est orné de figures en relief, distribuées dans un médaillon central et dans deux bandes ou frises circulaires qui, superposées l'une à l'autre, entourent le médaillon central et ne laissent vide qu'un très-petit espace entre la première bande et les bords de la coupe. Le sujet que représente cette première bande offre une grande analogie avec le sujet gravé en creux sur la seconde bande de la coupe précédemment décrite. Mais, dans leurs autres parties, les deux coupes présentent des différences essentielles. Disons même, tout d'abord, qu'au lieu d'une

---

[1] Voyez *Annal. de l'Instit. archéol.* année 1833, p. 98, et *Monum. inéd.* vol. I, pl. L, n° 1. —
[2] Diamètre, 0ᵐ,185.

pompe triomphale nous trouvons ici un sacrifice qui, malheureusement, confirme le témoignage d'un des vases de Céri et le témoignage de plusieurs écrivains de l'antiquité, quant à l'usage barbare d'immoler des victimes humaines dans la célébration des mystères d'origine assyrienne.

Dans la première bande, celle qui est le plus rapprochée de la coupe placée sous nos yeux, nous comptons douze groupes de figures de fort relief, les unes combattant un lion ou un griffon, les autres portant, comme un trophée, le lion vaincu, et même, avec ce lion, un oiseau aquatique. Du milieu de deux de ces groupes, et perpendiculairement à la figure principale du médaillon qui occupe le centre de la coupe, s'élève un cyprès, séparé, par un de ces groupes, de deux autres cyprès, un peu moins grands, qui se touchent. La disposition de ces trois arbres ne permet pas de les considérer comme les représentants de la Vénus asiatique, du soleil et de la lune, ainsi que je l'ai fait en présence de divers monuments décrits dans mes *Recherches sur le culte du cyprès pyramidal*[1]. Mais il faut reconnaître ici une allusion directe à la *triplicité* de Mylitta ou Astarté, reine du ciel, reine de la terre et reine des enfers[2], allusion que, sur quelques pierres gravées[3], nous retrouvons dans le triple sommet du pin planté auprès de Vénus androgyne, entourée de trois Amours. C'est ainsi que le même caractère triple attribué à Mithra se manifeste également par trois pins plantés entre l'image du soleil et l'image de la lune, dans la partie supérieure du grand bas-relief mithriaque que possède le musée du Louvre et qui provient de la grotte autrefois consacrée à ce dieu dans les flancs du mont Capitolin[4]. Il n'est donc pas douteux que, sur notre coupe, la présence des trois cyprès, comme sur quelques cylindres asiatiques[5] la présence de trois cyprès ou d'un seul cyprès, nous avertit que Vénus-Mylitta ou Vénus-Astarté préside aux initiations dont on avait voulu perpétuer le souvenir. Nous en aurons une autre preuve, non moins irrécusable, dans les deux emblèmes qui dominent la scène du médaillon central de cette coupe.

Le premier groupe, placé à droite de celui des trois cyprès qui est isolé, nous montre un initié barbu, du grade de bromius ou taureau, combattant

---

[1] Voyez *Mém. de l'Acad. des inscript.* t. XX, 2° partie, p. 51-58, 113-116, 226-231, 318-321.

[2] Voyez mes *Recherches sur le culte de Vénus*, p. 97-100, 226-227.

[3] *Recherches sur le culte de Vénus*, pl. V, n° 11.

[4] *Atlas*, pl. LXXV.

[5] *Mém. de l'Acad. des inscr.* t. XX, 2° partie, pl. IX, n°° 1, 2, 3, 4 et 5.

un énorme lion qui s'élance sur lui et qu'il tient par une patte de devant et
par le cou. Sa coiffure a quelque chose d'étrange; son costume se compose
d'une peau de panthère, liée autour des reins par un *kosti* assez étroit, et
ajustée sur son corps de telle manière que la queue de l'animal devient la
queue du myste. Les formes de celui-ci nous rappellent les formes typho-
niennes des bromius représentés sur les vases de bronze de Nemrôd; elles
sont lourdes et épaisses, comme celles du Typhon des Égyptiens, comme
celles des initiés qui, sur plusieurs scarabées phéniciens, ont une queue et
combattent, les uns un lion [1], les autres un griffon [2]. Après notre premier
groupe, nous voyons une femme debout, luttant avec un griffon qui l'attaque,
dressé sur ses pattes de derrière; de la main gauche, elle a saisi l'animal par
une de ses deux aigrettes; de la main droite, elle lui plonge dans le poitrail un glaive renflé vers le milieu. Aux attitudes près, ce groupe offre donc
la répétition de la *gryphique* représentée par six des onze groupes de la coupe
précédente. Immédiatement après, suit un troisième groupe, où nous reconnaissons sans peine le même initié barbu, qui, dans le premier groupe, combat un lion. Ici, sur son épaule gauche, il porte le lion qu'il a vaincu et tué;
de la main gauche, il tient par le cou un oiseau aquatique, qui paraît être
une oie, et qui marque, sans aucun doute, la victoire préalablement remportée
par le myste sur le principe humide. Ce groupe mérite, à tous égards, d'être
rapproché de celui qui est gravé en creux sur la base d'un beau scarabée phénicien dont le n° 4 de ma planche LXIX (Atlas) reproduit un dessin exact [3].
Là, l'initié, dans son ensemble, et surtout par les plumes qui surmontent sa
tête, nous rappelle plus positivement encore les figurines égyptiennes qu'on
désigne sous le nom de *Typhon;* mais lorsque nous examinons avec attention
son costume, nous y trouvons les principaux détails qui, sur les cônes et les
cylindres asiatiques, servent à caractériser les initiés parvenus au grade de
bromius ou taureau : un masque à face taurine et à oreilles de taureau; une
queue pendante de taureau attachée au bas des reins, et enfin des formes
lourdes et raccourcies empruntées au même animal. Cet initié, ainsi costumé,
porte un lion sur son épaule, comme l'initié figuré sur la coupe; mais, au lieu
de tenir, à l'exemple de celui-ci, une oie par le cou, il tient par la queue, la
tête renversée en bas, un sanglier, animal qui est aussi un symbole humide

---

[1] Atlas, pl. LXVIII, n° 17.
[2] *Ibid.* pl. LXIX, n°ˢ 10 et 11.
[3] Ce scarabée, après avoir successivement appartenu à feu M. Magnan de la Roquette et à
feu M. Révil, est passé dans le cabinet de M. le
duc de Luynes.

et que, dans mon chapitre sur le grade de lion, j'ai été autorisé à compter au nombre des quadrupèdes que, dans les léontiques, les initiés avaient à combattre avant d'être mis aux prises avec un lion.

Le troisième groupe est suivi d'un quatrième et d'un cinquième dont la composition change. C'est d'abord une femme qui, de la main gauche, tient, par une patte de devant, un lion dont elle repousse l'attaque; sa main droite est armée d'un glaive qu'elle s'apprête à plonger dans le corps de cet animal. Puis s'offre à nos yeux un groupe parfaitement semblable au deuxième que j'ai décrit.

Ce cinquième groupe en précède deux, qui nous montrent, chacun, de nouveau, l'initié barbu dont j'ai décrit le costume en parlant du deuxième groupe. Dans le sixième, cet initié porte sur son épaule gauche un lion qu'il tient par les deux pattes de devant. Dans le septième, il combat sans armes un lion, tout comme dans le premier groupe.

Le huitième nous fait assister à un combat livré par une femme à un griffon terrassé; il est parfaitement semblable aux six groupes qui, sur la coupe précédente, représentent la même action.

Entre ce huitième groupe et le dixième, nous retrouvons ici une répétition exacte du troisième; le dixième et le onzième sont eux-mêmes la répétition non moins exacte des quatrième et sixième groupes[1]. Enfin le douzième et dernier, placé entre les trois cyprès, en regard du plus grand de ces trois arbres, reproduit fidèlement le huitième groupe, qui nous a reporté à la coupe de la planche additionnelle *A*. Nos douze groupes nous offrent donc le même myste mâle et le même myste femelle répétés six fois chacun.

Sur la première des deux coupes de Cittium, nous n'avons aperçu aucune trace d'un groupe que l'on puisse comparer à ceux dont est décorée la bande qui entoure immédiatement le médaillon central de la seconde coupe. Ici les

---

[1] Dans chacun des six groupes, qui sont les 1er, 3e, 6e, 7e, 9e et 11e de la bande que je décris, M. de Longpérier (notice citée, p. 117 et 118) croit reconnaître Hercule, comme M. Raoul Rochette s'est cru autorisé à le reconnaître sur les monuments figurés qu'il a cherché à interpréter dans son Mémoire sur l'Hercule assyrien. J'ose espérer que ces deux habiles archéologues ne persisteront pas dans leur sentiment après avoir lu les observations qui terminent mon chapitre sur le grade de lion, et après avoir surtout considéré la série entière et l'enchaînement, pour ainsi dire, des monuments que je rapporte aux mystères institués chez les Assyriens, les Phéniciens et les Perses. Je recommande principalement à leur attention les grands bas-reliefs où des actes que, selon le système de M. Raoul Rochette, il faudrait attribuer à l'Hercule assyrien, sont accomplis, à Ninive, par les rois d'Assyrie, à Persépolis, par les rois de Perse.

rôles changent : cinq initiées, revêtues du costume de lionnes, costume qui nous rappelle les sphinx femelles des Égyptiens et des Grecs, et cinq griffons à tête d'épervier ont terrassé chacun une femme et la tiennent sous leurs pattes, posant sur sa tête leur patte gauche de devant. De ces dix groupes, quatre n'alternent pas entre eux d'une manière uniforme comme les six autres : dans la partie supérieure de la bande, le groupe de l'initiée lionne foulant aux pieds une femme est répété deux fois sans alternation, et suivi de deux groupes où l'initiée lionne est remplacée par un griffon à tête d'épervier ; ces deux derniers groupes ne sont séparés l'un de l'autre que par une grosse tige de lotus surmonté de sa fleur.

La substitution d'une tête d'épervier à une tête d'aigle dans la représentation figurée des griffons est un des faits qui peuvent servir à mettre en évidence l'influence exercée par l'Égypte sur les coutumes religieuses des Phéniciens [1] ; car une telle substitution est sans autre exemple dans les monuments asiatiques qui sont parvenus jusqu'à nous ; et, d'autre part, nous savons que, chez les Égyptiens, les divinités solaires sont figurées avec une tête d'épervier au lieu d'une tête humaine. Observons toutefois qu'en donnant au griffon la tête d'un épervier, et non d'un aigle, sur le même vase où ils représentaient simultanément le griffon avec une tête d'aigle, les Phéniciens nous montrent qu'ils n'entendaient, en aucune façon, changer la signification symbolique ou idéographique du griffon ; car si, dans les mystères de Mylitta et dans ceux de Mithra, l'aigle, comme nous le verrons bientôt, représente une divinité solaire, nous ne devons pas oublier que, dans ces mêmes mystères, l'épervier donne son nom au grade qui suit immédiatement celui de père-aigle. Nous ne devons pas oublier non plus que l'épervier figure dans la légende symbolique de la Vénus assyrienne ou phénicienne, sur les médailles frappées en Phénicie ou en Cilicie [2], et, dans le cartouche hiéroglyphique de Vénus-Hâthôr, sur des monuments égyptiens qui nous attestent qu'à son tour l'Égypte avait subi l'influence des idées religieuses de l'Asie occidentale. Rappelons-nous que, sur un vase de bronze trouvé à Nemrôd, et décrit ci-dessus [3], l'épervier assiste

---

[1] Cette influence me semble devoir être attribuée bien moins aux expéditions des Égyptiens dans l'Asie occidentale qu'à l'établissement des colonies fondées en Égypte par les Phéniciens et aux relations commerciales, et pour ainsi dire journalières, que ce peuple essentiellement commerçant et navigateur entretenait avec l'Égypte comme avec tant d'autres parties du monde connu des anciens. (Voyez *Rech. sur Vénus*, pl. XIV, *D*, n°s 5, 5^a et 5^b.)

[2] Voyez *Recherches sur Vénus*, Atlas, pl. III, n° 9 ; pl. III, *A*, n° 11 ; pl. III, *B*, n° 8.

[3] Voyez Layard's *Monum. of Nineveh*, 2e série, pl. LXVIII, n° 4.

en protecteur à la célébration d'une léontique qui doit être rapportée aux mystères de la Vénus assyrienne ou phénicienne. Rappelons-nous aussi que, sur les vases phéniciens découverts dans le grand tombeau de Céri ou Agylla, l'épervier accompagne le groupe de la vache allaitant son veau, image symbolique de cette même déesse[1]; ou bien il assiste à un sacrifice humain[2], qui ne contribue pas peu à établir une origine commune entre ces vases et les deux coupes phéniciennes déterrées dans les ruines de Cittium. Remarquons, de plus, qu'une tradition dont la source assyrienne se découvre sans peine nous apprend qu'à Babylone le dieu appelé *Apollon* chez les Grecs et les Romains était figuré sous une forme empruntée tout à la fois au lion et à l'épervier. C'est Ovide qui nous a conservé le souvenir de ce fait en nous parlant, dans ses *Métamorphoses*, d'une image d'Apollon brodée par Arachné[3], dont Babylone était la ville natale. Remarquons, enfin, que, dans les livres de Zoroastre, selon le témoignage d'Eusèbe[4], Ormuzd, qui, ainsi que Mithra, a tant de rapports avec Bélus et Apollon, était représenté ayant une tête d'épervier au lieu d'une tête humaine.

M. de Longpérier[5], décrivant la coupe dont nous nous occupons, fait observer que «le type du sphinx foulant sous ses pieds une figure humaine «renversée est connu sur un scarabée égyptien qui porte en outre le car-«touche d'un Thoutmès de la dix-huitième dynastie.» On peut croire sans peine, avec le savant académicien, que le type de ce scarabée fait allusion à quelque victoire remportée sur un ennemi de l'Égypte par le roi Thoutmès. Une telle interprétation ne saurait s'appliquer aux groupes représentés sur la bande qui entoure immédiatement le médaillon central de la deuxième coupe de Cittium. Il ne peut nous être permis de séparer par la pensée cette bande de celle qui lui est superposée. Et si là nous avons trouvé une série de figures et de combats que les grands bas-reliefs de Ninive et de Persépolis, les coupes de Nemrôd et les cylindres assyriens, phéniciens ou persiques, nous ont autorisés à rattacher à la célébration des mystères de Mylitta, d'Astarté ou de Mithra, nous ne devons pas oublier que, sur un disque de bronze trouvé à Nemrôd[6], et sur quelques autres monuments asiatiques, l'initié, au

---

[1] Grifi, ouvrage cité, pl. X, n° 1.

[2] *Ibid.* pl. X, n° 2.

[3] ..... Est illic agrestis imagine Phœbus
Utque modo accipitris pennas, modo terga leonis
Gesserit.....

[4] *Præpar. evang.*

[5] Notice citée, p. 117.

[6] Layard's *Monuments of Nineveh*, 2ᵉ série, pl. LXV.

lieu de remporter la victoire sur l'animal symbolique qu'il avait à combattre, est représenté vaincu et terrassé par ce même animal. Nous avons tout naturellement été amené à reconnaître, dans ces sortes de représentations, un avertissement salutaire et une punition mérités par l'initié qui avait failli. Sur la coupe que je décris, je crois retrouver la même intention, plutôt qu'un simple désir de mettre en opposition deux tableaux représentant le sort de l'initié dans les deux alternatives de la victoire et de la défaite. Je suis confirmé dans mon opinion à la vue de plusieurs monuments ou fragments de frises qui représentent, les uns, des Arimaspes ou des guerriers[1] succombant dans leurs luttes avec des griffons; les autres des Amazones vaincues par des animaux de cette même espèce[2]. Dès lors, si, d'une part, on considère que, dans les dix groupes dont il s'agit, le vaincu est une femme et non un homme, tandis que, sur la bande supérieure, la victoire est remportée par six hommes et par six femmes, on sera, ce me semble, disposé à croire avec moi que la leçon donnée au moyen des dix groupes qui représentent la défaite d'une femme s'adresse directement à la reine que, dans le médaillon central, nous voyons offrir un sacrifice expiatoire. Remarquons que ce sacrifice s'accomplit en présence de la divinité qui préside aux mystères; car c'est bien Mylitta que nous devons reconnaître ici sous le symbole du *mihr* et de l'épervier, comme je l'expliquerai tout à l'heure. Remarquons aussi que, dans le médaillon central d'une coupe phénicienne de Céri, précédemment décrite[3], nous avons vu une femme accomplir elle-même un sacrifice humain, et que là ce sacrifice est en rapport aussi avec des scènes qui, indubitablement, appartiennent à la célébration des mystères de la Vénus asiatique. Il me paraît donc impossible d'admettre que le sujet du médaillon central de la coupe de Cittium soit, comme on l'a supposé, une victoire remportée par un roi sur des peuples ennemis.

Je ne fais toutefois aucune difficulté de reconnaître, quant à sa disposition, l'analogie de ce sujet avec plusieurs bas-reliefs égyptiens[4] qui représentent le roi frappant de sa lance des ennemis vaincus, qu'il a groupés à ses pieds en réunissant leurs chevelures dans une de ses mains. Je reconnais même plus

---

[1] Inghirami, *Monum. etruschi,* t. VI, pl. II, Q, n° 2 (fragment de terre cuite). — *A description of the collection of ancient terracottas in the British Museum,* pl. VI, n°ˢ 7 et 8.

[2] *A description of the collection of ancient terracottas in the British Museum,* pl. IV, n° 4.

[3] M. Grifi, *Monum. di Cere antica,* pl. V, VIII, IX et X.

[4] Voyez M. de Longpérier, notice citée, p. 118, 119.

facilement une origine égyptienne à l'emblème qui, dans notre médaillon central, orne la tête de la reine. Cet emblème, composé de deux plumes d'autruche et d'un petit disque implanté au milieu de deux cornes de bélier supportant chacune, à leur extrémité, un *uræus*, est à peu près semblable à celui qui surmonte la tête du roi Ochus, sur un bas-relief à Murghab. Mais ces preuves de l'influence exercée par l'art égyptien sur l'art asiatique ne peuvent infirmer mon opinion, et je persiste à penser que les sujets représentés sur les deux coupes de Cittium se rapportent uniquement à la célébration des mystères de la Vénus phénicienne, identiques avec les mystères de la Vénus des Assyriens et du Mithra des Perses. J'en trouve la preuve jusque dans les accessoires du médaillon central de la seconde de ces coupes, médaillon dont il est impossible, je le répète, que le sujet ne se lie pas intimement aux sujets représentés dans les deux bandes qui l'entourent.

Nous voyons, en effet, qu'un *mihr* et un épervier dominent la scène du sacrifice. Or le *mihr*, altération de la forme primitive d'une colombe à ailes éployées, domine également le plus grand nombre des scènes d'initiations représentées sur les monuments asiatiques que j'ai interprétés dans ce chapitre et dans les chapitres précédents. De plus, sur notre coupe, la couronne ou le cercle qui forme une partie essentielle du *mihr* est garni de plumes, dans le haut et dans le bas, comme précisément il l'est aussi sur les médailles phéniciennes attribuées à Carthage ou à la Sicile [1]. Le *mihr*, sur les monuments figurés des Assyriens et des Perses, n'offre pas cette particularité.

Je ne terminerai pas ce que j'avais à dire de la coupe qui est sous nos yeux, sans ajouter quelques observations sur les divers personnages dont se compose la scène du médaillon placé au centre de ce précieux monument. Ici la reine, comme les rois, les princes et les grands sur les bas-reliefs de Ninive, porte, à chaque bras, deux bracelets attachés, l'un à l'avant-bras, l'autre au-dessus de l'articulation du poignet. Ses cheveux sont taillés et disposés précisément comme ceux de la femme qui, dans la bande supérieure, combat successivement un lion et un griffon, et, dans la bande intermédiaire, est foulée aux pieds successivement aussi par un lion et par un griffon à tête d'épervier. Son costume serait presque semblable à celui que porte cette femme, si l'on n'y avait ajouté une espèce de manteau, dont un bout est

---

[1] Atlas, pl. LXV, n° 5.

jeté sur le bras gauche. D'une main, la reine tient un arc avec deux flèches, et saisit, par le sommet de leur chevelure, une femme nue et deux hommes barbus et vêtus, tous trois accroupis à terre, devant elle, le cou orné d'un collier. De l'autre main, elle brandit, au-dessus de sa tête, une petite massue ou une masse d'armes qui va lui servir à immoler ces trois victimes. Une quatrième a déjà reçu le coup de la mort; c'est une femme qu'un officier ou serviteur barbu, et armé d'une lance, a placée sur son épaule droite, la tête renversée par derrière, la chevelure et les bras pendants. Ce serviteur se tient debout derrière la reine; sa tête est surmontée de deux plumes; de la main gauche, il tient un objet qui a la forme d'un écran ou d'un éventail brodé, mais que M. de Longpérier[1] prend pour un arbre. La victime qu'il porte nous montre que deux couples humains avaient été destinés au sacrifice barbare préparé pour la reine. Cette femme immolée n'est pas nue comme celle qui va subir le même sort; elle est vêtue d'une courte tunique brodée ou brochée, comme le manteau de la princesse. Son costume, les bracelets qui sont attachés à ses bras et les colliers que portent les trois autres victimes me donnent lieu de croire que ces deux couples n'avaient pas été choisis dans la catégorie des prisonniers de guerre. D'autre part, le soin qu'a eu le sculpteur de donner à deux de ces victimes, et au serviteur placé derrière la reine, une barbe très-apparente, ne m'a pas permis d'hésiter à considérer comme des femmes les deux autres victimes et le personnage qui accomplit le sacrifice. C'est par une observation analogue que j'avais été amené à prendre pour des femmes les personnages imberbes qui figurent dans les sujets gravés à l'intérieur des deux coupes de Cittium ou Larnaca. Si l'on rapproche ces coupes des vases trouvés à Céri et décrits plus haut, on reconnaîtra sans peine, je l'espère, que mon opinion est fondée. Toutefois, je ne dois pas omettre de dire que M. de Longpérier, qui a donné tant de preuves de son habileté dans l'art si difficile de juger les monuments antiques, prend pour un roi le personnage que, sur la seconde coupe, je prends pour une reine. Et, bien qu'il se borne à désigner sous le nom de « personnages imberbes[2] » plusieurs autres figures qui, sur les deux coupes, me paraissent être des femmes, on peut croire qu'à ses yeux ces personnages sont des hommes; car, en décrivant la bande ou frise qui entoure immédiatement le médaillon central de la seconde coupe, il dit qu'elle représente cinq sphinx ailés à tête humaine et cinq griffons ailés à

---

[1] Notice citée, p. 117. — [2] *Ibid.* p. 114 et 117.

tête d'épervier posant chacun une patte de devant sur la tête d'un homme étendu à terre[1].

Deux points importants sont désormais établis d'après des témoignages irrécusables : l'attribution directe du griffon à Vénus, et l'institution d'un grade de griffon dans les mystères de Mithra comme dans ceux de Mylitta. De là suit la conséquence que les Amazones et les Arimaspes ou les Pygmées représentés, sur les monuments grecs, dans l'acte de combattre des griffons, s'assimilent complétement aux initiés du sexe masculin et du sexe féminin que, sur les cylindres et les cônes assyriens ou phéniciens, sur les deux coupes d'argent doré trouvées dans l'île de Chypre, sur des scarabées égypto-phéniciens et sur les grands bas-reliefs de Persépolis, nous voyons livrer de semblables combats pour obtenir le grade qui doit son nom au griffon[2]. Les monuments grecs dont j'entends parler sont nombreux, parfaitement connus des archéologues et, pour la plupart, publiés même depuis longtemps[3]. Mais je citerai

[1] Notice citée, p. 117.

[2] Si, pour combattre la similitude que j'établis ici, on objectait que certains bas-reliefs grecs représentent des Arimaspes combattant à cheval les griffons ; si l'on rapprochait de ces monuments, comme l'a fait M. Welcker (mémoire cité, p. 66), le vers d'Eschyle (*Prométhée*, v. 809), où nous lisons ces mots :

$$\ldots\ldots\; \text{τόν τε μουνῶπα σ1ρατὸν}$$
$$\text{Ἀριμασπὸν ἱπποβάμονα}\ldots\ldots$$

et le vers de Virgile (Eclog. VIII, v. 27) où nous lisons : *Jungentur jam gryphes equis*..... je répondrais qu'à défaut de monuments asiatiques qui puissent nous montrer un initié combattant à cheval un griffon, nous devons nous rappeler les cylindres où précédemment nous avons vu un initié poursuivre à cheval un lion, un taureau ou un autre animal herbivore. L'ininitié que Virgile établit entre le griffon et le cheval se reproduit entre le griffon et tous les animaux herbivores, et même entre le griffon et le lion. Les monuments asiatiques, comme les monuments occidentaux, en font foi. J'ai suffisamment exposé la raison de ces luttes, et je me crois dispensé d'y revenir ici.

[3] Voyez d'Hancarville, *Vases peints*, t. II,

pl. LVI ; — Tischbein, *Engravings,* ou vases peints, t. II, pl. XXVI, et t. III, pl. LVIII, édit. de Paris ; II, pl. IX, éd. anglaise ; — d'Agincourt, *Hist. de l'art par les monum.* fragment de terre cuite, pl. XI, n°s 1, 2 et 3 ; — Inghirami, *Monum. etruschi,* t. VI, pl. II, *Q*, n° 2 (fragment de terre cuite); pl. II, *R*, n° 1 (peinture de vase); — *British Museum, Terracottas,* pl. VI ; — Winckelmann, *Catalog. des pierres gravées de Stosch,* III, p. 351, n° 177 ; — Zoëga, *Bassiril. antich. di Roma,* t. I, pl. CIX ; — Millin, *Monum. inediti,* t. II, pl. XVI ; — Dubois-Maisonneuve. pl. LXXV ; — Laborde, *Vases,* t. II, pl. XL. — Sur les divers monuments que j'indique ici, les Arimaspes combattent les griffons tantôt à pied, tantôt à cheval, tantôt même montés sur un char. Ces trois modes, ainsi que l'attestent les planches de mon Atlas, sont aussi employés dans d'autres scènes d'initiation par les mystes représentés sur les monuments asiatiques. — Je dois une mention particulière à un monument figuré publié par Tischbein (*Engravings*, t. II, pl. IX) et cité plus haut. Non-seulement, comme je l'ai dit, on y retrouve les Arimaspes vêtus d'anaxyrides, de tuniques à manches, et coiffés du bonnet phrygien, à la manière des Amazones, mais on y remarque que ces Arimaspes et les griffons trois ou quatre vases peints qui sont inédits et qui, découverts, il y a peu d'années, dans l'ancienne Cyrénaïque, par M. de Bourville, alors agent consulaire à Bengazi, ont été apportés par lui, en 1850, à Paris, avec quelques autres vases et un nombre considérable de statuettes et de figurines de terre cuite d'une très-bonne époque de l'art grec. Tous ces objets d'antiquité, acquis par le musée du Louvre, proviennent des fouilles heureuses qu'a faites M. de Bourville, non loin de Bengazi, dans les ruines de *Bérénice*. Les vases dont j'ai à parler représentent chacun, sur un fond noir, et dans des positions variées, des Amazones combattant des griffons. Les figures sont jaunes; les griffons peints en blanc ont des ailes jaunes, ce qui, à mon avis, les caractérise comme des animaux lunaires et solaires à la fois, la couleur blanche répondant ici à celle de l'argent, et la couleur jaune à celle de l'or, deux métaux consacrés, tout le monde le sait, l'un à la lune, l'autre au soleil.

On a rapporté à quelques-uns des passages que j'ai cités plus haut les monuments grecs où la lutte s'établit entre des Arimaspes et des griffons. La tâche n'était pas difficile. Plus ardue était celle d'expliquer le sens mythique d'une telle lutte; aussi l'a-t-on ou complétement négligée, ou entreprise dans une disposition d'esprit, dans une direction d'idées qui n'a conduit et ne pouvait conduire à aucun résultat satisfaisant. Plus difficile encore était la solution des questions que soulèvent les antiquités figurées qui substituent les Amazones aux Arimaspes dans les combats avec des griffons, et celles qui donnent aux Arimaspes le même costume qu'aux Amazones[1]. Ces questions, personne ne les a discutées sérieusement, personne même ne les a toutes indiquées. Si l'on se rappelle l'origine asiatique et septentrionale des Amazones[2], leur

combattus par eux sont au nombre de trois, nombre mystique dont nous avons rencontré plus d'un exemple sur des cylindres asiatiques qui représentent des combats analogues. De ces trois Arimaspes, deux sont armés d'une hache à un seul tranchant, le troisième porte une lance. Aux épaules de l'un d'eux est attachée une chlamyde flottante. Les griffons sont ailés, crêtés, et modelés à l'imitation d'un type asiatique. Ce monument a été reproduit sous le n° 501 (pl. CXXXVIII) de la *Galerie mythologique* de Millin.

[1] Voyez Tischbein, *Engravings*, t. II, pl. IX; — *British Museum, Terracottas*, pl. VI, n°° 7 et 8.

[2] Strabon (*Geogr.* XI, p. 503) fait une mention particulière des Amazones, qui, selon lui, habitaient les montagnes situées dans le Caucase, au-dessus de l'Albanie. Les rapports qui existent entre les Arimaspes et les Amazones me donnent lieu de penser que l'emplacement principal et primitif de celles-ci devait être à l'est de la mer Caspienne, dans le pays des Hyperboréens. M. Movers paraît, jusqu'à un certain point, partager mon opinion (*Die Phönicier*, chap. VIII, p. 68-79) sur cette question particulière et sur quelques autres qui se rapportent à l'histoire des Amazones. «Parties, dit-il, du Thermodon, en «Cappadoce, siége principal de la Tanaïs assy-

caractère chaste, guerrier [1], dans les traditions grecques ; le combat de leur reine Hippolyte et de Dinomaque ou Dinomaché avec Thésée, un des héros de l'Attique initiés aux mystères de la Vénus assyrienne ou phénicienne [2] et aux mystères parfaitement identiques d'Athéné, deux divinités qui se confondent l'une avec l'autre ; si l'on considère qu'Athéné a pour symboles, sur son casque, deux griffons hyperboréens, en même temps que, selon Diodore de Sicile [3], elle marche à la tête des Amazones pour combattre les ennemis des dieux, à la tête de ces mêmes Amazones que nous voyons, ainsi que les Arimaspes, lutter avec des griffons comme les mystes assyriens, phéniciens ou perses qui veulent parvenir au grade supérieur dont cet animal est le signe caractéristique ; si nous tenons compte des médailles au type d'une Amazone à cheval, frappées en Phrygie [4], dans cette province où la Vénus assyrienne recevait un culte de prédilection et où nous voyons la famille de Priam, la famille d'Anchise et tous les Troyens placés sous la protection particulière de la déesse, dans cette province, enfin, où le beau Pâris, au moment de décerner la pomme à Vénus, se montre la tête coiffée d'un casque orné, de chaque côté, d'un griffon [5], animal consacré à cette divinité dans les mystères et sur les monuments figurés asiatiques ; si l'on se reporte aux médailles de Mostène de Lydie, qui nous montrent des Amazones introduites dans le sanctuaire de Vénus par Mercure, dieu psychopompe ; si l'on ne perd pas de vue le rôle que jouent les femmes soit à pied, soit à cheval, dans les scènes d'initiation représentées sur les monuments asiatiques que j'ai produits et interprétés dans ce chapitre même et dans les chapitres où j'ai traité des six grades qui précèdent le grade de griffon, si enfin on considère les divers actes qu'accomplissent les

«rienne, ou même sorties du pays des Indo-«scythes ou des Saces, les Amazones fondèrent «les temples et les sanctuaires du Mars assyrien «et de l'Artémis persique, d'Athéné ou de la *Cœ-* «*lestis.* A ce propos, continue-t-il, et, en même «temps, pour confirmer ce qui vient d'être dit «des colonisations des Chaldéens sur le Bos-«phore, je ferai souvenir seulement de l'Artémis «taurique, du monument que Köhler a décou-«vert sur le Palus-Méotide et qui fut consacré «par la reine Comysarge au Nergal assyrien et «à Astara.... »

[1] Ce caractère est en parfaite harmonie avec le caractère et les fonctions attribuées à la Vénus assyrienne et à Athéné, qui chacune étaient le modèle proposé aux mystes dans les initiations aux mystères.

[2] Voyez ma *Lettre à M. Éd. Gerhard sur l'Aphrodite Pandémos Epitragia,* insérée dans le n° 66, juin 1854, de ses *Denkmäler und Forschungen.*

[3] III, LXXI.

[4] Voyez les médailles d'*Euménie* de Phrygie, à l'effigie de Marc-Aurèle. (Mionnet, *Descript. de méd.* t. III, p. 298, n° 594.)

[5] Sur un vase grec peint, représentant le jugement de Pâris, et publié par M. Overbeck, dans sa *Galerie héroïque,* pl. X, n° 2.

femmes sur les vases d'origine assyrienne ou phénicienne trouvés soit dans l'île de Chypre, soit en Étrurie, où, sur des monuments d'origine asiatique, nous trouverons non-seulement de véritables Amazones à un seul sein, mais des griffons placés dans le costume d'une grande prêtresse, on ne pourra, ce me semble, se refuser à ranger, ainsi que je le fais, les Amazones, comme aussi les Arimaspes ou les Pygmées, parmi les personnages qui furent initiés aux mystères de la Vénus assyrienne [1], qu'elle s'appelle *Mylitta*, *Astarté*, *Dercéto*, *Atergatis*, *Ouka*, *Athéné*, *Uranias*, *Aphrodite Pandémos*, *Artémis*, ou qu'elle porte tout autre nom. C'est aussi parmi ces mêmes initiés qu'il convient de ranger le géant qui, sur une pierre gravée publiée par Voss [2], combat un griffon [3], non, comme on l'a supposé, à l'entrée d'une caverne ou d'une mine d'or, mais bien à l'entrée d'une de ces grottes transformées en sanctuaires pour la célébration des cérémonies propres à l'initiation aux mystères.

L'assimilation que j'établis entre ce géant, ces Amazones et ces Arimaspes, d'une part, et les initiés représentés, d'autre part, sur les monuments figurés asiatiques, se trouve de nouveau confirmée, si l'on rapproche quelques-uns de ces monuments et certains monuments de l'art grec. Sur les premiers, nous voyons parfois le myste foulé aux pieds par l'animal dont il devait triompher [4]. Sur les seconds, nous remarquons parfois aussi une Amazone [5] ou un Arimaspe [6] succombant dans leur lutte avec un ou deux griffons. De tels tableaux, en Grèce comme en Asie, étaient sans doute un avertissement permanent adressé à tous les mystes qui se proposaient de courir les chances des épreuves redoutables exigées par les statuts des sanctuaires consacrés aux initiations. Chaque myste, ainsi prévenu, devait s'armer de courage, veiller sur

---

[1] Mes remarques modifieront, j'aime à l'espérer, l'opinion de mon savant ami M. Welcker, qui, ne trouvant dans les auteurs anciens, que personne ne connaît mieux que lui, aucune trace du combat des Amazones et des griffons sur les monts Riphées, attribue simplement à l'imagination des artistes grecs les monuments qui représentent des Amazones combattant des animaux de cette espèce (*Mémoire sur Hécate et Éros*, inséré dans les *Annales de l'Institut archéologique*, t. II, p. 72). Feu M. Millin (*Monum. ined.* t. II, p. 129) était bien plus près de la vérité lorsqu'il considérait comme des Arimaspes femelles, revêtues du costume des Amazones, les personnages du sexe féminin représentés sur les monuments de cette catégorie.

[2] Mémoire sur l'origine des griffons, inséré, en 1804, dans la *Jenaische Litteratur-Zeitung*.

[3] L'habile professeur de Bonn, cité dans la note 1 ci-dessus, se méprend aussi, à mon avis, lorsqu'il considère cette représentation comme un heureux caprice d'artiste (*loc. cit.* p. 73).

[4] Atlas, pl. XXXV, n°. 1.

[5] Bas-relief de marbre ou frise de terre cuite.

[6] Vase de marbre du palais impérial de Czarskocélo ou Sarskoeselo, cité par M. Welcker, *ubi supra*, p. 66.

lui-même et ne pas céder aux tentations, aux dissipations, aux entraîne-
ments qui pouvaient le rendre incapable ou indigne de parvenir au grade
qu'il ambitionnait. Les légendes grecques qui nous parlent des victimes du
Minotaure de l'île de Crète, des victimes du sphinx du mont Cithéron et de
l'aigle devenu le bourreau de Prométhée, nous offrent des leçons analogues;
et ces légendes, n'en doutons pas, appartiennent à l'histoire des initiations
telle que les poëtes et même les mythographes de la Grèce avaient imaginé
de l'écrire pour exciter la curiosité d'un peuple avide de fables et de récits merveilleux, mais sans trahir ouvertement les révélations qui leur avaient été faites
dans les sanctuaires sous la foi du serment. Selon la doctrine enseignée par
les prêtres initiateurs, l'or est consacré au soleil[1]; il est le symbole ou le hiéroglyphe idéographique de l'astre dont il affecte la couleur. De là les prescriptions qui voulaient que les divinités génératrices et solaires fussent représentées par des statues d'or, et que l'usage de ce métal fût exclusivement
réservé aux dieux et aux rois. Sous la plume poétique des écrivains grecs, la
région du soleil s'est appelée *la région de l'or;* le griffon, qui, dans son acception mystique, est le gardien de la région solaire, a été transformé en gardien
de la région de l'or; et les initiés qui aspirent à obtenir le grade de griffon,
c'est-à-dire l'entrée de leur âme dans la région du soleil, sont devenus des
Arimaspes, des Pygmées, des géants, des Amazones, qui, pour conquérir la
région de l'or, sont obligés de combattre et de vaincre les griffons préposés
à la garde de cette région et appelés, par Hérodote lui-même[2], χρυσοφύλα-
κας γρῦπας.

Le costume des Amazones, et surtout celui des Arimaspes[3] et des guerriers
barbares que l'on confond sous cette dénomination générique, varient beaucoup sur les monuments grecs. Le plus souvent ces divers personnages portent

---

[1] Selon Massoudi, cité par un savant orientaliste, M. Reinaud (*Mém. de l'Acad. des inscr.*
t. XVIII, 2ᵉ partie, p. 49), le temple érigé au
soleil dans la ville de Moultan s'appelait *la Maison d'or.*

[2] III, cxvi; IV, xxvii.

[3] Chez les Grecs, les Arimaspes, comme les
Cyclopes, passaient pour n'avoir qu'un seul œil,
placé au milieu du front. Je ne saurais expliquer
cette tradition autrement qu'en l'attribuant à des
voyageurs qui avaient vu sur des monuments

asiatiques les Arimaspes représentés de profil
avec un œil dessiné de face, selon l'usage habituel des artistes de l'Asie occidentale. J'ai déjà
appelé l'attention du lecteur sur cet usage à
propos du rapprochement que j'ai établi entre
les Cyclopes et les initiés du grade de bromius
ou taureau. Toutefois les Grecs, fidèles observa-
teurs des règles d'un art fondé sur l'imitation du
vrai et du beau, n'ont jamais représenté les Arimaspes avec un seul œil.

la tunique à manches, l'anaxyris, le bonnet dit *phrygien* et le bouclier échancré que les artistes grecs étaient convenus d'adopter pour caractériser les figures dont le costume devait attester l'origine asiatique et particulièrement l'origine phrygienne. Cette remarque conduit tout naturellement à se demander quel pouvait être, chez les Assyriens, les Phéniciens et les Perses, le costume dont l'initié reçu au grade de griffon avait le droit de se revêtir. Aucun des monuments asiatiques que j'ai produits ou décrits ne permet de répondre à cette question. Mais il me reste à en indiquer un qui, seul jusqu'à ce jour, donne le moyen de suppléer à leur silence [1]. C'est un cylindre inédit, d'agate rose, que possède M. le duc de Luynes. Bien qu'il ait été usé par le frottement pendant qu'un initié le portait attaché au bras ou à quelque autre partie du corps, on y distingue deux griffons ailés, qui, au lieu de quatre pattes et quatre griffes de lion, ou de deux pattes de lion et deux serres d'aigle, ont chacun deux bras, deux jambes et deux pieds humains. La rareté extrême de ces sortes de figures rend très-précieux ce petit monument, malgré son état de dégradation, et nous devons désirer que le savant archéologue donne suite au projet qu'il a de le publier incessamment avec toutes les antiquités asiatiques dont se compose sa belle collection.

A la suite des divers cylindres, des deux hémisphéroïdes, des coupes et des vases que j'ai décrits ou cités plus haut, je pourrais citer plusieurs scarabées phéniciens [2], qui se rapportent au grade de griffon non moins directement que les coupes et le plat, d'origine phénicienne, dont j'ai donné le dessin ou la description. J'en pourrais surtout citer un [3], qui prouve incontestablement que du grade de *corax* ou corbeau l'initié passait au grade de griffon. Toutefois, je juge plus à propos de parler en détail de ces petits monuments dans l'Appendice, où j'examinerai tous les scarabées qu'à mon avis il faut rattacher aux mystères de la Vénus asiatique; tous les vases, les bagues d'or et autres bijoux qui, trouvés dans des hypogées, furent importés en Étrurie par des colonies venues de l'Asie occidentale, se rattachent aussi à ces mêmes mystères.

Mais il convient de faire ici une mention particulière de quelques monu-

---

[1] Dans le paragraphe second de ce chapitre, j'aurai l'occasion de parler de la tête de griffon qui, sur les médailles d'Iconium en Cilicie, surmonte le casque de Persée oriental, et que, sur les médailles de Macédoine, nous retrouvons au sommet du casque de Philippe V et de Persée, son fils. (Voyez mon Atlas, pl. LXVI, nᵒˢ 10, 11, 12.)

[2] Voyez mon Atlas, pl. XXXVI, nᵒˢ 10 et 11; pl. LXVIII, n° 10; pl. LXIX, n° 4.

[3] Voyez Atlas, pl. LXIX, n° 14.

ments figurés qui, exhumés du sol asiatique même, se rapportent directement au grade de griffon, bien qu'ils ne nous offrent pas des scènes d'initiation à ce grade. On doit supposer, à la vue du symbole dont ils sont ornés, qu'ils appartiennent à des initiés au grade de griffon, ou qu'ils avaient servi à un usage quelconque dans la célébration des gryphiques. Tous ces monuments peuvent se diviser en deux catégories : la première comprend ceux qui représentent le griffon au moment où il attaque un animal herbivore et même carnassier. Dans la seconde, je range les monuments où l'on ne trouve que le symbole du grade, c'est-à-dire un ou deux griffons qui ne combattent pas.

Parmi les antiquités figurées asiatiques dont se compose la première catégorie, je citerai plusieurs bas-reliefs de Nemrôd où, comme je l'ai déjà dit, on voit, brodé sur la robe du roi d'Assyrie et sur celles de divers autres personnages, un groupe qui représente tantôt un griffon dévorant une antilope [1] ou un daim terrassé [2], tantôt deux griffons qui dévorent de concert un daim à pelage moucheté [3], ou une gazelle [4]. Dans ce dernier groupe, on remarque qu'un des griffons porte au cou, comme l'initié vautour représenté sur un des bas-reliefs de Khorsabad [5], une grenade ou une espèce de bulle attachée à un collier. Ici se place tout naturellement la mention d'un fragment d'armure assyrienne trouvé en Égypte, figuré sous le n° 1 de la planche XLVII de mon Atlas et déjà décrit à l'occasion de la supériorité attribuée au griffon sur le lion, supériorité exprimée, dans ce fragment, par un groupe où l'on voit le premier de ces deux animaux se précipiter en vainqueur sur le second et l'obliger à lâcher la proie qu'il s'apprêtait à dévorer. J'ai indiqué, en même temps, que cette supériorité ressort également d'un scarabée phénicien qui est reproduit sous le n° 12 de ma planche LIV, *C*, et qui représente un griffon ailé s'élançant sur la croupe d'un lion.

---

[1] Ce groupe est brodé sur la portion de robe royale que reproduit la planche VIII de M. Layard (*Monum. of Nineveh*, 1re série). Le roi d'Assyrie, revêtu de cette robe, que j'ai comparée à la stole olympiaque dont parle Apulée (ci-dessus, p. 388), est représenté dans un grand bas-relief découvert à Nemrôd par M. Layard et déposé au Musée Britannique. (Voyez *Monum. of Nineveh*, 1re série, pl. V.)

[2] Ce deuxième groupe est brodé sur une autre portion de la robe du roi d'Assyrie représentée dans le grand bas-relief qu'indique la note précédente. M. Layard n'a pas publié cette portion ; mais j'en ai vu le dessin dans son riche portefeuille, et, grâce à sa complaisance extrême, on le trouvera reproduit, d'après un calque, sur la planche XIX, *A*, de mes *Recherches sur Vénus*.

[3] Layard's *Monuments of Nineveh*, 1re série, pl. XLIII, n° 7.

[4] *Id. ibid.* 1re série, pl. XLVI, n° 2.

[5] Voyez Atlas, pl. LV.

C'est de nouveau le griffon attaquant un animal herbivore que nous trouvons figuré sur quelques pierres gravées et sur plusieurs médailles asiatiques. Je citerai l'hémisphéroïde n° 21 de la planche XLIII de mon Atlas, où l'on voit, au-dessous du croissant de la lune, un griffon ailé dévorer un cerf[1] ; l'intaille n° 7 de la planche LVI, qui porte le groupe d'un griffon femelle ailé, attaquant un bouc ; l'hémisphéroïde n° 3 de la planche LVIII, qui représente, dans un style tout particulier, un lion et un griffon ailé attaquant chacun de leur côté un énorme buffle ou taureau. Je citerai encore deux pierres gravées asiatiques récemment acquises par M. le duc de Luynes : la première est une calcédoine blanchâtre, de la forme que j'appelle *métroïde;* elle représente, gravé en creux, un griffon dévorant un cheval terrassé. La seconde, qui est une agate-onyx, de forme ovale, porte, d'un côté, gravée en relief, une tête de bélier[2], et de l'autre, gravé en creux, par un habile artiste phénicien ou assyrien, un griffon ailé et crêté, dévorant un bouc unicorne qu'il a terrassé[3].

Ailleurs, et notamment sur une des grandes coupes de bronze trouvées à Nemrôd dans une salle du palais nord-ouest[4], on voit un griffon ailé, des lions ou des panthères, poursuivre ou dévorer des taureaux, des antilopes, des chèvres de montagne, en même temps qu'un groupe, unique jusqu'à ce jour, représente une panthère attaquant et blessant un autre griffon ailé au moment où il allait se précipiter sur un lion pour lui ravir sa proie. Déjà le lion, après s'être élancé sur la croupe d'un taureau, commençait à le dévorer. L'expression ou plutôt le mouvement de la tête du griffon rend très-visible la douleur que lui fait éprouver la morsure de la panthère. C'est un avertissement analogue à celui que renferme le groupe de la femme foulée aux pieds par un initié du grade de lion ou par un griffon à tête d'épervier sur une des coupes de Cittium ; il ne suffit pas de se croire fort, il faut sans cesse veiller sur soi et ne se laisser ni surprendre ni vaincre. Le sujet d'où sort cette leçon occupe, dans l'intérieur de la coupe, une bande placée entre deux autres bandes,

---

[1] Le croissant placé au-dessus de ce groupe indique surabondamment que le cerf, comme tous les quadrupèdes herbivores, appartient à la région sublunaire.

[2] Voyez, sur le rôle que jouait le bélier dans la légende de la Vénus asiatique et dans les mystères, mes *Recherches sur le culte du cyprès pyramidal* (*Mém. de l'Acad. des inscr.* t. XX, 2ᵉ partie, p. 19-32) et les observations que j'expose plus

loin (*ibid.* p. 113-116 et pl. VII, n° 6), où l'on voit une tête de bélier portée au bout d'une hampe et un bélier placé à la suite d'un taureau et d'une oie, tous symboles du principe humide.

[3] Voyez, sur la signification du bouc, ce qui a été dit plus haut, dans le chapitre du grade de lion, p. 262.

[4] Layard's *Monuments of Nineveh,* 2ᵉ série, pl. LX.

bordées, comme celle-ci, d'un méandre très-mince. Dans l'une, qui est fort endommagée, des taureaux d'un beau style alternent avec des herbes assez hautes; dans celle qui est disposée vers le centre de la coupe, douze antilopes ou gazelles marchent à la suite l'une de l'autre. Tous ces sujets sont exécutés en relief [1] et concourent, on le voit, à caractériser la nature humide et passive des animaux herbivores, et la nature ardente et dévorante des quadrupèdes carnassiers et de l'animal symbolique qui appartient à ceux-ci par son corps de lion et aux oiseaux de proie par sa tête d'aigle.

Une autre coupe de bronze, également trouvée à Nemrôd et un peu moins endommagée, nous offre une représentation analogue, mais non exempte de quelque confusion. C'est une mêlée d'animaux assez nombreux pour couvrir tout l'intérieur du vase. On y distingue des taureaux poursuivis par des lions et par des griffons qui s'attaquent réciproquement pour se ravir leur proie. Dans un des groupes, on remarque des lions qui se précipitent au secours d'un autre lion qu'un griffon va dévorer. Cette coupe est reproduite sur la planche LXVII de l'ouvrage cité de M. Layard.

Je terminerai par l'indication de deux médailles asiatiques d'argent la série des monuments qui, en Orient, nous offrent le groupe d'un ou de deux griffons attaquant un animal herbivore ou un animal carnassier. La composition de ces deux médailles ne permet pas de douter un instant que le sujet de chacune de leurs faces n'eût été conçu dans un esprit essentiellement religieux. L'une, déposée à la Bibliothèque impériale, et figurée sous le n° 10 de la planche III, *A*, de mes *Recherches sur Vénus*, représente, au revers de Baal assis, un griffon dévorant un cerf. M. le duc de Luynes [2] attribue cette pièce à un satrape incertain de Palestine et de Sinope. L'autre médaille, infiniment plus rare, appartient à la riche et précieuse collection de l'habile archéologue que je viens de nommer. Elle est inédite et encore classée parmi les *incertaines de Cilicie*. Au droit, elle porte, comme la première, l'image de Baal assis. Au revers, elle a pour type un griffon dévorant un taureau, groupe qui nous rappelle les nombreuses médailles asiatiques et les monnaies autonomes d'Acanthe de Macédoine, dont le revers représente un taureau dévoré par un lion [3].

---

[1] Cette coupe et tous les autres vases ou disques de bronze ornés de sujets en relief et trouvés à Nemrôd paraissent avoir été coulés.

[2] *Essai sur la numismat. des Satrapies et de la Phénicie sous les Achéménides*, p. 36, 37 et 103.

[3] Cette médaille n'a que la moitié du poids des médailles ordinaires d'argent dites *incertaines de Cilicie*.

A ces deux médailles se rattache une monnaie d'argent de Mauritanie, dont j'ai déjà parlé[1], et qui, conçue dans le même esprit et frappée pour le roi Bocut ou Bogud (Bocchus), nous offre, au revers d'une lionne ailée, placée au-dessous du *mihr*, un autre type indubitablement porté, comme celui-ci, de l'Asie antérieure dans l'Afrique septentrionale, un griffon ailé dévorant un cerf[2].

La deuxième catégorie que j'ai établie comprend des monuments plus simplement composés, puisqu'on n'y retrouve pas le groupe du griffon dévorant un quadrupède herbivore ou un quadrupède carnassier. J'y place, en première ligne, quelques pierres gravées, que des personnages pieux durent porter en souvenir ou en témoignage de leur initiation au grade de griffon. Tels sont : le cône n° 9 de la planche LVII de mon Atlas ; le petit hémisphéroïde comprimé n° 18 de la planche XLV ; les deux petites plaques de cornaline n° 7 de la planche XLII et n° 9 de la planche LVI, probablement détachées l'une et l'autre d'un hémisphéroïde. La dernière porte des caractères pehlevis contemporains de l'époque de décadence à laquelle appartiennent ces deux pierres.

Il faut remonter à bien des siècles au delà pour déterminer l'âge des cinq ivoires assyriens d'ancien style dont j'ai à parler. Quatre de ces ivoires, découverts dans les ruines de Nemrôd et déposés au Musée Britannique, ont été publiés par M. Layard[3]. Le premier[4] représente deux griffons, tournés, l'un à droite, l'autre à gauche, mais se touchant par leur queue. Ils lèvent chacun une de leurs pattes de devant et la posent sur une fleur de lotus[5]. Les trois autres pattes reposent sur une base concentrique, au bord de laquelle viennent aboutir quatre autres fleurs de lotus disposées de telle manière que chaque griffon semble marcher sur deux de ces quatre fleurs[6]. Le second ivoire[7] nous offre aussi deux griffons ailés ; ils sont opposés l'un à l'autre par leur queue

---

[1] Ci-dessus, chapitre du *mihr*.

[2] Voyez mon Atlas, pl. LXVI, n° 14.

[3] *Monuments of Nineveh*, 1re série, pl. XC, n° 21-24.

[4] *Ibid.* n° 21.

[5] Comme le roi de Perse revêtu de son costume d'initié lion (bas-relief de Persépolis, pl. XLVIII).

[6] Ce sujet nous rappelle non-seulement les monuments cités dans la note précédente, mais aussi les ornements ou les bijoux trouvés dans le grand tombeau de Larthia, à Céri, et représentant des lions portant chacun à la gueule une tige fleurie de lotus, ou des lions mis seulement en rapport avec des fleurs de lotus. C'est toujours l'opposition du principe igné et du principe humide et la supériorité du premier sur le second.

[7] *Monuments of Nineveh*, 1re série, pl. XC, n° 22.

et placés au milieu d'un ornement couronné par une bande ou frise décorée d'un méandre, qui, répété sur la base, nous rappelle les méandres si prodigués à Nemrôd et si fréquemment gravés sur les cylindres assyriens, comme aussi le méandre qui, sur le fragment cité d'armure assyrienne[1], encadre un combat d'animaux carnassiers avec des animaux herbivores et le combat d'un griffon avec un lion. On voit comment le méandre équivaut à la fleur ou à la tige fleurie de lotus, symbole du principe humide.

Les deux ivoires assyriens que je viens de décrire sont des fragments trop incomplets pour qu'il soit possible de proposer une conjecture quelconque sur la forme et la destination de l'ornement, du monument ou de l'ustensile dont ils furent violemment détachés. La même observation s'applique avec plus de raison encore au troisième et au quatrième ivoire de Nemrôd[2], comme au cinquième, qui est un fragment trouvé en Égypte. Les uns et les autres, dans leur état actuel, ne représentent plus qu'un griffon très-endommagé. Le dernier, déposé au musée du Louvre, et décrit par M. de Longpérier, dans la notice citée[3], n'offre même que le buste d'un griffon. Ici et sur les quatre ivoires de Nemrôd, l'animal symbolique, toujours altéré comme le lion et comme l'aigle, ouvre le bec et tire la langue. La tête de tous ces griffons est ornée de deux aigrettes qui retombent par derrière et se terminent en spirale.

Ajoutons à ces cinq ivoires la corbeille d'or que j'ai mentionnée plus haut et qui est décorée en relief d'un griffon ailé, à triple aigrette. Les nombreux monuments asiatiques décrits ou cités dans ce chapitre ne peuvent laisser aucun doute sur l'origine assyrienne ou phénicienne que j'ai assignée à cette corbeille, bien qu'on l'ait découverte dans un tombeau égyptien.

La même remarque s'applique à un ornement de tête qui nous offre le symbole du griffon et qui fait partie du riche costume trouvé à Céri ou Agylla, dans le grand tombeau dont j'ai déjà eu plusieurs fois l'occasion de parler. Sur cet ornement[4], qui est d'or pur, sont ciselées en relief sept rangées de griffons superposés perpendiculairement l'un à l'autre, et sept rangées de canards disposés de la même manière. Chaque rangée de griffons alterne avec une rangée de canards, et c'est ainsi que se reproduit, sous nos yeux, la double idée du principe igné et du principe humide, exprimée ailleurs, nous l'avons vu, à l'aide de ce même symbole du griffon, mais en rapport avec un animal herbivore ou avec une tige fleurie de lotus. Mais ce qu'il importe sur-

[1] Atlas, pl. XLVII, n° 1.
[2] *Monum. of Nineveh*, n°° 23 et 24.
[3] Page 78, n° 393.
[4] Voyez M. L. Grifi, ouvrage cité, pl. II.

tout de noter, c'est qu'ici, au-dessus des griffons et des oiseaux aquatiques, nous trouvons, vue de face et en relief, une tête de femme qui représente indubitablement la Vénus asiatique, dont le culte et les mystères avaient été importés chez les Étrusques. Si l'on veut prendre la peine de rapprocher cette image de la tête que nous montrent, modelée de face et placée entre deux cyprès, l'urne cinéraire étrusque dont récemment j'ai publié un dessin [1] et une autre urne, presque semblable, figurée dans l'ouvrage de Dempster [2], on reconnaîtra facilement l'identité des deux images, sauf les cornes de vache que porte la *Venus Cupra* ou *Cypra* de l'urne cinéraire.

Après avoir trouvé, sur deux médailles rangées, l'une parmi celles de la Phénicie, l'autre parmi les *incertaines de Cilicie*, le groupe d'un griffon dévorant tantôt un cerf, tantôt un taureau, il n'est pas surprenant de rencontrer, dans la numismatique asiatique, des pièces qui ont pour type un griffon isolé. La Bibliothèque impériale de Paris en possède une de cette espèce, qui offre un intérêt particulier et qui, faute d'une attribution déterminée, est restée classée aux *incertaines de Cilicie* : elle porte, sur une face, un griffon tourné à droite ; sur l'autre, avec les lettres grecques, K...ΛΛΕ, une *triquetra* ou *triskèle*, dans un carré creux [3]. Cet emblème, je l'ai dit précédemment [4], me paraît tenir lieu de l'emblème de la triade divine dans la composition des monuments figurés de l'Asie occidentale. Il remplace évidemment ici l'image de Baal, que nous avons reconnue sur les deux médailles citées [5], et le *mihr* qui est gravé sur la médaille, également citée [6], du roi de Mauritanie Bogud ou Bocut. Nous retrouvons un griffon seul au revers des médailles autonomes de plusieurs villes qui appartiennent à diverses autres provinces de l'Asie Mineure. Ces médailles, frappées à Phocée et à Téos, dans l'Ionie, à Assus ou à Assos, dans la Mysie, offrent au droit, pour la plupart [7], la tête d'Athéné ou la tête d'Apollon [8]. A ces médailles il faut ajouter celles qui furent frappées à

---

[1] *Mém. de l'Acad. des inscr.* t. XX, 2ᵉ partie, p. 318-320, et pl. XIII, n° 4.

[2] *De Etrur. regal.* lib. VII, t. II, pl. LXXXIII, n° 5.

[3] AR. 5.

[4] Ci-dessus, p. 257.

[5] Ci-dessus, p. 428.

[6] Ci-dessus, p. 429.

[7] Je puis cependant citer une monnaie autonome de Téos (Ionie), qui offre, au droit, un griffon ailé, tourné à droite, et, au revers, un carré creux. L'animal symbolique représente évidemment ici Apollon lui-même ou Athéné ; et le carré creux fait, ici comme partout, une allusion directe aux quatre éléments générateurs. Cette rare pièce a été acquise de M. Borell, en 1840, pour le médaillier de la Bibliothèque impériale. AR. 4 ½.

[8] Je me bornerai à citer ici quelques médailles autonomes et une médaille d'Auguste, qui

Cytorus de Paphlagonie [1], à Chalcédoine de Bithynie [2], à Smyrne (Ionie) [3], à Auréliopolis de Lydie [4]. De l'Asie, le type du griffon passa dans la Chersonèse Tauride [5]. Nous le retrouvons en Thrace avec le culte d'Apollon [6], dans l'Attique avec le culte d'Athéné [7], dans l'Épire [8], dans la Grande-Grèce [9], en Sicile [10] et en Égypte [11].

Quelques documents écrits et quelques monuments figurés, grecs ou romains, que je vais citer, et qui se rapportent au griffon, sans toutefois le montrer combattant avec des Arimaspes, des Amazones ou des géants, ne contribuent pas peu à nous éclairer sur le sens idéographique qu'en Occi-

---

sont entrées, il y a peu d'années, dans le riche médaillier de la Bibliothèque impériale de Paris : 1° *Phocée.* Tête casquée d'Athéné. ℞. Un griffon marchant de gauche à droite; dans le champ, un bonnet de Dioscure. BR. 4 ½. 2° *Téos.* Tête laurée d'Apollon. ℞. Tête de griffon, tournée à droite, dans un carré entouré d'un grènetis. 3° *Assus.* Tête casquée d'Athéné. ℞. ΑΣΣΙ. Griffon marchant à gauche. BR. 3. 4° Autre à peu près semblable, mais d'un plus petit module. BR. 1. 5° Tête casquée d'Athéné. ℞. ΑΣΣΙ. Tête de taureau, vue de face; au-dessus, un caducée..... 6° Tête d'Auguste. ℞. ΑΣΣΙ. Griffon tourné à droite. BR. 4. Ces six pièces proviennent des collections Cadalvène, Guilleminot et Borell, ainsi que les pièces citées dans les trois notes suivantes.

[1] Médaille nouvelle.

[2] Mionnet, *Descript. de méd.* t. II, p. 423.

[3] *Id. ibid.* t. III, p. 234 et suiv.

[4] *Id. ibid.* t. IV, p. 14.

[5] Médailles autonomes de la contrée (Mionnet, *Descript. de méd.* t. I, p. 346) et celles de Panticapée (*ibid.* p. 347).

[6] Médailles d'Abdère. Parmi les nombreuses médailles d'Abdère que je pourrais indiquer, je choisirai seulement celles-ci, qui n'ont pu être décrites par feu mon ami Mionnet : 1° ἀϐδηΡΙ-ΤΕΩΝ. Tête laurée d'Apollon. ℞. ΗΡΑ. Griffon accroupi, tourné à droite et placé sur une massue; dans le champ, un symbole peu distinct. AR. 3. 2° Même type. ℞. Tête de taureau, vue de face, dans un carré creux. AR. 3. 3° Grif-

fon accroupi à gauche. ℞. ΚΛΕΑΝ. Tête de bélier à gauche, le tout dans un carré creux. AR. 2. 4° Même type. ℞. ΝΑ ΛΧ. Tête de taureau à gauche, dans un carré creux. AR. 2. 5° Même type. ℞. ΠΡΩΤ. Même type; dessous, la lettre Σ; le tout dans un carré creux. AR. 2·

[7] Médailles autonomes d'Athènes où l'on voit le griffon placé sur le casque d'Athéné. (Mionnet, ouvrage cité, t. II, p. 115 et suiv.)

[8] Médailles d'Ambracie (Mionnet, ouvrage cité, t. II, p. 50) et médaille d'Actium récemment découverte. Tête laurée de Zeus. ℞. Griffon marchant de gauche à droite, les ailes éployées. BR. 5. D'autres médailles, de la même ville, portent, d'un côté, l'image de Zeus lançant la foudre, et, de l'autre, la tête laurée d'Apollon.

[9] Médaille de Vélia (sur ces médailles, c'est un *griffon marin*); (M. Ratheger pense que le type de ces médailles était destiné à indiquer que le griffon faisait partie du χρυσοῦν θέρος que les habitants de Métaponte envoyaient en offrande au temple de Delphes); de Brutium (tête casquée de Mars, à gauche, le casque est orné d'un griffon. ℞. Athéné armée d'une lance et d'un bouclier, combattant. Dans le champ, un flambeau. BR. 7).

[10] Médailles de Panorme et de Caene. (Mionnet, *Descript. de méd.* t. I, p. 343.)

[11] Médailles d'Alexandrie (Mionnet, *Descript. de méd.* t. VI, p. 72 et suiv.) et du nom d'Héracléopolis. (*Ibid. suppl.* t. IX, p. 159.)

dent l'antiquité attachait à cet animal imaginaire et biforme. Si, par exemple, les griffons, dans le *Prométhée* d'Eschyle[1], sont appelés *les chiens de Zeus*[2], cette qualification nous fournit la preuve que, chez les Grecs comme chez les peuples de l'Orient, le griffon est le gardien fidèle de la région du ciel où réside habituellement le dieu créateur du monde, ayant à sa droite le soleil, à sa gauche la lune. De là tout naturellement l'attribution du griffon à Héra ou Junon[3], comme aussi à Apollon et au soleil, à Artémis et à la lune, manifestations et agents de ce dieu créateur. De là cette tradition[4] qui voulait qu'un griffon reçût les rayons du soleil levant et qu'un autre griffon accompagnât cet astre à son coucher[5], ce qui nous explique pourquoi les poëtes grecs donnent le griffon pour attribut à l'Océan et à Némésis qu'ils disent fille de l'Océan, comme Aphrodite. De l'attribution du griffon au soleil et à la lune est résultée aussi l'attribution de ce même symbole à Athéné, divinité sortie tout armée du cerveau de Zeus ou Jupiter, de même que Mylitta ou Astarté naît tout armée du sang de Bélus, son père[6], le Jupiter des Baby-

[1] Vers 803.

[2] Je n'ignore pas que, malgré l'autorité de ce passage, on a contesté l'attribution du griffon à Jupiter. Aux considérations qui, puisées dans la signification idéographique et dans les fonctions dévolues à cet animal symbolique, me semblent confirmer le témoignage d'Eschyle, je puis ajouter celui qui résulte de trois monuments de l'art aussi authentiques les uns que les autres. Le premier est une pierre taillée en cabochon et gravée en creux, qui porte l'image de Jupiter accompagné du symbole du griffon. Cette intaille avait été recueillie par M. le comte de Choiseul-Gouffier dans son voyage en Grèce. J'en ai vu une empreinte entre les mains de feu M. Allier de Hauteroche, mais j'ignore ce qu'est devenu l'original. Le second monument que j'ai à citer fournit, comme le troisième, un témoignage moins direct, mais non moins décisif. C'est une médaille d'argent de la famille *Papia*, où, au revers de la tête de Junon *Sospita*, on voit un griffon. Le troisième est une amphore peinte qui provient des fouilles de Vulci et qui appartient à M. Feoli, à Rome. Feu M. Micali l'a publiée (*Monum. ined.* p. 219, 220, et pl. XXXVI, n° 1), et y reconnaît, avec les sym-

boles du griffon, du sphinx et du cheval marin, l'image de la déesse *Cupra*, c'est-à-dire de la Junon des Étrusques, que j'identifie avec la Vénus asiatique.

[3] Voyez la médaille et le vase peint cités dans la note précédente.

[4] Voyez saint Épiphane, *Anecd. græc.* p. 13, edit. Venet. 1817.

[5] Dans la présence simultanée de deux griffons sur un grand nombre de monuments figurés, quelques archéologues ont cru trouver une allusion directe aux deux griffons dont parle saint Épiphane. Mais ils oublient que les taureaux, les lions, les boucs, les antilopes, les autruches, les vautours, les corbeaux, comme les griffons, sont aussi représentés par couples sur les monuments figurés asiatiques. Ils perdent aussi de vue qu'en Orient on attelait quatre griffons au char du soleil ou d'Apollon, et qu'en Occident les statues d'Apollon et ses attributs caractéristiques ne sont ordinairement accompagnés que d'un seul griffon.

[6] Bérose, cité par Alexandre Polyhistor, *apud* Euseb. *Chronic.* S 4 et 5. éd. Maï et Zohrab; p. 23, éd. Aucher.

Ioniens, des Assyriens et des Phéniciens; de même aussi que Mithra sort tout armé du cerveau d'Ormuzd, le Jupiter des Perses. A l'exemple de Mylitta et de Mithra, Athéné, remarquons-le bien, préside à une institution de mystères; la légende et les monuments figurés d'Hercule [1] nous révèlent et l'existence de cette institution et son identité avec les mystères de Mylitta et les mystères de Mithra, où nous trouvons, non-seulement un grade de griffon, mais le dogme de la descente des âmes par la porte de la lune, et de leur ascension par la porte du soleil, ces deux portes dont le griffon est le gardien redoutable. Aussi voyons-nous qu'au Parthénon, ce lieu célèbre où Athéné recevait un culte solennel, Phidias avait non-seulement orné de griffons le casque de la statue d'Athéné Parthénos [2], mais placé à chaque angle d'un fronton latéral du temple un griffon et un lion [3], superposés l'un à l'autre et servant à caractériser un combat que des guerriers sculptés dans le tympan de ce fronton se livrent en présence de la déesse. Dans ce tableau il devient ainsi facile de découvrir une allusion directe aux luttes, pour ainsi dire perpétuelles, que les initiés avaient à soutenir dans leur initiation aux mystères institués sous les auspices d'Athéné.

A son tour, Dionysus ou Bacchus, fils de Zeus ou Jupiter, et qualifié de prince des mystères, compte le griffon parmi ses attributs. Dès le début de ce chapitre, j'ai rapporté un passage d'Hérodote où il est fait mention des griffons qui ornaient un sanctuaire consacré à Dionysus dans le palais de Syclès, roi de Borysthènes. A ce premier témoignage je puis en ajouter quelques autres non moins directs. De ce nombre sont les médailles impériales de Téos, en Ionie, qui représentent un griffon placé aux pieds de Dionysus [4]. De ce nombre sont aussi un vase peint, publié par Passeri et par Dubois-Maisonneuve [5], un autre vase du recueil de Tischbein [6], et un bas-relief du musée Pie-Clémentin, qui est figuré dans la description de ce musée [7] et que l'on dit avoir servi d'ornement à un pied ou support de table. Comme Athéné, Dionysus préside à une institution où nécessairement on enseignait le dogme

---

[1] Les vases peints grecs en font foi. La présence d'Athéné auprès d'Héraclès accomplissant ses douze travaux est, à mon avis, un fait décisif.

[2] Pausanias, I, xxiv, 5.

[3] Voyez M. Welcker, *Giebelgruppen.*

[4] Mionnet, *Descript. de méd.* t. III, p. 262, n° 1500.

[5] Pl. II.

[6] T. III, pl. XXII. Cette planche représente, sur un char traîné par un griffon et une panthère ou tout autre animal carnassier, une figure mystique que l'illustre Visconti (*Mus. Pio Clement.* t. V, p. 20) croit être un Bacchus hermaphrodite ou androgyne.

[7] V, x.

fondamental de la transmigration des âmes. C'est, n'en doutons point, à cette institution que se rapportent les représentations figurées qui nous montrent soit Dionysus sur un char attelé de deux griffons et entouré de satyres et de Ménades[1], soit des griffons placés auprès de satyres[2], personnages identiques, nous l'avons vu plus haut, avec les initiés qui, dans les mystères de Mylitta et dans ceux de Mithra, avaient été reçus au grade de *bromius*, c'est-à-dire au grade dont le symbole est le taureau, chef des quadrupèdes herbivores ou à constitution humide, qui ont pour antagonistes perpétuels le lion et le griffon. Ne serait-ce pas aussi aux mystères de Bacchus qu'il faudrait rapporter cette belle mosaïque qui fut trouvée à Estavaye, près de Poligny, en Franche-Comté? Le dessin qu'en a publié Caylus[3] nous montre qu'aux quatre angles elle est ornée d'une tête radiée, placée entre deux griffons ailés, et que, dans le centre, elle représente des centaures, un lion et d'autres animaux qui, comme le centaure et le lion, appartiennent aux mystères.

A leur tour aussi les Grandes Déesses comptent au nombre de leurs attributs mystiques le griffon. Nous en avons une preuve, pour ainsi dire officielle, dans la composition d'une médaille impériale de Smyrne, où nous trouvons, au revers de la tête, Déméter et Cora placées sur un char attelé de deux griffons[4], comme celui de Dyonisus, comme celui d'Apollon, comme celui d'Artémis. C'est là un témoignage de plus à rapprocher de divers faits qui établissent l'identité primitive de Déméter avec la Vénus assyrienne, et l'identité aussi des mystères qui étaient la partie la plus essentielle du culte de chacune de ces deux divinités.

Enfin, si nous voyons le griffon poser une patte sur une roue[5], emblème du destin, du sort ou de la fortune, emblème du soleil[6] et symbole d'Apollon; s'il figure, dans cette attitude, parmi les attributs de Némésis et des

---

[1] Vase peint, cité ci-dessus et publié par Dubois-Maisonneuve (pl. II) après Passeri.

[2] Voyez *Mus. Pio Clement.* t. V, pl. X.

[3] *Recueil d'antiquités*, t. VI, pl. CXXIII.

[4] Mionnet, t. III, pl. 234.

[5] Sur un jaspe rouge (Winckelmann, *Descript. des pierres gravées de Stosch*, p. 560, n° 217), sur les médailles de Nicée, de Smyrne, de Téos, d'Abdère.

[6] Le soleil est figuré sous la forme d'une roue sur plusieurs monuments asiatiques. Je citerai, en particulier, un bas-relief de Nemrôd, qui re-présente le roi d'Assyrie debout devant un autel. (Voyez Layard's *Monum. of Nineveh*, 2ᵉ série, pl. IV.) Je citerai également un beau médaillon ou disque d'argent, du musée du Louvre, que j'ai publié dans mes *Recherches sur le culte du cyprès* (*Mém. de l'Acad. des inscr.* t. XX, 2ᵉ part. pl. XX, n° 5) et rapproché de quelques médailles autonomes ou impériales d'Alexandria-Troas, pour montrer l'origine asiatique du sujet qu'il représente : on y voit une roue placée auprès d'Apollon.

deux Néméses [1] ; s'il annonce aux mortels la venue de ces déesses [2] ; si enfin la roue est un emblème de supplice [3], reconnaissons que le griffon sert à caractériser des divinités qui président, en particulier, aux destinées humaines. Elles ont nécessairement dans leurs attributions la garde de ces mêmes portes de la lune et du soleil qui marquent les deux grandes phases de la transmigration des âmes. Non moins nécessairement leur sont dévolues les fonctions de vengeresses à l'égard des âmes qui, succombant une nouvelle fois, retombent dans la région des ténèbres, c'est-à-dire sur la terre, au lieu de remonter au ciel par la région de l'or ou la région de la lune et du soleil. Le caractère que donne à Némésis et aux deux Néméses une telle fonction est bien celui que l'antiquité grecque attribuait au griffon, leur symbole, qualifié de *vengeur* dans les Dionysiaques de Nonnus [4] et doté de toute la force nécessaire pour combattre et mettre à mort les mystes dont l'âme n'a pas su se rendre digne d'être admise à rentrer dans la région luni-solaire [5].

A ce caractère de vengeur, le griffon, nous l'avons déjà vu, réunit celui de guerrier et devient un emblème de la victoire. C'est à ces divers titres que nous l'avons trouvé aussi sur le casque d'Athéné ou Minerve, aux pieds de la Vénus asiatique, aux pieds d'Apollon, et parmi les symboles consacrés à Mithra, toutes divinités armées, essentiellement guerrières, combattant sans cesse le mal ou l'ennemi du ciel, réputées vengeresses, comme Némésis et les deux Néméses, et, par conséquent, réputées victorieuses et invincibles. Le dieu Mars, rangé dans cette même catégorie de divinités, avait droit, comme elles, à l'attribution du griffon. Aussi avons-nous vu son casque orné de ce symbole sur une médaille autonome de Bruttium [6], dont le revers a pour type un flambeau et l'image de Minerve combattant, armée d'une lance et d'un bouclier.

---

[1] Voyez *Recherches sur Vénus*, Atlas, pl. III, *A*, n° 8 ; — Mionnet, *Descr. de méd.* t. III, p. 238. — Voyez aussi les monuments figurés qu'indique M. Welcker, mémoire cité, p. 69-72. — Ainsi que le fait remarquer judicieusement le docte Eckhel (*D. N.* t. II, p. 522), aucun écrivain de l'antiquité ne dépeint mieux que Nonnus, dans les vers suivants (*Dionysiac.* XLVIII, v. 382-384, éd. Graefe), l'attribution du griffon à Némésis :

Ἀμφὶ δὲ οἱ πεπότητο παρὰ θρόνον ὄρνις ἀλάστωρ
Γρὺψ πτερόεις· πισύρων δὲ ποδῶν κουφίζετο παλμῷ,
Δαίμονος ἱπταμένης αὐτάγγελος, κ. τ. λ.

[2] Nonnus, *Dionysiac.* XLVIII, v. 384.

[3] *Ibid.* v. 380.

[4] *Ibid.* v. 382.

[5] M. Welcker (mém. cité, p. 70) est parfaitement fondé à rejeter l'opinion du docte Eckhel (*D. N.* t. II, p. 552) qui, s'autorisant d'un passage où Macrobe identifie Némésis avec le soleil, pense qu'à cause de l'attribution du griffon à Apollon cette attribution est passée à Némésis. Mais, à mon tour, je ne puis admettre la supposition que le savant professeur de Bonn substitue à la conjecture de l'illustre numismate de Vienne.

[6] Voyez ci-dessus, p. 432, note 9.

Sur les monuments de l'art, le griffon, sans se présenter avec le caractère de vengeur qui lui appartient, comme à Apollon, figure parfois, en compagnie de ce dieu solaire, dans des compositions où, de même que dans la légende de Cyparisse [1], l'imagination licencieuse des mythographes grecs nous permet cependant de démêler un souvenir des doctrines pures et chastes propres aux mystères d'origine asiatique. C'est ainsi que, sur un vase à fond noir et figures jaunes, trouvé dans les ruines de Bérénice, avec ceux dont j'ai fait mention ci-dessus [2], nous voyons Apollon poursuivre une nymphe, monté sur un griffon [3] à corps blanc et à ailes jaunes, comme les griffons que combattent les Amazones sur les vases cités. Cette nymphe me semble être Coronis ; et il est impossible de se rappeler sa métamorphose en corneille ou en corbeau femelle sans remarquer qu'il existe quelque rapport entre la poursuite de Coronis par Apollon monté sur un griffon et le combat que, selon les règles suivies dans les sanctuaires, le myste qui aspirait au grade de griffon devait livrer à un initié mâle ou femelle parvenu au grade de corbeau. L'antiquité asiatique ne paraît nous avoir légué aucun bas-relief, aucun cylindre qui représente un tel combat. Mais reportons-nous à plusieurs monuments précédemment décrits et surtout aux bas-reliefs religieux de Nemrôd [4], et nous y verrons tantôt un myste luttant avec un initié revêtu soit du costume de bromius ou de bromia [5], soit du costume de lion ou de lionne [6]; tantôt un myste revêtu du costume de vautour pour prix de sa victoire sur un initié lion dont l'attitude annonce la défaite [7]. Le sujet très-rare peint sur notre vase peut donc nous autoriser à reconnaître, dans la légende grecque de Coronis, une des métamorphoses propres aux mystères asiatiques et présentées au vulgaire par les écrivains grecs sous une forme de récit érotique qui plaisait à un peuple avide de fables et dominé par la sensualité. C'est ainsi qu'en examinant avec attention la légende grecque de Cyparisse métamorphosé en cyprès par

[1] Voyez mes *Recherches sur le culte du cyprès* (*Mémoires de l'Acad. des inscr.* t. XX, 2ᵉ partie, p. 199-210).

[2] P. 421.

[3] Nous retrouvons ici l'origine du type des médailles impériales où l'empereur, déifié et assimilé au soleil ou à Apollon, est représenté faisant son ascension au ciel, monté sur un griffon.

[4] Voyez Layard's *Monuments of Nineveh*, première série, pl. XLIV, nᵒˢ 3, 5 et 8; pl. XLV, nᵒ 1.

[5] Atlas, pl. XXVII, nᵒ 9; pl. XXX, nᵒ 1; pl. XXXII, nᵒ 10; pl. L, nᵒˢ 5, 6 et 8; pl. LI, nᵒˢ 1, 2, 4 et 5.

[6] Atlas, pl. XIII, nᵒ 8; pl. XVII, nᵒ 6; pl. XXXII, nᵒˢ 4 et 5; pl. XLIV, nᵒ 16; pl. XLIX, nᵒ 9; pl. LI, nᵒˢ 3, 6 et 8; pl. LII, nᵒˢ 1, 3 et 5; pl. LIII, nᵒ 9; pl. LIV, *A*, nᵒ 13.

[7] Atlas, pl. LIV, *C*, nᵒ 17.

Apollon, j'ai cru apercevoir, sous le voile de cette fiction ingénieuse, le récit d'une de ces apothéoses dont les honneurs se décernaient aux initiés que leur piété, la pureté de leurs mœurs et le développement successif de leurs facultés intellectuelles avaient rendus dignes d'être admis aux grades supérieurs des mystères [1].

Lorsque, sur les monuments consacrés, en particulier, à Apollon Citharède [2], le griffon, sans la roue, est placé aux pieds de ce dieu solaire [3], on ne peut méconnaître dans ces compositions plus simples l'intention formelle de faire allusion à l'harmonie qu'entretient dans le monde créé l'action combinée de la chaleur solaire ou céleste et de la chaleur terrestre représentées par un animal symbolique qui réunit à la fois des formes empruntées à l'aigle et des formes empruntées au lion.

Quelquefois, au lieu d'une lyre ou d'une roue, on trouve un trépied auprès d'un griffon. Ces deux symboles, ainsi réunis, rappellent à la fois le dieu solaire dont ils sont les attributs et le don de prophétie dévolu aux prêtres et aux prêtresses chargés de prononcer les oracles rendus par Apollon, ou, en d'autres termes, les arrêts du destin. On comprend sans peine que, si les anciens admettaient que chaque âme descend sur la terre et remonte au ciel en vertu d'un arrêt du destin, et si les âmes exécutent ce double mouvement par les deux portes du ciel, la lune et le soleil, dont le griffon est le gardien, cet animal symbolique ait été convenablement attribué à des divinités telles que Mylitta, Mithra, Apollon, Artémis, Némésis, qui, dans les mystères, présidaient aux destinées humaines, ou qu'une antique théologie assimilait au destin, au sort, à la fortune [4].

Ajoutons à ces diverses attributions du griffon les monuments figurés occidentaux, où la nature ignée de cet animal symbolique est caractérisée par deux griffons placés en regard l'un de l'autre, soit auprès d'un candélabre allumé [5], soit auprès d'un autel sur lequel brille le feu sacré, comme on en

---

[1] *Recherches sur le culte du cyprès,* loc. cit.

[2] Voyez M. Welcker, mém. cité, p. 69.

[3] On peut citer, entre autres exemples, la belle statue du musée du Louvre, connue sous la dénomination d'*Apollon au griffon.* (Bouillon, *Musée des antiq.* divinités, pl. III, n° 2.) Le griffon a subi plusieurs restaurations modernes. On peut citer aussi une statue demi-nature, que l'on conserve au Capitole, dans la salle dite du *Gla-* *diateur mourant.* Celle-ci, désignée sous le nom d'*Apollon Lycien,* fut trouvée à la Solfatare, sur la route de Tivoli.

[4] Voyez *Recherches sur Vénus,* p. 91-100.

[5] Entre beaucoup d'autres exemples, je puis citer ceux qui me sont fournis par plusieurs bas-reliefs de la villa Albani. (Voyez Zoëga, *Bassiril. antichi di Roma,* t. II, p. 287 et suiv. et pl. XC, CXIV, CXXXI.) Ce même sujet est souvent

voit un exemple très-remarquable dans la frise d'un trépied d'Apollon qui se conserve au musée du Louvre[1]. Sur ce beau monument de marbre pentélique, l'autel, placé entre deux griffons ailés, alterne avec une coquille sculptée entre deux dauphins; la gaîne est ornée, dans le haut, d'une tête de taureau, et, dans le bas, de deux griffes de lion[2]. Nous avons donc là, deux fois répétée, et chaque fois à l'aide d'un procédé idéographique différent, une allusion directe à la double nature ignée et humide du soleil, de cet astre qui, selon les stoïciens[3], se nourrit des vapeurs humides de la terre[4]. Ailleurs des têtes et des pieds de griffons servent d'ornement à des candélabres. J'en puis citer un qui appartient au même musée[5]. Il porte, de plus, un buste radié d'Apollon et le nom DORYPHORVS suivi de la qualification de PATER, dignité hiératique qui appartient aux initiés ou aux prêtres parvenus à l'un des trois grades supérieurs institués dans les mystères de Mithra en Occident comme en Orient. Ajoutons ici les monuments occidentaux où la nature sèche, ardente, dévorante du griffon est exprimée soit à l'aide de groupes qui nous rappellent le lion d'une terre cuite citée plus haut[6], en nous montrant un griffon qui étanche sa soif dans une coupe que lui présente un génie[7]; soit

---

sculpté sur des frises qui ont évidemment appartenu à un temple d'Apollon, et sur la cuirasse d'une statue représentant un empereur romain. On voit comment, dans ce dernier cas, le griffon et le candélabre allumé, en faisant une allusion directe au soleil et au feu, servaient à constater que l'empereur, par son apothéose, avait acquis le droit de porter les attributs des dieux.

[1] Voyez Bouillon, *Musée*, t. III, autels, pl. II.

[2] Ces griffes sont une restauration moderne, mais justifiée.

[3] Selon Philolaüs, philosophe pythagoricien, cité par Stobée (Eclog. I, xxi et xxii), les exhalaisons qui sont l'aliment du monde proviennent en partie du feu céleste et en partie de la chute de l'eau lunaire qui tombe par l'effet du mouvement circulaire de l'air.

[4] Sur les médailles de Panorme, en Sicile, on trouve réunis, dans un même type, un griffon et un dauphin. Dans l'un et l'autre cas, cette opposition est la traduction grecque de l'idée qu'exprime, sur les monuments asiatiques, le groupe du lion dévorant le taureau.

[5] Bouillon, *Musée*, t. III, candélabres, etc. pl. III, n° 1.

[6] Voyez mes *Recherches sur Vénus*, pl. XII, n° 2.

[7] D'Agincourt, *Hist. de l'art par les monum.* pl. XI, n° 4. — Cavaceppi, *Raccolta*, t. III, pl. XXX.— *British Museum: Terracottas*, pl. VIII, n° 2. — *Etchings representing the best examples of ancient ornamental architecture*, by Ch. H. Rathand (Lond. 1759). — Zoëga, *Bassiril. antichi di Roma*, t. II, pl. XCI. La planche que j'indique ici reproduit un joli fragment de frise de la villa Albani, qui représente, en bas-relief, un grand griffon ailé, vu de profil et placé entre deux génies ailés, assis chacun sur un rocher. Le premier de ces génies présente à boire au griffon dans un cratère qu'il tient des deux mains. Le second pince les cordes d'une lyre qu'il tient également des deux mains. A ses pieds est posé un corbeau, symbole d'Apollon. Nous avons donc ici, par un de ces procédés ingénieux que l'art grec excellait à inventer, un tableau qui n'est qu'une variante de l'idée ex-

à l'aide d'autres groupes où, de même que sur les monuments asiatiques cités, on voit un griffon dévorant un quadrupède herbivore, tantôt un cerf[1], tantôt un cheval[2], ou poursuivant un animal de cette dernière espèce[3]. Ajoutons enfin un beau candélabre de bronze, qui se conserve à Naples au Musée royal bourbonien[4]; il est orné de deux groupes représentant, l'un, deux griffons qui dévorent un taureau terrassé, l'autre, deux griffons qui dévorent un cerf également terrassé.

Toutefois, ces indications seraient incomplètes si je ne citais ici quelques exemples du symbole du griffon employé avec un sens funéraire sur des monuments grecs, étrusques ou romains. Cette catégorie comprend, avec les sarcophages, les urnes cinéraires et les lampes, les miroirs mystiques destinés à être placés dans les tombeaux. Le griffon s'y montre tantôt combattant une Amazone[5], ou des personnages mâles et armés[6], qui ne sont ni des Arimaspes ni des Pygmées; tantôt dévorant un taureau[7] ou un

---

primée sur la frise du trépied d'Apollon cité plus haut. Il est à regretter que le fragment de frise qui me donne lieu de faire cette observation ait beaucoup souffert des injures du temps. A l'exception des deux mains et du cratère, le premier des deux génies est une restauration moderne. (Cf. la planche CIX du volume cité de Zoëga.)

[1] Tischbein, *Vases peints,* t. IV, pl. LV. — Voyez le scarabée figuré sous le n° 10 de la planche LXVIII. — Winckelmann, *Descript. des pierres gravées de Stosch*, p. 561, n° 178 (cornaline); p. 560, n° 218 (sardoine).

[2] Millin, *Monum. inéd.* t. I, pl. XL (vase peint). — Une terre cuite, présentée par M. Bénédict Fogelbert (Vogelbert) à la direction de l'Institut archéologique, dans la séance tenue à Rome le 29 décembre 1843 (voyez *Bullettino*, 1844, p. 36), offre en relief deux griffons qui dévorent un cheval, sujet que nous trouvons sur les monuments asiatiques. Cette terre cuite paraît avoir fait partie d'une frise; elle porte une inscription grecque qui, je crois, n'a pas encore été expliquée.

[3] Des groupes représentant des griffons ou des lions qui dévorent, attaquent ou poursuivent des animaux herbivores, se voient fréquemment dans les frises des églises du moyen âge et parmi

les ornements de divers objets d'art qui appartiennent à la même époque, tels que des olifants, des armes, etc. Les types de pareils sujets furent importés en Europe soit avec l'architecture byzantine, soit par les croisés. Je me bornerai ici à citer des chapiteaux de colonnes placées dans la cathédrale de Mayence. La corbeille de ces chapiteaux est ornée de deux griffons ailés, qui dévorent chacun un quadrupède herbivore, qui ressemble à un veau ou à une génisse. (Voyez *Bulletin monumental* de M. A. de Caumont, t. XII, année 1846, 1er cahier, dessin gravé sur bois à la page 11.)

[4] Voyez *Real Mus. Borbonico,* vol. III, pl. LXI, fig. 3. (Napoli, 1824-28.., petit in-folio.)

[5] Urne cinéraire, de terre cuite. (Inghirami, *Monum. etruschi,* t. I, 1re partie, pl. XLII.)

[6] Urne cinéraire de marbre. (Gori, *Mus. etrusc.* t. I, tab. CLIV, n° 1.) Urne cinéraire de terre cuite. (*Ibid.* t. III, class. III, tab. IV, n° 2.)

[7] Sur un miroir mystique trouvé, en 1820, aux environs de Viterbe, décrit et figuré dans le *Giornale Arcadico* (1821, t. IX, p. 91-100). — Sur le célèbre vase peint qui représente le combat d'Achille et de Memnon et une scène de *psychostasie.* (Passeri, *Pictur. etrusc.* tab. CCLXII et CCLXIII. — Millin, *Peintures de vases antiq.* t. I;

cerf[1]; tantôt tenant sous ses pattes de devant une tête de bélier[2]. Ces trois derniers groupes sont certainement des emprunts faits à l'art asiatique. Sur d'autres monuments funéraires, un griffon, la patte gauche de devant appuyée sur une roue, est placé aux pieds d'Apollon Citharède[3] ou aux pieds de Némésis[4]. Ailleurs on trouve les types que voici : un griffon, sans la roue, aux pieds d'Apollon[5]; un griffon, sans une divinité, posant une patte de devant soit sur une roue[6] soit sur un disque[7]; un griffon isolé, sans la roue et sans

pl. XIX-XXII, *Galer. mytholog.* pl. CLXIV, n° 597.) Voyez ce que j'ai dit, au sujet de ce miroir et de ce précieux vase, dans les *Mémoires de l'Académie des inscriptions,* t. XV, 2ᵉ partie; p. 51-54 du tirage à part.

[1] Urne cinéraire de terre cuite. (Inghirami, *Monum. etruschi,* t. I, 2ᵉ partie, pl. XCIX.) — Fragment de sculpture grecque, qui paraît avoir appartenu à un sarcophage de marbre de Paros et qui a été donné au Musée Britannique par M. le duc de Northumberland. (Voyez Ed. Gerhard's *Archæolog. Anzeiger,* décembre 1851, n° 36, p. 129.) — A ces deux monuments il convient peut-être d'ajouter un vase de marbre, trouvé, en 1839, dans les fouilles de Tusculum et orné d'un groupe composé de deux griffons qui dévorent un cerf. Ce vase avait probablement une destination funéraire. S'il en est ainsi, on peut le placer, avec l'urne cinéraire du musée de Rouen, que j'ai fait connaître (*Mémoires de l'Acad. des inscr.* t. XV, 2ᵉ partie, p. 63, pl. I), parmi les monuments funéraires romains dont les emblèmes symboliques furent empruntés à l'Asie occidentale. Il a été publié par M. le chevalier Louis Canina, dans son bel ouvrage intitulé: *L'Architettura antica,* pl. XXXIX. — M. Grifi (*Monum. di Cere antica,* p. 53-57, note 4), en citant ce vase de Tusculum, commet la double erreur de considérer les deux griffons comme les emblèmes du mauvais principe (voyez aussi *ibid.* p. 119 et 120), et le cerf comme le représentant des êtres bons créés par Ormuzd. Il applique ce même système d'interprétation aux groupes qui ornent le candélabre, cité plus haut, du musée Bourbonien de Naples. (*Real Mus. Borbon.* t. III, pl. VI.) A ses yeux, ces groupes sont autant

d'emblèmes de la dualité, qui, en usage dans l'Orient, mais non chez les Grecs ni chez les Romains, avaient dû être apportés en Italie avec le culte de Mithra. Déjà il avait exprimé cette dernière opinion au sujet des symboles qui ornent le pectoral d'or trouvé dans le grand tombeau de Céri. Elle n'est pas soutenable, et les observations que j'ai eu ou que j'aurai l'occasion de faire dans ces *Recherches* le démontrent sans contestation possible.

[2] Dans le tympan du fronton du couvercle d'un sarcophage de marbre blanc inédit, trouvé à Apt et acquis par M. le docteur Comarmond, dans le cabinet duquel je l'ai vu, à Lyon, en 1841. — Un autre exemple m'est fourni par un monument funéraire beaucoup plus connu, le sarcophage dit *des Muses,* qui se conserve au musée du Louvre. Là le groupe du griffon tenant sous sa patte une tête de bélier est sculpté sur la face latérale gauche du sarcophage. (Voyez Bouillon, *Musée des antiques,* t. I, bas-reliefs.) La face latérale opposée représente des loups, autre animal consacré à Apollon, à Artémis, à Zeus et à plusieurs autres divinités solaires ou lunaires.

[3] Bas-relief de sarcophage, au musée du Louvre. (Voyez Bouillon, ouvrage cité, t. III, pl. II, n° 1.)

[4] Sur un sarcophage. (Voyez Beger, *Spicileg. antiquit.* p. 84, XIII.)

[5] Sur une lampe. (Bellori, *Le antiche lucerne figurate,* 2ᵉ part. pl. XIV: Rome, 1729, in-fol.)

[6] Sur une lampe de bronze. (*Le antiche lucerne figurate,* 2ᵉ partie, pl. XV.)

[7] Sur une lampe. (Passeri, *Lucerne fictil.* tab. LXX.)

une divinité [1] ; deux griffons placés en regard auprès d'un candélabre allumé [2], ou sans le candélabre [3] ; enfin deux griffons sculptés chacun sur une des deux faces latérales d'un tombeau [4]. Dans ces diverses positions, le symbole du griffon, devenu un emblème funéraire [5], est en parfaite harmonie, d'une part, avec la théorie qui, dans les mystères, je l'ai déjà dit, attribuait aux symboles le double sens de vie et de mort; et, d'autre part, avec la fonction de gardien des portes du ciel dévolue au griffon, comme avec la tradition qui nous a appris qu'un griffon accompagne le soleil au moment où cet astre se couche dans l'Océan, au moment, par conséquent, où il suit la route que suivent les morts.

Désormais, il ne peut donc nous rester aucun doute sur l'identité des idées que l'Orient et l'Occident attachaient au symbole du griffon considéré sous tous les points de vue. Cela posé, il devient moins difficile d'indiquer à grands traits les bases de l'enseignement encyclopédique que recevaient, dans les sanctuaires de la religion, les mystes admis à se préparer au grade de griffon. On peut croire, sans crainte de se tromper, que cet enseignement, combiné avec de nouveaux exercices gymnastiques [6], avait pour but, comme aux grades précédents, de développer ou d'accroître de plus en plus les facultés intellectuelles, morales et physiques du myste. On peut supposer, avec quelque vraisemblance, qu'on lui expliquait la différence qui existe entre la nature de la région terrestre et de la région aérienne, où son âme avait subi la domination de la matière obscure ou ténébreuse et froide, et la nature de la région luni-solaire, où elle aspirait à rentrer. L'opposition des ténèbres et de la lumière, l'oppo-

[1] Sur deux lampes. (Beger, *Thesaur. Brandenburg.* — Montfaucon, *L'Antiquité expliq.* t. V, pl. CLXII, n°ˢ 1 et 2.) — Sur une autre lampe. (Bellori, *loc. cit.* 1ʳᵉ partie, pl. XVIII.)

[2] Sur une lampe. (Passeri, *Lucerne fictil.* Pisauri, 1739, tab. LXIX.)

[3] Sur une urne de terre cuite. (Gori, *loc. cit.* t. II, cul-de-lampe de la page 296.)

[4] Micali, *Monum. ined.* p. 304, pl. XLVIII, n°ˢ 1 et 2. Ici comme ailleurs (*ibid.* p. 194), cet archéologue paraît avoir complétement méconnu la signification symbolique du griffon. A ses yeux, les griffons, les sphinx, les lions, Gorgone, Scylla, les Chimères placés sur les tombeaux, sont des monstres de l'Orcus préposés à la garde et à la défense des sépultures.

[5] Cet emblème, comme plusieurs autres, passa des antiquités profanes dans les antiquités chrétiennes. On connaît une lampe de bronze qui, sur chacun de ses côtés, porte le monogramme du Christ, et dont l'anse est formée par une belle tête de griffon surmontée de la croix. Bellori, en publiant cette lampe (*Le antiche lucerne figurate,* 3ᵉ partie, p. 8 et pl. XXV) d'après un dessin de Sante Bartoli, fait remarquer que le griffon, ayant été le symbole du soleil chez les païens, est ici le symbole du vrai soleil, Jésus-Christ.

[6] Nous en avons la preuve sur le cylindre décrit plus haut (p. 406), d'après le dessin qu'en a publié M. Layard.

sition, si je puis m'exprimer ainsi, du grade de corbeau et du grade de griffon, les propriétés de la lumière comparées à celles de l'air; la diffusion du
fluide lumineux dans le monde créé, son action, son influence sur le développement physique et sur l'intelligence, sur la constitution des corps des
êtres vivants, tels devaient être les principaux thèmes des leçons du prêtre
initiateur; et ces leçons comprenaient nécessairement des leçons préliminaires
sur les planètes, sur la lune et le soleil, sujets particuliers des leçons ré-
servées pour la préparation aux deux grades qui suivent immédiatement celui
de griffon. En même temps, sans doute, on indiquait au myste quels efforts
il avait à faire pour de plus en plus maîtriser ses sens, et pour parvenir à
un degré de pureté qui fût en harmonie avec la pureté et l'éclat de la matière lumineuse et chaude qui remplit la région luni-solaire, ou le ciel mobile, selon l'expression employée dans le *Zend-Avesta*. On n'avait garde, sans
doute aussi, de laisser ignorer au myste quels châtiments il encourrait si son
âme, dans cette nouvelle lutte, retombait sous la domination de la matière
ténébreuse et froide dont se composent la région de l'air et la région de la
terre. Je me sers à dessein des expressions *matière ténébreuse et froide, matière
lumineuse et chaude,* pour faire bien comprendre les idées des anciens sur la
constitution générale du globe terrestre et du ciel mobile. Je ne laisserai pas
échapper cette occasion de répéter ici que, selon ces mêmes idées, la lumière
et la chaleur ou le feu du ciel mobile ou de la région luni-solaire ont leur
source dans une lumière supérieure, dans un feu supérieur, qui, représentés
par Mithra et par Ormuzd, émanent d'une lumière incréée et d'un feu incréé,
dont le Temps-sans-bornes est la source primordiale et éternelle. Il est indispensable de tenir compte de cette théorie, à la fois théogonique et cosmogonique, pour parvenir à apprécier convenablement l'institution des cinq grades
supérieurs à celui de griffon qui feront le sujet des cinq chapitres suivants.

Dans le chapitre où je m'occuperai de l'initiation des rois de Perse aux
mystères de Mithra, j'aurai à examiner de quels priviléges jouissaient les officiers de la maison du roi qui avaient obtenu le grade de griffon, et quel rapport existait entre ce grade et les fonctions qui leur étaient dévolues. Mes
remarques sur ce point serviront, si je ne me trompe, à expliquer pourquoi,
depuis les grades de soldat, de bromius ou taureau et de lion, dont les monuments sont aussi nombreux que, par exemple, les brevets d'apprentis et de
maîtres dans les loges de francs-maçons, le grade de griffon est le seul qui
nous ait laissé un nombre considérable de monuments, en même temps que

56.

le symbole du griffon se rencontre bien fréquemment, on l'a vu, sur des antiquités figurées asiatiques qui ne se rapportent pas directement aux initiations. Quant à la multiplicité des monuments grecs où nous trouvons ce même symbole, elle s'explique tout naturellement par les emprunts que les Grecs avaient faits à la théologie et à l'art asiatiques, et par les rapports particuliers du griffon avec Apollon, avec le soleil et la lune.

CHAPITRE XI.

HUITIÈME GRADE. — GRADE DE PERSÈS OU PERSE.

(Deuxième grade igné ou solaire.)

Vainqueur du griffon, de cet animal redoutable qui garde l'entrée de la région où se meuvent le soleil, la lune, les planètes, les étoiles, l'initié aspire à pénétrer successivement dans chacun des sept cieux dont se compose cette grande région, divisée en deux zones : la première gouvernée par le ciel de la lune et reposant immédiatement sur la région de l'air [1], comme celle-ci sur la région terrestre ; la seconde soumise à la puissance du soleil et placée immédiatement au-dessus du ciel et de la lune. Dans ce mouvement ascendant, la route que doit suivre l'âme est tracée sur une échelle mystique, qui paraît avoir joué un bien grand rôle dans les mystères de Mithra, mais dont nous n'aurions qu'une notion très-confuse si l'antiquité chrétienne ne nous en avait conservé une description succincte. Nous la devons à Origène, qui s'était donné la mission de réfuter un livre où le philosophe épicurien Celse, ennemi déclaré du christianisme, étalait, avec un grand appareil d'érudition, les doctrines religieuses des Perses. Ce livre ne nous est pas parvenu ; mais Origène en avait fait un extrait qu'il nous a transmis [2] et dont voici le début : « Celse, « dit-il, affirme que l'on trouve des traces de ces doctrines dans les mystères « de Mithra. Les deux révolutions célestes, celle des étoiles fixes et celle des « étoiles errantes, et le passage des âmes par les étoiles, y sont représentés au

---

[1] C'était, chez les anciens, une opinion généralement répandue, que la région de la lune repose immédiatement sur celle de l'air. (Voyez les livres attribués à Hermès, *apud* Stob. *Eclog.* I, LII, 40 et 41 ; I, XXI et XXII; et le traité aristotélique *De mundo*, XI. — Cf. Jean Lydus, *De mensib.* II, v, ed. Kapp.) Je répéterai ici que, sur les monuments figurés égyptiens, les âmes qui veulent passer de cette dernière région dans la première, sont représentées sous la forme d'oiseaux à tête humaine, groupés autour de plusieurs cynocéphales, qui, symboles de l'air, et agenouillés auprès du disque de la lune, implorent pour ces âmes l'entrée du ciel de cet astre.

[2] *Contra Celsum*, VI, XXII, p. 646, 647, ed. Delarue.

« moyen d'un symbole du genre suivant : c'est une échelle qui a sept portes,
« et au sommet une huitième. La première porte est de plomb, la seconde
« d'étain, la troisième d'airain, la quatrième de fer, la cinquième d'un airain
« mélangé, la sixième d'argent et la septième d'or. Les Perses assignent la pre-
« mière à Cronos, parce que le plomb indique la lenteur de la marche de
« cette planète; ils rapportent la seconde à Aphrodite, à cause de l'éclat et de
« la mollesse de l'étain; la troisième à Zeus, à cause de la dureté de l'airain;
« la quatrième à Hermès, parce que le mercure et le fer servent à toutes sortes
« de travaux, et sont utiles au commerce et à une multitude d'ouvrages; la cin-
« quième est consacrée à Mars, sa nature mixte la rendant inégale et variée.
« Enfin les Perses attribuent à la lune la sixième porte, qui est d'argent, et au
« soleil la septième, qui est d'or, parce que ces deux métaux ont la couleur de
« la lune et du soleil [1]..... »

[1] La suite de ce passage nous apprend que, selon Celse, les sept notes de la musique occupaient, comme les sept planètes, comme les sept métaux, une place particulière sur l'échelle mystique des Perses. Je compléterai ma citation lorsque, plus loin, j'aurai à m'occuper du rôle que remplissait la musique dans les cérémonies propres aux mystères. En attendant, il ne sera pas sans intérêt de rapprocher ici de la description de l'échelle mystique des Perses les passages du *Vendidad* qui se rapportent aux métaux, et le passage souvent cité d'Hérodote sur les sept enceintes d'Ecbatane, résidence des rois mèdes. On pourra, par ce rapprochement, apprécier les conformités et les divergences que présentent les traditions qui proviennent de ces deux sources. Le *Vendidad* (*Zend-Avesta*, t. I, 2ᵉ partie, p. 328 et 329), par exemple, range dans l'ordre suivant les métaux et quelques autres corps, selon la faculté progressive qu'ils ont d'être purifiés : la terre, la poussière d'arbre, ou le plomb; la pierre, le cuivre rouge, le fer, l'argent, l'or. La terre, la poussière d'arbre et le plomb, lorsqu'ils auront été mis en contact avec quelque chose d'impur, ne pourront être purifiés qu'à la fin des siècles. Plus loin (*ibid.* p. 345 et suiv.), le même traité énumère dans l'ordre que voici les métaux qui souillent le feu dont on se sert pour les travailler :

l'étain, l'or, l'argent, le fer et le cuivre rouge. Plus loin encore (*ibid.* p. 398), Ormuzd ordonne que, dans un cas particulier, lorsqu'une personne sera devenue impure, on lui porte à manger dans des vases de fer ou de plomb, « le dernier des métaux, » ajoute-t-il. (En parsi, le mot *akher,* qui sert à désigner le plomb, signifie littéralement le *dernier* ou la *dernière* des matières selon la remarque d'Anquetil, *ibid.* p. 315, note 4.) Précédemment (*ibid.* p. 315), il avait prescrit de transporter au *dadgah* les cadavres en les plaçant « dans des cercueils de fer, de « pierre ou de plomb. » — Dans Hérodote (I, xcviii), nous lisons que la ville d'Ecbatane était entourée de sept enceintes de murailles dont les créneaux affectaient des couleurs différentes. La première enceinte, en partant de l'extérieur, avait ses créneaux blancs; la seconde, noirs; la troisième, pourpres; la quatrième, bleus; la cinquième d'un rouge orangé très-vif (σανδαράκινοι); la sixième, argentés; la septième, dorés. C'est dans ces deux dernières enceintes, qui répondent à la sixième et à la huitième porte de l'échelle mystique, qu'étaient placés les trésors du roi Déjocès et sa demeure royale. — Αἰνίτ7ε-
ται ταῦτα καὶ ὁ Περσῶν λόγος, καὶ ἡ τοῦ Μί-
θρου τελετὴ παρ' αὐτοῖς ἐσ7ιν. Ἔσ7ι γάρ τι ἐν
αὐτῇ σύμβολον τῶν δύο τῶν ἐν οὐρανῷ περι-

Ce passage, tout précieux qu'il est, laisse beaucoup à désirer ; et d'abord, dans les manuscrits du traité d'Origène le texte grec paraît avoir été corrompu, tout au moins dès le début de la phrase où se lisent deux mots : κλίμαξ ἐπ7άπυλος, que Delarue a lus κλίμαξ ὑψίπυλος, bien que Bouhéreau, reconnaissant que le second membre de la phrase, ἐπὶ δ'αὐτῇ ϖύλη ὀγδόη, condamne cette leçon, l'eût corrigée en substituant ἐπ7άπυλος à ὑψίπυλος. Cette correction a été adoptée par Sainte-Croix, dans la première édition de ses *Recherches sur les mystères du paganisme*. Le savant orientaliste qui a publié et enrichi de ses notes la seconde édition de cet ouvrage a donné sa sanction à la leçon de Bouhéreau [1] et rejeté avec toute raison, comme l'avait fait Sainte-Croix, une correction malencontreusement proposée par Guiet, qui voulait supprimer la mention d'une huitième porte, et lire : κλίμαξ ὑψίπυλος, ἐπ' αὐτῇ δὲ ϖύλαι ἐπ7ά. Mais aucun des savants que je viens de nommer ne paraît avoir remarqué qu'un passage d'Hérodote peut servir à confirmer la leçon qui restitue, dans le texte d'Origène, cette huitième porte. L'historien grec nous apprend que, chez les Assyriens, le nombre huit était sacramentel ; car il nous le montre employé dans la construction du temple de Bélus à Babylone, de manière à nous donner lieu de croire que la disposition de cet édifice était en harmonie avec les huit divisions ou portes de l'échelle mystique des Perses, qui, sans aucun doute, avait une origine assyrienne ou plutôt chaldéenne. La forme de ce temple, selon le témoignage exprès d'Hérodote [2], était un carré régulier, servant de base ou de support à huit tours ou étages superposés l'un à l'autre. Dans la plus élevée de ces tours, et ceci mérite toute notre attention, se trouvait une grande pièce, qui ne renfermait point de statue ; mais on y avait placé un grand trône très-riche, ayant la forme d'un lit. Or, cette pièce représentait certainement l'Olympe des Assyriens, et ce trône était non moins certainement celui du dieu Bélus [3]. De même dans le *Zend-*

ὁδῶν, τῆς τε ἀπλανοῦς, καὶ τῆς εἰς τοὺς ϖλανήτας αὖ γεγενημένης, καὶ τῆς δι' αὐτῶν τῆς ψυχῆς διεξόδου· τοίονδε τὸ σύμβολον· κλίμαξ ὑψίπυλος (*leg.* ἐπ7άπυλος), ἐπὶ δ' αὐτῇ ϖύλη ὀγδόη· ἡ ϖρώτη τῶν ϖυλῶν μολίβδου, κ. τ. λ. (Origenes, *Contra Celsum*, VI, xxii, p. 646 *B*, ed. Delarue.)

[1] Voyez Sainte-Croix, *Recherches sur les mystères du paganisme*, t. II, p. 136, 137, note de Silvestre de Sacy, 2ᵉ édition.

[2] I, clxxxi.

[3] On serait tenté de conjecturer, d'après la disposition du temple, que les initiations aux mystères de l'édifice avaient lieu, pour les sept premiers grades, dans les souterrains et dans le soubassement carré de l'édifice ; pour le huitième grade, dans les six premières tours, où peut-être on représentait le passage des âmes par le ciel de chacune des six premières planètes de l'échelle mystique ; pour le neuvième grade, dans la septième tour, correspondant à la septième porte de l'échelle, qui est la porte du soleil ; et pour les

Avesta[1], il est maintes fois parlé du trône d'or du dieu Ormuzd, qui est placé au milieu du Gorotman, l'Olympe des Perses; on l'invoque même, comme s'il représentait la personne d'Ormuzd[2]; et il avait assurément la forme d'un lit, comme le trône de Bélus, comme les trônes dont les rois de Perse ont, jusqu'à ce jour, conservé la coutume de se servir. Aussi le mot zend *freschnéhé*, qui désigne le trône d'Ormuzd, a-t-il le double sens de *trône* et de *lit*[3]. D'autre part, nous avons, dans la théogonie et dans la liturgie des Perses, la preuve que, chez ce peuple, tout comme chez les Assyriens, le nombre huit et son multiple seize étaient sacramentels; car Ormuzd, avec les sept amschaspands, de même que Bélus avec ses sept conseillers, compose une ogdoade céleste[4]. Aussi le huitième jour de chaque mois est-il consacré à Ormuzd[5], et le seizième à Mithra[6], les deux divinités qui, entourées des amschaspands, des izeds et des saints féroüers, forts et bien armés, c'est-à-dire des mânes des héros iraniens, résident sur le Gorotman, cette montagne de lumière appelée la *huitième porte* sur l'échelle mystique des Perses.

La seconde observation critique que suggère la description de cette échelle dans le texte de Celse se rapporte aux étoiles. Ce texte, tel que nous le donne Origène, ne nous explique point si, par *étoiles errantes*, il faut entendre seulement les sept planètes; et si les *étoiles fixes*, représentées d'une façon quelconque sur l'échelle mystique, y étaient rangées selon un ordre particulier[7].

---

trois grades divins (dixième, onzième et douzième) ou les apothéoses, dans la huitième tour, placée au faîte du temple, comme la huitième porte au sommet de l'échelle mystique.

[1] T. I, 2ᵉ partie, *Vendidad-sadé*, p. 86, 95, 418 et *passim*.

[2] «J'invoque et je célèbre le trône d'Ormuzd,» est-il dit dans le premier cardé du *Vispered*. (*Zend-Avesta*, t, I, 2ᵉ partie, p. 86.)

[3] Voyez *ibid.* note 9.

[4] L'ogdoade joue aussi un grand rôle dans les doctrines de plusieurs sectes du gnosticisme, et peut y être considérée, de même que la fiction des sept éons, comme un emprunt fait à la théologie des Chaldéens d'Assyrie. Ainsi, par exemple, Basilide, qui enseignait le dogme des émanations, dogme d'origine chaldéenne, importé chez les Perses, admettait dans l'échelle divine huit degrés suprêmes qu'il appelait les *huit intelli-*

gences. Il disait aussi qu'on doit juger «par le soleil et les sept planètes» que le nombre huit est agréable à Dieu. Les Valentiniens admettaient également une ogdoade formée d'un éon suprême ou supérieur et de sept autres éons émanés de celui-ci. Enfin la secte des Nicolaïtes adorait huit éons, qui avaient pour chef la déesse *Barbélo*. Cette déesse habitait le huitième ciel, et avait pour fils Sabaoth, dont la résidence était le septième ciel.

[5] Voyez *Zend-Avesta*, t. II, p. 316, note 1 ; p. 317 et 327, offices du huitième jour.

[6] Voyez *Zend-Avesta*, t. II, p. 320, 330, offices du jour Meher ou Mithra.

[7] Nous ignorons même quelle était leur position par rapport à la lune. Mais Anquetil nous dit (*Zend-Avesta*, t. II, p. 187, note 3) : «Selon «les livres des Parses, le *ciel des étoiles fixes* est «au-dessous de *celui de la lune*.»

Enfin Celse ne fait aucune mention de la place que les livres de Zoroastre assignent à Mithra, entre le soleil et la lune, et se tait aussi sur la huitième porte placée au sommet de l'échelle, et sur le dogme qui enseignait que les âmes descendent sur la terre par la porte de la lune et remontent au ciel par la porte du soleil.

Le passage cité du philosophe épicurien a donc besoin de plus d'un commentaire, et, pour parvenir à obtenir les éclaircissements qu'il ne nous donne pas, ou à remplir les lacunes nombreuses que l'on y remarque, nous devons consulter les monuments figurés parvenus à notre connaissance et tous les documents qui peuvent se trouver épars soit dans les divers ouvrages théologiques conservés par les Parses de l'Inde, soit dans les auteurs anciens qui, en Occident, ont écrit sur les mystères.

Parmi les nombreux monuments asiatiques dont on possède maintenant les originaux, les empreintes ou les dessins, je n'en puis citer que cinq où il soit possible de trouver un symbole qui offre quelque rapport avec l'échelle mystique décrite par Celse : ce sont deux cônes et trois cylindres. Le premier des deux cônes est à huit pans coupés. J'ai publié dans mes *Recherches sur Vénus*[1] le dessin du sujet gravé en creux sous sa base octogone[2]. On y voit un initié debout, en contemplation ou en méditation devant un autel carré, surmonté d'une espèce de bétyle dont la face antérieure est ornée d'une échelle posée perpendiculairement et formée par huit échelons. Au sommet de ce bétyle, et, par conséquent, au-dessus du huitième échelon, brille un astérisque à sept branches, qui très-probablement est la planète Vénus. Si l'on pouvait citer, sur les monuments figurés asiatiques, d'autres exemples d'une semblable échelle, toute controverse cesserait au sujet du passage de Celse rapporté par Origène, et personne ne se refuserait à reconnaître que, dans ce passage, il est question de huit échelons ou de huit portes, de même qu'on en compte huit sur notre cône à huit pans coupés. Mais ce témoignage, si décisif au premier abord, n'est pas confirmé par les autres monuments que j'ai à décrire. Le n° 4 de la planche LIV, C, de mon Atlas reproduit le sujet gravé en creux sous la base d'un second cône, et si nous y retrouvons, sur un autel carré, un bétyle très-analogue à celui que nous a offert le cône précédent, ici nous ne comptons que six échelons, et cependant le sixième est

---

[1] Pl. XV, n° 11.

[2] C'est peut-être à cause de l'attribution du nombre huit à Mylitta et à Mithra que les cônes asiatiques dont les sujets appartiennent aux mystères de l'une de ces deux divinités sont si souvent taillés à huit pans.

aussi surmonté d'un astérisque à sept branches, qui semble nous indiquer que l'échelle est complète, bien que le septième et le huitième échelon en aient été supprimés. Sous un autre rapport, ce petit monument mérite toutefois notre attention; car nous voyons ici, auprès de l'échelle symbolique, un myste imberbe se présenter devant un mage initiateur entouré d'armes [1] qui nous ramènent au cône n° 1 de la planche LXI, dont la face latérale 1ª représente un initié du grade de *Perse*, et nous montre, comme ici, que la scène se passe dans la région lunaire, puisque, sur l'un et l'autre cône, elle est dominée par un croissant qui n'est point accompagné de l'astérisque du soleil.

Le nombre des échelons varie bien davantage sur les trois cylindres dont je donne les dessins. Le premier [2] représente un prêtre eunuque, debout et en contemplation devant deux bétyles, plantés chacun sur un autel carré, et surmontés, l'un du croissant lunaire, l'autre d'une roue à six rayons, emblème connu du soleil. Ces deux bétyles, comme ceux de nos deux cônes, sont ornés chacun, sur leur face antérieure, d'une échelle posée perpendiculairement; mais au-dessous du croissant de la lune, on compte dix échelons au lieu de huit, et ce nombre est porté jusqu'à quinze sur le bétyle que surmonte la roue du soleil. Deux autres bétyles, supportés chacun par un autel carré, se voient sur le second cylindre [3], et chacun est décoré, sur sa face antérieure, d'une échelle posée de même perpendiculairement, mais affectant, dans le haut, une forme cruciale. Cette échelle, sur le bétyle placé à notre gauche, compte dix échelons, qui, avec les trois échelons de chaque branche de la croix, composent le nombre seize. Ils sont surmontés du croissant de la lune. L'échelle du second bétyle est formée par douze échelons, non compris les quatre échelons qui font saillie de chaque côté. Au sommet de ce bétyle sont attachées deux grandes cornes de taureau ou de vache, qui nous rappellent cet autel appelé *ćeraton*, autour duquel, chez les Déliens, on exécutait une danse instituée par Thésée après sa victoire sur le Minotaure du labyrinthe de l'île de Crète [4], danse éminemment religieuse, dont les passes imitaient les tours et les détours de ce labyrinthe, c'est-à-dire du lieu où se pratiquaient les initiations aux mystères de la Vénus asiatique [5]. Sur notre

[1] Parmi ces armes, on remarque deux poignards placés obliquement en croix.
[2] Atlas, pl. XXXIX, n° 6.
[3] Atlas, pl. XXXIX, n° 4.

[4] Plutarque, *Thésée*, xxi, 1 et 2.
[5] Voyez ma lettre à M. le professeur Éd. Gerhard.

cylindre, après le second autel, il s'en élève un troisième, qui sert de support à un chien accroupi sur ses pattes de derrière. Tourné à gauche vers les deux bétyles, cet animal semble les considérer avec attention. Le croissant de la lune et les deux cornes de taureau ou de vache et l'échelle dont elles sont ornées, comme aussi la présence du chien, compagnon fidèle des divinités psychopompes, qui président aux mystères, nous autorisent à penser que notre cylindre se rapporte au passage des âmes par la porte de la lune, dans leur mouvement ascendant, de même que sur le cylindre précédent [1] on avait voulu représenter leur passage par la porte de la lune et par la porte du soleil. Mais pourquoi le nombre des échelons de l'échelle mystique varie-t-il autant sur ces deux cylindres? Pourquoi ne trouvons-nous que six échelons sur le cône n° 4 de la planche LIV, *C?* Pourquoi les autels [2] qui portent les bétyles ornés de l'échelle mystique offrent-ils eux-mêmes tantôt trois, tantôt quatre, tantôt six divisions? Voilà autant de questions qu'il m'est impossible de résoudre.

Un troisième cylindre, d'un dessin et d'un travail qui accusent la dernière période de la décadence de l'art [3], doit trouver place ici; car il semble, comme le cône n° 4 de la planche LIV, *C,* appartenir à une initiation au grade de Perse, et il offre un appareil ou un emblème qui paraît être une forme particulière de l'échelle mystique. Ici un archimage, assis sur un siége sans dossier, tient, de la main droite, un tube recourbé, dont l'extrémité inférieure plonge dans un vase [4], et dont l'extrémité supérieure laisse échapper des flammes. Dans le champ sont gravés un autre vase, l'arme appelée l'*oreille d'acier* ou la *harpé primitive* et une palme; le tout dominé par le croissant de la lune, sans l'astérisque ni la roue du soleil. Plus loin, un autel à deux pieds supporte l'appareil que je prends pour une échelle mystique; on n'y compte que six échelons; ils sont surmontés d'une traverse ornée de trois objets dont la forme est conique et dont le nombre mérite d'être remarqué. Un myste se tient debout devant l'échelle et paraît la contempler attentivement. Mais, quelque explicite que soit cette scène d'initiation, elle ne peut, pas plus que les sujets des deux autres cylindres et des deux cônes cités, servir à compléter les détails qui manquent dans le passage de Celse. Le petit cylindre que j'ai décrit au chapitre du grade de lion[1] ne les complète pas davantage. Seulement on peut remarquer que si, au lieu de l'échelle mystique, on y trouve sept petits disques ou globes qui marquent la route suivie par les âmes pour descendre sur la terre, cinq de ces petits disques, c'est-à-dire les planètes Saturne, Vénus, Jupiter, Mercure et Mars, sont rangés dans le bas sur une seule ligne. Au-dessus dominent les deux autres, qui ne peuvent être que la porte de la lune et la porte du soleil. Examinons si, parmi les documents écrits que nous a légués l'antiquité, il en est qui fournissent des renseignements assez précis, assez circonstanciés pour suppléer à l'insuffisance des monuments de l'art.

Le *Zend-Avesta*[2] appelle les étoiles fixes : *les astres qui n'ont pas deux faces;* le *Boun-dehesch*[3] : *les étoiles qui paraissent toujours.* Ce dernier ouvrage nous montre qu'on doit entendre par là les douze constellations ou signes du zodiaque. Les *étoiles errantes* sont celles qu'il désigne par cette expression : *les étoiles qui ne paraissent pas toujours*[4], c'est-à-dire les sept planètes ; il les nomme dans l'ordre que voici[5] : *Tir* (Mercure), *Behram* (Mars), *Anhouma* (Ormuzd, Jupiter), *Anahid* (Vénus), *Kévan* ou *Keïvan* (Saturne), le *soleil* et la *lune.* L'*Ouléma-Islam*[6] les énumère dans l'ordre suivant : *Kévan, Ormuzd, Behram,* le *soleil, Nahid, Tir* et la *lune*[7]. Ces deux modes de distribution des planètes diffèrent, à plusieurs égards, de celui qui avait été suivi sur l'échelle mystique décrite par Celse, puisque, à partir du bas de cette échelle, les sept planètes ou les sept portes y sont superposées de la manière suivante : *Saturne, Vénus, Jupiter, Mercure, Mars,* la *lune* et le *soleil.* Lorsque je traiterai du culte de Mithra en Occident, je montrerai que ce dernier système est précisément celui qu'on retrouve sur deux bas-reliefs mithriaques romains[8], qui offrent la rare représentation de l'anabase ou mouvement ascensionnel des âmes. L'origine asiatique du type

---

[1] Voyez ci-dessus, p. 209; Atlas, pl. LIV, *B,* n° 4.

[2] T. I, 2ᵉ partie, p. 190.

[3] *Zend-Avesta,* t. II, p. 348, 349, § 2.

[4] *Zend-Avesta,* t. II, p. 348, 349, § 2.

[5] *Zend-Avesta,* t. II, p. 356, § 5.

[6] Cité par Anquetil (*Zend-Avesta,* t. II, p. 256, note 2).

[7] Cet ordre est précisément inverse de celui dans lequel Ptolémée range les sept planètes.

[8] Atlas, pl. LXXI, n°ˢ 1 et 2. — Voyez *Mém. de l'Acad. des inscr.* nouv. série, t. XIV, 2ᵉ partie.

de ces deux monuments nous autorise, dès à présent, à croire que, si nous possédions les passages du *Zend-Avesta* qui avaient trait à la transmigration des âmes, nous y trouverions les sept planètes énumérées dans le même ordre. Je ne m'arrêterai pas à rechercher les divers motifs d'une disposition qui n'est en relation avec la situation des sept planètes dans le ciel ni par rapport à la terre, ni par rapport au soleil. Le manque absolu de documents rendrait vaine une pareille recherche, ou me réduirait à présenter des conjectures plus ou moins hasardées. Toutefois, je ne puis me dispenser de reproduire ici une observation que les deux bas-reliefs cités m'ont donné lieu de faire en 1830 [1] et qui a obtenu l'assentiment des juges les plus compétents. J'ai fait remarquer que, sur l'échelle mystique des Perses, la disposition toute conventionnelle des sept planètes est précisément inverse de celle des sept jours d'une ancienne semaine, qui, commençant le jour consacré au soleil, finissait le jour de Saturne. Cette remarque m'a conduit à penser que, si l'échelle mystique trace aux âmes la voie qu'elles doivent prendre pour remonter de la terre dans la région céleste, l'institution de la semaine dont j'entends parler a eu pour but de marquer, dans un même système, la voie qu'elles ont suivie, à travers les sept cieux des planètes, pour descendre du ciel sur la terre. Au bas d'un petit cylindre décrit dans le chapitre du grade de lion [2], cette voie est indiquée par sept petits disques ou globes qui sont les sept planètes et qui, au lieu d'être placés dans le ciel, tout auprès du soleil et de la lune, sont rangés sur la terre, précisément au-dessous d'une petite figure, image conventionnelle de l'âme du myste. Ainsi, dans les temps anciens, la semaine représentait le cours de la vie matérielle ou terrestre; l'échelle mystique, le cours de la vie spirituelle ou céleste. Toujours, on le voit, les institutions civiles dérivent des institutions religieuses.

Deux compositions orientales, beaucoup moins anciennes que le *Zend-Avesta*, plus récentes même que le traité de Celse, peuvent cependant nous fournir, sur la transmigration des âmes, plusieurs notions qui méritent de trouver place ici. J'entends parler du *Viraf-namêh* et du *Boun-dehesch*, dont il a été déjà question dans mon chapitre sur les livres sacrés des Parses [3]. Le premier de ces deux ouvrages renferme, je le répète, un récit détaillé de tout ce qu'a vu ou appris Viraf pendant une vision céleste qui n'a pas duré moins de sept nuits et sept jours. La première partie de ce récit, la seule dont j'aie à

---

[1] *Mémoires de l'Acad. des inscr.* nouv. série, t. XIV, p. 71 du tirage à part.

[2] Ci-dessus, p. 209; Atlas, pl. LIV, *B*, n° 4

[3] Voyez page 33.

m'occuper ici, nous montre ce jeune homme placé au pied d'une échelle mystérieuse. Avec le secours et l'assistance de Sérosch, personnage divin qui, selon le *Zend-Avesta*[1], est la manifestation de Mithra dans ses attributions particulières de roi du ciel mobile, il monte successivement les sept degrés dont se compose cette échelle, et, à chaque degré, il est introduit par son guide divin dans un ciel particulier. Le premier s'appelle *Hamistan-Behescht*[2]; le second, *le ciel des étoiles* (mobiles); le troisième, *le ciel de la lune;* le quatrième, *le ciel du soleil;* le cinquième, *le Gorotman;* le sixième, *Aser-Rouschni;* et le septième, *Ana-Gourra-Rouschna*[3]. C'est ici que Viraf trouve Zoroastre assis sur un trône magnifique, et entouré de ses trois fils; c'est aussi dans ce septième ciel qu'il voit Djemschid, Féridoun et tous les rois de la dynastie des Kéaniens. Il veut s'y arrêter et y passer le reste de ses jours; mais une voix divine lui ordonne de retourner sur la terre, parce que Ardeschir l'attend et parce que le sort du peuple persan dépend de l'achèvement de sa mission. Pendant son ascension, il interroge son guide sur la condition des âmes qu'il rencontre dans les diverses parties de chaque ciel, et sur les jouissances de plusieurs espèces qu'elles paraissent y goûter. Il a soin, dans son récit, de rapporter les réponses que lui fait Sérosch à mesure qu'il interroge cet ized sur les différentes classes de la société auxquelles appartenaient, de leur vivant, les personnages dont les âmes attirent son attention et sur les divers genres de mérites ou de bonnes actions qui ont valu à ces âmes l'entrée de celui des sept cieux où elles doivent attendre le jour de la résurrection générale et du jugement dernier. On comprend sans peine que cette partie du récit de Viraf est la plus circonstanciée, et qu'elle avait pour but de montrer comment les jouissances ineffables augmentent en proportion de l'élévation du rang qu'occupe chacun des sept cieux sur l'échelle mystique, et comment l'entrée du ciel le plus élevé ne s'obtient que par le plus grand degré de pureté des pensées, des paroles et des actions.

Le *Boun-dehesch*, que plus d'une fois déjà j'ai eu l'occasion de citer, nous a conservé, dans le récit peu détaillé du voyage céleste de l'âme du premier

---

[1] T. 1, 2ᵉ partie, p. 223-231.

[2] Cette dénomination équivaut probablement à celle de *Khounnerets Bâmi*, qui est employée dans l'*Iescht de Mithra* (*Zend-Avesta*, t. II, p. 216), et qui signifie *la terre* en général, et l'empire du roi de Perse en particulier. Dans ce dernier passage, il est dit que : «Mithra exécute «la parole d'Ormuzd depuis les Khounnerets Bâmi «jusqu'au ciel.»

[3] Les extraits que Hyde a publiés de divers auteurs orientaux modernes font aussi mention de sept cieux distincts, mais sans les désigner par des dénominations particulières. (Voyez *Hist. relig. veter. Persarum,* p. 244, ed. 2ᵉ, 1760.)

taureau ou du premier être créé par Ormuzd, quelques traits qui se rapportent à la narration de Viraf et qui avaient probablement été puisés à la
même source, c'est-à-dire dans un des nosks perdus du *Zend-Avesta*. Il y est dit
textuellement[1] qu'après la mort du taureau, son âme, appelée *Goschoroun*,
mot qui signifie littéralement *âme du taureau*, quitta la terre et s'éleva successivement jusqu'au *ciel des étoiles*, au *ciel de la lune* et au *ciel du soleil*, et qu'ensuite Ormuzd lui montra le *férouer* de Zoroastre en lui disant : « Je le donnerai
« au monde et il lui apprendra à se préserver du mal. »

Le dernier ciel où Goschoroun vit ce férouer ne peut être que le Gorotman,
qui est appelé aussi *Albordj* et *Behescht* dans le *Zend-Avesta*, et au sujet duquel le *Boun-dehesch* rapporte ce qui suit[2] : « Il est dit dans la loi que la pre-
« mière montagne, l'Albordj, s'éleva d'abord en quinze ans et qu'elle a été
« huit cents ans à croître entièrement : en deux cents ans, elle s'est élevée jus-
« qu'au ciel des étoiles ; en deux cents ans jusqu'au ciel de la lune ; en deux
« cents ans jusqu'au ciel du soleil, et en deux cents ans jusqu'à la lumière
« première. » Cette expression, *jusqu'à la lumière première*, sert indubitablement ici à désigner le *ciel fixe*, séjour habituel d'Ormuzd ; et il ne sera pas
inutile de faire remarquer que le mot *Gorotman*, l'un des noms attribués à la
montagne qui représente le *ciel fixe*, avait probablement, en zend, la signification de *lumière* ou *éclat* du ciel.

On voit, au reste, que, dans ce passage du *Boun-dehesch*, comme dans le
Viraf-namèh, le mot *ciel* appliqué aux étoiles, à la lune et au soleil, a la même
signification que le mot *porte*, qui est employé dans le récit de Celse, et cette
dernière expression se retrouve à son tour dans le *Boun-dehesch* lui-même,
avec le sens de *ciel du soleil et de la lune*. Un autre passage de ce traité dit en
effet : « L'aigle a été placé gardien aux deux portes du monde[3]. » Or nous savons que l'aigle est un des symboles de Mithra, puisqu'on le voit sculpté à
côté de cette divinité, sur le bas-relief de Sarmizægethusa, comme sur plusieurs monuments du même genre, et puisque l'un des grades mithriaques
s'appelait le grade de *père-aigle*. On ne peut donc entendre ici, par cette expression, *les deux portes du monde*, que le soleil et la lune, ces deux astres entre
lesquels Mithra existe toujours au ciel, selon la doctrine et même selon le
texte formel du *Zend-Avesta*.

---

[1] *Boun-dehesch*, § 4. (*Zend-Avesta*, t. II, 356.)

[2] *Boun-dehesch*, § 12. (*Zend-Avesta*, t. II, p. 364.)

[3] *Zend-Avesta*, t. II, p. 388. — Je suis la variante proposée par Anquetil. (*Ibid.* note 1.)

Le *Zerduscht-namèh*, compilation biographique faite en l'honneur de Zoroastre, à une époque assez moderne [1], est d'accord avec le *Viraf-namèh* sur le dogme de l'existence de plusieurs cieux, où les âmes jouissent, jusqu'au jour de la résurrection, d'un bonheur proportionné à la pureté de leur vie passée. Il admet sept cieux, bien qu'il n'en désigne nominativement que cinq ; car, si nous n'y trouvons aucune mention du l'*Aser-Rouschni* ni de l'*Ana-Gourra-Rouschna*, qui sont le sixième et le septième ciel du *Viraf-namèh*, on y lit toutefois que le *ciel du soleil* est le plus élevé, et qu'il n'y a au-dessus de lui que le *Gorotman* [2]. De plus, le chapitre LX du *Zerduscht-namèh* [3] renferme ces paroles explicites : « Zoroastre parut grand devant Gustasp, et lui dit : Je suis envoyé « de la part du dieu qui a fait les sept cieux, la terre et les astres..... »

Les traditions anciennes recueillies par les écrivains musulmans ne sont pas moins explicites sur ce point : elles représentent Mithra placé sur un trône, au milieu du pont Tchinevâd, assisté, je l'ai dit plus haut, de l'ized Sérosch et de l'ized *Raschné-rast*, et jugeant, au nom d'Ormuzd, les actions bonnes et les actions mauvaises des âmes. Celles-ci se présentent une à une devant le tribunal où siége cette triade divine d'un ordre secondaire. Elles sont conduites et protégées par Sérosch, qui, s'étant avancé à leur rencontre, a disposé en leur faveur le chien [4], gardien du pont, et leur a fait accorder l'entrée de ce lieu redoutable. « Là, dit la légende persane, Mithra pèse avec soin les bonnes « actions comme les mauvaises ; et si les bonnes l'emportent sur les mauvaises, « ne fût-ce que du poids d'un cil, il les envoie au paradis [5]. Si c'est le con-

---

[1] Pendant la période comprise entre le XIIe et le XVIe siècle. On ne varie pas moins de trois à quatre cents ans sur la fixation de l'époque à laquelle appartient l'ouvrage dont il s'agit.

[2] Voyez *Zerduscht-namèh*, trad. franç. d'Anquetil, insérée dans le *Zend-Avesta*, t. I, 2e partie, p. 28 et 29. — Anquetil, *Mém. de l'Acad. des inscr.* ancienne série, t. XXXVII, p. 628. — De nos jours encore, d'après le témoignage du même écrivain (*loc. cit.*), les Parses de l'Inde distinguent trois principaux cieux : 1° le ciel de la lune, *mah-pah* ou *mah-paé*, en parsi; 2° le ciel du soleil, *khorschid-pah* ; et 3° le ciel de la lumière, *nour-pah*. Celui-ci est le ciel que le *Vendidad* (farg. v, p. 299 de la 2e partie du tome Ier du *Zend-Avesta*) appelle *zeangô Kherénô*, en zend, suivant la transcription d'Anquetil ; *zenguéh gue-*

deman, en pehlevi, et qui est qualifié de « lieu « étendu, éclatant de lumière et de gloire, plein « de lumière. » (*Ibid.*) — Remarquons, en passant, que, chez les Égyptiens, comme chez les Perses, selon le témoignage exprès du *Viraf-namèh* et du *Boun-dehesch*, le ciel des étoiles errantes ou mobiles était soumis au soleil et aux douze signes du zodiaque.

[3] *Zend-Avesta, loc. cit.* p. 31.

[4] La réunion du chien de Mithra aux trois juges des âmes, sur le pont Tchinevâd, placé entre la région du ciel et celle des enfers, constitue, on le voit, un mythe que les Perses avaient dû puiser à la même source où les auteurs occidentaux empruntèrent la fiction du *chien à trois têtes*, gardien de la porte des enfers sous le nom de *Cerbère*.

[5] Le *Gorotman* ou le *Behescht*.

« traire, il les précipite dans l'enfer [1]; et, suivant leurs mérites ou leurs pé-
« chés, des récompenses ou des peines leur sont préparées et distribuées dans
« sept cieux distincts [2]. »

Ainsi se manifeste, quant aux sept cieux, un parfait accord entre le *Viraf-naméh*, le *Boun-dehesch* et les traditions anciennes que nous ont conservées les auteurs orientaux modernes. Nul doute que, si nous possédions les vingt et un nosks dont se composait originairement le *Zend-Avesta*, il nous serait facile de remonter à la source primitive de ce point de doctrine, le système cosmogonique et psychologique des Chaldéens d'Assyrie. Ne lisons-nous pas, en effet, dans les *Oracula chaldaica* [3], que Dieu créa six cieux et un septième, celui du soleil [4]? Une telle concordance entre ces témoignages divers nous donne lieu de comprendre que l'ascension des âmes s'opérait nécessairement par les cinq planètes qui, sur l'échelle mystique des Perses décrite par Celse, sont placées au-dessous de la lune et du soleil. En même temps, nous sommes amenés à constater que, sur cette échelle, la septième porte était la porte du soleil, et qu'au-dessus de celle-ci il y avait une huitième porte. Or, quoique le philosophe épicurien réfuté par Origène ne la désigne point sous une dénomination particulière, d'après tout ce que j'ai dit précédemment, on ne peut hésiter à croire, avec Anquetil et avec Sainte-Croix, que cette huitième porte est le Gorotman, l'Albordj ou le Behescht du *Zend-Avesta*, du *Viraf-naméh*, du *Boun-dehesch* et du *Zerduscht-naméh*. Ces trois noms s'appliquent à cette montagne sacrée, à cette montagne de lumière où précédemment j'ai dit que Zoroastre place le séjour habituel d'Ormuzd, de Mithra, des amschas-pands, des izeds et des férouers. Elle est l'image du ciel fixe, ou plutôt elle est le ciel fixe lui-même, le firmament. Il n'avait point échappé à l'attention de Sainte-Croix [5] que l'on retrouve encore, de nos jours, chez les Parses de l'Inde, quelques traces évidentes de l'antique doctrine à laquelle se rapporte le récit de Celse. En preuve de cette assertion, il cite le témoignage d'Anquetil, qui, ayant à s'expliquer sur la huitième porte de l'échelle décrite dans ce ré-cit, s'exprime en ces termes [6] : « Les Parses distinguent plusieurs cieux où les
« âmes jouissent, jusqu'à leur résurrection, d'un bonheur proportionné à leur

---

[1] Le *Douzakh*.

[2] Voyez Hyde, *Hist. relig. veterum Persarum*, p. 244, edit. 2°. — Conf. Anquetil, *Zend-Avesta*, t. I, 2° partie, p. 131, note 1.

[3] P. 1185, vers. 194, ed. Stanley (Lips. 1711).

[4] Ἐξ αὐτοὺς ὑπέστησεν, ἕβδομον ἠελίου...

[5] *Recherches sur le paganisme*, t. II, p. 138.

[6] *Zend-Avesta*, t. I, 2° partie (vie de Zo-roastre), p. 28, 29.

« vie passée ; celui du soleil, *Khorschid-paé*, est le plus élevé. Au-dessus est le
« Gorotman, séjour d'Ormuzd et des esprits célestes, lequel répond à la porte
« dont parle Celse. »

Parmi les écrivains grecs qui peuvent être consultés avec le plus de fruit
dans les questions que soulève le passage cité par Origène, il faut placer en
première ligne Porphyre. Ainsi que je l'ai déjà dit, ce philosophe néoplatonicien, originaire de Syrie, s'était appliqué à connaître tout ce qui concerne les
mystères de Mithra. Il avait puisé de précieux renseignements dans quatre
principaux ouvrages qui ne nous sont pas parvenus et dont Pallas, Eubule,
Numénius et Cronius étaient les auteurs.

Après avoir rapporté, dans son commentaire sur la grotte des nymphes de
l'île d'Ithaque, un passage d'Eubule, relatif à l'usage établi par Zoroastre de
consacrer à Mithra des grottes où les Perses se faisaient initier au mystère de
la descente et de l'ascension des âmes, et après avoir ajouté, en termes formels, que cet usage avait été constamment suivi depuis Zoroastre, Porphyre
s'exprime ainsi [1] : « Dès les temps les plus reculés, on consacra aux dieux des
« grottes et des antres, avant même qu'on eût imaginé de leur élever des
« temples. C'est ce que firent les Curètes pour Jupiter dans l'île de Crète. Il en
« fut de même dans l'Arcadie pour Séléné (la lune) et pour Pan Lycéen ; dans
« l'île de Naxos pour Bacchus ; et, partout où l'on connut le culte de Mithra,
« ce dieu fut adoré dans des grottes [2]..... Comme la grotte [3] est l'image et le
« symbole du monde, Numénius et son ami Cronius disent qu'il y a dans le
« ciel deux points extrêmes : l'un, dans la partie du ciel la plus méridionale,
« est au tropique d'hiver ; l'autre, dans la partie du ciel la plus septentrionale,
« est au tropique d'été. Le point estival est vers le signe du Cancer, le point hi-
« vernal vers le signe du Capricorne. Et comme le Cancer est pour nous le signe
« le plus rapproché de la terre, on l'attribue avec toute raison à la lune, qui est
« (la planète) la plus voisine de la terre, tandis que, le pôle austral n'étant pas
« visible pour nous, on attribue le Capricorne à Saturne, la plus éloignée et la
« plus élevée de toutes les planètes [4]..... Les théologiens établissent donc
« que le Cancer et le Capricorne sont *les deux portes* (δύο πύλαι) du ciel ; Platon
« les appelle *les deux ouvertures* (δύο σλόμια). Ils disent que le Cancer est la

---

[1] *De antro nymph.* xx-xxiii.

[2] Πανταχοῦ δ' ὅπου τὸν Μίθραν ἔγνωσαν, διὰ
σπηλαίου τὸν Θεὸν ἱλεουμένων.

[3] Ἄντρον.

[4] Ἀφανοῦς δ' ἔτι ὄντος τοῦ νοτίου πόλου, τῷ
μακρὰν ἔτι ἀφεσληκότι, καὶ ἀνωτάτῳ τῶν πλα-
νωμένων πάντων ὁ Αἰγόκερως ἀπεδόθη, ἤγουν
τῷ Κρόνῳ.

« porte par laquelle descendent les âmes, et le Capricorne celle par laquelle
« elles remontent. Le Cancer est au nord, et favorable à la descente ; le Capri-
« corne est au midi, et favorable à l'ascension ; car les régions septentrionales
« sont propres aux âmes qui descendent dans (les voies de) la génération [1]. »
Plus loin, le philosophe syrien, revenant sur le même sujet, ajoute ce qui
suit : « Platon, dit-il [2], fait aussi mention de deux ouvertures, l'une pour ceux
« qui montent au ciel, l'autre pour ceux qui descendent sur la terre. De même
« les théologiens ont établi pour portes des âmes le soleil et la lune, disant
« que le soleil est la porte par laquelle montent les âmes ; la lune, celle par
« laquelle elles descendent..... Phérécydes le Syrien parle aussi des lieux
« retirés [3], des gouffres [4], des antres, des ouvertures et des portes, entendant
« par ces choses la génération des âmes et leur *apogénèse* [5]..... »

Macrobe, autre philosophe néoplatonicien, mais postérieur à Porphyre
d'un siècle environ, nous a transmis aussi une partie de la théorie de la descente et de l'ascension des âmes par les portes du Cancer et du Capricorne ;
et cette théorie, à l'exemple de·son prédécesseur, il l'avait probablement empruntée à Numénius, qu'il cite souvent dans ses ouvrages : « Voici, dit-il [6], le
« chemin que suit l'âme en descendant du ciel sur la terre [7]. La voie lactée,
« dans sa route oblique, embrasse le zodiaque de telle manière qu'elle le
« coupe aux deux signes du Cancer et du Capricorne, qui donnent leur nom
« aux tropiques. Les auteurs qui ont écrit sur la nature appellent ces deux
« signes les *portes du soleil* [8], parce que, dans l'un et l'autre, les points solsti-
« ciaux limitent le cours de cet astre, qui revient sur ses pas dans l'écliptique
« et ne la dépasse jamais. C'est, dit-on, par ces portes que les âmes des-
« cendent du ciel sur la terre, et remontent de la terre vers le ciel [9]. On nomme
« l'une la *porte des hommes*, et l'autre la *porte des dieux*. Le Cancer est appelé la
« *porte des hommes*, parce que l'on descend sur la terre par le Cancer [10] ; et l'on

---

[1] Δύο οὖν ταύτας ἔθεντο πύλας, Καρκίνον καὶ Αἰγόκερων οἱ Θεολόγοι. Πλάτων δὲ δύο στόμια ἔφη. Τούτων δὲ Καρκίνον μὲν εἶναι, διὰ οὗ κατιᾶσιν αἱ ψυχαί· Αἰγόκερων δὲ, δι᾽ οὗ ἀνιᾶσιν. Ἀλλὰ Καρκίνος μὲν βόρειος καὶ καταβατικός· Αἰγόκερως δὲ, νότιος καὶ ἀναβατικός. Ἔστι δὲ τὰ μὲν βόρεια, ψυχῶν εἰς γένεσιν κατιούσων.

[2] *De antro nymph.* XXIX-XXXI.

[3] Mot à mot : des recoins, μύχους.

[4] Βόθρους.

[5] Ἀπογενέσεις.

[6] *In Somn. Scip.* I, XII, edit. varior.

[7] Mot à mot : *dans les enfers de cette vie.* « Des-
« census vero ipsius, quo anima de cœlo vitæ in-
« ferna delabitur. »

[8] « Has solis portas physici vocaverunt. »

[9] « De cœlo in terras meare et de terris in cœ-
« lum remeare creduntur. »

[10] « Quia per hunc (Cancrum) in inferiora des-
« census est. »

« nomme le Capricorne la *porte des dieux*, parce que les âmes qui retournent
« au siége de leur propre immortalité et qui vont se replacer au nombre des
« dieux remontent au ciel par le Capricorne[1]. » Plus loin, le même auteur,
en affirmant[2] que Saturne est la plus élevée des sept planètes, confirme aussi,
à cet égard, l'opinion qui se trouve consignée dans le passage que j'ai précédemment cité, et que Porphyre avait extrait des ouvrages de Numénius et de
Cronius[3]. Dans un chapitre subséquent[4], Macrobe rapporte que Platon plaçait également la planète Saturne au-dessus des six autres. Il nous apprend
en même temps que, selon un ancien thème généthliaque du monde, le Capricorne était le domicile de cette planète au moment où l'univers sortit du
chaos. Enfin, il ajoute que, dans la suite, Saturne eut pour domicile à la fois
le Capricorne et le Verseau. Déjà cette dernière tradition nous avait été transmise par Julius Firmicus[5], et l'on connaît une cornaline antique[6] sur laquelle
les signes du Capricorne et du Verseau sont placés auprès de Saturne, qui,
armé de la *harpé*, est monté sur un char que traînent des serpents.

Le rapprochement de tous les témoignages que je viens de réunir nous conduit à regarder comme un fait avéré que, chez les Perses, les Grecs et les
Romains, l'institution de mystères reposait sur le dogme fondamental de la
descente et de l'ascension des âmes par les deux portes du ciel[7]. Ces deux
portes furent appelées, tantôt la *porte de la lune* et la *porte du soleil*, tantôt la
porte du Cancer et la *porte du Capricorne*, tantôt enfin, la *porte des dieux* ou la
voie des immortels[8], et la *porte des hommes* ou la *voie des mortels*. Mais ces diverses
dénominations expriment une même idée ; et, dans la doctrine particulière des

---

[1] « Quia per illum (Capricornum) animæ in
« propriæ immortalitatis sedem et in deorum nu-
« merum revertentur. »

[2] *In Somn. Scip.* I, xix.

[3] Dans un mémoire qui était resté inédit, et
que feu M. Silvestre de Sacy a fait insérer, en
1834, dans le *Nouveau Journal asiatique*, Akerblad
a présenté des observations philologiques très-cu-
rieuses, qui sont relatives à l'un des noms que
les Égyptiens donnaient à la planète Saturne. Il
résulte de ces observations que les Égyptiens,
chez qui Saturne était aussi considéré comme la
plus élevée des sept planètes, désignaient cette
planète par un nom que les auteurs ont diversement altéré, mais qui dérive indubitablement

d'une racine à laquelle appartient le mot copte
céleste, élevé, supérieur. Le savant orientaliste
suédois remarque à cette occasion qu'en Égypte,
de nos jours, on désigne encore le vent du nord
par une appellation arabe qui est la traduction
de ce même mot copte. (Voyez *Nouveau Journal
asiatique*, t. XIII, p. 356, note 1.)

[4] *In Somn. Scip.* I, xxi.

[5] *Astron.* II, ii.

[6] *Bullettino dell' Instit. archeol.* 1834, p. 123.

[7] Je montrerai ailleurs que, chez les divers
peuples de l'antiquité, ce dogme dut être importé avec les mystères de Vénus, dont les Chaldéens d'Assyrie furent les inventeurs primitifs.

[8] Homer. *Odyss.* XIII, vers. 112.

mystères de Mithra, elles se rattachent indubitablement au dogme du *Zend-Avesta* [1] suivant lequel cette divinité réside toujours au ciel entre le soleil et la lune ou les deux portes du monde. Nous devons seulement reconnaître que la dénomination de *porte du Cancer* et de *porte du Capricorne*, appliquée aux deux points solsticiaux de l'écliptique, autorise à penser qu'à une époque qui nous est inconnue on introduisit dans la célébration des mystères de Mithra, chez les Grecs asiatiques et chez les Romains, l'usage d'un calendrier religieux fondé sur l'observation de la conjonction du soleil équinoxial avec la constellation zodiacale du Bélier. Quant au point de départ, ce calendrier était, par conséquent, différent de celui que Zoroastre avait probablement reçu des Chaldéens d'Assyrie, et d'après lequel il régla, dans le *Zend-Avesta*, l'institution des fêtes et des cérémonies du culte. En effet, selon ce dernier calendrier, l'année commençait à l'équinoxe du printemps, le jour de l'entrée du soleil dans le signe ou la constellation zodiacale du Taureau ; les traditions orientales et les monuments mithriaques romains dont j'aurai bientôt l'occasion de parler en font foi aussi bien que les livres zends. Le septième mois de cette année solaire s'appelait le mois *Mithra* et se trouvait placé à l'équinoxe d'automne. Aussi Porphyre rapporte-t-il [2] que l'on assignait une place particulière à Mithra vers les équinoxes. Les fêtes instituées en l'honneur de cette divinité se célébraient, en Perse, depuis le jour *Mithra*, qui est le seizième du mois *Mithra*, jusqu'au vingt et unième jour inclusivement. Le solstice d'été était marqué par l'entrée du soleil dans le signe du Lion ; le solstice d'hiver, par l'entrée de cet astre dans le signe du Verseau. Il suit de là qu'aussi longtemps que ce calendrier fut en usage, les points solsticiaux ne purent être appelés les *portes du Cancer et du Capricorne*, comme ils le sont dans les passages que j'ai cités. Dans les mystères, chez les Grecs et chez les Romains, ces dernières dénominations appartiennent évidemment à un système que l'on avait modifié en tenant compte du changement survenu dans l'état astronomique du ciel depuis que le soleil équinoxial, ayant cessé d'être en conjonction avec la constellation zodiacale du Taureau, avait rétrogradé dans celle du Bélier. Mais telle fut, dans quelques parties de l'Asie occidentale, et notamment en Perse, la durée des institutions hiératiques, qu'au temps de Zoroastre, et plusieurs siècles après lui, la modification dont il s'agit ne s'introduisit ni dans le calendrier des Perses, ni dans leurs usages religieux ou civils, bien que ce

---

[1] Voyez *Mémoires de l'Acad. des inscr.* t. XIV, 2ᵉ partie, p. 98. — [2] *De antro nymph.* XXIV.

calendrier, tout solaire qu'il était, eût cessé dès longtemps de se trouver en rapport avec la position du soleil. A l'époque où vivait l'auteur du *Zend-Avesta*[1], plus de seize siècles, selon les calculs des astronomes modernes[2], s'étaient déjà écoulés depuis que le soleil, étant sorti de la constellation zodiacale du Taureau, avait fait sa conjonction avec celle du Bélier à l'équinoxe du printemps. Il faut nécessairement conclure de cette remarque que, chez les Perses, les fêtes religieuses devaient être mobiles pour concorder avec le calendrier des livres sacrés. Tout nous porte à croire qu'il en fut ainsi pendant le règne des rois de la race des Achéménides, qui, nous le savons, avaient embrassé la doctrine du *Zend-Avesta*. On peut même présumer que, jusqu'à la conquête de la Perse par Alexandre, les sectateurs de Zoroastre continuèrent à se servir des dénominations générales de *portes du monde, portes du ciel, portes de la lune et du soleil*, sans établir l'usage de désigner plus particulièrement ces deux portes par les noms des signes zodiacaux ou des constellations zodiacales des deux solstices. Ce dernier usage a pu, sans doute, n'être pas étranger à la Perse depuis la domination des Grecs; mais nous n'en avons, à ma connaissance, aucune preuve directe, et l'on ignore encore à quel peuple il convient d'attribuer l'introduction des expressions *porte du Cancer, porte du Capricorne*, dans le langage des mystères en général et dans celui des mystères de Mithra en particulier. Ce qui est hors de doute, c'est que de telles expressions ne se rencontrent pas dans les auteurs orientaux, et qu'on les voit employées seulement par les écrivains grecs ou latins postérieurs à Alexandre. J'ajoute qu'à leur tour elles ne cessèrent pas d'être admises longtemps après

---

[1] Dans le viᵉ siècle avant notre ère.

[2] Un habile astronome, M. Francœur, dans une lettre qu'il écrivit à M. Émeric-David, le 29 novembre 1826, et dont celui-ci fait mention dans son *Jupiter* (t. I, p. 105, note 1), a déduit de ses calculs la fixation approximative de l'époque à laquelle dut avoir lieu la première conjonction du soleil équinoxial et de la constellation du Bélier. Cette époque remonte, selon lui, environ à l'année 2266 avant notre ère; mais il faut observer qu'elle ne saurait être déterminée d'une manière rigoureuse, parce que «nous igno-«rons, dit M. Émeric-David, quel nombre de de-«grés les prêtres égyptiens donnaient à chaque «signe céleste et que nous ne savons pas même «s'ils supposaient l'équinoxe à la première étoile «de la constellation ou au point zéro du signe.» M. Francœur pense qu'il faudrait peut-être rapprocher de nous la date 2266, plutôt que de la reculer davantage; et cette dernière remarque tend à concilier ainsi le résultat de ses calculs avec l'opinion généralement adoptée, quoique fausse, que le soleil était encore dans la constellation zodiacale du Bélier à l'époque de la naissance de Jésus-Christ, ou qu'il venait d'en sortir tout nouvellement. Les calculs de M. Francœur nous montrent que, lorsque Jésus-Christ naquit, le soleil équinoxial avait déjà fait, depuis plus d'un siècle, sa première conjonction avec les Poissons.

qu'elles-mêmes avaient cessé de se trouver en harmonie avec l'état astronomique du ciel. Les passages cités de Porphyre et de Macrobe[1] nous en fournissent une preuve irrécusable, puisqu'il est bien connu que, lorsque ces philosophes néoplatoniciens écrivaient, l'un au ive siècle, l'autre au iiie siècle de notre ère, le soleil, depuis longues années, n'était plus dans la constellation du Bélier. Cet astre avait fait sa première conjonction équinoxiale avec les Poissons à une époque assez rapprochée du commencement de l'ère chrétienne[2]. Les signes du Cancer et du Capricorne n'étaient donc plus les points solsticiaux au temps de Porphyre et de Macrobe; et, sans le respect qu'on avait pour des formules consacrées par les usages religieux, les dénominations de *porte du Cancer* et de *porte du Capricorne*, qui, chez ces auteurs, indiquent le solstice d'été et le solstice d'hiver, auraient dû être remplacées par celles de *porte des Gémeaux* et de *porte du Sagittaire*. La même remarque s'applique à ceux des monuments mithriaques romains où nous trouverons le Cancer et le Capricorne figurés comme emblème des deux solstices.

Sous le règne des Sassanides, les Perses durent continuer à repousser les nouvelles dénominations de *porte du Cancer* et de *porte du Capricorne*.

Si, dans l'intervalle qui s'écoula depuis la conquête de la Perse par Alexandre jusqu'à l'avénement de la dynastie des Sassanides, les nouvelles dénominations de *porte du Cancer* et de *porte du Capricorne* s'introduisirent dans la célébration des mystères de Mithra, ce fait, dont nous n'avons au reste nulle preuve écrite, ne pourrait être attribué qu'à l'influence exercée sur les institutions des Perses par le conquérant macédonien, par ses successeurs et par les rois arsacides, zélés protecteurs des mœurs et des coutumes grecques. Mais le soin pieux que mit Ardeschir, fils de Babec, à rétablir dans toute sa pureté primitive la religion embrassée par les rois achéménides semble nous attester que, sous son règne et sous celui des princes Sassanides qui lui succédèrent, les dénominations générales de *porte de la lune* et de *porte du soleil* furent, de nouveau, les seules en usage dans les sanctuaires de la Perse[3]. Les mages ne pouvaient

---

[1] Ci-dessus, p. 458, 459.

[2] Le soleil, suivant les calculs approximatifs de M. Francœur (voyez ci-dessus, p. 462, note 2), a fait sa conjonction avec la constellation du Bélier, à l'équinoxe du printemps, au plus tard vers l'année 2266 avant Jésus-Christ; et, par conséquent, il a dû sortir de cette constellation, pour entrer dans celle des Poissons, vers l'année 103 avant Jésus-Christ, l'intervalle que le soleil emploie à rétrograder d'une constellation zodiacale dans une autre étant de deux mille cent soixante-trois ans.

[3] La croyance actuelle des Parses de l'Inde, que j'ai rapportée ci-dessus, nous en fournit une preuve certaine, bien que cette preuve ne soit qu'indirecte.

recouvrer leur influence qu'à la condition expresse de se montrer animés d'un saint zèle pour le retour le plus complet aux doctrines enseignées dans les livres de Zoroastre et aux traditions orales conservées de père en fils dans les familles sacerdotales. Ils ne pouvaient ignorer, en particulier, que le langage symbolique du *Zend-Avesta* et l'institution des douze grades des mystères reposent sur la donnée de la conjonction du soleil avec le Taureau équinoxial. Dès lors, ils comprenaient parfaitement que substituer aux dénominations de *porte de la lune* et *porte du soleil* celles de *porte du Cancer* et de *porte du Capricorne*, lorsque les prêtres chaldéens et Zoroastre, leur disciple, s'étaient soigneusement abstenus d'employer les locutions particulières de *porte du Lion* et *porte du Verseau*, c'était ruiner de fond en comble l'œuvre de l'inventeur des mystères. C'était rendre inintelligible le langage symbolique, et détruire la corrélation établie entre le système cosmogonique et la hiérarchie des grades. C'était enfin subir, sans aucune nécessité, la dure constitution d'altérer radicalement cette hiérarchie, en changeant la place et le sens idéographique du grade de taureau et du grade de lion, qui sont, pour ainsi dire, la base de l'édifice.

De ces diverses remarques il ne résulte que des conjectures sur l'échelle mystique qui pouvait être en usage dans les sanctuaires de la Perse depuis la conquête d'Alexandre jusqu'à la fin du règne des Sassanides. Mais du moins avons-nous acquis la certitude que l'échelle décrite par Celse représente, quant à la transmigration des âmes, l'ancien système chaldéen, c'est-à-dire le système qui applique simplement les dénominations de *porte de la lune* et de *porte du soleil* aux deux portes du ciel par lesquelles les âmes descendent sur la terre et remontent dans la région céleste. Tous les monuments figurés asiatiques, et notamment les cylindres que l'on peut rapprocher du récit de Celse, appartiennent également à cet antique système : ils nous montrent tantôt le seul croissant de la lune, tantôt l'astérisque du soleil et du croissant de la lune, sculptés ou gravés l'un à la droite, l'autre à la gauche du *mihr* ou de l'emblème de la triade divine ; ils nous montrent parfois les sept planètes agglomérées auprès de ces deux astres ; mais ils ne nous offrent nulle trace des signes solsticiaux du zodiaque.

C'est dans le ciel de la lune et dans le ciel du soleil que l'âme de l'initié parvenu au grade de griffon doit subir de nouvelles épreuves, de nouvelles luttes, de nouvelles purifications, avant de prétendre aux honneurs de l'apothéose. L'échelle mystique nous révèle que préalablement cette âme devra se purifier dans le ciel de chacune des cinq planètes, Saturne, Vénus, Jupiter, Mercure et Mars, rangées dans cet ordre, sur cette échelle, au-dessous de la lune et du soleil. Mais le philosophe épicurien ne nous fournit aucun renseignement sur le séjour successif des âmes dans ces cinq cieux; le *Viraf-namèh* et le *Zerduscht-namèh* ne nous indiquent, à ce sujet, rien qui mérite de nous arrêter; et je n'ai non plus trouvé aucun éclaircissement dans les auteurs occidentaux qu'il m'a été donné de consulter. Une lacune regrettable reste donc à remplir ici, et nous n'avons à nous occuper que de l'initié se présentant à la porte de la lune, après s'être convenablement préparé par des cérémonies purificatoires, qui nous sont inconnues, et par des exercices intellectuels dont nous ne pouvons rien dire, si ce n'est que, sur ce point, les leçons du prêtre initiateur devaient avoir pour principal texte des considérations tirées tout à la fois de la nature des cinq métaux affectés aux cinq planètes nommées, de leurs propriétés et des rapports que l'on croyait avoir découverts entre les métaux, les planètes, les couleurs et les notes musicales.

La lacune que je signale ne contribue pas peu à accroître les difficultés inhérentes à l'appréciation des devoirs imposés au myste impatient de franchir le seuil de la porte de la lune. Si l'on se reporte aux six grades qu'il a successivement obtenus depuis le jour où il reçut le titre et les armes de soldat de Mithra, on remarque qu'aucun de ces six grades n'a été obtenu qu'après un ou plusieurs combats suivis d'une victoire. Dès lors n'est-il pas infiniment probable que, pour mériter le grade de perse ou persès, l'initié griffon devra combattre la lune, comme au grade d'*hélios* il aura à lutter avec le soleil? Une pareille conjecture, tout absurde, tout inadmissible qu'elle paraisse au premier aperçu, se change néanmoins en une certitude absolue, lorsque nous nous rappelons deux traits bien remarquables de la légende grecque d'Héraclès ou Hercule. Dans cette légende, récit plus ou moins abrégé, plus ou moins altéré, des douze phases de l'initiation aux mystères de la Vénus assyrienne, tels qu'on les célébrait en Phénicie, et tels qu'ils furent de là importés en Grèce, dans l'Attique surtout, nous voyons Hercule obligé de prendre à la course une biche aux pieds d'airain [1], et de disputer à Apollon la possession du trépied qu'il avait enlevé du temple de ce dieu à Delphes [2]. N'est-ce pas,

---

[1] La biche de Cérinthe.

[2] On n'a pas assez remarqué que, sur les grands bronzes frappés, en l'honneur de Trajan et de Macrin, à Béryte, colonie (voyez mes *Recherches sur Vénus*, Atlas, pl. 1, n° 9, et pl. XXV, n° 11), deux statues placées au faîte du fronton du temple d'Astarté représentent Apollon et Hercule luttant l'un contre l'autre pour la possession

dans le langage des écrivains grecs, nous apprendre, en termes fort peu voilés, qu'Hercule avait eu à combattre Artémis et Apollon, c'est-à-dire la lune et le soleil[1]? Telle est aussi, dans les mystères de Mithra, comme dans ceux de Mylitta ou d'Astarté, la double tâche imposée à l'initié après sa victoire sur le griffon. Mais sous quelle forme avait-il à combattre successivement la lune et le soleil? Aucun texte, aucun monument figuré ne permet de répondre à cette question. Si, comme nous le verrons dans le chapitre suivant, les œuvres de l'art nous font au moins connaître les insignes dont était revêtu le myste admis au grade de soleil, il n'en est pas de même quant au myste vainqueur de la lune. Peut-être n'y a-t-il pas lieu de s'étonner lorsque l'on considère que le titre de *perse* ou *persès*, qui était dévolu à ce myste, n'emporte pas directement avec lui l'idée de la lune, comme l'emporte le titre d'*hélios* ou soleil qu'il recevra au grade suivant. J'ajoute même que, si le premier monument asiatique où j'ai cru reconnaître le grade de perse ou persès ne m'avait pas offert des représentations qui tout à la fois appartiennent à ce grade, à ceux d'hélios et de griffon, je n'aurais pas deviné qu'un initié du grade de perse y est figuré. Je m'explique : ce monument, de fort petites dimensions, est un cône tronqué, gravé en creux sous sa base et sur les côtés. Il fut apporté en Europe par feu M. Rich, résident d'Angleterre à Bagdad, et publié en 1813, dans les *Mines de l'Orient*[2]. A mon grand regret, je n'ai jamais vu l'original ; j'ignore même en quelles mains il est passé, et je n'ai pu m'en procurer une empreinte. Aussi suis-je réduit à le placer sous les yeux du lecteur d'après le très-mauvais dessin qui s'en trouve dans l'ouvrage cité. Sous la base de ce cône[3], on remarque une petite figure combattant, le genou gauche en terre, un griffon ailé qui l'attaque. Au-dessus de ce groupe, sont gravés le croissant de la lune et un astérisque à huit branches, qui représente indubitablement le soleil. Ici se révèle l'intention formelle d'indiquer que le griffon, comme je l'ai avancé plus haut, est le gardien de la région luni-solaire. Cette intention mérite d'autant plus d'être remarquée qu'au-dessus de la figure gravée sur le

du trépied de Delphes. Ce type et beaucoup d'autres qui nous sont fournis par des médailles soit asiatiques, soit même grecques, nous révèlent combien, chez les Phéniciens, la légende d'Hercule, et en particulier le fait de la lutte de ce héros avec Apollon, se lient intimement au culte de Vénus.

[1] Sur les combats ou les luttes d'Hercule avec Hélios, avec Triton, avec Nérée, avec l'Océan, il faut consulter les témoignages recueillis par M. Welcker dans ses *Kleine Schriften*, 1re partie, p. 84, note 2.

[2] T. III, 2e part. planche pour la page 156.

[3] Voyez mon Atlas, pl. LXI, n° 1.

côté gauche du cône[1] nous ne trouvons d'autre signe céleste que le croissant
de la lune. Par là nous sommes avertis que cette figure est placée ou dans
le monde sublunaire, ou dans le ciel de la lune, qui est la sixième porte de
l'échelle mystique décrite par Celse. Nous ne pouvons hésiter à admettre la seconde de ces deux suppositions, lorsque nous considérons, d'une part, que la
gryphique représentée sous la base du cône[2] nous transporte au seuil de la région luni-solaire. D'autre part, la figure gravée sur la face droite de ce petit
monument[3] est revêtue des insignes du soleil et placée devant un autel allumé[4],
deux circonstances qui nous autorisent pleinement à regarder cette figure[5]
comme un initié reçu au grade d'*hélios* et admis, en conséquence, dans le ciel
du soleil. La figure gravée sur la face opposée représente donc l'initié introduit
dans le ciel de la lune, et, par conséquent, reçu au grade de persès, perse
ou héros[6]. C'est ce que les deux autres monuments qui me restent à décrire, les observations dont sera suivie leur description, et celles que je pré-
senterai dans le chapitre du grade d'hélios mettront hors de doute, je l'espère. Mais, dès à présent, je crois en avoir dit assez pour faire comprendre
que, sur notre cône, la figure qui combat un griffon, la figure placée, entre
des armes et une palme, sous le croissant de la lune, et la figure revêtue des
insignes du soleil représentent un même initié qui, après avoir été reçu au
grade de griffon, a successivement obtenu ceux de perse et d'hélios. Ainsi ce
cône, jusqu'à ce jour unique dans son espèce, appartenait à un personnage
qui avait voulu perpétuer, sur un petit monument portatif, le souvenir de son
initiation successive aux trois grades ignés ou solaires.

Parvenu au second, c'est-à-dire au grade de perse, il revêt ici, comme sur

---

[1] Voyez mon Atlas, pl. LXI, n° 1ᵃ.

[2] *Ibid.* n° 1.

[3] *Ibid.* n° 1ᵇ.

[4] En regard de cet autel, derrière l'initié, est gravé un *ctéis*, destiné sans doute, comme l'au-tel allumé, symbole du feu créateur, à exprimer l'idée de génération et à servir de thème à l'ex-position du rôle que joue le soleil dans les phé-nomènes de cet ordre.

[5] Le costume de cette figure assigne au cône où elle est gravée une origine assyrienne.

[6] Hésiode, décrivant le bouclier d'Hercule (vers 183-188), prend soin de nous dire qu'on y avait ciselé *en argent* tous les héros grecs, La-pithes ou Centaures, mais que leurs armes étaient *d'or*. Je ne sais s'il est permis de voir, dans l'em-ploi ainsi réglé de deux métaux consacrés, le premier à la lune, le second au soleil, une con-séquence de la doctrine religieuse qui voulait que les héros d'une certaine catégorie fussent considérés comme des êtres assimilés à la lune par leur constitution physique et morale, mais combattant pour s'élever au rang des êtres so-laires. Ce qui est bien certain, c'est que le poëte, tout en leur donnant un corps d'argent, leur met à la main des armes d'or telles que devait en avoir Apollon ou Hélios, telles que les livres sa-crés des Perses en attribuent à Mithra.

les deux monuments suivants, une longue stole plissée, et ne porte sur lui aucun ornement, aucun accessoire particulier. Son costume a toute la simplicité qui convient à un guerrier ; mais devant lui est placé un trophée d'armes où, malgré la négligence du dessin, on reconnaît distinctement une lance. Or le *Vendidad*[1] nous apprend que, parmi les armes du guerrier, c'est la lance qui tient le premier rang. Nous savions déjà qu'elle est au nombre des armes de Mithra[2]. La palme gravée ici à côté de l'initié nous montre donc qu'il a eu à combattre ; elle nous annonce en même temps qu'il a remporté la victoire. Symbole consacré au soleil toujours victorieux (ἥλιος ἀνίκητος, *sol invictus*), la palme nous permet ainsi de présager ce que notre cône nous atteste par la figure représentée sur l'autre face[3] : le myste, après avoir été reçu au grade de *persès* ou héros, obtiendra celui d'*hélios* ou soleil, c'est-à-dire triomphera du vainqueur des vainqueurs et deviendra lui-même invincible. Aussi voyons-nous, dans un passage justement célèbre, qu'Apulée[4], initié aux mystères qui se célébraient à Rome, et parvenu aux honneurs de l'apothéose, se montre revêtu d'un costume solennel où sont peints des griffons (*gryphes hyperborei*), et la tête ceinte d'une couronne héliaque, ornée de palmes disposées à l'instar des rayons du soleil.

Sur un cylindre de la Bibliothèque impériale de Paris, acquis à Mossoul, par M. Botta, et fidèlement reproduit sous le n° 9 de la planche XXXIII de mon Atlas, nous retrouvons une palme, comme sur le cône précédent. Gravée ici sous le croissant de la lune, elle est placée derrière un initié[5], devant qui sont posés une épée, un poignard et une arme semblable à celle que nous voyons auprès d'une lance sur le cône de M. Rich. On dirait deux javelots implantés l'un dans l'autre. Nous ne pouvons douter ici que ces diverses armes et la palme ne servent à nous montrer, dans l'initié, un personnage parvenu au grade de perse, dont le cône décrit ci-dessus établit parfaitement la hiérarchie en le plaçant entre le grade de griffon et celui d'hélios. Ce personnage, debout et vêtu d'une stole assyrienne, se présente devant un archimage pour obtenir le grade d'hélios. L'archimage lui donne les instructions préalables et

[1] *Zend-Avesta*, t. I, 2ᵉ partie, p. 389.

[2] *Ibid.* t. II, p. 211.

[3] Atlas, pl. LXI, n° 1ᵇ.

[4] *Metamorph.* XI, p. 805, 806, edd. Oudendorp et Boscha.

[5] C'est par inadvertance que le graveur a tracé

au pointillé la palme et le croissant derrière l'initié (pl. XXXIII, n° 9), et les a répétés au trait derrière l'archimage. La face 1ᵉ du cône n° 1 de la planche LXI montre clairement que cette palme et ce croissant se rapportent au myste et non à l'hiérophante.

reçoit ses serments en présence d'un autel allumé. Également debout et vêtu d'une stole assyrienne, il est décoré des insignes du grade qu'il va conférer au myste, c'est-à-dire que son corps est entouré d'un cercle d'où jaillissent les rayons du soleil. Le grade d'hélios, ainsi caractérisé dans le costume de l'hiérophante initiateur, est de plus indiqué sur notre cylindre par la disposition des flammes qui s'échappent, rayonnant en demi-cercle, du sommet de l'autel ou pyrée placé entre l'hiérophante et le myste. Au premier abord, on serait peut-être tenté de prendre cet autel pour la partie supérieure de l'échelle mystique décrite par Celse; mais si nous rapprochons de notre cylindre les quatre scarabées phéniciens gravés sous les n°s 24 à 27 de la planche LXVIII de mon Atlas, nous reconnaissons sans peine que la dénomination d'*autel* ou *pyrée* est la seule qu'il convienne d'employer ici. Nous remarquons même que le support du foyer de chaque autel, sur les quatre scarabées phéniciens, comme sur le cylindre[1], offre trois divisions. Elles font certainement une allusion à cette *triplicité* du feu créateur que j'ai eu ailleurs[2] l'occasion de signaler, et qui était la conséquence immédiate du caractère triple attribué aux divinités génératrices, nommément à Vénus et à Mithra.

Le troisième petit monument dont j'ai à parler appartient au Johannæum de Graetz. Il représente, gravé en creux dans un ovale[3], un sujet qui a beaucoup d'analogie avec celui que vient de nous offrir le cylindre n° 9 de ma planche XXXIII. Mais ici l'archimage, au lieu de se tenir debout, est assis sur un trône, le corps entouré des insignes du soleil; il porte, en sautoir, derrière le dos, un arc et un carquois; de la main gauche, il présente une couronne à l'initié qui, debout devant lui, sollicite son admission au grade d'hélios. Cette couronne remplace ainsi la palme gravée sur le cône de feu M. Rich et sur le cylindre de la Bibliothèque impériale. L'initié est séparé de l'hiérophante par un autel qui a la forme d'un X, comme l'autel allumé que nous avons trouvé sur le cône de M. Rich. Dans le haut de ce petit tableau, perpendiculairement à l'autel, on remarque un astérisque à sept branches qui, très-

---

[1] Le rapprochement que j'indique ici semblerait nous autoriser à assigner au cylindre dont il s'agit une origine phénicienne. Le style de ce petit monument, qui accuse toutefois une époque de décadence, ne permet guère de le ranger parmi les antiquités assyriennes, ni parmi les antiquités persiques.

[2] *Recherches sur Vénus*, p. 200-204.

[3] *Atlas*, pl. LXI, n° 4. — Cette intaille est dessinée ici d'après une empreinte que j'ai reçue du Johannæum de Graetz, sans aucune désignation de forme ni de matière. Je suppose que l'original est un cône ou un hémisphéroïde un peu comprimé.

probablement, représente la planète Vénus. Derrière le trône sacerdotal est placé un trophée d'armes exactement semblable à celui que nous voyons posé devant l'initié sur la face latérale gauche du même cône [1].

On voit comment, par leurs accessoires les plus significatifs, le cône du Johannæum et le cylindre de la Bibliothèque impériale nous ramènent au cône de M. Rich, et comment, sur chacun de ces trois petits monuments, de même que sur le cylindre décrit plus haut [2], l'initié se présente avec le caractère d'un guerrier victorieux. Il est donc probable que la qualification de *perse* [3], devenue plus tard un nom ethnique, emportait avec elle l'idée de *fort*, et, par extension, l'idée de *guerrier victorieux* et de *héros*. C'est ainsi que l'ethnique *Iranien* et l'ethnique *Pahlavan*, qui chacun aussi furent un nom des Perses, signifiaient primitivement le *fort*, le *héros* [4]. Mais le mot *perse*, employé à qualifier un des grades des mystères de Mithra, soulève bien des questions, et la plupart de ces questions, si ce n'est toutes, sont insolubles dans l'état actuel de nos connaissances historiques. D'une part, il est avéré que, dans les mystères de Mithra, tels qu'on les célébrait à Rome, le grade de perse désignait un des douze degrés de l'initiation, et que les cérémonies propres à ce grade s'appelaient les *Persiques*. Nous en avons la preuve dans la lettre citée de saint Jérôme à Læta, où se trouve la mention expresse d'un grade de *persès*, et dans une inscription latine lapidaire [5], où nous avons lu que, le 4 avril ou le 4 mars 358 de l'ère chrétienne, on avait célébré à Rome les *Persiques*, TRADIDERUNT PERSICA. D'autre part, il n'est pas moins avéré que les mystères de Mithra furent inventés par les Chaldéens d'Assyrie. Mais quelle certitude avons-nous que ces Chaldéens eussent employé, dans cette institution, des dénominations dont la transcription grecque ou latine aurait été *Persès* et *Persica?* Et si nous admettons l'affirmative, comment expliquer les raisons qu'avaient eues les Chaldéens pour agir ainsi? Si, au contraire, nous nous prononçons pour la négative, faut-il croire que les dénominations dont il s'agit furent introduites dans les mystères de Mithra par Zoroastre, ou qu'elles datent seulement de l'époque de l'importation de ces mystères par les Perses chez les Grecs asiatiques? Dans les deux cas, quelles dénominations primitives remplaçaient-elles? Dans le premier cas, comment s'expliquer que,

---

[1] Pl. LXI, n° 1[a].

[2] Ci-dessus, p. 451, et Atlas, pl. LXI, n° 6.

[3] *Perses* dans la lettre de saint Jérôme.

[4] Voyez Anquetil, *Zend-Avesta*, t. I, 2e par-tie, p. 111, note 2; t. II, vocabulaire, p. 492.

[5] Autrefois déposée dans l'église de Saint-Silvestre à Rome.

dans les statuts des mystères de Mithra, Zoroastre eût employé la qualification de *perse*, lorsque, dans le *Zend-Avesta*, le peuple qu'à l'exemple des Grecs et des Romains nous appelons les *Perses* ne porte pas ce nom? Il y est constamment désigné sous celui d'*Iraniens*, altération du nom d'*Ariens* ou *Aryas*, ainsi que je l'ai dit au début de ce volume. J'ai dit aussi qu'Hérodote paraît être, chez les Grecs, le premier écrivain qui ait donné aux conquérants du royaume des Mèdes et du royaume des Assyriens le nom de *Perses*. Il a soin d'ajouter [1] qu'anciennement les Grecs les appelaient les *Céphères*, et leurs voisins les *Artéens*, noms qu'ils prenaient eux-mêmes. Il ajoute enfin que Persès, fils de Persée et d'Andromède, donna son nom à toute cette nation ; et cependant il me semble, dans un autre passage, limiter ce nom à une province privilégiée ; car il fait remarquer que seuls les Perses formaient la garde du roi et avaient la prérogative de porter une tiare droite. Il paraît, d'après les inscriptions en caractères cunéiformes relevées à Persépolis et à Bi-Sutoun, que, dans l'énumération des contrées soumises au sceptre des rois achéménides, le nom *Parsia* ne désigne qu'une des provinces de leur empire. Il répond à l'*Elimaïs* de l'Écriture Sainte et à la *Perside* des auteurs grecs. Mais en même temps, nous voyons un de ces princes, Xercès [2], dire les Achéménides issus de Persée, par Persès, fils de ce héros et d'Andromède ; tandis qu'Hérodote, à qui nous devons la conservation de ce témoignage, fort contestable toutefois [3], qualifie Persée de *Démon assyrien* [4]. Cette qualification s'expliquerait en admettant que l'historien grec plaçait la délivrance d'Andromède par Persée dans cette même Éthiopie assyrienne d'où le grand roi d'Assyrie avait envoyé, sous le commandement de Memnon, un bataillon noir au secours de son feudataire le roi Priam [5].

De leur côté Hésiode [6], et, probablement d'après lui, le mythographe Hygin [7],

---

[1] VII, LXI.

[2] Lettre rapportée par Hérodote (VII, CL).

[3] La généalogie si complète des neuf premiers rois achéménides, telle que l'établit lui-même Darius dans la grande inscription trilingue gravée sur le roc, à Bi-Sutoun, en caractères cunéiformes (voyez *Journal of the royal Asiatic Society*), ne fait aucune mention de Persée ni de Persès, ainsi que je l'ai dit plus haut; et lorsque, dans sa *Cyropédie*, Xénophon avance que Cambyse était de la race royale qui descend de Persée ou Persès, il se conforme probablement à la tradition grecque introduite dans la lettre de Xercès dont l'authenticité, depuis surtout que nous possédons la copie et la traduction de l'inscription de Bi-Sutoun, me paraît très-douteuse.

[4] VII, LXI.

[5] Homère, *Iliade*.

[6] *Theogon.* vers. 377.

[7] *Fab.* CCXLIV, p. 300, éd. de Munker, Amst. 1681.

nous parlent d'un fils d'*Hélios* ou du soleil nommé *Persès*. Ce témoignage confirme la hiérarchie ascendante que j'établis entre le grade de *perse* ou *persès* et celui d'*hélios*. Mais loin d'aplanir les difficultés, il les augmente; car feu M. de Sacy[1], s'autorisant du passage d'Hésiode et de celui d'Hygin, s'élève contre Sainte-Croix, qui pensait que, dans les mystères de Mithra, Persès avait la même signification que *Persa*, « le Perse. » Le savant orientaliste, sans aucun fondement, il faut bien le dire, prétend que là *Persès*, comme *Bromius*, comme *Hélius* (Hélios), est le nom d'un personnage mythologique, et que, selon Porphyre[2], *Persès* et Mithra étaient un seul et même être divin. Il ne tient ainsi, on le voit, aucun compte de la judicieuse correction introduite, par deux habiles éditeurs de Porphyre, dans le passage allégué. Barnes, en 1711, et Van Goens, en 1765, avaient compris qu'aux mots τῷ Πέρσῃ, fort arbitrairement admis dans le texte, et non moins arbitrairement traduits par ceux-ci, *à Mithra*, il faut substituer τῇ Περσεφόνῃ, à *Proserpine*[3]. M. F. Creuzer[4] adopte, à son tour, la leçon vicieuse du passage de Porphyre, et, comme M. de Sacy, identifie *Persès* avec Mithra. Il s'appuie principalement sur une inscription latine où l'adjectif ethnique *Persidicus* s'applique à ce dieu. Malgré ma déférence habituelle pour les opinions d'un savant aussi versé dans la philologie que dans l'archéologie, je ne saurais admettre les conséquences qu'il tire de cette inscription. Il ne sera pas hors de propos de rappeler ici que l'habile professeur de Heidelberg, qui considère le mithriacisme comme une des idées les plus sublimes de toute l'antiquité, pense qu'on doit en chercher l'origine dans une doctrine primitive, commune au *brahmanisme* et au *magisme*[5]. De la Perse et de l'Asie antérieure, sous différentes formes et avec diverses modifications, cette doctrine primitive passa, selon lui, en Égypte et en Grèce, où, alliée à des éléments égyptiens et cachée d'abord dans *la doctrine de lumière argolique de Persée*, elle fut remplacée plus tard par le culte de Dionysus, qui devint dominant. Dans la suite, elle aurait été transplantée de l'Asie antérieure à Rome, dans les contrées d'Europe les plus occidentales, et même jusque chez les peuples germaniques.

Enfin les difficultés inhérentes aux questions que fait naître le grade de

---

[1] Voyez Sainte-Croix, *Recherches sur le paganisme*, t. II, p. 131, note 2, 2ᵉ édition.

[2] *De antro nymphar.* XVI.

[3] Voyez les excellentes raisons exposées par Barnes (*ad* Porphyr. *loco citato*) et par Van Goens (*ibid.*) pour justifier la correction dont il s'agit.

[4] *Symbolik*, 2ᵉ édition, vol. IV, p. 755.

[5] M. Creuzer place dans la Médie le siége du *magisme*.

perse ou *persès* augmenteraient progressivement si nous prenions en considération une opinion dont feu M. J. Saint-Martin avait fait part à ses amis intimes, mais dont on ne trouve aucune trace dans ses écrits posthumes publiés ou restés inédits. La mort, qui est venue le surprendre dans la force de l'âge, ne lui a pas permis le projet qu'il avait d'exposer cette opinion dans un mémoire qui aurait été la suite et le complément de celui où il a commenté le célèbre passage de Salluste sur les origines des royaumes de Mauritanie et de Numidie[1]. Dans sa nouvelle dissertation, il espérait démontrer l'identité de Féridoun, le héros primitif de la Perse, avec Persée, avec Dardanus et avec le personnage qui, désigné sous le nom d'*Hercule* dans l'historien latin, mourut à Gadès, où il avait conduit une armée composée de Mèdes ou de Mardes, d'Arméniens et de Perses[2].

Je ne m'arrêterai point à discuter l'identité de Persée avec Féridoun, avec Hercule, avec Dardanus, avec Mithra, non plus que toutes les questions qui surgiraient d'un examen critique soit de la légende de ce personnage célèbre, soit des opinions diverses exprimées à l'occasion du grade désigné sous le nom de *perse* ou *persès* dans la lettre de saint Jérôme à Læta. Je devrais peut-être cependant appeler ici l'attention du lecteur sur quelques traits de la légende de Persée, qui, bien que personne n'en ait encore fait la remarque, prouvent que ce héros énigmatique nous est présenté, à l'exemple d'Hercule, comme un initié admis à la célébration de mystères dont l'origine assyrienne ou phénicienne ne saurait être mise en doute. Cette digression m'entraînerait trop loin dans un chapitre déjà bien long; elle sera mieux à sa place dans l'appendice où je m'occuperai, en même temps, d'Hercule, des scarabées phéniciens et de quelques autres monuments de l'art qui, sans appartenir d'une manière directe aux mystères de Mithra ou à ceux de la Vénus asiatique, se rattachent visiblement à ces derniers. Je me bornerai ici à faire remarquer que Féridoun est le troisième prince de cette antique race des Poériôdekeschans ou *des hommes de la première loi* qui, « dans le commencement, nous dit Zo« roastre[3], *ont été instruits par l'oreille,* » ce qui, à mon avis, je le répète, signifie qu'ils furent initiés aux mystères[4]. Mais je vais présenter ici quelques obser-

---

[1] Voyez *Mém. de l'Acad. des inscr.* t. XII, p. 181.

[2] Saint-Martin croyait avoir retrouvé, dans le nom de Dardanus et dans celui de l'île de Rhodes et de l'île de Sardaigne, les divers noms que donnent à Féridoun les écrivains orientaux.

[3] *Zend-Avesta,* t. II, lescht des féroüers, p. 284.

[4] J'indiquerai, dans mon appendice, comment la légende de Féridoun, rapprochée de celle de Persée, permet de conjecturer que les

vations rapides qui, en montrant comment il est possible de tirer des récits inventés par l'imagination des Grecs certaines notions sur l'initiation de Persée aux grades de griffon et de perse, montreront aussi que tout n'a pas été dit par mes devanciers au sujet de l'institution de ce dernier grade.

Dans toutes les traditions anciennes, Persée et Persès sont des héros solaires : tantôt on dit Persée fils de Zeus ou Jupiter, qui se serait introduit auprès de Danaé sous la forme d'une pluie d'or, expression poétique qui peint si bien les rayons du soleil, et qui nous ramène à la porte d'or consacrée à cet astre sur l'échelle mystique des Perses, en même temps que l'appartement où Danaé devient mère de Persée est précisément d'airain, métal de la porte de Zeus sur la même échelle mystique. Tantôt Hélios ou le Soleil, je l'ai déjà dit, est le père d'un fils nommé Persès[1], dont la mère, fille de l'Océan et de Thétys, porte le nom de *Persa, Persé* ou *Perséis*. Le frère aîné de ce Persès s'appelle *Eetès* ou *Aetès*, c'est-à-dire *Aigle*, et leurs deux sœurs sont Circé, archiprêtresse d'un sanctuaire où s'opéraient des métamorphoses qui appartiennent à la psychologie des mystères de la Vénus asiatique[2], et Pasiphaé, dont le rôle est si remarquable dans le mythe oriental du Minotaure de l'île de Crète, qui se rattache directement à ces mêmes mystères[3]. Persée est élevé dans le temple d'Athéné, la déesse qui préside aux mystères, la déesse qui assiste aux initiations d'Hercule. C'est protégé par elle qu'il peut combattre avec succès ces trois terribles Gorgones qui représentent sur la terre la triple Hécate. Elles tombent sous ses coups ; il tranche la tête à Méduse avec la harpé, l'arme de Mylitta, d'Astarté, de Mithra et des initiés admis à célébrer les mystères de ces divinités. Du sang de la Gorgone décapitée naît le cheval ailé Chrysaor, qui transporte le vainqueur en d'autres lieux de combats. C'est ce même cheval que monte Bellérophon pour aller attaquer la Chimère dans les montagnes de la Lycie. J'expliquerai dans mon appendice comment la tête de Méduse ou le *Gorgonium*, le cheval Chrysaor et le monstre appelé *Chimère* nous ramènent à la célébration des bromiques et des léontiques. Je citerai alors un monument figuré, où deux cornes de taureau sont implantées sur le

initiations dont Zoroastre entend parler eurent lieu non dans les sanctuaires de la Perse, qui, à cette époque reculée, n'existaient pas, mais dans les sanctuaires de la Vénus assyrienne et sur le sol de l'empire d'Assyrie.

[1] Hésiode, *loc. cit.* — Hygin, *loc. cit.*

[2] Voyez *Mém. de l'Acad. des inscr.* t. XX, 2ᵉ partie, p. 109, 110.

[3] Voyez ci-dessus, p. 450, et ma *Lettre* à M. Éd. Gerhard sur Aphrodite Pandémos Epitragia.

Gorgonium. J'en citerai un autre, qui représente Persée tenant à la main une tête de singe, au lieu de la tête de Méduse. Celui-ci nous reportera ainsi aux cylindres asiatiques qui nous ont révélé, entre la lune et le singe, symbole de l'air, des rapports analogues à ceux qu'un savant et ingénieux archéologue a su apercevoir entre la lune et le Gorgonium [1] et à ceux aussi que les Égyptiens avaient établis entre la lune et le Cynocéphale. Nous trouverons Persée secourant les Amazones, qui, comme lui, ont à combattre les Gorgones, de même que nous venons de les voir combattre les griffons dans la célébration des mystères de la Vénus asiatique. Nous suivons ce héros dans le pays des Hyperboréens, où les Grecs avaient placé la lutte des Arimaspes avec ces mêmes animaux symboliques, gardiens de la région de l'or, c'est-à-dire de la région solaire. Nous verrons ce héros, monté sur le cheval Chrysaor, porter un casque dont le sommet, orné d'une tête de griffon, rappelle les tiares recourbées. Nous remarquerons que le griffon et le cheval sont consacrés à Vénus-Mylitta, à Athéné, à Mithra, comme à Apollon. Nous remarquerons surtout que le griffon est le symbole du grade qu'avait dû prendre Persée avant de triompher de la lune, personnifiée par les trois Gorgones, et du soleil, représenté sous les traits de Dionysus. Nous remarquerons enfin que, par une coïncidence qui ne saurait être considérée comme un simple hasard, le frère aîné de Persée s'appelle *Ectès* ou *Aetès*, c'est-à-dire *Aigle*, oiseau consacré au dieu Soleil chez les peuples asiatiques [2], oiseau qui donne son nom au grade que précède immédiatement le grade d'*hélios*, c'est-à-dire le grade de soleil.

Je crois en avoir dit assez pour montrer que la légende de Persée, comme celle d'Hercule, renferme plus d'un trait qui se rapporte directement à l'initiation aux mystères d'une divinité asiatique, et plus d'une indication qui confirme, en particulier, la hiérarchie que j'ai établie entre certains grades de ces mystères. Cette légende, comme celle d'Hercule aussi, nous offre l'exemple d'un combat livré à la lune par l'initié, et me justifie ainsi d'avoir avancé que, pour passer du grade de griffon à celui d'*hélios* ou de soleil, il fallait triompher de la lune. Qu'il me soit permis, à ce sujet, de faire remarquer qu'au moyen âge les chrétiens de France qui se croisèrent pour aller délivrer la Terre Sainte du joug des musulmans durent trouver, en Asie, dans quelque ancienne légende, un souvenir quelconque de l'obligation jadis imposée

---

[1] M. le duc de Luynes, *Essai de numismatique.*

[2] Voyez *Mém. de l'Acad. des inscr.* t. XX, 2ᵉ partie, p. 14, 15.

aux initiés de combattre et de vaincre la lune, car, si je ne m'abuse, c'est à une telle source seulement que nos vieux romanciers peuvent avoir puisé l'idée de nous montrer leur héros fendant les airs sur un cheval ailé et arrivant dans la lune pour s'emparer de la fiole où devait se trouver renfermée sa raison, c'est-à-dire son intelligence et son bon sens. Tant il est vrai que les croyances religieuses les plus absurdes savent, sous une forme quelconque, se perpétuer d'âge en âge à travers une longue suite de siècles.

Rien, dans la légende de Persée, on vient de le voir, ne nous autorise à penser que ce célèbre personnage avait donné son nom au grade appelé *persès* dans la lettre de saint Jérôme. Il y aurait donc lieu de supposer qu'à cette dénomination s'attachait, au lieu du souvenir d'un illustre guerrier personnellement désigné par son nom, l'idée générale de héros, qu'elle exprime, en effet, dans son acception propre, comme je l'ai dit plus haut. Et si nous ne perdons pas de vue que les Chaldéens et les Perses, et, par conséquent, leur langue, avaient une origine commune ; si nous ne perdons pas de vue non plus que les Chaldéens d'Assyrie étaient les inventeurs des mystères d'où sont dérivés les mystères de Mithra institués par Zoroastre chez les Perses ; si nous nous rappelons les traditions qui font de Persée un Assyrien, nous serons portés à conjecturer que c'est le nom de Persée qui dérive de la dénomination imposée par les Chaldéens d'Assyrie au grade que nous pourrions intituler, *le grade de héros*, puisque, je le répète, le mot *persès* signifie *le héros* ou *le fort*. Si enfin de plus habiles que moi, marchant sur les traces de feu M. J. Saint-Martin, parvenaient à établir sur des bases solides l'identité de Féridoun et de Persée, il deviendrait facile d'expliquer comment les rois achéménides pouvaient se croire et se dire issus de Persée et de sa race.

Mais hâtons-nous de sortir du champ trop vaste des conjectures et des hypothèses pour rentrer dans le domaine de la réalité. Remarquons tout d'abord que la vénération des peuples de l'Asie occidentale pour les héros fut telle que, dès une haute antiquité, elle donna naissance à un culte institué dans le but de rendre des honneurs particuliers à ces personnages pendant leur vie, comme après leur mort. Nous trouvons ce culte, prescrit, pour ainsi dire, à chaque page, dans les fragments qui nous restent des livres de Zoroastre, le disciple des Chaldéens d'Assyrie. Ce culte, dans les récits des historiens grecs, nous le voyons pratiqué par les rois de Perse eux-mêmes. Les poëmes modernes les plus célèbres dans tout l'Orient, à partir des ixe et xe siècles de notre ère, les noms donnés en Perse à certaines localités, les traditions populaires très-répandues qui se rattachent à ces noms, tout concourt à nous montrer que le culte des héros fut, chez les Perses, comme très-probablement chez les Assyriens, les Phéniciens, les Phrygiens, un des traits caractéristiques des mœurs nationales. Nous le retrouvons chez les Grecs, tandis que l'histoire des coutumes de l'Égypte ne nous en offre aucune trace. Hérodote [1] nous dit expressément que les Égyptiens ne rendent pas les honneurs héroïques. Au contraire, il rapporte [2] que, pendant sa fameuse expédition contre la Grèce, Xercès étant à Pergame de Priam, les mages qui l'accompagnaient firent des libations en l'honneur des héros du pays. Plus tard [3] Artachès, illustre guerrier du sang des Achéménides, étant mort à Acanthe de Macédoine, pendant que Xercès y séjournait, le roi lui fit de magnifiques funérailles ; et depuis ce temps, par l'ordre d'un oracle, c'est-à-dire par la volonté du roi, les Acanthiens, ajoute Hérodote, offrent annuellement des sacrifices à Artachès comme à un héros en l'appelant par son nom. L'armée de Xercès, que commandait Mardonius en l'absence du roi, rendit aussi les honneurs héroïques à Masistius, général de toute la cavalerie, tué dans un combat [4] ; et son corps n'ayant pu être enlevé des mains de l'ennemi, « les « Perses, dit Hérodote, se coupèrent la barbe et les cheveux, coupèrent les « crins à leurs chevaux et le poil à leurs bêtes de somme, firent entendre des « cris lugubres dont retentit toute la Béotie, et pleurèrent longtemps le guer « rier illustre que l'armée venait de perdre. » De son côté, Diodore de Sicile [5], parlant du temple d'Hémithée, dans la Chersonèse de Carie, s'exprime en ces termes : « Les Perses, qui sont maîtres de l'Asie et qui ont pillé tous les temples « de la Grèce, ont respecté celui-ci. » Or Hémithée avait obtenu les honneurs héroïques, et la remarque de Diodore atteste le respect que les Perses portaient à la mémoire des héroïnes, comme à la mémoire des héros. Les faits recueillis par nos deux historiens justifient l'assertion du premier lorsqu'il dit [6] que les vertus guerrières sont celles que les Perses estiment avant toutes choses. C'est un trait de mœurs commun à tous les peuples conquérants. Dans quelques autres passages du même écrivain, nous voyons, en diverses occasions, les Perses conserver la vie à ceux de leurs ennemis qui avaient fait preuve d'un grand courage sur le champ de bataille.

Le témoignage que renferment les récits d'Hérodote et celui de Diodore

---

[1] II, L.
[2] VII, XLIII.
[3] Voyez Hérodote, VII. CXVI, CXVII.
[4] Hérodote, IX, XXIV et XXX.
[5] V.
[6] I, CXXXVI.

est en parfaite harmonie avec les passages du *Zend-Avesta* qui se rapportent au culte des héros chez les Perses. Non-seulement, dans les prières [1], on fait *izeschné aux saints férouers forts* et bien armés de tous les anciens Kéans, de tous les héros iraniens désignés chacun par leur nom personnel et collectivement appelés les *Poériôdekeschans* (*Peschdadiens*, en pehlevi), c'est-à-dire les hommes de la première loi, mais on fait *izeschné au saint férouer des différentes espèces de héros* [2], et l'on représente les *saints férouers forts et bien armés* comme les protecteurs des justes sur la terre [3]. Ils viennent à leur secours [4]; et cette croyance est longuement exposée dans la prière aux férouers [5] : « Je fais izes- « chné aux forts, purs et excellents férouers des saints, germes qui combattent « puissamment, grands, forts et robustes, qui agissent avec étendue, affligent « tous ceux qui font du mal, et frappent ensemble les dews-hommes; qui « veillent eux-mêmes..... qui viennent sur ceux qui les invoquent, qui leur « adressent des prières; qui s'approchent, lorsqu'on les nomme..... Je fais « izeschné aux forts, purs et excellents férouers des saints, qui sont forts, qui « sont vivants, qui sont victorieux, qui marchent triomphants, qui donnent « d'en haut la lumière, qui agissent avec feu contre la couleuvre (c'est-à-dire « contre Ahriman), coupent par morceaux (ou lient) les mille espèces de dews; « qui, accompagnés du vent, délivrent et enlèvent le corps des hommes que « les dews ont liés..... Trois espèces d'êtres viendront promptement (au se- « cours du juste ou du pur) : les forts férouers des saints, Mithra équitable, « fort, peuple céleste, et le vent victorieux..... » On invoque en ces termes l'assistance des mânes des héros iraniens [6] : « Que les férouers des saints forts « et bien armés me soient favorables, les férouers des Poériôdékeschans..... « Je leur fais izeschné et néaesch..... Je les bénis, je les relève (glorifie) avec « force..... J'invoque et je célèbre les purs férouers, forts et bien armés, les « férouers des Poériôdékeschans..... » On implore Mithra [7], pour obtenir de lui, qui est qualifié *germe de soldat* [8], qu'il multiplie les guerriers, les héros : « Ô Mithra, qui êtes pur, faites marcher en abondance les germes des guer-

---

[1] *Zend-Avesta*, t. I, 2ᵉ partie, *Vendidad-sadé*, p. 89, 101; t. II, Iescht des férouers, p. 278-286.

[2] *Zend-Avesta*, t. II, Iescht des férouers, p. 272.

[3] *Zend-Avesta*, t. I, 2ᵉ partie, *Vendidad-sadé*, p. 100.

[4] *Zend-Avesta*, t. I, 2ᵉ partie, *Vendidad-sadé*, p. 100.

[5] *Zend-Avesta*, t. II, Iescht des férouers, p. 252-255.

[6] *Zend-Avesta*, t. I, 2ᵉ partie, *Vendidad-sadé*, p. 89, 98, 147; t. II, Iescht des férouers, p. 247-286.

[7] *Zend-Avesta*, t. II, Iescht de Mithra, p. 226.

[8] *Ibid.* p. 231.

« riers, qui sont le désir des provinces..... » On lui adresse ses vœux pour devenir soi-même un guerrier illustre, un héros[1] : « Que je marche par le secours « de Mithra, avec beaucoup de pureté, de sainteté et de force, comme un « guerrier! Que je marche fort comme le brillant Kéan, fort comme le ciel « donné de dieu, fort comme le peuple d'en haut, fort comme les féroüers des « saints qui sont en grand nombre, ceux des chefs, des saints Mazdéïesnans ! » Ailleurs[2], c'est la protection plus élevée d'Ormuzd que Zoroastre sollicite en ces termes : « Celui qui frappe en vainqueur, protégez-le, ô Ormuzd..... » Enfin le *Zend-Avesta*[3] met dans la bouche même d'Ormuzd l'éloge des premiers héros iraniens. Ce dieu dit à Zoroastre : « La force, la grandeur, l'éclat brillant, « les plaisirs, dites-le, répétez-le, ô Sapetman! doivent leur origine aux fé- « roüers des saints, forts et bien armés. J'ai été à leur secours, j'ai soutenu « les forts féroüers des saints[4] ; et de là est venue leur lumière (leur gloire), « leur éclat. » Dans le *Vendidad*[5], Ormuzd dit à Zoroastre : « Les grands fé- « roüers des saints, ô Sapetman! sont ceux des Poériôdékeschans..... Le saint « féroüer de Djemschid, fils de Vivengham, fut grand devant moi. » Plus loin[6], consulté par Zoroastre, qui désirait savoir quel avait été le plus illustre des héros iraniens, le même dieu lui répond : « Féridoun[7] est le premier, ô Sa- « petman Zoroastre! parmi les hommes de la première loi, ces hommes pieux « et purs, précieux (devant moi), dont les désirs ont été remplis, utiles aux « hommes, donnant libéralement, prompts (à exécuter mes ordres); il est « le premier qui ait chassé l'envie, tué la mort, banni les maux, banni le feu « brûlant (de la fièvre) du corps de l'homme[8]..... » Enfin nous lisons, dans le *Boun-dehesch*[9], qu'au jour de la résurrection tous les héros iraniens viendront assister Sosiosch, troisième fils de Zoroastre, qui présidera à l'œuvre de ce jour solennel.

Le peu que nous savons de l'échelle mystique des Perses, d'après le témoignage de Celse, nous permet néanmoins de comprendre combien étaient variés les thèmes qu'elle pouvait fournir aux mages chargés du soin d'enseigner à chaque myste tout ce qu'il devait savoir pour passer du grade de

---

[1] *Zend-Avesta*, t. II, Iescht de Mithra, p. 216.
[2] *Zend-Avesta*, t. I, 2ᵉ partie, p. 192.
[3] T. II, Iescht des féroüers, p. 247, 248.
[4] Je suis la variante proposée par Anquetil.
[5] *Zend-Avesta*, t. I, 2ᵉ partie, p. 249, 271.
[6] *Ibid.* p. 421, 422.

[7] Voyez, *Zend-Avesta*, t. I, 2ᵉ partie, p. 422, note 1, les remarques d'Anquetil sur ce nom.
[8] Cf. *Zend-Avesta*, t. I, 2ᵉ partie, p. 422-424, et t. II, Iescht des féroüers, p. 278.
[9] § 30; *Zend-Avesta*, t. II, p. 410.

griffon à celui de persès ou perse, synonyme de héros. Des notions de psychologie, de plus en plus développées et approfondies, formaient la base
essentielle de cet enseignement, et de nouvelles connaissances scientifiques
et morales venaient s'ajouter à celles qu'avait acquises le récipiendaire en
prenant les sept grades précédents. Dès le grade de bromius ou taureau, il
avait appris quel rôle joue la lune dans le système cosmogonique, quelle
voie suivent les âmes qui descendent du ciel sur la terre ; à l'aide de l'échelle
mystique, on lui avait expliqué dans quel ordre l'âme, au sortir de la porte
de la lune, doit traverser, pour accomplir sa fatale *catabase*, les cieux des cinq
planètes, Mars, Mercure, Jupiter, Vénus et Saturne. Maintenant on lui montre
comment l'âme, dans son *anabase*, ou mouvement ascendant, doit de nouveau
traverser ces cinq cieux, mais les traverser dans un ordre inverse. On lui rappelle les notions qu'il a déjà reçues, dans le sanctuaire, sur la position respective des cinq planètes subordonnées à la lune, sur leur position par rapport
à cet astre et à la terre ; on lui répète que le ciel de la lune repose immédiatement sur la région de l'air, où il a dû prendre trois grades avant de
parvenir à celui de griffon. De là des leçons de physique et des leçons d'une
astronomie que j'appellerai *conventionnelle* ou *hiératique* et qui comprenait nécessairement l'étude des signes zodiacaux, des constellations, et l'explication du
phénomène des éclipses lunaires. De là aussi des leçons d'astrologie, c'est-à-
dire d'astronomie étudiée au point de vue de l'influence favorable ou nuisible
attribuée à chaque astre, à chaque constellation, sur les destinées humaines,
comme à telle ou telle conjonction des planètes avec le soleil. Pour apprécier
convenablement le but et la portée de semblables leçons, ne perdons pas de vue
l'exposition que j'ai faite des doctrines psychologiques propres aux mystères
inventés par les Chaldéens d'Assyrie. N'oublions pas que l'astronomie avait
servi à fonder le langage symbolique employé dans ces mystères ; n'oublions
pas que la vie humaine avait été divisée en douze phases ou douze degrés
d'initiation, comme le zodiaque en douze phases ou douze stations solaires,
et que deux des signes zodiacaux, le Taureau et le Lion, donnent leur nom à
deux grades et représentent, dans l'institution des mystères, les mêmes idées
qui les avaient fait choisir pour occuper, dans le zodiaque primitif, la place
assignée à chacun d'eux par ces mêmes Chaldéens. Rappelons-nous qu'une antique théologie plaçait Mylitta et Mithra aux points du zodiaque qui marquent
les équinoxes et les solstices. Rappelons-nous que ces points étaient réputés
favorables à la descente et à l'ascension des âmes, double mouvement qu'elles

exécutent en passant par la lune, qui est une des deux portes du ciel. Rappelons-nous enfin qu'aux vingt-huit mansions de cet astre répondent les vingt-
huit izeds principaux dont Mithra est le chef.

La lune occupait donc nécessairement une grande place dans un enseignement à la fois psychologique, astronomique et astrologique. De plus, elle
y était considérée sous un rapport cosmologique ou physique, c'est-à-dire au
point de vue de l'influence attribuée à cet astre sur le principe humide et sur
les phénomènes de la végétation, de la génération et de la reproduction. Il
suffit, pour s'en convaincre, de jeter les yeux sur le *néaesch de la lune*[1],
prière si remarquable dont j'ai déjà rapporté plusieurs passages qui font connaître les idées de l'Asie occidentale sur les divers rôles que remplit la lune
dans le monde créé. Ajoutons ici quelques autres passages de la même prière[2],
où nous découvrons l'origine des rapports que la théologie chaldéenne établissait entre la lune et l'âme des guerriers ou des héros : « J'invoque la lune (qui
« garde) la semence du taureau[3], (qui est) brillante, éclatante de lumière et
« de gloire, qui paraît en haut et échauffe, qui donne l'esprit élevé et la paix,
« qui rend agissant..... C'est une source de lumière et de gloire que de faire
« izeschné, que de prononcer l'izeschné à l'honneur de la lune..... Donnez-
« moi la victoire..... Que la grandeur et l'éclat de la lune augmentent, elle
« qui est brillante, grande, victorieuse! Qu'elle donne la grandeur et la vic-
« toire, qu'elle bénisse l'âme qui sait la pure loi des Mazdéïesnans, qui l'an-
« nonce !..... »

Après avoir été développés ou commentés devant le myste, par le prêtre
initiateur, les divers thèmes que fournit le rôle de la lune dans la cosmogonie
et dans la psychologie étaient sans doute suivis d'une vive exhortation où le
maître, appelant plus particulièrement l'attention du disciple sur la part attribuée à la lune dans les phénomènes de la génération et de la reproduction,
s'efforçait de démontrer à son élève la nécessité de combattre et de vaincre
le principe matériel et générateur qui réside en cet astre. De là un discours
sur la chasteté, discours qui nous fait souvenir du vœu de virginité prononcé
par l'Artémis des Grecs. De là aussi une lutte, un combat entre l'initié et la
lune représentée sous une forme quelconque. Cette forme, je l'ai déjà dit, nous
est restée inconnue jusqu'à ce jour; et il me paraît peu probable que, dans la

---

[1] *Zend-Avesta*, t. II, p. 16-19.
[2] *Ibid.* p. 18, 19.
[3] On voit ici, comme dans tous les passages où il est question de la semence du taureau, que ce quadrupède herbivore est pris pour le symbole de la vie.

célébration des mystères de Mithra, le myste ait jamais eu à combattre la lune sous le symbole d'une biche, comme on le voit dans la légende d'Hercule. Mais quel qu'ait été le symbole, la lutte du récipiendaire, lorsqu'elle était suivie de la victoire, devait mettre d'autant plus en relief sa valeur, ses qualités guerrières, que nous venons d'entendre qualifier la lune de *victorieuse* et de *source de la victoire* dans la prière qui était publiquement adressée à cet astre. Une palme détachée d'un arbre consacré au soleil, consacré à Mithra, comme à Mylitta, devenait le signe d'un triomphe récompensé par le titre de persès, de perse ou de héros. Les leçons du mage initiateur devaient donc comprendre l'éloge du courage et de la force, l'éloge de la supériorité intellectuelle, physique et morale, l'exaltation des vertus qui constituent le guerrier ou le héros, les principes de l'art de combattre et de vaincre non-seulement avec les armes offensives de Mithra, telles que l'oreille d'acier ou la harpé, la lance, le poignard, mais aussi avec les armes spirituelles que fournit la religion et avec les armes scientifiques, s'il est permis de s'exprimer ainsi, que nous met à la main un enseignement encyclopédique et progressif. Enfin le maître devait exiger du disciple qu'il accomplît sans restriction toutes les purifications, tous les devoirs imposés aux initiés pendant leur séjour dans le ciel de la lune. On sait que, selon les idées qui avaient cours chez la plupart des peuples de l'antiquité, la lune était considérée tout à la fois comme un lieu de perdition pour les âmes fatalement entraînées vers la région terrestre par l'attrait des formes et des couleurs de la matière, et comme un lieu de purgatoire ou de purification pour les âmes qui aspirent à rentrer dans les demeures célestes.

CHAPITRE XII.

NEUVIÈME GRADE. —— GRADE D'HÉLIOS OU SOLEIL.

(Troisième grade igné ou solaire.)

Le rôle de la lumière et des ténèbres dans la théogonie et dans la cosmogonie du *Zend-Avesta* nous permet de comprendre sans peine que la victoire de l'initié sur la lune, ou, en d'autres termes, son assimilation à la lune, ne marque que le premier degré de cet état lumineux qui, pour chaque sectateur de Zoroastre, doit être l'objet du désir le plus vif et le but des plus grands efforts. Nous avons entendu les prières que les livres sacrés des Parses ordonnent de réciter pour se rendre la lune favorable ; écoutons celles que tout fidèle Mazdéiesnan doit adresser au soleil et à Ormuzd et Mithra, sources intarissables de la lumière des astres et de toute cette lumière qui, de ses flots inondant l'univers, met en fuite le prince des ténèbres ou le génie du mal et ses impurs ministres. Et d'abord répétons ici que, si Zoroastre, dans le néaesch même du soleil[1], nous représente Mithra placé au ciel entre le soleil et la lune, il a soin d'inscrire, dans le livre des prières, le néaesch de ce dieu entre le néaesch du soleil et le néaesch de la lune[2]; il veut, de plus, que le néaesch du soleil soit récité en présence du feu sacré et trois fois[3] par jour, au lever de cet astre, à midi et à trois heures de l'après-midi, ou au coucher du soleil. C'est aussi à ces trois moments de la journée que doit être récité le néaesch de Mithra[4], du dieu qualifié compagnon du soleil et de la lune[5], du dieu invoqué conjointement avec ces deux astres[6], du dieu qui, à l'aube du jour, apparaît sur

[1] *Zend-Avesta,* t. II, p. 13, lignes 3 et 4.

[2] *Ibid.* p. 8-19.

[3] *Zend-Avesta,* t. II, p. 8. — On voit ici et l'on verra un peu plus loin comment la liturgie du *Zend-Avesta* est en harmonie avec l'idée de triplicité que l'antiquité asiatique attachait au soleil. (Voyez *Mém. de l'Acad. des inscr.* t. XX, 2ᵉ partie.)

[4] *Zend-Avesta,* t. II, p. 227.

[5] *Ibid.* t. I, 2ᵉ partie, p. 28.

[6] Dans le néaesch de Mithra (*Zend-Avesta,* t. II, p. 16), il est dit : «Je fais izeschné aux «astres, à la lune, au soleil (qui veille) sur «l'arbre du barsom, à Mithra, chef de toutes les «provinces.»

la montagne de lumière en même temps que le soleil levant[1], du dieu enfin qui, implacable ennemi du prince des ténèbres, le poursuit incessamment, monté sur un « coursier vigoureux[2], » symbole du soleil[3]. Enfin, et ceci mérite une attention particulière, la confession des péchés doit se faire trois fois par jour, en présence du soleil et du feu, pendant qu'on récite le néaesch du soleil, dont elle est une partie intégrante.

Quelques passages de ce néaesch achèveront de faire comprendre comment le culte particulier dont le soleil était l'objet avait pu conduire à instituer un grade qui, marquant le second degré de l'état lumineux auquel doit parvenir le myste, tire son nom du soleil lui-même[4].

« Ô Ormuzd! roi excellent, » s'écrie celui qui prie, le visage tourné vers le soleil[5]; « que la grandeur et l'éclat du soleil augmentent, lui qui ne meurt « pas[6], qui brille (et s'avance comme) un coursier vigoureux! — Je me repens « de tous mes péchés, j'y renonce. (Je renonce) à toute mauvaise pensée, à « toute mauvaise parole, à toute mauvaise action, à ce que, dans le monde, « j'ai pensé, ou dit, ou fait, ou cherché (à faire), ou commencé (de mal)[7]..... « Ayez pitié de mon corps et de mon âme, dans ce monde et dans l'autre[8]..... « Je vous prie, Amschaspands[9], qui êtes tout lumière, source de paix et de « vie..... Que ma prière plaise à Ormuzd! Qu'il brise Ahriman, et accomplisse « publiquement mes souhaits jusqu'à la résurrection! L'abondance et le Be- « hescht[10] sont pour le juste qui est pur. Celui-là est pur qui est saint, qui « fait des œuvres célestes et pures[11]. — Je prie avec étendue, (je prie) avec

---

[1] *Zend-Avesta*, t. I, 2ᵉ partie, p. 418.

[2] *Ibid.* p. 10, 12-14, 221, 245.

[3] *Ibid.* p. 206.

[4] Le nombre neuf, en vertu de la loi d'antagonisme qui régit la liturgie du *Zend-Avesta*, comme toutes les parties du système théogonique et cosmogonique de Zoroastre, était consacré, d'une part, à Ormuzd, à Mithra et à la lumière ou au soleil; d'autre part, à Ahriman et aux ténèbres. Faut-il en conclure que, si le grade essentiellement lumineux qui doit son nom au soleil est le neuvième dans l'ordre hiérarchique des degrés de l'initiation, cette coïncidence n'est pas l'effet du hasard? Je n'ose l'affirmer; et je me borne à rappeler que, chez les Grecs, le nombre neuf était aussi consacré à un dieu soleil, à Apollon.

[5] *Zend-Avesta*, t. II, p. 9.

[6] Littéralement, « qui est immortel. »

[7] Voyez la variante proposée par Anquetil. (*Zend-Avesta*, t. II, p. 3, note 4.)

[8] Cet acte de contrition et de supplication fait partie du *néreng* que l'on doit réciter en ceignant le kosti. (Voyez *Zend-Avesta*, t. II, p. 2-4.)

[9] *Amschaspand*, je le répète, signifie « excel- « lent, immortel. » C'est la qualification qui sert à désigner les sept conseillers d'Ormuzd et même la lune.

[10] C'est un des synonymes de Gorotman, l'Olympe des Perses.

[11] Ceci doit se dire trois fois, ainsi que plusieurs autres versets de ce néaesch du soleil.

« pureté de pensée, avec pureté de parole, avec pureté d'action. Je me livre à
« toute bonne pensée, à toute bonne parole, à toute bonne action. Je renonce
« (comme ci-dessus)..... »

A l'aube du jour, on prie en ces termes : « Augmentez la pureté de mon
« cœur, ô roi ! que je fasse des actions saintes et très-pures [1] ! L'abondance et le
« Behescht sont pour le juste qui est pur. Celui-là est pur qui est saint, qui
« fait des œuvres célestes et pures..... »

Au milieu du jour, on répète trois fois cette dernière formule, en la faisant précéder, par trois fois aussi, de ces paroles : « Que je sois comme cette
« lumière [2], qui est haute, très-élevée. »

Enfin à trois heures, après avoir prononcé ces mots, « Je fais izeschné au
« soleil, qui ne meurt pas, éclatant de lumière, coursier vigoureux, » on récite une litanie en l'honneur du Temps-sans-bornes, d'Ormuzd, de Mithra,
de plusieurs amschaspands, de plusieurs izeds, de la montagne de lumière
appelée le *Gorotman* ou le *Behescht*, etc. Il est à remarquer que ce néaesch, si
fortement empreint de toutes les idées qui peuvent, soit par des formules
sacramentelles, soit par des prescriptions hiératiques, marquer la triplicité
qu'on attribuait au soleil et à l'homme, est aussi la seule prière du *Zend-Avesta*
où se trouvent simultanément invoqués les trois dieux dont se composait la
triade placée par Zoroastre au sommet de son système théogonique.

Plusieurs autres passages de la dernière partie du néaesch du soleil méritent aussi notre attention. Toutefois, je me bornerai à citer ceux-ci [3] :

« Que le soleil, qui ne meurt pas, éclatant, coursier vigoureux, me soit fa-
« vorable ! Je lui fais izeschné et néaesch ; je veux lui plaire, je lui adresse des
« vœux. — Dès que le soleil se lève, il purifie la terre donnée d'Ormuzd ;
« il purifie l'eau qui coule ; il purifie l'eau des sources ; il purifie l'eau des
« fleuves ; il purifie l'eau creusée (des puits et des étangs) ; il purifie le peuple
« saint, qui appartient à l'Être absorbé dans l'excellence. — Si le soleil ne se
« levait pas, les dews détruiraient tout ce qui est sur les sept Keschvars (de la
« terre) ; il n'y aurait pas d'ized céleste dans le monde ; aucune production
« ne pourrait exister. — Invoquez le soleil, qui ne meurt pas, éclatant, cour-
« sier vigoureux, et vous détruirez les voleurs, les violents ; vous détruirez
« celui qui ravage ce monde de maux. — J'invoque Mithra, qui subsiste tou-

---

[1] Ceci doit se dire trois fois, ainsi que plusieurs autres versets de ce néaesch du soleil.

[2] C'est-à-dire comme le soleil.

[3] *Zend-Avesta*, t. II, p. 12 et 13.

« jours, qui existe toujours au ciel, entre la lune et le soleil [1]. — C'est une
« source de lumière et de gloire que de faire izeschné, que de prononcer l'izes-
« chné à l'honneur du soleil [2]..... — Soyez toujours éclatant de lumière ! Que
« votre corps soit toujours en bon état ! que votre corps croisse toujours ! que
« votre corps soit toujours victorieux ! que vos désirs remplis vous rendent
« toujours heureux ! Ayez toujours des enfants distingués ! Vivez toujours, long-
« temps, longues années, et soyez reçu pour toujours dans les demeures cé-
« lestes des saints, tout éclatantes de lumière et de bonheur ! »

Ce dernier verset est répété dans le *nekah du mariage* [3] ; mais il y est précédé des souhaits que voici : « Conservez notre corps lumineux et saint !.....
« Soyez lumineux comme le soleil !..... Que votre corps soit éclatant de lu-
« mière, pur, saint, excellent !..... »

Ailleurs [4], celui qui prie, après avoir confessé ses péchés, exprime ce vœu :
« Que la récompense de mes bonnes actions soit : que mes péchés passent,
« que mon âme soit lumineuse ! » Plus loin [5], il prononce ces paroles : « Je
« fais izeschné à ce qui est pur, à ce qui est excellent, immortel, à ce qui est
« lumière, à ce qui est tout bien, toute pureté de cœur. » Dans une autre
prière, énumérant ses vœux pour les Mazdéïesnans qui font le miezd, il termine par ce souhait : « Que cela soit ainsi en leur faveur ! qu'ils soient lumi-
« neux [6] ! »

Il est dit dans le *Vendidad* [7] que le soleil, la lune et les étoiles sont fâchés
de luire sur celui qui meurt impur. Aussi remarquons-nous que, selon une
des prescriptions de la liturgie persique [8], on doit, le jour de la mort d'un Mazdéïesnan, réciter, dans le pyrée (l'atesch-gâh), le néaesch du soleil.

La doctrine des livres de Zoroastre sur les dons attachés à l'état lumineux
de l'âme [9] est reproduite en abrégé dans le *Sad-der* ou *Traité des cent portes* :
il y est dit [10] que l'état lumineux est l'état de perfection, celui auquel on doit

---

[1] *Zend-Avesta*, t. II, p. 13.

[2] Cette formule est répétée vers la fin de chacun des trente-cinq cardés dont se compose l'iescht de Mithra.

[3] *Zend-Avesta*, t. II, p. 97, 98.

[4] *Ibid.* t. I, 2ᵉ partie, p. 34.

[5] *Ibid.* t. II, 2ᵉ partie, p. 101, 102.

[6] *Ibid.* p. 55.

[7] *Ibid.* p. 361, ixᵉ fargard.

[8] *Ibid.* p. 585.

[9] Cette doctrine découle du dogme des deux principes, qui dérive lui-même de la doctrine de l'Ancien Testament sur la lumière et les ténèbres, doctrine habilement appliquée au salut des âmes chrétiennes dans ces deux versets (8 et 9) de l'épître de saint Paul aux Éphésiens : « Eratis ali-
« quando tenebræ ; nunc autem lux in Domino.
« Ut filii lucis ambulate. — Fructus enim lucis
« est in omni bonitate, et justitia, et veritate. »

[10] *Apud* Hyde, *De relig. veter. Persar.* p. 405, edit. 2ᵃ.

aspirer d'arriver. Il y est dit aussi [1] que l'état non lumineux est l'état de péché.

Revenant au *Zend-Avesta*, nous voyons qu'à la fin du ix⁰ cardé de la prière aux féroüers [2] le soleil est invoqué en ces termes : « Que dans tous les Kesch- « vars (de la terre) le soleil soit pour moi très-bienfaisant ! qu'il soit (pour « moi) ce germe agissant, ce germe bienfaisant, ce germe vainqueur, fort et « éclatant, qui fait vivre beaucoup (d'êtres) dans les fleuves, (principes) de « mille productions ! »

Vers le début de cette prière [3], celui qui invoque les féroüers des héros ou des saints les compare au soleil : « Je fais izeschné, dit-il, aux forts, purs « et excellents féroüers des saints; (ces féroüers) qui, comme le soleil, tou- « jours (subsistent), vivent heureux en haut, longtemps, toujours, célestes, « sans mal; qui, de cette montagne pure et éclatante [4], donnent au loin « la santé aux hommes purs; qui veillent sur tout avec pureté et empê- « chent le mal d'abonder. » Ce passage important nous rappelle que Por- phyre [5], voulant caractériser l'âme qui, douée d'intelligence et de raison, traverse la région des sphères célestes pour remonter aux demeures éter- nelles, assimile la nature de cette âme à la nature du soleil, σύμφυτον τὸ ἡλιοειδες.

Dans l'iescht de Raschné-Rast [6], Ormuzd promet à ceux qui accompliront envers lui leurs devoirs religieux que les féroüers des héros et « la lumière des Kéans viendront à leur secours. Aussi voyons-nous, dans l'iescht des féroüers [7], l'officiant faire izeschné nommément au féroüer du premier prince kéanien qui embrassa le zoroastrisme : « Au saint féroüer de Ké-Gustasp, qui est fort, « corps obéissant, éclatant de la gloire d'Ormuzd, qui est juste, très-pur, lumi- « neux et intelligent...... » Il fait aussi izeschné au saint féroüer de tous les hommes et de toutes les femmes qui sont purs, saints et lumineux [8], et, en particulier, au saint féroüer du guerrier ou du héros. Ce dernier verset se rattache trop directement à notre sujet pour que je ne juge pas utile de le transcrire ici [9] :

« Je fais izeschné au saint féroüer de celui qui est fort de corps, qui est vif,

---

[1] *Apud* Hyde, *De relig. vet. Persar.* p. 490.

[2] *Zend-Avesta*, t. II, Iescht farvardin, p. 253.

[3] *Ibid.* iv⁰ cardé, p. 251, 252.

[4] Le Gorotman ou le Behescht.

[5] *Apud* Stob. *Eclog.* I, lii, fragm. l.

[6] *Zend-Avesta*, t. II, p. 239.

[7] *Zend-Avesta*, t. II, p. 266-281.

[8] Dans le xxii⁰ cardé de l'Iescht farvardin (*loc. cit.* p. 261), on lit ces mots : « Je fais izeschné à « celui qui est lumineux. »

[9] Voyez *Zend-Avesta*, t. II, p. 268, 269.

« corps obéissant, éclatant de la gloire d'Ormuzd; qui a commandé avec pureté
« dans différents lieux ; qui marche dans la ville avec un corps jeune et beau,
« comme une fille [1], pur, céleste, créé pur; dont la sainteté, dont la pureté
« est célèbre; germe fort, qui, grand et élevé, a des bras grands et étendus,
« le corps lumineux et droit; qui, avec des bras grands et élevés, ne cherche
« qu'à combattre. »

Dans ce portrait si naïf, on voit que les vertus et les qualités exigées des
héros sont non-seulement la beauté et la force physiques, mais aussi la piété,
la pureté des mœurs, la force morale, la sainteté. C'est pourquoi un des passages que j'ai cités plus haut nous a montré le soleil exerçant un pouvoir purificateur dans l'ordre intellectuel, comme dans l'ordre moral, comme dans
l'ordre physique. Être pur de pensée, de parole et d'action, c'est avoir acquis
le droit de se dire victorieux, invincible, et de prendre comme le soleil, comme
Mithra, comme Hercule, la qualification d'ἀνίκητος, d'*invictus ;* car on ne parvient à ces trois degrés de pureté, condition absolue du grade d'hélios, qu'après
avoir été vainqueur, dans cette série, de nombreux et mémorables combats,
symboliquement représentés sur les monuments asiatiques dont j'ai mis les
dessins sous les yeux du lecteur. Dans le *Zend-Avesta,* comme dans l'enseignement oral des mages préposés à la célébration des mystères, les idées de pureté et de victoire sont tellement inséparables, la pureté est la condition si absolue du triomphe, que, récitant sa prière, le djouti ou l'officiant se qualifie
lui-même de victorieux, parce qu'il peut se dire pur : « Ô vous, Amschas-
« pands, moi qui suis juste, qui officie avec grandeur, qui suis pur, victorieux,
« marchant avec pureté, ô vous qui êtes bienfaisants et saints, je vous fais
« izeschné [2]. »

La vertu purifiante attribuée au soleil par les livres sacrés des Perses nous
fait découvrir dans la légende grecque d'Apollon une nouvelle preuve de son
origine asiatique, lorsque ce dieu se présente à nous avec le caractère de purificateur. Tel il se montre quand il délivre la terre de l'impur serpent Python,
à l'exemple de Mithra, qui la délivre de l'impure couleuvre dont Ahriman a
revêtu les formes. Tel il apparaît aussi sur un *oxybaphon* peint du Musée Britannique [3], qui représente l'expiation d'Oreste. Là, debout sur les marches de

---

[1] Je suis la variante, *Zend-Avesta,* t. II, p. 269,
note 1.

[2] *Zend-Avesta,* t. I, 2ᵉ partie, *Vendidad-sadé,*
p. 154.

[3] Ce vase a été publié par M. J. de Witte
dans les *Annales de l'Institut archéolog.* t. XIX,
p. 413-434, et *Monum. inéd. de l'Institut arch.*
1847, pl. XLVIII.

l'autel où est assis le parricide, Apollon, portant dans la main gauche une branche de laurier, et tenant de la main droite, par une patte de derrière, un jeune porc suspendu, le groin vers la terre, au-dessus de la tête d'Oreste, semble vouloir répandre sur ce dernier le sang de la victime expiatoire. Apollon, comme Mithra sur les monuments romains, accomplit donc ici la triple fonction de sacrificateur, de purificateur et de sauveur ou rédempteur, et justifie ainsi diverses épithètes que lui donnaient les Grecs, telles que : Καθάρσιος, Ἀκέσιος, Ἀκέσ]ωρ, Ἀποσ]ρόπαιος, Ἀλεξίκακος, Ἐπικούριος, Ἀπωσίκακος, Ἀλεξητήρ, Φοῖβος, etc.[1] Si, comme l'atteste une série de beaux monuments grecs ou romains que je me suis cru autorisé à rapporter à Vénus[2], divinité primitivement solaire et lunaire, cette même triple fonction était dévolue à la déesse, nous pouvons, sans craindre de nous tromper, assigner à une telle doctrine une origine chaldéenne ou assyrienne, et reconnaître que, dans les mystères de Mithra, le grade d'hélios était, tout comme les autres grades, un emprunt fait aux mystères de Mylitta.

Confirmons indirectement cette dernière remarque en rappelant un passage où Diodore de Sicile assure que les Chaldéens mettaient le soleil au-dessus de tout[3], et un passage où l'auteur du *Sadder*[4], fidèle écho des doctrines puisées par les Parses à une source chaldéenne, dit que le soleil est plus puissant que le feu. Mais ne perdons pas de vue que ceci doit s'entendre du feu terrestre, matériel et créé, de ce feu qui, comme le soleil, concourt aux phénomènes de la génération, de la reproduction, et qui, par cela seul, est entaché, aussi bien que le soleil lui-même, d'un vice constitutif d'impureté. Ce vice ne peut être corrigé que par la vertu purifiante du feu céleste, lequel étant aussi cependant matériel et créé, doit, à son tour, être purifié par le feu primordial et incréé. De même la lumière matérielle et créée du soleil attend sa purification de la lumière céleste que représente Ormuzd, et qui sera purifiée par la lumière primordiale, immatérielle et incréée que représente le Temps-sans-bornes ou l'Éternel.

[1] Toutes ces épithètes ont été réunies par M. J. de Witte dans la dissertation qu'indique la note précédente. Il les a accompagnées de la citation des auteurs anciens qui les lui ont fournies; mais il n'a fait aucun des rapprochements instructifs que j'établis entre ces épithètes et l'oxybaphon du musée Britannique, d'une part, et les monuments figurés du culte de Mithra et du culte de Vénus d'autre part.

[2] Voyez *Recherches sur Vénus*, p. 168-182.

[3] Lib. II, c. xxx. Selon le même historien (I, xiii), quelques écrivains de l'antiquité auraient présenté le soleil comme le premier des dieux et le premier des rois de l'Égypte.

[4] Porte 76°, *apud* Hyd. *De relig. veter. Persar.* p. 496; edit. 2°.

Tels sont les dogmes fondamentaux sur lesquels repose l'institution du grade d'hélios ou soleil, de ce grade qui, exprimant un état lumineux, supérieur à celui de l'initié parvenu au grade de persès ou de lune, appelle de nouveaux degrés de purification qui seront exprimés par trois grades suprêmes, c'est-à-dire par trois apothéoses successives, dont la dernière sera le retour et l'absorption de l'âme dans le sein de l'Éternel.

L'institution du grade d'hélios nous est attestée par la lettre citée de saint Jérôme, où il faut lire *helios, bromius,* et non *heliodromus,* comme le portent quelques manuscrits fautifs et quelques éditions incorrectes[1]. Le témoignage de saint Jérôme est pleinement confirmé par deux inscriptions latines qui se conservaient autrefois à Rome, l'une dans l'église de Saint-Jean, près de Saint-Sylvestre, l'autre dans cette dernière église. Je les ai rapportées toutes les deux ci-dessus. — On lit dans la première, que le quatrième jour des ides du mois d'août, sous le neuvième consulat de Constance et le deuxième de Julien, c'est-à-dire le 10 août 357 de notre ère, Nonius Victor Olympius, qualifié *vir clarissimus* et *pater patrum* ou *pater patratus,* c'est-à-dire « homme très-« illustre et père des pères, » et Aurelius Victor Augentius, qualifié *vir optimus,* « homme très-excellent, » célébrèrent les *héliaques,* ÆLIACA[2]. Dans la seconde inscription, nous voyons que, sous le consulat de Datianus et Cerealis, le seizième jour des calendes de mai, c'est-à-dire le 16 avril 358, les mêmes prêtres initiateurs[3] célébrèrent les *héliaques.* Nous y voyons aussi que les *persiques, persica,* avaient été célébrées sous les mêmes consuls et par les mêmes prêtres, le 4 avril 358 ; dès lors je suis parfaitement justifié de placer le grade d'*hélios* ou soleil au-dessus de celui de persès ou perse, qu'en effet on pourrait appeler un *grade lunaire.* Dès lors aussi l'interprétation que j'ai donnée du cône de feu M. Rich se trouve confirmée, puisqu'elle nous a conduits à reconnaître, sur ce petit monument, un initié prenant successivement ses trois grades ignés dans l'ordre que voici : grade de griffon, grade de persès ou perse et grade d'hélios ou soleil.

---

[1] Ces éditions ont induit en erreur plus d'un archéologue, et nommément M. de Koeppen. (Voyez *Jahrbücher der Litteratur,* Wien, 1823 ; Anzeige-Blatt, n° XXIV ; *Nachricht von einigen in Ungarn, Siebenbürgen und Polen befindlichen, und bisher nur wenig oder gar nicht bekannten Alterthümern,* p. 13. — Voyez aussi *Mém. de l'Acad. des inscr.* t. XIV, 2ᵉ partie.

[2] IIII · IDVS · AVG · FELIC · ÆLIACA. La copie de Mazzochi porte ALIA ; mais l'inscription copiée par Pighius dans l'église de Saint-Sylvestre montre qu'il faut lire ÆLIACA au lieu d'ALIA.

[3] Aurelius Victor Augentius est, cette fois, qualifié de *vir clarissimus pater.*

Les autres monuments asiatiques que j'ai à décrire, pour ajouter des témoignages iconographiques aux documents écrits qui nous révèlent l'institution de ce dernier grade, n'ont pas, comme le cône cité, le précieux avantage de servir de diplôme à trois grades tout à la fois. Ils ne se rapportent qu'au seul grade d'hélios; et pas plus que ce cône, circonstance bien regrettable, ils ne nous font connaître le genre de lutte ou de combat que le myste avait à soutenir pour être admis à ce grade. On peut les diviser en deux catégories : les uns nous offrent la représentation d'une scène qui n'est, à proprement parler, qu'une préparation au grade; les autres nous montrent simplement le myste revêtu du costume d'hélios.

Dans mon Atlas, la première catégorie ne compte que deux monuments : un cylindre du cabinet des médailles et antiques de la Bibliothèque impériale de Paris [1], et un cône du musée de Gratz, appelé le *Johannæum* [2]. Je les ai décrits en détail dans le chapitre précédent; mais je reviens ici sur le cylindre, pour faire remarquer que, s'il nous montre un autel où brillent à la fois le feu sacré et les rayons solaires, nous devons en conclure que, par une conséquence immédiate des rapports intimes du soleil et du feu, on reconnaissait aux initiés revêtus des insignes du grade d'hélios, comme aux guerriers illustres, comme aux héros, une nature à la fois ignée et solaire. Or, il ne faut pas perdre de vue qu'avant d'obtenir ce grade, dans la région du feu et du soleil, le myste avait dû se faire recevoir aux trois grades qui caractérisent la région de l'air. Par là on acquiert la preuve que, sur ce point comme sur les autres, la doctrine des mystères était en parfaite harmonie avec celle du *Zend-Avesta*; car, selon Zoroastre, à l'air appartient le mouvement, au feu l'action, le courage, la pureté et toutes les autres qualités physiques qui constituent le guerrier, le héros [3].

La deuxième catégorie des monuments figurés asiatiques que je rapporte au grade d'hélios est plus riche que la première : outre le cylindre et le cône que je viens de rappeler, et outre aussi un autre cône [4] amplement décrit comme celui-là et comme le cylindre au chapitre du grade de persès ou perse,

---

[1] Pl. XXXIII, n° 9.

[2] Pl. LXI, n° 4.

[3] Dans les livres attribués à Hermès (*apud* Stob. *Eclog.* I, LII; fragm. LXII; *Opp.* t. II, p. 1094-1102), il est dit aussi que l'air est le principe du mouvement, et le feu celui de l'ac-

tion, et que les corps ignés sont les plus actifs, les plus courageux, tandis que les corps aqueux et terrestres sont les plus lents, les plus timides ou les plus lâches.

[4] Atlas, pl. LXI, n°ˢ 1, 1' et 1ᵗ.

elle comprend, dans mon Atlas, cinq petits monuments gravés en creux et tirés de diverses collections.

Le premier, planche XLIV, n° 20, est un cône qui, par la forme de la tiare et de la stole de l'initié hélios, me semble appartenir aux antiquités phéniciennes ou cypriennes.

Le second, planche XLVI, n° 25, se range avec plus de certitude parmi les monuments assyriens. C'est une plaque de lapis-lazuli, très-probablement détachée de la base d'un hémisphéroïde ou d'un cône. Sur cette plaque et sur le cône précédent, les insignes du soleil sont un cercle qui entoure le corps de l'initié et d'où partent des rayons terminés par un petit disque ou une petite boule.

Nous retrouvons cette même disposition et un costume tout à fait assyrien sur l'*intaille* que reproduit le n° 18 de ma planche intercalaire LIV, *C.* Mais ici chaque rayon de l'emblème solaire est formé de la réunion de plusieurs filets imitant véritablement les rayons du soleil ; de plus, chaque rayon est terminé par un astérisque ou un petit soleil. Le travail de cette pierre est beaucoup moins négligé que celui des quatre autres intailles.

Les deux dernières qui me restent à décrire, planche LI, n°s 2 et 3, appartiennent aussi à l'art assyrien, mais sont d'un très-mauvais travail, et n'offrent rien de remarquable, si ce n'est qu'au n° 3 les rayons de l'emblème solaire sont disposés autour du cercle, de manière à former des angles saillants et des angles rentrants, ou des espèces de dents de loup, disposition dont on aperçoit aussi quelques traces sur l'intaille n° 2 et sur le cône du Johannæum [1].

Je ne trouve à citer en Asie aucun grand monument qui se rapporte au grade d'hélios. C'est une des lacunes bien regrettables que présentent les sculptures religieuses de Khorsabad, de Nemrôd et de Persépolis. Mais, dans la seconde partie de cet ouvrage, j'aurai à décrire deux bas-reliefs mithriaques romains, qui ont chacun le double mérite de représenter des scènes relatives à l'initiation au grade d'hélios, et de nous permettre de comparer entre eux le costume ou les insignes que les monuments asiatiques affectent aux initiés parvenus à ce grade, et le costume ou les insignes dont les initiés de ce même

---

[1] La forme de ces rayons solaires pourrait être comparée à celle d'une pyramide ou d'un obélisque surmonté d'un petit globe. Elle est nettement indiquée sur la base d'un sceau d'argile provenant des ruines des palais assyriens de Nemrôd et publié par M. Layard (*Monum. of Nineveh,* 2° série, pl. LXIX, n° 11). Ce sceau ne présente pas autre chose que le croissant de la lune inscrit au milieu du disque radié du soleil.

grade sont revêtus sur les monuments romains. Le premier est à deux faces, et fut découvert, en 1832, dans un mithræum souterrain, près de Heddernheim. Sur la face antérieure[1], au-dessus du cercle zodiacal, ou distingue Mithra posant une couronne radiée sur la tête d'un myste debout, vêtu d'une chlamyde. Un peu plus loin, ce même myste, le corps entièrement nu et la tête ceinte d'une auréole, se jette aux pieds de Mithra, qui lui tend une main secourable pour le relever et le conduire au Gorotman. En effet, au-dessus de cette scène, nous voyons le char du soleil lancé vers le sommet de la montagne sacrée ; et sur ce char, nous retrouvons le dieu des Perses, accompagnant le myste, qui, la tête radiée et le corps vêtu d'une chlamyde semblable à celle de Mithra, tient en main les rênes des chevaux. En même temps, par une opposition clairement exprimée, Diane ou la lune, dans un bige, se précipite de cette montagne vers la terre, nous rappelant ainsi que si les âmes rentrent dans le ciel par la porte du soleil, elles descendent sur la terre par la porte de la lune, et que, selon le témoignage formel de Macrobe, la première se nommait la *porte des dieux*, et la seconde la *porte des hommes*.

L'autre monument mithriaque dont j'ai à parler ici, par anticipation, a été trouvé dans les environs de Zolfeld, en Carinthie. Il a dû faire partie de l'encadrement d'un tableau sculpté, représentant le groupe ordinaire de Mithra immolant un taureau. On y voit[2], agenouillé aux pieds de ce dieu, un initié, la tête radiée et une chlamyde flottante attachée aux épaules ; il implore l'assistance de Mithra, qui le bénit en lui imposant une main sur la tête. Immédiatement au-dessus de ce groupe, le même myste est représenté au moment où le dieu des mystères le prend par la main pour le conduire dans la région céleste. Cette fois, outre les rayons solaires qui ornent sa tête, et la chlamyde dont il est revêtu, un fouet placé dans sa main gauche achève ici de caractériser le costume du grade d'hélios. L'assimilation de l'initié au soleil devient complète lorsque, dans un autre groupe superposé à celui-ci, nous retrouvons, sur le devant d'un quadrige, cet initié ainsi costumé. D'une main, il a saisi les rênes des quatre coursiers attelés à ce char et lancés à fond de train ; de l'autre, il se sert de son fouet pour exciter leur ardeur. Mithra, debout derrière lui, sur le char, le conduit au séjour des dieux, représenté ici, dans le haut du cadre, par l'assemblée des principales divinités de l'Olympe.

---

[1] Voyez mon Atlas. pl. XC. — [2] Atlas. pl. XCV. n° 2.

Mercure psychopompe précède le quadrige, indiquant à l'initié hélios, par un geste très-expressif, la voie que suivent les âmes pour rentrer dans les demeures éternelles[1].

A défaut de grands bas-reliefs asiatiques appartenant au grade d'hélios, je pourrais ajouter ici la mention d'un nombre assez considérable de petits monuments assyriens, phéniciens, ou persépolitains, dispersés dans diverses collections et analogues à ceux que j'ai décrits plus haut. Je me bornerai aux indications suivantes :

Un hémisphéroïde du cabinet de M. le comte Joseph de Siérakowski, à Varsovie, nous offre, gravée en creux, l'image d'un initié debout, revêtu des insignes du grade d'hélios. Cette pierre a été publiée par M. de Koeppen[2]. Il croit y reconnaître peut-être le dieu Ormuzd, et plutôt peut-être l'ized Sérosch, mais dans tous les cas, ajoute-t-il, « une image de l'essence divine de la lu- « mière. »

Dans la riche collection asiatique de M. le duc de Luynes, on voit, outre un cône dont la base gravée en creux reproduit simplement, comme l'hémisphéroïde de M. le comte Siérakowski, les traits et le costume d'un initié du grade d'hélios[3], une améthyste qui, par son travail et son sujet, mérite d'être placée au premier rang parmi les monuments de ce grade. Sa forme est celle d'un scarabée ébauché, ce qui semble être l'indice d'une origine phénicienne. Sous la base, on a gravé en creux une scène d'initiation composée de trois figures vêtues à l'assyrienne : une d'elles porte autour du corps les insignes du grade d'hélios. Celle-ci, sans aucun doute, est la grande prêtresse. Elle se tient debout, et donne audience à un mage barbu, qui, debout aussi et placé devant elle, semble remplir les fonctions de parrain et intercéder en faveur d'un myste femelle que nous voyons agenouillé, derrière lui, dans l'attitude d'un suppliant. Ce dernier personnage, comme le myste figuré à notre droite sur le cylindre décrit plus haut[4], vient solliciter, n'en doutons pas, la faveur d'être admis aux exercices qui doivent le faire parvenir au grade dont l'archiprêtresse porte les insignes.

Un sujet analogue est empreint, avec quelques variantes intéressantes, sur

---

[1] De même, sur un vase grec peint dont il sera question dans le chapitre suivant, on voit Hermès guider le quadrige sur lequel Héraclès, après avoir subi sur le bûcher ou la pyra une purification solennelle, s'élève vers l'Olympe.

[2] *Loc. cit.* p. 32, 33; et pl. II, n° 6.

[3] La figure est imberbe, tournée de gauche à droite et coiffée d'une tiare droite et haute.

[4] Ci-dessus, p. 491, pl. XXXIII, n° 9.

un fragment de sceau d'argile publié par mon honorable ami M. Layard[1]. L'archimage, revêtu des insignes du grade d'hélios, est debout sur le dos d'un lion, animal consacré au soleil. Devant lui se tiennent, tous les deux debout, le myste et son parrain. La scène est encadrée par un méandre circulaire, qui rappelle l'opposition de l'eau et du feu et l'élément ou le principe auquel s'était unie l'âme en tombant sur la terre.

Sur un autre sceau d'argile, également publié par le voyageur anglais[2], nous retrouvons, non point une scène à trois personnages, mais, comme sur le cylindre de la Bibliothèque impériale[3], un archimage barbu, debout, tourné à droite, revêtu des insignes du grade d'hélios et adressant des instructions, des recommandations à un myste qui se tient debout devant lui, et dont il reçoit les serments.

Enfin la même scène d'initiation se reproduit, mais avec diverses variantes, sur un cylindre assyrien dont nous devons aussi à M. Layard la publication[4]. Ici le myste est agenouillé aux pieds d'une archiprêtresse, derrière laquelle sont gravés un *ctéis* et un *hôm* ou arbre sacré. Au-dessus du hôm, on remarque un *mihr*, c'est-à-dire un emblème dont le nom est d'autant plus impropre qu'ici cet emblème représente indubitablement la Vénus assyrienne, Mylitta.

Il est à noter que, parmi les monuments figurés qui appartiennent au grade d'hélios, les cylindres sont infiniment plus rares que les cônes. Ceux-ci sont même communs, eu égard au petit nombre des amulettes de forme conique que l'on peut rapporter à chacun des autres grades. L'explication de ce fait se trouve, si je ne me trompe, dans les rapports que les doctrines religieuses de l'Asie occidentale avaient établis entre le soleil et le cône, l'obélisque ou la pyramide. Lorsque, pour perpétuer sur un petit monument portatif le souvenir d'une initiation au grade d'hélios, on substituait au cylindre, symbole de l'air, et au cône, symbole du feu ou du soleil, la forme hémisphérique, il est évident qu'on entendait, par cette dernière forme, faire allusion à l'hémisphère céleste, séjour de l'âme de l'initié parvenu à ce grade d'hélios ou soleil. Lorsque, dans le même cas, les Phéniciens, au lieu d'un hémisphéroïde, employaient la forme du scarabée, il n'est pas moins évident qu'ils empruntaient à l'Égypte ce symbole, parce que là il était consacré au soleil.

---

[1] *Monuments of Nineveh,* 2ᵉ série. pl. LXIX, n° 16.

[2] *Ibid.* n° 15.

[3] *Atlas,* pl. XXXIII, n° 9.

[4] *Monuments of Nineveh,* 2ᵉ série, pl. LXIX, n° 39.

Ceci, pour le dire en passant, nous explique pourquoi un grand nombre de
scarabées, de travail grec ou étrusque, portent chacun l'image de quelque
héros célèbre dans les fastes de la Grèce. Chez les Hellènes, les héros, de
même que Hercule, étaient assimilés au soleil [1]. On les considérait comme des
personnages d'une race intermédiaire entre la race humaine et celle des dieux.
En conséquence, on les disait fils d'un dieu et d'une mortelle, ou fils d'une
déesse et d'un simple mortel [2]. Comme tous les initiés, les héros étaient placés
sous la protection particulière d'une divinité [3]; et, dans leur légende, on trouve
fréquemment la preuve que cette divinité présidait à une institution de mystères. En plus d'un endroit Homère lui-même justifie mon assertion. Pour le
moment je me bornerai à invoquer le témoignage d'un passage de l'*Iliade* [4]
qui se rattache presque directement au sujet que je traite dans ce chapitre.
J'entends parler du récit où le poëte représente Athéné « couvrant de son
« égide immortelle le sein mâle d'Achille et couronnant le front du héros d'un
« nuage doré, au haut duquel s'allume une flamme éclatante. » Cette double
auréole nous ramène à l'autel où, sur le cylindre cité de la Bibliothèque impériale [5], brille le feu sacré, mêlé à des rayons solaires. La flamme, ajoute le
divin chantre de l'*Iliade*, « s'élève dans l'espace immense du ciel, » et les Troyens
« sont frappés de consternation à la vue du feu continuel, épouvantable, qui,
« allumé par Athéné, luit sur la tête du magnanime fils de Pélée. » Sans avoir
besoin de remarquer que Thétis, lorsqu'elle plonge Achille dans les eaux du
Styx, nous rappelle le baptême par immersion, en usage dans les mystères
institués chez les Assyriens, les Phéniciens et les Perses [6], il est impossible de
ne pas apercevoir, dans les expressions poétiques d'Homère, une allusion
aux idées que les inventeurs de ces mystères attachaient au feu, au soleil,
au grade d'hélios et à la glorification des héros. Partout le poëte se révèle
à nos yeux comme un initié parfaitement instruit des doctrines asiatiques
propres aux mystères, comme un initié parvenu lui-même aux grades les plus
élevés.

Les poëtes et les mythographes postérieurs à Homère fournissent, soit dans

---

[1] Voyez Julien, *Opp.* p. 145 C, 146 D ;
éd. Spanh.

[2] Héros et *divin* étaient synonymes. (*Id. ibid.*
p. 294-296.)

[3] Voyez, sur ce point et sur le rôle important
que jouent les héros chez les Grecs, les observations placées par M. Welcker dans ses savantes
remarques sur l'*Ajax* de Sophocle.

[4] XVIII, vers 205, 206.

[5] Atlas, pl. XXXIII, n° 9.

[6] J'en fournirai la preuve dans mon chapitre
sur le baptême mithriaque.

la légende d'Hercule, soit dans celle de plusieurs héros, un grand nombre de
traits qui nous autoriseraient aussi à considérer ces divers personnages comme
des initiés admis au grade d'hélios. Fidèle à la règle d'abstention que je me
suis imposée, je dirai seulement que le *Zend-Avesta*, en nous représentant
Mithra sous les traits d'un belliqueux cavalier, et le soleil sous la forme d'un
« coursier vigoureux, » et les inventeurs des mystères, en instituant un grade
de persès ou héros, suivi d'un grade de soleil, nous font penser surtout au
cheval Pégase du mont Hélicon, au cheval Chrysaor, et aux exploits de Persée
et de Bellérophon.

Si la lune, ainsi que je l'ai dit, occupait une grande place dans l'enseignement qu'on recevait au grade de persès ou perse, à plus forte raison le soleil
devait-il être proposé comme un vaste sujet d'étude et de méditation au myste
qui, de ce grade, aspirait à passer au grade désigné sous le nom même du soleil. La nature ou l'essence de cet astre, la différence essentielle qui existe entre
la lumière solaire, la lumière du ciel fixe et la lumière primordiale ou incréée[1] ; la distinction à faire entre la lumière du soleil et la chaleur, distinction si nettement indiquée dans le *Zend-Avesta*, plus de cinq siècles avant notre
ère ; la place que, dans le ciel mobile, le soleil occupe à la droite de Mithra :
ses rapports avec ce dieu ; le rôle immense qu'il joue dans les phénomènes de
la lumière, de la génération et de la reproduction ; son mode d'action ; son
cours par rapport à la terre ; la division de la ligne écliptique en quatre parties, deux équinoxes et deux solstices ; la subdivision de cette ligne en douze
stations ou signes ; la création du monde quand le soleil se trouva en conjonction avec le taureau équinoxial ; la durée du monde créé ; la division de l'année
solaire en quatre saisons et en douze mois de trente jours chacun ; l'institution des cinq jours épagomènes ; les rapports des divisions et subdivisions du
zodiaque et de l'année avec les quatre périodes et les douze millénaires de la vie
ou de la durée du monde, et avec les quatre périodes et les douze phases de
l'initiation, c'est-à-dire de la vie humaine ; l'influence du soleil sur la lune, ber-

---

[1] C'est à ce sujet, sans doute, qu'on enseignait
au myste que la lumière du soleil doit tout son
éclat à la lumière d'Ormuzd et de Mithra, et
celle-ci à la lumière primordiale ; que cet éclat,
tout éblouissant qu'il est à nos yeux, est un bien
pâle reflet de la lumière supérieure, une bien
faible image de la divinité. On devait lui enseigner aussi que la lumière solaire durera seulement le temps fixé pour la durée du monde créé,
représentée par le cycle symbolique des douze
millénaires ; on lui enseignait de plus que cette
lumière subit, avec le retour des saisons, des alternatives de puissance ou de faiblesse, ou de
croissance et de décroissance ; que parfois même
elle disparaît momentanément lorsque se produit le phénomène des éclipses solaires.

ceau de tous les êtres terrestres qui ont vie [1]; son influence sur le feu, sur l'air, sur la terre et sur l'eau; son rôle dans le phénomène des éclipses; ses rapports avec les âmes, son influence sur le phénomène de l'intensité et de la durée du vent ou de l'air aux deux équinoxes, époques réputées favorables à la descente et à l'ascension des âmes; son rôle comme porte du ciel et comme agent purificateur des âmes des corps [2], des éléments; son influence sur le développement de l'intelligence humaine; les efforts que doit faire le myste pour parvenir, avec le secours du soleil, à l'état lumineux, c'est-à-dire aux trois degrés de pureté qui sont obligatoires [3], le lieu, le temps et le but des prières qu'il faut adresser à cet astre; la confession des péchés prescrite dans ces prières mêmes; les priviléges, le bonheur, les grâces ineffables dont jouissent les âmes rendues à l'état lumineux; les peines, les châtiments encourus par les âmes qui restent plongées dans les ténèbres ou la matière; tels sont, nous pouvons le présumer, les principaux thèmes des leçons qui, dans les sanctuaires consacrés à la célébration des mystères, devaient tout à la fois rendre le myste digne d'être revêtu des insignes du grade d'hélios, et le préparer à mériter, au grade suivant, les honneurs de l'apothéose.

Je me réserve, pour le chapitre où je traiterai de l'initiation des rois de

---

[1] N'oublions pas que, selon les livres sacrés des Parses, comme je l'ai déjà dit, le soleil féconde et purifie incessamment les germes innombrables déposés dans le sein de la lune et provenant soit de la semence du taureau premier, mâle et femelle, symbole du principe de la vie, soit de l'accouplement impur du premier couple, taureau et vache, né de ce taureau protogène.

[2] La puissance attribuée par les Perses au soleil, comme purificateur des corps, ressort évidemment d'un passage d'Hérodote (I, xxxviii) où nous lisons que, lorsqu'un Perse était atteint de la lèpre ou d'une autre maladie de la peau connue sous le nom de *leuké* (la blanche), on jugeait qu'il avait péché contre le soleil. Tout étranger attaqué de ces affections morbides était expulsé du pays. Par suite, la couleur blanche, chez les Perses, était, dans certains cas, réputée impure. C'est ainsi, par exemple, qu'ils ne voulaient point souffrir sur leur territoire les colombes ou les pigeons de couleur blanche, et qu'ils les en chassaient (Hérodote, lib. I, c. cxxxviii). A l'occasion de l'espèce de lèpre ou de dartre appelée *leuké*, le savant traducteur d'Hérodote, Larcher (t. I, note 314, p. 397), a soin de rappeler que, lorsque Eschine passa par Délos, se rendant à Rhodes, les Déliens étaient fort incommodés de la *leuké* et en attribuaient la cause à la vengeance d'Apollon, courroucé de ce qu'ils avaient, contrairement à l'usage, enterré dans leur île un homme d'un rang élevé.

[3] Il n'est pas sans intérêt de comparer sur ce point les livres de Zoroastre et les livres des disciples de Buddha. Dans la belle *Introduction à l'histoire du buddhisme indien*, publiée par feu M. Eugène Burnouf, et malheureusement restée inachevée, on trouvera (p. 604 et suiv.) des détails curieux sur les divers degrés de pureté et l'état lumineux des diverses catégories d'êtres que les buddhistes placent entre le ciel et la terre.

Perse aux mystères de Mithra, quelques observations curieuses sur certains usages civils introduits à la cour de ces princes et dérivés évidemment des idées qu'on attachait à la prééminence du soleil, au grade d'hélios et au caractère sacré que revêtent le myste parvenu à ce grade et le prince couronné roi.

CHAPITRE XIII.

DIXIÈME GRADE. —— GRADE DE PÈRE-AIGLE.

(Premier grade divin ou première apothéose.)

Dans son mouvement ascendant, l'âme de l'initié a successivement abandonné les trois régions qu'elle avait habitées lorsque, séduite par l'attrait du principe humide, des couleurs et des formes variées de la matière, elle était tombée du ciel dans les voies de la génération, c'est-à-dire sur la terre. De la région ténébreuse et humide de la terre, elle est remontée, non sans de pénibles efforts, dans la région aérienne, et de celle-ci dans la région ignée ou solaire. Membre d'une assemblée essentiellement militante, le sectateur de Mithra a sans relâche soutenu une série de luttes et de combats qui représentent symboliquement les luttes de l'âme avec les passions ou les penchants criminels du corps. Neuf grades, à partir de celui de soldat de Mithra jusqu'au grade de persès ou héros, ont marqué ses victoires successives, c'est-à-dire les diverses purifications qu'ont subies son corps et son âme, les divers degrés de pureté qu'ont atteints ses pensées, ses paroles, ses actions. Désormais arraché à la région des ténèbres et parvenu à ce premier état lumineux qui s'obtient dans la région solaire ou ignée, et que représentent la qualification de héros ou persès et l'épithète glorieuse d'invincible ($\dot{\alpha}\nu\dot{\iota}\kappa\eta\tau\sigma\varsigma$, *invictus*), il arrive aux limites qui séparent encore du séjour des dieux créateurs le monde créé par eux. De nouveaux efforts, de nouveaux sacrifices, de nouvelles renonciations vont être exigés de lui. Il n'est parvenu qu'au seuil des demeures célestes; son âme est encore unie à la matière, au corps humain par des liens étroits, difficiles à rompre pour toujours. Cette matière est lumineuse, il est vrai, mais l'âme aspire à une liberté entière; elle doit, elle veut, par un nouvel effort, s'affranchir de toute alliance avec le corps humain. C'est une dernière et violente séparation que peut seul opérer le feu céleste, ce grand purificateur des productions du monde créé. Le feu céleste allumera le bûcher sur lequel l'initié solennellement couché laissera, sans résistance, les flammes dévorer son enveloppe mortelle. C'est là qu'il s'offrira lui-même en sacrifice à la divinité, attendant, comme récompense de cet acte de pieuse renonciation à toute passion charnelle, à toute existence matérielle ou corporelle, les honneurs de l'apothéose, c'est-à-dire l'admission de son âme au séjour des dieux.

Ces croyances, ces doctrines étaient communes aux peuples qui avaient reçu de l'Asie occidentale l'institution des mystères. Elles étaient même très-répandues chez les Grecs avec le dogme de l'immortalité de l'âme. Dans le Phædon, Platon fait dire à Socrate : « Et il y a bien de l'apparence que ceux « qui ont établi les initiations n'étaient pas des hommes ordinaires, mais des « génies supérieurs, qui, dès les premiers temps, ont voulu nous enseigner « que celui qui arrivera dans l'autre monde sans être initié et purifié, de- « meurera dans la fange ; mais que celui qui y arrivera après avoir accompli « les expiations *sera reçu parmi les dieux*[1]. » Plus loin, Socrate ajoute[2] : « Et « comme on le dit des initiés, l'âme passe véritablement l'éternité avec les « dieux. »

La doctrine psychologique des néoplatoniciens, de Porphyre en particu-lier[3], est conforme sur ce point à celle du maître. Aussi le grand saint Au-gustin, dans un passage souvent cité, nous dit-il que, selon Porphyre, l'âme, par certaines consécrations théurgiques qu'on nomme initiations, peut devenir semblable aux esprits, aux anges, et jouir du privilége de voir les dieux[4].

Les écrivains de l'antiquité qui parlent des mystères de Mithra ne nous ont conservé aucun détail sur le rituel institué dans les sanctuaires pour repré-senter la combustion corporelle, qui, en rendant à l'âme sa pleine liberté, était censée lui rendre les conditions de son existence primitive, spirituelle ou divine. A vrai dire même, nous n'avons d'autre preuve directe d'une pareille cérémonie que les paroles très-laconiques de saint Justin[5] et de Tertul-

---

[1] Traduction de M. V. Cousin : dans une note (*ibid.*) le savant traducteur fait observer très à propos que ces paroles, *sera reçu parmi les dieux,* sont une maxime orphique. Il renvoie au com-mentaire d'Olympiodore sur le Phædon, aux Fragments orphiques (éd. Hermann, p. 509) et à l'Hymne à Cérès, v. 485.

[2] Traduction de M. Cousin.

[3] Voyez saint Augustin, *De civit. Dei*, ix, x, xii, xxiii, xxiv, xxvi, xxx, xxxii. — Cf. Porphyre *ad Marcellam*, § 21 ; ed. Maio.

[4] « Porphyrius animam dicit per quasdam consecrationes theurgicas, quas teletas vocant. idoneam fieri atque aptam susceptioni spirituum et angelorum et ad videndos deos. » (Saint Au-gustin, *De civitate Dei*, x, 9.)

[5] C'est après avoir rapporté les paroles sa-crées de Jésus-Christ pendant la sainte Cène. que

lien [1] : « Dans les mystères de Mithra on représente la résurrection. » Quelques auteurs modernes ont commis l'erreur de croire que par là il faut entendre la résurrection de Mithra lui-même. L'esprit général de l'institution des mystères, les témoignages nombreux qui nous montrent Hercule obtenant les honneurs de l'apothéose après que son enveloppe mortelle eut été consumée dans les flammes d'un bûcher (pyra) dressé sur le mont *Æta* et que son âme se fut envolée au ciel sous la forme d'un aigle; le témoignage aussi du célèbre vase peint du cabinet de feu le comte de Pourtalès Gorgier, si bien commenté par Raoul Rochette [2], qui a reconnu, sur ce vase, Crésus, roi de Lydie, allumant lui-même le bûcher dont les flammes vont rendre à la liberté son âme immortelle; le bûcher de Sardanapale [3], celui de Mithridate, celui d'Éphestion à Babylone; l'usage aussi de purifier par le feu ou les flammes les enfants consacrés au dieu Moloch; plusieurs traits enfin qu'ont fournis à Raoul Rochette ou que pourront me fournir la mythologie et l'histoire ancienne [4], mais que je supprime pour abréger ce préambule; tout concourt à nous prouver que le simulacre de la mort corporelle et de la résurrection spirituelle sur un bûcher était une des cérémonies nécessairement pratiquées dans la célébration des mystères de Mithra. Nous ne pouvons douter non plus que cette cérémonie n'eût été empruntée par les Perses aux mystères de la Vénus assyrienne, comme elle l'avait été par les Phéniciens, par les Lydiens, bien avant le temps de Zoroastre. Nous ne sommes pas moins autorisés à croire que, chez les Assyriens, les Phéniciens, les Lydiens et les Perses, l'insti-

---

saint Justin ajoute : ὅπερ καὶ ἐν τοῖς τοῦ Μίθρα μυστηρίοις παρέδωκαν γίνεσθαι μιμησάμενοι οἱ πονηροὶ δαίμονες. (*Apologia*, I, LXXXVI, p. 130, ed. Grab.)

[1] « Celebrat et panis oblationem, et imaginem resurrectionis inducit. » (*De Præscript. hereticor.* cap. LX, p. 216 D, ed. Rigalt.)

[2] *Mém. de l'Acad. des inscr.* nouv. série, t. XVII, 2ᵉ partie.

[3] Le savant académicien que je viens de citer m'a laissé le soin de faire remarquer que Crésus régnait sur un pays où le culte public et les mystères de la Vénus assyrienne étaient établis dès une haute antiquité. Nous avons, quant au culte public, le témoignage formel d'Hérodote (I, XCIII, XCIV), et, quant aux mystères, le témoignage non moins formel des médailles; car je crois avoir

mis hors de doute que, sur les médailles autonomes et les médailles impériales de Mostène de Lydie, on voit Hermès introduisant une Amazone dans le sanctuaire où devaient se célébrer les mystères d'Aphrodite. (Voyez mes *Rech. sur le culte du Cyprès, Mém. de l'Acad. des inscr.* t. XX, 2ᵉ partie, p. 108-111.)

[4] Un aigle est ordinairement placé, les ailes éployées, au sommet du monument que je prends pour le bûcher de Sardanapale, et que la plupart des numismates désignent sous la dénomination de tombeau. (Voyez la médaille de Tarse figurée dans mes *Recherch. sur le culte de Vénus,* pl. IV, n° 8, et dans le mémoire cité de Raoul Rochette, *Mém. de l'Acad. des inscr.* nouv. série, t. XVII, 2ᵉ partie.)

tution du grade de père-aigle se liait intimement au rite dont il s'agit. D'une part, nous voyons à Yazili-Kaïa [1] un aigle à deux têtes et aux ailes éployées, sculpté dans un bas-relief où la Vénus orientale, suivie de son époux et d'un cortége céleste, remet à un prince asiatique la couronne et le sceptre du monde. Beaucoup plus explicite est la composition d'une intaille à deux faces qui provient de la collection Rousseau et qui est figurée sous les numéros 3 et 3ª de la planche XIV *G* de mes *Recherches sur Vénus*. On y voit la déesse placée entre les deux Dioscures à cheval, coiffés du bonnet phrygien. Elle tient de chaque main, par la bride, un des deux chevaux; sa tête est surmontée d'un aigle placé tout à la fois entre le buste du soleil et le buste de la lune, et entre l'étoile du matin et l'étoile du soir gravées au-dessus de ces deux bustes. Au revers, un lion lancé à fond de train; au-dessus du lion, le croissant de la lune et l'astérisque du soleil. Au-dessus du lion est gravé en boustrophédon le mot ⵎⵎAYAT, dont je ne devine pas le sens.

A ces témoignages directs, ajoutons celui qui résulte d'un passage du célèbre traité *De Dea Syria*, où nous voyons que l'aigle, comme le taureau et le lion, était au nombre des animaux consacrés à la Vénus assyrienne, que les prêtres élevaient et nourrissaient dans les cours du temple de la déesse, à Hiérapolis.

Si les traditions mythologiques, profondément altérées par la sensualité et la licence de l'imagination des Grecs, nous disent que Jupiter, amoureux du beau Ganymède, métamorphosa, enleva et plaça auprès de lui sur l'Olympe ce jeune prince, il est possible de découvrir dans cette fable érotique le récit de l'initiation de Ganymède au grade d'aigle, qui était censé lui ouvrir les portes du ciel et le rendre égal aux dieux. Or ce grade, nous ne pouvons en douter, appartenait primitivement à l'institution des mystères de la Vénus assyrienne; et il n'est pas inutile de se rappeler que la Phrygie était feudataire de l'empire d'Assyrie, et que Vénus honorait d'une affection et d'une protection particulières les princes troyens. C'est à Babylone et parmi les Chaldéens, inventeurs des mystères de cette déesse, que nous transporte l'antique tradition où l'aigle, comme dans la légende de Ganymède, remplit le rôle de sauveur à l'égard d'un fils de roi. Ælien [2], qui nous a conservé cette tradition,

---

[1] Ces deux têtes annoncent que l'aigle regarde à la fois l'Orient et l'Occident, ou le soleil et la lune; car nous allons trouver cet oiseau placé entre ces deux astres sur une pierre gravée asiatique (*Recherches sur Vénus*, pl. XIV *G*, nᵒˢ 3 et 3'), conformément à une antique croyance religieuse qui s'est conservée dans le *Boun-dehesch* et que je rapporterai plus loin.

[2] *De natur. animal.* XII, xxi.

raconte en effet que les Chaldéens ayant prédit à Sacchoras, roi des Babyloniens, qu'il serait détrôné par le fils qui naîtrait de sa fille, Sacchoras or-
donna que cette princesse fût enfermée et soigneusement gardée dans une
prison. Précaution inutile :

> . . . . Les verrous et les grilles
> Ne font pas la vertu des femmes ni des filles,

a dit notre immortel comique. La princesse, séduite par un homme d'une
condition obscure, devient enceinte et met au monde un enfant que le roi
condamne aussitôt à périr. Mais au moment où on le précipite du haut d'une
tour, un aigle, au regard, à l'œil très-perçant, l'aperçoit, vole et se place
de manière à le recevoir sur son dos. L'oiseau s'enfuit avec ce fardeau précieux et va le déposer chez un jardinier, qui recueille l'enfant et l'élève avec
soin. On l'appela *Gilgamus* [1], et, dans la suite, il régna à Babylone, comme
l'avaient prédit les Chaldéens. Ælien a soin de dire que si ce récit est jugé
fabuleux, pour sa part il le juge de même ; mais il ajoute ces paroles : « Tou-
« tefois j'ai entendu rapporter qu'Achéménès, de qui est issue la noble race
« des rois de Perse, fut nourri par un aigle. »

Selon d'autres traditions que nous ont transmises les mythographes occidentaux, Vénus elle-même, comme Jupiter, se métamorphose en aigle [2].

Si donc la légende de l'Hercule tyrien et les monuments figurés asiatiques,
les médailles surtout, nous montrent un aigle s'élançant du bûcher d'Hercule
vers les cieux et devenant ainsi un emblème de l'âme qui retourne dans les
demeures célestes ; si la numismatique orientale représente le tombeau de
Sardanapale surmonté d'un aigle aux ailes éployées ; si enfin, dans Babylone,
Alexandre le Grand rend les honneurs héroïques à Éphestion en plaçant sa
dépouille mortelle sur un bûcher dont la seconde assise était garnie de
grandes torches, au-dessus de la flamme desquelles on voyait *des aigles à ailes
éployées*, nous comprenons déjà comment, chez les Assyriens et les Phéniciens,
l'aigle était non-seulement un symbole d'immortalité, mais un signe d'apothéose. D'autre part, chez les Perses, Mithra était représenté avec une tiare
terminée par une tête d'aigle ; les médailles sassanides en font foi, car il est
impossible de ne pas reconnaître ce dieu sous les traits du personnage ainsi
coiffé que l'on a voulu prendre pour le prince royal, au droit des médailles

---

[1] Ce nom, dans quelques manuscrits, se trouve sous deux autres formes, *Gigalmus* et *Tilamus*. —
[2] Hygin, *Astronom.* II, 8.

frappées en l'honneur de Varahran II. Je donne, sous les numéros 4 et 5 de la planche LXVI de mon Atlas, deux exemples de ces pièces. On y voit le dieu Mithra, la tête couverte d'une tiare surmontée d'une tête d'aigle, représenté au moment où il remet à Varahran II la couronne du monde, en vertu des prérogatives que lui donnent auprès des rois les livres sacrés des Perses[1]. Mithra se substitue ainsi à Ormuzd, qui, sur quelques bas-reliefs sassanides, assisté de Mithra, remet lui-même au roi de Perse cette couronne du monde[2]. La même substitution s'observe sur la médaille n° 9 de ma planche LXV et sur la médaille n° 5 de la planche IV de l'*Essai* de M. de Longpérier. Remarquons, de plus, que la médaille n° 5 de la planche V de ce dernier ouvrage et celle qui est figurée sous le n° 6 de ma planche LXVI nous offrent chacune le buste d'Hormisdas II coiffé d'une tiare surmontée d'un aigle tout entier[3], ce qui

[1] Voyez surtout l'iescht de Mithra, *Zend-Avesta*, t. II, p. 209, 210, 216, 219, 223, 227.

[2] Voyez Porter's *Travels in Persia, etc.* t. I. et II. — Voyez mon Atlas, pl. XI.

[3] La forme de cette tiare nous rappelle la tiare de Persée, terminée par une tête d'aigle sur les médailles autonomes d'Iconium de Lycaonie (voyez mon Atlas, pl. LXVI, n° 10) et d'Ægée de Cilicie (Eckhel, *D. N.* t. III p. 86. — Hunter, p. 14, tab. III, n° 11). Combe, auteur du catalogue de la collection de Hunter, commet ici l'erreur d'attribuer à Æpée de Messénie la médaille dont il s'agit. — Remarquons qu'une médaille d'argent frappée à Tarse de Cilicie, en l'honneur d'Hadrien (Eckhel, *loc. cit.* p. 74), offre pour revers un aigle aux ailes éployées, placé sur la *harpé*, l'arme de Persée. Ce même type se retrouve sur les médailles de Larisse, en Thessalie, et d'Argos, dans le Péloponèse (Eckhel, *loc. cit.*), deux villes qui, de même que Tarse, se lient à la légende de Persée et avaient conservé sur leurs monnaies les attributs principaux de ce héros célèbre. J'en dis autant de la ville d'Abydos, dans la Troade, et je dois citer ici particulièrement une petite médaille autonome de cette ville, qui, d'un côté, porte un aigle, de l'autre, le *Gorgonium*. (Voyez *Recherches sur Vénus*, Atlas, pl. III *A*, n° 12.) Les rois de Macédoine Persée et Philippe V, qui se disaient issus du Persée oriental, affectaient de porter sur leur tête, comme le Persée des médailles autonomes d'Iconium et d'Ægée, un casque orné de deux ailes d'aigle et terminé en pointe recourbée par une tête d'aigle. C'est avec un casque de cette forme qu'ils sont représentés sur leurs médailles. (Voyez mon Atlas, pl. LXVI, n° 11 et 12.) Observons toutefois que, sur les médailles autonomes d'Iconium et sur celles des rois de Macédoine, deux oreilles sont ajoutées à la tête d'aigle qui surmonte le casque. Dans ce cas, l'intention évidente du graveur a été d'orner ce casque d'une tête de griffon, au lieu d'une tête d'aigle. Une substitution bien plus complète mérite d'être signalée sur un rare médaillon de bronze où, au revers de la tête d'Antonin le Pieux (Mionnet, *De la rareté des méd. rom.* t. I, p. 215), on voit Ganymède enlevé et porté au ciel, non par un aigle, mais par un griffon. Cet exemple, mieux que tout autre, nous prouve que, dans la composition idéographique du griffon, l'aigle était le signe caractéristique. Je reviens aux médailles de Persée et de Philippe V, pour dire que ce n'est pas seulement dans la Macédoine qu'avait été importé l'usage de placer une tête d'aigle ou une tête de griffon au sommet du casque royal. Nous le retrouvons dans le Samnium (Micali, *l'Italia av. il domin. dei Romani*, atlas, pl. LVIII, n° 13 et 14) et en Sicile (Mionnet, *Descript. de méd.* t. VI, p. 712, n° 8).

assimile le roi à Mithra, de même qu'il lui est assimilé sur les bas-reliefs de Persépolis, par la double attribution du taureau et du lion[1]. Remarquons même que, pour rendre complète cette assimilation, sur les deux médailles citées l'aigle tient en son bec la couronne du monde[2]. Une autre médaille, que j'ai vue entre les mains de feu M. J. Robert Steuart, porte, au droit, le buste d'un roi sassanide qui paraît être Schahpour Ier et qui est coiffé d'une tiare recourbée, entièrement formée par la tête, le cou et une partie du corps d'un aigle. Ces trois médailles nous montrent ainsi que, lorsque, sur d'autres pièces, deux ailes seulement ornent la tiare du roi[3], il faut les considérer comme des ailes d'aigle. J'en dis autant des ailes qui, sur quelques pierres gravées sassanides, servent de support à un buste de roi ou de dynaste, bien que parfois on puisse être tenté de rapporter ces ailes plutôt à une colombe qu'à un aigle.

L'attribution de ce dernier oiseau à Mithra, prouvée directement et indirectement par le témoignage des médailles sassanides, est attestée d'une manière non moins formelle par quatre monuments mithriaques de l'époque romaine. Le premier est un bas-relief[4] qui se conserve à la villa Altieri. Il nous montre, à la gauche du dieu Mithra, un aigle tenant un foudre dans ses serres. Ainsi, chez les Perses, comme chez les Grecs et chez les Romains, on reconnaissait à l'aigle une nature ignée. De plus, pour le dire en passant, notre bas-relief justifie les qualifications de *Génie Astrobronte* et de *Dieu Brontons* que donnent à Mithra deux inscriptions lapidaire des bas temps, l'une grecque[5], l'autre latine[6].

Un second bas-relief romain nous offre un autre exemple de l'attribution de l'aigle à Mithra; celui-ci provient des ruines de Sarmizægethusa et se conserve à Hermanstadt, dans le cabinet de M. le baron de Brückenthal. Il est figuré dans mon Atlas sous le n° 1 de la pl. XCVI. Sur ce curieux monument,

---

[1] Voyez ci-dessus, p. 68.

[2] Parmi les médailles impériales frappées en Cilicie, il s'en trouve deux de la ville d'Ægée sur lesquelles on voit également un aigle tenant au bec une couronne. La première est à l'effigie de Gordien l'Africain et de son fils (voyez Mionnet, *Descript. de méd.* t. III, p. 545, n° 45); la seconde est à l'effigie de Valérien père (*ibid.* p. 547, n° 52).

[3] Voyez mon Atlas, pl. LXV, n° (9) et 12; pl. LXVI, n° 4, 5 et 8. — M. de Longpérier, ouvrage cité, pl. IV, n° 1-5; pl. VIII, n° 1 et 2;

[...] pl. IX, n° 3; pl. XI, n° 3-5; et pl. XII, n° 3-6.

[4] Voyez mon Atlas, pl. LXXIV.

[5] Cette inscription est ainsi conçue : ΗΛΙΩ · ΜΙΘΡΑ ΑCΤΡΟΒΡΟΝΤΟ · ΔΑΙΜΟΝΙ. Elle existait autrefois à Rome, où Langermann l'avait copiée. (Voyez Reinesius, *Syntagm. inscript. antiq.* class. I, n° 291.)

[6] Celle-ci, copiée à Rome par Smeth (Smetius) et publiée par Gruter (*Inscr. antiq.* p. XXXIV, n° 5), commence ainsi : D·S·I·MITHRAE· FL·ZOSIMVS·V·R·SACERDVS (*sic*) DEI·BRONTONTIS.....

l'oiseau divin, sculpté à la droite de Mithra, est placé de manière à ne pas nous permettre de constater s'il tient ou non un foudre dans ses serres. Je penche pour la négative, à la vue du troisième et du quatrième monument mithriaque que j'ai à citer. Le troisième est une statue de ronde bosse, haute d'un mètre, et représentant un des deux assesseurs qui accompagnent Mithra sur la plupart des bas-reliefs romains. Cette figure, personnification de l'équinoxe d'automne et trouvée dans un mithræum, non loin de Philippeville, en Algérie, faisait donc partie d'un groupe de ronde bosse consacré à Mithra. Le n° 1 de ma planche additionnelle C la reproduit d'après un dessin fait sur les lieux par M. le commandant de la Mare, qui a eu la complaisance de me le communiquer, après en avoir publié une réduction sous le n° 3 de la planche XVI (*Archéologie*) du bel ouvrage intitulé : *Exploration scientifique de l'Algérie*. L'aigle, placé ici à notre gauche, aux pieds de l'assesseur de Mithra, ne tient pas un foudre dans ses serres, mais sa nature ignée est formellement indiquée par l'opposition que le sculpteur a entendu créer en plaçant à notre droite un dauphin aux pieds de ce même assesseur.

Le quatrième monument est une plaque de jaspe sanguin ou d'agate-héliotrope qui appartient au musée de Florence et qui, gravée en creux sur ses deux faces, a bien souvent été publiée, mais toujours avec négligence. Je puis garantir l'exactitude du dessin que j'en donne sous les n°s 7 et 7ᵃ de la planche CII. Il permet de constater que l'aigle aux ailes éployées qui est gravé dans le champ de la pierre, à droite du bonnet phrygien dont est coiffé le dieu Mithra, ne tient pas non plus un foudre dans ses serres; mais on distingue un foudre au-dessus de l'oiseau divin; et ce qu'il importe surtout de faire remarquer, c'est qu'ici cet oiseau est précisément placé entre le soleil et la lune, comme le *Zend-Avesta* nous représente Mithra.

Si nous ne perdons pas de vue que les types des monuments mithriaques romains avaient été reçus des mains des Perses eux-mêmes par les Grecs établis dans l'Asie Mineure, nous devons reconnaître que l'attribution de l'aigle à Mithra, chez les Perses, est désormais un fait incontestable. D'autre part, si nous ne perdons pas de vue non plus que, selon le témoignage d'Eusèbe rapporté plus haut, le dieu Ormuzd, dans les livres de Zoroastre, était représenté avec une tête d'épervier; il devient évident que, lorsque Pallas, cité par Porphyre [1], désigne sous la dénomination de *pères-aigles* et de *pères-éper-*

---

[1] *De abstinent.* IV, § 16, p. 250; ed. Rhoer.

viers les deux ordres de *pères* qui constituaient deux des grades les plus élevés des mystères de Mithra, nous devons rapporter ces deux grades à deux
apothéoses dont l'une assimilait le myste à Mithra, et l'autre à Ormuzd.

Cela posé, on pourrait s'étonner de ne trouver dans les livres sacrés des
Perses aucune mention de ces deux grades supérieurs, si déjà je n'avais pris
soin d'avertir le lecteur qu'il nous reste de ces livres un très-petit nombre
seulement de fragments, et que l'on n'y découvre aucune trace de l'institution
des grades des mystères de Mithra. Nous sommes donc réduits à examiner si
néanmoins le système psychologique exposé dans ces fragments et le rôle qu'ils
font jouer à l'aigle sont en harmonie avec les idées sur lesquelles je viens de
dire qu'avait été institué le grade de père-aigle. Examinons avec non moins
d'attention si les monuments figurés parvenus à notre connaissance ne comprennent pas quelques scènes, quelques figures que l'on pourrait avec toute
certitude rapporter à ce grade.

Les deux parties les plus importantes dont se compose le *Vendidad-Sadé,*
savoir l'*Yaçna*[1] et le *Vendidad,* s'accordent à enseigner aux mazdéiesnans que
la région des étoiles, celle de la lune et celle du soleil ne sont pas le dernier
terme de la carrière des âmes qui aspirent à rentrer dans le ciel. Le Béhescht,
appelé aussi le Gorotman et l'Albordj, y est présenté, en termes formels,
comme la région supérieure et la demeure céleste où les attend un bonheur
ineffable et éternel.

Celui qui aura accompli les préceptes de la loi, prononcé et récité selon le
rituel l'honover ou la parole; celui qui aura vécu dans la pureté, dans la sainteté, celui-là, dit le *Yaçna*[2], sera céleste, il sera, etc....

Ormuzd, s'avançant du Béhescht vers la terre, ira au-devant de son corps
et de son âme; Ormuzd fera aller librement son âme au Béhescht, c'est-à-dire
aux demeures célestes; il rendra pour lui trois fois plus large le pont Tchinevad qui unit la terre au ciel; par la puissante protection de ce juge suprême,
son âme passera le pont redoutable et parviendra librement sur la montagne
sainte au Béhescht, c'est-à-dire là où habitent les dieux, là où sont ces demeures célestes que le *Vendidad*[3] qualifie de « demeures excellentes des saints,
« qui sont éclatantes de lumière, (qui sont) tout bonheur. » Or il faut se rappeler que Mithra se tient sur le pont Tchinevad, assisté de Ruschné-rast et de
Sérosch, deux izeds qui composent avec lui ce tribunal redoutable devant qui

---

[1] L'izeschné. — [2] Hâ 19, p. 139; ha 72e, p. 258. — [3] P. 419.

le chien, fidèle compagnon de Mithra, amène, comme un troupeau de brebis, les âmes des trépassés. Là, sur ce pont, Mithra tenant la balance, qui nous rappelle les scènes de psychostasie peintes sur les vases grecs, juge les mérites de chaque âme; et si les bonnes actions l'emportent sur les mauvaises, l'âme passe le pont; et, jugée en dernier ressort par Ormuzd, le juge suprême, auprès duquel Mithra remplit les fonctions de médiateur, elle arrive au Béhescht par la porte du soleil. Si, au contraire, le nombre des mauvaises actions dépasse le nombre des bonnes, l'âme est précipitée dans l'enfer, c'est-à-dire rejetée sur la terre pour y recommencer une nouvelle vie de combats, de luttes et de purifications. « Celui qui est pur de pensée, pur de parole et pur « d'action, dit Ormuzd à Zoroastre [1]... (celui-là) ira, éclatant de gloire, dans « les demeures du Béhescht; il sera, ô Zoroastre, au-dessus des astres, de la « lune, du soleil. Je me charge de le récompenser, moi qui suis Ormuzd, le « juste juge. » Aussi voyons-nous dans la liturgie persique l'homme pieux invoquer la miséricorde et l'assistance d'Ormuzd et de Mithra, et demander avec ferveur [2] « que son âme parvienne au lieu de lumière et n'aille pas dans le lieu « des ténèbres. » Il adresse même, en ces termes, une prière au Béhescht [3] : « J'invoque et je célèbre la montagne de vie, donnée d'Ormuzd, éclatante de « lumière, et toutes les montagnes brillantes, séjour du bonheur, données « d'Ormuzd; la lumière de l'herbed [4], donnée d'Ormuzd. — J'invoque et je « célèbre Aschesching, la science pure, la grandeur pure, la droiture pure, « la lumière bienfaisante, donnée d'Ormuzd. »

Ailleurs il est dit [5] que, sur le Gorotman ou le Béhescht, « il n'y a point de nuit obscure, » et que les purs, les justes y formeront avec Mithra une assemblée céleste et militante dont il est le « germe » et à laquelle il donne la force et l'éclat. On implore l'assistance de ce dieu pour obtenir l'accès du Béhescht. Aussi, répétons-le, chaque cardé de l'iescht de Mithra se termine par des formules dont celle-ci fait constamment partie : « C'est une source de « lumière et de gloire que de faire izeschné, que de prononcer l'izeschné en « l'honneur de Mithra. »

Répétons aussi que le Béhescht ou le Gorotman est placé au sommet de l'échelle mystique des Perses qui représente le double mouvement des âmes.

---

[1] *Vendidad*, farg. VII, p. 324, 325.
[2] *Zend-Avesta*, t. II, p. 49.
[3] *Zend-Avesta*, t. I, 2ᵉ partie, *Yaçna*, suite du 1ᵉʳ hâ, p. 88.
[4] *L'intelligent, le savant*, dit Anquetil, *ibid.* note 4.
[5] *Zend-Avesta*, II, p. 213, 214, 215.

Il en est la huitième et dernière porte; le soleil, la septième ou l'avant-dernière. C'est donc par la porte du soleil, justement celle-ci appelée la *porte des dieux*, que l'âme de l'initié parvenu au grade d'hélios doit passer pour arriver au Béhescht, séjour des dieux. Or il est dit dans le *Boun-dehesch*[1] : « Le Sin-« morg[2] a été placé gardien aux deux portes du monde[3]. » Ces deux portes sont évidemment celle de la lune ou des hommes et celle du soleil ou des dieux ; et, en effet, sur la pierre gravée asiatique citée plus haut, nous avons trouvé, au-dessus de la tête de Vénus, un aigle placé entre le buste de la lune et le buste du soleil. Dans le *Boun-dehesch*, l'aigle devient donc le symbole vivant, le représentant de Mithra, à qui les autres livres sacrés des Parses assignent une place au ciel entre le soleil et la lune[4]. Lorsque, dans le *Vendidad*[5], Ormuzd dit à Zoroastre : « Invoquez, vous, ô Zoroastre, le ciel donné « de Dieu, le Temps-sans-bornes, *les oiseaux qui agissent en haut*[6], *le vent prompt* « *donné d'Ormuzd*, Sapandomad (la Terre), pure fille d'Ormuzd... » Zoroastre répond[7] : « J'invoque Ormuzd...; j'invoque Mithra..., Sérosch, Mansres-« pand..., le vent prompt, donné d'Ormuzd... » Il faut entendre par ces mots « les oiseaux qui agissent en haut » l'aigle et l'épervier, l'un symbole de Mithra, l'autre symbole d'Ormuzd. Le soin que prend Zoroastre d'indiquer qu'ils agissent en haut leur assigne un rang supérieur et les sépare nettement du vautour, de l'autruche et du corbeau, qui sont chacun le symbole d'un grade aérien. Ces trois derniers oiseaux, par opposition, pourraient être qualifiés « les oiseaux qui agissent en bas. » Nous leur avons reconnu des habitudes qui les appellent ou les retiennent sur la terre beaucoup plus qu'ils n'habitent la région de l'air, tandis que l'aigle et l'épervier planent dans les airs à une grande élévation et ne descendent sur la terre que pour y saisir une proie vivante. Ils l'enlèvent et remontent vers leurs hautes demeures. De même que

---

[1] § XIX, p. 388.

[2] C'est-à-dire l'aigle.

[3] Je suis la variante proposée par Anquetil, *loc. cit.* note 1.

[4] *Zend-Avesta*, t. II, p. 13, *néaesch du soleil;* cf. *ibid* t. I, 2ᵉ partie, p. 28, 418.

[5] P. 415 et 416.

[6] Cette qualification s'applique évidemment à l'*aigle* et à l'*épervier*, et doit être remarquée, parce qu'elle nous montre que Zoroastre distinguait ces deux oiseaux, symboles des dieux (Or-muzd et Mithra), des oiseaux qui agissent en bas. — Dans le passage que je cite, une faute d'impression a fait substituer aux mots, *les oiseaux qui agissent en haut*, ceux-ci : *les oiseaux créés en haut*. Aucun doute ne peut exister à l'égard de cette erreur typographique lorsqu'on se reporte à la page 415, lignes 12 et 13, et à la note 2 de la page 321 du t. II, du *Zend-Avesta*, où Anquetil a pris soin d'indiquer lui-même la correction à faire et que j'ai faite.

[7] *Vendidad*, p. 415, 416.

Mithra, l'aigle, placé au ciel entre le soleil et la lune, se présente avec un caractère essentiellement igné et lumineux. Il porte dans ses serres le feu céleste, c'est-à-dire les éclairs et la foudre, attribution du dieu que nous trouvons surnommé, dans les inscriptions mithriaques latines, *Deus brontons, Deus astrobrontos*. Et si Mithra, le chef suprême et le roi des izeds qui combattent victorieusement Ahriman et les dews, est le dieu invincible, le dieu qui donne la victoire, l'aigle, déclaré par le *Boun-dehesch*, d'après les livres de Zoroastre, le premier et le plus grand des oiseaux, est leur roi, leur chef victorieux, comme sur la terre le lion est le roi et le plus fort de tous les quadrupèdes. Aussi Behram, « le plus actif des izeds, » est-il comparé à l'aigle, lorsque, dans l'office composé en son honneur [1], on le glorifie comme un ized éclatant de lumière et vainqueur des dews.

D'autre part, si Pallas nous dit que, dans les mystères de Mithra, on avait institué un grade de père-aigle, Eubule [2] nous apprend que Mithra était qualifié créateur et père de toutes choses [3]. Au chapitre de l'initiation des rois de Perse, nous verrons que ces princes, considérés comme l'incarnation de Mithra, recevaient de leurs sujets le titre de *père;* et, dans la seconde partie de mon ouvrage, je rapporterai textuellement toutes les inscriptions latines où l'on trouve le titre de père attribué à des prêtres de Mithra.

Nous sommes donc amenés à reconnaître la conformité qui existe entre les doctrines des livres sacrés des Parses et l'institution d'un grade qui assimilait doublement à Mithra l'initié déjà parvenu au grade d'hélios. Nous reconnaissons en même temps que le grade de père-aigle devait nécessairement être précédé par le grade de soleil et qu'en réalité il conférait à l'initié les honneurs d'une première apothéose. Nous verrons dans les deux chapitres suivants comment une deuxième et une troisième apothéose marquent le onzième et le douzième grade et assimilent successivement le myste aux deux autres divinités dont se compose la triade suprême des Perses.

Un passage du *Modjmel-el-Tévarikh* [4], qui mérite d'être cité ici, va nous montrer que la nature ignée et le rôle religieux attribués à l'aigle, chez les Perses, avaient établi la croyance à une opposition très-prononcée entre l'eau et cet oiseau, opposition qui ne se manifeste pas moins énergiquement chez les peuples occidentaux, dans les textes et les monuments figurés dont j'invoquerai

[1] Iescht de Behram, 15ᵉ cardé, *Zend-Avesta*, t. II, p. 294.

[2] *Apud* Porphyr. *De Antr. nymph.* VI, p. 7.

[3] Τοῦ πάντων ποιητοῦ καὶ πατρὸς Μίθρου.

[4] Fol. 31, v°.

un peu plus loin le témoignage. De plus, nous allons trouver dans le même passage du *Modjmel-el-Tévarikh* la preuve qu'au temps où l'auteur écrivait ce traité, le souvenir de l'initiation des rois achéménides aux mystères de Mithra et le souvenir même d'un grade d'aigle dans ces mystères n'étaient pas entièrement effacés : « L'histoire, dit cet auteur inconnu, rapporte que Ké Kaous, « voulant monter au ciel, se mit dans un coffre porté par un aigle noir, mais « que cet oiseau le laissa tomber dans l'eau. Les grands de l'Iran le reprirent « de cet excès d'orgueil, et ce prince remonta tout confus sur son trône. »

Si, de l'examen des documents écrits, nous passons à l'étude des monuments figurés, nous acquerrons sans peine la preuve que l'iconographie asiatique confirme pleinement l'institution d'un grade de père-aigle dans les mystères de la Vénus-Mylitta des Assyriens, dans ceux de l'Astarté des Phéniciens, et, par conséquent, dans ceux de Mithra.

Le premier monument dont j'ai à parler est figuré sous le n° 6 de la planche LXI de mon Atlas, d'après un fort médiocre dessin qui en a été publié dans les *Mines de l'Orient* [1].....

J'ajouterai ici la description d'un cylindre publié par M. Layard [2] avec cette brève indication : « cylindre de serpentine, assyrien. » Sur ce petit monument on voit une archiprêtresse ailée, placée debout sur le dos d'un taureau unicorne; elle a une tiare carrée sur la tête, une couronne à la main, et reçoit les hommages de deux initiés barbus, ailés et à tête d'aigle, placés en regard l'un de l'autre, à sa droite et à sa gauche. Ils tiennent chacun d'une main un seau, de l'autre, une pomme de pin, comme les initiés vautours. Mais le bec de leur tête d'oiseau est si courbe qu'il est impossible de ne pas les reconnaître pour des initiés revêtus du costume de père-aigle. Leur identité avec le père-aigle figuré sur le cylindre reproduit dans mon Atlas, pl. LXI, n° 5, est frappante dès le premier abord; et ce qui achève de la rendre manifeste, c'est le grand astérisque placé entre le premier de ces deux personnages à tête d'aigle, représenté à notre gauche, et l'archiprêtresse placée debout sur un taureau. Je dis l'*archiprêtresse;* mais il serait bien possible, à en juger par les formes du corps, que le cylindre original représentât un archiprêtre barbu, mal reproduit par le lithographe. Devant le taureau qui lui sert de piédestal, on remarque une touffe d'herbes, et entre les deux initiés à tête d'aigle est

---

[1] Ici il y a une lacune dans le manuscrit de l'auteur, et l'on n'a pas trouvé dans ses papiers les documents propres à la combler. (Les éditeurs.)

[2] *Monuments of Nineveh,* 2ᵉ série, pl. LXIX, n° 44.

placée une lance. Un objet inconnu, analogue à celui qui se voit entre un bouc et un axis sur le cylindre n° 43 de la même planche LXIX de M. Layard, est gravé ici tout auprès de l'initié représenté à notre droite. La scène est encadrée dans le haut et dans le bas par un méandre; c'est une disposition très-rare sur les cylindres. Soit que celui-ci appartienne à une époque de décadence, soit que le lithographe de M. Layard l'ait dessiné avec négligence, je dois prévenir le lecteur que le dessin publié par M. Layard ne me permet pas de garantir l'exactitude de tous les autres détails qu'il vient de lire.

Tels sont les seuls monuments figurés asiatiques que je puisse citer comme appartenant au grade de père-aigle. Ils sont au nombre de cinq, ne comprennent point de grand bas-relief et ne représentent aucune scène qui nous fasse connaître le genre de lutte ou de combat que l'initié hélios avait à soutenir pour obtenir le grade de père-aigle. Ils nous apprennent seulement quel était le costume qui appartenait à ce dernier grade. Mais ils nous laissent ignorer si, comme dans les initiations aux grades de vautour, d'autruche et de corbeau, le myste, pour avoir le droit de revêtir ce costume, était obligé de lutter victorieusement corps à corps avec un, ou deux, ou trois aigles, ou s'il avait à combattre Mithra sous une autre forme, sous un autre symbole. La légende écrite et les monuments figurés d'Hercule nous donnent lieu de penser que le combat doit se livrer entre le myste et un ou plusieurs aigles.

A en juger par l'absence de l'aigle dans la composition des nombreux monuments figurés que nous a légués l'antiquité égyptienne, on devrait supposer que cet oiseau ne remplissait pas un rôle important dans le système religieux de l'Égypte. Toutefois un passage d'Eusèbe, bien connu de tous les érudits, nous autorise à croire que, chez les Égyptiens, l'aigle n'était pas moins vénéré que l'épervier [1]. D'autre part, si l'on adopte la lecture d'un cartouche hiéroglyphique du Musée grégorien telle que nous la donne un habile académicien, M. Ampère [2], on est amené à penser que, chez les Égyptiens, l'aigle était consacré à Isis, comme il l'était à Mylitta chez les Assyriens, et à Mithra chez les Perses. On reconnaît en même temps que, par suite de ces attributions religieuses, l'aigle, en Égypte aussi bien qu'en Perse, était un des apanages de la royauté [3]. En effet, le cartouche hiéroglyphique dont il s'agit, et

---

[1] Voyez *Præpar. evang.* II, 1.

[2] Voyez son *Rapport à M. le ministre de l'instruction publique*, daté de Kesnèb, le 19 janvier 1845, et inséré dans *le Moniteur universel* du 23 mars suivant, n° 82.

[3] Nous devons croire que, chez les peuples

que M. Ampère déclare n'avoir pas rencontré ailleurs qu'au Musée grégorien, appartient à une reine et la qualifie *Ia-cit-icé*, c'est-à-dire, selon mon savant confrère, *l'aigle femelle, fille d'Isis*. Or, dans mon chapitre sur l'initiation des rois de Perse, je réunis les divers témoignages qui établissent non-seulement que le prince royal, comme le roi lui-même, avait l'aigle pour attribut particulier, mais qu'on l'assimilait à l'aigle, tout comme Mithra, fils d'Ormuzd, était assimilé à cet oiseau royal.

Bien que les monuments figurés qui sont encore debout sur le sol antique de la Perse ne nous offrent aucun exemple d'un aigle parmi les attributs de la royauté sous le règne des Achéménides, nous ne pouvons hésiter à considérer l'emploi de ce symbole, au temps des Sassanides, comme l'imitation d'un usage qui remontait à Achémenès ou à ses successeurs immédiats. D'une part, les anciennes traditions liaient si intimement l'aigle à la légende des rois achéménides, qu'Achémenès, selon une de ces traditions recueillies par Ælien[1], passait pour avoir été nourri par un oiseau de cette espèce. Cette croyance, n'en doutons pas, se rattachait à la dignité de père-aigle dont étaient revêtus les rois de Perse par suite de leur initiation aux mystères de Mithra. Dans cette considération se découvre en même temps le motif de l'institution d'une charge particulière d'officier de la couronne dont la fonction singulière était, chaque matin, de façonner le nez du prince royal de manière à lui donner la forme du bec de l'aigle, c'est-à-dire à le rendre aquilin[2]. Nous découvrons en même temps pourquoi les auteurs anciens n'ont pas omis de nous apprendre que Cyrus le Grand avait un nez aquilin[3]. C'était lui reconnaître et proclamer son origine achéménide, comme pour quelques peuples modernes c'est signaler un trait de beauté dans la figure d'un personnage que de lui reconnaître un nez aquilin. D'autres témoignages nous apprennent que l'aigle était devenu l'emblème et l'enseigne des descendants de ce prince. Quinte-Curce, décrivant les insignes dont était décoré le char triomphal de Darius, dit expressément[4] qu'on y avait placé un aigle d'or, les ailes

limitrophes de la Perse, l'attribution de l'aigle à leurs souverains avait devancé l'usage adopté par les Achéménides, car Philostrate (*Imagin.* II, xxɪɪ) nous apprend que, chez les Mèdes et les Babyloniens, un aigle placé sur un bouclier était un privilége royal.

[1] XII, xxɪ.

[2] Olympiodore, Commentaire inédit sur les Météores d'Aristote, cité par M. Frédéric Creuzer. — Cf. Platon, apud Plutarch. *De auditione*, p. 44, Xylander.

[3] Γρυπὸς. Voyez Xénophon, *Cyri disciplina*, VIII; Plutarque, *Apophthegm.* p. 172, Xylander; *Reipubl. gerend. præcepta*, p. 821. Cf. *De auditione*, p. 44.

[4] III, ɪɪɪ.

éployées. D'autre part, Orode, après s'être emparé d'Antioche de Syrie, se montré avec un manteau et un collier ornés de plusieurs aigles; et s'il entendait par là jouir d'un droit que s'étaient attribué les Séleucides, en décorant d'un aigle leur casque, et Tigrane en mettant sur sa tête une tiare ornée par devant de l'astérisque du soleil placé entre deux aigles[1], il entendait aussi probablement rappeler que ce droit lui appartenait comme descendant et successeur des rois achéménides. C'est à ces deux derniers titres que les Arsacides d'Arménie s'étaient approprié le même symbole. Non-seulement leur sceptre était surmonté d'un aigle[2], comme celui de Baal ou de Zeus Sabazius, sur les médailles autonomes de plusieurs villes de Phénicie et de Phrygie, mais ils avaient institué une charge de grand officier de la couronne, dont la fonction était de porter ce sceptre et de précéder le roi. Cette dignité fut héréditaire dans la famille des... qui eurent la qualification d'*Arzrouni* ou *Arzrouniens*, c'est-à-dire en arménien *porte-aigle*[3]. De nos jours le roi de Perse se fait encore précéder d'un grand dignitaire portant un long bâton doré surmonté d'un oiseau également doré[4]; et dans cet usage il faut reconnaître un nouvel exemple de la perpétuité de certaines coutumes anciennes.

Si nous consultons les auteurs anciens qui ont écrit sur les mystères en général ou sur l'aigle en particulier, nous voyons que les honneurs de l'apothéose sont la récompense insigne de la piété, des vertus et de la bravoure des héros ou des initiés parvenus aux grades solaires. Et si l'aigle est l'expression

---

[1] Voyez mon Atlas, pl. LXVI, n° 9.

[2] Moïse de Chorène (*Histor. Armen.* II, vii, p. 92 ; edd. ffr. Whiston) attribue à Valarsace, premier roi de la dynastie des Arsacides d'Arménie, l'importation de cet usage. Son témoignage est confirmé par celui de Jean Catholicos (*Hist. d'Arménie*, ch. viii, p. 19 ; trad. franç. de J. Saint-Martin), qui de plus fait mention de bâtons ou de sceptres surmontés d'*éperviers*. Nous verrons dans le chapitre suivant que l'institution d'un grade de *père-épervier* justifie cette dernière mention. — L'usage des sceptres surmontés d'un aigle paraît avoir été importé de l'Asie occidentale en Étrurie ; nous lisons dans Denys d'Halicarnasse (lib. III, c. 61) que, lorsque les Étrusques eurent conclu un traité de paix avec Tarquin l'Ancien, ils envoyèrent à ce prince les insignes dont se servaient leurs propres rois, savoir : une couronne d'or, un trône d'ivoire, un sceptre surmonté d'un aigle, une tunique brodée d'or et une toge de pourpre. Alexander ab Alexandro (*Genial. dier.* I, xxviii, t. I, p. 225, 226), empruntant ces renseignements à Denys d'Halicarnasse ou peut-être puisant à la même source que cet historien, dit que le sceptre de Tarquin l'Ancien était d'ivoire et que ce prince porta jusqu'à la fin de ses jours une couronne d'or. Ajoutons qu'un sénatus-consulte l'avait autorisé à se servir de ces insignes, ce qui confirme pleinement l'origine étrangère que leur attribue l'auteur des Antiquités romaines, bien qu'Alexander ab Alexandro se taise sur ce point.

[3] Moïse de Chorène, *loc. cit.*

[4] Xénophon, *loc. cit.* dit que l'étendard du roi de Perse était *un aigle d'or aux ailes éployées*, placé au bout d'une hampe.

symbolique de cette apothéose, c'est qu'on lui supposait une nature ignée, une affinité particulière avec le soleil, et qu'on lui reconnaissait des qualités supérieures à celles des autres oiseaux de proie, l'épervier excepté.

Il serait sans doute superflu de rapporter ici tous les passages des auteurs anciens qui ont trait à l'immortalité de l'âme, à ses transmigrations et à l'apothéose. Ils sont suffisamment connus de toutes les personnes nourries de la lecture des écrivains de l'antiquité. Platon les a, pour ainsi dire, résumés tous dans un de ses plus beaux dialogues, le Phédon [1]. Toutefois j'appellerai l'attention particulière du lecteur sur deux passages, l'un d'Hésiode, l'autre des livres attribués à Hermès, parce qu'ils se rattachent plus directement qu'aucun autre au sujet qui nous occupe. En effet, le poëte, dans sa célèbre et très-obscure Théogonie [2], nous laisse facilement constater que les honneurs de l'apothéose pouvaient devenir la récompense des sectateurs de Vénus initiés aux mystères de la déesse, car, en parlant de Phaéthon, « homme semblable « aux dieux, » il dit qu'Aphrodite l'enleva, en fit un gardien de nuit dans ses temples et l'éleva au rang des démons divins [3], c'est-à-dire au rang des dieux du second ordre.

Hermès, cité par Stobée [4], met dans la bouche de la divinité un discours qui s'adresse aux âmes descendues sur la terre. Pour expier leur désobéissance aux ordres de Dieu, elles doivent, avant de remonter au ciel, passer un certain temps dans des corps humains et dans des corps d'animaux. Les corps qu'habiteront les âmes qui auront montré leur amour pour la justice sont, parmi les hommes, les rois justes, les vrais philosophes, les législateurs et les personnages qui, appartenant à diverses catégories de prêtres et de savants, se seront distingués par leur zèle et leur mérite; parmi les oiseaux, les aigles, parce qu'ils ne chassent ni ne dévorent aucun individu de cette espèce et ne permettent pas qu'un animal quelconque subisse, en leur présence, un mauvais traitement, d'où il suit que les aigles sont une race juste; parmi les quadrupèdes, les lions, parce que cet animal est plein de courage, ne se laisse pas vaincre par le sommeil, et montre, dans un corps mortel, une nature immortelle, car jamais il ne se fatigue ni ne se repose. Rapprochons de cette doctrine hermétique un passage du traité sur l'âme de Jamblique, également cité par Stobée [5], où il est dit que les anciens philosophes placent au rang des dieux

---

[1] *Opp.* t. III, 2ᵉ partie, p. 111 et suiv. éd. Bekker.

[2] Vers 990.

[3] Δαίμονα δῖον.

[4] *Eclog.* I, LII, n° 40, p. 958-960, ed. Heeren.

[5] *Ubi supra*, n° 59, p. 1064.

les âmes qui, par leur amour de la justice, sont devenues pures et apparentées avec les dieux [1]. Et ajoutons à ces deux citations un second passage des
Livres d'Hermès [2] qui nous fait connaître nettement la pensée de l'auteur sur
l'apothéose ou la déification de l'âme. «Les âmes humaines, nous dit-il, non
« pas toutes, mais celles seulement qui ont de la piété, sont béates et divines;
« chacune de celles-ci, après que la mort l'a délivrée de la prison du corps,
« et lorsqu'elle s'est soumise aux préceptes de la vertu et de la piété, devient
« certainement intelligence (esprit) ou dieu [3]. »

C'est dans la catégorie des hommes pieux et justes que les anciens plaçaient
les héros. Ils les qualifiaient d'hommes divins, $\Theta\epsilon\acute{\iota}o\iota\ \mathring{a}\nu\delta\rho\epsilon\varsigma$ [4]; ils estimaient
que les dieux les admettent à leur table, et c'est pourquoi on les appelait *convives des dieux* [5]. Les habitants d'Astypalée ayant consulté l'oracle de Delphes
pour savoir ce qu'était devenu leur concitoyen Cléomèdes, qui avait vaincu
au pugilat Iccus d'Épidaure, la pythie ou pythonisse leur répondit par ces
deux vers :

Ὕσ7ατος ἡρώων Κλεομήδης Ἀσ7υπαλαιεὺς,
Ὅν Θυσίαις τιμᾶθ'ὡς μηκέτι Θνητὸν ἐόντα,

c'est-à-dire : « Cléomèdes d'Astypalée est le dernier héros; honorez-le par des
« sacrifices et ne le regardez plus comme un mortel [6]. » De là les honneurs divins
rendus aux héros après leur mort, les autels, les chapelles ou même les autels
qu'on leur élevait soit dans des lieux séparés, soit, le plus souvent, auprès
des temples consacrés aux dieux. Ils étaient placés au même rang que les
prêtres qui, après avoir illustré le sacerdoce, étaient aussi considérés comme
des dieux. Bien que personne n'ignore ces divers usages, je les rappelle ici pour
avoir l'occasion de dire qu'en plaçant avant le grade de père-aigle, qui conférait les honneurs d'une première apothéose, le grade de persès ou héros et le
grade d'hélios, les Chaldéens d'Assyrie et Zoroastre après eux professaient sur
l'immortalité de l'âme, sur les héros et sur l'apothéose, une doctrine que
nous retrouvons chez les Égyptiens et chez les peuples d'Occident, tant

---

[1] Ὡσαύτως μὲν οὖν περὶ τῆς δίκης, οἱ μὲν
παλαιότεροι τὰς ἀχράντους ψυχὰς, καί τὰς ὁμο-
νοητικῶς συναφθείσας τοῖς Θεοῖς, ἐντεῦθεν ἤδη
τοῖς Θεοῖς ἐντιθέασι, κ. τ. λ.

[2] *Apud* Stob. *Eclog.* I, LII, n° 45, p. 1002-
1004.

[3] Dans un autre passage des livres attribués à Hermès (*apud* Stob. *Eclog.* I, LII, n° 50,
p. 1064) les âmes pures sont assimilées aux dieux.

[4] Porphyre, *De abstin.* III, XVI.

[5] Julien, *Cæsar.* p. 9 et suiv. trad. fr. de
Spanheim; — cf. les Commentaires et les citations de Spanheim *ad hunc locum.*

[6] Pausanias, VI, IX, 3.

elle était inséparable des systèmes imaginés dans l'antiquité pour civiliser la société en excitant les hommes aux actions les plus utiles, les plus éclatantes, par la perspective d'un bonheur éternel et ineffable dans le séjour des dieux.

De la conformité d'idées que je signale résulte, si je ne me fais illusion, le moyen d'ajouter une observation importante qui manque à celles que MM. Carl O. Müller et R. Rochette ont présentées avec tant de savoir et de pénétration dans l'examen des témoignages écrits et des monuments figurés qui se rapportent au bûcher et à l'apothéose de l'Hercule assyrien ou Sandon, de l'Hercule grec, de Sardanapale, de Crésus, roi de Lydie. Ils ont parfaitement compris que dans les religions asiatiques le feu étant « un moyen et un symbole « de purification, » le bûcher ou la pyra devient une représentation sensible de la délivrance de l'âme par la combustion ou l'anéantissement de son enveloppe matérielle et mortelle, condition préalable et absolue de l'apothéose. Ils ont également compris que l'aigle qui s'échappe du bûcher, selon les récits des écrivains, ou qui le surmonte sur les monuments figurés, est le signe conventionnel de cette apothéose [1]. Mais ils ont perdu de vue qu'un grade de père-aigle avait été institué dans les mystères de Mithra, dont les mystères de la Vénus assyrienne sont la source unique et primitive; et dès lors ils n'ont pu comprendre ni, par conséquent, nous expliquer qu'Hercule, Sardanapale, Crésus sont des initiés parvenus au grade qui reçoit de l'aigle sa dénomination et qui confère les honneurs de l'apothéose après que l'âme a solennellement répudié toute alliance avec la matière.

Je compléterai mes remarques en plaçant ici quelques autres témoignages de l'antiquité qui se rapportent soit à l'aigle, soit au titre de *père*, et qui n'auraient probablement pas attiré l'attention du lecteur si je les eusse produits avant d'avoir exposé les idées qu'il convient d'attacher au grade de père-aigle.

Constatons d'abord la supériorité que l'antiquité occidentale attribuait à l'aigle sur tous les autres oiseaux de proie, en lui décernant le titre de roi

---

[1] Ils ont parfaitement compris aussi que l'aigle s'élançant du bûcher vers les cieux est le type primitif de cet oiseau fabuleux appelé *phénix*, qui se consume volontairement pour renaître de ses propres cendres. Ce qu'ils n'ont pas remarqué, c'est que l'absence ou la présence d'une aigrette sur la tête du phénix, tel qu'il est représenté dans les descriptions des écrivains grecs ou sur les monuments figurés égyptiens, n'infirme nullement le rapprochement du phénix et de l'aigle; car, sur les monuments asiatiques, ce dernier oiseau est figuré quelquefois avec la tête nue, tantôt avec la tête ornée d'une crête, tantôt enfin avec une triple ou une simple aigrette au sommet de la tête, comme on le voit, par exemple, dans la composition des griffons représentés sur quelques cylindres que j'ai précédemment décrits.

des oiseaux[1]. Cette supériorité est confirmée par les observations des naturalistes modernes. Ajoutons que les passages de Xénophon et de Quintus Calaber (ou de Smyrne), rapportés plus haut, nous ont montré quelle idée on avait de la supériorité de l'aigle sur le vautour, en particulier.

L'étude des mœurs propres à l'aigle et à l'épervier, et surtout l'habitude qu'ont ces deux oiseaux d'établir leur demeure et leur nid sur des montagnes élevées, de se nourrir de la chair d'une proie vivante, de se désaltérer, non dans l'eau, mais dans le sang de cette proie, avait fait attribuer à l'aigle et à l'épervier une constitution ignée, l'horreur de l'eau, une affinité marquée avec le soleil et la région éthérée, et, par suite, une nature analogue même à celle des dieux créateurs. Aussi lisons-nous dans les livres attribués à Hermès[2] que si les oiseaux en général préfèrent *l'air* aux autres éléments et habitent la région où il règne, les oiseaux qui par leur vol s'élèvent le plus au-dessus de la terre et qui habitent les hautes montagnes aiment de préférence le feu, n'habitent pas loin de la région ignée et ont l'eau en horreur. Cette affirmation est précédée de quelques lignes où Isis, parlant à Horus, lui dit : « De même que la sauterelle et la mouche fuient le feu, l'aigle, l'épervier et « les oiseaux qui volent à la plus grande hauteur fuient l'eau. » De là l'opinion où étaient les Égyptiens, que l'aigle a une nature ignée et mâle; que ses petits naissent mâles et qu'ils volent plus haut que tous les autres oiseaux. Le traité attribué à Horapollon nous a conservé ces traditions[3], et ajoute que l'aigle est le hiéroglyphe du cercle ($\varkappa v \varkappa \lambda \omega \eta \rho \grave{o} v\ \sigma \eta \mu \alpha \acute{i} \nu \varepsilon \iota$)[4] et du sperme humain. Aristote et Ælien partageaient l'opinion de toute l'antiquité sur la nature ignée de cet oiseau, opinion si formellement exprimée par les monuments, où nous voyons tantôt un aigle tenant un foudre dans ses serres, tantôt un aigle se désaltérant dans une coupe où Hébé lui verse à boire[5]. Le pre-

---

[1] Parmi les écrivains grecs, on peut citer Pindare, Æschyle, Diodore de Sicile, Ælien, etc.

[2] *Apud* Stob. *Eclog.* I, LII, n° 41, p. 996.

[3] II, II et LVI.

[4] J'ignore si par *cercle* il faut entendre ici le symbole du temps. Ce qui est certain, c'est que l'aigle, sur des monuments figurés que je cite plus loin, porte au bec un cercle, c'est-à-dire la couronne du monde, attribut de la royauté. Mais l'aigle, comme représentant de Mithra, peut avoir pour attribut un cercle, emblème du temps, puisque Mithra représente le temps périodique ou le temps exprimé par le cours du soleil et de la lune. Nous verrons plus loin les rapports indiqués entre la supputation du temps et l'aigle par un monument antique où les douze heures avaient été tracées sur les ailes d'un aigle de bronze.

[5] Ces diverses représentations doivent être rapprochées des monuments que j'ai cités plus haut pour établir la nature ignée qui était également attribuée au lion par toute l'antiquité, en

mier des deux écrivains que je viens de nommer a soin de noter[1] que les oiseaux dont les ongles sont crochus, c'est-à-dire les oiseaux de proie, ne boivent jamais. Le second, de son côté[2], après avoir dit que tous les autres oiseaux reconnaissent l'aigle pour leur *roi* et redoutent sa présence, ajoute que les plumes de cet oiseau sont incorruptibles et que, mises en contact avec des plumes d'autres espèces d'oiseaux, elles leur communiquent la faculté de rester saines et intactes; sans ce contact, affirme-t-il, celles-ci se gâtent. Le même Ælien[3] nous a conservé une tradition précieuse que je ne trouve pas ailleurs. A la suite du passage où il parle de la force de l'aigle, de sa voracité pour la chair palpitante, il ajoute : « Une seule espèce d'aigle, celle qu'on « appelle l'aigle de Jupiter[4], ne touche jamais à la chair; elle ne se nourrit « que d'herbe; et, ajoute-t-il, quoiqu'elle n'ait point assisté aux leçons de Py-« thagore de Samos, elle ne mange aucun être animé[5]. »

Or il est intéressant pour nous de rapprocher d'une telle croyance le passage d'Eubule[6] que j'ai déjà cité et qui nous a appris que, chez les Perses, les mages de la première classe, les plus instruits de tous, ne tuaient et ne mangeaient aucune espèce d'animal, et persévéraient toute leur vie dans cette abstinence, dont l'institution remontait à une haute antiquité. Ce que j'ai dit du grade de père-aigle suffit sans doute pour nous montrer que les mages de la première classe étaient certainement ceux qui, par leur piété, leur savoir et leurs vertus, avaient mérité d'obtenir le premier des trois grades qui conféraient à l'initié les honneurs d'une première apothéose et le titre de *père-aigle*.

Des documents écrits et des monuments figurés nous attestent d'un commun accord les rapports établis entre l'aigle et le soleil. C'est d'abord une croyance puisée à la même source et répétée par l'empereur Julien[7], par saint Isidore de Séville[8] et par Philes[9]; on lit dans ces écrivains que l'aigle, le seul oiseau qui puisse s'élever jusqu'au soleil et soutenir l'éclat de ses feux et de sa lumière, lui présente ses aiglons et les renie pour légitimes si

---

Orient comme en Occident. Nous y avons remarqué tantôt un lion portant un foudre dans sa gueule, tantôt un lion se désaltérant dans une coupe où deux jeunes personnages lui servent à boire, tantôt un lion plongeant sa tête dans une hydria pour se désaltérer.

[1] *Histor. animal.* VIII, xviii.

[2] *De animal. natur.* IX, xi.

[3] *De animal. natur.* IX, x.

[4] Ὅσπερ οὖν καὶ Διὸς κέκληται.

[5] Ὅμως ἐμψύχων ἀπέχεται.

[6] *Apud* Porphyr. *De abstin.* IV, xvi.

[7] *Epistol.* XVI.

[8] *Origin.* XII, vii (p. 171, 1ᵉ col. A, B; éd. Du Breul, 1601).

[9] *De animal. proprietate*, I, v. 13-22.

leur paupière s'abaisse devant les rayons de cet astre. Macrobe, de son côté, nous dit[1] que les aigles, à cause de la vélocité de leur vol et de la hauteur à laquelle ils s'élèvent, montrent l'élévation du soleil[2].

Sur le célèbre autel palmyrénien à quatre faces qui se conserve au Vatican, nous voyons un dieu-soleil dont le buste radié est supporté par un aigle[3]; c'est le dieu Baal ou Bel des Syriens et des Phéniciens, et il ne faut pas perdre de vue que l'image symbolique de la Vénus assyrienne est placée sur une autre face du même monument. Par là nous acquérons la preuve qu'à Palmyre le culte de ces deux divinités n'était pas plus séparé qu'il ne l'était à Babylone et à Ninive. Chez les Perses, le culte de Mithra n'était pas non plus séparé de celui d'Ormuzd, divinité qui répond à Baal et à Zeus. Deux rares et belles médailles d'or d'Évagoras Ier, roi de Cypre, l'une de S. A. I. le grand-duc de Toscane, l'autre de la collection Hunter, représentent chacune, au revers de la tête tourellée de la Vénus Paphienne, un aigle posé sur la croupe d'un lion et l'astérisque du soleil gravé au-dessus de ce groupe[4]. D'autres médailles de l'île de Cypre, publiées, comme les deux précédentes, par M. le duc de Luynes[5], présentent d'un côté une tête de lion tirant la langue, symbole très-significatif du soleil d'été; et, de l'autre côté, tantôt un aigle se balançant dans les airs au-dessus d'un lion couché, tantôt, au lieu d'un aigle, l'astérisque même du soleil gravé au-dessus d'un lion pareillement couché[6]. Des rapports non moins directs entre l'aigle et le soleil se découvrent dans la composition d'un monument de bronze, autrefois placé à Constantinople, dans l'hippodrome. Il ne nous en reste qu'une description dont nous sommes redevables à Nicétas. Cet écrivain[7] nous apprend que ce bronze représentait un aigle combattant un serpent. Les douze heures du jour étaient placées sur les ailes de l'oiseau.

Comme le soleil, l'aigle, symbole solaire, symbole igné, doit exercer sur le principe humide une prépotence irrésistible, et, par suite, il doit se présenter à nos yeux comme le dominateur et le purificateur de la génération. Ce sont ces diverses idées corrélatives qu'expriment clairement les groupes

---

[1] *Saturn.* I, xvii, p. 285; ed. varior.

[2] Altitudinem solis ostendunt.

[3] Voyez *Mém. de l'Acad. des inscr.* t. XX, 2ᵉ partie, p. 14, 15, 36 et 37; et pl. I, n° 1.

[4] Voyez Eckhel, *Num. veter. anecd. tab.* XVI, n° 4; — M. le duc de Luynes, *Numismatique et inscript. cypriotes,* p. 11 et 14, pl. II, n° 18; p. 14 et 55, pl. XII, n° 6.

[5] Ouvrage cité, p. 9, 10 et 12, pl. II, n°ˢ 3-8.

[6] *Ibid.* p. 10 et 12, pl. II, n° 9.

[7] *De statuis quas Franci Constantinopoli destruxerunt,* etc. p. 16-18; éd. Wilcken.

composés d'un aigle qui tantôt déchire un lièvre ou un lapin au lieu d'un serpent [1], tantôt enlève dans ses serres une tête de taureau [2], tantôt est posé seulement sur une tête de taureau, les ailes éployées [3]. Ailleurs, c'est un aigle posé sur un dauphin [4]. Ailleurs encore c'est un aigle se désaltérant dans un cratère que lui présente Hébé, ou un vase posé devant un aigle, au milieu d'une couronne de laurier. Ainsi se trouve exprimée la nature sèche et ardente du roi des airs. Elle a pour terme de comparaison sur la terre la nature du lion, ce roi des animaux terrestres que nous avons vu représenté la gueule béante, et que, sur les bas-reliefs mithriaques romains, nous verrons bientôt plonger sa tête dans un cratère [5], ou disputer au mauvais serpent, à la couleuvre de la sécheresse, le liquide contenu dans une hydria [6].

Les médailles d'Alexandria-Troas, que j'ai citées plus haut, nous reportent dans une contrée, en Phrygie, où nous savons que dominait le culte de la Vénus assyrienne. La suite de cet ouvrage nous apprendra que les mystères de cette déesse s'y célébraient sous le nom de *Sabazies;* que Sabazius, c'est-à-dire Zeus ou Jupiter, y remplissait le même rôle que Bélus dans les mystères des Assyriens et des Phéniciens, et Ormuzd dans les mystères de Mithra. Nous apprendrons aussi que, dans les Sabazies phrygiennes, aux mystères d'une divinité féminine se substituèrent les mystères du dieu mâle Mithra, importés par les Perses dans toute l'Asie Mineure. Et si nous voyons chez les Phrygiens, comme chez les Phéniciens, comme chez les Syriens, l'aigle attribué tantôt à Sabazius, tantôt à Bélus, tantôt à un dieu que les Grecs et les Romains assimilent à Apollon ou à Hélios; si nous voyons l'aigle consacré de même à Vénus et à Mithra, si nous trouvons un grade de père-aigle institué dans les mystères de Mithra calqués, pour ainsi dire, sur les mystères de la Vénus assyrienne, n'hésitons pas à reconnaître dans l'enlèvement de Ganymède par Jupiter ou Zeus métamorphosé en aigle une allusion directe au grade de père-aigle institué, chez les Phrygiens, avec les mystères de la

[1] Voyez les médailles de l'Élide et d'Agrigente.

[2] Méd. coloniale d'Alex. Troas, *Recherches sur Vénus,* pl. IV, n° 7.

[3] Voyez plusieurs médailles coloniales d'Alex. Troas, Mionnet, *Descript.* t. II, p. 642, n°ˢ 93, 94 et suiv. — *Supplém.* t. V, p. 514, n°ˢ 108, 109 et suiv.

[4] Médailles autonomes d'Istrus dans la Mœsie inférieure. Bibliothèque impériale. — Cf. l'intaille où l'on voit un lion sur un dauphin (*Recherches sur Vénus,* pl. XIX, n° 5), ou un lion marchant sur un méandre, c'est-à-dire sur les flots; voyez M. le duc de Luynes, *Choix de médailles gravées,* pl. XII, n° 22; *Essai sur les Satrapies,* pl. IX, n°ˢ 13 et 14.

[5] Voyez *Rech. sur Mithra,* atlas, pl. XCVI.

[6] *Ibid.* pl. LXXXIV et XC.

Vénus assyrienne, protectrice divine de la race royale de Troie, et un nouvel exemple de ce dévergondage de mœurs et d'esprit qui entraînait les écrivains grecs à travestir en fables obscènes les actes les plus sérieux de leur propre religion ou des religions empruntées par eux aux peuples de l'Asie occidentale. Dans l'enlèvement de Ganymède par Zeus [1], le vulgaire ne voyait qu'un trait de plus à ajouter à la légende obscène d'un dieu qui affichait les mœurs les plus dépravées [2]. Pour nous, le récit de cet enlèvement nous révèle qu'un prince troyen appelé Ganymède avait mérité, dans son initiation aux mystères de la déesse protectrice de sa nation, le grade de père-aigle, et, par conséquent, les honneurs de l'apothéose que conférait ce grade, de même que, dans la métamorphose de Cyparisse en cyprès, par Apollon, il faut reconnaître l'admission d'un myste à un grade divin, qui conférait aussi les honneurs de l'apothéose [3]. L'enlèvement de Ganymède n'est pas le seul récit où la plume licencieuse des auteurs grecs nous montre Zeus se métamorphosant en aigle pour satisfaire ses passions voluptueuses. Il revêt aussi les formes de cet oiseau pour enlever la fille du fleuve Asopus Ægine [4] qui habitait Phlius, et qu'il transporta dans l'île jusqu'alors appelée OEnone. Depuis cet enlèvement, ce nom fut changé en celui d'Ægine. Zeus se métamorphose de même en aigle dans d'autres mythes où il agit également comme ravisseur d'une femme ou d'une fille, et dont le siége est à Délos et à Gortyne [5], deux îles célèbres, l'une par le culte qu'on y rendait à des divinités d'origine asiatique et hyperboréenne, l'autre par l'arrivée de Zeus métamorphosé en taureau et ravisseur d'Europe la Phénicienne. Enfin Porphyre [6], parlant de ce dernier

---

[1] Ovide, *Metamorph.* X, fab. iv.

[2] Voyez sur cet enlèvement et sur les relations que l'on disait avoir antérieurement existé entre Ganymède et Minos, dans l'île de Crète, les détails et les observations présentés par M. G. F. Welcker dans la deuxième partie de ses *Kleine Schriften*, p. 89. Mais cet habile professeur, n'ayant pas été amené, dans le cours de ses savantes recherches, à rapprocher de l'enlèvement de Ganymède l'institution d'un grade de père-aigle dans les mystères de la déesse protectrice des Troyens ou des Phrygiens, n'a pas eu l'idée d'examiner si, sous les récits licencieux qui se rapportent à cet enlèvement, il n'est pas possible de découvrir une allusion à l'apothéose dont les

honneurs étaient la récompense insigne de l'initié parvenu au grade de père-aigle.

[3] Voyez mes *Recherches sur le culte du cyprès*.

[4] Pindare, *Isthm.* vii, 21; *Nem.* viii, 6. — Pausanias, II, xxix, 2; II, v, 1. — Apollodore, III, xii, 7.

[5] Pour abréger, je supprime tous les détails relatifs à ces divers mythes. On les trouvera réunis dans un intéressant mémoire lu par M. Th. Panofka à l'Académie royale de Berlin, sous le titre de *Zeus und Ægina*, le 2 juillet 1835, et imprimé l'année suivante dans le recueil de cette académie.

[6] *De abstinentia*, III, 16; éd. Rhoer.

fait, ajoute, en termes généraux, que d'autres fois Zeus revêtit tantôt la forme d'un aigle, tantôt celle d'un cygne. Aussi apprenons-nous de Diodore de Sicile [1] que les Thébains adoraient l'aigle tout à la fois comme le roi de tous les animaux et comme le symbole ou le représentant de Zeus [2]. D'autre part, en Occident, une multitude de monuments figurés, grecs ou romains, nous montrent Jupiter accompagné de l'aigle, de même que, sur les monuments figurés asiatiques, nous avons vu cet oiseau royal placé auprès du dieu que les Grecs assimilent à leur Zeus. Je me bornerai ici à citer la statue la plus célèbre dont l'antiquité nous ait conservé le souvenir. Elle avait été faite par Phidias pour le temple d'Olympie (Élide), et représentait Zeus tenant sur sa main droite une Victoire, et, dans l'autre, un sceptre surmonté d'un aigle [3].

Zeus, chez les Grecs, n'était pas la seule divinité génératrice qui comptât l'aigle au nombre de ses attributs. Cet oiseau était également consacré à Apollon et à Pan. Les médailles autonomes d'Alexandria-Troas, de cette ville où le culte d'Apollon paraît avoir été dominant [4], nous montrent au revers de la tête ou du buste de ce dieu un aigle au repos, accompagné tantôt d'une simple légende, tantôt, outre la légende, de l'image d'Artémis Lucifère, ou d'une couronne de laurier, l'arbre d'Apollon, ou d'une abeille, insecte solaire dont j'ai indiqué ci-dessus les rapports avec le lion. Enfin une autre monnaie autonome d'Alexandria-Troas nous a présenté pour type, au revers de la tête d'Apollon, un vase (? hydria) posé devant un aigle au milieu d'une couronne de laurier. Des exemplaires de ces diverses pièces se conservent dans le médaillier de la Bibliothèque impériale de Paris. Cette attribution de l'aigle à Apollon nous explique comment cet oiseau a pu être appelé *l'oiseau de Zeus*, et comment Mithra, que représente l'aigle, peut de même avoir reçu le surnom d'oiseau d'Ormuzd. Dans le *Zend-Avesta* [5], l'ized Behram [6], manifestation de Mithra, comme roi de tous les êtres, se montre sous la forme du coq, un des quatre oiseaux consacrés à ce dieu. Bahman, manifestation de Mithra comme roi du ciel, est invoqué [7] sous la forme de *l'aschôzescht*, oiseau dont le nom,

---

[1] I, 87.

[2] ..... τὸν δὲ ἀετὸν Θηβαῖοι τιμῶσι διὰ τὸ βασιλικὸν εἶναι δοκεῖν τοῦτο τὸ ζῶον καὶ τοῦ Διὸς ἄξιον.

[3] Pausanias, V, xi, 1.

[4] La numismatique de cette ville en fait foi.

[5] T. II, p. 290, *Iescht de Behram*, viie cardé.

[6] Remarquez qu'un des feux adorés par les Perses s'appelait le feu Behram. (Voyez ce mot à la table des matières du *Zend-Avesta*.)

[7] *Zend-Avesta*, t. 1, 2e partie, p. 401, 402. Cf. t. II, *Boun-dehesch*, § xix, p. 388.

selon Anquetil[1], signifie *qui cherche le bien*, mais dont ce savant n'indique pas
la synonymie avec une espèce vivante de la famille des oiseaux, bien qu'il y
ait tout lieu de croire que l'*aschôzescht* se confond avec un des quatre oiseaux de Mithra. Ormuzd lui-même, dans les livres perdus de Zoroastre,
comme il sera dit dans le chapitre suivant, était représenté sous la forme d'un
épervier. Aussi avons-nous vu, dans un passage cité plus haut du *Vendidad*[2],
que les deux divinités qui, avec le Temps-sans-bornes, composent la triade
des Perses, ne sont désignées que par ces mots : *les oiseaux qui agissent en
haut.* De même chez les Arabes, selon Firouz-Abadi, cité par Pococke[3], une
divinité appelée *Nesr* ou *Nasr* était représentée sous la forme d'un aigle ou
avec une tête d'aigle[4].

Quant à l'attribution de l'aigle au dieu Pan, le dieu générateur par excellence, si l'on ne connaît aucun texte ancien qui puisse l'attester, elle résulte
du moins d'un témoignage irrécusable que nous fournit la numismatique
grecque. Deux curieuses médailles autonomes de Mégalopolis d'Arcadie représentent, au revers de la tête laurée de Zeus, «Pan assis sur un rocher, à
«gauche, ayant sur son genou un aigle[5].»

Les rapports directs établis entre l'aigle et le soleil, entre l'aigle et les divinités génératrices, avaient nécessairement dû s'étendre au feu, agent créateur
et destructeur tout à la fois, et à la région éthérée. Les anciens, personne ne
l'ignore, supposaient que la sphère ou le principe du feu est dans le soleil,
et que le soleil tire son origine de la région éthérée[6]. C'est pourquoi on prétendait que les yeux de l'aigle lancent des flammes, et que le bec de cet
oiseau, lorsqu'il plane dans les airs, paraît être tout de feu. C'est pourquoi
aussi nous avons vu, chez les Perses, l'aigle tenir, entre le soleil et la lune, la
place de Mithra, le maître et le dépositaire de la foudre. En même temps,
j'ai pu placer sous les yeux du lecteur un bas-relief romain où, près de ce
dieu des Perses, est sculpté un aigle portant un foudre dans ses serres, emblème emprunté par les Romains aux Grecs asiatiques, qui très-probablement,
mais non sans le modifier plus ou moins, l'avaient reçu des mains des Perses

---

[1] *Zend-Avesta*, t. 1, 2ᵉ partie, p. 401, note 3.

[2] Farg, XIX, *Zend-Avesta*, t. I, 2ᵉ pⁱᵉ, p. 416.

[3] *Specimen histor. Arab.* p. 95, 199; edit.
Oxon. 1806.

[4] Voyez la Bible.

[5] Voyez M. Adr. de Longpérier, *Catalogue*
Link, p. 26, n° 334, AR. 4; n° 335, AR. 4.

[6] Voyez le célèbre discours de Julien sur le
soleil (*Oratio IV, in solem*) et les opinions qui
nous ont été conservées par les néoplatoniciens,
par Macrobe surtout (*Somn. Scip.* 1, II, p. 58;
ed. variorum. *Saturnal.* I, XVII, p. 286).

avec l'institution des mystères de Mithra. Ce qui n'est pas moins certain, c'est que ces mêmes Grecs asiatiques, comme aussi, et avant eux, les Phéniciens et les Phrygiens, attribuaient l'aigle à Zeus Sabasius ou au dieu générateur qui, sous d'autres noms, répond à celui-ci. Les médailles grecques et les médailles phéniciennes frappées dans l'Asie occidentale en font foi, non moins que l'autel palmyrénien à quatre faces, du Vatican, déjà plusieurs fois cité [1].

De l'attribution de l'aigle à diverses divinités génératrices, et des rapports établis par une antique théologie entre ce roi des oiseaux, le soleil, le feu et l'éther, résulte la preuve que cet oiseau était considéré comme un symbole de vie. Ce qui achève de mettre le fait hors de doute, c'est l'usage où furent les Grecs et les Romains de placer des aigles aux angles de leurs sarcophages [2], sans entendre par là attribuer à ce symbole un sens aussi élevé que celui qu'on lui attribuait dans l'Asie occidentale, en le plaçant au sommet du tombeau de Sardanapale. Ici, comme dans les traditions relatives au bûcher d'Hercule, à l'enlèvement de Ganymède et au bûcher d'Éphestion, comme sur les médailles romaines où l'on voit, avec la légende de CONSECRATIO, un empereur ou une impératrice [3] enlevés et portés au ciel sur le dos ou les ailes d'un aigle, cet oiseau est indubitablement le symbole d'une apothéose.

Par suite des croyances religieuses qu'on attachait à l'aigle, l'apparition de cet oiseau dans les airs en de certains moments était considérée comme la manifestation de l'intervention de la divinité. Une confiance puérile faisait

---

[1] *Mém. de l'Acad. des inscr.* t. XX, 2ᵉ partie, pl. I, n° 1.

[2] Sur d'autres sarcophages, sur des stèles, sur des lampes funéraires, l'aigle ou le paon, comme symboles d'immortalité, sont remplacés par une figure représentant un jeune homme qui tient dans la main une colombe ou quelque autre espèce d'oiseau. Personne n'ignore que les Égyptiens représentaient les âmes sous la forme d'une tête humaine, implantée sur un corps d'oiseau.

[3] Je puis citer, entre autres, les médailles suivantes : 1° Un rare auréus d'Hadrien (Mionnet, *De la rareté des méd. rom.* t. I, p. 190); 2° un auréus à l'effigie de Sabine (*ibid.* p. 203); 3° un grand bronze de la même impératrice (*ibid.* p. 204). Souvent le paon, oiseau de Junon, est le signe officiel de l'apothéose des impératrices romaines. (Voy. Eckhel, *D. N.* t. VIII, p. 468.) On retrouve aussi le paon, comme symbole de l'immortalité de l'âme, dans les peintures des catacombes de Rome (Bottari, *Sculture e Pitture sagre*, t. II, p. 121, pl. XCVII); 4° un beau médaillon d'Antonin le Pieux (Mionnet, *loc. cit.* p. 211).

Parfois le griffon remplace l'aigle et enlève sur son dos ou sur ses ailes l'empereur (*ibid.*).

Sur d'autres pièces on voit, au revers de la tête de l'empereur, un aigle au repos, ou bien un aigle posé sur un globe (*ibid.* p. 190, 204, 216, 219), ou bien un aigle aux ailes éployées. (Eckhel, *D. N.* t. VI, p. 512.) Plus rarement l'aigle est remplacé soit par un bûcher (Mionnet, *loc. cit.* p. 216, 219), soit par un autel allumé (Eckhel, *loc. cit.*).

accueillir avec la faveur la plus marquée les augures tirés de la direction du vol
de l'aigle [1], de son cri, de la proie qu'il saisit, etc. C'est avec une crédulité non
moins grande qu'on ajoutait foi aux prétendues propriétés que l'art médical
attribuait à l'*ætite* ou *pierre d'aigle*, ainsi nommée, parce que, selon l'opinion
commune, on la trouvait dans les nids d'aigle. Pline [2] distingue deux espèces
d'ætite [3]; et Solin [4] a soin de nous apprendre que Zoroastre donnait la préférence à l'une de ces deux espèces sur l'autre, et lui attribuait de grandes
vertus; mais il fallait absolument qu'elle eût été trouvée dans un nid d'aigle [5].
Ce témoignage de Solin, pour le dire en passant, a le double avantage de
nous montrer que de son temps il existait encore des fragments des livres de
Zoroastre, qui malheureusement ne sont point parvenus jusqu'à nous, et de
nous montrer en même temps que ces livres avaient réellement le caractère
encyclopédique que je leur ai assigné.

La qualification de *père* ajoutée au mot *aigle*, c'est-à-dire au symbole du
dixième grade, donne à ce grade un caractère particulier que ne nous a présenté aucun des neuf grades qui le précèdent. Mais cette qualification, nous
allons la retrouver appliquée aux deux autres grades supérieurs dont il est
suivi et qui complètent avec lui le cycle des douze degrés d'initiation que le
myste doit parcourir. Déjà nous sommes suffisamment avertis que, dans les
sanctuaires, le myste devait être préparé à ce dixième grade par des leçons
où la qualification de *père* était le sujet de plus d'un commentaire approfondi.
Nous pouvons d'autant moins en douter qu'à défaut du témoignage des fragments qui nous restent des livres sacrés des Perses, nous savons, par d'autres
écrits dignes de toute notre confiance, que la qualification de *père* était dévolue à Mithra, à Ormuzd, et, par suite, aux rois de Perse, toujours considérés et adorés comme les incarnations ou les manifestations du premier de
ces dieux sur la terre. C'est d'abord Eubule qui, dans un passage cité par
Porphyre et déjà rapporté ci-dessus [6], qualifie Mithra *créateur et père de toutes
choses*, τοῦ πάντων ποιητοῦ καὶ πατρὸς Μίθρου. De son côté, l'empereur
Julien, zélé sectateur de Mithra, termine son histoire des Césars par une al-

---

[1] Porphyre (*De abstin.* III, § 4, p. 220; éd.
Rhoer) indique nommément chez les Tyrrhéniens l'usage de consulter le cri des aigles. — La
même coutume existait chez les Arabes.

[2] *H. N.* XXXVI, xxi.

[3] L'*ætite* est une petite géode formée par du
fer oxydé limoneux. Il y en a plusieurs variétés.

[4] *Polyhistor,* cap. xxxvii.

[5] Cf. Saumaise, *Plinian. exercitationes in Caii
Julii Solini Polyhistor.* p. 501.

[6] Page 511.

locution très-remarquable qu'il met dans la bouche d'Hermès et que j'ai de même rapportée plus haut. Là le dieu psychopompe lui dit : « Tu sais que « je t'ai appris à connaître ton père Mithra..... » τὸν πατέρα Μίθραν [1]. Le même empereur [2] et l'orateur Thémistius [3] nous disent que Cyrus recevait des Perses la qualification de *père*. A son tour, Æschyle [4] témoigne qu'un des princes du nom de Darius recevait la même qualification. Par suite d'idées semblables, Apollon [5], Bélénus [6], dieu solaire assimilé à Apollon, et les ministres de ces deux divinités [7] étaient appelés *pères*. Dans les écrits de quelques auteurs anciens et dans les inscriptions lapidaires latines, le titre de *père*, sans même être accompagné du mot *aigle* ou du mot *épervier*, suffit pour indiquer que tout personnage revêtu de ce titre exerçait un ministère de l'ordre le plus élevé. C'est ainsi qu'Eunapius [8], parlant d'un vieux prêtre athénien qui remplissait les hautes fonctions d'hiérophante dans les mystères d'Éleusis ou des grandes déesses, le désigne alternativement par la qualification de *hiérophante des déesses*, τῷ τῶν Θεῶν ἱεροφάντῃ, et par celle de *père des mystères de Mithra*, πατὴρ τῆς Μιθριακῆς τελετῆς [9]. D'autre part, saint Jérôme, dans sa lettre à Læta, et Tertullien, dans son Apologétique, signalent chacun un grade de *père*, *pater*, sans ajouter à cette dénomination le mot *aigle*, *aquila*, ni le mot *hierax*. Pareillement les inscriptions lapidaires latines, comme nous le verrons dans la seconde partie de cet ouvrage,

---

[1] *Cæsares*, Opp. omn. p. 336; ed. Spanheim, Lips. 1696.

[2] *Oratio* I, Opp. omn. p. 9.

[3] *Oratio* XIX, p. 233.

[4] *Persæ*, v. 664-671.

[5] Le vers suivant des poésies attribuées à Orphée s'applique à Apollon :

Πατρὸς ἔχοντα νόον καὶ ἐπίφρονα βουλὴν.

(*Orphica*, éd. Hermann.) — Sur une des faces de la base d'un candélabre du musée du Louvre, on voit écrits au-dessous du buste d'Apollon ou du Soleil couronné de sept rayons, ces mots : DORYPHORVS · PATER · Voyez Bouillon, *Musée des Antiq.* candélabres, pl. III, n° 1.

[6] On est en droit de conclure du passage d'Ausone indiqué dans la note suivante, que Bélénus, comme Apollon, recevait la qualification de *père*. La forme Bélénus indique clairement un culte d'origine asiatique.

[7] Voyez Ausone, *Opp.* IV, v. 7-12; edit. ad usum Delphini.

[8] *Vit. sophist.* t. I, p. 48, 49; éd. Boissonade.

[9] M. Victor Cousin, dans un intéressant article sur l'édition d'Eunape publiée par M. Boissonade (voyez *Journal des Savants*, janvier 1827, p. 54-57), me paraît avoir tiré de la cumulation des deux fonctions dont il s'agit une conclusion un peu trop absolue, lorsqu'il dit que par là « Eunape nous apprend que le culte d'Éleusis était celui de Mithra. » Le savant académicien aurait été plus fondé à faire remarquer que le titre de *père des mystères de Mithra*, donné par Eunape au vieux prêtre athénien dont il nous tait le nom, est l'unique témoignage qui nous reste de l'importation de ces mystères chez les Grecs d'Europe.

donnent aux grands prêtres de Mithra les titres de *pater*, *pater nomimus*, *pater sacrorum*, *pater sacratus*, et ne font pas suivre ces titres des déterminatifs *aquila* et *hierax*. Il est donc infiniment probable que, dans les inscriptions latines, les personnages dont les noms sont accompagnés d'un de ces titres doivent être considérés comme des prêtres qui, parvenus au grade de *père-épervier*, avaient préalablement obtenu le grade de *père-aigle* et cumulaient ainsi les hautes fonctions sacerdotales dévolues à chacun de ces deux grades.

La distinction que le système théologique de Zoroastre établit entre les prérogatives et les attributions des deux divinités auxquelles correspondent les grades de père-aigle et de père-épervier nous indique nettement la communauté et la différence que devaient présenter les enseignements propres à chacun de ces deux grades. Il ne faut pas s'arrêter à relever l'erreur que commet Eubule en attribuant à Mithra la qualification de *créateur de toutes choses*, τοῦ πάντων ποιητοῦ. Nous savons, par le témoignage direct et irrécusable des livres sacrés des Perses, que primitivement ce titre n'appartenait qu'à Ormuzd, père spirituel de Mithra. Celui-ci, subordonné à Ormuzd et placé au troisième rang, préside seulement à la distribution de la lumière dans le ciel mobile et sur la terre, par conséquent au mouvement des astres mobiles, comme aussi à la reproduction des êtres et à la conservation de tout ce qui compose le monde créé par Ormuzd. Les idées typiques ou les féroüers sont émanés du Temps-sans-bornes, je le répète, et c'est Ormuzd, fils de ce dieu suprême, qui les a revêtus d'une forme plastique. La qualification de *créateur de toutes choses*, qu'Eubule applique à Mithra, n'est donc qu'un nouvel exemple des altérations que subissent les systèmes religieux par la substitution ou la transmission des fonctions et des attributs du père au fils, du dieu supérieur au dieu subordonné. Cela posé, si nous nous reportons à la légende de Mithra, telle que je l'ai exposée plus haut d'après les textes et les monuments figurés, et si nous ne perdons pas de vue les mœurs propres à l'aigle et les idées que l'antiquité persique attachait à cet oiseau, symbole ou image vivante de Mithra, nous connaissons exactement les bases et même les détails de l'enseignement qui, dans le sanctuaire, devait préparer le myste à se rendre digne d'obtenir le grade de père-aigle. Nous comprenons surtout que si le *Zend-Avesta* propose Mithra pour modèle de perfectibilité aux hommes de toutes les classes, s'il proclame que ressembler à ce dieu est une source intarissable de bonheur, dans les mystères, être reçu au grade de père-aigle était le gage certain d'une félicité ineffable, puisque ce grade conférait au ınyste les honneurs d'une apothéose qui l'assimilait à Mithra [1]. En même temps nous apercevons distinctement les limites auxquelles devait s'arrêter un enseignement approprié à un degré d'initiation que représente un grade inférieur à deux autres grades d'un ordre encore plus élevé, le grade de *père-épervier*, qui répond à Ormuzd, et le grade de *père des pères*, qui répond au Temps-sans-bornes ou à l'Éternel.

[1] N'oublions pas que, dans un passage cité plus haut (ci-dessus, p. 519), l'auteur des livres attribués à Hermès (*apud* Stob. *Eclog.* I, LII; éd. Heeren) nous présente l'aigle comme doté de qualités qui, telles que la justice et la miséricorde, sont l'apanage des dieux, et en particulier de Mithra, dieu médiateur, chargé d'entretenir l'harmonie dans le monde sublunaire. Cette remarque nous conduit à conjecturer que si les rois de Perse, les rois d'Arménie et les empereurs romains faisaient porter devant eux des sceptres ou des bâtons surmontés d'un aigle, ce signe distinctif était destiné à rappeler tout à la fois que ces princes se croyaient d'origine divine, et que l'exercice de la justice sur la terre est l'apanage de la royauté, parce qu'il est une des prérogatives de cette origine. On peut conjecturer aussi qu'en Occident, après la chute de l'empire romain, le bâton surmonté de la main de la justice remplaça le bâton surmonté d'un aigle.

CHAPITRE XIV.

ONZIÈME GRADE. — GRADE DE PÈRE-ÉPERVIER.

(Deuxième grade divin ou deuxième apothéose.)

Les Chaldéens d'Assyrie, en plaçant au-dessus du grade de père-aigle celui de père-épervier, nous montrent qu'ils n'avaient pas subordonné à la considération de la petitesse des dimensions ou de la taille l'appréciation des qualités physiques, et, s'il est permis de s'exprimer ainsi à l'égard d'un oiseau, l'appréciation des qualités morales de l'épervier comparé à l'aigle. Nous ne trouvons ni dans les fragments qui nous restent de leurs livres sacrés, ni dans la théogonie phénicienne, ni dans le *Zend-Avesta*, les raisons particulières qu'ils avaient eues pour attribuer à l'épervier une supériorité qui tout d'abord nous cause quelque étonnement, à nous qui ne pouvons oublier les proportions majestueuses de l'aigle et la force qui lui permet d'enlever de terre, pour les porter sur des pics élevés, des quadrupèdes d'un poids considérable. Mais, à l'aide des traditions que nous ont conservées soit des écrivains grecs de diverses époques de l'antiquité profane, soit même des écrivains chrétiens qui avaient eu entre les mains des documents dont les originaux se sont perdus, il n'est pas impossible de parvenir à constater qu'en attribuant à l'épervier un rang au-dessus de celui de l'aigle, les Chaldéens et, à leur exemple, les Égyptiens et les Perses, avaient eu égard à l'observation plus ou moins exacte des mœurs et des qualités physiques du premier de ces deux oiseaux. La rapidité de l'épervier et l'excellente vue dont il est doué semblent avoir été surtout les motifs déterminants de cette préférence. Le lecteur en jugera par les citations que je vais réunir ici : c'est d'abord Homère qui, dans l'*Iliade*[1], nous montre Apollon s'élançant des montagnes de l'Ida, « semblable « à l'épervier[2], le plus rapide des oiseaux[3]. » Non content d'avoir ainsi caractérisé cet oiseau, le chantre immortel de la guerre de Troie nous montre, dans

[1] XV, v. 236-238. — [2] Ἴρηκι ἐοικώς. — [3] ὍσΤ᾽ ὤκιστος πετεηνῶν.

l'*Odyssée* [1], un épervier volant à la droite de Télémaque; il le qualifie de « ra-
« pide messager d'Apollon [2], » et nous apprend que, chez les Grecs, les augures tiraient des présages du vol de cet oiseau. Eustathe [3], commentant ce passage, fait remarquer surabondamment que l'épervier est consacré à Apollon
à cause de la vélocité de ses mouvements. Virgile, de son côté, conserve à
l'épervier le caractère que lui donne Homère. Il emploie l'épithète *celer* dans
un vers de l'*Énéide*, où il ne nous dit pas à quelle divinité nominativement on
consacrait cet oiseau, mais où nous apprendrions, si nous ne le savions par
d'autres témoignages, que les prêtres de l'Asie occidentale et de l'Égypte n'é-
taient pas les seuls qui tirassent des augures du vol de l'épervier :

> Celer accipiter saxo sacer ales ab alto.

Plutarque, plus explicite que Virgile, rapporte, dans son traité sur les
oracles de la Pythie [4], que, chez les Grecs, l'épervier est consacré à Apollon.
Son traité sur Isis et Osiris [5] nous enseigne que, chez les Égyptiens, cet oiseau
est l'emblème de la *puissance* et du *principe* [6], et qu'il sert à représenter Osiris.
Sans s'arrêter à rechercher si cette dernière attribution se rattache à des considérations d'un ordre élevé, Plutarque, parmi les raisons d'un ordre très-secon-
daire qu'il se contente d'exposer, rapporte que l'épervier est l'emblème d'Osiris, à cause de l'excellence de sa vue, de la rapidité de son vol, et de la faculté
qu'il a de digérer très-vite sa nourriture. Horapollon, dans le passage important que voici, allègue d'autres raisons et nous fait connaître diverses acceptions
symboliques de l'épervier qui concourent à montrer la puissance et la supériorité pour ainsi dire surnaturelles qu'on attribuait à cet oiseau. « Les Égyp-
« tiens [7], dit-il, quand ils veulent représenter (*idéographiquement*) ou Dieu, ou
« la sublimité, ou l'humilité, ou la supériorité, ou le sang, ou la victoire (ou
« Arès, ou Aphrodite), peignent un épervier. Cet oiseau représente Dieu lui-
« même, soit à cause de sa fécondité, de sa longévité, soit parce qu'il passe
« pour l'emblème du soleil, ayant mieux que tous les autres volatiles la faculté
« de regarder en face et les yeux fixes les rayons de cet astre. Aussi les médecins
« emploient-ils, pour la guérison des maux d'yeux la plante appelée *hieracia* [8];

[1] XV, v. 525, 526.

[2] Ἀπόλλωνος ταχὺς ἄγγελος.

[3] *Ad h. loc.*

[4] Pages 49, 349, Xylander.

[5] Cap. L, LI, p. 371, Xylander.

[6] Τῷ δὲ ἱέρακι (δεικνύντες οἱ Αἰγυπίοι) δύναμιν καὶ ἀρχὴν...

[7] *Hieroglyphica,* I, VI.

[8] Cette plante n'est point le *hieracium sanctum*
des botanistes modernes, mais bien le *tragopo-*

« et quelquefois on peint, sous la forme d'un épervier, le soleil considéré
« comme le maître de la vue. L'épervier représente la sublimité, parce que les
« autres oiseaux, lorsqu'ils veulent s'élever dans les airs, sont emportés oblique-
« ment : seul il s'élève perpendiculairement vers les cieux ; l'humilité, parce que
« les autres oiseaux ne peuvent pas descendre des airs vers les basses régions
« sans décrire une ligne oblique : seul l'épervier descend en ligne perpendicu-
« laire ; la supériorité, parce qu'il est réputé supérieur à tous les autres oiseaux ;
« le sang, parce que, dit-on, il boit non de l'eau, mais du sang ; la victoire,
« parce qu'il passe pour vaincre tous les autres volatiles. En effet, est-il atta-
« qué par un oiseau plus vigoureux que lui, il se renverse sur le dos, au milieu
« des airs, de telle manière que ses serres soient en haut, ses ailes et les par-
« ties postérieures de son corps en bas. Dans cette position, il engage la lutte :
« et l'oiseau qu'il a pour adversaire, ne pouvant l'imiter, est infailliblement
« vaincu [1]. »

Si, en même temps, nous consultons, dans Stobée [2], les fragments qu'il
nous a conservés des livres attribués à Hermès, nous y trouvons la supériorité de l'épervier sur l'aigle indiquée d'une manière formelle, mais en
termes très-laconiques. « L'aigle, y est-il dit, cherche l'éther ; la colombe
« l'air qui est près de l'éther ; l'épervier habite la région supérieure à toutes
« les autres [3]. »

---

gon *picroides* de Linné. Pline (XX, xxvi, 1 et 2 ;
éd. Littré) la range parmi les diverses espèces de
laitues sauvages dont il fait mention. « Celle,
« dit-il, qui a les feuilles rondes et courtes, est
« appelée, par quelques-uns, *hieracia*, parce que
« l'épervier (ἱέραξ), en la grattant et en s'hu-
« mectant les yeux avec le suc, s'éclaircit la vue
« quand il sent qu'elle est trouble. Le suc de toutes
« est blanc, et, pour les propriétés, semblable au
« pavot..... Il guérit toutes les maladies des
« yeux, (mêlé) avec du lait de femme..... » Ici
le naturaliste romain ne se borne pas à désigner
nominativement chacune de ces maladies, il indique aussi plusieurs autres affections morbides
du corps que guérissent le suc, les feuilles ou
les têtes de la *hieracia*, et quelques animaux venimeux dont elle neutralise le poison. De tous les
détails où il entre, on est en droit de conclure
que la *hieracia*, comme toutes les plantes que

l'antiquité rattachoit par leur nom à quelque divinité, à quelque symbole religieux, jouait un
grand rôle dans la thérapeutique des peuples de
l'Orient et de l'Occident. Elle est pour nous un
nouvel exemple du lien étroit qui unissait la médecine à la théologie, et une nouvelle preuve en
faveur de l'opinion qui fait naître dans les sanctuaires de la religion l'art médical des anciens,
aussi bien que toutes leurs autres sciences. Les
vertus particulières qu'on attribuait à une pierre
qui tirait de l'épervier son nom grec, ἱεραχίτης,
fortifient aussi cette opinion. Les données nous
manquent pour rapporter la *hiéracite* à une espèce minérale déterminée.

[1] Voyez sur tout ce chapitre vi du livre Ier
d'Horapollon les savantes remarques du dernier
éditeur, M. Leemans, p. 146 et suiv.

[2] *Eclog.* I, lii.

[3] ...Οἱ δὲ ἱέραχες ὑπεράνω τούτων.

Porphyre, dans sa lettre à l'Égyptien Anebon, citée par Eusèbe [1], dit que, chez les Égyptiens, certains animaux, par un instinct supérieur et par des rapports plus intimes avec les divinités, passent pour être plus agréables aux dieux que les hommes mêmes. « Ainsi, ajoute-t-il, l'épervier est chéri du So-« leil, parce que sa constitution physiologique est formée de sang et d'air ou de « vent, qu'il a compassion de l'homme, qu'il gémit en voyant un cadavre hu-« main et qu'il répand de la terre sur ce cadavre. » Plus loin [2], le même phi-losophe néoplatonicien rapporte qu'à Apollonopolis la seconde lumière de la lune [3] est l'objet d'un culte particulier, et qu'on l'y représente sous le symbole d'un *homme à tête d'épervier* [4] terrassant avec son javelot ($\sigma\iota\varepsilon\acute{v}\nu\eta$) Typhon, figuré sous la forme d'un hippopotame « Le corps de cette statue, poursuit-il, « est de couleur blanche, ce qui indique la lumière lunaire ; la tête d'éper-« vier signifie que la lune reçoit du soleil la lumière et le souffle ou l'esprit « ($\varpi\nu\varepsilon\tilde{v}\mu\alpha$). » — « En effet, remarque Porphyre, l'épervier est consacré au So-« leil ; il est tout à la fois, pour les Égyptiens, le symbole de la lumière par « la hauteur à laquelle il s'élève dans la région lumineuse (solaire), et le sym-« bole de l'air ou du vent par la rapidité de son vol. » Dans un de ses traités [5], le même philosophe, énumérant les animaux qui, chez les Grecs, jouissent du privilége d'annoncer la présence des dieux, a soin de nous dire que l'éper-vier, comme le corbeau, est le précurseur d'Apollon. Il ajoute [6] que la vue de cet oiseau est bien supérieure à la nôtre. Plus loin [7], il n'oublie pas de nommer l'épervier parmi les oiseaux consacrés au soleil [8].

Ælien [9] nous reporte en Égypte quand il affirme avoir entendu dire que les éperviers, avant l'inondation annuelle du Nil, se dépouillent de leurs vieilles plumes pour en laisser pousser de nouvelles, qu'il compare à la beauté du feuillage nouveau dont les arbres se couvrent chaque année. Par là, sans aucun doute, il constate indirectement les rapports intimes que l'antiquité égyptienne avait établis entre le soleil et l'épervier. Il nous ramène en Grèce lorsque, commentant [10] sans transition un passage d'Aristophane, il admet,

---

[1] *Præpar. evang.* III, iv, p. 94 C D, ed. Vi-ger; p. 104-105, ed. Heinichen.

[2] *Ibid.* cap. xii, p. 116 C D.

[3] C'est-à-dire la lune dans son premier quartier.

[4] On voit clairement ici que, chez les Égyp-tiens, comme, à une certaine époque, chez plu-sieurs peuples de l'Asie occidentale, la lune était considérée comme une divinité mâle.

[5] *De abstin.* III, v.

[6] *Ibid.* III, xxiii.

[7] *Ibid.* IV, xvi.

[8] Voyez, sur l'épervier, symbole du soleil, con-sidéré comme planète, les remarques de M. Seyf-farth (*Syst. astronom. Ægypt.* p. 155).

[9] *De animal. nat.* XII, iv.

[10] *Ibid.*

avec le célèbre comique, plusieurs sortes d'éperviers, c'est-à-dire il confond, avec Aristophane, sous le nom générique d'*éperviers*, plusieurs oiseaux de proie dont les naturalistes modernes font, avec toute raison, autant d'espèces distinctes. Parmi ces oiseaux, il désigne nominativement comme ministres d'Apollon le *perdicarius* et l'*ocyptéros*, qui, pour lui, par conséquent, sont des espèces d'épervier.

Saint Isidore, d'après une tradition puisée à une source ancienne, qu'il ne nous fait pas connaître, nous dit que « l'épervier est plus fort par son courage « que par ses serres; dans un petit corps, ajoute-t-il, cet oiseau porte un grand « cœur[1]. » Cette vaillance, cette ardeur belliqueuse est énergiquement peinte dans ce vers d'Ovide[2], où l'humeur pacifique du chantre de l'*Art d'aimer* se révèle à tous les yeux :

> Odimus accipitrem quia semper vivit in armis.

Aussi lisons-nous dans Ælien[3] que l'épervier, parvenu à l'âge où il a atteint toute sa croissance et toute sa force, ne redoute pas d'avoir à combattre un renard, un aigle, un vautour. Mais il est à propos de faire remarquer que, sous la dénomination générique de ἱέραξ, épervier, Ælien[4], comme Pline[5] sous celle d'*accipiter*, comprend diverses espèces d'oiseaux de proie dont la plupart sont plus grands et plus forts que l'épervier proprement dit. Il avance, par exemple, que le ἱέραξ n'est pas inférieur à l'aigle (ἀετός, αἰετός). Le naturaliste romain n'ignorait pas les habitudes guerroyantes de l'épervier. « Cet oi- « seau, dit-il[6], fait à l'aigle une guerre à mort; on les prend souvent accrochés « l'un à l'autre. » Ælien[7] ne parle que de l'antipathie particulière qui existe entre l'épervier de mer ou pélagien et le corbeau, et de la guerre qu'ils se font entre eux; mais une allusion indirecte à l'opposition observée ou supposée entre

---

[1] « Accipiter avis animo plus armata quam « ungulis, virtutem majorem in minore corpore « gestans. » (*Origin.* XII, vii; éd. de Du Breul.)

[2] *Ars amator.* II, v. 147; ed. Burmann.

[3] *De natur. animal.* II, xlii.

[4] *Ibid.* II, xlii; XXII, iv.

[5] Selon Pline (*Hist. nat.* X, ix, 1; x, 1), on comptait seize espèces d'éperviers (*accipitr*); il entre à cet égard dans des détails qui prouvent évidemment que, parmi ces seize espèces, on rangeait des oiseaux de proie bien supérieurs par leur taille à l'épervier ordinaire, et, de plus, des oiseaux de nuit et des oiseaux de jour, qui n'appartiennent nullement à la même famille. Tels sont, par exemple, le *cymindis* ou la grande chouette-épervier (*strix urallensis*, Pallas) et le coucou, que le naturaliste romain commet la singulière erreur de prendre pour un épervier (*accipiter*), « qui change de figure à une certaine « époque de l'année. »

[6] *Hist. nat.* X, x, 1.

[7] *De natur. animal.* VI, xlv.

l'épervier et l'aigle se découvre facilement dans son traité, soit lorsqu'il affirme[1] que l'épervier combat l'aigle, soit lorsqu'il nous dit[2] que les éperviers sont réputés bâtards s'ils ont quelque ressemblance avec ce dernier oiseau. Pline nous apprend de plus[3] qu'en Thrace les éperviers chassent avec les hommes; et il remarque qu'ils s'abstiennent de manger le cœur des oiseaux devenus leur proie. C'est ce que répète Ælien[4], mais en ajoutant que les initiés font de même à l'égard des oiseaux offerts en sacrifice. Moins avare que Pline de renseignements sur les idées religieuses que l'antiquité attachait à l'épervier, il entre dans quelques autres détails que je supprime parce qu'ils sont simplement une confirmation des témoignages qui déjà nous ont fait connaître, chez les Égyptiens et chez les Grecs, l'attribution de cet oiseau au Soleil adoré sous des noms divers. Il n'a garde, par exemple, d'omettre de citer les vers où Homère compare Apollon ou Phœbus à l'épervier[5]; il fait même allusion[6] à d'autres vers du grand poëte, qui ne nous sont point parvenus et qui l'autorisent à dire que Homère semble insinuer que l'épervier est agréable non-seulement à Apollon, mais aussi à Latone. Cette dernière remarque n'est pas sans importance, car nous trouverons plus loin l'épervier consacré à Vénus, et par là s'établit entre Latone, mère d'Apollon et de Diane, et Vénus, qualifiée mère des dieux, une identité primitive ou du moins des rapports particuliers que j'ai eu ailleurs l'occasion de signaler. Ælien, dans un autre écrit[7], ajoute qu'on a donné pour symbole à Apollon l'épervier, parce que cet oiseau est habile à prédire[8]. Son traité sur la nature des animaux renferme, outre le passage relatif à Latone, quelques autres renseignements théologiques qui ne méritent pas moins d'être rapportés ici, et dont un va nous montrer qu'en Égypte on attribuait au seul épervier une des facultés particulières que les Grecs et les Romains reconnaissaient exclusivement à l'aigle. Les Égyptiens, dit Ælien[9], consacrent l'épervier à Apollon, que, dans leur langage, ils nomment Ôron (Hôrus); ils croient qu'il existe des rapports entre ce dieu et cet oiseau, parce que seul l'épervier a la faculté de regarder fixement les rayons du soleil. Dans un chapitre précédent[10], il avait raconté qu'en Égypte certains prêtres d'Apollon sont appelés *éleveurs d'éperviers* (ἱερακόβοσκοι) et ont pour charge de nourrir

---

[1] *De natur. animal.* II, XLII.
[2] *Ibid.* II, XLIII.
[3] *Hist. nat.* X, x, 1.
[4] *De natur. animal.* II, XLII.
[5] Ci-dessus, p. 531.
[6] Ouvr. cité, X, XIV.
[7] *Var. histor.* VI, I, 8.
[8] Il le qualifie μαντικὸν ὄρνεον.
[9] *De natur. animal.* X, XIV.
[10] *Ibid.* VII, IX.

et de soigner les éperviers de ce dieu. Ces oiseaux, nous apprend-il aussi [1], avaient donné lieu à l'institution d'une fête qui nous rappelle celle que les Grecs instituèrent en l'honneur des colombes sacrées.

A défaut d'autres traditions grecques ou romaines, et pour le dire en passant, l'éminence du rôle anciennement assigné à l'épervier dans la liturgie ou dans les mystères importés de l'Asie occidentale chez les Hellènes se révèle à tous les yeux par le nom seul que porte cet oiseau dans la langue grecque, ἱέραξ, *l'oiseau sacré*, par excellence [2]. Une telle qualification nous avertit qu'à une époque fort reculée, les Grecs comme les Chaldéens, les Assyriens, les Phéniciens et les Égyptiens, reconnaissaient à l'épervier une supériorité réelle sur l'aigle. Mais il ne paraît pas, du moins en dehors des sanctuaires où se célébraient les mystères de la religion, avoir conservé, chez les Grecs et chez les Romains, cette supériorité; et nous voyons plus tard, chez ces deux peuples, l'aigle obtenir tous les honneurs dus au premier rang.

Plutarque [3] ne semble pas avoir ignoré que l'épervier était consacré non-seulement à Osiris, considéré comme roi des vivants, mais aussi à Osiris roi des morts ou des âmes. Du moins nous montre-t-il qu'il connaissait parfaitement le sens funéraire attribué en Égypte à cet oiseau symbolique; car il a soin de noter que, selon une croyance générale parmi les Égyptiens, l'épervier vole sur les cadavres privés de sépulture, et leur jette de la terre sur le visage. Le grand rituel funéraire du musée royal de Turin nous fournit de précieux renseignements, qui servent d'ample commentaire à ce passage de Plutarque. Le chapitre LXXVII [4] nous apprend que l'*épervier d'or* est la première transformation subie par l'*osirien* [5], après les épreuves et les combats

---

[1] *De nat. animal.* II, XLIII.

[2] A l'appui de mon opinion, on peut aussi, ce semble, tirer un argument de la multiplicité des mots grecs dans la composition desquels est entré le nom de l'épervier ἱέραξ.

[3] *Loc. cit.*

[4] Édit. de M. Lepsius.

[5] En me servant ici de la qualification d'*osirien*, j'y attache un sens beaucoup plus élevé que ne le faisait Champollion le jeune. Depuis lui, les philologues ont remarqué que, dans les papyrus funéraires où cet académicien se croyait autorisé à traduire par *Osirien* le nom d'Osiris lorsqu'il est immédiatement placé après le nom du dé-

funt, aucun signe grammatical ne justifie cette transformation du nom propre d'Osiris en un adjectif. Ils pensent que, dans ce cas, il s'agit d'une apothéose, et qu'il faut lire, *un tel-Osiris*, c'est-à-dire devenu semblable à Osiris. Ils s'appuient non-seulement sur l'absence de tout signe grammatical propre à transformer un nom en adjectif, mais aussi sur le témoignage de plusieurs monuments funéraires dont les peintures représentent les parents du défunt rassemblés autour de son image et lui rendant les honneurs divins. Je suis très-porté à adopter une opinion qui me permet d'établir un rapprochement intéressant entre l'apothéose décernée, chez les Égyptiens,

décrits dans le chapitre LXXVI. Cette transformation me paraît correspondre à celle que, dans les mystères de Mylitta et dans les mystères de Mithra, subit l'initié lorsque, parvenu à la région de l'or, il est reçu au grade d'*hélios* ou soleil et en revêt les insignes. Au chapitre LXXVIII du rituel cité, l'*épervier divin* devient la deuxième transformation de l'osirien. Celle-ci, sans aucun doute, s'identifie avec la métamorphose de l'initié admis au grade de père-épervier, qui l'assimile à Bélus, à Mylitta ou à Ormuzd, ainsi que je l'expliquerai tout à l'heure. C'est bien certainement à l'une des deux transformations indiquées dans le grand rituel funéraire de Turin qu'il faut rapporter une image qui se voit sur un beau manuscrit hiéroglyphique cédé par M. Thédenat à la Bibliothèque impériale de Paris. Champollion le jeune[1], parlant de cette image, la décrit en ces termes : « L'âme vivante de l'*osirienne*[2] Tentamon, sous la forme « d'un épervier à tête humaine non barbue. »

Dans le grand rituel funéraire de Turin, il n'est pas fait mention d'une troisième métamorphose ; tandis que, dans les sanctuaires de l'Asie occidentale, une troisième et dernière phase de l'initiation aux trois grades divins assimilait l'âme du myste au *père des pères*, c'est-à-dire à l'Éternel, ainsi que nous le verrons dans le chapitre du douzième grade.

Remarquons ici que le grand rituel funéraire de Turin, d'accord sur ce point avec les peintures des catacombes royales de Thèbes et avec les peintures des cercueils et des enveloppes des momies égyptiennes, nous montre Phtha *hiéracocéphale* assistant à diverses scènes où l'on reconnaît facilement l'âme du défunt.

Remarquons aussi que, de même que l'épervier, dans le système religieux des Égyptiens, se montre à nous avec le double sens de symbole de vie et de symbole funéraire, nous allons le trouver sous ces deux aspects dans la théogonie des Assyriens, des Phéniciens et des Perses et dans l'institution des mystères inventés par les Chaldéens d'Assyrie. Mais auparavant, pour épuiser ce que j'avais à dire du rôle que remplissait l'épervier chez les Égyptiens, je dois

---

à d'autres personnages qu'aux rois, et l'apothéose décernée, sans distinction de rang et de naissance, à tous les mystes qui, dans les sanctuaires de l'Asie occidentale, parvenaient à un des trois grades divins des mystères. Je ne trouverais même aucune objection à élever contre l'interprétation proposée par quelques-uns des successeurs de Champollion, lorsque le nom d'O-

siris suit le nom propre d'un personnage du sexe mâle. Mais je me demande comment il faut traduire lorsque le nom du dieu suit le nom propre d'une femme, comme c'est le cas dans une inscription hiéroglyphique funéraire dont je parle plus loin.

[1] *Panth. égypt.* explication de la planche XIV, *B*.
[2] Voyez note 5 de la page précédente.

faire ici une mention particulière d'un passage d'Eusèbe, ce même écrivain chrétien dont le témoignage nous sera si précieux dans la question du symbole de l'épervier chez les Perses. Le savant évêque de Pamphilie, après avoir rapporté qu'en Égypte cet oiseau rend le service de détruire les scorpions, les serpents-cérastes et beaucoup d'autres petits animaux malfaisants, nous dit que les augures égyptiens tirent de l'épervier plusieurs pronostics. Par là il nous apprendrait, si nous ne le savions déjà, que, dans ce pays éminemment religieux, l'oiseau dont nous nous occupons était le symbole de plus d'une divinité. Les auteurs anciens que j'ai cités et une multitude de monuments figurés égyptiens ne laissent aucun doute sur ce point.

Enfin, si nous consultons, à leur tour, les écrivains modernes, nous complétons nos renseignements sur l'histoire naturelle de l'épervier en apprenant d'eux que cet oiseau est une espèce très-nombreuse et répandue partout; que le mâle et la femelle sont assez faciles à apprivoiser; qu'on les dresse pour la chasse aux perdreaux et aux cailles; que la rapidité de leur vol est bien supérieure à celle de l'aigle; qu'en hiver ils font une prodigieuse destruction des petits oiseaux, refusant encore plus que l'aigle de se nourrir avec de la chair morte et ne s'attaquant qu'à des proies vivantes. Cette dernière observation n'avait point échappé à l'attention des prêtres égyptiens. Horapollon [1], après avoir dit que l'épervier est le symbole de l'âme, en donne la raison dans cette phrase : «parce que cet oiseau ne boit pas de l'eau, mais du sang, qui est la «nourriture de l'âme.» Toute l'antiquité, je l'ai déjà dit, croyait en effet que l'âme réside dans le sang et que même, si elle a abandonné sa demeure céleste pour descendre sur la terre et s'unir au corps humain, c'est qu'elle se sentait attirée vers le sang avec un attrait irrésistible.

Remarquons enfin que, parmi les observations consignées dans les écrits des naturalistes modernes, celles qui se rapportent à la rapidité du vol de l'épervier et à la faculté qu'ont le mâle et la femelle de cette espèce de se laisser apprivoiser, méritent une attention particulière : elles ne contribuent pas peu à nous expliquer pourquoi, dans l'institution des mystères, le grade de père-épervier est placé au-dessus de celui de père-aigle, qui tire sa dénomination d'un oiseau dont la force et les grandes proportions semblaient, au contraire, devoir fixer le rang au-dessus de l'épervier. L'aigle n'est pas susceptible d'être apprivoisé, et son vol, plus majestueux que celui de l'épervier, est

---

[1] *Hieroglyph.* VII.

infiniment moins rapide. Par là, l'aigle se montre inférieur à l'épervier sous
le double rapport des facultés intellectuelles et des qualités physiques. Je m'explique sur ce dernier point en disant que la nature a refusé à l'aigle cette rapidité de mouvement et d'action qui a permis aux Chaldéens de faire de l'épervier un symbole de la rapidité de la parole et un messager rapide des volontés
d'un dieu créateur du monde.

Ce long préambule était indispensable pour suppléer au silence du *Zend-
Avesta* et de tous les écrivains de l'antiquité sur les raisons qui avaient porté
les Chaldéens à choisir l'épervier pour être le symbole déterminatif d'un des
trois grades divins dans les mystères, et pour représenter un dieu créateur
supérieur à Mithra. Les seuls passages que nous fournissent sur cet oiseau les
livres sacrés des Parses sont très-succincts et ne se trouvent même que dans la
partie la moins ancienne de ces livres, le *Boun-dehesch*. Mais on peut, avec
toute probabilité, compter ces passages au nombre de ceux que l'auteur de
cette compilation avait tirés des portions du code religieux et encyclopédique
de Zoroastre qui ne nous sont pas parvenues. Voici ces passages :

« Il est dit (dans la loi) [1] que le *kareschfat* sait parler. Il a porté la loi dans
« le *Vardjemguerd* [2], l'a fait aller (pratiquer) ; il prononce l'Avesta dans la langue
« des oiseaux [3]. » Plus loin, on lit : « Le premier des oiseaux est l'aigle, qui est
« de trois espèces ; avec lui (son égal) est le grand kareschfat (espèce d'éper-
« vier), qui est appelé *tchergh*. C'est lui qui a porté la loi dans le Vardjem-
« guerd [4]. » Or la parenthèse placée ici par le traducteur du *Boun-dehesch*,
après le nom kareschfat, ne nous laisse aucun doute sur l'identité de cet oiseau avec l'épervier [5].

Cette identité ressort non moins certainement des fonctions attribuées ici
à l'épervier et du rapprochement d'un passage déjà cité de la Préparation
évangélique d'Eusèbe [6] ; car si nous venons de lire dans le *Boun-dehesch* que

---

[1] *Boun-dehesch*, XIX, p. 387 du tome II du
Zend-Avesta.

[2] Pays qui fut peuplé par Djemschid ; il comprenait l'Irak Aadjemi et s'étendait dans le sud-
est jusqu'au Seistan. (Voyez Anquetil du Perron,
Zend-Avesta, t. I, 2ᵉ partie, p. 272, 275.)

[3] *Boun-dehesch*, XIX ; *Zend-Avesta*, t. II,
p. 387.

[4] *Boun-dehesch*, XXIV ; *Zend-Avesta*, t. II,
p. 398.

[5] Remarquons seulement qu'Anquetil (*Zend-
Avesta*, t. I, 2ᵉ partie, p. 279, note 1) écrit ailleurs
karespat au lieu de *kareschfat*, différence de
forme qui ne tient qu'à la manière de lire ou de
prononcer ce nom. Il n'en est pas de même du
mot *tchergh*, qui semble être le nom simple de
l'épervier, tandis que *kareschfat* ou *karespat* serait un nom composé, dont la signification n'est
pas indiquée par le traducteur du traité.

[6] I, x, p. 42.

le *kareschfat* sait parler et qu'il a porté l'Avesta chez les Iraniens, nous ne pouvons avoir oublié qu'Eusèbe[1] affirme, vraisemblablement d'après Philon de Byblos, que, dans les livres de Zoroastre, Ormuzd était représenté avec une tête d'épervier. Or nous savons que Zoroastre prétendait avoir reçu de ce dieu lui-même les doctrines exposées dans l'Avesta, et que les nosks les plus importants, les plus sacramentels, sont un recueil de prescriptions censées faites à Zoroastre par Ormuzd ou de réponses du dieu aux questions que lui adressait ce législateur. C'est donc bien à tort que Kleuker, dans ses Appendices à sa traduction allemande de la version française du *Zend-Avesta*, substitue le mot *aigle* au mot *épervier*, dont se sert Eusèbe[2]. Il montre par là qu'il ignorait complétement l'attribution de l'aigle à Mithra, et qu'il n'avait tenu aucun compte du passage fondamental où Eubule, cité par Porphyre[3], mentionne plusieurs des douze grades des mystères de Mithra, et, les énumérant dans un ordre progressif, conforme aux autres textes, aux monuments figurés et aux observations que j'ai produites dans les chapitres précédents, a soin de placer au-dessus du grade de père-aigle le grade de père-épervier.

Le passage précieux d'Eusèbe me donne lieu d'en citer un autre du même écrivain, où nous trouvons la preuve que, chez les Égyptiens, comme chez les Assyriens et les Perses, l'épervier était un des symboles d'un dieu créateur du monde, et que, de plus, il entrait à ce titre dans la composition d'un emblème religieux qui offre une remarquable analogie avec l'emblème de la triade divine des Assyriens, des Phéniciens et des Perses. «Au surplus, dit «Eusèbe[4], les Égyptiens, voulant représenter le monde, tracent un cercle dont «la couleur est celle de l'air, et qu'ils parsèment de flammes[5]. Au milieu de ce «cercle, ils placent un serpent qui a la forme d'un épervier aux ailes éployées. «L'ensemble de cet emblème affecte la forme d'un thêta grec.» Ce passage un peu obscur et tracé de la main d'un écrivain qui très-probablement n'était pas familiarisé avec l'art d'analyser les emblèmes religieux et de les décrire, acquiert, pour cette raison même, un degré réel d'intérêt lorsqu'on le rapproche d'une peinture publiée par Champollion le jeune, et représentant

[1] Voyez à ce sujet Zoëga, *Abhandlungen*, p. 139, éd. Welcker.

[2] Voyez Kleuker, *Anhang zum Zend-Avesta*, t. II, 3ᵉ partie, p. 125.

[3] *De abstin.* IV. xvi.

[4] Ouvrage cité, I, x, p. 40 et 41.

[5] Cf. le passage d'Ézéchiel ou de Daniel sur les roues de feu ou de flammes attachées au bas de la figure qui, chez les Babyloniens, représentait l'ancien des jours, c'est-à-dire le Temps-sans-bornes ou l'Éternel.

un épervier à ailes éployées et la tête surmontée d'un disque rouge auquel est attaché, de chaque côté, un serpent de l'espèce de l'*uræus*[1]. Le savant égyptologue considère cette peinture comme l'image du *soleil, roi du monde*. Son interprétation, le passage d'Eusèbe que je viens de citer et le passage de Porphyre que j'ai rapporté plus haut d'après le même écrivain, s'accordent à nous montrer que, chez les Égyptiens, comme chez les peuples civilisés de l'Asie occidentale, j'en ai déjà fait la remarque, l'idée du dieu créateur appelé ici le *bon principe*, et là le *bon génie, Agatho-Dæmon*, avait fini par se confondre avec l'idée du soleil[2]. De ce rapprochement ressort une nouvelle preuve en faveur de l'attribution de l'épervier à Ormuzd et de l'identité de la signification symbolique qu'avait cet oiseau chez les Assyriens, les Phéniciens, les Perses et les Égyptiens. Répétons ici que, chez les Grecs, même à une époque ancienne, nous voyons l'épervier qualifié «messager rapide d'Apollon[3],» dieu créateur et solaire, d'origine asiatique.

Enfin, parmi les témoignages historiques recueillis à une source orientale par le docte et véridique Hérodote, il en est un déjà cité plus haut[4] où l'on peut, sans beaucoup de peine, saisir une allusion à l'attribution de l'épervier au dieu Ormuzd. L'historien grec nous aide lui-même à soulever le voile qui semble couvrir cette allusion. Car, après avoir raconté[5] que Darius, Otanès et cinq autres seigneurs perses formant ensemble un conseil de sept chefs conjurés, étaient encore à délibérer sur le parti à prendre contre les mages, lorsqu'ils aperçurent sept couples d'éperviers qui poursuivaient et mettaient en pièces deux couples de vautours; après nous avoir dit qu'à cette vue, et pleins de confiance en un tel présage, les sept conjurés, se rangeant tous à l'avis de Darius, agir sans plus tarder, marchèrent sur le palais et en obtinrent facilement l'entrée, il a soin d'ajouter[6] : « Ils marchaient, en effet, sous la conduite «des dieux.... ... » Les sept couples d'éperviers marquaient donc la présence des dieux, c'est-à-dire la présence des sept amschaspands ou excellents immortels qui, dans le système théogonique de Zoroastre, sont à la fois la manifestation, les conseillers et les agents d'Ormuzd[7]. Les dernières paroles d'Hérodote nous montrent que cette interprétation s'était présentée à son esprit,

---

[1] Voyez *Panthéon égyptien*.

[2] Voyez mes *Recherches sur le culte du cyprès* (*Mémoires de l'Académie des inscriptions*, t. XX, 2ᵉ partie).

[3] Homère, *Odyss.* v. 526.

[4] Ci-dessus, p. 277.

[5] III, LXXI.

[6] III, LXXVII.

[7] Ci-dessus, chap. V, 1ʳᵉ section.

comme elle se présente au nôtre. Elle nous permet de remarquer que si, dans
le chapitre du grade de père-aigle, nous avons vu ce dernier oiseau représenter symboliquement Mithra, et trente aigles représenter les trente izeds
qui sont la manifestation, les conseillers et les agents de ce dieu, un parallé-
lisme évident ressort du récit où nous venons de constater que sept couples
d'éperviers représentaient les sept amschaspands ou agents d'Ormuzd, représenté lui-même, selon d'autres témoignages, soit sous les traits d'une figure
humaine à tête d'épervier, soit, comme on peut le supposer, sous la forme
d'un seul épervier.

Un cylindre d'hématite et un sceau d'agate brûlée sont, jusqu'à ce jour, les
deux seuls monuments asiatiques figurés que je puisse rapporter au grade de
père-épervier. J'ai d'avance fait pressentir cette rareté de témoignages en éta-
blissant, d'après des observations qui remontent à plus de trente années, que
le nombre des monuments de l'art propres à chaque grade avait nécessairement dû, dans l'antiquité, être proportionnel au rang inférieur ou au rang
supérieur qu'occupait ce grade sur l'échelle psychologique qui marquait les
divers degrés du mouvement descendant et du mouvement ascendant des
âmes. L'inégalité des facultés intellectuelles départies à chaque membre de la
société humaine nous avertit suffisamment que, parmi les initiés admis à la
célébration des mystères, il s'en trouvait bien peu qui pussent offrir aux mages
initiateurs le degré d'intelligence, les connaissances préliminaires et la persévérance indispensable pour être jugés admissibles à un grade aussi élevé que
l'était celui de père-épervier. Mais avant d'essayer de tracer ici le programme
de l'enseignement qui précédait cette initiation et qui n'embrassait pas moins
que l'exposition du mystère de la création et des phénomènes propres aux
divers ordres de choses dont se compose le monde créé, occupons-nous des
deux petits monuments figurés que je viens d'annoncer, et regrettons en
passant que les injures du temps, de ce maître inexorable qui ne respecte
aucun ouvrage sorti de la main des hommes, aient détruit en Perse, comme en
Assyrie, les grands bas-reliefs royaux qui retraçaient une circonstance quelconque de l'initiation du roi au grade de père-épervier, de même que d'autres
bas-reliefs royaux encore subsistants nous ont offert la représentation de l'initiation du roi de Perse ou du roi d'Assyrie. Ce regret est d'autant plus légitime
que nos deux petits monuments sont beaucoup moins explicites que la plupart de ceux dont j'ai produit les dessins dans les dix chapitres précédents.

Le cylindre n'est pas inédit : déjà Caylus, qui en était le possesseur, l'avait publié dans son *Recueil d'antiquités*[1]. Il appartient aujourd'hui à la Bibliothèque impériale, et a été reproduit par Frédéric Münter[2] et par Raoul Rochette[3]. Mais chaque fois le dessin qu'on a publié laisse beaucoup à désirer; et, il faut bien le dire, les commentaires dont ce petit monument a été le sujet n'ont pas conduit à en proposer une interprétation satisfaisante. J'en ai donné d'avance la raison : aucun de mes devanciers n'a eu l'idée de rapporter aux initiations les cylindres et les cônes asiatiques, non plus que certains bas-reliefs de Persépolis, de Khorsabad et de Nemrôd; aucun d'eux n'a même pris pour base de ses interprétations ou de ses conjectures une considération d'un ordre général. De là cette divergence, cette confusion d'opinions que l'on remarque dans ces interprétations, dans ces conjectures. Pour ma part, fidèle au système d'interprétation que j'ai suivi dans les chapitres précédents, je ne puis examiner attentivement le petit cylindre dont il s'agit, et dont je place un dessin exact[4] sous les yeux du lecteur, sans y reconnaître une scène d'initiation analogue à celles que nous ont offertes un grand nombre d'autres cylindres, mais caractérisée ici par le symbole du grade qui nous occupe, un épervier. C'est en effet un oiseau de cette espèce qu'il faut reconnaître[5] au-dessus d'une croix ansée placée derrière une prêtresse debout, vêtue d'une courte tunique à plis horizontaux, et armée d'une espèce d'épée et d'une harpé qu'elle tient l'une et l'autre élevées. Une seconde prêtresse fait face à celle-ci; elle est vêtue comme la première, mais paraît être d'un ordre supérieur, car à ses épaules sont attachées deux grandes ailes ascendantes. De la main gauche elle tient une longue lance, dans la main droite elle porte un objet indécis. Entre ces deux prêtresses initiatrices, on remarque, dans le bas du cylindre, un oiseau de proie qui, par ses formes et sa taille, ne saurait être confondu avec l'épervier gravé au-dessus de la croix ansée. Je reconnais ici un aigle, et je puis dire avec toute franchise que mon opinion sur ce point est parfaitement indépendante d'une considération qui aurait pu me la suggérer : savoir, qu'il est conforme à la composition d'un grand nombre de cylindres asiatiques de trouver réunis sur un petit monument de cette espèce le symbole du grade auquel il se rapporte et le symbole du grade qui, dans la hiérarchie des degrés d'initiation, précède immédiatement celui-ci. Au revers

---

[1] Tome V, p. 37, 38; pl. XIII, n°° 4 et 5.

[2] *Relig. der Babylonier,* p. 98, pl. I, n° 11.

[3] *Mémoires de l'Acad. des inscr.* t. XVI, 2° partie, p. 366, 337; pl. III, n° 1.

[4] Atlas, pl. XXXIV, n° 6.

[5] Raoul Rochette (*loc. cit.* p. 367) n'a pas hésité à le désigner sous le nom d'épervier.

du cylindre, on voit un myste femelle placé devant la prêtresse qui doit lui servir de marraine. L'attitude de ces deux personnages indique que le premier implore en sa faveur l'intervention du second, et que celui-ci ne la promet pas sans des recommandations préalables. Suivant un usage constaté à nos yeux par le témoignage de beaucoup d'autres cylindres, le myste, par sa petite taille, semble être un pygmée auprès des trois grandes figures qui sont en scène avec lui. Cette scène, d'après les observations qui précèdent, doit être considérée, si je ne me trompe, comme une cérémonie préparatoire où un myste, déjà admis au grade de père-aigle, reçoit les instructions nécessaires pour se disposer à obtenir le grade de père-épervier, immédiatement placé au-dessus de celui-là. Le sexe de ce myste et les preuves nombreuses que nous avons de l'institution de plusieurs ordres de prêtresses dans les mystères ne nous autorisent-ils pas à supposer, malgré le silence des auteurs sur ce point, qu'au titre de *père-aigle* et à celui de *père-épervier*, dont étaient revêtus les initiés du sexe mâle, devaient correspondre, pour les initiés du sexe féminin, les titres de *mère-aigle* et de *mère-épervier*. N'avons-nous pas vu déjà Eubule, cité par Porphyre, nous apprendre que, dans les mystères de Mithra, les femmes admises au grade de lion recevaient chacune le titre de *lionne* [1]? Dans les religions asiatiques où la prééminence fut transférée d'un dieu mâle ou androgyne à une divinité femelle, ne voyons-nous pas celle-ci qualifiée *mère des dieux?* et cette qualification n'équivaut-elle pas à celle de *père des pères* que nous allons trouver tout à l'heure appliquée au grade qui, chez les Perses, dominait tous les autres et assimilait le myste au dieu suprême, le Temps-sans-bornes ou l'Éternel?

Une autre remarque m'est suggérée par notre cylindre; celle-ci s'applique à la présence de la croix ansée sur ce petit monument. Il est évident qu'ici, comme sur quelques médailles phéniciennes, l'association de l'épervier à un signe reconnu pour être le symbole de la vie spirituelle est pleinement justifiée par les idées qu'on attachait au grade de père-épervier, et surtout par l'apothéose qui était la conséquence de l'admission à ce grade. Mais il est beaucoup moins facile de découvrir quelle est l'origine de la croix ansée. Appartient-elle à l'Asie occidentale ou à l'Égypte? et si l'Égypte est sa patrie, ce signe y a-t-il été formé sans le secours d'une écriture importée de l'Asie occidentale? Dans un mémoire que j'ai lu devant l'Académie des belles-lettres,

---

[1] Ci-dessus. ch. vi. 2ᵉ section.

à la suite d'une discussion qui s'était élevée entre MM. Raoul Rochette et
Letronne, précisément au sujet de l'origine de la croix ansée, j'ai posé plutôt
que discuté ces questions ardues. Un cylindre précieux, dont j'ai produit le
dessin sous le n° 7 de la planche XVIII de l'Atlas ci-joint, m'a fourni l'occasion de montrer que de telles questions sont beaucoup plus complexes qu'on
ne le croit généralement. Ce cylindre semble indiquer que la croix ansée s'est
formée par la contraction et la modification d'un monogramme qui se rencontre fréquemment dans les inscriptions tracées en caractères cunéiformes
soit sur les briques, soit sur les cylindres des Babyloniens et des Assyriens.
Depuis la publication du mémoire dont je parle, un autre cylindre acquis par
M. le duc de Luynes, qui se propose de le publier, est venu confirmer le
témoignage résultant du premier. Celui-ci se conserve avec toute mon ancienne collection à la Bibliothèque impériale, où chacun peut le voir et l'examiner. L'apparition du cylindre de M. le duc de Luynes m'a inspiré la pensée
de faire une révision attentive de tous les monuments figurés asiatiques où
jusqu'à ce jour j'ai pu constater la présence de la croix ansée. Cette révision
m'a donné lieu de recueillir quelques observations nouvelles que je crois
utile d'exposer ici et qui contribueront, je l'espère, à la solution d'une des
questions que soulève le symbole de la croix ansée. En comparant entre eux
les cylindres et les cônes asiatiques où s'observe ce signe mystérieux, j'ai
reconnu qu'en général le style de ces petits monuments diffère essentiellement du style babylonien, du style ninivite et du style persépolitain. J'ai
remarqué aussi que parfois ils représentent des sujets où, sans parler de la
croix ansée, le mélange de symboles propres à l'Égypte et de symboles propres
à l'Asie occidentale est un fait incontestable. Tels sont, par exemple, le
cylindre mixte publié par Caylus[1] et reproduit dans mon Atlas[2]; le cylindre
mixte de mon ancienne collection que je citais tout à l'heure[3], où l'on voit
une fleur de lotus représentée d'une manière insolite sur les cylindres asiatiques; le beau cylindre mixte de M. Goff[4] où l'on remarque une croix ansée placée
à la main d'un archimage, et un autre cylindre mixte de la même collection,
où la croix ansée est gravée, dans le champ, entre deux figures asiatiques[5];
tels sont surtout trois sceaux phéniciens dont je donne un dessin sous les
numéros 2 et 6, planche XXXVI, et sous le numéro 7, planche LIII. Le pre-

---

[1] Voyez son *Recueil d'antiquités*.
[2] Planche XXXVI, n° 10.
[3] Atlas, pl. XVIII, n° 7.
[4] Atlas, pl. XXXVI, n° 13.
[5] *Ibid.* pl. XXXVI, n° 11.

mier porte quatre lettres phéniciennes gravées auprès de deux femmes debout,
dont l'une est la prêtresse, l'autre l'initiée. Elles tiennent chacune à la main
une croix ansée suspendue comme elle l'est à la main de tant de divinités et
de prêtres sur les monuments égyptiens; mais elles sont vêtues d'un costume
caractéristique qui appartient à l'Asie occidentale et que fréquemment déjà
nous avons rencontré, dans des scènes d'initiation, sur d'autres sceaux, sur
des cônes et sur des cylindres que revendique l'art des Assyriens et des Phéniciens. Le second sceau [1] nous offre l'image d'un prêtre phénicien accomplissant un acte d'adoration, placé debout entre deux grandes croix ansées,
surmontées de deux astérisques qui représentent infailliblement ici, sous ses
deux aspects du soir et du matin, l'étoile de Vénus. A gauche, dans le champ
de la pierre, on remarque le croissant de la lune. Au-dessus de la tête du
prêtre est gravé un scarabée vu de dos, les ailes éployées, emblème solaire,
évidemment emprunté à l'Égypte. Mais nous sommes ramenés en Phénicie
par le treillis de forme semi-circulaire qui supporte la figure sacerdotale et
que précédemment j'ai plus d'une fois eu l'occasion de signaler comme un
accessoire propre à l'art phénicien. Le troisième sceau [2] représente, au-dessous
d'une croix ansée, un groupe dont j'ai déjà parlé au chapitre du grade de
lion [3] et qui appartient essentiellement aux conceptions symboliques de l'art
né dans les sanctuaires de l'Asie occidentale, un lion et une lionne dévorant
un sanglier. Si nous rapprochons de ces cylindres, de ces sceaux, la série des
scarabées que j'ai appelés mixtes ou égypto-phéniciens et qui se rapportent
à la célébration des mystères propres à l'Asie occidentale, nous retrouvons
dans la composition de ces derniers monuments plus d'un exemple du mélange de symboles égyptiens, de symboles asiatiques et de caractères phéniciens que nous venons de découvrir sur les premiers; et ce mélange suffirait
seul à justifier la dénomination que je leur applique, lors même que leur
forme ne serait pas un argument décisif en faveur de mon opinion, la signification et l'emploi du scarabée appartenant exclusivement à l'Égypte, sa patrie,
où les Phéniciens, remarquons-le bien, furent le seul peuple asiatique qui
emprunta ce symbole. Et si, dans les ruines des palais des rois d'Assyrie,
on a découvert des scarabées de pierre ou d'ivoire, gravés sous leur base, et
des coupes de bronze ornées de sujets ou de symboles parmi lesquels se font

[1] Atlas, pl. XXXVI, n° 6.
[2] Je désigne ainsi ce petit monument, bien
qu'il ne me soit connu que par un soufre de
Stosch pris sur un original dont on nous a laissé
ignorer la forme.
[3] Atlas, pl. LIII, n° 7.

remarquer des scarabées aux ailes éployées [1], n'hésitons pas à considérer les uns comme les produits d'un art égyptien ou égypto-phénicien, les autres, ainsi que je l'ai fait [2], comme des monuments mixtes appartenant aux mystères des Phéniciens.

Cette digression, pour ainsi dire inévitable, ne doit pas toutefois me faire oublier que j'ai promis au lecteur de mettre sous ses yeux quelques scarabées mixtes qui méritent d'être rapprochés des cylindres et des sceaux mixtes dont j'ai parlé ci-dessus. Je citerai en particulier le scarabée que j'ai décrit au chapitre du grade de griffon [3]; deux scarabées qui, avec une croix ansée, portent chacun une légende phénicienne [4]; trois scarabées sans légende [5], mais où l'on remarque aussi la croix ansée; et enfin plusieurs scarabées qui, également dépourvus de légende phénicienne, nous montrent, dans un sujet qui appartient aux mystères de l'Asie occidentale, un type de figure imité du Typhon égyptien [6], comme nous en avons déjà trouvé un exemple bien remarquable sur un cône de mon ancienne collection [7], que, pour cette raison même, nous devons ranger parmi les antiquités égypto-phéniciennes.

Désormais, laissant de côté la question particulière de l'origine primitive ou de la formation de l'emblème appelé la *croix ansée,* deux faits nouveaux restent acquis à l'histoire des mystères : l'association de la croix ansée des monuments égyptiens à des symboles et à des sujets qui se rapportent aux mystères de Vénus importés d'Assyrie chez les Phéniciens [8], et l'association aussi à ces symboles, à ces sujets, de plusieurs emblèmes ou types propres à l'Égypte. Si même on rapproche les cylindres mixtes, caractérisés par la pré-

---

[1] Voyez Layard's *Monum. of Nineveh.*

[2] Ci-dessus, p. 546.

[3] Atlas, pl. XXXVI, n° 4.

[4] Voyez Atlas, même planche, n°˙ 1 et 3.

[5] *Ibid.* même planche, n°˙ 5 et 7; pl. XLVI, n° 4.

[6] Voyez mon Atlas, pl. LXIX, n°˙ 1 et 4; cf. pl. LXVIII, n° 15; pl. LXIX, n° 5.

[7] Atlas, pl. XXXIV, n° 14.

[8] On voit comment ce fait se lie intimement au fait important de l'attribution de la croix ansée à la Vénus-Hâthôr des Égyptiens. Si, d'un côté, nous rencontrons, sur les monuments figurés de l'Égypte, cette déesse représentée avec une croix ansée à la main, et si nous reconnaissons, avec les meilleurs esprits, que le culte d'Hâthôr dut être importé en Égypte par les Phéniciens ou les Assyriens (voyez mes *Recherches sur le culte du cyprès, Mém. de l'Acad. des inscr.* t. XX, 2ᵉ partie, p. 165 et suiv.), il n'est pas étonnant, d'un autre côté, de voir les Phéniciens introduire dans la composition de leurs monuments consacrés aux mystères de Vénus le même emblème que les Égyptiens, en adoptant le culte de cette divinité sous le nom d'Hâthôr, avaient placé aux mains de la déesse comme un symbole de la vie spirituelle à laquelle on ne peut parvenir sans sa puissante protection.

sence de la croix ansée [1], notamment celui qui nous offre ce signe surmonté d'un épervier [2], et les monnaies phéniciennes où nous avons trouvé la croix ansée associée à l'épervier, à la colombe, au *mihr*, au taureau, tous symboles consacrés à la Vénus asiatique, on sera irrésistiblement amené à reconnaître que de pareils types avaient été fournis par les ministres du culte qui dominait chez les Phéniciens, et que, des sanctuaires de la déesse adorée sur le continent et dans les îles de Phénicie, l'emploi de la croix ansée des Égyptiens, comme symbole consacré à cette divinité, était passé dans les usages de la vie civile.

Après le cylindre mixte qui a donné lieu à ces diverses remarques, je ne trouve à rapporter au grade de père-épervier, déjà je l'ai annoncé, qu'un sceau d'agate brûlée. Ce petit monument, composé dans un goût purement asiatique, n'offre aucune trace de la croix ansée, ni d'un symbole propre à l'Égypte. J'ai tout lieu de croire cependant qu'il a une origine phénicienne : il fut rapporté de Latakié à Paris, par le consul de France, M. Guys, qui voulut bien me permettre d'en prendre une empreinte. Depuis, l'original a passé par diverses mains ; j'ignore quel en est le possesseur actuel. Le travail de ce sceau est assez fin et le style d'une époque de l'art un peu antérieure à celle de la décadence. La composition du sujet offre beaucoup d'analogie avec le sujet qui orne quelques-unes des coupes de bronze ciselées et travaillées au *repoussé* que l'on a recueillies dans les ruines des palais de Nemrôd et dont M. Layard a publié les dessins. Sur notre petit sceau, comme sur ces coupes, des animaux et des figures symboliques sont rangés circulairement à la suite les uns des autres. Ici l'on distingue, à droite, dans le haut, la partie antérieure d'un mollusque rampant, pourvu de cornes comme une limace, et précédé d'une chèvre de montagne, précédée à son tour par une antilope à cornes très-courtes. Devant ce dernier animal est placée une figure de femme accroupie, ailée, revêtue du costume propre aux initiées du grade de lionne,

---

[1] Par la diversité des costumes des figures qu'ils représentent, ces cylindres semblent se diviser en deux catégories : les uns (Atlas, pl. XXXVI, n°ˢ 11 et 13, pl. XXXVII, n° 6) offrent des costumes semblables ou analogues à ceux des figures placées sur les cylindres assyriens ou babyloniens ; les autres (*ibid.* pl. XVIII, n° 7 ; pl. XXXIV, n° 6 ; pl. XXXV, n°ˢ 2 et 5 ; pl. XXXVI, n°ˢ 8, 9 et 10 ; pl. LXII, n° 4) représentent des personnages qui se font distinguer par des vêtements d'une autre coupe et surtout par plusieurs sortes de coiffures (tiare, casque, bonnet) qu'on n'observe sur aucun autre cylindre. La plupart des monuments de cette seconde catégorie appartiennent à des initiations de femmes par des prêtresses ; peut-être proviennent-ils de l'île de Chypre.

[2] Ci-dessus, p. 544 ; Atlas, pl. XXXIV, n° 6.

et suivie d'un groupe caractéristique, qui appartient non moins évidemment à
la célébration des léontiques, un lion dévorant une antilope. Un griffon ailé,
gravé à notre gauche, dans le haut, tourne le dos à ce groupe et semble
convoiter une autre antilope placée en avant, très-près de lui. Tous ces quadrupèdes, à l'exception du lion, sont cependant au repos et accroupis. Dans
l'intérieur du cercle qu'ils forment au bord de notre petit sceau, on remarque
un lièvre à longues oreilles. Un peu plus haut que le centre de ce cercle, un
oiseau, que je prends pour un épervier, vole, les ailes éployées, au-dessus de
la région lunaire indiquée ici par le croissant de la lune. L'oiseau pourra paraître caractérisé avec assez de négligence pour laisser quelque doute sur
la dénomination qu'il convient de lui appliquer. Mais si ce n'est pas un épervier, ce ne peut être qu'une colombe, symbole de la déesse qui préside aux
mystères. Dans cette dernière hypothèse, Vénus serait donc représentée symboliquement ici, entourée d'animaux qui appartiennent à l'institution des
initiations, comme l'initiée du grade de lionne placée parmi eux. En donnant
la préférence à la première hypothèse, je me suis déterminé non-seulement
par la considération de la forme générale de l'oiseau et de la force surtout de
son bec, mais aussi par la grande analogie de composition qui existe entre
notre petit monument et un autre sceau de même dimension, où nous avons
trouvé [1], placés dans l'intérieur d'un cercle formé par des animaux symboliques, un vautour mâle et un vautour femelle, qui là sont les symboles, non
de deux divinités, mais du grade de vautour. Dès lors ne devient-il pas très-
vraisemblable que, sur notre petit sceau, on a voulu représenter un épervier
et non une colombe, et que cet épervier est ici, comme sur le cylindre cité de
la Bibliothèque impériale, le symbole du grade supérieur qu'avait obtenu
l'initié pour qui le monument avait été gravé? Plusieurs des autres grades
conférés à cet initié sont indiqués avec toute certitude par la présence de
quelques animaux et d'une figure moitié femme, moitié lionne, qui rappellent
la célébration des léontiques, et par la présence aussi d'un griffon, symbole
d'un des trois grades solaires. On voit ici un nouvel exemple de la faculté
laissée aux ordonnateurs ou aux graveurs des petits monuments consacrés aux
mystères; ils pouvaient, à leur gré, sans être astreints à les indiquer tous, y
rappeler, à l'aide de symboles, tel ou tel des grades intermédiaires successivement obtenus par le myste. Le choix était-il purement arbitraire, ou avait-il

[1] Atlas, pl. LVI, n° 9.

été déterminé d'avance par quelque circonstance particulière, qui avait marqué l'initiation à tel ou tel grade? C'est ce que je ne saurais dire. Quelles raisons pouvait-on avoir pour disposer dans l'ordre arbitraire où nous les trouvons les symboles gravés sur le sceau que je rapporte au grade de père-épervier? Quelle signification faut-il attribuer aux vingt et un petits globules dont le champ de ce sceau est parsemé dans un ordre qui nous semble également irrégulier? Et pourquoi, au lieu d'un pareil nombre de globules, n'en comptons-nous que quatre dans le champ du petit sceau qui appartient au grade de vautour[1]? Je ne suis pas davantage en mesure de répondre à ces trois dernières questions. Tant il est vrai de dire et nécessaire de répéter que si les monuments d'antiquité figurée nous révèlent des idées, des croyances, des coutumes, des faits dont les écrits anciens parvenus jusqu'à nous n'offrent aucune trace, beaucoup de détails placés sur ces mêmes monuments sont autant d'énigmes qui nous restent à deviner.

Lorsqu'il s'agit en particulier de restituer les doctrines secrètes enseignées à chaque grade par les prêtres préposés aux initiations, on ne parvient qu'à des résultats non moins incomplets, malgré tous les efforts qu'on peut tenter pour suppléer au silence des écrivains de l'antiquité. Dans mes dix chapitres précédents, j'ai subi à cet égard la loi commune, bien qu'il m'eût été donné ce qui a manqué à mes devanciers, la connaissance des monuments de l'art consacrés aux mystères. Cette loi commune, je la subirai encore dans le présent chapitre et dans le suivant. Toutefois l'iescht d'Ormuzd[2] peut puissamment nous aider à nous former une idée sinon complète, du moins satisfaisante, de l'enseignement très-varié que le myste recevait avant de passer du grade de père-aigle à celui d'épervier. Cet hymne, je le répète ici, est un des plus beaux morceaux du recueil publié par Anquetil sous le titre de *Zend-Avesta*. On y trouve une exposition, éloquente par sa simplicité, des qualités, des fonctions et des attributions d'Ormuzd, créateur du monde, source du bien, source de l'intelligence et du savoir, ennemi du mal et de l'ignorance, protecteur suprême et souverain juge des vivants et des morts. Il ne sera donc pas hors de propos de placer ici un extrait de cet hymne. Je ne saurais offrir au lecteur un meilleur préambule à l'exposé que j'essayerai de faire :

« Zoroastre consulta Ormuzd (en lui disant) : Ô Ormuzd, absorbé dans

[1] *Atlas*, pl. LVI, n° 2. — [2] *Zend-Avesta*, t. II, p. 143-152.

« l'excellence, juste juge du monde pur, qui existe (par votre puissance),
« (vous) qui êtes assis sur un trône pur, donné de Dieu [1], quelle est la parole
« excellente et élevée? Quelle est (la parole) victorieuse? Quelle est (la parole)
« source de lumière? Quelle est (la parole) principe d'action? Quelle est (la
« parole) qui frappe et triomphe? Quelle est (la parole) qui donne la santé?
« Quelle est (la parole) qui rend malade et brise les dews-hommes? Quelle
« est (la parole) qui, dans tout le monde existant, remplit (comble) les
« désirs? Quelle est (la parole) qui, dans tout le monde existant, éloigne et
« détruit ce qui est contraire (au bien)? — Alors Ormuzd dit : Mon nom,
« ô Sapetman Zoroastre, nom immortel, nom excellent [2]; voilà la parole excel-
« lente et élevée, victorieuse, source de lumière, principe d'action... » (comme
ci-dessus, jusqu'à ces mots inclusivement), « et détruit ce qui est contraire
« (au bien). — Alors Zoroastre dit : « Enseignez-moi ce nom dans toute son
« étendue, ô pur Ormuzd, (ce nom qui est) très-grand, très-céleste, très-pur,
« principe d'action, qui frappe et triomphe, qui donne la santé, qui rend ma-
« lades les dews-hommes. Lorsque je (voudrai) briser tous les dews-hommes,
« tous les magiciens, (toutes) les Paris, (soutenu de votre nom,) que personne
« ne me blesse, ni le dew, ni l'homme, ni le magicien, ni la Pari! — Alors
« Ormuzd dit : Mon nom est :

« 1° Celui qui aime à être consulté, ô pur Zorastre;

« 2° L'assemblée (le principe et le centre de tout ce qui existe);

« 3° Celui qui actuellement peut (tout);

« 4° Le pur, le céleste;

« 5° Le germe pur de tout bien donné d'Ormuzd;

« 6° L'intelligence (ou celui qui agit avec intelligence);

« 7° L'intelligence souveraine (ou l'intelligence réglée);

« 8° La science;

« 9° Celui qui donne la science (ou qui aide avec la science);

« 10° L'excellence;

« 11° Celui qui donne l'excellence;

« 12° Le roi;

« 13° Celui qui désire le bien (des hommes);

« 14° Celui qui éloigne les maux;

---

[1] Je suis la variante indiquée par Anquetil, *Zend-Avesta*, t. II, p. 144, note 2.

[2] Ou, selon la variante indiquée par Anquetil (*loc. cit.* p. 115, note 1) : « Mon nom, ô Sapet-
« man Zoroastre, moi, qui suis immortel et ex-
« cellent. »

« 15° Celui qui ne se lasse point;

« 16° Celui qui compte publiquement (les actions);

« 17° Celui qui voit tout;

« 18° L'auteur de la santé;

« 19° Le juste juge;

« 20° Mon nom est le grand.

« .... prononcez et récitez mon nom dans toute son étendue, tous les « jours et toutes les nuits, moi qui protége, qui suis le juste juge, qui nourris, « qui connais (tout) et qui suis plus excellent que les célestes...... Mon nom « est l'Athorné; mon nom est le premier des athornés.... Mon nom est l'éclat; « mon nom est l'éclat par excellence..... Mon nom est le gardien. Mon nom « est celui qui montre le chemin et (habille les hommes)..... Mon nom est « le protecteur. Mon nom est l'auteur de tout. Mon nom est la parole, principe « de tout. Mon nom est le roi qui aime son peuple..... qui désire le plus le « bien de son peuple. Mon nom est le roi de l'abondance (c'est-à-dire le roi « libéral), le roi qui produit le plus de biens. Mon nom est celui qui ne « trompe pas, celui qui ne peut être trompé. Mon nom est (celui qui) garde « d'en haut. Mon nom est (celui qui) détruit les maux (dans le monde). « Mon nom est celui qui est maintenant. Mon nom est (celui qui) est tout. ... « celui qui prend soin de tout..... Mon nom est celui qui rend tout facile. Mon « nom est plein de bien-être; mon nom est celui qui communique le bien-être « avec profusion..... Mon nom est le bienfaisant. Mon nom est le fort..... « Mon nom est celui qui est élevé..... Mon nom est le souverain roi. Mon « nom est celui qui sait le bien..... Mon nom est celui dont les bienfaits « (s'étendent) au loin. Tels sont mes noms [1]. »

On le voit, l'enseignement religieux, au grade de père-épervier, prenait un caractère plus élevé, et, s'il m'est permis de m'expliquer de la sorte, un caractère plus encyclopédique qu'au grade de père-aigle. La raison en est bien simple : Mithra, dans la théogonie des Perses, comme Mylitta dans celle des Assyriens, et Astarté dans la théogonie phénicienne, est une divinité de troisième ordre. Il est subordonné à Ormuzd, subordonné lui-même au Temps-sans-bornes, c'est-à-dire à l'Éternel. Ce n'est pas Mithra qui a créé le monde, ce n'est pas lui qui lutte corps à corps avec Ahriman, le dieu du mal, du mensonge et de l'ignorance. Il n'est, à proprement parler, que l'exé-

---

[1] *Zend-Avesta*, t. II, lescht d'Ormuzd, p. 144-148.

cuteur des décrets ou des volontés d'Ormuzd, son père, et l'agent dont le devoir et le soin sont de combattre sans cesse et partout les agents d'Ahriman, de veiller à la conservation de tout ce qu'a créé Ormuzd, à la reproduction des êtres bons, à la destruction et à la non-reproduction de tout ce qu'a créé Ahriman.

Les leçons que recevait, dans le sanctuaire, l'initié jaloux de s'élever du grade de père-aigle au grade de père-épervier, embrassaient nécessairement l'étude des phénomènes du monde dans l'ordre intellectuel, dans l'ordre physique et dans l'ordre moral. Mais déjà, par l'initiation aux dix premiers grades et surtout au grade de père-aigle, véritable apothéose qui l'avait assimilé au dieu Mithra, le myste se trouvait convenablement préparé à un aussi haut enseignement. On lui avait révélé la connaissance des phénomènes intellectuels, des phénomènes physiques et des phénomènes moraux qui se manifestent aux yeux de l'observateur, non-seulement dans trois des régions dont se compose le monde créé : la région de la terre, celle de l'air et la région solaire, auxquelles correspondent les neuf premiers grades, mais aussi dans la région du ciel mobile, résidence habituelle de Mithra placé entre le soleil et la lune.

Un commentaire sur la parole créatrice, sur l'époque où Ormuzd créa le monde bon en prononçant cette parole; sur la création du monde mauvais, par Ahriman; sur la durée du monde créé; sur la période symbolique des douze millénaires qui ramène la dualité à l'unité[1]; sur la lutte d'Ormuzd avec Ahriman; sur les phases de cette lutte, c'est-à-dire sur le règne alternatif du bien ou du mal; sur son issue finale ou sur la fin du monde; la description du firmament et des étoiles fixes; la nature de la région qu'habite Ormuzd[2] et, par conséquent, la description du Gorotman, de cette montagne de lumière qui, appelée aussi l'Albordj et le Behescht, s'élève de la région de la terre jusqu'aux dernières limites du firmament, surmontée du trône d'or où est assis Ormuzd entouré de ses sept amschaspands, de Mithra avec ses trente izeds, et des féroüers *forts et bien armés*, c'est-à-dire des mânes des hommes pieux, justes et purs, et des héros qu'enfantèrent les premières dynasties royales des Perses; un commentaire sur les révélations faites par Ormuzd, soit aux chefs illustres de ces dynasties, et nommément à Djemschid, à Féridoun, etc. soit à Zoroastre, à l'époque des Achéménides, ou, en d'autres termes,

---

[1] Voyez ci-dessus, 1ʳᵉ section, chap. v, p. 42. — [2] Voyez ci-dessus, 1ʳᵉ section, chap. v, p. 69.

un commentaire sur l'ancienne Loi et sur la nouvelle Loi; l'institution des
mystères d'après l'ordre exprès d'Ormuzd, qui veut que la science soit « enseignée
« par l'oreille, » c'est-à-dire secrètement; la corrélation qui existe entre les
douze millénaires, les douze divisions du zodiaque et les douze grades des
mystères, ou, si j'ose m'exprimer ainsi, entre les douze phases de la vie du
monde, les douze phases de la vie du soleil et les douze phases de la vie
humaine; la coïncidence qui s'établit entre les époques fixées pour marquer
la première phase de chacune de ces trois séries, savoir : la création du
monde au moment où le soleil entra en conjonction avec le taureau équinoxial,
le printemps ou le renouvellement de la vie sur la terre marqué par cette
même conjonction, victoire du soleil toujours victorieux, et l'initiation aux premiers grades des mystères fixée à l'équinoxe vernal; tels étaient, nous pouvons
le présumer, les principaux thèmes des leçons indiquées dans le programme
des prêtres chargés d'initier les mystes au grade de père-épervier. Ils ne leur
laissaient probablement pas ignorer qu'au-dessus des connaissances humaines,
inévitablement entachées d'erreur et d'imperfection, il est une science absolue,
celle du bien et du mal, qui vient de Dieu, et sans laquelle aucune justice
ne saurait s'exercer sur la terre. Déjà, nous l'avons vu plus haut, le myste
parvenu à un des grades antérieurs avait assisté à un discours sur la justice;
mais on peut croire que ce discours avait pour sujet principal les devoirs imposés à l'homme par les règles de la justice. Maintenant on devait lui enseigner qu'Ormuzd est le juge suprême, le juge souverain et infaillible, parce
qu'en lui réside essentiellement la science absolue du bien et du mal. C'est
avec ce caractère particulier, je le répète, qu'il se montre à nos yeux dans le
Zend-Avesta, où toutes les prières commencent par une invocation à ce dieu,
et où cette invocation fait constamment suivre de la qualification « juste juge »
le nom d'Ormuzd. Aussi ce créateur du monde exerce-t-il à l'égard des âmes
une justice supérieure à toutes les conventions humaines, une justice fondée
sur les lois éternelles du bien, du vrai et du beau. Mithra et ses deux assesseurs, Sérosch et Raschné-Rast, lorsqu'ils jugent les âmes sur le pont Tchinevad, ne sont que les organes de cette justice, dont la source remonte à
Ormuzd : « Ceux qui sont très-purs et saints, dit Ormuzd dans le *Yaçna* [1],
« je ferai que leurs âmes passeront le grand pont Tchinevad; ils arriveront
« dans le monde céleste en chantant le gâh Oschtoüet [2]..... » La phrase qui

[1] *Zend-Avesta*, t. I, 2ᵉ partie, p. 258.
[2] *Oschtoüet* signifie *pur* selon Anquetil (*Zend-* *Avesta*, t. I, 2ᵉ partie, p. 86, note 1). C'est le nom du second des cinq izeds femelles qui repré-

précède celle-ci n'est pas moins digne d'attention : « Celui, ô Zoroastre, dont « l'âme a vécu dans la pureté, annoncez-le avec soin (aux hommes), j'irai « au-devant de son corps, moi qui suis Ormuzd; j'irai du Behescht au-devant « de son âme..... [1] » Zoroastre, fondateur de l'institution des mystères de Mithra chez les Perses, mais auteur du *Yaçna* et du *Vendidad*, était conséquent avec lui-même : il avait attribué à Ormuzd la suprématie sur Mithra, il la maintenait ici. Il voulait que ses sectateurs prissent du nom même d'Ormuzd leur dénomination, il les appelait *mazdéïesnans* et non *mithréens*.

sentent les cinq gâhs ou jours épagomènes et qui sont occupés à filer des robes pour les justes dans le ciel (voyez *Zend-Avesta*, t. I, p. 221, note 1, et t. II, p. 415). L'hymne consacré au gâh Oschtoüet est un des morceaux remarquables du Yaçna (*Zend-Avesta*, t. I, 2ᵉ partie, p. 187-189). Il montre avec quel soin Zoroastre s'appliquait à rattacher à la suprématie d'Ormuzd la vie présente et la vie future de ses sectateurs.

[1] *Zend-Avesta*, t. I, 2ᵉ partie, p. 258.

CHAPITRE XV.

DOUZIÈME GRADE. —— GRADE DE PÈRE DES PÈRES.

(Troisième grade divin ou troisième apothéose.)

L'âme de l'initié reçu au grade de père-aigle et de père-épervier n'a pas encore franchi les dernières limites du monde créé, mais elle les a atteintes; et nous venons de la laisser, assimilée à Ormuzd, au sommet de cette montagne sacrée qui est le point culminant du monde matériel et sensible, le point où celui-ci est censé toucher à la région de l'intelligence suprême et de la lumière incréée, région invisible, éternelle, inaccessible à nos sens. C'est là que réside *Zrvâna* ou *Zarvâna akarana*, le Temps-sans-bornes ou l'Éternel, ce dieu suprême, invisible, incompréhensible, sans commencement ni fin, et par conséquent sempiternel. De lui sont émanés les féroüers ou les idées typiques de tout ce qui existe dans le monde matériel et sensible. Rappelons aussi que de lui sont nés les deux jumeaux divins qui ont revêtu d'une forme plastique tous les féroüers, et que de l'un de ces deux jumeaux, nommé Ormuzd dans le culte public, et *père-épervier* dans les mystères, est né le dieu Mithra, appelé, dans les mystères, *père-aigle*. Dès lors on comprend facilement que le douzième et dernier grade, celui qui occupe le sommet de l'échelle hiérarchique et qui répond à l'idée de *Zarvâna akarana*, ait reçu la dénomination de grade de *père des pères*, puisqu'Ormuzd, qualifié *père-épervier*, et Mithra, qualifié *père-aigle*, doivent leur existence à ce dieu suprême. Dès lors aussi, ne perdant pas de vue le caractère essentiel attribué par la théogonie des Perses à chacun des trois dieux dont se compose la triade divine, on n'a pas plus de peine à comprendre que, dans l'initiation aux mystères, les trois degrés de pureté qui expriment la perfectibilité recouvrée par l'âme, c'est-à-dire la pureté d'action, la pureté de parole et la pureté de pensée, correspondent, le premier à Mithra, qui est le sans cesse agissant; le second à Ormuzd, qui a prononcé et qui sans interruption prononce la parole créatrice, et le troisième au Temps-sans-bornes, de qui sont émanées toutes les idées typiques. On le voit donc, et la suite de ce chapitre va le démontrer encore mieux, l'institution d'un grade de père des pères dans les mystères de Mithra était en parfaite harmonie avec le système théogonique et cosmogonique de Zoroastre.

Approcher de la perfectibilité des dieux en se dépouillant successivement de tout ce qui en nous est humain, en se rendant maître absolu de ses sens et de ses passions, devenir enfin semblable aux dieux mêmes, tel avait été le but que s'étaient proposé les inventeurs des mystères lorsqu'ils instituèrent, au sommet de l'échelle hiérarchique des douze degrés d'initiation, trois grades qui devaient successivement assimiler l'âme du myste aux trois dieux dont se compose la triade qui régit l'univers. Tel fut aussi en Occident le but de plusieurs autres institutions célèbres de mystères. Tel fut enfin et tel doit être, avec des formes simples et un langage compris de toutes les classes de la société, le but de tout enseignement religieux et philosophique. Un dieu a toujours été et sera toujours le modèle proposé aux hommes.

Admis au grade de père-aigle et à celui de père-épervier, l'initié avait eu successivement pour modèles Mithra et Ormuzd; il était censé avoir égalé ces modèles, être devenu semblable au dieu du ciel mobile et au dieu du ciel fixe ou du firmament. Mais Mithra et Ormuzd ont une existence matérielle, un féroüer revêtu d'une forme plastique; tous deux ils appartiennent au monde créé, et ne font, pour ainsi dire, qu'un seul tout avec lui. Un dernier et sublime effort devait donc être imposé au myste jaloux d'obtenir les honneurs d'une troisième et dernière apothéose, qui, l'élevant au-dessus de la dernière région du monde créé, allait le transporter dans le monde incréé, invisible, et l'assimiler au dieu suprême, qualifié père des pères, au dieu dont l'image n'est pas un symbole emprunté aux êtres ni aux objets sensibles du monde créé, mais un symbole abstrait imaginé par l'intelligence humaine, un cercle [1], chargé d'exprimer que le dieu qu'il représente n'a ni commencement ni fin, et que son nom est l'Éternel. S'armant d'un nouveau courage, d'un courage déjà mais non suffisamment éprouvé dans les combats ou les luttes des initiations précédentes, l'âme ou le féroüer [2] du

---

[1] Dans la suite une couronne de fleurs fut souvent substituée au cercle dans la composition de l'emblème de la triade chez les Assyriens et les Perses. J'en ai produit plusieurs exemples tirés des sculptures de Nemrôd, de Persépolis ou de Nakschi-Roustam. Mais, en même temps, j'ai produit aussi le dessin de quelques autres emblèmes de la triade qui montrent clairement que la forme primitive employée pour représenter l'Éternel fut un cercle.

[2] Dans l'Oulemaï-Islam le chef des mobeds dit que l'âme, l'intelligence et le *boni* (de l'homme bon et pur) se joignent au féroüer après la mort, et que toutes ces choses, à ce moment, n'en font plus qu'une avec la lumière (incréée).

myste devait, solennellement et pour jamais, renoncer à toute alliance, à tout
contact avec la matière, avec les choses du monde créé. Arrachée par ce
dernier acte au monde matériel et sensible, aux liens de la dualité, ramenée
dans la région de la pure intelligence et des idées, rendue aux conditions de
son existence première, l'unité, elle recouvre immédiatement les priviléges
qu'au moment de sa chute elle avait perdus, séduite par l'attrait des formes,
des couleurs et des autres qualités de la matière : elle n'a plus rien de sensible en elle ; tout en elle est idée ou pensée et lumière. De la dualité elle est
revenue à l'unité. Désormais elle peut, sans crainte d'être rejetée dans le
monde créé et ténébreux [1], se présenter pour rentrer dans le sein de l'Éternel, c'est-à-dire dans la pensée de l'Éternel, dans la grande monade. Le myste
qu'elle est enfin parvenue à soumettre sans restriction à ses volontés, à ses
lois ; le myste qui, plongé dans cet état d'extase dont l'exaltation religieuse
des peuples asiatiques nous offre encore de fréquents exemples, s'est, ainsi
que son âme, anéanti en dieu ; ce myste, reconnu digne des honneurs de l'apothéose suprême, est proclamé dans le sanctuaire *père des pères*. A un tel
rang, croyons-le bien, parvenaient seulement le mage que son intelligence supérieure et ses hautes vertus avaient désigné d'avance pour les hautes fonctions
de *destour des destours* ou archimage, et le prince qui, appelé au trône de Perse
par droit de naissance ou par droit de conquête, devait être consacré dans les
sanctuaires de la religion, et acquérir, par son initiation aux douze grades des
mystères, le droit de prendre le titre de roi des rois et de père des pères, et le
droit aussi de recevoir de ses sujets les mêmes actes d'adoration qu'ils adres-
saient aux dieux. C'est ce que j'expliquerai dans un des chapitres suivants.

De l'institution d'un grade de père des pères il n'est fait aucune mention
dans les auteurs anciens dont les ouvrages sont parvenus jusqu'à nous. Eubule
et Pallas ne l'avaient certainement pas passé sous silence ; mais Porphyre, nous
l'avons vu, se borne à parler après eux du grade de père-aigle et de celui de
père-épervier. La lettre précieuse de saint Jérôme à Læta ne comble pas
cette lacune ; car, parmi les seuls huit grades mithriaques qu'énumère l'illustre
écrivain, nous n'en voyons aucun désigné par l'aigle ou l'épervier, ni par les
dénominations de père-aigle et de père-épervier. Dès lors la simple dénomination de *pater* ne pourrait s'entendre du grade de *père des pères* qu'en attri-

---

[1] Bien que ce monde ait été créé par Ormuzd, dont le nom signifie la *grande lumière*,
il n'en est pas moins qualifié froid, obscur, ténébreux, comme la matière. (Voyez ci-dessus,
1re section, chap. v.)

buant à saint Jérôme l'intention de désigner le grade de *pater* comme le plus
élevé de tous. Les inscriptions lapidaires latines sont plus explicites que ne
l'est ici ce savant écrivain. J'en puis citer trois qui, en attribuant à un ministre
du culte de Mithra chez les Romains, les deux premières, le titre de PATER
PATRVM [1], la troisième, le titre de PATER PATRATVS [2], nous prouvent
qu'au-dessus du grade désigné par saint Jérôme sous la simple dénomination
de *pater* et au-dessus des deux grades indiqués dans Porphyre, d'après Eubule,
le rite romain des mystères de Mithra reconnaissait un grade supérieur, celui
de père des pères. Dans le volume suivant, j'examinerai, à l'occasion de ce
rite, jusqu'à quel point se confondent avec les qualifications de PATER PA-
TRVM et de PATER PATRATVS celles de PATER·SACRORVM, de
PATER·ET·PONTIFEX, et de PATER·ET·SACERDOS, que nous
fournissent d'autres monuments lapidaires. Je produirai aussi quelques inscriptions latines où le prêtre qui fait la consécration prend tantôt le simple titre
de PATER, tantôt celui de PATER·NOMINVS.

Après les inscriptions lapidaires qui constatent, chez les Romains, l'existence du grade de père des pères, le dernier et le plus élevé des douze grades
mithriaques, je ne trouve à rapporter à ce grade qu'un seul monument asiatique. On s'en étonnera peu si l'on ne perd pas de vue mes observations sur
l'extrême rareté des cas où se conférait un grade aussi élevé, aussi difficile à
obtenir. Il était réservé, je le répète, au mage destiné à être le chef du sanc-

---

[1] Voyez Gruter, *Inscript. antiq.* p. XXVIII,
n° 2; pag. MLXXXVII, n° 2. Cf. Visconti, *Mus.
Pio Clementino*, t. II, p. 21, ou t. II, p. 4, note
(a); Orelli, *Inscript. latin. select.* n° 2344. Le
titre de *pater patrum*, qu'on lit dans l'inscription
publiée par les auteurs que je viens de citer, se
retrouve dans une autre inscription relevée à
Rome, *in ara cœli prope obeliscum*, par Mazzochi
et publiée par lui dans son recueil intitulé : *Epi-
gramm. antiq. urbis*, p. XXI. Reproduite dans le
recueil de Gruter (p. LXXXIX, n° 4), elle a été
publiée en troisième lieu par Marangoni, mais,
cette fois, avec la fâcheuse substitution des mots
PATER·PAVPERVM (voyez Marangoni,
Cose gentilesche, p. 364) à ceux de PATER·
PATRVM qui se lisent à la troisième ligne de
l'inscription telle que l'avait copiée Mazzochi. Ce
précieux monument lapidaire, qui paraît s'être

égaré, sinon perdu, était consacré au dieu *Caute*,
DEO·CAVTE, le même que le dieu des Perses
appelé beaucoup plus souvent *Mithra* dans les
inscriptions lapidaires latines. Je parlerai amplement de ce surnom de *Caute* dans le volume
suivant, où nous aurons à nous occuper du culte
de Mithra chez les Romains. Je dirai ici, par
anticipation, que ce surnom se retrouve sous
d'autres formes, et que tout ce qui concerne le
dieu à qui on le donnait et les monuments du
culte que lui rendirent les Romains a été recueilli
avec soin par mon savant ami le Docteur Jean
Labus de Milan, dont la mort récente est une
perte immense pour les sciences archéologiques.
La dissertation qu'il a publiée en 1846 (in-8°)
est intitulée : *Intorno all'oscurissimo Deo Cauto
Patre, ricordato da un marmo del museo bresciano.*

[2] Voyez Gratiol. *De pract. Mediol. œdif.* p. 77.

tuaire, le chef de la religion, et au prince sacré roi des rois. La constitution de
l'Etat ne comportait donc, en Perse, que deux personnes à la fois qui pussent être
revêtues de la dignité suprême de père des pères. Mais aussi une conséquence immédiate de cette remarque devrait être de considérer comme autant d'images de
ces dignitaires les archimages et les rois des rois représentés dans leur costume
officiel sur les bas-reliefs assyriens ou persépolitains que nous a légués l'antiquité. C'est une question que je reproduirai pour la traiter à fond, lorsque,
dans un des chapitres suivants, j'aurai à m'occuper de l'initiation des rois de
Perse aux mystères de Mithra. En attendant, je vais donner ici la description et le dessin du monument que j'ai annoncé plus haut et qui me semble
représenter un archimage revêtu d'un des costumes et accompagné des symboles propres au grade de père des pères.

Le numéro 7 de la planche LXII de mon Atlas reproduit ce monument
d'après un dessin fort médiocre qui en a été publié, en 1813, dans les Mines
de l'Orient [1]. J'ai appris, trop tard pour en obtenir un bon dessin, que l'original est déposé au Musée Britannique, dans la salle du célèbre Vase Port-
land. C'est une stèle de granit gris noir, qui a été fracturée dans le bas, et
qui provient des ruines de Babylone. On y voit un personnage debout, à
longue barbe, tenant d'une main le bâton ou sceptre sacerdotal, et faisant avec l'autre un geste qui annonce un acte d'adoration. En effet, dans
le haut de la stèle, devant ce personnage, on distingue un *mihr* placé entre
le disque rayonnant du soleil et le disque de la lune. Tel Mithra, dans le
Zend-Avesta, est représenté placé, dans le ciel mobile, entre ces deux astres.
La longue stole, ornée de passementeries et de franges, dont est revêtu le
prêtre de notre stèle, le bâton pastoral qu'il porte à la main, et surtout la
tiare élevée et droite qui couvre sa tête, nous autorisent pleinement, ce me
semble, à reconnaître en lui le chef suprême de la religion des Babyloniens,
et, par conséquent, un pontife revêtu du grade de père des pères et d'un titre
correspondant à celui de *destouran destour*, dont se servent les Parses de
l'Inde. La tiare droite, je dois le répéter ici, était la coiffure privilégiée exclusivement réservée à Ormuzd, à l'archimage ou *destouran destour* et au grand
roi ou roi des rois.

Il est sans doute inutile que je trace ici le tableau de l'enseignement que recevait dans les sanctuaires l'initié admis à se préparer au grade de père des

[1] Tome III, 3e partie, pl. II, n° 1.

pères. Ce que j'ai dit du Temps-sans-bornes et de la triade divine des Perses, soit dans ce chapitre même, soit plus amplement dans mon exposition du système théogonique et cosmogonique de Zoroastre, a dû suffire pour indiquer qu'un cours de haute théologie était la base de cet enseignement, et qu'après avoir initié le myste aux grades de père-aigle et de père-épervier, en l'obligeant de faire une étude approfondie des lois qui régissent la matière ou le monde créé, on devait lui imposer l'obligation de rechercher les lois éternelles, non écrites, qui gouvernent l'univers. Cette recherche devenait l'objet de ses plus sérieuses méditations. C'est alors qu'il était amené à réfléchir profondément sur l'immense différence que présente la nature des choses sensibles, qui sont soumises à la loi d'un changement perpétuel et d'une existence limitée, et l'essence des choses divines intellectuelles, dont le privilége est d'être immuables et immortelles. C'est alors aussi qu'il avait à réfléchir sur le phénomène d'une existence sans commencement ni fin, sur toutes les questions qui se rattachent à celles du temps, de la durée, de l'espace ou de l'immensité. Essayer de déterminer avec précision les dogmes particuliers et les limites de la théologie enseignée dans les leçons que recevait le myste ainsi préparé serait une entreprise d'autant plus téméraire que les données nous manquent absolument [1], et que l'histoire de tous les temps, de tous les âges, de tous les lieux nous apprend à combien de divergences d'opinions, à combien de variations, d'erreurs et de doutes ont conduit les discussions théologiques et l'interprétation des textes, chez les peuples mêmes qui, comme nous, ont le bonheur de posséder les livres saints où se conservent la révélation de l'ancienne Loi et la révélation de la nouvelle Loi, c'est-à-dire de l'Évangile. Les innovations religieuses qui marquèrent le règne de plusieurs princes de la dynastie des Achéménides, les doctrines, les écrits, les monuments figurés, sous le règne des Sassanides, les interprétations absurdes ou les négations ignorantes des destours appelés à commenter le *Zend-Avesta* parmi les Guèbres de Perse ou parmi les Parses de l'Inde, tout concourt à nous montrer que jamais la Perse ne fit exception à cette règle générale.

[1] Voyez ci-dessus ce que j'ai dit de l'extrême rareté des passages du *Zend-Avesta* où il est fait mention du Temps-sans-bornes.

TROISIÈME SECTION.

DU CULTE DE MITHRA EN OCCIDENT.

CHAPITRE PREMIER.

DU CULTE PUBLIC ET DES MYSTÈRES DE MITHRA EN OCCIDENT.

Le siècle qui précéda la naissance du Christ vit une nouvelle religion, le mithriacisme, pénétrer de l'Asie dans l'empire romain. Au témoignage de Plutarque[1], ce fut l'œuvre des légions embarquées à bord de la flotte que, vers l'an 70, Pompée arma contre les pirates de Cilicie, dont le nombre et l'audace forcèrent le général romain de donner à cette expédition les proportions d'une guerre. Ces pirates, pour la plupart, étaient des Grecs asiatiques, associés à des Ciliciens, à des Phrygiens et à des descendants de ces Perses belliqueux qui autrefois avaient conquis et occupé toute l'Asie Mineure. Vainqueurs de cette association de pillards et de brigands, les Romains subirent l'influence des vaincus. Ceux-ci, héritiers d'une très-ancienne civilisation, comptaient parmi eux un nombre considérable de sectateurs de ce dieu Mithra dont nous avons trouvé le culte établi par les Perses dans l'Asie Mineure, dès l'époque des conquêtes de Cyrus, et plus tard intimement lié aux Sabazies de Phrygie et de Cilicie. Séduits, comme les indigènes et comme les Grecs asiatiques, par les formes pour ainsi dire militaires et chevaleresques que nous avons reconnues aux initiations mithriaques; séduits aussi par l'attrait irrésistible qu'ont pour les hommes les cérémonies religieuses entourées de l'appareil du mystère et accompagnées de la promesse de révélations secrètes,

---

[1] *Vita Pomp.* § 24.

les légionnaires romains reçurent des mains mêmes de ces pirates qu'ils venaient de vaincre le culte et les mystères d'un dieu au nom de qui des grades allaient leur être conférés et les secrets de la nature leur être révélés pendant une série de combats non moins glorieux que périlleux, au dire des initiés.

En Occident, la Grèce, trop amollie, trop corrompue, par ses religions sensuelles, par le culte des divinités féminines, par tous les excès d'une civilisation raffinée, la Grèce, nous pouvons hardiment le supposer, n'avait éprouvé aucun penchant pour une religion aussi austère que le mithriacisme, pour une religion qui, excluant le culte de toute divinité féminine, exige, de la part de ses sectateurs, trois degrés de pureté, incompatibles avec des mœurs dissolues. L'importation du culte et des mystères de Mithra fut donc repoussée par les Grecs d'Europe, nous devons le croire. Aussi n'en découvrons-nous aucune trace ni dans leurs écrits ni sur leurs monuments figurés. Il n'en fut pas de même dans l'empire romain. Les légions, à leur retour d'Asie, purent sans peine introduire le mithriacisme en Occident et dans l'Afrique septentrionale. Il s'établit dans tous les lieux où elles prirent de nouveaux cantonnements. Las de rendre un culte solennel à leurs dieux nationaux, aux divinités de la Grèce, à la Mère des dieux, à Isis et à Sérapis, avides de toutes les superstitions qui avaient pour eux l'attrait de la nouveauté, les Romains, en Occident comme en Orient, semblaient condamnés à passer d'une fausse croyance religieuse à une autre, jusqu'au jour où le flambeau du christianisme viendrait leur dessiller les yeux et leur montrer la vérité dans tout son éclat. Bravant les décrets du sénat et les édits nombreux qui proscrivaient les cultes étrangers, le mithriacisme, à son tour, comme tant d'autres superstitions d'origine asiatique ou d'origine égyptienne, parvint même à s'établir au centre de l'empire romain. Les historiens de l'antiquité dont les récits ont survécu à la ruine de cet empire gardent, sur un aussi important événement, un silence presque absolu. Mais si nous en ignorons ainsi les circonstances, nous sommes du moins autorisés à croire que les sectateurs de la nouvelle divinité trouvèrent dans Rome de bien hautes protections : ils obtinrent qu'un mithræum fût creusé ou installé dans les flancs du mont Capitolin, sous le Capitole même, le plus ancien, le plus vénéré de tous les lieux sacrés d'une ville devenue la capitale et la maîtresse du monde. Telle fut aussi l'influence des idées, des coutumes apportées en Occident, avec le mithriacisme, qu'elles pénétrèrent jusque dans les institutions civiles de l'empire romain. Tels furent enfin les progrès de ce nouveau culte que, grâce au prosélytisme inhérent à toutes les doctrines religieuses nées chez les Assyriens, les Phéniciens, les Perses, les Phrygiens, il menaça de se substituer partout à l'ancien paganisme. Bien plus, ses sectateurs furent, pendant les quatre premiers siècles de notre ère, les adversaires les plus redoutables du christianisme. Les Pères de l'Église et les historiens ecclésiastiques parlent de la destruction des sanctuaires de Mithra dans Rome et dans Alexandrie d'Égypte comme d'une victoire éclatante pour la propagation de la religion chrétienne.

Ces assertions, ces faits, ces conjectures ressortent du rapprochement des documents écrits et des monuments de l'art que j'aurai successivement l'occasion de mettre sous les yeux du lecteur. Par anticipation, je me borne à placer ici deux remarques qui, ajoutées à celles que m'a suggérées le mithræum du mont Capitolin, attestent la faveur particulière dont jouit à Rome le culte de Mithra et la grande extension qu'il prit dans tout l'empire romain. D'une part, il est sorti des ruines de Rome païenne et de ses environs un nombre considérable d'inscriptions lapidaires, de statues, de bas-reliefs, de pierres gravées, d'autels, de débris de grottes ou de temples qui appartenaient à ce culte, et un nombre considérable aussi de médailles impériales qui s'y rattachent par des légendes, des figures et des emblèmes qui n'ont pas encore été suffisamment étudiés à ce point de vue. D'autre part, dans presque toutes les ruines romaines dont est couvert le sol de la péninsule italienne, dans presque tous les lieux d'Europe et d'Afrique où les légions romaines, soit en repartant d'Italie, soit en revenant d'Asie, portèrent leurs armes victorieuses, nous retrouvons, sous les mêmes formes qu'à Rome, des traces nombreuses des monuments consacrés à Mithra. Nous les retrouvons surtout dans les villes devenues colonies romaines, aux défilés des montagnes, au passage des grands fleuves et des rivières, à leurs confluents, à l'issue ou dans l'intérieur des bois et des forêts, partout enfin où une position militaire avait exigé une occupation armée.

Plusieurs écrivains modernes ont en vain voulu contester au culte romain de Mithra son origine persique. D'autres, au contraire, se sont efforcés, sans plus de succès, de faire remonter à plusieurs siècles avant la guerre de Pompée contre les pirates de Cilicie une prétendue importation du culte asiatique de ce même dieu chez les Étrusques. La première de ces deux opinions trouve une réfutation complète dans l'examen que nous allons faire de tous les monuments mithriaques qui nous ont été légués par l'antiquité romaine. La seconde opinion

est en contradiction manifeste avec les textes. Je crois même avoir déjà démontré que les monuments de l'art qui, disait-on, lui servent d'appui, appartiennent non au culte de Mithra, mais bien au culte de la Vénus asiatique,
très-anciennement importé en Étrurie par les Phéniciens.

En même temps que l'origine persique du culte romain de Mithra est facile
à établir, il n'est pas moins facile aussi de trouver, dans les documents écrits
et sur les monuments de l'art, la preuve certaine que ce culte, avant d'être
transmis aux Romains par les Grecs asiatiques, avait été reçu par ceux-ci des
mains des descendants des Perses conquérants de l'Asie Mineure. Ce dernier
fait ressort d'un témoignage irrécusable : le mot *nama* inscrit sur trois monuments consacrés à Mithra par les Romains. Le premier est ce grand bas-relief
dont je parlais tout à l'heure et qui provient du mithræum du mont Capitolin.
On y lit, au-dessus de la dédicace *au dieu soleil invincible Mithra*, et tout auprès du poignard plongé par ce dieu dans le cœur du taureau, cette formule :
NAMA·SEBESIO. Or *nama* appartient à l'ancienne langue des Perses. Plusieurs prières du *Zend-Avesta* commencent par ce même mot *nama* ou *némô*.
Anquetil du Perron, dans sa traduction française du *Vendidad-Sadé* zend[1],
rend la formule *némô Héomaé* par celle-ci : *j'adresse ma prière à Hom;* et dans
Ieschts-Sadés, il traduit les mots pehlevis *némô aonghanm* par ceux-ci : *je prie
ces lieux*[2]. Le *Viraf-nameh* pehlevi offre de nombreux exemples de l'emploi des
mots *namas*[3] *dadrounad*, avec le sens de *faire le salut à quelqu'un*[4]. Anquetil,
dans sa traduction française de cet ouvrage, restée inédite, a pris soin d'indiquer que *namas*, dans la formule *namas dadrounad*, peut se traduire par *sa-
luer* ou *prier*[5]. Aussi n'a-t-il pas hésité à déclarer ailleurs [6] que le mot *nama*,
sur le grand bas-relief mithriaque dont je parle, et dans une inscription dont
il va être question un peu plus loin, signifie *louange* ou *prière*. Ajoutons que
nama est également employé en sanscrit avec ce même sens de *prière* ou *adoration*[7]. Ajoutons aussi que le mot *namaz* est encore usité dans le persan mo-

---

[1] *Zend-Avesta*, t. Ier, 2e partie, p. 107,
note 6.

[2] *Ibid.* t. II, *passim.*

[3] Ou *namaz.*

[4] Notamment aux folios 2 et 3 du manuscrit
de la Bibliothèque impériale, n° VII, fonds d'Anquetil.

[5] Voyez p. 6 et 8 de cette traduction manuscrite; elle a été déposée au cabinet des manuscrits de la Bibliothèque impériale, par feu
M. de Sacy.

[6] Dans ses *Recherches sur les langues anciennes
de la Perse*, second mémoire, t. XXXI des *Mémoires de l'Académie des inscriptions*, anc. série,
p. 445.

[7] Voyez le P. Paulin de Saint-Barthélemy.
Sidharubam, seu Grammatica samscrdamica,
p. 30. *System. brahmanic.* p. 195.

derne avec le sens de *prière*, et qu'il est passé dans la langue turque avec la
même signification. Quant au nom qui, sur notre grand bas-relief mithriaque,
suit, au datif, le mot NAMA, j'ai déjà, dans un chapitre précédent, exposé
les raisons qui doivent nous faire reconnaître, sous le nom de *Sabazius* ou *Sébésius*, un dieu qui chez les Perses répond à *Ormuzd*, chez les Grecs à *Zeus*,
chez les Latins à *Jupiter*. NAMA·SEBESIO signifie donc ici : *louange* ou
prière à Ormuzd; nous verrons un peu plus tard comment le sacrifice accompli
par Mithra confirme cette interprétation.

Le second monument où nous lisons le mot NAMA est un autel qui fut
découvert sur le territoire de Rivoli. Il porte une inscription [1] commençant par
la dédicace ordinaire : SOLI·INVICTO·MITHRAE, *au soleil invincible
Mithra*, et finissant par ces mots : NAMA·CVNCTIS. Il est évident, d'après
le sens parfaitement déterminé de *nama*, qu'ici le sectateur de Mithra, qui
avait consacré cet autel, se sert de la formule sacramentelle *nama cunctis,
prière* ou *gloire à tous*, pour exprimer que son offrande et sa prière s'adressent
à la fois au dieu Mithra et à tous les dieux.

Enfin, sur un groupe de marbre et de ronde-bosse, qui se conserve à la villa
Giustiniani et qui représente Mithra naissant d'un rocher, *deus est petra natus*,
nous retrouvons, à côté du poignard du dieu des Perses et au bord d'une cassure, le mot zend NAMA. Si là il n'est pas suivi du nom de Sébésius ou Sabazius, cette cassure nous en explique probablement la cause. Dans tous les
cas le poignard qui est sculpté sur le monument exprime l'intention d'un sacrifice ultérieur, et nous autorise à attribuer ici au mot *nama* la même signification que sur le grand bas-relief du mont Capitolin.

D'autre part, sans nous arrêter à la forme grecque du nom de *Sébésius*,
nous découvrons aisément, dans les dénominations des épreuves et des grades
mithriaques, plus d'une preuve en faveur du passage cité de Plutarque, qui
assigne au culte romain de Mithra une origine gréco-asiatique. Tels sont,
quant aux épreuves, le mot *épibase* placé comme l'équivalent d'*anabase*, dans
une inscription grecque-romaine en l'honneur de Mithra, citée plus haut,
et les mots *hypobase* et *parembole* qui se trouvent dans une inscription latine,
gravée sur un bas-relief mithriaque, dont j'ai déjà parlé et que reproduit,
d'après Vignole, le numéro 1 de la planche LXXXII de mon Atlas. Tels sont,
quant aux grades, et selon le double témoignage de la lettre de saint Jérôme

---

[1] Voyez Muratori, p. 138, n° 1, p. 918, n° 9 ; Orelli, n° 1914.

à Læta et des inscriptions mithriaques autrefois déposées à Rome dans les églises de Saint-Jean et de Saint-Sylvestre, les mots *bronius, corax, coracica* ou *hierocoracica, Perses, Persica, helios, heliaca.*

Une autre preuve, non moins concluante, de l'origine gréco-asiatique du culte romain de Mithra, se tire des trois formes différentes sous lesquelles l'antiquité romaine représentait le dieu des Perses. Je l'ai déjà annoncé dans mon chapitre sur le culte de Mithra chez les Ciliciens et les Phrygiens. J'espère le démontrer lorsque la nature du sujet que je traite m'amènera à m'occuper des monuments figurés qui furent consacrés à Mithra par les Romains.

CHAPITRE II.

DU CULTE PUBLIC DE MITHRA DANS L'EMPIRE ROMAIN.

Mithra, chez les Romains, obtint-il les honneurs d'un culte public? Hors
des sanctuaires où se célébraient les cérémonies secrètes, propres aux initiations, ce dieu était-il publiquement adoré? Recevait-il publiquement des
sacrifices, des offrandes? Hors des sanctuaires, était-il proclamé roi du ciel,
roi de la terre et roi des enfers, et se montrait-il aux yeux des profanes ainsi
revêtu de ce triple caractère, de cette triple fonction que lui attribue le
Zend-Avesta et que lui conservent des bas-reliefs romains découverts dans
quelques mithræum? Ce sont autant de questions difficiles à résoudre. Les
documents nous manquent. L'antiquité ne nous a légué aucun ouvrage qui
puisse nous aider à éclaircir ce point important. Tous les écrits que j'ai cités,
tous ceux qu'il me reste à citer, parlent uniformément du mithriacisme
comme d'un culte secret dont la forme était l'initiation aux mystères. Chez
les Perses, il nous a été facile d'établir, le *Zend-Avesta* à la main, que les
sectateurs de Zoroastre se divisaient en deux catégories : les mazdéiesnans ou
adorateurs d'Ormuzd, qui rendaient publiquement à Mithra le culte prescrit
par le *Zend-Avesta* et surtout par le recueil de prières appelé *Iescht de Mithra*,
et les mazdéiesnans qui se faisaient initier aux mystères de ce dieu selon un
code secret, une liturgie secrète et des cérémonies secrètes dont nous ne
découvrons aucune trace dans les fragments qui nous restent des livres sacrés
des Perses. Si ces livres nous étaient parvenus dans toute leur intégrité, il est
à peu près certain que nous les trouverions également muets sur tout ce qui
appartenait aux mystères. Dans la haute antiquité, je le répète, la religion
faisait une obligation absolue de ce silence. Et si les écrivains grecs et les
écrivains latins nous transmettent quelques renseignements sur les mystères
de Mithra, remarquons que pas un d'eux n'appartient à une époque ancienne,
et ne s'érige en théosophe ou en législateur. Les uns s'occupent des mystères
de Mithra sous un point de vue historique ou philosophique, alors que chez

les Grecs et les Romains toutes les autres croyances religieuses étaient en décadence. Les autres sont des Pères de l'Église, dont l'unique but est de montrer le côté absurde des mystères mithriaques pour convertir au christianisme les païens retenus dans les sanctuaires de Mithra par l'attrait des initiations.

Mais, si nous ne possédons aucun écrit du temps qui nous autorise à croire que chez les Romains Mithra recevait un culte public, si les auteurs grecs ou latins, les grottes et les temples souterrains consacrés à Mithra sur le sol de l'empire concourent à nous montrer le culte de ce dieu comme un culte pratiqué en secret dans des lieux dérobés aux regards du public, et chaque sectateur de Mithra comme un initié aux mystères, ne trouvons-nous pas, dans d'autres témoignages, la preuve que les Romains jouissaient de la liberté de rendre publiquement au dieu des Perses un culte particulier? Ne voyons-nous pas, sur divers points de l'empire romain, des monuments, des ruines et des inscriptions qui semblent attester ce fait? Ne rencontrons-nous pas des bas-reliefs mithriaques sculptés en plein air, sur la face extérieure d'un rocher? Ne découvrons-nous pas des ruines de temples ou d'*édicules* publiquement érigés à la surface de la terre, et des inscriptions lapidaires qui consacrent le souvenir d'une offrande ou d'un vœu publiquement adressés à Mithra pour le bonheur de l'empire romain, pour la santé de l'empereur régnant ou de quelque haut délégué du pouvoir impérial? Mais, à part ces démonstrations publiques, en quoi consistait le culte rendu à Mithra hors des sanctuaires réservés aux initiations, voilà ce que l'antiquité romaine nous a laissés complétement ignorer.

CHAPITRE III.

DU CULTE SECRET OU DES MYSTÈRES DE MITHRA DANS L'EMPIRE ROMAIN.

Les inscriptions lapidaires, la lettre de saint Jérôme à Læta, et les passages de saint Ambroise et de Tertullien que j'ai cités dans mon introduction
aux douze chapitres des grades, et aussi les témoignages qui nous seront
fournis plus loin, par des historiens ecclésiastiques, attestent que les mystères
de Mithra se célébraient non-seulement sur plusieurs points de l'empire romain, mais aussi et surtout dans Rome même. De plus, l'interprétation des
scènes d'initiation représentées sur les grands bas-reliefs religieux de Persépolis, de Khorsabad, de Nemrôd, sur les cylindres et les cônes exhumés du
sol de la Perse, de l'Assyrie et de la Phénicie, nous a conduits à constater
que les noms donnés à dix grades mithriaques par les écrivains grecs ou latins et par les inscriptions lapidaires latines s'appliquent parfaitement à dix
des douze grades qui ressortent du témoignage des monuments figurés asiatiques. Quant aux épreuves, à défaut de ce dernier témoignage, les renseignements fournis par les bas-reliefs mithriaques romains et par les commentateurs de saint Grégoire de Nazianze nous ont permis de reconnaître qu'entre
les doctrines qui servaient de base à l'institution des épreuves mithriaques
chez les Romains, et les doctrines sur lesquelles reposent la théorie et la hiérarchie des grades institués chez les Perses dans les mystères de Mithra,
chez les Assyriens et les Phéniciens dans les mystères de Mylitta ou d'Astarté,
il existe une intime corrélation. Dès lors on est fondé à dire que les épreuves
et les grades institués par les Chaldéens dans les mystères qui se célébraient à
Babylone et à Ninive, les épreuves et les grades importés d'Assyrie en Perse
avec le culte public et les mystères de Mithra, et les épreuves et les grades
mithriaques importés de l'Asie Mineure dans l'empire romain, sont identiquement les mêmes, bien que ce fait important ait été méconnu jusqu'à ce jour.
De cette identité des grades, en l'absence de tout traité didactique composé
sur le rite romain, se déduit nécessairement, sauf une modification dont il

faut tenir compte et dont je parlerai tout à l'heure, l'identité aussi des doctrines propres aux mystères des Assyriens, des Phéniciens et des Phrygiens, aux mystères des Perses et aux mystères mithriaques des Romains. L'exposition que j'ai faite des doctrines mithriaques des Perses, en traitant du dogme fondamental des mystères, de leur but, des épreuves et des grades, s'applique donc tout aussi bien aux doctrines professées dans les sanctuaires par les prêtres romains du dieu Mithra, et me dispense d'y revenir. Il suit même de là qu'à son tour et sans un seul changement, le tableau synoptique précédemment dressé pour montrer chez les Perses le double mouvement des âmes, leur descente sur la terre, leur ascension au ciel, et la hiérarchie des douze grades mithriaques, s'applique parfaitement aux mystères de Mithra tels qu'ils furent institués chez les Romains. C'est donc à ce tableau que j'aurai à me référer chaque fois qu'il sera question des grades qui se conféraient aux sectateurs romains du dieu des Perses. Dans cette prévision, j'ai eu soin, je le répète, de placer dans le tableau, en regard du nom de quelques grades, les dates que fournissent, pour la connaissance des époques annuelles assignées aux initiations, les inscriptions latines lapidaires[1].

Mais, pour rendre plus facile au lecteur l'interprétation de certains monuments mithriaques romains dont j'aurai à parler, je juge utile de résumer ici ce qui a été dit longuement au sujet des deux portes du ciel par lesquelles les âmes effectuent leur descente et leur ascension. J'ai fait remarquer que, chez les Perses, les formules générales *portes du ciel, porte de la lune* et *porte du soleil, porte des hommes* ou *voie des mortels*, et *porte des dieux* ou *voie des immortels* répondaient, selon le zodiaque et le calendrier des Chaldéens d'Assyrie, aux formules plus précises, *porte du signe du lion* et *porte du signe du verseau*, les deux signes solsticiaux, lorsque *le taureau et le scorpion* sont les deux points équinoxiaux. J'ai ajouté que, chez les Grecs et les Romains, à une époque qui nous est restée inconnue, ces formules précises avaient été remplacées par celles de *porte du signe du cancer* et de *porte du signe du capricorne*, devenues les deux signes solsticiaux depuis que, le soleil ayant rétrogradé du signe du taureau dans celui du bélier, les points équinoxiaux étaient *le bélier* et *la balance*. Les textes que j'ai cités à cette occasion sont parfaitement d'accord avec les monuments de l'art consacrés à Mithra par les Romains. De cet accord résulte, comme nous le verrons plus loin, la possibilité d'établir, à l'aide des signes astronomiques

---

[1] Ce tableau synoptique n'a point été laissé par l'auteur. (Les éditeurs.)

placés sur ces monuments, trois subdivisions parmi les ouvrages romains de sculpture qui représentent Mithra plongeant son poignard dans le cœur d'un taureau.

Ce n'est pas le seul enseignement que nous ayons à tirer des monuments mithriaques de l'époque romaine. Déjà nous avons eu l'occasion de remarquer quel tribut ils apportent dans la question des origines du culte romain de Mithra, dans la question des épreuves, et surtout dans la question si ardue des grades. Nous verrons bientôt quels renseignements précieux ils fournissent tant pour la connaissance des fonctions, des qualifications, des symboles attribués à ce dieu chez les Romains, que pour la connaissance de la liturgie mithriaque et des alliances qui se formèrent entre le culte de Mithra et celui de plusieurs autres divinités, soit nationales, soit étrangères, adorées dans l'empire.

Telle est enfin l'importance des monuments consacrés au dieu des Perses par les Romains, qu'à défaut du code religieux des mithriaques et à défaut de leur rituel, nous pourrons suppléer à ces deux sources d'informations avec le seul secours des représentations figurées, des inscriptions lapidaires, et d'un très-petit nombre de renseignements épars dans les écrits des Pères de l'Église.

Toutefois l'antiquité romaine ne nous a légué aucun monument figuré que l'on puisse comparer aux bas-reliefs, aux cylindres, aux cônes qui, chez les Perses comme chez les Assyriens et les Phéniciens, nous offrent des scènes d'initiation aux grades. Il ne paraît pas non plus que les Grecs asiatiques eussent adopté l'usage de représenter des scènes de ce genre sur des monuments de forme quelconque. Jusqu'à ce jour on ne peut citer, par exception, que deux cônes, dont j'ai déjà parlé dans mon chapitre sur le grade de lion. Ils se rapportent aux léontiques, et nous montrent chacun le nom d'un initié gravé en caractères grecs archaïques. A ma connaissance, aucune inscription grecque ne fait mention d'une initiation à un grade nominativement indiqué. Il n'en est pas de même chez les Romains, et déjà j'ai produit plusieurs inscriptions latines, lapidaires, qui nous ont conservé le souvenir et parfois la date même de l'initiation à divers grades mithriaques, désignés par leur nom sacramentel. Il n'est pas nécessaire que je reproduise ici ces inscriptions ni les textes latins qui nous ont offert de même la mention nominative d'un certain nombre de grades. Il me suffira, sans doute, de répéter que le rapprochement de ces deux sortes de documents nous a fait connaître neuf grades par leur nom : ceux de soldat[1], de bromius ou taureau, de corbeau[2], de griffon[3], de *persès*, de soleil[4], de père-aigle ou père-épervier[5], et de père des pères[6].

Mais je ne puis omettre de dire que, de plus, ces inscriptions nous révèlent quelques usages propres aux initiations chez les Romains, et, pour la plupart sans doute, d'origine asiatique. Nous y trouvons, par exemple, la preuve que les léontiques se célébraient habituellement au commencement du mois d'avril ou dans le mois de mars, le premier consacré à Mithra[7], comme à Vénus[8]; le second marquant, de même que le premier, l'équinoxe du printemps, époque du renouvellement de la vie sur la terre, époque de la feuillaison, de la naissance des êtres et de la mort des âmes. Cet usage était donc en parfaite harmonie avec la doctrine orientale qui, considérant les équinoxes comme des époques favorables à la descente des âmes dans les voies de la génération, assignait à Mithra, comme à Vénus, une place particulière aux deux points équinoxiaux.

Ces inscriptions cependant nous présentent quelques variations quant aux dates de l'initiation à tel ou tel grade, et nous ne pouvons nous en étonner lorsque nous considérons qu'elles appartiennent toutes à la dernière moitié du ive siècle de notre ère, c'est-à-dire au temps où le mithriacisme et toutes les autres religions païennes étaient en décadence dans l'empire romain. Ainsi, par exemple, nous voyons, dans les inscriptions de Saint-Jean et de Saint-Sylvestre, une léontique célébrée le 10 août, tandis qu'on en célébra deux autres dans le mois de mars[9] et une quatrième le 1er avril. Une héliaque est datée du 15 septembre; une seconde porte la date du 8 avril; une troisième la date du 16 de ce même mois; mais, en réalité, cette variation n'est pas une violation des prescriptions hiératiques. Loin de là, elle confirme, pour ainsi dire, les deux dogmes que je rappelais tout à l'heure, puisque la première des trois dates se rapporte à l'équinoxe d'automne, et chacune des deux autres à l'équinoxe vernal et au mois de Mithra. Toutefois, on peut être surpris de voir un grade aussi élevé que celui d'hélios ou soleil[10] conféré à l'équinoxe du printemps, comme le grade inférieur de lion[11]; et, pour ma part, je suis dis-

[1] *Miles.*

[2] *Corax* ou *hierocorax.*

[3] *Gryphus.*

[4] *Helios.*

[5] *Pater.*

[6] *Pater patrum* ou *pater patratus.*

[7] Je rapporterai plus loin une inscription la-tine qui se conserve au Vatican et qui nous montre qu'un monument fut consacré à Mithra le 7 du mois d'avril.

[8] Voyez Macrobe, *Saturnal.* 1, xii.

[9] Le 11 et le 17.

[10] Le neuvième dans l'ordre ascendant.

[11] Le troisième des grades terrestres.

posé à croire qu'à l'origine de l'institution des mystères de Mithra, et peut-
être même au temps où ils furent importés dans l'empire romain, les six
grades supérieurs ou ascendants ne se conféraient pas aux mêmes époques
que les six grades inférieurs ou descendants.

Une autre remarque m'est suggérée par les inscriptions de Saint-Jean et de
Saint-Sylvestre : nous n'y trouvons indiqué pour aucune initiation le concours
d'une prêtresse de Mithra; tandis que, sur les cylindres asiatiques, nous avons
fréquemment vu le grand prêtre assisté d'une grande prêtresse[1], ou le myste
présenté au prêtre initiateur par une prêtresse qui lui sert de marraine[2], ou
même un myste du sexe féminin présenté à la prêtresse initiatrice par une
prêtresse marraine et sans le concours ni la présence d'aucun personnage du
sexe mâle[3]. Toutefois, les cylindres que j'indique ici paraissent se rapporter,
en particulier, aux mystères de Mylitta et non à ceux de Mithra. Le rit persique et, à son exemple, le rit romain auraient-ils chacun exclu les femmes
des fonctions de grande prêtresse et de prêtresse initiatrice? Je l'ignore, mais
je suis peu porté à admettre l'affirmative, bien que, parmi le grand nombre
d'autres inscriptions latines où nous allons trouver nommés divers personnages revêtus de fonctions sacerdotales dévolues aux prêtres de Mithra, nous
ne puissions désigner une seule inscription qui fasse mention d'une prêtresse
de ce dieu.

Dans les inscriptions de Saint-Jean et de Saint-Sylvestre, qui paraissent
provenir d'un seul mithræum, toutes les initiations sont pratiquées par un
grand prêtre nommé *Nonius, Victor Olympius,* qualifié homme très-illustre et
père des pères[4]. Dans chacune de ces initiations, à l'exception d'une, il est
assisté, non d'une prêtresse, mais d'un prêtre, de l'ordre des pères, nommé
Aurelius Victor Augentius et qualifié simplement *pater*[5], bien que, comme lui,
il s'attribue la qualification honorifique de *vir clarissimus.* Ils célèbrent ensemble, sous des consulats différents, quatre fois les léontiques, une fois les

---

[1] Voyez mon Atlas, pl. XXX, n° 7; pl. XXXV,
n° 9; pl. XXXVI, n° 2; pl. XXXVII, n° 10, etc.

[2] *Ibid.* pl. XII, n°ˢ 16, 17, 18; pl. XXVII,
n° 8; pl. XXXVIII, n°ˢ 1 à 6, etc.

[3] *Ibid.* pl. XXXIII, n° 1; pl. LIV, n° 5, etc.

[4] *Vir clarissimus* et *pater patrum* ou *pater patratus.*

[5] Je répéterai ici que, selon toute apparence,
le titre de *pater,* chez les Romains, était attribué
aux initiés qui avaient successivement obtenu le
grade de *père-aigle* et le grade de *père-épervier,*
inférieurs au grade de *père des pères.* Je répéterai
également que cette remarque semble être confirmée par la dénomination de *patrica,* employée
pour désigner des cérémonies qui devaient comprendre l'initiation successive au grade de père-
aigle et au grade de père-épervier, si ce n'est même
à ces deux grades et à celui de père des pères.

gryphiques et les persiques, deux fois les héliaques et une fois les patriques. C'est dans la célébration des coraciques qu'Olympius, par cette seule exception, ne se montre pas accompagné de son coadjuteur Augentius; mais il s'agissait de l'initiation de son propre fils au grade de *corax* ou corbeau, et nous devons présumer qu'en pareil cas les statuts du sacerdoce ou l'usage autorisaient le grand prêtre de Mithra à conférer tel ou tel grade sans l'assistance d'un prêtre subordonné. Ce qu'il faut remarquer, c'est qu'immédiatement après la mention de cette coracique, nous trouvons le verbe au pluriel dans la mention d'une initiation au grade de griffon : CON · S. S. OSTEN-DERVNT GRYFIOS[1] · VIII · K · MAI · FELIC. Ce verbe, *ostenderunt*, ne nous donne-t-il pas à comprendre qu'Olympius, pour cette initiation, s'était fait de nouveau assister par Augentius, comme il l'avait fait pour les initiations qui précédèrent celle de son fils, et nommément pour une initiation à ce même grade de griffon, quatorze ans auparavant, sous le consulat de Mamertinus et Nevitta ?

Et puisque je viens de rapporter une des deux formules employées dans les inscriptions latines de Saint-Jean et de Saint-Sylvestre pour perpétuer le souvenir d'une initiation au grade de griffon, n'y a-t-il pas lieu de se demander pourquoi, dans ces inscriptions, nous lisons une fois *tradiderunt gryphios* et une autre fois *ostenderunt gryphios?* Ne se demande-t-on pas aussi pourquoi, dans ces deux formules, on ne trouve pas *gryphica* au lieu de *gryphios*, de même que, dans les autres mentions, on trouve les mots *leontica*, *coracica*, ou *hierocoracica*, *persica*, *heliaca* et *patrica* pour exprimer les initiations aux grades de lion, de corbeau, de persès, d'hélios ou soleil et de père? Si, avec la formule *ostenderunt gryphios*, ne se lisait pas aussi la formule *tradiderunt gryphios*, on pourrait croire que les cérémonies propres à l'initiation au grade de griffon différaient essentiellement du rituel observé pour la célébration des léontiques, des coraciques, des persiques, des héliaques et des patriques; on serait, par exemple, disposé à conjecturer que, dans les gryphiques, les prêtres initiateurs se bornaient à montrer aux mystes des figures peintes ou sculptées, représentant l'animal symbolique appelé *griffon*. Mais une telle supposition tombe d'elle-même devant les inscriptions où nous lisons les formules *tradiderunt leontica, tradidit coracica, tradiderunt persica, tradiderunt heliaca, tradiderunt patrica*, de même que nous y lisons *tradiderunt gryphios*[2]. Elle

---

[1] *Sic.*

[2] Il paraît que l'emploi du verbe *tradere* était consacré par le rituel des initiations dans le sanctuaire, et par l'usage hors des sanctuaires ; car Ju-

tombe également devant les nombreux monuments asiatiques des mystères où nous voyons le myste combattre un ou deux griffons [1] de la même manière que, sur d'autres monuments de cette catégorie, nous le voyons combattre un ou deux taureaux [2], un ou deux lions [3], un, deux ou trois vautours [4], une ou deux autruches [5], etc.

Ce que j'ai dit plus haut des épreuves et des grades mithriaques chez les Romains s'applique également à plusieurs usages ou cérémonies qui se pratiquaient pendant le cours des initiations. Tels sont, par exemple, la consécration du pain et de l'eau, l'offrande des pains darouns, le signe particulier placé sur le front des mystes reçus au grade de soldat, le baptême de l'eau et le baptême du feu, le simulacre de la résurrection de l'initié qui, du grade de soleil, parvenait à celui de père-aigle. Les passages de saint Justin et de Tertullien que j'ai cités en traçant l'histoire de l'importation des mystères chaldéens de Mithra chez les Perses, au temps des Achéménides, ne nous ont pas seulement appris déjà que ces diverses pratiques étaient établies dans les sanctuaires consacrés à Mithra par les Romains. Les récits de ces deux écrivains chrétiens, rapprochés tout à la fois des monuments figurés asiatiques qui appartiennent aux mystères de Mithra ou de Mylitta et des monuments figurés du culte romain de Mithra, nous ont démontré, par anticipation, l'identité de doctrines ou d'idées qui existait, quant aux coutumes liturgiques dont il s'agit, entre l'institution des mystères de Mithra chez les Perses et l'institution de ces mystères chez les Romains.

---

lius Firmicus (*De error. profan. relig.* V, p. 19), parlant des mystères de Mithra chez les Perses, s'exprime ainsi : «Sacra vero ejus (Mithræ) in «speluncis abditis tradunt.»

[1] Atlas, pl. LX ; pl. LVI, n°° 4, 5 et 6 ; pl. LVII, n°° 6, 7 et 8 ; pl. LVIII, n°° 1, 7, etc.

[2] Atlas, pl. XIII, n°° 1, 2, 3 et 7 ; pl. XV. n° 3, etc.

[3] *Ibid.* pl. XX ; pl. XXI ; pl. XIX, n°° 2, 4, 6. 7, 8 et 9, etc.

[4] *Ibid.* pl. LVI, n° 1 ; pl. LVIII, n° 8 ; pl. LXI, n° 7.

[5] *Ibid.* pl. LXI, n°° 8 et 9.

CHAPITRE IV.

Dans les deux chapitres qui précèdent, j'aurais pu, sans doute, placer un certain nombre de remarques et de faits intéressants pour l'histoire du culte et des mystères de Mithra chez les Romains. Je m'en suis abstenu par la considération qu'à défaut de tout traité écrit de la main d'un auteur ancien, les monuments de l'art, y compris les inscriptions lapidaires, grecques ou latines, m'ont seuls fourni ces remarques et ces faits. J'ai compris, d'après ma propre expérience, que, pour puiser dans les antiquités figurées et dans les inscriptions lapidaires des Romains quelques enseignements utiles, il faut préalablement avoir su interpréter dans tous leurs détails, comme dans leur ensemble, les nombreux monuments érigés, chez ce peuple, en l'honneur du dieu des Perses. Je me suis donc décidé à intervertir l'ordre qu'au premier abord je m'étais proposé de suivre : je fais précéder de l'examen et de l'interprétation des monuments figurés et des inscriptions lapidaires qui appartiennent au culte romain de Mithra un résumé où je récapitulerai, en les rangeant selon leur degré d'intérêt ou d'importance, toutes les observations, tous les faits que ce travail préalable m'aura permis de recueillir.

Les Romains, pas plus que les Grecs asiatiques, ne paraissent avoir adopté l'usage où furent les Perses de représenter Mithra sous des formes purement symboliques, à l'exemple de ce que les Chaldéens durent faire autrefois pour le Mithra primitif, et à l'exemple surtout de ce qu'au temps de Zoroastre faisaient habituellement les Assyriens pour Mylitta, les Phéniciens pour Astarté, bien que, de bonne heure, ces deux derniers peuples eussent ajouté à cet usage celui de figurer simultanément leurs divinités sous une forme humaine [1]. Nous ne trouvons, sur les bas-reliefs mithriaques romains, aucune trace des

[1] Dans mes *Recherches sur le culte de Vénus*, je montre que les Assyriens, sur un même bas-relief, avaient représenté leur déesse Mylitta à la fois sous une forme purement symbolique et sous une forme humaine.

deux formes symboliques, le *mihr* et l'emblème de la triade suprême, qui, chez les Perses, servaient à représenter Mithra, la première comme un dieu agissant séparément, mais subordonné à Ormuzd; la seconde, comme la troisième personne d'une triade qui régit l'univers. Et cependant des arbres, des quadrupèdes et des oiseaux de diverses espèces sont placés dans ces bas-reliefs avec une signification évidemment symbolique. Il est donc à peu près certain que les légions de Pompée, ayant trouvé, chez les Grecs de l'Asie Mineure, Mithra représenté sous une forme à la fois humaine et animale, ou, le plus souvent, sous une forme purement humaine, n'importèrent dans l'empire romain que des types de monuments qui reproduisaient les traits conventionnels du dieu des Perses à l'aide d'un anthropomorphisme plus ou moins modifié. On pourrait, s'il en était besoin, alléguer cette remarque comme un témoignage de plus en faveur des traditions et des observations qui nous montrent les Romains recevant des mains des Grecs asiatiques les doctrines, les formules sacramentelles, les noms des épreuves, les noms des grades et les modèles des monuments figurés qui appartiennent au culte et aux mystères de Mithra.

Chez les Romains, à l'exemple, je le répète, de l'usage suivi par les Grecs dans l'Asie Mineure, les représentations figurées de ce dieu peuvent se diviser en quatre catégories : dans la première, prenant toujours pour point de départ l'origine assyro-chaldéenne du culte de Mithra chez les Perses et l'origine persique de ce culte chez les Grecs asiatiques, je suis conduit à placer, comme le plus ancien des quatre types que nous a légués l'antiquité romaine, les statues et les bas-reliefs qui représentent Mithra *léontocéphale*, c'est-à-dire Mithra ayant, avec un corps humain, une tête de lion sur les épaules, au lieu d'une tête humaine, et quelquefois même des griffes de lion, au lieu de pieds humains.

La seconde catégorie se compose des monuments où Mithra se montre à nos yeux sous une forme purement humaine et placé debout sur le dos d'un taureau, comme le Jupiter Dolichenus.

La troisième catégorie comprend toutes les statues et tous les bas-reliefs qui représentent Mithra dans l'action d'immoler un taureau.

Dans la quatrième et dernière catégorie, viennent se ranger les images de Mithra naissant de la pierre ou d'un rocher.

CHAPITRE V.

MITHRA LÉONTOCÉPHALE.

A ma connaissance, on ne trouve nulle part, avant la dernière moitié du
xvi⁰ siècle, une mention quelconque de la découverte d'une figure humaine,
d'époque romaine, représentant une divinité mâle, ailée, à tête et griffes de
lion, et le corps enveloppé par les replis d'un serpent. Pour la première fois,
ce me semble, il est question d'une figure de cette espèce dans les notes manuscrites de Flaminio Vacca, que l'on conserve à Rome, et qui s'arrêtent à
l'année 1594. Ce fut en 1702 que, pour la première fois aussi, quelques-
unes de ces notes entrèrent dans le domaine public de la science. Le P. Ber-
nard de Montfaucon, arrivé en 1698 dans la capitale du monde chrétien,
avait eu soin de compulser les papiers manuscrits du sculpteur que je viens
de nommer; il inséra dans son *Diarium italicum*[1] les renseignements précieux
qu'il y avait trouvés, et, entre autres, les détails qui concernent deux statues de
Mithra léontocéphale successivement découvertes à Rome même[2]. La première,
de marbre blanc et d'un très-mauvais style, avait été retirée des fouilles pratiquées, du temps de Sixte-Quint, par Horace Muti, sur le sol de sa vigne,
dans le vallon de Saint-Vital, situé entre le mont Quirinal et le mont Vimi-
nal, et non loin du lieu où, précédemment, on avait exhumé une quantité
considérable d'objets précieux d'antiquité[3]. La statue léontocéphale était
placée sur un globe, dans un sacellum souterrain de forme semi-circulaire.
Plusieurs lampes de terre cuite, posées sur le sol, autour de la base ou du
piédestal qui portait cette figure, attestaient, comme la conservation parfaite
de la statue, qu'à la chute du paganisme ce petit édifice avait échappé aux
recherches des chrétiens. Montfaucon ajoute ici qu'à son arrivée à Rome ce
sacellum était depuis longtemps détruit ou recouvert de terre, et que la
statue avait disparu. On croit qu'Horace Muti, effrayé de l'idée que cette

---

[1] Un volume in-4⁰ imprimé à Paris en 1702. — [2] *Diar. italic.* p. 196-198. — [3] Voyez Zoëga,
Abhandlungen, taf. V, n⁰ 16.

figure pouvait représenter le diable, la fit jeter dans un four à chaux. Le
dessin qu'en a publié Montfaucon [1], et qui la reproduit placée au milieu du
sacellum, sur une base entourée de plusieurs lampes, paraît avoir été composé par Sante Bartoli, d'après la description qu'il avait lue dans les notes de
Flaminio Vacca, qui, lui-même, n'avait vu ni la statue, ni le sacellum. Ces
diverses considérations ne me permettent pas d'accorder assez de confiance
au dessin dont il s'agit, pour le reproduire sur une des planches de mon
Atlas.

Peu de temps s'était écoulé depuis la découverte de cette statue léontocéphale, lorsque, selon le même Flaminio Vacca, cité par Montfaucon [2], on
retira des fouilles de la vigne d'Horace Muti un bas-relief représentant une
autre figure léontocéphale, qui n'eut pas le sort de la première. Éclairé par
les discussions verbales auxquelles avait donné lieu celle-ci, le propriétaire
conserva la seconde; et c'est entre les mains de ses héritiers que Vacca put
voir le bas-relief dont il s'agit, et en faire le dessin qui a été réduit et gravé
au bas de la page 198 du *Diarium italicum*. Montfaucon a depuis reproduit ce
dessin, dans de plus grandes dimensions, sous le numéro 2 de la planche
CCXV de l'Antiquité expliquée [3]. La figure à tête de lion est ici sculptée en
demi-relief, à côté d'un autel allumé; elle est vêtue d'une longue tunique
plissée, et porte de chaque main un flambeau allumé, au lieu d'une clef; de
sa bouche sort une bandelette qui flotte dans l'air. Ces trois dernières particularités ne se rencontrent dans aucune autre représentation de ce genre; et
le bas-relief découvert à Vienne l'année dernière par M. Péron est, jusqu'à
ce jour, le seul monument où l'on retrouve, à la droite d'une divinité léontocéphale, l'autel allumé qui, d'accord avec la description écrite de la main
de Vacca [4], se voit à la droite de la figure également léontocéphale que représente le dessin trouvé par Montfaucon parmi les papiers de ce sculpteur.
Cette figure, dans le siècle suivant, paraît être restée longtemps égarée. Le
savant bénédictin n'avait pu la découvrir pendant son séjour à Rome; mais
depuis elle s'est retrouvée, et Zoëga nous apprend [5] qu'on l'a placée dans les
jardins du palais Colonna. C'est là en effet que M. le docteur Émile Braun
en a fait prendre un dessin dont il a eu l'obligeance de me donner communication et qui est gravé sous le numéro 2 de ma planche LXXI. Il représente

---

[1] *Diar. italic.* ad calc. p. 198. — *L'Antiq.
expliq.* t. I, 2ᵉ partie, pl. CCXV, fig. 1.

[2] *Diar. italic.* p. 197.

[3] Tome I, 2ᵉ partie.

[4] Montfaucon, *Diar. italic.* p. 197.

[5] *Abhandlungen*, p. 205 et 206, n° 9.

le bas-relief [1] vu de face, et servira à rectifier plusieurs inexactitudes qui se sont glissées dans le dessin reproduit par Montfaucon.

A la vue de ce dernier dessin et du croquis de Sante Bartoli, qui rappelle la première figure léontocéphale mentionnée par Flaminio Vacca, le savant bénédictin ne pouvait oublier que Luctatius, commentant un passage de la Thébaïde de Stace [2] où il est question de Mithra, s'exprime en ces termes [3] : *Est enim (Mithra) in spelœis persico habitu, leonis vultu cum tiara, utrisque manibus bovis cornua comprimens...* Et, bien que le scoliaste confonde ici les deux types différents dont se servirent les sculpteurs romains pour représenter le dieu des Perses, l'auteur du *Diarium italicum*, sans même relever cette confusion, n'hésite pas à déclarer qu'après le témoignage de Luctatius, rapproché des passages de Tertullien et de saint Jérôme où l'on trouve une mention expresse des lions mithriaques [4], il est impossible de ne pas reconnaître Mithra sous les traits des deux figures léontocéphales déterrées dans la vigne d'Horace Muti. Il déclare aussi que, depuis ces deux figures, on n'a découvert aucun autre monument de cette espèce sur le sol romain ni ailleurs.

Mais, tandis qu'il écrivait ces dernières paroles dans son journal de voyage, des travaux entrepris aux environs d'Arles, en 1698, rendaient à la lumière le torse d'une statue très-analogue; et ce torse fut publié par Montfaucon lui-même, en 1719, dans le premier volume de l'Antiquité expliquée [5]. Après avoir appartenu à M. de Graveson, il a été déposé au musée de la ville d'Arles, et reproduit dans un grand nombre d'ouvrages ou de recueils, quelquefois même avec des restaurations arbitraires et des qualifications que rien ne saurait justifier. Le dessin réduit que j'en donne ici [6] le représente fidèlement dans l'état où il est aujourd'hui.

Dans la suite, quelques autres figures léontocéphales furent découvertes en divers lieux, dans le sein de la terre. Celle que publia le P. Kircher [7], en 1654, et qui n'est pas ailée, provenait d'une fouille faite, peu de temps auparavant, à Rome, dans les jardins de la villa du duc Muti, située non loin de la villa Ludovisi. Il ne faut la confondre avec aucune des deux qui, un

---

[1] Il est de marbre blanc.

[2] I, 720.

[3] Ad Stat. *Thebaid.* loc. cit.

[4] Montfaucon oublie ici les deux passages classiques de Porphyre (*De abstin.* IV, 16; *De antr. Nymph.* § XIV, p. 15, ed. van Goens). Il ne les cite pas non plus dans les paragraphes du

IVe livre de l'*Antiquité expliquée* (t. I, 2e partie) où il s'occupe des statues et des bas-reliefs qui représentent Mithra avec une tête de lion.

[5] 2e part. pag. 370 et 371, et planche CCXV. fig. 3.

[6] Atlas, pl. LXXIII, n° 2.

[7] *OEdip. Ægyptiac.* t. III, p. 504.

siècle plus tôt, avaient été trouvées dans la vigne d'Horace Muti, comme je viens de le dire d'après Flaminio Vacca. Si je rapproche du mauvais dessin joint au texte de Kircher la description faite par Zoëga[1] d'une statue à tête de lion et sans ailes, qui de la bibliothèque du Vatican est passée au musée Grégorien, je dois croire que celle-ci est l'original de la figure léontocéphale publiée par le savant jésuite. Cependant Raffei[2], en signalant l'extrême ressemblance qu'il avait remarquée entre cette dernière et une autre qui, de son temps, était placée à la bibliothèque du Vatican, dit qu'elle provenait de la maison Carpegna.

En ce moment, les riches et précieuses collections d'antiquités que renferme le Vatican comprennent cinq monuments du même genre : deux sont déposés dans la bibliothèque de ce palais[3], deux autres dans les salles égyptiennes du musée Grégorien, et le cinquième au musée Chiaramonti. Le premier se voyait anciennement au musée Pie-Clémentin, et a été publié par Visconti[4] : c'est un torse restauré, qui avait appartenu à la villa Albani[5], mais dont la provenance primitive est restée inconnue. Le numéro 1 de ma planche LXXII le reproduit d'après un dessin que j'ai reçu de Rome, mais qui n'indique pas, comme je l'avais demandé, toutes les restaurations modernes qu'a subies le monument.

La seconde figure analogue que possède la bibliothèque du Vatican provient du mithræum découvert à Ostie, en 1798, par le peintre anglais Fagan. Elle nous offre, avec l'exemple de la plus grande statue que l'on connaisse de Mithra léontocéphale, l'unique exemple aussi d'une tablette adhérente à la jambe gauche de la figure, et chargée d'une inscription latine. Cette inscription nous apprend que la statue avait été consacrée, l'an 190 de notre ère, par trois prêtres de Mithra : le premier, Caius Valerius Heracles, qualifié père, PATER, nous est déjà connu par la dédicace d'un bas-relief[6] qui provient aussi du mithræum d'Ostie, mais qui ne donne encore au consécrateur que le titre moins élevé de *sacerdos*. Les deux autres prêtres nommés dans la dédicace de la statue léontocéphale sont Caius Valerius Vitalis et Nicomes, qui ne prennent que le titre de *sacerdotes*. En 1817, mon savant ami M. le

---

[1] *Abhandlungen*, p. 204, n° 6.

[2] *Osservaz. sopra alcuni antichi monum. esist. nella villa*, p. 24-26.

[3] MM. Bunsen et Gerhard, *Beschreib. der Stadt Rom.* t. II, sect. II, p. 335.

[4] *Mus. Pio-Clement.* t. II, tav XIX.

[5] Raffei, *Osserv. sopra alc. ant. monum.* tav. III, fig. 2.

[6] *Atlas*, pl. LXXX, n° 2.

professeur F. G. Welcker publia ce beau monument avec les mémoires posthumes de Zoëga [1], et d'après la réduction d'un dessin trouvé parmi les papiers
de l'archéologue danois. Grâce à l'obligeance de M. Welcker, je puis donner
ici [2] une copie non réduite du dessin original. L'inscription, comme on le
verra plus loin, a été interprétée avec une grande sagacité par un autre de
mes amis, le docteur Jean Labus [3], dont la mort est une bien grande perte
pour les progrès de l'archéologie en général, et de l'épigraphie latine en particulier.

Les deux représentations figurées de Mithra léontocéphale qu'on a placées
dans le musée Grégorien ne me sont connues que par des indications suc-
cinctes, qui ne me permettent ni de dire en quel lieu furent trouvés ces deux
monuments, ni de juger s'ils se confondent ou non, l'un avec celui qu'a publié
le P. Kircher [4], l'autre avec la statue que possédait autrefois la maison Carpegna [5].

Je ne suis pas dans la même incertitude sur le cinquième monument dont
j'ai à parler avant de passer du Vatican à la villa Albani. Celui-ci est un bas-
relief de marbre, entièrement doré, qui fait partie du musée Chiaramonti.
Ainsi que la grande statue léontocéphale datée de l'an 190, il provient des
fouilles que fit à Ostie, en 1798, le peintre anglais Fagan, dans l'intérieur
d'un *spelæum* ou mithræum souterrain, découvert l'année précédente. Zoëga
s'est borné à le décrire dans ses *Abhandlungen* [6], et jusqu'en 1845 on n'en avait
publié aucun dessin. A cette époque, j'ai pu en joindre un à mon *Mémoire sur
un bas-relief mithriaque* qui a été découvert à Vienne (Isère) [7]; je le reproduis
ici sous le numéro 1 de ma planche LXXI, et il m'est très-agréable d'avoir à
répéter que je suis redevable de ce dessin à un zélé et habile archéologue de
Berlin, M. le professeur Édouard Gerhard. J'aurai plus d'une fois, dans le
cours de ce volume, l'occasion de me servir des précieuses communications
scientifiques que j'ai reçues de ce parfait ami.

La villa Albani possédait autrefois deux statues et un bas-relief représentant Mithra léontocéphale. Une des statues ne s'y trouve plus; c'est probablement le torse restauré qui se voit maintenant dans la bibliothèque du Vatican,

[1] Zoëga, *Abhandlungen*, pl. V, n° 16.
[2] Atlas, pl. LXX.
[3] *Biblioteca italiana*, cahier de mai 1816, n° v, p. 208 et suiv.
[4] *Ubi supra.*
[5] Raffei, *loc. cit.*
[6] Pages 198, 199, n° 2.
[7] Ce mémoire est inséré dans le recueil de l'Académie des inscriptions, t. XV, 2e partie, p. 201 et suiv.

après avoir été précédemment placé au musée Pie-Clémentin [1]. La statue et le bas-relief qu'a conservés la villa Albani ont été publiés par Raffei [2]. Le bas-relief est figuré avec plus d'exactitude dans un des ouvrages de Zoëga [3]. Je reproduis ici [4] le dessin dont s'est servi ce célèbre antiquaire. Je place en même temps, sous le numéro 3 de ma planche LXXI, un dessin réduit de la statue, que j'ai reçu de Rome et qui m'est annoncé comme plus exact aussi que le dessin de Raffei.

A l'époque où parut celui de mes mémoires que je viens de citer, on ne connaissait qu'une autre représentation figurée de Mithra léontocéphale : une figurine votive de bronze que Zoëga avait vue à Rome chez un marchand d'antiquités. Ce savant en parle dans ses *Abhandlungen* [5] et croyait qu'elle avait dû servir de manche à une patère. Depuis 1845, elle a été acquise par feu M. le comte de Pourtalès Gorgier et placée dans son riche musée, où il m'a été permis de la faire dessiner. Les numéros 1 et 2 de ma planche supplémentaire la représentent de la grandeur du bronze original et vue de deux côtés. Elle me semble avoir appartenu plutôt à un poignard qu'à une patère, si j'en juge d'après la forme du manche, qui se lie au corps de Mithra, à partir de la ceinture, et qui se termine par une espèce de garde à coquilles recourbées. Ce qui pourrait confirmer ma conjecture, c'est que, pour la première fois, nous voyons ici un poignard placé dans une des mains du dieu léontocéphale, en même temps que, dans l'autre main, ce dieu tient la clef de la porte du soleil ou du ciel. Or il est évident que ces deux accessoires significatifs caractérisent Mithra comme le dieu chargé de la haute mission d'accomplir le sacrifice sanglant qui doit racheter le péché originel des âmes et leur ouvrir l'entrée des demeures célestes. C'est ainsi que Mithra se présente à nos yeux dans le passage si remarquable du *Zend-Avesta* où il est qualifié médiateur, passage que j'ai déjà cité et dont j'aurai plus loin à faire l'application aux monuments romains qui représentent ce dieu immolant un taureau. Ajoutons que, pour la première fois aussi, un foudre est placé dans la gueule du lion, dont la tête remplace, sur les épaules de Mithra, une tête humaine. Ce foudre, qui sert de commentaire à l'épithète barbare ACTPOBPONTOC décernée à Mithra dans une inscription grecque trouvée à Rome, fait ici de ce dieu, comme ailleurs il fait de Jupiter, le maître du tonnerre, celui qui

---

[1] Voyez ci-dessus, p. 583.
[2] *Ubi supra*, tav. III, fig. 1, et tav. IV, fig. 2.
[3] *Bassiril. antich. di Roma*, t. II, tav. LIX.
[4] Atlas, pl. LXXII, n° 2.
[5] Pages 206 et 207, n° 10.

punit, châtie, anéantit les impurs et les méchants. Ajoutons aussi que le poignard, arme caractéristique de Mithra dans le *Zend-Avesta*, et des initiés sur les monuments asiatiques des mystères, est l'objet d'une consécration particulière sur deux monuments romains bien connus : le groupe de la villa Giustiniani dont j'ai déjà dit quelque chose[1], et un bas-relief qui provient des ruines d'*Apulum*, en Transylvanie[2]. Dans le groupe, le poignard est sculpté entre le mot sacramentel NAMA et les autres armes de Mithra, l'arc, la flèche et le carquois, qui lui appartiennent comme dieu protecteur et sauveur, ainsi que nous le verrons plus loin. Sur le bas-relief, au-dessus de la région terrestre, et, par conséquent, dans la région céleste, on remarque, sculptés entre le buste du soleil et celui de la lune, sept groupes composés chacun d'un poignard[3], d'un autel allumé, d'un bonnet phrygien et d'un cyprès, emblème de la vie éternelle[4]. Tout nous porte donc à présumer, avec quelque vraisemblance, que le petit monument votif de bronze qui nous occupe servait de manche à une lame de poignard, arme caractéristique de Mithra, et non à une patère, ustensile dont nous ne trouvons, en Occident ni en Orient, aucun exemple sur les nombreux monuments consacrés à ce dieu.

Après ce bronze, je trouve à indiquer une autre représentation figurée de Mithra léontocéphale, qui, dans mon mémoire cité, a été le sujet d'une courte mention que je répéterai ici : il s'agit d'une prétendue statue de Sérapis, qui faisait autrefois partie du riche cabinet d'antiquités qu'avait formé, à Montpellier, le premier président Bon de Saint-Hilaire. Cette statue paraît s'être égarée ou même perdue. Elle a été publiée avec confiance sous le nom de *Sérapis-Soleil*, par Montfaucon, dans son supplément à l'*Antiquité expliquée*[5],

---

[1] Atlas, pl. CIII.

[2] Atlas, pl. LXXIX, n° 1.

[3] Le poignard reçoit une consécration semblable et une signification indubitablement religieuse sur des pierres gravées asiatiques, où il est gravé tantôt au milieu des signes conventionnels destinés à représenter le soleil, la lune et les sept planètes, derrière un prêtre ou mage en adoration devant ces mêmes signes (voyez mon Atlas, pl. XLIV, n° 5), ou devant l'image du dieu Lunus (*ibid.* pl. XVI, n° 16); tantôt enfin sur une des faces d'un cône à huit pans coupés représentant, gravée sous sa base, une scène d'initiation (*ibid.* pl. XLVI, n°ˢ 24, 24ᵉ et 24ᵇ). Le chien, compagnon fidèle de Mithra sur les monuments romains où ce dieu est représenté dans l'action d'immoler un taureau, est placé sur une des faces de notre cône opposées à celle où nous voyons le poignard.

[4] Voyez mes *Recherches sur le culte du cyprès pyramidal*, insérées dans la 2ᵉ partie du tome XX des *Mémoires de l'Acad. des inscr.*

[5] Tome II, pl. XLII. — C'est par erreur que la figure qui est gravée sous le nom de *Sérapis*, dans la planche *B* des recherches de MM. Jollois et Devilliers sur les bas-reliefs astronomiques et égyptiens (*Descript. de l'Égypte, antiquit.* t. I), porte pour suscription ces mots : «Montfaucon,

et reproduite, sans aucune défiance, dans le livre de Pluche intitulé, *Histoire du ciel*[1], comme dans un grand nombre d'autres ouvrages ou de dissertations archéologiques. Tout me porte à douter de l'authenticité d'un pareil monument, et à conjecturer qu'on l'avait composé en adaptant au torse d'une statue antique de Mithra léontocéphale une tête de Jupiter-Sérapis.

Ainsi le nombre total des représentations figurées de Mithra léontocéphale qui, en 1839, se conservaient dans divers lieux, ne s'élevait pas au-dessus de dix. En 1840, ce nombre s'augmenta d'un bas-relief important, qui est le sujet du mémoire cité que j'eus l'honneur de lire à l'Académie des belles-lettres, le 24 septembre 1841. Je ne puis me dispenser de répéter ici la plupart des détails que renferme ce mémoire.

Dans le courant de l'année 1840, un habitant de Vienne, M. Péron, entreprit de déblayer un terrain qu'il possède dans l'intérieur de la ville, non loin de la halle neuve et tout près des substructions romaines qu'avaient mises à découvert les travaux exécutés par les ingénieurs des ponts et chaussées du département de l'Isère, pour la confection d'une nouvelle route départementale qui traverse ce quartier. Les déblais firent bientôt reconnaître, sur la propriété même de M. Péron, d'autres constructions antiques, et l'on exhuma du sol deux fragments d'un bas-relief romain qui avait été brisé avant de se trouver enfoui dans la terre. Cette découverte fut annoncée aux comités historiques de Paris, dans un rapport dont le journal de l'Institut a publié un extrait dans son numéro du mois de décembre de la même année. A la simple lecture de la description que contient cet extrait, il est impossible de ne pas deviner que l'auteur du rapport s'est complétement mépris en attribuant au culte de Janus le bas-relief qui provient des fouilles de M. Péron ; et l'on se sent, avec bien plus de raison, porté à supposer que ce bas-relief doit appartenir à la série nombreuse des monuments romains du culte de Mithra, quoiqu'il présente des particularités qui ne se sont encore rencontrées sur aucun bas-re-. lief mithriaque d'époque romaine. Dans le dessein de lever toute espèce de doute à cet égard, j'ai profité, au mois de juillet dernier, d'une occasion favo-

---

« *Antiq. expliq.* suppl. vol. II, pl. XLII. » Les auteurs, dans une lettre qui est entre mes mains, reconnaissent que cette suscription appartient à la figure qu'ils ont intitulée *Sérapis-Soleil*, sur la même planche *B ;* mais ils ne peuvent se rappeler d'où ils ont tiré le dessin de la figure qui a donné lieu à l'erreur que je signale. Il me pa-

rait probable que ce dessin est la reproduction d'une restauration arbitraire du torse qui se conserve au musée de la ville d'Arles. (Voyez ci-dessus, p. 582.)

[1] Tome I, planche pour la page 66 ; édit. de Paris, 1739.

rable pour aller examiner le monument original à Vienne, chez M. Péron, qui le conserve dans sa maison d'habitation [1]. C'est le résultat de cet examen que je soumets au jugement de l'Académie.

Dès mon arrivée à Vienne, M. Delorme, conservateur de la bibliothèque et du musée de cette ville, eut la complaisance de me conduire chez M. Péron, et de là au lieu même où furent déterrés, l'année dernière, les deux fragments qui nous restent du bas-relief dont il s'agit. En présence de ces deux fragments, je reconnus immédiatement combien mon savant guide avait eu raison de me dire d'avance que je ne pourrais hésiter à les considérer comme les débris d'un bas-relief consacré au culte romain de Mithra. Arrivé sur le lieu où on les a trouvés, je ne tardai pas non plus à constater, avec M. Delorme, que les constructions romaines découvertes à quelques pas plus loin sont les restes d'un petit édifice souterrain et voûté, qui peut avoir été un *mithræum*. Dès lors, il m'était permis de conjecturer que le bas-relief de M. Péron, principal ornement de ce temple ou plutôt de ce *sacellum*, en avait été violemment arraché, pour être brisé au temps où, emportés par un zèle aveugle pour le triomphe de la vraie religion, les chrétiens s'efforçaient de détruire les temples, les idoles, les emblèmes de tous les cultes païens et du mithriacisme en particulier [2], sans se douter qu'un jour ils encourraient le blâme d'avoir ainsi fait disparaître, ou du moins mutilé des monuments éminemment propres à compléter l'histoire de l'esprit humain et à témoigner des erreurs dont furent entachés les systèmes religieux ou philosophiques des peuples de l'antiquité.

Malgré les mutilations qu'a subies, pour sa part, le bas-relief qui me suggère cette conjecture et cette réflexion, on peut, si l'on rapproche les deux fragments qui restent de ce bas-relief, et si l'on tient compte d'un troisième fragment que l'on n'a pas retrouvé, on peut, dis-je, rétablir avec toute certitude les dimensions du monument, tel qu'il était dans son intégrité, et se former une idée juste du sujet qu'on y avait sculpté. Sa hauteur n'excède pas 77 centimètres, et sa largeur 94. Les bords sont taillés en corniche, particularité qui nous autorise à croire qu'on avait destiné le bas-relief à être encastré dans un des murs du mithræum. La matière est un calcaire blanchâtre et tendre, qui ne se rencontre ni dans les carrières des environs de Vienne,

---

[1] Depuis que ce mémoire a été rédigé, M. Péron a fait don au musée de Vienne du monument original qui est le sujet de ma dissertation.

[2] Voyez mes Nouvelles observations sur le grand bas-relief mithriaque du musée royal, p. 3, 14, 17.

ni dans la construction des édifices élevés par les Romains sur le sol de la ville, ni parmi les débris d'antiquité figurée qu'on a pu y recueillir antérieurement à la découverte de M. Péron. Ce calcaire, selon l'opinion de M. Delorme, doit provenir des gisements qui existent plus au midi de la France, entre Valence et la Méditerranée.

Je place sous les yeux du lecteur un dessin [1] dont je suis redevable aux soins de ce même antiquaire, et qui reproduit fidèlement le monument dans son état actuel. Nous y voyons une figure humaine debout, à tête de lion et nue, à l'exception de la ceinture et des parties génitales, que couvre un très-court vêtement. Elle a quatre ailes : deux ascendantes, qui naissent des épaules, et deux descendantes, qui sont attachées au bas des reins. De la main droite, elle tient une clef devant sa poitrine; elle en porte une seconde dans la main gauche, qui descend jusqu'au niveau de la hanche en s'écartant du corps. Les deux jambes se terminent par des griffes de lion, au lieu de pieds humains. Un serpent d'une grande longueur entoure le corps, de la tête aux pieds, et forme quatre replis, dont le premier fait arriver la tête du reptile sous la mâchoire inférieure du mufle de lion. A la droite de cette figure ainsi agencée et sur le même plan on remarque un autel quadrangulaire allumé. Au-dessus de l'autel, une saillie pratiquée dans le champ du bas-relief sert de socle à un groupe qui se compose d'un jeune homme et d'un cheval. Le jeune homme, placé à côté du cheval, le tient par la bride de la main gauche; il est imberbe et entièrement nu, à l'exception de la tête, qui est coiffée du bonnet phrygien. Le mouvement du bras droit semble indiquer qu'il était armé d'une lance, dont cependant on n'aperçoit aucune trace. Au côté opposé, c'est-à-dire à la gauche de la figure léontocéphale, on distingue, sur une seconde saillie, un peu au-dessous du niveau de la première, et au bord d'une cassure, deux pieds humains placés entre deux pieds de cheval, ce qui permet d'affirmer qu'ici, lorsque le bas-relief n'avait pas encore été mutilé, on voyait un second groupe semblable à celui que je viens de décrire. Quelques traces de couleur rouge, que l'on aperçoit à la surface de la pierre, permettent d'affirmer aussi que, à l'exemple de quelques autres monuments mithriaques romains, celui-ci avait été plus ou moins richement colorié.

Avant la découverte de ce curieux bas-relief, on connaissait en Europe plusieurs autres bas-reliefs et quelques statues de ronde bosse qui représen-

---

[1] Atlas, pl. LXXIII, n° 1.

tent une divinité léontocéphale, analogue ou presque semblable à celle que nous avons ici sous les yeux. Mais c'est pour la première fois qu'une telle divinité nous apparaît placée entre deux groupes où, dès le premier abord, nous reconnaissons les Dioscures, bien que ces deux personnages se montrent ici à la place même qu'occupent, sur un grand nombre de monuments romains consacrés à Mithra, deux assesseurs ou génies lampadophores. Jusqu'à ce jour, notre figure à tête de lion s'était constamment reproduite isolée de toute autre figure humaine, et, une fois seulement, on avait pu constater à ses côtés la présence de quelques accessoires ou symboles, tels qu'un caducée, un coq, etc. [1]

Le sculpteur romain Flaminio Vacca s'était prudemment abstenu d'appliquer aucune dénomination aux deux figures léontocéphales que les fouilles d'Horace Muti lui avaient donné l'occasion d'examiner. Son exemple fut imité par les érudits. Depuis la découverte dont il s'agit, c'est-à-dire depuis le milieu environ du xvie siècle jusqu'au milieu du xviie, ils gardèrent même un silence absolu sur ces deux monuments; du moins ne nous est-il parvenu aucun ouvrage manuscrit ou imprimé qui prouve que, durant cette période, ce silence ait été rompu. On sait seulement qu'au dessin trouvé par Montfaucon dans les portefeuilles de Sante Bartoli était jointe une explication manuscrite dont le savant bénédictin nous fait connaître le peu de valeur en se bornant à nous dire[2] que l'auteur anonyme de cet écrit prenait pour l'image de quelque dieu des Sabins la figure léontocéphale dessinée par Sante Bartoli. Mais, en 1654, une nouvelle découverte, dont j'ai déjà parlé, fut, pour le P. Kircher, l'occasion de faire entrer dans le domaine de l'archéologie l'étude des figures à tête de lion. Trop imbu de l'idée que l'origine de tous les monuments singuliers devait être cherchée en Égypte, il se crut autorisé à reconnaître, sous les traits de la statue léontocéphale du duc Muti, une prétendue divinité égyptienne qu'il appelle *Mamphta* [3], et qu'il croit identique avec Sérapis. Du reste, il paraît avoir ignoré que deux statues analogues avaient été trouvées à Rome un siècle auparavant, et qu'il en existait une description et des dessins ou croquis parmi les papiers de Flaminio Vacca et de Sante Bartoli.

A la vue de ces derniers documents, qui peut-être sans lui nous seraient restés inconnus, dom Montfaucon, étranger à tout esprit de système, riche

---

[1] Voyez Zoëga. *Abhandlungen,* Taf. v, n° 16. — [2] *Diar. italic.* p. 197. — [3] *OEdip. Ægyptiac.* loc. cit.

d'un grand fonds d'érudition et plein de zèle pour la recherche des manuscrits et des monuments figurés, n'hésita pas à restituer au dieu des Perses,
Mithra, comme je l'ai dit plus haut, les deux figures léontocéphales dont la
découverte lui était révélée par les notes manuscrites de Vacca. Il consigna
son opinion dans l'ouvrage précieux qu'il publia, en 1702, à Paris, sous le
titre de *Diarium italicum*. Mais là, comme plus tard dans le premier volume
de son Antiquité expliquée [1], il s'abstint de faire aucune mention de la figure
gravée dans l'Œdipe égyptien de Kircher, évitant ainsi, par des raisons qui
ne me sont pas connues, d'avoir à s'expliquer sur l'erreur que commet ce
père jésuite, lorsqu'il rapporte à une divinité égyptienne la statue léontocéphale de la villa du duc Muti.

L'opinion de Montfaucon, bien qu'elle fût appuyée sur des témoignages irrécusables, n'obtint pas l'assentiment unanime des savants. L'abbé Raffei, dans
ses observations sur les trois figures léontocéphales de la villa Albani et sur
le torse restauré de la bibliothèque du Vatican [2], observations qu'il fit impri-
mer en 1779, considère ces monuments comme autant de représentations
solaires, auxquelles on ne peut, selon lui, appliquer que deux dénominations, celle d'Osiris ou celle de Mithra. Dédaignant les témoignages sur lesquels s'était fondé Montfaucon pour se déclarer en faveur de la seconde de
ces deux dénominations, et préférant s'engager dans la voie erronée où avait
marché le P. Kircher, il donne l'exclusion au nom de Mithra, et se prononce
formellement pour celui d'Osiris. A cette époque, on ne connaissait pas encore les diverses divinités léontocéphales que les voyages entrepris en Égypte,
une étude plus approfondie des antiquités égyptiennes, et la réunion d'un
nombre considérable de monuments figurés égyptiens dans nos musées publics ou particuliers, nous ont successivement fourni le moyen de distinguer
du dieu Osiris.

La décision arbitraire de Raffei fut contestée avec succès, en 1783, par
l'illustre Visconti, dans le second volume de sa belle description du musée
Pie-Clémentin [3]. Après avoir démontré que, lors même qu'il faudrait chercher chez les Égyptiens l'explication des figures léontocéphales dont nous
nous occupons, la dénomination d'Osiris leur conviendrait bien moins que
celle d'Horus, il expose les raisons qui le portent à se ranger, sans hésiter, à
l'avis de Montfaucon. Développant la pensée du judicieux bénédictin, il exa-

[1] Tome I, 2ᵉ partie, p. 368-372. Paris, 1719. — *Osservaz.* etc. p. 23-48. — [3] Tome II, p. 44
et 45.

mine un à un les principaux symboles qui entrent dans la composition de ces sortes de figures. Il déclare ces symboles « solaires et mithriaques. » Il les retrouve soit dans le passage cité de Luctatius, soit dans les autres traditions écrites et les autres représentations figurées dont Mithra est le sujet. A cette occasion, il établit une distinction entre les monuments qui représentent le dieu des Perses immolant un taureau, et ceux qui reproduisent ce même dieu sous les traits d'une figure humaine à tête de lion, et le corps entouré d'un serpent. Il place dans la première de ces deux catégories les représentations figurées de Mithra qui étaient accessibles au vulgaire, et dans la seconde, ces images dont Thémistius[1] entendait parler lorsqu'il dit qu'on les montrait aux seuls initiés. La disposition particulière des monuments de sculpture qui ornaient le mithræum souterrain d'Ostie semble confirmer l'interprétation donnée par Visconti au passage de Thémistius, quelques années avant cette importante découverte. En effet, c'est à l'entrée même du mithræum d'Ostie que Fagan[2] trouva un groupe de ronde bosse[3] consacré par Caius Valerius Heracles, prêtre de Mithra, et représentant ce dieu au moment où il sacrifie un taureau; tandis qu'il fallut pénétrer jusque dans l'endroit le plus secret de l'intérieur du temple pour découvrir la grande statue de Mithra léontocéphale[4], consacrée par le même prêtre, l'an 190 de notre ère, et le bas-relief doré où j'ai déjà dit que l'on voit aussi Mithra léontocéphale. Après un fait si digne d'attention, on peut encore, ce me semble, alléguer, comme un argument favorable à la distinction établie par le savant antagoniste de Raffei, la rareté des monuments qui représentent Mithra léontocéphale et le grand nombre de ceux qui le reproduisent sous les traits d'une divinité tauroctone, à tête humaine.

Toutefois, le débat entre Kircher et Raffei, d'une part, et Montfaucon et Visconti, de l'autre, n'était pas définitivement vidé. Zoëga, ayant composé à Rome, en 1798, une assez longue dissertation sur le culte, les mystères et les monuments romains de Mithra, se trouva conduit à examiner la question particulière des figures léontocéphales dans deux paragraphes distincts qui, ainsi que les autres parties de la dissertation, furent insérés en langue danoise dans le quatrième volume des Mémoires de la Société royale des sciences de

---

[1] *Oration.* XX. In *Patrib.* p. 235, ed. Harduin.

[2] Voyez ci-dessus, p. 583, la date de cette découverte du peintre anglais.

[3] Zoëga, *Abhandlungen*, p. 146, n° 2, et p. 198, Taf. v, n° 15.

[4] Zoëga, *Abhandlungen*, p. 193-199, Taf. v, n° 16.

Copenhague, pour les années 1805 et 1806. Le premier de ces deux paragraphes est intitulé *le dieu Æon;* le second, *les dix représentations figurées de ce
dieu qui existent actuellement et qui autrefois étaient attribuées à Mithra.* Ils contiennent l'un et l'autre des considérations, des interprétations dans lesquelles
on regrette que l'auteur ne tienne pas assez compte des observations et des
témoignages dont le judicieux interprète des monuments du musée Pie-
Clémentin s'était servi pour justifier le sentiment de Montfaucon. Comme
Raffei, Zoëga ne sait pas se borner à chercher l'explication des figures léontocéphales romaines dans les documents qui se rapportent directement au culte
et aux mystères de Mithra. Confondant ensemble les idées que les Chaldéens
d'Assyrie et Zoroastre leur élève attachaient au dieu appelé le *Temps-sans-
bornes*, et les idées que Manichée s'était formées sur la nature et les attributions des sept Æons, il imagine de donner aux dix figures léontocéphales dont
il s'occupe la dénomination d'*Æon* ou *Chronus;* il rend ainsi synonymes deux
qualifications qui ne le sont nullement dans la théologie orientale, et il les
substitue très-arbitrairement au nom de Mithra, qu'avec toute raison Montfaucon et Visconti avaient appliqué à celles de ces dix figures qui leur étaient
connues. On est d'autant plus en droit de s'étonner d'une pareille conclusion
que, parmi les dix représentations décrites par l'antiquaire danois, sont nominativement compris la grande statue et le bas-relief doré qu'en 1798 on
avait retirés de l'intérieur du mithræum d'Ostie. Or l'entrée de cet édifice,
je le répète, était décorée d'un groupe de ronde bosse qui représente le
dieu des Perses dans l'action de sacrifier un taureau, et qui porte une dédicace où se lit le nom de Caius Valerius Heracles, ce même prêtre de Mithra
que nous trouvons nommé dans la formule de consécration de la grande statue
léontocéphale.

En 1808, et par conséquent une année environ avant la mort de Zoëga,
arrivée le 10 février 1809, avaient paru à Rome plusieurs livraisons du second volume d'un bel ouvrage dont il a doté la science, *Gli Bassirilievi antichi
di Roma*. On y trouve [1], en italien et avec quelques légers changements, la
dissertation intitulée *le dieu Æon,* que l'auteur avait précédemment publiée
en danois dans les Mémoires de la Société royale des sciences de Copenhague,
comme je viens de le dire. Il fait ici une application particulière de ses idées
à l'interprétation d'une des trois figures léontocéphales que, de son temps,

______
[1] Tome II, p. 32-40.

possédait la villa Albani, et il donne de cette figure, déjà publiée par Raffei sous le nom d'Osiris, un dessin [1] au bas duquel on lit le mot *Eone*.

Visconti ne pouvait approuver une qualification aussi grave et aussi arbitraire. Dans le cours de la même année 1808, la publication de ses Miscellanées lui fournit l'occasion de se prononcer contre l'opinion récemment exprimée par Zoëga, et de déclarer une seconde fois [2] que la dénomination de Mithra était la seule qui convînt aux figures léontocéphales dont s'était occupé l'antiquaire danois dans ses *Bassirilievi antichi di Roma*. Du reste l'auteur des Miscellanées n'apporte là aucune nouvelle considération, aucun nouveau témoignage à l'appui de son sentiment. Il néglige même de réfuter les diverses erreurs qui servent de base aux conclusions de Zoëga, et il se borne à dire que le passage du scoliaste de Stace où il est textuellement question de Mithra à face de lion, *leonis vultu*, reste un argument sans réplique en faveur de l'opinion de ceux qui considèrent comme autant de représentations de ce dieu les figures que l'on a qualifiées du nom d'*Æon* ou *Chronus*.

Lorsqu'il traçait les lignes dont je viens de donner la substance, Visconti ne connaissait pas la longue dissertation que Zoëga avait précédemment fait insérer dans le quatrième volume des Mémoires de la Société royale des sciences de Copenhague. Il convient d'ajouter que, écrite primitivement en italien, mais publiée en danois, cette dissertation avait ainsi été livrée au monde savant dans une langue accessible à un bien petit nombre d'archéologues; aussi était-elle restée à peu près ignorée hors du Danemark jusqu'au moment où l'auteur jugea convenable de reproduire sous sa forme primitive la partie de cet écrit qu'il a placée dans le texte de ses *Bassirilievi antichi di Roma*. C'est en 1817 seulement que la dissertation dont il s'agit fut traduite tout entière, du danois en allemand, et réimprimée par les soins de M. le professeur Welcker, dans un volume que j'ai déjà cité plusieurs fois et qui a pour titre *Zoëgas Abhandlungen*.

Ma remarque, au reste, ne saurait absoudre le docte Visconti d'un tort qu'il a partagé avec Raffei et Zoëga. Dans son interprétation de la statue léontocéphale du Vatican, comme dans ses Miscellanées, il nous montre qu'il n'avait pas plus cherché que ces deux antiquaires à approfondir l'étude des anciens systèmes religieux de l'Asie Occidentale, ni celle des monuments de l'art qui s'y rattachent. Cette double étude, malgré les savantes recherches de

---

[1] *Bassiril. antich. di Roma*, t. II, tav. 59. — [2] *Mus. Pio-Clementin.* (*Miscellan.*), t. VII, p. 98.

Selden sur les dieux de Syrie, malgré le beau travail de della Torre sur le culte et les représentations figurées de Mithra, malgré la publication des importants mémoires d'Anquetil du Perron et de sa traduction du *Zend-Avesta;* cette double étude, dis-je, était fort négligée en Europe au temps où Raffei, Visconti et Zoëga publièrent les écrits dont je viens de parler. Elle l'est encore beaucoup trop de nos jours pour les progrès si désirables de l'archéologie comparée; et cependant, depuis Selden, della Torre et Anquetil, les savantes publications de M. le professeur Frédéric Creuzer, du docteur Frédéric Münter, de M. de Hammer, de M. Hoek, et les riches collections d'antiquités ou de dessins rapportées de l'Orient par un grand nombre de voyageurs français ou étrangers, nous ont laissé entrevoir combien une telle investigation peut fournir de sujets de méditation aux esprits les plus sérieux, et d'utiles renseignements à quiconque voudra pénétrer le sens intime des traditions religieuses, des légendes et des monuments figurés que nous ont légués les peuples les plus célèbres de l'antiquité.

Toutefois, parmi les savants et les voyageurs qui se sont plus ou moins spécialement occupés du culte et des représentations figurées de Mithra, personne, à ma connaissance, n'a entrepris de remplir les lacunes que présentent les recherches de Visconti et de Zoëga sur les figures léontocéphales d'époque romaine, ni de relever les erreurs dans lesquelles est tombé ce dernier. Loin de là, ces erreurs, au lieu d'être combattues, se sont propagées en France et à l'étranger. L'école allemande surtout a donné le fâcheux exemple d'adopter, sans discussion préalable, et contrairement à l'opinion de Montfaucon et de Visconti, la fausse dénomination d'Æon, imposée par l'antiquaire danois aux figures de Mithra léontocéphale. Il y a huit ans à peine, nous avons vu, non sans étonnement, dans un ouvrage qui, sous tant de rapports, mérite les éloges de tous les archéologues, un érudit allemand [1] reprendre Visconti d'avoir attribué à Mithra la statue léontocéphale du musée Pie-Clémentin, et ne pas hésiter à désigner sous le nom d'Æon cette même statue et tous les monuments du même genre qui se trouvent à Rome. Une double tâche est donc à remplir dans l'interprétation qu'attend le bas-relief qui, découvert en 1840 dans les fouilles de Vienne, offre un nouvel exemple de ces figures léontocéphales romaines, dont la destinée semble être de renouveler sans cesse un débat que l'illustre auteur des Miscellanées croyait avoir terminé. Je n'entre

---

[1] M. Ernest Platner, dans l'ouvrage collectif intitulé : *Beschreib. der Stadt Rom.* II Bd. S. 335.

dans la lice qu'avec une juste défiance de mes propres forces; et ce n'est pas sans un bien vif regret que je me vois contraint d'exercer envers Zoëga, envers Visconti lui-même, les droits rigoureux de la critique, lorsque je voudrais n'avoir à offrir ici à la mémoire de ces hommes éminents qu'un tribut d'admiration et de reconnaissance pour les importants services qu'ils rendirent à la science chaque fois qu'ils traitèrent des sujets d'archéologie qui leur étaient plus familiers.

Faute d'avoir étudié à leur source primitive les doctrines du manichéisme, et, dans le *Zend-Avesta*, les rapports particuliers qui existaient entre ces doctrines et le système religieux emprunté par Zoroastre aux Chaldéens d'Assyrie, Zoëga et Visconti n'avaient pas remarqué que les sept Æons des Valentiniens et des manichéens correspondent aux sept Amschaspands des livres zends, et que si le premier de ces noms signifie les *vivants* ou les *immortels* [1], d'après la racine sémitique חיה, *hayy* ou *hay*, à laquelle il appartient [2], le second est la forme persane moderne d'une qualification zende (*amëcha çpënta*), qui se traduit littéralement par celle-ci : les saints immortels [3]; ils n'avaient pas non plus remarqué que les sept Amschaspands sont chacun la manifestation d'Ormuzd et de Mithra, considérés dans l'exercice des sept fonctions principales que les livres sacrés des Parses assignent à ces deux divinités dans le ciel et sur la terre. Ils paraissent avoir ignoré que le second de ces sept Amschaspands, dont le premier se nomme même Ormuzd, est, en particulier, la manifestation du dieu Ormuzd, roi du ciel fixe ou roi du firmament, et la manifestation du dieu Mithra, roi du ciel mobile ou du ciel des sept planètes. C'est à ce double titre que l'Amschaspand, ou le *saint immortel* dont il s'agit, porte le nom de *Bahman*, transcription persane employée par Anquetil à la place du pazend *vanghu manô*, ou du zend *vôhu manô*, qui littéralement signifient à la fois : *la bonne intelligence* [4] et *le ciel pur*, de même qu'Ormuzd, roi du ciel pur, est appelé *çpënto maynius*, c'est-à-dire le *saint intelligent*, par opposition à Ahriman, nommé, en zend, *angrô maynius*, le *méchant intelligent* [5]. Zoëga, Visconti et Anquetil lui-même n'avaient pas observé qu'Ormuzd et Mi-

---

[1] «*Éons* et *immortels* sont des termes synonymes,» dit le savant Beausobre. (*Histoire du Manichéisme*, t. I, p. 572.)

[2] Voyez les *Recherches sur le culte de Vénus*, p. 35 et 36, notes 1-4, et ajoutez que le mot grec αἰών a le sens d'*éternité*.

[3] *Recherches sur le culte de Vénus*, ibid. note 4.

[4] M. Eug. Burnouf, *Journal des Savants*, août 1833, p. 468.

[5] Le même, *Journal des Savants*, août 1833, p. 467 et 468; *Yaçna*, t. I, p. 88 et suiv.

thra forment, avec le dieu suprême Zarouân (*Zrvâna* ou *Zarvâna akarana*), une triade [1] dont chaque personne représente l'idée d'un mode particulier de temps, le *temps sans bornes*, ou l'éternité, le *temps limité*, c'est-à-dire la durée du monde créé, et le *temps périodique*, ou le temps exprimé par la révolution du soleil et de la lune. Enfin nos deux archéologues, il faut bien le dire, ne s'étaient pas rendu un compte exact du rôle que joue Mithra dans le système religieux des Perses et dans l'institution des mystères qui portent le nom de cette divinité. Toutes ces notions ont surtout manqué à Zoëga. S'il les avait eues, elles l'auraient empêché de se méprendre sur la dénomination qu'il convenait d'appliquer aux figures léontocéphales que nous a léguées l'antiquité romaine; elles l'auraient infailliblement conduit, ainsi que Visconti, à découvrir les motifs qui, en Asie, présidèrent à la composition du type primitif de ces singulières figures, et au choix des attributs avec lesquels ce type fut diversement reproduit en Occident.

Trois monuments mithriaques de travail romain, que plusieurs fois j'ai déjà eu ailleurs l'occasion de citer, et qui n'étaient pas restés inconnus à Zoëga, peuvent contribuer à montrer combien l'antiquaire danois est peu fondé dans son opinion lorsqu'il prétend reconnaître Æon ou le Temps-sans-bornes sous les traits d'une divinité léontocéphale, semblable à celle dont le bas-relief de M. Péron nous offre un nouvel exemple. Je veux parler d'une terre cuite que l'on a longtemps conservée à Rome, dans le palais du sénateur Octave Zeno [2], d'une intaille de jaspe rouge, qui faisait autrefois partie de la collection du comte de Caylus [3], et d'un bas-relief coulé en verre et découvert à Rome, que Passeri avait donné au musée Olivieri [4]. Ces monuments sont aujourd'hui perdus, mais on en possède des dessins plus ou moins satisfaisants. Dans la partie supérieure de la terre cuite, on remarque, placée debout, au milieu de sept pyrées ou autels allumés, une figure humaine, ailée, qui, de la main gauche, tient un long sceptre, et qui est enlacée dans les quatre replis d'un serpent, dont la tête semble menacer une autre figure humaine qu'entoure également de ses quatre replis un reptile de même espèce. Cette seconde figure n'est pas ailée et ne porte point de sceptre; elle est debout et dans une humble attitude, sur le même plan que la première, mais en dehors des sept autels, à la gauche du spectateur, c'est-à-dire entre le quadrige du soleil et le premier pyrée.

---

[1] Voyez le *Nouveau Journal asiatique*, t. XVI, août 1835, p. 174 et 175.

[2] Lafréry, *Specul. roman. magnific.* (Voyez aussi *Mém. de l'Acad.* t. XIV, 2ᵉ partie, pl. V.)

[3] *Rec. d'Antiq.* t. VI, pl. LXXIV, n° 1.

[4] Olivieri, *Antich. crist.* p. 23, tav. VI.

Sur l'intaille de Caylus, nous retrouvons ces deux figures dans une position respectivement semblable, avec cette seule différence que la scène est placée sur la voûte de la grotte de Mithra, et qu'entre le quadrige du soleil et la figure non ailée, on distingue, au milieu de neuf étoiles ou planètes, un myste nu, qui implore à genoux, comme on le voit sur quelques autres monuments mithriaques romains [1], l'entrée du séjour des bienheureux, figuré sous la forme de la montagne céleste, appelée le *Gorotman* ou l'*Albordj*. Au lieu de sept autels allumés, on trouve ici sept flammes ascendantes, qui ont la même signification. Le bas-relief d'Olivieri se rapproche, par la composition du sujet, beaucoup plus de la terre cuite du palais Zeno que de l'intaille de Caylus; mais cependant, sans parler de la date consulaire de l'an 391 de notre ère, qui s'y trouve implicitement exprimée, il présente plusieurs particularités que n'offre ni l'un ni l'autre de ces deux derniers monuments. Nous devons regretter que l'imperfection du travail de ce bas-relief coulé en verre et l'imperfection aussi du seul dessin qu'on en possède ne permettent pas d'indiquer avec une certitude absolue chacune de ces particularités. Dans l'état où ce monument est reproduit, sur une des planches de l'ouvrage d'Olivieri, intitulé *Antichità cristiana*[2], on distingue dans le champ, au-dessous d'un fronton triangulaire qui supporte le char du soleil et celui de la lune, et à gauche de la tête de Mithra tauroctone, une petite figure humaine ailée, enveloppée, à partir du milieu du corps environ, par les six replis d'un serpent dont on ne voit pas la tête, et dont la queue s'enroule de manière à cacher entièrement les pieds de la petite figure. Une seconde figure, pareille à celle-ci, se montre plus bas, dans le champ, à la gauche du mufle du taureau qu'immole Mithra. Comme la première, elle semble descendre du ciel; mais à la différence de celle-là, elle atteint l'intervalle qui sépare les deux autels placés à la gauche de Mithra. Sur le même plan, au côté opposé et au-dessus des quatre autres autels, on aperçoit, renversée à côté d'un flambeau allumé et dressé verticalement, une figure humaine, sans tête et sans ailes.

Les diverses particularités que je viens de signaler sur ce bas-relief de verre, sur la terre cuite du palais Zeno et sur l'intaille de Caylus, n'ont encore reçu aucune explication satisfaisante, ni même été l'objet d'une attention sérieuse. Les fragments que nous possédons des livres sacrés des Parses four-

---

[1] *Virunum* oder *die römisch. Alterth. des Saalfeldes in Kärnthen;* Wien, Schotky, 1823, I Heft. — *Ann. des Ver. für nassauisch. Alterthumsk. und Geschichtsf.* Wiesbaden, 1827, II Heft. Taf. I. — *Mém. de l'Acad.*

[2] Page 23, pl. vi.

nissent à eux seuls cependant, si je ne me trompe, le moyen d'en déterminer la signification et de pénétrer même le sens intime de la scène à laquelle elles se rattachent. Il est en effet évident que, dans les deux premières des trois compositions dont il s'agit, les sept autels allumés ou les sept flammes représentent les cieux des sept planètes, et, par conséquent, les sept intelligences appelées *amschaspands*, qui président aux sept planètes et qui sont les sept conseillers d'Ormuzd. Ces sept feux ou pyrées nous transportent dans la région céleste, et la présence du char du soleil et de celui de la lune nous avertit que nous sommes ici, non dans le ciel fixe, résidence particulière d'Ormuzd, mais dans le ciel mobile où Mithra règne en roi, placé toujours entre le soleil et la lune, comme le dit textuellement le *Zend-Avesta*[1], et comme nous le montrent plusieurs bas-reliefs d'époque romaine. Dès lors il devient indubitable que, sous les traits de la figure qui, debout au milieu des sept feux ou du ciel des planètes, porte des ailes ascendantes attachées aux épaules et tient un sceptre royal, on a voulu représenter Mithra, roi du ciel mobile. Or, je le répète, nous voyons dans le *Zend-Avesta* que Bahman, dont le nom zend *vohú manô* signifie à la fois le *ciel pur* et la *bonne intelligence*, est la manifestation du dieu Mithra dans ses fonctions de roi du ciel mobile. « Cet amschaspand réside au ciel, revêtu d'habits d'or[2], et se lève de son trône d'or, dit Zoroastre[3], «pour recevoir à l'entrée du Gorotman les justes ou les féroüers purs, les «féliciter sur leur heureuse arrivée dans le ciel et leur donner des vêtements «d'or. Comme Mithra, il représente le principe de l'intelligence; comme lui, «il distribue aux humains l'intelligence, qui est un don précieux d'Ormuzd[4]. » Son antagoniste, Aschmogh, l'un des rois des enfers, l'un des sept dews, et par conséquent l'une des sept manifestations d'Ahriman, est précisément ce dew que les livres zends qualifient des épithètes d'*impur*[5], d'*ennemi des féroüers*[6], de *couleuvre ennemie de Mithra*[7], de *couleuvre à deux pieds*[8] et d'*ancien serpent infernal qui a deux pieds*[9]. Cette dernière qualification lui est commune avec Ahriman, et m'a servi, dans un autre mémoire[10], a reconnaître, sur quatre bas-reliefs mithriaques que nous a légués l'antiquité romaine, Ahriman lui-

---

[1] Tome II, p. 13. — Cf. t. I, 2ᵉ partie, p. 28.

[2] *Zend-Avesta*, t. II, p. 75.

[3] *Ibid.* t. I, 2ᵉ partie, p. 418, et t. II, p. 75.

[4] *Ibid.* t. II, p. 153, 154, 316 et 325.

[5] *Ibid.* t. I, 2ᵉ partie, p. 112, 305 et 377; t. II, p. 268.

[6] *Zend-Avesta*, t. II, p. 268.

[7] *Ibid.* t. II, p. 204.

[8] *Ibid.* t. I, 2ᵉ partie, p. 110.

[9] *Ibid.* p. 305 et 377.

[10] *Mémoires de l'Académie*, t. XIV, 2ᵉ partie, p. 88-97.

même, chef des dews, sous les traits d'un personnage barbu qui, entouré d'un énorme serpent, siége dans la région des enfers et s'y voit attaqué ou poursuivi par Mithra. J'ai même à cette occasion fait remarquer qu'un de ces quatre bas-reliefs[1] nous offre le spectacle curieux du serpent de Mithra combattant le serpent d'Ahriman. La face antérieure du bas-relief mithriaque trouvé dans un des mithræum de Hedernhem m'a aussi donné lieu de signaler un second exemple de l'opposition du bon et du mauvais serpent[2]. J'ajoute ici que, dans l'iescht de Taschter[3], Ahriman est l'*astre serpent qui se faisait un chemin entre la terre et le ciel*, et que, selon le *Boun-dehesch*[4], Ahriman, sous la forme du reptile que Zoroastre appelle *la couleuvre à deux pieds* ou *l'ancien serpent infernal à deux pieds*, pénétra dans le ciel, sauta du ciel sur la terre, «le jour Ormuzd du mois des féroüers (*farvardin*), vit le ciel et la lumière, «mais fut brisé et saisi de frayeur, continue le *Boun-dehesch*[5], comme l'est la «brebis devant le loup.» On ne peut donc douter que, sur la terre cuite du palais Zeno et sur l'intaille de Caylus, les deux figures entourées chacune d'un serpent et placées dans la région du ciel ne représentent Mithra et Ahriman se manifestant, le premier dans la personne de l'amschaspand Bahman, roi du ciel, et le second dans celle du dew Aschmogh, l'antagoniste de Bahman. C'est encore ici, sous l'emblème du bon et du mauvais serpent[6], la grande lutte du bien et du mal, du bon et du mauvais principe ou du bon et du mauvais génie, dont le premier, appelé ailleurs *Amoun*, *Ammon-Cnouphis* ou *Cneph*, *Agatho-Dæmon* (Ἀγαθὸς-Δαίμων), est si souvent représenté aussi, dans les sculptures et les peintures des monuments égyptiens, sous la forme d'un serpent *porté sur deux jambes et deux pieds humains*[7], et sous la forme moins naïve d'un personnage humain dont la face est remplacée par un

---

[1] *Mémoires de l'Académie*, t. XIV, 2ᵉ partie, p. 180-185 et pl. VI.

[2] *Ibid.*

[3] *Zend-Avesta*, t. II, p. 188.

[4] *Ibid.* t. II (*Boun-dehesch*, § 3), p. 351.

[5] *Ibid.*

[6] Il en est de même dans le mythe d'Apollon chez les Grecs et les Romains, car, tandis que ce dieu tue le mauvais serpent Python, nous voyons à ses côtés le bon serpent s'enrouler autour d'un cippe ou autour d'une colonne surmontée d'une lyre. On peut citer plusieurs statues d'Apollon, plusieurs médailles, et, entre autres, une mon-

naie impériale de Thessalonique à l'effigie de Gordien-Pie. (Voyez M. Mionnet, *Descr. de méd.* I, 592 et 593, n° 396.) Ailleurs le bon serpent est placé, comme un symbole de vie, entre les mains d'Esculape et d'Hygie. (Voyez mes Observations sur le *Mithra Pythius* des mystères, *Mém. de l'Acad.* t. XIV, 2ᵉ partie, p. 141-148.)

[7] Champollion le jeune, *Pant. égypt.* pl. III *bis.* — Voyez aussi les uræus à deux jambes et à deux pieds humains, qui sont placés dans les scènes intérieures du grand sarcophage de basalte vert rapporté d'Égypte par l'auteur que je cite ici et déposé dans une des salles basses du Louvre.

uræus [1], ou d'un serpent à tête de lion [2]. Les abraxas ou les monuments gnostiques le reproduisent sous l'emblème d'un serpent dont la tête est ornée des rayons du soleil.

Les explications que je viens de donner s'appliquent tout aussi naturellement au bas-relief d'Olivieri, malgré les différences que j'ai signalées entre ce monument et les deux autres dont il a été question. Car si nous trouvons ici, en opposition avec la figure brisée et renversée, deux figures ailées, nous devons croire que, sous les traits de l'une de celles-ci, dans la partie supérieure du bas-relief, on avait voulu représenter l'amschaspand Ormuzd, roi du ciel fixe, et sous les traits de la seconde, qui est placée à côté de Mithra, entre deux des pyrées, symboles des planètes, l'amschaspand Bahman, manifestation de ce dernier dieu dans ses attributions de roi du ciel mobile ou du ciel des planètes. Observons, à ce sujet, que les pyrées sont au nombre de six seulement, parce que Mithra, quand il plonge de sa main un poignard dans le corps d'un taureau, ainsi qu'on le voit sur notre monument, peut tenir lieu du septième pyrée, de celui qui devait correspondre au soleil. Ce groupe, dans son acception cosmologique et astronomique, représente en effet, comme chacun sait, l'entrée du soleil dans le signe du taureau équinoxial, et nous rappelle que le système théogonique et cosmogonique des Perses assigne à Mithra une place de convention vers les équinoxes et les solstices. L'artiste romain, lorsqu'il ornait de sept couronnes un des pilastres qui encadrent ce sujet, semble n'avoir voulu laisser aucun doute sur l'intention qu'il avait eue de marquer que les amschaspands sont au nombre de sept comme les planètes, leur résidence habituelle. Car j'ai montré ailleurs [3] que, chez les Chaldéens, les Assyriens et les Perses, l'usage était d'affecter à la représentation symbolique des dieux la couronne, emblème d'éternité ou d'immortalité, et l'on comprend sans peine qu'un tel emblème convenait également à des personnages divins que le *Zend-Avesta* désigne par une qualification commune, qui signifie les *saints immortels.* Remarquons, de plus, qu'à la figure sans tête qui, sur notre bas-relief de verre, est renversée au pied d'un flambeau allumé, s'applique parfaitement le passage déjà cité des livres sacrés des Parses, où il est dit

---

[1] C'est ainsi qu'il est représenté parmi les figures qui ornent la chapelle monolithe que l'on conserve au musée égyptien du Louvre.

[2] *Descript. de l'Égypte,* Antiq. planches, t. IV, pl. XXIII, fig, 3 — Champollion le jeune,

Panth. égypt. pl. XXIII *E; Notice descr.* p. 40, n°' 64 et 65.

[3] *Bullet. dell' Instit. arch.* n° VII di lugl. 1834, p. 151-155. — *Nouv. Journ. asiat.* n° 92, t. XVI, août 1835, p. 172-186.

qu'Ahriman, l'ancien serpent infernal qui a deux pieds, *fut brisé et saisi de frayeur* à la vue du ciel et de la lumière : expression qui est d'accord aussi avec l'attitude que donnent à ce mauvais génie les quatre autres bas-reliefs mithriaques cités ci-dessus[1], où nous voyons, en effet, Ahriman, le corps entouré d'un serpent, tomber à la renverse, *saisi de frayeur* à l'approche de Mithra monté sur son char lumineux. Deux de ces bas-reliefs[2] nous montrent même ce char conduit par un génie qui porte un flambeau allumé, semblable à celui que, sur le bas-relief d'Olivieri, nous trouvons placé devant le *corps brisé* d'Ahriman.

Les diverses considérations qui précèdent, comme les observations que j'ai présentées ailleurs[3], m'autorisent à dire que, dans leur ensemble, aussi bien que dans leurs détails, les scènes qui, sur la terre cuite du palais Zeno, sur le jaspe de Caylus et sur le bas-relief d'Olivieri, occupent la partie supérieure du sujet, sont parfaitement conformes à l'esprit et à la lettre même des livres sacrés des Parses. Ces monuments, n'en doutons pas, reproduisent des copies ou des imitations de quelques-uns des bas-reliefs mithriaques que les Romains trouvèrent chez les Grecs de l'Asie Mineure, et dont les Perses avaient anciennement apporté les types dans cette célèbre contrée, avec les doctrines et le rituel propres au culte de Mithra. Chacun de ces types, selon toute probabilité, y fut plus ou moins modifié. Mais il ne faut pas perdre de vue que, soumis aux prescriptions hiératiques dans leurs colonies d'Asie encore plus que dans la Grèce proprement dite, les Grecs nous montrent, par le témoignage irrécusable des monuments figurés, que là, presque toujours, leurs artistes reproduisirent, sans aucune altération notable, les types asiatiques des sujets religieux; ils se bornaient à les sculpter ou à les graver avec cette supériorité de dessin et d'exécution que l'art avait atteinte entre leurs mains, se soumettant ainsi à une obligation qui, née de considérations tout à la fois peut-être politiques et religieuses, les forçait d'emprunter à un art étranger des modèles dont la composition conventionnelle violait habituellement les règles du goût et le principe de l'imitation du beau, du simple et du vrai. Les figures qui nous occupent viennent à l'appui de cette observation, soit qu'elles aient une tête de lion, soit qu'elles conservent une tête humaine, car il m'est permis de placer sous les yeux du lecteur le dessin exact d'un monu-

---

[1] Voyez *Mém. de l'Acad.* t. XIV, 2ᵉ partie, pl. I, fig. 1 et 2 ; pl. II et pl. VI.

[2] *Ibid.* pl. I, fig. 1 et 2.

[3] *Mémoires de l'Académie*, t. XIV, 2ᵉ partie, p. 97-174.

ment inédit [1], chaldéen ou assyrien, et d'ancien style, qui va nous révéler l'origine asiatique du type primitif des représentations figurées de Mithra léontocéphale. Par ce type nous remonterons facilement à celui des figures de la seconde catégorie.

Le monument dont il s'agit provient des ruines de Babylone, et porte tous les caractères d'une haute antiquité. Il fut acquis par feu M. Rousseau, consul général de France à Alep, entre les mains de qui je le vis à Marseille en 1818; et, peu après, il passa dans le riche cabinet de M. le baron Roger [2], qui a bien voulu m'autoriser à le publier. La matière est un calcaire de couleur brune, peu dur, dont la surface autrefois polie a été altérée par le frottement ou par les injures du temps. La forme est celle d'une très-petite stèle ou plutôt d'une de ces tablettes que, quelquefois, sur les monuments assyriens ou persépolitains que je rapporte aux mystères de Mylitta ou de Mithra, les ministres du culte et les initiés portent suspendues à la main au moyen d'un anneau de métal ou d'un cordon passé dans une bélière longitudinale qui termine la partie supérieure de la tablette. Cette bélière se retrouve dans le petit monument de M. Roger; elle est pratiquée dans l'épaisseur de la pierre [3]. La tablette, y compris la bélière, a 80 millimètres de hauteur sur 60 millimètres de largeur, et 19 millimètres d'épaisseur. Une de ses faces [4] est tout à la fois gravée en relief et en creux, l'autre face [5] est gravée en creux seulement. Celle-ci ne porte aucune figure; elle est couverte de caractères cunéiformes appartenant au système assyrien ou babylonien, et répartis, de gauche à droite, dans huit lignes tracées transversalement [6], disposition qui se reproduit sur la plupart des briques de Babylone et de Ninive, tandis qu'elle ne s'observe

---

[1] Planche II, fig. 1ª, 1ᵇ, 1ᶜ.

[2] Depuis que ce mémoire a été écrit, les amis des arts ont eu à déplorer la mort de M. le baron Roger. On doit craindre que ce triste événement n'entraîne la dispersion d'un cabinet d'antiquités et d'objets précieux de toute espèce qui n'avait pu être formé qu'avec un goût éclairé, un tact très-exercé, une longue persévérance et de grands sacrifices pécuniaires. Il renferme notamment une des plus belles collections particulières de pierres gravées que l'on connaisse en Europe.

[3] Planche II, fig. 1ᵇ.

[4] Ibid. fig. 1ª.

[5] Ibid. fig. 1ᵇ.

[6] L'importance du monument et le grand nombre d'autres monuments monolingues, bilingues ou trilingues, qui, comme celui-ci, portent des inscriptions écrites avec les caractères cunéiformes propres au système assyrien ou babylonien, doivent faire vivement désirer que les philologues qui cultivent particulièrement l'étude des langues sémitiques s'appliquent au déchiffrement de ces inscriptions avec un succès égal à celui qui a couronné les essais successivement tentés par MM. Grotefend, Saint-Martin, Eugène Burnouf, Lassen et Rawlinson, sur les inscriptions gravées en caractères cunéiformes appartenant au système zend ou persique.

que sur un très-petit nombre de cylindres assyriens. La face principale nous
offre un encadrement formé par des inscriptions écrites en caractères semblables, mais presque entièrement effacées. On distingue cependant cinq lettres
ou cinq groupes de caractères qui sont gravés en creux sur le bord gauche,
et dont l'un semble se lier à quelques traces d'autres caractères cunéiformes
que l'on aperçoit, du même côté, sur l'épaisseur de la pierre[1]. Au milieu de
l'encadrement est gravé en relief, mais avec peu de saillie, selon l'usage des
temps anciens, un groupe très-singulier composé d'une figure humaine féminine, léontocéphale, et de plusieurs animaux. Les deux jambes de cette figure
à tête de lion sont terminées par les griffes du même animal. Elle est debout
sur un taureau couché et tourné, comme elle, vers l'Occident, ainsi qu'on le
remarque dans la plupart des représentations figurées de Mithra tauroctone
ou tauropole[2]. De chaque main elle tient un serpent; une laie ou une truie
est suspendue à sa mamelle droite, appuyant ses quatre pieds sur le corps de
la femme; un chien qui pose ses deux pattes postérieures sur la corne et
l'oreille droite du taureau, et ses deux pattes antérieures sur la cuisse droite
et le ventre de la même figure, suce avec avidité le lait de la mamelle gauche.
Au seul aspect de cette curieuse composition, dont jusqu'à ce jour aucun autre
monument figuré ne nous a offert un second exemple, on est porté à soupçonner que l'on a devant les yeux le type asiatique des figures léontocéphales
romaines, sous les traits de qui, à l'exemple de Montfaucon et de Visconti, nous
avons reconnu Mithra. Bientôt un examen approfondi ne laisse subsister aucun
doute sur ce point.

D'une part un passage de Porphyre, souvent cité, nous apprend que si le
dieu des Perses est représenté monté sur un taureau, c'est à l'instar de Vénus :
Ἐποχεῖται δὲ (Μίθρας) ταύρῳ (τῷ) Ἀφροδίτης[3]. Ce témoignage ne saurait être
récusé, lorsqu'on se rappelle que Porphyre, né dans une partie de l'Asie occidentale où l'on pouvait sans peine se procurer des renseignements précis
sur le culte et les mystères de Mithra, avait même consulté sur cette matière
deux ouvrages spéciaux dont nous avons à regretter la perte, ceux d'Eubule
et de Pallas. De leur côté, les monuments figurés romains nous montrent
Mithra, tantôt pliant le genou gauche et l'appuyant sur le dos d'un taureau
couché, qu'il s'apprête à immoler, tantôt debout sur le dos de l'animal sym-

---

[1] Planche I, fig. 1ᵉ.

[2] Parmi les exceptions, on peut citer un bas-
relief de la villa Altieri. (Leon. Augustini *Gemm.*

antiq. post Gronovii *Præfat.* tab. ii, edit. 1685.)

[3] *De antr. nymph.* XXIV p. 22 et 23, ed. Van
Goens.

bolique. C'est dans cette dernière attitude qu'il nous apparaît sur un curieux bas-relief que, depuis longues années, on conserve à Rome dans la villa Altieri [1]. Cet exemple, bien qu'il soit unique, suffit sans doute pour constater l'identité qui, sous le rapport de la pose et de l'intention, s'établit ici entre le dieu des Perses et la divinité assyrienne ou chaldéenne que le monument de M. Roger représente placée debout sur le dos d'un taureau couché. L'assertion du philosophe syrien, quant à l'attribution du taureau à Vénus, est d'ailleurs confirmée par les passages de Sanchoniathon et de plusieurs autres écrivains que j'ai cités dans mon mémoire sur le taureau et le lion, considérés comme attributs caractéristiques de Vénus, mémoire qu'en 1836 j'ai eu l'honneur de communiquer à l'Académie, et qui sera prochainement publié. A leur tour une multitude de monuments figurés asiatiques viennent attester l'usage où furent les peuples orientaux de placer debout, tantôt sur des taureaux, tantôt sur des lions, leurs divinités mâles, leurs divinités femelles, et en particulier Baal, Baaltis, Astarté ou Mylitta, comme aussi les ministres du culte de cette dernière déesse, et les prêtresses qui la représentaient dans les cérémonies propres aux initiations. Une médaille impériale bien connue [2] et frappée à Corycus, dans la Cilicie, nous montre même Astarté sous la forme d'une femme à tête de taureau, ainsi que le voulaient les prescriptions hiératiques dont Sanchoniathon [3] nous a conservé le souvenir dans les seuls fragments qui nous restent de la théologie phénicienne. Rappelons-nous d'ailleurs qu'à la légende de Vénus, chez les divers peuples de l'antiquité qui adoraient cette divinité, comme à la légende de Mithra, chez les Perses, les Grecs asiatiques et les Romains, se rattache l'antique institution d'un zodiaque et d'un calendrier religieux, où le taureau, symbole du principe humide, et le lion, symbole du principe igné, marquent, l'un le premier signe de l'équinoxe vernal et la plus grande exaltation de la lune, l'autre le premier signe du solstice d'été et la plus grande exaltation du soleil. Ne perdons pas de vue que le système théogonique et cosmogonique des Chaldéens d'Assyrie, qui fut commun aux Assyriens, aux Phéniciens, aux

---

[1] Leonardi Augustini *loc. cit.*

[2] Voyez mes *Recherches sur le culte de Vénus,* pl. III, n° 1. L'identité qui existe si souvent entre les représentations figurées de Vénus et celles de Tychè ou la Fortune, est telle, sur la médaille citée, que quelques numismates, s'appuyant sur un passage de Jean Lydus, se sont crus autorisés à reconnaître, au revers de cette médaille, l'image de la Tychè taurocéphale dont cet auteur fait mention.

[3] Apud Euseb. *Præpar. evangel.* I, x, p. 38 C, ed. Viger. — Sanchoniath. *Fragm.* p. 34, ed. Orelli.

Arabes et aux Perses, assignait à Vénus ou à Mithra une place particulière vers les équinoxes et les solstices[1]. N'oublions pas que Vénus, comme Mithra, veillait à la reproduction des êtres dans un monde qui, selon d'antiques croyances religieuses, avait été créé à l'époque où le soleil équinoxial fit sa première conjonction avec la constellation zodiacale du Taureau. Rappelons-nous enfin les monuments figurés de l'Asie qui perpétuent le souvenir de ce phénomène astronomique à l'aide d'un groupe représentant un taureau dé-voré par un lion. Déjà tous ces faits ont été exposés en 1836, avec les détails nécessaires, dans le mémoire que je viens de citer. Déjà aussi j'ai soumis au jugement du monde savant une autre dissertation[2], où je crois être parvenu à montrer comment le lion et le taureau, par la raison même qu'ils avaient servi ailleurs à exprimer les idées de création, de génération et de vie, se trouvèrent employés, avec un sens funéraire, dans la décoration symbolique des sépultures, chez les peuples civilisés de l'antiquité. L'ouvrage particulier que je me propose de publier prochainement sur les doctrines et les monu-ments figurés des mystères de Vénus et des mystères de Mithra fera voir par quelles considérations analogues le taureau et le lion furent simultanément choisis pour imposer leur nom à deux des douze grades institués dans ces mystères. Ce dernier fait achèvera de prouver combien le symbole du taureau et le symbole du lion se lient intimement à la légende de deux divinités qui, l'une comme l'autre, exercent leur suprématie dans le ciel mobile ou le ciel des planètes, dans l'empire des vivants et dans celui des morts. Je crois ce-pendant en avoir dit assez ici et ailleurs pour faire comprendre que la divinité femelle, à tête et à griffes de lion, qui, sur la tablette assyrienne de M. Roger, nous apparaît debout sur le dos d'un taureau, est indubitablement cette an-tique Vénus asiatique que l'on qualifiait des titres de *reine du ciel, reine de la terre, reine des enfers*, et qui avait, selon les théologiens, une place conven-tionnelle vers les solstices et les équinoxes, époques réputées favorables à la descente et à l'ascension des âmes. Déesse à la fois solaire et lunaire, par les attributs qu'elle réunit ici, elle nous offre une représentation symbolique de la marche triomphale du soleil, depuis son entrée dans le signe du Taureau, à l'équinoxe vernal, jusqu'à son arrivée dans le signe du Lion, au solstice d'été. Les deux animaux qu'elle allaite simultanément complètent cet ingénieux ta-bleau. La truie, emblème de la saison pluvieuse ou des hyades, appelées

---

[1] Porphyre. *De antr. nymph.* c. xxiv. — [2] *Mémoires de l'Académie*, t. XV, 2ᵉ partie, p. 63-126.

suculæ [1], et le chien, emblème de la canicule ou de Syrius, nous apprennent que Mylitta rend ainsi, chaque année, à la terre l'humidité que lui enlèvent les feux dévorants du soleil. D'une main, elle tient un serpent mâle, de l'autre, un serpent femelle, qui nous rappellent les deux serpents du caducée de Mercure, et qui sont, comme ceux-ci, les symboles du principe actif et du principe passif de la vie, en vertu de la double acception que reçurent dans les langues sémitiques les mots *vie* et *serpent* [2]. Remarquons même que l'éternité de la vie, dans le monde créé, semble être exprimée ici par le cercle que forme chacun des deux reptiles en s'enroulant autour de la main de Mylitta. Mais si tout concourt, dans ce tableau, à caractériser la déesse comme reine du ciel et de la terre, nous pouvons croire qu'aux yeux du myste elle s'y révélait aussi avec son caractère de divinité infernale ou de reine des morts. En effet, soit par la position respective qu'ils occupent ici, soit par la signification symbolique que nous leur avons reconnue, le lion, emblème du soleil, et le taureau, emblème de la lune [3], pouvaient servir de texte à l'archimage pour réveiller dans l'esprit des initiés appelés à contempler l'image mystique de Mylitta l'idée des deux portes du ciel par lesquelles les âmes descendent sur la terre et remontent au ciel. A cet antique dogme se rattachait la croyance que Mylitta réside au ciel, entre la porte du soleil et celle de la lune; que les âmes, après avoir passé sur la terre leur temps d'expiation, doivent comparaître devant le tribunal de la déesse, et qu'elles ne peuvent, sans sa puissante médiation auprès du dieu suprême, obtenir l'entrée de la porte du soleil. C'est de la légende chaldéenne ou assyrienne de Mylitta, n'en doutons pas, que tous ces traits étaient passés dans la légende zende de Mithra.

L'emploi des deux serpents, mâle et femelle, sur la tablette assyrienne dont je viens d'interpréter le sujet, nous rappelle un cône asiatique de mon ancienne collection, sur la base duquel nous avons précédemment reconnu, gravée en creux, Vénus androgyne, tenant d'une main un serpent mâle, la tête ornée des rayons du soleil, et de l'autre un serpent femelle la tête surmontée d'un croissant [4]. Comme ce cône, la tablette assyrienne nous reporte aux deux sta-

---

[1] Aul. Gell. *Noct. Attic.* XIII, 9. — Hygin. *Fabul.* 192. — Cf. Theon. ad Arat. *Diosem.* 336. — Voyez les observations de M. Biot dans les *Mémoires de l'Académie royale des sciences*, t. XIII, p. 625, 632, 644 et 654; et les rapprochements faits par M. de Witte, dans les *Nouvelles Annales de l'Institut archéologique*, t. I, p. 361 et 362.

[2] Voyez mes *Recherches sur le culte de Vénus*, p. 35, 36, 44-46.

[3] *Mémoires de l'Académie*, t. XIV, 2ᵉ partie, p. 153-170.

[4] Mémoire communiqué à l'Académie le 13 décembre 1833, et imprimé dans mes *Recherches sur le culte de Vénus*, p. 32-45, et pl. I, fig. 1.

tues colossales du temple de Bélus, à Babylone, que décrit Diodore de Sicile[1],
et qui représentaient, l'une, Rhéa ayant à ses genoux deux lions, et à ses
côtés deux grands serpents d'argent; l'autre, Héra, portant de la main droite
un serpent qu'elle tenait par la tête. Ici doit se placer le souvenir que nous
a conservé Macrobe d'un second usage qui prouve que, d'autres fois même,
dans les représentations figurées hiératiques, les Assyriens entouraient d'un
serpent le corps de leurs divinités, précisément comme le firent, à l'exemple
des Perses, les sculpteurs grecs et les sculpteurs romains, pour les images
léontocéphales de Mithra et pour les figures à tête humaine de ce dieu ou de
Bahman, et d'Ahriman ou d'Aschmogh, que nous avons trouvées sur la terre
cuite du palais Zeno, sur le bas-relief d'Olivieri et sur l'intaille de Caylus.
« Les Hiérapolitains, qui sont Assyriens de nation, dit le philosophe néopla-
« tonicien[2], attribuent la puissance et les effets du soleil à une statue barbue,
« qu'ils nomment *Apollon*... A ses pieds est l'image d'une femme placée entre
« les simulacres de deux autres femmes, posés l'un à sa droite, l'autre à sa
« gauche. Ceux-ci sont entourés des replis d'un serpent[3], *ea (signa) cingit*
« *flexuoso volumine draco.* » Macrobe ajoute : « L'image du serpent indique que
« le soleil suit un chemin tortueux, *et draconis effigies flexuosum iter sideris*
« *monstrat.* » C'est sans doute à un monument analogue que fait allusion Julius

[1] II, 9.

[2] *Saturnal.* I, xvii.

[3] Ces trois femmes, dont deux ont le corps enveloppé par les replis d'un serpent, nous rappellent les médailles autonomes et les médailles impériales de Cyzique, au revers desquelles on voit, placée sur le faîte d'un grand autel ou d'un temple, une divinité féminine, portant de chaque main un flambeau allumé, et debout entre deux assesseurs femelles, également debout, qui tiennent chacune à la main un seul flambeau. A la droite comme à la gauche du monument, est fixé dans le sol un grand flambeau pareillement allumé, autour duquel s'enroule un serpent. (M. Mionnet, *Descript. de méd.* t. II, p. 534, n° 137; p. 539, n° 173; p. 541, n° 190; p. 544, n° 207, et p. 548, n° 226. *Suppl.* t. V, p. 333, n° 332.) Le numéro 10 de la planche XV de mes *Recherches sur le culte de Vénus* offre un exemple de ce sujet, gravé au revers d'un beau médaillon d'Hadrien, que possède le cabinet des médailles de la Bibliothèque royale. Les numismates s'accordent généralement à reconnaître ici, comme sur les autres monnaies citées de Cyzique, Cérès allant à la recherche de sa fille Proserpine; mais personne, à ma connaissance, n'a encore fait remarquer les rapports qui existent entre la représentation décrite par Macrobe et celle que nous offre le revers des médailles dont il s'agit. — Cf. le médaillon de Macrin frappé à Béryte et reproduit sous le numéro 9 de la planche I de mes *Recherches sur le culte de Vénus*. — Comparez surtout un abraxas publié par Spon (*Miscellan. erud. antiquit.* p. 297, *Amuleta*, n° xv), dont le sujet offre une grande analogie avec le type du médaillon cité de Cyzique. — Remarquez enfin qu'au revers de la tête radiée d'Élagabale nous trouvons, sur une médaille du Cabinet du Roi, frappée à Carrhes, dans la Mésopotamie, un astre dans un croissant posé sur un disque entre deux serpents. (M. Mionnet, *Suppl.* t. VIII, p. 396 et 397, n° 38.)

Firmicus Maternus, dans un passage obscur et souvent controversé, où, commettant l'erreur de confondre ensemble les mages de la Perse et ceux de la Babylonie, il attribue aux premiers la coutume d'employer une sorte de représentation figurée, qui ne me semble pas avoir été en usage chez les Perses, et dont il parle en ces termes[1] : « Persæ et magi omnes qui Persiæ regionis « incolunt fines, ignem preferunt, et omnibus elementis putant debere præ- « poni. Hi itaque Jovem in duas dividunt potestates, naturam ejus ad utriusque « sexus transferentes, et viri et feminæ simulacra (ad) ignis substantiam depu- « tantes, et mulierem quidem triformi vultu constituunt, monstrosis eam ser- « pentibus illigantes. Quod ideo faciunt, ne ab autore suo Diabolo aliqua ratione « dissentiant; sed ut dea sua serpentibus polluta, maculosis Diaboli insignibus « adornetur. Virum vero abactorem boum colentes, sacra ejus ad ignis trans- « ferunt potestatem..... Hunc Mithram dicunt..... » Qu'il y ait erreur ou non dans ce récit, quant à la désignation du peuple qui représentait sa divinité féminine ou lunaire sous les traits d'une femme à trois visages, le corps entouré de serpents, il est certain que les paroles de l'orateur chrétien nous transportent dans l'Asie occidentale, et confirment sur un point essentiel le passage cité de Macrobe. L'un et l'autre de ces deux écrivains, pour le dire en passant, nous font penser aux trois Vénus dont Harmonie érigea les statues à Thèbes de Béotie[2]; l'un et l'autre nous apprennent que l'Asie occidentale revendique les types primitifs de ces représentations figurées, grecques ou romaines, auxquelles on applique la dénomination de *triple Hécate* ou celle de *triple Vénus-Proserpine*. Contentons-nous, en ce moment, d'ajouter que les serpents entortillés autour du corps des deux statues assyriennes décrites par Macrobe, et de la déesse babylonienne ou persique du récit de Julius Firmicus Maternus, nous ramènent plus directement encore que les serpents des deux statues du temple consacré dans Babylone à Bélus, les serpents de la Vénus androgyne gravée sur le cône asiatique cité, et ceux de la Vénus léontocéphale représentée sur la tablette assyrienne de M. Roger, aux monuments figurés d'époque romaine qui nous offrent l'image de Mithra léontocéphale enlacée dans les replis d'un serpent[3].

[1] *De error. profan. religion.* c. v, p. 16-19, ed. Frider. Münter.

[2] Pausanias, IX, xvi, 2.

[3] Une statue d'Isis, également d'époque romaine, reproduit cette même disposition du serpent, et, de plus, affecte la forme en gaîne d'un Hermès, comme c'est aussi le cas pour quelques-unes des représentations figurées de Mithra léontocéphale. Elle a été publiée par Montfaucon dans le tome II du *Supplément à l'Antiquité expliquée*, pl. XLIII.

Parmi ces monuments il en est un qui, rapproché en particulier de la Vénus léontocéphale de notre tablette assyrienne, peut fournir matière à quelques autres observations qui ne sont pas dépourvues d'intérêt. Je veux parler du bas-relief que possède la villa Albani. Mithra léontocéphale, je l'ai déjà dit, y est représenté avec des jambes humaines terminées par des griffes de lion, qu'il pose sur un globe orné d'un croissant, tandis que le bas-relief cité de la villa Altieri nous offre Mithra à tête et pieds humains, placé debout sur un taureau couché. Or la substitution du croissant à l'animal symbolique nous prouve que, dans les deux cas, le dieu léontocéphale des Perses était considéré comme une divinité tout à la fois solaire et lunaire, double caractère que réunit la Vénus assyrienne à tête et à griffes de lion, montée sur un taureau; double caractère que nous avons déjà reconnu à la Vénus orientale androgyne du cône cité; double caractère, enfin, que Mithra reçoit lui-même sur deux bas-reliefs persiques dont la haute antiquité ne saurait être contestée. Ces bas-reliefs font partie des belles sculptures qui ornent un des édifices de Tchéhelminar ou Persépolis[1]; ils nous montrent l'un et l'autre le *mihr* ou la colombe, symbole de Mithra comme de Vénus, placé au milieu d'une rangée de lions, et répété au milieu d'une rangée de taureaux, qui est superposée à celle-ci. Le bas-relief romain de la villa Albani, les deux bas-reliefs persiques que je viens d'indiquer, et la tablette assyrienne de M. Roger se prêtent donc un mutuel appui. Les trois premiers de ces monuments, comparés au quatrième, s'expliquent en quelque sorte l'un par l'autre. La double attribution qu'ils font à Mithra du lion, emblème solaire, et du croissant de la lune ou du taureau, emblème de ce dernier astre, permet ainsi de constater que les figures léontocéphales romaines dont nous nous occupons représentent le dieu des Perses comme roi du ciel. Plusieurs bas-reliefs, les uns sassanides[2], les autres romains[3], lui assignent aussi cette même fonction qui, d'ailleurs, convient éminemment à une divinité déclarée, par des écrivains grecs ou latins dignes de foi, identique avec la déesse que l'Orient adorait

---

[1] Voyez Chardin, *Voyage en Perse*, t. II, pl. LXIII et LXIV, éd. d'Amsterdam, 1735; — Le Bruyn, *Voyage par la Moscovie en Perse*, t. II, pl. CLIII; — Niebuhr, *Voyage en Arabie*, t. II, pl. XXIX et XXX, éd. d'Amsterdam, 1780; — et la planche VI de mes *Recherches sur le culte de Vénus;* — cf. Porter's *Trav. in Georgia, Persia, etc.* vol. I, pl. XLIX et L; et *Mém. de l'Acad.* t. XV, 2ᵉ partie, p. 67 et 68.

[2] Voyez Porter's *Travels in Georgia, Persia, etc.* vol. II, pl. LXVI.

[3] *Mémoires de l'Académie*, t. XIV, 2ᵉ partie, p. 97, 99, 140-148, 171 et 172; pl. I, nᵒˢ 1 et 2.

sous le titre de *reine des cieux*, méléket aschschamaïm [1]. En même temps l'attribution simultanée du lion et du taureau, ou du soleil et de la lune, tantôt à Vénus, tantôt à Mithra, nous fournit ici un nouveau témoignage en faveur de cette identité, et une seconde preuve de la confiance absolue que méritent les traditions que j'ai apportées ailleurs [2], traditions qui, en assignant à Vénus les deux sexes, nous autorisent à croire que Mithra, selon la doctrine ésotérique, était, comme Vénus, une divinité androgyne, ainsi que le fut primitivement, chez les peuples de l'antiquité, chaque dieu réputé créateur du monde.

Ici doit trouver place une autre observation, qui m'est également suggérée par le rapprochement de la tablette de M. le baron Roger avec les représentations figurées de Mithra léontocéphale que nous offrent les sculptures d'époque romaine. Cette tablette, comme on devait l'attendre d'un monument assyrien ou babylonien, représente Mylitta léontocéphale avec les signes très-apparents du sexe féminin, et lui assigne même des fonctions propres à rappeler l'idée de mère et de nourrice, qui s'attachait à une divinité reproduite ailleurs sous les traits d'une déesse tenant un enfant dans ses bras, ou sous la forme d'une vache qui allaite un veau [3]. La prédominance des attributs féminins dans les représentations figurées de la Vénus orientale est une des conséquences immédiates de la modification importante qu'à une époque très-reculée, mais restée inconnue, avait subie le système théogonique des Chaldéens d'Assyrie, modification qui, transportant au sexe féminin la prééminence dont avait joui jusqu'alors le sexe mâle, plaça le pouvoir suprême dans les mains d'une déesse devenue solaire, de lunaire qu'antérieurement elle était, et fit du soleil une divinité femelle, ainsi qu'on le voit sur notre tablette ou ailleurs, et de la lune un dieu mâle, comme le prouvent d'autres monuments figurés de l'Orient et les traditions écrites de l'Occident [4]. C'est aussi la raison pour laquelle le caractère féminin prédomine dans les figures tauroctones et tauropoles que précédemment [5] j'ai restituées à Vénus, en signa-

---

[1] Jérémie, VII, 18; XLIV, 17, 19 et 25. — Voyez mes *Recherches sur le culte de Vénus*, p. 40-44, 47, 48, 71-75.

[2] *Nouv. Ann. de l'Inst. arch.* t. I, p. 161-212. — *Recherches sur le culte de Vénus*, p. 31-118.

[3] J'en produirai de nombreux exemples dans mes *Recherches sur le culte de Vénus*.

[4] J'expliquerai ailleurs comment la révolution religieuse que je rappelle ici peut avoir été la conséquence forcée d'une révolution politique qui, pour la première fois, avait fait passer le pouvoir royal dans les mains d'une femme.

[5] *Mémoire* (inédit) *sur le taureau et le lion, considérés comme attributs caractéristiques de Vénus en Orient et en Occident*, lu à l'Académie le 21 octobre 1836.

lant l'origine asiatique de leur type et les traces d'hermaphrodisme primitif qui se découvrent dans l'agencement particulier de leur costume. D'accord
avec tous les monuments romains consacrés à Mithra tauroctone, et d'accord
avec toutes les inscriptions lapidaires et tous les textes où il est fait mention
de Mithra, les onze ou douze représentations figurées que nous connaissons
de Mithra léontocéphale le reproduisent unanimement sous les traits d'un
dieu solaire mâle. Par suite du sentiment de haute convenance qui avait
porté les Perses à représenter vêtues toutes leurs divinités, Mithra léontocéphale, s'il n'est pas figuré, sur les monuments romains, avec une tunique à
manches et une anaxyris, se montre pourtant à nos yeux sans aucune indication de parties sexuelles. Elles sont constamment cachées, ou par un des
replis du serpent dont le corps du dieu est entouré, ou par une courte draperie, comme on le voit sur une petite statue léontocéphale de la bibliothèque du Vatican[1], et sur le bas-relief de M. Péron, ou par une longue
tunique que porte une des deux figures léontocéphales[2] trouvées dans la vigne
d'Horace Muti. On ne cite qu'une seule exception à cette règle, l'autre figure
de Mithra léontocéphale qui appartient à la bibliothèque du Vatican, et dont
l'organe génital mâle est mis à découvert; mais peut-être cet organe n'était-il
pas apparent lorsque le monument n'avait point encore été restauré par une
main moderne.

Si nous suivions dans l'Inde et en Égypte les traces du culte de Vénus,
importé de l'Asie occidentale sur les bords de l'Indus et du Nil dès une époque
très-reculée, nous pourrions y trouver matière à plus d'une observation qui
justifierait pleinement l'attribution que je fais à Mylitta de la figure léontocéphale et serpentigère dont l'image est sculptée sur le monument babylonien
du cabinet de M. le baron Roger. Dans l'Inde, la déesse Parvatî, épouse du
dieu Çiva, s'offrirait à nos regards montée sur un lion, comme la Vénus assyrienne, tandis que Çiva nous apparaîtrait monté sur un taureau. Ce couple
divin nous rappellerait incontinent que si, dans le temple de la déesse de
Syrie, à Hiérapolis[3], et sur les médailles impériales de la Cyrrhestique[4], la
déesse était placée sur deux lions, deux taureaux y servaient de support à
l'image de son époux. Dans les livres sacrés de l'Inde et sur quelques monuments figurés de cette contrée, nous reconnaîtrions à Parvatî, comme à Çiva,

[1] Zoëga, *Abhandlungen*, p. 204, n° 6.
[2] Montfaucon, *Diar. italic.* p. 198. — *L'Antiquité expliquée*, t. 1, 2ᵉ part. pl. CCXV, n° 2.
[3] Lucien, *De Dea Syr.* 31 et 32.
[4] Voyez mes *Recherches sur le culte de Vénus*,
pl. III B, fig. 1.

les caractères propres à un hermaphrodisme primitif. De plus, nous lirions, dans la légende sanscrite de Parvati[1], que l'épouse de Çiva est le serpent qui soutient le monde, et qu'en se repliant sur elle-même elle se fait un bracelet avec le corps du reptile symbolique, et s'endort dans son antre ou sa grotte, symbole du monde créé, selon la légende de Mylitta et celle de Mithra. Aussi verrions-nous un serpent placé dans la main d'un des quatre bras de Çiva androgyne[2], si nous recourions encore une fois au témoignage des monuments figurés indiens[3].

En Égypte, après avoir constaté sans peine que Vénus-*Hâthor* ou *Hâthyr*, épouse de Phtha, l'Ephæstus ou le Vulcain des Égyptiens, s'assimile tout à la fois à *Termouthis*, la mère des dieux[4]; à *Méréphtha*, la grande déesse de Memphis, l'Héphæstobule des Grecs, et à *Pascht*, l'une et l'autre compagnes chéries de ce même Phtha; à *Tafné* ou *Tafnet*, et à *Neith*, l'Athéné ou la Minerve de Saïs, nous trouverions Méréphtha-Hâthor représentée, à Memphis, avec une tête de lion ou de lionne et avec un ou plusieurs serpents de l'espèce royale appelée *uræus*[5]; nous trouverions ailleurs Pascht et Tafné figurées aussi sous les traits de deux divinités léontocéphales[6]; Neith nous apparaîtrait sculptée ou peinte, tantôt comme une divinité androgyne et ithyphallique, ayant trois têtes : une de femme, une de lion, une de vautour, et des jambes et des griffes de lion[7]; tantôt comme une déesse panthée, léontocéphale, présentant la curieuse particularité de trois têtes implantées sur sa tête de lionne[8]; tantôt, enfin, sous les traits d'une déesse à corps humain, ayant, soit deux têtes géminées, l'une de lion, l'autre de crocodile[9], soit une tête de lion ou de lionne, surmontée du serpent uræus[10], ou, s'il n'y a pas erreur de la part

---

[1] Hymne à Parvati, intitulé *Ananda Lahari*, et traduit du sanscrit en français par M. A. Troyer, çlokas 9 et 10, *Journ. asiat.* IIIe série, t. XII, septembre et octobre 1841, n° 67, p. 300 et 301.

[2] C'est peut-être le lieu de faire remarquer que, dans les langues de l'Orient, le mot *serpent* dut avoir très-anciennement les deux genres. Le latin *anguis* les a conservés.

[3] Voyez les célèbres sculptures de l'île d'Éléphanta. (Niebuhr, *Voyage en Arabie*, t. II, pl. VI.)

[4] Son nom signifie littéralement *la mère de tout*.

[5] Champollion le jeune, *Notice descript. des monum. égypt. du mus. Charles X*, p. 14 et 15. A, n°s 239-245, 247, 248-253, 255-261. 263-268.

[6] Champollion le jeune, *Mém. de l'Acad.* t. XV, 1re partie, p. 111; *Notice descript.* etc. p. 24, n°s 424-430; *Précis sur les hiérogl.* 2e éd. p. 12, n° 72, et pl. IV, fig. 72.

[7] Id. *Panth. égypt.* pl. VI *bis*.

[8] Elle est ainsi figurée dans le grand rituel funéraire du musée royal de Turin.

[9] Champollion le jeune, *Panth. égypt.* pl. VI *sexties*.

[10] *Ibid* pl. VI *quinquies* A. — Gau, *Antiq. de la Nubie*, pl. XXX, n° 4.

du savant interprète du musée Bartoldi[1], surmontée d'une autre tête de lion, plus petite, qui se termine par une queue de serpent. En même temps nous aurions à remarquer qu'à Saïs et dans toute l'Égypte on célébrait, chaque année, en l'honneur de cette même déesse androgyne Neith, identique avec Vénus-Hâthor, une fête qui était la troisième des grandes solennités religieuses et qui s'appelait la *fête des lampes ardentes*[2], parce que dans la nuit chacun allumait des lampes autour de sa maison ; de même que, selon le témoignage de Flaminio Vacca[3], l'usage était de placer des lampes allumées autour des images de Mithra léontocéphale, divinité qui, à son tour, se confondit autrefois avec la Vénus androgyne des Chaldéens. Nous aurions à remarquer aussi que Phtha, comme son épouse *polyonyme*, recevait l'attribution symbolique du lion ; que le fils né de ce dieu et de Méréphtha léontocéphale est figuré lui-même, sous le nom de *Hobs* ou de *Nofré-Atmou*, tantôt avec une tête de lion[4], tantôt les pieds posés sur des lions[5]; et que, de son côté, Horus, identique avec ce fils de Phtha, se montre non-seulement accompagné du même animal symbolique[6], mais métamorphosé en un lion qui a deux faces, dont l'une est celle d'un homme[7]. Nous aurions encore à noter que, si Neith uræophore et léontocéphale fut représentée debout, tenant d'une main la tête, de l'autre la queue d'un grand serpent qui l'entoure en servant d'appui à ses pieds[8]; et si un uræus est ailleurs[9] l'emblème symbolique de cette divinité, comme il est, en général, le hiéroglyphe de l'idée de déesse[10], Hâthor, à son tour, se transforme elle-même quelquefois en serpent[11]. Par là nous serions ramenés aux représentations figurées d'Amoun et d'Ammon Cnouphis que j'ai citées plus haut[12], et à ces uræus ou couleuvres léontocéphales qui se voient sur les monuments des Égyptiens, comme sur ceux des gnostiques. Enfin nous ne pourrions contempler l'image d'une déesse égyptienne, allaitant deux crocodiles suspendus à ses mamelles, et nommée tantôt Bouto[13], tantôt Neith[14], sans son-

---

[1] M. Th. Panofka, *Il Musco Bartold.* p. 1, n° 3.

[2] Hérodote, II, 63.

[3] Ci-dessus, p. 580.

[4] Champollion le jeune, *Notice descript.* p. 22, n° 33.

[5] *Ibid.* p. 21, n°ˢ 328-330.

[6] *Ibid.* p. 15, n° 268.— Horapoll. XVI, 34.

[7] Champollion le jeune, *Notice descript.* p. 47, n° 283.

[8] Champollion le jeune, *Panth. égypt.* pl. VI *septies.*

[9] Id. *Notice descript.* p. 41, n° 105.

[10] *Ibid.* p. 39, n°ˢ 15-28.

[11] *Ibid.* p. 43, n° 149.

[12] Voyez ci-dessus, p. 600.

[13] Champollion le jeune, *Panthéon égyptien*, pl. XXIII A.

[14] Id. *Notice descript.* p. 6, n°ˢ 104-106.

ger à notre Vénus chaldéenne, qui allaite un chien et une truie également suspendus à ses seins [1], et sans nous rappeler que Neith [2], comme Bouto, était la Nuit, et que celle-ci reçoit dans les inscriptions hiéroglyphiques les qualifications de *grande déesse mère des dieux*, de *grande mère génératrice du Soleil* [3], qui concourent, avec ses autres attributions, à établir des rapports intimes entre elle et l'ancienne Vénus asiatique. De telles excursions m'entraîneraient trop loin du sujet de ce mémoire; les détails et les considérations qui s'y rattachent trouveront plus naturellement leur place dans mon ouvrage sur le culte de Vénus, et serviront, avec une multitude de faits et d'observations que j'y réunirai, à montrer l'intimité des relations qui, sous le point de vue des institutions théologiques, existèrent jadis entre la Chaldée, l'Assyrie, la Phénicie, la Perse, l'Inde, l'Arabie et l'Égypte.

Mais, pour compléter les remarques qui s'appliquent d'une manière directe à la tablette sculptée de M. Roger, je dois soumettre au lecteur une dernière observation qui semble nous révéler l'usage que l'on faisait des monuments de cette espèce dans la célébration des cérémonies du culte chez les Assyriens. J'ai dit plus haut que, par sa forme, la tablette dont il s'agit est semblable à celles que portent à la main divers personnages placés dans la composition de plusieurs cylindres asiatiques où il est impossible de ne pas reconnaître des scènes d'initiation qu'il faut rapporter tantôt aux mystères de Mylitta ou d'Astarté, tantôt aux mystères de Mithra, qui, j'espère le prouver ailleurs, ne différaient aucunement de ceux-là. Jusqu'à ce jour les petites dimensions de ces cylindres n'ont pas permis de constater qu'un sujet quelconque eût été gravé sur les tablettes qui me servent de point de comparaison; mais on doit croire qu'elles étaient destinées à recevoir, en creux ou en saillie, le dessin d'une scène mystique ou psychologique; et si l'on admet avec moi que de telles scènes ont nécessairement dû se rattacher à la célébration des mystères de l'une des divinités asiatiques que je viens de nommer, on acquerra la presque certitude que la tablette assyrienne ou babylonienne de M. Roger avait été gravée à l'usage des mystes parvenus à tel ou tel grade des mystères de Mylitta. D'une autre part, cette présomption viendra prêter son appui à l'opinion où était le docte Visconti, que les représentations figurées de Mithra

---

[1] Pl. II, fig. 1 *a*.

[2] Champollion le jeune, *Panth. égypt.* explic. des planches VI *ter*, VI *quater*, VI *quinquies* et VI *septies*.

[3] Voyez dans Champollion le jeune, *Panthéon égyptien*, l'explication des planches XXIII et XXIII A.

léontocéphale furent du nombre de celles que, selon Thémistius [1], on montrait aux seuls initiés.

L'assertion du panégyriste grec m'amène à faire remarquer que, si Vénus-Mylitta, sur la tablette de M. Roger, nous apparaît comme reine du ciel, reine de la terre et reine des enfers, ainsi que je crois l'avoir établi, on doit parvenir sans peine à constater qu'aux yeux des initiés les images léontocéphales de Mithra, et notamment le bas-relief découvert à Vienne, représentaient aussi ce dieu dans ses fonctions de roi du ciel mobile [2], de roi des vivants ou de la terre [3] et de roi des morts ou des enfers [4], conformément au texte du *Zend-Avesta*. C'est avec ce triple caractère que déjà, sur quelques monuments d'époque romaine [5], mais d'un genre différent, Mithra s'est offert à nos regards. Déjà aussi j'ai eu l'occasion d'appeler l'attention des archéologues sur certaines représentations figurées qui, d'accord avec les traditions écrites et avec notre tablette assyrienne, attribuent à Vénus ce même caractère [6].

Roi du ciel mobile, Mithra léontocéphale justifie une telle qualification, non-seulement par le symbole solaire de sa tête de lion, et quelquefois par la présence simultanée du croissant de la lune [7] ou d'un astérisque sculpté au-dessus de l'extrémité de son aile droite ascendante [8], mais aussi par la réunion de plusieurs autres attributs sur lesquels je dois en ce moment insister plus longuement que je n'ai pu le faire dans les paragraphes qui précèdent. Et d'abord remarquons que si parfois Mithra nous apparaît entièrement doré, comme on le voit sur un bas-relief déjà cité du musée Chiaramonti, cette particularité, aussi bien que les deux ailes ascendantes dont il est pourvu, atteste et son origine divine et ses fonctions célestes. Elle nous

---

[1] *Loc. cit.*

[2] *Zend-Avesta*, t. I, 2ᵉ partie, p. 28 et 82, note 10; t. II, p. 13, 99, 206, 207, 209, 212, 213, 216, 218,-221, 225, 228-230, et 418.

[3] *Ibid.* t. I, 2ᵉ partie, p. 227; t. II, p. 205, 206, 210, 214, 215, 222 et 223.

[4] *Ibid.* t. I, 2ᵉ partie, p. 227; t. II, p. 15, 211-213, 223 et 230.

[5] *Mémoires de l'Académie*, t. XIV, 2ᵉ partie, p. 91-94, 173-175, 178-181; pl. I, fig. 1 et 2; pl. II et pl. VI.

[6] *Nouv. Ann. de l'Instit. arch.* t. I, p. 191-195. — *Recherches sur le culte de Vénus*, p. 71-76.

[7] Voyez Raffei, *Osservaz.* tav. IV, fig. 2; — *Recherches sur le culte de Vénus*, pl. XVIII, fig. 3. —Un abraxas dont je ne puis cependant garantir l'authenticité, faute d'avoir vu l'original, représente, selon le dessin qu'en ont publié Chifflet (*Comment. ad Macar. Abraxas*, tab. VIII, n° 31) et Gorlæus (*Dactyliothec.* I, tab. CCI, n° 367), un lion ayant au-dessous de lui le masque de la lune; dans le champ, à droite, est écrit en caractères grecs le mot sémitique ΣΑΜΑ, ciel.

[8] Voyez Zoëga, *Bassirilievi antichi di Roma*, t. II, p. 32, et tav. LIX; *Abhandlungen*, p. 201. — L'astérisque dont il est ici question a été omis dans le dessin publié par Raffei (*Osservaz.* tav. III, fig. 1).

indique, de plus, que sa résidence est dans la région de l'or ou la région solaire, ainsi que nous l'apprend, de son côté, le texte du *Zend-Avesta* [1]. Elle
nous rappelle, en même temps, que, dans ce code religieux, Zoroastre dit de
Mithra qu'il est celui *qui est appelé d'or* [2], *qui est assis sur un tapis d'or* [3], *qui
porte une massue d'or* [4], etc. Elle nous rappelle enfin que Lucien [5] fait mention
d'une statue d'or massif qui représentait Mithra. Pour une raison semblable,
Vénus, chez les peuples de l'Asie occidentale, chez les Grecs et chez les Romains, recevait également diverses épithètes [6] qui attestent que l'or était consacré à cette divinité et qu'on lui érigeait des statues du même métal, usage
qui, d'ailleurs, est confirmé, quant à Vénus-Anaïs, par le témoignage exprès
de Pline [7].

D'autre part, le serpent qui s'enroule autour du corps de Mithra léontocéphale rappelle la route tortueuse ou en spirale que le soleil, selon les idées des
anciens, suivait dans l'écliptique. C'est ce même serpent qu'au sommet d'un
monument assyrien ou babylonien de la Bibliothèque royale [8], vulgairement
désigné sous le nom de *caillou de Michaux*, nous voyons cheminer et former des
ondulations dans le ciel des planètes. Nous retrouvons le reptile à la même
place et dans la même attitude sur une seconde pierre très-analogue [9], que feu
M. Rich avait recueillie dans les ruines de Babylone, et qui, après sa mort, a
été acquise par le Musée Britannique. C'est aussi ce même serpent qui, sur
d'autres monuments moins anciens, et d'un caractère tantôt asiatique, tantôt
romain, se montre traçant une route tortueuse entre la grande et la petite
Ourse. Mais lorsqu'il nous apparaît enroulé autour du corps d'une divinité solaire dont il ramène les pieds et les jambes les uns contre les autres, en manière
de gaîne ou d'Hermès [10], ne nous donne-t-il pas lieu de soupçonner que dans

[1] Tome I, 2ᵉ partie, p. 28; t. II, p. 13.

[2] Tome II, *Iescht de Mithra*, XIᵉ cardé,
p. 213.

[3] *Ibid.* XXVIIIᵉ cardé, p. 225.

[4] *Ibid.* XXIVᵉ cardé p. 222, et XXXIᵉ cardé,
p. 230.

[5] *Jupit. tragœd.* 8.

[6] Voyez mes *Recherches sur le culte de Vénus*,
p. 113-116.

[7] *Hist. natur.* XXXIII, IV, 24.

[8] Millin, *Monum. inéd.* t. I pl. VIII et IX.

[9] On trouve dans les *Mines de l'Orient* (*Fund-
gruben des Orients*, III Bd. III Heft, Platte II,
n° 2 und 3) un très-mauvais dessin de cette
pierre, mais le cabinet des médailles et antiques
de la Bibliothèque royale de Paris en possède
une bonne empreinte.

[10] Telle est la disposition de deux figures de
Mithra léontocéphale qui se conservent à la villa
Albani (Raffei, *Osservaz.* tav. III, fig. 1, e
tav. IV, fig. 2; — Zoëga, *Bassiril.* t. II, tav. 59),
et du torse que possède le musée d'Arles (Montfaucon, *l'Antiquité expliquée*, tome I, 2ᵉ partie,
pl. CCXV). Telle est aussi la disposition des deux
petites figures ailées qui, sur le bas-relief cité
du musée Olivieri (*Antich. cristian.* tavol. VI),

une pareille disposition se révèle l'intention d'exprimer l'idée d'une captivité? Et pouvons-nous oublier, en présence des figures auxquelles je fais allusion ici, que l'usage fut anciennement établi, dans l'Asie occidentale, et même chez les Grecs, de représenter certaines divinités solaires captives dans des chaînes d'or que l'on détachait au solstice d'hiver? Quoi qu'il en soit de cette conjecture, remarquons que dans les représentations figurées de Mithra léontocéphale on distingue parfois, entre les replis dont le serpent entoure cette divinité, les douze signes du zodiaque [1], ou seulement les quatre signes qui servaient à marquer les deux équinoxes et les deux solstices [2]. Les replis sont au nombre de quatre ou de six, suivant qu'ils doivent faire allusion aux quatre saisons, ou à la division des douze signes du zodiaque en signes ascendants et signes descendants. Dans l'un et dans l'autre cas, ils font du serpent un symbole propre à rappeler, avec l'idée de vie qui lui est propre [3], l'assimilation de Mithra au temps périodique, c'est-à-dire au temps exprimé par la double révolution du soleil et de la lune. Si la figure léontocéphale du bas-relief découvert à Vienne n'offre aucune trace de signes zodiacaux, on observe du moins que le serpent dont elle est entourée se replie quatre fois sur lui-même. Il vient toucher avec sa tête la mâchoire inférieure du mufle de lion; tandis que, dans la plupart des autres images de Mithra léontocéphale, la tête du serpent arrive au sommet de la tête de lion, et s'incline même sur le front du quadrupède carnassier. Je ne saurais dire si l'on avait attaché ou non un motif particulier à une disposition dont le bas-relief cité offre l'unique exemple que je connaisse. Nous devons croire toutefois que, dans les deux cas, la jonction de la tête du serpent avec le mufle de lion servait à marquer l'entrée du soleil dans le premier signe du solstice d'été. Lorsque cette jonction n'a pas lieu, comme on le voit sur un seul monument, le bas-relief inédit et doré que reproduit le n° 2 de la planche I, et qui porte le n° 567 au mu-

---

me paraissent représenter Ormuzd et Bahman, et des deux autres figures que, sur la terre cuite également citée du palais Zeno (Lafréry, *Speculum romanæ magnificentiæ*. — *Mémoires de l'Acad.* t. XIV, 2ᵉ partie, pl. V), je prends pour Bahman et Aschmogh. (Voyez ci-dessus, p. 608.)

[1] Voyez Montfaucon, *Antiquité expliquée*, t. I, 2ᵉ partie, p. 375 et 371, et pl. CCXV, n° 3; — Millin, *Voyage dans le midi de la France*, t. III, p. 504, et pl. XXXVI, n° 5.

[2] Voyez Raffei, *Osservaz.* tav. III, fig. 2; — Visconti, *Il Mus. Pio-Clement.* t. II, tav. XIX.

[3] Voyez mes *Recherches sur le culte de Vénus*, p. 35 et 36. — C'est aussi comme symbole de vie que, chez tous les peuples civilisés de l'antiquité, le serpent, ainsi que le taureau, autre symbole de vie, était attribué, soit aux divinités créatrices, soit aux divinités qui président particulièrement à la conservation de la vie.

sée Chiaramonti, la tête et la queue du serpent plongent dans une hydrie ou cratère placé entre les jambes du dieu léontocéphale. Mais ce reptile est encore ici l'emblème de la marche du soleil ; car la modification que je signale nous reporte à l'équinoxe du printemps, en nous montrant le serpent occupé à puiser dans un vase le principe humide, élément indispensable à la reproduction de la vie [1]. On sait que, dans les mystères de Mithra, le cratère était l'emblème de la source [2] ou du principe humide. A ce titre, conformément à des prescriptions hiératiques qui nous ont été conservées par Eubule ou Pallas [3], on devait placer un cratère devant les images de Mithra, et choisir, pour la célébration des mystères de ce dieu, une grotte située près d'une source d'eau vive. Sur plusieurs bas-reliefs mithriaques d'époque romaine nous voyons, en effet, une hydrie ou cratère posé auprès de l'image de Mithra [4] sculptée au centre d'une grotte, qui, dans le langage hiératique, est le symbole du monde créé. Le bas-relief cité du musée Chiaramonti [5] a sur ceux-ci l'avantage de nous rappeler que des monuments grecs ou romains qui appartiennent à une autre catégorie d'antiquités représentent un serpent ou dragon puisant, dans une coupe que lui présente, soit Minerve, soit Hygie, soit tout autre personnage mythologique, le liquide qui, source perpétuelle de vie, nous fait, à son tour, songer à l'ambroisie dont Hébé, dans le ciel, emplit sans cesse la coupe des dieux créateurs. Nous ne pouvons oublier non plus le serpent d'Épidaure, ni le serpent de Lavinium [6], ni celui qu'on nour-

---

[1] Une allusion aux rapports que l'antiquité avait établis entre le serpent, symbole de vie, et le principe humide, se découvre aussi sur une médaille impériale d'Esbus (Arabie), où l'on voit, au revers de la tête de Caracalla, le dieu *Lunus* portant de la main gauche une haste, autour de laquelle s'enroule un serpent. (Mionnet, *Descript. de méd.* t. V, p. 585 et 586, n° 39.)

[2] Voyez mes *Recherches sur le culte de Vénus,* p. 36-44, et *Mémoires de l'Académie,* t. XIV, 2ᵉ partie, p. 72-75. — J'ajouterai ici que les bouddhistes, dans le tableau qu'ils font de la destruction du monde, qui, selon eux, doit commencer avec le *moyen kalpa* ou troisième âge, disent que, lorsque les destructions successives auront atteint par degrés toutes les portions du monde, il ne subsistera plus que *le vase de l'uni-*

vers vide. (Abel Rémusat, *Journal des Savants,* décembre 1831, p. 720 et 721.)

[3] Apud Porphyr. *De antr. nymph.* XVII.

[4] Della Torre, *Veter. Monum. Antii,* tab. ad p. 157. — Sattler, *Geschichte des Herzogth. Würtenberg,* 1 Bd. Taf. IX. — *Act. Acad. Theodoro-Palat.* t. I, tab. II, n° 3. — *Annal. des Vereins für nassauisch. Alterthumsk.* 1 Bd. Taf. 1. — *Curier rumanesk,* n° 47, 22 nov. 1837, Taf. 1, n° 3. — *Mémoires de l'Académie,* t. XIV, 2ᵉ partie, pl. I, nᵒˢ 1 et 2, et pl. VI. — Dʳ Friedr. Creuzer, *Das Mithræum von Neuenheim bei Heidelb.* Taf. II. — Bas-relief inédit, trouvé à Dormagen, et dont je publierai un dessin dans mes *Recherches sur le culte de Mithra.*

[5] Pl. I, fig. 2.

[6] Ælien, *De natur. animal.* XI, XVI.

rissait à Babylone, dans le temple de Bélus[1], ni cet autre serpent sacré que l'on entretenait à Métélis, en Égypte[2], et devant lequel, remarquons-le bien, on plaçait, comme devant les trois divinités de la triade babylonienne, une table et un cratère[3]. Ælien, qui nous apprend cette particularité, ajoute[4] que chaque jour les prêtres remplissaient le cratère d'un mélange de farine et d'eau miellée. J'aurai ailleurs l'occasion d'exposer mon sentiment sur la signification mystique de ce mélange et des libations de vin que l'on faisait, chez les Grecs, en l'honneur de leur Ἀγαθὸς Δαίμων, représenté sous la forme d'un serpent, de même que leur démon familier ou domestique et l'Agatho-démon des Romains et des gnostiques.

Parmi les autres accessoires qui furent employés à caractériser Mithra léon-tocéphale comme roi du ciel, se recommandent aussi à notre attention les deux clefs que tiennent dans leurs mains quelques-unes des images de ce dieu, celle, par exemple, qui est sculptée sur le bas-relief de Vienne[5]. Em-blèmes très-explicites du ciel, ces clefs sont, n'en doutons pas, l'une, la clef de la porte du soleil, l'autre la clef de la porte de la lune. Mithra préside au mystère de la descente et de l'ascension des âmes. Selon les croyances des temps anciens, les âmes descendent sur la terre ou *dans les voies de la généra-tion* par la porte de la lune, elles remontent au ciel par celle du soleil. Les solstices sont les deux époques favorables de l'année pour le premier de ces deux mouvements, les équinoxes pour le second. Aussi voyons-nous sculptés, dans la partie inférieure d'une statue de Mithra léontocéphale qui se conserve à la bibliothèque du Vatican[6], les deux signes solsticiaux, le Cancer et le Capricorne ; et dans la partie supérieure de la même statue, c'est-à-dire sur les pectoraux, les deux signes équinoxiaux, le Bélier[7] et la Balance. Les monuments figurés sont ici d'accord avec les textes, qui, je le répète,

---

[1] Daniel, XIV, 22-27.

[2] Ælien, *De natur. animal.* XI, xvii. Le texte porte, dans l'édition de Schneider : ἐν Μελίτῃ τῆς Αἰγυπτου ; mais je pense, avec Wesseling (ad Herodot. II, 74), qu'il faut lire ici : ἐν Μετήλει.

[3] Diodore de Sicile, II, 9.

[4] *Ubi supra.*

[5] Planche I, fig. 1. Ajoutez à cet exemple le Mithra léontocéphale publié par Montfaucon (*Diar. italic.* p. 198, fig. 2 ; *Antiq. expliq.* t. I, 2ᵉ partie, pl. CCXV, fig. 1) et celui qui est figuré sous le nᵒ 2 de la pl. IV des *Osservazioni* citées de Raffei, et reproduit sous le nᵒ 3 de la pl. XVIII de mes *Recherches sur le culte de Vénus.*

[6] Raffei, *Osservaz.* tav. III, fig. 2 ; — Visconti, *Il Mus. Pio-Clement.* t, II, tav. XIX.

[7] On peut consulter, quant à la substitution du bélier au taureau équinoxial, mon mémoire sur deux bas-reliefs mithriaques qui ont été dé-couverts en Transylvanie. (*Mém. de l'Acad.* t. XIV, 2ᵉ partie, p. 112-122.)

assignent à Mithra, comme à Vénus, une place particulière vers les équinoxes et les solstices, et qui, de plus, établissent sa résidence habituelle au
ciel, entre le soleil et la lune. Investi des fonctions de psychopompe, il est
chargé de peser, sur le pont Tchinevâd, qui unit la terre au ciel, les bonnes
et les mauvaises actions accomplies par les âmes durant leur séjour sur la
terre. Il conduit dans la région céleste les âmes qu'il a trouvées *pures de pensées, de paroles et d'actions* ; il les protége pendant leur passage ou leur séjour
dans les sept cieux des planètes, qui sont appelées *les sept portes* dans le langage hiératique des mystères [1]. Et si, comme un récit de Celse nous autorise
à le croire, l'échelle mystique que l'on montrait aux initiés, dans les sanctuaires de Mithra, se trouvait disposée de manière à leur faire comprendre
que la lune et le soleil étaient les deux dernières portes qu'ils auraient à franchir [2], il était naturel aussi de placer la clef de chacune de ces deux portes
dans les mains du dieu dont ils étaient admis à contempler en secret l'image
léontocéphale et à implorer la protection ou la médiation. Quelquefois, au lieu
des deux clefs, cette mystérieuse image tient deux flambeaux allumés [3], emblèmes de la lumière céleste et du feu créateur, emblèmes de l'astre du jour
et de l'astre de la nuit, et par conséquent emblèmes aussi des deux portes du
ciel. D'autres fois Mithra léontocéphale [4] a dans une main une seule clef,
celle de la porte du soleil, et, dans l'autre main, un long sceptre, semblable
à celui que porte Bahman sur les trois monuments cités [5] où cet Amschaspand,
manifestation de Mithra dans ses fonctions célestes, nous apparaît avec une
tête et des pieds humains, le corps entouré par les replis d'un serpent. Enfin
la grande statue de Mithra léontocéphale qui provient du mithræum d'Ostie
tient dans la main droite une clef, et nous offre, réunis dans la main gauche,
un sceptre et un flambeau allumé [6]. De plus, entre ce dernier symbole et la

---

[1] Voyez les autorités que j'ai citées et commentées, *Mém. de l'Acad.* t. XIV, 2ᵉ partie, p. 100-
112, 123-140.

[2] *Ibid.*

[3] Montfaucon, *Diar. italic.* page 198, fig. 1 ;
Antiq. expliq. t. I, 2ᵉ partie, pl. CCXV, figure 2.

[4] Raffei, *Osserv.* tav. III, fig. 1 e 2 ; — Zoëga,
Bassiril. ant. di Roma, t. II, p. 32 e tav. LIX.

[5] Ci-dessus, p. 35.

[6] Zoëga, *Abhandlungen*, Taf. V, n° 16. Il faut
rapprocher de cette représentation une statue de
bronze et d'époque romaine qui nous offre la

triple Hécate sous les traits de trois femmes, dont
une tient à la main une clef, et dont la seconde,
qui porte d'une main un serpent, de l'autre un
poignard, est coiffée d'un bonnet phrygien radié, semblable ou du moins très-analogue à celui
qui se voit placé au sommet d'un faisceau sur la
face postérieure du bas-relief cité de Hedernheim.
La statue de bronze que j'indique ici a été publiée par La Chausse (*Mus. roman.* tab. XX,
XXI et XXII) et par M. le comte de Clarac
(*Mus. de sculpt.* pl. DLXIV B, n° 1201 B). On
trouve aussi, sur quelques médailles asiatiques

clef, on observe, au milieu de la poitrine de cette même statue, un foudre
placé verticalement. Dans la collection de la villa Albani[1] on retrouve un
foudre sculpté sur le corps du dieu à tête de lion ; mais ici l'artiste romain
l'a placé dans une position horizontale, au-dessous des deux seins. Un pareil
attribut ne peut appartenir qu'au roi du ciel. Il nous rappelle que Mithra,
dans une inscription grecque[2] des bas temps, reçoit le titre de *Génie Astrobronte* (Ἀστρόβροντος Δαίμων), et, dans une inscription latine[3], le titre de
Deus Brontons. Il nous rappelle aussi que, sur la face antérieure d'une intaille
de la galerie de Florence[4], on voit, au-dessus de la tête de Mithra, un aigle
et un foudre ; et que, sur un bas-relief romain de la villa Altieri[5], un aigle
tenant un foudre dans ses serres est sculpté à côté de ce dieu. Il nous rappelle
enfin qu'une médaille d'or frappée à Rome à l'effigie d'Antonin Pie offre pour
type, au revers, un lion qui porte un foudre dans sa gueule[6]. Ces diverses
particularités concourent ainsi à nous montrer que la présence d'un foudre
sur la poitrine de Mithra léontocéphale avait pour double objet de compléter
les attributs du roi du ciel et d'effrayer l'imagination des initiés par l'un des
emblèmes les plus propres à caractériser sa toute-puissance.

Roi de la terre, Mithra léontocéphale se fait remarquer par d'autres attributs non moins judicieusement choisis pour marquer quelles fonctions lui
sont dévolues dans le monde sublunaire. L'autel allumé que l'on voit à ses
pieds, sur le bas-relief de Vienne et sur celui qui se conserve à Rome, dans
le palais Colonna[7], nous fait penser au feu sacré des *ateschgâhs* ou pyrées de
la Perse et, en même temps, aux prescriptions du rituel de Zoroastre où
nous lisons que les sacrifices offerts à Ormuzd et à Mithra doivent s'accomplir

impériales, l'image de la triple Hécate tenant
dans ses mains des flambeaux allumés, des
poignards et peut-être des serpents. Je citerai,
comme exemple d'un pareil type, les revers de
deux médailles frappées, en l'honneur de Julia
Domna, à Laodicée de Phrygie. (Voyez M. Mionnet, *Suppl.* t. VII, p. 586 et 587, nᵒˢ 455 et
456.) Je signalerai enfin à l'attention des archéologues une hématite de travail romain et
gravée en creux, où l'on voit la triple Hécate placée
entre Harpocrate et un serpent à tête de lion radiée. Cette intaille, qui faisait partie de la collection d'antiquités formée à Aix, en Provence, par
feu M. Magnan de la Roquette, a récemment été
vendue à Paris avec les autres objets rares dont
se composait le cabinet de cet amateur distingué.

[1] Raffei, *Osservaz.* tav. IV, fig. 2.

[2] Reinesius, *Syntagm. inscript. antiq.* cl. I,
nᵒ 91 ; — Doni, *Inscript. antiq.* I, 33, p. 9.

[3] Capacio, *Neapolitan. histor.* liber I, p. 198 ;
— Gruter, *Inscript. antiq.* p. XXXIV, nᵒ 5.

[4] Montfaucon, *l'Antiq. expliq.* t. I, 2ᵉ partie,
pl. CCXVII, fig. 2.

[5] Tab. II post Gronovii *Præfation.* in Leonardi
Augustini *Gemm. antiq.*

[6] Voyez le nᵒ 6 de la pl. V de mes *Recherches
sur le culte de Vénus.*

[7] Ci-dessus, p. 581.

en présence du feu [1]. Aussi voyons-nous constamment, sur les monuments figurés du culte de Mithra, ce dieu immoler le taureau symbolique en présence de deux assesseurs qui portent chacun un flambeau allumé, de même que Vénus, sur des bas-reliefs que je me crois autorisé à lui restituer, accomplit le même sacrifice placée devant un autel allumé [2], ou assistée d'un ou deux lampadophores femelles [3]. Au revers de quelques médailles impériales de l'Asie antérieure, nous retrouvons la déesse debout entre deux assesseurs également lampadophores [4]. Sur les médailles autonomes, comme sur les médailles impériales de l'île de Cypre, un cône, emblème symbolique de Vénus, est dressé dans un temple entre deux candélabres allumés [5]. Parmi les monnaies impériales d'Ascalon, plusieurs pièces [6] nous offrent, auprès de l'image d'Astarté, un autel allumé sur lequel brille le feu sacré. Au revers d'une médaille frappée à Byblus, en l'honneur de Macrin, l'autel allumé se voit sous le portique du temple d'Astarté et y tient lieu de la statue de la déesse [7]. Sur quelques monnaies impériales de Tripolis de Phénicie [8], il est posé entre les images d'Apollon nu et de Diane lucifère, au milieu d'un temple tétrastyle dont le fronton est orné du buste d'Astarté. D'autres fois ce buste est posé sur l'autel entre deux *vexillum* [9], disposition qui doit être rapprochée du type de certaines médailles sassanides [10] où l'on remarque, au revers de la tête du roi, tantôt la tête ou le buste d'Ormuzd barbu, tantôt la tête ou le buste de Mithra imberbe [11], gravés au milieu des flammes d'un pyrée que gardent deux personnages royaux, qui portent chacun à la main un glaive nu. Zo-

---

[1] *Zend-Avesta*, t. 1, 2ᵉ partie, p. 119, 151, 152 et *passim*.

[2] *Recherches sur le culte de Vénus*, pl. VIII, fig. 1; pl. XIII, fig. 3. Cf. pl. VIII, fig. 2.

[3] *Ibid.* pl. IX, pl. X, fig. 2.

[4] *Ibid.* pl. XV, fig. 2 et 4. — Cf. le n° 6 de la pl. II jointe à ce mémoire.

[5] *Recherches sur le culte de Vénus*, pl. I, fig. 10-12; — Gessner, *Num. imp.* tab. LII, fig. 2; — M. Mionnet, *Suppl.* t. V, p. 303-308, n°ˢ 1, 2, 4, 9-11, 13-16, et pl. X, fig. 5.

[6] M. Mionnet, *Descr. de méd.* t. V, p. 529, n°ˢ 74-77; p. 529 et 530, n°ˢ 80, 82-84 et ailleurs.

[7] *Recherches sur le culte de Vénus*, pl. XV, fig. 3.

[8] *Ibid.* fig. 5 et 7; — Sestini. *Descriz. delle med. ant. gr. del mus. Hederv.* III, p. 93. n° 32; C. M. H. n° 6126.

[9] Eckhel, *Catalog. mus. Cæs. Vindob.* pars 1, p. 239, n° 17.

[10] M. Adrien de Longpérier, *Essai sur les médailles sassanides*, n°ˢ 30, 31, 36, 43, 44, 45, 49, 50, 55; pl. VI, fig. 5; pl. VII, fig. 4 et 5; pl. VIII, fig. 1 et 4, et pl. IX, fig. 5.

[11] Malgré toute la déférence que j'ai pour les habiles numismates qui veulent voir ici, au lieu du buste d'Ormuzd ou de Mithra, celui d'un roi vaincu, le *feroüer* du monarque régnant, ou le buste de ce souverain, il m'est impossible d'adopter aucune de ces opinions. Elles sont tout à la fois contraires à l'esprit et à la lettre du *Zend-Avesta*, au témoignage des autres monuments figurés de la Perse ancienne, et aux coutumes

roastre appelle le feu *fils d'Ormuzd*[1]; et, dans son système cosmogonique, aussi bien que dans celui des Chaldéens d'Assyrie, cet élément, comme le soleil, est le principe générateur actif. Sur le bas-relief de M. Péron, l'autel allumé doit donc être considéré comme une allusion directe au pouvoir créateur ou reproducteur qu'exerce Mithra, le représentant d'Ormuzd dans le ciel mobile et sur la terre. Cet emblème remplace ici le flambeau allumé ou les deux flambeaux que d'autres représentations figurées[2] nous montrent placés dans les mains de Mithra léontocéphale. Dieu solaire et lunaire par les autres symboles dont j'ai déjà fait mention, Mithra règle, en effet, la marche du soleil, de la lune, des planètes et de toutes les constellations ; il distribue à la terre les saisons, les jours, les nuits, la pluie, la chaleur, les moissons et les fruits. C'est lui qui accorde les enfants et qui multiplie les troupeaux. En conséquence, les deux ailes qu'on lui voit au bas des reins ou au bas des jambes s'abaissent vers la terre, et, par ce mouvement, indiquent que Mithra est chargé du gouvernement de la région terrestre. Quelquefois même à leur extrémité inférieure[3] sont attachés deux colombes, des pins, des massettes d'eau, des pampres, des grappes de raisin ou des épis de blé, emblèmes que nous retrouvons tous, mais non réunis, sur plusieurs représentations figurées de Mithra tauroctone, et qui là, comme ici, réveillent les idées de vie, d'amour, de reproduction, et caractérisent les deux saisons qui, chaque année, ramènent sur la terre la vie et la fertilité. D'autres fois Mithra léontocéphale est posé sur un globe terrestre divisé en quatre parties[4] ou sur la moitié d'un globe orné du croissant de la lune[5]. A ces images du monde sublunaire on substituait aussi, comme nous le fait voir la grande statue du mithræum d'Ostie[6], un coq, accompagné d'une pomme de pin, d'un caducée, d'un marteau, et d'une paire de cisailles, tous attributs convenablement choisis pour rappeler que, sur la terre, Mithra préside à la lumière, à la génération, aux arts et aux métiers. Plusieurs

des rois sassanides, qui, à l'exemple de leurs prédécesseurs les Achéménides, se glorifiaient du titre de *mazdéiesnans, adorateurs d'Ormuzd.* Je ne puis que m'applaudir de voir mon sentiment à cet égard partagé par M. de Witte, dans le compte qu'il a rendu de l'Essai de M. Adrien de Longpérier sur les médailles sassanides (*Revue numismat.* année 1841, p. 58-66).

[1] *Zend-Avesta*, t. I, 2ᵉ partie, p. 87, 95, 97, 185 et *passim.*

[2] Voyez Montfaucon, *Diar. ital.* p. 198, fig. 1 ; — *Antiq. expliq.* tome I, 2ᵉ partie, pl. CCXV, figure 2 ; — Zoëga, *Abhandlungen,* Taf. V, n° 16.

[3] Zoëga, *ibid.*

[4] Raffei, *Osservaz.* tav. III, fig. 1 e 2 ; — Visconti, *Il Mus. Pio-Clement.* t. II, tav. XIX.

[5] Raffei, *Osservaz.* tav. VI, fig. 2 ; — Zoëga, *Abhandlungen,* p. 206, n° 6.

[6] Zoëga, *Abhandlungen,* Taf. V, n° 16.

de ces attributs, aussi bien que la forme de gaîne qu'affectent sensiblement cette statue et trois autres représentations figurées de Mithra léontocéphale [1], concourent à nous montrer comment le dieu des Perses s'assimile à Hermès. Les rapprochements qu'il y aurait à faire entre ces deux divinités sont nombreux; mais ils trouveront plus convenablement leur place ailleurs, de même que les conséquences importantes qui découlent de ces rapprochements quant à la question de l'origine du culte de Vénus, d'Hermès ou Mercure et de Mithra.

Roi des morts ou des enfers, Mithra, par sa tête et ses griffes de lion, symboles solaires; par le globe et le croissant quelquefois placés à ses pieds, par le sceptre et les deux clefs surtout qu'il tient dans les mains, Mithra, dis-je, annonce aux initiés qu'il est le roi de la région céleste, le gardien des deux portes du ciel, et qu'il peut ouvrir ou fermer ces deux portes aux âmes qui aspirent à rentrer dans le séjour des bienheureux. Maître de la destinée des âmes, lui seul doit juger les actions bonnes ou mauvaises qui ont marqué leur séjour sur la terre. Médiateur entre elles et Ormuzd, seul il peut obtenir de ce juge suprême le pardon de leurs erreurs, l'entrée du Gorotman ou du séjour céleste, et leur montrer, à travers les sept cieux des planètes et les douze constellations zodiacales, le chemin qui conduit aux portes de la lune et du soleil.

Tel est le triple caractère qu'assignent en général à Mithra léontocéphale les figures qui reproduisent isolément ce dieu, soit qu'elles n'aient jamais fait partie d'une composition dans laquelle était entrée quelque autre figure, soit que des causes quelconques les aient détachées des bas-reliefs ou des groupes de ronde bosse dont peut-être elles avaient fait partie et dont les débris n'ont pas été recueillis. Il me reste à examiner quel caractère particulier Mithra léontocéphale, sur le bas-relief de Vienne, reçoit de l'association des deux Dioscures placés l'un à sa droite, l'autre à sa gauche.

Considérée sous un point de vue général, une telle association n'a rien qui doive nous étonner. D'une part, nous savons que Mithra, primitivement identique avec Vénus-Mylitta ou Vénus-Astarté, présidait, comme cette divinité, à une institution célèbre de mystères. D'autre part, un nombre considérable de monuments figurés atteste que, chez les peuples de l'Orient et de l'Occident, le culte de Vénus s'était associé à celui des Cabires ou des Dioscures.

[1] Deux à la villa Albani (Raffei, *Osservaz.* t. III, fig. 1, e tav. IV, fig. 2. — Zoëga, *Bassiril.* t. II, tav. LIX), et une au musée d'Arles. (Montfaucon, *l'Antiq. expliq.* t. I, 2ᵉ partie, pl. CCXV, fig. 3. — Millin, *ubi supra.*)

En troisième lieu, nous ne pouvons oublier le rôle que les traditions assignent aux Cabires dans les mystères de Samothrace, mystères importés de l'Asie occidentale, et probablement très-analogues, quant aux doctrines, à ceux de la Vénus chaldéenne ou assyrienne, qui servirent de modèle aux mystères de Mithra établis en Perse par Zoroastre. Remarquons aussi que, sur quelques miroirs étrusques très-connus des antiquaires, les Dioscures sont associés à Minerve, et qu'un miroir inédit, dont je dois la connaissance à M. de Witte, nous les montre même assistant, sous les noms de *Préalé*, Ǝ⅃AƎЯꟼ, et de *Lalan*, ИA⅃A⅃, à la naissance de cette déesse, qui, chez les Grecs et les Étrusques, présidait aux initiations, comme Mylitta ou Astarté chez les Assyriens et les Phéniciens. Un autre miroir étrusque[1] et les médailles autonomes de Lacédémone[2] nous offrent à leur tour plusieurs exemples de l'association des Dioscures à Pallas, qui joue un si grand rôle dans les initiations d'Hercule, et à Bacchus, qui fut surnommé le prince des mystères. Ne voyons-nous pas aussi Hercule, dont la légende est le type ou le modèle de la vie des initiés, se confondre souvent avec Pollux? Ne trouvons-nous pas les deux jumeaux divins associés à Hercule, sur quelques médailles autonomes de la ville que je viens de nommer[3], et placés auprès de ce même personnage ou d'un athlète, sur les médailles de Thessalonique[4], ou auprès de Prométhée, soit sur un beau vase peint, inédit, du cabinet de M. le duc de Luynes, soit sur deux miroirs étrusques, dont l'un a été publié par M. Micali[5] et par M. de Witte[6], et dont l'autre est déposé, à Rome, dans une des salles du musée Grégorien[7]? Et ces divers faits ne suffisent-ils pas pour nous autoriser à conjecturer dès à présent que l'association des Dioscures à Mithra, sur notre bas-relief romain, était la conséquence naturelle de l'alliance plus anciennement contractée, en Orient et en Occident, entre le culte des Cabires ou des Dioscures et le culte de plusieurs divinités auxquelles se rattachait, comme à Mithra, une institution de mystères?

---

[1] M. le docteur Dorow, *Voyage en Étrurie*, p. 15, fig. 1.

[2] Pellerin, *Recueil*, I, pl. XIX, fig. 1, 2 et 3. — M. Mionnet, *Descript. de méd.* t. II, p. 216-218; *Suppl.* t. IV, p. 222 et 223.

[3] M. Mionnet, *Descript. de méd.* t. II, p. 216 et 217; *Suppl.* t. IV, p. 220, n° 2.

[4] Gessner, *Impp.* tab. CLXXXI, fig. 40 — Vaillant, *Num. græc.*

[5] *Storia*, etc. tav. L, fig. 1.

[6] *Description d'une collection de vases peints et de bronzes antiques provenant des fouilles de l'Étrurie*, p. 130 et 131, n° 293.

[7] Je ne puis indiquer ici le numéro de ce miroir étrusque, le catalogue imprimé du musée Grégorien n'ayant pas encore été livré au public.

Bien que les antiquités figurées dont on peut invoquer le témoignage, quant à l'association de Vénus avec les jumeaux divins, soient généralement connues des archéologues, je juge cependant utile d'en présenter ici l'énumération succincte, pour suppléer à un renseignement qui ne se trouve dans les dissertations d'aucun des savants qui se sont occupés de la question particulière des Cabires ou des Dioscures.

Les monuments de la numismatique asiatique, de cette mine abondante où trop longtemps les érudits négligèrent de puiser, et qui chaque jour pourtant nous fournit de nouvelles richesses sans lesquelles l'étude de l'archéologie comparée resterait souvent stérile ou du moins incomplète; les monuments, dis-je, de la numismatique asiatique viennent ici se placer en première ligne, et sont non moins nombreux qu'explicites. Je dois citer surtout les médailles autonomes et les médailles impériales de Tripolis de Phénicie, ainsi qu'une médaille impériale frappée à Orthosia de Carie. Je mets sous les yeux du lecteur les dessins de trois de ces monuments monétaires; ils ont été exécutés d'après les originaux que l'on conserve au cabinet des médailles de la Bibliothèque royale. L'un [1] reproduit un beau médaillon autonome de Tripolis de Phénicie, où sur une face sont gravées les têtes des deux Dioscures accolées et surmontées chacune d'un astérisque; l'autre face représente Astarté debout. Dans la série des monnaies autonomes qui appartiennent à cette ville, on retrouve ces deux types réunis de la même manière sur quatre autres beaux médaillons d'argent [2], et sur plusieurs pièces de bronze [3]. D'autres fois, au revers de la tête d'Apollon [4] ou de celle de Cérès [5], on voit les deux Cabires nus, debout, armés de leur lance et accompagnés de la légende : (ΘΕΩΝ. ΚΑΒΙΡΩΝ.) ΣΤΡΙΩΝ. Le second dessin que je produis ici [6] est la représentation fidèle d'une médaille impériale également frappée à Tripolis de Phénicie. On y reconnaît, au revers de l'effigie de Septime-Sévère, Astarté debout, le pied gauche posé sur la proue d'un vaisseau; elle est placée entre les deux jumeaux divins, qui sont aussi debout, et qui, la tête coiffée du *pileus* et le reste du corps nu, tiennent chacun d'une main leur longue lance, de

[1] Planche II, fig. 2. — M. Mionnet, *Supplément,* t. VIII, p. 280 et 281, n° 193.

[2] M. Mionnet, *Descript. de méd.* t. V, p. 392, n°ˢ 374-376. — Pembrock, *Numism. antiq.* pl. II, tab. xxxi, fig. 7.

[3] M. Mionnet, *loc. cit.* p. 394, n°ˢ 384 et 385, et p. 395. n° 391.

[4] Pellerin, *Mél.* t. I, p. 77. — Eckhel, *D. N.* t. III, p. 374.

[5] M. Mionnet, *Description de médailles,* t. V, p. 392, n° 377.

[6] Planche II, fig. 3. — M. Mionnet, *loc. cit.* p. 402, n° 434.

l'autre une grappe de raisin. Le même type est répété au revers de deux autres monnaies de Tripolis, la première à l'effigie de Caracalla [1], la seconde à l'effigie d'Élagabale [2]. L'une des particularités curieuses qu'il présente, les deux Cabires ou Dioscures portant chacun à la main une grappe de raisin, s'observe sur plusieurs autres monnaies impériales de la même ville [3], bien que celles-ci ne nous montrent point ces deux personnages célestes associés à la déesse Astarté. Mais, dans les deux cas, nous devons rapprocher de ces monuments de la numismatique asiatique un miroir étrusque où Castor et Pollux, combattant un troisième personnage divin, sont entourés d'une bordure de pampre chargé de grappes de raisin [4]. Nous devons aussi nous rappeler la grappe de raisin placée tantôt à la main de Mithra, si l'on peut ajouter foi à l'authenticité d'un monument de la galerie du palais Giustiniani [5]; tantôt à la main d'un des génies lampadophores qui accompagnent Mithra [6]; tantôt à la main d'une prêtresse qui, de concert avec un ministre du culte, offre à ce dieu le sacrifice d'un taureau [7], tantôt enfin dans la concavité intérieure d'une des ailes tombantes de Mithra léontocéphale [8]. Les bas-reliefs et la statue qui me fournissent ces trois dernières indications méritent toute confiance. Le troisième dessin qui est joint ici [9] reproduit une quatrième monnaie impériale de Tripolis de Phénicie, datée de l'an 523 de l'ère des Séleucides, où l'on distingue, au revers de la tête de Caracalla, le buste d'Astarté placé sous le portique d'un petit temple distyle et gravé au-dessus des deux

[1] Sestini, *Mus. Hederv.* III, p. 92, n° 23, tav. XXXIV, fig. 6.

[2] M. Mionnet, *loc. cit.* p. 407, n° 460.

[3] Je puis en citer sept : l'une de Septime-Sévère (M. Mionnet, *ubi supra*, p. 402 et 403, n° 435); la seconde, de Caracalla (*ibid.* p. 404, n° 443); la troisième, de Plautille (Vaillant, *Num. græc.* — M. Mionnet, *loc. cit.* n° 446 et note *a*); la quatrième, de Géta (M. Mionnet, *loc. cit.* p. 405, n° 447); la cinquième et la sixième, de Diaduménien (Sestini, *Mus. Fontana,* II, p. 58, tav. IX, fig. 12. — M. Mionnet, *Suppl.* t. VIII, p. 292, n° 258); et la septième, à l'effigie d'Élagabale (Vaillant, *Num. græc.*).

[4] M. J. de Witte, *Descript. des antiq. du cab.* Durand, p. 415, n° 1960.

[5] *Galler. Giustiniana,* part. 2, tav. LXII.

[6] Voyez la planche qui accompagne mes Nou-velles observations sur le grand bas-relief mithriaque du musée royal de Paris.

[7] *Annal. des Vereins für nassauisch. Alter-thumsk.* I Bd. Taf. II. — Le prêtre qui assiste ici la prêtresse tient à la main une corne de taureau destinée à recevoir le jus du raisin, et les deux assesseurs entre lesquels est placée la victime que l'on va immoler en l'honneur de Mithra portent chacun, dans une corbeille ou dans une coupe, les pains qui sont appelés *darouns* dans la liturgie persique, et qui donnent leur nom au *darouni escht,* l'une des prières que Zoroastre avait composées pour les mazdéicsnans (*Zend-Avesta,* t. I, 2ᵉ partie, p. 105 et 237-240; t. II, p. 535).

[8] Zoëga, *Abhandlungen,* Taf. V, n° 16.

[9] Planche II, fig. 5.

Dioscures, dont la tête est coiffée du *pileus* et le corps nu. Chacun d'eux tient d'une main une lance, et de l'autre un cheval par la bride, au lieu d'une grappe de raisin. Ce type est une répétition de celui qui sert de revers à deux autres monnaies de Tripolis, frappées l'une en l'honneur de Septime-Sévère [1], l'autre en l'honneur de Caracalla. Celle-ci, qui a été publiée par le P. Sanclemente [2], porte la date de 522. Une troisième médaille de Tripolis, à l'effigie de Caracalla [3], représente, au milieu d'un temple tétrastyle, Astarté debout entre les dieux Dioscures également debout. Le même type s'observe, au revers du buste de ce dernier empereur, sur une médaille frappée à Orthosia de Carie et publiée autrefois par Vaillant [4], qui avait commis l'erreur de l'attribuer à une ville du même nom située dans la Phénicie [5]. Enfin deux médailles de Tripolis de Phénicie [6] nous offrent, d'un côté, la tête d'Élagabale ou celle de Mœsa, et, de l'autre, l'image d'Astarté placée entre les deux Dioscures. Ici la déesse tient de la main droite un *vexillum*, et pose un pied sur une proue de vaisseau. Plusieurs autres exemples d'une pareille association viendraient sans doute s'ajouter au témoignage des diverses médailles que je cite ou que je reproduis, si nous possédions la série complète des monnaies autonomes et des monnaies impériales ou coloniales qui furent frappées dans toutes les villes de l'Asie antérieure. Cette remarque s'applique surtout à celles de ces anciennes cités où nous savons, par le témoignage de quelques monuments qui nous restent de leur numismatique, que le culte d'Astarté et celui des Dioscures étaient simultanément en honneur. De ce nombre sont, entre autres, les villes de Béryte [7] et de Tyr [8], dans la Phénicie; de Laodicée, dans

---

[1] Sestini, *Letter. numism. continuaz.* t. VI, p. 102, e tav. II, fig. 2.

[2] *Mus. Sanclem. num. select.* III, 3.

[3] Eckhel, *Catalog. mus. Cæsar. Vindobon.* I, p. 242, n° 12. Le célèbre numismate que je cite indique, dans sa description, *une idole* au milieu des Dioscures, sans appliquer à cette idole la dénomination d'*Astarté,* qui lui appartient indubitablement.

[4] *Numism. græc.*

[5] Voyez M. Mionnet, *Supplém.* t. VI, p. 332, n° 470 et note *a.*

[6] Vaillant, *Num. græc.* — M. Mionnet, *Description de méd.* t. V, p. 406, n° 453.

[7] Liebe, *Goth. num.* p. 168. — M. Mionnet, *loc. cit.* p. 335, 336, 339-351; *Suppl.* t. VIII, p. 240, 245, 247-250. — Sestini, *Descriz. delle med. ant. gr. del mus. Hederv.* III, p. 77, n° 1; C. M. H. n° 6035.

[8] Vaillant, *Num. in colon. percuss.* t. II, p. 87 et 217. — Banduri, *Num. impp. romanor.* t. I, p. 67, note 2. — *Mus. Theupol.* p. 760. — Eckhel, *ubi supra,* p. 224, n° 20. — C. Combe, *Mus. Hunter.* p. 344, n° 36. — Sestini, *Descript. num. vet.* p. 538 et 539; *Mus. Hederv.* III. p. 96-98; C. M. H. nn. 6100, 6145-6148. — M. Mionnet, *Descript. de méd.* t. V, p. 422-425 et 428-430; *Suppl.* t. VIII, p. 309. — M. T. Combe, *Vet. pop. et reg. num. qui in mus. Britann.* p. 228, n° 9.

la Phrygie[1]; d'Ælia Capitolina, dans la Judée[2], et de Philadelphie, dans la Décapole[3].

Si je ne me trompe, la numismatique grecque peut prouver que le culte des Dioscures, associé à celui de la Vénus phénicienne, était passé de l'Asie dans la Grèce. Elle peut même nous permettre de constater que ce fait eut lieu à une époque où l'usage de représenter la déesse et son fils sous une forme symbolique ne s'était pas encore perdu. Un grand nombre de médailles autonomes d'Apollonia et de Dyrrachium, colonies corinthiennes fondées sur les côtes d'Illyrie, ont en effet pour type une vache allaitant son veau, groupe que plusieurs fois déjà j'ai signalé comme une représentation d'Astarté et de son fils empruntée à l'art asiatique; et, parmi cette double série de médailles, quelques pièces[4] nous offrent, au-dessus ou au-dessous de ce groupe, les bonnets coniques des Dioscures. A Tarente, sur une rare médaille d'or autonome qui appartient à la belle collection de M. Dupré, et qui a été publiée par M. Millingen[5], l'art grec, se livrant à ses propres inspirations, a représenté, d'un côté, la tête d'Aphrodite, et, de l'autre, les Dioscures à cheval.

Chez les Étrusques, les miroirs mystiques fournissent plus d'un exemple de l'association du culte de Vénus avec le culte des deux Tyndarides. L'un de ces miroirs, gravé dans le Supplément à l'Antiquité figurée de Montfaucon[6], représente Vénus-Turan et Minerve debout l'une et l'autre auprès des deux jumeaux divins, qui sont assis. Un second miroir, publié en 1819, par M. Inghirami[7], nous offre, entre Castor et Pollux, le groupe de Mars et Vénus qui s'embrassent. Un troisième, dont nous devons la connaissance à M. Micali[8], nous montre debout les deux jumeaux divins qu'enlace avec ses bras un troi-

---

[1] Haym, *Tesor. brit.* II, p. 216, e tav. XXV, n° 10. — M. Mionnet, *Descript. de méd.* t. IV, p. 314, n° 679; p. 315, n° 587; p. 324, n° 747, et p. 332, n° 790; *Suppl.* t. VII, p. 579, n°⁵ 413-416; p. 581, n°⁵ 430 et 431; p. 583, n° 440; p. 585, n° 449, et p. 588, n° 463.

[2] Vaillant, *Num. in colon. percuss.* — Tanini, *Suppl. ad Bandur. Num. impp. romanor.* p. 23. — Eckhel, *D. N.* III, p. 422. — M. Mionnet, *Descript. de méd.* t. V, p. 517, 518, 519 et 521.

[3] Sestini, *Letter. numism. continuaz.* t. IX, p. 92, n° 8, e p. 93, n°⁵ 10-12.

[4] Beger, *Thes. Brandenb.* t. 1, p. 459. — Eckhel, *Catalog. mus. Cæsar. Vindob.* t. 1, p. 99, n° 35. — Goltzius, *Græca*, tab. I, fig. 7. — M. Mionnet, *Descript. de médail.* t. II, p. 38, n° 94; p. 41, n° 129; p. 42, n° 137; *Suppl.* t. III, p. 343, n°⁵ 229 et 230.

[5] *Anc. coins of Greek Cities and Kings*, p. 10; pl. 1, fig. 12.

[6] Tome II, p. 66, et pl. XIX, fig. 1.

[7] *Monum. etrusch.* t. II, tav. 64.

[8] *Storia degli pop. ant. d'Italia*, t. III, p. 80 et 81; *Monum. per serv. alla storia*, tav. XLVII, fig. 1.

sième personnage mâle, à côté de qui est gravé le nom inconnu *Chaluchasu*, ᴠꜱᴀↆᴠꞁᴀↆ. Ce groupe est placé entre Minerve et la déesse *Turan* ou Vé- nus, qui ouvre la ciste des mystères. Je puis citer aussi deux autres miroirs étrusques où je n'hésite pas à croire, avec l'ingénieux interprète du musée Bartoldi[1], que, sous les traits de l'une des deux figures de femme placées debout entre Castor et Pollux, on avait voulu représenter Vénus. Bien que les deux personnages mâles, surmontés chacun d'une tête de cygne, qui se voient sur un cinquième miroir étrusque, n'aient pas été désignés sous les noms de Castor et de Pollux ou des Dioscures, dans la description qu'a donnée de ce monument le Bulletin de l'Institut archéologique[2], je n'hésite pas davantage à penser, avec M. de Witte[3], que cette dénomination est la seule qui convienne à ces deux figures. Je n'hésite pas non plus à citer, comme sixième exemple de l'association de Vénus aux Dioscures, chez les Étrusques, un miroir mys- tique du cabinet de feu M. Durand[4] où M. le duc de Luynes[5] me semble fondé à reconnaître la déesse sous l'emblème d'un astre, c'est-à-dire de la pla- nète de Vénus gravée au milieu d'un triangle qui domine une plante surmon- tée d'un oiseau[6], et placée entre Castor et Pollux. Il n'est pas aussi certain à mes yeux que la biche qui, sur un autre miroir de la même collection[7], est gravée entre ces deux mêmes personnages, soit, à son tour, l'emblème de Vé- nus, comme le pense l'habile archéologue[8] que je viens de nommer. Je serais plutôt porté à supposer qu'ici la biche est le symbole d'Apollon ou de Diane. A l'appui de cette conjecture, j'invoquerai le triple témoignage d'une médaille autonome de Tripolis de Phénicie, déjà citée[9], d'une médaille également auto- nome de Lacédémone, publiée par Eckhel[10], et de plusieurs médailles impé- riales de Thessalonique dont je parlerai tout à l'heure en détail[11]. Ces diverses pièces prouvent que, chez les Phéniciens, chez les Lacédémoniens et chez les Macédoniens, le culte des Cabires s'était associé à celui d'Apollon. J'alléguerai aussi deux monnaies impériales de Tripolis de Phénicie, dont l'une nous offre, au revers du buste de Septime-Sévère, un croissant gravé entre les deux Ca-

---

[1] M. Th. Panofka, *Il mus. Bartoldi*, p. 29-31, n⁰ˢ 64 et 65.

[2] Année 1834, p. 9.

[3] *Nouv. Annal. de l'Instit. arch.* t. I, p. 510, note 5.

[4] M. J. de Witte, *Descript. des antiq. du cab. Durand*, p. 415, n° 1958.

[5] *Nouv. Annal. de l'Instit. arch.* t. I, p. 69.

[6] Probablement une colombe, ou l'oiseau ap- pelé *Jynx* (Ἴυγξ).

[7] M. J. de Witte, *Description des antiq. du cab. Durand*, n° 1959.

[8] *Ubi supra.*

[9] Ci-dessus, p. 627.

[10] *Cat. mus. Cæs. Vindob.* t. I, p. 120. n° 3.

[11] Voyez ci-après, p. 636.

bires ou Dioscures[1], et l'autre, au revers de la tête de Géta, un croissant gravé, à côté des deux jumeaux, dans le champ de la médaille[2]. Je citerai enfin trois médailles autonomes de Lacédémone[3], qui nous montrent chacune le culte des Dioscures associé tout à la fois au culte d'Apollon et à celui de Diane. Mais à la liste des miroirs qui attestent l'alliance du culte de Vénus avec celui des Tyndarides, chez les Étrusques, il faut ajouter un miroir récemment publié par M. Éd. Gerhard[4], où le nom de Turan se lit à côté d'une déesse qui est debout, avec Minerve, entre Castor et Pollux. Je ne balance pas à comprendre encore dans la même catégorie trois autres miroirs que ce savant antiquaire nous a fait connaître en même temps[5], mais sur lesquels on ne découvre ni le nom de Turan ni aucun autre nom auprès de la déesse, qui s'y trouve associée aux deux jumeaux divins. Ce nom de Turan, lorsque nous le lisons gravé, sur les miroirs étrusques, à côté d'une divinité que tout le monde s'accorde à identifier avec Vénus, nous avertit assez que le culte de la Vénus orientale, celui de Castor et Pollux, et l'usage aussi d'associer ces deux cultes l'un à l'autre, durent être portés en Étrurie par des colonies asiatiques qui, à des époques diverses, mais anciennes, étaient venues s'établir dans cette partie de l'Italie supérieure. Je ne m'arrêterai point à examiner ici quelle part il faut attribuer aux Phéniciens[6], aux Lydiens ou aux Tyrrhéniens dans le fait d'une telle importation, et quels documents, en ce qui concerne les Lydiens et les Tyrrhéniens, peuvent s'ajouter aux témoignages qui résultent, soit de plusieurs catégories de monuments de l'art que je dois m'abstenir de mentionner ici, soit d'un passage d'Hérodote[7] dont l'authenticité cesse d'être contestée à mesure que les fouilles pratiquées sur le sol de l'Étrurie mettent au jour, par centaines, des objets d'antiquité figurée dans lesquels les

[1] M. Mionnet, *Descript. de méd.* t. V, p. 402 et 403, n° 435.

[2] *Ibid.* p. 405, n° 447. — Cf. les médailles de la famille *Postumia*.

[3] M. Mionnet, *Descript. de méd.* t. II, p. 220 et 221, n°s 49 et 50; *Suppl.* t. IV, p. 223, n° 28.

[4] *Etrusk. Spiegel,* Taf. LIX, n° 2.

[5] *Ibid.* n°s 1, 3 et 4.

[6] Je ne puis m'empêcher toutefois de signaler ici, comme autant de preuves directes d'une influence phénicienne sur l'art étrusque, les miroirs mystiques où l'on trouve gravés, à côté du groupe d'Adonis et Vénus, les noms asiatiques d'*Atunès* (Adonis), ꟽƎИVꟼA, ou d'*Atunis*, A+VHIM, et de *Turan*, ИAЯV+, ou ceux de *Thamu* (Thammuz), VMAO, et d'*Euturpa* (Euterpe) A1ꟼV+VƎ (Voyez M. Éd. Gerhard, *Bullettino dell' Instit. arch.* 1864, p. 10. — *Annali dell' Instit. arch. Monum. ined.* tav. XXVIII. — M. J. de Witte, *Nouv. Annal. de l'Institut arch.* t. I, p. 509 et suiv. *Monum. inéd.* pl. XII, fig. 1 et 2), et quelques-uns des objets d'antiquité figurée qui, après avoir été découverts dans les ruines de Céré, sont passés de la collection de M. le général Galassi au musée Grégorien.

[7] I, 94.

archéologues les plus obstinés à nier l'influence de l'Asie occidentale sur la Grèce et l'Italie sont forcés de reconnaître tous les caractères d'un art et d'une théogonie asiatiques.

Si, laissant de côté les médailles impériales qui, frappées dans l'Asie antérieure, sous la domination romaine, reproduisent des types évidemment empruntés à des religions locales, nous passons dans le Latium, nous aurons à remarquer que le culte de Vénus ne paraît pas y avoir aussi fréquemment été réuni à celui des Dioscures qu'il le fut chez les Étrusques. C'est même depuis peu d'années qu'on a retrouvé sur le sol latin les traces d'une semblable association. Le premier monument qui, à ma connaissance, puisse rendre sur ce point un témoignage irrécusable, est, en effet, un beau fragment de frise qu'on a découvert à Rome, il y a dix ou douze ans, dans les ruines d'un temple des Dioscures situé au *Campo-Vaccino*. Ce fragment de frise, qui est de la terre cuite, représente Vénus offrant, aux pieds de la statue de Junon, le sacrifice d'un taureau. Il a été publié avec les premières planches de mes Recherches sur le culte de Vénus[1], d'après un dessin que M. Éd. Gerhard avait eu la complaisance de me communiquer. A ce témoignage il convient toutefois d'ajouter un fait curieux, que je trouve consigné dans les observations plus récemment recueillies par M. Nestor l'Hôte[2], en présence des sculptures de diverses époques qui ornent des façades de rochers, ou l'intérieur de quelques grottes près du village de Téhnèh, à deux lieues, vers le sud, du célèbre couvent de la Poulie. Ces sculptures, pour la plupart, se rapportent au culte égyptien d'Hathôr, au culte grec d'Aphrodite ou au culte romain de Vénus; et là, comme ailleurs, pour le dire en passant, Isis et Hathôr se confondent ensemble[3] par leurs fonctions et par leurs attributs. Le voyageur français cite, entre autres morceaux remarquables de sculpture, une figure de déesse, de grandeur naturelle et de ronde bosse, qui, quoique très-mutilée, «rappelle, dit-il[4], «par l'absence de tout vêtement, comme par la pose et le gracieux mouve-«ment du corps, les beaux types grecs de Vénus Anadyomène.» Elle est accompagnée d'une inscription grecque que nous avaient déjà fait connaître les auteurs de la Description de l'Égypte[5]. Cette statue d'Aphrodite et le sacellum

[1] Planche XIV, fig. 2.

[2] *Lettres écrites d'Égypte en 1838 et 1839,* Paris, 1840, 1 vol. in-8°, fig. p. 36-42. Depuis la rédaction de mon mémoire, l'archéologie égyptienne a fait une perte sensible par la mort prématurée de M. Nestor l'Hôte, qui a succombé à l'intensité d'une maladie dont il avait pris le germe dans ses pénibles voyages en Égypte.

[3] *Lettres écrites d'Égypte en 1838 et 1839,* p. 39.

[4] *Ibid.* p. 40.

[5] Chap. xvi, § 1er.

souterrain qui lui est contigu « sont encore de nos jours, ajoute M. l'Hôte [1], le
« but d'un pèlerinage où se rendent les femmes affligées de stérilité. Cet usage,
« de tradition fort ancienne, explique aussi l'état de conservation des sculp-
« tures de l'oratoire, et le poli du rocher qui forme le seuil et les avenues pé-
« rilleuses du monument. » C'est dans le voisinage de cette même localité que
l'auteur des Lettres écrites d'Égypte en 1838 et 1839 a trouvé [2] « un bas-relief
« de deux mètres carrés, représentant un groupe de Castor et Pollux, la tête
« surmontée de l'étoile qui les caractérise, et tenant leurs chevaux par la bride.
« Les Dioscures, observe-t-il, sont ici accompagnés d'un troisième personnage
« également debout, entre les deux, et qui avait aussi une étoile sur la tête;
« mais cette dernière figure est mutilée. On reconnaît dans les deux autres le
« costume militaire des Romains, la cuirasse, l'épée, le pallium [3], et, au lieu
« du casque, la chevelure tombante. La sculpture est de ronde bosse, d'un
« travail assez lourd et évidemment du Bas-Empire. » M. Nestor l'Hôte termine
en disant : « Je ne connais pas les circonstances mythologiques d'après les-
« quelles on a pu faire des Dioscures une triade. » Il est très-probable à mes
yeux que la troisième figure dont il s'agit dans ce passage est Vénus elle-même;
et, en admettant que cette conjecture ne soit pas fondée, le fait seul de la dédicace d'un monument romain aux Dioscures, dans un lieu consacré de tout
temps au culte de Vénus, n'atteste-t-il pas que l'usage d'associer ce culte à celui
des Dioscures était entré dans les mœurs religieuses des Romains [4] ?

Ce fut plus tard, sans doute, que passa de l'Asie antérieure dans l'empire
romain d'Occident, si peut-être elle ne fut instituée en Italie par les Romains
eux-mêmes, la coutume de substituer Mithra à Vénus dans une pareille association; mais l'unique document qui, jusqu'à ce jour, soit venu nous apporter
une preuve incontestable de cette substitution est, je le répète, le bas-relief
que, dans le cours de l'année 1840, on a exhumé du sol ancien de la ville
de Vienne.

Le silence des mythologues et des archéologues sur la double association
des Dioscures à Vénus et à Mithra, chez les Romains, se justifie par la date
récente de la découverte des monuments figurés que j'ai allégués. Il est moins

---

[1] *Ubi supra.*

[2] Page 48.

[3] L'auteur confond probablement ici le pallium avec la chlamyde ou *paludamentum.*

[4] Une preuve indirecte de cette association ne semble-t-elle pas se révéler dans la composition du type d'un denier de la famille *Fonteïa,* où l'on voit les bonnets des deux Dioscures gravés au-dessus de Cupidon ailé, assis sur la chèvre Amalthée ?

facile de s'expliquer comment les ouvrages des érudits qui ont écrit sur le culte des Dioscures ou des Cabires ne contiennent aucune citation de monument de l'art, aucune observation d'où l'on puisse conclure que ces érudits avaient connu ou su appécier à leur juste valeur les antiquités figurées qui, à défaut de textes, prouvent que dans l'Asie occidentale, dès une époque ancienne et jusqu'à la fin de la domination romaine, ce culte s'était trouvé associé à celui d'Astarté, d'Uranie ou d'Aphrodite, divinités primitivement identiques avec Mithra. On en peut dire autant des monuments de l'art qui nous montrent les Dioscures associés à la déesse Turan ou Vénus, chez les Étrusques; à Cybèle et à Atys, chez les Galates, et associés, chez les Phéniciens, les Siciliens, les Lacédémoniens et les Macédoniens, tantôt à Apollon, tantôt à Diane, tantôt à la Fortune, divinités qui se confondent, celles-ci avec la Vénus orientale, la première avec le dieu des Perses. Ces diverses associations sont cependant attestées, ou par des témoignages pour ainsi dire officiels, ou par des monuments figurés dont l'authenticité n'est pas douteuse. J'ai déjà cité, quant aux Étrusques, les miroirs mystiques qui appartiennent à cette dernière catégorie, et quant aux Phéniciens et aux Lacédémoniens, les médailles qui se rangent dans la première. Il me reste à signaler, pour la Galatie, la Sicile et la Macédoine, les médailles qu'il faut placer à la suite de celle-ci. Une monnaie autonome de Pessinus, longtemps classée parmi les pièces incertaines [1], porte, au revers des têtes accolées de Cybèle et d'Atys, coiffées du bonnet phrygien, un lion accroupi posant sa patte droite sur un *tympanum;* dans le champ sont gravés les bonnets coniques des Dioscures. Parmi les types des monnaies autonomes grecques de Syracuse, je trouve tantôt, au revers de la tête laurée d'Apollon, les deux Dioscures à cheval, ayant chacun une étoile gravée au-dessus de la tête et une chlamyde flottante attachée aux épaules [2]; tantôt les bonnets des Dioscures placés à côté de la tête d'Apollon, qui dans ce cas a pour revers Pégase volant à gauche [3]. Un miroir étrusque, publié par M. Éd. Gerhard [4], nous révèle entre ces divinités des rapports plus intimes encore, puisque les deux éphèbes qu'on y voit représentés avec les attributs connus des Dioscures portent, l'un le nom de *Laran*, ᴎᴀᴏᴀᴌ, l'autre celui d'*Aplun*, ᴎᴠᴊᴎᴀ, qui était le nom même d'Apollon, ainsi que l'attestent un

---

[1] Voyez M. Mionnet, *Descript. de méd.* t. VI, p. 643, n° 208, et *Recueil de planches (notes et observ.)*, p. 107, éd. de 1837.

[2] Id. *Suppl.* t. I, p. 445, n° 614.

[3] Mionnet, *Descript. de méd. Suppl.* t. I, p. 446, n° 627.

[4] *Etruskisch. Spieg.* Taf. LIX, n° 2. Cf. Montfaucon, *Suppl.* II, pl. XIX, fig. 1.

passage formel du Cratyle de Platon [1] et plusieurs autres miroirs étrusques. Sur les médailles impériales de Thessalonique, on observe tantôt, au revers de la tête de Gordien Pie, de Philippe père, d'Otacilie, de Philippe jeune ou de Gallien, Apollon debout, portant sur la main droite un Cabire [2]; tantôt, au revers de la tête laurée de Philippe père, deux urnes avec une palme, placées entre Apollon et un Cabire qui, debout l'un et l'autre, se donnent la main [3]; tantôt enfin, au revers de l'effigie de Valérien père, la Fortune debout, le *modius* sur la tête, tenant de la main droite un Cabire enfant, et de la gauche une corne d'abondance [4]. Au bas de ce dernier groupe, on trouve un autel allumé, comme on en voit un entre Apollon et un Cabire, sur une des médailles citées de Philippe père [5]; aux pieds de Mithra et des Dioscures, sur le bas-relief de M. Péron; entre les Dioscures, au revers de plusieurs médailles impériales d'Orthosia de Carie [6]; aux pieds d'un Cabire placé seul, debout, sur un grand nombre de médailles impériales frappées à Thessalonique [7]; entre Hercule et un Cabire, ou entre un Cabire et un athlète, sur d'autres monnaies impériales de la même ville.

Considérée sous un point de vue moins général, la présence des Dioscures sur un monument de l'art romain n'a rien, non plus, qui puisse nous surprendre; car personne n'ignore que dès une époque reculée, à Rome comme en Grèce, les deux Tyndarides étaient honorés d'un culte particulier, sans parler de celui qu'on leur rendait en commun avec Jupiter Tonnant [8]. Ils y re-

[1] Platon, *Opp.* pars II, vol. II, p. 49; ed. Bekker.

[2] Gussème, *Diccionar. numism.* n° 55. Sestini, *Descript. num. vet.* p. 121, n° 86; p. 122, n° 102. M. Mionnet, *Suppl.* t. III, p. 153 et 154, n° 998; p. 162 et 163, n°ˢ 1060 et 1061; p. 163 et 164, n°ˢ 1065-1067; p. 164, n° 1070, et p. 168, n°ˢ 1087 et 1088.

[3] M. Mionnet, *Descript. de méd.* t. I, p. 503, n° 399; *Suppl.* t. III, p. 163, n° 1062.

[4] Id. *Descr. de méd.* t. I, p. 504, n° 403.

[5] Id. *Suppl.* loc. cit.

[6] *Ibid.* t. VI, p. 531 et 532, n°ˢ 467 et 468.

[7] *Ibid.* t. III, p. 151, n°ˢ 980 et 981; p. 152, n°ˢ 986 et 987; p. 153, n°ˢ 994 et 995; p. 154, n°ˢ 999 et 1000. — Wilde, *Select. num.* t. XVI, p. 126, fig. 96. — M. Mionnet, *Suppl.* t. III, p. 167, n° 1080; p. 170 et 171, n° 1102; *Descript. de méd.* t. I, p. 504, n° 407.

[8] Selon Pline (*Hist. nat.* XXXIV, xix, 16; ed. Harduin). Les statues qu'Hégésias avait faites de Castor et Pollux étaient placées au Capitole, devant le temple de Jupiter Tonnant; particularité qui doit être rapprochée de celle que nous offrent plusieurs médailles autonomes de Rhosus, en Syrie, dont j'ai fait mention dans mes Recherches sur le culte de Vénus (p. 104, note 6), et qui ont pour type les deux bonnets des Cabires ou des Dioscures gravés dans le champ de la médaille, à côté d'une divinité mâle que je prends pour Jupiter. Observons aussi que, sur plusieurs médailles autonomes de Thessalonique, on voit, au revers de la tête de Jupiter ou de Janus, les Cabires ou les Dioscures représentés, tantôt sous

cevaient le titre de Grands dieux, *Dii magni*[1], de même que, chez les Arcadiens, ils étaient appelés οἱ Θεοὶ μεγάλοι[2], ce qui nous rappelle tout à la fois la signification propre du surnom de *Cabirim, les Grands*, sous lequel l'Orient les adorait, et la qualification de *Deus magnus* que, de son côté, reçoit Mithra dans la dédicace du bas-relief cité du musée Olivieri[3]. Ils avaient à Rome des fêtes, des jeux, des inscriptions votives, des médailles, des temples, des statues et même des images colossales[4]; dans les situations les plus ordinaires de la vie, on jurait par eux et l'on attestait leurs noms. Aussi les fastes historiques de la Grèce et de Rome nous présentent-ils les deux Dioscures comme les dieux protecteurs et sauveurs qui, dans les combats, veillaient sur les guerriers et sur les destinées du peuple; de même que, dans les navigations périlleuses, ils veillaient sur le sort des marins. C'est pourquoi les mythologues modernes sont parfaitement fondés lorsqu'ils assimilent aux Dioscures les dieux que les Sicyoniens appelaient Ἀποτρόπαιοι Θεοί, et les Romains, *Dii Averrunci*. C'est pourquoi aussi nous avons à remarquer qu'une médaille autonome de Tripolis de Phénicie, dont il sera question plus loin[5], représente les Cabires placés au milieu d'une couronne de laurier, et que les médailles autonomes de Thessalonique, l'une des villes de l'Occident où le culte de ces deux divinités fut le plus en honneur, nous montrent ce culte associé à celui d'une troisième divinité que les habiles numismates[6] s'accordent

---

la forme de deux cavaliers allant en sens contraire (T. Combe, *Pop. et reg. num. Mus. Brit.* p. 99, n° 1); tantôt, si je ne me trompe, sous la forme de deux chevaux courant également dans un sens opposé (*Mus. Arigon.* I, tab. XXI, fig. 211; M. Mionnet, *Descript. de méd.* I, 491, n° 304), ou sous celle de deux centaures marchant l'un à droite, l'autre à gauche (M. Mionnet, *Descript. de méd.* I, 492, n° 320 et 321; *Suppl.* III, 120, n° 757-759), ou même sous la forme de deux boucs dressés sur leurs pieds de derrière et combattant l'un contre l'autre (Id. *Descr. de méd.* I, 491, n° 306-308; *Supp.* loc. cit. n° 753-756). Ce dernier type se retrouve, au revers de la tête de Janus ou de la tête d'Artémis, sur les médailles autonomes d'Amphipolis, dans la même province (Sestini, *Descriz.* p. 90, n° 42. — M. Mionnet, *Descript. de méd.* I, 464, n° 127; *Suppl.* III, 22, n° 153 et 154).

[1] Dans une inscription latine, rapportée par Gruter, *Inscr. antiq.* p. xcviii, n° 9.

[2] Pausanias, VIII, 21, 2. — On lit ces mots dans une inscription grecque d'époque romaine : ΘΕΩΝ · ΜΕΓΑΛΩΝ · ΔΙΟΣΚΟΡΩΝ · ΚΑΒΕΙ- ΡΩΝ · (Gruter, *loc. cit.* p. cccxix, n° 2).

[3] *Antich. cristian.* p. 23, tav. VI.

[4] Voyez un article très-remarquable de M. le professeur F. G. Welcker, dans le recueil intitulé: *Das Academ. Kunstmus. zu Bonn* (2ᵉ Ausgabe; Bonn, 1841, § 133-150), et les diverses autorités ou dissertations citées par l'auteur,

[5] Ci-après, p. 641.

[6] M. Taylor Combe, *Vet. pop. et reg. num. qui in Mus. Brit.* p. 99, n° 1. — *Mus. Arig.* t. I, tab. XXI, fig. 211. — Les deux médailles que je cite ici ont été admises par M. Mionnet, *Suppl.* t. III, p. 121, n° 760 et 761.

à désigner sous le nom de Janus. A leur tour, les médailles impériales de la même ville ont pour type, tantôt un Cabire placé sur la main droite de la déesse Nikè [1], tantôt le même personnage divin accompagné des palmes de la victoire posées, soit à ses pieds [2], soit sur un ou deux cippes [3], soit sur l'urne des jeux [4], emblème du Destin ou de la Fortune. Au revers de plusieurs médailles des rois grecs de la Bactriane, publiées par M. Raoul Rochette [5], nous retrouvons ces palmes de la victoire alternativement placées dans la main de chacun des deux Dioscures à cheval, et entre deux bonnets coniques, emblèmes connus des deux jumeaux divins. Enfin, sur la médaille autonome de Tarente que j'ai citée plus haut, une palme ornée de bandelettes se voit à la main de l'un de ces deux personnages. De leur côté, Cicéron [6] et Justin [7] rapportent que, dans la guerre de Locres et de Crotone, les Dioscures procurèrent aux Locriens une victoire éclatante, dont ils répandirent la nouvelle le jour même, à Olympie, à Sparte, à Corinthe et à Athènes. Ce jour-là, observe Justin [8], ils étaient montés sur des coursiers blancs et portaient des chlamydes de pourpre. Ajoutons qu'en témoignage du culte spécial que leur rendaient les habitants de Locres, on trouve, sur les médailles de cette ville, les têtes des deux Dioscures accolées et surmontées chacune d'une étoile [9]. D'âge en âge s'était aussi perpétué, chez les Romains, le souvenir de la puissante assistance que leur avaient prêtée Castor et Pollux le jour de la victoire remportée, près du lac Régille, par le dictateur A. Postumius. On raconte que, pendant la bataille, le général romain avait fait vœu d'élever un temple aux deux jumeaux divins s'il triomphait de l'ennemi. Cicéron [10] et Denys d'Halicarnasse [11]

[1] Eckhel, *Catalog. mus. Cæs. Vindobon.* t. I. p. 88, n° 17. — M. Mionnet, *Descr. de méd.* t. I, p. 500-504, n°° 382-384, 391, 401 et 403; *Suppl.* t. III, p. 142-168, n°° 921, 922, 934, 951, 953, 955-958, 964, 965, 967, 968, 970, 972-974, 977-979, 985, 988-992 et 1084. — Wilde, *Select. num.* p. 119, tab. XV, fig. 88. — *Mus. Theupol.* p. 1065. — Sestini, *Descript. num. veter.* p. 123, n° 111.

[2] Médaille du Cabinet du Roi. (Voyez M. Mionnet, *Suppl.* t. III, p. 149, n° 969; p. 170 et 171, n° 1102.)

[3] *Mus. Sanclem. num. select.* III, p. 29. — M. Mionnet, *Suppl.* t. III, p. 145-167, n°° 942, 960, 961, 980, 981, 986, 987, 993, 1076, 1080.

[4] Vaillant, *Num. græc.* — M. Mionnet, *Descript. de méd.* t. I, p. 500-503, n°° 380, 387, 388, 390, 395, 399; *Suppl.* t. III, p. 154, n° 1001; p. 155, n° 1009; p. 163, n°° 1062 et 1063. — Sestini, *Descr. num. vet.* p. 122, n° 103. — Wilde, *Select. num.* p. 126, tab. XVI, fig. 96.

[5] *Journ. des Savants,* septembre 1835, pl. II, fig. 15; mars 1836, pl. II, fig. 3 et 4. Cf. *ibid.* septembre 1835, pl. I, fig. 7.

[6] *De Nat. deor.* II, 1, et III, 5.

[7] XX, 3.

[8] *Ubi supra.*

[9] M. Mionnet, *Descript. de méd.* t. I, p. 196, n° 925.

[10] *Ubi supra.*

[11] *Antiq. rom.* VI, 13; XLI, 61, et LV, 1.

disent qu'en cette occasion on vit Castor et Pollux, montés sur des chevaux et armés de lances, combattre eux-mêmes les Latins à la tête de la cavalerie romaine. Le second de ces auteurs, moins laconique dans son récit que le premier, rapporte que la bataille se prolongea jusqu'au soir, et qu'avant la fin de la journée Castor et Pollux, sous la forme de deux beaux et jeunes guerriers, couverts de la noble poussière des combats, se montrèrent à Rome, dans le Forum, annonçant au peuple le triomphe de l'armée de Postumius[1]. À ce sujet Denys d'Halicarnasse[2] énumère les divers monuments que la reconnaissance publique consacra aux deux Tyndarides[3]; il ajoute à ce détail quelques renseignements curieux sur la fête et le sacrifice solennels qu'à Rome, chaque année, depuis ce temps, on célébrait publiquement en l'honneur de Castor et Pollux. Je remarque, dans ce passage, que les gens à cheval qui faisaient partie du cortège religieux portaient chacun une toge de couleur pourpre, particularité qui achève de nous prouver que cette couleur était consacrée aux Dioscures; car, à côté du témoignage qui résulte de l'observation citée de Justin, viennent se placer ceux que nous fournissent Pausanias et Clément d'Alexandrie. Le voyageur grec[4], parlant de deux jeunes gens d'Andiana qui avaient paru au milieu des Lacédémoniens avec le costume des Tyndarides, nous les montre vêtus chacun d'une tunique blanche et d'une chlamyde pourpre. De son côté, l'écrivain ecclésiastique[5] rapporte une ancienne tradition selon laquelle deux Corybantes, désignés ailleurs sous le nom de Cabires, enveloppèrent dans un voile de pourpre la tête de leur frère, qu'ils avaient mis à mort. Cette conformité de témoignages n'est pas sans importance, lorsque l'on considère que la couleur rouge, dont le bas-relief de M. Péron a conservé quelques traces, avait originairement pu être appliquée à défaut de chlamyde, sur le bonnet phrygien de chacun des deux Dioscures nus placés ici auprès de Mithra léontocéphale. N'oublions pas que Mithra, appelé, dans le *Zend-Avesta*, *Feu rouge, fils d'Ormuzd*[6], devait lui-même, sur les monuments coloriés, être représenté avec une chlamyde et une tiare recourbée de couleur rouge, puisqu'un fragment de bas-relief mithriaque du musée Chiaramonti[7] nous offre, peint en rouge, au sommet d'un pin, le bonnet dit phrygien ou la tiare recourbée que les Romains, à l'exemple des

---

[1] Cf. Prudence, *Contra Symmach.* 1, 226-230,

[2] *Ubi supra.*

[3] Cf. Tite-Live, II, 2 et 42.

[4] IV, 27, 1.

[5] *In Protrept.* p. 15 et suiv. ed. Potter.

[6] *Zend-Avesta*, ubi supra.

[7] Zoëga, *Abhandlungen*, § 176.

Perses, affectaient à ce Dieu. Ces dernières particularités, pour le dire en passant, nous reportent tout à la fois à la légende d'Adonis et à celle d'Atys.

Cicéron, s'il omet plusieurs détails que j'ai empruntés à Denys d'Halicarnasse, en les abrégeant considérablement, nous dédommage en quelque sorte, par la mention qu'il fait[1] d'une tradition dont je ne trouve aucune trace dans l'écrivain grec. Cette tradition nous apprend qu'à une époque bien moins ancienne que la date de la victoire du lac Régille, Paul-Émile ayant vaincu et fait prisonnier Persée à Pydna, Castor et Pollux, sous les traits de deux jeunes gens, montés sur des chevaux blancs, apparurent à P. Vatinius, sur la route de Réate[2] à Rome, la nuit même qui suivit la bataille, et lui annoncèrent la défaite du prince macédonien, afin qu'il pût immédiatement faire part de cette heureuse nouvelle au sénat de Rome[3]. Je n'ajouterai rien à ce dernier trait, pour montrer par le témoignage des auteurs anciens combien étaient profondes les racines que le culte des Dioscures avait jetées dans les croyances religieuses et les mœurs des Romains[4]. La plupart des renseignements que fournissent à cet égard les traditions écrites et les monuments figurés ont déjà été recueillis par plusieurs habiles archéologues. Quelques-uns de ces savants n'ont pas omis de rappeler qu'en mémoire de l'assistance prêtée par les Dioscures au dictateur Postumius, le jour de la bataille du lac Régille, la famille Postumia avait fait frapper une médaille[5] où l'on voit, auprès d'une fontaine, les deux jumeaux divins occupés à faire désaltérer leurs coursiers. Caylus[6], en publiant un monument érigé par les Lacédémoniens en l'honneur de Marc-Aurèle et de Lucius Verus, a eu soin de faire remarquer que, dans l'inscription grecque qui est gravée sur ce monument, au-dessous d'une couronne placée entre deux palmes, les deux empereurs, frères d'adoption,

---

[1] *Ubi supra.*

[2] Ῥέατος (Strab. *Geogr.* V. — Dionys. Halic. I et II), Ῥέατον ou Ῥεάτιον (Steph. Byz. 574); en latin *Reate*, aujourd'hui *Reoti*.

[3] Il est permis de croire que, dans les récits de Dion Cassius relatifs à la bataille de Pharsale (XLI, 61) et aux prodiges qui se manifestèrent sous le consulat de Drusus (LV, 1), il est aussi fait allusion à deux apparitions successives de Castor et Pollux. La dernière eut lieu en Syrie, l'une des provinces de l'Asie où le culte des Dioscures était le plus répandu.

[4] Prudence emploie cinq vers de son poëme contre Symmaque (*loc. cit.*) à rappeler le culte que Rome rendait aux Tyndarides et les traditions historiques auxquelles se mêlait leur nom :

          . . . . Gemini quoque fratres,
  Corrupta de matre nothi, Ledeïa proles,
  Nocturnique equites, celsæ duo numina Romæ,
  Impendent retinente veru magnique triumphi
  Nuntia suffuso figunt vestigia plumbo.

[5] Morelli, *Famil. rom. numism.* p. 357, n° 3. — Eckhel, *D. N.* V, 287.

[6] *Recueil d'antiquit.* t. VI, p. 190 et 191; pl. LVIII, fig. 111.

sont qualifiés de *dieux olympiques, nouveaux Dioscures :* ΘΕΟΙC · ΟΛΥΜΠΙΟΙC · ΝΕΟΙΣ · ΔΙΟCΚΥΡΟΙC. On a observé avant moi que cette qualification est parfaitement d'accord avec les témoignages qui résultent de deux médailles impériales de Tripolis de Phénicie : l'une[1], peu commune, offre au revers de la tête de Marc-Aurèle un palmier gravé auprès des têtes affrontées d'Antonin Pie et de Faustine, représentés avec les attributs caractéristiques des Cabires et la légende : CYPIΩN · ΚΑΒΙΡΩN; particularités qui, selon la remarque judicieuse de Pellerin[2] et d'Eckhel[3], nous permettent de constater qu'au temps où régnaient les Antonins le souvenir d'un Cabire femelle ou d'une déesse Cabira ne s'était pas entièrement effacé chez les Tripolitains. L'autre médaille, très-rare, réunit sur le droit les têtes affrontées de Marc-Aurèle et de Lucius Verus, et, au revers, les têtes de Commode et d'Annius Verus, placées en regard, auprès d'un palmier, et accompagnées aussi des attributs des Cabires et de la même légende[4]. Après ces deux médailles, je puis en citer une troisième, qui paraît avoir échappé à l'attention de mes savants devanciers : c'est une pièce frappée à Thessalonique, sous la domination romaine, et portant la légende ΝΕΟΣ · ΚΑΒΕΙΡΟΣ gravée autour de la tête de Néron[5].

Je ne m'arrêterai pas à rechercher quel rôle jouaient les Cabires ou les Dioscures dans les divers systèmes théogoniques et cosmogoniques qui successivement eurent cours chez les peuples civilisés de l'antiquité, et quel rôle fut, en particulier, assigné aux Cabires dans la théologie phénicienne, que l'on sait avoir été empruntée aux Chaldéens d'Assyrie ou aux Assyriens. Je n'examinerai pas quels rapports établissait entre la Vénus asiatique et les Cabires l'épithète de *Cabar, grand, puissant,* qu'on attribuait à chacune de ces trois divinités[6], et qui est restée comme nom propre aux deux dernières. Je m'abstiendrai de discuter le passage des fragments de Sanchoniathon où il est question des Cabires, et les opinions énoncées, quant à leur origine, leur sexe et leurs attributs, soit dans les fragments intéressants qui nous restent de Phérécydes[7] et d'Acusilaüs[8], soit dans les ouvrages publiés par les écrivains

[1] Haym, *Tesor. bot.* part. I, p. 260.

[2] *Mél.* t. I, p. 77.

[3] *D. N.* t. III, p. 375.

[4] Haym, *loc. cit.* part. I, p. 259.

[5] M. Mionnet, *Supplément,* t. III, p. 134, n° 864.

[6] Voyez mes *Recherches sur le culte de Vénus,* p. 107, et *ibid.* note 2.

[7] *Fragm.* ed. altera Sturz, p. 141, *ibi* annot.

[8] *Apud* Strab. *Geogr.* X, p. 472 et suiv. ed. Casaub.

modernes [1]. Je laisserai de côté les rapprochements curieux que me fourni-
rait le fragment de Mnascas [2] relatif à la triade qui était adorée à Samothrace sous les noms d'*Axiéros*, d'*Axiokéros* et d'*Axiokersa*, et à laquelle aurait été subordonné un quatrième Cabire appelé *Casmilus*. Je ne chercherai
pas davantage à rapprocher de la naissance des Dioscures et des Tyndarides
celle des deux fils de Sémiramis, appelés, l'un *Hyapatès* ou *Hypatès*, l'autre
Hydaspe [3]; ni la naissance des *Açwins*, qui, dans les Védas, sont à la fois les
deux cavaliers célestes et les médecins des dieux; ni la naissance des deux
jumeaux divins ou des deux principes, Bélus et Sitna, Ormuzd et Ahriman,
que Zerouân ou le Temps-sans-bornes portait dans ses flancs au moment de
la création du monde [4]; ni la naissance d'Éros et d'Antéros, ni la tradition
grecque qui voulait que Zeus fût le premier des deux Cabires, et Dionysus
le second [5]. Je ne demanderai pas aux traditions théologiques ou mythologiques si les Dioscures se confondent ou non avec les Cabires, et si les uns
et les autres, par leurs fonctions comme par leur nombre, qui fut tantôt porté
à six, à sept ou à huit, et tantôt réduit à quatre, à trois, à un, et plus communément à deux, correspondent ou non aux Amschaspands et aux Hamkars,
que, dans le *Zend-Avesta*, nous trouvons placés, en qualité de conseillers ou
d'assesseurs, auprès d'Ormuzd ou auprès de Mithra, de même que, selon toute
probabilité, ils l'avaient primitivement été auprès de Bélus, dans la théogonie
des Chaldéens, et, postérieurement, auprès de la Vénus-Mylitta des Assyriens
ou des Babyloniens. Je me contenterai de faire remarquer, en passant, que
si, chez les Grecs, chez les Romains et chez les Gaulois, on aperçoit parfois
des traces du culte d'un seul Cabire ou d'un seul Tyndaride [6], au lieu du

---

[1] Voyez surtout les différentes opinions recueillies au sujet des Cabires et des Dioscures par
les interprètes du musée Chiaramonti (t. I, p. 26-
30), et par MM. Fréd. Creuzer et Guigniaut
(*Relig. de l'antiq.* t. II, 1re partie, p. 225-252,
283-292 et 302-313). Ces savants les ont discutées avec autant d'érudition que de sagacité.

[2] *Apud* Scholiast. Apollon. Rhod. ad lib. I,
917.

[3] Diodore de Sicile, II, 5.

[4] *Lettre de Mihir-Nersèh aux princes de la
Grande Arménie*, insérée dans le tome II (p. 472-
475) des Mémoires de Saint-Martin sur l'Arménie.

[5] Voyez le scoliaste d'Apollonius de Rhodes
(*loc. cit.*). — Cf. Cicéron, *De natur. Deor.* III,
21; edd. Moser et Frid. Creuzer.

[6] Ajoutez au témoignage des médailles impériales de Thessalonique déjà citées (ci-dessus,
p. 638, notes 1, 2, 3, 4) les médailles autonomes et plusieurs autres médailles impériales
de la même ville (M. Mionnet, *Descript. de méd.* I,
490-504; *Suppl.* III, 118-171); une médaille
d'Aurélien, publiée avec quelques inexactitudes
par Vaillant (*Num. Impp.* t. III, p. 136), et plus
exactement par les interprètes du musée Chiaramonti (t. I, p. 109 et 110; tav. A, fig. 4);
les médailles autonomes de Nîmes (M. Mionnet,

culte des deux frères divins, cette particularité semble placer Pollux, à l'égard
de Castor, dans la même position subordonnée où la théogonie des Assyriens et
des Phéniciens place un Bélus jeune auprès de Bélus l'ancien, et le *Zend-Avesta*
Mithra auprès d'Ormuzd, ce qui m'oblige à ajouter que néanmoins, par leur
coiffure conique, qui était celle des grands dieux dans l'Asie occidentale, les
deux Cabires ou les deux Dioscures s'assimilent bien mieux l'un et l'autre
à Bélus l'ancien et à Ormuzd qu'à Bélus le jeune et qu'à Mithra. Je n'inter-
rogerai pas l'antiquité pour décider si les Cabires sont identiques ou non
avec les Patæques des Phéniciens, avec les deux personnages divins qu'à Palmyre on nommait *Aglibôlus* et *Malachbélus* [1], à Édesse *Monimus* et *Azirus* [2], et
qu'on donnait pour assesseurs ou parèdres à Vénus-Astarté, à Baal ou au
soleil. Je négligerai d'examiner si ces divers personnages ont une analogie
quelconque avec les *Tritopatores* des Athéniens, et avec les dieux Pénates [3],
dont le culte, originaire de l'Asie occidentale, était associé, chez les Romains,
à celui de Vesta [4], et avait pour ministres les Saliens [5]. Je ne demanderai ni à
la mythologie ni à l'histoire s'il faut rapprocher des Dioscures ou des Tyndarides Romulus et Remus [6], *Pilumnus* et *Picumnus*, dieux jumeaux et guerriers
des anciens peuples d'Italie [7], et les *Alci*, qui, chez les Germains [8], paraissent

Descript. t. I, p. 77, n°ˢ 184-186). — M. de la Saussaye, *Numism. de la Gaule narb.* p. 158, n° 1, et pl. XIX, fig. 1), et celle des Voconces (*ibid.* p. 132, n° 2, et pl. XVI, fig. 2). Si nous trouvons un seul Cabire sur les diverses médailles qui viennent d'être alléguées, il faut remarquer que la même particularité s'observe sur plusieurs monnaies phéniciennes d'Espagne et de quelques îles de la Méditerranée que M. le comte della Marmora, dans son Essai sur les monnaies phéniciennes des îles Baléares, et dans la belle relation de son Voyage en Sardaigne, a judicieusement rapprochées des médailles citées de Thessalonique et de plusieurs idoles qui paraissent représenter le dieu Cabire des Phéniciens. (Cf. *la Revue numism.* de 1838, p. 223 et 224.) Peut-être faut-il reconnaître le dieu Cabire sous les traits d'un cavalier coiffé d'un bonnet conique et brandissant sa lance, que l'on observe fréquemment sur les médailles autonomes de Gélas (Sicile), au revers d'un type d'origine évidemment asiatique, un taureau à face humaine. —

Remarquons aussi que, selon le témoignage de Dion Cassius (XXXVIII, 8) et de Suétone (*Cæsar*, 10), Castor avait à Rome un temple pour lui seul.

[1] Gruter, *Inscript. antiq.* p. LXXXVI. — Selden, *De Diis Syris*, syntagm. II, p. 152 et suiv. éd. Beyer. — Spon, *Recherch. cur. d'antiquit.* p. 59; *Miscellanea eruditæ antiquitatis*, p. 1 et suiv.

[2] Julian. imp. *Orat. IV (in solem)*; *Opp.* p. 150 C, D, p. 154 B; ed. Spanh.

[3] Voyez Eckhel, *D. N.* V, 139, 218, 319 et 320. — M. R. H. Klausen, *Æneas und die Penaten*, II Bd. S. 620 ff.

[4] Tacite, *Annal.* XV, 41; ed. Burnouf. — Macrobe, *Saturnal.* III, 4; ed. Varior.

[5] Servius, ad Virgil. *Æneid.* II, 325.

[6] Voyez, sur ce point, les observations de M. de Witte (*Rev. numism.* année 1839, p. 91-93).

[7] Servius, *loc. cit.* IX, 4.

[8] Tacite. *De morib. German.* XLIII.

avoir tenu la place de Castor et Pollux, en même temps que leur nom semble rappeler celui d'*Alko*, que donne Cicéron[1] à un personnage divin qui joue le rôle d'un troisième Dioscure. Je ne m'occuperai pas non plus des rapports qui purent exister entre les Cabires des Phéniciens, les Dioscures des Grecs[2] et des Romains, Mylitta léontocéphale, Mithra léontocéphale, et les Cabires de Memphis, qu'Hérodote[3] dit être fils d'Héphæstus (Phtha) et semblables, comme ce dieu, aux Patæques des Phéniciens. Je ne rechercherai point quels rapprochements il y aurait lieu de faire entre ces Cabires égyptiens, les deux taureaux *Osiris* et *Apis*, venus d'Asie en Égypte[4], et les deux taureaux qui, selon les traditions persiques[5], étaient nés de la semence du taureau primordial. Je n'examinerai pas quelles différences pouvaient séparer les Cabires égyptiens de deux personnages divins qui forment la constellation des Gémeaux dans les célèbres zodiaques d'Esnèh et de Dendérah, et dont l'un est représenté là, comme ailleurs[6], sous la forme d'une déesse léontocéphale, tandis que son frère jumeau, Sôou, y paraît sous les traits d'un dieu mâle, à face humaine, et que des figurines d'or ou de terre émaillée le reproduisent sous les mêmes traits, en nous montrant le disque lunaire placé sur sa tête[7]. Je dirai seulement qu'il faut demander à l'Asie occidentale les types primitifs de ces deux personnages, et j'espère ne laisser aucun doute à cet égard dans un autre mé--

---

[1] *De natur. Deor.* III, 21. — Cf. les noms mythologiques ou héroïques Ἄλκων, Ἄλκη, Ἄλκις, Ἀλκαῖος, etc.

[2] Cf. la légende d'Amphion et Zéthus.

[3] III, 37.

[4] Phylarch. *apud* Plutarch. *De Isid. et Osirid. Opp.* t. VII, p. 429 et 430.

[5] *Zend-Avesta*, t. II (*Boun-dehesch*), p. 363 et 371.

[6] Champollion le jeune, notice citée, p. 24, n⁰ˢ 424-430.

[7] *Ibid.* n⁰ˢ 423 et 400-422. — Les Gémeaux égyptiens, l'un mâle, l'autre femelle, nous reportent à la médaille impériale de Tripolis de Phénicie décrite ci-dessus. Ils doivent aussi nous faire penser aux traditions grecques qui nous apprennent que les Dioscures passaient pour être androgynes (voyez les autorités citées et commentées par Heinrich, *De Hermaphrod.* p. 20 et 21); caractère qu'ils avaient certainement reçu en Asie, où ces dieux nous apparaissent comme des divinités primitivement hermaphrodites. De son côté, le zodiaque qui décore le portail de la cathédrale d'Amiens, édifice du xiii⁰ siècle, nous offre, pour l'Occident, un exemple de l'usage où l'on fut, dans ce siècle, de représenter les deux Gémeaux par un jeune homme et une jeune fille (voyez l'Essai historique de M. le D⁰ Rigollot sur les arts du dessin en Picardie; Amiens, 1840, p. 104 et 105, et pl. XIX, fig. L). Mais ce qu'il faut surtout remarquer, c'est qu'on ne peut trouver, dans les deux zodiaques égyptiens cités, un *Gémeau* femelle assimilé au soleil et un *Gémeau* mâle identifié avec la lune, sans reconnaître dans cette double particularité les traces de l'influence qu'avait exercée sur les doctrines égyptiennes la révolution théologique dont j'ai parlé plus haut, et qui, en Asie, avait fait du soleil une divinité femelle, et de la lune un dieu Men ou Lunus.

moire. Quant aux autres personnages mythologiques dont j'ai prononcé le nom dans ce paragraphe, je ne rechercherai pas ici quelles modifications reçurent leurs légendes respectives, quelles ressemblances et quelles différences présentent entre elles ces légendes. Je ne rechercherai point par conséquent si l'antagonisme qui, en Orient et même en Occident[1], est le trait saillant de la légende de plusieurs ordres de dieux nés jumeaux, appartient à une époque primitive de civilisation, ou seulement à une époque secondaire, et si cette conception théologique peut ou non se découvrir au fond de tous les systèmes religieux de l'antiquité.

Bien que ces dernières questions et toutes celles qui les précèdent attendent encore une solution définitive; bien que plusieurs d'entre elles n'aient même jusqu'à ce moment été traitées dans aucun ouvrage de mythologie ou d'archéologie, je crois devoir m'abstenir de les examiner ici. Elles m'entraîneraient à de trop longues digressions, et elles trouveront une place plus convenable dans une dissertation particulière, où j'aurai pu préalablement exposer et soumettre à un examen critique tous les faits propres à fixer l'opinion des savants sur les systèmes théogoniques et cosmogoniques qui, à diverses époques, furent répandus dans l'Asie, et portés de là chez les Arabes, les Égyptiens, les Grecs, les Étrusques et les Latins. S'il est un sujet important et difficile à traiter, un sujet dont on puisse dire avec assurance qu'il touche par tous les points aux croyances religieuses de chacun des peuples civilisés de l'antiquité, en Orient comme en Occident, c'est la question de l'origine des Dioscures et des diverses modifications que subit leur légende primitive. Pour le moment il me suffira, sans doute, de mettre sous les yeux du lecteur quelques observations qui s'appliquent au seul fait de la présence simultanée des deux Dioscures auprès de Vénus-Astarté, sur les médailles asiatiques; auprès d'Aphrodite, sur les médailles grecques; auprès de Vénus-Turan, sur les miroirs étrusques, et auprès de Mithra, sur le bas-relief romain de M. Péron.

En premier lieu, il ne sera pas sans intérêt de rappeler ici que le nom des Dioscures, le récit de leur alliance, de leur voyage et de leur combat avec les deux fils d'Apharéus, Idas et Lyncée, et le récit aussi du partage qu'ils

---

[1] Voyez les exemples curieux que nous offrent de cet antagonisme, exprimé sous des formes diverses, les médailles autonomes de Thessalonique et d'Amphipolis citées plus haut; et rapprochez de ces monuments de la numismatique grecque les deniers de la famille *Servilia*, où l'on voit les deux Dioscures combattant à cheval l'un contre l'autre (*Revue numismatique*, année 1839, p. 89. fig. 2 et 3), ou galopant en sens contraire (*ibid.* fig. 1).

firent entre eux d'un taureau coupé en quatre morceaux, avaient trouvé leur
place dans les poésies cypriennes, dont le nom nous reporte dans une île célèbre, dès une haute antiquité, par le culte qu'on y rendait à la Vénus assyrienne, cette antique déesse qui comptait le taureau au nombre de ses attributs
les plus caractéristiques. Des poésies cypriennes, ces traditions passèrent, on
le sait, dans les vers de Pindare [1], dans les compilations d'Apollodore [2] et dans
les scolies de Tzetzès [3]. Selon d'autres traditions, on comptait six Cabires ou
Dioscures, trois du sexe mâle et trois du sexe féminin, particularité que nous
offre également la légende des six Amschaspands du *Zend-Avesta*. Ceux-ci
sont subordonnés à un septième Amschaspand, appelé *Ormuzd*, manifestation
du dieu dont il porte le nom; manifestation, par conséquent, d'un dieu créateur qui réunissait les deux sexes, comme le Zeus des Grecs, auquel on l'assimile, comme le *Baalim* ou l'*Elohim* des Assyriens et des Phéniciens, comme
l'ancienne Vénus de l'Orient et de l'Occident, comme le Mithra des Perses.
Or, dans l'Asie antérieure, et surtout dans les contrées voisines des lieux d'où
le culte de Vénus avait été porté dans l'île de Chypre, un nombre considérable
de médailles impériales nous offre l'image d'Astarté placée entre deux personnages, l'un mâle, l'autre femelle, qui portent chacun à la main un flambeau allumé ou un vexillum. A côté de ceux-ci deux autres figures, du sexe
féminin, posées sur deux cippes de forme conique, tiennent, au-dessus de la
tête de la déesse, une voile ou un péplus enflé par les vents, qui nous rappelle
que quelques médailles impériales, frappées à Tyr et à Sïdon, représentent
Astarté debout sur une galère, ayant à ses côtés, tantôt deux personnages
dont l'un dirige le gouvernail, tantôt un trophée d'armes. La planche II jointe
à ce mémoire réunit un exemple de chacune de ces diverses représentations [4],
tiré du cabinet des médailles de la Bibliothèque royale. Je ne dois oublier ni
de faire remarquer qu'une multitude d'autres médailles asiatiques reproduisent
la déesse sous les traits d'une divinité qui préside à la mer et à la navigation,
ou avec le costume d'une déesse guerrière et armée, qui protége dans les combats et donne la victoire [5]; ni de dire que la précieuse collection de M. J. Ro-

---

[1] *Nem.* X, 60 (III).
[2] *Biblioth.* III, II, 2.
[3] *In* Lycophron. 511.
[4] Figures 4, 6 et 7.
[5] Quelquefois même Astarté réunit ce double
caractère sur les médailles impériales romaines
frappées dans l'Asie occidentale. Elle est alors représentée debout, la tête surmontée d'une couronne murale, une lance dans la main droite, et
le pied gauche appuyé sur une proue de vaisseau. Deux petites Victoires, posées chacune sur
un cippe, à droite et à gauche de la déesse,

bert Steuart nous offre, sur un grenat syrien, de travail asiatique et gravé en creux, l'image d'Astarté debout, tenant elle-même sur sa tête une voile ou son péplus enflé par les vents[1], particularité caractéristique qui nous montre à quelle source avait été puisé le type d'une figure de Vénus que l'on voit sur un curieux bas-relief d'époque romaine, récemment publié par M. le docteur Émile Braun[2], et représentant le jugement de Pâris. Artémis tauropole, Diane tauropole et Europe tauropole, sur un grand nombre de monuments de l'art connus depuis longtemps, nous apparaissent également avec une voile ou un péplus qui flotte au-dessus de leur tête. La même particularité sert à caractériser Isis *Pharia*, sur des médailles autonomes, impériales ou coloniales, frappées en divers lieux[3], médailles qui ne sont pas moins connues, mais qui peut-être n'ont jamais été alléguées pour signaler les rapports qu'eurent entre elles Isis et la Vénus asiatique, bien que ces monuments de la numismatique ancienne nous offrent, non-seulement l'image d'Isis debout, tenant une voile enflée au-dessus de sa tête[4], mais quelquefois aussi la figure de cette déesse, ainsi agencée, debout sur une galère[5] ou debout devant un phare sur lequel sont placés deux Tritons sonnant du buccin[6]. D'autres fois encore la déesse se montre debout au sommet du phare, entre ces deux personnages[7], qui remplacent dans l'un et dans l'autre cas, on le voit, les deux assesseurs que nous trouvons habituellement auprès de l'image d'Astarté et de celle de Mithra.

---

tiennent d'une main une couronne qu'elles lui offrent, et de l'autre une palme. Voyez, entre autres exemples que j'en pourrais citer, une médaille frappée à Leucas, dans la Célésyrie, en l'honneur de Gordien-Pie, et figurée sous le n° 9 de la planche V de mes *Recherches sur le culte de Vénus*.

[1] Un dessin fidèle de ce petit monument sera publié dans mes *Recherches sur le culte de Vénus*.

[2] *Annali dell' Instit. arch.* t. XIII, p. 84-90 ; *Monum. ined.* vol. III, tav. XXIX. Le bas-relief dont il s'agit appartient à la villa Ludovisi.

[3] A Alexandrie d'Égypte ; à Byblus, en Phénicie ; dans l'île de Samos ; à Cymæ, en Éolie ; à Nicomédie de Bithynie ; à Amastris, en Paphlagonie ; à Byzance et à Anchialus, dans la Thrace, et à Corinthe.

[4] Vaillant, *Num. gr.* (Septime-Sévère, à Byblus ; Salonine, à Nicomédie ; Faustine, à Amas-

tris ; Caracalla, à Byzance). — M. Mionnet, *Descript. de méd.* t. I, p. 371, n° 57 ; t. II, p. 179, n° 226 ; t. III, p. 293 et 294, n° 236 ; t. V, p. 355, n° 128 ; t. VI, p. 87 et 88, n° 372 ; p. 99, n° 481 ; p. 119, n° 646 ; p. 132, n° 750 ; p. 178, n° 1143 ; p. 183, n°⁵ 1182 et 1183 ; p. 211, n° 1410 ; p. 223, n° 1506 ; p. 331, n° 2302 ; *Suppl.* t. IV, p. 88, n° 592. — *Mus. Theupoli,* II, p. 1222.

[5] M. Mionnet, *Descript. de méd.* t. III, p. 9. n° 56.

[6] *Ibid.* t. VI, p. 121. n° 665 ; p. 178. n° 1144 ; p. 183, n°⁵ 1184 et 1185 ; p. 197. n° 1310.

[7] Zoëga, *Num. ægypt.* p. 150, n° 441. — M. Mionnet, *Descr. de méd.* t. VI, p. 103, n° 519 ; p. 121, n° 657 ; p. 170, n° 1063 ; p. 178. n° 1138 ; p. 181, n° 1164 ; p. 202, n° 1346 ; p. 203, n° 1352 ; p. 223, n° 1507.

Ai-je besoin d'ajouter que, chez les Grecs, Aphrodite était surnommée εὔπλοια[1], et que, dans les traditions écrites, non moins que sur les monuments de l'art, l'antiquité grecque ou romaine la représente souvent comme une déesse dont la domination s'étend sur l'empire des mers[2]?

Ces deux sources d'informations, je l'ai dit ailleurs, sont d'accord entre elles pour nous montrer, de plus, qu'en Orient et en Occident Vénus était adorée comme une divinité armée, comme une divinité protectrice dans les combats aussi bien que dans les navigations, double fonction qui est précisément celle qu'assignaient aux Cabires ou aux Dioscures les peuples de l'Asie antérieure, les Grecs et les Romains. De même que Castor et Pollux, la déesse se plaît, en outre, à dompter des chevaux; on la représentait montée sur un coursier, et ces deux derniers faits résultent indubitablement des épithètes de ἔφιππος[3], ἱπποδάμεια[4], ἱππολυτία[5], *equestris*[6], qui lui sont données par les auteurs grecs ou latins[7]. Aussi n'hésitai-je pas à reconnaître cette divinité sous les traits d'une femme qu'une curieuse médaille asiatique, à l'effigie de Commode, et frappée à Gabala, en Syrie[8], nous montre vue de face, vêtue d'une longue tunique, coiffée d'une tiare tourrelée, armée d'une bipenne et d'un bouclier à double échancrure[9], et placée debout sur deux chevaux[10], comme on la voit

---

[1] Pausan. I, 1, 3.

[2] Ces rapprochements seront plus amplement développés dans mes *Recherches sur le culte de Vénus;* mais je dois, en attendant, faire remarquer ici que la voile enflée par les vents et placée sur la tête d'Astarté, d'Artémis, de Diane et d'Isis, pouvait rappeler que ces divinités, comme Héra ou Junon, étaient, cosmologiquement parlant, assimilées à l'air.

[3] Dans un poëme inédit de Jean Méliténiote (manuscr. gr. de la Biblioth. royale, n° 1720, vs. 1703, 1725-1728) que j'ai eu l'occasion de citer ailleurs (*Recherches sur le culte de Vénus*, p. 81, note 4). Je dois aux obligeantes communications de M. E. Miller la connaissance des divers renseignements que fournit ce poëme à l'égard de Vénus.

[4] Hésychius, *sub voc.*

[5] Voyez le scoliaste d'Euripide (*ad Hippolyt.* 24 sqq.) et le scoliaste d'Homère (*ad Odyss.* XI, 320).

[6] Servius, *ad Virgil. Æneid.* I, 720.

[7] Artémis, qui se confond si souvent avec Aphrodite, reçoit de son côté les surnoms de ἱπποσόα (Pindare, *Olymp.* III, 47), et de εὐρίππα (Pausan. VIII, 14, 4). Les monuments figurés nous montrent la même divinité montée sur un bige, sur un cheval, ou accompagnée de ce quadrupède.

[8] Voyez mes *Recherches sur le culte de Vénus*, pl. V, fig. 5.

[9] Ce bouclier, par sa forme, nous rappelle tout à la fois le bouclier que l'on voit au bras de trois des sept conseillers ou lieutenants du roi de Perse, sur les bas-reliefs de Persépolis, et le bouclier qui était propre aux Béotiens. Cette double ressemblance s'explique peut-être par le souvenir de l'importation du culte de la Vénus assyrienne chez les Béotiens et chez les Perses.

[10] Elle est debout devant une figure assise de déesse ou de ville personnifiée; de même que, sur une médaille impériale de Tyr (*Recherches*

ailleurs debout, tantôt sur un ou sur deux taureaux, tantôt sur un ou sur deux lions. Dans le *Zend-Avesta*[1], Mithra est invoqué comme un *soldat élevé, qui monte un coursier vigoureux;* ainsi que le soleil, il y reçoit même la qualification de *coursier vigoureux.* L'eau Ardouisour[2] jaillit de l'Albordj, montagne d'or et de lumière, sous la forme d'une fille à corps de cheval; elle est qualifiée aussi de *cheval vigoureux,* ce qui, pour le dire en passant, nous révèle l'origine asiatique du mythe dans lequel les Grecs nous racontent que le cheval Pégase, dont le nom dérive du mot *πηγή, source,* fit jaillir de son pied, sur l'*Hélicon,* montagne de la lumière ou du soleil, qui correspond à l'Albordj, la source appelée *Hippocrène,* c'est-à-dire la *fontaine du cheval.* Sans vouloir m'expliquer ici sur les idées qu'attachaient au symbole du cheval les théologiens asiatiques, et sur les raisons qui avaient fait attribuer ce symbole à des divinités tout à la fois solaires et lunaires, notamment à Vénus, à Mithra, aux Cabires, je me contenterai d'ajouter que le cheval, chez les Phéniciens, était consacré à Dagon, comme il l'était à Poseidon chez les Grecs, à Neptune chez les Romains, et qu'en Orient, aussi bien qu'en Occident, le soleil et la lune, personnifiés, furent placés chacun sur un char attelé de chevaux, ou sur un coursier, auquel cas ils deviennent à leur tour des dompteurs de chevaux, comme les Cabires, les Dioscures ou les deux Tyndarides[3].

Ces diverses remarques concourent à prouver que, quelle que soit l'origine primitive des personnages mythologiques appelés communément les *Cabires* ou les *Dioscures,* l'association de leur culte à celui d'Astarté ne peut nous surprendre, lorsque nous la constatons sur des médailles frappées dans la Phénicie et dans les autres provinces de l'Asie occidentale, durant la domination grecque et la domination romaine. La substitution des Dioscures aux deux Hamkars ou assesseurs, que les autres médailles asiatiques citées associent à Astarté, déesse de la mer et de la guerre, ne faisait, en réalité, subir aucune modification importante au culte de cette déesse, ni aux types de ses représentations figurées, puisque les Grecs et les Romains confondaient dans ce culte

---

sur le culte de Vénus, pl. IV, fig. 4), on voit Astarté représentée, de face et debout, devant Pallas assise.

[1] Tome I, 2ᵉ partie, p. 425; t. II, p. 9, 13, 19, 206, 212, 221, 245 et *passim.*

[2] *Ibid.* t. II, p. 164, 165, 173, 175 et 187. Cette eau Ardouisour, qui jaillit de l'Albordj, est

aussi appelée *eau d'or* et *eau de couleur d'or; ibid.* p. 182 et 183.

[3] Héra, Athéné ou Pallas, Tychè et Arès sont aussi des divinités *équestres.* Dans la légende de la naissance de Despoina et d'Arion, Poseidon se transforme en cheval, et Déméter en jument; Saturne se métamorphose pareillement en cheval.

celui de deux personnages divins qui, aussi bien qu'Astarté, président aux
combats, à la navigation, et dont la protection, comme la sienne, devait sans
cesse être implorée pour la prospérité des villes et des contrées maritimes où
s'effectuerait cette substitution.

Dès lors, il devient facile de comprendre comment une substitution analogue put s'opérer sur les monuments figurés que consacrèrent à Mithra les
villes maritimes de la Cilicie, et surtout les pirates qui avaient leur repaire
dans les montagnes de cette province, gens voués par état à une vie qui se
passait au milieu des dangers de la mer et des périls des combats. N'oublions
pas que les Romains reçurent des mains de ces pirates, après les avoir vaincus,
le culte de Mithra, l'institution des mystères qui se rattachent à ce culte, et
les types des monuments figurés qui lui sont propres. N'oublions pas non plus
que, sur la plupart des bas-reliefs ou des groupes de ronde bosse exécutés,
d'après ces types, par les sculpteurs romains, le nouveau dieu, originaire de
la Chaldée et de la Perse, est placé, comme Astarté, entre deux génies ou
assesseurs dont le premier, quelquefois superposé au second[1], porte à la main
un flambeau élevé vers le ciel, tandis que le second tient un flambeau renversé. Ils représentent ainsi la lumière et les ténèbres, le jour et la nuit, le
printemps et l'automne, la vie et la mort, et peuvent, dans un même ordre
d'idées, être convenablement remplacés par les deux Dioscures que certaines
traditions[2] nous présentent comme la personnification des deux hémisphères,
l'un supérieur ou céleste, l'autre inférieur, terrestre ou infernal. Ne perdons
pas de vue surtout que, dans la célébration des mystères mithriaques, chaque
initié, proclamé *soldat de Mithra*, obtenait du sacerdoce la promesse de révélations propres à exciter la curiosité naturelle à l'esprit humain, et prenait une
part directe à une succession de simulacres de combats qui alliait merveilleu-
sement les obligations de la vie religieuse avec les habitudes de la vie militaire.
Rappelons-nous enfin qu'au temps de Pompée, époque de l'introduction du
culte et des mystères de Mithra dans l'empire romain, les pirates de Cilicie,
devenus formidables par leur nombre, par leur courage et par leur audace,
comptaient dans leurs rangs, outre quelques descendants des Perses jadis établis dans l'Asie Mineure pendant la domination des Achéménides, un grand
nombre de Grecs originaires de la Phénicie, de la Phrygie et de la plupart
des îles voisines du continent asiatique. De cette association d'individus d'ori-

[1] Voyez le bas-relief cité du palais Zeno, qui a été publié par Lafréry, *ubi supra*.

[2] Julian. imper. *Oratio IV* (*in solem*); *Opp.* p. 147, A, sqq. ed. Spanh.

gines diverses avait nécessairement dû résulter une fusion de rites divers dans l'institution primitive du culte de Mithra. Déjà nous savions, par le témoignage d'un bas-relief célèbre, consacré à ce Dieu dans une grotte du mont Capitolin, qu'en Asie les mystères mithriaques avaient fait alliance avec les Sabazies de Phrygie[1]. Déjà aussi plusieurs inscriptions lapidaires latines nous avaient appris que, chez les Romains, ces mêmes mystères de Mithra s'étaient rattachés à quelques cultes, à quelques pratiques religieuses, également originaires de l'Asie occidentale, tels que le culte de la mère des dieux ou la *Magna Mater*, le culte d'Atys, les tauroboles, les crioboles, les *bucranium*[2]. Et lorsqu'un bas-relief romain, sculpté dans le IIIe siècle de notre ère et récemment découvert dans les ruines d'une ville de la Gaule narbonnaise, vient nous révéler le fait si neuf et si curieux de l'association des mystères de Mithra avec le culte des Dioscures, il est sans doute permis de conjecturer que ce fait appartient primitivement, non aux descendants de Romulus et de Remus, mais aux pirates de Cilicie ou aux habitants de quelque autre province maritime de l'Asie occidentale, de cette région célèbre qui, antérieurement à l'expédition de Pompée, dut être le premier témoin d'une semblable alliance, après avoir vu, dès une époque très-reculée, le culte des deux jumeaux divins s'associer à celui d'Astarté.

Quelques-unes des particularités que nous offre le monument mithriaque dont il s'agit peuvent contribuer à fortifier ma supposition. Elles ressortent de la pose et du costume que le sculpteur romain avait donnés aux Dioscures. Celui des deux jumeaux divins qui est resté intact lorsque le bas-relief a été brisé nous a effectivement permis de constater qu'ici chacun de ces deux personnages avait été représenté le corps nu, la tête couverte du bonnet phrygien, une longue lance à la main, et debout, auprès de Mithra, devant un cheval qu'il retenait par le frein. Or une médaille autonome de Tripolis de Phénicie, publiée par Arigoni[3], a pour revers les deux Cabires figurés de la même manière. Nous les trouvons reproduits sans aucune différence, au-dessous du buste d'Astarté, sur des médailles impériales de la même ville dont

---

[1] Voyez mes *Nouvelles observations sur le grand bas-relief mithriaque du Musée royal de Paris*, p. 24 et suiv.

[2] Gruter, *Inscript. ant.* p. 27, n° 4, et p. 28, n°[s] 1, 2 et 6. — Van Dale, *Dissertat.* IX, p. 30, 31, 42, 123, 128 et 145. — Marini, *Monum.* *dei fratel. Arval.* p. 634. — Voyez aussi l'inscription que porte le bas-relief mithriaque cité du musée Olivieri (*Antichit. cristian. tav.* VI).

[3] *Num. quæd. mus. Honorii Arigoni*, t. 1, Popul. tab. XXII, fig. 217.

j'ai déjà fait mention. C'est aussi debout, le corps nu et une longue haste à la main, mais sans leurs chevaux, que nous voyons les deux Cabires placés, au revers de la tête d'Apollon ou de celle de Cérès, sur quelques médailles autonomes de Tripolis de Phénicie que j'ai citées plus haut, ou placés auprès d'Astarté, au revers de plusieurs monnaies impériales de cette ville, dont une est figurée sous le n° 3 de la même planche. La coiffure des Cabires, sur ces divers monuments de la numismatique asiatique, diffère essentiellement du bonnet phrygien que porte le Dioscure resté intact sur le bas-relief de M. Péron. Mais, je me hâte de le dire, ce bonnet phrygien est précisément celui que les sculptures d'époque romaine attribuent à Mithra, comme à ses deux assesseurs lampadophores, et que nous savons être semblable à la tiare recourbée qui couvre la tête de ce dieu et la tête des dynastes ou rois provinciaux sur les bas-reliefs et les pierres gravées d'époque sassanide. On serait donc en droit de conclure de ces seules remarques que le type du bas-relief mithriaque de Vienne appartient à l'Asie occidentale.

Toutefois, chez les Romains, l'attribution du bonnet phrygien à Castor et à Pollux n'est pas exclusivement propre à ce monument. Nous l'observons sur quelques autres sculptures romaines d'une date plus ancienne et notamment sur un fragment de candélabre que l'on conserve au musée Chiaramonti[1]. Ce fragment, de marbre blanc, qui remonte à une bonne époque de l'art, fut découvert à Tivoli, dans les ruines de la villa d'Hadrien. On y voit les deux jumeaux placés debout, l'un à la droite, l'autre à la gauche d'un cygne, en souvenir de la métamorphose du dieu qu'on leur reconnaissait pour père. Entre le cygne et chaque jumeau s'élève un pin, arbre sacré qui fut attribué, personne ne l'ignore, à Vénus, à Mithra, à Cybèle et à Atys, dieux et déesses d'origine orientale. Ici, non-seulement la coiffure phrygienne des deux fils de Jupiter et de Léda est identique avec celle que leur avait attribuée l'auteur du bas-relief de M. Péron, mais leur chlamyde, vêtement qui est souvent affecté à ces dieux[2], comme il l'est à Mithra tauroctone ou tauropole, sur les monuments romains, leur pose, celle des deux chevaux, tout concourt à montrer que le bas-relief de Vienne et le fragment de candélabre dont il s'agit reproduisent les Dioscures d'après un type commun, qui, primitivement com-

---

[1] *Il mus. Chiaramonti*, t. I, p. 25-31, tav. IX.

[2] Voyez Winckelmann, *Monum. ined.* t. II, p. 75. — La suppression de la chlamyde dans le costume des Dioscures, sur le bas-relief de M. Péron et sur les médailles asiatiques, forme une exception à la règle posée par l'illustre antiquaire allemand que je cite ici.

posé dans de plus grandes dimensions, par une main habile et probablement grecque, mais à l'imitation de quelque composition asiatique, avait dû être coulé en bronze ou sculpté sur le marbre. Le même type paraît avoir aussi servi à représenter ces divinités au revers de plusieurs médailles romaines[1]; et je ne dois pas omettre de faire remarquer que Rome ne peut l'avoir emprunté à l'Étrurie, où les images des Dioscures, telles qu'on les trouve gravées sur les miroirs mystiques, nous apparaissent quelquefois avec des ailes attachées aux épaules, jamais avec la coiffure et le costume qui caractérisent ces deux personnages sur les monuments romains allégués.

Les interprètes du musée Chiaramonti, préoccupés sans doute de l'idée que les Dioscures sont ordinairement figurés avec le piléus sur la tête, décrivent en ces termes : *il pileo ovato sopra il capo,* la coiffure qui est attribuée à ces personnages sur le fragment de candélabre déjà cité; et, sans s'apercevoir que le dessin qu'ils publient de ce fragment nous montre les Dioscures coiffés avec le bonnet phrygien, ils font à cette coiffure l'application d'un passage très-connu de Lucien[2], qui ne peut nullement se rapporter au cas dont il s'agissait en réalité, puisque dans ce passage l'écrivain grec entend parler d'un bonnet qui par sa forme rappelait l'œuf dans lequel furent conçus les jumeaux divins. De la particularité qui avait ainsi échappé à l'attention de Philippe Visconti et de Guattani, résulte cependant un fait dont l'importance, dans la question arduc de l'origine des Dioscures, doit être manifeste à tous les yeux. Car sur le fragment cité de candélabre, et encore mieux sur le basrelief de M. Péron, l'attribution du bonnet phrygien aux Dioscures est l'indice certain qu'en Occident, sous le règne des empereurs romains, on reconnaissait à ces deux divinités une origine orientale, puisqu'on leur avait donné la même coiffure caractéristique que, sur les monuments romains de la même époque, portent non-seulement Mithra tauroctone ou tauropole et ses deux assesseurs lampadophores, mais aussi le soleil et la lune personnifiés, Atys, les Amazones, Médée, Ganymède, Pàris et tant d'autres personnages asiatiques, rois, princes ou soldats prisonniers.

Placé ici sur la tête des deux Dioscures associés à Mithra léontocéphale, le bonnet phrygien achève donc de démontrer que le bas-relief trouvé sur le sol de Vienne appartient, par son caractère asiatique, à la catégorie de tous les monuments mithriaques romains que nous connaissions antérieurement à

---

[1] Morell. *Thesaur. fam. Memmia,* n° 4. *Il Mus. Chiaram.* t. I, p. 27. — [2] *Dialog. Deor.* XXVI.

cette importante découverte. Comme le plus grand nombre d'entre eux, il ne remonte, par son style, qu'au IIIe siècle de notre ère; et s'il est vrai de dire qu'il représente les Dioscures d'après un type qui se fait remarquer sur d'autres sculptures romaines d'une époque moins récente, du moins faut-il reconnaître que celles-ci sont cependant toutes postérieures à l'époque de l'introduction du culte de Mithra au sein des légions romaines, et par conséquent postérieures à l'époque où pour la première fois ces légions avaient porté leurs armes et formé des établissements dans l'Asie occidentale. C'est là que les sculpteurs et les graveurs romains firent de nombreux emprunts à un art indigène plus ou moins modifié par l'heureuse influence de l'art grec; et, sans entrer dans de plus grands détails à ce sujet, il doit me suffire d'avoir constaté que les Romains, lorsqu'ils associaient sur un même bas-relief Mithra léontocéphale et les deux Dioscures coiffés du bonnet phrygien, entendaient allier ensemble trois divinités d'origine asiatique. J'ajouterai seulement qu'une médaille frappée à Laodicée du Liban et publiée par Sestini[1] fournit, à l'appui de cette assertion, un témoignage irrécusable, bien qu'elle n'ait jamais été alléguée dans la question particulière qui nous occupe. Au revers de la tête de Septime-Sévère, elle nous offre, en effet, l'image du dieu Men ou Lunus coiffé du bonnet phrygien et debout devant son cheval, qu'il tient de la main gauche par la bride ou le frein, particularités qui nous révèlent l'identité primitive de ce dieu avec les Cabires des médailles citées de Tripolis de Phénicie, et qui achèvent de prouver, non-seulement que le type des Dioscures, tel qu'il se produit sur notre bas-relief et sur d'autres monuments romains, avait été emprunté à l'Asie occidentale, mais qu'autrefois ces deux personnages étaient assimilés au soleil et à la lune, et qu'ils se confondaient ainsi avec les deux jumeaux de Latone.

Soit que l'on considère le bas-relief mithriaque de Vienne comme l'imitation d'un type réellement composé dans l'Asie antérieure, soit que, se prévalant des témoignages qui montrent combien la légende des Dioscures se lie intimement aux origines et à l'histoire du peuple romain[2], on veuille se borner à regarder la présence des deux jumeaux divins sur ce bas-relief comme un nouvel exemple de l'alliance que l'Italie, je le répète, vit se contracter, sur son sol même, entre le culte de Mithra et celui de plusieurs autres divinités, les unes originaires de l'Asie occidentale, aussi bien que les

[1] *Lett. numism. continuaz.* t. VI, p. 95, n° 4.

[2] C'est un point important que je me propose de traiter avec quelque développement dans un mémoire particulier.

Cabires ou les Dioscures, les autres associées, dans cette dernière contrée, au culte d'Astarté et à celui de Mithra, on doit reconnaître que la consécration d'un monument romain où nous voyons le dieu des Perses placé entre les deux Dioscures vient augmenter le nombre des faits qui attestent l'importance et l'extension qu'avait acquises en Occident, sous les empereurs romains, le culte de ce dieu; et l'on ne peut se méprendre sur l'intention d'une pareille consécration. Émule de Rome et rivale de Lyon, la ville ancienne qui renfermait le mithræum que décorait ce monument était comptée au nombre des cités les plus riches et les plus considérables de la Gaule romaine. A défaut d'autres témoignages, les célèbres tables claudiennes qui se conservent au musée de Lyon [1] en feraient foi, sans même avoir besoin d'être rapprochées du passage souvent cité de Tite-Live [2] sur l'opulence et la renommée des Allobroges. Située au bord du Rhône, dans une contrée fertile, entre le confluent de l'Isère et celui de la Saône avec ce magnifique fleuve, et défendue par les châteaux forts bâtis au sommet des collines qui la dominent, Vienne, capitale des Allobroges, était à la fois l'entrepôt d'un commerce considérable, un port commode et sûr, un point militaire important. Plusieurs légions romaines y tinrent successivement garnison, et en même temps elle fut le siége d'une des succursales de cette corporation puissante des nautoniers, qui là, comme à Lyon, pour ne parler que des provinces traversées par le Rhône, nous a laissé, sur plus d'un monument lapidaire [3], la preuve de son existence. La magnificence des débris d'un temple élevé à Neptune, aux bords du fleuve, dans l'enceinte même de Vienne, et le choix d'un vaisseau portant une tour de guerre, ou d'une simple proue de vaisseau, pour servir de type aux belles monnaies coloniales qui furent frappées dans cette ville [4], attestent à leur tour que dès le

---

[1] Voyez Gruter, *Inscript. antiq.* p. DII. Dans le discours que contiennent ces tables, l'empereur Claude, s'adressant au sénat romain, appelle Vienne : «Ornatissima colonia valentissi- «maque Viennensium, quam longo jam tempore «senatores huic curiæ confert.» (Cf. Pomponius Mela, II, V, 2.)

[2] *Epitom.* LXI et LXV. — Cf. Amm. Marcell. XV, XI.

[3] Aux monuments de ce genre que l'on connaissait déjà, il faut ajouter une inscription gravée sur une pierre qui est encastrée dans les murs de la petite église de Saint-Jean de Muzols,

située près de Tournon. Cette pierre provient de quelque monument consacré en l'honneur d'Hadrien par les nautoniers du Rhône. (Voy. *Bulletin monum.* t. VIII, n° 8, p. 564; Caen, 1842.)

[4] M. Mionnet, *Descript. de méd.* t. I, p. 79, n° 199 (Jules César et Auguste); *Suppl.* t. I. p. 146, n° 144 (Auguste), et n° 145 (Auguste et Agrippa). — Depuis la rédaction de ce mémoire, M. de la Saussaye a publié, sous le titre de *Numismatique de la Gaule narbonnaise,* un bel ouvrage que j'ai déjà cité dans une des notes ajoutées à ma dissertation, et que je dois citer encore ici, parce qu'il renferme le dessin ou la

temps de Jules César, d'Octave et d'Agrippa, la navigation du Rhône était l'objet constant de la sollicitude des empereurs romains et des magistrats de la cité. Si nous ne perdons pas de vue que le bas-relief mithriaque, sujet de cette dissertation, est sculpté sur une pierre étrangère, aux formations géologiques des environs de la ville, et probablement extraite des carrières situées plus au midi, entre Valence et l'embouchure du Rhône, nous serons portés à penser que ce bas-relief avait pu être apporté à Vienne et déposé dans le mithræum près duquel on l'a trouvé, par un ou plusieurs sectateurs de Mithra, qui appartenaient, soit à une légion romaine, soit à la corporation des nautoniers. Dans l'une et dans l'autre de ces deux suppositions, la consécration d'un monument à trois divinités protectrices des guerriers et des navigateurs ne doit-elle pas être considérée comme un acte de dévotion bien naturel de la part de gens qui venaient ou remercier ces divinités, après avoir échappé à quelque danger, ou implorer leur protection et leur assistance à la veille de quelque entreprise périlleuse? Soldats, n'avaient-ils pas à courir les hasards de la guerre ou les chances inséparables de l'occupation militaire d'une province qui joue un si grand rôle dans l'histoire de la conquête des Gaules par les Romains? Nautoniers, n'étaient-ils pas destinés, par état, à naviguer sur un fleuve qu'ont toujours rendu dangereux de fréquents changements de lits, des coups de vent violents ou des crues aussi extraordinaires que subites; sur un fleuve dont la navigation avait une importance proportionnée à l'extension du commerce romain et à la pénurie, sinon à l'absence des autres moyens de transport et de communication? Ne connaissons-nous pas enfin une inscription latine[1] qui exprime la reconnaissance de deux per-

---

description de trois médailles coloniales de Vienne (p. 129 et 130, et pl. XV, fig. 3, 5 et 6) que feu M. Mionnet n'avait pas connues. L'auteur (p. 6), adoptant une conjecture proposée par M. le marquis de Lagoy dans sa notice sur l'attribution de quelques médailles des Gaules (p. 5), se montre disposé à ne considérer comme appartenant à Vienne que les monnaies de bronze où se lisent les lettres initiales C. I. V. (*Colonia Julia Vienna*). Celles qui ne portent pas ces trois lettres pourraient, d'après cette opinion, appartenir à d'autres colonies romaines de la Gaule. Cependant M. de la Saussaye remarque plus loin (p. 131) que si les initiales C. I. V.

manquent sur plusieurs médailles qu'il attribue à Vienne (pl. XV, fig. 2, 4-6), l'analogie des types de celles-ci avec les types des pièces où l'on trouve ces trois lettres justifie suffisamment une telle attribution. Je m'applaudis de voir ce savant se ranger ainsi, avec moi, à l'avis de feu mon excellent ami M. Mionnet, dont la mort, survenue depuis la lecture que j'ai faite de mon mémoire à l'Académie, est un sujet de bien vifs regrets pour tous ceux qui furent liés d'amitié avec cet habile numismate, comme pour toutes les personnes qui cultivent la science aux progrès de laquelle il consacra sa vie entière.

[1] Gruter, *Inscriptiones antiquæ*, p. cxvi, n° 3.

sonnages échappés aux dangers d'un naufrage par la puissante protection de Castor et de Pollux? Et pouvons-nous oublier qu'un bas-relief votif[1], d'époque romaine, porte une épigraphe grecque dans laquelle un autre personnage, nommé *Argénidas*, fils d'*Aristogénidas*, célèbre son heureux retour, après une navigation difficile, en accomplissant un vœu fait aux Dioscures?

Les remarques que j'ai placées dans la dernière partie de ma dissertation ont bien moins servi à résoudre les difficultés inhérentes à la question des Dioscures qu'à en augmenter le nombre; mais du moins elles nous montrent quel genre particulier d'intérêt s'attache à la découverte qui a été l'occasion de ce mémoire. La présence des deux Dioscures sur un monument romain consacré à Mithra est un fait nouveau acquis à la science. Désormais une telle particularité devra être prise en considération dans toutes les discussions dont ces trois divinités seront le sujet. Dès à présent elle fait du bas-relief qui m'a permis de la signaler un monument d'autant plus digne d'attirer l'attention des archéologues de tous les pays, que jusqu'à ce jour il est seul de son espèce, et d'autant plus précieux pour la France, en particulier, qu'après le torse du musée d'Arles on ne peut citer un autre exemple d'une représentation figurée de Mithra léontocéphale trouvée sur le sol de la Gaule romaine.

Une seule, depuis l'heureuse découverte de celle-là, paraît même avoir été exhumée du sol de tout l'ancien empire romain. Elle provient d'un mithræum dont je parlerai plus loin et qu'en l'année 184... on découvrit dans le jardin de M. Nobelli, près de Philippeville, en Algérie. C'est une petite statue de pierre calcaire, haute de 95 centimètres, et beaucoup plus recommandable par sa provenance que par son style et ses accessoires. Elle est évidemment l'œuvre d'un statuaire qui méconnaissait les premiers principes de l'art. On en pourra juger par les deux dessins qu'a publiés de ce monument M. le commandant Delamare[2]; ils représentent la statue vue de face et vue par derrière. Nous n'y trouvons ni le serpent qui entoure ordinairement ces sortes de figures, ni les riches accessoires dont est accompagnée la belle et grande statue transportée du mithræum d'Ostie à la bibliothèque du Vatican[3]. Un seul de ces accessoires, la pomme de pin, se retrouve ici; les pieds de la petite

---

[1] Ce bas-relief a été publié à Rome en 1720, par Oliva, avec les commentaires de Silvestri et les dissertations épistolaires de Lancisi et de Cariofilo, dans le recueil peu commun qui porte le titre suivant : *Comit. Camill. Silvestrii in ana-* *glyph. græc. interpret. posth. cui accedunt, etc.* 1 vol. in-8°, fig.

[2] Voyez *Explor. scientif. de l'Algérie*, Archéologie, pl. XVI, nᵒˢ 9 et 10.

[3] Voyez mon Atlas, pl. LXX.

statue reposent entre deux cônes de cette espèce, sur un soubassement taillé en gradin. Les deux oreilles de la tête de lion sont implantées droites sur le front, comme celles d'un chat. Le corps de Mithra est vêtu d'une espèce de dolman très-court placé par-dessus une tunique qui descend jusqu'aux genoux. Les jambes restent nues, et les pieds sont enfermés dans une chaussure de forme asiatique.

Cette statue a été déposée au musée de la ville d'Alger. Elle porte ainsi à douze seulement, si mes renseignements sont exacts, le nombre des monuments de ce genre que renferment les collections publiques ou particulières d'antiquités formées en Europe et en Algérie.

CHAPITRE VI.

MITHRA IMMOLANT UN TAUREAU.

Lorsqu'en l'année 1828 je publiai mes observations sur le grand bas-relief qui, du mithræum pratiqué dans les flancs du mont Capitolin, est passé à la villa Borghèse, et de là au musée du Louvre [1], j'eus à rétablir la signification qu'il convient d'attribuer au sacrifice accompli par Mithra sur ce précieux bas-relief, comme sur tous les autres monuments de cette catégorie. Je montrai que, faute d'avoir connu le véritable sens de la formule NAMA·SEBESIO, qui, là, se lit auprès du poignard plongé dans la poitrine du taureau, et faute aussi d'avoir compris que, dans ce sacrifice, le taureau est le symbole de la vie matérielle et de la génération, on s'était mépris sur l'idée très-élevée qu'exprime l'action accomplie par Mithra. Je fis voir que ce dieu, modèle proposé par Ormuzd aux mortels qui aspirent au salut de leur âme, remplit la fonction de médiateur, de rédempteur et de sauveur, en offrant à Ormuzd, pour le rachat du péché de Meschia et Meschiané, premier couple humain, le sacrifice de la vie matérielle, sous le symbole du taureau, enseignant par là aux hommes pieux qu'ils doivent chaque jour faire le sacrifice de leurs passions charnelles, c'est-à-dire soumettre à la domination de leur âme la constitution physique de leur corps. Cette interprétation, je suis heureux de le dire, obtint l'assentiment des juges les plus compétents. Mais je ne dois pas omettre d'ajouter que, dans le même mémoire où je la proposais, je commis l'erreur de confondre avec les images de Mithra immolant un taureau une série de monuments romains où une déesse est représentée dans l'attitude aussi d'immoler un animal de même espèce. Une telle erreur était d'autant plus grave que je la partageais alors avec tous mes devanciers, et que, depuis, personne ne l'a relevée, si ce n'est moi-même, dans un mémoire postérieur

---

[1] *Nouvelles observations sur le grand bas-relief mithriaque de la collection Borghèse, actuellement* au musée royal de Paris. Paris, 1828, 43 pag. in-4°, avec une planche.

83.

qui fait partie de mes Recherches sur Vénus [1]. Méconnaissant la Vénus-Uranie des Grecs sous les traits de la déesse qui sacrifie un taureau, on désignait celle-ci tantôt sous le nom de *Victoire immolant un taureau*, tantôt sous celui de *Victoire mithriaque*, tantôt enfin sous le nom d'une prétendue déesse *Mitra*, que jamais l'antiquité ne connut. Ces fausses dénominations, à l'insu de ceux qui les avaient inventées, ont du moins servi à établir une présomption en faveur d'une restitution que je m'étonne encore aujourd'hui d'avoir été le premier à proposer. D'une part, elles reconnaissent aux figures dont j'entends parler le caractère d'une divinité toujours victorieuse, toujours invincible, comme le sont Vénus et Mithra, selon les dogmes religieux des Assyriens, des Phéniciens et des Perses. D'autre part, elles confessent hautement l'identité de pensée et d'intention qui se révèle dans des représentations figurées dont les unes nous montrent, dans une attitude particulière, une déesse immolant un taureau, le mufle élevé vers le ciel [2], et dont les autres offrent à nos yeux, dans la même attitude, le dieu Mithra sacrifiant de sa main un taureau qui toujours aussi a le mufle élevé vers le ciel [3]. Deux fragments de frise antique, restés jusqu'alors sans interprétation, et déposés, l'un à la villa Panfili, l'autre au musée royal de Berlin, ont prêté à mon opinion un solide appui. Je rappellerai brièvement ici que, sur la première de ces deux frises [4], Vénus-Uranie accomplit le sacrifice du taureau en présence de deux lions placés auprès de l'autel du feu, et entourée de divers symboles ou accessoires très-expressifs, qui concourent à lui donner, comme à Mithra, un triple caractère : elle est tout à la fois reine du ciel, de la terre, et reine des enfers. Sur la seconde frise, Éros ou l'Amour, un genou appuyé sur le dos d'un taureau, tient d'une main le mufle de l'animal élevé vers le ciel, et de l'autre plonge un couteau dans le corps de la victime, au même endroit précisément où sur plusieurs monuments on voit tantôt Vénus-Uranie, tantôt Mithra enfoncer l'instrument du sacrifice. Placés auprès de ce groupe, un autel allumé et un autel chargé de pommes, l'emblème de la génération, achèvent d'établir entre le sujet du fragment de frise de la villa Panfili et le sujet du fragment de Berlin une conformité de pensées et de symboles que ne peut contester le critique le plus exigeant. Depuis la publication de ces deux monuments, j'ai reçu de

---

[1] Voyez *Mémoire sur le taureau et le lion considérés comme symboles caractéristiques de Vénus, en Orient et en Occident*, p. 168 et suiv.

[2] *Recherches sur Vénus*, Atlas, pl. VIII, n° 1 ; pl. IX, pl. X, pl. XI, n°ˢ 1-8; pl. XII, n° 1; pl. XIII, n°ˢ 3 et 4, et pl. XIV.

[3] Atlas des *Rech. sur Mithra*, pl. LXXV et suiv.

[4] *Recherches sur Vénus*, Atlas, pl. VIII, n° 1.

Naples, grâce à l'obligeance de feu M. Avellino et de M. le duc de Luynes, le dessin d'un troisième fragment de frise, non moins intéressant. Celui-ci se conserve au musée des *Studii*, et représente, comme le second, l'Amour immolant un taureau, le genou appuyé sur le dos de l'animal symbolique. Bien supérieur au fragment du musée de Berlin, il se rapproche plus que ce dernier du fragment de la villa Panfili, soit par son style et son travail, soit par les trois têtes et les trois figures humaines dont est décoré l'autel du feu qu'on y remarque, soit enfin par les têtes et les griffes de lion qui ornent aussi cet autel. La planche XIV *A* de mes Recherches sur Vénus reproduit, sous le n° 1 0, cet élégant fragment de frise. J'en donne une description détaillée dans la portion du texte de cet ouvrage qui n'est pas encore livrée à l'impression. Mais c'est sans doute ici le lieu de faire remarquer que, si ce fragment et celui de Berlin établissent un rapport intime entre Éros ou l'Amour accomplissant, comme sa mère, le sacrifice du taureau, et Mithra accomplissant le même sacrifice, ce rapport nous était déjà révélé par le nom même du dieu des Perses, qui exprime, je l'ai dit plus haut, l'idée de parole et de génération, en même temps qu'il signifie aussi *ami* et *amour*. Ajoutons que, sur des monuments romains consacrés à Mithra, nous allons retrouver l'autel du feu[1], les lions[2], les pommes[3] et le raisin[4], qui occupent une place si importante dans la composition des frises que je rapporte au culte d'Aphrodite-Uranie ou au culte de l'*Amour céleste*[5], et dans la composition aussi de plusieurs autres monuments rattachés par tous les archéologues au culte de Vénus et de son fils.

Parmi les sculptures romaines qui représentent Mithra immolant un taureau, il faut distinguer trois types, je l'ai déjà annoncé. Ils sont en rapport, astronomiquement parlant, avec la théorie primitive de la descente et de l'ascension des âmes par les portes du ciel; et ils m'autorisent à établir les trois subdivisions suivantes, sans tenir compte de la présence ou de l'absence des deux assesseurs lampadophores dont j'ai parlé plus haut et dont il sera souvent question dans la suite de ce chapitre.

[1] Voyez mon Atlas, pl. LXXI, n° 2; pl. LXXIII, n° 1, pl. LXXIX, n°ˢ 1 et 2; pl. LXXXIV, n°ˢ 1 et 2; pl. LXXXVIII; pl. LXXXIX; pl. XCVI, n°ˢ 1 et 2; pl. CII, n°ˢ 1 et 4.

[2] *Ibid.* pl. LXXXIV, n° 2; pl. LXXXVII-CX, pl. XCII, pl. XCVI, n°ˢ 1 et 2; pl. XCIX, n° 3.

[3] Atlas, pl. LXXXVIII, pl. LXXXIX, pl. CII, n° 11.

[4] *Ibid.* pl. LXXV, pl. XCI, pl. CIII.

[5] Ἔρως οὐράνιος. (Voyez mes *Recherches sur Vénus*, p. 232, 233.)

La première comprend les monuments mithriaques romains dont tous les emblèmes ou accessoires susceptibles d'une interprétation astronomique se rapportent exclusivement à l'observation solaire qui sert de base tout à la fois au système théogonique et cosmogonique du *Zend-Avesta*, et au langage symbolique de Zoroastre et des mystères. Les monuments de cette première subdivision étaient donc en harmonie avec l'état astronomique du ciel pendant la période très-reculée qui avait commencé avec l'entrée du soleil dans le signe zodiacal du Taureau, à l'équinoxe du printemps. Ils étaient, par conséquent, en harmonie aussi avec la théorie primitive qui enseignait que les âmes, en descendant sur la terre par *la porte de la lune*, passent par le *signe zodiacal du Lion*, et que les âmes, en remontant au ciel par *la porte du soleil*, passent par *le signe du Verseau*. Ces monuments sont infiniment plus nombreux que ceux dont se composent les deux autres subdivisions. Toutefois, comme aucune statue de Mithra, aucun bas-relief et aucune inscription en son honneur ne remontent à une époque un peu ancienne, je n'infère pas de leur composition que la théorie astronomique primitive qui s'y trouve sous-entendue fût celle que l'on enseignait dans les sanctuaires romains. Loin de là, je me sens disposé à croire que, lorsque les Grecs asiatiques transmirent aux légions romaines les mystères de Mithra, cette théorie entre leurs mains avait déjà subi une modification fondée sur les nouvelles observations astronomiques qui avaient fait reconnaître la conjonction du soleil équinoxial avec la constellation zodiacale du Bélier. Mais probablement, par une sorte de vénération pour les monuments religieux de style archaïque, le type qui rappelait exclusivement la théorie primitive avait continué d'obtenir la préférence dans l'Asie Mineure, comme il continua souvent et longtemps de l'obtenir dans l'empire romain. On doit même supposer qu'un type plus ancien que celui-là n'offrait aucune indication de signe astronomique autre que le taureau immolé. Dans ce cas, le *signe du Scorpion* était sous-entendu, comme il me paraît l'être sur plusieurs monuments romains qui représentent Mithra immolant le taureau, et ne nous montrent ni *scorpion* ni *cancer*. Il en est de même sur le bas-relief romain où nous venons de voir[1] Mithra placé debout sur le taureau; pose asiatique, que je suis porté, je le répète, à considérer comme une réminiscence d'un type antérieur au type de Mithra immolant un taureau et contemporain du type de Mithra léontocéphale. En conséquence, je n'hésite pas

____

[1] Atlas, pl. LXXIV.

à ranger dans la première subdivision des monuments mithriaques qui représentent le sacrifice du taureau non-seulement ceux de ces monuments où
se fait remarquer le signe astronomique du Scorpion, mais ceux aussi où l'on
ne trouve ni scorpion ni cancer.

L'adoption de la nouvelle théorie donna naissance à des monuments que
j'appellerai mixtes et qui forment la deuxième subdivision. Ceux-ci nous
offrent à la fois des emblèmes ou accessoires qui se rapportent à la théorie
primitive et un signe caractéristique, le *Cancer*, qui appartient à la nouvelle
théorie.

Enfin dans la troisième subdivision se range un très-petit nombre de monuments où le *signe du Scorpion* disparaît, ne laissant plus d'autre trace de la
théorie primitive que le groupe de Mithra et du taureau; il est remplacé par
le *signe du Cancer*, qui, je le répète, se rapporte à une théorie fondée sur l'observation de l'entrée du soleil équinoxial dans le signe zodiacal du Bélier.

C'est en me conformant à ces trois subdivisions que je vais successivement
décrire et chercher à interpréter tous les monuments romains connus jusqu'à
ce jour qui représentent Mithra immolant un taureau. Le lecteur approuvera,
j'ose l'espérer, que, sans m'astreindre à suivre un ordre chronologique déterminé soit par le style, soit par une inscription, je passe premièrement en
revue les monuments qui, dans une même subdivision, peuvent, mieux que
les autres, répandre quelque lumière sur l'histoire du culte romain de Mithra,
sur les modifications qu'il éprouve pendant les quatre premiers siècles de l'ère
chrétienne, et sur la composition des divers modèles que les légions romaines
apportèrent de l'Asie Mineure en Occident.

N° 1 [1]. A plus d'un titre, le premier monument qu'il convient de placer en
tête de cette série doit être le grand bas-relief qui de la villa Borghèse est
passé au musée du Louvre, où il est un des beaux ornements de la salle dite
des Quatre-Saisons. Ce fut entre les années 1545 à 1551 que Smetius ou
Smet, antiquaire hollandais, le vit à Rome, au fond d'une grotte ou d'un
temple souterrain pratiqué dans le mont Capitolin, au-dessous même du Capitole. Il aurait facilement sans doute reconnu Mithra dans cette sculpture
romaine, lors même que la partie de l'inscription qui est gravée sur le flanc
droit du taureau immolé par ce dieu ne lui aurait pas offert ces mots:
DEO·SOLI·INVICTO·MITRHE [2]. Voici en quels termes il décrit le mo-

---

[1] Atlas, pl. LXXV. — [2] *Sic.*

nument[1] : « A Rome, sous l'église d'*Araceli*[2], dans cette partie du Capitole qui
« regarde le nord, il y a un temple souterrain dans lequel se trouve une su-
« perbe figure de Mithra, d'un travail très-élégant. Elle ressemble à celle des
« autres bas-reliefs de Mithra, mais celui-ci est infiniment plus grand. Plu-
« sieurs parties en ont été mutilées; la tête manque notamment. De chaque
« côté est placé un personnage au-dessus duquel on voit une étoile. Ces
« figures représentent l'Orient et l'Occident. Sur le cou du taureau on lit ces
« mots, que je crois être persans :

« NAMA · SEBESIO

« Sur le ventre du taureau on trouve ceux-ci :

« DEO · SOLI · INVICTO · MITHRE

« et beaucoup plus bas, ces fragments de lettres :

« ....NAR....NE CS. »

Peu d'années après Smetius, un autre antiquaire hollandais, non moins célèbre, Pighius, vint s'établir à Rome, où il fit un premier séjour de huit années consécutives. Il visita la grotte du Capitole, et, frappé de l'importance du
bas-relief dont elle était décorée, il le dessina lui-même, et se trouva ainsi
dispensé d'en faire une description écrite. Son dessin se conserve parmi ceux
de ses papiers manuscrits que possède la Bibliothèque royale de Berlin. Il
porte en tête ces quatre mots autographes : *In cripta*[3] *subterranea Capitolina*,
« dans la crypte souterraine du Capitole. » Grâce à la complaisance extrême
de M. le professeur Uhden et de M. Charles Michelet, j'ai reçu de Berlin, il
y a bien des années, un calque pris par M. Uhden lui-même sur le dessin de
Pighius. Ce calque m'a permis de constater que le dessin représente réellement
le grand bas-relief du musée du Louvre et qu'il a servi à la gravure placée
par Beger à la page 97 dè son Spicilége d'antiquité[4].

La description de Smetius, tout incomplète qu'elle est, mais rapprochée du
dessin de Pighius publié par Beger, établit donc que le bas-relief qui de la

---

[1] *Apud* Just. Lips: *Inscript. antiq.* p. 21, n° 15.
— Gruter, *Inscr. antiq.* p. xxxiv, n° 6.

[2] Montfaucon (*Diar. italic.* p. 172) nous dit
que l'église de Notre-Dame d'*Araceli* est érigée
sur le mont Capitolin, à l'endroit même où,
selon quelques-uns, s'élevait anciennement le
temple de Jupiter.

[3] *Sic.*

[4] *Spicilegium antiquitatis, etc.* Colon. Brandenburg. 1692 ; 1 vol. in-fol.

villa Borghèse a été transporté dans la salle des Quatre-Saisons, au musée du Louvre, est le monument même que du temps de Smetius et de Pighius on voyait dans le mithræum souterrain du mont Capitolin. Toutefois, pour achever de dissiper les doutes qui pourraient encore rester sur ce point, je rapporterai ici trois autres témoignages que leur naïveté met à l'abri de tout soupçon, et qui viennent singulièrement fortifier ceux de Smetius et de Pighius.

Le premier de ces témoignages ressort d'un passage extrait, par mon savant ami M. le chevalier Jean-Baptiste de Rossi, d'un manuscrit qu'il a retrouvé. L'auteur y parle du bas-relief de la grotte du mont Capitolin en termes qui se rapportent certainement à notre monument mithriaque, et qui ont de plus le mérite de nous montrer que, si l'origine persique du culte de Mithra a été bien connue des Pères de l'Église, la tradition relative à cette origine s'était transmise d'âge en âge jusqu'au xve siècle, époque à laquelle écrivait l'auteur du manuscrit, car il désigne le dieu Mithra par cette dénomination ethnique : *Il Perso.*

Le P. Montfaucon, étant à Rome en 1698, eut l'occasion, je l'ai dit plus haut, d'examiner les papiers manuscrits de Flaminio Vacca. Parmi les détails précieux qu'il y trouva sur un grand nombre de monuments antiques qui jusqu'en 1594 avaient été découverts à Rome, le savant Bénédictin remarqua et transcrivit ceux qui se rapportent au mont Capitolin et à la place dite *du Capitole.* «Cet habile sculpteur, raconte-t-il[1] en parlant de Flaminio Vacca et «de ses notes manuscrites, nous apprend une chose singulière, c'est qu'autre-«fois il existait sous le Capitole un chemin souterrain qui de l'arc de triomphe «de Septime-Sévère conduisait de plain-pied au revers opposé de la montagne, «dans l'endroit où est situé maintenant l'escalier de l'*Araceli.* Ce chemin a été «depuis comblé par d'immenses débris de ruines.» Après ce préambule, Montfaucon cite les paroles de Flaminius Vacca lui-même : «Je me rappelle, dit ce «sculpteur, qu'étant encore enfant, je vis, sur la place du Capitole, une «ouverture qui ressemblait à un gouffre. Quelques personnes qui y étaient «entrées racontaient qu'on y voyait une femme portée sur un taureau. Je «causai plusieurs fois de cette circonstance avec mon précepteur, Vincent de «Rossi, et j'appris de sa bouche qu'il s'était introduit lui-même dans ce «gouffre, qu'il y avait vu sur un bas-relief en marbre l'histoire de Jupiter et «d'Europe, et que ce bas-relief était fixé à un mur, de l'autre côté du chemin

----

[1] *Diar. italic.* p. 170.

« qui conduisait de plain-pied de l'arc de Septime-Sévère au bout de l'esca-
« lier de l'Église d'*Araceli*, à travers la montagne qu'on avait percée. Si main-
« tenant ce chemin est comblé et mis de niveau avec le reste de la montagne,
« on ne peut s'en étonner, lorsque l'on considère la quantité énorme de débris
« qui s'est détachée des édifices antiques du Capitole. »

« Le bas-relief cité par Flaminius Vacca, reprend Montfaucon, ne représen-
« tait point, je pense, Europe et Jupiter, mais bien Mithra placé sur un tau-
« reau, comme doit le faire présumer le souterrain obscur où se trouvait ce
« monument; car c'était l'usage de placer Mithra dans des grottes et dans des
« lieux cachés. » Ces paroles prouvent clairement que le savant antiquaire français n'avait point eu connaissance des observations de Smetius, ni de celles de
Pighius.

Quant au récit de Rossi et de Vacca, il nous montre que les antiquaires
romains du xvie siècle étaient tellement prévenus de l'idée que le mont Capitolin avait été exclusivement consacré à Jupiter, qu'ils n'avaient pas songé à
chercher dans les figures du grand bas-relief de la grotte du Capitole une
autre représentation que celle de quelque sujet qui appartînt à l'histoire de
Jupiter. Leur erreur était d'autant plus excusable, qu'à cette époque la figure
de Mithra, ayant été privée de sa tête et du bras qui plongeait le poignard
dans le cou du taureau[1], n'avait plus d'action déterminée, et favorisait, par
ses longs vêtements, l'illusion des antiquaires qui croyaient y voir la représentation d'une femme[2].

Mais il résulte de leur erreur même un témoignage en faveur de la vérité;
et, par sa naïveté, ce témoignage, quoique indirect, confirme cependant,
mieux encore que ne le ferait une nouvelle preuve directe, l'authenticité du
récit de Smetius et de Pighius sur l'existence d'un grand bas-relief mithriaque
au fond de la grotte du Capitole.

L'arrivée à Rome des deux antiquaires hollandais avant l'époque où furent
comblés cette grotte et le chemin souterrain qui y conduisait sera, sans aucun doute, considérée comme une des circonstances les plus heureuses, les
plus importantes pour l'étude d'une histoire aussi peu connue que celle de

---

[1] La tête de Mithra, le bras droit, le poignard et plusieurs autres parties de ce bas-relief ont été restaurés postérieurement.

[2] Une semblable illusion s'est reproduite de nos jours sans pouvoir être aussi facilement ex-cusée : un habile antiquaire anglais m'a assuré qu'il avait vu en Angleterre, dans une collection particulière, un bas-relief mithriaque dont on avait fait, à l'aide de restaurations modernes, l'enlèvement d'Europe.

l'introduction du culte de Mithra chez les Romains. A peine Smetius et Pighius avaient-ils constaté, chacun de son côté, l'existence d'un temple et d'un grand bas-relief consacrés à Mithra sous le Capitole, que les ruines des édifices supérieurs furent employées à combler l'accès de ce temple souterrain[1]. Cet événement, que tous les antiquaires déploreront sous tant de rapports, fut vraisemblablement consommé au plus tard pendant les années 1558 à 1563. A cette époque, Flaminius Vacca avait atteint l'âge de vingt à vingt-cinq ans; et, animé comme il l'était d'un désir ardent pour l'étude des monuments de l'antiquité, il n'aurait pas manqué de visiter lui-même la grotte du Capitole, et d'y chercher le bas-relief qu'y avait vu son précepteur, si cette grotte et le chemin souterrain n'avaient été déjà comblés.

Déjà aussi ce précieux monument avait été retiré de la grotte pour être déposé sur la place du Capitole. C'est là qu'un demi-siècle après, le savant Laurent Pignoria, de Padoue, le vit et en fit la description. A cette époque, l'inscription principale et les accessoires du bas-relief, s'étant trouvés exposés au grand jour, n'avaient plus permis de perpétuer l'erreur qui était généralement accréditée au temps de Rossi et de Vacca; et c'est très-probablement une des circonstances qui doivent avoir le plus contribué à faire oublier ou perdre de vue les traditions et les témoignages relatifs à l'origine si remarquable de cet important monument. Aussi n'ai-je été nullement surpris de n'en trouver aucune mention dans le récit de Pignoria, que je rapporte textuellement ici[2].

« Je vis à Rome, dans l'année 1606, dit-il, un marbre de grande dimension « sur la place du Capitole. Il représentait une grotte des choses mithriaques; « mais il était fort endommagé et usé. Il avait beaucoup de ressemblance « avec l'ensemble de la figure qui a été représentée ci-dessus[3]. Sur le ventre « du taureau on lit ces mots : DEO · SOLI · INVICT · MITRHE. Au bas « du cou on avait gravé ceux-ci : NAMA · SEBESIO, et dans le bas de la

---

[1] Il est très-probable que des fouilles exécutées avec soin dans cet endroit du mont Capitolin procureraient la découverte d'un grand nombre de fragments de monuments antiques.

[2] Voyez ses *Annotazioni all' Imagini del Cartari*, p. 505, éd. 1615.

[3] Pignoria entend parler ici d'un sujet mithriaque que Cartari a fait graver à la page 61 de l'ouvrage intitulé : *Le vere nuove Imagini degli Dei delli Antichi, etc.* In Padoua, 1615, in-4°.

Mais il faut observer que ce sujet mithriaque a été entièrement composé par Cartari lui-même, d'après les deux vers connus de Stace (*Thebaïs*, lib. I, v. 719-720),

     . . . . .Seu Persei sub rupibus antri
      Indignata sequi torquentem cornua Mitram.

et d'après le commentaire de Luctatius sur ce même passage.

« cuisse droite : AMYCVS · SERONESIS. Il y avait deux figures debout de
« chaque côté, mais très-mutilées; et au-dessus de la grotte, un quadrige du
« soleil et un bige de la lune. »

Ces paroles de Pignoria constatent la parfaite identité de ce bas-relief avec
celui que Smetius, Pighius et Rossi avaient vu antérieurement dans le temple
souterrain du Capitole.

Au temps où le savant antiquaire de Padoue habitait Rome, l'influence du
règne de Léon X avait fait pénétrer dans les plus hautes classes de la société
le goût de l'étude des lettres et des antiquités. C'était l'époque où les seigneurs
romains, non contents d'avoir embelli leurs maisons de plaisance des chefs-
d'œuvre dus au ciseau des artistes modernes, commençaient à y réunir les monuments de l'antiquité qui avaient fourni aux sculpteurs du xvi⁰ siècle les modèles les plus parfaits, les inspirations les plus élevées. Le moment approchait
où le bas-relief du Capitole, apprécié à sa juste valeur, ne devait pas rester
plus longtemps exposé sur une place publique à des chances multipliées de
dégradations. Peu d'années après l'époque dont parle Pignoria, l'année 1606,
il fut enlevé de la place du Capitole et transporté au palais Pinciani, plus
connu sous le nom de *villa Borghèse*, et situé à Rome hors de la porte Pin-
ciana. C'est là que l'illustre famille Borghèse formait cette précieuse collection
d'antiquités qui fut, pendant plus de deux siècles, l'objet de nombreuses et
savantes dissertations et le juste sujet de l'admiration des voyageurs de tous
les pays. Une première description, ou plutôt un catalogue très-imparfait de
cette collection, publié par Manilli, en 1650, fait mention du monument dont
nous nous occupons, parmi les quatre grands bas-reliefs qui ornaient la façade septentrionale du palais[1].

En 1808, les monuments de la villa Borghèse furent acquis par le gouvernement français; et depuis cette époque le grand bas-relief mithriaque, qui
n'avait pas cessé de faire partie de cette collection, est devenu l'un des plus
beaux ornements du Musée de Paris[2].

Après avoir ainsi tracé l'histoire du bas-relief de la grotte du Capitole, il
convient de reporter notre attention sur deux circonstances importantes que
présentent les récits de Smetius, de Pighius et de Vacca.

---

[1] Voyez *Villa Borghese descritta da Jacomo Manilli*, Roma, 1650, in-8°, p. 44. L'auteur était
maître de la garde-robe du palais Borghèse. Il
désigne le grand bas-relief mithriaque du Capitole par cette dénomination : *statua grande d' agri-
coltura.*

[2] Il est placé, sous le n° 818, dans la salle
dite *des Quatre-Saisons*.

Premièrement, le lieu où Smetius, Pighius et Rossi avaient vu le monument consacré à Mithra était une grotte ou excavation couvertie en un temple souterrain, et cette grotte avait son ouverture au nord. Tels étaient aussi les usages établis par l'ancienne doctrine orientale des mystères de Mithra. Ces mystères devaient être célébrés exclusivement dans des grottes, et ces grottes devaient avoir leur entrée au nord, leur sortie au midi. Porphyre nous l'apprend expressément[1]; et les localités dans lesquelles on a découvert d'autres monuments mithriaques, à Rome, à Ostie, à Naples, dans les Vosges, à Bourg-Saint-Andéol et ailleurs encore, nous montrent que les Romains, fidèles aux traditions qu'ils avaient reçues, ne célébrèrent les mystères de Mithra que dans des grottes, partout où la nature du sol le leur permit. Ces grottes le plus souvent étaient ouvertes du nord au midi. Une autre remarque qu'il ne sera pas sans intérêt de rappeler ici, c'est que le grand portique de Persépolis est situé au nord. Il sert d'entrée à des édifices qui sont couverts de symboles que je crois pouvoir rapporter au culte de Mithra. Au midi sont placés les tombeaux des rois.

Le second fait sur lequel les récits des antiquaires cités m'engagent à revenir est bien plus important par les conséquences que l'on doit en tirer. En effet, ces auteurs nous apprennent que le temple souterrain de Mithra se trouvait dans le mont Capitolin, immédiatement au-dessous du Capitole, et qu'on y arrivait par un chemin percé à travers la montagne. Ces circonstances, à défaut du témoignage des auteurs de l'antiquité, ne suffisent-elles pas pour attester combien fut puissante, je le répète, la protection qui, au mépris des décrets du sénat et des édits nombreux qui proscrivaient les religions étrangères[2], parvint à établir le culte de Mithra au sein même de la capitale de l'empire, dans le premier de tous les lieux consacrés aux anciens dieux de Rome, dans cette enceinte vénérée où le temple et la statue de Jupiter Capitolin recevaient les hommages les plus solennels? C'est là, sous les auspices du *dieu tout-puissant*, que furent placés le temple et l'image de la nouvelle divi-

---

[1] *De antr. Nymph.* cap. v, vi, xx, xxi, xxii, xxiii, xxiv, xxv, xxvi et xxix.

[2] Le premier de ces édits fut rendu l'an de Rome 327, sous le consulat d'A. Cornelius et de T. Quinctius, selon Tite-Live (*Hist.* lib. IV, cap. xxx). On peut consulter, sur la date des autres édits de ce genre, le livre XXXIX de ce même historien, le traité de Cicéron *De legibus* (l. II,

c. xv), le chapitre de Valère-Maxime *De peregrina religione rejecta* (l. I, c. III), l'ouvrage de Tiedemann intitulé : *Disputatio de quæstione quæ fuerit artium magicarum origo, etc.* Marburgi, 1787, in-4°, p. 56 sqq et la dissertation de M. Müller, *De hierarchia et studio vitæ asceticæ in sacris et mysteriis, etc.* Hauniæ, 1803, in-8°, pag. 21 sqq.

nité. Ainsi se trouvèrent réunis au Capitole le culte de Jupiter et celui de Mithra, comme ils l'avaient été plus anciennement en Phrygie, dans les lieux consacrés à Jupiter Sabazius. Un événement d'une nature aussi grave ne peut être sans doute assimilé à l'introduction furtive de ces autres cultes étrangers qui, toujours repoussés de Rome par des décrets ou des édits, tentèrent, à plusieurs reprises, de s'y introduire sans la protection des lois. Certes, une entreprise telle que le percement du mont Capitolin et la construction d'un temple et d'un chemin dans l'intérieur de la montagne ne saurait être raisonnablement considérée comme une œuvre clandestine. Il y a plus, des travaux aussi importants, aussi dispendieux, ne peuvent avoir été exécutés, dans l'enceinte du Capitole, sans l'aveu préalable de l'autorité, sans sa protection spéciale, sans sa participation même. Ainsi le culte de Mithra, publiquement, solennellement inauguré dans cette enceinte sacrée, se vit, pour ainsi dire, légitimé aux yeux du peuple romain; et, loin d'avoir aucun obstacle à surmonter, les prêtres de la nouvelle divinité purent bientôt, à la faveur d'une protection toute-puissante, attirer dans leurs sanctuaires ce nombre prodigieux de prosélytes qu'atteste la multiplicité des monuments mithriaques trouvés à Rome et sur divers points de l'Empire.

Ce fut sous les premiers Césars, et surtout pendant les règnes de Claude et de Néron, que les mages jouirent à Rome d'une faveur toute particulière. Pline [1] nous représente le dernier de ces deux princes comme entièrement subjugué, dès sa jeunesse, par les cérémonies superstitieuses de ces prêtres étrangers. Tiridate, frère de Vologèse, roi des Parthes, s'étant rendu à Rome, après les longues guerres de Corbulon en Orient, amène avec lui des mages, initie Néron à leurs banquets religieux [2], et lui promet, au moment où il reçoit de ses mains la couronne d'Arménie, de l'adorer comme son dieu, comme Mithra [3]. Enfin Néron, se croyant poursuivi par l'ombre sanglante d'Agrippine et par les Furies armées de leurs torches et de leurs fouets, a recours

[1] *Hist. nat.* l. XXX, c. v, vi.

[2] Plin. *Hist. nat.* l. XXX, c. vi. Nous savons, par le témoignage d'Anquetil du Perron, que chez les Parsis de l'Inde et du Kirman, le grand office nommé *Daroun*, et plusieurs autres offices propres à l'ancienne liturgie persane, sont encore suivis de banquets religieux auxquels président les prêtres, et qu'on appelle *Djaschmés*. L'office *Daroun* et ces *Djaschmés* se célèbrent aux

fêtes solennelles, et notamment le jour *Mithra* du mois *Mithra*. (Voyez *Zend-Avesta*, t. II, pag. 573 et 576.)

[3] ......καὶ ἦλθόν τε πρός σε τὸν ἐμὸν Θεόν, προσκυνήσων σε, ὡς καὶ τὸν Μίθραν. Dion. Cass. *Hist. roman.* t. IV, l. LXIII, § 5. — Les extraits de Dion Cassius que M. l'abbé Maio a retrouvés dans les manuscrits palimpsestes de la bibliothèque du Vatican reproduisent ce passage dans

aux cérémonies sacrées des mages pour évoquer les mânes de sa mère et chercher à les apaiser[1].

Mais l'introduction du culte de Mithra à Rome datait certainement d'une époque bien antérieure au règne de ce prince et des premiers Césars; car Plutarque[2] rapporte que les Romains avaient adopté ce culte pendant la guerre de Pompée contre les pirates de Cilicie, c'est-à-dire vers les années 70 à 68 avant Jésus-Christ; et on doit remarquer d'ailleurs qu'à des époques beaucoup plus anciennes que cette guerre, les fréquentes expéditions des Romains dans la Cilicie et dans quelques autres provinces de l'Asie Mineure avaient dû déjà leur faire connaître le culte de Mithra, qui s'y était établi depuis longtemps, ainsi que je l'ai dit précédemment; et c'est sans doute bien plus au séjour prolongé qu'ils firent dans ces pays qu'à leurs relations particulières avec les pirates de Cilicie, qu'on doit attribuer l'introduction de la religion mithriaque parmi eux.

Toutefois il paraît certain que ce culte mystérieux resta longtemps pratiqué au sein seulement des légions romaines qui avaient fait la guerre en Asie. Il ne commença à s'étendre, en Occident, dans l'empire romain, et à Rome en particulier, que dans le premier siècle de notre ère, et ne fut très-répandu que sous le règne des Antonins. Le plus ancien monument qui nous soit resté de ce culte, chez les Romains, est une inscription lapidaire qui ne remonte qu'au temps de Tibère, et qui de Rome a été transportée à Naples et déposée successivement au musée Farnèse et au musée Bourbonien[3]. Aussi voyons-nous Cicéron, dans son traité sur l'essence ou la nature des dieux[4], et ailleurs, faire mention de la plupart des divinités grecques ou romaines, des mystères et des initiations, sans prononcer le nom de Mithra. Néanmoins le culte de ce dieu se perpétua chez les Romains jusqu'à la fin du IVe siècle[5], et fut, du-

---

les mêmes termes, mais avec une légère différence de construction. (Voyez *Script. veter. nova Collectio*, Romæ, 1827, t. II, p. 213.)

[1] «.....Neque tamen conscientiam sceleris, «quamquam et militum et senatus populique «gratulationibus confirmaretur, aut statim aut «unquam postea ferre potuit (*Nero*), sæpe con-«fessus exagitari se materna specie verberibus-«que Furiarum ac tædis ardentibus. Quin et, facto «per magos sacro, evocare manes et exorare ten-«tavit.» (Suecton. *Nero*, cap. xxxiv, ed. Baumgarten-Crusius.)

[2] In *Vit. Pomp.* § 24.

[3] On en trouvera plus loin une copie exacte, qui est due aux soins d'un très-habile épigraphiste, M. Mommsen. (Voy. ses *Inscript. lat. regn. Neapolit.* n° 6864.)

[4] Ce traité fut écrit vers l'an 44 avant la naissance de Jésus-Christ.

[5] Un bas-relief mithriaque, coulé en verre et trouvé à Rome, porte une date consulaire qui répond au 1er mars 391 de l'ère chrétienne (voyez mon Atlas, planche LXXXVIII). On ne connaît, ce me semble, aucun autre monument

rant cet espace de temps, l'obstacle le plus puissant que rencontra l'établissement de la religion chrétienne. Déjà l'ancien paganisme, décrié, abandonné partout, n'offrait plus aucune résistance : le mithriacisme seul, debout au milieu des ruines de cet ancien paganisme, semblait lutter à forces égales avec le christianisme. Déjà la foule avait déserté les temples des divinités de Rome les plus anciennes, les plus révérées, et le sang des victimes fumait chaque jour encore sur les autels et dans les antres de Mithra. Enfin, la chute du temple de Jupiter Capitolin est à peine remarquée dans l'histoire de l'établissement du christianisme : la destruction des grottes de Mithra, à Rome et à Alexandrie d'Égypte, fut célébrée, par les défenseurs de l'Église et par les historiens ecclésiastiques, comme une victoire décisive pour le triomphe de la religion chrétienne. Déjà nous avons vu, par un passage cité de la lettre de saint Jérôme à Læta, quelle importance il attachait à la destruction de la grotte de Mithra, à Rome, et avec quelle chaleur il rappelle le service que rendit au christianisme Gracchus, préfet de la ville, par les ordres de qui le mithræum fut détruit. Ce même événement, qui dut marquer l'année 376 ou 377[1], est décrit avec plus d'emphase et non moins d'enthousiasme, dans ces vers de Prudence :

> Non Paulinorum, non Bassorum dubitavit
> Prompta fides dare se Christo, stirpemque superbam
> Gentis patriciæ venturo attollere seclo.
> Jam quid plebicolas percurram carmine Gracchos,
> Jure potestatis fultos, et in arce senatus
> Præcipuos, simulacra deum jussisse revelli,
> Cumque suis pariter lictoribus omnipotenti
> Suppliciter Christo se consecrasse regendos[2]?

Les passages qu'on vient de lire semblent ne pouvoir s'appliquer qu'à la grotte du Capitole dans laquelle Smetius, Pighius et Rossi avaient vu le grand bas-relief de Mithra qui fait le sujet de cette dissertation; et l'on doit s'étonner sans doute qu'aucun antiquaire n'en ait encore fait la remarque. Plusieurs monuments mithriaques ont été, il est vrai, trouvés à Rome, dans

---

figuré du culte de Mithra qui fasse mention d'une date plus récente. Parmi les inscriptions mithriaques datées, on n'en cite non plus aucune que nous puissions faire remonter au delà de l'année 83g.

[1] Tillemont, *Hist. des emper.* t. V, p. 143, 146.

[2] Les commentateurs de Prudence n'ont fait aucune difficulté de reconnaître que ces vers se rapportent au même fait que celui qui est exposé dans le passage cité de saint Jérôme.

d'autres localités; mais ne doit-on pas conclure du silence de saint Jérôme sur leur destruction particulière qu'il n'attachait d'importance qu'au renversement du temple principal de Mithra, temple dont la ruine devait nécessairement entraîner celle des autres? Peut-on douter que le *mithræum* souterrain du Capitole ne fût considéré, par sa seule position, comme le véritable siége du culte de Mithra à Rome? Serait-il même permis de supposer que ce n'est point contre ce temple que fut dirigé le zèle dont Gracchus était animé en faveur de la religion chrétienne?

Il est heureux sans doute pour l'étude de l'antiquité et des religions profanes, que les ordres de ce préfet de Rome n'aient pas été exécutés aussi complétement que le pensait saint Jérôme. Au milieu de la précipitation et du désordre inséparables d'une opération telle que la destruction ordonnée par Gracchus, on se borna à mutiler les parties les plus saillantes du bas-relief de la grotte du Capitole, on spolia le temple souterrain, on en détruisit tous les accessoires, et probablement on en obstrua l'entrée. Mais on ne tira point le grand bas-relief lui-même hors de la grotte, déplacement qui, à la vérité, aurait exigé des machines et beaucoup de temps. C'est très-probablement à cette dernière circonstance que nous sommes redevables de la conservation d'un monument qui, malgré les mutilations et les dégradations qu'il a éprouvées, doit encore être considéré comme l'un des plus précieux chefs-d'œuvre que nous ait légués l'antiquité romaine.

Ce bas-relief est taillé dans un seul bloc de marbre grec, de 2ᵐ,61 environ de hauteur[1], sur 2ᵐ,82 environ de largeur[2], dimensions très-supérieures à celles de tous les autres monuments connus de Mithra. Les figures et la plupart des accessoires sont sculptés en *haut-relief*. Le sujet se divise en deux parties principales : l'une supérieure, qui représente la région céleste; l'autre inférieure, qui figure le fond d'un *spelæum* ou grotte, symbole du monde terrestre, selon la doctrine antique,

Au milieu de la région céleste on voit trois pins, de l'espèce orientale appelée pin d'Alep[3]. Cet arbre toujours vert, emblème de vie et d'immortalité, comme le cyprès pyramidal, était consacré, en Orient et en Occident, à Vénus, à Cybèle et Atys, à Bacchus. Sa présence sur un monument dédié à Mithra fournit donc ici, de même qu'ailleurs le cyprès pyramidal[4], une double preuve de la

---

[1] 7 pieds 10 pouces, ancienne mesure.

[2] 8 pieds 5 pouces 6 lignes.

[3] *Pinus alepensis* Linn. Cette espèce croît en

forêts, non-seulement dans la Syrie, mais aussi dans l'Asie Mineure.

[4] Voyez mes *Recherches sur le culte du cyprès*

communauté d'origine et d'attributs qu'une antique théologie avait établie entre la divinité tutélaire des Assyriens et la divinité tutélaire des Perses. Placés au nombre de trois sur notre bas-relief, comme ils le sont aussi sur des monuments consacrés à Vénus[1], et comme le sont les cyprès plantés dans la région céleste, sur la face antérieure du grand bas-relief de Heddernheim[2], les pins font peut-être allusion au dogme du *Zend-Avesta*[3] qui assigne à Mithra une place dans le ciel, entre le soleil et la lune; en ce cas ces deux astres, de même que ce dieu, seraient représentés ici sous la forme symbolique d'un pin; ou bien les trois pins rappelaient aux initiés que Mithra est revêtu du triple caractère de roi du ciel mobile, roi des vivants ou de la terre, et roi des morts ou des enfers. Cette dernière interprétation, qui n'exclut pas l'autre, si l'on ne perd pas de vue le sens spirituel attaché aux dénominations de *porte de la lune* et de *porte du soleil*, peut paraître préférable lorsqu'on remarque que déjà ces deux astres sont figurés aux extrémités du tableau où se voient les trois pins. En effet, à la droite de ces arbres, le soleil, représenté sous une forme humaine, est placé debout sur un quadrige dont le mouvement est ascendant et se dirige d'orient en occident[4]. Le char est précédé par un génie qui marche dans la même direction, portant des deux mains un flambeau élevé.

A la gauche des trois pins, la lune, également représentée sous la forme humaine, est placée sur un bige qu'elle dirige vers l'occident, et qui suit la pente inclinée que forme la voûte de la grotte à cette extrémité du tableau. En avant de ce bige marche un autre génie, tenant un flambeau baissé vers la terre. On a pris, avec raison, ce génie pour Hesper ou Vesper, et celui qui précède le soleil, pour Phosphore ou Lucifer.

Au-dessous des objets que nous venons de décrire, règne l'espèce de corniche ou d'avancement qui résulte de la coupe d'une grotte creusée dans des rochers. Mithra occupe le milieu de cette grotte, coiffé du bonnet phrygien et vêtu du *candys*[5], du *sadéré* ou tunique courte des Perses, et du pantalon oriental, nommé *anaxyris* ou *sarabara* par les Grecs. Il est placé sur le tau-

---

pyramidal, insérées dans les *Mém. de l'Acad. des inscr.* nouv. série, t. XX, 2ᵉ partie, p. 141-143, 272-282; pl. IX et pl. XV. Voyez aussi mon Atlas, pl. LXXV.

[1] Voyez mes *Recherches sur Vénus.*

[2] Atlas, pl. XC.

[3] *Zend-Avesta,* t. II, p. 13.

[4] Il ne faut pas oublier que la grotte est censée ouverte dans la direction du nord.

[5] Espèce de manteau ou chlamyde qui flotte derrière les épaules.

reau, dans l'attitude ordinaire, le genou gauche plié et appuyé sur le dos du taureau, la jambe droite tendue le long de la cuisse et de la jambe droite de l'animal. De la main gauche il tient le mufle du taureau élevé vers le ciel; de l'autre, il lui enfonce dans le cou un poignard, au-dessous duquel sont gravés ces deux mots : NAMA·SEBESIO.

Sur le flanc de l'animal, au-dessous du bord de la tunique et du genou gauche de Mithra, on voit écrit sur une seule ligne :

DEO·SOLI·INVICTO·MITHRE[1].

Plus bas on aperçoit les traces confuses d'une autre ligne dont il ne reste aucune lettre visible; plus bas encore, on distingue, sur une troisième ligne très-endommagée, les seules lettres E..OS; et enfin, sur la cuisse droite du taureau, on lit les trois lignes suivantes :

AMYCVS·SERONESIS·
M·ANTONIVS·AL
TERIVS·

Un scorpion pince avec ses deux serres les testicules du taureau, et dirige contre ces mêmes parties le dard venimeux dont sa queue est armée, tandis qu'un serpent se glisse le long du ventre de l'animal, cherchant à se rapprocher des gouttes de sang qui découlent de la plaie dans laquelle est enfoncé le poignard de Mithra. C'est vers cette même plaie qu'un chien, placé sur une partie du poitrail du taureau, dirige sa tête.

Plusieurs parties du corps du serpent, et notamment la tête et le cou, sont modernes. J'ignore si ces restaurations ont été exécutées d'après des données certaines; mais ce qui me porterait à en douter, c'est que la gravure publiée par Beger[2], d'après le dessin de Pighius, représente ce serpent remontant le long de l'épaule droite du taureau, et portant sa tête presque à la hauteur de celle du chien. Les dégradations qu'ont éprouvées l'épaule et le genou droits du taureau sembleraient en effet permettre de supposer qu'elles ont été occasionnées par l'arrachement ou la fracture de la partie supérieure du serpent,

---

[1] L'O qui termine le mot INVICTO est moderne. Cette lettre est simplement tracée au pinceau sur une plaque de mastic qui recouvre quelques dégradations du marbre. Au temps de Pignoria, l'O antique avait déjà disparu. (Voyez l'inscription telle qu'elle est rapportée par cet auteur à la suite de l'ouvrage de Cartari, cité plus haut, p. 667.)

[2] *Spicileg. antiquit.* p. 97.

et que ce serpent était réellement dans la position où nous le voyons sur la gravure de Beger. Si l'on considère que cette gravure représente le monument
dans l'état de dégradation où il était au temps de Pighius, c'est-à-dire avant
qu'il eût subi aucune restauration, on devra même présumer qu'à cette époque
le serpent n'avait point encore été brisé.

Quelques auteurs, notamment Montelatici, Philippe de Torre, Montfaucon, etc. ont substitué un crabe ou cancer au scorpion qui pince les testicules
du taureau. Ce scorpion est cependant assez bien caractérisé sur le marbre
pour que la plus légère attention eût pu leur faire éviter cette méprise; et
j'ajouterai d'ailleurs qu'il est parfaitement conservé.

Au-dessus de l'extrémité du *candys* ou manteau de Mithra, dans un des
enfoncements qui résultent de l'arrangement des rochers de la voûte du *spelæum*, et très-près du plan sur lequel roule le quadrige du soleil, on aperçoit
une chouette. Si cet oiseau n'était pas une restauration moderne, notre bas-
relief serait le seul monument mithriaque connu où le corbeau eût été remplacé de cette façon. Pighius, dans le dessin dont j'ai un calque sous les yeux,
nous montre que de son temps l'oiseau sculpté sur ce bas-relief était non une
chouette, mais un corbeau. Vers la fin du xvie siècle, par un accident quelconque, cet oiseau, ayant été brisé, fut arbitrairement remplacé par une
chouette. Montelatici, en 1700, constate le fait[1], et n'hésite pas à substituer
à cette chouette un corbeau, dans le dessin qu'il publie avec la description
de la villa Borghèse. Remarquons, à ce sujet, que parmi les quatorze gravures[2] connues qui représentent le grand bas-relief dont nous nous occupons, celle qu'a publiée M. Bouillon[3] en 1825 était, jusqu'au moment où a
paru la planche qui accompagne ma dissertation citée, la seule où le corbeau

---

[1] *Villa Borghèse, etc.* p. 165.

[2] Il convient cependant de faire observer ici
que ces 14 gravures se réduisent de fait à 4 seulement : 1° celle que Beger (*loc. supra cit.*) a publiée, en 1692, d'après le dessin manuscrit de
Pighius; 2° celle qui accompagne la description
de la villa Borghèse, publiée à Rome, en 1700,
par Montelatici; 3° celle qu'on trouve dans l'ouvrage de dom Martin, intitulé : *Explication de
div. monum. singuliers, etc.* Paris, 1739, pl. VI,
p. 231; et 4° celle de M. Bouillon (*loc. infra cit.*),
qui a paru en 1825. Les gravures de Beger et
de dom Martin n'ont été reproduites dans aucun autre recueil. Celle de Montelatici, au contraire, a servi à l'ouvrage de Philippe de Torre,
intitulé : *Monumenta veteris Antii, etc.* Rome,
1700. Il parut peu de mois après celui de Montelatici. Elle a été ensuite copiée dans l'*Antiquité
expliquée* du P. Montfaucon, t. I, 2° part. pl. CCXVII,
n° 1; et c'est d'après Montelatici, Philippe de
Torre ou Montfaucon que toutes les autres gravures ont été successivement publiées, jusqu'à
celle de M. Bouillon.

[3] *Musée des antiques,* tome II, pl. XVI; sur
cette gravure les proportions de la chouette me
paraissent être trop fortes.

n'eût pas été substitué à la chouette, tant le témoignage de tous les autres bas-reliefs mithriaques avait bien établi que le corbeau est l'oiseau de Mithra.

Je reprends la description de notre monument. Deux génies assesseurs, coiffés du bonnet phrygien et vêtus à l'orientale comme Mithra, à l'exception du *candys*, qu'ils portent tombant sur les épaules et non flottant, sont placés, l'un à la droite du dieu, l'autre à sa gauche. Celui-ci tient de la main droite un flambeau renversé, et de la gauche une grappe de raisin. Le premier porte de la main droite un flambeau élevé; sa main gauche est cachée par les plis du manteau de Mithra, et ne tient point les épis qui terminent la queue du taureau, comme on le voit dans plusieurs gravures. C'est au-dessus de la tête de chacun de ces deux personnages que la description de Smetius indique une étoile. Je n'ai pu en retrouver aucune trace; et je dois dire qu'aucun autre auteur n'en fait mention, qu'aucune gravure ne les indique. Ces deux étoiles auront probablement été effacées par les frottements auxquels il est évident que le monument a été exposé.

Considéré au point de vue de la composition du sujet, il nous montre, comme tous les autres monuments mithriaques romains, qu'il dérive d'un type où des prescriptions hiératiques avaient subordonné l'art grec à un goût et à des idées propres à l'Asie occidentale. Il nous offre de plus quelques particularités qu'on ne retrouve point dans les autres sculptures du même genre. Mais, après toutes les dégradations, toutes les mutilations qu'il a subies, après celles surtout qui ont obligé une main moderne à remplacer, par quatre têtes nouvelles, les quatre têtes antiques de Mithra, de ses deux assesseurs et du taureau, il est difficile d'apprécier à leur juste valeur le style et l'exécution de ce bas-relief. Je me bornerai à dire que si, sous ce double rapport, il n'égale pas deux ou trois autres bas-reliefs que l'antiquité romaine avait consacrés au dieu des Perses, il est néanmoins fort au-dessus de tous les autres. Est-il besoin d'ajouter que, comme tous les monuments mithriaques qui nous sont parvenus, il ne remonte pas au delà de l'époque où, chez les Romains, l'art était en décadence?

La planche LXXV de mon Atlas, gravée d'après un dessin exécuté avec beaucoup de soin sous mes yeux, suppléera aux détails de peu d'importance qui sont omis dans la description que je viens de faire du bas-relief reproduit sur cette planche. Les traits ponctués y indiquent les restaurations principales qu'a subies le monument depuis le milieu du xvie siècle. Je ne me suis pas contenté, pour les faire tracer sur cette gravure, de suivre les indications que

pouvait me fournir celle de Beger, quoique celle-ci ait été exécutée, comme
je l'ai déjà dit, d'après le dessin que Pighius avait fait faire à une époque où
le monument, encore fixé à l'une des parois de la grotte du Capitole, n'avait
subi aucune restauration. J'ai examiné moi-même avec la plus grande attention
et successivement chaque partie de l'original. Cet examen m'a convaincu qu'aucune des gravures publiées jusqu'à ce jour n'a reproduit fidèlement ce bas-
relief[1]. Je ne puis pas même faire d'exception pour ce qui concerne les inscriptions que porte le monument. Il semblerait cependant que, tout en
admettant que des antiquaires aussi érudits que l'étaient Smetius, Pighius,
Pignora, Philippe de Torre, Montfaucon, Zoëga et autres n'eussent pas les
qualités requises pour apprécier l'exactitude d'un dessin d'antiquité sous le
rapport des formes et du style, on devrait du moins attendre d'eux des copies
fidèles des légendes ou inscriptions qui peuvent être gravées sur un monument qu'ils ont vu. Il n'en est pas ainsi, et les détails dans lesquels je vais
entrer sur les inscriptions du bas-relief du Capitole justifieront pleinement
mon assertion.

Ces inscriptions, comme on a pu le remarquer déjà, sont toutes placées
sur le corps du taureau. La première est gravée sur le cou de cet animal
symbolique, immédiatement au-dessous de la plaie dans laquelle est enfoncé
le poignard de Mithra; elle se compose de deux mots seulement : NAMA·
SEBESIO.

Les observations que le mot zend ou persique *nama* m'a déjà donné lieu de
faire nous autorisent à traduire NAMA·SEBESIO par *prière* ou *gloire à
Sebesius*. Et en effet, quel autre sens pourrait être plus raisonnablement attribué à cette formule, si l'on considère que l'épithète *Sebesius* désigne ici *Ormuzd*
ou *Jupiter?* Le témoignage d'Arnobe[2] et celui de Julius Firmicus[3] ne nous
permettent réellement pas de douter que la divinité en l'honneur de qui les
Phrygiens instituèrent les *sabazies* ne fût *Jupiter*. Le culte de ce Jupiter Sabazius ou Sebesius s'était introduit de bonne heure à Rome; et, dès l'année 139
avant notre ère, sous le consulat de Popilius Lænas et de Cneius Calpurnius,

---

[1] La gravure de M. Bouillon (*loc. supr. cit.*),
très-supérieure, pour l'exécution et l'exactitude,
à toutes celles qui avaient été déjà publiées,
n'indique aucune des nombreuses restaurations
du monument, et n'en reproduit pas complète-
ment les inscriptions.

[2] *Advers. gent.* lib. V, § 20, 21 et 22.
[3] *De Errore profan. relig.* p. 426, edit. Var.
— Ajoutez le *Sabazius* fils de *Cronos*, selon
Orphée (*Hymn.* XLVIII), et le *Sabazius* de Strabon (*Geogr.* l. X, § 15).

un édit de Caius Cornelius Hispallus, préteur des étrangers, en avait prononcé l'interdiction. Valère-Maxime, qui nous a conservé le souvenir de cet
événement, classe ce culte particulier parmi les religions étrangères qui furent
repoussées de Rome, et l'attribue nominativement à *Jupiter Sabazius*[1]. Un
grand nombre d'inscriptions latines, d'une époque certainement postérieure à
celle de l'édit de Cornelius Hispallus, et commençant par ces mots : IOVI·
SABAZIO, ont été recueillies par Smetius, Pighius, Gruter, Reinesius et
d'autres savants. Elles prouvent que, malgré cet édit, les sabazies continuèrent
à être célébrées à Rome, et qu'elles le furent en l'honneur de *Jupiter Sabazius*.
J'ai cru devoir insister sur ces diverses circonstances, parce qu'il m'a paru que
quelques auteurs, qui les avaient perdues de vue, ont commis une erreur
grave, en supposant que sur les monuments mithriaques le nom ou l'épithète
Sebesius désignait Mithra lui-même, comme on s'en est quelquefois servi pour
désigner Bacchus.

Je rappellerai à cette occasion que, selon le système théologique de Zoroastre, Mithra est une divinité subordonnée à Ormuzd, le Jupiter des Grecs
et des Romains, et sans cesse occupée à combattre l'ennemi du bien et à implorer la miséricorde d'Ormuzd pour le rachat du péché du premier homme.
Plusieurs passages du *Zend-Avesta*, et notamment de l'Iescht de Mithra, sont
des invocations ou des prières que Mithra, médiateur, adresse à Ormuzd en
faveur des humains. Mais ces invocations, ces prières, pour être efficaces, devaient être accompagnées d'un sacrifice d'expiation, et le sacrifice le plus
digne d'être offert à Ormuzd était celui de la vie. C'est en effet le sacrifice de
la vie que Mithra offre ici à ce dieu suprême sous le symbole du taureau, animal dont le nom, *gueïé*[2], a, dans la langue zende, le double sens de *vie* et de
taureau, ainsi que je crois avoir été le premier à en faire la remarque dans le
mémoire déjà cité. Mithra accomplit ce sacrifice d'expiation en disant, au moment où il immole le taureau : NAMA·SEBESIO, *j'adresse ma prière à Sebesius*, c'est-à-dire à Jupiter ou Ormuzd. Plusieurs habiles antiquaires, et
nommément Saubert[3] et Passeri[4], ont fait observer que, lorsque les anciens
représentaient un sacrifice aux grands dieux, le victimaire tenait constamment

---

[1] « .... Idem, dit Valère-Maxime, qui Sa-
»bazii Jovis cultu simulato mores romanos infi-
»cere conati sunt, domos suas repetere coegit. »
(Lib. I, cap. III, § 2. — Cf. Cicéron, *De legib.*
II, 15.)

[2] Contraction de *gueïéhé*. Voyez le vocabulaire
zend, pehlevi et français d'Anquetil, *Zend-Avesta*,
t. II, p. 452.

[3] *De Sacrific. veter.* cap. XIX.

[4] *Lucern. fictil.* t. I, p. 43 et 75.

la tête de la victime élevée vers le ciel; tandis que, s'il s'agissait d'un sacrifice aux divinités terrestres ou infernales, on dirigeait vers la terre la tête des animaux qui leur étaient immolés [1]. Cette remarque, appliquée au bas-relief du mont Capitolin, où l'on voit, comme sur tous les autres monuments du même genre, Mithra tenant élevé vers le ciel le mufle du taureau qu'il immole; cette remarque, dis-je, achève de démontrer que le sacrifice de Mithra est réellement offert à une divinité d'un ordre supérieur [2], et que je suis fondé à rapporter à Jupiter Sebesius ou Ormuzd l'offrande de ce sacrifice et la formule NAMA · SEBESIO dont elle est accompagnée.

Déjà avant moi, Zoëga, avec sa pénétration d'esprit habituelle, avait compris que, sur les monuments mithriaques, l'immolation du taureau est un sacrifice d'expiation; mais il n'avait donné de cet acte qu'une interprétation incomplète, faute d'avoir connu la signification symbolique du taureau et le vrai sens de la formule *nama Sebesio*, gravée sur le bas-relief du mont Capitolin. L'interprétation nouvelle et plus complète que l'on vient de lire et que j'avais proposée dès l'année 1825 [3], c'est-à-dire bien avant d'avoir eu connaissance du bas-relief à deux faces découvert, en 1826, dans un mithræum souter-

---

[1] Les invocations aux divinités étaient soumises à des règles qui nous rappellent un usage analogue. Lorsqu'on prenait la Terre à témoin, on touchait le sol avec les mains; tandis qu'on les élevait vers le ciel quand on invoquait Jupiter. « ...... cum Tellurem dicit : manibus «terram tangit. Cum Jovem dicit : manus ad cœ- «lum tollit. » (Macrob. *Saturnal.* l. III, c. ix.) — On peut rapprocher de ce passage celui du *Zend-Avesta* (t. II, p. 214) où Mithra *élève ses mains pures vers Ormuzd*, en lui adressant sa prière.

[2] Cette dissertation était composée lorsque les dessins que j'ai reçus d'un bas-relief trouvé, en 1826, dans un temple de Mithra, à Heddernheim, près de Wiesbaden, sont venus confirmer pleinement cette opinion. Ce précieux monument est sculpté sur ses deux faces. On voit sur l'une Mithra immolant un taureau, dans l'attitude ordinaire, c'est-à-dire tenant la tête de l'animal élevée vers le ciel. Mais l'autre face du bas-relief représente le sacrifice d'un taureau offert à Mithra lui-même par les ministres de son culte, et ici le corps et la tête du taureau sont couchés sur le sol. LL. EExc. M. le baron de Damas, ministre des affaires étrangères, et M. le baron de Marschall, ministre dirigeant de la cour de Nassau; M. de Fabricius, chargé d'affaires de cette cour à Paris, et MM. de la Société des antiquaires de Wiesbaden, ont bien voulu mettre une obligeance extrême à me procurer les dessins de ce bas-relief et des autres monuments antiques qui ont été découverts à Heddernheim par les soins de MM. Habel et de Gerning. Je saisis avec empressement l'occasion qui m'est offerte ici de leur en témoigner ma vive reconnaissance. Ces monuments ont été déposés à la bibliothèque de Wiesbaden, qui en est redevable à la munificence éclairée de S. A. S. le duc régnant de Nassau. Ils seront bientôt publiés dans les Annales de la Société des Antiquaires de Wiesbaden, recueil dont la rédaction est confiée à M. Habel, l'un des membres les plus zélés et les plus instruits de cette savante société.

[3] Dans mon mémoire couronné par l'Académie des belles-lettres.

rain, à Heddernheim, près de Wiesbaden, s'est trouvée pleinement justifiée par le témoignage de ce précieux monument. La face antérieure[1] représente, entouré d'accessoires dont je parlerai plus loin avec tous les détails convenables, Mithra immolant de sa main un taureau, dans l'attitude ordinaire, c'est-à-dire tenant élevé vers le ciel le mufle de l'animal symbolique. Sur l'autre face[2] nous voyons, pour la première fois, un sacrifice offert à Mithra lui-même par un prêtre et une prêtresse assistés de deux acolytes. Ici, remarquons-le bien, la victime est aussi un taureau; mais l'animal est couché sur le ventre, le cou allongé et la tête baissée jusqu'à terre.

La formule *nama Sebesio* ne se retrouve, je le répète, sur aucun autre monument mithriaque que le grand bas-relief du Louvre. Elle donne à celui-ci un degré d'intérêt d'autant plus facile à comprendre que ce monument est aussi le seul qui nous ait transmis la preuve écrite et irrécusable de l'alliance du culte persique de Mithra avec les *sabazies* de l'Asie Mineure.

On lit, il est vrai, le mot NAMA sur un groupe mithriaque de la villa Giustiniani[3]. J'en ai fait plus haut la remarque, et j'ai dit que là, selon toute probabilité, ce mot, placé à côté d'un poignard et au bord d'une fracture, était suivi du nom SEBESIO. J'ai ajouté que *nama* n'a pas toujours cependant été suivi de *Sebesio*. Une inscription gravée sur un autel consacré à Mithra m'a fourni un exemple d'une formule finale, NAMA · CVNCTIS, où le premier mot conserve la signification que nous lui avons reconnue, mais où le second nous montre que l'auteur de la dédicace, après avoir nommé Mithra, s'adresse d'une manière collective aux autres dieux de la théogonie persique, en disant : *Prière* ou *gloire à tous.*

Ainsi se trouvent réduites à leur juste valeur les conjectures, plus ou moins hasardées, qui ont été proposées jusqu'à ce jour pour l'explication des mots NAMA · SEBESIO[4]. Mais si plusieurs des auteurs qui ont erré sur ce point sont excusables par cette seule considération, qu'ils ont écrit avant la publication des livres zends et pehlevis, on doit s'étonner qu'Anquetil et plu-

---

[1] Voyez mon Atlas, pl. XC.

[2] *Ibid.* pl. XCI.

[3] *Ibid.* pl. CIII.

[4] On trouvera, dans les additions importantes que M. le professeur Welcker a faites au supplément de Zoëga, le résumé des discussions auxquelles a donné lieu l'interprétation de cette formule, et les raisons peu concluantes sur lesquelles Visconti et quelques autres habiles antiquaires se sont fondés pour attribuer aux mots NAMA·SEBESIO une origine grecque. (Voyez *Zoëgas Abhandlungen*, ed. Welcker. Götting. 1817, in-8°, fig. p. 400-404.)

sieurs autres savants, après avoir reconnu l'origine et la véritable signification
du mot *nama*, aient traduit NAMA · SEBESIO par *louange à la verdure*[1],
faisant de *Sebesius* un prétendu mot persan latinisé, pour arriver à une interprétation aussi forcée. Il était plus naturel sans doute, puisqu'on voulait expliquer le nom *Sebesius* ou *Sabazius* par la langue persane, de considérer ce nom
comme une épithète formée de la même racine que le mot persan *sepas*, qui
signifie *louange*, et qui est le même que le mot grec σέбας. Quelques auteurs
ont, en effet, proposé cette étymologie. D'autres, séduits par une analogie non
moins évidente, ont pensé que le nom *Sebesius* ou *Sabazius* était le même que
celui du dieu des Indiens appelé *Siva* ou *Çiva*. Cette dernière opinion, qui, au
reste, n'exclut pas l'autre, est peut-être la plus vraisemblable; et il ne serait
pas impossible que le nom de *Sebesius* et celui de *Siva* eussent réellement une
même origine et une même signification.

La seconde inscription que porte le bas-relief du Capitole est placée sur le
flanc du taureau, au-dessous de la tunique et du genou gauche de Mithra. La
première ligne contient la dédicace du monument au dieu lui-même : DEO ·
SOLI · INVICTO · MITRHE. Cette formule se retrouve sur un grand
nombre de monuments mithriaques; et, dès le temps de Tibère, nous remarquons, dans une inscription dont j'ai parlé ci-dessus, le nom de Claudius
Suffecius suivi de la qualification *Sacerdos Dei Solis Invicti Mithrae*[2]. La qualification *Deus Sol Invictus* appliquée ainsi à Mithra prouve que, quoique ce dieu,
dans le système du *Zend-Avesta*, fût une divinité supérieure au soleil et bien
distincte de cet astre, son culte chez les Romains, et très-probablement aussi
dans l'Orient, avait fini par dégénérer en un culte matériel dont le soleil physique était l'objet, conséquence au reste inévitable de cette antique doctrine
qui permettait de considérer Mithra sous des rapports à la fois philosophiques,
astronomiques et physiques. En effet, Mithra immolant un taureau peut, selon cette doctrine, représenter tout à la fois le sacrifice de rédemption offert

---

[1] Voyez Anquetil, *Mém. de l'Acad. des inscript.* loc. supra cit.

[2] M. Henzen, dans le beau supplément qu'il
vient d'ajouter aux deux volumes d'inscriptions
latines publiées par Orelli, n'a pas omis de faire
remarquer (p. 166) la haute antiquité de cette
inscription, ce qui est parfaitement vrai eu égard
aux dates de tous les autres monuments connus
du culte romain de Mithra. Il n'omet pas non

plus d'ajouter que feu le savant Labies (*Mus.
Bresc.* p. 42) a négligé de s'autoriser du témoignage de cette inscription lorsqu'il recueillait,
dans les inscriptions latines et dans les actes de
saint Faustin et saint Goirta, des exemples
propres à combattre l'opinion du docte Eckhel
(*D. N.* III, p. 312), qui croyait que l'épithète
Invictus n'avait été employée sur les monuments
lapidaires publics qu'après le règne d'Aurélien.

à Ormuzd [1] par le dieu médiateur et sauveur; le soleil toujours jeune, toujours victorieux et invincible [2], entrant dans le signe zodiacal du Taureau à l'équinoxe du printemps; le soleil dardant sur le principe humide, qui a pour hiéro-glyphe idéographique le taureau, ses rayons d'or symbolisés ici par le poi-gnard d'or que Mithra plonge dans le sang de l'animal [3]; le soleil enfin, agent actif, exerçant sur la lune, agent passif représenté par le taureau, une in-fluence fécondante, qu'attestent, d'une manière très-expressive, les épis de blé qui sortent de la queue de ce quadrupède symbolique. Cette dernière par-ticularité se reproduit, nous le verrons plus loin, sur plusieurs autres monu-ments mithriaques. Elle est une nouvelle preuve des rapports intimes qui existaient entre les doctrines religieuses et cosmologiques des Perses et celles que les Grecs de l'Asie Mineure avaient transmises aux Romains avec le culte de Mithra. Car dans plusieurs passages du *Vendidad-sadé* et du *Boun-dehesch* que j'ai rapportés, le taureau premier, créé par Ormuzd, donne naissance, en mourant, au premier couple humain, aux animaux de toute espèce, aux arbres, aux plantes, à tous les biens de la terre, et notamment, selon le *Boun-dehesch, à cinquante-cinq espèces de grains qui sortirent de sa queue.* Mithra, dans des compositions analogues à celle que nous avons sous les yeux, justi-fiait donc pleinement les qualifications de *médiateur, père et créateur de toutes choses, seigneur ou maître de la génération, dieu, soleil invincible, dieu tout-puis-sant,* que lui donnent les textes sacrés, les inscriptions lapidaires ou les tradi-tions. Il ne justifiait pas moins l'épithète de *Menotyrannus,* qui lui est attribuée par une inscription latine rapportée plus loin, et que recevait également Atys dans d'autres mystères que ceux de Mithra, mais pour des motifs analogues.

En poursuivant l'ordre d'idées que j'indique, nous reconnaissons dans le groupe formé par Mithra et ses deux assesseurs une triade particulière, ou du moins une nouvelle allusion au triple caractère dont était revêtu ce dieu, à l'exemple de la Vénus orientale, représentée sur les monuments asiatiques, tantôt entre deux assesseurs mâles ou femelles, tantôt entre le cyprès du soleil et le cyprès de la lune, et qualifiée, dans les textes, *reine du ciel, reine de la terre* et *reine des enfers* [4]. Des deux assesseurs de Mithra, l'un, par son flambeau élevé, re-présente l'équinoxe du printemps, époque où le soleil s'élève au-dessus de notre

---

[1] *Sebesius.*

[2] *Deus invictus.*

[3] C'est ainsi que les traditions persiques nous ont montré (ci-dessus. section I. chap. II. III. V)

le roi Djemschid fertilisant le sol du royaume d'Iran en fendant la terre avec son poignard d'or.

[4] Voyez mes *Recherches sur Vénus,* p. 40-44. 47-49. 71. 72. 97-100, 226, 227.

hémisphère; l'autre, par son flambeau renversé et par la grappe de raisin qu'il tient dans la main gauche, nous rappelle et le mouvement contraire du soleil à l'époque de l'équinoxe d'automne, et l'un des fruits de la terre propres à cette saison. Placés, le premier à la droite de Mithra, le second à sa gauche, ces deux génies nous rappellent en même temps le dogme de la théologie persique qui assigne à Mithra une place particulière vers les points équinoxiaux du zodiaque, mettant à sa droite les régions boréales ou froides, à sa gauche les régions australes ou chaudes, ainsi que le dit Porphyre, d'après Eubule ou Pallas. Il est infiniment probable que nos deux assesseurs lampadophores représentaient aussi l'idée du jour et l'idée de la nuit, l'idée de la lumière et l'idée des ténèbres, ou la vie et la mort. Ils pouvaient ainsi servir à montrer aux sectateurs de Mithra que ce dieu est le dispensateur de la lumière et de la chaleur, le régulateur des saisons, le maître de la vie et le lien nécessaire à l'harmonie du monde.

L'idée de l'automne, de la génération ou de la reproduction se reproduit plus bas, d'une manière non moins expressive et plus primitive : un scorpion saisit avec ses deux pinces les testicules du taureau mourant. Cet insecte, nous en avons eu la preuve aux chapitres des grades de soldat et de lion, jouait un grand rôle dans les mystères de Mithra, comme dans ceux de la Vénus assyrienne [1]. C'est du scorpion que l'on a pu dire au propre et au figuré, *habet in cauda venenum;* car c'est lui dont la queue ajoutée au bout de celle du lion, symbole du principe igné, servait à montrer, sur les monuments figurés des mystères, que la chaleur, dans son action sur le phénomène de la vie et de la reproduction, est entachée du vice inhérent à chaque élément, à chaque principe constitutif de la matière. On conçoit dès lors pourquoi les Chaldéens, dans leur antique zodiaque, avaient choisi le scorpion pour être le premier signe de l'équinoxe d'automne, et pourquoi nous voyons cet insecte stimuler les facultés génératrices du taureau, qui, sur notre bas-relief et sur tous les monuments de la même catégorie, représente astronomiquement parlant, je le répète, le premier signe de l'équinoxe du printemps, et devient, dans son acception philosophique, le hiéroglyphe idéographique de la vie. Si, dans sa position auprès du taureau, le scorpion est, à son tour, susceptible d'une interprétation philosophique, son acception astronomique n'est pas plus douteuse. Celle-ci sera pleinement justifiée à nos yeux par le double témoi-

---

[1] Voyez le passage cité plus haut du traité *De Dea Syria* attribué à Lucien.

gnage d'une pierre gravée[1] et d'un bas-relief de terre cuite[2] dont je parlerai plus loin. Nous y trouverons, en regard d'une tête de taureau et d'un flambeau allumé, attachés au tronc d'un pommier qui commence à se couvrir de feuilles, c'est-à-dire en regard de l'emblème de l'équinoxe vernal, un flambeau renversé et un scorpion attaché au tronc d'un arbre de même espèce, qui, chargé de pommes, devient ainsi un emblème très-expressif de l'équinoxe d'automne.

De la plaie où est enfoncé le poignard de Mithra s'échappe, avec le sang, l'âme qui, selon la cosmogonie orientale exposée plus haut, représente le principe spirituel de tous les êtres vivants, créés ou à créer; cette âme qui, dans le sacrifice symbolique offert à Ormuzd, est rendue à la liberté par sa victoire sur la matière. Elle peut, pendant trois jours encore, user de son libre arbitre pour retomber *dans les voies de la génération*, au lieu d'accomplir sa destinée finale, le retour au ciel, après avoir rompu toute alliance avec les principes de la matière. Le chien de Mithra, le chien qui conduit les âmes au pont Tchinevâd, où ce dieu, assisté de deux assesseurs, pèse dans une balance les bonnes et les mauvaises actions commises par les âmes durant leur séjour sur la terre; ce chien se dresse contre le poitrail du taureau, et, attentif à saisir le moment où l'âme s'échappera de la plaie saignante, il veut s'emparer d'elle et l'empêcher de succomber une seconde fois à l'attrait des formes, des couleurs et des propriétés de la matière. Il veut la défendre contre les séductions, contre les projets criminels d'Ahriman, ce dieu implacable ennemi d'Ormuzd et de Mithra, ce dieu auteur du mal, ce dieu qui, sous la forme d'une couleuvre, s'élance vers le taureau, en même temps que le chien, pour s'emparer de l'âme, la séduire et la corrompre. Tout ici, comme l'ensemble et les autres détails du monument, est conforme aux livres sacrés et aux traditions religieuses des Parses. Le chien, qui occupe une place si importante dans les prescriptions et dans la liturgie du *Zend-Avesta*[3], nous montre quelle idée élevée exprime le rôle qui lui est dévolu sur les bas-reliefs mithriaques romains, et quelle corrélation se manifeste entre cette idée et celle qu'en Asie on attachait à la cérémonie religieuse appelée le *sag-did, le chien voit.* Les parents, les amis d'un agonisant croyaient fermement que si, pendant le *sag-did*, ses yeux rencontraient les regards du chien amené au pied de son lit de mort, l'entrée du séjour des bienheureux était assurée à son âme. D'autre part, Ahriman, dans le *Zend-Avesta*, est fréquemment représenté sous la forme d'une

---

[1] *Atlas,* pl. CII, n° 11.
[2] *Ibid.* pl. LXXXIX.

[3] Tome I, 2° partie, *Vendidad-Sadé*, p. 332, 333; t. II, p. 581, 582.

couleuvre ou d'un serpent. Il y est désigné par les qualifications de *couleuvre ennemie de Mithra*, *d'ancien serpent infernal qui a deux pieds*, de *couleuvre ennemie du ciel.*

L'inscription DEO · SOLI · INVICTO · MITHRE présente, sur le bas-relief du mont Capitolin, une particularité que l'on ne rencontre sur aucun autre monument. Le nom de Mithra au cas oblique, au lieu d'être écrit MI-THRAE ou MITRAE, ou bien encore MITRE, comme on le voit ordinairement dans les inscriptions de cette espèce, paraît ici sous la forme MITHRE, qui se rapproche de la forme zende *Mithrahé*, que l'on sait avoir été affectée au génitif de ce nom, et qui très-probablement en caractérisait aussi le datif. Il serait sans doute difficile de décider si cette circonstance singulière doit être seulement attribuée à l'ignorance du sculpteur, ou si elle nous révèle l'intention d'écrire le nom de Mithra d'une manière analogue au génie de l'ancienne langue de la Perse. Mais on pourrait cependant faire observer, à l'appui de cette dernière conjecture, que déjà l'inscription NAMA · SEBESIO nous a offert, sur ce même bas-relief, l'exemple du mot persan NAMA écrit avec une forme très-rapprochée de celle qu'il avait dans la liturgie sacrée des Perses, suivant les livres zends et pehlevis. Pour moi, je ne puis m'empêcher de voir, dans ces deux particularités, une nouvelle preuve de l'origine gréco-asiatique du type de notre monument et une preuve aussi de la haute antiquité des traditions d'après lesquelles ce type avait été composé.

Parmi les antiquaires qui ont eu l'occasion de l'examiner à Rome, Smetius et Zoëga sont les deux seuls qui n'aient pas lu MITRHE dans l'inscription dont je viens de parler. Ils ont placé l'H après le T; et leur copie porte MITHRE [1]. Pighius, Pignoria, Montelatici, Philippe de Torre et Montfaucon ont lu et copié MITRHE [2]. Mais la disposition des caractères antiques n'ayant pas été exactement observée lorsqu'on a passé une couleur rouge sur cette inscription, le mot MITRHE s'est trouvé altéré et abrégé sur le marbre, à une époque que je ne saurais déterminer : il s'y lisait MITHR lorsqu'en 1828 parut ma dissertation déjà citée [3]. A cette époque cependant il était encore très-

---

[1] Voyez J. Lipse, *Inscript. antiq.* loc. supra cit. — Gruter, *Inscript. ant.* loc. supra cit. — M. Welcker, *Zoëgas Abhandlungen*, p. 148, n° 10. — M. Eichhorn (*Commentat. Soc. reg. scient. Gotting. recent.* vol. III, pl. I, n° 4) a suivi la leçon de Smetius et de Zoëga.

[2] La gravure de dom Martin (*loc. supra cit.*) et celle de M. Seele (*Die Mithrageheimnisse,* p. 256. pl. X^b) portent MITHRAE, je ne sais d'après quelle autorité.

[3] Voyez *Nouv. observ. sur le grand bas-relief mithriaque de la villa Borghèse,* p. 29, 30.

facile de reconnaître, sous ces cinq lettres tracées à l'encre rouge, les lettres antiques qui forment le nom MITRHE. Aussi, dès que ma remarque fut rendue publique, s'empressa-t-on et de faire effacer sur le marbre les caractères modernes qui couvraient ce nom, et de le rétablir sous sa forme originale en passant simplement de l'encre rouge dans le creux des caractères antiques.

Au-dessous de la dédicace, quelques traces d'autres caractères nous indiquent que deux lignes avaient été gravées sur le flanc du taureau, parallèlement aux mots DEO · SOLI · INVICTO · MITRHE. Les frottements auxquels s'est trouvée exposée cette partie saillante du monument ont effacé la première de ces deux lignes, de manière à ne point permettre à l'observateur le plus attentif d'y reconnaître une seule lettre entière. Aucun antiquaire n'a même fait mention de l'existence de cette ligne. Mais plus bas on voit encore distinctement la lettre E, et, à une petite distance sur la même ligne, les deux lettres OS. Au temps de Smetius, et même à une époque récente, celle du séjour de Zoëga à Rome, on distinguait plusieurs autres lettres sur cette même ligne. Là où maintenant une masse de mastic[1] indique que le flanc du taureau a éprouvé quelque dommage, Smetius avait lu NAR avant l'E qui existe encore et qui était alors immédiatement précédé d'un N, comme on le voit par la copie de cet antiquaire. Mais déjà antérieurement à l'époque de la translation du monument à Paris l'A et l'R de NAR avaient disparu, de même que le premier jambage et le trait diagonal de l'N placé devant l'E; et la copie de Zoëga[2] nous offre seulement N..... IE. L'I qui précède l'E, dans cette copie, doit être considéré probablement comme le dernier jambage de l'N qu'indique celle de Smetius[3].

Quant aux deux lettres finales OS, ces deux savants antiquaires avaient cru pouvoir les lire CS; mais l'O est trop facile à reconnaître sur le marbre pour que la lecture de cette lettre puisse être le sujet d'aucune contestation.

Les exemples nombreux que les monuments mithriaques fournissent de l'insertion des noms des consuls, immédiatement avant les noms des personnages qui en avaient fait la consécration à Mithra, autorisent à penser que les deux lignes dont je viens de parler contenaient des noms consulaires. Les lettres finales OS de la seconde de ces lignes semblent en effet être les restes de l'abréviation COS· qui, dans les inscriptions, tient ordinairement lieu du mot CONSVLIBVS. A l'appui de cette conjecture, il faut observer

----

[1] Cette masse de mastic est indiquée par des points et une demi-teinte sur ma planche.

[2] Voyez *Zoëgas Abhandlungen*, loc. supra cit.

[3] Voyez J. Lipse et Gruter, *loc. supra cit.*

qu'entre les lettres OS et la syllabe NE lue par Smetius, et réduite à E maintenant, il n'y a tout juste que la place d'une lettre, qui probablement était le C de l'abréviation COS· pour CONSVLIBVS. Cette remarque toutefois ne pourrait nous conduire qu'à des conjectures plus ou moins hasardées sur les consuls dont les noms se rattachaient aux cinq lettres NE·COS. Je m'abstiens de former aucune supposition, et je me borne à exprimer le regret de ne pas trouver ici le moyen d'assigner au monument une date certaine. Les noms des consuls, s'ils nous avaient été conservés, nous auraient appris ce que nous laissent ignorer tous les documents historiques, l'époque à laquelle remontait un événement aussi digne d'attention, aussi important par les conséquences à en déduire, que la consécration d'une grotte et d'un grand bas-relief à Mithra dans le mont sacré que couronnait le Capitole.

Les noms dont il reste des traces dans l'inscription gravée sur la plinthe du soubassement de ce bas-relief ne jettent non plus aucune lumière sur la date de cette consécration. Encastré, comme il l'est, dans un massif de maçonnerie qui recouvre entièrement sa partie inférieure, le monument ne nous laisse voir actuellement ni soubassement ni inscription gravée sur la plinthe. Mais des témoignages authentiques établissent que, peu d'années avant sa translation au musée du Louvre, on pouvait lire encore sur cette plinthe les restes d'une inscription antique qui n'avait point échappé à l'attention de Pighius. Cet habile épigraphiste, ayant examiné le bas-relief dans la grotte même du mont Capitolin, avait copié de la manière suivante une ligne gravée sur la plinthe dont il s'agit :

C·C·AVFIDII·IANVARIVS..... [1]

Cette inscription fut négligée par tous les antiquaires qui, pendant les deux siècles et demi que l'on compte entre le séjour de Pighius en Italie et l'arrivée de Zoëga à Rome, eurent l'occasion d'examiner sur place le monument [2]. Il était réservé à l'archéologue danois de confirmer l'observation du célèbre antiquaire de Kempen; et dans la copie qu'il fit des inscriptions du

---

[1] Voyez, dans les manuscrits de Pighius déposés à la bibliothèque royale de Berlin, le dessin qu'il avait fait lui-même du bas-relief et qui a été gravé dans le *Spicileg.* de Beger (*loc. supra cit.*).

[2] Je répéterai ici que l'obscurité de la grotte du Capitole et la hauteur à laquelle le bas-relief fut placé sur la façade du palais Borghèse ont été les véritables causes de la plupart des inexactitudes ou des omissions que l'on peut reprocher aux antiquaires qui ont décrit ou fait graver ce monument.

bas-relief de la villa Borghèse, on voit qu'il avait lu, sur la plinthe dont il a
été question, ces mots [1] :

C·C·AVFIDII·IANVARI.....

Les deux lettres V et S, qui terminent le nom de IANVARIVS dans la
copie de Pighius, existaient-elles réellement sur le monument au temps de
cet antiquaire, et y existent-elles encore? Ont-elles échappé à l'attention de
Zoëga, ou bien les dégradations que Pighius avait déjà remarquées sur la
plinthe du soubassement, à la suite du nom IANVARIVS, se sont-elles
étendues depuis cette époque, et ont-elles emporté toute trace du V et de l'S
de la finale de ce nom? Voilà autant de questions auxquelles il est impossible
de satisfaire depuis que le monument a été scellé dans un des murs du musée du Louvre. On doit regretter sans doute qu'il n'y ait pas été placé avec
plus de soin; mais on doit déplorer surtout les mutilations qu'il avait subies
bien avant le temps de Pighius. Dans l'état de dégradation où il était, vers
le milieu du xvie siècle, l'inscription C·C·AVFIDII·IANVARIVS.....
ne peut, en particulier, rien nous apprendre, si ce n'est que l'un des personnages nommés dans cette ligne appartenait vraisemblablement à la classe la
plus élevée de la société; car les fastes de Rome nous ont conservé le souvenir de l'illustration de la famille Aufidia, qui compta parmi ses membres quatre
consuls depuis l'année 71 avant la naissance de Jésus-Christ jusqu'à l'an 200
de l'ère chrétienne. Les fortes dépenses que durent occasionner l'installation
d'une grotte ornée de beaucoup de symboles [2] et la sculpture d'un bas-relief
tel que celui dont le fond de cette grotte était décoré me permettent d'ajouter
que sans doute les auteurs de la consécration de ce mithræum souterrain
appartenaient eux-mêmes à des familles riches et considérables.

Je ne m'arrêterai pas aux noms gravés sur la cuisse droite du taureau. Leur
antiquité est très-contestable, bien qu'avant moi Pighius et Beger aient jugé
utile de les reproduire, l'un dans son dessin autographe, l'autre dans la gravure exécutée d'après ce dessin. Quelques autres noms propres sont tracés
d'une manière fugitive entre les plis du manteau de Mithra. J'en fais mention
pour dire seulement qu'ils appartiennent à des époques plus ou moins modernes.

Enfin, si j'ai donné lieu au lecteur de se plaindre de la longueur des ob-

[1] Voyez Zoëgas Abhandlungen, loc. supra cit. — [2] Voyez la lettre de saint Jérôme à Læta. — Cf. le
passage d'Eubule rapporté par Porphyre.

 RECHERCHES SUR LE CULTE DE MITHRA.

servations qui m'ont été suggérées par le grand bas-relief mithriaque du musée du Louvre, je le prie de considérer que je devais examiner en détail un monument dont l'origine est si curieuse, si instructive, un monument qui, dès le milieu du xvie siècle, sut attirer l'attention des antiquaires les plus habiles, et qui, depuis cette époque jusqu'à ce jour, n'a cessé d'être un objet de recherches et un sujet de controverse. On ne compte pas moins de soixante-deux ouvrages où il en est fait une mention particulière, et pas moins de quinze gravures qui en reproduisent le dessin.

FIN.

TABLE DES MATIÈRES.

PREMIÈRE SECTION.

ZOROASTRISME.

DEUXIÈME SECTION.

DU CULTE SECRET OU DES MYSTÈRES DE MITHRA EN ORIENT.

TROISIÈME SECTION.

DU CULTE DE MITHRA EN OCCIDENT.